国家出版基金项目
NATIONAL PUBLICATION FOUNDATION

尔苏语词汇通释

王德和 王轲 王轩 齐卡佳 古涛 著

王轲 齐卡佳 译

北京师范大学出版集团
BEIJING NORMAL UNIVERSITY PUBLISHING GROUP
安徽大学出版社

图书在版编目(CIP)数据

尔苏语词汇通释/王德和等著;王轲,齐卡佳译. — 合肥:安徽大学出版社,2020.6
ISBN 978-7-5664-1932-3

Ⅰ.①尔… Ⅱ.①王… ②王… ③齐… Ⅲ.①藏族-民族语-词汇-研究-四川 Ⅳ.①H289

中国版本图书馆 CIP 数据核字(2019)第 206416 号

尔苏语词汇通释　　王德和　王　轲　王　轩　齐卡佳　古　涛 著
Ersuyu　Cihui　Tongshi　　　　　　　　　　　　王　轲　齐卡佳 译

出版发行:	北京师范大学出版集团 安徽大学出版社 (安徽省合肥市肥西路3号 邮编230039) www.bnupg.com.cn www.ahupress.com.cn
印　　刷:	合肥远东印务有限责任公司
经　　销:	全国新华书店
开　　本:	185mm×260mm
印　　张:	44.75
彩　　插:	2.5
字　　数:	1350 千字
版　　次:	2020 年 6 月第 1 版
印　　次:	2020 年 6 月第 1 次印刷
定　　价:	208.00 元

ISBN 978-7-5664-1932-3

策划编辑:王　黎　范文娟　钱翠翠　李加凯　　　装帧设计:李　军　孟献辉
责任编辑:李加凯　李　雪　汪　君　范文娟　姜　萍　刘佩珊　　美术编辑:李　军　孟献辉
责任校对:钱翠翠　　　　　　　　　　　　　　　责任印制:陈　如　孟献辉

版权所有　侵权必究
反盗版、侵权举报电话:0551—65106311
外埠邮购电话:0551—65107716
本书如有印装质量问题,请与印制管理部联系调换。
印制管理部电话:0551—65106311

编委会

一、顾问

孙宏开　沙马拉毅

二、撰稿人

王德和：负责 A 部分。

古涛：负责 B 和 C 部分，并拍摄图片，审查附录。

王轲：负责 D 至 P 部分，并负责翻译和统稿。

王轩：负责 Q 至 Z 部分，并校对尔苏语。

齐卡佳：负责审订英文，审查国际音标。

三、发音人

原始发音人：吉满阿木拉日（王志友）

替补发言人：吉满部日（德和）　吉满连清

四、审稿人

主　任：张世红

审稿人员（排名不分先后）：

张四红（教授）	李　晶（博士）	尹薇彬（教授）	吉满连清（副教授）	吉满连和
吉满云清	吉满王玲	杨明才	吉满王英	吉满王静
吉满王玮	吉满王阳	吉满王敏	吉满王茜	吉满王梅
吉满王凯	吉满王园	吉满王峰	吉满王洪	吉满尔呷
古满志义	吉满占才	吉满金龙	吉满保情	吉满阿木
吉满志安	吉满志龙	玛哈王伟	玛哈连武	王　军
王阿呷	王连红	王志明	王志权	王志君
张玉美	张金银	张阿木	张车卡	张雪梅
周子民	周　安	周文安	周德全	周志权
周　斌	黄世部	黄阿木	黄桂花	黄阿布
陈国富	玛哈光胜	吉满王剑	抛黄建鸣	抛杨正清
旺比熊万秀	瓦布安德全	依莎宝清	昂古周德宏	

服 饰

尔苏人

男子聚会

红马甲

青年装

射箭节上

青年女装

中小学生

团体照

中年男子

射箭节

掰腕子

掰腕子

射　箭

射箭节摔跤

吹莽筒

入场的跑道

呼 号

转 圈

火把节

火把节拼酒

火把节摔跤

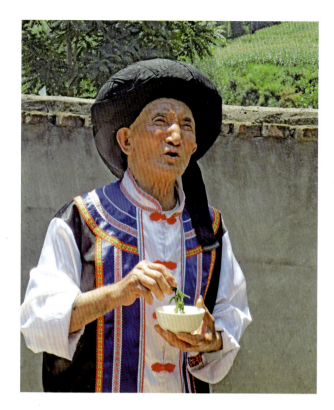

祭祀神灵,祈祷丰收

老鹰护蛋游戏

筛糠游戏

送火把

点火把仪式

爷爷奶奶与孙女

还山鸡节

白公鸡祭祀

喝坛坛酒

鸡毛粘祭杆

祭鸡去毛

祭祀队伍

洁净祭品

杀鸡祭祀神灵

献　祭

制作祭品花式荞馍

婚 俗

泼 水

泼 水

来 宾

少儿宾客

新郎新娘

新娘装扮

新娘给帮自己梳妆者敬酒

歌 舞

挥 手

挥 手

劳动舞

梅花舞蹈

跳　跃

舞　蹈

舞　蹈

舞 蹈

舞 蹈

居 住

高山藏寨

高山小青瓦房

回 家

腊岱村

留　客

玉米挂在树上

027

农 耕

用连枷脱粒

牧 牛

待 客　　　　　　　　　　　归 来

牧山羊

用脚犁

摘烟叶

摘花椒

摘烟归来

玉米丰收

沙巴文化

打荞麦卦

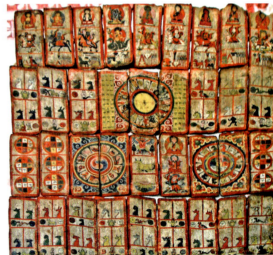

卦　阵

敬山神

虐玛识达

识鬼经

拓版

作法

手工艺

布线纺织

织腰带

扭羊毛线

女士烟荷包

衣服后摆和蚕丝腰带

序

自称尔苏的藏族支系，千百年来散居在川西南古南方丝绸之路大相岭至小相岭段约 150 公里沿线。这里也被学术界称为"藏羌彝走廊"。尔苏藏族因长期居住在藏族聚居区边缘的汉族和彝族中间，形成了独特的方言和文化。随着时代的演进，尔苏语成了高濒危语言。凉山藏学会副会长王德和教授，以抢救母语为己任，在西昌学院、凉山藏学会的大力支持下，在广大尔苏藏族同胞的积极配合下，多年来举全家之力，创建尔苏语拼音系统。同时，他带队深入村寨广泛收集、记录尔苏语言，潜心研究，精心编撰了《尔苏语词汇通释》一书。这是一大创举，可喜可贺。

编写团队抢救性记录濒危小语种尔苏语，为学界提供了研究尔苏语的鲜活资料，也为尔苏语母语者提供了学习和温习尔苏语的范本。本书是尔苏人学习母语、认识母语、提高母语水平的良好的纸质文献，也是语音学者研究尔苏语历史语音学的必要材料。抢救性记录尔苏语言，保护尔苏语言文化，延长尔苏语的衰变周期，意义非常重大。

本书的编撰者大多数是尔苏人。他们热爱家乡，热爱尔苏人民和尔苏文化，以尔苏语言文化为自己科学研究的对象。他们在当地无论走到哪里，都受到尔苏人民的热烈欢迎和热情接待。因为有强烈的爱，他们才能够呕心沥血写出这部著作。

王德和教授创建尔苏语拼音系统，用以记录尔苏语，并积极宣传尔苏语。目前，他的团队在甘洛县、石棉县、西昌市等地举办了 15 期《尔苏语拼音方案》培训班，向尔苏人民义务推广这套拼音系统。他们为抢救高濒危的尔苏语所作的贡献，得到国际语言学会的肯定，牵头人王德和教授 2018 年荣膺国际语言学会"社区语言学杰出贡献奖"。

本书的出版发行具有重要的意义，有利于落实国家关于抢救少数民族濒危语言文化的政策，有利于激发尔苏人的文化自觉和民族自信心及自豪感，有利于增进其他兄弟民族对尔苏语言文化的了解，促进尔苏藏族同其他兄弟民族团结、和谐及共同发展进步。

感谢编写团队给我们提供了这么珍贵的著作。感谢他们为抢救濒危的尔苏语言文化所作的努力。作为凉山藏学会会长、尔苏语母语者，我希望有较高文化自觉的后起之秀奋起直追，写出更多研究尔苏语言文化的著作。

是为序。

昂古·周文安
2019 年 6 月 5 日

目 录

凡例	001
正文	001
附录	586
尔苏文化简述	586
尔苏语拼音方案	632
甘洛尔苏语语音概况（Ersu）	642
尔苏姓氏统一用字简表	672
尔苏姓氏汇总表（越西县）	674
尔苏姓氏汇总表（甘洛县）	675
尔苏姓氏汇总表（汉源县）	676
尔苏姓氏汇总表（石棉县）	677
尔苏四十八堡地名歌	680
尔苏老人仙逝的治丧辞	684
尔苏经典情歌 syi nddi ma nddi gga	685
人体部位及其相关词汇	697
尔苏语二十四节气表	707
尔苏语计量单位例表	708

凡 例

一、收列条目范围

1.本书所收词条,除一般意义上的词汇之外,还包括当地人日常惯用的格言、警句、谚语、俗语和歌词等。

2.为了适应国家现代化建设的需要,也为了客观地反映尔苏语词汇的变化,本书使用了一些相对成熟的新词汇和新术语。

二、条目安排

1.本书所列条目,按照语素类型划分为词根、词组和附着形式;表现形式为单音节词条(词根、附着形式)和多音节词条(词组)。按照拉丁字母的顺序排列。

2.条目中,同形同音不同义的词汇分别单列词目,用①②③……标示,以示区别。

3.词条内容包括词汇、音标、词性、汉语翻译、英语翻译、尔苏语例句及其汉语翻译等七项。其中,词汇、音标和汉语翻译为必备项。

三、注音

1.尔苏语词汇用拼音记录,标注国际音标。

2.为便于书写,拼音词头不大写。尔苏语拼写规则参见本书附录中的《尔苏语拼音方案》。

四、词性

1.一般意义上的词汇均标明词性,短语、句了和表示句法结构的词等则不标词性。

2.词性用简称,如名词则标"名",拟声词则标"拟声"。数词和量词组合而成的词,不标词性。

五、翻译和释义

1.一般意义上的词汇,遵循翻译原则直接译出义项的汉语和英语。尔苏语例句也翻译成汉语。

2.谚语、格言、警句和歌词等,一般采用直译、描述性翻译或解释性翻译。由于文化的不对称性,有些译文需要进行解释或说明才能明白其意义,则在译文后加上说明的文字;对于一些翻译难度很大又比较重要的词汇或句子,则作描述性说明或采用意译。

3.专有名词条目,如姓氏、村寨、河流、山川等,则采用音译或意译译出,有些也加上说明或解释。

4.少数拟声词、量词、感叹词等没有对应的英语,则只译出汉语,不译成英语。

5.有些生活化或口语化的尔苏语例句,译成汉语时,尽量保持原风格。因此,在例句的汉语翻译中,大多数情况,条目中的词语或句子直接出现;极少数情况,条目中的词语或句子会被稍稍改动,但意思不变。

六、例句

1.为客观反映尔苏语言的风貌,例句选自尔苏民间故事、民歌或日常用语等。

2.有些例句如实地反映了尔苏的民俗,但举例的唯一目的是关注其语言学价值。根据例句表达的内容,有选择地在其后作些说明。

3.例句中的人名,除部分历史人物外,均用化名。

4.根据尔苏语拼音规则,助动词和动词等可以连写,也可以分写。因此,条目中的词语与例句中的词语在拼写上或分或连,不必一致。

5.根据尔苏语习惯,词语中间有时会插入一些否定词、语气词等。因此,例句中的词语会被插入一些词汇。

七、格式和符号

1.所有的条目,无论是词根,还是词组,均用黑体,例句中不用黑体。

2.词性加底纹。尔苏语例句采用斜体。

3.为了与斜体格式的尔苏语例句区别,"元""角""两""斤"等数量单位和书名的英语翻译均采用正体(附录除外)。

4.尔苏语例句中一般只使用","".""和"?";汉语翻译原则上只用","".""……""?",个别地方用"!";音节之间的隔音符号用"-"表示,部分汉语借词中间也用这个符号连接,以免误读。

八、图片

1.随文配图,尽量挑选与尔苏文化相关的实物图片。

2.图片内容或与词目相关,或与例句相关。

九、音频

1.每个词汇都录制了音频。音频文件按词汇的首字母分类,再按页码排序,保存在百度网盘。本书封底有其网址和二维码。

2.词汇的国际音标记录了尔苏文化传承人的地道发音。因不可抗力,在音频录制时,另找了发音人。

A a

a ① a⁵⁵ 代 我 I, me (first person singular) *alessumissamasi zzyiyahggade, nchakwa ssamanera zzyi jjili rama zzyi jji li*。我是最喜欢吃玉米饭的,大米饭呢,吃可以不吃也可以。

a ② a⁵⁵ 状态转变标记 state transition marker *neryi ssama ngezzyi a debbe, a ryi ne ngamazzyi se*。你们已经吃过饭了,我们还没有吃饭。

a ③ a⁵⁵ 代 什么 what *ni lege a nedebbe ddehji za ddo, hjila aryi desyi kezzoro gge*。你手里拿着什么东西,拿来让我们看看。

a ④ a⁵⁵ 副 是否,可否 whether *galobashe ranggwarbyi dageneryissyiagge, ssyiggetele dezhenguagge*? 甘洛还山鸡节庆典仪式你们去参加吗?如果要去参加,我们可否同行?

a ⑤ a⁵⁵ 代 那里 there *nei bbazha ji a tege zzha, bbazha teji ne ai ji*。你的刀在那里,这把刀是我的。

a ⑥ a⁵⁵ 代 怎么 how *a njji tihase tege barla ddo, nava ngelo ngelo i desyi la koci a*。怎么这个时候才到这里,我们都等累了。

a ⑦ a⁵⁵ 构词前缀,表亲属关系 used to say kinship *abbala amabbe, abula awa, akwala alhi zzhosubbe nyogwalaza*。父亲和母亲、爷爷和奶奶、大伯和二伯,所有长辈都来了。

a bba kwa a³³ba³³kʰua⁵⁵ 名 大伯 the eldest uncle *assyi a bba kwa matele aryi tebbe nyope ngala nzzassyi ssama dasshao razzyi magge*。如果不是大伯培养我们,我们就不可能出来参加工作。

a bbo ga a³³bo³³ka³³ 大表哥 the eldest cousin *abboga, assyi abbai kato i nessyi anyamar va addege la fu jje*。大表哥,我爸爸说请你的小姑到我家去一趟。

a bu a⁵⁵pu⁵⁵ 名 祖父,爷爷,外祖父 grandfather

a bu hemo a³³pu³³xe⁵⁵mo⁵⁵ 名 外公(当地又称"家公") grandfather

a hga hemo a⁵⁵əka⁵⁵xe⁵⁵mo⁵⁵ 名 舅舅 uncle *ahga hemo she la ve vuli bei gge jje*。要到舅舅家去献猪头肉。(当地拜年的习俗)

a ma a⁵⁵ma⁵⁵ 叹 哎呀 oh *ama ama, nenyonganya, ne tege ke jiji ke-ruru ddomyade tezzhu mapa*。哎呀!你让开,你在这里添堵,又不起什么作用。

a mwa a⁵⁵mua³³ 副 为何 why *tejji debbe ne ne yanyo amwa ashe makato denyo si tege katoe*? 这件事既然是这样的,你昨天为何不告诉我,到了今天才说?

a nbbo a³³nbo³³ 名 马(藏姓昂博) Ma *anbboamu shopengamabbarnyiha xyanzha delanenguqide, yancude*。马(昂博)阿木没有退休前还担任过乡长职务,是个优秀人物。

a nde a⁵⁵ntɛ³³ 代 什么 what *memacozzyi o su va ni nggu i ge ne ande zzho ddo jja keminqi jje*? 野人婆问这个人:"你的皮包里装了什么东西啊?"(民间故事)

皮　包

a nde e a⁵⁵nte⁵⁵e⁵⁵ 副 干脆,索性 just *erkwateo shyinbbryi shyinbbryi manyo*,*lelehpi*,*a nde e nyipyi ti shu ddo*。干脆把这个石头丢了算了,既没有用处又特别重。

a ne de bbe a⁵⁵ne⁵⁵te⁵⁵be³³ 代 什么 what *ne a va ane debbe nyo ne ashyi la*,*mwaha a nava rara ngu gge*。你对我有什么意见就快些来吧,没关系,我等着你来算账。

a ne debbe bbibbi a³³ne³³te³³be³³bi⁵⁵bi⁵⁵ 忙什么,急什么 what are you busy with

a ne debbe nbbe a⁵⁵ne⁵⁵te⁵⁵be⁵⁵nbe³³ 哭什么 why you cry

a ne debbe ryi a⁵⁵ne⁵⁵te⁵⁵be⁵⁵rə³³ 笑什么 why you laugh

a ne nyinqi desyi ngu a⁵⁵ne⁵⁵ɲi⁵⁵ntɕʰi⁵⁵te⁵⁵sə⁵⁵ŋu⁵⁵ 干什么工作,做什么事 what do you do

a nga ne a⁵⁵ŋa⁵⁵ne³³ 代 鄙人 I *anga ne mado de*,*shomo desyi la mazzho de*,*radela ai nesyi maqide*。鄙人是弱者,什么能力都没有,至今连鸡都没有杀过一只。

a nggo a³³ŋgo³³ 名 安,晏(藏姓昂果)An

a nggu a⁵⁵ŋgu⁵⁵ 名 周(藏姓昂古)Zhou *anggu ne ojjo wabbu casa panci ge choncho de*。昂古是周姓家族集团的十三个家族之一。

a njji e a⁵⁵ndʑi⁵⁵e³³ 代 怎么 how *a njji e*,*nyibuga a sse*? 怎么了,摔着了吗?

a njji zai ① a⁵⁵ndʑi⁵⁵tsaj³³ 代 怎么样 how about *yaddre wo ddenyi za jjigge*,*tenenyo a njji za i desyi nyo nge a jjo e*? 听说小孩子病了,这几天怎么样了啊,有好转吗?

a njji zai ② a³³ndʑe⁵⁵tsaj⁵⁵ 代 怎么 how *ne ne a njji zai tejji ngude ddo*? *suva kadra gge nimanzzyinzza*。你怎么能这样做事情? 你不想想你这样做会得罪人。

a ntra a⁵⁵ntʳʰa⁵⁵ 细筛子 fine sieve *zu bar bbe a ntra ge desyi nase a shosholala shu*。把豆子用细筛子筛一下,让它干干净净的。

a ryi a⁵⁵rə⁵⁵ 代 我们 we

a si a⁵⁵si⁵⁵ 我自己,我个人 myself *sonyone asiyava ngganggu bbe tezyishe ge*,*neryi ngogwa nyope ggagga i*。明天就我自己在家里收拾和调整家具的位置,你们都去休息。

a sse a⁵⁵ze³³ 是不是 whether *ssonbbo ssintremava*,*ne danyo ava syi gge de asse*,*tejji a jje*? 野人婆问聪慧女:"你今天要杀死我,是不是?"(民间故事)

a ya a³³ja³³ 叹 哎哟 oh *a ya*,*maho a mwa ddo*。哎哟,算了吧。

a zze ① a⁵⁵dzɛ³³ 是否舒适 comfortable or not *netege nahssyi ha hssyi azze*? *hssyimazze tele hssyi de de tenzzhyigge*。你现在坐这里,舒适不舒适? 如果不舒适就给你换个座位。

a zze ② a⁵⁵dzɛ⁵⁵ 名 细筛 fine sieve *antra ge nese bbe azzege nedryi ha ne bu yami ngala*。粗筛子筛过的粉用细筛过一遍,又会产生

很多麸子。

a zze ③ a⁵⁵ dzɛ³³ 吉祥不吉祥 good luck or bad luck *neryishe azze? canyi le manyibwa?* 你们那里吉祥不吉祥？没有什么伤病情况存在吧？

a zzho e a⁵⁵ dʒo⁵⁵ e³³ 是不是在，还在吗 is... still there *goma o zzilha barla zajjiggei neddege azzho e?* 听说国王到了大埔子，是不是在你家？（民间故事）

a… alye a⁵⁵ a⁵⁵ lje⁵⁵ 我可以……吗 may I… *a tege desyi ngehssyi a ngabbarnyi gge alye?* 我可以在这里坐着休息一下吗？

a… bbwazhe a⁵⁵ bua⁵⁵ tʃe⁵⁵ 我想…… I want to… *a cadabashe ate zzhonbbihgu ge zzhonbbi demi ce bbwazhe.* 我想喝一点差达村子外那口水井里的凉水。

a… ho se a⁵⁵ xo⁵⁵ se⁵⁵ 我需要…… I need… *aryinyi nyawa bbepe bbula hose, imwa hose.* 我还需要和亲戚们协商这件事情。

abai abbakwa a⁵⁵ ba⁵⁵ ji⁵⁵ a³³ ba³³ kua³³ 名 堂兄，堂弟 male cousin *nbbryissoxxi la cyibinqi bbe ne abbai abbakwa debbe.* 部若依和赐斌棋是堂兄弟。

abba a⁵⁵ ba⁵⁵ 名 父亲，阿爸 father *sejjiabulepu abbassyide, vumyageshonantwa zzho nenengudone dde hjido.* 谁都是爷爷的孙子、父亲的儿，只要还是个男人，就要勇于担当责任。

abba ama a³³ ba⁵⁵ a³³ ma³³ 名 父母 parents *abba ama va mahzhyi one tro cila mazzyi, buerssyi deo ne tatajji.* 不孝敬父母的人连狗都不如，身为尔苏人千万别这样。

abba la ama a⁵⁵ ba⁵⁵ la⁵⁵ a³³ ma³³ 父亲和母亲 parents *abba la ama bbe temo a, nzzheo nzzheli tesingu.* 父亲和母亲都老了，要好好赡养他们。

abba lha ① a⁵⁵ ba⁵⁵ ɬa³³ 名 二叔，二伯 the second eldest uncle

abba lha ② a⁵⁵ ba⁵⁵ ɬa³³ 二姨父 the second eldest uncle

abba nya ① a⁵⁵ ba⁵⁵ ɲa³³ 小姨父 the youngest uncle

abba nya ② a⁵⁵ ba⁵⁵ ɲa⁵⁵ 名 小叔 the youngest uncle *abbanya ne ima gezzho, abbuawa bbejji taddegezzho, qadadei aryi teddege ligga.* 小叔和爷爷奶奶都居住在幺房里，我们经常跑到小叔家里玩。

abbai ryigu hjahja a⁵⁵ baj⁵⁵ ɻe⁵⁵ ku⁵⁵ ɕtɕa³³ ɕtɕa³³ 同根同源 of the same origin *aga laazzi abbai ryigu hjahja, goi tejjida namabar.* 阿呷和我俩同根同源，他不应该这样对待我们。

abbo se a⁵⁵ bo⁵⁵ se⁵⁵ 还有吗 anything else *mema cozzyi o shyisyi ngezzyiane awagava abbose jja keminqiajje?* 野人婆把肉吃掉了以后，又问这个女人："还有吗?"（民间故事）

abbo ssa a⁵⁵ bo⁵⁵ za³³ 名 表哥，表弟 male cousin

abbo ssa mar ra a⁵⁵ bo⁵⁵ za³³ m ɚ⁵⁵ ra⁵⁵ the youngest male cousin

abbo ssa yakwa a⁵⁵ bo⁵⁵ za³³ ja⁵⁵ kua³³ 大表哥，大表弟 the eldest male cousin

abbossa lhalha a⁵⁵ bo⁵⁵ za³³ ɬa⁵⁵ ɬa⁵⁵ 二表哥，二表弟，三表哥，三表弟 the second or third eldest male cousin

abbossa marmar a⁵⁵ bo⁵⁵ za³³ m ɚ⁵⁵ m ɚ⁵⁵ 小表弟（姑表）the youngest male cousin *abbossa marmar nyaha jjola de? nya addege desyi ggaggai gge.* 小表弟是什么时候回来的？走吧，到我家去玩一玩。

abbyi vuer a³³ bzɤ³³ vu⁵⁵ ɚ⁵⁵ 名 画眉 thrush

sibu qo hwai abbyi vuer dancha zzho。树上有一只画眉鸟。

小鸟在树上

abu a³³pu³³ 名 爷爷,祖父,公公 grandfather *na ssyi abu a ka dra e*? 你的爷爷健康否?

abu abba a³³pu³³a⁵⁵ba⁵⁵ 长辈们,祖祖辈辈 elder generation *assyi abu abba bbe ne lepe chui tehssui nyinqi nengui ssama zzyisu*。我的祖祖辈辈都是靠种田为生的农民。

abu awa bbe a³³bu³³a³³wa³³be³³ 祖先们,先祖神 ancestors *zilazhohane abu awa bbe nyogwa la ssyossi bbeshe zinpuzhonpugge*。逢年过节的时候,先祖神就要到自己后代的家里来做客。

abu ga a³³pu³³ka⁵⁵ 名 老头子 old man *abugao nyitryi ddenyi jja yava kamar-i lamali*。老头子感冒了不舒服,躺在家里不肯来这里。

abu goma ① a³³pu³³ko⁵⁵ma³³ 老国王 old king *abu gomao la leshoa jjigge*。据说老国王已经去世了。

abu goma ② a³³pu³³ko⁵⁵ma³³ 形 重要的,最主要的 important, uppermost *tiha abugoma ne neryi abuawa zzhosubbe kadra ssushe ho*。现在最主要的是你们的爷爷奶奶要健康长寿。

abu jaja a³³pu³³tɕa⁵⁵tɕa⁵⁵ 名 家公,外公 grandfather

abu lepu a³³pu³³le³³pʰu³³ 望族之后 the descendant of a prominent family *erzzu ggazzu tebbene abulepu abbassyi dene kamanca nemalide ota*。对这些传统文化和民俗,身为望族之后,不记得是不行的。

abu moba neo a³³pu³³mo⁵⁵pa⁵⁵ne³³wo³³ 翁婿俩,岳父和女婿 father-in-law and son-in-law *nezzi abu moba neo kape zzhoi la debbei*?你们翁婿俩是从哪里来的?

abu momo a³³pu³³mo³³mo³³ 名 老爷爷,老人家 elderly man *abumomo sumarla walawala de ngalai tixxongge nehssyii nalajje*。一位白胡子老爷爷,出来坐到他面前。

abu ngenyoda a³³pu³³ŋe⁵⁵n̪o⁵⁵ta⁵⁵ 名 始祖,先祖 ancestor, progenitor *aryi jjimar nddronwa bbei abu ngenyoda ne sinjji bbaja hi de*。我们吉满黑皮肤支系的始祖,据说叫"司吉八甲"。

abu zuzu a³³pu³³tsu⁵⁵tsu⁵⁵ 名 曾祖父 great grandfather *assyi abuzuzune shaba de jjigge. abu zuzu barshomozzhosu mazzho jje*。我曾祖父是个沙巴,是个大力士。

abui erzzuggazzu a³³pu³³ji³³ɚ⁵⁵dzu⁵⁵ga⁵⁵dzu⁵⁵ 传统习俗 tradition *aryi ne abi erzzu ggazzu ge zha ho de, ersha syi namangu ne mapa*。我们要遵从先辈的传统习俗,民族习俗不遵从不行。

abuierzzu abbaiggazzu a³³puj³³ɚ³³dzu³³a⁵⁵baj⁵⁵ga⁵⁵dzu⁵⁵ 传统文化 traditional culture *zidenyole zihdo, zho denyo ne zhohdo, teo ne abui erzzu abbai gga zzu*。节有节的礼赞,年有年的仪式,这就是传统文化。

abulepu abbassyi a³³pu³³le³³pʰu³³a⁵⁵ba⁵⁵zɔ⁵⁵ 爷爷的孙子、父亲的儿,有血性的汉子 a heroic man *sejji abulepu abbassyi debbe, ne si sudeasse, aryisejji nganzzage*。谁都是爷的孙子、父亲的儿，又不只有你一个人是英雄，我们都要站出来雄起。

abuwoi abu a^{55}pu^{55}oj^{55}a^{55}pu^{55} 名 高曾祖父（爷爷的爷爷）great great grandfather *assyi abuwoi abune yozu hede jji gge*。我家高曾祖父的名字叫哟组。

acha ① a^{55} ʧa^{55} 名 表姐 elder female cousin *acha sili wo bbyire de kula ddehji nwahbu ddege ddwa jje*。表姐司丽带上一罐蜂蜜踏上了去外婆家的路。

acha ② a^{55} ʧʰa^{55} 名 嫂子 elder brother's wife, sister-in-law *possa mancune qomo lema massuhssugge, acha nzzama massuhssugge*。如果丈夫不得力的话，婆媳关系和姑嫂关系就会紧张。

acha ga a^{55} ʧa^{55} ka^{33} 名 表姐（舅表）elder female cousin *acha gala ahgenya, neryi nyogwa zddege ggaggai gge*。表姐表妹和表哥表弟们，请你们大家一起到我家来玩。

acha kwa a^{55} ʧa^{55} kʰua^{33} 大表姐 the eldest female cousin *assyi acha kwa dde tihane hzatechyii wosse karobashe zzhoddwaza*。我大表姐的家现在搬迁到石棉县的卡洛沟去了。

acha lha a^{55} ʧʰa^{55} ɬa^{33} 二表姐 the second eldest female cousin *acha lha ane bar yanqo de!* 二表姐好漂亮啊！

acha marra a^{55} ʧʰa^{55} m æ^{55} ra^{55} 小表姐，小嫂子 the youngest female cousin, the youngest sister-in-law *teo ne assyi hemo ssyi acha marra gao*。这是我舅舅家最小的表姐。

acha nya a^{55} ʧa^{55} ɲa^{55} 小表妹 the youngest female cousin *byimao netejjiajje, anessyi achanya o minqiladdo*。这只青蛙说道："我是来给我的小表妹相亲问酒的。"（民间故事）

acha reggu a^{33} ʧʰa^{33} re^{33} gu^{33} 名 阿差村庄，阿差尔姑村 Acha Village *acha panci ne acha reggu nehssyi, zhanka panci ne sigguma nehssyi*。阿差家族定居在阿差村庄，张卡家族定居在山林村庄。

adde ① a^{55} de^{55} 名 本族，本家 one's own family *adde jji mar dde ne vargebashe nzzere ggu lijage kacha su*。我们吉满家族的始祖生活在越西县垭口村。

adde ② a^{55} de^{55} 名 我家 my family *ggata nbbya zzhoi yo bbe nyogwa adde yozai de bbe*。放在山坡上的这些羊，全部都是我家的。

addo a^{55} do^{55} 名 周（藏姓阿朵）Zhou *varge bashe addomuga dde ne tihane ossebashe zzhoddwaza*。越西县的阿朵牧呷一家人，现在已经搬迁到石棉县了。

adi madi ga a^{55} ti^{55} ma^{33} ti^{33} ka^{33} 名 无名指 ring finger

agachama a^{55} ka^{55} ʧʰa^{33} ma^{33} 名 天鸟 chanting bird *agachama byijo nzzho*。天鸟会念经。（民间传说）

aggemagge ne a^{55} ge^{55} ma^{55} ge^{55} ne^{55} 动不动就 often, be apt to *abu ne lehdde nddede i yʊyʊ hanc aggemagge ne ddezhyiddezhe ggede*。阿部臂力强大，所以在摔跤的时候，动不动就会用力箍紧对方，使其不能动弹。*ti ne aggemagge ne zzhoggwa shomogesi tagwar ggede*。他总是不分青红皂白，动不动就靠武力解决问题。

agu shyi a a^{55} ku^{55} ʃg^{55} a^{55} 悔之晚矣 too late to regret *marmar hane kwakwa bbeizzhyi* *bbanyi mali*, *tihane mamiane agushyia*。小时候不听大人的话,现在悔之晚矣。

ahga hemo a⁵⁵ əka⁵⁵ xe⁵⁵ mo⁵⁵ 名 舅舅,舅父,表叔 uncle *mema cozzyio medda mancu ne ahga hemo she la ve vuli bei gge jje*。天还不太亮的时候,野人婆就要到女儿的舅舅家去献猪头肉。(民间故事)

ahga kwa a⁵⁵ əka⁵⁵ kʰua³³ 名 大舅,大姑父 the eldest uncle *assyi ahga kwa ne shaba yancu ddehgu dejjigge*。我大舅是个大沙巴,是远近闻名的大法师。

ahga lha a⁵⁵ əka⁵⁵ ɬa³³ 名 二舅,三舅 the second or third eldest uncle *ni zibbe ngehji i a nessyi ahgalha va neru shu*。把头伸出去,让你的二舅父给你剃头。(表示厌恶) *ai ahgalha yakwa ne muliyobbu hide*, *ahgalha marra ne muga lolao*。我的二舅是木来哟部,三舅是牧呷罗拉。

ahgi mar a⁵⁵ əki⁵⁵ m ɚ³³ 名 小舅,小姑父 the youngest uncle *ahgi mar nava adde ge nyi shyi zzyila jje*, *assyi abba nyidekemiza*。小舅,请你到我家去品尝猎物肉,我父亲逮到一头猎物。

ahgi nya ① a⁵⁵ əki⁵⁵ ȵa⁵⁵ 表兄弟(当地又称"老表") male cousin *ahgi nya zabukasa ne nyaha denyo jjola de*?扎布卡萨老表啊,你是哪天回来的?

ahgi nya ② a⁵⁵ əki⁵⁵ ȵa⁵⁵ 名 表哥 elder male cousin *ahgimar nessyi ahginya addege ggaggalahojje*。幺舅,我爸妈说要请你和表哥到我家去做客。

ahgi nya yakwa a⁵⁵ əki⁵⁵ ȵa⁵⁵ ja³³ kua³³ 名 大舅哥 the eldest brother of one's wife or brother-in-law

ahginya lhalha a⁵⁵ əki⁵⁵ ȵa⁵⁵ ɬa⁵⁵ ɬa⁵⁵ 二舅哥,三表弟 the second eldest brother of one's wife, the third eldest cousin *alone ai ahginya lhalhao*, *nezzi munpa himage barla de*。阿洛是我的三表弟,你们两个应该是兄妹。

ahginya marra a⁵⁵ əki⁵⁵ ȵa⁵⁵ m ɚ³³ ra³³ 小老表,小表弟 the youngest cousin *ahginya marra*, *a danyo nesheggaggalagge ma*, *ne yava azzhoe*。小表弟,你今天在家吗?我想今天到你家来玩。

ahginya yakwa a⁵⁵ əki⁵⁵ ȵa⁵⁵ ja³³ kʰua⁵⁵ 大老表 the eldest male cousin *ahginya yakwa*, *anyi kozyi teryi nava galobashe lahojjigge*。大老表,我姑姑她们请你到甘洛街上去一趟。

ahginyi yakwa a⁵⁵ əki⁵⁵ ȵa⁵⁵ ja³³ kʰa³³ 大表哥 the eldest cousin *assyi ahginyi yakwa ne ggama yanbbo sunbbujji yaha mihssyanddede*。我的大表哥是个大个子,并且是个高鼻梁的英俊小伙。

ai ① a⁵⁵ ji⁵⁵ 叹 啊呀 ah *ai*, *yaddre tewo yakaka de*, *missyimarra de mahssyi*。啊呀,这个孩子与众不同,是个很不简单的角色。

ai ② a⁵⁵ ji⁵⁵ 代 我的 my *aima susheddwa*, *suima yoshela*。我的女儿嫁到其他家族,别家女儿嫁到我的家族。

ai ③ a⁵⁵ ji⁵⁵ 名 周(藏姓阿依) Zhou *ai jji anggu ge zho de*。阿依也属于周姓十三家族。

ai de a⁵⁵ ji⁵⁵ tɛ⁵⁵ 是我的 it's mine *cheggu teo ai de*, *chegge ateo ne neiwo*。这个钱包是我的,那个钱包才是你的。

ai hyolo a⁵⁵ ji⁵⁵ xjo⁵⁵ lo⁵⁵ 我的理想,我的愿望 my dream *ai hyolo ne cihi sudeobbazzhe cece bbonco pwa ra si nzzyinzza*。我的愿望就是,今年我们每人赚10万元钱。

ai nzzyinzza ne a⁵⁵ ji⁵⁵ ndzɚ⁵⁵ ndza⁵⁵ ne⁵⁵ 我想……

I want to... *ai nzzyi nzza ne aryi ssove nyi te hzaya anyojodi ssyigge, anemyaha?* 我想我们四弟兄的家庭都迁到玉田镇的阿牛觉地去,你们看如何?

aidigge ba a^{55}ji^{55}ti^{55}ge^{55}pa^{55} 名 马伊呷村 Mayixia Village

ajja a^{55}dʑa^{55} 名 姐姐,哥 elder sister or brother

ajja kwa a^{55}dʑa^{55}kʰua^{55} 名 大姐 the eldest sister *assyi ajja kwa ikiatoi nava tashelahojje*。我大姐邀请你,现在到她那里去。

ajja lha a^{55}dʑa^{55}ɬa^{55} 名 二姐,三姐,二哥,三哥 the second or third eldest sister, the second or third eldest brother

ajja mar a^{55}dʑa^{55}mæ^{33} 最小的姐姐,最小的哥哥 the youngest elder sister or brother *ajja mar, ajja mar, nava addege zzhacellahojje, malamapa jjigge*。小姐姐,叫你到我家去吃早饭,我父亲说不去不行。

ajji zai a^{55}ndʑi^{55}tsa^{55}ji^{55} 我也是 me too, so am I *ajji temihade neryine zai temyaha deddo, desyila mazuzu*。我也是这样的,你们一点都不耿直。

akane ayanga a^{33}ka^{33}ne^{33}a^{55}ja^{55}ŋa^{33} 胜者为王 the winner takes all

akwa ① a^{55}kʰua^{55} 名 大伯,伯父 the eldest uncle *zaxi ssyi akwa ne nzzahme nzzomo ngude*。扎西的大伯是解放军现役军官。

akwa ② a^{55}kʰua^{55} 名 继父 stepfather *zaxissyi akwa la zaxi zzi massuhssu debbe*。扎西和他的继父,两人关系不融洽。

akwa ③ a^{55}kʰua^{55} 大姨父 the eldest uncle

alhi a^{55}ɬi^{55} 名 二叔,二姨父 the second eldest uncle *a ssyi alhi hme ge ddwa i, jjoma la se*。我二叔参军去了,还没有退伍。

alili ga a^{33}li^{55}li^{55}ka^{55} 一切如常 normal, usual *su teo aliligade, galoddwa jjahane zzhoggwa tesho ta*。这个人本来一切如常,去了一趟甘洛就突然去世了。

alo ① a^{33}lo^{33} 给你 here you are *ssintremao hwavapu suva, alo teo ngezzyi jja tejjia*。聪慧女对捕鸟人说:"来,给你,你就吃这个吧。"(民间故事)

alo ② a^{33}lo^{33} 你看,你瞧 you see *alo, nekezzoro, lepela ngezyingezi ryipa manyo a*。你看,手上布满裂口,没有办法应对了。

ama ssyi ① a^{55}ma^{55}zɿ^{55} 母亲的儿子,有血性的人 a heroic man *amassyide mahssyi matele, yanyo singe sshyizhade, danyone jjipuata*。除非你不是妈妈的儿子,昨天才答应的事情,今天就不认了。

ama ssyi ② a^{55}ma^{55}zɿ^{55} 母亲家的,妈妈家的,母舅家的 in mother's house *assyi ama ssyi virai bbela dde nzzyinzza*。我想念母亲家养的那些活泼可爱的小猪和小鸡。

amai shyijahja a^{33}maj^{33}ʃɚ^{33}tɕa^{33}ɕtɕa^{55} 姨娘亲戚 relatives on mother's side *abbu mujji la azzileone amai shyijahja*。阿布木吉和我是姨娘亲戚。

amenya marmar a^{55}me^{55}ŋa^{33}mæ^{33}mæ^{33} 名 小姨 aunt

amenya ① a^{55}mɛ^{55}ŋa^{33} 名 继母,后妈 stepmother *denyonyo nzzhe ngezzyi ane amenya aivahga nggamenddre ggede*。每天吃过晚饭以后,继母都为我缝衣服。

amenya ② a^{55}me^{55}ŋa^{33} 名 幺婶,小伯母 the youngest aunt *a menya nela tege zzho asse, nyaha lade ddo?* 小伯母,你在这里呀,是什么时候来的?

amwa manddo a^{55}mua^{33}ma^{33}ndo^{55} 不知为何,不

知道什么原因 of no reason *amwa manddo ssubbu ssahgge nbbinyope silage hibbe ddevaza*。我不知道什么原因，竹林垭口外森林里的箭竹全部开花了。

ande bbe a⁵⁵ nte⁵⁵ be³³ 是些什么 what are these *ava teddege bar shala ho jja kato gge, anddebbe ra gge jji hamase*。叫我到他家里来背粮食，得到的是些什么也不知道。

ane barli a⁵⁵ ne⁵⁵ bɑ⁵⁵ li⁵⁵ 多好啊，好得很 nice *tenehi ershyi ne ane barli, aryi mabbossyibbe nyogua qo ddessoa*。现在的政策多好啊，我们无产者全部翻身得解放了。

ane de a⁵⁵ ne⁵⁵ te³³ 是什么 what is it *mizzyionecape silage ate neshe ddemeddanwagao ne anedee jjaragge*? 兔子藏在对面树林里高呼道："你旁边黑黢黢的是什么?"

ane debbe hhasshu a⁵⁵ ne⁵⁵ te⁵⁵ be⁵⁵ ɣa⁵⁵ ʒu⁵⁵ 凭借什么，依据什么，何以 by what *hgetro momo ane debbe hhasshu i nabbyi hji? zzyizzyi yantwa ova hasshu*。老雄鹰凭借什么能够叼走羊羔？依靠的是利爪。

ane debbe hzyimya a⁵⁵ ne⁵⁵ te⁵⁵ be⁵⁵ ətɕə⁵⁵ mja³³ 唠叨什么 what are (you) talking repeatedly about

ane er a⁵⁵ ne⁵⁵ ɚ⁵⁵ 什么属相 what is the Chinese Zodiac *amu zaya nezzi ne ne ane erdebbe? cihi chomya ke zyi a ddo?* 阿穆和扎娅，你们分别是什么属相的呢？今年多大了？

ane hongu ggede a⁵⁵ ne⁵⁵ xo⁵⁵ ŋu⁵⁵ ge⁵⁵ te⁵⁵ 说些什么 what are (you) talking about *nene tege ane hongu ggede ddo? masa ddataho sea nesihssyi*。你在说些什么？你什么都不要说，安安静静地坐在这里。

ane myaha a³³ ne³³ mja⁵⁵ xa³³ 代 怎么样 how about *cihi neryishe shachabbela desyi ane myaha e?* 今年你们那个地方庄稼收成怎么样？ *aryige nyogwa ka ngu ngu vedekesshyi anaga zi gge nikezzoroh ane myaha e?* 我们大家搭伙买一头猪来宰杀了过火把节，你看怎么样？

ane ngue a⁵⁵ ne⁵⁵ ŋu⁵⁵ e⁵⁵ 在做什么 what are you doing *tenenyo neryi chendu bashe ssyixxone ane ngue ddo?* 这两天成都在下雪，你们在雪天做什么呢？

ane sungugge a⁵⁵ ne⁵⁵ su³³ ŋu³³ ge³³ 有什么办法 what can (I) do about it *mejo ggwa xxogge, amao sushebargge, anga ane sungugge?* 天要下雨娘要嫁人，我又有什么办法呢？

anela mado a⁵⁵ ne⁵⁵ la⁵⁵ ma³³ to³³ 无能为力，束手无策 powerless *shopele mahbi bingu gge, myangga ddabarne nge minzzhe anelamado*。之前在装模作样，到关键时刻就束手无策了。

anela manddo a⁵⁵ ne⁵⁵ la⁵⁵ ma⁵⁵ ndo⁵⁵ 什么都看不见 see nothing *nyopezzhui yava kesi ddwa ne, ya ddeneddanw anela manddo*。从外边进屋，刚进去的时候，室内黢黑无光，什么都看不见。

anela mangu a⁵⁵ ne⁵⁵ la⁵⁵ ma⁵⁵ ŋu⁵⁵ 无所作为，什么都不做 do nothing *ne ne anela mangu zzyiosi nihase*。你什么都不做，就光知道吃饭。

anela temape a⁵⁵ ne⁵⁵ la⁵⁵ tʰe⁵⁵ ma⁵⁵ pʰe³³ 比什么都重要 more important than anything else *meli tetro avaqigene anela temape a, kasshyi nava ddenga mo*。你要把这块土地送给我，那就比什么都重要，十分感谢你。

anengu gge a⁵⁵ ne⁵⁵ ŋu⁵⁵ ge³³ 要干什么，准备作

啥 what are (you) doing *memacozzyi o tenddoane*,*na ane ngugge tiajje*? 野人婆见了就问他:"你掏包干什么?"

anenyinqi desyingu a⁵⁵ne⁵⁵ɲi⁵⁵ntɕʰi⁵⁵te⁵⁵sə⁵⁵ŋu⁵⁵ 干什么事情,做什么工作 what do you do *ya neryi tiha xamene anenyinqi desyingu ddo*? *neashyibbue*? 孩子们,你们现在在厦门做什么工作呢？工作辛苦吗？

anesungu gge a⁵⁵ne⁵⁵su⁵⁵ŋu⁵⁵ge³³ 怎么办,有什么办法 what can be done *nyava mahgga jji gge*,*kepryilemapa*,*ddehzu ddaga mapa anesungu gge*? 她说不喜欢这孩子,但不可能把她拴住,又不可能打她骂她,有什么办法呢?

anjji gge a³³ndʑi³³ge³³ 怎么办 what can be done *neryi anjji gge*,*keiggela aryi pedezhengua jjoigge*? 你们怎么办,是住下来还是跟我们一起回家呢?

anjji kato a⁵⁵ndʑi⁵⁵kʰa⁵⁵tʰo⁵⁵ 怎么这样说 how can (you) say that *ni ne anjji kato de ddo*? *yaddre deo va ne nyi nyi ddahdda qwa gge de ta*。你怎么这样说? 对待小孩子,始终是斥责。

anjji la a⁵⁵ndʑi⁵⁵la⁵⁵ 副 一定 certainly *sunyo ne anjji la jji maca ngala gge*。明天一定会出太阳。

anjji lagge a⁵⁵ndʑi⁵⁵la⁵⁵ge³³ 怎么来 how to come *ssyihbbu nekokoza*,*nikezzoroha a anjji lagge*? 现在大雪封山了,你叫我怎么来?

anjji makatoe a⁵⁵ndʑi⁵⁵ma⁵⁵kʰa⁵⁵tʰo⁵⁵e³³ 怎么不说 why stop talking *kwakwa ssyi mazzhohane debbedebbe shwagge*,*tihane anjji makatoe*? 领导不在的时候有发不完的牢骚,现在领导来了怎么不说话了?

anjji nengugge a³³ndʑi³³ne⁵⁵ŋu⁵⁵ge³³ 怎么办 what should (I) do *ryipaga neddwahe qacyingepi tele anjji nengugge*? 如果走到半路上,麻布口袋破了,那我怎么办呢?

anjji ta-ryigge a⁵⁵ndʑi⁵⁵tʰa⁵⁵rə⁵⁵ge³³ 怎么办,怎么处理 what can be done *alovevenyobbe ssutamyai ngemingenzzheza*,*nekezzoro anjji ta-ryigge shyi*? 年猪的肠子油太多不好打理,你看怎么处理才好?

anjjigge manddo a⁵⁵ndʑi⁵⁵ge⁵⁵ma³³ndo³³ 不知道该怎么办 don't know what to do *goma aryishe la gge jji ggei*,*hwamyage lema bbo anjji gge manddo*。国王要到我们这里来,我们没有牺牲可宰杀,不知道该怎么办才好。

anjjinaja anjjingu a⁵⁵ndʑi⁵⁵na³³tɕa³³a⁵⁵ndʑi³³ŋu⁵⁵ 愿赌服输,怎么约定就怎么办 admit defeat for bet, execute according to the agreement *trolengu ha anjji naja ne ranggarbyi hane anjji nengu gge debbe*。射箭节的时候怎样约定,还山鸡节的时候就要怎样执行。

anjjo a⁵⁵ndʑo³³ 名 朋友 friend *trao kamelitro va ddehgarrara*,*anjjo maji ssuruji jja reggejje*。那个鬼就绕着大麦地不停地转圈圈,嘴里不停地说:"不怕朋友,就怕大麦芒。"(民间故事)

antra a⁵⁵ntʰɻa⁵⁵ 名 筛子 sieve,screen

anya ① a⁵⁵ɲa⁵⁵ 名 姑母,舅母,姑姑 aunt *adde anya si o zzho*,*assyi abba ne hima sio*,*munpa zyiga de*。我有三个姑姑,我的父亲有三个姐姐,(她们)就只有他一个弟弟。

anya ② a⁵⁵ɲa⁵⁵ 名 母亲 mother *assyi anyo ne ngezzyimaro ngece maro ngenbbunbbui aryivazyide*。我母亲舍不得吃舍不得穿,全部省出来给我们买吃的穿的。

anya ③ a⁵⁵ȵo⁵⁵ 名 婆婆,岳母 mother-in-law *ne ssihi vala, ssihi yancune anyomo ba ssuhssu*。岳母和女婿关系好不好取决于女儿,如果女儿处理得得体,岳母和女婿关系就会好。

anya kwa ① a⁵⁵ȵa⁵⁵ kʰua⁵⁵ 大姑妈 the eldest aunt *assyi anyakwa sonyone ozzho lagge jji gge, assyia radancha sshyii gge*。我的大姑姑说,她明天要到西昌来,我要去买一只鸡。

anya kwa ② a⁵⁵ȵa⁵⁵ kʰua⁵⁵ 大舅母 the eldest aunt *assyi anya kwa nyahala mazzhoa*。我大舅母早就去世了。

anya lha ① a⁵⁵ȵa⁵⁵ ɬa⁵⁵ 二舅母,三舅母 the second or third eldest aunt *anya lha ddenyijjigge tiha dda a kaddra e?* 听说二舅母身体不好,现在好些了没有呢?

anya lha ② a⁵⁵ȵa⁵⁵ ɬa⁵⁵ 二姑妈,三姑妈 the second or third eldest aunt

anya mar a³³ȵa³³ m ɚ³³ 小姑妈,小舅母 the youngest aunt *a nya mar tenddryigene shussa ddenwa daca ddesshyii laza*。小姑这次来做客的时候,披了一件藏青色的披毡。

anya ssyi a³³ȵa³³ zɚ³³ 表兄弟(姑表)male cousin *assyi anyassyio shaba nzzhonzzyibbe tilhi ava ngezhu mali*。我表兄弟把沙巴文图经藏匿起来不肯给我看。

anya ssyi marra a⁵⁵ȵa⁵⁵ ze³³ m ɚ⁵⁵ra⁵⁵ 小表弟 the youngest male cousin *assyi anya ssyi marra gao yahi hgoxxo la teshoa*。我姑母家的小儿子(小表弟),去年秋天就去世了。

anyo ① a³³ȵo³³ 名 继父 stepfather

anyo ② a³³ȵo⁵⁵ 名 叔父 uncle *a ssyi anyo la gge jjigge, ka dege ka i shu gge?* 我叔父说要来这里,我们让他睡哪个屋呢?

anyo moba a⁵⁵ȵo⁵⁵mo³³pa³³ 岳母和女婿 mother-in-law and son-in-law *anyo moba yalimali*

anzzhu nzzhu a³³ ndʐu³³ ndʐu³³ 副 确实 indeed *zaxilobu gedaha tege ngeddwa de, a anzzhunzzhu tava tenddo ade*。扎西龙部刚才经过这里往南方去了,我确实看到了他。

aqo la ① a⁵⁵tɕʰo⁵⁵la⁵⁵ 比我还…… more...than me

aqo la ② a⁵⁵tɕʰo⁵⁵la⁵⁵ 欺负我 bully me *titi aqola de, sudeo tava jji kamazyihzyi de*。他自己平白无故地来欺负我,没有别人惹他嘛。

aqo la ③ a⁵⁵tɕʰo⁵⁵la⁵⁵ 冲我来 come at me *amulojiga ne anezzhyinyo ne aqo la, suqo ngatanchu*。阿木六级,你有什么意见就冲我来。

aqwa gge a⁵⁵tɕʰua⁵⁵ge³³ 让我来做 let me do it *sibu tebbi taza, ne keshyi magge, bbazha o tepyi, aqwa gge*。树干太粗大了,你砍不动它。你把刀放下,让我来。

ar a⁵⁵ 叹 啊 oh *ar ni ne jjijji jjijji garhar si qwa gge de*。啊,你就是犟,和别人对着干。*ar, ni ne tesu damar nyo de tejja, siketo i ni ddryi a ddo?* 啊,你就是这德行,谁对你这样瞎说的?

aryi i a⁵⁵rɚ⁵⁵ji³³ 代 我们的 our *aryii abba ne dessu neshyibbu de*。我们的父亲是操劳辛苦了一辈子的。

aryi la neryi a⁵⁵rɚ⁵⁵la³³ne⁵⁵rɚ⁵⁵ 我们和你们 we and you *aryila neryine demimaha, neryi ne jjimossyi*。我们和你们不一样,你们是富二代。

aryi nyogwa a⁵⁵ɾə⁵⁵ŋo⁵⁵kua³³ 我们大家，我们所有的人 all of us *aryi nyogwa ssama nga mazzyi debbe se*。我们大家都还没有吃饭。

aryi yozai a⁵⁵ɾə⁵⁵jo⁵⁵tsai⁵⁵ 我们自己 ourselves *aryiyozai kececha a ngezzyi a dderyiddawa si ssyigge*。我们自己动手做好饭菜，吃饱喝好了再走，请放心。

aryinadde nzzyinzzagge a ɾə³³na⁵⁵de ndzɿ ndzage⁵⁵ 我们会想你的 we will miss you *ne sshyiben laddwa ne aryi na dde nzzyinzzagge, nyaha leho lashu*。你到日本去了，我们会想你的，你要时常打电话回来。

ashu a⁵⁵ʃu⁵⁵ 名 周（藏姓阿树）Zhou

ashyi nya a³³ʃɕ³³ɲa⁵⁵ 快走 hurry up *ashyi nya muzwa me nankwar ge*。快走，一会儿就天黑了。

ashyi ssyi a³³ʃɕ³³zɿ⁵⁵ 动 快去 hurry up *mejo ne nzzyinzzyi za ggwa la gge miha, ne ryi ashyi ssyi*。天阴沉沉的，看样子要下雨了，你们快去吧。

ashyi ya a³³ʃɕ³³ja⁵⁵ 快走 hurry up *yeddrebbe, ssyihbbu nala, ashyi ya, joigge*。孩子们，大雪来了，快走，我们一同回家。

assyi mara ① a³³zə³³ma³³ɾa³³ 形 一般的 common, general *yaddreteo miassyimara demahssyi, zhangadejonyoma mahge de*。这个小孩不是一般的人，将来一定不得了。

assyi mara ② a³³zə³³ma⁵⁵ɾa⁵⁵ 动 将就 put up with *yaddretesu deova anenguddo? assyimara ne teli a ssyi shu*。要对这个小娃娃做什么？表现过得去，将就放他回去算了。

asyi syi a⁵⁵sə⁵⁵sə³³ 名 谜语，谜面 riddle *asyisyi, hwaidden yinchanyihssa, neggonbbardden yivahbizyide*。谜面是"红色的鸟儿穿绿色的裙子"，谜底是"红萝卜"。

asyisyi hi ① a⁵⁵sə⁵⁵sə³³xi³³ 打谜语 riddle *zhomwa ssyi awa le asyisyi hi yanga dejjigge, chomyahase de*。卓玛的外婆很会打谜语的，她知道好多好多的谜语。

asyisyi hi ② a⁵⁵sə⁵⁵sə³³xi³³ 猜谜语 guess a riddle *yaddre bbe nggahgu asyisyi hi gge*。小孩子们在门口猜谜语。

asyisyihi ngu a⁵⁵sə⁵⁵sə³³xi³³ŋu³³ 互相传着说 spread *ti nengu nala bbe fugeba bbesi asyisyihi ngugge*。他那些所作所为，被村里人一传十、十传百地互相传着说。

ata ha a⁵⁵tʰa⁵⁵xa⁵⁵ 那时候 at that time 1962 *nya zzhongakwaha, ataha alatruer gesi ddalaza, ancamanca zatiha*。1962年发大水的那时候，我刚满6岁，现在只依稀记得。

ata mame a⁵⁵tʰa⁵⁵ma⁵⁵me⁵⁵ 我没有忘记 I didn't forget *neavanddekengubbe tihakancaza, tiha atamame, zhangajji tememagge*。你对我的好我没有忘记，今后也不会忘。

ate bbe a⁵⁵tʰɛ⁵⁵bɛ⁵⁵ 代 那些 those *nei vashyi tebbesi zhogge asse, atebbe zhomaggajjila? bemaggebwa*。你的猪肉就只煮这些，那些不煮吗？可能不太够哦。

ate jji a⁵⁵tʰɛ⁵⁵dʑɛ⁵⁵ 副 那样 such *na ane erhbila zaxiva kesoso, ssama zzyijji atejji ngezzyi*。你一举一动都要向扎西学习，吃饭也要像扎西那样吃。

avaha deo a³³va³³xa⁵⁵te³³o³³ 与我相关的人 people related to me

awa a³³wa³³ 名 奶奶，祖母 grandmother *nggehi nzzazho ha ne assyi awa la ozzho la gge jjigge*。后年过年的时候，我奶奶要到西昌来。

awa gema a³³wa³³ke⁵⁵ma⁵⁵ 家庭主妇

housewife *awa gema yancu ne yava jjimo*, *awa gema mancu ne yava punddre*。家庭主妇优秀,家庭就富裕;家庭主妇素质不高,家里就贫穷。(当地的说法)

awa jaja a^{55} wa^{55} tɕa^{55} tɕa^{55} 名 外婆,外祖母 grandmother *assyi awa jaja ne nwanzzu bashe jji mar lanbbu nqoba ssyi ssi de jji gge*。我的外祖母是凉山村吉满家支坎上边家的女儿。

awa mar a^{55} wa^{55} m ər^{55} 小外祖母,小祖母 younger grandmother

awa momo a^{55} wa^{55} mo^{33} mo^{33} 老奶奶,老太婆 old woman *ssonbbo awamomo de tehbui ryipaga nehssyizajje*。野人婆变成了一个老太婆,坐在路边上等着她来。(民间故事)

awa ngenyoda a^{55} wa^{55} ŋe^{55} n̠o^{55} ta^{33} 名 始祖母 primogenitor *nzzereggulijage zzhoha jji mar bbei awa ngenyoda ne ishama dejjigge*。住在越巂保安垭口村的时候,吉满家族的始祖母是依莎女。

awa zuzu a^{55} wa^{55} tsu^{55} tsu^{55} 名 曾祖母 great grandmother *ai awa zuzu ne menggema de, aryii awane lhanbbo ma dejjigge*。我的曾祖母是门格女,祖母是韩博女。

aya gabu a^{33} ja^{33} ka^{55} pu^{55} 名 财神 the god of wealth *ayagabu zzonbbalhai nehssyi dege ddelesho*。财神爷和粮食神,入座之位要保洁。

azyi a^{33} tse^{33} 名 阿兹村 Azi Village *yutiaazyibashe ersudeila mazzhodege, nyogwane nzza sizzhode ge*。玉田镇的阿兹村里,一户尔苏人家都没有,全部是汉族人家。

azze nedryi a^{55} dzɛ^{55} ne^{33} tʂə^{33} 用细筛子筛 sift through a fine sieve *antra ge nese bbe azze nedryi ha ne bu yami ngala*。筛过的粗粉,用细筛子再筛一遍后,会产生很多麸子。

azzhyi a^{33} dʐə^{33} 名 阿芝(人名)Azhi

B b

ba ① pa⁵⁵ 形 好,良好,优秀 good *yaddre tene o yaba gge ne o, azho ane bar erhbi ya nkwar e*。这两个小孩将来会优秀的,你看他们的表现多么得体啊!

ba ② pa⁵⁵ 副 之间,中间,其间 between, among *zalu la kalama zuhzuha, paya bage ngenbbei sheshe gge*。扎洛和卡拉玛打架的时候,帕雅钻在两者之间劝架。

ba ③ pa⁵⁵ ……(地方)的人 people of… *jji o ba cadabi hzubi gama hssussu, gwaba ngwaba nzzahzulha parma ssuhssu*。高山人和矮山人,劳作方法不一样;北山人和南山人,敲锣打鼓不协调。(谚语)

ba ④ pa⁵⁵ 动 印下,显像 show

ba-ngu ① pa³³ŋu³³ 名 魔术 magic

ba-ngu ② pa³³ŋu³³ 动 作假 cheat

bai-ta pai³³tʰa³³ 名 白糖 sugar

bai-tang pai³³tʰaŋ³³ 名 白糖 sugar *tiha ne bai-tang dedre bbazzhe shopwalangu, shoine bbazzhe sihbu*。现在一斤白糖卖四元人民币,过去一斤白糖只卖三角钱。

bbazzhe npo ba⁵⁵dʒe⁵⁵npʰo³³ 动 偷(钱)steal (money)

bao zha bao⁵⁵tʂa⁵⁵ 名 保长 village leader in the old times *go-mi-nda lege baozha la jazha nyo debbe*。在国民党统治时期,农村有保甲(保长、甲长)制度。

农 舍

bar ① pɚ³³ 名 粮食 grain *bar bbe qacyi ge nagwar za, ggupa i cencho ha mo*。把粮食装在口袋里,谨防被老鼠糟蹋了。

bar ② pɚ³³ 动 数落,批评 criticize *qamage jjimar yaddre o nabar nabar i vuli ddechyida manyoa*。王家的小孩子被他的母亲狠狠地数落,都抬不起头来。

bar ③ pɚ³³ 量 颗,粒 a grain of *shacha na nge ha ne bar da bar la hzha i da ma nyo gge*。收成不好的年份,到处都找不到一粒粮食。

bar ④ pɚ³³ 连 一般,一样 the same as *te ne ssahbu de barbar nehssyi i er nge zzozzo i zzyi si ha se*。他就像一个国王一样,跷起二郎腿只顾着吃。

bar bar pɚ⁵⁵pɚ⁵⁵ 拟声 吧唧(吃饭时嘴发出的声音)the sound made by mouth when eating *palagale iddangajja zalage nggaku ngehjilai bar bar hdagge*。巴拉呷说肚子饿了,从布包里拿出馍馍,自己吧唧吧唧

地嚼起来。

bar ddabbara pɚ^{55}da^{55}bɚ^{33}a^{35} 装满粮食 full of grain *cihi shacha bbe goincu, ggranggu nyibbobbe bar negwar i ddabbara*。今年的收成很好,所有的大小容器全都装满了粮食。

bar ddwa pɚ^{55}dua^{55} 动 到达 arrive *miqo tiha ne ssoi barda baeddwa che*。这个时候别人可能都已经到达了。

bar li pɚ^{55}li^{55} 一样好 as good as *zaxilazayazzyi abu awabbe vadabarli, abuawa bbe jji ta zzyi va dabarhzhyi*。扎西和扎娅对待爷爷奶奶一样好,爷爷奶奶也对他俩一样关心和爱护。

bar nesese pɚ^{33}ne^{55}sɛ^{33}sɛ^{33} 筛粮食 sieve the grain

bar ryi pɚ^{55}rɚ^{55} 量 少许,一点 a little *bboirotre vazza de na barryi kesshyi ggejja nala de*。到新民镇马敞河坝去,购买一点猪饲料回来。

bar tegwardamanyo pɚ^{33}tʰɚ^{55}ku^{55}ta^{33}ma^{33}ȵo^{33} 粮食多得没有容器装 there is no container for so much grain *varge ishadde ddejjimoi bar tegwardamanyo zhamala racu se jjigge*。越西张家粮食多得都没有容器装,只好修建新粮仓。

bar zyi pɚ^{55}tsɚ^{55} 动 欢送,遣送,派遣 see off *vu datwanzze ngehjila shui nddavarbbe ngabarzyi ta*。拿一坛子酒出来把客人欢送走了。

barda bbarla pɚ^{55}ta^{55}bɚ^{33}la^{35} 到达目的地 arrive at the destination *memacozzyio babu nyihze heya barda barla jja jjibbu jjinjjia jje*。野人婆丢下背篼倒在客位上,说道:"哎呀,终于到达目的地了。"

barda ddabar ① bɚ^{55}ta^{55}da^{33}bɚ^{33} 爬上去到达目的地 climb up and reach the destination *tege barla ne barda ddabar, ngabbarnyicwa*。爬上这里就到达了目的地,现在休息吧。

barda ddabar ② bɚ^{55}ta^{55}da^{33}bɚ^{33} 目标达成,实现理想 achieve the dream *te jwa ne tesso barda ddabarne suva maho deta*。现在他实现理想了,就不再需要大家帮忙了。

barda nabar pɚ^{55}ta^{55}na^{33}pɚ^{33} 下来并到达目的地 get down and reach the destination *tege nabar ne barda nabar lamanddo, desyi ngelo akezzoro*。下来可能就到达我们的目的地了,休息一下等他们。

barda namabar bɚ^{55}ta^{55}na^{33}ma^{33}bɚ^{55} 深度不够 not deep enough *meligenanbbar bardanamabar ne zzapancqo jji kahnama gge*。如果地上挖的坑深度不够的话,就是安上木桩也不会稳当的。

bargwar da pɚ^{33}ku^{33}ta^{33} 名 粮仓(竹囤) granary *amussao parle neo nanca bar gwar da ngu gge jja silage hichyiddwa*。阿木惹说要编两个竹囤来装粮食,他自己到山上砍竹子去了。

barko pɚ^{33}kʰo^{55} 晒粮食 dry the grain in the sun *meer ngala lhelhe zze, maca ngala barko zze*。微风吹来好扬场,太阳出来好晒粮。

barla bɚ^{33}la^{55} 动 到达,到了,来到 arrive at *tege barla ne yava barla myaha, syinyi zyida nezyi a*。到了这里就像到了家里一样,一颗悬着的心终于落下了。

barla gga pɚ^{55}la^{55}ga^{33}a^{55} 马上到 come soon *nessyi nyama la barlagga, ashyi ssama kechea ngelo*。你妈妈马上就要到家了,我们赶快做饭等着她。

bashyi pa^{55}ʃɚ^{55} 名 版式(沙巴作驱邪仪式时用的模具,上面刻有数十种图符;沙巴用面团在上面压出凸符) mould with religious symbols *bashyi ne si la ryigu nanca su，tra ssongwar su ddenkuza de*。版式有木质和骨质两种，上面刻有数十个图符，是沙巴用的图画文字。

bba ① ba⁵⁵ 动 背，背负，欠 carry, owe *ne ai lanzzhe nggewo bba，danyo ne nava hla majo sedeva hlajo gge*? 你欠我九只老虎的命债，今天不找你索命找谁去？（出自《青蛙的故事》）

bba ② ba⁵⁵ 名 父亲，爸 father *abba makwa sekwa，hnyingga hngwar ngga ge jjimala nekajjilagge*。父亲不尊还有谁比我尊，不走金门银门走什么门？（出自《大力士的故事》）

bba da ba⁵⁵ ta⁵⁵ 名 背带 straps *ne ai yaddre bbada ga desyi nahzha ava qi la，a yaddre o ddabba gge*。请你帮我找一下背带，我要把小孩背上。

背 带

bbale bbale ba³³le³³ba³³le³³（眼睛）滴溜溜地转 roll one's eyes *dde sshongwane dde gusi bbale bbale kwardodo ngwardodo mahose*。批评了他以后，他只是眼睛滴溜溜地转动着，东瞧瞧西瞧瞧不开腔。

bbalo ba⁵⁵lo⁵⁵ 形 闪 亮 flashing, twinkling *ssintrema o bbe zzhui vumya dexo ngasa jji hane bbalo nagwar jje*。聪慧女被火烤出了汗水，无意中用袖子抹额头揩汗，现出闪亮的容颜，忽然被调查人发现了。

bbanzzhyi kasa ba³³ ndʑɚ³³ ka⁵⁵ sa⁵⁵ 留下疤痕 leave a scar *luabu amu harlige ddentryi ddentro i vumya va bbanzzhyi kasa za*。罗布阿木被老熊抓伤了，脸上留下了永久的疤痕。

bbar ① bɚ⁵⁵ 动 装满 fill up *zaxi dde ddejjimo bar ddebbar i gwar demanyi zhema cu gge jje*。扎西家粮食丰收，到处都装满了，准备重新制作储粮大柜。

bbar ② bɚ³³ 动 燃，烧 burn *possa ssimo ne medepu ddabbar mali ha la deqi sshassha debbe，mwaha*。身为两口子，因为火烧不起来这样的小事情都可能会吵一架，没有关系的。

bbar ③ bɚ³³ 名 牛皮绳 cowhide rope *bbar daga tege naza za，sude silage zzho gge，desyi ddara ke ddryinyi*。有一根牛皮绳吊在这棵树上，应该有一个人在森林里，去呼唤一声，打个招呼。

bbar ④ bɚ⁵⁵ 名 邪（当地人指称寄生在野外、使在野外的人突发急病的神秘东西）evil (a sudden illness strokes someone outside) *yohgusu gabyio nbbiqo bbar de dde zzuzzu jja ipa dde nyi jje*。跛子放羊倌在山上放羊，遭遇了一个肚子疼的邪，我看见他的时候正发病。（当地不科学的说法）

bbar daga bɚ⁵⁵ ta⁵⁵ ka⁵⁵ 一根牛皮绳 a cowhide rope *sofuliga bbardagai memacozzyio nqo sibu qoddazai ddeshyia*。索夫用一根牛皮绳，把野人婆捆绑在大松树上拷打。

bbar dda shwa bɚ⁵⁵da⁵⁵ʃua³³ 解除疲乏，消除疲劳 relieve fatigue *ngabbarnyi nga bbarnyii，tiha ne bbar ddashwa jjoi gge cwa*。我们休息了很久，已经解除疲乏了，

现在就要回去。

bbar oma bɑ˧˧o˧˧ma˧˧ 绳索的活套 noose *muzwa ai goddenddre ane bbar oma i ddenchyiddancha ha*。谨防等会儿我发怒了用带金属扣的绳索的活套狠狠地抽打你。

bbarde ddezzuzzu bɑ⁵⁵te⁵⁵de³³dʐu³³dʐu³³ 撞了邪 suffered from an evil spirit

bbarnyi bɑ⁵⁵ȵi⁵⁵ 动 休息 rest *zaxiluonbbu, latege dabbarnyila xxidegocela, nesi ane debbe ddejiddo*? 扎西罗布,到这里来,休息一下抽一锅烟,你一个人忙什么?

bbarshyi da bɑ⁵⁵ʃɚ³³ta³³ 名 推土板 bulldozer *amu erpe depe bbarshyi daga qo negezei su leo va nca shu za*。阿木一只脚踏在推土板上,让另外两人拉推土板推土。

bbawa ba⁵⁵wa⁵⁵ 名 灯(越西语) light, lamp *yava le bbawa kencu za la manddo, desyi ddabbalo za*。屋里可能点着灯,稍微有些亮光。

bbawa bbawa ba⁵⁵wa⁵⁵ba⁵⁵wa⁵⁵ 形 亮晃晃 bright *san-lo ge zzholhyo o bbawa bbawa gge, tezzyi yava su zzho la ma nddo*。三楼上的电灯亮晃晃的,他家可能有人。

bbazha ba⁵⁵tʃa⁵⁵ 名 刀 knife *nyope nyinqi nguha sudeone bbazha deji mahji mapa*。在野外做活的时候为了方便劳动,每个人要随身携带一把刀。

bbazha bbe ba⁵⁵tʃa⁵⁵be⁵⁵ 名 刀背 the back of a knife blade *shabao vutesshyii ravulio bba zhabbe kamaga bbazha shyima taga i ngehzea*。沙巴喝醉了,打鸡的时候没有用刀背,用刀口一下就把鸡头砍了。

bbazha deji ba⁵⁵tʃa⁵⁵tɛ⁵⁵tɕe⁵⁵ 一把刀 a knife *nzzazhovaganyone amussa bbazha deji ddehji dididdege vaga*。到了宰杀过年猪那天,阿木惹拿着一把尖刀,挨家挨户帮别人杀猪。

bbazha er ba⁵⁵tʃa⁵⁵ɚ⁵⁵ 刀把卡口 the joint of the knife blade and its handle *tessyi yaddreo bbazhaji bbazha erwo lesugaqo ngelhyoi jihji gge*。他家的孩子把那刀把的卡口套在手指头上到处走。

bbazha ggama ba⁵⁵tʃa⁵⁵ga⁵⁵ma⁵⁵ 名 刀背 the back of a knife blade *ryiguga kengu mapa, bbazha ggamai ddehzuddaga*。这根骨头可能不容易弄碎,用刀背把它敲碎。

bbazha i ba⁵⁵tʃa⁵⁵ji⁵⁵ 名 刀鞘,刀壳儿 knife sheath *ngwar menche talwa avaqi a bbazha i de ncagge*。把牛尾巴割下来给我,我要用来做一个刀鞘。

bbazha ji ba⁵⁵tʃa⁵⁵tɕi⁵⁵ 那把刀 that knife *bbazha ji memecozzyi lige nesu nesu i bbalobbalo nge i shu za*。那把刀被野人婆磨了又磨,磨得亮晃晃的了。(民间故事)

bbazha nbbe ba³³tʃa³³mbe⁵⁵ 名 刀刃,刃口 blade *bbazha nbbe ne shyilwalwa gge she ryigu nata zzi*。刀刃用来切肉,不要拿来砍骨头。

bbazha nddremi ba⁵⁵tʃa⁵⁵ndʐe⁵⁵mi⁵⁵ 名 尖刀(牛耳朵刀) sharp knife *silaka-re debbe dde nggo nggo zai bbazha nddremi bbei ddehzu ddaga*。捡了一些野核桃,用牛耳朵刀的刀背捶烂以后拣来吃。

牛耳朵刀

bbazha shyima ba⁵⁵ tʃa⁵⁵ ʃɚ⁵⁵ ma⁵⁵ 名 刀刃，刀口 blade *ryigu zzi ha isyi ma ngu, bbazha shyima o tenke tebyi shu za*。砍骨头的时候没有注意，把刀刃砍缺了。

bbazha ssa ba⁵⁵ tʃa⁵⁵ za⁵⁵ 名 小刀 small knife *teryi yozai bbazhassa ngehjilai shyi bbe nalwalwai zzyi gge*。他们自己拿出小刀子，正在割下肉来吃。

bbazha su ba⁵⁵ tʃa⁵⁵ su⁵⁵ 动 磨刀 sharpen the knife *assyi abbale vei ge gge jja bbazhasu gge, amale zzozu zugge*。我爸爸说要杀小猪，爸爸在磨刀，妈妈在烧水。

bbazzhe dahssa ba⁵⁵ dʒe⁵⁵ ta³³ əza³³ 一分钱 one cent *bbazzhe dahssa la tamaqi ne ggepe mafu i ssedera tiyajje*。一分钱都没有花费，就娶到了一个不需要聘礼的媳妇。

bbazzhe npo ba⁵⁵ dʒɛ⁵⁵ mpʰo³³ 动 偷钱（盗窃钱财）steal *oli gaga bbazzhenposu bbe anjji npo debbe jja ddeerhbi ava zzorosua*。欧力嘎嘎给我表演了小偷是如何下手偷钱的。

bbe ① bɛ⁵⁵ 量 些 lot *nbbe mar nebbe ngehzhyi, ai ganzzhyi gaer nyogwa ne npo i ngece za*。活该肚子脱毛的这些人，把我的甘蔗全部偷吃了。（咒骂的话）

bbe ② be³³ 名 大众，公众，百姓 common people, the masses *aloteo ne bbei vahga ngu de, deo vahga si de ma hssyi*。这个是为了大众才做的，不是为了某个人做的。

bbe ③ be⁵⁵ 名 弓背 the back of an arch *alo, ryipa ta nage ne sili bryi la sili bbe bar tacha za de*。你们要注意，这两条路的差别，犹如木弓的弓弦和弓背的差别。

bbe ④ be⁵⁵ 动 爬，爬行 crawl, climb *yozaiyaddre nga lama bbe ne shyi shyi hyolo*。对于自己的孩子期望值太高，还没有学会爬行就希望他走路了。

bbe ⑤ be⁵⁵ 名 蛇 snake *pebbu somwanbbya bbe demazzhotele nbbya ru bbe yonenzzu*。索玛公山上如果一条蛇都没有，绵羊吃了山上的草就会中毒。（当地的说法）

bbe ⑥ be⁵⁵ 名 虫 bug, worm *mezzyi tesi ddryiha: bbezzyi bberavunehzu, bbezzyi bbera vu nehzu*。每年第一次听到雷声就说："虫虫蚂蚁被打倒，虫虫蚂蚁被打倒。"（当地的风俗）

bbe ⑦ be³³ 名 海螺 conch *erbbe ne erbbe nyo, shubbe nyo, shwalwane lezu nyo leinyo*。海螺有白色的和黄色的，旋转方向有左旋的和右旋的。

海 螺

海 螺

bbe ca be³³ tsʰa³³ 名 蚊子，蚊虫 mosquito *cadaneddwa ne bbeca ddejima, nzzeo ddala ne zancyi ddeji ma*。下到矮山怕蚊子，上到高山怕黑蝇。

bbe shyi ① be³³ ʃɚ³³ 份子肉（按每户人口均分的肉）meat distributed according to the number of people in the household *ersune trolengu hane bbe vussha, zihane bbazzhe ddezzu hwamya kesshyia bbeshyinbbyinbbyi*。尔苏人在射箭节的时候要筹粮食做醪糟分食，火把节时要筹钱购买牲口，按户数分份子肉。

bbe shyi ② be³³ ʃɚ³³ 名 耙子 rake *shentre debbe ngedde i she bbeshyi daji nancai sica ssha ggejje*。找了一些细铁丝，编了一把铁丝耙，准备用来捞树叶。

bbe ssho varssho be³³ ʒo³³ v ɚ⁵⁵ ʒo⁵⁵ 大家都有错，奴隶也有错 everyone is wrong, and the slaves are also wrong *bbessho varssho, ngwar hzho bbemar ssho*。大家都有错，奴隶也有错，就连滚粪球的蜣螂也有错。（当地的习惯用语）

bbe yo ① be³³ jo³³ 各家各户的羊 the sheep of all the families *yohgusu gabyi o tahane bbeyo bbe ngasshai bbeyohgude*。跛脚的牧羊人当时就是收集各家各户的羊来放牧的。

bbe yo ② be³³ jo³³ 集体的羊，公共的羊 collective sheep *shoi fuge bbeyo necyi maga zzho dei, zhanga ne nyogwa sho tezzu za*。以前村里有二十多只公共的绵羊，后来全部死了。

bbe zzhu bɛ⁵⁵ dʐu⁵⁵ 名 袖子 sleeve

袖　子

bbe zzyi ① bɛ⁵⁵ dzɚ⁵⁵ 名 蛹 pupa *bbezzyi ezhe-re ge nazha bbe ne yaddrebbe va yapi*。吃油炸蚕蛹有益于小孩成长。

蚕　蛹

bbe zzyi ② bɛ⁵⁵ dzɚ⁵⁵ 名 虫子，昆虫 worm, insect *cihi ne ssumi bbege bbezzyi ddabbwa za, shacha ncumagge dehi*。玉米地里都长虫子了，今年的收成不会很好。

昆虫（螳螂）

bbe zzyi ③ bɛ⁵⁵ dʑɚ⁵⁵ 名 蚕 silkworm *adde bbezzyi byilonapwa ddehssuza, sohine byilo necyi pwahssugge*。我家养了两张竹笆的蚕，明年打算养二十张。

bbemar nanzza bɛ⁵⁵mɚ⁵⁵na³³ndʑa³³ 被树蚕的毛刺蜇，毛虫过敏 stung by the tree-silkworm *ailepebbemar inanzzai gedwa nesiongalaza, nyihji nahzhakehiho*。我的手被树蚕毛刺蜇过敏了，要找点药来敷上。

bbenyo ge ngwarcu bɛ⁵⁵ȵo⁵⁵ke⁵⁵ŋuɚ³³tsʰu³³ 骗人伎俩娴熟 skillful deception *mugassyi isuxxonguhane bbenyo ge ngwarcu mihade, nzzhekatali*。牧呷惹诓骗人犹如从怀中取物，手法娴熟，你们千万不要相信他。

bbezzha zzyi bɛ⁵⁵dʐa⁵⁵dʑɚ⁵⁵ 轮流请吃饭 take turns to host the banquets *nzzazhova nagane ryinyibbe hgwarranehyoa bbezzha dazza zzyi*。宰杀过年猪以后，每家轮流请亲戚来吃一顿饭。

bbezzhu ka bɛ⁵⁵dʐu⁵⁵kʰa⁵⁵ 名 袖口 cuff *bbezzhukage hngwarledru ge la nyo ngehgushuza*。把银手镯都从衣袖口里掏出来了。

bbezzhu kasa be³³dʐu³³kʰa³³sa³³ 缝上袖子，接上袖子 sew the sleeves *npezi nkwazyi toji ddagwar ddo bbezzhu kasade dde sshyi qi*。我穿过一件打上一层布料的、接上袖子的绣花羊毛褂子。

bbezzi be³³dʑi³³ 名 络子筛 winding sieve *ssumi nzzyi i ne bbezzi ge nese ma li de, te cucu a*。玉米面粉是不适宜用络子筛筛的，玉米面太粗了。

bbezzyi raze ① bɛ⁵⁵dʑɚ⁵⁵ra⁵⁵tsɛ⁵⁵ 名 蚕种 silkworm egg *vura paceqo bbezzyi raze bbe tige honyoge nga gwar-i ddehohoza*。她把粘在布片上的蚕种揣在怀里保温。

bbezzyi raze ② bɛ⁵⁵dʑɚ⁵⁵ra⁵⁵tsɛ⁵⁵ 名 虫卵 worm egg *trohar bbene meliggu tessyiwai bbe zzyi raze nahzhai zzyigge debbe*。狗熊在草地上拨开草皮，在泥土里寻找虫卵来吃。

bbezzyi si bɛ⁵⁵dʑɚ⁵⁵si⁵⁵ 名 桑树 mulberry

桑 树

bbezzyi zza bɛ⁵⁵dʑɚ⁵⁵dʑa⁵⁵ 名 桑叶 mulberry leaf *alo dde bbezzyi davahgga ddehssuza, denyonyo bbezzyizza hzhagge*。阿洛家里养了一张大晒垫的蚕子，她天天都要采桑叶喂蚕。

桑叶、桑椹

bbi ① bi⁵⁵ 名 老茧 callus bbi ne lebbi nyo erbbi nyo yazyi。老茧有手茧和脚茧之分。

bbi ② bi⁵⁵ 形 粗，大 thick, big cihi bugaga nyayabbi bbe, deo la dedre zzho, gwarshege jjibu pekwa。今年洋芋大丰收，最大的一个有一斤多，街上的洋芋也卖得贵。

bbi ③ bi⁵⁵ 动 烂，腐烂 rot, decompose bugagabbe singumankwar nemecukenpiane nechonebbia nyipyigge。洋芋收回来后假如保管不善，就会被冻伤，全部腐烂掉的。

bbi ④ bi⁵⁵ ……分之一 a part of danyo tege su sibbi debbi si laza, kaddei melie? 今天到这里来的人，只来了三分之一，怎么才这点人？

bbi ⑤ bi⁵⁵ 形 胖（指人）fat

bbo ① bo⁵⁵ 动 有，怀有 have zzhyi bbo mi bbo ne danyo ne ddakato a ngalai shu。有什么话，今天就全部说出来。 nitejji nengu ne, aryi sejji nava zzhyibbomibbo le。你这样做事，我们大家都对你有意见、有说法。

bbo ② bo³³ 量 串（珠子）a string of (beads) npora debbo hdwara qo kasa i mahdryi ddehdryi ggagga gge。戴了一串佛珠在身上，在这里装模作样地晃荡。

bbo ③ bo⁵⁵ 开阔地 flat, open ground mesyi trajji hane bboge miiddecua jogga nanca gge debbe。在举行送魂仪式的时候，要在开阔地上搭建临时经堂。

bbo ④ bo³³ 名 仇人，敌人 enemy nyope nddroshyi dage ne anjji jji bbo pe ddata nchoncho。出行在外的时候，一定不要和敌人结伴而行。

bbo ⑤ bo⁵⁵ 动 拥有，富有 possess, own tenehine sejji zzyile bbo cele bbo, yahi shohi ne sejji ma bbo ma nyo。现在大家都有吃的有穿的了，从前大家都缺吃少穿。

bbo kwa lo⁵⁵kʰua⁵⁵ 名 平原（河谷地区）plain region bbokwa ne repuyahgu, ryikwa ne tahgga yazze。河谷平原好耕种，康庄大道好交汇。

bbo ze bo⁵⁵tsɛ⁵⁵ 名 雾 fog nbbiokanzzai nyizzoroha, bbo ze tadaza, loge ggwaxxo lama ddo。站在山顶往下看，平地上充满了雾气，下边可能在下雨。

bbopryi mapryi bo³³pʰʐɿ³³ma³³pʰʐɿ³³ 黎明前 before dawn nkwarhge mahge trozza che, bbopryi mapryi trosanggwar。半夜三更做狗粮，黎明之前去放狗。（《打猎歌》歌词）

bbozzu galegale bo⁵⁵dzu⁵⁵ka⁵⁵le⁵⁵ka⁵⁵le⁵⁵ 耳佩晃来晃去 earrings are dangling ssinqoma o shyishyi hane bbozzu galegale nchancha gge。那个美女走路时，耳佩随着节奏晃来晃去。

bbryi ① bʐɿ⁵⁵ 名 灾祸，灾难 disaster, catastrophe lhanbboabu lige izzukwa babbe bbryihgge kagwar zzho mapa jje。韩博老爷栽下灾祸的种子，大屋基村人无法生存了。

bbryi ② bʐɿ⁵⁵ 名 晕，日晕，月晕 halo danyo nyoma bbryiikawaza, sunyo bbegene ggwalagge *lamanddo*。今天的太阳有日晕,明后天有可能要下雨。

bbryi ③ bz̩e⁵⁵ 名 发旋 cowlick *bbryi deddre ha bbe neyaddrengu ha ne ya ddadra debbe jje*。据说,有一对发旋的人在儿童时期要比其他人调皮一些。

bbryisso lhasso bz̩o⁵⁵ɜo⁵⁵ɬa³³ɜo³³ 名 凶神,恶鬼 wicked demon *meibashaba nehdehdene meo nyilai bbryissolhasso dei katrazatiyajje*。矮人国的沙巴在历算和卜卦后指出,从天上下来一个凶神在作祟。(民间传说)

bbu ① bu³³ 犁头经过的路线,犁开的豁口道 the path of a plow *tro kahssai kwarla ngearla sibbu sikala jje*。把狗儿架上犁头,来回拉了三道犁。

bbu ② bu⁵⁵ 名 草茎,禾秆 straw *ssumi nego ane bbu bbe nachyi a tepyi a mecu ne ngwar ru nengu gge*。掰玉米以后,把玉米秆从根部割下储存起来,作为黄牛过冬的饲料。

bbu ③ bu³³ 动 喘 pant *awamomo woroswanyi pulai sedde bbu i ddechenenche lamapa*。老奶奶的哮喘发作了,喘气困难。

bbu ④ bu³³ 动 绘,画,涂抹 draw, paint *tedde kula kebbu i ddebbu ddacha daga bbo*。他家有一只花花绿绿的工艺绘画的木魁。

木 魁

bbu ⑤ bu³³ 形 花,杂色的(多色相间)variegated *hwai ddebbu ddacha de azzyi nddara qo kanzza ngabbarnyi za*。一只羽毛多色相间的鸟站在我家的窗台上休息。

bbu ⑥ bu⁵⁵ 名 翅膀 wings *pe bbu er hwa de ddre nga hggwar i ngeddwa*。一对雄的白翅鸟飞过去了。

蝴蝶翅膀

bbu ⑦ bu⁵⁵ 名 野猫,山猫,云猫 wild cat *awaneo dawabarlane, hibba ga jja rama zyiga bbu ihji ddwa la hamase jje*。两个老太婆凑在一起的时候只顾吹牛,仅有的一只母鸡被野猫叼走了都不知道。

猫

bbu ⑧ bu⁵⁵ 量 队,群 a team of, a group of *honjo tafaikalaha, nzzahmede bbu lopyikwarlai pucegekwarddwa jje*。据说,红军长征的时候有一队人马是经甘洛县蓼坪乡过海棠北上的。

bbu ⑨ bu³³ 形 大 big, large *yavajji missyi marra deo ne nava mahyolo, yabbuyaakwa ne nahyolo*。家里边琐碎的事情你不用管，大的事情、开销就依靠你了。

bbu ⑩ bu³³ 动 过去 pass by *tiha ssibbutre la te bbu a, anjji jji tava teme mapa de*。至今都过去三年了，我无论如何忘不了他。

bbu ⑪ bu⁵⁵ 形 公，雄 male *har bbu de lige ai tronbbryi o rekara*。一只公熊把我的猎狗给抓伤了。

bbu ⑫ bu³³ 名 犁，犁架 plow *si tenaga, nechyi isibbutre tabbu a, danyo ne bbu de ddre ncagge*。这两个木料砍回来阴干已经三年了，今天准备用它们制作一个犁架。

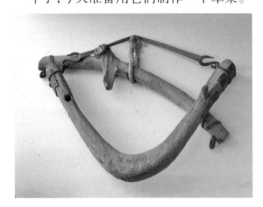

犁具（枷担）

bbu a ssu ha bu³³a³³zu⁵⁵xa⁵⁵ 胃上有油（表示吃得好）eat well

bbu bi bu⁵⁵pi⁵⁵ 名 蚕丝 natural silk *cihi ne bbubi bbe la ggoi ma pekwa jja, aryi yozai bbubi nzzyiza nca gge*。今年的蚕丝卖价不高，所以我们打算自己加工制作蚕丝腰带。

bbu bi zzyi bu⁵⁵pi⁵⁵ʥə³³ 名 蚕丝线 natural silk thread *minpo bbe bbubi zzyi daga nge susu mahssyi i tehzhyi ne mali*。这些彩色珠子用一根蚕丝线穿起来，但扯断了就不好了。

珠 子

bbu bryi ʙu⁵⁵pʐə⁵⁵ 名 食管 oesophagus *ngwar gadage ngwarbbubryige ngenggoa avaqila, a bbazhai de lhyogge*。去宰杀牛的地方把牛食管要来，我要做一个刀鞘。

bbu ca bu³³tsʰa³³ 名 犁面 surface of the plow *muzarbbe bbuca ncahene nagarhar desyi nenqo a ne bigwa pulay*。木匠在加工犁头时要把犁面做得向两边微倾斜，这样就便于翻泥土。

bbu la bu⁵⁵la⁵⁵ 动 成功 succeed *bbu la, abbwabbwa bbwa, nancanancai tebbu mapa, tihasibbula*。成功了，啊吧吧吧，一直修改，终于成功了。

bbu ru bu³³ru³³ 名 犁道（犁地时的沟槽）grooves left by the plough *bburu sacyi jjishushu, bburu sacyi nyishushu*。三十条犁道的泥饼向右翻，三十条犁道的泥饼向左翻。

bbu zza ① bu³³ʥa³³ 名 边柱（靠墙的柱头）side pillar

bbu zza ② bu⁵⁵ʥa⁵⁵ 形 粗大，粗壮 thick and big *ni hizze bbe kadege nego debbe? ggoi la bbuzza debbe ta*。你的竹笋是哪里掰的？好粗壮哦。

bbua ssuha bu³³a³³zu⁵⁵xa⁵⁵ 动 吃饱 eat well, full *amane bbua ssuha dadai, tamatele* *nzzhonzzho nwanwa ngeiggeche.* 你别管他,他只不过是已经吃饱了,不然的话,他会狼吞虎咽的。

bbubbi si bu⁵⁵ bi⁵⁵ si⁵⁵ 名 楠木树 phoebe zhennan *bbubbibbo bbubbisi bbenyogwa bbubbi bbo bai nwa bbe lige talwatezzu.* 楠木树坪上的楠木树全部被楠木树坪村的彝族人砍完了。

bbubbu nbbar ① bu⁵⁵ bu⁵⁵ mbɚ³³ 动 挖坑,挖洞 dig *jjaranyanpishalasu denyonyone tessyi melige bbubbu desinbbar jje.* 加拉良皮的种麦人每天都在他家地里挖一个坑。

bbubbu nbbar ② bu⁵⁵ bu⁵⁵ mbɚ³³ 动 钻孔,打洞 drill a hole *shunwa sshyisu ddwai mebbu bbu de nanbbar-i meibashela nyihgu su za.* 穿黑披毡的人到山顶上挖一个地洞,一直挖到地底下的矮人国。(民间传说)

bbubbu nbbe bu⁵⁵ bu⁵⁵ mbɛ³³ 动 钻入 drill in *megoddi gge lhizyi maha, meike bbubbu nbbe manyo.* 要上天来无天梯,要入地来无地洞。(谚语,形容走投无路)

bbubryi tedo bu⁵⁵ pʐə⁵⁵ tʰe³³ to³³ 食道断裂 oesophageal rupture *ranchyiha zaxilige nahggarui ra bbubryi ga la tedo za.* 剖鸡的时候,扎西用力一拉,把鸡的食道都给扯断了。

bbubryi tehzhyi bu⁵⁵ pʐə⁵⁵ tʰə⁵⁵ ətʃə⁵⁵ 食道断裂 oesophageal rupture *nwaincha tilige ddadwai melia nganpai bbubryi tehzhyi shuza jjigge.* (摔跤时)那位彝族小伙被他抱起来摔在地上,把食管都摔断了。

bbuddehgge ncadde hgge bu⁵⁵ de⁵⁵ əge⁵⁵ ntsʰa⁵⁵ de⁵⁵ əge⁵⁵ 穷凶极恶 viciously evil *suteo yaliggemihade, zzhyiddehohane bbuddehgge ncaddehgge de.* 这个人看起来是面善的,说出来的话却是穷凶极恶的。

bbuhgu bu⁵⁵ əku⁵⁵ 名 角落,旮旯 corner *nene bbuhgu ge kecucuianengue? tabar ddenpi kwarlamejjinbarmerela.* 你蹲在角落里干什么? 这么冷的天气,快过来到这火塘边烤火取暖。

bbula dawazyi bu⁵⁵ la⁵⁵ ta⁵⁵ ua⁵⁵ tsə³³ 一起商量,共同谋划 discuss and plan together *aryisela bbula dawazyi imwa dawazyi, anedesyi jji kebbukala.* 我们有事都要一起商量、一起谋划,无论大事小事都要协商。

bburu ramar bu⁵⁵ ru⁵⁵ ra³³ mɚ³³ 牦牛毛做的氆氇 yakwool *bburu ramar ge nzzyihggesibar ngalai temeshyi izuge kalai kecitwajje.* 在牦牛毛做的氆氇包里抖出三颗荞子,把它们种在昨天烧火的地上,并做了虔诚祈祷。

bbutre lhame bu⁵⁵ tʂʰe⁵⁵ ɬa⁵⁵ me⁵⁵ 成年累月 for years *ddrobbyiabu che-zyinaddrai neguer ibbutrelhame neidage sizzhode.* 张老头因为从车上摔下来,瘫痪了,成年累月只能够瘫在床上。

bbwa mazhe bua⁵⁵ ma⁵⁵ tʃe⁵⁵ 动 不想 be unwilling to *a tiha ggabbwa mazhe she, neryi gga, a muzhwa gga bbwazhe ha si gga gge.* 我现在不想唱,你们唱吧,一会儿想唱的时候我再唱。

bbwadre bua⁵⁵ tʂe⁵⁵ 名 撮箕 dustpan *te meli hgu ge chuli bbe bbwadre genagwar ngehji la.* 把这个坑里的泥巴掏到撮箕里运出来。

bbwadre genagwar bua⁵⁵ tʂe⁵⁵ ke⁵⁵ na⁵⁵ku ɚ⁵⁵ 装进撮箕 put it into dustpan *te meli hgu ge chuli bbe bbwadre ge nagwar ngehji la.* 把这个坑里的泥巴装进撮箕里运出来。

撮 箕

bbwagusizhyi wanbbuba bua⁵⁵ ku⁵⁵ si⁵⁵ tʃe⁵⁵ wa⁵⁵ bu⁵⁵ pa⁵⁵ 乌藤砍柴旺百户（瓦部村缺柴，烧乌霉藤）the village is short of firewood, and people fire the vine to keep warm *bbwagusizhyi wanbbuba, erjji erhguxxinbbu ba*。乌藤砍柴旺百户，石头窖窖殷百户。（民歌歌词）

bbyi ① bzɚ³³ 名 蜜蜂 bee *sutedde bbyii denche nzzongui ddahssaiddela, missyimarra ma hssyi*。这家人真不简单，犹如蜜蜂一样，兴旺发达起来了。

蜜 蜂

bbyi ② bzɚ³³ 动 满溢 overflow *ddroge zurebbe ddezui ngebbyi a, meo desyi ngapwa*。锅里豆浆煮沸了，都溢出来了，把柴火抽出一些。

bbyi ③ bzɚ³³ 形 浅，薄，浅薄 shallow *bbyi bbyii tezzhuggajji mwaha, bbyi bbyi i tezzhune kebebei ssenyo*。薄得要穿孔了也没有关系，补上就行了。

bbyibbyi bbarbbar bzɚ³³ bzɚ³³ b ɑ⁵⁵ b ɑ⁵⁵ 无拘无束 unconstrained

bbyibbyi ica bzɚ³³ bzɚ³³ ne³³ zɿ⁵⁵ tsʰa⁵⁵ 薄的烟叶 thin tobacco leaf *bbyibbyi ne icahjila, cici ne zishyi hjilaho, aradruntwa hjilaho*。要带薄的烟叶、细的衣线、烤的烧酒来敬先人。（当地的风俗）

bbyicho la bzɚ⁵⁵ tsʰo⁵⁵ la³³ 板栗树林，巴去巴组村 chestnut woods, Baqubazu Village *nessyi mulhissa bbyicholage kenbbei sui vahga bbyicho nggo nggo gge*。你家的木乃子钻到板栗林里，正在帮着别人家捡板栗果。

板 栗

bbyire ngehi bzɚ⁵⁵ re⁵⁵ ŋe⁵⁵ xi⁵⁵ 甜言蜜语 fine-sounding words

bbyire ngwarntwa bzɚ⁵⁵ re³³ ŋu ɑ⁵⁵ ntʰua³³ 五滴蜂蜜 five drops of honey *lesu ngwarga bbyire ngwarntwa ha, sejji shomo kecu a jihji gge debbe*。五个指头上都有蜂蜜，谁都会为之竭尽全力。（谚语，表示有利可图，就会拼命）

be ① pe⁵⁵ 动 足够 be sufficient to *tamar ge ne*

aryi nyogwa zzyilebe gge。这下足够我们大家吃了。

be ② pe⁵⁵ 动 送（物），吊着 send, hang *qamawo ivemupa shela vevuli bei gge jja yaddre bbe nyipyii ddwajje*。母亲把孩子丢在家里，回娘家送猪脑壳拜年去了。（当地的风俗）

be ③ pe⁵⁵ 名 疮（溃疡，流脓）sore *amu kebbui erpe gaqo nyibugai kengu zage nebei bere ngalaza*。阿穆克布的脚上跌倒摔伤的伤口，生疮并且流脓了。

be ④ pɛ⁵⁵ 动 送（人），欢送 see someone off *mokazho danyo lema ncha xinqoge jjoi gge jje, bei gge jje*。莫卡卓今天要到甘洛，送他的新媳妇回娘家。

bebede kezyi pe³³pe³³te³³kʰe³³tsə⁵⁵ 打补丁 make a patch *ssacege hzhenbbeli va ggupai ddenqiza, ai vahga bebede kezyikeishu*。那条裤子的臀部上被老鼠咬了一个洞，你帮我打个补丁。

bi bbu pi⁵⁵bu⁵⁵ 名 项链（颈饰品）necklace *bibbu lankalemape njjo gwardda, bibbu lankadde homanzzhonjjomahde*。虽说项链能做伴，但它不会说话，所以不是真正的伙伴。

bigwa ga pi⁵⁵kua⁵⁵ka⁵⁵ 动 耙地（打泥饼） harrow *danyo bigwa naganaga i lehdda la ddenyi a*。今天打泥饼打得手臂都酸痛了。

bihzu biga pi⁵⁵ətsu⁵⁵pi⁵⁵ka⁵⁵ 把泥饼打碎使泥土和草根分开（打泥饼，抖草根）break the mud pie to separate the soil from the grass roots *jjiobala cadaba bihzu biga ma ssuhssu*。高山和矮山的人打泥饼抖草根的方式不一样。（谚语，表示做事方法不同，但目的相同）

binbbi a ddabar pi⁵⁵nbi⁵⁵a³³da³³p ɚ³³ 齐膝盖高 knee-height

binbbi erpwa pi⁵⁵nbi⁵⁵ɚ³³pua³³ 名 膝盖骨 knee

binbbi kehge pi⁵⁵mbji⁵⁵kʰɛ⁵⁵əkɛ⁵⁵ 动 下跪，磕头 kneel down, kowtow *abba ama va binbbi kehge ne teyo de manyo de, sedejji hgedanabar debbe*。给父母亲下跪是理所应当的，谁都应该给父母下跪。

binbbi nangga ddeddwa bi⁵⁵nbi⁵⁵na⁵⁵ŋga⁵⁵de⁵⁵dua⁵⁵ 膝盖爬上耳鬓（形容人老了佝偻着身体，膝盖靠近耳朵）crouched *coparha lwapwajji tessua nbbonzzedo, tihane binbbi nangga ddeddwa*。我们年轻的时候老虎也敢捉来骑，现在膝盖爬上耳鬓，什么都不行了。

binbburu nce pi⁵⁵mbo⁵⁵ru⁵⁵ntsʰe⁵⁵ 四季豆蔓攀爬的竿 beanpole *meli ge binbburu nce bbe debbutre ne de ne nddryi tebbu ane te nzzhyi ho*。地里的四季豆蔓攀爬的竿子过一两年就要更换一次。

四季豆蔓攀爬的竿

四季豆

binzzhyi hssalwa pʰi⁵⁵ ndʒɚ⁵⁵ əza⁵⁵ lua⁵⁵ 动 开荒（犁生地，砍火地）assart

bo po⁵⁵ 量 包 a parcel of, a pack of *yava cyimazzhaza, ne cyi cecyibo kesshyia mugava ddashua*。家里没有盐巴了，你在街上买一包交给穆呷带回来。

bo-cai po⁵⁵ tsʰai³³ 名 菠菜 spinach *te bo-cai bbe veshyi shyire ge kezho ha goiyamar debbe ddo*。这些菠菜放在猪肉汤里煮，味道很好。

菠 菜

bo-lo po⁵⁵ lo³³ 名 菠萝 pineapple *ne-ryiivahga bo-lo neo kesshyijja, dde zhe gge debbe la manddo*。给你们买了两个菠萝，都有可能是酸的。

bobar ① po⁵⁵ pɚ⁵⁵ 名 宝贝，珍宝 treasure *ale nava bobar bar hzhyi, ssyi ge ngagwar teli nzzha, vuqo ddezyi ngahggwar ddejima*。我对你视如珍宝，放到嘴里怕化了，顶在头上怕飞了。

bobar ② po⁵⁵ pɚ⁵⁵ 名 珍珠 pearl *zaya le bobar npora desyi hdwarageva kasa za*。扎娅的脖颈上戴着一条珍珠项链。

珍珠项链

bobo-cai po³³ po³³ tsʰai³³ 名 包菜，莲花白 cabbage *ggubila ne bobocai jji debbekala, ggoerggonwa si katala*。种蔬菜要适当种一些莲花白，不要只种青菜、白菜。

包菜（莲花白、卷心菜）

白菜

boge ddezyi po⁵⁵kɛ⁵⁵de⁵⁵tsɚ³³ 消失踪迹, 杳无音讯 disappear *temuga lalhio bbazzhe ssohbupwa hjiddwane boge ddezyi ngeshyiji a*。这个木呷拉来借走4000元钱, 从此以后就消失踪迹了。

bossi bo⁵⁵zi⁵⁵ 动 安家（居家过日子） set up a home *navanggenyo tebbuasilajja, tihabossi ngganggu lakamazziseta*。叫你九天以后再来嘛, 现在过日子的家具都还没有置办齐全, 你就提前来了。

bossi mado po³³zi³³ma⁵⁵to⁵⁵ 性功能障碍, 没有生育能力 sexual dysfunction *zanbu bossimado dejje zuoma latezzi tecucui nawa nashaza*。听说是因为藏布没有生育能力, 所以卓玛和他离婚了。

bossizzhome nzzhoro zze po⁵⁵zi⁵⁵dʐo⁵⁵me⁵⁵ndʐo⁵⁵ro⁵⁵dze⁵⁵ 生活更加精彩, 生活充满阳光 live a wonderful life *ddenyimadde ngala izhanga ne buerssyi bbe bossi zzhome nzzhoro zze*。共产党来了以后, 尔苏人民的生活充满阳光, 生活更加灿烂。

bryi pzɚ³³ 名 麻绳, 绳子 rope *ngwarnposu zaxiteryi gekemi bryiiddepryigon-ngajo nehji ddwa*。偷牛贼被扎西他们捉住, 用绳子捆绑起来送公安局去了。

bryi daga pzɚ⁵⁵ta⁵⁵ka⁵⁵ 一根绳子 a rope *mujissa dde yo de pryi i gaggejje bryi daga jihjigge*。木吉家要去牵一只羊来杀, 据说他拿着一根绳子去了。

bryi nga nca pzɚ⁵⁵ŋa³³ntsʰa³³ 用绳子测量分割（土地） measure and distribute the land by ropes *isyiabu dde jahjabbe bryinga nca i meli ne nbbyinbbyi ajje*。所有的新房支系的人家都用绳子测量分到了土地遗产。

bryi ngancaza pzɚ⁵⁵ŋa³³ntsʰa³³tsa³³ 拉了警戒线 cordon off *itagage ane nenguza manddo azo bryingancaza, sukejibamapa*。这间屋子里不知道出了什么事情, 已经拉上了警戒线, 不能靠近。

bu ① pu⁵⁵ 量 棵 *ingwashe nqobbiqo ojjasibu ojjakasasu nebu ha*。房子南头的坎上有两棵结果子的梨树。

bu ② pu⁵⁵ 名 马铃薯, 土豆, 洋芋 potato *jjiobashe hgoxxo dda bar ne se dde jji yava bugaga ngalala za*。到了秋天, 高山上的尔苏人家, 屋里满地都是洋芋。

bu ③ pu⁵⁵ 量 层 layer *lamei shuzza ddezu nebuzzho daca ddesshyi i laza*。腊梅披着一件新的染黑的两层披毡来做客了。

bu ④ pu⁵⁵ 量 束 a bunch of

bu ⑤ pu⁵⁵ 量 双, 对, 两只 a pair of *azzyi munpa nggeo tronbryi nggubu bbo te-ryi hzhalagge debbe*。我家九个哥哥有九对猎狗, 他们会来寻找我们的。

bu ⑥ pu⁵⁵ 量 次（专指婚礼） time (wedding) *tinehine ddezyizyii lema de bu keshu jji goi ya nzzyi dedde*。现在办婚礼相互攀比, 费用越来越高, 举办一次婚礼很难。

bu ⑦ pu⁵⁵ 动 支撑 support *aryi jji mar bbe*

kamabutele teryi anggu bbese keshyi ma gge。如果不是我们吉满家族的人帮忙的话,他们周家自己做不好这件事。

bu ⑧ pu⁵⁵ 动 披,盖,顶 wear (a garment) *lema vuliqo shussashyizwa ddanwa daca nebu za*。新娘子的头上盖着一件崭新的黑色披毡。

bu ⑨ pu⁵⁵ 量 封,本,部 volume *shaba te dde shabazzhonzzyi debu bbo*。他家有一部沙巴文图经。

bu ⑩ pu⁵⁵ 动 撬 pry *erkwatewo keshyi mapade, she dranggu dagai ddebu ddalashu*。这个石头搬不动,用一根钢钎把它撬起来。

bu ciru pu³³tsʰi³³ru³³ 名 节灌草,山羊草 aegilops *buciru bbe na sicamaha nyigugu bbesi nyihssaga sio myaha debbe*。节灌草是没有叶子、有草绿色茎的光草茎植物。

节灌草

bu dde pu⁵⁵de⁵⁵ 名 外族,外国 foreign country
bu de pu⁵⁵tɛ⁵⁵ 名 一个土豆 a potato
bu fe pu⁵⁵fe⁵⁵ 名 洋芋粉 potato powder
bu gaga pu³³ka⁵⁵ka⁵⁵ 名 马铃薯,洋芋 potato

洋芋地

马铃薯

bu hzu pu³³ətsu⁵⁵ 捣碓窝 grind the rice in a mortar *agama o buhzu ha ne xxongubiga o tege nalajje*。阿呷莫正在捣碓窝的时候,假话大王从她的旁边走过。(民间故事)

bu i ① pu⁵⁵ji⁵⁵ 名 碓窝房 mortar room *ssintre ma o jjibbar ge nge hjiddwa i bui ge da buddre va kepryi i tepyi a jje*。聪慧的女子把牛皮绳拖出去,拴在碓窝房里的碓窝上,然后就走了。(民间故事)

bu i ② pu⁵⁵ji⁵⁵ 马铃薯粉,洋芋粉 potato powder *subbupanyiha bbe ne nchonebuidaka zzhozunen zzhonzzho ngecehsse*。有胃病的人每天早上用开水冲马铃薯粉来吃,是可以起效的。(当地的说法)

bu i ③ pu⁵⁵ji⁵⁵ 名 冬月,十一月 November

buigene imeddatasa, nechyigai yavake si gwarza, anela nge re ma gge。冬月房子不要被烧,因粮食都收割归仓,烧了就一无所有了。

bu lili pu⁵⁵ li⁵⁵ li⁵⁵ 球状的东西,马蜂窝 round object, hornet's nest

bu mamo pu⁵⁵ma⁵⁵mo³³ 该生洋芋,母洋芋(指头一年未挖的洋芋。其在第二年又长出) potato harvested a year after fully grown

bu nbba pu³³nba³³ 小口陶罐 small-neck stean *lama minqi gge hane vu de bunbba hji gge de, de bu nbba ne dedre maga zzho*。准备去相亲的时候,要带上一小陶罐的酒,有一斤多一点。

陶　罐

bu nhzu pu³³nətsu⁵⁵ 舂石臼,踏碓窝 grind the rice in a mortar

bu papa pu⁵⁵pʰa⁵⁵pʰa⁵⁵ 洋芋藤 potato vine *bu papa bbe nachyi a ve a nezyi a ne ve ya ndde*。洋芋藤蔓割下来喂猪,猪就长得肥。

bu tryi ① pu⁵⁵tʈʰɚ⁵⁵ 名 憨人(不会处事的人) plain dealer *tene butryibuhggwa ddahda zademane, coho desyila ma ddreddrede*。他是吃了半生不熟的洋芋、一点客套话都不会说的憨人。

bu tryi ② pu⁵⁵tʈʰɚ⁵⁵ 半生不熟的土豆 half-cooked potato *bumamo bbe kenbbune ddehi mapade, butryi debbe si tebbu ggede*。地里生的土豆是烧不熟的,只能够烧到半生不熟。

bu zzyi pu⁵⁵dʐɚ⁵⁵ 名 口袋,布包 bag, sack *buzzyi ge bu gaga kezho nesibar nagwar za, nzzhokwangui*。口袋里装着两三个洋芋,拿去做午饭。

bumi dde hzu pu³³mi⁵⁵de⁵⁵ətsu⁵⁵ 捣成土豆泥 mash potatoes

bunbba nencido ① pu⁵⁵nba⁵⁵ne³³ntsʰi³³to⁵⁵ 塞紧瓶口 cork the bottle *bbunbba nencido anejibashu mahssyi muzwa vu bbe setehze gge*。要把陶罐的瓶口塞紧,不然一会儿酒会漏出来的。

bunbba nencido ② pu⁵⁵nba⁵⁵ne³³ntsʰi³³to⁵⁵ 守口如瓶 keep the secret *aryile zzhyi deoddryijji bbunbba nencido miha, ipage nechoshu gge*。我即使听见什么话也会守口如瓶的,只会让它们烂在肚子里。

bupa cyi er pu⁵⁵pʰa⁵⁵tsi⁵⁵ɚ⁵⁵ 名 大白骟山羊 white castrated goat *danyo bupa cyier na maga la mala hbu jjigge*。不宰杀大白骟山羊,今天是不能过关的。

buru buru ① pu⁵⁵ru⁵⁵pu⁵⁵ru⁵⁵ 凶神恶煞,横冲直撞 evil, vicious, rough *temugassao qa bbava buru buru bbolai deva erhbi myaha nguiqwa gge*。这个穆呷子对待父亲就像对待敌人一样凶神恶煞。

buru buru ② pu⁵⁵ru⁵⁵pu⁵⁵ru⁵⁵ 气势汹汹,行为粗鲁 fierce and rough *hgemaomejoge suva tihgei bbehgge sanbbai buru buru gga gga gge jje*。母鹰在空中看到一个人,以为这人在图谋它的孩子,就气势汹汹地在上空盘旋。

bussyi laha pu⁵⁵ zɚ⁵⁵ la³³ xa³³ 小灵猫麝香，小灵猫香腺囊分泌物 civet

butryi buhggwa bu⁵⁵ tʂʰɚ⁵⁵ bu⁵⁵ əgua⁵⁵ 不谙世事，愚昧无知 benighted *haive sela ssyi bbu mwa vane butryi buhggwa de jja kato, mahssyi che*。谁都说日布嫚是个愚昧无知的人，其实不然。

bwa ① pua⁵⁵ 量 斗 dou (ten liters) *ssumi dabwane ngwarssyidre, nzzyi dabwane ssossyi ngwardre sizzho*。1斗玉米有50斤重，1斗苦荞只有45斤重。

bwa ② pua⁵⁵ 名 斗（量具）bucket *nezzhange ceane ate zzilhabai ssum ibbebwageddeddroa comyazzhoshyi*。你吃了早饭就把那些大埔子村的玉米用斗量一下，看有多少。

bwa ③ pua⁵⁵ 动 性交 coitus

bwabbibbi dredada pua⁵⁵ bi⁵⁵ bi³³ tʂɛ⁵⁵ ta⁵⁵ ta³³ 时忙时闲，忙闲不均 sometimes busy and sometimes at leisure *aryi bwabbibbi dredada za, tene varvar mado, nbbonyi ngwar mabu*。我们时忙时闲，但是无法帮助你，只好马病不惹牛。

bwai menzzyi ① pua⁵⁵ ji⁵⁵ me³³ ndʑɚ³³ 名 倒提壶花 flower of Cynoglossum *zzilhalo gene bwai menzzyi mido bbe ne baige si dde vi gge debbe*。在我们则拉乡的地域，倒提壶花是八月份才开放的。

倒提壶花

bwai menzzyi ② bua⁵⁵ ji⁵⁵ me³³ ndʑɚ³³ 名 满天星草 babysbreath *bwai me nzzyi nyi bbe ne miduo ernbbu ga su ddevi za debbe*。满天星是会开绿色小花的一种植物。

bwai menzzyi ③ pua⁵⁵ ji⁵⁵ me³³ ndʑɚ³³ 名 萤火虫 glowworm *bwai ge ddabar ne nkwar ne bwaimenzzyi bbe si dda bbar bbar gge*。到了农历八月间的晚上，就会有漫天的萤火虫。

萤火虫

bwai menzzyi ④ pua⁵⁵ ji⁵⁵ me³³ ndʑɚ³³ 名 勿忘草 myosotis sylvatica *bwai menzzyi comya ryinbbala nyo, nzza mi jji demimaha*。勿忘草有多种多样，汉语名称也多有不同。

bwaimenzzyi ngala pua⁵⁵ ji⁵⁵ me⁵⁵ ndʑɚ⁵⁵ ŋa³³ la³³ 眼冒金星 feel dizzy *nyibugai vuli meli ggo nehzui dde guge bwai menzzyila ngala*。跌了一跤，头碰在地上，眼睛里都冒出金星了。

bwaimenzzyi naggagga puaj⁵⁵ me³³ ndʑɚ³³ na⁵⁵ ga³³ ga³³ 眼冒金星 feel dizzy *ao tilige hnabbardei ddo guge bwaimenzzyi na gga gga su a*。我被他打了一个耳光，打得满眼睛都是金星。

bwapu bwakwa pua⁵⁵ pʰu⁵⁵ pua⁵⁵ kʰua⁵⁵ 小斗大斗 big and small bucket *bwapu bwakwa* *cenebwa onyogwa nzzyikwa ngehjila bbe gegwarjje*。搬出大小共 12 斗荞麦,据说全部交给集体作份子粮。

bwazha bwazha pua⁵⁵ tʃa⁵⁵ pua⁵⁵ tʃa⁵⁵ 眨着眼睛看 watch with blinking eyes *sussone veshyizzyi, angasi ddegu bwazha bwazha kedodoa*。别人家都在吃猪肉,只有我眨着眼睛看他们吃。

byi ① pzɘ⁵⁵ 名 竹笆 bamboo fence *ssintrema ne shezessama bbe ddegui byilozhanga gwar jje*。那个聪慧女子就悄悄地把虮子饭舀起来倒到竹笆下面去了。

byi ② pzɘ⁵⁵ 名 规矩,先例,案例 rule, case *ti byi ma nyo*。没有这样的规矩(不能够这样做)。

byi ③ pzɘ⁵⁵ 动 念经,唱经,念咒 chant *shababyijo nyogwa jji marla ya kwar, tiha teqo tanddasu mazzho*。沙巴中念口诵经要数吉满腊最好,至今没人超过他。

byi ④ pzɘ⁵⁵ 动 辱骂,批评 abuse, criticize *qanyo lige zhoncui va nebyi nebyi i myaddebar damanyoa*。中出被其老岳母辱骂得无地自容。

byi ⑤ pzɘ⁵⁵ 动 裂开 split *mizzyi o tegge ryi jja ne nzzeshe daga sunbbu dde hzhoi syi te byi a*。兔子高兴得前仰后合,被一根丝茅草刺得鼻孔裂开了。(民间故事)

byi ⑥ pzɘ⁵⁵ 动 还愿,践约 repay the god after realizing a wish, live to a promise *ranggwar deke zyi zai, sonyo ne ranggwar byi igge*。我给山神爷预约了一只供鸡,准备明天就举行还愿仪式。(当地的风俗)

byi ⑦ pzɘ⁵⁵ 动 剖 dissect *viwo kanparne nbbenge byia venyo bbe ngawa nanca kezho*。把小猪剖开肚子,掏出内脏清洗干净下锅煮。

byi ⑧ pzɘ³³ 名 板 plank, plate *idage shaobyibyi debbe la sibyinapwa ngagwar ne mar ya zze gge de*。床上铺两三张木板和几张纸,就会睡得舒适。

byi lo ke ko pzɘ⁵⁵lo⁵⁵kʰe³³kʰu⁵⁵ 铺上竹垫 lay a bamboo mat

byi lo tratra pzɘ⁵⁵ lo⁵⁵ tʂa³³ tʂa³³ 名 裸竹笆 bamboo fence

byi ma ncho pzɘ⁵⁵ma⁵⁵ntʃʰo⁵⁵ 名 带刺黄连,青蛙刺笆 coptis with thorn

byi ma nyo pzɘ⁵⁵ ma³³ ɲo⁵⁵ 没有……的规矩 there are no such rules *pama aryiva ddehssu dda kwa ne ngu ne aryi pama mahzhyi byi ma nyo*。我们小的时候父母养育我们,现在我们没有不孝敬老人的规矩。

byi nca pzɘ⁵⁵ ntsʰa⁵⁵ 编竹篱笆 weave bamboo mat *denbyo nyole me dda mancu ne ngeddwai ngganyo byi nca gge*。每天天还不亮就到门外去编竹篱笆。

byi nyo pzɘ⁵⁵ ɲo⁵⁵ 有规矩,有先例 there are such rules *ersubbune nzzazhove nagane qozyissyizyi debbe, yelati byi nyo debbe ta*。尔苏人宰杀过年猪后,给祖先上敬猪肉美酒,历来就有这个规矩的。(当地的风俗)

byibyi ① pzɘ³³ pzɘ³³ 形 扁平 flat *byimao hui lige ddeguze i ngebyibyii sunpwa la ngexxijjo shuza*。青蛙被老熊踩在脚下,嘴被踩歪了,身子被踩扁了。

byibyi ② pzɘ⁵⁵ pzɘ⁵⁵ 名 平面,票,证,卡片 ticket, card *shoiha ne vura sshyiggeha vura byibyi ho, bar sshyi gge ha barbyibyi ho*。过去有一个时期,买布时要用布票,买粮时要用粮票。

byibyi ③ pzɿ⁵⁵ pzɿ⁵⁵ 拟声 哔哔 bleep *nessyi amulaha hibbu nehddai lha daga nancai byibyi jihji gge*。你家的阿姆拉哈砍了一根长竹子，做了一只短笛子，哔哔吹着到处走。

byilo keku pzɿ⁵⁵ lo⁵⁵ kʰe³³ kʰu³³ 垫竹垫，垫竹笆 place a bamboo mat *neryineryii byilo kekua ngabbarnyi, alo a ddexoxo madoa*。你们自己把竹笆拉下来，垫在地上坐下来休息吧，我忙得无法帮你们了。

byilo tratra pzɿ⁵⁵ lo⁵⁵ tʂa³³ tʂa³³ 名 光竹笆 bamboo mat *sishule mabboi ailige byilo tratra wo la me keshu a*。因为没有烧的柴火了，所以我把那个光竹笆拿起来当柴烧了。

byima pzɿ⁵⁵ ma⁵⁵ 名 青蛙，田鸡，牛蛙 frog *byima o ssahbu ssyi ssiwo minqiggejja ddwajje*。青蛙到国王家相亲去了。（民间故事）

byima bongge pzɿ⁵⁵ ma⁵⁵ po⁵⁵ ngɛ⁵⁵ 名 癞蛤蟆，蟾蜍 toad *nene sunpwasibbe sshobbessho, byimabongge dei su ssho ngui*。你就会不停地动嘴皮子，就像一只癞蛤蟆骂人一样。

癞蛤蟆

byima hongu ① bzɿ⁵⁵ ma⁵⁵ xo⁵⁵ ŋu⁵⁵ 说话干脆利落（但没有用）talk nicely（but make no sense）*te zazama nesunpwane byima hongu, lwahbwa ne hzho ge nge nce de*。这个扎扎麻说话干脆利落很中听，但是行动起来一点都不行。

byima hongu ② pzɿ⁵⁵ ma⁵⁵ xo⁵⁵ ŋu⁵⁵ 用青蛙的语言说话 speak in the language of frog *byima ngwarnposu byimao byima ho ngu magge suho ngu gge jje*。盗牛青蛙不说青蛙语，而是用人话向同伙发问。（民间故事）

byima ncho pɿ³³ ma³³ ntʃʰo⁵⁵ 名 小黄连 coptis chinensis *danyo yohguddwa jja byima ncho la dege ngeli nchoi kehzhoi ddenyi*。今天上山放羊，走入一片小黄连里，被它的刺刺疼了。

byima nchu pzɿ⁵⁵ ma⁵⁵ ntʃʰu⁵⁵ 名 黄连 coptis chinensis *iggenbbya yoryiga ryipaqige byima nchu debbe ha*。屋后山坡上的赶羊道旁边有一些带刺黄连。

byima raze pzɿ⁵⁵ ma⁵⁵ rɿ⁵⁵ dzɛ⁵⁵ 名 蛙卵 frog spawn *byimabbe byimaraze ze nyayanga su, zzhoqige la ssarehgude ddebbarza*。青蛙产卵非常多，河塘边、水凼里，到处都是青蛙卵。

byima ssu pzɿ⁵⁵ ma⁵⁵ zu⁵⁵ 名 蝌蚪 tadpole *ssyihwai bbege byimassu hbuhbu hssahssa zzho*。水田里有成千上万只小蝌蚪。

byipyisude tebbu pzɿ⁵⁵ pʰzɿ⁵⁵ su³³ te³³ tʰe³³ bu³³ 成为无用之人 become a useless person *yaddre teo anela maso zhanga byipyisude si tebbu gge de*。这个娃娃什么都不肯学习，以后只能成为一个无用之人。

C c

ca ① tsʰa⁵⁵ 形 热 hot *ddenyisu tiha ne zzhoca zzhonbbi nimapa*。病人从现在开始，不管热水冷水，都难以下咽。

ca ② tsʰa³³ 名 奶渣 milk dreg *ca bbe ne ngwarzzhanyo ge neregga i bingerebbe, ggoi ddezhe debbe*。奶渣是牛奶的提取物，是牛奶过滤后剩下的渣，所以奶渣是特别酸的。

ca ③ tsʰa⁵⁵ 名 叶子 leaf *hgoxxo sicabbe hnehgoane dde shu za debbe, sicaddeshuas ihtehsse*。秋天树叶枯了就会发黄，然后掉落地上。

ca ④ tsʰa⁵⁵ 量 件 a piece of *ersu hbizyi ne, mecune nzzyiza daga ne nggame daca barhsse*。尔苏人关于衣服有一句俗语，冬天一条腰带胜似一件衣服。

ca ⑤ tsʰa⁵⁵ 名 疟疾，热病 malaria *shoi necada neddwane cakesso ane cabarla ddenpise ddacase ggede*。过去一旦下到矮山河谷就会感染疟疾，发病以后会忽冷忽热的。

ca ⑥ tsʰa⁵⁵ 名 岔，分岔 fork, divergence *zivunzzu ngaca nyo, ngwar nkwa ngaca nyo, ngaca nyosu yami zzho*。发梢有时会分岔，牛蹄是有分岔的，很多东西都有分岔。

ca ha tsʰa⁵⁵ xa⁵⁵ 名 草鞋 straw sandals

ca la tsʰa⁵⁵ la³³ 名 坟墓，陵园，墓地，坟茔地 tomb, grave *nwanzzuba i zuabu bbei izu kwa o cala nanca za de, tiha cala ne shoiha izu wo*。凉山村尔苏人祖先的宅基地改为坟茔地了，所以现在的坟茔地就是当年的宅基地。

ca meer tsʰa⁵⁵ me⁵⁵ ɚ⁵⁵ 名 热风 hot wind, hot blast *vargebashe ne menzzajji goi ca meer demanyo degge, su zzume yalidegge*。越西县尔苏人居住的地方,热天也没有太热的热风，是个人居环境较好的地方。

caca tsʰa³³ tsʰa³³ 名 叶子 leaf *zubbenezia caca bbe nedrua vazzangu, mamabbe suzzyi, papa bbe yozzangu*。拔些黄豆秧苗，叶子喂猪，豆子给人吃，秆秆喂羊。

cai-yo tsʰai⁵⁵ jo³³ 名 柴油 diesel *shwalwa de debbe ne cai-yo ncushuzzho debbe*。现在有些汽车是烧柴油的。

cala hgu tsʰa⁵⁵ la³³ əku³³ 名 坟山坪（地名）Cemetery Hill *cala hgu ne shoiha nwanzzuba bbe zzhodage, tiha ibbe ngarlade*。凉山村现在的坟山坪是从前的村庄，村庄南迁后原来的屋基改作坟山了。

can-da tsʰa³³ nta³³ 名 弩 crossbow *ti ge can-da kezyi i har de kemi a jje*。他安放的弩逮到了一头熊。

can-da bryi tsʰa³³ nta³³ pʐʅ⁵⁵ 弩的绊绳 crossbow rope *nyinwa bbe can-da bryi ga nge nbbunddre ane marzzu kesso gge*。野生动物绊住弩的绊绳就会就被弩射中。

canbbelili tsʰa⁵⁵ nbe⁵⁵ li³³ li³³ 不冷不热，温暖 warm *ddroge zzhobbe tihasi canbbelili za, ashyi sikeshu a ddezu shu*。锅里的水现在才温温的,要加上柴火抓紧时间烧开。

candu tsʰa³³ ntu³³ 名 蚕豆 bean *mazyingga kenjji*

nge zone candu mahgu dege, qadadai ersumi mahade。马基岗老林周边地区是不产蚕豆的，所以尔苏语没有"蚕豆"这个词语。

canyi ggunzzu tsʰa⁵⁵ȵi⁵⁵gu⁵⁵nzu³³ 生病和死亡 fall sick and die *danyo mejovar vupu ddeddwa ne canyi ggunzzu manyoshu ma*。今天给老天爷敬酒，祈求人畜平安，不会生病和死亡。

canyi mala hdo ngu tsʰa⁵⁵ȵi⁵⁵ma⁵⁵la⁵⁵əto⁵⁵ŋu⁵⁵ 防患于未然（还没生病，先作祛病仪式）nip in the bud

canyi manyo tsʰa⁵⁵ȵi⁵⁵ma⁵⁵ȵo³³ 吉祥平安，无病无痛 safe and sound *tangeddwa ne yodda zzeerba dde canyi manyo ggunzzu ma nyo gge*。从此以后，酉鸡属相之家的所有人都无病无痛，所有牲畜不短缺，人畜平安。（祷告词）

cape ggeqo tsʰa⁵⁵pʰe⁵⁵ge⁵⁵tɕo⁵⁵ 河对面的山岗上 on the hill across the river *cape gge qo ngwar ddeer nyibbu o ne zaxi ssyi abbu ssyi dangwar*。河对面山岗上的那头红底白花牛是扎西爷爷家的。

白花牛

ce ① tsʰɛ⁵⁵ 动 淘,洗 wash, clean *nche barryi nece akezho, ajjola ne veshyi zhogge*。你先把那点儿大米淘洗了煮起饭，我回来了就煮猪肉。

ce ② tsʰe⁵⁵ 量 匹（布），块 piece *higatryi vura dece ddehji pucege gwarsha zzezze ggejje*。有人看见黑嘎哧扛着一匹布在海棠街上走。

ce ③ tsʰe³³ 动 喝 drink

ce agge se tsʰe⁵⁵a⁵⁵ge⁵⁵se³³ 还要（再）喝吗 would you like more to drink

ce bbwa ma zhe ① tsʰe³³bua³³ma⁵⁵tʃe⁵⁵ 不想抽（烟）don't want to (smoke) *assyi kwakwao tiha temo ane xxijji ce bbwa mazhe jja nanggwaza*。我父亲上了年纪就不想抽烟了。

ce bbwa ma zhe ② tsʰe³³bua³³ma⁵⁵tʃe⁵⁵ 不想喝，不喜欢喝 don't want to drink *ale yela vu ce bbwama zhe de, tebar i ma ce mali ha si denzzho ce*。我是从来就不喜欢喝酒的，只是在不得不喝的时候偶尔喝一口。

ce ce ① tsʰɛ³³tsʰɛ³³ 动 洗漱 wash (oneself), bathe *neryi dezhengua keia zzhonbbar kei necece a nesho shu si ngejjola*。你们一起到河边去，洗漱干净了再过来。

ce ce ② tsʰɛ⁵⁵tsʰɛ⁵⁵ 名 催生鸟（沙巴的一个仪式符号）bird of birth *mesyi trajji hane cece de ho debbe*。在沙巴作送魂仪式的时候需要一只神鸟，神鸟就是催生鸟。

ce ce ③ tsʰɛ⁵⁵tsʰɛ⁵⁵ 为人清洁的仪式，驱邪仪式 ablution *zaxikahama silage nyibuga jje, dwahwa ce ce desyiu ngu gge jji gge*。扎西卡哈曼在森林里摔倒了，今天晚上要给她做清洁仪式。（当地的风俗）

ce ce ④ tsʰɛ³³tsʰɛ⁵⁵ 动 洗澡 bathe *te yobbukaha mecu la zzholewawage nenbbei cece ggede*。这个哟部卡哈，冬天都泡在水塘里洗澡。

ce ce ⑤ tsʰɛ⁵⁵tsʰɛ⁵⁵ 数 十 ten *zanbbukaha teryi xolobashe ddwai cece nyogela ddla, tiha* jjomalase。赞部卡哈他们到蟹螺去已有十天,现在还没有回来。

ce ddabar tsʰe⁵⁵da⁵⁵pɚ³³ 想咳嗽 want to cough *fuzi menke ddegei ce ddabar i nese nese i koci a*。被烟熏得想咳嗽。

ce hxxyi tsʰɛ⁵⁵əzɿ⁵⁵ 数 十八 eighteen

ce le ① tsʰe⁵⁵le⁵⁵ 抽的(烟) something to smoke *adanyo xxi ce le mahji, ne xxi dego ava gu ggeshe*。我今天没有带抽的烟,你拿一锅烟给我抽。

ce le ② tsʰe⁵⁵le⁵⁵ 喝的(汤) something to drink *tenenyo yava zzho cele mabboa, neddege ggozhe danaga shala*。这两天家里没有烧汤的材料了,所以到你家来要一些酸菜。

ce ngwar tsʰɛ⁵⁵ŋuɚ⁵⁵ 数 十五 fifteen *sshyizyi nyomao ce ngwar nyo ne tazzua jja jji debbe*。农历十五的称谓,习惯上都叫"望月结束"。

ce nsyi ce ssyi bar tsʰe⁵⁵nsɿ⁵⁵tsʰe⁵⁵sɿ⁵⁵bɚ³³ 十七八粒 seventeen or eighteen grains

ce nsyi tsʰɛ⁵⁵nsɿ⁵⁵ 数 十七 seventeen *aga bujji mao cihi ne censyi bbutre gela ddala, sushe namabar she*。阿呷布吉嫫已十七岁,现在还没有许配婆家。

ce nyo ① tsʰe³³ɲo⁵⁵ 抽过的,抽剩下的 leftover cigarette *ai xxi cenyo dego nava gugge*。我有一口抽剩下的烟,现在送给你抽。

ce nyo ② tsʰe³³ɲo⁵⁵ 喝剩下的,喝过的 leftover *ngwar zzha nyo ce nyo demisizzha, ne ddatatru a nge ce*。牛奶只有一些喝剩下的,你别嫌脏,把它喝了吧。

ce shu tsʰe⁵⁵ʃu⁵⁵ 让……喝 let someone drink

ce sso tsʰɛ⁵⁵zo⁵⁵ 数 十四 fourteen *te-ryi galo keddwai ce sso nyo tebbuza, ngejjolagga*。他们到甘洛已经十四天了,快要回来了。

ce sso ngwar nto tsʰe⁵⁵zo⁵⁵ŋuɚ³³ntʰo⁵⁵ 十四五滴 fourteen or fifteen drops

ce tru tsʰɛ⁵⁵tʰɻu⁵⁵ 数 十六 sixteen *ersu nyoma hdene cetru nyo ne lhanwa deo nyo jji debbe*。尔苏历算把十六日称为"下弦第一日"。

ce xxi tsʰɛ⁵⁵zɿ⁵⁵ 数 十八 eighteen *cexxi bbutre kezyi ane yozai sshahzhyi ddehzha yozai rahjia*。一般人年满十八周岁,就具有完全民事行为能力。

cece da tsʰe³³tsʰe³³ta³³ 名 浴室 showerroom *ceceda ge tencei ngesshessheza, shyishyiha isyi ngu*。洗过澡的浴室里滑得很,走路要小心。

cece nbbonco ① tsʰɛ⁵⁵tsʰe⁵⁵mbo³³ntsʰo³³ 十元钱 ten yuan *bugaga dedre napwa, bugaga nwardre ne cece nbbonco*。一斤洋芋卖两元钱,五斤洋芋是十元钱。

cece nbbonco ② tsʰɛ⁵⁵tsʰe⁵⁵mbo³³ntsʰo³³ 数 十万 one hundred thousand *nyope gassyi ngu nzzhehzha su, debbutre cece nbbonco pwa hzha su zzho*。在外头打工挣钱的人,有人一年挣十万元。

cece ncha tsʰe⁵⁵tsʰe⁵⁵ntʰa³³ 十位,十个 ten *danyo tedde nddavar cece ncha si laza, adde yanyo mo ddavar sio si laza*。他家今天只来了十位客人,我家昨天也只来了二位客人。

cece nyo maga tsʰe³³tsʰe³³ɲo³³ma³³ka³³ 十多(天、个) more than ten *malo tenenyo var ge soso ddwa i, mo cece nyo maga tebbu a ne jjo la gge jje*。马洛到越西学习去了,再过十多天就要回来了。

cece zzho tsʰe⁵⁵tsʰe⁵⁵dʐo³³ 洗脸水,洗澡水 face-washing water, bathe water *cece zzho bbe* *daca，ashyi sho nececese*。洗脸水已经烧热了,你们快些来洗脸。

ceceo maga tsʰɛ⁵⁵ tsʰɛ⁵⁵ ʊo⁵⁵ ma³³ ka³³ 十来(个、只) around ten *nessyi ngga nyo ra jji ge rabbu ceceo maga zzho，rashe la nesio zzho ta*。你家室外那个鸡圈里,大概有十来只鸡,其中阉鸡有两三只。

cega tsʰe⁵⁵ ka⁵⁵ 名 痰 phlegm *cega bbe ne na ta hmi，nyogwa ngenpyi ma ssyi ne ggama va mapi*。痰不能够吞咽,全部都要吐出来,不然对身体不好。

cega ngenpyi tsʰe³³ ka³³ ŋe⁵⁵ npʰʑɤ⁵⁵ 吐痰,把痰吐出去 spit *cega ne mashosho debbe，cega ngenpyi natahmi*。痰是不卫生的东西,不能吞咽,要吐出去。

cega npyi tsʰe⁵⁵ ka³³ npʰʑɤ³³ 动 吐痰 spit *abu boishogao temohane cega bbwabbwa npyi gge*。贝说呷老爷上了年纪,不停地吐痰。

cene tsʰɛ⁵⁵ nɛ⁵⁵ 数 十二 twelve *de bbutre ge cene lha，sihssa nyoma teussyi nyo*。一年里有十二个月,三百六十天。(尔苏历)

cene ga tsʰe⁵⁵ ne⁵⁵ ka³³ 数 十二,一打 a dozen *ne ssungeshe kangemi gge，ierdranggu cene ga i ssura gge jji gge ma*。你一定会长寿、增福、显富贵,寿长堪比一打红柿子树拐杖。(一根红柿子树拐杖的使用寿命很长,一打红柿子树拐杖借指人长寿)

cene sio tsʰɛ⁵⁵ nɛ⁵⁵ si³³ ʊo³³ 十二三个(只) around a dozen *adde cilayo nesshyinassha jji cene sio sizzho，cene sio ne kabar-i ggededdo*。我家现在的山羊和绵羊,加起来也只有十二三只,又算得了什么。

cenesi wo tsʰɛ⁵⁵ nɛ⁵⁵ si³³ o³³ 十二三个 twelve or thirteen

cengge tsʰɛ⁵⁵ ŋgɛ⁵⁵ 数 十九 nineteen *ssihi marmar cenggeerge dda la ne shu pa debbe*。尔苏的年轻姑娘,十九岁就可以出嫁了。(当地的风俗)

censyi cexxyi bar tsʰe⁵⁵ ncɤ⁵⁵ tsʰe⁵⁵ ʑi⁵⁵ b aʴ³³ 十七八个 seventeen or eighteen *bbwatrege kare censyi cexxyi bar si ngere za，yeddre bbelige ntrontrotezzuza*。笼筐里剩下的十七八个核桃,全部被小孩子们打开吃掉了。

censyi ga tsʰɛ⁵⁵ nsɤ⁵⁵ ka³³ 十七条 seventeen clauses *ersha censyi ge nyo debbe nala jji gge*。据说国家颁布了十七条文件。

cesso tsʰɛ⁵⁵ zo⁵⁵ 数 十四 fourteen *tezzyi yava nzzazho ra cesso ddehssu za，rabbesi pyipwa pyipwa gge*。他家里喂养了十四只过年用的鸡,只听见鸡翅膀拍打的噼啪噼啪声。

cesso nbbonco pwa tsʰe⁵⁵ zo⁵⁵ nbo³³ nco³³ pʰua⁵⁵ 十四万元 one hundred and forty thousand yuan *gaxidde ipale daga nankai bbazzhe cesso nbbonco pwa rajje*。呷西家卖了一栋旧房子,获得十四万元人民币。

cexxyi er tsʰɛ⁵⁵ ʑi⁵⁵ ɚ³³ 十八岁 eighteen years old *aibbujji cihi cexxyi er ge ddala，sohi mahssyi tele shuda mazzho*。阿依布吉今年十八岁,她今年不适宜结婚,明年才可以结婚。

cezyi tsʰɛ⁵⁵ tsɤ⁵⁵ 数 十一 eleven *danyo nddavar ngulasu yami dananchazzho，cezyio dezho nehssyi*。今天来做客的人比较多,每桌按照十一个人入席。

cezyi cene nzzyi tsʰe⁵⁵ tsɤ⁵⁵ tsʰe⁵⁵ ne⁵⁵ ndʑɤ³³ 十一二驮 eleven or twelve packs *abbwa tadde ddejjimoi，nchesi cezyi cene nzzyi kenzzyii ddezhala*。啊吧吧吧,这家人发大财了,单是大米都驮了十一二驮上来。

cezyio nyo tsʰe³³ tsɤ⁵⁵ uo³³ ŋo³³ 十一日 eleven days *talhage lhaer cezyionyo adde ihargge, neryi desyi varvarlama*。这个月的望月十一日这天,我家要盖房子,请你来帮忙。

cha ge tʃʰa⁵⁵ kɛ⁵⁵ 名 街道,城里 city, town *nessyi amulojigao anya cha gela ddeggaggai neddwa*。你家的阿木罗技呷啊,飞奔着冲到城里去了。

cha ncha tʃʰa⁵⁵ ntʃʰa⁵⁵ 银坠子 silver pendant

cha nda tʃʰã⁵⁵ ta⁵⁵ 长袋子 long sack *cha nda ge bedi ceceo nagwar zzhare peqi hojja teqia jje*。在长袋子里装了个银锭送给他作茶水费了。

chacha tʃʰa⁵⁵ tʃʰa⁵⁵ 名 喜鹊 magpie *kebbu maho ane ncha, kebbu maho chacha ncha*。不用绣花是哪位,不用绣花是喜鹊。(民歌歌词)

chacha hdomo tʃʰa⁵⁵ tʃʰa⁵⁵ ntʃʰe⁵⁵ əto³³ mo³³ 喜鹊巢 magpie's nest *chachai hdomo manyo, ssihi hzyiddra manyo*。喜鹊作窝不分高矮,女人出嫁不讲辈分。

chacha ho tʃʰa⁵⁵ tʃʰa³³ xo⁵⁵ 喜鹊语言,好听的话语 the magpie's language, good words *lwahbwamancu ne sunpwa ne chachahola ddengujji aggoggo*。行动不行的话,嘴上讲再好听的话也白搭。

chachatemo vunahggwa tʃʰa⁵⁵ tʃʰa⁵⁵ tʰe³³ mo⁵⁵ vu⁵⁵ na⁵⁵ əgua⁵⁵ 喜鹊衰老变秃头 the magpie becomes old and bald *chacha temo vu nahggwa, gaertemo vuddeer*。喜鹊衰老变秃头,乌鸦衰老变白头。

chalo tʃʰa³³ lo⁵⁵ 名 钹,锣 cymbal, gong *chalo ddanbbar ne shaba ggalha o barla gge de jje*。据说,钹一响,沙巴神就会来附体。(当地不科学的说法)

che ggu tʃʰɛ⁵⁵ gu⁵⁵ 名 钱匣(装财宝的盒子)chest, treasure box *cheggu ne bbazzhe gwar, ledru lenggwargar, si che ggu nyo, hi cheggunyo*。钱匣子是装钱、戒指、手镯的盒子,有木质的,也有竹质的。

che zzyi su tʃʰe⁵⁵ dzɿ⁵⁵ su³³ 名 铁匠(打铁的人)blacksmith *che zzyi yandde ne nyogwa chemo aga jja si kato ddo chemo age ne chezzyi su ngenyodao*。最优秀的铁匠就是车莫阿呷先生,人们都这样地传颂着。车莫阿呷就是铁匠始祖。

cheche tʃʰe⁵⁵ tʃʰe⁵⁵ 动 煮饭,做菜 cook

cheche bwabwa tʃʰe⁵⁵ tʃe⁵⁵ bua³³ bua³³ 过家家 play house *aryi yaddre nguhane nyiha nyogwa nasshai cheche bbwabbwa gga gga*。我们在儿童时期,经常聚集在一起,玩过家家的游戏。

cheche dage tsʰe⁵⁵ tsʰe⁵⁵ ta⁵⁵ ke³³ 名 伙房,厨房 kitchen *mizzyio cheche dage kenbbei ssinqoma ngahggwar ggade tehbui cheche gge*。那只兔子钻入厨房里,变成一个美丽无比、像要飞起来的女人,立即着手生火做饭了。

cheche ggagga tʃʰe⁵⁵ tʃe⁵⁵ ga³³ ga³³ 玩过家家 play house *yaddre bbe cheche ggagga hane sela nzzomo si ngu bbwazhe debbe*。小孩们玩过家家游戏时,都想当人官,不想当农民。

cheche su tʃʰe⁵⁵ ə⁵⁵ su⁵⁵ 名 伙夫,炊事员 cook *shei gezzhohane sizhyi su ne syizhyi, cheche su ne cheche*。当年大集体的时期,专门有樵夫和伙夫,各司其职。

cheggu daxa tʃʰɛ⁵⁵ gu⁵⁵ ta³³ ça⁵⁵ 一个钱盒 a money box *zzhyiissage cheggu daxa zzhodei, yanyo shonyo sui nanpuihjiddwaza*。小平柜里曾放有一个钱盒,昨天或者前天

被人盗窃走了。

cheggu i tʃʰe⁵⁵ gu⁵⁵ ji³³ 名 首饰盒，小钱匣 jewellery box *jjimo awa teshoha cheggu i o kehjiddwai siwaqo nezyii menasajje*。羁摩老奶奶过世时，她的首饰盒被放在火化柴堆上焚烧掉了。

cheggu aichezyi gezzha tsʰe⁵⁵ gu⁵⁵ aj³³ tʃʰe tsəke³³ dʒa⁵⁵ 盒子在我的车上 the box is in my car *ni cheggu aichezyi gezzha, atesinguza, ne syinyi natashyi*。你的盒子在我车上，我帮你收好了，你不要着急。

chehzu su tʃʰe⁵⁵ ətsʰu⁵⁵ su³³ 名 铁匠（打铁的人）blacksmith *chezzyi yandde ne nyogwa chehzu su chemo aga jja si kato ddo*。最优秀的铁匠就是车莫阿呷先生，大家都在这样传颂。

chemo tʃʰe⁵⁵ mo⁵⁵ 名 陈（藏姓车莫）Chen *galobashe ne chemo zzho de manddo, varge la wossebashe ne zzho*。甘洛地区没有发现有车莫家族居住，越西县和石棉县则有车莫家族居住。

cheo cheo tʃʰe⁵⁵ o⁵⁵ tʃʰe⁵⁵ o⁵⁵ 名 抽屉 drawer *nkuhzyi bbe zoze cheo cheo ge nagwarza, ngeshyijihama*。钥匙串放在桌子的抽屉里，注意不要把它丢失了。

cheve tʃʰe⁵⁵ ve⁵⁵ 名 军队，军人（蟹螺语）army, troop, soldier *honjoncheve tafai keddwaha, ersucopar deneolazhanga nchoddwa*。红军长征经过越嶲县的时候，有几个尔苏青年随军队走了。

chezyi tʃʰe⁵⁵ tsɚ⁵⁵ 名 汽车 vehicle *wan-xin o chezyi kar-lo jje, lhalha la yankwar de jji gge*。据说王新在开汽车，技术还很好。

chezyi vuli tʃʰe⁵⁵ tsɚ⁵⁵ vu³³ li³³ 名 车头，汽车头 locomotive *abugao chezyi ngalane, nyidadwa nechyii chezyi vuli she nazyii ruzyi jje*。那个老头子看见汽车来了，割一抱青草来放在车头旁边，像喂他家的牛一样喂汽车。（当地山区刚通公路时，一位老人首次见到汽车，以为汽车和牛一样要吃草）

chezzyi yandde tʃʰe⁵⁵ dzɚ⁵⁵ ja³³nde³³ 优质铁器 high quality iron ware *chezzyi yandde nyogwa chemoagai legehgu jja sihbizyi gge*。据说所有的优质铁器，都出自车莫阿呷之手。

cho ① tʃʰo⁵⁵ 代 几个 a few *neryi nddavar cho addege ishuggela, adde idahdonbba sigaha*。你安排几个客人，到我家去住宿吧，我家有三张空床。

cho ② tʃʰo⁵⁵ 形 腐朽的 rotten *silage zzhai si cho bbene keshujji menke dega te erer kahja mali de*。躺在森林里的腐烂木头即使拿回来烧也只会冒烟，烧不着的。

cho ma tʃʰo⁵⁵ ma⁵⁵ 名 寡妇 widow *tedde ne chopa la choma dde sshusshu i kebossi za de bbe*。他家是鳏夫和寡妇凑合在一起居家过日子的。

cho mya tʃʰo⁵⁵ mja³³ 数 许多，很多，好多 many *asi shyibbesi ngezzyingezzyi i, chomya chomya ngezzyila hamase a*。就我一个人狠狠地吃肉，吃了好多，都记不得吃了多少了。

cho wo la tʃʰo⁵⁵ uo⁵⁵ la³³ 有几个 how many *nddavar cho wo la aihase addo, a ngganyo ngamahgude, hamaseddo*。有客人来了，而我没有出门，我不知道有几个人。

chomar ketro chomar sso tʃʰo⁵⁵ mɚ⁵⁵ kʰe tʃʰo⁵⁵ tʃʰo m ɚ⁵⁵ zo⁵⁵ 百发百中 shoot without a single miss *trolenguha martro jja, zzhoggwa ailige chomar ketro chomar sso*。射箭节那天的射箭比赛，我是百发百中。

chomya zzyigge chomyache tʃʰo⁵⁵ mja⁵⁵ dzɚ⁵⁵ ge⁵⁵

tʂʰo³³mja³³tʂʰe³³ 吃多少就煮多少，按照饭量来煮饭 cook according to the appetite *yaddre bbe, yozai yava dege, neryineryi chomya zzyigge cho mya che*。年轻人，这里就是你们的家，不要客气，要吃多少就煮多少。

chonbba tʂʰo³³nba³³ 祭祀山神，贿赂神 sacrifice to the mountain god, bribe the god *danyone mevassulha vachonbba gge, wanggessahbu va chonbba gge*。今天专门来给土地神崇拜，来给山神爷祭祀。

chu ① tʂʰu⁵⁵ 动 开，打开 open *wunwa missyidde ryingga nyingga dde chu chu, ryimenyime dda parpar*。黑头发的猕猴子孙家，打开所有亲门和戚门，燃起所有亲火和戚火。（沙巴口诵经的经文）

chu ② tʂʰu⁵⁵ 名 土壤，泥土 earth *sasshyi ngecha mengacha, me ngacha si chu nga cha*。有了地球才有地，有了地才有土。（尔苏传世诗歌的诗句）

chu nbbi ① tʂʰu⁵⁵nbi⁵⁵ 泥箭（指患胸膜炎）have pleuritis *chu nbbi ronbbi sinbbi nyogwa razhege balashu*。泥箭、崖箭、木箭一起，显示到这个蛋里边。（咒语）

chu nbbi ② tʂʰu⁵⁵nbi⁵⁵ 名 泥丘，土丘，泥巴山 mud mountain *chu nbbi ne ggwa ncxxo ane nahggwa nzzho debbe*。遇到下大雨的时候，土丘容易发生土崩。

chuge ddezzyi tʂʰu⁵⁵ke⁵⁵de³³ʣə³³ 生在土里 born in earth *chuge ddezzyi chuge ddakwa ne bbehgwa ncha va hbikezyi*。"生在土里长在土里"，就是老母虫的谜语。（民间故事）

chugeddakwa tʂʰu⁵⁵ke⁵⁵da³³kʰua³³ 长在土里 born in earth

chuli nagwar tʂʰu⁵⁵li⁵⁵na⁵⁵kuɚ⁵⁵ 动 填土 fill in the soil *tenelohgudage culinavar ddabbahjila nagwar, chuli nagwar neligge*。这个凹陷处，背两袋泥土来填平。

chuli neer tʂʰu⁵⁵li⁵⁵ne⁵⁵ɚ⁵⁵ 填充泥土，添加泥土 fill in the soil *zajihzu hane chuli ddabba hjila chuli neer hodebbe*。在打垒、打墙的时候，要有人专门背泥土来填充。

chwa ① tsʰua⁵⁵ 量 间 *tezzyi iga ngwar chwa ngwarchwa la ha daga, anebaryakwa da ga i*。他家有五大间房，好大的一栋房子！

chwa ② tʂʰua⁵⁵ 量 条、床（被子）a piece of (quilt) *lodaga la pugwar dachwa ngehjii idage ngekoa ddavarbbeva keishu*。取一张床垫和一床被子铺好，让客人们休息吧。

chyi ① tʂʰə⁵⁵ 动 揭开，掀开，升起 open, uncover, lift up *nggwarhar dde chyi hane jjimar nyaga o ntruge npigororo nagala naza*。把蒸锅的蒸盖揭开看的时候，吉满良呷鼻孔里还吊着两支冰凌子。（民间故事）

冰凌子

chyi ② tʂʰə⁵⁵ 动 抬起 put up *erpe dde chyi, ai ssace o ni ge nassi za*。把脚抬起来，我的裤脚被你踩着了。

chyi ③ tʂʰə⁵⁵ 动 隔离，戒除，断开 isolate, give

up, stop *yaddre tru lha tebbu a ne nyonyo te chyi a*。婴儿六个月的时候就断奶了。

chyi ④ tʃʰɚ⁵⁵ 动 割 cut *bbarnyi ha ne ve zza davar ne chyi a hji gge*。休息的时候就去割一筐猪草,收工的时候背回去。

chyi ⑤ tʃʰɚ⁵⁵ 量 尺 a foot *vura ngwar chyi ke sshyi a ava qi la*。买五尺布来给我。

ci tsʰi⁵⁵ 名 山羊 goat *ci bbe ne sunpwa ma ngge debbe, kecyicyi tene nga-ra ngu gge debbe*。山羊嘴巴不严,稍微撞它一下就会惊叫。(当地的说法)

山 羊

ci ci ① tsʰi⁵⁵ tsʰi⁵⁵ 动 测量 measure *zabu, nessyii yaddreo ggamage ke ci ci a cobar nbbo shyi*。扎部,你家的小孩们有多高?你测量一下。

ci ci ② tsʰi⁵⁵ tsʰi⁵⁵ 动 比划 gesture *amussawo ane debbe ci ci manddo lepesi ngahwahwa ngahwa hwagge*。阿穆不知道在比划什么,只看见他的手不停地在挥舞着。

ci ci ③ tsʰi⁵⁵ tsʰi⁵⁵ 形 细 thin

ci i tsʰi⁵⁵ ji⁵⁵ 小山羊 little goat *abba abba, ne ciilabbyii zzyiggela dacu veggu zzyigge*?他问:"父亲,你要吃羊羔还是肥羊呢?"

ci ma tsʰi⁵⁵ ma⁵⁵ 母山羊 female goat

ci ndo tsʰi⁵⁵ nto⁵⁵ 名 菜刀 kitchen knife *nzzazhoggeha cindo su subbe deji ddesu ne bbazzhengwarpwa*。春节前,磨刀师傅磨一把菜刀收五元钱。

cibbyikwakwa hongu tsʰi⁵⁵ bzɚ⁵⁵ kʰua⁵⁵ kʰua⁵⁵ xo⁵⁵ ŋu⁵⁵ 说大话 brag *lwahbwa mancu ne sunpwasi cibbyikwakwa hodde ngu jji mahssede*。如果行动上是矮子,语言上是巨人也没有用。

cihgumenyi zadaiza tsʰiəku⁵⁵ menʲi⁵⁵ tsa³³ tai³³ tsa³³ 狐狸仍旧树上吊,形容一切又回到原位 everything goes back to the past *cihgumenyi zadaiza, yai cima nzzadainzza*。红眼狐狸仍旧吊在树上,站崖羚羊照样站在崖上。(指一切事物又回到原位)

cincha tsʰi⁵⁵ ntʃʰa⁵⁵ 名 宝刀,刀戟 precious sword *cincha zzezzesu lasshyi su zi lagge jji su ddralaggejjisu bbe vuli qo nqancha*。宝刀砍向栽赃的人和抢掠奴隶的贼的头上。

cira ddengu tsʰi⁵⁵ ra⁵⁵ de³³ ŋu³³ 像山羊一样叫起来 moan like a goat *qamesui yaddreonige zzhoggwa cira ddengu shuata, nineanjjingude ddo*?你怎么把别人家的小孩弄得像山羊一样叫起来了?

co ① tsʰo⁵⁵ 名 人 person, people *subbe ne suva co zzho keshyi i zzhikato gge debbe*。人们都以貌取人。

co ② tsʰo⁵⁵ 几个,几位 a few *danyo neddege nddavar co wo la za e*? 今天,你家来了几位客人哦?

co bi ① tsʰo⁵⁵ pi⁵⁵ 名 伤寒 fever *yaisho haaryiiabu o cobi kessoi tesho a jji gge*。以前,我们的爷爷感染伤寒死了。

co bi ② tsʰo⁵⁵ pi⁵⁵ 名 霍乱 cholera *yahishohi nenyihjimabbo, ersu bbe yami co bi kesso i tesho*。从前因为医疗条件差,许多尔苏人

死于霍乱。

co momo ① tsʰu⁵⁵mo⁵⁵mo³³ 古稀老人 the elderly of seventy *trussyikezyinddromashyi syinsshyi kezyi nyomai, co momo i ddrotashyi*。上了六十不远行,七十以后不外宿,古稀老人别出行。

co momo ② tsʰo³³mo⁵⁵mo³³ 年长的人,老年人 the elderly *neryicoparbbe namabbu, co momo deva vulidde nggu nggui ligga shu*。你们年轻人,这事没有做对,让一位老年人佝偻着腰抛头露面。

co mya tsʰo⁵⁵mja⁵⁵ 量 很多 a lot of *erkwa tebbe aggaaihwaizha dage, co myacom yazzha, comyahonecomya zzha*。在我捕鸟的那座山上,这种石头有好多,你想要多少就有多少。

co myashyi tsʰo⁵⁵mja⁵⁵ʃo⁵⁵ 寄人篱下,顾忌他人的脸色 depend on someone else for living

co ndde tsʰo⁵⁵nde⁵⁵ 名 好人(优秀的人) good person, excellent person *zzhyi ndde ngeddwa ne co ndde ngeddwa, zzhi nga ngeddwa ne conga nge ddwa*。好言传出去就把好人的名声传出去,恶语传出去就把恶人的名声传出去。

co ndde da ncha tsʰo⁵⁵nde⁵⁵ta³³ntʃʰa³³ 一位好人 a good person *le-fen ne co ndde da ncha, qa dede i se la ta va teme mapa*。雷锋是一位好人,所以谁都无法忘记他。

co ndde nyi ke hssyi tsʰo⁵⁵nde⁵⁵ɲi⁵⁵kʰe³³əɕo³³ 好人遭病殃 good people suffer from illness

co ndde ssahbu tsʰo⁵⁵nde⁵⁵za³³əpu³³ 最好的人 the best person *bbulu ne co ndde ssahbu de, se va la shanga, se va la varvar dancha*。部洛是个很好的人,他对任何人都友好和关心,对谁都给予帮助。

co par ga tsʰo⁵⁵pʰæ⁵⁵ka³³ 青年男子 young man

co syi tso⁵⁵sɿ⁵⁵ 家庭新成员 new family member *lema syisyi la moba syisyi ne co syi tebbu a, sejji kavarvar tesingu*。新媳妇和新女婿是家庭的新成员,大家要帮助和照顾他们。

co yo tsʰo⁵⁵jo⁵⁵ 名 囚犯,犯人 prisoner *co yo bbe nyoggwa kage kejji erkwa var bbwa shuza jje*。犯人都集中在监狱里劳动改造去了。

co zhe tsʰo³³tʃe³³ 超大粮柜 super-large grain cupboard *lala tadesyi tanya, cozhe de nzzongui menggao tadainesi regga addo? *来,稍微让开一下,你就像个超大粮柜一样把火堆都遮挡住了,就你一人需要烤火吗?*tezzyi hwa ge co zhe daga zzha, nzzyi de hbu dre gwar pa daga*。他家的上房里有一个超大的粮柜,可以装1000斤荞麦。

cohdi manddryi syimare tsʰo³³əti³³ma³³ndʐɿ⁵⁵sɿ⁵⁵ma⁵⁵re⁵⁵ 不赏佛塔智不达 not smart until visiting the Buddist pagoda *cohdi manddryi syima re, sozzho mace ngama se*。不赏佛塔智不达,不喝海水不觉悟。(谚语)

佛　塔

cohla de tsʰo⁵⁵əla⁵⁵te³³ 一条人命 a life *shoiha*

nwabbe ne cohla de nengwar da ngwar pe。过去,彝族的习惯法规定,一条人命赔一头牛。

coi hbi tsʰo³³ji³³əpi⁵⁵ 名（别人的）比喻,习语,警句,谚语 idiom coi hbi ne tejji kato, abba trema nahwado jji ama trema hwamado。尔苏谚语这样说:即使偿还得了父亲的培育之恩,也无法偿还母亲的养育之恩。

coihbi yoiryi tsʰo⁵⁵ji⁵⁵əpi⁵⁵jo³³ji³³rə³³ 我的比喻、别人的象征 my metaphor and the symbol of others coihbi yoiryi, pai hzho ngama drene ssyii hzhoddamangwar。我的比喻、别人的象征,父辈不教,子辈就无知。

como gabu tsʰu⁵⁵mo⁵⁵ka³³pu³³ 耄耋老人,八九十岁的人 the elderly of 80 or 90 como gabu deo shyishyi ha su tava ncanca mafu jje。这位耄耋老人,行走的时候还不要别人牵。

como nesho ssanyo tsʰo⁵⁵mo⁵⁵ne³³ʃo³³za⁵⁵ŋo⁵⁵ 老人死在幺儿家 the old man dies in his youngest son's house ngwarmo nesho ncehgu, como nesho ssanyo。老牛死在沼泽地,老人死在幺儿家。（谚语,表示小儿子要给父母养老送终）

como sho mali tsʰo⁵⁵mo⁵⁵ʃo⁵⁵ma⁵⁵li⁵⁵ 人老不肯死 old man refuses to die como sho mali, menga qomali。人老不肯死,天阴不肯黑。（谚语,表示怕折磨子女）

como zzaibu tsʰo⁵⁵mo⁵⁵dza³³ji³³pu³³ 老人健康靠饮食 old man becomes healthy with good diet ersuihbizyi ne como zzai bu, comogabu tancha ssama zzyido ne kadra。尔苏人的俗语说"老人健康靠饮食",这位耄耋老人能够吃饭就是健康。

conbbai nyoma tsʰo³³mba⁵⁵ji⁵⁵ȵo⁵⁵ma⁵⁵ 名 星期天（祭祀的日子）Sunday ersushaba bbe ne conbbai nyoma ne conbbaho debbe。尔苏沙巴要在祭祀的日子里,用祭祀仪式为全辖区内的人民祈福。

conbbisho nara tʃʰo⁵⁵nbi⁵⁵ʃo⁵⁵na³³ra³³ 丢人现眼,使自己出丑 make a fool of oneself yaddree tesu deo shushu jje, ao conbbisho nara ta。带上这么一个娃娃来做客,他调皮捣蛋,让我丢人现眼。

condde sifugwar tsʰo⁵⁵nde⁵⁵si⁵⁵fu⁵⁵kɚ³³ 好人护三村 a good man protects three villages

condde sui ndde co⁵⁵nde⁵⁵su⁵⁵ji⁵⁵nde³³ 人善被人欺 all lay load on the willing horse ya, nbbonddesui nzze, condde sui ndde, sumarmar si zzho nzzyi debbe。哎,马善被人骑,人善被人欺,老实人就容易吃亏。

conddessyincha ddezzyi nzzyi tsʰo⁵⁵nde⁵⁵zə³³ntʃʰa³³de⁵⁵dʑe⁵⁵ndʑə⁵⁵ 自古英雄多磨难 heroes often suffer condde ssyincha ddezzyi nzzyi, ssyindde shaer gomazzho。自古英雄多磨难,从来纨绔少伟男。（谚语）

conga sho mali mo³³ŋa³³ʃo³³ma³³li³³ 坏人不易死 bad people often survive conga sho mali, condde zzyi yanzzyi。坏人不易死,伟人难成长。（谚语）

conshe confe tsʰo⁵⁵nʃe⁵⁵tsʰo⁵⁵nfe³³ 春分 spring equinox nwanzzuba bbane conshe confe hene ssumihgu kanzzazzyi ershanyode。凉山村有个风俗,就是在春分节气炒玉米泡泡来吃。

conzzi ngu tsʰo³³ndzi³³ŋu³³ 举行清洁仪式 hold a cleaning ceremony aermugodde saba de kecyii yava conzzi ngugge jja ne ddwa。阿

尔木果家要举行清洁仪式,请了一个沙巴到家里去了。

copar bbe tsʰo⁵⁵ pʰæ⁵⁵ 年轻人 the young *ashyilangu copar bbe, zzachyizzaga zza ddryiddryi*。年轻人快到这里来集中,割稻打谷背谷子。(民歌歌词)

copar ga tsʰo⁵⁵ pʰæ⁵⁵ka³³ 青年男子,年轻人 lad, young man *neryi co parga bbe lepe tatabubu nyogwa langua vaga varvarla ta*。你们年轻人别袖着手,大家都来帮忙杀猪。

copar gahmo tsʰo⁵⁵ pʰæ⁵⁵ka³³əmo³³ 高高大大的小伙子 big and tall lad *nessyi sologa debbutre tamanddo ha ne, copar gahmo de tebbuza*。你家的索罗呷一年不见就变成一个高高大大的英俊小伙子了。

copar ma tsʰo⁵⁵ p æ⁵⁵ma⁵⁵ 女青年 young woman *copar ma yanqo ne fuyanqo, coparga yancho ne fuyancu*。青年女性漂亮村庄就漂亮,青年男性强壮村庄就强盛。(当地的说法)

copar mabbe tsʰo⁵⁵ pʰæ⁵⁵ma³³be³³ 女青年,青年女子 young girl *neryingganyo copar ma bbe ashyikala ssamachevarvarla, tege keshyimapa*。你们门外的女青年,全部进来帮着做饭,这里人手不够了。

copi cozzyi tsʰo⁵⁵pʰi⁵⁵ tsʰo⁵⁵dzɚ⁵⁵ 动 讹人,敲诈,勒索 racketeer, extort

cosho bbo gge tʃʰo⁵⁵ʃo⁵⁵bo⁵⁵ge³³ 形 清静,门可罗雀 quiet

cosho bbo ngga tsʰo⁵⁵ʃo⁵⁵bo⁵⁵nga⁵⁵ 奔丧聚集 gather for mourning

coshoerpa tatada tʃʰo⁵⁵ʃo⁵⁵rɚ³³pʰa³³tʰa⁵⁵tʰa³³ta³³ 死人之路不能堵(死亡不以人的意志为转移,顺其自然;人死了要按习俗做好丧葬礼仪) don't get in the way of the dead *erddro ryipa damapa, coshoerpa tatada, cosho ryipa damado*。飞石之路不能挡,死人之路不能堵。(谚语)

cotra conga tsʰo⁵⁵tʰa⁵⁵tsʰo⁵⁵ŋa⁵⁵ 动 损人,害人 harm the interest of others *ta lamugaza ne cotra conga de, ndde de mahssyi, tepe ddatanchoncho*。这个拉木呷扎是个害人的家伙,不是个好人,你不要与他同流合污。

cozyi bbomazha tsʰo⁵⁵tsɚ⁵⁵bo⁵⁵ma³³tʃa³³ 独子不追贼 the only child should not chase the thief *ye, cozyi bbomazha, suzyi vu mace. yozaihjilanbar vaga ngenzzyinzzao*。俗话说:"独子不追贼,单人不喝酒。"你要为宗族的香火传承考虑。

cu ① tsʰu⁵⁵ 动 剪(羊毛)cut (wool) *yaso kecui cucu daso ddabarne assyi le yobbe nyogwa cutezzua*。从昨天早上开始剪到今天早上,我家的羊全部都剪完羊毛了。

cu ② tsʰu⁵⁵ 名 肺 lung *se jji i nga ta ce, i ngece a ne cu la ddenwa gge debbe jji gge*。谁都别抽烟,据说抽了烟以后,整个肺都要变黑的。

cu ③ tsʰu⁵⁵ 动 竖立,树立 put up, stand up *danyo ne ddawa taza i qacyi de ge cu dde ngu za*。今天吃得太多了,肚子就像竖立着的口袋一样了。

cu ④ tsʰu⁵⁵ 名 掏耙 rake *drotre ge ssumi mama ngeko zabbe ddeharryi ggejje cu mara*。准备翻动一下敞坝里晒的玉米粒,找不到掏耙在哪里。

cu ⑤ tsʰu⁵⁵ 代 这样 so *alo aryi xinqobashe cu deqi nengua*。就这样,我们在新桥村开展了这项活动。

cu ⑥ tsu⁵⁵ 动 放,架 put, place *meke shui ddro*

kecu i ddereshui kegemenbbei ddevu dala。火塘里烧起火,锅庄上架起锅,烧热了锅儿就跳到锅里打滚。(《母鸡和油渣的故事》)

cu ⑦ tsʰu⁵⁵ 动 摊派,分摊,分派,指派 dispatch, assign *mgkalilo ssimo teshoha ive munpabbelige ngwar nangwar necua*。牧呷李力的老婆去世的时候,被亡妻的舅舅们强行指派杀两头牛。

cu bi tsʰu⁵⁵pi⁵ 名 肺(组织) lung *ve teocubi la ddanwa za de, cuoge reka-ra za de*。这头猪的肺是黑色的,看来是肺有问题。

cu meer tsʰu³³me³³ɚ³³ 名 冬风 winter wind *cu meer ma nyo hane tegene goi ddamanpi dege, tene nyo si cumeddeer ide syi ddenpi*。没有冬风的时候这里不太冷,只是这几天,因为吹冬风显得有些冷。

cu sho tsʰu⁵⁵ʃo⁵⁵ 名 肺血 pulmonary blood *su teo kehbbu zade la manddo, su ssongwa ha sunpwa gela cu sho ddala gge de*。这个人可能发疯了,他骂起人来,嘴里都要喷出肺血似的。

cu shyi tsʰu⁵⁵ʃɚ⁵⁵ 肺组织 lung tissue *cu shyi shyi mmahssyi, fusi si si nahssyi, juja kwakwa bbe ne tihbizyi gge debbe*。"肺组织不是肉,马桑树不是树",老年人是这样说的。

马桑树

cua tsʰua⁵⁵ 量 间 *tezzyi i ga dangga keddua ne sso cua ha de ga*。他家有四间房。

cubbe tsʰu⁵⁵be⁵⁵ 后颈部(肩胛骨的上部) back neck, the upper part of the scapula *zaxi ssyi nzzanzho ve o anebar ndde de, cubbe qo lesu ssyi ge leha*。扎西家的过年猪很肥,在肩胛骨上方至少有四指厚的膘。

cubbo gaza tsʰu⁵⁵bo⁵⁵ka³³tsa³³ 名 支气管 bronchus *cubbo gaza ddenyi bbe ne roswanyiha de*。支气管有病的人,往往是哮喘病人。

cubbo talwa tsʰu⁵⁵bo⁵⁵tʰa³³lua³³ 割断气管,割喉 cut throat *lali nwahzhobwage cubbotalwai yazzelai ddakatosi tesho a*。腊丽被强盗割喉了,奔回家报了信才死去的。

cubbo ge dwa tsʰu⁵⁵bo⁵⁵ke³³dua³³ 名 喉结 Adam's apple

cubbogedwa nyizyi tsʰu⁵⁵bo⁵⁵ke³³dua³³ȵi³³tse³³ 喉结以下部分 the following parts of the larynx *himanzzama ne cubbogedwa nyizyi ne mantre, jjizyi si ntrejje*。女人喉结以下部分是不聪明的,只有喉结以上部分聪明。(当地的说法,表示会说而不会做)

cubi ddanwa tsʰu⁵⁵pi⁵⁵da⁵⁵nua³³ 肺组织变黑 lung tissue turns black *i ngece a ne cubi ddanwa za de jjigge, i nga ta ce a*。吸烟会使肺组织变黑,以后别再抽烟了。

cucu tsʰu⁵⁵tsʰu⁵⁵ 形 粗糙 coarse, crude *ssumibbe ddrehane cucu ne ddre ane ssama bbe nepo kentru ne yamar*。在推玉米的时候推粗糙一点,在蒸玉米饭时打回趟(蒸两遍)就好吃。

cucu lala tsʰu⁵⁵tsʰu⁵⁵la⁵⁵la⁵⁵ 形 粗粗糙糙 coarse, crude *vezza bbe cucu lala ngu a nalwalwa do si kezzho ne zyi gge*。把猪草

切得粗糙一点,煮了再喂猪。

cuddenyi ncaddenyi tsʰu⁵⁵de⁵⁵ȵi³³ntsʰa⁵⁵de⁵⁵ȵi³³ 肺疼肝疼,伤心难过 sad

cude manyo tsʰu⁵⁵te⁵⁵ma³³ȵo⁵⁵ 没有这样的事情,没有这种情况 there is no such thing *zaxi tenanyo aryi dawasizzhode, cude manyo, aryi tavahga nganzzagge*。扎西这几天天天都和我们在一起,没有这样的事情,我们可为他证明。

cunca venyo tsʰu⁵⁵ntsʰa⁵⁵ve⁵⁵ȵo⁵⁵ 肝肺胃肠,心肺肝肠(感恩之心) viscera, good will *suteone syi nyi de ma zzho de, ne cunca venyo la ngawa tatezyi jjimahsse*。这个人是没有良心的,你就是为他肝脑涂地,他也没有感恩之心。

cuncavenyo jahja tsʰu⁵⁵ntsʰa⁵⁵ve⁵⁵ȵo⁵⁵tɕa⁵⁵ɔtɕa⁵⁵ 心肺肝肠相连,难分难舍 inseparable *nezzyi neone cunca venyo jahja miha, tabarla ngezzhe mara addo*? 你们两个就像心肺肝肠相连一样,这么难分难舍吗?

curu curu ① tsʰu⁵⁵ru⁵⁵tsʰu⁵⁵ru⁵⁵ 拟声 表示锅里煎油声 the sound of frying oil *teddene denyonyo curu curu ssunzza, anessamayamar debbesincyinca ma nddo*。这家每天都传出锅里煎油的声音,不知道在做什么好吃的饭菜。

curu curu ② tsʰu⁵⁵ru⁵⁵tsʰu⁵⁵ru⁵⁵ 拟声 嗽噜嗽噜(干禾秆的摩擦声) the sound of dry straw friction *zaxi ssune yoshyingezzyi ane curu curu zzeo bbubbegenganbbea*。只听见圈楼上传来嗽噜嗽噜的声音,扎西吃了羊肉以后就利索地钻入禾秆堆里睡了。

cwa tsua³³ 动 开始,起头,就要 start *mejoge mezzyi zzyi ke cwa, ggwalagga*。天上开始打雷了,马上就要下雨了。

cwa ra tsʰua⁵⁵ra⁵⁵ 竹编篱笆,竹编围子 bamboo fence, *tra shoi rela milahanete cwa ra qihincyi lige syihbyi kalwa kemimapajje*。厉鬼来捉亡灵的时候,因为竹编篱笆上的刺阻止了鬼舔舐竹笆,所以进不去坟茔里。(当地不科学的说法)

cyi ① tsʰə⁵⁵ 名 肩胛骨 scapula *shabai cyihzyi hene cicyi ne mahode, yocyi vecyi la ngwarxyisi*。沙巴在打卦的时候,是不用山羊肩胛骨的,猪胛、羊胛、牛胛都用。

cyi ② tsʰə⁵⁵ 形 愁,心焦 worried *denyonyo ggwa sixxo, nyinqi nggwar mazze, syinyi necyi anjjigge*? 这段时间天天下雨,没有办法出工做事,心焦得很,怎么办呢?

cyi ③ tsʰə⁵⁵ 形 苦 bitter *sunggwa tebbe na desyi dde cyi debbe*。这些瓜是有点苦味的。

cyi ④ tsʰə³³ 名 盐 salt *vashyi bedwa deddro zzha, cyi mabene myanahe*。满满一锅坨坨肉,放盐不够的话,肉就不香。

cyi ⑤ tsʰə³³ 动 依靠 rely on

cyi ddetro tsʰə³³de³³tʂʰo³³ 咸味足够,不淡 salty enough *abugao sswalhwaqo cyi gedwa o nddo ane cyi ddetro jja qwa*。只要看到锅庄上的盐块,那老头就要说咸味够了。

cyi ga tsʰə⁵⁵ka⁵⁵ 买盐巴,打盐巴 buy salt *shoine cyi ga ha ne lwanpudei cyigatwava taga gge debbe*。过去买食盐的时候用榔头敲下盐块,所以叫"打盐巴"。

cyi hzyi tsʰə⁵⁵ɔtsə⁵⁵ 打肩胛骨卦 divination with scapula *missyissyio yanecanyiane ddwai ngwarma cyierbashe cyi hzyiddwa*。黑头猕猴的子孙因为家里人生病了,就到沙巴家去打肩胛骨卦了。

cyi i tsʰə³³ji³³ 农历七月 July in Lunar Calender

yoerjjala zzilhaloge ersubbe cyii lhaerne zzhukwacu debbe。对于蓼坪乡和则拉乡的尔苏人来说，剪羊毛节在农历七月初。

cyi le tsʰə⁵⁵lɛ⁵⁵ 名 肩胛骨 scapula *assyi awao cyi le ge ddenyi jja nava la tivaga desyi harkaga hojje*。我奶奶的肩胛骨疼痛，请你去给她扎银针。

cyi mabe tsʰə³³ma³³pɛ⁵⁵ 形 淡（不咸，咸味不足）tasteless *zzhobbege cimabe，cyidaka ddagwar se*。汤里咸味不够，再添加一点食盐。

cyi matro tsʰə³³ma³³tʂʰo³³ 咸味不足 tasteless

cyi nazha tsʰə³³na³³tʃa⁵⁵ 动 盐渍 salt stain *hehzhasubbe hezzizzi bbe cyi nazha i chendu lahjiddwai nke gge*。找松茸的人立即把新鲜松茸盐渍好，然后用汽车运到成都去卖了。

cyi qo ① tsʰə³³tɕʰo³³ 狗神位，猎狗神座 the direction of the hound god *cyi qo ne tro ggalha kanzza da ge*。西北正好是狗神位的方向。

cyi qo ② tsʰə³³tɕʰo³³ 西北方向 northwest *hbyio ddazahjii ate cyi qo garhar pyii*。把这个草偶送到西北方向去，放在路边上。

cyi she tsʰə⁵⁵ʃe⁵⁵ 历算和打卦 fortune telling *vunwa missyissyio zzyijjonbya jjidwai ngwar ma cyierba ddege cyi she ddwajje*。黑头猕猴子孙从"之"字形山路的坡上走去，到沙巴家去打卦和历算去了。（沙巴口诵经的经文）。

cyi sibbutre ngezzyi tsʰə³³si³³bu³³tʂʰe³³ŋe³³dʑɛ³³ 吃三年盐 eat salt for 3 years *netiha ape jihjimadose，mo cyi sibbutre ngezzyi asi ape jihjila*。你现在没有能力来和我较量，吃三年的盐再来。

cyi vi tsʰə⁵⁵vi⁵⁵ 宗族的兄弟 brother of the clan *cyivi manqi ne bbova ma ddwa，nchyijji ma nqi ne nyiva ma ddwa*。宗族的兄弟不和就不会联合起来对付敌人，夫妻之间不和睦就不会携手劳作。

cyicyi soso tsʰə⁵⁵tsʰə⁵⁵so⁵⁵so³³ 形 清净，安乐，祥和 peaceful and quiet *ersumeligene cyicyi soso，suzisu demazzho，xxicesude mazzho*。尔苏地区清净祥和，没有抢劫盗窃的，没有吸毒贩毒的。

cyida tsʰə⁵⁵ta⁵⁵ 动 收集，聚拢，收拾 clear up, get together *yo bbe cyida da ddabar ne cyida ho*。羊群该回去的时候就要聚拢在一起。

cyidda matro tsʰə³³da³³ma³³tʂʰo⁵⁵ 形 淡（不咸，咸味不足）tasteless *bunca zzho ge cyi dda matro，daka ngehjila nagwar se*。洋芋片汤有点淡，再拿一点盐来添加进去。

cyigwar da tsʰə³³kuaɹ³³ta⁵⁵ 名 盐缸 salt jar *kula taga cyigwar da ngugge，wamuge nagwarne cyibbetelicyigedwatebbuyanche*。把这个木盆用来作盐缸，用编竹篾装盐巴的时候，盐巴很容易受潮而结块。

cyihgu mihgu tsʰə³³əku³³mi⁵⁵əku⁵⁵ 名 盐井，油井 salt well, oil well *atege cyihgu mihgu de ngezzhuza jjiasse，ade nganyanya mapa*？那里又没有开发出盐井或油井，是什么东西使你舍不得离开？

cyii lha tsʰə³³ji³³ɬa⁵⁵ 名 七月 July *er-ilhage zzhehdongu，cyii lha ge zzhukwacu，zui lhage ranggwarbyi*。六月期间送火把，七月期间剪羊毛，九月期间还山鸡。

cyii teshogga tsʰə⁵⁵ji⁵⁵tʰe³³ʃo³³ga³³ 快要愁死了 very worried *te dehsseggu denyonyo ggwa lai nzzyibbe necho gga，ne cyii tesho gga*。一段时间以来天天下雨，再下，荞麦就烂在地里了，我都快要愁死了。

cyile ge tsʰɚ⁵⁵ le⁵⁵ ke³³ 肩胛骨部位 scapula *nddre zaza dei harmogabu cyile ge latehgui nge ddwa za*。一杆标枪从老熊的肩胛骨部位上穿出去了。（过去打猎的情景）

cyimatro myamahe tsʰɚ³³ ma³³ tʂʰo³³ mja⁵⁵ ma⁵⁵ xe⁵⁵ 盐味不够菜不香 without enough salt, the food will not be tasty *cyi matro ne mya mahe, vu mabe ne yo nbbisho*。盐味不足菜不香,酒不丰富我羞耻。（民歌歌词）

cyipo chomyai tsʰɚ³³ pʰo³³ tʃʰo⁵⁵ mja⁵⁵ ji³³ 名 高寿 longevity *abu ne cihi cyipo chomya kezyi a i?* 爷爷,您今年高寿？

cyipo hssakezyi tsʰɚ³³ pʰo³³ əza⁵⁵ kʰe³³ tsɚ³³ 长命百岁 longevity *abbaama nengu nbbibar nbbosuzzha, ssu ngeshe cyipo hssakezyi gge*。父母养育后代贡献比山高,他们身体健康长命百岁。

cyipo ra tsʰɚ⁵⁵ pʰo⁵⁵ ra³³ 上了年纪,岁数大了 grow old *cyipo ra neyavasi nehssyia na gga gga zzhongu, nyope ddata ligga*。上了年纪就待在家好好休息,不要到外边到处跑。

cyiqo trangga tsʰɚ³³ tɕʰo³³ tʂʰa³³ ŋga³³ 西北鬼门 the northwest ghost gate *jabussa cihi ne cyiqo trangga nesso zade, tentru mapale*。加布子今年的命相运行到西北鬼门了,忌讳犯赃。（当地不科学的说法）

cyiryi ciro tsʰɚ³³ rɚ³³ tsʰi⁵⁵ ro⁵⁵ 拟声 叮咚声（铿锵声） tingling *nbbo qo nchyilo kasane shyishyihe cyiryi ciro ngeddwane nyinwa tehnyigge*。在马身上挂铃铛以后,行走时发出叮咚之声,可以惊扰路边的野兽。

cyise ddala tsʰɚ⁵⁵ se⁵⁵ da³³ la³³ 动 叹气 sigh *yaddreo cyise dela ddala, anebar syi ddetre manddo, shanga*。这孩子好可怜,叹着气,不知有多寂寞。

cyise nddendde tsʰɚ⁵⁵ se⁵⁵ nde⁵⁵ nde³³ 唉声叹气 sigh *himao mupa bbeshe barla cyise nddendde sama zzyimali jje*。姐姐到娘家以后天天唉声叹气,不肯吃饭。

cyivi manqi tsʰɚ⁵⁵ vi⁵⁵ ma⁵⁵ ntɕi⁵⁵ 宗族（自家）兄弟不和睦 conflict between brothers of the same clan *cyivi manqi ne sulige hahyongu lagge debbe, neryi sejji yali yanqongu*。自家弟兄不和睦就会遭到别人的欺侮和排挤,你们大家要好自为之。

cyivi nyinwa venwa tsʰɚ⁵⁵ vi⁵⁵ ɲi³³ nua³³ ve³³ nua³³ 宗亲弟兄 clan brothers *tiha jjimarnddronwa dde cyivi nyinwa venwa bbe aryi temerage trussyi mahsse zzho*。现在吉满黑皮肤家族的宗亲弟兄,我们这一代人就有六十多个。

D d

da ① ta⁵⁵ 副 开始（起点标记）since *alige ti malimanqo ddesshongwa jja，tegeda kecu ane ava mala zzoro a*。他做得不好，被我批评教育了，从此以后他就不再理我了。

da ② ta⁵⁵ 名 今（天）today *da nyo ma gga nya he gga，danyo mahdo nyaha hdo*。今天不歌何时歌，今天不舞何时舞。（民歌歌词）

da ③ ta⁵⁵ de 元音的和谐变体 another form of "de" *tege ryipa da ga nge chu za*。这里开通了一条道路。

da ④ ta⁵⁵ 时间起始标记 start marker of time *yanyo da kecu a zhanga lha ge tezzu ane ssossyi si nyo tebbu gge*。从昨天开始到下月的月末那天合计是43天。

da ⑤ ta⁵⁵ 名 旗帜，玛尼旗 flag *danyo tege da daga ddecu za，nyoma desyi yali denyo*。今天在这里立起了一面旗子，今天应该是个好日子。

da ⑥ ta⁵⁵ ……的地方 place of...

da bar nga ta⁵⁵ pɚ³³ ŋa³³ 打平手，不分胜负 draw *ligaone napassyi te ssyidabbo ge ngabbarnyi yoyo hene neote da bar nga jje*。爬上那高山岗后，父子俩在休息坪上休息，然后比赛摔跤，结果是分不出胜负。

da bbanyi ta⁵⁵ ba⁵⁵ ɲi³³ 副 一道，一同，一起 together *luobu，azzyi zaxi la neryi dabbanyi nezzyi，ta mo tiha barsila de*。罗布，你和我家的扎西一同就餐，他也是刚到这里的，都还没有吃。

da bwai ① ta⁵⁵ pua⁵⁵ ji³³ 一亩 an acre，mu *ngwai nbbya azzyi meli tro nzzyi hgge da bwai ha de*。南山上我家的坡地，面积大概有一亩。

da bwai ② ta⁵⁵ pua⁵⁵ ji⁵⁵ 一抱 an armful of *sibu da bwai zzho debu telwa jja，si hggalha kasyanggaza，ipaddenyijje*。他因砍伐了一棵有一抱之粗的常青老树而得罪了树神，现在被作祟了，正在肚子疼。（当地神秘的说法）

da ca dda gga ta⁵⁵ tsʰa⁵⁵ da⁵⁵ ga³³ 唱一首歌 sing a song *ne mwahwa，ggadaca ddagga ne a vu dazha cegge，ne mogge amoce*。没关系，你唱一首歌我就喝一杯酒，你再唱我就再喝。

da da ① ta³³ ta³³ 名 空闲，闲暇 leisure *ne da da he ne marnta nasibar kessyi a ssyia ne zzyi awa desyi zzoro i*。你空闲的时候就买几个糖果，去看望你家的老奶奶。

da da ② ta⁵⁵ ta⁵⁵ 名 旗子 flag *da da ne daernyo，danyinyo danwanyo，dashu dabbu nyo*。旗子有白旗、红旗、黑旗、黄旗和花旗等。

da draryi ta⁵⁵ tʂa⁵⁵ rɚ³³ 一次，一回 once *ssushyi zzizzi bbe，le da draryi ngazzyi qi，goi zzyile de jji manyo debbe*。我吃过一次生鱼片，觉得没有啥吃头。

da hlala ta⁵⁵ əla⁵⁵ la³³ 一会儿 a moment *copartebbe ssamazzyi anebarnche，zzhoggwa da hlala siddasa ne manyoa*。这些年轻人

吃饭的动作好快,一会儿工夫就吃完了。

da hna ta⁵⁵ əna⁵⁵ 其他地方 other place *ne dahna ssyida manyo tele addege si nehssyi a ngabbarnyi*。如果你没有其他地方可去,就在我家坐下休息。

da hssa ① ta⁵⁵ əza⁵⁵ 数 一百 one hundred *nbbiva yoer nggessyi ngge, va ncha negwar ne da hssa*。坡上白羊九十九,加上牧人满一百。(民歌歌词)

da hssa ② ta⁵⁵ əza⁵⁵ 一分(钱) one cent *ale tiha bbazzhe ddakato ane ngguige dehbu dahssa mabbo*。说到钱,我现在是包里一分一角都没有。

da hssa necyi de ta⁵⁵ əza⁵⁵ ne⁵⁵ tsʰɤ⁵⁵ te⁵⁵ 数 一百二十一 one hundred and twenty-one *shyibbussa ssyi yobbe nahssa ddebbei tihane da hssa necyi deosi ngere a*。石步子家的羊本来是200只的,现在只有121只了。

da hza ta⁵⁵ ətsa⁵⁵ 一家人,全家人 all members of the family *nedde da hza o nyogwa nge guhgu la a sse? 你家是全家人一起来的吧? a ryi tebbe nyogwa da hza de bbe, syi manyo, a ryi dawa ke i gge*。我们全部是一个家庭的人,没有关系,就住一个房间吧。

da i ta³³ ji³³ 连 所以,因而 therefore, consequently *ni tejji i dai azho yaddrebbe nyogwa nponpo nwanwa ggagga gge*。正因为你这样的行为,所以你的小孩也都成了偷偷摸摸的小人。

da ka ryi ta⁵⁵ kʰa⁵⁵ rɤ⁵⁵ 形 一点,少许 a little, a bit of *nizhoi da ka ryi avaqi, a sonyo ne nava ssumi nzzyi i dakaryi hwa gge*。你给我一点糌粑面,我明天还给你一点玉米面粉。

da lha ta⁵⁵ ɬa⁵⁵ 一个月 one month

da lha lha ta⁵⁵ ɬa⁵⁵ ɬa⁵⁵ 推转一下 twist

da lwapwa da⁵⁵ lua⁵⁵ pʰua⁵⁵ 一只老虎 a tiger *de nbbi ge ne da lwapwa, delo ge ne danggwape*。一沟只容一锦鸡,一山只容一老虎。(谚语)

da marmar ta⁵⁵ mɚ³³ mɚ³³ 一层(单衣) a layer of (thin garment) *tabarddenpi, ne nggame da marmar si dde sshyi za, yavahji mabbuasse?* 这么寒冷的天气,你只穿着一层单衣,家里实在贫穷吗?

da marmar ka sa ta⁵⁵ mɚ⁵⁵ mɚ⁵⁵ kʰa⁵⁵ sa³³ 打会儿盹,睡一会儿 doze, take a nap *me ddencu gga, nyogwa meliggu kejo a da marmar ka sa, muzwa a ddahar gge*。天快要亮了,大家就地睡一会儿,一会儿我负责叫醒大家。 *imar nala ha ne da marmar ka sa si ddahggar ne ngu*。瞌睡来了就先小睡一会儿再起来做工作。

da nca ta⁵⁵ ntsʰa⁵⁵ 一片 a piece of *zaya bbezzha zzyi ha veshyi danca si nge zzyia*。在吃转转饭的时候,扎娅只吃了一片猪肉。

da nddre ta⁵⁵ ndʐe⁵⁵ 名 竹旗(一种仪式符号) bamboo flag (a ritual symbol) *da nddre gakehji yava lhanddre ge kasa shu*。你把这支竹旗拿进去交给房主人,让他插在神龛上。

da nka ta⁵⁵ ŋkʰa⁵⁵ 一丁点,一小点(一尘) a little *nggamebbeqo trohbyi da nka maha, dehmo shosholla za*。衣服上一尘不染,一身干干净净的。

da zaza ta⁵⁵ tsa⁵⁵ tsa⁵⁵ 动 跃起,蹦起,窜起 jump up, pop up *amussao da zaza sine zajiqo ngeddwa*。阿木热一窜就从墙上翻过去了。

dabbanyi kasa ta^{55}ba^{55}ɲi^{33}kʰa^{33}sa^{55} 出手相助 help ryinyi nyawa ge ne sedde syi nyo jji dabbanyi kasa ho ddebbe。作为亲戚朋友，谁家有难，我们都要出手相助。

dabwai kasa ta^{55}puai^{55}kʰa^{33}sa^{33} 动 拥抱（一下）hug

dadryi ta^{33}tʐə^{33} 名 水蛭，蚂蟥 leech cada neddwa ne a ne la dda ma jima, da dryi si dde jima。到了矮山，什么都不怕，就怕蚂蟥。

dahza nengu ta^{55}ətsa^{55}ne^{33}ŋu^{33} 组成家庭，结婚 get married nele ape dahzha nengu tele, a nava dessu ssavar shu gge。如果你和我组建一个家庭，我一定会让你幸福一辈子。

dahza zzila ta^{55}ətsa^{55}dzi^{55}la^{55} 阖家团聚，全家会聚 family reunion xin-minjjimardde debbutrenyissyi nzzazhohane dahza kezzila jjolaggede。新民村的王氏家族，每年春节期间，全家都团聚在一起过年。

dalha ge ta^{55}ɬa^{55}ke^{33} 一个月里 in a month shoine dalha ge shyi dazza mazzyi, tihane denyonyo shyimazzyi maqi。过去一个月难得吃一次肉，现在就没有哪天不吃肉了。

dalha kepe ta^{55}ɬa^{55}kʰe^{33}pʰe^{33} 一个月之内 within a month ni bbazzhe tene barryi, a dalha kepe ne anjji jji nava hwalagge。你的这点钱，我无论如何在一个月之内就偿还给你。

dalha meggu ta^{55}ɬa^{55}me^{33}gu^{33} 一个月内 within a month shohibbutre syiige, dalha meggu sinddryi meddahdda do, ersha mazzha。前年四月，一个月内就发生了三次地震，真没有这样的先例。

dalha vume ta^{55}ɬa^{55}vu^{33}me^{33} 一个月内 within a month tiha ne temoi ggamajji ma ncu a, dalha vume la sica ssoca nyi。现在老了，身体也就不行了，一个月里都要犯三四次病。

damassyi nesyinyi ta^{55}ma^{55}ʑə^{55}ne^{33}sə^{33}ɲi^{33} 虽是亲兄弟却有两条心 two brothers have different thoughts da massyi ne syinyi, na massyi desyinyi。兄弟同胞两条心，非亲兄弟一条心。（谚语）

dana ncha ta^{55}na^{55}ntʃʰa^{33} 少许，一两位 a few aerddege nddavar ssharesshare dana ncha si ngala。阿尔家来的客人不多，只有稀稀拉拉的一两位。

danddre ddaca ta^{55}ndʐe^{55}da^{55}tsʰa^{55} 神龛上插入竹枝（祭祀的一个环节，这里用来骂畜生，意指它是被献祭的牺牲）the one to sacrifice (cursing a farm animal) danddre ddaca leo ngehzei sui ssumila ge ngenbbeza, ssumi raparta。这个神龛上插竹枝的畜生，冲出圈跑到人家玉米地去了，（我）只好赔偿别人家了。

danddreca le ta^{55}ndʐe^{55}tsʰa^{55}le^{55} 该被遗弃的人，该被插竹签子的人 the one who should be abandoned womuga gexissa, danddreca le ne danyo ddejjolaggela a nalagge? 哦，木呷格西热，你个该被抛弃的（人），今天是你回来，还是我下来（打你）啊？

danyi hwalahwala ta^{55}i^{55}xua^{55}la^{55}xua^{55}la^{55} 红旗飘扬 fluttering red flag meerlage danyi hwala hwala ge, kezzoroha nddenddela zzyizzho。红旗在迎风飘扬，看起来气势壮观。

danzzyi dama ta^{55}ndzə^{55}ta^{55}ma^{55} 名 墨迹，文字 ink, word aryi ersu ne zzhyisibbo, nzzassone zzhyijjibbo, danzzyi dama jjibbo。我们尔苏只有口传文化，汉族既有口传文

化,又有文字资料记载。

daryi sshyinka dage ta⁵⁵rɘ⁵⁵ʒɘ³³ŋkʰa³³ta³³ke³³ 名 市场 market *daryi sshyinka dage suva nzzhe zzyi gge ngata nzzyinzza*。在买卖东西的市场上,不要有欺行霸市的想法。

daryidaryi nkadage ta³³rɘ⁵⁵ta³³rɘ⁵⁵ŋkʰa³³ta³³ 名 超市,商店,小卖部 shop *nggame tacene daryi daryi nka dage kesshyi daca, pehzyi nese zade*。这件衣服是在超市里打特价的时候买的。

daryissyi magge ta⁵⁵rɘ⁵⁵zɕ³³ma³³ge⁵⁵ 成不了气候,好不了 do not work *cihi mejo ti na nga, repu bbe daryissyi magge, manddohala nzezyiga*。今年的天气这么涝,庄稼一定好不了,一定要提前做准备(渡过灾荒)。

daso ta⁵⁵so⁵⁵ 今天早上,今天黎明 this morning *dasomencumancu nyochudenbbargge, sedde anenbbryi nyomanddo*。今天黎明时分,听见有枪声,不知道谁家出了什么事。

daso ha ① da⁵⁵so⁵⁵xa⁵⁵ 今天早上 this morning *dasohala alili dese, tiha nyohge desi tebbuane tasho a jji gge*。今天早上的时候(它)还是好好的,现在才半天的工夫就死去了。

daso ha ② da⁵⁵so⁵⁵xa⁵⁵ 名 刚才 just now *nessyi mugabaji daso ha tengwahe kare ga gge, tiha azzho se manddo*。刚才我看见你家的牧呷巴基在南头打核桃,现在不知道还在不在。

daso ncho ta⁵⁵so⁵⁵ntɕʰo⁵⁵ 今天早上 this morning *tassyikahamuji awa yakwao daso ncho la yava zzho de, galo la ne ddwajjigge*。他家的卡哈木吉大奶奶,今天早晨还在家里的,据说现在已到甘洛县城去了。

dda da⁵⁵ 同英语中的助动词 auxiliary *tiha markwakwa o kamarza, neryi se la dda ta ho se*。现在毛主席正在睡觉,你们谁也不能说话,以免打搅毛主席休息。(民间故事)

dda ba da⁵⁵pa⁵⁵ 动 搭配 match *lilissyi la hima nzzama bbe dda ba nenbbyinbbyi*。男同志和女同志搭配,分组编队。

dda bbar ① da⁵⁵bɚ³³ 动 吃撑,装满 be full *ngezi ngezi ddabbar ne tege mazzyi hdo ngu mace hdo ngu*。灌了又灌把胃装满了,却在这里假装没有吃过。

dda bbar ② da⁵⁵bɚ³³ 动 燃烧,点燃 burn, ignite *nqishu kancu a dda bbar si ngga nyo nge hji i*。火把点燃后才拿到门外去。

dda bbarbbar da⁵⁵bɚ³³bɚ³³ 形 很多,满满,充盈 many, plentiful *erpeo ssyi ge dda bbarbbar za, desyi la mahssyi tele matwa*。脚在鞋里塞得满满的,差一点就穿不进去了。

dda bbwa da³³bua²³ 动 泛滥,滋生 flood, breed *nessyimosuge bbeer dda bbwa za, ashyinyifuziddebbe nahzhyia nagwar*。你家的茅厕里滋生了蛆虫,快扯些鸟紫草投下去灭蛆。(当地的生活经验)

dda ca da⁵⁵tsʰa⁵⁵ 动 发热,发烧 fever *yaddre bbe tenenyo roshyi dda ca nyi deryinbba jihji gge, isyi ngu*。这段时间有一种让儿童发烧的传染性疾病,要注意防范。

dda ddangwar ya yashe da³³da⁵⁵ŋuɚ³³ja³³ja⁵⁵ʃe³³ 又臭又长 obnoxious and long *ni hibbadega hane jjimar-awai gojoga miho dda ddangwar ya yashe*。你说的话,像王大娘的裹脚布,又臭又长。(歇后语)

dda dra ① da³³tʂa⁵⁵ 形 淘气,活跃 naughty, active *nezzyi yaddre teo desyi dda dra dancha*。你家这个小孩有些淘气和活泼。

dda dra ② da⁵⁵tʂa³³ 不安分,不守纪 naughty, mischievous *ersu coparbbe dde nyimassyi ershaddessi, dda dra gge ngatanzzyinzza*。尔苏年轻人一定要遵纪守法,贯彻党的方针政策,千万不要以身试法。

dda ga da³³ka⁵⁵ 动 打,抽打 beat, hit

dda gaga ① da⁵⁵ka⁵⁵ka⁵⁵ 动 呕吐 throw up *yun-che jja vunehnyoii ssama nyingezzyi syiryi dda gaga i nyipyia*。晕车导致头晕呕吐,把吃下去的东西都吐干净了。

dda gaga ② da⁵⁵ka⁵⁵ka⁵⁵ 动 拍打,扇动(翅膀) flap (wings) *o-angupeo bbulhe dda gaga i nkwa ge nenbbeddwajje*。那雄鹅拍打着翅膀,一头扎进海底去了。

dda har ① da³³xɚ⁵⁵ 动 扶起来,拉起来 help someone up *abuga de ggwala ge nyibuga i su dda har su ma zzho, zhanga si ai nddo i dda har*。有一位老人在雨中跌倒了没有人扶,后来我发现了才把他扶起来。

dda har ② da³³xɚ⁵⁵ 动 叫醒 wake up *yoha ssyi te yaddreo teshe depu kamar, neryi sedeo desyi dda har ddi shu*。哟哈家的这个孩子睡的时间太长了,你们哪位帮忙叫醒一下。

dda har ③ da⁵⁵xɚ⁵⁵ 动 高举起来(然后打下去),抡起来 lift *ggoga hane yanbbu dda har hode, tamahssyi ne zhomamabbe tehgua ngala magge*。使用连枷的时候一定要高高地抡起来,不然燕麦籽就不会从麦穗里脱粒出来。

dda harryi da⁵⁵xa⁵⁵rɚ⁵⁵ 动 搅拌,搅动 stir *ddroge zure kezho hane dda ma harryi ne kesyigge, qadade ngamadda har ryi de*。锅里煮豆浆的时候,不搅动就会烧糊粘锅,所以要不断地搅拌。

dda hbar da³³əp ɚ⁵⁵ 动 溅,挥洒,撒 splash *jjimar lanbbuabu zuzui robbene rohdda nbbi bulili qo dda hbar za de jje*。吉满王家(凉山村)长房爷爷的骨灰是撒在小山崖上的。

dda hbu da³³əpu³³ 名 家长,老公,主人家 husband, master *de inwa ge da dda hbu, de fu ge ne de sukwa*。一个家庭一家长,一个村庄一村长(非村委会主任)。

dda hgaddru da⁵⁵əka⁵⁵dʐu⁵⁵ 动 消瘦,变瘦 become thin *menzzane ddacai ssama ngezzyi mado, sula dda hgaddru za*。夏天天气太热了,吃不下饭,人也消瘦了。

dda hggar ① da³³əgɚ⁵⁵ 动 起床,起立,起来 get up

dda hggar ② da³³əgɚ⁵⁵ 动 流行,蔓延,扩散 spread, extend

dda hggwa da³³əgua⁵⁵ 动 倒塌,垮塌 fall down, collapse

dda hssa da⁵⁵əza⁵⁵ 动 发展 develop

dda hsswa ① da³³əzua³³ 名 出息 prospect *yaddre ne dda hsswa magge deo, anejji nyoma gguddezyi hala kamar zade*。你这个孩子不会有什么出息的,日上三竿了还在睡。

dda hsswa ② da³³əzua⁵⁵ 形 真实的,实在的,可靠的 real, reliable *bbuhassa nahzha nahzhai tejwane sse dda hsswa de ra*。不哈热寻去寻来地挑老婆,现在终于找到一个实在的了。

dda hwahwa da³³xua³³xua³³ 动 摇摆,挥舞 wave *tige rape o ddope shepe dda hwahwa ne zzhobbe ssahssa ne su i neddwa jje*。他把公鸡伸出去,向各个方向挥舞着,洪水就慢慢地退下去了。(当地的说法)

dda kato ① da^{33}kʰa^{33}tʰo^{55} 动 发言，报告，述说，转述 speak, report *neddwane zaxi xiaozhava desyi dda kato a, azzyimuliva desyinakwasu*。你到学校就转述给扎西校长，请他严格管教我家的老二。

dda kato ② da^{33}kʰa^{33}tʰo^{55} 表达意愿 express one's will *dda kato maqi ne gadei sanbba, ngahbarge maqi ne nga dei sanbba*。没有发表过观点就以为是个白痴，没有展示过力量就以为是个软蛋。（当地的习惯用语）

dda la ① da^{55}la^{55} 动 上来 go up *cihine zaxi la dda la xinmin yava zila ggejje*。据说扎西今年要上来到新民家里过火把节。

dda la ② da^{55}la^{35}……起来（表趋势）become *yaddrebbe ddakwa ne debbutredebbutre ddahzai dda la*。孩子们长大以后，他家的日子一年比一年好起来。

dda massi da^{33}ma^{33}zi^{55} 没有使用 do not use *sshao tepo kesshyii zhyige nagwar dda massi debbe*。这批碗买回来后，就存放在柜子里，从来没有使用过。

dda nbbanbba da^{33}nba^{33}nba^{55} 动 辅佐，帮衬，携带 help *aryimar marha akwa ddei dda nbbanbba i ddakwa*。我们还小的时候，是大伯家帮衬着我们，使我们家渡过困难的。

dda nca da^{55}ntsʰa^{55} 动 提拔 promote *sui anggu kahama ne nzzai dda ncai ddwa de*。昂古卡哈曼是由党和政府提拔起来的。

dda ncha da^{33}ntʃʰa^{55} 动 抽打 beat, whip *ssubbugene bbe-ryi gai hemo, qadai ssubb ui dda ncha ne bberyiga tesho yanche*。因为棍子是蛇的舅父，所以用竹棍抽打蛇时，蛇很容易就会死亡的。（当地神秘的说法）

dda nggwa da^{33}ŋgua^{55} 形 明晃晃 bright *yaha nkwar galo gwarshege ddanggwa ddabba za, anengu manddo*。昨天夜里甘洛县城的夜空明晃晃的，不知道在做些什么。

dda ngwar da^{33}ŋuɚ^{55} 形 腥 rancid, fishy

dda pwa ① da^{33}pʰua^{33} 动 打破，摔碎 break, smash *malo manzze sshao nepe tehzei meliggu naddrai dda pwa ta*。马洛不小心把两只碗掉在地上摔碎了。

dda pwa ② da^{33}pʰua^{55} 动 裂开 split *baige ddadarne lhanzzhyi mamabbe ddehi ane dda pwa zadebbe*。到了农历八月间，八月瓜（当地野生的水果）一旦成熟，就会裂开口。

dda ta bbi bbi da^{33}tʰa^{33}bi^{33}bi^{55} 别急着，莫慌 take your time

dda ta dra da^{33}tʰa^{33}ʈɽa^{55} 别调皮 don't be naughty

dda ta hose da^{33}ta^{33}xo^{33}se^{33} 别说话，肃静 be quiet *yaddrebbe depryi rara dda ta hose*。小孩们，要肃静！

dda ta kato da^{55}tʰa^{33}kʰa^{33}tʰo^{33} 不要说 don't speak

dda ta rara da^{33}tʰa^{33}ra^{33}ra^{55} 别闹，别吵 don't make noise

dda varhyo da^{33}vɚ^{33}xɹo^{33} 动 系上 attach

dda wa ① da^{33}wa^{55} 掏上来，刨上来 draw out *chuli bbe nyogwa dda wa ddehji la*。把泥土全部刨上来。

dda wa ② da^{33}wa^{55} 吃饱 full up *ddavarbbe ssama hdehbbi jjingazzyi dda wa shu, nkwar ne iddanga gge le*。客人们要吃饱，不然晚上会饿肚子的。

dda walili da^{33}wa^{33}li^{33}li^{55} 动 转圈 circle, whirl *lapeo tege razzo ddengeoi dda wa lili nge hdoipo ddwaza*。虎子在这里转圈,然后跳出去逃跑了。

dda za da^{33} tsa^{55} 动 挂着 hang

dda zaza da^{55} tsa^{55} tsa^{55} 向上冲出来,跳出来 jump out of

dda zza da^{33} dza^{55} 因持续某动作而疲乏 fatigued for keeping a pose

ddaba naba da^{55} pa^{55} na^{33} pa^{33} 动 交替,轮换 alternate

ddabba ddelo da^{33} ba^{33} de^{55} lo^{55} 形 亮亮堂堂的 bright and clean *abbwa nessyi ishyizhwa tage ddabba ddelo mya laddanggwa*。阿巴,你家的这栋新房子亮亮堂堂的,真有些耀眼。

ddabwa ddabwa da^{33} pua^{33} da^{33} pua^{33} 多次发生性行为 multiple sexual intercourses

ddadra ddenzze da^{33} tʂa^{33} de^{55} ndze^{55} 调皮捣蛋 mischievous *minya teo ddadra ddenzze de, sibuqo ddeddwa se, iqo ddeddwa se*。这只小猴子调皮捣蛋,一会儿爬树上,一会儿蹲在房顶上。

ddagga danancha 比较多,不少 many *nedde ssuggu ddagga danancha lazzhota, kezzoro ha sanbbazze*。你家有不少牲畜嘛,让人看起来都心情愉快。

ddagga i da^{55} ga^{55} ji^{33} 副 幸好,好在 fortunately *danyo, menene nkwarne syinyi ddeddeca, ddagga i nebarla ne syinyi zyidanezyia*。今天下午的时候,天越晚我越着急,幸好现在你回来了,我悬着的一颗心终于落下去了。

ddahar dderyi da^{55} xa^{55} de^{33} rə^{33} 动 搅拌,搅动 stir *ate ddroge lwanbbu kazhoza, tatamea nyaha ddahar dderyi ma ssyi kezhyi gge*。那口锅里煮着豆渣菜,别忘了要时时搅拌,不然就会煮糊了。

ddahbu da^{33} əbu^{55} 名 家长 parents

ddakato bbe da^{33} kʰa^{33} tʰo^{33} be^{55} 说过的话 what someone said *ainava ddakato bbe kanca nyabba sheddakato, temetashu*。我对你说过的话,一定要记得告诉你的爸爸,别忘记了。

ddakwa da^{33} kua^{55} 动 成长 grow

ddalwa ddahbwa da^{33} lua^{33} da^{55} əbua^{55} 动 做主,操持,担当 master *te ssyi qama teshoha, sui zaxi ddalwa ddahbwa namangu tele nyongancha*。他妈去世的时候,要不是扎西操持办理,他们就不知所措了。

ddama bbibbi da^{33} ma^{33} bi^{55} bi^{55} 不繁忙,有空闲 idle *zaxi neryi danyo ddama bbibbi tele aryissa ranggarbyi dagesibbe zzoroi gge*。扎西你们今天有空闲,我们就一起去看还山鸡祭祀地的树林。

ddanbbarra da^{33} nbɚ^{33} ra^{55} 名 拨浪鼓 rattle-drum *ryipwa ola menggezzi deo ne nzzahzu deo ne ddanbbarra npar*。老陈和老王,一人敲鼓念口诵经,一人摇拨浪鼓念藏文经。

ddangwar sencyi da^{33} ŋwɚ^{33} se^{33} ntsʰə^{33} 名 臭气 bad smell

ddanwa ngehze da^{33} nua^{33} ŋe^{33} ətse^{55} 显黑色 show black *ssumi nyonyo yandde bbe ddanwa nehze i nwamelili gge*。长势茂盛的玉米苗远看黑黝黝的一片。

ddashwa ddalwa da^{33} ʃua^{33} da^{55} lua^{55} 动 扭曲 twist *sitaga ddashwa ddalwa za daga, anjji ddalhajji ngezu mapa daga*。这根木料扭曲变形太严重,怎么推刨都无法使其变直。

ddata hose da³³tʰa³³xo³³se³³ 别开腔，不要表态 don't speak *nessyi ane mabryi hdoga ngu a dda ta hose nelide*。若无其事地坐下来，不要开腔就对了。

ddata magge da³³tʰa³³ma⁵⁵ge⁵⁵ 成活不了，会死去 will die soon *labbyi tancha lha mandde dancha i ddeta magge la ma nddo*。这只小羊羔是不足月就出生了，成活的可能性不大。

ddata ncyira da³³tʰa³³ntsʰɚ⁵⁵ra⁵⁵ 动 保密 keep a secret *muzwa issa jjolane tebbe ddata ncyira, deryi deo ssemagga aggoggo*。一会儿儿子回来了不要说这些事（保密），说了也不会起作用，反而徒添烦恼。

ddata rara da³³tʰa³³ra⁵⁵ra³³ 动 别闹 stop that now *munyo bato, nkwarhge tebbu a, ne ryi ddata rara, ashyi kamar cwa*。牧流巴托，已经半夜三更了，你们不要再闹了，赶快入睡吧。

ddata ryi da³³tʰa³³rɚ⁵⁵ 动 别笑 don't laugh

ddatabbibbi da³³tʰa³³bi⁵⁵bi⁵⁵ 不要急，不要慌 don't panic *ne ddatabbibbi a nava zzhyi ne si zzhyi kato lebbo se*。你不要急着走，我还有两三句话要对你讲。

ddatra ddehji da³³tʰra⁵⁵dɛ³³ətɕe⁵⁵ 提高警惕，小心谨慎，考虑周全 be vigilant, cautious, considerate *nyope ngeddwa hane yozai ddatra ddehji, bbazzhe be su i nenpo ha*。外出的时候要提高警惕，谨防钱包被别人偷去了。*nzzagezzho ne ane nguhala ddatra ddehji seva kenyo gge hamasede*。在单位工作要小心谨慎，做事不要得罪了别人。

ddatu ba da³³tʰu³³ba⁵⁵ 名 达土村 Datu Village

ddawa da³³wa³³ 动 吃饱 be full (after meal) *ipa ddawa ggagga zze sanbbu ddeche dohdola*。吃饱肚子好玩乐，愿望实现来庆祝。（民歌歌词）

ddawa de da³³wa³³te⁵⁵ 已经吃饱 have been full *tele ngezzyii ddawa de, tava gwar-i mahoa*。他已经吃饱了，你们不用喊他吃了。

ddazanyinchozushu ɲi³³ntʃʰo⁵⁵tsu⁵⁵ʃu⁵⁵a⁵⁵da⁵⁵tsa⁵⁵ 动 倒吊 hang upside down *mema co zzyi sofuge ddazainyincho zushu naganaga i karebarsikwade te bbu*。野人婆被索夫倒吊在树上狠狠地打。

dde ① dɛ⁵⁵ 动 纺织，编织 weave, knit *nyidde ne ze nge dde ne qacyi nca, bbubi nge dde ne nzzyiza nca*。纺织的时候，纺麻就纺出麻布，纺茧丝就纺出花腰带。

dde ② de³³ 名 家，家庭 family *a dde cihi vagale mabbo nzzazhove namaga, vashyi necyi dre sikesshyia*。我家今年没有过年猪可杀，只买了20斤猪肉。

dde ③ de³³ 名 国家，部落 country, tribe *nzza dde nga yabar i a ryi ersu bbe ddehza*。国家富强了，我们尔苏人发展和富裕了。

dde ④ de⁵⁵ 名 宗族，家支，家族 family, clan *jjimar anyo ngge o ssyi dde, ishashwassa nggeo ssyi dde*。王氏家族集团有九支系，张姓家族集团也有九支系。

dde bbehbbu de⁵⁵be⁵⁵əbu⁵⁵ 动 变厚，变粗糙 thicken, roughen

dde bbu te⁵⁵bu³³ 动 喘息 gasp, pant

dde bbu ga de³³bu³³ka³³ 白花色 white and variegated

dde bi dodo de⁵⁵pe⁵⁵to⁵⁵to⁵⁵ 盆里堆满了肉 bowl filled with meat

dde bubi de³³pu³³pi⁵⁵ 动 打开，摊开，取出来 open, take out *maca ngala, nggame dde* ngebubi a ngehji a dasyi ngeko。太阳出来了，把衣服摊开，拿出去晒一下。

dde buzzyi de⁵⁵pu⁵⁵dzɿ⁵⁵ 动 拱起，隆起，凸起 plump up *mugassa i zalage ne anedebbe zzho dde buzzyi za de*。牧呷惹的杂囊鼓起来了，里边装了什么东西。

dde cho dɛ⁵⁵tʃʰo⁵⁵ 形 甜 sweet *sutewo sumyanggane dde cho susikato, ggamanyo nesuva hizzuhzo*。这个人当面尽说甜言蜜语，背地里专门告别人状下烂药。

dde chu de⁵⁵tʃʰu⁵⁵ 动 打开 turn on *menankwar miha, mya manddoa ate zzholhyo desyi dde chu*。好像天黑了，有些看不见了，把那个电灯打开一下。

dde cucu tde³³tsʰu³³tsʰu⁵⁵ 动 立着，向上凸起 stand *ncememe tesu deosi tege dde cucu i mala, talwa nyipyi*。一根刺在这里突兀地立着，去把它砍掉。

dde cyishe de⁵⁵tsʰɿ⁵⁵ʃe⁵⁵ 动 打卦，占卜 tell fortune *shaba dde cyishe hane gagaddeyava ngwarma hdanga dezzho tiyajje*。沙巴占卜时，卦象显示，嘎嘎家有头怪相的母牛。（当地信仰）

dde ddryiddre de³³dʐɿ³³dʐe⁵⁵ 动 按摩，搓揉 massage *lepe rarangua dde ddryiddre bobo maha shu*。用手搓揉一下，把那个包搓散。

dde dryi dɛ³³tʐɿ³³ 动 鎏，镀 gild *shengganggu bbe hnyire dde dryi ane zzoroyazze*。铁器物件镀金比不镀金好看得多。

dde erer dɛ³³ɚ³³ɚ³³ 动 彼此包容，相互原谅 understand, forgive *ailige amo zzi dawa kesai vungecei dde erer shua*。阿布和阿莫两个人被我强行赶到一起去了，让他俩喝酒达成谅解，彼此包容。

dde guze de³³ku³³tse⁵⁵ 动 踩踏 stamp on *ggobibbe data guze, dde guze ane zzhocelebbo magga*。不要踩踏蔬菜，蔬菜长不起来，就没有菜汤喝了。

dde hbu de⁵⁵əbu⁵ 动 凸起，凸出，突起，拱起来 plump up

dde hggomwa ① dɛ³³əgo⁵⁵mua²³ 动 痊愈，康复 recover, cure *nessyi nyama ddenyi za jjigge, tenenyo desyi dde hggomwa aza ddo*? 听说你母亲生病了，这段时间康复些了吗？

dde hggomwa ② de⁵⁵əgo⁵⁵mua⁵⁵ 动 轻松，解乏，如释重负 relax *awa, yaddre tebbe ddwane ne dde hggo ddemwa ggecwa*。奶奶，这些孩子走了以后，你会轻松下来的。

dde hgu de³³əku⁵⁵ 动 出名 get famous *tejwa ne nedde ddehgu a, mingadaga tazzhazzha ne yalia ggeshe*。这样以后你家就出名了，臭名昭著了。

dde hji de³³ətɕi⁵⁵ 动 揣着 carry

dde hjihji de³³ətɕi³³tɕi⁵⁵ 动 斗争，战斗，搬动 fight *ziga azzi dessu ddehjihji gga, sejji tamaka, sejji ngamaci*。子呷和我斗来斗去，斗了快一辈子了，谁也没有斗赢，谁也没有斗输。

dde ho de⁵⁵xo⁵⁵ 动 答应 promise, consent

dde jima de³³tɕi⁵⁵ma⁵⁵ 动 害怕 fear *cada neddwa ne ca dde jima, nzzeo ddeddwane nyi dejma*。下矮山就怕得疟疾，上高山就怕中草毒。

dde kuku ① de³³kʰu⁵⁵kʰu⁵⁵ 脾气犟 stubborn *yaddre teo dde kuku de, ddeshwaddelwai si zzhyila bbanyi malide*。这个孩子脾气非常犟，谁的话都听不进去。

dde kuku ② de³³kʰu⁵⁵kʰu⁵⁵ 形 弯曲的 bent,

crooked　*sitaga dde kuku za*，*ngezumapa*，*ddessi malia*。这根木料弯曲了，无法伸直，没有办法使用了。

dde nce　de³³tsʰe³³ 冒出来，从地面露出来 grow out from the earth　*ssuminyo syimelige ddencei ddesilane nchui nehzui manyoa*。玉米苗刚一冒出来就被冰雹砸没了。

dde ncho　de³³ntʃʰo⁵⁵ 动 敬献 consecrate　*razzyoizzyila rasuzzwala rabbilhe vunzzubbe mevessulha va dde ncho*。把鸡爪尖、鸡啄尖和鸡翅尖拿来上敬给土地神和山神。（当地的风俗）

鸡　爪

dde ncyi　de⁵⁵ntsʰɚ⁵⁵ 动 挑选 select　*zuer bwage ne zuer dde ncyi*，*yoer bbuge ne yonwa ddencyi*。一斗白色黄豆里挑选黑色黄豆，一群白色绵羊里挑选黑色绵羊。

dde nddre　de⁵⁵nʈʐe⁵⁵ 动 刺，刺杀 kill　*nzzyimovuja nqibbige jjibbebbe*，*jjimarmugoge nddregai dde nddre najjo*。抛烘乌甲从坎下往上冲，吉满木果一梭镖戳下去，接着用尽全力狠狠杀下坎去。（民间故事）

dde nggo ①　de³³ŋgo³³ 接上去，向上接住 catch　*danyo nyilanggu va qozyi gge*，*lezuddeqi leidde nggo*，*leidde qi lazu dde nggo*。今天来给祖先上敬，右手敬上，您左手接上；左手敬上，您右手接上。

dde nggo ②　dɛ³³ŋgo⁵⁵ 动 拾起，捡起 pick up　*kare ddenggo karehzega*。捡起核桃打核桃。（谚语，表示用钱来生钱）

dde nggonggo　de³³ŋgo⁵⁵ŋgo⁵⁵ 动 捡拾 pick up　*ggwanexxone karesibbui zhanga kare naddradrabbe dde nggo nggo*。下雨后要到核桃树下，把落在地上的核桃一个一个捡起来拿回家。

dde nggonggo maya　de³³ŋgo³³ŋgo³³ma⁵⁵ja⁵⁵ 捡拾不起来 cannot pick up　*ka-re tebu naddraddrai meliggu nehze ane nessyissyi i dde nggonggo maya*。这棵核桃树上的核桃掉地上后跌碎了，捡拾不起来。

dde ngu　de³³ŋu⁵⁵ 动 啼，鸣，打鸣 cluck　*terapei ddengu maqi dancha hodejje ligge ggede*。他正在到处寻找卖鸡的人，要买只还没打鸣的小公鸡。

dde ntre　de⁵⁵nʈʐʰe⁵⁵ 动 鸣叫 cluck　*shoi zahabbe silagentrehene ssa dde ntre i ka nzzu nzzu i kemi gge de*。从前只要听见野鸡在林里鸣叫，就可以模仿鸣叫，把野鸡诓进机关后活捉。

dde ntrontro　dɛ⁵⁵nʈʐʰo⁵⁵nʈʐʰo⁵⁵ 动 挠痒（反复地挠）scratch（an itch）*danyo nbbya ddeddwajja iddangai ipa nddrobi dde ntrontro a*。今天到山上去玩，肚子饿得我不停地挠肚皮。

dde ntryi　de⁵⁵nʈʐe⁵⁵ 动 死亡 die　*mioshe i lige zzhozoma si o nganca ne shyime dde ntryi zai jji gge*。猴子被水獭拖入深湍里，才钻了三个水湍就死了。

dde ntryi dde ntro　de³³nʈʐʰe³³de⁵⁵ʈʐʰo⁵⁵ 疯狂乱抓，狠狠撕扯 scratch in frenzy　*gego harlige dde ntryi dde ntro njjiguer shyi bbela mahaza*。小叔爷格果被老熊疯狂地乱抓，

小腿上的肉被抓掉了很多。

dde nzzhyi dɛ³³ ndʐɤ⁵⁵ 动 替换，更改，更换 replace, change *tihane susyinyi malibbe la hjinbba dege bbazhakalwa dde nzzhyi pajje*。现代医学能对有心脏问题的人通过做手术更换心脏。

dde pekwa de³³ pʰe³³ kʰua⁵⁵ 动 涨价 rise in price *abwa tenehi iddebbe dde pekwa i kesshyi madoa, jjimo bbe le siga ssoga hasuzzho*。这两年房子涨价涨得我们买不起了，而富裕的人家有三套四套的。

dde pu de⁵⁵ pʰu⁵⁵ 动 反悔（取消合约）regret, cancel the contract *axxila amuzzi henzza ge dde pu se jje, nya neo te soso ggese tiajje*。阿依和阿穆俩的婚约取消了，因为两人都还要上学，暂不谈婚姻。

dde sshyi dɛ⁵⁵ ʐɤ⁵⁵ 动 穿 wear *ngganyo ngeiggene ngga me bbe dde sshyi, vujojjiddezu cahajji ddesshyi*。到门外去就要把衣服穿起，把头帕裹上，还要把草鞋穿上。

dde ssi ① de³³ zi⁵⁵ 动 压 press *bugagao ikatoi lamolige lamimao ddessiza jje*。布呷呷说，拉莫把拉咪嫚压着了。

dde ssi ② de³³ zi⁵⁵ 动 扣押 detain *jjimarsukwalige tassyi sipebbe dde ssi qi ma lijja neote drotregerara gge*。王村长把他家木料款扣押了，两个人正在大坝子里争吵。

dde ssi ③ de³³ zi⁵⁵ 动 使用 use

dde trutru ① de³³ tʂʰu³³ tʂʰu⁵⁵ 动 混合 blend *nyopessyi hggwa dde trutru inexxoi meervu myakamarbba zhakalwamiha*。外边雨雪交加，冷风吹在脸上时，就像刀子割一样。

dde trutru ② dɛ³³ tʂʰu³³ tʂʰu⁵⁵ 动 啃，刮 gnaw, scratch *veshyi ryigu o tilige dde trutru nesho ma shu nyipyia, nbba*。好可惜，这个猪骨头没啃干净就被丢弃了。

dde zhu ① de⁵⁵ tʃu⁵⁵ 动 表扬，鼓励 praise, encourage *yaddre nzzhonzzyi so ha ne ncu jji dde zhu ho mancu jji ddezhu ho de*。小孩上学的时候，学习好了要表扬，学习差要鼓励。

dde zhu ② de⁵⁵ tʃu⁵⁵ 动 激励 motivate *sudeo ne ddezhui ssemanyo de mazzho*。所有的人都需要别人激励。

dde zi dɛ³³ tsi³³ 动 拔起，扯起 pull out *shyimada gaddenyi ssamara zzyimapa, age ssahjinbbasu va dde zi shu ge*。一颗牙齿疼得吃不下饭，我到医院去让医生把牙齿拔掉。

dde zu de³³ tsʰu⁵⁵ 动 戴上，顶起 wear *ssyihbbu hwalahwala ge walao nbbu dde zu i ngwar harhar shua*。在鹅毛大雪的天气，把擦尔瓦（羊毛斗篷）顶在头上飞奔而去。

ddebbibbi harse de³³bi³³bi³³h ɚ⁵⁵se⁵⁵ 知道你繁忙 I know you are busy *aryi jahjawawa bbe ne ddebbibbi harse dai leho dela ne she mada*。我们亲戚们都知道你繁忙，所以一个电话都不给你打。

ddebbu ddacha da³³bu³³da⁵⁵tʃʰa⁵⁵ 形 花花绿绿，浑身花斑 colourful, spotted *nzzyinwane yakwaddeso ddebbu ddacha de, nzzyi onetrode ssyihade*。豹高大且浑身有斑纹，狼矮小无花纹像一条狗。

ddeche ddezzyi de³³ tʃʰe³³ de³³ dʐɤ³³ 名 胀气 flatulence *aya a denyo ssama bbesi ngezzyingezzyi i ddeche ddezzyi za*。哎呀，我今天饭吃得太多了，现在腹里胀气。

ddeddru shu de³³ dʐu⁵⁵ ʃu⁵⁵ 使干燥 dry *ssumi*

gagabbe ssumi jajage nagwar meerngaga ddeddru shu ggede。玉米苞要装到玉米架仓里晾晒,使其干燥。

ddeddru su de³³ dʐu⁵⁵ su⁵⁵ 形 干燥的 dry harnwa ga o bbyire da ganbo race i tige ngece i ddeddru su za。据说,黑熊因得到一缸钵蜂蜜而高兴地跳跃着。(民间故事)

ddegedwa degedwa te⁵⁵ke⁵⁵tua³³ te⁵⁵ke⁵⁵tua³³ 一坨一坨的 in lumps aige vashyibbe ne-dozzi ddegedwa degedwa debbe nancai ddro ge ka kwar。我把猪肉都剁成一坨一坨的,然后全部倒入锅里煮了。

ddegu ddabar da manyo de⁵⁵ku⁵⁵da⁵⁵bɚ⁵⁵ta⁵⁵ma³³n̩o³³ 没有办法睁开眼睛,无地自容 feel too ashamed to open one's eyes gazane depyirarasu ketonzzode, suva ddegu ddabar da manyo shuggede。呷扎有时候是不择场合地瞎说的,(他的话)会使人羞得没有办法睁开眼睛的。

ddegu negu zyizyi dɛ⁵⁵ku⁵⁵nɛ⁵⁵ku⁵⁵tsɚ⁵⁵tsɚ⁵⁵ 相互使着眼色,暗中串通起来 conspire by winks tezzinewo ddegu negu zyizyi i zaxiva si vubbe negunegui tesshyisua。她俩互相使眼色,故意给扎西灌酒,把扎西给灌醉了。

ddegu nekuzyi ① dɛ⁵⁵ku⁵⁵nɛ⁵⁵ku⁵⁵tsɚ⁵⁵ 眨眼睛 blink alo ddegu ne guzyi i mazzezzege。你不停地眨眼睛,眨得我很不舒服。

ddegu nekuzyi ② dɛ⁵⁵ku⁵⁵nɛ⁵⁵ku⁵⁵tsɚ⁵⁵ 使眼色,暗示他人 wink te-ryi lige ddegu ne guzyi izzhoggwa tavasi kebubuiqwa。大家使着眼色,串通起来专门与他对着干。

ddegu ngexo damara de³³gu³³ŋɛ⁵⁵ɕo⁵⁵ta⁵⁵ma⁵⁵ra⁵⁵ 忙得连眨一下眼睛的工夫都没有 too busy to wink tiha aryi nyogua ddebbibbi ddegu ngexo dala ma-ra za, ka dege nava gwar。在这个时候,我们都忙得眨一下眼睛的工夫都没有,哪里能够顾及你哦。

ddegu qaingezzyi le de³³ku³³tɕa⁵⁵i⁵⁵ŋe³³dzɿ⁵⁵ 可恶的眼睛 evil eye ddegu qai ngezzyi le ane desyi la nadrada mapa ta。可恶的眼睛,什么东西都看不清楚了。

ddegudeguzyi nasaha de⁵⁵ku⁵⁵te⁵⁵ku⁵⁵tsɚ⁵⁵na³³sa³³xa³³ 一眨眼工夫,一会儿工夫,一瞬间 an instant mejoge ddegu deguzyi nasaha nemeligge na denyo tebbuajje。据说,天上眨一下眼睛的工夫,在我们地上就已经是一整天了。(民间传说)

ddehdo ddagga yashanga de⁵⁵əto⁵⁵da⁵⁵ga⁵⁵ja⁵⁵ʃa⁵⁵ŋa³³ 又唱又跳更可爱 it's lovely to sing and dance mahdo magga mashanga, ddehdo ddagga yashanga。不唱不跳不可爱,又唱又跳更可爱。(谚语,表示能歌善舞者更可爱)

ddehdo naddra ① de⁵⁵əto⁵⁵na⁵⁵dʐa⁵⁵ 上蹿下跳 jump about memacozzyio ddehdo naddra anbborewa meddedo jja sussho。那野人婆上蹿下跳地咒骂昂博家族要断根子。

ddehdo naddra ② de⁵⁵əto⁵⁵na⁵⁵dʐa⁵⁵ 暴跳如雷,严厉地批评 fly into a rage, harshly criticize tassyi awa ssada nejjoi nyaha ddehdo naddra coparbbeva si sshongwa。他奶奶有点糊涂了,经常对后辈暴跳如雷。

ddehggo ddamwa de⁵⁵əgo⁵⁵da³³mua³³ 如释重负,放下包袱 feel a sense of relief relax yeddre tewo lemakeshu ane ddehggo ddamwa, ane shyi la manyoa。把这个孩子的婚事办完就如释重负,一身轻松了,因为再没有大事要办了。

ddehggu de⁵⁵əgu⁵⁵ 踢起来,向上踢蹬 kick up

zuqowo tilige ddehggu iwoime baeshe de ngeddwa。足球被他踢起来飞过一座房子。

ddehi za de³³xi⁵⁵ɹa⁵⁵ 形 熟的，成熟的 ripe, mature

ddehji vuqo ddabar de³³ɅtɕI³³vu³³tɕʰi⁵⁵da⁵⁵bæ⁵⁵ 心想事成 one's wish comes true

ddehmi de⁵⁵Ʌmi⁵⁵ 形 饱满，成熟 mature

ddehmi o jje Ʌde⁵⁵mi⁵⁵o⁵⁵dʑe³³ 形 真的（反语，表示假的）true (actually false) ahehe, ddehmi o jje? azhosu mahssongu ne? 呵呵，你以为他说的是真话吗？不就是在骗人吗？

ddehmio tebbu de⁵⁵Ʌmi⁵⁵o⁵⁵tʰe³³bu³³ 马到成功，能够成大事 successful aryi tenddryi ge ngeddwa ne ddehmio tebbu gge, necyi maho。我们这次到南方去一定能够马到成功，大家不要担心。

ddehzhyi dderyi de⁵⁵ɅtʃƏ⁵⁵de³³rƏ³³ 撕得粉碎，撕成碎片 tear into pieces zzhonzzyi debubarlai, zayalige kalamazzorune ddehzhyi dderyi nyi pyi a。收到了一封来信，扎娅看都不看就撕成碎片丢掉了。

ddehzu mapa ddaga mapa de³³Ʌtsu³³ma³³pa⁵⁵da⁵⁵ka³³ma⁵⁵pʰa⁵⁵ 不能打骂 cannot beat or scold tenehi ersha ne tabar-i hahazzyizzyi ggeshe, ddehzu mapa ddaga mapa。按照现行政策，只能教育，不能打骂。

ddejojo a nge zzyi de⁵⁵tɕo⁵⁵tɕo⁵⁵a⁵⁵ŋa³³dzƏ³³ 轮流传递着吃掉 take a bite and pass to others

ddelechyi de⁵⁵le⁵⁵tʃʰƏ⁵⁵ 动手打人，出手打人 hit others sedeo sho ddelechyi ne teo teyo a mo。谁出手打人，谁就犯错了。

ddeli de³³li⁵⁵ 动 超出，上去 go beyond

ddeme ddanwa dɛ³³mɛ³³da⁵⁵nua⁵⁵ 形 黑黢黢，黢黑无光 black, dark chuli ddegui zaji ddehzu ne ddeme ddanwa za de jje。挖起黑色泥土干打垒，做成墙体黑黢黢的。

ddemi ① dɛ³³mi²³ 动 思念，想念 miss, recall, remember

ddemi ② dɛ³³mi⁵⁵ 动 猜到，觉悟 guess

ddemi a dɛ³³mi³³a⁵⁵ 动 想起 come to one's mind

ddemo dɛ³³mo³³ 动 呼唤，唤 call tro o ddemo a zza ne zzyi。把狗唤回来喂食。

ddempi ddaga de⁵⁵mpi⁵⁵da³³ka³³ 形 冰冷 cold

ddenbbi ddego de⁵⁵mbi⁵⁵de³³ko³³ 形 冰沁沁的 ice-cold wo, yaddre o tenpi za, lepesyi la ddenbbi ddego za。哇，小孩子受冻了，小手都冰沁沁的了。

ddence idde sila de³³ntsʰei³³de⁵⁵si⁵⁵la⁵⁵ 刚冒出头来 just grow out taha meli ge ssumi nyonyo bbe ddence i ddesila, nbbo ma nddo se。现在地里的玉米苗刚冒出头来，还不到薅草的时候。

ddence ngehjiddwa de³³ntsʰei³³ŋu⁵⁵Ʌtɕi⁵⁵dua⁵⁵ 动 抬走 carry away mibbelige dde ncence i romenyishengezyi dege ngehjiddwa jje。猴群抬着他经过一个悬崖绝壁往南走去了。

ddencu de⁵⁵ntsʰu⁵⁵ 动 复活 come alive

ddencu magge de³³ntsʰu³³ma⁵⁵ge⁵⁵ 成活不了 won't survive melige aligeqosacyibukezzhyi, zzhogwar romaddre, ddencumagge miha。我在地里种植了30棵花椒苗，浇水不透，看样子可能成活不了。

ddencyi ddebi de⁵⁵ntsʰe⁵⁵de³³pi³³ 动 掐，揪 pinch ao te lige ddencyiddebi, ddenyi ryipa ma nyo a。我被他又揪又掐的，实在遭不住了。

ddencyi ddehggo de⁵⁵ntsʰƏ⁵⁵de⁵⁵Ʌgo⁵⁵ 动 遴选，

筛选 select, pick

ddenyi ma de⁵⁵ȵi⁵⁵ma⁵⁵ 名 中国共产党 the Communist Party of China *ddenyima dde ge ngala, buerssyi bbe go ddesso*。来了中国共产党，尔苏人民翻了身。

ddenyi romaddre de⁵⁵ȵi⁵⁵ro⁵⁵ma³³ɖʐe³³ 红得不够鲜艳 not red enough *vura teo ddenyi romaddre, jji jji a zzha se? mazzhatele sshyi magga*。这布料红得不够鲜艳，其他深红色的还有没有？没有就不买了。

ddenyi sse de ma ra de³³ȵi³³ze⁵⁵de⁵⁵ma³³ra³³ 病了没得到祭祀牺牲 no sacrifice for one's illness *ddenyi sse de ma ra, temone nyilangguge ddabar magge*。病了没有得到祭祀牺牲，去世了进入不了祖先的行列。（当地的说法）

ddenyi su dɛ³³ȵi³³su³³ 名 病人 patient *ne ssyi ddenyi su desyi ane myaha e*。你家的病人好些了吗？ *ddenyi su o tihane zzhocazzhonbbi denzzhola ngece mapa*。现在无论是热水还是冷水，病人都没有办法喝下去一口了。

ddenyima ersha de⁵⁵ȵi⁵⁵ma³³ɚ³³ʃa³³ 共产党的政策 the Communist Party's policy *ddenyima ersha ne, nengu ne dde jji mo, lanjjonenepuddre*。现在共产党的政策好，谁勤劳谁致富，谁懒惰谁贫穷。

ddepu ddapa de⁵⁵pu⁵⁵da³³pʰa³³ 动 管事，当家做主 call the shots, be in charge *tenddryige lemashuha, yobbusi assyivahga ddepu dda pa i ngengua*。这次结婚典礼全部是育部帮着我家做主操办下来的。

ddepu nepu de³³pʰu³³ne⁵⁵pʰu⁵⁵ 翻来覆去，翻上翻下 toss about *zaxioassyi cinddropwa ddepunepu kezzorokezzorone vuli ddalhalha*。扎西把我家的山羊皮翻来覆去地看了又看，然后摇了摇头。

ddepyi ddapwa de³³pʐɵ³³da⁵⁵pʰua⁵⁵ 打得粉碎，打得稀烂，全部划开 shatter *razedebbe kesshyihjilajja, ddepyi ddapwa i nge mi nzzhe za*。买了一些鸡蛋，在回来的路上被打得稀烂了。

dderyi ddara de³³rɵ³³da⁵⁵ra⁵⁵ 掏净舀完，舀净掏完 totally scoop out *nbbisho natangu a ate kula ge veshyi syiryi dderyi ddara ngezzyi ngeshu*。不要不好意思，把那个木盔里的那点猪肉舀净掏完，吃完了事。

ddese mado de⁵⁵se⁵⁵ma⁵⁵to⁵⁵ 开不起腔，无力应答 can't speak, unable to reply *amu dde nya dancha mazzhoi, necyi i ddese mado za*。阿木家里死了个小孩，他悲痛得开不起腔，无力招呼大家。

ddesho de⁵⁵ʃo⁵⁵ 做清洁仪式，上敬 do the (clean) ritual *zidenyozhodenyo ne ernbbu dde sho a qokezyi ggedebbe*。逢年过节的时候，要先做清洁仪式再上敬先祖。

ddeshu de⁵⁵ʃu³³ 动 （动物）产子 give birth to a cub *yabu zzyi troma o gazi ngwar o de nche ddeshu za*。雅布家的母狗一窝产了五只狗崽。

ddeshu ddanqa de⁵⁵ʃu⁵⁵da³³ntɕʰa³³ 形 黄灿灿 golden *hgoxxo ddabar ne iggarhar meligeshabbe ddeshu ddanqa*。到了秋天，房屋后的麦子黄灿灿的。

ddeshu ddantwa de⁵⁵ʃu⁵⁵da³³ntʰua³³ 动 泛黄 turn yellow *vumyage ddeshu ddantwa sho demi la mazzho*。脸色泛黄，一点血色也没有。

ddesi ncei ddala de³³si³³ntsʰej³³de⁵⁵la⁵⁵ 刚开始冒出头 just grow out

ddessha lahbbi de⁵⁵ ʒu⁵⁵ la⁵⁵ əbi⁵⁵ 堆肥堆,团结一致 unity *syihbyi daga*, *lehddadaga*, *ddessha lahbbi ddexoi nddretro tebbusu*。同一声音同臂膀,堆积起来是肥堆,一撸起来成标杆。(谚语,表示团结协作)

ddesshyi ddassha de³³ ʒɕ³³ da⁵⁵ ʒa⁵⁵ 联合起来,聚合在一起 unite, gather

ddesyi ddahda de³³ sɕ³³ da⁵⁵ əta⁵⁵ 吃得干干净净 eat all

ddesyi ddasa de⁵⁵ sɕ⁵⁵ da³³ sa³³ 穿戴整齐,打扮漂亮,盛装 neatly dressed *ni nggame shyizwa bbe ddesshyi*, *ddesshyi ane ddesyi ddasa ne nivahga rehnade naba gge*。你把你的新衣服穿上,穿戴整齐了,我给你拍一张照片

ddesyi ddehge de³³ sɕ³³ de⁵⁵ əke⁵⁵ 动 断裂,破碎 broken *amu karesibuqo naddrai hnarobbela ddesyi ddehge za*。阿木从核桃树上摔下来,肋骨都断裂了。

ddete de³³ tʰe³³ 形 饿 hungry *yaddre o ne ddete zade*, *ne ssama debbe tamazyi le mali*。这个孩子肚子饿了,你不给他饭吃是不行的。

ddetro ddehe de⁵⁵ tɽʰo⁵⁵ de³³ xɛ³³ 又香又甜 fragrant and sweet

ddexone nddretro de³³ ɕo³³ ne³³ ndɽɛ⁵⁵ tɽʰo⁵⁵ 捋起来成戟杆(紧密团结) unite *aryinyogwa tizhangane*, *ddexone nddretro*, *ddehbbi ne lazo*。我们从今往后,要捋起来就成戟杆,堆起来就成肥堆,团结协同奔小康。

ddezhe ddaga de³³ tʃɛ⁵⁵ da³³ ka³³ 形 酸溜溜 sour *ggozhe re bbe ddezhe daga za*, *a le cebbwa mazhe*。这些酸菜汤酸溜溜的,我不太喜欢这个味道。

ddezholhi nezholhi de⁵⁵ tʃo⁵⁵ ɬi⁵⁵ ne³³ tʃo³³ ɬi³³ 反复掂量 ruminate over *aga chama gwarshe ge veshyi desyi dreha la ddezholhi nezholhi si kesshyigge*。即使在集市上买一点猪肉也要反复掂量了才下手。

ddezia dahna zzhyi i tʰe³³ tʃʰɕ³³ a³³ ta⁵⁵ əna⁵⁵ dʒo⁵⁵ ji⁵⁵ 动 移栽,移植(拔起来栽到其他地方) transplant *meli tedro ge xxinyobbe ddezi a dahna zzhyi i gge*。这块地里的烟苗要移栽到其他地方去。

ddezo ddehbbi de⁵⁵ tso⁵⁵ de³³ əbi³³ 堆积如山,堆满 filled with *taha ne vura nka dage vura bbe si ddezo ddehbbi tepyiza*, *sshyimapa kato*。现在百货公司里,布匹堆积如山,怕就怕你不买。

ddezu ddaga de⁵⁵ tsu⁵⁵ da³³ ka³³ 动 伸展,昂首挺胸 stretch, stand straight *shyishyi hane ddezu ddaga*, *zzhukebbebbe anezzoro mazze*。走路时要昂首挺胸,佝腰塌背的就不好看了。

ddezu ddagwar de⁵⁵ tsu⁵⁵ da³³ ku ɚ³³ 挑拨离间,搬弄是非 sow discord

ddezu ddapwa de³³ tsu³³ da⁵⁵ pʰua⁵⁵ 名 缘由 cause *ssihi te o a mussa she dohdo ne*, *ddezu ddapwa ne nyogwa qama o ikezuzu su*。这个女人和阿木闹离婚,一切缘由都是其母挑起来的。

ddezyi ddezi ① de³³ tsɕ³³ de⁵⁵ tsi⁵⁵ 动 乱翻 search and make a mess *nige ai nggame bbe ddezyi ddezi*, *a nahzha ra mapa*。我的衣服被你乱翻都翻乱了,我自己都找不到。

ddezyi ddezi ② de³³ tsɕ³³ de⁵⁵ tsi⁵⁵ 全部拔起来 unplug totally *melige ggonbbar bbe tilige ddezyi ddezi ngogwa mahashuza*。地里头的萝卜全部被他拔起来了,没有一棵是立起的了。

ddezze de³³ dʐe³³ 形 舒畅 comfortable

ddezze nezze de⁵⁵ dʐe⁵⁵ ne⁵⁵ dʐe⁵⁵ 跑上跑下 run up and down

ddezzyi ① de³³ dʐɚ⁵⁵ 动 喧嚣,喧哗 make noise *luma ssyi yava ddezzyi shuza, ane debbe rara manddo*。不知道在闹些什么,罗马的家里喧哗着,噪声很大。

ddezzyi ② dɛ⁵⁵ dʐɚ⁵⁵ 动 诞生 bear *abba ddamazzyi na kadege issa ddezzyi gge?* 如果没有诞生父亲,哪里会出生儿子呢?

ddezzyi i nyoma de⁵⁵ dʐɚ⁵⁵ ji⁵⁵ ȵo⁵⁵ ma⁵⁵ 名 生日,诞辰 birthday *da nyo ne shalimai ddezzyi i nyo ma aryi nyo gua sanbbazze*。今天是马丽曼的生日,我们大家都祝她生日快乐。

ddezzyi le ngenyo le de⁵⁵ dʐɚ⁵⁵ le³³ ŋe⁵⁵ ȵo⁵⁵ le⁵⁵ 动 出生,发芽(表示植物类) sprout

ddezzyi za de³³ dʐɚ⁵⁵ tsa⁵⁵ 形 喧闹 noisy *tassyi yava ddezzyi za, a ane debbe rara manddo*。他家屋里喧闹得很,不知道出了什么事。

ddo ① do³³ 名 阳 sun *ddope ddo i meve, shepe she i veve, danyo ne ne-ryi a vupu dde ddwa*。阳山方向阳山的山神,阴山方向阴山的山神,今天给你们敬献美酒了。

ddo ② do⁵⁵ 形 清晰,色深 clear, deep

ddo bba do⁵⁵ ba⁵⁵ 名 眼疾,白内障 eye disease, cataract

ddo bi do⁵⁵ pi⁵⁵ 名 眼皮 eyelid *alo, nekezzoro, su cyipo ra ne ddobi bbe la ddebbe ddehbbu za*。你看,人上了年纪,眼皮都是臃肿的。

ddo da do³³ ta⁵⁵ 采光充足,向阳,当阳 full of sunshine

ddo er do⁵⁵ ɚ⁵⁵ 名 白眼珠 the white of the eye *afu lige alo npu ddezhyizhe i ddo er la jjilha shu za, ane maga matryi de*。阿洛被阿福掐住脖颈,阿洛的白眼珠都往上翻了,这个阿福怎么这样莽撞。

ddo gu do⁵⁵ ku⁵⁵ 名 眼睛 eye

ddo hda ya ndde do⁵⁵ əta⁵⁵ ja³³ nde³³ 视力好,看得清晰 with good eyesight

ddo i dde cu do³³ ji³³ de⁵⁵ tsʰu⁵⁵ 举目一望 look *ddo i dde cu ke zzoro nale ddatwa ka bbanyi sasshyi vuqo missyissyi*。大地上的黑头猕猴子孙,举目一望,竖耳一听。

ddo nwa do⁵⁵ nua⁵⁵ 名 瞳仁,瞳孔 pupil

ddo nyi do⁵⁵ ȵi⁵⁵ 名 红眼病 pink eye

ddo nzzu do⁵⁵ ndzu⁵⁵ 名 眼斜 oblique eye

ddo pe do⁵⁵ pʰɛ⁵⁵ 名 山阳,阳山 south side of a mountain *ddo pe le maca la ke ncu za*。阳山那边都已经阳光照耀了。

ddobi bbela do⁵⁵ pi⁵⁵ be⁵⁵ la⁵⁵ 眼皮跳 twitching eyelid *ane nengu gge manddo, ddobi de dde bbela i ryipa manyota*。不知道会出什么事情,眼皮一直跳得控制不了。(民间不科学的说法)

ddobi qobu do⁵⁵ pi⁵⁵ tɕʰo⁵⁵ pu³³ 上眼睑 upper eyelid

ddobi zhanga bu do⁵⁵ pi⁵⁵ tʂa⁵⁵ ŋa⁵⁵ pu³³ 下眼睑 lower eyelid

ddoge ngagwar ddamatwa do⁵⁵ ke⁵⁵ ŋa⁵⁵ kua⁵⁵ da³³ ma³³ tʰua³³ 目中无人(不把别人看在眼里),藐视一切 arrogant *a mu ne sudeone tiddoge ge ngagwar ddamatwa de, ohwamar taza de*。阿木历来不把别人看在眼里的,实在是狂妄自大。

ddogu nddo ma qi do⁵⁵ ku⁵⁵ ndo⁵⁵ ma³³ tɕi³³ 未曾见过 have never seen before

ddohda ma ndde do⁵⁵ əta⁵⁵ ma³³ nde³³ 视力差,看不清晰 weak-eyed

ddoi ngebu do³³ ji³³ ŋe⁵⁵ pu⁵⁵ 瞠目以看 stare

ddegu deddre hane nggenyoi ryige ddoi ngebu a kazzoro hujje。有一双眼睛,就瞪目以观九天路程内的情况。(民间神话)

ddokar ma ncu do^{55}k^{h}ɑ^{55}ma^{55}ntʂ^{h}u^{55} 颜色不好 the color is not good

ddokwa do^{33}k^{h}ua^{33} 名 王（藏姓多夸）Wang ddokwa abu ddeho ne yomo jjimar anyonggeo ssyi ddege hja la ggetejja。多夸老爷发了话,我也要加入王氏九族的行列,我排老九。

ddomar nzzi ke zzu do^{55}mɑ^{55}ndzi^{55}k^{h}e^{55}dʐu^{55} 眼睫毛朝眼睛里边长 eyelashes grow into the eyes awamomo dedebbene ddomar nzzi ke zzu i ddegu ddenyi su zzho。有些老奶奶眼睫毛反着朝里边长,成为刺入眼睑的异物让其眼疼。(当地的说法)

ddomya deha do^{55}mja^{55}te^{55}xa^{55} 有个眼子,有个转机 have a chance to get better tege ddomya deha, alo tegejji ddomya de ngezzhugga。这里有一个眼子,你看这里还将出现一个眼子了。

ddomya tezzhu do^{55}mja^{55}t^{h}e^{55}dʐu^{55} 办事成功,卓有成效 succeed

ddonyo she do^{55}ɲo^{55}ʃe^{55} 动 斜视,仇视 peek, look with hatred ama ne ava ane debbe sso dei ti ddonyo she de ddo? 阿曼,你对我有什么不满,这样不停地斜视我?

ddope ddoi meve do^{55}p^{h}e^{55}doj^{55}me^{33}ve^{33} 向阳坡（阳山）的山神 the mountain god of the sunny hillside danyone ddope ddoi meve va vupu ddeddwa, mava ssulha cokehgu。今天给阳山的山神上敬美酒了,山神爷要看顾和庇佑好你的子民。(祭祀祷词)

ddoqi do^{55}tɕ^{h}i^{55} 名 眼角 canthus harerga ne ddo qi nyo gwa dda nwa za de。熊猫的眼角全部是黑的。

ddoqi ge do^{55}tɕ^{h}i^{55}ke^{55} 眼角旁边 near the canthus ddoqi ge myaer de ngala za。在眼角边长了一个疮。

ddoqoer ① do^{55}tɕ^{h}o^{55}ɚ^{55} 名 黑眼圈 black eye

ddoqoer ② do^{55}tɕ^{h}o^{55}ɚ^{55} 名 画眉鸟 throstle

ddoqolo do^{55}tɕ^{h}o^{55}lo^{55} 名 肉汤（蟹螺语）broth

ddose do^{55}sɛ^{55} 名 眼珠 eyeball

ddoze do^{55}tse^{55} 名 事情 thing

ddoze yali do^{55}tse^{55}ja^{33}li^{33} 好事情（和爱语）good thing

ddozze ba do^{55}dzi^{55}pa^{33} 踏足姑村（地名）Tazugu Village

ddozzu ddoshe do^{55}dzu^{55}do^{55}ʃe^{55} 吹胡子瞪眼,恶狠狠地 hostile te amu ne amwa dai manddo denyonyo ne ava ddozzu ddoshe gge de。这个阿木不知道为什么,每天见到我都是吹胡子瞪眼、恶狠狠地盯着我。

ddra ① dʐa^{33} 动 抢夺,偷 steal, rob trolige mejjige ssumi nggaku ka ddra i hji ddwa la aimanddo。狗把火塘边上的玉米馍馍抢去了,我都没有看见。

ddra ② dʐa^{55} 名 界线 limit, boundary te zzi ne i meli ba ge ddra daga ha de。他们两家的地中间是有一条界线的。

ddra ③ dʐa^{33} 动 掉落,落下 drop, fall off nyi nqinamangu lehddabarbbio mejoge nyiddra ni ssyinehchogge? 不做农活,会有手臂那么粗的食物从天上掉下落到你的嘴巴里吗?

ddra ④ dʐa^{33} 形 陈旧 obsolete

ddra ⑤ dʐa^{33} 名 纠纷,祸事 dispute syi nyo ddra nyo hane yozai cyivi maramapa, isheggunjjo aramapa。一旦有祸事、有纠纷的时候就离不开家族的帮助,离不开地邻的协助。

ddra ⑥ ɖʐa³³ 动 迸裂,皲裂,开裂 rupture *shupu meer ngagai harbubbe dda ddra za，desyi namagei nence gge*。水桶长时间被风吹,桶板缝开裂了,不箍紧恐怕要漏水。

ddra ddra ɖʐa⁵⁵ɖʐa⁵⁵ 动 掉落 drop out *a le shyima bbe la ddra ddra te zzu, ta ma mo ti mapa*。我嘛,牙齿都掉完了,不能说没有老。

ddra nko ɖʐa⁵⁵ŋkʰo⁵⁵ 名 饱嗝 burp *ssama nge zzyi i ddawa taza i ddra nko daga vya vya gge*。(我)吃太饱了,不停地打着饱嗝。

ddra nyo ɖʐa⁵⁵ɲo⁵⁵ 有灾难,有灾情 suffer from a disaster

ddra su ɖʐa⁵⁵su⁵⁵ 名 强盗 robber, bandit *ngwar ngwar yava ke jji za de i, ddra su debbe la i ka ddre i hji ddwa za*。牛本来关在牛圈里,来了几个强盗,把牛抢走了。

ddraddra ddraddra ɖʐa⁵⁵ɖʐa⁵⁵ɖʐa⁵⁵ɖʐa⁵⁵ 边走边掉,走路时不停地掉落东西 drop things when walking *icamama bbe ddraddra ddraddra ssahbu ssyi nggahgu bar ddwa jje*。边走边掉菜籽,一直掉到国王家门口。(民间故事)

ddralo mazzu ɖʐa⁵⁵lo⁵⁵ma³³dzu³³ 地界不经过这里 have no conjunction with other places *yoi nggahgu erlo mazzu ddralo mazzu，netege ane ngula de jja nemiqi*。"我的门口不是道口,地界也不经过这里,你到这里来干什么？"主人家就这样发问。

ddre ① ɖʐɛ³³ 量 对,双 a pair of *a yalo ngabar gge jja va anela qile mabbo, nassyi de ddre si teqi a*。雅诺要出嫁了,我只送了一对耳环,就没送其他什么东西了。

ddre ② ɖʐɛ³³ 量 副,套 a pair of, a set of *jjimar ssa o ggo de ddre ke ntonto i nqibbi zhanga la ne hji ddwa*。小王抓起一副连枷,跑到土坎下边去了。

ddre ③ ɖʐɛ³³ 动 推磨,碾压 grind *namyaha deo la le, nava kemi a rata ge da ne ddre gge na ha ase?* 就来了你一个人嘛,把你捉住塞进石磨里边碾压,你信不信？ *zzabbe yanzzyi ge ne ddre a ne nche tebbu gge*。谷子用碾子碾压后就成大米了。

ddre lha ʈʐɛ³³ɬa³³ 名 年煞 the evil spirit of the year *ddre lha ne debbutre dawa zzho, ssobbutre dahgwarra ngu*。年煞一年换一位置,四年轮一圈。(民间信仰)

ddre nddre ɖʐɛ⁵⁵nɖʐɛ⁵⁵ 动 哆嗦,抖 tremble

ddre sshyi ʥɛ⁵⁵ʐ̩⁵⁵ 名 冤仇,仇人,隔阂 grudge, enemy *ddre sshyi na gwar ne mali*。结下冤仇就不好了。

ddre sshyi gar ɖʐɛ³³ʐ̩⁵⁵kɚ³³ 动 结仇,树敌 become enemies

ddresshyi hwa ɖʐɛ⁵⁵ʐ̩⁵⁵xua³³ 动 还仇(返咒仪式) revenge *ddresshyi nyo ne ddresshyi hwa, ddresshyi manyo ne hgoga*。有仇就报仇还仇,没有仇就打欺头。(咒语)

ddro ɖʐo³³ 名 锅,铁锅 iron wok *yaha veineonagai azho, ddro ge ve shyi kazhoza, ddehggwarne nge zzyi*。昨晚上杀了两头小猪,你没看锅里煮着猪肉,你们起来后吃猪肉。

铁　锅

ddro bbwa ɖʐo³³bua⁵⁵ 名 破锅(铁锅碎片)

broken pot

ddro bebe ɖʐo³³peʰ⁵⁵pe⁵⁵ 动 补锅 tinker a pot

ddro ca ɖʐo³³tsʰa³³ 名 热锅 hot pan *ddro omejjige kecu ddesone mekeshui ddroddacane ddro ca te bbu a*。把锅架在三锅庄上,再烧火加热,锅烧一会儿就变成了热锅。

ddro ce shaci ɖʐo⁵⁵tsʰe⁵⁵ʃa³³tsʰi³³ 名 刷把（洗锅帚）brush

刷 把

ddro ce zzho ɖʐo³³tsʰe³³dʐo⁵⁵ 名 潲水（洗锅水）swill

ddro ddro ɖʐo⁵⁵ɖʐo⁵⁵ 名 小腿 calf *ga i ve ddro ddro hzhe dde ngu, teli hamase*。憨儿抓住猪小腿,不知道放手。

ddro kecu ɖʐo³³kʰe⁵⁵tsʰu⁵⁵ 动 架锅（把锅架上锅庄）set the wok *mejjige meokeshui ddro kecu i ddereshui kegengehdo ddevuddela*。在火塘里烧起火,把铁锅架起,烧热以后,自己跳入热锅里打滚。（民间传说）

ddro ngga lili ɖʐo³³ŋga³³li³³li⁵⁵ 名 汗垢团,污垢泥 dirt

ddro nkeme ɖʐo³³ŋkʰe³³me³³ 名 锅烟子,锅烟垢 soot on the bottom of a wok

ddro qige ɖʐo³³tɕʰe³³kɛ⁵⁵ 锅口边 the edge of the wok

ddro syi ɖʐo⁵⁵sə⁵⁵ 名 锅巴 rice crust

ddru ① ɖʐu⁵⁵ 形 干,干燥 dry *lyagwarha barbbengekoi dde ddru dda nqa hala ddama ddrujja nggomali*。交公粮的时候,粮食已经干透了,却被认为没有晒干而拒绝接收。

ddru ② ɖʐu³³ 名 筋,血管 sinew, blood vessel *erpe va ddru bbe ngalyalya i kezzuro la maya de*。腿上长满了青筋,都不好看了。 *nzzyimo wuja lige erpe ge ddru nge nche jja na shyi shyi mado*。被烘乌甲抽了脚筋,所以无法走路。

ddru tedo nyihji ɖʐu³³tʰe³³to³³ɲi³³ɕtɕi⁵⁵ 名 断筋草,金银花 honeysuckle

金银花

ddryi ① ɖʐɿ⁵⁵ 动 听见,听闻 hear *ma ddryi hi zzhyi ta ka to*。没有听过的话别乱说。

ddryi ② ɖʐɿ⁵⁵ 名 糯米 glutinous rice *ddryi nggaku be ne yapekwa, nche nggaku bbe ne ya mapekwa*。糯米糕贵些,籼米糕便宜些。

ddryi ddra be ɖʐɿ³³ɖʐa³³pe⁵⁵ 送彩礼 send the betrothal gift

ddryi ddryi ɖʐɿ⁵⁵ɖʐɿ⁵⁵ 动 搬运,运送 transport, move *drotre ge ssu mi bbe dde ddryi ddryi a zhyi ge na gwar gge*。要把敞坝里的玉米搬运到柜子里去。

ddryi hwabya ɖʐɿ⁵⁵xua⁵⁵pja⁵⁵ 糯米醪糟（越西语）fermented glutinous rice *gwababbene ddryinzzhyivajji, ngwaba bbe ne ddryi* *hwabya jji*。甘洛对糯米醪糟的称呼和越西不同。

ddryi i dʐɿ⁵⁵ji³³ 名 壁虎（当地又称"四脚蛇"）gecko

ddryi la ma qi dʐɿ⁵⁵la⁵⁵ma³³tɕi³³ 未曾听过，从未听过 have never heard *a i nagu nepeha nagudepe la tesu zzugga ne ddryi la ma qi*。关于这些事情，我的两只耳朵中任何一只耳朵都从来没有听过。（强调"根本没听说过"）

ddryi ma pa dʐɿ⁵⁵ma⁵⁵pʰa⁵⁵ 听不见 can't hear *nggezzho nedre ddryimapa*。隔着九河听不见。（民歌歌词）

ddryi nggaku ndʐɿ⁵⁵ŋga⁵⁵kʰu³³ 糯米糕 glutinous rice cake *nwa lema shu dage ddwai ddryi nggaku bbyire kasusu derazzyi i goimar*。参加彝族朋友的婚礼，吃到糯米糕蘸蜂蜜这一道食品，太美味、太可口了。

糯米糕

ddryi nzzhyiva dʐɿ⁵⁵ndʑɿ³³va³³ 糯米醪糟 fermented glutinous rice

ddryi se dʐɿ⁵⁵se⁵⁵ 名 香杏 scented apricot

ddryi ssama dʐɿ⁵⁵za⁵⁵ma⁵⁵ 糯米饭 glutinous rice

ddryi syiya dʐɿ⁵⁵sɿ⁵⁵ja⁵⁵ 名 香桃，水蜜桃 juicy peach

ddryiddra dʐɿ³³dʐa³³ 名 彩礼 betrothal gift

ddryiddryi magga dʐɿ⁵⁵dʐɿ⁵⁵ma⁵⁵ga⁵⁵ 动 不搬 not going to move

ddryimo dʐɿ³³mo³³ 名 雁，天鹅 swan

ddryimo mar dʐɿ³³mo³³mɚ³³ 大雁羽毛 the wild goose feather

dduzzar mongga du⁵⁵dʑɚ⁵⁵mo⁵⁵ŋga⁵⁵ 动 聚集，聚会 gather, get together *a dde anggu dde danyo ngogwa sshacyi la i dduzzar mongga*。我们周家今天全部聚在这里集会。

dduzzyar du⁵⁵dʑɚ⁵⁵ 动 会聚，聚集 converge, assemble *pao dde visipo bbe nyogwa ozzho da dduzzyar lajja sacyi kezziza*。黄氏家族的家支头人，都在西昌集会写家谱，总共聚集了三十多人。

ddwa i dua³³ji³³ 去了就…… after you go *ddwa i maddryi lai manchwa degge la ssyi*。滚到遥远的"去了不闻音，来了不见影"的地方去。

ddwa i vu nbbo dwa³³ji³³vu⁵⁵nbo⁵⁵ 去的时候光荣 go with honor

ddwa jji dwa³³dʑi³³ 即使去了也…… even if (you) go there *ale ddwa la ddwa jji daryi deo zzyi mado de, tabar i tɛɿyi pɛ nchoncho ggese*。我即使去了也是什么都吃不了的，只是跟着他们一起凑热闹罢了。

ddwa la ddwa jji dua³³la³³dua³³dʑi³³ 即使去了也…… even if (you) go there *ne ne ddwa la ddwa jji ane na dda ta hose, nehssyi ka si bbanyi*。你即使去了也不要开腔，你就坐着只听不说。

ddwa ne dua³³ji³³ne³³ 去了就…… after you go

ddwa ne atege zzhongua katajjola, zhanga aryi nava zelagge。去了就住在那里别回来,过一段时间我们去接你。

ddwai vunbbo ① dua³³ ji³³ vu⁵⁵ nbo⁵⁵ 去时吉祥 go with luck *danyo tege ddela ne, sejji lainjjier nengu, ddwa i vunbbo ddengu*。今天我们到这神站,来的时候吉祥地来,去的时候吉祥地去。

ddwai vunbbo ② dua³³ ji³³ vu⁵⁵ nbo⁵⁵ 一路顺风,旅途平安 have a safe trip *ryinyi nyiwabbe nyogwane ddwai vunbbo shu*。要让我们所有的人,一路顺风,返程平安。

ddwaladdwa dua⁵⁵ la⁵⁵ dua⁵⁵ 已经走了 have gone *amukeha ne ddwaladdwa hala anjji ma zajjolase*? 阿木克哈,你都走了,怎么又返回来了呢?

de ① tɛ⁵⁵ 数 一 one

de ② tɛ⁵⁵ 助 的 of *zaxi o tihabar si la de, ta ssama rama zzyi se de*。扎西是刚到达的,他还没有吃饭。

de bbe ① tɛ⁵⁵ bɛ⁵⁵ 形 相同 same *ersu la lyossu ne de bbe, ersha la zzhyilami bbe yami o de ssyiha*。尔苏和里汝是同族(亚族群),风俗和语言大部分相同。

de bbe ② tɛ⁵⁵ bɛ⁵⁵ 形 一些 some *ryinyibbe nyiwabbe neryi neshyibbua, ssama debbe ji nahzhangezzyi*。亲戚们、朋友们辛苦了,大家去找一些饭来吃。

de bbo tɛ⁵⁵ bo⁵⁵ 一串,一股 a string of *niuha hdwaraqo npora de bbo ddasa za*。牛哈的脖颈上戴着一串项链。

de bbutre tɛ⁵⁵ bu⁵⁵ ʈʂʰɛ³³ 名 一年 one year *mugabe-jin nzzhonzzyiso ddwai de bbutre tabbua, mosibbutre bbose*。穆呷到北京去上学已经一年了,还要学习三年。

de bubu tɛ⁵⁵ pu⁵⁵ pu⁵⁵ 动 指向,瞄准 point to, aim at *siliji ddawai marga de jjibubu ketro ane abugao teshoi byima bongge detebbua*。把弓张开搭上箭,瞄准放开后就把那个老头射死了,变成了一只死癞蛤蟆。(民间传说)

de cucu tɛ³³ tsʰu³³ tsʰu³³ 一丛 a tuft

de cyipo tɛ⁵⁵ tsʰɔ⁵⁵ pʰo³³ 一把岁数,一把年纪 of elderly age *aryi ne de cyipo la ra ma hssyi a sse*? 我已经是有一大把年纪的人了,不是吗?

de dre ne lo tɛ⁵⁵ ʈʂɛ⁵⁵ ne⁵⁵ lo⁵⁵ 一斤二两 six hundred grams *qonzzadde najane, binburu ddeer dedre nenche de dre ne lo nzzhyi debbe*。(过去)国家规定一斤白芸豆换一斤二两大米。

de dre tɛ⁵⁵ ʈʂɛ⁵⁵ 一斤,半千克 half a kilo *coparbbe su de o denyoo ne nche de dre zzyi ho de jjigge*。据说,年轻人每人每天应该吃一斤大米煮的饭。

de er tɛ⁵⁵ ɚ⁵⁵ 名 一岁 one year old *gazi tancha tihasi de er ge ddela de, nekezzurohaane barddekwa yalide*。你看到的这只小狗,今年刚满一岁,你看它长得多快。

de fu tɛ⁵⁵ fu⁵⁵ 名 一村,一寨 a village *a ryi nyogua de fu de tre ne ngu za, deo deva tesi tengu ho debbe*。我们大家居住在一个村庄里,相互之间要关照和体贴。

de ggohggo tɛ³³ go³³ əgo⁵⁵ 一大片 a large piece of *nele zzhizualagge tele aryi meli de ggo hggo telwa navaqigge*。如果你愿意来我们这里开发,我们就划拨一大片土地给你。

de gguzwa ① tɛ⁵⁵ gu⁵⁵ dʐua³³ 名 瞬间,眨眼的工夫 an instant *ssubuga bbe de gguzwa ne zhanga zhalai jjigge*。那些金环胡蜂瞬间就飞过来追赶他们。

de gguzwa ② tɛ⁵⁵gu⁵⁵tsua³³ 副 马上，立即，不久 immediately　*nava xxidego ngece a tava ngelo, te de gguzwa ne barlagge jje*。请你抽杆烟，稍待片刻，他说他马上就会回来。

de hbbi tɛ⁵⁵əbi⁵⁵ 一口 a bite　*coparbbe neryi ssama de hbbi ava zyila gge la ane shyi, a iddenga*。后生们，你们拿一口饭给我吃，我现在肚子饿了。

de hbbu tɛ⁵⁵əbu⁵⁵ 一个角，一个方位 an angle, a position　*enggaku jo, ggupaliga de hbbu dde nji mahashuza*。可惜这一个馍馍被老鼠啃了一个角。

de hbu ① tɛ⁵⁵əpu⁵⁵ 一角钱 ten cents　*shoiha ne nzzhehzha da manyo de, bbazzhe de hbu kahzhaigge*。以前是没有地方可以去挣钱的，一角钱也没有地方去挣。

de hbu ② tɛ⁵⁵əpu⁵⁵ 数 一千 one thousand　*tedde tiha yava bbazzhe dehbu nbbonco pwa bbojjigge*。据说，他家现在有一千余万元人民币。

de hbu na hssa tɛ⁵⁵əpu⁵⁵na⁵⁵əza³³ 数 一千二百 one thousand and two hundred

de hbu ngwar ssa tɛ⁵⁵əpu⁵⁵ŋuɚ⁵⁵za³³ 数 一千五百 one thousand and five hundred

de hde tɛ³³ətɛ⁵⁵ 动 历算，预测，算命 tell fortune　*shaba oi ne de hde ha ɑwa teo mo cece butre zzho gge de jje, natacyi*。沙巴预测这个老奶奶还能活十年，你先别难过。（当地的说法）

de hdo tɛ⁵⁵əto⁵⁵ 动 跳起，上跳，跳高 jump up　*alhi erho dehdoha qobulili gwardagava demimi pade*。二伯父尔火子跳起来的时候，可以够着篮球筐。

de hge tɛ⁵⁵əkɛ⁵⁵ 名 一半，半边 half　*ssumi nggaku o nehgea de hge avaqi*。把那个玉米馍馍掰成两半，拿其中的一半给我。

de hguru tɛ⁵⁵əku⁵⁵ru⁵⁵ 一片，一窝，一堆 a piece of, a slice of, a nest of, a pile of　*ggwanexxoi zhanga nzzelage gguhnabyibbe de hguru dehguru ddelagge*。下大雨后，草地上会长出一片一片的草木耳。

de hxxo tɛ⁵⁵əzo⁵⁵ 名 一类，同类 of the same category, of the same kind　*hikwa, hibbwa, harnddrehi la nzzhahi bbe ne de hxxo*。苦竹、箭竹、酒竿竹、金竹和慈竹都属于同类的。

de hyo tɛ⁵⁵xjo⁵⁵ 一拃（拇指与中指展开的长度）the distance between the thumb and middle finger　*shoivura dakane fipelashepe dabarfidesyi, de hyo su ngwarwo sizzho*。一方布大约有五拃。

de hzyi ① tɛ⁵⁵ətɕ⁵⁵ 名 底层，一楼 groundfloor, the first floor　*kwakwabbe ne de hzyi ge kexxi za, coparbbe ne nehzyi ge kexxiza*。老年人的卧室设在一楼，年轻人的卧室在二楼上。

de hzyi ② tɛ⁵⁵ətɕ⁵⁵ 名 同辈 people of the same generation　*azzi ne o de hzyi de bbe*。我们两个是同辈的。

de ima dɛ⁵⁵ji⁵⁵ma⁵⁵ 一石（十斗）one dan (ten dou)　*bar de ima ne bar cecebwa vajji de*。一石粮食等于十斗粮食。

de jji gge ① tɛ⁵⁵dʑi⁵⁵ge⁵⁵ ……的一个 one of

de jji gge ② tɛ⁵⁵dʑi⁵⁵ge⁵⁵ 据说是…… it is said that　*amu sholeddechyi de jji gge, sshone mugassaoza*。据说是阿木先动手打人，看来阿木是有过错的一方。

de jo tɛ⁵⁵tɕo⁵⁵ 名 一次，一趟，一转 once, a time　*ayahi ssagareggubashe de jo ddwai lhanbbo hemo ddegekeia*。我去年到磨房沟村去了

一趟,晚上就住在韩博舅舅家里了。

de lo tɛ⁵⁵lo⁵⁵ 一两(50克) fifty grams

de lo ge tɛ⁵⁵lo⁵⁵ke³³ 一条沟里 in a ditch

de miha tɛ⁵⁵mi⁵⁵xa³³ 形 一样,同样 same

de moro te³³mo⁵⁵ro³³ 突然间,一下子 suddenly *yaddre teo zzhoggwa de moro ge ddakwa ddala ta*。这个孩子突然间就长大了。

de nbbi tɛ⁵⁵nbi⁵⁵ 一座山 a mountain *de nbbi ge ne da lwapa*。一座山里只有一只老虎(一山容一虎)。

de nbbo tɛ⁵⁵nbo⁵⁵ 一匹 a bolt of *zaxi twa de nbbo nzze cura dece ddehji pocege gwarshegenala*。扎西骑着一匹骡拿着一匹布,从海棠镇的集市上往下走来。

de nbbo nco tɛ⁵⁵mbo⁵⁵ntsʰo³³ 数 一万 ten thousand *ersunyope nzzhehzha subbe yangabbe dalhage de nbbo nco pwarapa*。尔苏人在外地打工的,收入最好的一个月可以拿到一万元工资。

de nche tɛ⁵⁵ntʃʰe⁵⁵ 一窝 a nest of *ra de nche kehei raixxi barsitehgoza,jiqige kehete chohbuchohssa ngala*。让母鸡孵化一窝鸡蛋,结果只孵化出8只小鸡;如果改用机器孵化的话,一次可以孵出成百上千只小鸡。

母　鸡

de nco tɛ⁵⁵ntsʰo⁵⁵ 名 戥 scale *lemaminqine hnyii dencoge ddeloa dozi nengu ahjilajja tihbizyidebbe*。要去相亲就得带聘礼,聘礼要用金子,金子的重量以戥秤上的"钱"为单位。

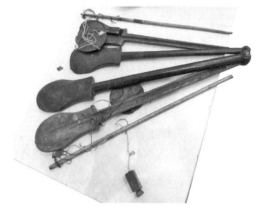

戥　秤

de nggo nggo tɛ⁵⁵ŋgo⁵⁵ŋgo⁵⁵ 一提,一秤 a scale of, a bundle of *si,tesu dana ga,dre de nggo nggo la mazzho*。就这么一点柴火,还不够称一提。

de ntro tɛ⁵⁵ntʂʰo⁵⁵ 一把,一小撮 a little *harlige de ntro sikasa ne nqocagava shyi degedwa mahaza*。只是被老熊抓了一把,他的大腿上的肉就没了一大块。

de nyo tɛ⁵⁵ŋo⁵⁵ 名 一天,一日 one day *yahishohi gancha he ne, de nyo ssyika dehji a pu ce ge la gancha gge*。过去逢场的时候就带上一天的干粮到海棠集镇上去赶场。

de nyonyo tɛ⁵⁵ŋo⁵⁵ŋo⁵⁵ 副 天天,每天 every day *zaxine qinkarde, de nyonyo meddamancune ddehgwar nzzhon zzyi ze gge*。扎西是一个勤快的人,每天天不亮就起来早读。

de nzha tɛ⁵⁵ntʃa⁵⁵ 名 灯盏,油灯 oil lamp *nzzazho hane ezherebbe de nzha ge nagwar kencu amencushu ggede*。过年的时候就要把清油倒入灯盏里点长明灯。

de nzzyi ① tɛ⁵⁵ndʐɚ⁵⁵ 名 墩子,木墩,长方体木

料 wooden pier *si de nzzyi ceneo ne dafa zzho debbe*。12根规范的木墩子,体积有1立方米。

de nzzyi ② te^{55} ndʐɚ^{55} 一驮 a pack of *nzza o galo la he ne twa hddogu ge cyi de nzzyi zhala de jje*。这个汉族人到甘洛来的时候,是用一匹瞎骡子驮了一驮盐巴来的。

de nzzyi ③ te^{55} ndʐɚ^{55} 名 戥子 a steelyard for weighing precious metal *yo i ssi o, hgge pe ne hnyi i de nzzyi ge ddelo a dozi negua hjila ho*。我的女儿,彩礼的黄金要用戥秤称好,以"钱"为重量单位。

de o te^{55} o^{55} 一个 one

de qi ① te^{33} tɕʰi^{33} 一阵,一顿 a moment, a while *ve bbe iddanga i nehzhe ngala za, a gedaha la de qi kelolo ade*。猪仔因为太饿了,现在全部跑出来了,我一开始还看守了一阵。

de qi ② te^{55} tɕʰi^{55} 一堆,一些,一拨 a pile of, some *buzzhwage gebugaga de qi nge hji la mejjige kenbbua ndda varbbeva zzyishu*。在洋芋茓子里捡一些洋芋放到火塘里烧熟了让客人吃。

de shuga te^{55} ʃu^{55} ka^{33} 同床共枕 sleep together *zaxidde napama teidage de shuga nengui kamarza nenzzhemali tezzoroi*。扎西两口子在床上一起睡着(同床共枕),你如果不相信就自己去看看。

de ssu ① te^{55} zu^{55} 一辈子 lifetime *shoi neryi a va kavarvar bbe a i de ssu ne nava teme mapa*。过去你们对我的帮助,我一辈子都不会忘记。

de ssu ② te^{55} zu^{55} 一席,一桌 a table of *zaxidde ssama de ssu si nezyi za, nddavar nggwar tru si la za, ssama ne ssu cha se*。只摆了一桌饭席(当地一桌安排两人或三人),客人有五六个,还差两桌饭席。

de ssu ③ te^{55} zu^{55} 副 一齐,一同,一致地 together *azzyi ne o nekadege barddwa jji de ssu nengu erhbi gge she*。我们两个无论到哪里,都要步调一致地行动。

debbe a ddo te^{55} be^{55} a^{33} do^{33} 是同一种吗 is it the same kind *nikezzoroha ne tebbene debbe a ddo*?你认为这些都是同一种吗?

debbedebbe shwagge te^{55} be^{55} te^{55} be^{55} ʃua^{33} ge^{33} 夸夸其谈,胡言乱语 boast *sunpwa gane debbedebbe shwagge lwahbwa gene hzho genganbba*。讲话的时候夸夸其谈,做起事来啥都不行。

debu dehxxo te^{55} pu^{55} te^{55} əzo^{55} 同一个家支的人 people belonging to the same family branch *tezzi neo ne deo vanwassyi deo nyinwa ssi debu dehxxo de bbeta*。他俩分别是一对兄弟的孩子,属于同一个家支的人。

deggu ddesshu te^{55} gu^{55} de^{33} ʒu^{33} 满一周年,刚好一周年 just over a year *aryi hwashe da hza techyii osse bashe kalai janja deggu ddesshua*。我们从越西大花村搬迁到石棉来刚好一周年了。

degguzwa ne te^{55} gu^{55} tsua^{33} ne^{33} 一会儿就 after a while *a degguzwa ne jjola gge, na depryirara dahna ddataligga*。我耽搁一会儿就会回来的,你不要随便走动。

dehde su te^{55} əte^{55} su^{55} 名 历算师,天文计算师,算命者 fortune teller *nassyidehdesu aivahgadesyi ne dehde su, te ne nyo sshyinkanzzhesibe*。请你家的历算师帮我测算一下,不知道为何这段时间生意天天亏本。(民间信仰)

deinwa daddahbu te^{55} ji^{55} nua^{55} ta^{55} da^{55} əpu^{55} 一

户有一位家长 every family has its leader *deinwa ne da ddahbu，defukwane dawasa*。一户人家一家长，一个村庄一个碙。（谚语）

delo $te^{55}lo^{55}$ 一山沟，一开阔地 a valley, an open field *zzilhalo de lo ge na ersubbe ya ma mi*。则拉乡这一山沟区域内，尔苏人的人口较少。

delo ge $tɛ^{55}lo^{55}kɛ^{33}$ 名（某）乡村 village, countryside *yaishohane jjimarmwaha bbe ne mwahalo deloge zzho debbe jje*。从前吉满家族的玛哈支系，曾经在蚂蟥沟地区的乡村居住。

delonbba ge $tɛ^{55}lo^{55}mba^{33}kɛ^{33}$ 在一大片开阔地里 in a large open field *nwanzzubashe zzhyiizua me delonbba ge ne jjimar ddesi zzho dejje*。凉山村马基岗木板房屋的宅基地，那一片开阔地只住着吉满老爷一家人。

demu dehxxo ngehze $te^{55}mu^{55}te^{55}ɘʐo^{55}ŋe^{33}ɘtse^{33}$ 物以类聚，人以群分，类固相召 birds of same feather flock together *neryishe basaga le kahama bbene demu dehxxo ngehze zadebbe*。你们那个地方的巴萨和卡哈曼是意气相投的人，才聚在一起的。

demu dehxxo $te^{55}mu^{55}te^{55}ɘʐo^{55}$ 一模一样，一个样子，没有区别 same *labuga la lamussa zzi demu dehxxo, techale manyo*。阿布噶和拉木扎两个长得一模一样，没有区别。

denbbi gene dalwapwa $tə^{55}nbi^{55}kə^{33}ne^{33}ta^{55}lua^{33}pʰua^{55}$ 一山不容二虎 a mountain can only have one tiger *denbbigene dalwapwa, dehuge ne de sukwa*。一座山头一只虎，一个村庄一领导。（谚语）

denbbyi langanyanya mapa $te^{55}nbʐɘ^{55}la^{55}ŋa^{55}ŋ̥a^{55}ŋ̥a^{55}ma^{33}pʰa^{33}$ 寸步不离，一步都离不开 stay with someone *yaddre tiha tepyi maqide, denbbyi langa nyanya mapa de*。这个小孩还没有离开过大人，一步都离不开我的。

denyozzho denyogwa $te^{55}ȵo^{55}dʐo^{55}te^{55}ȵo^{55}kua^{55}$ 得过且过，过一天算一天 muddle along *tahanetemoa, nengumado, binbbi nanggaddeddwa, denyozzho denyogwa*。现在老了，做不了事，两膝已爬上了耳旁（指背驼得双膝快挨着头），只能得过且过了。

deodeva kezzoro $te^{55}o^{55}de^{55}va^{55}kʰe^{33}dzo^{33}ro^{55}$ 守望相助 help each other *ryinyi ne deo deva kezzoro deodeva tesingu ho debbe*。亲戚要相互守望，互相帮助，共进退。

deovamashyideovashyi $te^{55}o^{55}va^{55}ma^{55}ʃɘ^{55}te^{33}o^{33}va^{33}ʃɘ^{33}$ 不看僧面看佛面 do something out of consideration for others, lenient *sejji deova mashyi deovashyi, sedeojji nganzzai shomochu varvar*。大家要不看僧面看佛面，齐心协力帮助这些有困难的人。

depo nezyi $te^{55}pʰo^{55}ne^{55}dzɘ^{33}$ 摆一轮酒席 hold a banquet *ssama depo nezyi a, mo depo nezyi fu se*。现在已经摆一轮酒席了，还需要再摆一轮。

deponezyi depo hggwar $te^{55}pʰo^{55}ne^{55}dzɘ^{55}tʰe^{33}pʰo^{33}ɘgu˞^{33}$ 摆一轮撤一轮，开流水席 dinner served separately as guests arrive in succession *meshyidege ssamazhyiha subbe deponezyi depo hggwar comyaisu*。做开路仪式期间，吃饭是开流水席，吃一批换一批，要摆很多轮才行。

depryi rara ① $te^{55}pzɘ^{55}ra^{55}ra^{55}$ 副 胡乱，任意，随便 randomly, casually *zzhace ne* *depryi rara* ane debbe jji ipa ge ne ncido gge she。早饭就随便吃点，填到肚子里去就行。

depryi rara ② de^{55} p^{h}ʐɘ^{55} ra^{55} ra^{55} 动 胡来，胡闹 make trouble, fool around *ate ge le dahna mimaha, depryi rara ngu ma pa dege le*。那个地方不像别的地方，是不能够胡来的。

depu neso te^{55} p^{h}u^{55} ne^{55} so^{33} 动 驯化 tame *ngwarharsokasicuha neddadra, depu neso a ne namarbbanyiyali ggedex*。牛犊刚开始驯化的时候，没有一头不是调皮捣蛋的，但驯化一段时间就会好转。

deqi kencyinca te^{55} tɕi^{55} ke^{55} ntsʰɘ^{33} ntsʰa^{33} 打了一次，修理一顿 beat *te lehosiggagga katobbanyimali, qa bba ge deqi kencyinca*。他只顾玩手机，不听大人劝告，被其父打了一顿。

deso nyissyi te^{55} so^{55} ɲi^{55} zɘ^{33} 每天早上，每天清晨 every morning *ale tihatemoi imarmazzho, deso nyissyi ra dde ngu a ne ddanchwa*。我现在睡眠少了，每天早上鸡叫以后就睡不着。

desyi jjabbarbbar te^{55} sɘ^{55} dʑa^{55} b aʵ^{55} b aʵ^{55} 还差一点点 closely, nearly *desyi jjabbarbbar se, modanabar neerbose, dda ma bbar ne hji ma zze*。还差一点点，再添加一些，口袋没有装满不好背。

desyi na mabbu te^{55} sɘ^{55} na^{33} ma^{33} bu^{33} 有点不对头，有些偏差，有点出入 something goes wrong, have a little discrepancy *lemashu vuzhangu hane desyi na mabbu jji shyi manyo, henzzalinelide*。婚礼议程个别地方有点出入没关系，只要姻亲双方两位婚使认可就可以。

desyila mahssyitele te^{55} sɘ^{55} la^{55} ma^{55} ɘzɘ^{55} tʰe^{33} le^{33} 几乎，差一点就…… nearly *hggwar nge jji vai desyi la mahssyi tele hoche kamamia*。起床迟了，差一点就赶不上火车了。

di er ti^{55} ɚ^{33} 名 碉楼 watchtower *nzzyimo wuja licyibashe di er dege ddenbbei nalamalijje*。抛烘乌甲冲上新保安村里，冲到汉族人家的碉楼上不下来。（民间故事）

dimi ti^{33} mi^{33} 泥塑的鬼符，泥塑雕像，草偶 clay symbol for ghosts, grass doll *su dehmo myaryi ngala hene shaba bbene dimi bargge debbe*。当病人浑身长疮的时候，沙巴做仪式需要用泥塑雕像。（当地的做法）

din-da din-da ti^{55}n ta^{55}ti^{55}n ta^{55} 拟声 叮当叮当 jingle *pao abugao ssumi marnta davar ddebbai din-da din-da marnta nka jje*。黄老头背着一背麻糖，走街串巷叮当叮当地用小锤敲着铁板叫卖麻糖。

do ① to^{55} 动 看 look *sasama ddegu bbali bbali ava ke do do za*。萨萨曼眼睛滴溜溜地看着我。

do ② to^{55} 动 能够，胜任 can *meli tenggu ne nggoto do nggoto ma do ne dezzhyi ddakato*? 这一片土地，你能够全部承揽下来吗？

do hdo to^{55} ɘto^{55} 动 舞动，跳舞 dance *ipa ddawa ggaggala, sanbbu ddeche do hdo la*。吃饱肚子来表演，心情愉快来舞动。（民歌歌词）

do nbbwa ① to^{33} nbua^{55} 名 猫头鹰 owl *nkwar do nbbwa ddara ne su teshu nzzho debbe jje*。据说夜晚有猫头鹰叫唤，预兆当地在近期内会死人。（当地不科学的说法）

do nbbwa ② to^{33} nbua^{55} 名 秃鹫 vulture *do nbbwa bbe ne kezzorohala dde ddejima dde* *ddetru debbe*。就外观来看,秃鹫是又脏又可怕的。

do zi to⁵⁵tsi⁵⁵ 量 钱(5 克) qian

do zzi to³³dzi³³ 剁成小块,剁细 cut into small pieces *yobbugaga tiha shyi do zzi ggese, tezzuasi kala cela gge jje*。哟部呷呷还在屋外把肉剁成小块,他要剁完了才进来喝酒。

dobar to⁵⁵pɑ⁵⁵ 毡布裹脚 felt foot-binding *shoi ne dobar caha de ddre ne ya la hdeche debbe, tiha le ssyi la wazyi jjigge*。从前,有一双草鞋和一双毡布裹脚就很张扬了,现在都穿袜子和鞋了。

dohdo ggagga to⁵⁵əto⁵⁵ga⁵⁵ga⁵⁵ 唱歌跳舞(表演)sing and dance *dwahwa aryi ahga hemo ssyi shyi yanqo vu yanqo pe dohdo ggagga*。今天晚上,我们为娘舅家的美味酒肉一起来歌唱和跳舞。

doho to⁵⁵xo⁵⁵ 名 独活(中药) radix angelicae pubescentis *ai roer doho bbarha, yashe bbe cenecasa zeze hasuzzho*。当年我在白石崖采挖独活时,最长的独活有十三个龙眼。

doja to³³tɕa⁵⁵ 动 准备,瞄准 prepare, aim at *amo tege lepe nepe nddrega ddezhyizhei ne doja i rara ngu zadeo*。我也在这里站着,双手紧握着长戟,准备拼杀。

dojji to³³dzi⁵⁵ 名 碗柜 cupboard *aima nessyinyanya deihjilai vubbe dojji ge zzha, dde hji la nyabba te gu*。你姑姑家送来的酒放在碗柜里,阿依玛,你把它取出来拿给你爸爸喝。

doko shyida to³³kʰo³³ʃɚ³³ta³³ 名《识盗贼图经》Scriptures for Recognizing Theif *doko shyida ne tiha ne hzhobwa shyi de jja kehiza*。《识盗贼图经》现在翻译成《卓巴识达》了。

donda to³³nta³³ 名 事情 thing *danyo tege ryinyibbe ddozzyar mongga, donda ma nyo bbe ne la ngu*。今天我们在这里举行亲戚聚会,没有大事情要处理的人都来参加。

don-gwa to⁵⁵ngua⁵⁵ 名 冬瓜 gourd *galobashe ne don-gwa yabbi bbe ne ngwartru ssyi dre zzhosu nyo*。甘洛地区的冬瓜,一个可长到五六十斤。

doro doro to⁵⁵ro⁵⁵to⁵⁵ro⁵⁵ 拟声 叮咚叮咚(淙淙流水) gurgle *nwanzzubashe shoihane bbwa gu si bbe i zha nga zzho doro doro demi sinala*。凉山村里从前有乌范藤,藤下边有一泓淙淙流水。

dra ① tʂa⁵⁵ 量 行,列 row, line *te zaji qo nzzhonzzyi da dra ha, ane debbeshyia kezzoro*。这面墙上有一行字,看看说的是什么内容。*melige ssumi bbe da dra da dra bryii neci za miha*。地里的玉米苗纵成列、横成排,就像是用绳子比划过的一样。

dra ② tʂa⁵⁵ 调皮捣蛋(孩子) mischievous (child) *tessyi mugassao le goi ddadrayi dejjigge, neryi keshyi magga, shutala*。据说他家的这个牧呷子是个调皮捣蛋的淘气鬼,你们驾驭不了他,别带他来。

dra ③ tʂa⁵⁵ 不守本分(大人) swerve from one's duty (adult) *possa ssossyi kezyi gga dehela dda dra ddenko, nkwarne imajjode*。都快40岁的人了,还不守本分,夜晚不归屋,在外头晃荡些什么。

dra ④ tʂa⁵⁵ 动 排列,列队 arrange, line up *neryi ngamazzyi bbe nyogwa tege nga dra nehssyi, zzilo hji lagge cwa*。你们还没有入席的人,全部在这里列队坐下,马上就要安排第二轮了。

dra ⑤ ʈa⁵⁵ 动 得罪，伤害，冒犯 offend *a hibbanezzhyi gegge, ai sevajji dejji mahssyi, naryi se jji kata dra*。我在这里说几句话，不是针对你们任何人，希望不得罪你们。

dra dra ʈa⁵⁵ ʈa⁵⁵ 邀约出行 invite someone to travel together

dra hdo ʈa³³ əto³³ 依次轮流献酒，依次分配食品 take turns in toasting, take turns in getting food *dra hdo subbe dasyi kejiji, vu zha o lege dehji tashu*。依次轮流献酒的招待员要催促一下，要加快轮敬速度。

dra nggu ʈa³³ ŋgu⁵⁵ 名 棍子，拄杖，拐杖 stick, crutch *dra nggu ddebua deideiddege barkehgohgoa zzinbbarda kecheangezzyi*。拄着拐杖挨家挨户乞讨粮食，再把粮食拿到小桥头煮饭吃。（当地一种祛鬼仪式）

draba ʈa⁵⁵pa⁵⁵ 名 学徒 apprentice *draba ne te lenkwar su bbe she lenkwar soso su bbe va jji de*。学徒是指跟随匠人学习某种技能的初学者。

dradryi kasa ʈa⁵⁵ʈɚ⁵⁵kʰa³³sa³³ 动 起皱，起皱纹 shrivel, wrinkle *nyinqibbe neshyibbui alo muggu la dradryi kasa ta*。劳动是艰苦的，你看我的额头上都起了皱纹。

drahdo su ʈa⁵⁵əto⁵⁵su⁵⁵ 名 服务员，招待员 waiter *byimao byima nddrobitakwai le ma shu de ge la ddwai drahdo su nuggejje*。青蛙把蛙皮脱下后，变成一个小伙子，到别人的婚礼上去当服务员了。（民间故事）

draho ngu ʈa⁵⁵xo⁵⁵ŋu³³ 开玩笑 make a joke *mahssyi awa, assyi ssigamane nepe draho ngu gge de ma ssyi ne*。奶奶，不是那样的，我家憨憨女是在和你开玩笑嘛。

dranggu dagaddebu ʈa³³gu³³ta³³ka³³de⁵⁵pu⁵⁵ 挂着一根拐杖 lean on a crutch *nbboloba she zajjo laha ne dranggu dagaddebui jjo la, ssama zzyi gge hane mei bbazhe ddancala*。从冕宁返回的时候就挂着一根拐杖，每当吃饭时，他就用拐杖从地下抽出饭钱。（民间传说）

dranggu ddebu ʈa³³ŋgu³³de⁵⁵pu⁵⁵ 挂着拐杖 hold a crutch *dranggu ddebu i gohgo ddwa*。拄着拐杖去乞讨。

dranggu ddebu kegohgo ʈa⁵⁵ŋgu⁵⁵de³³pu³³kʰe⁵⁵ko⁵⁵əko⁵⁵ 拄杖乞讨 go begging with a stick *ne ryi tiya naggagga le, dranggu daga ddebu ke gohgo le si ngere a mo*。你们这样贪玩好耍，以后要拄着拐杖去乞讨了。

dre ① ʈɛ⁵⁵ 量 斤 jin *yava zzyi le ma bbo a, ne sonyo ne ssa nche de dre kasshyi a hjila*。家里没有吃的了，你明天去买一斤大米回来。

dre ② ʈɛ⁵⁵ 名 秤 steelyard *nyi mo nyi la dredaga yava bbo ngu a ne yali de*。平时要有一把秤放在家里备用。

dre ③ ʈɛ³³ 动 隔，区分 separate *hdacu veggu he la nzza ba mo gwar la i dre gwar la jja kecitwa*。用肥羊壮猪来接待姑姑和舅舅等亲戚，在这些亲戚之间作出礼节性的区分。

dre ④ ʈɛ⁵⁵ 动 称，称重 weigh *cihi nzzazho va yakwa de, dre ge ddedre ha ngwarhssa dre mahsse ddehgu a*。今年的过年猪是比较大的，用秤称了，有500多斤重。

dre da ga ʈɛ⁵⁵ta⁵⁵ka³³ 一杆秤，一架天平 a steelyard

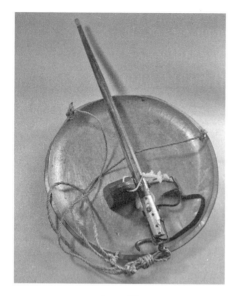

杆 秤

dre ma tʂe⁵⁵ma⁵⁵ 名 弯刀 machete *jji o ba bbe nyinqi ngu ha ne dre ma deji zzhuba kase ne si tenddoni silwa de*。高山上的农民经常把一把弯刀挂在腰里，遇到树枝的时候用来砍树枝。

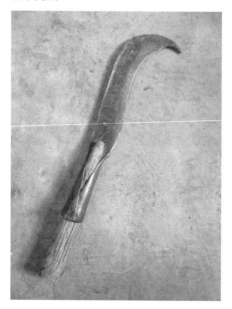

弯 刀

dre me ① tʂe⁵⁵me⁵⁵ 名 秤星（秤杆上的印花）gradations marked on the beam of

秤 星

dre me ② dʐe⁵⁵me⁵⁵ 名 火地（用刀耕火种的方式耕种的地）farmland *dreme desyi ngebubi jja, ra zzyi la ma gge la ma nddo*。开了一点火地，但是估计没有什么收获。

dre me ndde tʂe⁵⁵me⁵⁵nde³³ 称得旺（即比该给的数量多）add a little when weighing

dre me nga tʂe⁵⁵me⁵⁵ŋa³³ 称得平（即不多不少）no more or less when weighing

dre menzzyi tʂe⁵⁵me⁵⁵ndʐɚ³³ 名 秤星 gradations marked on the beam of a steelyard *muga erbbune nddendde dre menzzyi o kezzoro, su ige dre kehbu ha*。牧呷尔部，认真看好秤星，不要被别人扣了秤。

dre messyi dʐe⁵⁵me⁵⁵zɚ³³ 名 秤星 gradations marked on the beam of a steelyard

dre nggo nggo tʂe⁵⁵ngo⁵⁵ngo³³ 名 秤纽 steelyard weight

dre nkwa i tʂe⁵⁵ŋkʰua³³ji³³ 名 秤钩 steelyard hook

dre pwa tʂɛ⁵⁵pʰua⁵⁵ 名 秤盘 scale

dredre drema tʂe⁵⁵tʂe⁵⁵tʂe³³ma³³ 砍火地的腰刀，砍刀 chopper

dredre i tʂe⁵⁵tʂe³³ji³³ 榫卯结构的房屋 the house of mortise and tenon joint structure *jjioba bbe jjimo bbe ne dredre i cu debbe, tiha* ne nyogwa zhua i sicua。居住在高山上的尔苏人，过去流行修建榫卯结构的房屋，现在流行水泥砖房。

榫卯结构房屋

drema kuku tʂe⁵⁵ma⁵⁵kʰu³³kʰu³³ 名 弯刀（弯的砍柴刀） curved wood chopper *drema kuku dehji sasshyi me lonbba ge si zhyi ddwa jje*。带着弯的砍柴刀到大地大沟头去砍柴了。

drema nahwa tʂe⁵⁵ma⁵⁵na³³xua³³ 动 报恩 repay a favor *sinjji zzhanyo nahzha pama nezyi jji pamai drema nahwa mado dejje*。俗语说，你就是挤下母狮的奶汁来喂养父母，也不足以报答父母的养育之恩。

drema ryigu tʂɛ⁵⁵ma⁵⁵rə³³ku³³ 名 下颌骨，下牙巴骨 lower jawbone *gedaha a ige vevuli shyi o drema ryigu ga tankwa i ddre nqi ngezzyi a*。刚才，我掰下那猪头肉的下颌骨啃着吃了。

drema ssyiha tʂe³³ma⁵⁵zə³³xa³³ 像弯刀 like a machete *ve vuli ryigu teo ne drema ssyiha de*。这个猪牙巴骨头就像一把弯刀。

drepu drekwa tʂɛ⁵⁵pʰu⁵⁵tʂɛ⁵⁵kʰua⁵⁵ 大秤和小秤 large scale and small scale *buerssyi bbene drejjane, drepu drekwa nyo, mone denzzyi nyo*。尔苏人的秤，有大秤和小秤，还有戥子秤。

大秤，磅秤

dro ① tʂo³³ 动 镀，电镀 plate *dia-ba ge ke ge hnyo kedro za daga, qadade kamankwa*。这只手电筒里是镀了铜的，所以不会生锈。

手电筒

dro ② tʂo³³ 名 胆，苦胆 gallbladder *yaisho hala te mi hade, pekwa pekwa ne nyo gwa har dro pekwa*。自古以来人们就是这样认为的，胆类之中最为贵重的就是熊胆。

dro ③ tʂo⁵⁵ 动 刷漆，涂漆 paint

dro ngwarbbu tʂo³³ŋwaʴ³³bu³³ 大漆树桩 large stump of lacquer tree

dro re tʂo³³rɛ³³ 名 土漆，生漆 raw lacquer *drosibuva bbazhadalwakasa, hibbudaddadda qoka gane, zhangenyo hi bbuga techyi a dro* *re bbe tecu*。在漆树上划一刀，钉一个竹节在上边，第二天取下竹节，拿出里边的漆液（即生漆）。

drore kedro tʂo³³re³³ke³³tʂo³³ 刷生漆 paint raw lacquer *ngganggu bbe drore kedro ane ya nzze*。用生漆把器具漆过后，就会经久耐用。

dru ① tʂu⁵⁵ 名 汗 sweat, perspiration *zaxi o ddaca i dru ngala i nggama bbe la nge zzizzi za*。扎西热出汗了，把衣服都打湿了。

dru ② tʂu⁵⁵ 动 抹，剥脱 slip off, wipe off *ssumijaja ge ssumi ggagga debbe ne dru a ssumi hgu kanzza zzyi gge*。从玉米架仓里取一些玉米棒子，把玉米籽剥脱下来爆玉米花吃。

dryi ① tʂɘ⁵⁵ 名 星星 star *mejo ge dryi chomya ha ne meli qo su cho o zzho de jje*。据说，天上有多少颗星星，地上就有多少个人。（民间传说）

dryi ② tʂɘ⁵⁵ 动 含 hold in the mouth *nene mede nyiddencune xxigo ga ssyige ke dryi i yela teli maggade*。你这个人每天天一亮就把烟杆含在嘴里，从来不放松。

dryi ③ tʂɘ⁵⁵ 名 凶煞，恶鬼 evil, devil *dryi ne zzhyo dryi, medryi nyo, npuzu dryi, rohssedryi nyichudryi yami nyo*。凶煞有落水鬼、火烧鬼，还有吊死鬼、跳崖鬼和中枪的鬼，等等。（当地不科学的说法）

dryi ④ tʂɘ⁵⁵ 名 水丝蚓 limnodrilus hoffmeisteri *zzhole wawa ge la ate ssankwa lage ne dryi bbe zho de*。水塘里和污水凼里会有很多水丝蚓的。

dryi ⑤ tʂɘ⁵⁵ 动 咬 gnaw, bite *yaddre nga ddemase de, lesu ga ssyige ngagwar ha ke dryi a ddenyi ha mase de*。这小孩还不懂事，别人把手指放到他的嘴里，他都不知道咬了会疼。

duru duru to⁵⁵ru⁵⁵to⁵⁵ru⁵⁵ 拟声 汨汨，潺潺 murmur, purl

dwa tua³³ 动 抱 hug, embrace *nezzyi yaddre dwa su ddagwar ya la tege ssama zzyi la shu*。把你家抱小孩子的（保姆）喊到这里来吃饭。

dwa gu tua⁵⁵ku⁵⁵ 动 盘腿 cross one's legs

dwa hi dwa⁵⁵xi⁵⁵ 名 襁褓 swaddling clothes

dwa hwa tua⁵⁵xua⁵⁵ 名 今晚 tonight *dwa hwa tege barla i ahga ryi la hemo ryi bbe neshyibbu a*。今天晚上所有到这里来的舅父们和姑父们，大家辛苦了。

dwa jjichu ssyi nyila tua⁵⁵dʑi⁵⁵tʃʰu⁵⁵zɘ³³ȵi³³la³³ 立了春要落雪（立春以后下雪）it will snow in the beginning of spring *dwa jjichu ssyi nyila, dwaddechuaddo ssuggu sho*。春往上立，雪往下落，牲畜死亡在立春后。（谚语，意思为返春之年，立春以后下雪，牲畜会被冻死）

dwa pusa tua⁵⁵pʰu⁵⁵sa⁵⁵ 名 大菩萨山（由如来佛寺得名）Big Buddha Mountain

dwa ra dwa ra tua⁵⁵ra⁵⁵tua⁵⁵ra⁵⁵ 形 低矮的 low *nbbya si dwa ra dwa ra debbe si ha, jjijji ne ane la maha*。山上只有一些低矮的灌木丛，其他的什么都没有。

dwa yazze twa⁵⁵ja⁵⁵dze⁵⁵ 方便抱起来 easy to hold

dwachu tua⁵⁵tʃʰu⁵⁵ 名 立春 the beginning of spring *aryi jjioba shene dwa o jji chu ssyiuo nyila gge debbe*。我们高山就是这样：向上立春向下落雪。（意指立春以后下雪）

dwadwa she twa⁵⁵twa⁵⁵ʃe⁵⁵ 大约在……时候

about… time

dwanzze ba tua⁵⁵ ndʑe⁵⁵ pa³³ 名 大坪子村 Dapingzi Village *shonyoha aryi dwanzze ba she barddwa i subbe hzaddwa i didde la mazzho za*。前不久我妈妈到大坪子村，那里的人全部迁走了，一户人都没有（留下）。

dwaqoddezyi dwanbbo ddenzze dua⁵⁵ tɕʰo⁵⁵ de⁵⁵ tsɚ⁵⁵ dua³³ nbo³³ de³³ ndʑe³³ 得寸进尺 insatiable *nava dwaqoddezyi dwanbbo ddenzze, ne janzzu si nge gge la ane shyi*. 把你放在盘腿上你就骑到脖颈上，你实在得寸进尺，要适可而止。

dwaya dua⁵⁵ ja⁵⁵ 名 端午节 the Dragon Boat Festival *zzilhane dwaya hene melimamala zzazzyimama nahzhaiche*。磨房沟的尔苏人在端午节要摘红草莓和白草莓来吃。

dyansyi ge tja⁵⁵ nsɚ⁵⁵ ke³³ 在电视上 on TV *adyansyi ge navanddo, nedesyi temoza, yozaiggama desyi tesi nguo*。我在电视上看见你显得有些苍老，你要保护好自己的身体哦。

E e

e e³³ 叹 嗯，哦 hum e, e, a zzhoggwa ngalagge, ne ava desyi ngelo。嗯，好，我马上出来，你稍微等我一下。

e er zzapa e⁵⁵ ɚ⁵⁵ ʥ³³ pʰa³³ 名 中柱（客厅中央粗大的柱子） central cylinder sapaddeinddohane nbbo ggu ge ncuncu jje, xadelane eer zzapa ga ncuncu。主人家看见，他在砍自己的小腿骨，原来他在施着障眼法砍主人家的中柱。

e-ang ɛ³³ã³³ 名 鸭子 duck yava e-ang xxissyi kesshyi i ddehssu za, e-ang raze chomya ngeze gge maddo。家里买了80只鸭子来养着，不知道会收多少鸭蛋。

鸭 子

e-ang pe ɛã⁵⁵ pʰe⁵⁵ 公鸭子 male duck e-ang pe bbene qoma bbe bar mapekwa de。公鸭子的价钱没有母鸭子的高。

e-ang qoma e-aŋ³³ tɕʰo³³ ma³³ 年轻的母鸭子 young female duck amu ne shyishyi hala vulavula e-ang qoma de shyishyi ngui。阿木走路的时候就像年轻的母鸭子一样蹒跚。

e-ang raze ɛ³³ã³³ ra³³ tsɛ⁵⁵ 名 鸭蛋 duck egg

鸭 蛋

e-angmarmar zzazzho e-aŋ⁵⁵ mãʳ³³ mãʳ³³ dza⁵⁵ dʐo³³ 鸭嗉囊里有饲料 there is food in duck crop e-angmarmar zzazzho o-angmarmar ruzzho, yozaizzhyi yozaibbo。鸭嗉囊里有饲料，鹅嗉囊里有草料，各人有各人的理由。（谚语）

e-angrazhe nebi ɛ⁵⁵ã ra⁵⁵ tsɛ⁵⁵ ne³³ pi³³ 剥鸭蛋壳 peel the duck egg e, e-angrazhe a dena va qi gge, ashyi ngenggoa nebi a ngezzyi。来，给你一只熟鸭蛋，快接过去剥开壳吃了它吧。

eca ezhere e⁵⁵ tsʰa⁵⁵ e³³ tʃe³³ rɛ³³ 名 菜籽油，清油 rapeseed oil eca ezhere ne zzizzi ngece mali, zzi dde ngwar debbe。生清油不能够直接食用，因为有一股气味。

eca hggobi e⁵⁵ tsʰa⁵⁵ əgo³³ pi⁵⁵ 名 油菜苗，油菜薹 rape seedling age melige eca hggobi denebu nahzha zzho kezu a nava gugge ddo。我准备

到地里去,摘一两棵油菜苗,回来烧汤给你喝。

油菜苗

ecu e⁵⁵tsʰu⁵⁵ 名 马匙子,木汤勺 wooden spoon *ecu rara ngu a shyi bbe de syi ddegu a nge zzyi*。用马匙子舀一点肉来吃。

马匙子,木汤勺

ecu kebbu e⁵⁵tsʰu⁵⁵kʰe³³bu³³ 木漆马匙子 painted wooden spoon *ecu kebbu deci ne ngwar ga, deci ne bbazzhe cece pwa*。木漆马匙子每捆5把,每把卖10元人民币。

edi gge ba e⁵⁵ti⁵⁵ge⁵⁵ba³³ 名 马伊呷村 Mayixia Village *edi gge ba she jji mar bbe labaerbbe ddahssai nyogwa hzatechyii ddwaza*。马伊呷村的巴尔家族和吉满家族都发展起来,并且搬走了。

ela ɛ⁵⁵la⁵⁵ 名 公羊,公绵羊 ram *ate amu ne ela vulili si ggagga gge de, neryi ddetanchoncho*。那个阿木像无角的光头公羊一样无法无天,你们不要和他同流合污。

绵羊

ela mancu ne debbu e⁵⁵la⁵⁵ma³³ntsʰu³³ne³³te⁵⁵bu⁵⁵ 公羊不良坏一群,种羊不良群羊差 a bad example influences a group of people *ela mancu ne debbu, ne ryipa shushusu mali dai defubao nanga*。公羊不良坏一群,是你这个带路的村民组长坏,所以全村人变坏了。

ela sinpu ɛ⁵⁵la⁵⁵si³³mpʰu³³ 名 啄木鸟 woodpecker *ela sinpu bbene sibuhjinbarsu, sibuge bbe zzyi bbe kenpu a zzyi ggede*。啄木鸟是树木的医生,它啄食树里的蛀虫。

ela vu lili e⁵⁵la⁵⁵vu⁵⁵li⁵⁵li⁵⁵ 公羊打架不计后果 ram fights regardless of the consequences *nene ela vu lili gagaggedeta, ta ma ssyi tele amwadai sui syiya npode*?你是在玩公羊打架不计后果的游戏吗,要不然为什么偷别人的桃子呢?

ela vushu ela⁵⁵vu⁵⁵ʃu⁵⁵ 名 带头羊,领头羊 bellwether *ela vushu momo wo tesho a, tiha ne syi de ngala se*。老的领头羊死了,现在又出来了一只新的年轻领头羊。

er ① ɚ⁵⁵ 名 年纪 age *yaddre teo cihi chomya er ge ddala i, kwakwa de la te bbu za de ta*? 这个小孩今年多大年纪了,已经长成大人了吗?

er ② ɚ⁵⁵ 动 吠叫,(狗)叫 bark *yaha nkwarhgedege kecuane tro er daga ta ncancaza, sedde a ne ngu ma nddo*。昨天半夜时分,不知道是哪家人在做什么事,狗叫个不停。

er ③ ɚ⁵⁵ 形 白 white *erne ddeer vajji, er su ne yozai yozai vajji, deerddabba jjigarharzzhode*。尔是白的意思,尔苏是我们的自称,意思是白净祥和的人。

er ④ ɚ⁵⁵ 名 属相岁,属相年 year of the zodiac *va er bbutre honjo tafa i kala ha, ale kanca za, nzzaryi ga taza za*。在那一个属猪之年,红军长征的时候,我记得大军浩浩荡荡,大路上沿路都是兵。

er ⑤ ɚ⁵⁵ 名 子母灰(混合有火炭的高温灶灰),火炭灰 the ashes with charcoal *bunesibar ngehjila er bbege kanta, yaddre jjo lane zzyi shu*。拿两三个土豆在子母灰里边烧着,一会儿小客人回来了就让他们随便吃。

er ⑥ ɚ⁵⁵ 动 添,添加 fill up *gabui sshaoge ssama mazzhoa, ssama danabar neer*。嘎布的碗里已经没有饭了,给嘎布添加一点饭。

er ⑦ ɚ⁵⁵ 动 刮(风),吹(风) blow *meer kwar erkwar er, ngwar er ngwar er gge*。大风一会儿往北吹,一会儿往南吹,在不停地吹。

er ⑧ ɚ⁵⁵ 形 钝 blunt *bbazha teji shyima te er za*。这把刀的刀口钝了。

er bbi ① ɚ³³bi⁵⁵ 子母灰里加热 heat in the ashes *nzzyikwa nggaku er bbi ke ngu de la nggozhere nge ncence a nge zzyi gge*。拿一个放在子母灰里加热的苦荞馍馍就着酸菜汤来吃,味道特别好。

er bbi ② ɚ³³bi⁵⁵ 名 血泡 bleeding blister *luobbudoji o, nashyishyi nashyishyi i erpe va er bbi nganchancha za*。诺布多杰长途跋涉,后脚板上打起了许多血泡。

er bbi ③ ɚ⁵⁵bi⁵⁵ 名 脚茧 callus on foot *neshyishyi neshyishyi i erpyi ge er bbi ddelha za*。一直走,走得脚板上长满了脚茧。

er bbu ① ɚ³³bu³³ 脚残,脚趾不全 handicap in foot

er bbu ② ɚ⁵⁵bu⁵⁵ 名 鹅卵石 cobblestone

er byi ① ɚ³³pzɚ⁵⁵ 名 脚板心 sole center

er byi ② ɚ³³pzɚ³³ 名 脚掌,脚板 sole

er byi ③ ɚ⁵⁵pzɚ⁵⁵ 名 石板 flagstone *erbyi pwa kehji ya zzhobbu ga qo zzi kezyi*。把这块石板拿过去搭在排水沟上作桥。

er byi dra ryi ɚ⁵⁵pzɚ⁵⁵tʂa⁵⁵rɚ⁵⁵ 名 脚板纹 foot lines

er byi syi nyi ɚ³³pzɚ³³sɚ³³ȵe³³ 名 脚板心 sole center

er didi ɚ³³ti³³ti³³ 形 沉甸甸的,有分量的 heavy *vanzzyi teotele ddehji ha er didi de, jjijji bbele hji le mazzho debbe*。这个包袱虽然沉甸甸的,但是我能背起来,其他的都不在话下。

er hbbi ɚ⁵⁵əbi⁵⁵ 名 灰堆 ash heap *zzhongece ane ate er hbbi ddabba meli ge gwar i, nzzyilagge*。吃了早饭后,把那堆灰背到地里去,我们准备种荞子。

er i ɚ⁵⁵ji⁵⁵ 名 六月 June

er lja ɚ⁵⁵ça⁵⁵ 动 捏 pinch *buzzhwage ke erlja necho zabbe ngehjila vezza ge nagwar*。在洋芋地里捏到烂的洋芋,就拿出来丢到猪食槽里边。

E e

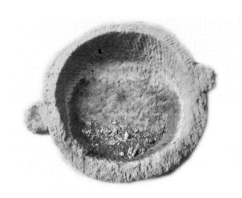

猪食槽

er ma ɚ⁵⁵ma⁵⁵ 大脚趾 hallux *mali yanyo erkwa deqo ngenbbunddre i er ma ga shobbryi ddessheshuza*。昨天玛丽不小心把脚踢在一块石头上，把大脚趾踢得血肉模糊。

er mar ɚ³³mɚ³³ 名 脚毛 foot hair *bbussyi cihikecune erpeva si mar matene ermar dagala tatahsse sho*。布日从今年开始就一切平安，脚上除树须（在树林里走动时附着在脚上的）外一根脚毛都不得脱落。

er mendde ɚ⁵⁵me⁵⁵nde⁵⁵ 出生在年初（因比同年其他时间出生的人要大，当地又称"岁旺"） born at the beginning of the year *neaqoya er mendde, ne zhyi i ge radwade, avuigesiradwade*。你比我岁旺，你是正月里出生的，我是五月出生的。

er myamya ɚ⁵⁵mja⁵⁵mja³³ 浅灰色，泛白的 greyish *vura tewo ne er myamya de, ale mahgga de, ateo yaddeer, ateo yali*。这种布料是浅灰色的，我不太喜欢，那种要白得多，我就喜欢那种。

er nbbu ① ɚ³³nbu³³ 名 蓝色，绿色 blue, green *danyo mejo zedanka la maha, nge er nbbu za*。今天的天空中一丝云彩都没有，天空一片蓝色。

er nbbu ② ɚ⁵⁵mbu⁵⁵ 烧烫的石块（当地又称"烧石"） hot stone *ersubbe nzzazhohane diddenyissyi er bbu ka nbbu gge debbe*。尔苏人过年的时候，家家户户都要找石头来放到火堆里做烧石用。

er nche ɚ⁵⁵ntʃʰe⁵⁵ 名 砂砾，砂子 sand *icuha ne er nche mama yabbi bbe mara mapa*。建筑工地上少不了颗粒较粗的砂子。

er nchyi ɚ³³ntʃʰɚ⁵⁵ 名 脚趾倒刺，脚趾翻皮，逆刺皮，倒拉刺，倒卷皮 hangnail *amwa manddo a tenenyo ernchyi le nchyi ddahggwar za*。不知道为什么，我这段时间脚上和手上都起了倒卷皮。

er ne shyi ɚ³³ne³³ʃɚ³³ 动 走路，步行 walk *tege yashe ma dre, aryi ngogwa er ne shyi a kei gga she*。这里到目的地没有多远，我们大家一起走路过去。

er neshyi a ssyi su ɚ³³ne⁵⁵ʃɚ⁵⁵a³³zɚ⁵⁵su⁵⁵ 让……步行去 let... walk to *temassyi maggene, ta er neshyi a ssyi su, nzzazholhaggu sedeotabeigge?* 他非去不可的话，就让他自己步行去，大过年的谁送他去？

er ngamada ɚ³³ŋa³³ma³³ta⁵⁵ 马不停蹄 without stop *galo shyishyi vargebarla, pao ozzho ddwajja mo er ngamada ozzhola*。（我）从甘洛赶到越西，因老黄到西昌来了，我就马不停蹄地赶到西昌来了。

er ngu ddebu ɚ⁵⁵ŋu³³de⁵⁵pu⁵⁵ 踮起脚 on tiptoe *zaxi yanzo erngu ddebui dohdo ha zzoro ya zzhe*。扎西央卓踮起脚来跳舞的时候很好看。

er ngu ɚ⁵⁵ŋu⁵⁵ 名 脚头，脚尖 tiptoe *amu er ngu ddebu ha la zaxi bar manbbo*。阿木踮起脚尖都没有扎西的个子高。

er ngwar ɚ⁵⁵ŋuɚ⁵⁵ 满周岁的牛 one-year-old cattle *zaya liseba she barlaha, qabbao er*

083

ngwar da ngwar ngenbbyi za。扎娅嫁到连三营村来的时候，她父亲给她陪嫁了一头刚满周岁的小牛。

er njji ɚ³³ ndʐi³³ 名 腿 leg *a yanyo neshyishyi neshyishyi i er njji ddenyi ddexxoxxo mado a*。我昨天走路走得太多，今天腿疼得走不了路了。

er npyinpyi ɚ⁵⁵ npʰɚ⁵⁵ npʰɚ⁵⁵ 小石片 small scabbling *er npyinpyi nasi wo nahzha zzho nbbelili hzegge*。找几片小石片，来比赛打水漂。

er nsu vuli ɚ⁵⁵ nsu⁵⁵ vu⁵⁵ li⁵⁵ 脚趾头 toe *gedaha a i er ngu tehzu i ernsu vuli daga sho ngala*。刚才我的脚碰到石头上，把一个脚趾头撞出血了。

er ntre ɚ⁵⁵ ntʂʰe⁵⁵ 名 沙子 sand *zaxi kato i te er ntre bbe ddegu a bbozzho nca dage hji gge jje*。据扎西说要把这些沙子运去修水渠的地方做混凝土原料。

er nzze ɚ⁵⁵ ndze⁵⁵ 名 缎子 satin *lamoteshoha ernzzepuza nepu i nge hji ddwa, syinyi ddenyi mya bbo hgo*。拉莫死时的灵架上搭了一个缎子帐篷（出殡时的场景），很多人都流下了眼泪。

er nzzi ɚ³³ ndzi³³ 脚后跟 heel *suoggama marmarne er nzzi dde bu ssemanyo. marmarne marmarshu*。一个人如果个子矮小，即使踮起脚后跟也无济于事，矮就矮嘛。

er qoma ɚ⁵⁵ tɕʰo⁵⁵ ma⁵⁵ 名 大石板（地名）Stone Plate *wossebeshe paoddene ozzho er qoma pashe ngezzhyingavar debbejje*。据说，石棉的抛家族是从建昌（西昌）大石板发展起来，分房后到石棉去的。

er su ɚ⁵⁵ su⁵⁵ 名 尔苏人 Ersu people *ersu bbe ne yaishoha le tege ddezzyi tege ddakwa debbe jje*。据说，尔苏人是古代就在这里土生土长的原住民。

er zzyi ɚ⁵⁵ dʐɚ⁵⁵ 脚趾甲 toenail *molo o erkwa deva nge nbbunddre jja erzzyi daga la tahggwa za*。莫洛绊到一个石头上，把脚趾甲都碰掉了。

erba keji si⁵⁵ pa⁵⁵ kʰe⁵⁵ tɕi⁵⁵ 非常繁忙，实在忙 extremely busy *ddebbibbi ryipa manyo a, kwarga erba keji ngwarga erbar ngeji a*。实在忙，仿佛一会儿挂树杈上，一会儿夹石缝里。

erba ngeji ① ɚ³³ pa³³ ŋe³³ tɕi³³ 非常繁忙 extremely busy *kwarji siba, erba ngeji, ava kata syangga*。偏北嵌树间，偏南嵌石缝，我忙极了，不要打搅我。

erba ngeji ② ɚ⁵⁵ pa⁵⁵ ŋe⁵⁵ tɕi⁵⁵ 夹在石头间 caught between the stones *dde bbibbi i vuli erba ngeji myaha za*。忙起来犹如把头夹在石头间了（指抽不开身）。

erbbe ① ɚ⁵⁵ be⁵⁵ 名 海螺 conch *shaba bbe byijo ha ne erbbe npar gga de bbe*。沙巴在念诵口诵经的时候是要吹海螺的。

erbbe ② ɚ³³ be⁵⁵ 名 脚背 instep *ai erbbe qo myaryi de he, ssyi ddesshyi mapa*。我的脚背上长了一个疮，不能穿鞋子。

erbbe npar ɚ⁵⁵ be⁵⁵ npʰ ɚ³³ 吹海螺 blow the conch *shaba chonbbaha erbbe dda npar ne hgebbela meliggu nala*。沙巴一吹海螺，山鹰就听见了，都落到地上休息。

erbbi kengu ɚ⁵⁵ bi⁵⁵ kʰe⁵⁵ ŋu⁵⁵ 在子母灰里炕着（炕在热火炭下）put... inside the ash *nzzyikwa nggaku erbbi kengu ne zzoro mazze dda yamarde*。在子母灰里炕熟的苦荞馍馍，虽然看起来不好看但是好吃。

erbbige vulavulagge ɚ⁵⁵ bi⁵⁵ ke⁵⁵ ʋ⁵⁵ la⁵⁵ ʋ⁵⁵ la⁵⁵ ge³³ 在刨泥巴玩 play in the mud *nele* *issalepu la zzhoa, ai ne issa la tiha si erbbi ge vulavula gge se*。你已经有孙子了，我的儿子现在才开始刨泥巴玩呢。

erbbu ba ɚ³³bu³³pa³³ 名 镇西村（镇压西番人的地方）Zhenxi Village *erbbu ba she miige jjimar nyaga isanehbui kege nazyi za de jjigge*。吉满良呷的泥塑雕像就在镇西村的寺庙里。（20 世纪 50 年代被拆）

erbbu shyizzyi ɚ³³bu³³ʃɚ⁵⁵dzɚ³³ 到镇西村去吃肉 go to Zhenxi Village to eat meat *pucege vuce, erbbu base shyizzyi*。在海棠城里喝酒，到镇西村去吃肉。（民谣，表示吃饭在城郊小镇实惠）

erbbubai nbbomiqi ɚ³³bu³³baj³³nbo⁵⁵mi⁵⁵ntɕi⁵⁵ 刨根问底 get to the root of the matter *erbbubai nzza bbe suva nbbominqi hane nbbovuli kape shyi shyi jja miqi*。镇西的汉族人寻找马时，会详细地询问马头朝哪个方向，所以尔苏人用"镇西人问马"来形容"刨根问底"。

erbyi dde hve ɚ³³pzɚ³³de⁵⁵əve⁵⁵ 扛起脚板，脚后跟朝前 put the heel ahead

erbyi dde nyi ɚ³³pzɚ³³de⁵⁵ɲi⁵⁵ 脚掌痛 sole ache

erbyi gangga ɚ³³pzɚ³³ga³³ŋga⁵⁵ 名 赤脚，光脚 bare foot *ersuabu bbe mecu ssyihbbu keruru ha erbyi gangga shyıshyi debbejjc*。尔苏老人年轻的时候，即使冰天雪地也是打着赤脚的，从来不穿鞋。

erbyi mwamwa ɚ⁵⁵pzɚ⁵⁵mua⁵⁵mua⁵⁵ 大石板 large slate

erbyi zzhoggu ɚ⁵⁵pzɚ⁵⁵dʐo⁵⁵gu⁵⁵ 石板水缸 water tank

erci ɚ⁵⁵tsʰi⁵⁵ 名 利息 interest *nzzhe kexo i meli tetro kesshyi i erci sila beti ne o ddabar jji gge*。借钱来买这块地，据说光利息就有两个银锭（那么多）。

银　锭

erddro nala katalo ɚ⁵⁵dʐo⁵⁵na⁵⁵la⁵⁵kʰa³³tʰa³³lo³³ 飞石滚落不可挡 can't stop the stones rolling down the hill *ersu bbe tijji hbizyi denyo, erddro nala ka talo, cosho ryipa ta tada*。尔苏人有这样的格言，飞石滚落不可挡，死人道路不可堵。

erdryi tagwar ɚ⁵⁵tʂɚ⁵⁵tʰa⁵⁵ku ɚ³³ 形 雪白的 snow-white *ngganyo lhatryii ge kezzoro hane erdryi tagwar de natage kanzza zajje*。他到大门口去查看的时候，看见月光下有一个雪白色的东西站在那里。

erer shasha ① ɚ³³ɚ³³ʃa⁵⁵ʃa⁵⁵ 名 方针，政策，法规 policy, regulation

erer shasha ② ɚ³³ɚ³³ʃa⁵⁵ʃa⁵⁵ 传统习惯 traditional habit

erhbi mankwar ɚ⁵⁵əpi⁵⁵ma⁵⁵ŋkʰɚ⁵⁵ 表现不好，举止不当，行为不检点 misbehave *amu erhbi mankwar jja possa lige nyipyii ivemunpa she jjo la za*。据说阿木因为行为举止不当，被其夫休了，现在回娘家来了。

erhda deo ngu fu de ɚ⁵⁵əta⁵⁵te⁵⁵o⁵⁵ŋu³³fu³³te³³ 按照规程办理 follow the rules

erhda ɚ⁵⁵əta⁵⁵ 名 规程，规矩，习惯 regulation, rule, habit

erhggo lehggo ① ɚ⁵⁵əgo⁵⁵lɛ³³əgo³³ 轻手轻脚 cautious

erhggo lehggo ② ɚ⁵⁵əgo⁵⁵le⁵⁵əgo⁵⁵ 手脚麻利 nimble, efficient nele tiha copar ha, ka dda ddwajji erhggo lehggo, degguzhwa ne bar i gge。你现在年轻，手脚麻利，到哪里去都很快就到了。

erhmo nga nca ɚ⁵⁵əmo⁵⁵ŋa⁵⁵ntsʰa⁵⁵ 拖着疲惫不堪的脚 with tired feet

erhzyi gedwa ɚ⁵⁵ətsɛ⁵⁵ke⁵⁵twa⁵⁵ 名 脚踝 ankle shunyonyo ggwa nexxoi yava zzhobbryi kalai erhzyi gedwa la kenzze za。前天下暴雨，家里进水了，都把脚踝淹着了。

erilhaer xxionyo ɚ⁵⁵ji⁵⁵ɬa⁵⁵ɚ⁵⁵zi⁵⁵o⁵⁵ɲo³³ 二月初八 February 8th in Lunar Calendar

erjjilage ngwarla ɚ⁵⁵dʑi⁵⁵la⁵⁵ke⁵⁵ŋu⁵⁵ɚ⁵⁵la⁵⁵ 像在石堆里犁地（断断续续）intermittent a ngane nagamaqi, hibba dega jji lalamomo erjjilage ngwarla ngu。我没有锻炼过，所以讲话的时候就像在石头堆里犁地，断断续续的。（歇后语）

erkwa da ga ɚ⁵⁵kua⁵⁵ta⁵⁵ka⁵⁵ 一块长条状石头 a long stone

erkwa de ɚ⁵⁵kua⁵⁵te⁵⁵ 一块石头 a stone

石 头

erkwa de wo ɚ⁵⁵kʰua⁵⁵tɛ⁵⁵uo⁵⁵ 一块石头 a stone nbbiqo erkwa dewo nalai azzyi ngwarhssyi va keli ingwar o nagabyi a。山上滚了一块石头下来，打在我家的牛身上，牛跛脚了。

erkwa deo ɚ⁵⁵kʰua⁵⁵tɛ⁵⁵uo⁵⁵ 一块石头 a stone nei sushe ngeddwane erkwa deo ngehzemiha ihgula lemanyo。一旦让你到别人家去，就像抛出一块石头一样一去不复返。

erkwa hze ɚ⁵⁵kʰua⁵⁵ətse⁵⁵ 投掷石头 throw a stone ggoma beer kasa hane erkwa hze yanga jje。用连枷棒接上的皮风投掷石头，投得很远。

erkwa i ɚ⁵⁵kua⁵⁵ji⁵⁵ 石板房 stone house yahishohine ronddre bbe ne erkwa i gge zzho debbe jji tihajji tiza。据说，从前的木雅人是喜欢居住在石板房里的，现在还有这种情况。

erkwa i ne ssi ɚ⁵⁵kua⁵⁵ji⁵⁵ne³³zi³³ 用石头压着 pressed with a stone ze bbe nechyi ne zzhoge ne nzze a erkwa de i ne ssi a tepyi。把荨麻割回来泡在水里，用石头压着。

erkwa lage ɚ⁵⁵kʰua⁵⁵la⁵⁵ke⁵⁵ 石头地（遍地石头）stony area zzhonbbar erkwa lage nzzahi denebu kezzhyi tesingu tele yaligge。河边上的石头地里，栽上几笼慈竹保养一下就好了。

erkwa syisyi ɚ⁵⁵kʰua⁵⁵sɿ³³sɿ³³ 五子棋游戏 five-in-a-row game erkwa syisyi ne erkwa ngwarbar la si ddadda ngwarsyi hode。五子棋游戏需要五个小石头和五根小柴棍做棋子。（当地人在路边就地取材下五子棋）

erkwa tebbu a ɚ³³kʰua³³tʰe³³bu³³a³³ 动 矿化（变成石头）mineralize, turn to stone

erkwa varhji ① ɚ⁵⁵kʰua⁵⁵v⁵⁵ətɕi⁵⁵ 背石头

carry the stone *anyamar cinbbar ne melibubi melincaha erkwa varhji ne nyayangade*。小姑册斑在改土改田那段时间,是背石头最厉害的人。

erkwa varhji ② ɚ⁵⁵kʰua⁵⁵ vɚ⁵⁵ɤtɕi⁵⁵ 动 服刑（劳动改造）reform the criminals by labor *nzza abugao vutesshyii sui ime ddasai erkwa varhji ddwai hgumalajje*。这户汉族人家的老爷子醉酒后,不小心烧了别人家的房屋,服刑去了,至今没有回来。

erkwavar bba ɚ⁵⁵kʰua⁵⁵vɚ⁵⁵ba⁵⁵ 劳动改造 reform the criminals by labor *ersubbene ershagesi ngazhaggedebbe, tiha erkwavar bba su de mazzho*。尔苏人是遵纪守法的人,至今没有违法犯罪而被劳动改造的人。

erkwavar bbaddwa ɚ⁵⁵kʰua⁵⁵vɚ⁵⁵ba⁵⁵dua⁵⁵ 动 服刑（劳动改造）reform the criminals by labor *tenwai yaddreo ddeermabbe nasshyinka jja erkwavar bbaddwa qide*。这个彝族小伙子因为贩毒,被强制劳改了一段时间。

erlo mazzu ɚ⁵⁵lo⁵⁵ma³³dzu³³ 道路不经过,不是道口,没有路的地方 not a crossing *amu nene erlo mazzu dega le ngenbbenbbei ane debbe hzha de*。阿木,你在搞什么,在没有路的地方还钻夫钻来。

erlya ① ɚ⁵⁵lja⁵⁵ 动 抚摸,摸索 touch

erlya ② ɚ⁵⁵lja⁵⁵ 动 抹灰,粉刷 plaster *zajipale erngelya ne ngshyizwa ggejja zaxio tezzyi igeva erlya gge*。扎西说土墙抹灰以后就翻新了,所以他正在给自己的房子抹灰呢。

ermbbu ɚ³³mbu⁵⁵ 形 蓝 blue

ernbbu ddesho ɚ⁵⁵mbu⁵⁵de³³ʃo³³ 清洁仪式的烫石,烧红的石头 hot stone of the ablution ritual *saba labyijo hane er nbbu denao kenbbu a ernbbu ddesho gge debbe*。沙巴做清洁仪式的时候要烧几个鹅卵石,然后以熏蒸的方式作清洁仪式。

ernbbu sho ɚ⁵⁵nbu⁵⁵ʃo⁵⁵ 打醋坛,做清洁仪式 do the ablution ceremony *zilazho ha ne, didde nyissyi ssama zzyi gga ha ne ernbbu sho gge debbe*。火把节和春节的时候,家家户户都在吃饭前做清洁仪式。

ernche hgu ɚ³³ntʃʰe⁵⁵əku⁵⁵ 名 沙场 sandy place

ernchyi lencha ɚ³³ntʃʰə³³le⁵⁵ntʃʰa⁵⁵ 大摇大摆,摆动着双手走路 walk with hands swinging *ale leganga dewo ernchyi lencha lademo, ane la hjimala de*。我是空着手（摆动着双手走路）,什么都没有带来。

erncyi la ɚ⁵⁵ntsʰə⁵⁵la⁵⁵ 沙化土地 land of desertification *nwanzzu bashe kanpireggu erncyila de si tebbu za*。凉山村康匹家族的土地全部沙化了。

erncyi mama ɚ⁵⁵ntsʰə⁵⁵ma⁵⁵ma⁵⁵ 名 瓜子石,碎石 gravel

erndde lendde ɚ³³nde³³le⁵⁵nde⁵⁵ 手脚麻利 nimble, efficient *neryi coparbbe le erndde lendde, anede ngu jji dengguzwa si, aryi mimaha*。你们年轻人手脚麻利,做什么事都是只需要一会儿工夫,不像我们。

ernddru lenddru ɚ³³ndʐu³³le⁵⁵ndʐu⁵⁵ 家传信物,家传宝物 inheritance *ai lenggwar tesyi ne abu abbai ernddro le nddro, suvanka magge de*。这戒指是我父辈留下的家传宝物,无论如何我是不会卖的。

ernge zzozzo ɚ³³ŋɛ⁵⁵dzo⁵⁵dzo⁵⁵ 养尊处优,跷二郎腿 live in clover *anggu ssyi lema ernge zzozzo zzyi si hase, ggwa dabarmasso maca* *desyi mako*。昂古家的儿媳妇养尊处优,不淋一滴雨,不晒一点太阳。

erngu tehzu ɚ⁵⁵ŋu⁵⁵tʰe⁵⁵ətsu⁵⁵ 脚绊在石头上 trip over *ai er maga erngu tehzu i shobbryi dde sshe za*。我在石头上绊了一脚,脚拇指血淋淋的了。

ernsu ɚ⁵⁵nsu⁵⁵ 名 脚趾 toe *ernsu ga nyo ngehguzai, ssonbbo tenddo ane zzanyo desyi jja tecyibi ngezzyi a jje*。一个脚趾头露在外边,野人婆看见以为是折耳根幼芽,揪下来吃了就走了。(民间故事)

erntre mama ɚ⁵⁵ntʳʰe⁵⁵ma⁵⁵ma⁵⁵ 名 沙粒 grain of sand *meli tawa ge erntre mama nalala, bukala te yancu gge detro*。这块地沙粒很多,种洋芋的话会丰收的。

ernzzyi i ɚ⁵⁵ndʐəj⁵⁵ 名 石灰,岩粉 lime, stone powder *cadameli zzhobbe ne zajiqo ernzzyi i daka ngalya na ya nzzyi er*。居住在河谷地区的人户,在墙壁上抹上石灰浆可以防水。

erpe ɚ⁵⁵pʰɛ⁵⁵ 名 脚 foot *nei erpe ga gabyi gge, anjje?* 你的脚跛了,是怎么弄的?

erpe ce ɚ⁵⁵pʰe⁵⁵tsʰe⁵⁵ 动 洗脚 footbath

erpe dde nyi ɚ⁵⁵pʰe⁵⁵de⁵⁵ɲi⁵⁵ 脚痛 foot ache

erpe dryibbe ngezzyi ɚ⁵⁵pʰe⁵⁵tʳe⁵⁵be⁵⁵ŋe³³dʐɛ³³ 感染脚气病 have beriberi

erpe i ɚ⁵⁵pʰe⁵⁵ji⁵⁵ 名 袜子 socks *shobe neko i erpe i de ddre nanca za*。用羊毛织了一块毡布,做了一双袜子。

erpe la buca myaha ɚ⁵⁵pʰe⁵⁵le⁵⁵pu⁵⁵tsʰa⁵⁵mi⁵⁵xa⁵⁵ 脚大得像象脚 foot as big as elephant's

erpe te zyidro ɚ⁵⁵pʰe⁵⁵tʰe³³tsə³³tʳo⁵⁵ 脚崴了 sprain the ankle *yanyo drotre ge ligga jja, erpe te zyidro i alo ne shyi shyi mapa*。昨天在敞坝里跑步把脚崴了,你看现在都走不了路。

erpu tezyi ɚ⁵⁵pʰu⁵⁵tʰe⁵⁵tsɿ³³ 形 白晃晃 bright, glittering *byimalige ngwarvuli va erbbesi nahbarnahbar i erpu tezyi zajje*。牛头上被青蛙用草木灰撒了又撒,变成白晃晃的了。(民间故事)

ersha ɚ⁵⁵ʃa⁵⁵ 名 政策 policy

ersha hahadage ɚ⁵⁵ʃa⁵⁵xa⁵⁵xa⁵⁵ta⁵⁵kɛ³³ 名 党校(方针政策培训地) Party School *ozzho ersha hahadage ersuyaddreo tihane nzzomo kahbba de ra ngu za jje*。西昌党校里的那个尔苏藏族青年,现在已经当上了副校长。

ersha mazzha ɚ⁵⁵ʃa⁵⁵ma⁵⁵dʐa⁵⁵ 没有先例,没这种规矩 there is no such rule *aryitegene erxxige ssyinexxoi ersha mazzha, agga nqoma nku nyi ne denyo ssyi de shyi maqi*。我们这里没有农历六月下雪的先例,但那个铧头山上是终年积雪的。

ersha wahwa ɚ³³ʃa⁵⁵ua³³xua³³ 名 政策,王法,规矩 policy, law, rule *yakwa yakwa ne ersha wahwa yakwa*。千大万大,政策和王法最大。

ershe zzhohgguddwa ɚ³³ʃe³³dʐo⁵⁵əgu⁵⁵dua⁵⁵ 腿长的人蹚水去 those with long legs go across the water *ershe zzhohgguddwa, leshe sihge ddwa*。腿长的蹚水去了,手长的折枝去了。(谚语,表示各尽所能,各显神通)

ersu ɚ⁵⁵su⁵⁵ 名 尔苏 Ersu

ersu ho ɚ⁵⁵su⁵⁵xo⁵⁵ 名 尔苏语 Ersu language *sasshyivuqu ersu 16000 zzho, ersu ho ngunzzhosune 8000 sizzho*。全天下的尔苏人有16000人,能够说尔苏母语的只有8000人。(这是以前的统计数据)

ersu hongu ɚ³³su⁵⁵xo⁵⁵ŋu⁵⁵ 说尔苏语 speak Ersu language *lisai bashe jjimar lhinyossa ne ersu ho ngu galobbe ssyiha de*。连三营村吉满海牛的尔苏话,说得比较接近甘洛尔苏话。

ersu nehbu da ɚ³³su³³ne⁵⁵əpu⁵⁵ta³³ 镇压西番之地 the place where Xifan was defeated

ersu nzzomo ɚ⁵⁵su⁵⁵mdʐo³³mo³³ 尔苏土官 local officials of Ersu

ersu panci ① ɚ⁵⁵su⁵⁵pʰa³³ntsʰi³³ 藏族支系尔苏人 Ersu people of Tibetan branch *tiha ersu panci ne suvuli nazhazha kezzorohane zzhonzzyi yakesoa*。现在的尔苏这个藏族支系,人均接受教育的时间比以前长了。

ersu panci ② ɚ⁵⁵su⁵⁵pʰa³³ntsʰi³³ 尔苏(亚)族群 Ersu subgroup *aryi ersu panci nesuyami danancha manzzho, dda mogoi ssuhssu debbe*。我们尔苏藏族这个亚族群人口没有多少,但是族群是很团结友善的。

ersu zeze ɚ⁵⁵su⁵⁵tse⁵⁵tse⁵⁵ 名 脚趾(关节) toe *amu ne caha desyi la ti dde sshyi maqide, ersu zeze bbe la gagu miha*。阿木从来不穿鞋,连草鞋都没有穿过,他的脚趾都苍老得像黄姜了。

ersuho ddeda ɚ⁵⁵su⁵⁵xo⁵⁵de³³ta⁵⁵ 名 尔苏语言学会 the Union of Ersu Language *ersu nzzhonzzyi nzzhoma hasedeneo nahzha ersuhoddeda dencagge*。寻觅几个懂尔苏文化的人来成立一个尔苏语言学会。

ezhe re e⁵⁵tʃe⁵⁵rɛ⁵⁵ 名 清油(植物油) vegetable oil *tihane vassu cesu goi mazzhoa, sela ezhe re si ke shy i ice gge*。现在吃猪油的人很少了,都买清油来食用了。

F f

fa ① fa⁵⁵ 动 泛滥,爆发 overflow, break out

fa ② fa⁵⁵ 动 分发 distribute

fe ① fe⁵⁵ 名 分,工分 workpoint

fe ② fe⁵⁵ 名 粉 powder

fi ① fi⁵⁵ 形 宽,宽敞 wide, broad *chemo agasheo fipesihzu，hbbupesihzu，she pe sihzu nasa nebba zha deji ra*。车模阿嘎拿着铁在横向锤了三锤,在竖向锤了三锤,在纵向锤了三锤,就锻造出一把剑。

fi ② fi⁵⁵ 名 霉,霉气 mildew *ssumi bbe yashe depu tepyi i tiha ne ssama keche bbe la fi zzyi ddangar*。玉米存放的时间太久了,现在做的玉米饭都有霉味。

fu ① fu³³ 名 蒜,大蒜 garlic *zzho i ngenyo de nyo，fu i ngankwa da nyo*。河水奔腾有源头,大蒜茂盛有分蔸。

fu ② fu⁵⁵ 名 村,寨 village *ersubbeihbizyine，defu ge da wasa，dei ge da ddahbu*。尔苏人的格言为:一个村寨一石碉,一个家庭一家长。

fu ③ fu³³ 祈使句标记 the imperative sentence marker *momode singune ti fu de，ssamabbe kezhoa nyonyolala sufu*。照顾老人就要把饭煮得软软的。

fu ④ fu³³ 名 语言,话 language, words *varge ersu fu lagalo ersuho bbe desyi nakaka suzzho*。越西的尔苏话和甘洛的尔苏话有些细微的差别。

fu ⑤ fu⁵⁵ 动 需要,须,准备,欲 need, want, prepare *aryi sonyo pucege labarddwa ne diggwabashe desyi ssyi fu*。既然我们明天都到海棠镇,就干脆(表示需要)到徐家山村去一趟。

fu bbu fu⁵⁵bu⁵⁵ 名 葱,大葱 green onion, green Chinese onion

fu ge fu⁵⁵ke⁵⁵ 村里,村子里 in the village

fu kwa fu⁵⁵kua⁵⁵ 名 大埔(大堡,尔苏人相对聚居区) Dapu

fu zi fu⁵⁵tsi⁵⁵ 名 海椒,辣椒 hot pepper

fucyi de zzho fu³³tsʰɚ³³te³³dʐo³³ 有威严,有福祉 prestigious *nessyi mugabalu muggu fucyi de zzho，zhanga nzzomo de raqwa ggedeba*。你家牧呷巴鲁,额头上有一个福祉,今后可能要做官的。(当地的说法)

fugeba bbe fu³³ke³³pa³³be⁵⁵ 村里人,同村人 fellow villagers *sonyo ne a dde ihar gge，fugeba bbe nyogwa varvar la gga*。明天我家要盖屋子,全村人都会来帮忙的。

funbu fu⁵⁵npu⁵⁵ 名 风播机 wind sowing machine *shoiha ne adde funbu de nancai bbo de，zhanga ne sibyi bbe la nechoa*。以前我家做了一个风播机,后来保管不善,木板都烂掉了。

funbu ngelhe fu⁵⁵npu⁵⁵ŋɛ³³ɬɛ³³ 用风播机吹风 blow the wind with a wind sowing machine *nzzyibar tebbe yavala funbu ngelhe debbe*。这些荞子在家里就已用风播机吹过了。

futre itre fu⁵⁵tʂʰe⁵⁵ji⁵⁵tʂʰe⁵⁵ 菜园的围墙,院墙 courtyard wall, the walls of the garden *futre itre genetrebyi yanggengu trola rabbe va kenbbe ngenbbe tashu*。菜园的篱笆墙要编牢一些,别让鸡狗钻进钻出。

G g

ga ① ka⁵⁵ 词缀，表示男性 affix for male *bbussyi ga ne nyahasi jjolagge dejjiddo? atava ngelozade ta*。这个布日呷什么时候才回来？我在等他回来。

ga ② ka⁵⁵ 形 愚蠢，傻 stupid, foolish *daryi deone, gaizhanga nbbo kenchojja na nbbo la ta ga ne ncho ncho za de*。尔苏的俗语说：傻的后边跟着哑。这两项往往同时出现在一个人身上。

ga ③ ka⁵⁵ 名 哑巴，憨人 the dumb people, fool *ga ddeho si nzzho de*。一个只会应答的憨人。

ga ④ ka⁵⁵ 动 扎，打，钉，刺 stick into, prick *memacozzyi sofu ge nchokehzho sibarbar kancha shenzzi kaga anjjila ngeci mapa*。这个野人婆被索夫用荆棘刺，用木棒打，用铁钉钉，怎么都不投降。（民间故事）

ga ⑤ ka⁵⁵ 一副（好嗓子）a (good voice) *te yonzzama ga to ane bar ndde daga ha, she bbubbu ge dde nche miha*。这个勇扎曼有一副好嗓子，发出的声音像铜铃声一样。

ga ⑥ ka⁵⁵ 量 件，支，条，根 a strip of, a piece of *syidaga ngala, bida ga hji la, vaidage ddehji a zzho gage ngwarla*。出了一件事，带上一支笔，再带上一根棍子，淌过那条河过来。

ga ⑦ ka⁵⁵ 动 说，讲，言道 tell, speak, say

ga ⑧ ka⁵⁵ 形 笨 stupid *yeddre teo ne desyi ga de*。这个孩子是有一点笨拙的。

ga ce ka⁵⁵ tsʰe⁵⁵ 清洁仪式，洗房屋 ablution ceremony *sutesho ane, yava shaba kecyia ice ga ce ngu debbe*。家里有人去世，安葬结束后，要在家里做清洁仪式。

ga ddeho manzzho ka³³de³³xo³³ma⁵⁵ndʒo⁵⁵ 名 哑巴 mute *ne ga ddeho manzzho de pe nyi jahja i ane ngu ddo?* 你和哑巴计较什么？

ga ddeho si nzzho ka³³de⁵⁵xo⁵⁵si⁵⁵ndʒo⁵⁵ 只会说话的蠢人，愚蠢的人 fool

ga ddru ka⁵⁵ɖru⁵⁵ 形 瘦 thin *yaddre o ssama ddewa mapa lamanddo, shoiqoya dda ga ddru za*。这个小孩可能是吃不饱饭，已经比以前消瘦得多了。

ga er ka⁵⁵ɚ⁵⁵ 名 乌鸦 crow, raven *ngwarmo zzhogu nchyige nzza ga er zzazyi ligeco*。老牛喂水站荒坡，乌鸦喂食上高树。（民歌歌词）

ga ga bi ka⁵⁵ka⁵⁵pi⁵⁵ 形 强悍，凶狠，顽强 strong, cruel, tenacious

ga ma ka⁵⁵ma⁵⁵ 名 傻女，哑女 dumb girl *gapa ga ma jjisude, sejji syinyiyali ngu a kavarvar tesingu*。傻男傻女也是人，大家要有同情心，要伸出援助之手。

ga ma chyi ka⁵⁵ma⁵⁵tʃʰɔ⁵⁵ 不经打，经不起打击 can not withstand the blow

ga nbba ka⁵⁵nba⁵⁵ 名 火钳 tong

火　钳

ga nbbo ka⁵⁵nbo⁵⁵ 名 陶器，水罐，缸钵 ceramic container, water pot, jar, pot *ya amazzhonbbi dde she, neganbbohji a zzhohguge zzhonbbi ddabbarsha i*。幺儿，妈妈口渴想喝一点冷水，你拿缸钵去水井里打点冷水回来。

陶制容器

缸　钵

ga ncha ryi pa ka⁵⁵ntʃʰa⁵⁵rɔ⁵⁵pʰa⁵⁵ 名 商道 trade route

ga nco ka⁵⁵ntsʰo⁵⁵ 名 甘草（中药）liquorice *ga nco ne cenyihji debbege, zzyi he jji desyi ddecho de bbe*。甘草是止咳的中药，嚼起来微微有些甜。

ga ota ka³³o⁵⁵tʰa³³ 傻了嘛，傻呀 it is silly *o nene ga ota, qamei anjji tingu de*? 哦，你傻呀！怎么会这样做呢？

ga pa ka⁵⁵pʰa⁵⁵ 名 傻男（男哑巴）silly man, male mute *ga pa, gapa ne anela nihamase ne gaho ngu gge de*。傻子！你什么都不知道，就在这里胡言乱语。

ga ra ka³³ra⁵⁵ 名 蜘蛛 spider

大蜘蛛

ga ra i ka³³ra³³ji³³ 名 飞蛾 moth

飞　蛾

ga rodde ssi ka⁵⁵ro⁵⁵de⁵⁵zi⁵⁵ 名 家暴，暴政 domestic violence, tyranny *yahi shohi ersu sapa dede bbe ne var bbe va ga rodde ssi, yami one cyivi miha*。从前，尔苏人中一部分主人对奴仆实行暴政，但大部分主仆的关系犹如亲兄弟。

ga ru bar ka³³ru³³pʰɚ⁵⁵ 动 抽筋，哆嗦 cramp, tremble

ga ryi ka⁵⁵rɔ⁵⁵ 量 些许 a little, a few *ncami ga ryi robyiizhanga ddegwar*。把那些刘海压在银泡带之下。

ga si ka⁵⁵si⁵⁵ 名 泡桐树 kiri

ga tryi ka³³tʂʰɚ⁵⁵ 名 痴人 idiot

ga-nga ka⁵⁵ nka⁵⁵ 形 空洞,空着 empty, void *koganga i sumo gge, le ga-nga i su ncanca*。空口邀请客人来,空手牵引客人来。（民歌歌词）

gaba ka⁵⁵pa⁵⁵ 名 世界,全球 world *syiba gaba tepu gge jji gge*。据说,世界要发生翻天覆地的变化。

gabbryi ka⁵⁵bzɚ⁵⁵ 名 高粱 broomcorn *cadaba she gabbryi hgo, gabbryi jji vu su te sshyi*。河谷地区产高粱,高粱匝酒把人醉。 *nyi zzho cape gabbryi la, gabbryi rama suji zzho*。金河对岸产高粱,高粱谷米口感差。

高 粱

gabbu ka⁵⁵bu⁵⁵（打场时的）细禾叶 fine grain leaf *ra nca va gabbu kahbar myaha, ddeshu ddehyo ane la ha*。鸡肝上犹如撒了细禾叶一样,有黄色和灰色的斑点。

gabbu kahbar ka⁵⁵bu⁵⁵kʰa³³əpɚ³³ 撒上高粱渣叶 sprinkle the sorghum residue

gabi gaca ka³³pi³³ ka⁵⁵tsʰa⁵⁵ 名 垃圾,废物 junk, waste *neryi gabi gaca bbe ngexo a ngepyi a ne shosholala gge*。你们把垃圾废物全部清扫出去就会干干净净的了。

gabo raze ka⁵⁵po⁵⁵ra³³tse³³ 杜鹃蛋 cuckoo's egg *gabo raze zhenzzho he ma nzzo*。杜鹃生蛋不会孵。

gademanyone nga dema nyo ka⁵⁵te⁵⁵ma³³ɲo³³ne³³ŋa⁵⁵te⁵⁵ma³³ɲo³³ 凡事都有因果关系,凡事都有前因后果 everything has a cause *gademanyone nga dema nyo, daryi demanyo tele su bbe ti kato ma gge*。凡事都有前因后果,没有一个由头,人们是不会这样说的。

gaer ka⁵⁵ɚ⁵⁵ 名 乌鸦 crow *gaer dda manwa de mazzho*。天下乌鸦一般黑。

gaer bbaqaqa ka⁵⁵ɚ⁵⁵ba⁵⁵tɕʰa⁵⁵tɕʰa⁵⁵ 名 续断（中药）teasel root *gaer bbaqaqa bbe ne kadege nyipyi jji ddencu gge debbe*。续断的生命力很强,随便丢弃在什么地方,它都能够发芽成活。

gaer fu ka⁵⁵ɚ⁵⁵fu⁵⁵ 名 野蒜 wild garlic *gaer fu bbe jji nyihji de bbe, dezzhu dezzhu nebi li de bbe*。野蒜也是一种中药,可以一瓣一瓣地掰开。

gaer ho ka⁵⁵ɚ⁵⁵xo⁵⁵ 乌鸦语（一表示不吉利,二表示夸夸其谈）caw *ersubbe ne gaer ho da ddryi ane zzhyi nga ddryila ggejja mahgga debbe*。大家认为有乌鸦叫就会有噩耗传来,所以人们不喜欢乌鸦叫。（不科学的说法）

gaer nche ka⁵⁵ɚ⁵⁵ntʂʰe⁵⁵ 乌鸦巢,老鸹窝 crow's nest *sufu ge ne chacha nche ha ggeshe gaer nche de nddomapa debbe*。村子里的树梢上,一般只有喜鹊巢,看不到乌鸦巢。

gaer razebbongu ka³³ɚ³³ra⁵⁵tsʰe⁵⁵bo⁵⁵ŋu⁵⁵ 犹如乌鸦藏鸡蛋,会藏不会吃 like a crow hiding eggs, and they won't eat them *ka-re barryi gaer razebbongu ingezzyimaro, bbutre lhame tepyiimikezuza*。这些核桃被珍藏着,犹如乌鸦藏鸡蛋,搁置了将近一年,已不好吃了。

gaer shyida ka³³ ɚ³³ ʃ³³ ta³³ 名《鸟卦图经》(根据喜鹊和乌鸦叫唤的时间及其所在的方位来卜卦的图像经文) Scripture of Bird Divination *shaba nzzhonzzyi gaer shyida bu tiha bbosu mazzho la maddo*。沙巴文图经——《鸟卦图经》,至今没有找到,估计已经失传了。

gaer sunpwa ka⁵⁵ ɚ⁵⁵ su³³ mpʰua³³ 名 乌鸦嘴 jinx *gaer sunpwa desi nava ngenyoi nddezzhyi deo manyo*。你长了一张乌鸦嘴,你的口里说不出一句好话。

gaer zzazyi lige co ka³³ ɚ³³ dza³³ tsɿ³³ li⁵⁵ ke⁵⁵ tsʰo⁵⁵ 乌鸦喂食站树梢 crow stands on top of the tree when feeding *gaer zzazyi lige co, ngwarmo zzhoce nchyi ge nzza*。乌鸦喂食站树梢,老牛喂盐站林边。(谚语)

gaga ① ka⁵⁵ ka⁵⁵ 名 果子 fruit *tebbutrene tezzyihwahubu gaga kasai galelanehgegga debutebbuza jje*。这年,她家的花红树结了沉甸甸的果子,树枝都快要被压断了。

gaga ② ka⁵⁵ ka⁵⁵ 动 掸(灰) brush *syi abu vujosyiqo gabi syila ta gaga si ddezui ngalajje*。新屋老爷掸掸头帕上的灰尘,戴上头帕若无其事地走出来。

gaga bi ① ka⁵⁵ ka⁵⁵ pi⁵⁵ 形 强悍,凶狠,顽强 strong, cruel, tenacious *yahishohi nzzomo vuja si gaga bi jjakatoha, ersubbelige nesyii ro ne jjo a*。从前都说,抛烘乌甲凶狠残暴,被尔苏人猎杀后推下悬崖。(民间传说)

gaga bi ② ka⁵⁵ ka⁵⁵ pi⁵⁵ 形 硬,坚硬 hard *ngwarshyi bbe gaga bi kengu mapa, shyire nanzzho si ngercei jjola*。牛肉没有煮软,硬得咬不动,只喝了两口牛肉汤就回来了。

gaga ka sa ka⁵⁵ ka⁵⁵ kʰa⁵⁵ sa⁵⁵ 结果实 bear the fruit *ojjabu midoddevi gaga ka sa i gale la nehge zzelazajje*。那棵梨子树开花结了果,果实多得把枝头都压弯了。

gagabi kengumado ka⁵⁵ ka⁵⁵ pi⁵⁵ kʰe³³ ŋu³³ ma³³ to³³ 硬邦邦的,咬不动 too hard to bite *ngwarshyibbe ddezupryine ngegui aryi-she dde zyi i gaga bi ke ngu mado*。牛肉刚煮一会就舀起来端到面前让我们吃,硬邦邦的,咬不动,没法吃。

gagabi su ka⁵⁵ ka⁵⁵ pi⁵⁵ su⁵⁵ 凶狠的人 ruthless people *suteobar gagabisune mazzhoa, ssimo tige naganagai teshozzela*。没有像这个人一样凶狠的人,他老婆都被他打得要死了。

gahar ka³³ x ɚ⁵⁵ 名 方向,方位 direction, orientation *nggeimwao tegahar nga ma nzzyi nzza*。完全没有朝着这个方向思考。

gahdda gahdda ka³³ əda⁵⁵ ka³³ əda⁵⁵ 形容棒状物振动的样子 like a vibrating rod *nddre zaza de telini shu i, si bu va ke li nddremenche o ga hdda ga hdda gge*。把梭镖投掷下去,标头钉入树干上,标尾在空中振动着。

gahdi ka⁵⁵ əti⁵⁵ 名 节点,位置 position, point *nyi ha de nyo ane ne ngu ne gahdi qo ha*。什么时候出现什么事,都是预先排布好节点的。(当地的说法)

gahdo gahdo ka⁵⁵ əto⁵⁵ ka⁵⁵ əto⁵⁵ 走路一蹦一跳,像麂子走路一样 crowhop *nessyi amu o shyishyi ha ne gahdo gahdo lope de dohdo nge gge de*。你家的阿木走路的时候一蹦

一跳的,就像一只公麂子走路一样。

gahga ncha ka⁵⁵ka⁵⁵ntʃʰa⁵⁵ 哈哈笑 laugh

gahga ngancha ka⁵⁵əka⁵⁵ŋa⁵⁵ntʃʰa³³ 放声大笑,哈哈大笑,开心大笑 laugh *mizzyio tegene gahga nga ncha i dde ryi si, olyalya yaer, abba tacha.* 兔子父亲看见了就放声大笑:"好了,好了,幺儿,爸爸的病好了。"(民间故事)

gahgo chyi ka⁵⁵əko⁵⁵tʃʰɿ⁵⁵ 无缘无故地欺负人 bully people for no reason *suva hahyongu suva gahgo chyi su ne malidebbe.* 无缘无故地欺负他人、殴打他人,这种做法要不得。

gahmo gahmo ka⁵⁵əmo⁵⁵ka⁵⁵əmo⁵⁵ 又高又大 tall and big *te amussao demorone ddekwai gahmo gahmo te tebbuza.* 这个阿木惹突然间就长得又高又大,已经长成个大人了。

gaho ddatangu ka³³xo³³da³³tʰa³³ŋu⁵⁵ 别说傻话,不要说蠢话 do not say silly words *amu ne gaho ddatangu, sedeo ne abba ama va mahgga de zzho?* 阿木,你不要说傻话,有谁不爱自己的父母?

gaho ddengu ka³³xo³³de³³ŋu⁵⁵ 说傻话,说蠢话 say silly words *hamasene ddetahose, gaho ddengu ane mancu.* 不懂的就不要乱开腔,说傻话会被别人笑话。

gaho ngugge ka³³xo³³ŋu³³ge⁵⁵ 胡言乱语,胡说八道 talk nonsense *te amao ne gaho ngugge de, neryi ti zzhyi kata bba nyi.* 这个阿莫在胡说八道,你们谁都不要听她胡言乱语。

gaisyihbyi harnddre ge zzho kaj⁵⁵sə⁵⁵əpzə⁵⁵xaʳ⁵⁵ndʐe⁵⁵ke⁵⁵dʒo⁵⁵ 憨人舌头在酒竿里,傻子口才在酒盅里 a fool's tongue is in the wine *gai syihbyi harnddre gezzho, vumi mya kehi ane nbbisho mase.* 傻子的口才在酒盅里,酒后不知羞耻地胡说。

gajo chyi ka⁵⁵tɕo⁵⁵tʃʰɿ³³ 报复打人 hit back, revenge *amu possalige gasiga jja, ive mupabbe gajo chyi gge ngeddwa.* 阿木经常被丈夫家暴,娘家人要去报复打人了。

gajo ngu ka⁵⁵tɕo⁵⁵ŋu³³ 报复打人 hit back, revenge *amudde amaoddeva gajo ngu i gge jja bbu lagge, zaxige nahahaikeilyajje.* 阿木家的人在商量要到阿莫家去报复打人,这件事被扎西知道后就劝解了。

gale ① ka⁵⁵lɛ⁵⁵ 动 摇摆 swing

gale ② ka⁵⁵lɛ⁵⁵ 名 枝条,分支,树丫 branch *mimomo sibu yakwa gale qo nehssyii yobbemama cegge.* 老猴子坐在大树丫上,吃着树上的柿子。

galegale ka⁵⁵le⁵⁵ka⁵⁵le⁵⁵ 动 摆动,振动 swing, vibrate *awa mizzyi wo har o lige sibuqo ddaza i galegale nge i shuza.* 兔子奶奶被老熊奶奶吊在树上飘来飘去地摆动着。

galo ba ① ka³³lo⁵⁵pa³³ 名 甘洛人,甘洛籍 Ganluo people *aryingugwa galo ba debbe, neryivargeba debbelashyi nbbolo badebbe?* 我们都是甘洛人,你们是越西人还是冕宁人呢?

galo ba ② ka³³lo⁵⁵pa³³ 新市坝镇人,甘洛县城的人 people of Xinshiba Town, people of Ganluo County *neddege galo ba debbe lazajjiggei danyo azzhose, addege desyi lashugge.* 听说你家来了一些甘洛县城的人,今天还想着请他们到我家去玩呢。

galo xa ka³³lo⁵⁵ɕa³³ 名 甘洛县 Ganluo County *tiha galo xa ersu ssohbulasiozzho, nyope nzzage zzhosu nahssamagazzho.* 现在甘洛

县的尔苏人有 4003 人，在外的国家公职人员大约有 200 人。

gama lwanpu ka⁵⁵ma⁵⁵lua⁵⁵npʰu⁵⁵ 名 傻女棒槌 silly woman *amu gama lwanpu ssone ggonbbarbbe nezi vazyigge*。阿木是个傻女棒槌，她把地里的萝卜扯来喂猪。

gama roncho ka⁵⁵ma⁵⁵ro⁵⁵ntʃʰo⁵⁵ 名 傻女 silly girl *nene gama ronchode, su va ddenyiggela ni hamasede addo?* 你真是个傻女啊，难道你不知道打人会疼吗？

gan-bi ka⁵⁵ npi³³ 名 自来水笔，钢笔 fountain pen *ai zzhonzzyiso kesicuha, gan-bi daga ne bbazzhe syihbu*。我刚上学的时候，一支钢笔卖七角钱。

自来水笔（钢笔）

ganga ka⁵⁵nka⁵⁵ 形 空 empty

ganga ddezyi ka⁵⁵nka⁵⁵de⁵⁵tsɚ³³ 糟蹋殆尽，一塌糊涂 spoil *aifutrege gguhggenabu ngeli zadei, nessyi vemao kege ngeliganga ddezyi a*。我的菜园里留着的两颗白菜种，你家的母猪跑去把它们糟蹋殆尽了。

gangu kã⁵⁵ 名 钢 steel

ganjjo ganjjo ka⁵⁵ndʐo⁵⁵ka⁵⁵ndʐo⁵⁵ 细长高挑 tall and thin *yaddre te o ddakwa i ganjjo ganjjo detebbu za*。这个孩子长大后，身材细长高挑。

ganzzhyi ka⁵⁵ndʑɚ⁵⁵ 名 甘蔗 sugar cane *a denddryi nwanzzazho dage ddwai nwai ganzzhyi bbu nehgei ce*。我有一次去彝族朋友家过彝族年，经主人家同意后，我们掰甘蔗吃了。

甘 蔗

gape tryitryi ka³³pʰe³³tʈʂʰɚ³³tʈʂʰɚ³³ 形 鲁莽，粗鲁 reckless *ne ne gape tryitryi te myaha de, neha ase ddo?* 你就是一个鲁莽的人，你自己知道不知道啊？

gapetryitryi erhbi ka³³pʰe³³tʈʂʰɚ³³tʈʂʰɚ³³ɚ⁵⁵əpi⁵⁵ 行为鲁莽，举止不文雅 rude *gala ssyibbu ne gapetryitryi erhbi gge de, sela tepe ggagga mahgga*。呷拉伊布这个人行为粗鲁，别人都不愿意和他一起玩。

gar har k ɚ³³ x ɚ⁵⁵ 名 皮囊，皮袋 leather pocket *gar har ge zhoi nagwar hji i ggejje*。他要在皮口袋里装燕麦炒面带着。

gara ka³³ra³³ 名 蜘蛛 spider *cibbryi kwakwade gara va ge ngenbbei, de gguzwane garaligeneqingezzyia*。一只大毛蜂撞上了

蜘蛛网,一会儿就被蜘蛛猎杀吃掉了。

gara bbyiggu si ka³³ra³³bzɵ³³gu³³si³³ 名 脱皮树 picrodendraceae

gara bbyiggu simido ka³³ra³³bzɵ³³gu³³si⁵⁵mi⁵⁵to⁵⁵ 脱皮树的花 the flower of picrodendraceae *gara bbyiggu simido bbe ne ggoi manqo debbe* 脱皮树的花,不是很美丽。

脱皮树花

gara fu ka³³ra³³fu³³ 名 野葱 green onion *gara fu bbe ne melige erkwamabbei nbbei ddenyo za debbe*。野葱一般生长在田边地角大石头旁比较阴暗的地方。

小野葱

葱

gara i ka³³ra³³ji³³ 小蜘蛛 little spider *yava gara i nala ne ddatazhazha, yava nddavar lagga debbe*。如果家里吊下小蜘蛛,千万不要消灭它,因为这是预示家里要来贵客的吉兆。(当地的说法)

小蜘蛛

gara sapa ka³³ra³³sa³³pʰa⁵⁵ 名 蜈蚣 centipede

蜈 蚣

gara tehbu ka³³ra³³tʰe³³əpu³³ 变成蜘蛛 become a spider *taha ne shoi rela o gara tehbu i hwangga va naza za jje*。那时候死者的灵魂变作一只蜘蛛，悬吊在他家的上房门枋上。（民间传说）

gara va ka³³ra³³va⁵⁵ 名 蜘蛛网 cobweb *bbyi dancha garava ge nge nbbe i ta pomapa, degguzwane garalige ne qi a*。一只蜜蜂撞上了蜘蛛网，怎么挣扎也挣不脱束缚，一会儿就被蜘蛛杀死了。

蜘蛛网

garava kada ka³³ra³³va³³kʰa³³ta⁵⁵ 蜘蛛结网 spider spins a web *nkwarne garamamo mo zzhyisui garava syi dapwa kada i tepyiza*。晚上，大蜘蛛又在屋檐下结了一张新网。

garava ngada ka³³ra³³va³³ŋa³³ta⁵⁵ 结着蜘蛛网 with cobweb *ngghgu gara va la ngada za, yava su mazzho*。门口还结着蜘蛛网，说明家里没有人。

garher kɚ⁵⁵xɚ⁵⁵ 名 方位，方向 orientation, direction *saqo garher tenddroi tala, me ngenddeggeza*。东方的云彩开始变亮了，看来要出太阳了。

garu ddabar ka³³ru³³da³³bɚ⁵⁵ 动 颤抖 tremble *zzhoge zzhohane mabryi, ddelaha ne ddenpi garu ddabar*。在水里的时候不觉得冷，离开水面上岸后冷得颤抖不已。

garuru ngu ① ka⁵⁵ru⁵⁵ru⁵⁵ŋu³³ 动 荡秋千，打秋千 swing

garuru ngu ② ka⁵⁵ru⁵⁵ru⁵⁵ŋu³³ 名 秋千 swing *ncanbbar dage nahzha garuru nguda nca gge*。挖一根藤子来做秋千。

gashyi ka⁵⁵ʃɘ⁵⁵ 形 孤零零的 lonely *nesi ta gashyi a ssyie*。就你一个人孤零零的了。

gashyi gashyi ka⁵⁵ʃɘ⁵⁵ka⁵⁵ʃɘ⁵⁵ 形 孤零零的 alone *ddwahane bbebbe ddadda, jjolahane asi gashyi gashyi jjo la*。去的时候大家一起蜂拥而去，回来时就只有我孤零零的一个人。

gazi ma ka⁵⁵tsʰi⁵⁵ma⁵⁵ 小母狗 puppy

gazyi ka⁵⁵tsɘ⁵⁵ 形 单独 alone *assyi le yaddrebbe marmar hala gazyi mar shuzabebbe*。在我家，小孩子从小就给他们独立的房间让他们单独睡觉。

gazyi bossi ka⁵⁵tsɘ⁵⁵po³³zi³³ 单独生活，独自生活 live alone *ssyissi ddakwa momo bbe gazyi bossi ne maershyi tebbe*。儿女长大后，让父母单独生活是不对的。

ge ① kɛ⁵⁵ 处所标记，地点标记 place marker *tege da puce ge barddwa ha dazzhomace si ho*。这里到海棠镇只需要一早上的时间（约三小时）。

ge ② ke⁵⁵ 被动标记 passive form marker *ti ge ao zzho nentonto su i ggame tenzzhyi le mabbo*。我一身都被弄得湿透了，没有衣服换。

ge ③ ke⁵⁵ 时间标记 time marker *te ge ne mahssyi hbungu monahssyi iaryipe hibbagakecuase*。这时候他知道自己弄错了，又重新坐下来与我们摆龙门阵了。

ge ④ kɛ⁵⁵ 动 熏 fumigate *nyilanggubbe, danyoneryiva shyike vuke menke siryinbba ge gge ma*。今天要给你们列祖列宗熏敬油烟、酒烟、火烟这"三烟"。

ge ⑤ kɛ⁵⁵ 介 把（表示施动）indication of an action *ti ge ao naganaga i ddehggwar mado dalha maga kamar*。他把我狠狠地打了一顿，打得我下不了床，在床上躺了个把月才好。

ge ⑥ kɛ⁵⁵ 代 这里 here *tegedessyi ngabbarnyia bbarddashwasissyishe, aneddejiddo*。到这里来歇会儿，解除疲乏了再走，干嘛要匆匆忙忙的呢。

ge pe ke⁵⁵ pʰɛ⁵⁵ 河这边 this side of the river *coparbbe gepe cape kanzzai nganchai gga zyizyi gge*。年轻人隔着河，站在河这边与河那边，分两队高声赛歌。

gebar ke⁵⁵ pɚ⁵⁵ 到达这里 arrive here *te gebar la ne yava barla miha*。到这里就像到了家里一样。

geda nka kɛ³³ta³³ŋkʰa⁵⁵ 名 刚才，不久 just now *lonbbuo galomonggai ggejja geda nka la nbboddenzzeiddwa*。龙部说要到甘洛去开会，刚才就骑着马走了。

gedwa ① kɛ⁵⁵ tua⁵⁵ 名 结子 knot *yanyo sivahjijja, vaiga gedwa dde nce za, desyiaivahga tepe cha*。昨天背柴火把绳子打了个结子，请你帮我把结子打开一下。

gedwa ② kɛ⁵⁵ tua⁵⁵ 名 疙瘩，团 lump *veshyidebedwala ssa made gedwa avangeqi, yaddredenddendde i dda nga za*。请递一疙瘩坨坨肉和一个饭团给我，有个孩子实在饿了。

gedwa ddence ke⁵⁵ tua⁵⁵ de³³ ntsʰe³³ 动 打结 make a knot *aizishyiga gedwa ddence i tepechamapa, nizishyilwanbbudaga avaqi*。我的这根线打了死结解不开了，你拿一根你的蓝色的线给我吧。

gehe ka³³ xɛ⁵⁵ 名 方向，方位 direction, orientation *ddenyisu cihi kasshyi shaqo gehe nesso za de, cihi tesho magge, neryi necyi maho*。病人今年的命相在东方，没有生命之忧，请勿担忧，他今年是不会死的。（当地不科学的说法）

gema kɛ⁵⁵ ma⁵⁵ 名 炊事员，厨师 cook, chef *ersubbe ne shyigema, vu gema, ssamagema. gema siryibanyo*。尔苏人宴客的时候，炊事员有司肉员、司酒员和司饭员三种。

genjjawa ke⁵⁵ ndʐa⁵⁵ wa⁵⁵ 名 耿家湾村 Gengjiawan Village *varge bwangai genjjawa jjimaema ne ai anya marmar de*。越西保安乡耿家湾村的那个吉满女性是我的小姑姑。

gesyi kɛ³³ sʅ³³ 名 兵 soldier *momo teo coparhane pucege gesyi ngu i qi dejje*。这位老人年轻的时候，在海棠当过兵。

gezyi gedwa ke³³ tsɿ³³ ke³³ tua³³ 小块的结子 lump *ni vumya qo ne ane gezyi gedwa debbe ngala za ddo*。你的脸上长了些小块的疙瘩。

gga ① ga³³ 副 即将，快要（状态转变标记）soon, be about to *tiha meer erkechua, ggwala gga, aryi ssyi gge cwa*。现在开始

刮风了,快要下雨了,我们该走了。

gga ② ga⁵⁵ 名 歌,歌曲 song, ballad, chant *gga tahga ne bbanyi yazze de hga, sela bba nyi bbwa zhe*。这是一首好听的歌,大家都很喜欢听。

gga ③ ga⁵⁵ 动 唱(高声吟唱) sing, chant, sing loudly *mimihihi zzilaza, da nyo ma gga nyaha gga, da nyo ma hdo nya hahdo*。兄弟姐妹齐相聚,今天不唱何时唱,今天不舞何时舞。(民歌歌词)

gga ④ ga⁵⁵ 动 玩,耍,休闲 play *i pa ddawa gga gga zze, gga ma ddaca sanbba zze*。肚皮吃饱好玩耍,身体暖和心愉悦。(民歌歌词)

gga ddagga ga⁵⁵ da³³ ga⁵⁵ 把歌唱起来 sing *ssama ngezzyi ane gga ddagga, ddehdohdo ddaggagga ne sanbbayazze*。吃了饭以后,我们大家要把歌唱起来、把舞跳起来,这样我们的心情就愉快。

gga dessu ga⁵⁵ tɛ⁵⁵ zu⁵⁵ 一首歌 a song *anjjobbe, age gga dessu ddegga neryiva desyi kabbanyi shuggema*。朋友们,我唱一首歌,献给大家。

gga dradra ga⁵⁵ tʂa⁵⁵ tʂa⁵⁵ 邀约对歌 invite another person to sing with you *ggazyizyi gge hene gga dradra ggede, gga dradra nemo gga shashyi jjide*。比赛唱歌的时候要邀请对方参加对歌,比赛唱歌又叫"对唱"。

gga lha ga³³ ɬa⁵⁵ 名 神灵 one's own god *trosasune trosa hggalha zzho, harzhasune harzha hggalhabbo*。狩猎人有狩猎人的神灵,猎熊人有猎熊人的神灵。

gga ma ga⁵⁵ ma⁵⁵ 名 背,后背 back *yaddr gga ma kasaddabba mejo ggwalagga, aryi shojjoi gge*。你把娃娃放到背上背起来,天就要下雨了,我们先回去。

gga mimo ga⁵⁵ mi⁵⁵ mo⁵⁵ 名 唱词,歌词 lyrics *ggane gga mimo nyohode, mimodeo mabbo anjjiddagga gge*。唱歌就要有唱词,我不知道歌词,你叫我怎么唱啊?

ggafu ba ga⁵⁵ fu⁵⁵ pa³³ 名 十石尔,上堡子村 Shishi'er Village *pucege ggafu ba she tiha ne ersula mazzhoala manddo*。海棠镇的十石尔村,现在估计已经没有尔苏人居住了。

ggagga ① ga⁵⁵ ga⁵⁵ 动 表演,游戏 have a performance and play games *danyo ssi i hji nbbar ggagga ho debbe*。今天为了女儿的未来表演和玩乐。

ggagga ② ga³³ ga³³ 动 停留,逗留 stay *ne ane debbe bbibbi ddo? nesi nyo na ggagga si jjo i*。你忙些什么?逗留两三天再回去。

ggagga ③ ga³³ ga³³ 动 玩耍,戏耍 play, amuse *ggagga ne coryiconbbanyo, anjjijji bbazzhe nataggagga*。玩耍有多种多样,但千万不要赌钱。

ggagga gge ① ga⁵⁵ ga⁵⁵ ge⁵⁵ 将要玩耍 going to play *a mo tege nesinyo ggagga gge se, poliman jjolaggejjigge, tava ngelogge*。我要在这里玩几天,据说珀丽嫚要回家来,我就在这里等她回来。

ggagga gge ② ga⁵⁵ ga⁵⁵ ge⁵⁵ 正在玩耍 playing *magassa o barla pryi ne ngeddwai yaddre bbepe ggagga gge*。牧呷惹刚到这里就跑出去和这里的小孩子们一起玩耍了。

ggahga manqo ga⁵⁵ əka⁵⁵ ma³³ ntɕʰo³³ 旋律不优美,唱腔不亮 the melody is not beautiful *gga tahga ne ai kabbanyiha ne ggahga manqo da hga*。这首曲子,我听起来觉得旋律不优美。

ggahgga ga³³ əga⁵⁵ 动 谈恋爱,热恋 love

mumuzzyi taha ggahgga gge，deodeva nganyanya mapaza。扎部和牟牧两人正在热恋之中，相互离不开了。

ggama ① ga^{55}ma^{55} 名 身材，身高 height *jjimar bbene a ne ggama tabarnbbo debbe? deohadeo yanbbodebbe*。吉满家族的人怎么这样高大？身材一个比一个高大。

ggama ② ga^{55}ma^{55} 名 身体，自身 body, oneself *amu tihane ti ggama si mahssyi，neryi sejji desyi tesitengu mahssyia*。阿木现在不仅仅是她自身了（暗示怀孕了），你们都要关心和照顾她哦。

ggama ddaca ga^{33}ma^{33}da^{33}tsʰa^{55} 身体暖和 the body feels warm *ipa ddawa sanbba zze，ggama ddaca gggagga zze*。不饥饿就好心情，不寒冷（身体暖和）就好玩乐。

ggama ddancwa ga^{55}ma^{55}da^{55}ntsʰua^{55} 背上瘙痒 itch on the back *zaxi ggama ddancwa jja ntrontro gge，kezzoro ane nengu za shyi*。扎西说后背瘙痒，不停地在挠背，你帮他看看是怎么了。

ggama ga ga^{55}ma^{55}ka^{55} 名 身板，身材，身体 body, figure, stature *abbwa te yaddreo ggama ga nqine jjikwa nyivu za*。这个年轻人身材高大挺拔。

ggama nwaizzyi ga^{55}ma^{55}nua^{55}ji^{55}dzɚ^{55} 被奴隶主剥削 exploited by the slave owners *nbbolobashe zzhohane roku nzza i zzyi，ggama nwaizzyi nwa i shope po*。在冕宁县居住时期，前胸被汉族官员剥削，后背被奴隶主剥削。

ggama nyo ga^{55}ma^{55}ɲo^{55} 名 背后，后边 back *zaxi ggama nyo ngwarzzoro hane zaya o tiggamanyo kanzzaza jje*。扎西往身后看的时候，就发现扎娅站在他的后面。

ggama qoze ga^{55}ma^{55}tɕʰo^{55}tsɛ^{55} 后背上部 upper part of the back *ai ggama qoze dda ncwa，ne aivahga desyi dde ntrontro*。我的后背上部瘙痒，请你帮我挠一挠。

ggama ryigu ga^{55}ma^{55}rɚ^{55}ku^{55} 名 背脊 back *nzzazho lhabbarnkwarne nzzazhove ggama ryigu ga ke zho a zzyi i ersha*。尔苏人有大年十五晚上煮年猪背脊骨来吃的习俗。

ggama si massyi ga^{55}ma^{55}si^{55}ma^{33}zo^{33} 有孕在身 pregnant *ne desyi tesi ngu，yaddre tancha ti ggama si ma ssyi de ma*。你要关照一下她，这位姑娘有孕在身了。

ggama yanbbo ga^{55}ma^{55}ja^{33}mbo^{33} 名 高个子 tall person *jjimarmuga ne ggama yanbbo de，ati vihbbi shela ddama bar*。吉满木呷是个高个子，我还没有他的肩膀那么高。

ggama zhangaze ga^{55}ma^{55}tʃa^{55}ŋa^{55}tsɛ^{33} 后背部下 lower part of the back *ata jabbumwa ggama zhangaze me o ba i mei nanpar zajje*。阿塔加布玛的后背部下半截，据说被感染了带状疱疹病毒。

ggamagala ddezuddaga ga^{55}ma^{55}ka^{55}la^{55}de^{55}tsu^{55}da^{33}ka^{33} 身子笔挺着 stand erectly *ngwarmo gezigao sihssa kezyi hala ha ggamagala ddezuddaga i ka dda la li gge jje*。骆驼长寿仙都已经三百岁了，还能够身子笔挺地到处走动着。（民间故事）

ggamanyo pe ga^{55}ma^{55}ɲo^{55}pʰe^{55} 名 反面，后盾 reverse, backup force *a nga ne，chyi i nehgu yanche，ggamanyo pe ive mupa ma zzho de*。我落孤比较早，身后没有娘家兄弟作后盾。

ggangu ga^{33}ŋgu^{55} 名 工具，用具 tool, utensil

gganggu kehi ga^{33}ŋgu^{33}kʰe^{33}xi^{55} 借工具 borrow tools *aryige gganggu kehi sshyi nka ngu i* gge。我们就借一些工具，出去做生意吧。

ggar gaʴ⁵⁵ 动 飞 fly *abboi, goiyanqo, ngahggargga, nga hggar ncalema nge hssyi gga*。好漂亮啊，漂亮得就要飞到越西草利马村去了。

ggarhar gaʴ³³xaʴ⁵⁵ 斜上方 above *nessyi amu si zhyi i gge jja ggarhar nbbya la ddeddwa*。我看到了你家的阿木，他说要上山去砍柴。

ggawa ga³³wa³³ 拟声 哇哇（乌鸦的叫声）caw *gaer o ozzho nkwa o she ggawa ggawa jja jjihzha nyihzha, karagge se*。这乌鸦在邛海边一边哇哇叫着，一边扇着翅膀飞上飞下地寻找（青蛙），它是找不到的。（民间故事）

gge ① ge⁵⁵ 名 经线，经板 warp *byilo ddehane byilo ggema la byilo gege ddeba naba ngagwar gge de*。在编织竹笆的时候，经板纬板交错编织，这样才能够编紧凑。

gge ② ge⁵⁵ 量 捆 bundle *zzhucu ha ne yo de necu a ne zzho de gge, yo de necu ne zzhu de gge*。剪羊毛的时候，我们剪一只羊，打一捆羊毛。

gge ③ ge³³ 名 箍，横隔，纬线 hoop *byilo dama gge gge nyo, hier dema zezenyo, tiha netikatonzzho suma zzho a*。"竹笆先生有箍箍，竹竿先生分节节。"像这样的唱词，现在都没人知道了。

gge ④ gɛ⁵⁵ 动 同意 accept, agree, approve *gge ne gge, maggenemagge, gge te le vunenpu, maggetele vudalhalha*。你同意就点个头，不同意就摇个头。

gge ⑤ gɛ⁵⁵ 名 山岗 hill, hummock *azzyineo zzho daga ggu lha ggedaga sinedreza, da zzha mace nebar i gge*。我们住的地方中间只隔着一个山岗，一个早上的时间就能够赶到。

gge hbar əgɛ⁵⁵ əpaʴ⁵⁵ 动 撒种，播种 sow *danyo nzzyih gge hbar jja, na a barnahbar-ilenjji ladde nyi a*。今天我去撒荞种，撒了一整天，现在手臂还酸痛。

gge nke ge⁵⁵ŋkʰe⁵⁵ 名 垭口，山口 mountain pass *zi shyi ngge ga deharer, ryi pa ngge ga de gge nke*。九条道路通一个垭口，九条棉线穿一个针眼。（谚语，表示归根结底）

ggekwa lo ge⁵⁵ kʰua⁵⁵ lo⁵⁵ ke³³ 名 大山梁沟 ravine *shoncho ne nyogwa ggekwa lo ge zyichyiigge, yozai nezyigamo*。明天早上全村人都要到大山梁沟去割蕨萁，各家各户自己作准备。

ggo go⁵⁵ 名 连枷 flail *jji o babbe ne sudei dde ne ggo na ddre bbo debbe*。高山上的尔苏人，每家都有两副以上的连枷。

ggo nbbar go⁵⁵ mbaʴ⁵⁵ 名 萝卜 radish *ggo nbbar ddezi bbubbuha*。萝卜拔掉有萝卜坑。（意指一个萝卜一个坑）

ggo pyi go⁵⁵ pʰɚ⁵⁵ 名 青菜 green vegetables *assyi futrege chula nagwar-i bbobi kalaha, ggo pyi bbe pwa ta pwa ta gge*。我家的菜园子里施了土肥，土地变得肥沃，大青菜长得脆嫩脆嫩的。

青　菜

ggo zhe neshe go⁵⁵ tʃe⁵⁵ nɛ³³ ʃe⁵⁵ 腌制酸菜 pickle

ggobi da lahgga go⁵⁵ pj⁵⁵ ta³³ la⁵⁵ əga⁵⁵ 一竹箧盘蔬菜 a bamboo plate of vegetables *lwanbbu ge gar gge jja ggobi da lahgga shala i teqi a*。他说要做豆渣菜，来向我要一竹箧盘的青菜，我已经给他拿去了。

ggobi kula go⁵⁵ pi⁵⁵ kʰu⁵⁵ la⁵⁵ 装菜的盘子 plate holding food *shyibarbbe takwai ggobi kula ge shyi sibar nagwar ne ddabbar*。肉块切得太大了，一个装菜盘里放三块坨坨肉就满了。

ggobi nchara go⁵⁵ pi⁵⁵ ntsʰa³³ ra³³ 羽状复叶蔬菜 pinnate leafy vegetable *ggobi nchara bbe zzozu nge dru a cyinazha ngezzyi gge*。把那些羽状复叶蔬菜用开水焯一下，再凉拌吃。

ggoggo a go⁵⁵ goa²³ 动 再见，慢走 goodbye *ggoggo a ma, aryile ngezzyi pryine ssyigge cwa mo*。再见，我们吃了饭就出发。

ggohggo de gu⁵⁵ əgo⁵⁵ te³³ 轻佻的人 frivious person *ssinqoma teo, desyi ggohggo de, tamatele nessyi issa leme nenguteyali*。这个女孩是个有点轻佻的人，要不然娶来作你儿媳该多好。

ggoi go³³ ji³³ 副 非常 very

ggoi ddebbibbi guj⁵⁵ de⁵⁵ bi³³ bi³³ 很忙 extremely busy *tenenyo ggoi ddebbibbi, a jjo la magge, mo denenyo tebbu ane jjo lagge*。这几天我很忙，就不回来了，过一段时间再回来。

ggoi ggohggo goi⁵⁵ go⁵⁵ əgo⁵⁵ 形 轻飘飘的 light *ssumi tava ggoi ggohggo, debbe neerbo se*。这背玉米太轻飘飘的了，再添加一些到背筐里。

ggoi hggohggo goi⁵⁵ əgo⁵⁵ əgo⁵⁵ 形 轻飘飘的 light

ggoi hlehbi goi³³ əle⁵⁵ əpi⁵⁵ 很沉重 very heavy

ggoi lehbi goi³³ le⁵⁵ əpi⁵⁵ 形 沉，重 heavy *si tavar ggoi lehbi dava, ddeddehji ne nenehne*。这背柴火很沉，越背越重。

ggoi ma hgga goi³³ ma³³ əga³³ 动 恨，讨厌 hate, dislike

ggoi mabbo goi³³ ma³³ bo³³ 形 穷 poor *anyolo bashe amu dde yaddre bbe ddamakwa i tihale ggoi mabbo*。安留洛村子的阿木家，因为孩子们还没长大，家里经济困难。

ggoi mahgga go³³ ji³³ ma⁵⁵ əga⁵⁵ 不喜欢 don't like *razenzzhyiva ne ale ggoi mahgga*。煎鸡蛋煮醪糟汤，我是不太喜欢的。

ggoi mancu goi³³ ma⁵⁵ ntsʰu⁵⁵ 不太好，不怎么好 not very good *cihi zzhoggwa tamya i shacha bbe ggoi mancu miha*。今年的雨水太多，庄稼看起来不怎么好。

ggoi yahgga ① goj³³ ja³³ əga⁵⁵ 形 高兴 glad *danyo tege navatenddo i syinyige ggoi yahgga*。我今天在这里见到你，心里很高兴。

ggoi yahgga ② goj³³ ja³³ əga⁵⁵ 很喜欢 pleased

ggoi yakwa goi⁵⁵ ja³³ kʰua³³ 形 大 big *amussyi varge igale ggoi yakwa da ga, nzzhomo iqo layakwa*。阿木家在越西的房子比领导的房子都大。

ggoma go⁵⁵ ma⁵⁵ 连枷把手杆，连枷短杆 flail rod *ggoma lada ggossyila, anya la de nzzui la*。连枷短杆在哪，长杆就到哪，就像姑妈在哪，侄女就到哪。

ggonbbar ddenyi go⁵⁵ nbaʴ⁵⁵ de³³ ɲi³³ 名 红萝卜 carrot *asyisyi hwai ddenyi menche nyihssa ne ggonbbar ddenyi, va hbizyi de*。谜语"红鸟青尾巴"，谜底就是"红萝卜"。

红萝卜苗

ggoro ggoro go⁵⁵ ro⁵⁵ go⁵⁵ ro⁵⁵ 拟声 轰隆隆（雷声）rumbling, thunder *mezzyi ggoro ggoro dalaji mada nkwar, anedege meddro naddra manddo*。电闪雷鸣，令人畏惧的夜晚，不知什么地方又遭雷劈了。

ggozhere ngencence go⁵⁵ tʃe⁵⁵ re⁵⁵ ŋe⁵⁵ ntsʰe³³ ntsʰe³³ 就着酸菜汤吃 eat with sour vegetable soup *aryi yavazzho hane nzzyikwanggaku la ggozhere ngencence izzyi*。过去我们在家的时候，经常是苦荞馍馍就着酸菜汤吃。

ggu ① gu³³ 名 船 ship, boat *aryi ozzho nkwa ge ggagga dwaha ggu ya kwa de ddre ga nahssyi a*。我们到西昌邛海去游玩的时候，曾经坐过一艘大船。

ggu ② gu⁵⁵ 名 盒子，箱子 box *ledru lenggwar bbe nyi mo nyi ne che ggu ge nagwar i te singu za de*。手镯、戒指等首饰，平时就装进首饰盒里保存着。

ggu ③ gu³³ 形 中间 middle *nezzyi zzebyi deji meli ggu lha nyi pyi za, a nezzyi vahga zahjila alo*。你家的一把锄头丢在地中间了，现在我拿回来给你。

ggu be gu⁵⁵ pe⁵⁵ 动 送魂（蟹螺语） farewell to the dead *xolo bebbe ne debbu tre nyissyi ranggwarbyi hane ggu be gge debbe*。蟹螺乡的尔苏人，在每年还山鸡节时，要送新魂上山。（当地的风俗）

ggu buda gu³³ pu³³ ta⁵⁵ 名 篙 barge pole

ggu hggu gu³³ əgu⁵⁵ 动 蹬踏，踢踏 pedal *nbbohbbu ggu hggu dagezzhotangu, ngwarhssyi zuhzudage zzhotangu*。野马踢踏的地方不要待，牦牛顶角的地方不要待。（民歌歌词）

ggu hzho gu⁵⁵ ətʃo⁵⁵ 名 鼠便（老鼠屎）rat's dropping *ssumi nzzyi i bbege ggu hzho neddwa za, ne sese massyi ngata zzyi*。玉米面粉里边落入了老鼠屎，没有过筛之前不能食用。

ggu marmar gu³³ mɚ³³ mɚ⁵⁵ 名 小船 boat *azho nkwa ggu lha, ssiharma dancha ggu marmar ga de ddahar-i ngala*。大家看，湖中间有个小姑娘摇着橹，划着一艘小船来了。

船

ggu mazyi gu⁵⁵ ma⁵⁵ tsə⁵⁵ 不熟悉 unfamiliar with *nyateo su ggu ka mazyi hane mahose, muzwa ggukezyi ne kaili maggade*。这个小孩，刚开始与别人不熟悉的时候不开腔，一会儿熟悉了就说个不停。

ggu menche gu³³ mɛ³³ ntʃʰɛ³³ 名 船尾 stern *zaxi ggu menche ge nehssyii ggutro ge ddehzheza*。扎西坐在船尾，掌握船舵。

ggu pa gu⁵⁵ pʰa⁵⁵ 名 老鼠，耗子 mouse *yava ggu pa bbe hggwa lahggwala gge*。这个屋子里老鼠成群结队地出没，老鼠泛滥成灾了。

ggu re si ntwa gu⁵⁵ re⁵⁵ si⁵⁵ ntʰwa⁵⁵ 三滴鼠血 three drops of rat blood

ggu shyi si hbbi gu⁵⁵ ʃə⁵⁵ si⁵⁵ əbi⁵⁵ 三口鼠肉 three bites of rat meat

ggu trotro gu³³ tʈʰo³³ tʈʰo⁵⁵ 名 舵 rudder *ggu trotro hzhesu tamya ne ggupejo*。艄公多了打乱舵。（谚语）

ggu zyi gu⁵⁵ tsə⁵⁵ 名 石斛（中药）dendrobium

gguhar da ① gu³³ xɚ³³ ta⁵⁵ 名 桨 paddle *ate gguhar da sibyi lehbi taza, desyi ggohggo hode*。那些划船的桨太重了，应该做得轻巧一些。

gguhar da ② gu³³ xɚ³³ ta⁵⁵ 名 橹 scull *abuga de gguhar da de ddebui zzhonbar kanzzaza*。一个老头挂着一只橹，站立在河边上。

gguhzho nepyiyohase gu⁵⁵ ətʃo⁵⁵ ne⁵⁵ pʰzə⁵⁵ jo³³ xa³³ se³³ 耗子拉屎我知晓（洞察秋毫）observant *gguhzho nepyiyohase, ggu nbbar ngehze yoi nchwa*。我能够洞察秋毫。

ggui gguma gu⁵⁵ ji⁵⁵ gu⁵⁵ ma⁵⁵ 一窝鼠（表示大小成群，非贬义）a nest of mice *sutedde ka ngeddwa dage shyi shyi ncanca ggui gguma denche ssyi ha*。这家人走到哪里都是拖拖拉拉一大群，就像一窝老鼠一样。

ggulha ze gu⁵⁵ ɬa⁵⁵ tse³³ 名 中游 middlestream *ny izzho ge ggulha ze ne ossebashe barla za de*。大渡河的中游大概就是石棉县这一段。

ggulo ke ngu gu⁵⁵ lo⁵⁵ kʰe³³ ŋu³³ 名 念想，纪念物 memorial, memento

ggumera gu⁵⁵ me⁵⁵ ra⁵⁵ 家畜和家禽 livestock and poultry

ggunbbar neze yoinchwa gu⁵⁵ nbɚ⁵⁵ ne⁵⁵ tsʰe⁵⁵ joi³³ ntʃʰua³³ 老鼠屙尿我明了（形容洞察秋毫）observant

ggunbbar ngence yomase gu⁵⁵ nbɚ⁵⁵ ŋe⁵⁵ ntsʰe⁵⁵ jo³³ ma³³ se³³ 老鼠屙尿我不觉（形容毫无觉察，毫不知情）inobservant *tiha ne temo ne gguhzho ngepyi yo manchwa, ggunbbar ngence yo mase*。现在我老了，老鼠屙尿我不觉，老鼠屙尿我不知，成了一个聋子和瞎子了。

ggungga yangge gu⁵⁵ ŋga⁵⁵ jua⁵⁵ ŋge⁵⁵ 结实的畜圈门 solid barn door *bbuhamili ggungga yangge de nancaikasa za*。不哈木来做好并安装好了一个非常结实的畜圈门。

畜圈门

ggupa gguma gu⁵⁵ pʰa⁵⁵ gu⁵⁵ ma⁵⁵ 公鼠和母鼠 male rat and female rat *yava ggupa gguma bbe dancanca nengu ligge gge*。这间屋子里，公鼠、母鼠成群结队地出没。

ggupa hge nwa gu⁵⁵ pʰa⁵⁵ əge⁵⁵ nua⁵⁵ 鼠皮口袋

pocket made by mouse skin

ggupa nche gu^{55} p^{h}a^{55} ntʃ^{h}e^{33} 名 鼠窝（老鼠穴） rat hole

ggupu raga gu^{55} p^{h}u^{55} ra^{55} ka^{55} 大鸡小畜 livestock *jjingwa pe ne assyi ggupu raga bbe i hdohdo ggagga dage, tege tata pyi*。下把位是我家大鸡小畜玩耍嬉戏的地方，不宜（把我的遗体）放置在这里。

gguzyi gu^{55} tsɿ^{55} 动 熟悉，了解 be familiar with, know

ggwa ① gua^{55} 动 倒塌 collapse

ggwa ② gua^{33} 名 雨 rain *zene zeernyo zenwa nyo, ggwajji ggwaer nyo ggwanwa nyo*。云有白云和黑云之分，雨也有白雨、黑雨之分（过山雨和持续下的雨）。（当地的说法）

ggwa bbu la ge gua^{55} əbu^{55} la^{33} ke^{33} 大雨里 in the heavy rain

ggwa da gua^{55} ta^{55} 动 耙 harrow *mugassao ssyihwaige ggwa da geqo kanzzai bigwa ggwa gge*。木来热在水田里，正站在耙上耙田。

ggwa er gua^{55} ɚ^{55} 名 过山雨 mountain rain

ggwa er ggwa nwa gua^{55} ɚ^{55} gua^{55} nua^{55} 白雨和黑雨（过山雨）rain

ggwa hbbu nehi myaha gua^{55} əbu^{55} ne^{55} xi^{55} mja^{33} xa^{33} 大雨倾盆，滂沱大雨 downpour, heavey rain

ggwa hbbu zere zere gwa^{55} əbu^{55} tse^{55} re^{55} tse^{55} re^{55} 拟声 表示下雨的声音 sound of the downpour

ggwa i ne hzu guaj^{33} nɛ^{33} ətsu^{55} 动 淋雨 be exposed to the rain

ggwa kenpi gua^{33} k^{h}e^{33} np^{h}i^{55} 动 躲雨 find shelter from the rain *gwaxxo nyo ne sibuzhanga ggwa kenpi ne mali, meddro ddanzzha*。下大雨的时候，千万不要在大树下边躲雨，谨防雷击。

ggwa kesso gua^{33} k^{h}e^{33} zo^{55} 动 淋雨 be exposed to the rain *gedaha nei nggamengekobbe ashyi kamacyida ggwakessoa*。刚才，你晒的衣服没有及时收回，衣服淋雨了。

ggwa me ddeer gua^{33} me^{33} de^{33} ɚ^{55} 风卷雨，又下雨又吹风 raining and blowing

ggwa me er nga ncha gua^{33} mɛ^{33} ɚ^{55} ŋa^{55} ntʃ^{h}a^{33} 风卷着大雨 heavy rain with wind

ggwa meer gwa^{55} me^{33} ɚ^{55} 夹雨的风 wind and rain

ggwa nce gua^{33} nts^{h}e^{33} 动 漏雨 leak rain *ipale teo, nyope ggwa hbbu xxo ne yava ggwaci xxo, ggwa nce nkwar nemar-i tezze mapa*。外边下大雨屋内就下小雨，这个旧房子夜间漏雨，让人无法入睡。

ggwa nehzu gua^{33} ne^{55} ətsu^{55} 被雨淋 be exposed to the rain *yanyo ggwa nehzu i xxi cabbe ngama barbar le ne cho gge*。昨天晒的烟叶被雨水淋了，如果不摊开晾晒就会烂掉。

ggwa npi ne xxo gua^{33} np^{h}i^{33} ne^{55} ʐo^{33} 下雨夹雪 sleet *yanyo zzilhaba she nqibbi ga jjizyi zhe ggwa npi ddashashai ne xxo a*。昨天大埔子以坎为界，坎上方下着雨夹雪，坎下方没有下。

ggwa xxo gua^{33} dʑo^{55} 动 下雨 rain *ngga nyope tiha ggwa xxo gge, na sa de ddamahjii a ne ntonto gge*。门外现在在下雨，你不带一把伞，会被淋湿的。

ggwa xxo gge gua^{33} ʐo^{33} ge^{55} 在下雨 be raining *tiha mezzyi zzyine nbbinyope ggwa xxo gge, muzwane aryi she lagge*。现在打雷是因为

山外在下雨,我们这里过一会儿也会下雨。

ggwaci shyishyi gua⁵⁵ tsʰi⁵⁵ ʃə³³ ʃə³³ 小雨沙沙 drizzle *meer fufu ca va hsse, ggwaci shyishyi re va hsse*。微风呼呼可驱热,小雨沙沙利于禾。(谚语)

ggwaci xxo gua⁵⁵ tsʰi⁵⁵ ʑo⁵⁵ 下小雨 drizzle *milhaggu ne menge ndde, nkwar ne ggwaci xxo te jji ane repuva yahsse*。白天出太阳,夜间下一点小雨,这样的天气有利于庄稼生长。

ggwadda ggwadda ① gua⁵⁵ da⁵⁵ a⁵ gua⁵⁵ da⁵⁵ 滔滔不绝,交谈的声音 gush over, talking voices *bbuhamo fuge mo ngga ha ggwa dda ggwa dda kato tezzu umapa tabarnkwar de mazzho*。布哈莫在村上开会的时候,能够滔滔不绝地讲很久,没有谁的口才能胜过她。

ggwadda ggwadda ② gua⁵⁵ da⁵⁵ gua⁵⁵ da⁵⁵ 喋喋不休,反复啰嗦 chatter without stop *qamao de nyonyo ne ggwadda ggwadda kato tezzu mapa, ssi one mahgga*。她的母亲一天到晚喋喋不休地唠叨,女儿听烦了就不高兴。

ggwaer ggwashwa gua⁵⁵ ɚ⁵⁵ gua⁵⁵ ʃua⁵⁵ 名 阵雨 shower *ncho ggwaer ggwashwa ne xxo mekwar nyoqo zzho, mankwarse ne sha qo zzho*。上午下雨彩虹在西边,下午下雨彩虹在东边。

ggwahbbu cyigakengu gua⁵⁵ əbu⁵⁵ tsʰə⁵⁵ ka⁵⁵ kʰe⁵⁵ ŋu³³ 倾盆大雨,大雨下得犹如小锤打盐巴 rain cats and dogs *si lage hizze bi ddwa i nyohge degene ggwahbbu cyigakengu*。到老林里拔竹笋,大约晌午时就被倾盆大雨淋成了落汤鸡。

ggwahbbu nddendde gua⁵⁵ əbu⁵⁵ nde⁵⁵ nde³³ 大雨倾盆 the rain is pouring down *ggwahbbu nddendde, yava si nehssyi a desyi nga bbar nyi kala tassyi*。外面大雨倾盆的,就坐在家里休息一下,哪里都别去。

ggwahbbu shwashwa gua⁵⁵ əbu⁵⁵ ʃua³³ ʃua³³ 大雨阵阵,大雨刷刷响 heavy rain, thunder shower *ggwahbbu shwashwa la, ma gge tele zzho nga kwa ggese*。大雨刷刷地下起来了,说不定又要涨大水了。

ggwahbbu tenehzu gua⁵⁵ əbu⁵⁵ tʰɛ⁵⁵ nɛ⁵⁵ ətsu⁵⁵ 大雨将它浇 it is exposed to heavy rain *sibu debu ddenyojji ggwahbbu tenehzu ssyihbbu te nexxo*。即使长出一棵树,瓢泼大雨将它浇,鹅毛大雪将它埋。(民歌歌词)

ggwahbbu xxo gua³³ əbu³³ ʑo³³ 下大雨 rain heavily *ersu bbei hbizyi ne xxo hane, ggwahbbuxxo hane kenpi, ssyihbbuxxo hane nepo*。尔苏老人有俗语:大雨来时要躲避,大雪来时要逃跑。

ggwahbbu zerezere gua⁵⁵ əbu⁵⁵ tse⁵⁵ re⁵⁵ tse⁵⁵ re⁵⁵ 大雨倾盆,大雨如注 heavy rain *wobba, mwahazaxi ggwahbbu zerezere lage anesu barla e*? 哦呀!玛哈扎西,今天这样大雨如注的,你是怎么来的?

ggwai nehzu gua³³ ji³³ nɛ³³ ətsu⁵⁵ 被雨淋 be exposed to the rain *yaha kuhbur xxinyobbe danyo ggwai nehzui ddenyomagga*。昨天才撒的烟种子,今天被大雨淋了,估计生长不起来了。

ggwala gge gua³³ la³³ ge⁵⁵ 要下雨 it is going to rain

ggwala hggwala gge gua⁵⁵ la⁵⁵ əgua⁵⁵ la⁵⁵ ge⁵⁵ 成团成团地涌动 move in lumps *tessyi nzzazho ve shyi bbe nechoi shyi bbe er bbe si* *ggwalahggwala gge*。他家的过年猪肉腐烂了,肉蛆成团成团地涌动着。

ggwalagge miha gua³³la³³ge³³mi³³xa⁵⁵ 像要下雨 it seems to rain *mejola naddra nalagga, ggwalagge miha*。天空乌云密布,像马上就要下雨了。

ggwance dantwamanyo gua³³ntʂʰe³³ta³³ntʰua³³ma⁵⁵ɲo⁵⁵ 滴水不漏 watertight *tiha lo-fan dde cu bbe ne ggwance dantwamanyo, icu ryiryi a ne barli*。现在新修的楼房一滴水都不漏,多好的建筑技术啊!

ggwance ntonto gua³³ntʂʰe³³ntʰo⁵⁵ntʰo³³ 动 滴水,漏雨 drip, leak rain *nezzyi iqo nddru debbe napwa lamanddo, ggwance ntonto gge*。你家的这间屋子可能有瓦片被打碎了,不停地滴水下来。

ggwar gu ɚ³³ 动 飞 fly *mejoge ggwarggwar su vugehnyo mazzho su ne ddryimo ncha*。天上飞的,脑壳里没有脑髓的是大雁。(当地不科学的说法)

ggwar ggwar gu ɚ³³ gua⁵⁵ 形 狡猾,警惕 sly, cunning *nddrobbyi abu vemadazyi ne ggwar ggwar deihtez e ipo la*。张氏矮个子老爷是个警惕性极高的人,所以他逃脱了屠杀。

ggwaxxo gga gua³³zo³³ga⁵⁵ 快要下雨 it's going to rain *mejo ge zenwa buzzyi ddalala i nala, ggwaxxo gga, ashyi jjo i*。天上乌云翻滚,快要下雨了,赶快回去。

ggwazyi ggwazyi gua⁵⁵tsʅ⁵⁵gua⁵⁵tsʅ⁵⁵ 形 松松垮垮 slack

go ① ko⁵⁵ 量 竿,支,袋,锅(关于草烟的量词)one bag (of tobacco) *a xxi de go cebbwazhe, ne xxi de ge ava qila, a xxi dego ngece gge*。我想抽一竿烟,你把烟拿给我。

go ② ko⁵⁵ 动 掰开 force apart with hands *danyo zzici bbe bryikasa ne zyi ga, so nyo ne ssumi go i gge jja ti za*。今天把背篼的背系安装好,做好准备,明天我们就去掰玉米。

背篼,背系

go ③ ko⁵⁵ 名 芯,中间 core, middle *go ba har hane nzzyikwa nggaku tehbbu taza bbe ne koge ddehi mapa debbe*。苦荞千层馍做得太厚的话,中间的部分就不容易炕熟。

go chwa ko⁵⁵tʃʰua⁵⁵ 名 锅铲 slice *go chwa ga gadaha meliggu naddrai ddamanggo nyipyiza*。刚才那个锅铲掉地上了,没有人捡起来,锅铲就一直在地上。

go ddanzzha ko⁵⁵da⁵⁵ndʐa³³ 毛骨悚然,内心恐惧 frightened *sibuqokare bbuhggwa daga xxongge naddrai go ddanzzhai kezzoro mahnyo*。从树上掉下一个核桃老母虫(土蚕),让人毛骨悚然,不敢正视。

G g

土蚕

木铲子

go ddengu ko⁵⁵ de⁵⁵ ŋu⁵⁵ 动 呼号, 呼叫 call *trosasu nbbiqo go ddengu i nala jje*。猎人从山头上呼号着下来了。

go ge ko⁵⁵ ke⁵⁵ 名 内里, 里边, 内部 inside *pingotebbe nyope kezzorone alili de, ko ge ce cu i nachoza*。这些苹果, 从外边看是好好的, 内部却已经腐烂了。

go jo ko⁵⁵ tɕo⁵⁵ 名 裹腿, 绑腿 legging

go lyo ① ko³³ ljo³³ 名 股骨号 femur horn

go lyo ② ko³³ ljo³³ 名 楼板 floor *yava go lyo nece i shosholala za*。家里铺上了楼板, 干干净净, 一尘不染。

go nddre ko⁵⁵ ndʐe⁵⁵ 动 发脾气, 发怒, 骂人 lose one's temper *nyaha go nddre ne ssu a nyo*。经常发脾气, 有损寿命。

go nddre pu pu kʰo⁵⁵ ndʐe⁵⁵ pʰu³³ pʰu³³ 怒火冲天 infuriate

go ngu ko⁵⁵ ŋu⁵⁵ 猎人鼓励猎狗追赶的呼号声 hunter's cry to encourage the hounds *isasu ncho trosa nggwarha ne go ngu go ngu ssyigge debbe*。猎人每天清晨出发的时候, 牵着猎狗一边走一边呼号。

go-chwa ko³³ tʂʰua⁵⁵ 名 铲子, 锅铲 slice

goci maho de ko⁵⁵ tsʰi⁵⁵ ma⁵⁵ xo⁵⁵ 亡命之徒, 不要命的人 desperado, outlaw *amu ne goci maho de, nzz ahme bbe pe dde ndde jihji ade*。阿木是个亡命之徒, 他和解放军作对很久了。

goci shu ko⁵⁵ tsʰi⁵⁵ ʃu³³ 动 救命 save someone's life *ne te yeddre o goci nge shu ne a ne va ngwar dangwar qi gge*。因为你救下了这个孩子的性命, 所以我送你一头牛。

goci shyi ku⁵⁵ tsʰi⁵⁵ ʃe³³ 动 谋害 kill *ne danyo a i guci shyi la de ota*。你今天是来谋害我的嘛。

goci shyida ko³³ tsʰi³³ ʃ³³ ta⁵⁵ 名《格策识达》Geceshida *shabanzzhonzzyi goci shyida bune nzzhonzzyi napwaside, dapwa ne lhape de*。沙巴文图经《格策识达》只有两页的图经, 每一页上都有表示半个月的图案。

godde nddre ko⁵⁵ de⁵⁵ ndʐe⁵⁵ 动 生气 get angry *amu tilige godde nddre i nge zi nge bbu zze la*。阿木被他气得要死。

goer denzze ku⁵⁵ ɚ⁵⁵ de⁵⁵ ndze³³ 骑毛驴 ride a donkey *tihane temoa ne goer denzze goer hzha, xxi go ssyige kedryi xxi gohzha*。现在老了, 记忆不好, 经常骑着毛驴找毛驴, 烟杆衔在嘴里找烟杆。

109

gogo er ga ko³³ko³³ɚ³³ka⁵⁵ "老鹰护蛋"游戏 "eagle protects eggs" game *gogo er ga ne erkwa sio syingu ggagga gge debbe*。"老鹰护蛋"是一种保护三个石头不被他人偷走的游戏。

gogo hssussu ko⁵⁵ko⁵⁵əzu⁵⁵zu⁵⁵ 跌跌撞撞 stagger, stumble

gogo ngu ko⁵⁵ko⁵⁵ŋu³³ 动 接吻,亲 kiss *amussa ya ddre va gogo ngu jja sumarbbe yaddreva nanzzai nenbbea*。阿木惹亲吻小孩的时候,胡须刺到小孩的小脸,小孩委屈地哭起来了。

gohgo ko³³əko⁵⁵ 动 乞讨,要饭,化缘 beg *gohgo ssama su mawa, gohgo ngga me su pa ca*。乞讨之食不果腹,乞讨之衣不避寒。(谚语)

gohgo nggame sumaca ko³³əko³³ŋga³³me³³su⁵⁵ma⁵⁵tsʰa⁵⁵ 乞讨之衣不暖和 the beggar's clothes is not warm *gohgo ssama sumawa, gohgo nggame sumaca*。乞讨之衣不暖和,乞讨之食不果腹。(谚语,表示勤劳才能够致富)

gohgo ssama ko⁵⁵əko⁵⁵za³³ma³³ 乞来之食 begged food *nele gohgo ssama nge zzyi i dakwa, ale ngwarhgu ssare nehyo nge zzyi i dda kwa*。你是吃乞讨之食长大的,我是轮流到各家各户吃放牛的转转饭长大的。

gohgo su ko³³əko³³su⁵⁵ 名 乞丐 beggar

gohzhe bbezzi ko⁵⁵ətʃe⁵⁵bɛ³³dʑɛ⁵⁵ 用绸子做的络筛 a sieve made of silk

goli ko³³li³³ 名 犀牛,独角犀牛 rhino *goli gashe ane ba! goli gashe goliba*。犀牛岗上什么村?犀牛岗上犀牛村。(民歌歌词)

goma lha ko⁵⁵ma⁵⁵ɬa⁵⁵ 名 疆域 domain

gomo qoma ko⁵⁵mo⁵⁵tɕʰo³³ma³³ 母秃鹫 female vulture *gomo pe qo ma ge hggwarhggwar gge, kwar i gge langwar i gge hamase?* 公秃鹫和母秃鹫在天上飞,不知道往北飞还是往南飞?

gu ① ku⁵⁵ 动 舀(水) bail out *lamoma ddroge zzho gu gge, ane ngu gge na a nivahga ne ngu gge*。拉莫嫚正在锅头舀汤,你有什么事就跟我说,能做的我来帮你做。

gu ② ku⁵⁵ 请喝,给喝 ask someone to drink *alo abumarmar ai dresshao ge vude nava gu gge*。来,来,来,我尊敬的小爷爷,我要把轮值酒献给你喝。(轮值酒是服务员拿着酒依次请酒席上的人喝酒)

gu zyi ku⁵⁵tsɚ⁵⁵ 动 眨(眼)blink, wink *mejjige me guzyiguzyi desyi keshu za*。火塘里烧了一点点火,火苗像眨眼睛一样忽闪忽闪的,时明时暗。

guer ① ku⁵⁵ɚ⁵⁵ 名 驴子 donkey *guer dde nzze guer hzha*。骑着毛驴找毛驴。

guer ② ku⁵⁵ɚ⁵⁵ 名 水瓢(蟹螺语) water ladle

水瓢,水桶

guer bar nbbo ku⁵⁵ɚ⁵⁵bæ³³nbo³³ 像毛驴那么高,矮个子 as tall as a donkey, short *beye zaxi o nzzhejo ddejja nbbi i guer bar nbbo si kwa dancha kepryi i ncala za ddo*。扎西去催债,只牵回一匹像驴子那么高的小马回

来了。

guer menche ddagaga ku⁵⁵ ɚ⁵⁵ me³³ ntʃʰe³³ da⁵⁵ ka⁵⁵ ka⁵⁵ 驴子甩着尾巴 donkey shakes its tail *guer menche ddagaga i po ddwa*。毛驴甩着尾巴跑了。

gwa ① kua⁵⁵ 动 脱,剥 take off *abarddwahane teryi yo nagai yo nddrobi la gwa te zzu gga*。我到那里的时候,他们已经把羊杀了,皮都要剥完了。

gwa ② kua⁵⁵ 量 罐 pot *vu dagwa ne ngwar dre zzho su, syi dre zzho su, demi maha de bbe*。一罐酒有五斤的,也有七斤的,每罐的容量是不一样的。

gwa ③ kua⁵⁵ 动 逃脱 escape *lanzzi gaqo lapo la ma gwa, ama iva ssipo zzi ma gwa*。獐上树杈躲避追击躲不过,女藏深闺躲避出嫁躲不过。(谚语)

gwa ba kua³³pa³³ 名 北方人 northerner

gwabala ngwaba ① kua³³pa³³la³³ŋua³³pa³³ 南方人和北方人 southerner and northerner *gwabala ngwaba nzzahzu lhanpar ma ssuhssu*。北方人和南方人敲鼓、吹笛不协调。

gwabala ngwaba ② kua³³pa³³la³³ngua⁵⁵pa⁵⁵ 北村人和南村人 people of north and south villages *gwabala ngwaba nzzahzu lhanpar massuhssu*。北村尔苏人和南村尔苏人,击鼓和鸣笛节奏不协调。

gwar ① ku ɚ³³ 动 装入,填充 put into

gwar ② ku ɚ⁵⁵ 动 相关,涉及 relate to

gwar ③ ku ɚ⁵⁵ 动 管辖 administer

gwar gwar ku ɚ⁵⁵ku ɚ⁵⁵ 动 告状,打官司 litigate, go to court

gwar i ku ɚ⁵⁵ji⁵⁵ 动 去喊,请来 ask someone to come here *yava byijo gge, ne ssa shaba wo dda gwar i shu la*。家里要做清洁仪式,你去把沙巴请来。

gwar matwa ku ɚ³³ma⁵⁵tʰua⁵⁵ 盛不下,装不下,容纳不下 cannot hold

gwar she ge ku ɚ⁵⁵ʃe⁵⁵ke⁵⁵ 名 街上,集镇上 on the street

gwar twa ku ɚ⁵⁵tʰoa⁵⁵ 盛得下 hold

gwarbu ku ɚ³³pu³³ 名 凹窝 nest

gwargwar de kasa ku ɚ³³ku ɚ³³te³³kʰa³³sa³³ 留下一个坑 leave a hole

gwarnce ku ɚ³³ntsʰe³³ 名 棺材 coffin

gwarsha ku ɚ³³ʃa⁵⁵ 动 埋下,掩埋 bury, conceal, cover up

gwarshe ggulha ku ɚ⁵⁵ʃe⁵⁵gu⁵⁵ɬa⁵⁵ 大街中央 in the middle of the street

gwarshe nyope ku ɚ⁵⁵ʃa⁵⁵ȵo⁵⁵pʰɛ⁵⁵ 名 郊区,郊外 suburb

gwarshe qiwoqira ku ɚ⁵⁵ʃa⁵⁵tɕʰi⁵⁵wo⁵⁵tɕʰi⁵⁵ra⁵⁵ 在集市周边 around the market

gwehe gar har kue⁵⁵xe⁵⁵kɛ⁵⁵xɛ⁵⁵ 北边的方向 northward

gwehe gehe kue⁵⁵xe⁵⁵kɛ⁵⁵xɛ⁵⁵ 动 往里 go inside

gwi ku⁵⁵ji⁵⁵ 名 北 north

gwi nbbya kui⁵⁵nbja⁵⁵ 名 龟山(山名) Gui Mountain

H h

ha ① xa⁵⁵ 动 张(开) open su npwa dda ha, nihehe o a desyi kezzoro a neshe aza shyi gge。你把嘴巴张开,我看看你的扁桃体是不是发炎了。

ha ② xa⁵⁵ 动 有,附有,留在 exist, have, attach to sila ge mwami hzha ddwa jja, ma ha, a ne la ma ra。到老林里去找天麻,老林里什么天麻都没有。 nbbolobashe ne yobbemama bbe namado sibuqo ha su za。冕宁县安宁河流域的柿子没有摘下,留在树上了。

ha ③ xa⁵⁵ 动 相关(有某种联系) relate, correlate, have some sort of connection with ti zhanga ne a va ha deo ne tebbe pe henzza ma gga。从此以后凡是和我相关(有亲戚关系)的人,都不会和他家结亲联姻了。

ha ④ xa⁵⁵ 动 有责,担责,关联 relate, be responsible for, associate ne te hggepe bbe nga ma sho tele, ai nava ha o。这些聘礼金额没有给清的话,我要你担责的。 nabage ngesshyi zadene, de jo nyo ma tele hwamado tele ai nava ha de o。你在中间担保了,如果有朝一日他还不起钱的话,这些债就由你来担责。

ha ⑤ xa⁵⁵ 动 教育 educate

ha ha xa⁵⁵xa⁵⁵ 动 教育,训练 teach, educate, train anzzage ngala pryine sososubbava nzzhonzzyi ha ha de。我参加工作后,就一直在学校教育学生。

ha ne xa⁵⁵ne⁵⁵ ……的时候 when... ssama zzyi ha ne ngwar cyi deo ddncence i ngehjila i ti shope tepyia。吃饭的时候,几个服务员抬了一个牛膀子和一坛酒摆在他的面前。

ha nta zyi xa⁵⁵ntʰa⁵⁵tsɤ⁵⁵ 名 上衣,汗褡 jacket, coat mugalaha ncha koci ane ha nta zyi o tagwai vihbbiqo ngabbahyoza。牧呷拉哈因为天太热,把汗褡子脱下来,在肩膀上打个结挂着。

上衣(女)

ha se xa³³sɛ⁵⁵ 动 知道,认识,明白 know, recognize, understand

habwa xa³³pua³³ 副 可能,也许 possibly, perhaps, maybe habwa ni ddakato de, tamahssyi tele amwadai ti hase gge de? 可能是你告诉他的,要不然他怎么会知道这些情况呢?

hahyo ngu xa⁵⁵xjo⁵⁵ŋu⁵⁵ 就像驱赶老熊一样(欺负人) like driving a bear (bully someone) chyii choggu bbeva hahyo ke ngu ane mali gge debbe jje gge o。先人说

欺负孤儿寡母是老天爷所不容许的。

hala ① xa⁵⁵la⁵⁵ 叹 嘛 ah *ni nga la ngepi za de hala*。你的这个都已经破碎了嘛。

hala ② xa⁵⁵la⁵⁵ 即使这样，就这样还，无论怎样 even though *zaya va minqiha bbazzhe sinbboncopwa te qi hala mo mabe jja hnyi nedozi teqia*。扎娅结婚的时候，彩礼收了三万元钱，就这样还嫌少，又给了两钱（十克）金子。*ne zzyi yaddre o bbanyi mali，yanyo a anjji dda kato ha la soso i mali*。你家的小孩子不听话，昨天无论我怎样催促，他都不去上学。

har ① xɑ⁵⁵ 名 熊 bear *guinbbya ssumi bbe yaha ne har i ne xxo za*。北山上的玉米，昨晚被老熊糟蹋了。

har ② xɑ⁵⁵ 名 针 needle *ssimo va tenddo ane syipe manchwa i har ga byima va qi jja hane qo kehzho jje*。他看见了妻子，就惊慌失措地把针拿给青蛙，这时候失手刺到青蛙身上了。（民间故事）

har ③ xɑ⁵⁵ 动 叫醒 wake up *yaddreo issyi kengu za，tepi gge，ashyi dde har ida ge mar i shu*。小孩子在小憩，谨防受凉，赶快叫醒让他到床上去睡。

har ④ xɑ⁵⁵ 名 雄（熊姓） Xiong *vanbbryidde ne ryi gge badde，ryi nyi badde，hardde jja sive nyo zzhade*。旺比王家分为旺比路上边支、旺比路下边支和旺比雄（熊）家三支。

har ⑤ xɑ³³ 动 划（船） row *ggu ddre dda har ngehji ia nkwa ggulha nezyi*。把船划到湖中间去放着。

har ⑥ xɑ⁵⁵ 动 盖 cover *tessyi iga nddru har gge jja chuanzyi kagaza*。他家的房子准备盖瓦，所以钉了椽子。

har bbi xɑ⁵⁵bi⁵⁵ 名 粗针，长针 bodkin, long needle *nbbiqokanzzai kezzorohane menke har bbi daga barsi bbi desyi ddaalajje*。站在山顶上远远望去，发现有一缕像粗针一样粗细的烟升起来了。

har bbu xɑ⁵⁵bu⁵⁵ 名 公熊，雄熊 male bear *suo da garhar yabbi zibbe d agarhar yashe，ncao kezzoro ha har bbu de ssyiha*。人长得胖，头发又长得长，远看就像一只公熊。

har bu xɑ⁵⁵pu⁵⁵ 名 水桶的桶板 board of bucket *zzho chomya gwarpa ne har bu zzhozzho pwa i nzze*。水桶的桶板中的短板决定水桶的容量。

har ci xɑ⁵⁵tsʰi⁵⁵ 名 细针，绣花针 fine needle, embroidery needle *nyoma lige har ci deci ddegudegu ge nyihzho a ne，subbe kezzoro mapa jje*。因为太阳用绣花针朝着人的眼睛戳，所以人们就看不清它的面目了。（民间传说）

har ddro ddro xɑ⁵⁵ɖɻo³³ɖɻo⁵⁵ 名 熊脚 bear foot *canda de kezyi i mar ga har ddro ddro va kesso i，dahssa nbbyi ge ne tesho za*。安装了一把弩，弩箭射中了熊脚，老熊没有走出一百步就中毒身亡了。

har dro xɑ⁵⁵ʈɻo⁵⁵ 名 熊胆 bear gall *har ola tesho a ne ne anjji depryi rara nddre de ddo，har dro nepi tene anjji gge*？熊都死了，你还在胡乱地戳什么，万一把熊胆戳破了怎么办？

har er ① xɑ⁵⁵ɚ⁵⁵ 名 白熊，熊猫 white bear, panda

har er ② xɑ⁵⁵ɚ⁵⁵ 名 针眼 needle eye *zi shyi ngge ga da har er，ryipa ngge ga de gge nke*。九条衣线归一个针眼，九条道路归一个山口。

har er byi x ɚ⁵⁵ ɚ⁵⁵ pzɘ⁵⁵ 名 熊掌 bear paw *mecu ne har hgu ge kenbbe a ne er byi si hgge, harzza ma zzyi debbe.* 冬天老熊冬眠以后就只舔脚掌,是不吃食物的。

har erga ddancanca x ɚ⁵⁵ ka⁵⁵ da⁵⁵ ntsʰa⁵⁵ ntsʰa⁵⁵ 模仿熊猫的行为和脾气 behave like a panda *abugateo kassyiggejji tejji a har erga ddancanca gge de, tava lonzzyi.* 这个老头儿到哪里都是这样地模仿着熊猫的行为和脾气,慢吞吞的,让人实在是懒得等他。

har har x ɚ⁵⁵ x ɚ⁵⁵ 动 遮蔽,掩盖 cover up *mizyi dei hzho har har ngui gga gga gge dda, nga ma hgu ka ssyi gge.* 他现在就像猫儿盖屎一样地遮丑,可是纸是包不住火的,总有暴露的一天。*ggwa la gga, zaji wo byilo bbe i na harhar.* 快要下雨了,把墙头用竹笆盖起来。

har hgu x ɚ⁵⁵ əku⁵⁵ 名 熊洞(老熊冬眠的树洞)treehole where bear hibernates *har hgu ne ate sibbubbu bbege kasaggedebbe, rohgu ge ne manyo.* 老熊冬眠大多数是在树洞里,岩洞里基本上没有。

树 洞

har hgukenbbe x ɚ⁵⁵ əku⁵⁵ kʰe⁵⁵ nbe³³ 老熊冬眠入穴 bear hibernates in a treehole *har bbe hguge kenbbe ane anjji ddarara ha la ngalamagge debbe.* 老熊冬眠入穴以后,你在它的洞外怎么喧哗,它都不出来。

har i hgu ge ke nbbe x ɚ⁵⁵ ji⁵⁵ əku⁵⁵ ke⁵⁵ kʰe⁵⁵ mbe³³ 熊冬眠,熊钻树洞 bear hibernates, the bear drills a treehole

har kehzho x ɚ⁵⁵ kʰɛ⁵⁵ ətʃo³³ 动 扎针,打针 stick into, inject

har nddre x ɚ⁵⁵ ndʐɛ⁵⁵ 动 杀熊 kill a bear

har nddre nddremi x ɚ⁵⁵ ndʐɛ⁵⁵ ndʐɛ⁵⁵ mi³³ 杀老熊的尖刀 the knife which kills bear

har nddre vu x ɚ⁵⁵ ndʐɛ⁵⁵ vu⁵⁵ 名 杆杆酒 Gangan wine

har nddro x ɚ⁵⁵ ndʐo⁵⁵ 名 熊皮 bear skin

har nzzi x ɚ⁵⁵ ndzi⁵⁵ 猎熊吊桥,猎熊陷阱 trap for hunting bear *yo bbuncu bbe anaqi, age ssyiasilage sibuqo har nzzi de kezyi gge.* 把羊的胃容物交给我,我去山林里找棵树架设一个猎熊陷阱来捕杀老熊。(旧时的做法)

har o x ɚ⁵⁵ o⁵⁵ 名 蒿枝,蒿草 wormwood, artemisia argyi *ernbbu sho ha ne har wo debu ho de.* 打醋坛做清洁仪式的时候,需要一枝蒿枝。

蒿 草

har ryi ① x ɚ⁵⁵ rɘ⁵⁵ 动 挑拨(搬弄是非) instigate

har ryi ② xɚ⁵⁵rɘ⁵⁵ 动 搅 stir *zzho bbe desyi har ryi ho de jje*。水需要稍微搅动。

har sho xɚ⁵⁵ʃo⁵⁵ 名 鼻血 noseblood

har sho nala xɚ⁵⁵ʃo⁵⁵na⁵⁵la³³ 流鼻血 shed nosebleed

har ssu xɚ⁵⁵zu⁵⁵ 名 熊油 bear oil *har ssu bbe ne dde ce nyi hji*。熊油可以止咳。

har susu xɚ⁵⁵su⁵⁵su³³ 动 穿针，引线 do sewing work *neddegomancu ne har nge susu mado aba，nggame nddre ha anjji ngu e*? 你眼睛不好就穿不起针了吧，缝衣服的时候怎么办呢？

har syi su xɚ⁵⁵sɘ⁵⁵su⁵⁵ 杀老熊的人 people who kill a bear

har zha xɚ⁵⁵tʃa⁵⁵ 撵老熊 expel a bear

har zha nddremi xɚ⁵⁵tʃa⁵⁵ndʐe⁵⁵mi⁵⁵ 名 杀猪刀，杀熊刀 the knife to kill bear or pig *har zha nddremi ji ddesu i bbalo bbalo gge*。那把杀猪刀，被反复磨得亮晃晃的。

har zha su xɚ⁵⁵tʃa⁵⁵su⁵⁵ 撵熊人，驱赶熊的人 people who expel bears *har zha su bbe harde kemiajja kato gge, tiha ne jjolagga, neryi desyi ngelo se*。听说撵老熊的人今天杀了一只老熊，他们很快就要回来了，你们稍微等一下。

harbi xɚ⁵⁵pi⁵⁵ 名 草地（犁翻的荒草地）plowed grassland *harbi harbi jja ne har wo nbbar chuli bigwa bbe va jji de*。草地（犁翻的荒草地）就是用牛力犁出的蒿子草根密集的土饼子。

harbi pace xɚ⁵⁵pi⁵⁵pʰa⁵⁵tsʰe⁵⁵ 名 荒地，生地 uncultivated land

harbu nge zi xɚ⁵⁵pu⁵⁵ŋe⁵⁵tsi⁵⁵ 桶箍板裂开 broken barrel panels *harbu nge zi mimi la mapa*。桶箍板裂开了，合不拢。

harhar le bbe xɚ³³xɚ³³le³³be⁵⁵ 名 铺盖 quilt *ma ngedde gge za, harhar le bbe macala ge ngeko*。天要晴了，把铺盖拿去晒一晒。

harhyo ngu xa⁵⁵xjo⁵⁵ŋu⁵⁵ 像驱赶老熊一样 like expelling a bear

harhzho ddexxo xɚ⁵⁵ətʃo⁵⁵de⁵⁵zo⁵⁵ 糊上熊屎，跌在熊屎堆上 fall on bear feces *amuyanyo sizhyi ddwa jja silagengenbbunddrei harhzho ddexxo za*。阿木昨天到山上去砍柴，在树林里绊倒在地上的老熊屎堆上了，身上被糊上了熊屎。

harme kahja xɚ³³mɛ⁵⁵kʰa⁵⁵ətɕa⁵⁵ 长霉斑 mildew grows

harme kehssyi xɚ⁵⁵mɛ⁵⁵kʰe⁵⁵əsɘ⁵⁵ 动 霉变，发霉 go mouldy *sha nggaku bbe yashe depu tepyi i harme kahssyi za*。麦馍存放太久，霉变了。

harme lolo xɚ⁵⁵mɛ⁵⁵lo⁵⁵lo⁵⁵ 名 蜗牛 snail *harme lolo kabar ne i ge ddabbai teka bar teo ne harmelolo va asyisyi hi de*。蜗牛到哪里，它的房子就背到哪里，这是关于蜗牛的谜语。

蜗　牛

harnddre mama vu xɚ⁵⁵mdʐe⁵⁵ma⁵⁵ma⁵⁵vu⁵⁵ 名 葡萄酒 grape wine

harnddre mama xɛ⁵⁵ndʐe⁵⁵ma³³ma³³ 名 葡

萄 grape

hbar əpɑ⁵⁵ 动 抛撒，撒开 scatter *er hbbi yaddrebbelige dda hbar hbar inyogwa melige nge shyi nga hbar a*。那堆灰被孩子们互相撒，撒得满地都是。

hbbi ① əbi⁵⁵ 动 堆积，堆 heap up *ersu nyizzho su ne ddexoooo ne nddretro, dde hbbi ne lahbbi*。所有尔苏人都要做到：抒起来就是标杆，堆起来就是肥堆。

hbbi ② əbi⁵⁵ 一口 a mouthful of *hwaafu dabar de hbbi kedryi ane mo ngezzyi maro titepyi ajje*。拿个花红咬一口，又舍不得吃，放到柜子里了。

hbbu ① əbu³³ 形 厚 thick

hbbu ② əbu⁵⁵ 名 角，角落 corner

hbbu ③ əbu³³ 形 疯（有精神病的）insane, crazy

hbbu me əbu⁵⁵me⁵⁵ 名 野火，山火 wildfire *hbbu me kasa i ddala*。野火烧上来了。

hbbu me kasa əbu⁵⁵me⁵⁵kʰa⁵⁵sa³³ 动 烧山（放山火）set fire in the mountain

hbbu mo əbu³³mo³³ 名 疯子（精神分裂症患者）madman, lunatic *hbbu mo de ngala, yaddre bbe na ta nbbe a*。来了一个精神病患者，小孩子们别哭了。

hbbu zzungu ədu³³dʐu³³ŋu⁵⁵ 驱除疯狂鬼仪式 ritual to drive away crazy ghosts *hbbu zzungu ne sha ba bbe hbbu nyi ke sso su vahga hbbutra ngecu ggede*。驱除疯狂鬼仪式就是沙巴为患精神病的人作仪式、驱除魔鬼的活动。（当地的做法）

hbbume ncu əbu⁵⁵me⁵⁵ntsʰu⁵⁵ 挑拨离间，煽风点火 instigate *hbbume ke ncu do mapwa mado*。野火易点燃却难扑灭。（尔苏人用"点燃野火"表示挑拨离间）

hbbume pwa əbu⁵⁵me⁵⁵pʰua⁵⁵ 灭山火 put out mountain fire

hbbumo hjibbar su əbu⁵⁵mo⁵⁵ətɕi⁵⁵bɑ³³su³³ 名 精神科医生 psychiatrist

hbbwa əbua⁵⁵ 动 投靠，依附 depend on

hbehgu ngechu əpɛ⁵⁵əku⁵⁵nɛ³³tʃʰu⁵⁵ 动 穿孔，打孔，打眼 bore *zzapabbe hbehgu ngechu ane dde dredre gge debbe*。在柱头上打眼以后，要用木枋穿起来。

hbi əpi⁵⁵ 动 测试，考察 test, investigate *a ddwa i yaddre va ke hbi ha ne yaddre lezaxi va hgga magge de*。我去考察了一下这个小姑娘，发现她是不会喜欢扎西的。

hbi de la ke zyi gge əpi⁵⁵te⁵⁵la⁵⁵kʰe³³tsɚ⁵⁵ga³³ 将成为典故，不合常理 will become an allusion, unreasonable

hbi ke zyi ryi ke hu əpi³³kʰe³³tsɚ³³rɚ⁵⁵kʰe⁵⁵xo⁵⁵ 打比喻，作形容 use a metaphor

hbi zyi əpi⁵⁵tsɚ⁵⁵ 动 比喻 compare to

hbo əpo³³ 名 香炉，灰钵 censer *zilazho he zanda neshu a hbo kencu, dde nyi hane sukwa neshu a hbomo bar*。节日庆典之时烧上檀香来煨桑，有人生病之时点燃柏枝送灰钵。

灰　钵

H h

鼎（香炉）

柏 枝

煨 桑

hbo ke ncu əpo³³kʰe³³ntsʰu³³ 点燃灰钵,燃起香炉(指烧香) incense *hho ke ncu ddo sa kemo, nzzhwa ddeshu ddo lha ddahar*。先烧香或煨桑,然后请神。(当地的风俗)

hbo ncu əpo⁵⁵ntcʰu⁵⁵ 动 烧香,煨桑 incense *shehssawa bbe i kato he ne hbo ncu hane mejo va qozyi de jjigge, mancu mapa*。民间信仰传承人说了,煨桑是给上天上敬的仪式,是不能不敬的。

hbo ncu ngu əpo⁵⁵ntsʰu⁵⁵ŋu³³ 像燃(檀香或)灰钵一样 like incensing *ni xxi o ne desyi keli, denyonyo ddahggar ne hbo ncu ngu i su ne sela ddala mapa*。你抽烟稍微停一下,每天起床后就像燃灰钵一样,烟熏得人都喘不过气来。

hbomo bar əpo⁵⁵mo⁵⁵pɚ⁵⁵ 送灰钵,打醋坛 send the censer

hbu ① əpu⁵⁵ 数 千 thousand *jji mar abu nge nyo da o yo hbu zzhoha ne bboncu nzzyi nzza jji gge*。吉满家族的始祖有上千只羊时,就想要上万只羊。

hbu ② əpu⁵⁵ 名 文官,县长 magistrate *hbu ssyi zzho da ddashwa nzzyi, hbwao ssyi zzho da ngassha nzzyi*。文官在处难诉讼,武将在处难纳粮。(谚语)

hbu gwar hpu³³kuɚ⁵⁵ 动 管理,管辖,领导,奴役 manage, administer, enslave

hbu zzho əpu³³dʐo³³ 名 黄河 the Yellow River

hbulo hssalo ① əbu⁵⁵lo⁵⁵əza⁵⁵lo⁵⁵ 黄金千两 a thousand liang of gold *ddenyi ddacaa mafu la hbulo hssalo pe, kala ssyi magge*。身体健康就值黄金千万两,我就在这里养老,哪都不去。

hbulo hssalo ② əbu⁵⁵lo⁵⁵əza⁵⁵lo⁵⁵ 所有的沟坝地区 all bank region *teme teli ge hbulo hssalo nyo gwa ta ssyi meli*。在这个辖区内,所有的沟坝地区都是他家的。

hbussyi zzhoda dda shwa nzzyi əpu⁵⁵zə⁵⁵dʑo⁵⁵ta⁵⁵da⁵⁵ʃua⁵⁵ndʐɛ³³ 文官在处难诉讼 it is hard to litigate in front of magistrates *yahishohine hbussyi zzhoda dda shwa nzzyi jja tihbi zyi debbe*。在旧社会有这样的谚语:"文官在场难诉讼。"

hbwaossyi zzhoda ngassha nzzyi əpao⁵⁵zə⁵⁵dʑo³³ta⁵⁵ŋa⁵⁵ʒa⁵⁵ndʐɛ⁵⁵ 武官在处难纳粮 it is hard to contribute one's shave of crops in front of millitaries *hbwao ssyi zzhoda ngassha nzzyi, ngahvar gge nzzyi nzza jji shomo mabe*。俗话说"武官在处难纳粮",我就是想反抗他们也没有足够的力量。

hbyi ① əpzə⁵⁵ 名 草偶 grass doll *yaddre nguha, nkwar hbyi pyi shuhane dde jimai ne nddre nddre ggede*。我小时候被安排送草偶的时候害怕得颤抖,只得硬着头皮一个人去。

hbyi ② əpzə⁵⁵ 名 竹笆 bamboo fence *assyi kwakwa denyonyo hbyi na nca i nankai aivahga nzzho nzzyi pe qi*。我的父亲经常编竹笆来卖钱给我做书费和学费。

hcohla nbbibarnbbo tsʰo⁵⁵əla⁵⁵nbi⁵⁵ba˞⁵⁵nbo⁵⁵ 人命关天 life is the prime matter

hda ① əta³³ 名 脉络,脉搏 vein *shunyonyo ai erpega hda teer tiha la tamachase*。前天我的脚就脉络不通了,到现在都还没有畅通。

hda ② əta⁵⁵ 名 骟羊 castrated sheep *amu ssyi hda vushuo sulige nenpoi hjiddwa zajje*。据说阿木家的大骟羊,就是那只领头羊,被偷走了。

hda ③ əta⁵⁵ 名 血脉,血管 blood vessel *yaddre nganyi desyi hade, azho hda bbe la nge pryipryi za de*。这个小孩身体有点问题,你看他的血管暴得很。

hda nga əta³³ŋa⁵⁵ 名 禁忌,禁止 taboo

hda teer əta⁵⁵tʰe³³ɚ³³ 血脉不通 obstruction of blood vessels *aierpega tezyidro hda teer za, tiha dde xoxo mapa se*。我的脚被崴到了,血脉不通,现在都还疼得无法动弹。

hda zeze əta⁵⁵tse³³tse³³ 名 穴位 acupoint *hda zaza ge hngwar har kaga ne ddenyi bbe nyo nge jjo gge de*。经络穴位上扎上银针,就会使疼痛的症状缓解。

hdanga shyida əta³³ŋa³³ʃə³³ta³³ 名《怪相图经》Picture Book of Grimace *tihane shabanzzhonzzyi ne hdanga shyida la gaershyi da nebu marase*。沙巴文图经中至今没有下落的,是《怪相图经》和《鸟卦图经》。

hdda ① əda⁵⁵ 动 裁,截断 cut *nzzazhogga, nggame deo de po na hdda yaddrbbe va ne shyi gge*。马上就要过年了,准备给每个孩子裁一套新衣服。

hdda ② əda⁵⁵ 名 岗,山岗 hummock *swa hdde nbbi qo z enwa bu zzyi dagga gga i nala, ggwa lagga*。锯齿山岗上黑云翻卷着冲下来,马上就要下雨了。

hdda ③ əda⁵⁵ 量 把 a bunch of *nzzukwa daga nehgepa, nzzukwa da hdda hgemado*。一只

筷子易折断,一把筷子折不断。(谚语)

hdda hdda əda⁵⁵əda⁵⁵ 动 颤抖 tremble, quiver

hdda hggwa əda⁵⁵əgua⁵⁵ 动 垮塌,倒塌 tumble down, collapse

hdda hssa ① əda⁵⁵əza⁵⁵ 形 发展的 growing, developing

hdda hssa ② əda⁵⁵əza⁵⁵ 动 增加,兴旺 increase, thrive

hdda su əda⁵⁵su⁵⁵ 名 山梁 ridge *nwanzzuba bbe tiha ne ngwarryiga hdda su ge qo nahssyi zajje*。据说,凉山村的人现在南迁到赶牛道经过的山梁上了。

hdda venyo əda⁵⁵ve⁵⁵ɲo³³ 名 胳膊 arm *jjimar abu teo hdda venyo qo shyi nyo bulili bbela zulili miha*。吉满老爷胳膊上的肌肉,粗壮得就像棒槌一样。

hddala hddala əda⁵⁵la⁵⁵əda⁵⁵la⁵⁵ 颤颤巍巍(形容凝成块的东西颤动的样子) the quiver of a chunk *hddala hddala ne zhyi nzzhyi bi, nchara nchara ne ggo zhe bi*。颤颤巍巍的是老豆腐块,连成一片的是湿酸菜叶。

hddame neshu əda⁵⁵me³³ne³³ʃu⁵⁵ 燃烧篝火 make a campfire *lemashu dage ddwajja, ngwar ne ddenpi kamar mapa hddame neshu i kere a*。去送亲的时候,晚上无法入睡,只好起来烧起篝火了。

hdde hdo ədɛ⁵⁵əto⁵⁵ 跳起来 jump up *mulhi erho ddehdo ha la-nqo shewawa ga demimi pa de*。木尔伙跳起来的时候,能够着篮球架的篮筐。

hdde hggo ① əgo⁵⁵əgo⁵⁵ 形 轻 light

hdde hggo ② əgo⁵⁵əgo⁵⁵ 动 变轻 lighten

hdde hgu ① əde⁵⁵əku⁵⁵ 动 出头 appear in public

hdde hgu ② əde⁵⁵əku⁵⁵ 形 冠军的,最优的,出名的 champion, optimal

hdde hji əde⁵⁵ətɕi⁵⁵ 动 拿着 hold

hdde hve əde⁵⁵əve⁵⁵ 动 扛起 lift up, pick up

hddehmi əde⁵⁵əmi⁵⁵ 形 饱满 full, plump

hddehve a ne hji əde⁵⁵əve⁵⁵a³³ne⁵⁵ətɕi⁵⁵ 扛下去 carry down

hddehve a nge hji əde⁵⁵əve⁵⁵a³³ŋe⁵⁵ətɕi⁵⁵ 扛出去 carry out

hddwamwa lo ədua⁵⁵mua⁵⁵lo³³ 名 黑树沟(地名) Heishu Gutter

hde ① ətɛ⁵⁵ 动 点数 count

hde ② ətɛ³³ 动 扮演,充数,装 play, act as a stopgap *malo nqibbige nehssyi manddo de nehdei ddamahojje*。马洛继续坐在土坎上装作没有看见,没去招呼来人。

hde ③ ətɛ⁵⁵ 名 历算 calendrical calculation

hde che ətɛ⁵⁵tʃʰe⁵⁵ 动 炫耀,显摆,骄傲 flaunt, show off *sho i ne bba zzhe de nbbo nco pwa bbo nne ya hde che de, tihane andeo hde ya?* 过去是有一万元钱就值得炫耀,现在一万元算什么？ *zaxi essao qin-hwa-daxo ddeddwa za jja zaxi o nddendde hde che gge*。扎西说他的儿子考上了清华大学,他正在那里大肆炫耀着。

hde hbu ① ətɛ⁵⁵əpu⁵⁵ 数 一千 one thousand *yava hde yo hbu yohssa zzho ha deo la tezi maro, ddavaahe yogamalijje*。虽然家里有一千只羊,客人来了,一只都舍不得宰杀。

hde hbu ② ətɛ⁵⁵əpu⁵⁵ 一角钱 one jiao *aryi yeddre nguha shantre dedre bbazzhe hdehbu ngu, tiha ne sipwa*。在我还是儿童的时候一斤面条卖一角钱,现在是一斤卖三元钱。

hdo əto⁵⁵ 动 跳 jump, hop *mema cozzyi nzzho kwa nge zzyi anete awava hdo zyizyi gge ti a*

H h

jje。野人婆吃过午餐后,就要和这个老妈妈一起比赛跳一条河沟。(民间故事)

hdo nbba əto⁵⁵mba⁵⁵ 形 空的 empty *aryi tiha ne alo, ye, ko hdonbba i su mo gge, le hdonbba i su ncanca*。你看,我们现在是空着嘴巴邀请人,空着双手看望人。

hdo su əto⁵⁵su⁵⁵ 名 舞者 dancer

hdo ze əto⁵⁵tse⁵⁵ 动 踩踏,践踏 step on, tread *meli ddesi pwa de o, nige dde hdo ze a ne jiba ggeo, depryirara ddata hdoze*。这片地才耕过不久,被踩踏了就会紧实了,你不要胡乱踩踏了。

hdo zyizyi əto⁵⁵tsə⁵⁵tsə⁵⁵ 跳远比赛 long jump *nddrobbyi abu vema dazzyi o hdozyizyi nya yanga de jji gge*。张姓老爷爷威马达子是一位跳远比赛冠军。

hdongu zangu əto⁵⁵ŋu⁵⁵tsa⁵⁵ŋu⁵⁵ 咒鬼驱鬼 expel the evil spirit *erqassadde shabadekecyii yava hdongu zangu gge jja aryi vala hu jje*。尔恰子家请了沙巴在家里做咒鬼驱鬼仪式,请我们去参加。

hdotryi ① əto³³tɻʰə³³ 动 说,讲,清理 tell, speak, clean *laho nzzazhohane neddege la vevuli bela gge jja hdotryi gge*。拉活说,他过年时要到你家来献猪头拜年。(当地的风俗)

hdotryi ② əto⁵⁵tɻʰə³³ 动 行动 act, move

hdwa ətua⁵⁵ 念咒语 incant *hdwasu bbe ne hdwa zzyi bbo suzzho, hdwa zzyi mabbo su zzho*。施咒的人分为有咒威(施咒有效)的人和没有咒威(施咒无效)的人两种。(当地的说法)

hdwa zzho ətua⁵⁵ʥo³³ 念过咒语的水,神水 holy water *shabalige hdwa zzho demi neguane tacha jja dahggar izzezze gge*。被沙巴喂一点神水,病就好了,已经可以爬起来下地走路了。(当地的做法)

hdwa-ra ətua⁵⁵ra⁵⁵ 名 脖颈,颈项 neck *byimao gwardra nagarne nbbo hdwa-ra ga va dde yo a jje*。呱嗒一声,青蛙跳起来趴在马脖颈上了。

hdwa-ra cubbe tahjahja ətua⁵⁵ra⁵⁵tsʰu⁵⁵be⁵⁵tʰa³³ʨa³³ʨa³³ 不见脖颈 cannot see one's neck *su te o hdwara cubbe tahjahja, ane bar zzhoro ma zzhe de*! 这个人看不到脖子,好难看啊!

hdwa-ra te zzho ətua⁵⁵ra⁵⁵tʰe⁵⁵ʥo³³ 脖颈太短 the neck is too short

he ① xe³³ 名 坟茔,墓 tomb *subbei katoi anggu bbei zu he o techyichyi i igge nbya la zyiddwa za jjigge*。听人说,周家的祖坟迁到原来屋基后面的山腰上去了。

he ② xe⁵⁵ 动 孵化 hatch, incubate *su i hbi la zzha, rama ke he mali ne erpe ddehge su jji ke he ma gge de*。俗语云,母鸡不孵化,即使你把鸡脚打断也不行。

he ③ xe⁵⁵ 叹 呵 ah *he, nela yanche za ta*。呵,你来得很早嘛。

he ④ xe⁵⁵ 名 舅舅 uncle *rohdwa jji zyi he ngu yapa he nengu za, rohdwa nyizyi nzzangu yapa nzza ne ngu za*。开亲以崖山为界,崖山上方的人家作舅家,崖山下方的人家作姑家。

he ⑤ xə⁵⁵ 名 菌子,蘑菇,香菇 fungus, mushroom *he ne ngge ryi ngge nbba nyo, nge zzyi ya su ne co ryi nbba si*。菌子有千千万万种,能够吃的只有几种。

蘑菇，菌子

he i xe⁵⁵ji³³ 名 锡 tin, stannum *melige hei bbe ddanbbar ne zzhoggwa bbazha i nezzi pa ddebbe jjigge*。从地下挖出来的锡块，可以直接用刀砍成小块。

he le bbwa xe⁵⁵le⁵⁵bua⁵⁵ 名 平菇（牛肝菌）oyster mushroom

he ngu nzza ngu xe⁵⁵ŋu⁵⁵ndʑa⁵⁵ŋu⁵⁵ 动 联姻 be united by marriage

he nzza ① xe³³ndʑa³³ 名 老表（表兄弟）cousin

he nzza ② xe⁵⁵ndʑa⁵⁵ 动 开亲，联姻 be united by marrige

he nzza ngu xe⁵⁵ndʑa⁵⁵ŋu⁵⁵ 做姑舅（开亲，联姻）be united by marrige

he shyi nyo xe⁵⁵ʃɚ³³ȵo³³ 名 菌灵芝 fungus

灵 芝

he zzitra ① xe⁵⁵dʑi⁵⁵tʈʰa⁵⁵ 名 竹荪 bamboo fungus, dictyophora

he zzitra ② xe⁵⁵dʑi⁵⁵tʈʰa⁵⁵ 名 羊肚菌 morchella, toadstool *nbbime ddasa ne zha nge er i swa i ge ne he zzitra dde nyo gge debbe*。山被烧过后，到农历二三月份的时候在山上会长出羊肚菌。

hebu xɘ⁵⁵pu⁵⁵ 名 上颚 maxilla *ersuho hebu ne hehe qo bu va jji de, qadade hebu la hehe qo bu ne deode*。在尔苏语里，扁桃体边上的颌和上颌是同一种说法。

hebu qobu xɘ⁵⁵pu⁵⁵tɕʰo⁵⁵pu⁵⁵ 名 上颚 palate *draba rashyire denzzhocejja shyirelige hehe qobu nessyi ngahggwa za*。学徒没有把鸡汤吹冷就喝，他的咽喉和上颚都被鸡汤烫坏了。

hehe xɘ⁵⁵xɘ⁵⁵ 名 小舌，扁桃体 uvula, tonsil *yanyo tenpi hehe nashe za*。昨天受凉了，扁桃体发炎了。

hehe dde nyi xe⁵⁵xe⁵⁵de³³ȵi⁵⁵ 扁桃体痛 tonsil pain *hehe neshe i ddenyi, nebe ala manddo*。扁桃体发炎有些疼痛，可能化脓了。

hehe neshe xe⁵⁵xe⁵⁵ne³³ʃe⁵⁵ 扁桃体发炎 quinsy *yaha marha pugwar namabu tenpi hehe neshe za, nyi tryi ke sso gge za*。昨晚上睡觉没有盖被子，受凉了，扁桃体发炎，看来要感冒了。

hei danzzyi xe⁵⁵ji⁵⁵ta³³ndʑi³³ 锡弹头 tin warhead *hei bbe bbazha rarangu a nezzi ddadda debbe nanca ne danzzyi vuli nge de*。用刀把锡块削成短节（可放入火铳），就可以做火铳的子弹头了。

hei hgu xei⁵⁵əku⁵⁵ 名 锡矿 tin mine

hemo ① xɘ⁵⁵mo⁵⁵ 名 姑父，舅父 uncle

hemo ② xɛ⁵⁵mo⁵⁵ 名 舅舅，岳父 uncle, father-in-law

hemo i xe⁵⁵mo⁵⁵ji⁵⁵ 名 老表（舅表）cousin

hemo lhalha xe⁵⁵mo⁵⁵ɬa³³ɬa³³ 名 二舅 the second eldest uncle

hemo ma xə⁵⁵mo⁵⁵ma⁵⁵ 名 表姐，表妹 cousin

hemo marra xe³³mo³³mɚ⁵⁵ra³³ 名 小舅，幺舅 the youngest uncle

hengu nzzhagga xe⁵⁵ŋu⁵⁵ndʐa⁵⁵ga⁵⁵ 动 开亲，联姻 be united by marriage *ane la draho ne ngu pa , hengu nzzhagga ne draho ne ngu mapa de*。什么事情都可以开玩笑，唯有开亲联姻的事情不能儿戏。

heqo siddenyo xe³³tɕʰo³³si⁵⁵de⁵⁵ȵo⁵⁵ 坟上长树，去世已久 died a long time ago *yaishoha , nbbrobbyi vama dazyi mizzha de , tihane heqo siddenyo*。从前的张达子是个著名的英雄人物，现在已经去世很久了，成为历史人物了。

hga əka⁵⁵ 名 声调，曲调 tone, melody *ggahga tahga le bbanyi yazze da hga. ata hga le bbanyi mazze da hga*。这首歌的曲调优美动听，那首歌的曲调既不优美也不动听。

hgai denzzho nagula əkaj³³te³³ndʐo⁵⁵na⁵⁵ku⁵⁵la³⁵ 带来一口随礼酒（随礼酒是轮值酒被转送别人时的叫法）bring some wine as a gift *ai hgai denzzho na gula*。我带来一口随礼酒给你喝。

hgai desyi navazyila əkaj⁵⁵te⁵⁵sə⁵⁵na⁵⁵dzɚ³³la³⁵ 带一点随礼肉来给你吃 bring some meat as a gift *alo danyoaryi coparmonggajja ranesyii , shyi hgai desyi nava zyila*。给你！今天我们青年人聚会杀了鸡来吃，我带来一点随礼肉给你吃。

hge ① əkɛ⁵⁵ 量 一半 half *milissa ne qacyige ssumi de hge de tecua agassava teqi*。木乃子，你把口袋里的玉米籽分一半给阿呷。

hge ② əkɛ⁵⁵ 动 跪 kneel *yaddre bbe abu she binbbi ke hge i nbbenbbe ha syinyipryi ddenyi*。小孩子们跪在爷爷灵前哭泣，让人为之动容，唏嘘不已。

hge ③ əkɛ⁵⁵ 名 鹰 eagle *mejoge hge ngalane meliggu hge rehna naba gge*。天上有鹰飞过去，地上就有鹰影来。

hge ④ əkɛ⁵⁵ 动 断裂 break *abba ama mazzho ne re watebu , ndda ggu sa pa mazzho ne lwa ngu gate hge a*。父母过世犹如围墙倒塌，家长去世堪比屋脊断裂。（民歌歌词）

hge ⑤ əkɛ⁵⁵ 动 需要，缺少 demand, need, lack *tene hi zzyi lema hge , nzza zho mazho demiha , zzyi lehge hane zho pe kwa*。这几年不缺少吃的了，过年、不过年都一样，在缺吃少穿的年代年节珍贵。

hge gga dde ngu əke⁵⁵ga⁵⁵de³³ŋu³³ 唱着鹰的歌 sing the song of the eagle *munbba ssimo hge gga dde ngu i hge hdo ngengu , hge i nempo i hji ddwa*。女鬼木巴热莫唱着鹰歌，迈着虎步，偷了鹰崽跑了。（民间故事）

hge i əke⁵⁵ji⁵⁵ 名 雏鹰 young eagle

hge la lazhyi ga əkke⁵⁵la⁵⁵la⁵⁵tʃɚ⁵⁵ka⁵⁵ 鹰和鹞子 eagle and sparrow hawk

hge ma əke⁵⁵ma⁵⁵ 名 母鹰 female eagle

hge nche əke⁵⁵ntʃʰe⁵⁵ 名 鹰巢 eyrie *nyizzoro hane roge hge nche deha , ne veshyi bbe talwai hgei bbe va ne zzyi jje*。往下看时发现崖顶上有一个鹰巢，于是他把随身带的猪肉割下来喂了小鹰。

hge nwa ① əke⁵⁵nua⁵⁵ 名 黑鹰 black eagle *amu ssyi ra de gedaha hge nwa de lige ddaza i hji ddwa*。阿木家的一只鸡刚才被黑鹰捉去了。

hge nwa ② əkɛ⁵⁵ nua⁵⁵ 皮口袋 leather pocket *vucwao hge nwa ge ngagwar ngwar naga, bba zha ji shacige kanzzi ngwr nenchyia jje.* 把大斧头装在皮口袋里打死牛,把尖刀放在扫把里边剖开牛皮。(民间故事)

扫 把

hge tro momo əke⁵⁵ tro⁵⁵ mo³³ mo³³ 名 秃鹫(老山鹰) vulture

hge zzyizzyi nzzaku əke⁵⁵ dzɤ⁵⁵ dzɤ⁵⁵ ndza³³kʰu³³ 名 鹰爪碗 bowl in a shape of eagle claw

鹰爪碗

hgeca hgemaca əke⁵⁵ tsʰa⁵⁵ əke⁵⁵ ma³³ tsʰa³³ 还不够热 not hot enough *tiha vehzhyizzho bbe hgeca hgemaca se, vaga bbibbi maho se.* 现在烫猪水还不太热,你们先不要忙着杀猪。

hgehdo ngengu əke⁵⁵ əto⁵⁵ ŋe³³ ŋu³³ 跳着鹰的舞步,迈着鹰的步伐 dance like the eagle *munbbassimo hgeho ddengu hgehdo ngengu i hgenchege kenbbei hge i ne npo.* 女鬼说着鹰的语言,跳着鹰的舞步,钻入鹰的巢穴,偷盗鹰的崽儿。(民间故事)

hgehi hgemahi əke⁵⁵ xi⁵⁵ əke⁵⁵ ma³³ xi³³ 半生不熟的 halfcooked *nzzhobbe hgehi hgemahi ne awa mizzyi lige ddesyi ddehdai mabboajje.* 红苕煮到半生不熟的时候,就被兔子奶奶狼吞虎咽地吃完了。(民间故事)

hgenchwa hgemanchwa əke⁵⁵ ntʃʰua⁵⁵ əke⁵⁵ ma⁵⁵ ntʃʰua⁵⁵ 迷迷糊糊,似睡非睡 sleepy *milhaggu yavakamar i hgenchwa hge ma nchwa hene nposude kala.* 白天在家里午休,正迷迷糊糊的时候,家里进来了一个小偷。

hgehddo ngenyo əke⁵⁵ ədo⁵⁵ ŋe³³ ŋo³³ 长一对鹰眼 have eagle eyes *te le hgehddo ngenyo i kadege ane la ti naddra da pa de.* 他长着

一对老鹰一样的眼睛,哪里有什么东西,他都看得清清楚楚的。

hgenddo hgemanddo əke⁵⁵ndo⁵⁵ əke⁵⁵ma³³ndo³³ 不太清楚 not so clear *alo tihane tomo i ddegujji hgenddo hgema nddo de tebvbua*。你看,我现在老了以后,眼睛也看不清楚东西了。

hgewa hgemawa pʰe³³wa³³ pʰe⁵⁵ma⁵⁵wa⁵⁵ 半饥半饱 half full *ssama zzyizzyine suteshoane hgewa hgemawa neicu nyipyii ddahggwar*。正在吃饭的时候病人死了,半饥半饱也只好丢下勺子站起来离席。

hgezzyi hgepyi əke⁵⁵dzɛ³³ əke⁵⁵pʰə³³ 浪费食物,吃一半丢一半 waste food *nbbawonbba, yaddre nebbe te nggaku bbe hgezzyi hgepyi, malima*。可惜了啊！可惜了,你们这些小孩子,不该把馒头吃一半丢一半,这是浪费。

hgga ① əga⁵⁵ 动 同意,赞成 accept, agree *ersubbe hzhatechyia chendu ssyigge, aryingogwalebyi ne nqo nqo hgga*。尔苏人全体搬迁到成都附近,我们大家都拍手表示赞成。

hgga ② əga³³ 动 喜欢 like *ale maca ngala ne ya hgga, ggwa ne xxo ne ma hgga*。我喜欢天晴,不喜欢下雨。

hgga ③ əga⁵⁵ 动 爱 love *tezzyineo ya hgga ya hgga de i nengu debbehala, anedebbe rara lenyojje?* 他们俩是相爱了才结婚的,还有什么值得争执的呢?

hgge ① əgɛ⁵⁵ 动 舔舐 lick *zho i nahar-i ceha ne, ssao dde hgge a nesho shu*。吃糌粑面汤的时候要把碗舔干净。

hgge ② əgɛ³³ 名 种子 seed *buvuli talwa bu hgge ngude, erdaka mwapwage kehiha nzzhoro yali de*。把洋芋的头割下来做洋芋种,在伤口上抹一点草木灰更好些。

hgge ③ əgɛ⁵⁵ 动 游动,畅游 swim *markwakwao shozzho ga ge nge hgge i tehgu i nge ddwa jje*。毛主席曾在长江里畅游,据说都游到对面去了。

hgge pe əgɛ⁵⁵pʰɛ⁵⁵ 名 聘金,聘礼 betrothal gift *hggepe maqi hsse manyo, leme mahssyi trama de*。不给聘礼没有妻,不是媳妇是鬼邪。(出自《女鬼经》)

hggehgge əgɛ⁵⁵əgɛ⁵⁵ 动 舔舐 lick *gazi dancha ddehssu yaddre shatru hggehgge shu gge jje*。喂养一只小狗,让它舔舐小婴儿的粪便。

hggessyi nzze əgɛ⁵⁵zə⁵⁵ndzɛ⁵⁵ 浸泡种子 steep the seed *nzzane lalaggahane hggessyinzze, ersune hggessyi ma nzze de*。汉族人在下种前要浸泡种子,尔苏人是不兴浸种的。

hggezzyi ① əgɛ³³dzə⁵⁵ 动 转折 turn

hggezzyi ② əgɛ⁵⁵dzə⁵⁵ 听清楚 listen carefully

hggu ① əgu³³ 动 涉水,淌河 cross the river by foot *zzhopar ngakwa jji te hggu mapa debbe, depryirara ngatai*。小河涨水后不容易淌过去的,所以不要动不动就去淌河。

hggu ② əgu³³ 动 踢,跺,踏,站立 kick, stamp, tread, stand *jjolaijjola, nbbo pa i ggu hggu dage zzhotangu, cibbu duhdo dagezzhotangu*。回来啊回来,烈马相互踢踏的地方不要待,雄性山羊跳跃的地方不要待。(招魂词)

hggu ③ əgu³³ 动 搓,拧,绞 twist, screw *le hdonbba le vai dde hggu, ko hdo nbba ne hwa nbbwaga*。双手闲着就搓麻绳,嘴巴闲着就说大话。(谚语)

hggu har da əgu³³xaʴ³³ta⁵⁵ 名 桨,橹 oar, paddle

hggu hnabyi əgu⁵⁵əna⁵⁵bzə⁵⁵ 名 木耳（当地又称"缺口的老鼠耳朵"）agaric (the notched ear of rat)

木耳

hggu menche əgu⁵⁵mɛ⁵⁵ntʃʰɛ⁵⁵ 名 鼠尾 rat tail

hggu shu da əgu³³ʃu³³ta⁵⁵ 名 舵 rudder

hggu vuli əgu³³vu³³le⁵⁵ 名 鼠头 rat head

hggwa əgua⁵⁵ 动 垮 collapse *ye, kwakwa bbe ne ti hbizyi, pama de tesho ne rewa dehbbu tehzhyi miha*。呀,长辈们有这样的比喻：父亲或母亲去世就像围墙垮塌了一半。

hggwa da ntwa əgua⁵⁵ta³³ntʰua⁵⁵ 一滴雨 a drop of rain *nele ssavar, de nyonyo yava si nehssyi i, hggwa dantwa nava kesso maqi*。你很安逸,天天在家里坐着,没有出来淋过一滴雨。

hggwa meer ngancha gwa⁵⁵me³³ɚ³³ŋa³³ntʃʰa³³ 狂风暴雨 storm

hggwa nzzyi gua⁵⁵ndʑɘ⁵⁵ 名 雨滴,雨点 raindrop

hggwahbbu zerezere əgua⁵⁵əbu⁵⁵tse⁵⁵re⁵⁵tse⁵⁵re⁵⁵ 大雨哗哗如倾盆 heavy rain *shushu nyo ma sshyi ga ddwa jja hggwahbbu zerezere nentonto a*。上前天到马日岗（田坝）去,大雨哗哗如倾盆,把我淋成落汤鸡了。

hggwala hggwala əgua⁵⁵la⁵⁵əgua⁵⁵la⁵⁵ 人头攒动,拥挤不堪 crowded *agwa silage mwami hzhasu si hggwala hggwala gge*。北边山林里人头攒动,找天麻的人太多了。

hggwar əguɚ³³ 动 飞走,起来,起床 fly away, stand up, get up *ncho hggwar yanche gabo ncha, gabogabo nyinqi hyo*。起床最早的是杜鹃,声声啼鸣催出工。

hgo ① əko⁵⁵ 动 枯萎 wither

hgo ② əko⁵⁵ 动 请求 request *a ne ryi she hgo la, cihi meli ta wa ka ta la*。我到你们这里来请求,今年别种植这片土地。

hgo ③ əko⁵⁵ 形 无偿,免费 free *ai teo na va hgo qi gge*。我的这个东西无偿地送给你。

hgo hzhe əko⁵⁵ətʃe⁵⁵ 名 绸子,绸缎 silk *ssahbu ssyi ssugguhgusu bbe te hgo hzhe ncharabbe nyogwa nasshaihjidwa*。国王家的牧人们把这些绸子收齐,交给了国王。（民间故事）

hgo lhanzzhyi mama ə ko⁵⁵ɬa⁵⁵ndʐɘ⁵⁵ma⁵⁵ma⁵⁵ 名（秋季）八月果 August fruit *hgo lhanzzhyi mama bbe ngece a ne i ddanga ma gge*。吃了八月果就不会饿肚子。（表示到了收获的时候）

hgoca əko⁵⁵tsʰa³³ 名 袈裟,法衣 cassock *shuvar yakwabbe de hgoca yanqo su sshyi gge debbe*。在一般人看来,得道高僧穿戴的袈裟颜色深一些。

hgohgo nggame suma ca ko⁵⁵əko⁵⁵ŋa³³me³³su⁵⁵ma⁵⁵tsʰa⁵⁵ 乞讨之衣不暖身 the garment of a beggar is not warm *hgohgo nggame su ma ca, nbbisho ncanga anepe*。乞讨之衣不暖身,羞耻丢人多不值。

hgoxxo ddryimo hgwar əko⁵⁵zo⁵⁵dʐɘ⁵⁵mo³³

əgw ɚ³³ 秋天大雁往南飞 the wild geese go south in autumn *hgoxxo ddabar, mese tenbbirane, ddryimo bbe debbudebbu lhoqo ggwar teo ne hgoxxo ddryimo hgwarjji de*。秋天来了，随着天气转凉，大雁成群结队地向南飞去，这就是秋天大雁往南飞。

hgu ① əku⁵⁵ 动 监督，照看，庇佑 keep an eye on, supervise *mejoge hgu su chenbbo kezzoro, ersu bbe nyogwa ssosso lala shu*。天上的牧神要认真地放牧，照看尔苏人健康吉祥，祥和安宁。（祭祀时的祷词）

hgu ② əku⁵⁵ 动 放牧 graze *ssu ggu bbe nzzeonzzeli ke hgu, sui repu ge ssyi ha*。要好好放牧，不要让牲畜跑到别人家的菜园里去了。

hgu ③ əku⁵⁵ 名 坑，洞 pit, hole *mecu ne harbbe si bbu bbu ge la ro hgu ge kenbbe a mar gge debbe*。冬天的时候，老熊是要钻到树洞或山洞里冬眠的。

hgu ④ əku⁵⁵ 名 矿，矿源，mine, mineral resources *bbyiryi zzho hgu i gge har she hgu de ngezzhu za jje*。在蜂糖水泉土地的山坡上发现了一个磁铁矿。

hgu ⑤ əku⁵⁵ 名 源泉，水源 spring, water source

hgu nddryi əku⁵⁵ ndʐo⁵⁵ 名 牧业 animal husbandry *hgu nddryi su ne hgu nddryi hode*。从事牧业的人要做好本职工作。

hgu su əku⁵⁵ su⁵⁵ 名 牧人，放牧者 herd, shepherd

hgu su chenbbo əku⁵⁵ su⁵⁵ tʃe³³ nbo³³ 名 牧神呈博 Cheng Bo, the Shepherd God *hgu su chenbbo ne mejo ge jjimo abu su hgusu va jji de*。牧神呈博是上天里专门看护人类的天神。（民间传说）

hgwar ra ① əkua³³ ra⁵⁵ 动 旋转，盘旋 circle, hover *shwalwa da de nehssyii ngalajja vunehnyoi mejo meli la hgwar ra gge*。坐汽车时晕车了，感觉天和地都在旋转。

hgwar ra ② əkua³³ ra³³ 动 转悠，游玩 play, wander *assyi amu shi bbu te ryi ne ngge me ngge li la hgwar ra ddwaza*。我家的阿木施部到处游玩去了。

hgwarra hyo əku ɚ³³ ra³³ xjo⁵⁵ 动 轮换，轮流，依次 take turns *ai marmarha nbbya melige harnzzuha ne hgwarra hyo i nzzu debbe*。在我小的时候，晚上到山坡上的地里守老熊，是家家户户轮流守的。

hhe ngu ba ɣe⁵⁵ ŋu⁵⁵ pa³³ 名 上关村 Shangguan Village *tedde shopene hhe ngu ba she zzho dei, ti hane galo o gwarshege nyi la*。他家原来是上关村的，现在搬到县城来了。

hhi hhi hi⁵⁵ əhi⁵⁵ 动 闻，嗅 smell

hi ① xi³³ 动 叙述，讲述 narrate *ti nengunala subbe, hugeba bbe lige ya hi ngu i hi gge*。他的所作所为被村子里的人像讲故事一样，讲得绘声绘色。

hi ② xi⁵⁵ 名 年，年份 year *ya hi ne nbbo er hi, cihi ne yo er hi, so hi ne mi er hi*。去年是属马的年份，今年是属羊的年份，明年是属猴的年份。

hi ③ xi³³ 动 斟，倒，倾倒 pour *nya bbe vu hji laza, ashyi demi ne hi a qo ke zyi*。孩子们带来了美酒，快些斟酒上敬。

hi ④ xi³³ 形 光滑 smooth *bbubbu qige ryi pi ge lige ne sshe sshe ne sshe sshe i nge hi za*。地洞周边有蟒蛇长期爬行，地面已经被摩擦得光滑了。

地　洞

hi ⑤ xi³³ 名 竹 bamboo　*hi bbe nechyi i hji la ne yabbu bbe ne nezzi a hi gga ma nengu, cici bbene hi nyi nanca*。把竹子砍回来后，粗的按规格整齐地切下做竹笆经板，细的割成篾条做纬线。

竹

hi ⑥ xi⁵⁵ 动 借（物，可以原物归还的对象）borrow (objects, that need to be returned)　*neddege ngwarmi desyi hila ddo, tiha assyi ssumi kamala se*。我到你家借牛来了，我家今年的玉米至今还没有下种。

hi bba xi⁵⁵ba⁵⁵ 动 说话，讲述，演讲 speak, talk　*aryine hhacyi tebbu ihi bba manzzho, tine kato manzzho bbanyinzzho*。作为年轻人，我不太会讲述，但是，言者不善言，听者取善意。

hi bbe-ryi xi³³be³³rɚ³³ 名 青竹蛇，青竹标蛇 green bamboo snake　*hi lage ne hi bbe-ryi zzho gge debbe, desyi i syi nguma*。竹林里往往会有青竹标这种毒蛇，你们要小心提防。

hi bbu ① xi³³bu³³ 名 竹棍，拄杖 bamboo stick, crutch

hi bbu ② xi³³bu³³ 干竹丫 dry bamboo　*ssa hila ge hi bbu deqi nassha hjila meshu gge*。去，到竹林里去捡拾一些干竹丫来烧火。

hi bbu ③ xi³³bu³³ 名（吹火用的或装水用的）竹筒 bamboo pipe　*hi bbu ga ne she zzha, ne me o desyi ddemar ddabbar sho*。竹筒在你那里，你用竹筒把火吹燃。 *hi bbu gage zzho dabbar negwa, nbbi qo zzho hge mu zwa zzho dde she gge*。用竹筒装一筒水带上，山上缺水，一会儿会口渴。

hi bbwa xi⁵⁵bua⁵⁵ 名 箭竹 fargesia　*hi bbwa bbene cici, nzze nzze ya zzho, hi kwa bbene yabbi mancu*。箭竹细长而质地优良，毛竹粗些但质量差。

hi chuchu xi³³tʃʰu³³tʃʰu³³ 名 竹口弦 bamboo chord　*zhu barma teryi hi chuchu ra ne ssi ntre ma teryipe mada dde nzzhyi a jje*。黄豆嫚和绿豆嫚得到竹口弦，她俩就和聪慧女交换了睡榻。（民间故事）

hi chyi hi nca xi⁵⁵tʃʰɚ⁵⁵xi⁵⁵ntsʰa³³ 砍竹编竹 cut and weave the bamboo

hi dranggu xi³³tɻa³³ŋu⁵⁵ 名 竹杖 bamboo crutch　*hi dranggu ne bberyi i hemo, qa dada i hi ka ncha ne bberyi tesho gge*。竹杖是蛇的母舅，所以用竹杖打蛇，蛇很快就能被打死。（民间传说）

hi futre xi³³fu³³tɻʰe³³ 名 篱笆，栅栏（用竹子编的）bamboo fence　*i npe hi futre ke tre i ke rewa za, vi ra i de la ngenbbe mapa*。在房屋下边的地里用竹子围一个栅栏做菜园，

围起栅栏小猪小鸡就钻不进去了。

hi go xi³³ku⁵⁵ 名 篾黄 the inner skin of a bamboo stem *shubbu ncahane hibbe nyogwa ne hi go nge cu gge debbe jji gge*。在编竹制溜索的时候,所有篾条都要取出篾黄。

篾笆

hi hggonbbar xi⁵⁵ əgo⁵⁵ nbɚ⁵⁵ 名 野萝卜 wild radish *assyi yode hi hggonbbar nga zzyi ama nddo, te sho za*。我家的一只绵羊可能吃了野萝卜,已经中毒死亡了。

hi kwa xi⁵⁵ kʰua⁵⁵ 名 凤尾竹 fernleaf hedge bamboo *hi kwa hizze bbene mi nan zza debbe, hi gga ma bbe jji nefu za debbe*。凤尾竹的竹笋是涩口的,竹身也是不伸展的。

hi la xi³³la³³ 名 竹林 bamboo forest *hila ge hizze dabbarbbar ha*。竹林里长满了竹笋。

hi ma xi⁵⁵ma⁵⁵ 名 姐妹(男称女) sister *danyo ai hi ma hi mabbe jjolane mala bbo jji vi dencha ne ncyi bigge*。今天我的姐妹们回娘家来了,即使我家再穷也要掐(方言,意为宰杀不费力)个小猪。

hi nbbar xi³³ nbɚ⁵⁵ 名 竹根 bamboo root *abbaikatoi hi nbbar ga bu de talwahjila ne zzhonbbar kezzhyi ggejje*。爸爸叫我砍来一个毛竹疙蔸(竹根),他要在水沟边栽上一棵竹子。

hi nbbu xi³³nbu³³ 名 斗笠 bamboo hat *yohgu su de ne bbwaca daca la hi nbbu de dde hji a ne bbe a*。一个牧羊人,带一件蓑衣和一顶斗笠就够了。

斗笠

hi nca xi⁵⁵ntsʰa⁵⁵ 编竹子 weave bamboo *ale marmar ha hi nca ke so de i, tiha jji mo nca nzzho*。我从小就学习过编竹子,所以过了几十年还会编。

hi ngga nggu ① xi³³ŋga³³ŋgu⁵⁵ 名 竹器 articles made of bamboo *a ssyi kwakwa ne hi ngga nggu nca su de, go i le nkwar de*。我父亲是做竹器的老师傅,是个能工巧匠。 *hi ngga nggu ne bbwatre, lahgga, zzici, vahgga, bbeer, byilo, antra, parle, cho mya nyode*。竹器包括撮箕、坦簸箕、背篼、晒

垫、竹篓、筛子、竹吞等。

竹 篓

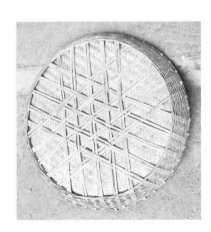

簸 箕

hi ngga nggu ② xi⁵⁵ nga⁵⁵ ngu⁵⁵ 借来的东西 something borrowed *tebbe nyogwa ne hi ngga nggu de bbe, ssihane isyi ngu rekara ha.* 这些都是借来的东西,使用时注意,别损坏了。

hi nyi xi⁵⁵ ȵi⁵⁵ 名 篾条(劈成条的竹片) thin bamboo strip *hi nyi nzzyi za ne ngu aiqi, shu nzzyi danzzyi nengu aiqi.* 篾条腰带我扎过,木炭写字我干过。(形容小时候家穷条件差)

篾 条

hi nyi ji gu xi⁵⁵ ȵi⁵⁵ tɕi⁵⁵ ku⁵⁵ 名 篾皮,青篾 the skin of a bamboo strip

hi pwa xi⁵⁵ pʰua⁵⁵ 动 猜谜语,破译 riddle, decipher

hi tre xi⁵⁵ tʰʐɛ⁵⁵ 名 (竹)篱笆 bamboo fence *hi tre ketre i hawa ddehsse, kegene ggoer ggonwa kezzhyi za.* 院子周边用竹子编起了篱笆墙,院子里边种着青菜和白菜。

hi tre fu tre xi⁵⁵ tʰʐɛ⁵⁵ fu⁵⁵ tʰʐɛ⁵⁵ 名 篱笆 fence

hi ze xi³³ tse³³ 名 竹麻 bamboo hemp

hi zeze xi⁵⁵ tsɛ⁵⁵ tsɛ⁵⁵ 名 竹节 bamboo joint

hi zze xi³³ dze³³ 名 竹笋 bamboo shoot *fuge yaddre go i yami de bbe zzho, hi la ge i hi zze nyo dde ngu i dda la.* 村子里有许多儿童,像竹林里长竹笋一样发育起来了。

竹 笋

hi zzhyi xi⁵⁵ dʐɔ⁵⁵ 名 话语 words

hi zzyi xi³³ dʑɘ³³ 吃竹子 eat bamboo

hi zzyi hggu xi³³ dʑɘ³³ əgu³³ 名 竹鼠,竹牛 bamboo rat, bamboo cattle

hihi lala xe⁵⁵xe⁵⁵ la⁵⁵la⁵⁵ 形 光滑 smooth

hihzhu hinca xi³³ʂtʃu⁵⁵ xi⁵⁵ntsʰa⁵⁵ 剖竹编竹(传承蔑艺) cut and weave bamboo *assyi abbao dessu ne hihzhu hinca, byi nancai aryi nzzonzzyi susua*。我的父亲一辈子剖竹编竹(编竹器、竹笆卖钱),供我们子女读书。

himanzzama copar xi³³ma³³ndza³³ma³³ tsʰo³³pʰaʴ³³ 名 女青年,年轻女性,年轻姑娘 young lady *himanzzama copar bbe nyogwa kala, dda varbbe pe vulele lata*。年轻姑娘们都进来,和客人拼酒赛歌了。

hinyi go xe³³ɲi⁵⁵ko⁵⁵ 名 篾黄 the inner skin of a bamboo stem *hinyi go bbe la hgga nca, la hgga nenca bu gwargge*。篾黄编出浅竹钵,浅竹钵里装土豆。(民歌歌词)

hinyi jigu xi⁵⁵ɲi⁵⁵tɕi⁵⁵ku⁵⁵ 名 青篾(竹篾的皮层) the skin of a bamboo strip *hinyi jigu bbene ddeddru hajji yanzze*。青篾即使干了,也是有韧性的。

竹 钵

hizzyi er xi³³dʑɘ³³ʴ³³ 名 兔年 year of the rabbit *cihi ne hizzy i er bbu tre, danyo-ne hizzyi i lha hizzyi i nyo manyo vupu dde ddwa*。今年是兔年属相,今天是兔月兔日,给诸位敬酒了。

hizzyi i lha xi³³dʑɘ³³ ɬa³³ 名 兔月,二月 February *ersu shaba bbe ne ryi i ge ne hizzyi i lha jja ti kato gge debbe*。按照尔苏沙巴的说法,农历二月就是兔月。

hizzyihggu shyima xi⁵⁵dʑɘ⁵⁵əgu⁵⁵ʃɘ³³ma³³ 竹鼠牙 bamboo rat tooth

hizzyilemabbo munparyi xi⁵⁵dʑɘ⁵⁵le⁵⁵ma⁵⁵bo⁵⁵ mu³³npʰa³³rɘ³³ 妹妹缺粮哥发笑 brother laughs about his married sister's shortage of food *hi zzyilemabbo munpa ryi. munpa ssyi kata bbar hi ma nbbe*。妹妹缺粮哥发笑,哥哥断顿妹伤心。(民歌歌词)

hji ① ətɕi⁵⁵ 副 始终 from beginning to end *memaco zzyi one hji su si zzyi gge debbe jje, sela tava dd eji ma de*。野人婆始终是要吃人的,所以我们大家都惧怕它。

hji ② htɕi⁵⁵ 动 拿,背,带 take, hold, get *te vashyi syi hji i nessyi abuawa bbeva keshyi su*。你把这块猪肉带回去,让你的爷爷奶奶尝尝。

hji ③ ətɕi³³ 名 基础,根源 foundation, basics

hji ④ ətɕi³³ 名 药 medication, drug *suddenyi ane hji gu ssegu, tesyitengu hu debbe, yela teo ershyi nyode*。人生病了,就要喂药、喂肉汤,尔苏人历来有这样的规矩。

hji ge nbbar ge tɕi³³ke³³nbaʴ⁵⁵ke³³ 名 基础,根基 basis *su nejjimo ne hjige nbbar ge la de, yantre ne xxova la de*。人的富有在于根基,人的聪明在于遗传。

hji i ① ətɕi⁵⁵ji⁵⁵ 动 交上,送到,送给 hand in, send to *nete nzzhonzzyibu hjii varge nzza* nzzomo va nejofuma jjahji ddwajje。"你把这封信交给越西县衙的县官",这样说着,就把信让他带走了。

hji i ② ətɕi⁵⁵ ji⁵⁵ 动 拿去,带去 take, go with *te ssyi ddre ne zaifu tele hji i*。如果你真的需要这双鞋,你就拿去。

hji la ətɕi⁵⁵ la³⁵ 动 拿来,带来 bring *ssyinbbiqo ddeddwai ssyi karu desyi zzyizzyi ge kajaja i hji la a zajje*。它飞到雪山上,用爪子夹着一点雪,飞回来之时带来了一点雪渣。

hji nbba ətɕi³³ nba³³ 动 医治,治疗 treat, cure *amu me o ba imena npar aige nyihji ke hji nbba i tene nyo ne tachaza*。阿木患上带状疱疹,我用中草药给她治疗,这几天已经痊愈了。

hji nbbar ətɕi³³ nbɚ⁵⁵ 让……医治 let… treat, let… cure *erpe de ddenyi jja, ssyia desyi ke hji nbbar gge ddo*。患上了脚疾,准备让医生医治一下。

hjii ətɕi⁵⁵ ji⁵⁵ 动 拿去 take

hjinbba dage ətɕi⁵⁵ nbɚ⁵⁵ ta⁵⁵ ke⁵⁵ 名 医院 hospital *awa ddenyiha hjinbba dage si dalhameggu sinddryi ddwa*。奶奶生病的时候,一个月内就去了三次医院。

hjinbbar shu ətɕi³³ nbɚ³³ ʃu⁵⁵ 接受治疗 be treated *tabar ddenyine hjibbar dage shui hjinbbarsu va kehjinbbar shu*。病得这么严重,应该送到医院接受治疗。

hjinbbar shwa ətɕi³³ nbɚ³³ ʃua³³ 唱史诗,唱颂歌,唱赞歌 chant *lema shu vuzha ngu hane hjinbbar shwa mado ne mancu debbe*。结婚办酒席的时候,都要唱诵婚姻赞歌,没人唱赞歌就不吉祥。

hjinbbar su ətɕi³³ nbɚ³³ su³³ 名 医生,医师 doctor, physician *tessyi issa marmarwo*

lemao hjinbbarsu de kaolo za jje。据说他家的小儿媳妇,获得医师资格证书了。

hjinbbar zzhonzzyi ətɕi⁵⁵ nbɚ³³ dʒo³³ ndzə³³ 名 医书 medical book *jji marjaha dde hji nbbar zzho nzzyi lema bbo dda chamo nyi hji kesu i bbo*。吉满加哈家虽然没有传世医书,但是得到过太平军医官的真传。

hjiya qozyi ətɕi⁵⁵ ja⁵⁵ tɕʰo⁵⁵ tsʰə⁵⁵ 拿回去敬神 take it back to worship gods *shoi har nesyi a ne harhgge o hji ya qozyi hvu hggwa gge de*。从前猎杀了老熊,要把猎肉带回家里去敬猎神。

hjo bryi ətɕo³³ pzə³³ 名 阴唇 labia

hjo hddo ətɕo⁵⁵ ədo⁵⁵ 名 黑眼圈(当地又称"熊猫眼") dark eye *nessyi yaddrewo nenbbe nenbbei ddegu hjo hddo de tebbu za*。你家小孩哭得太厉害了,把眼睛都哭成熊猫眼了。

hjo mar ətɕo⁵⁵ mɚ⁵⁵ 女性阴毛 female pubes

hjohddo ro ətɕo⁵⁵ ədo⁵⁵ ro⁵⁵ 动 涂鸦,画符 draw symbols on paper *ranggarbyi nggarha ne menke ddecu a jjoga va hjohddo ro gge de*。还山鸡节出发之前要煨桑,然后给白石神涂鸦画符。

hjoma ətɕo⁵⁵ ma⁵⁵ 女性外生殖器 female genital

hka hdwa əkʰa⁵⁵ ətua⁵⁵ 动 念咒(施法术) cast spells *abulige sibbuzza deddre hkululwu i lingwar deddre tehbu shu i sila ngeli*。老爷给一对木渣施法术,使其变成一对野牛窜入树林。(民间传说)

hke hmi əkʰe⁵⁵ əmi⁵⁵ 形 实惠 cheap and good

hke hnyo əkʰe³³ əɲo⁵⁵ 患麻风病 suffer from leprosy *jjimarnddroer abuzzhyiizua hke hnyo zzho mapa si bbo kwa nge jjo ddwa*。白肤王老爷在马基岗患了麻风病,待不下

去，才返回大龙堂居住的。

hkehbbu de əkʰe⁵⁵əbu⁵⁵te⁵⁵ 形 发疯的 crazy *te amu ne hkehbbu de miha, su zzho mazzho magwar draho ngu*。这个阿木就像疯了一样，不管别人忌不忌讳，他都要开玩笑。

hkehmi shu əkʰe⁵⁵mi⁵⁵ʃu³³ 副 尽量地 as much as possible *zhende zzho dde shezai ailige vubbar hkemishu i varhji nbbu dezua*。正当口渴的时候，酒来了，我尽量喝，差点就把这杯酒喝完了。

hla əla³³ 名 命债，仇 debt of life, hatred *qabba hla e masso qama hla ne masso, amwadai ti ngu jje?* 不欠其父的命债，不欠其母的命债，为何这样欺负人？

hla hmo əla³³əmo³³ 名 体格，体型 stature *amu ne hla hmo te ndde i dde ligga mado, zhe nga ngereza*。阿木因为体型太胖，跑步落在后头了。

hlahma əla³³əma⁵⁵ 名 喇嘛，僧人 Buddhist *jji mar amussa hme ngu ddwaha hlahma cha la barddwai zajjo la de jji gge*。吉满阿木当兵的时候，到过喇嘛居住的地方，后来退伍了才回来的。

hlahma massyi əla³³əma³³ma³³əze³³ 不是喇嘛 not a Buddhist *hlahma mahssyi pryinbbu zu?* 不是喇嘛戴法帽，你在装什么相？

hlahmo tendde əla⁵⁵əmo⁵⁵tʰe³³nde³³ 体型太胖，过于肥胖 obese *amu hlahmo tendde i hssyi lage tence nyi bu gane ra hggwarmapa* 阿木因为体型太胖了，在雪地摔倒了就没法爬起来。

hlanzzhe nggewosso əla³³ndʒe³³ŋge⁵⁵wo⁵⁵zo⁵⁵ 欠九条命债，血债累累 own a debt of nine lives *nzzyi mo wu ja zz ilha loge ersu bbe va hlanzzhe nggewosso*。恶霸抛烘乌甲对则拉乡尔苏人民欠下累累血债。（民间故事）

hle hbi əlɛ⁵⁵əpi⁵⁵ 形 重，沉重 heavy *taha doho nbbarha denyo nyissyi hle hbi ddechyila mapa davar raggede*。在那个大量采挖中药独活的年代里，每天都能挖到一背篓沉重的药材回来。

hle hdda ① əle⁵⁵əda⁵⁵ 名 杉树岗，雪松山（马基岗最高峰）Shanshu Peak (the highest peak in Maji Hill) *ahehe, navatelili tele, azho ni lige hle hdda laddi gge*。呵呵，如果让你自由行动的话，你绝对是要爬上杉树山顶了。

hle hdda ② əle⁵⁵əda⁵⁵ 名 手臂 arm *tessyi yaddrebbe hla hdda le zulili barbbi debbe, nemwaha ssa kacaca*。他的孩子手臂都有棒槌那么粗，不信你就去惹一下他们试试。

hmahge de əma⁵⁵əke⁵⁵te⁵⁵ 不得了的 horrendous, fantastic *te ssyi yaddre tewo zzho nzzyi ndde ndde ke nggu de, hmahge de ma*。他家这个孩子学习很刻苦，将来是个不得了的人才。

hme debbu əmɛ⁵⁵tɛ⁵⁵bu³³ 一队军人，一群士兵 a group of soldiers *yahishohe ne nzzaryi ga nzzu jja, pucege hme debbu nazha za*。从前为了守护南丝路的畅通，在海棠镇驻有一队军人。

hme hdda sahdda əme⁵⁵əda⁵⁵sa³³əda³³ 山经地脉 vein of mountain and earth

hme hgge əme³³əgə⁵⁵ 名 火种 kindling, tinder

hme hgu mbbo nzze əme⁵⁵əgu⁵⁵mbo⁵⁵ndze⁵⁵ 围着火坑 stand around the fire pit *ne hme hgu mbbo nzze si hase, andesyi la ma ngu*。你什么事都不做，只知道围着火坑烤火。

hme hze pryi əme⁵⁵ətsɛ⁵⁵pʰʐɤ⁵⁵ 动 引火，点火 ignite

hmehze ddepryi əme⁵⁵ətsɛ⁵⁵da³³pʰʐɤ⁵⁵ 动 点火，引火 ignite

hmi əmi⁵⁵ 动 咽，吞咽 swallow *veshyi bbe tenddo hane go mihmi zho npyi dela nehmi a*。看见猪肉就想吃，还吞了一口口水。

hmihgu cho əmi⁵⁵əku⁵⁵tʃʰo⁵⁵ 形 馋，贪婪 greedy *a nga ne hmihgu cho de ddo, shyi de te nddo mapa de, qa dadai ngezzhyi i nyi ra*。我是个嘴馋的人，见到肉就想吃，我的病就是嘴巴吃出来的。

hmo ① əmo⁵⁵ 名 尸体 corpse *mizzyige ssonbbu hmo bbe ngesshyi ngasshai roizhanga nejjo itepyi*。兔子把野人婆的尸体全部归拢后推下悬崖，搁在崖下的台地上了。（民间故事）

hmo ② əmo⁵⁵ 名 身体 body *nenemomode mimaha, yoza ihmo la ma nggo to hala kadageni nggwar*。你不像一个老年人，自己身体照顾不了，还要到处去做客。

hmo npar əmo⁵⁵mpʰɚ⁵⁵ 动 焚尸，火化 cremate *hmo npar su bbe ne sizzi hssyi su jja jji debbe*。尔苏人称焚尸人为"砍湿柴火的人"。

hmo pyi əmo⁵⁵pzɤ⁵⁵ 动 出殡（抬尸体）carry a coffin to the cemetery *hmo pyi subbe rara ngu, hmocu gge cwa jji gge*。抬尸体的准备好，马上就要出殡了。

hmohssa əmo³³əza³³ 名 凤凰 pheonix *syingge vuli nzzongu lhalhala, hmohssa menche nzzongu gaga la*。麒麟头颅一样摇起来（舞狮），凤凰尾巴一样抖起来（孔雀开屏）。

hmonpar su əmo⁵⁵npʰɚ⁵⁵su³³ 名 焚尸人 cremator *nebbe amahja, ivamahji, ne teshohane hmopyi hmopar su lamazzhoha*。你不加入家族，不加入群体，不参加任何红白喜事，谨防死的时候没有焚尸人。

hmopyi su əmo⁵⁵pʰʐɤ⁵⁵su³³ 名 抬尸人 people who carry the corpse *amu, ne ate hmopyi su bbeva dde kato a, muzwa nkwarne yavalati*。阿木，你告诉所有的抬尸人，今天晚上都到家里来一趟。

hmopyisu mazzho əmo⁵⁵pzɤ⁵⁵su³³ma³³dʒo³³ 没有抬尸人，没有赶尸人 have no one to carry the corpse *gwaba she hssanaddeh ggwarha, suyamiteshui hmopyisu la mazzho*。北村暴发伤寒那年，村子里死人太多，后来连抬尸人都没有了。

hmossa menche gagala əmo³³əza³³me³³ntʃʰe³³ka⁵⁵ka⁵⁵la⁵⁵ 凤凰尾巴摇晃 pheonix swags its tail *hmossa menche gaga la, ssinqoma bbe dohdo la*。凤凰尾巴来摇晃，年少美女来舞动。

hna ddanbbar əna⁵⁵da⁵⁵nbɚ⁵⁵ 名 中耳炎 tympanitis *yaddre marmar bbe shosho mangu ne hna ddanbbar nzzho de dde*。小婴儿不注意卫生，就容易患中耳炎。

hna hggwahggwa əna⁵⁵əgua⁵⁵əgua⁵⁵ 浓郁（的气味），扑鼻而来 rich flavor

hna hssyi əna³³əzɤ³³ 名 耳膜 eardrum *hnahssyi tezzhu i na nanbbo ddryi mu pu*。耳膜穿破了，耳朵聋了。

hna nbbo əna⁵⁵mbo⁵⁵ 名 聋子 deaf person *te hnanbbo de, ni ddakato a te ddryi si ma gge jji*。他是个聋子，你说的话，他根本就听不见。

hna ssyi əna³³zɤ³³ 名 耳坠 earring *ai hna ssyi ddre yaha kadege na ddra manddo nge shyi ji za*。昨天晚上，我的耳坠不知道遗落在

哪里了。

hnaro əna⁵⁵ ro⁵⁵ 名 肋骨 rib *harde nesyi dege ne hnaro desyi si ra jja tata jji*。在猎杀老熊的地方，别说只分到一条熊肋骨（实际上熊肋骨是最好的部分）。

hnaro ddehge əna⁵⁵ ro⁵⁵ de³³ əke⁵⁵ 肋骨骨折 rib fracture *tilige guzi damar sine zzhoggwa ngwarhssyi ngwar hnaro ddehge shuza*。他一拳头打出去，就使牦牛肋骨骨折了。

hnaro parpar əna⁵⁵ ro⁵⁵ pʰaʳ⁵⁵ pʰaʳ³³ 高强度劳动,肋骨都被压出声音 intensive physical labor *aicoparha drume sese hnaro parpar ngengui neryiva nezyiza*。在我年轻力壮的时候，满头大汗、肋骨脆响地（含辛茹苦）养大了你们。

hnassyi əna³³ zɚ³³ 名 耳环 earring *hnyi hnassyi deddre ne bbazzhe ngge hssa pa pe*。一对金耳环价值900元。

耳　环

hne ənɛ⁵⁵ 形 重 heavy *varnzzyi te hne taza ne su syi ta pwa gge*。负重太过了，人就会猝死。

hne hve nɛ⁵⁵ əve⁵⁵ 动 匍匐、趴 creep, crawl *nessyi amungganyo lan-gan gaqo hne hve za, leho dalo gge mihade*。你家阿木趴在门外头的栏杆上，好像正在打电话。

hngwar əŋuaʳ⁵⁵ 名 银子 silver *nedde hnyi lahngwar chomya debbe bbo ddo? jjimo natahde*。你家到底有多少金子和银子？你不要在这里炫富。

hngwar har əŋuaʳ⁵⁵ xaʳ⁵⁵ 名 银针 silver needle *aga erpe ddenyijja ai lige hngwar har debbe bi nbbi she kaga*。阿呷的脚疼痛，阿依就用银针在他膝关节附近扎了几针。

hngwar hnassyi ŋuaʳ⁵⁵ əna⁵⁵ zɚ⁵⁵ 银耳环 silver earring

hngwar hzusu əŋuaʳ⁵⁵ ətsu⁵⁵ su⁵⁵ 银饰工匠 silver smith *amu marmarhene hngwar hzusu deva pa nzzhyi te ngu za de*。阿木在儿时曾经过继给一个银饰工匠做儿子。

hngwar ledru ŋuaʳ⁵⁵ le⁵⁵ tʂu⁵⁵ 银手镯 silver bracelets *anjji manddo ai hngwar ledru ga dasa dasa ne ddanwa za*。不知道为什么，我的银手镯戴着戴着就慢慢地失去光泽了。

hngwar lhi əŋuaʳ⁵⁵ ɬi⁵⁵ 动 炼银 melt silver *har-ywan nelhi hngwar lhi dage nelhihngwar bbe ne har-ywan bedi jji*。汉源炼银厂浇铸的白银锭叫"汉源白锭"。

hngwar nzzi əŋuaʳ³³ ndzi⁵⁵ 名 银钉 silver nail *tassyi cala ge sulige hngwar nzzi hnyo nzzi naga za jje*。他家的祖坟上被别人偷偷钉了铜钉、银钉。

hngwar ssao əŋuaʳ⁵⁵ ʐao⁵⁵ 名 银碗 silver bowl *sababyijohane hngwar ssao bbege ngwarmi kencu i qoozyi gge de*。沙巴在祭祀仪式上用银碗点酥油灯敬神仙。

hngwar sunggwa əŋuaʳ⁵⁵ su⁵⁵ ŋua⁵⁵ 名 银瓜 silver melon *tedde hngwar sunggwa de nancai zzabbalha she qokezyi za*。他家浇铸

了一个银瓜摆放在财神菩萨的面前上敬着。

hngwarhmo ŋuɚ⁵⁵əmo⁵⁵ 名 神婆,巫师 witch *sikatohala aryii hemoi anggu ne hngwarhmo yahe dancha jjigge*。谁都说我们的周老表是个人品好、法术优的巫师。

hngwarhnassyi wawa ŋuɚ⁵⁵əna⁵⁵zɔ⁵⁵wa⁵⁵wa⁵⁵ 银耳环 silver earrings *ai hngwar hnassyi wawa ddre nasa nasai tihane ddeme ddanwa za*。我的那对银耳环,佩戴的时间太久,现在都乌黑了。

hngwarre ddedryi ŋuɚ⁵⁵re⁵⁵de⁵⁵tɽə⁵⁵ 动 烫银,鎏银,镀银 silver plating *nezzyi zzharecedateo ne hngwarre ddedryi za deta*。你家的这个酥油茶壶是烫银的器具。

hnu ənu⁵⁵ 名 奴隶主 slave owner *yahishohine hnu bbe hnubbe deodeva henzza, supe mahenzza*。在过去奴隶主不和其他等级的人通婚。

hnu ma ənu⁵⁵ma⁵⁵ 彝族奴隶主家的女性 women from Yi ethnic group slave owner house

hnwa ənua⁵⁵ 动 噎,哽 choke *ssama zzyi he ne ssahssa ngezzyi, ta hnwa ha*。吃饭要细嚼慢咽,谨防噎着。

hnyi əȵi⁵⁵ 名 金子,黄金 gold *ni zzhyilamibbe hnyi barhzhyi*。你的语言与黄金一样珍贵。

hnyi nwa əȵi⁵⁵nua⁵⁵ 名 野兽(野生动物) beast, wild animal *enehi sila ddeshui zhangene vezyingamya ggeshe hnyi nwa ngamamya*。这几年退耕还林以后,野猪大量繁殖,但其他的野生动物族群并没有显著变化。

hnyi re əȵi⁵⁵re⁵⁵ 名 金液 a liquid of gold

hnyi shahnyo əȵi⁵⁵ʃa⁵⁵əno⁵⁵ 名 金豌豆 golden pea *tazzyiyava hnyi shahnyo mama danabar telhizai nyogwa nenpoihjiza*。他家珍藏的几颗金豌豆都被他偷去了。

hnyi siqo əȵi⁵⁵si⁵⁵tɕo³³ 名 金瓢 golden ladle *nyinwa oge milaharbbei hnyi siqo hnyi nggo la anela ddaza i hji lajje*。弟弟把野兽们的金瓢、金盆等器具全部拿回来了。(民间故事)

hnyi sshao əȵi⁵⁵ʐao⁵⁵ 名 金碗 golden bowl *mupao hnyi sshao ge ssama ddegui hima va tezyi ajje*。哥哥用金碗盛饭给妹妹用餐。

hnyi sunggwa əȵi⁵⁵su⁵⁵ŋua³³ 名 金瓜 golden melon *jji mo abu hnyi sunggwa dabar bbode jji gge i ka dege nagwarshe zamanddo*。据说,羁摩老爷家珍藏着一个金瓜,不知道埋在何处。

hnyi zha ① əȵi⁵⁵tʃa⁵⁵ 名 金杯 golden cup *hima o barlane munpa lige himaova hnyi zha ge vunagwar iteguajje*。妹妹到了,哥哥就用金杯子盛酒给她喝。

hnyi zha ② əȵi⁵⁵tʃa⁵⁵ 动 狩猎 hunt

hnyi zzho əȵi⁵⁵ʤo⁵⁵ 名 大河,金河 big river, golden river *zzhopar ngakwa dohdo la, nyi zzho ngakwa sshesshe la*。小河涨水波浪翻,金河涨水不起浪。

hnyidozi hngwarlolo əȵi⁵⁵to⁵⁵tsi⁵⁵ŋuɚ³³lo³³lo³³ 金论钱来银论两 gold measured in qian and silver measured in liang *hengu nzzangu ggetele, hnyi ne dozi hjila, hngwar ne lolo, hjila*。你要联姻来开亲,聘礼大小要注意:黄金要以钱为单位,白银要以两为单位(金论钱来银论两)。

hnyihji əȵi⁵⁵ətɕi⁵⁵ 名 药,药物,草药 medicine, herb *tenehine hnyihji bbe ddedde pekwa ddedde pekwa ngece madua*。这几年的药

价越来越高,高得生病都吃不起药了。

hnyihji gusu ȵi⁵⁵ɐtɕi⁵⁵ku³³su³³ 名 护士 nurse *lhanbbobbuha aivuliguiddenyi, hnyihji gusudesyi gwaryava zzorolasu*。韩博布哈子,我的头很疼,你去帮我叫一下护士。

hnyihzu su ȵi⁵⁵ɐtsv⁵⁵su³³ 名 金匠 goldsmith *hnyihzu su tewo yanyo hnyiguissa dabar nanca za*。这个金匠昨天做了一只小型的金杯子。

hnyire ddedryi ȵi⁵⁵re⁵⁵dɛ³³tʂə³³ 形 镀金的,烫金的 gilt *sisuledru hnyire ddedryi dega ne necyipwa pe*。一只镀金的铝手镯卖20元人民币。

hnyizha hngwarzha ȵi⁵⁵tʂa⁵⁵ȵu˞⁵⁵tʂa⁵⁵ 金杯和银杯 golden cup and silver cup *abba makwa sekwai? hnyizha hngwarzha ge macene anege cegge*。父亲不尊还有谁更尊?当然要用金杯和银杯。

hnyo ① ȵo⁵⁵ 形 深 deep *tege ne zzhotre ya hnyo ge, ne depryi rara nata i*。这里是深水区,你千万不要随便下水。

hnyo ② nɛ⁵⁵ȵo⁵⁵ 动 陷,下沉 be caught in *zzhoge hne hnyo ha*。谨防陷到深水里去。

hnyo ③ ȵo³³ 动 敢 dare *amu erpega ddehgei shontonto, kezzorola ma hnyo*。阿木的脚被打断了,血流不止,使人都不敢看一下。

hnyo ④ ȵo⁵⁵ 名 麻风病 leprosy *ga hnyomo ne ne a ne debbe si kato de ddo*?傻的麻风病患者,你还有什么说不完的?

hnyo ⑤ ȵo⁵⁵ 名 大脑,脑髓,脑花 brain *ve hnyo bbe ezhere ge nazha ngezzyi ha ya mar*。猪脑花用清油炸,吃起来要可口一些。

hnyo ⑥ ȵo³³ 名 铜 copper *ai nddoha, assyi awalepe leipeva hnyo ledru daga ddasaza*。

我发现奶奶的左手上戴着一个铜手镯。

hnyo bbazzhe ȵo⁵⁵ba⁵⁵dʒe⁵⁵ 名 铜元,铜钱 copper coin *yahishohine hnyo bba zzhe shyi debbe jje, tihane ma shyi a*。据说,过去是使用铜钱的,现在不使用了。

铜 钱

hnyo kedro ȵo⁵⁵kʰe³³tʂo³³ 动 镀铜 copper plating *bbazha tro va hnyo kedro za ji ne ai ji, jjijji ka ma dro ji ne zaxi i deji*。刀把上镀了铜的那把刀是我的,另一把没有镀铜的是扎西的。

hnyo la mahnyo ȵo⁵⁵la⁵⁵ma⁵⁵ȵo⁵⁵ 敢不敢 dare or not *ne bbezzyi ka nzza tebbe ngezzyi hnyo la ma hnyo e*?这些油炸虫子,你敢不敢吃?

hnyo ma ȵo⁵⁵ma⁵⁵ 女性麻风病患者 female leprosy patient *hnyo mo fu ge ne hnyo ma la hnyomo ne henzza ne yaddre jji nyomo nzzho*。在麻风村里,男女麻风病患者结婚后,子女也有可能是麻风病患者。

hnyo mo ȵo⁵⁵mo⁵⁵ 男性麻风病患者 male leprosy patient *amu hnyo mo de tebbu i, nyihji ng ece i tiha ne tacha i jjola za*。阿木曾是麻风病患者,通过吃药,病好了,他现在回家来了。

hnyo nbbarbbo ȵo³³nbɚ³³bo⁵⁵ 家族性麻风病

遗传史，麻风病根 hereditary leprosy *yahishohi ne kexo mase ne hnyonbbarbbo bbepe mahenzza jja kato*。过去不懂科学，就不允许和有家族性麻风病遗传史的人结婚。

hnyo nga nbba ȵo³³ ŋa³³ nba³³ 财神走了，漏财 financial loss *ssibarha hnyo kamamone hnyo nga nbba gge mencuggane hnyomo ggede*。嫁女儿的时候如果不召唤财神的话，财神会跟着女儿走掉，所以天不亮就要开始唱招财神歌来唤财神。（当地的风俗）

hnyo nzzunzzu vu³³ ra³³ ndzu³³ ndzu³³ 铜纽扣 copper button *amussa, ni hatazyi va hnyo nzzunzzu bbene kadege ra debbe?* 阿木惹，你上衣的铜纽扣是从哪里找到的？

hnyo siqo ȵo⁵⁵ si³³ tɕʰo³³ 名 铜瓢 copper ladle *hnyo siqo va hnyonkwa bbela ngeernbbuza, yashe o ddessi maqiza*。铜瓢上的铜锈都泛绿色了，看来是长时间没有使用了。

hnyo tra ȵo³³ tʰa³³ 麻风病鬼 leprosy patient *ya nyo zzho nbbar cece jja, hnyo tra dedde zzuzzu a lama nddo, dehmoddancwa*。我昨天在河边洗了一个澡，可能遇到一个麻风病鬼了，浑身瘙痒难耐。（当地不科学的说法）

hnyogo ȵo⁵⁵ ko⁵⁵ 名 骨髓，骨油 bone marrow *su ma li ne ne hnyogo ga la ngenche i tava tegu jji, teanava ma li gge de*。心不好的人，即使你把骨髓都抽给他吃了，他也不会记你的情。

hnyoqohngwarredde dryi ȵo³³ tɕʰo³³ ŋʮɛ³³ əʴ⁵⁵ rɛ⁵⁵ dɛ³³ tʂʅ³³ 给铜镀银，鎏银 plate copper with silver *gwarshege pryi bbazhe nkasubbe yami ne hnyoqohngwarredde dryi bbe*。街上卖的藏刀有些就是铜鞘上镀银的。

ho ① xo⁵⁵ 动 伸（手）stretch out (one's hand) *ni lepe nge ho a kezzoro a ane debbe ha shyi a kezzoro gge*。你把手伸出来，我看看上面到底有些什么东西。

ho ② xo³³ 动 要，需要 want *aryi mo nzzhonzzyi nzzhoma soso ho debbe, soma ho de lema zzho*。我们都需要学习文化知识，不需要学习的人是没有的。

ho ③ xo⁵⁵ 名 语言 language *nzza ho nwaho ersuho, nyogwa ne panci zzhyi debbe*。汉语、彝语、尔苏语，全部都是民族语言。

ho ④ xo⁵⁵ 动 招呼，应答 greet, call *ssigamao abba jja ddagwar-i ane, en jjia ho gge jji gge*。憨憨女呼喊父亲的时候，听见有人在应答。

ho ⑤ xo⁵⁵ 动 应该，必须 should, ought to *shonyo mongge dage se ho massyi mapa jjigge*。明天开会，大家都必须参加。

ho ⑥ xo³³ 动 鸣，啼鸣 tweet *zzazho hane gaer sho dde ho ala chacha sho dde ho a shyi zzoro de*。正月初一清晨，要倾听是喜鹊先啼鸣还是乌鸦先啼鸣的。（当地的风俗）

ho che xo⁵⁵ tʃʰe⁵⁵ 名 火车 train *a ho che nenyo nehssyi i beji barddwa*。我坐了两天火车才到北京。

铁路，火车

ho ke ngu xo⁵⁵ke⁵⁵ŋu⁵⁵ 动 呵气 breathe out *lepe ddenpi ne ho ke ngu, erpe dde npi ne dde hdohdo*。如果手僵就呵呵气，如果脚僵就跺跺脚。

ho maho xo³³ma⁵⁵xo⁵⁵ 要不要 want or not *ne te ssumi bbe homaho ne zzhyidetejo*。这些玉米，你要还是不要，都请回个话。

ho nsho xo³³nʃo⁵⁵ 名 红苕，红薯，甘薯 sweet potato *yaha ho nsho ngezzyi i ipa ddebbo i ramar mapategwa*。昨晚上吃了红薯，肚子胀了一个晚上，始终无法入睡。

ho nyo xo⁵⁵ŋo⁵⁵ 被窝里，怀里 in the quilt, in one's arms *yaddre o ho nyo ge ddehoho za*。小孩被抱在怀里。

ho pa ① xo⁵⁵pʰa³³ 名 芒，刺 thorn *traone ka ho pa dde jima dejje, kameligekeimahnyo nyope si hgwarrajje*。原来鬼是怕麦芒的，它只绕着麦地打转，一直不敢进入麦地。（民间传说）

ho pa ② xo⁵⁵pʰa³³ 名 蛇信子 the snake's tongue *bberyi ga zzhoggwa ho pa ga ngeho ngeho ngugge*。那条蛇不停地吐着信子。

ho se ① xo⁵⁵se⁵⁵ 动 开腔，说话 speak, talk *sunpwao wai namalya tele desyi dde ho se she*。如果嘴巴没有被生山药粘住，就发声开句腔。

ho se ② xo³³se⁵⁵ 副 还要 still *syonyone marnta nkasu bbe ssyigge, ne ho se tile danyo la sshyi i*。卖麻糖的人明天就要走了，如果你还要，那今天就去买。

ho yo xo⁵⁵jo⁵⁵ 名 火药 gunpowder *ho yo bbe ngwarro dagage nagwar i zajiqo ddaza za debbe*。火药都装在一只牛角火药筒里，塞紧了挂在墙壁上。

火药袋

牛角火药筒

ho zzhazzha xo⁵⁵dʒa⁵⁵dʒa⁵⁵ 一阵接一阵地鸣叫 a succession of tweet *menyi gabo ho zzhazzha hane syiddetrei kazzho lahamase*。春天杜鹃一阵接一阵地鸣叫的时候，它心里焦急得不知道自己在天上还是在地上。

hoho xo⁵⁵xo⁵⁵ 名 猫头鹰 owl *nkwar hohobbe ddehose ha ne ddejima debbe*。晚上听见猫头鹰叫的时候有点害怕。

hoho ngu xo⁵⁵xo⁵⁵ŋu⁵⁵ 送亲队伍出发和到达时的欢呼 cheer at the time when the bride departs and arrives *hoho ngu gge, lema nga nggwar*。送亲队伍开始欢呼了，新娘已经启程了。

hola siddenyo xo⁵⁵la³³si⁵⁵de⁵⁵ŋo⁵⁵ 坟上都长树了 died long ago *mo sacyi bbutre tebbuhane ai rola chutebbu, hola siddenyo*。再过30

年，我的骨都变成泥，坟上都长起树了。

homaho dezzhyi ddehose xo³³ma⁵⁵xo⁵⁵te⁵⁵ dʐɚ⁵⁵de⁵⁵xo⁵⁵se⁵⁵ 你同意不同意都说句话 give a word whether you agree or not *nivahga lema dekeminqigge homaho, dezzhyi ddehose ta*。我们要给你介绍一个对象，你同意还是不同意都说句话。

honjo xo⁵⁵ntɕo⁵⁵ 名 红椒 cayenne pepper *nposubbe shabalige ka bbu i honjo lage ryi nemenwa zajje*。盗贼被沙巴施法以后，在红椒林里迷路了，天亮了还没有走出去。（当地的传说）

honxo xo⁵⁵nxo⁵⁵ 名 红须菜 a kind of vegetable *honxo bbe ssassa hane gg obi ne ngu, temoane sebvbe honxo byibyi kenzza*。红须菜嫩的时候做菜吃，老了后取籽做煎饼吃。

honxo marnta xo⁵⁵nɕo⁵⁵ mɚ³³tʰa³³ 名 红须米花糖 crunchy rice candy *ne honxo marnta desyi zzyi agge ddo*? 你吃不吃红须菜籽炸的米花糕？

honyo ge xo⁵⁵ȵo⁵⁵ke³³ 名 被窝 quilt *alo, nessyi yaddreo honyo ge kasa desyi ddaca shu*。给你，把你家的小孩放到被窝里暖暖身体。

honyo ge ngagwar xo⁵⁵ȵo⁵⁵ke³³ŋa³³kuɚ⁵⁵ 揣进怀里，放怀里 put in one's arms *mecu lepe ddenpi ha ne lepe honyo ge ngagwar neya caca debbe*。冬天天气太冷的时候，把手放入怀里就会感到温暖一些。

honyoge ngwar cu miha xo⁵⁵ȵo⁵⁵ka³³ŋuɚ⁵⁵tsʰu⁵⁵mi³³xa³³ 骗技娴熟如探囊取物 deceive people easily *amu suxxongu hane honyoge ngwar cu miha ne nzzhetali*。阿木行骗的伎俩娴熟得犹如探囊取物，你别相信他。

hopa se xo⁵⁵pʰa⁵⁵se³³ 还可以要，允许索要 allow to ask for *a danyosi barla, vura desyi hojja, danyo ho apa se manddo*? 我今天才到家，想要一点布料，不知道还可以要吗？

hoselebbone ddeerhbi xo⁵⁵se⁵⁵le⁵⁵bo³³ne³³de³³ɚ³³ɚpi³³ 与其空谈不如实干 better do than talk *sunpwa gangao hoselebbone nge shonganpar ddeerhbi*。与其空着嘴巴说大话，不如脚踏实地干工作。

hrahddo ngenyo ɚa⁵⁵ədo⁵⁵ŋe⁵⁵ȵo⁵⁵ 视力差 poor eyesight *hrahddo ngenyo a mahssyi tele tiha la nddomapa addo*? 除非你视力太差，否则怎么会这个时候就看不见了呢？

hre hna ① rɛ⁵⁵əna⁵⁵ 名 影子，阴影，光影 shadow *te amu ipage singwarbbi, gganyo kalaha suomanddo hre hna nddo*。这个阿木肚子往外挺着，进屋之前先见影子后见人。

hre hna ② ɚe⁵⁵əna⁵⁵ 名 影响力 influence *tiha ne i ssa lema dde kwa ne qamane byi ma ssyi ge hre hna mazzho*。现在儿子、儿媳当家了，其母就"青蛙嘴里没有影子"了（比喻说话不管用，没有影响力）。

hrehna mazzho ɚe⁵⁵əna⁵⁵ma³³dʐo³³ 没有权威 with no authority

hsihjji si əsi⁵⁵ədʑi⁵⁵si⁵⁵ 名 红豆杉 Chinese yew *shoiha hsihjji sibbe sijibi bbe su lige na gwa i nyi hji zho debbe*。过去，红豆杉树皮曾经被人剥下来熬制药物。

hssa ① əza⁵⁵ 名 火地，开垦的山林 the mountain forest to be cultivated *lherdawa ngge ssahbu dde danyo ne hssa lwa varvarhzhe la*。龙王家今天要请大家来帮忙砍火地。（民间故事）

hssa ② əza³³ 数 百 hundred *nbbiqo yoer nggessyi ngge, hgusu nagwar ne da hssai*。

139

山上白羊九十九,加上牧者满一百。

hssa ③ əza⁵⁵ 动 发展 develop *nbbya yoerbbu nzzongo hzza lagge, roge bbyiinchei nzzongu hssa la gge*。山坡上的白色羊群,犹如山崖上辛勤的蜜蜂一样发展起来。

hssa lwa əza⁵⁵lua⁵⁵ 动 开荒（砍火地）cultivate the land *hssa lwa ne si bbe talwa ddeddru su a si mekasa ne, mehe bbe ge nzzyi hgge kahbar gge de*。砍火地就是把树砍倒晒干,然后点火焚烧,在冷灰烬里撒上荞种。（过去的耕种方式）

hssa na əza⁵⁵na⁵⁵ 名 霍乱 cholera *bberyierbbute nwznzzubase hssa na dda hggwar, suya midebe tesho a*。1942 年凉山村暴发霍乱,死了很多人。

hssana əza⁵⁵na⁵⁵ 名 伤寒 typhoid fever *su teo hssana ke sso i tesho a jjigge*。据说,这个人感染伤寒死了。

hssance nkwa əza⁵⁵ntsʰe⁵⁵ŋkʰua⁵⁵ 名 湖 lake *zebbe ggwatebbui hssance nkwa ggeneddwa, subbe nkwazzhonece*。云变成雨落到大湖里,人从大湖里取水来喝。

hsse ① əze⁵⁵ 名 妻子,老婆 wife *de hsse nyipyi, de hsse ddenggo, yala hsshyi ngu i qwa gge de*。离弃了前妻又娶一妻,感觉这人很随便。

hsse ② əze⁵⁵ 软排骨（小排骨）the ribs *ve hsse de nese a zaxi va teqi a hji ya soso dege kezho a zzyi i shu*。取来一个排骨送给扎西,让他带到学校煮着吃。

hsse ③ əze⁵⁵ 动 起效,起作用 take effect *nige deqi dde ssho ngwa i ke hsse za, tihane bbazzhe maggagga jje*。被你批评了一顿,看来是起作用了,据说现在他已经不再赌博了。

hsse ④ əze⁵⁵ 动 利于（使其容易）,有效 beneficial to, facilitate *tedo ne kezeze i hsse nyo, tezzhu ne kebebe i hsse nyo*。断裂接起就有效,穿透补上就恢复。

hsse ⑤ əzɛ³³ 名 镰刀 sickle *sune hsse ma zzi ryi ha daga jihji jje*。这个人有一把有刻槽的大镰刀。

hsse bar əze⁵⁵pɚ⁵⁵ 动 嫁女（女儿出嫁）marry the daughter

hssei ma əze⁵⁵ji⁵⁵ma³³ 名 妾 concubine *sho i hne ersulili ssyi bene hssei ma ke mi nqi pa debbe, tenehine mapa*。过去,尔苏男子是可以娶妾的,现在不允许了。

hsshyi əʑɔ⁵⁵ 形 容易 easy *aryi ikwakwabbe tesuyaddre dde hssu dda kwa, ni sanbba ne ya hsshyi asse*? 我们的老人养育了这么多小孩,你以为容易吗?

hsshyi hsshyi əʑɔ⁵⁵əʑɔ⁵⁵ 动 分开,分类,分离 separate, classify

hssu ① əzu³³ 动 喂养,饲养 raise, feed *zzhu ma dde hssu tro ma bbu, zaha dde hssu ra ma bbu*。狐狸养不成狗,野鸡养不成鸡。*abbwa, nedde ra chomya dde hssu za e*! 啊,你家喂了好多鸡哦!

hssu ② əzu⁵⁵ 动 抚育,赡养,供养 nourish, foster

hssyi əʑɔ³³ 动 炖 stew, simmer *yava ngwar vulli dde ji ne hssyi za*。家里炖着一个牛头。（当地有炖牛头或羊头的烹饪习惯）

hssyi da əʑɔ⁵⁵ta⁵⁵ 名 椅子 chair

hssyi de ① əʑɔ⁵⁵te³³ 副 是的 yes

hssyi de ② əʑɔ⁵⁵te³³ 形 真的,正确的 true, right *su i ti kata bbe jji hssyi de bbe, ma hssyi debbe ti mapa*。他说的是正确的,不能说他说得不正确。

hssyi hbbi ① əʑɔ⁵⁵əbi⁵⁵ 名 雪堆 snow pile

maca lage hssyi hbbi de li tengu hama。谨防像阳光照耀下的雪堆一样消失了。

hssyi hbbi ② əz̩ɛ⁵⁵ əbi⁵⁵ 名 雪球 snowball

hssyida bbo əz̩ɛ⁵⁵ ta⁵⁵ bo⁵⁵ 休息坪，歇息地 the ground to rest *hssyida bbo gge desyi ne hssyi a xxi dego cela*。到休息坪上休息，顺便来抽一支烟吧。

hta hjahja əta⁵⁵ ətɕa⁵⁵ ətɕa³³ 连在一起，粘在一起 stick together *bunbbarha bu neo hta hjahja zade nga la i ddedre i nedre dde hgu addo*。挖洋芋的时候挖出两个连在一起的,一称有两斤重啊！

htrohbyi desyi maha ətʃʰo⁵⁵ əpz̩ɛ⁵⁵ te⁵⁵ sə⁵⁵ ma³³ xa³³ 一尘不染，一干二净 very clean *aryi gwarshege zzhoha, gui nddrossyi qo htrohbyi desyi maha, shosho*。我们住在城市里的时候，皮鞋上干净得一尘不染。

htryi hgu ətʈʰə⁵⁵ əku⁵⁵ 烫的子母灰 hot ash mixed with charcoal

htryi hgu nga nzza ətʈʰə⁵⁵ əku⁵⁵ ŋa⁵⁵ ndz̩a⁵⁵ 放入烫子母灰里闷烧 smoulder in the hot ash

hva hgga va³³ əga⁵⁵ 名 晒垫 drying pad

hvarssa hvarssa əvɚ³³za³³ əvɚ³³za³³ 骂骂咧咧，发脾气 lose one's temper *nedanyo nanedebbe nyodeddo? aryiva hvarssa hvarssa ggedeta*。你今天有什么怨气？一直都对我们骂骂咧咧的。

hve əvɛ⁵⁵ 动 扛起 shoulder

hvi hbbi vi⁵⁵ əbi⁵⁵ 名 肩膀 shoulder

hvihbbi na nkwa vi⁵⁵ əbi⁵⁵ na⁵⁵ ŋkʰua³³ 肩膀垮下 relax the shoulder

hvu hggwa əvu⁵⁵ əgua⁵⁵ 名 癞头 festered head *venwao zineneshyi ne hvu hggwa yaya zyi, zyi zhanga ne zi daga la maha jje*。哥哥的头越梳，癞头越严重，据说到最后就一根头发都没有了。

hwa ① xua⁵⁵ 动 归还 return, give back, repay *a neshe shohibbutre la bbazzhe na hssapwa kexoihji lai nahwa mado, tihasi hwa la*。我前年就在你这里借了两百元钱，一直还不起，到今天才来还你。

hwa ② xua⁵⁵ 上厢房 main room *ayagabu zzanbbalha ne hwage zzhode jjigge, depryirara ngganyo ngeishu ma gge*。阿亚财神是坐在上厢房里的，不能随便让他出门去。（当地的风俗）

hwa ③ xua⁵⁵ 量 厢，间 xiang *meli da hwa talwa xxinyo desyi he gge jja neshe bbula la ddo*。我准备划一厢地来种烟苗子，来和你商量这个事情。

hwa ④ xua⁵⁵ 名 鸟类 bird *co i vu qo ne hemo zzho, hwa i vu qo ne gabo zzho*。人世之间母舅大，鸟类之中杜鹃大。

hwa ⑤ xua⁵⁵ 名 花 flower, blossom *igge hwa vi nggebu ha, mido dencu yo ma bbo*。虽然屋后盛开花朵的大树有九棵，但其中没有一朵花儿是属于我的。

花 朵

hwa ⑥ xua⁵⁵ 动 献，奉献 offer, dedicate

yahila mejova vida ncha kengu zaidei, cihi tama hwa i nzzhe mali a。去年就给老天爷约了一头小猪,到了今年不得不献了。

hwa ⑦ xua⁵⁵ 名 水田 paddy field *inpe hwa su hwa ma ngge hwa ha, punqi daga yo manbbu*。虽然房前面有大田小田数十响(意与"块"同),但分家之时没有一响属于我。

hwa bya xua⁵⁵ pja⁵⁵ 名 醪糟 fermented glutinous rice *varge ba she ersu bbe ne nzzhyiva bbe va ne hwa bya jja jji gge debbe*。越西的尔苏人称醪糟为"花边"。

玉米面醪糟

hwa nwa xu⁵⁵ nua⁵⁵ 黑杜鹃树 black rhododendron *hwasi ne ngge ryi ngge nbba nyo, hwa nwa si ne miduo maha debbe*。杜鹃树有数十种,其中黑杜鹃树不开花。

杜鹃树

hwa vi xua³³ vi⁵⁵ 动 开花 bloom *igge hwabu nzz ongu a hwa vi la*。像屋后的花树开花一样。

hwaga npushe xua⁵⁵ ka⁵⁵ mpʰu³³ ʃɛ⁵⁵ 名 白鹤 white crane

hwahwa ngu xua⁵⁵ xua⁵⁵ ŋu⁵⁵ 动 呼叫 howl *nzzyi mo vujsyiha, ersunyizzhosubbe hwahwa dde ngu i hwa ila na ddraddra*。追杀恶霸抛烘乌甲的时候,尔苏人呼吼起来杀声震天,就像要把飞鸟震得落地一样。(民间故事)

hxxi əzi³³ 动 忍受 endure, bear *yaha ne nzzhe de syi ramazzyi, inga ke hxxi ke hxxi ane su nagwa e*。昨天晚上没有吃到饭,你们忍受着饥饿,我不知道你们是如何熬过来的。

hyar nddre xjaʵ⁵⁵ ndʐe⁵⁵ 名 酒竿 wine straw *hya rnddre naga dewa nesu ddo, hyarnddre i zzhi she manyo ddo henzza*。两根酒竿插入酒坛里,酒竿比不出长短才能联姻。(谚语,指门当户对才能结婚)

酒 竿

hyo ① xjo⁵⁵ 量 拃(拇指和中指展开的长度) the range between thumb and middle finger *kwakwa bbe i de hyo ne syince zzho, debbe i dehy one chyi hge desi zho*。一般人的手一拃就有七寸长，有些矮个子人的手一拃只有半尺长。

hyo ② xjo⁵⁵ 动 赶 drive *daso ai nddoha lhainya o yo debbu dde hyo i zzho nbbarla keddwa*。今早见神子赶着羊群，朝着河边的大路去了。

hyo ③ xjo⁵⁵ 动 轮值，轮流 be on duty in turns *drahdosubbe vu hyo ne kwar hyo ngwarhyo nebbu qwa*。招待员轮流敬酒要从两头分两队相向地依次敬起来。

hyo ④ xjo⁵⁵ 名 粥，面糊，搅团 porridge, congee, paste *shoimenyi ddehggwarne zzyi le mabbo a ssu mi hyo demila yahdeche*。以前每到春天粮食快要断顿时，能够喝上一点玉米粥就够显摆了。

hze ① ətsɛ⁵⁵ 名 飞石（抛出的石头）flying stone, slungshot *ngwarhssyio kalamali aige hze de teli ngeishui vulivakesso ne kala*。那头牯牛始终往南边走不肯往北，被我抛个石头打在头部后就转向了。

hze ② ətse³³ 名 利息，利润，赚头 interest, profit *ta hgwarra yobbe mama sshyi nka ngu jja h ze maha, dde swanzza rale manyo*。这一趟做的柿子买卖，没有得到什么利润，减去成本所剩无几。

hze ③ ətsɛ⁵⁵ 动 抛掷，投掷 throw, cast *aige karebuqo erkwa de ddehze kara necyi maga naddaddai nala*。我朝着核桃树上投掷了一块石头，一下打下来二十多个核桃。

hzha ətʂa⁵⁵ 动 寻找 find, look for *nahzha nna hzha te ma ra, leho tewo kadege zzha le*? 怎么找都找不到它，手机到底在哪呢？

hzhe ① ətʂɛ⁵⁵ 动 握 hold, grasp *zhogenge i gga hane vaige ke hzhe a si ssashssa nge i*。到河里去办事的时候，要握紧绳索试探着下去。

hzhe ② ətʂe³³ 动 捉住 catch *nbbohbbu daga nge zze la i da nddro nddro i nbbu vuli ke hzhe i nassi kemi a*。一匹马飞奔而来，我一把捉住马脖颈用力下压，制服了它。

hzhe ③ ətʂe⁵⁵ 名 屁股，尾巴 bottom, tail

hzhe a ddentro ssyia ddagwar ətʂea⁵⁵de⁵⁵tʂʰo⁵⁵ zəa³³da³³ku ɚ³³ 拆东墙补西墙，寅吃卯粮 rob Peter to pay Paul *hzhe a ddentro ssyia ddagwar, su tedde ddahza megge didde*。寅吃卯粮，这家人是富裕不起来的。

hzhe a nabar ətʂe⁵⁵a⁵⁵na⁵⁵pɚ⁵⁵ 到脚 to the toe *aligete ya ddre o vu a kecu hzhe a nebar nggame shyizwa depone shyi a*。我给这个孩子从头到脚换了一套新衣服。

hzhe gaza ətʂe⁵⁵ka⁵⁵tsa³³ 名 尾椎 coccygeal vertebra *shonyodenyo nyibugai hzhe gaza meliggu nehzui rekara za*。前几天的时候摔了一跤，尾椎骨杵在地上受伤了。

hzhe gu mya ryi ətʂe⁵⁵ku⁵⁵mja³³rə³³ 名 痔疮 haemorrhoid

hzhe hzhe htʂɛ⁵⁵htʂɛ⁵⁵ 动 握，牵，扶持，劝解 hold, grasp, support

hzhe nbbeli ətʂe⁵⁵nbe⁵⁵li⁵⁵ 名 臀部，屁股 hip

hzhebbe ətʂe⁵⁵be⁵⁵ 衣服的后摆 coattail

hzhemo nbbeli ətʂe⁵⁵mo⁵⁵nbe³³li³³ 名 臀部，屁股 hip *awaharmoge hzhemo nbbeli wo i ngeddryi ddreane lwamwawo napwa*。老熊奶奶屁股墩子揉一揉，那张木盆就被压开裂了。（民间故事）

hzhesheshe ddengu ətʂe⁵⁵ʃe⁵⁵ʃe⁵⁵de⁵⁵ŋu⁵⁵ 坐在地上挪动屁股 sit on the floor and move with the bottom *teyaddre o tiha xxi lha tebbude, hzhesheshe ddengu i kaddala ti ssyi gge*。这个婴儿现在已经8个月大，可以坐在地上挪动屁股到处去。

hzhesheshe ngu ətʃe⁵⁵ʃe⁵⁵ʃe⁵⁵ŋu⁵⁵ 坐在地上挪着屁股 sit on the floor and move with the bottom *harwo sidro ige kei mapa, meliggo nehssyii hzhesheshe ngu ke ddwa jje.* 蒿子秆搭建的屋子太矮,他只能坐在地上,挪着屁股进入房屋。

hzho ① ətʃo³³ 名 粪,屎 feces *trohzho la va hzho ne ddetru, yo hzho la ngwar hzho ne yashosho.* 狗屎和猪屎很脏,相比起来,羊屎和牛屎就没有那么脏。(当地的说法)

hzho ② ətʃo⁵⁵ 名 刺,剁 stab, chop *harsyihane, sinesyi hone, sedeo zyishoi ke hzho ne hggeo tiragge de.* 猎杀老熊的时候,无论谁杀死的,猎种(猎物身上用来敬猎神的肉)都属于最先出手的人,哪怕他的那一刺无关紧要。(旧时的风俗)

hzho dre ətʃo³³tre⁵⁵ 动 放屁 fart *meerlage kanzza hzho dre, deggu zu ane ta zzhazzha gge.* 站在风口打屁(放屁)——立即传开了。(歇后语)

hzho i kangga ətʃo⁵⁵ji³³kʰa³³ŋga³³ 名 便秘 constipation *inwa mama bbe caha sebbe la nahmi ha ne hzho i kangga gge debbe.* 吃樱桃不吐籽的话,吃多了就会便秘的。(当地的说法)

hzho ngence gge ətʃo⁵⁵ŋe⁵⁵ntsʰe⁵⁵ge⁵⁵ 会拉稀的(表示不会凑效) defecate

hzho nggonggo ətʃo³³ŋgo³³ŋgo⁵⁵ 动 拣粪,拾粪 pick the droppings *shoiha hzho nggonggo i xxi meli gena gwar nexxikwabbesu qoyanbbo.* 从前,拾粪来撒在烟苗地,烟苗长得比人还高。

hzho nggonggoda ətʃo³³ŋgo³³ŋgo³³ta⁵⁵ 拾粪夹子 the clip that helps pick the droppings *amu hzzho nggonggo da de ddehji hzzho nggonggo gge ke ddwa.* 阿木拿着一个捡粪夹,往北捡粪去了。

hzho re ətʃo⁵⁵re⁵⁵ 名 稀屎 dilute feces

hzho re nge nzzhe ətʃo⁵⁵re⁵⁵ŋe³³ndze³³ 名 腹泻,痢疾 diarrhea

hzhobbwa lage nganbba ətʃo⁵⁵bua⁵⁵la⁵⁵ke⁵⁵ŋa⁵⁵mpa⁵⁵ 毫无用处,手无缚鸡之力 useless *hzhobbwa lage nganbba su nemyaha deo ra dela nikehzhe mado.* 你真是毫无用处,连一只鸡都抓不住。

hzhobwa shyida ətʃo⁵⁵pua⁵⁵ʃɔ⁵⁵ta⁵⁵ 名《识盗贼图经》Picture Book to Identify the Thieves *shabanzzhonzzyi hzhobwa shyida debunyo, jji mar cyi binqile nge ddredo.* 有一部沙巴文图经叫《识盗贼图经》,吉满赐秉棋博士能够解读该图经。

hzhobwa zha ətʃo³³pua³³tʃa⁵⁵ 驱赶强盗,追赶强盗 chase the bandit *hzhobwa zha hane ohomarshope tazane su isanbba ne hzho bwa gge.* 在追赶强盗的时候不能过分超前,否则会被误解为强盗的同伙。

hzhoge nganbba ətʃo⁵⁵ke³³ŋa³³nba³³ 形 无能 useless *amu ne hzhoge nganbba zade, anedesyi la ti nengu madode.* 阿木这个人很无能,什么事情他都干不了的。

hzhyi ətʃɿ⁵⁵ 动 撕,扯,拔起 tear up, pull up *mugalaqa i shaobu amu lige dde hzhyi i nyipyia.* 牧呷拉恰的那一本书,被阿木撕掉了。

hzu ① ətsu⁵⁵ 动 夯,打,敲,锤 crush, pestle, pound *amu zaji hzu daga ddadwai zajiqo nehssyii imarnpugge.* 阿木这个人坐在高墙的墙板上打瞌睡。

hzu ② ətsu⁵⁵ 动 舂 pestle *nessyi jjala aimwa yaddrede ddabba i ssumi jaja she buge zza hzu gge.* 你家的加拉阿依莫背着个小孩,在玉米架仓旁边用碓窝舂谷子。

hzuhggwar ddengu ətsu⁵⁵ əgu ɚ⁵⁵ de³³ ŋu³³ 立即蹦起来，突然起立 jump up immediately *abu hzuhggwar ddengu ingazhaddwa hane, subbe capela ddeddwa jje*。老爷立即蹦起来追出去的时候，他们已经走到对面山坡上去了。

hzyi ① ətɕe⁵⁵ 量 层，级 storey, level, class *amu dde sho i ne mabbomiha, tihane isi hzyi nbbo daga ddecuza*。阿木家过去是穷得出名，现在富裕了，建起了三层小楼。

hzyi ② ətɕe³³ 名 舌 tongue *co hzyi zze letasho, hwa hzyi zze shyi maha*。人舌兴奋手无力，雀舌兴奋身无肉。（谚语）

hzyi ③ ətɕe⁵⁵ 量 寸 cun (a unit of length)

hzyi hbbi ətɕe⁵⁵ əbi⁵⁵ 干蕨萁草堆 a pile of dry ferns

hzyi mar ətɕe⁵⁵ m ɚ⁵⁵ 男性阴毛 male's pubes

hzyi mya ətɕe³³ mja³³ 动 念叨 talk again and again

hzyibbu nbbarbbu ətɕe³³ bu³³ nb ɚ⁵⁵ nbu⁵⁵ 名 猛兽（公野猪和公野牛）male boar and male buffalo, beast *hzyibbu nbbarbbu ngalla gge hane meersica ggwahbbu sica shola gge tiya jje*。告诉他，猛兽要来之前会有三阵风、三阵雨。（当地的说法）

hzyibyi ətɕe³³ pze⁵⁵ 名 舌头 tongue *mohwa, tega kanzza hzyibyi gasi ddankanka co, mejo nɪssyɪke nenddre gge*。没关系，你就站在这里只卖舌头的功夫吧，老天爷自然会扔馅饼到你嘴里。（反语）

hzyibyi nbbar ətɕe³³ pze³³ mb ɚ⁵⁵ 名 舌根 root of tongue *anggudapo ve hzyipyi nbbar de ddenggoiavazyii alo zzyibbwamazhe*。昂古大炮夹了个猪舌根部的肉给我，我不太喜欢吃这个部位的肉。

hzyibyi vuli ətɕe³³ pze³³ vu³³ li⁵⁵ 名 舌尖 tip of tongue

hzyiddra marmarbbe ətɕe⁵⁵ dʐa⁵⁵ m ɚ⁵⁵ m ɚ⁵⁵ bɛ³³ 名 晚辈 the younger generation

hzyiddra nyinyi ətɕe⁵⁵ tʂa⁵⁵ ȵi⁵⁵ ȵi⁵⁵ 名 晚辈 the younger generation

hzyiddra ya nbbo ətsyi⁵⁵ dʐa⁵⁵ ja⁵⁵ mbo⁵⁵ 辈分高 elder

hzyiddra yakwa ətɕe³³ tʂa⁵⁵ ja⁵⁵ kʰua³³ 辈分高 elder *shope azzi i hzyi ddra ne yakwa, ti hassimokemi nqiane azzi dabarkwa*。以前你的辈分高些，我娶妻后，现在我俩辈分就相同了。

hzzhobu cece ətʃo⁵⁵ pu⁵⁵ tsʰe~³³ tsʰe³³ 名 重瓣胃，千层肚 omasum *ngwarne ngwar hzzhobu cece hade, yo jji yo hzzhobu cece ha, ve nema hade*。牛羊都有重瓣胃，猪没有。

hzzhu hge ga ədʑu⁵⁵ əke⁵⁵ ka³³ 名 驼子（驼背的人）hunchback

I i

i ① ji³³ 量 户，家 family, household *nwanzzubashe tiha de i de i ddehdeha ne su ngge i si ngereza ddo*。凉山村现在一家一户地数起来的话，实际上常驻的只有九家了。

i ② ji⁵⁵ 名 鞘 sheath *vucwa ne vucwa i ge nagwar, trema ne trema i ge nagwar*。斧头要放入斧头鞘里，弯刀要放入弯刀鞘里。

i ③ ji³³ ……的（所有格）possessive case *ne i zhama la xxigo ava kexi a xxidego cegge*。把你的火镰和烟荷包全套借给我，我想抽一锅烟。

i ④ ji⁵⁵ 形 幼小 young, little *yanyo assyi vama ddeerga o ve i ceneo ddeshu za, vibbe la goikatra debbe*。昨天我家的那头白色老母猪下了一窝猪崽，十二只猪崽都很健康。

i ⑤ ji⁵⁵ 名 胎 embryo, fetus *mbbo ma te mbbo i zzho za dembbo*。这匹母马已经怀胎了。

i ⑥ ji⁵⁵ 名 房屋 building, house *ernbbu sho ne i i ssowa ddesho ho, wai ssolyo ddesho ho*。做清洁仪式时，室内要清洁四个方向，室外要清洁屋檐四周，做到不留死角。

i ⑦ ji⁵⁵ 动 去 go *ne jjo i ggene ashyi jjo i, jjo i magge tele nyinqi ngu la*。你如果要回去就快点回去，如果不回去就快来参加劳动。

i ⑧ ji⁵⁵ 叹 咦 eh *i, ne jjoi ggede jji mahssyia, anjji jjo maddwa se?* 咦，你不是要回去的吗，怎么到现在还没有回去呢？

i ⑨ ji⁵⁵ 名 身体 body

i ⑩ ji⁵⁵ 领属标记 possessive marker *a i tabar ne anjji lajji nka magge dabar*。我的这个物品是无论如何都不会卖出去的。

i ⑪ ji⁵⁵ 房屋下方，房屋前方 below the house, in front of the house

i ba ji⁵⁵ba⁵⁵ 房子之间 between the houses

i ce ji⁵⁵tsʰe⁵⁵ 清洁房屋的仪式 house-cleaning ceremony *ersubbe dedebbene nzzazho gga ne shabakecyia i ce gacengu debbe*。有些尔苏人临近春节的时候要请沙巴来家里做清洁房屋的仪式。

i cu i⁵⁵tsʰu⁵⁵ 名 勺子 spoon *i cu ddanwa kebbu su ngwarga ne deci nengui nka debbe*。黑色绘画的勺子是五把一捆来卖的。

勺 子

i cwa ji⁵⁵ tsʰua⁵⁵ 名 房间 apartment, room, chamber

i ddanga ji³³da³³ŋa⁵⁵ 形 饿 hungry *a ryi nyogwa i ddenga a, ashyi ssama debbe nahzha a ryi vazyi*。我们全都饿了，赶快找些饭给我们吃。

i dde ji⁵⁵de⁵⁵ 纳木依藏族支系 Namuyi Tibetan branch

I i

i ddepu ji⁵⁵ de⁵⁵ pʰu⁵⁵ 翻身,修建房屋,安家落户 build one's own house *tihane yaddrebbe ddakwa ne yozai i dde ddepu i gazyi bossi*。现在孩子们长大了就分家,自己重新修建一座屋子,单独居家过日子。

i de go ce ji⁵⁵ te⁵⁵ ko³³ tsʰe³³ 抽一竿烟,抽一支烟 smoke a cigarette

i dego ce she ji⁵⁵ te⁵⁵ ko³³ tsʰe⁵⁵ ʃe³³ 抽竿烟的工夫 the time it takes to smoke a cigarette

i er ji⁵⁵ ɚ⁵⁵ 搜查屋子,抄家 confiscate one's family belongings

i er zzapa ji³³ ɚ³³ dza³³ pʰa³³ 名 中柱 central pillar

i ge ji³³ ke⁵⁵ 房间里 in the room

i gge ji⁵⁵ gе⁵⁵ 屋后,屋子上方 behind the house, above the house

i gge hwa vi i⁵⁵ ge⁵⁵ xua⁵⁵ vi⁵⁵ 屋后花开 plants bloom behind the house

i gge i ji⁵⁵ gɛ⁵⁵ ji⁵⁵ 名 邻居,街坊 neighbor

i go ji⁵⁵ ko⁵⁵ 名 烟斗,烟袋 pipe

i gwar da ji⁵⁵ ku ɚ⁵⁵ ta⁵⁵ 名 胞衣,胎衣,胎盘 placenta

i hgu ji⁵⁵ əku⁵⁵ 动 分家 divide up the family property and live apart *yaddre ddekwa ne yozaii i ngehgu a bossi shu na yali*。小孩子长大了就让他们搬出去自己居家过日子(即分家),这样要好些。

i ho ngu ji⁵⁵ xo⁵⁵ ŋu⁵⁵ 动 呓语(说梦话) talk in one's sleep *zaxi ne le ha ase manddo? ne nkwar ne i ho ngu nzzhode, desyi isyi ngu o*。扎西,你知道吗?你在晚上睡觉的时候会说梦话,要注意哦。

i jjo la ja⁵⁵ dzo³³ la³³ 动 回家 go home *jjo la i, jjo la, ngwar hssyi zuhzu dage zzho tangu, ama i iva i jjola*。回来啊,回来,牯牛打架的地方不要待,快些回到妈妈的家里来。(招魂词)

i la ga ji⁵⁵ la⁵⁵ ka³³ 房和屋 building and house *tiha ne su yami debbe tege i la ga bbe nanka i agwa mian-zu la myan-ya hza ddwa za, gwarhe jji i kesshyi za, fu-kou si kase mado jje*。现在有许多人把这里的房屋和土地卖了,搬迁到绵竹和绵阳去了,也在那边买了房子,只是没有上户口。

i le be le ji⁵⁵ le⁵⁵ pe³³ le³³ 副 干脆,全部 just, all together *te bugaga bbe dre jji maho a, ncyi jji maho, i le be le ngugwa na qi gge*。这些洋芋,不称了,也不选了,全部给你了。

i ma ji⁵⁵ ma⁵⁵ 量 石,十斗 dan, a measuring unit of grain *de x xi ma ne cece bwa, cece shyi ne dabwa*。一石等于十斗,一斗等于十升。

i mezu ji⁵⁵ me⁵⁵ tsu⁵⁵ 名 烟蒂,烟头 cigarette butt *ni i mezu isyi ngu o, muzwa me tehze a nbbi me ddasa ha le*。你要注意你的烟蒂,谨防一会儿失火烧了山。

i mwa ji⁵⁵ mua⁵⁵ 动 做梦,梦见 dream *yaha i mwa mandde, ne leho de nessia yava desyi keminqi*。昨晚上做的梦不太好,你打个电话问问家里什么情况。

i mwa hdda hggar ji⁵⁵ mua⁵⁵ əda⁵⁵ əgɚ⁵⁵ 动 梦游 sleepwalk *nene tiha si imwa hdda hggar aa ssyie, gedaha hibbaga ha ne ɪe ku ddwa dc?* 你是现在才开始装作梦游,是不是?刚才交代问题的时候你跑哪里去了?

i nga ji⁵⁵ ŋa⁵⁵ 形 饿 hungry *ye, ddavar bbe i nga kehxxi erhzu kuku, anesu barla ma ddo*。呀,尊敬的客人们饿着肚子、磕磕碰碰地、不知道何等艰辛才赶到这里。

i nga te sho gga ji³³ ŋa³³ tʰe³³ ʃo³³ ga³³ 快要饿死 almost starved to death

i nga tenzzho gga ji⁵⁵ŋa⁵⁵tʰe⁵⁵ndʐo⁵⁵ga³³ 快要饿死 almost starved to death

i nge ssho ji⁵⁵ŋe⁵⁵ʐo⁵⁵ 动 流产 miscarry *vema o rupu gge ddwa i su i ddaga i i nge ssho*。母猪进了别人家的菜园子,被打流产了。

i ngehgu ji⁵⁵ŋe⁵⁵əku³³ 动 分家 divide up the family property and live apart *ssayake dde i ngehgu ane iggehe hwafubushe ndddyui daga ddecua*。分家以后,大儿子在老屋子后边的梨树旁修起了一幢大瓦房。

猫在瓦房上

i ngge i³³ŋge⁵⁵ 名 茴香,藿香 fennel *nzzazho ve ga hane ingge desyi shyi bbege nagwar ne ggoi ddehe de*。杀过年猪的时候,在煮肉时加少许的藿香会使肉的味道更加鲜美。

i npe i⁵⁵npʰe⁵⁵ 房屋下方,房屋前方 below the house, in front of the house *i npe hwama ngge hwa ha, ssyihwa punqi da ga yo ma bbo*。屋前大的水田有九厢,没有一条田坎属于我。

i ntro ji⁵⁵ntʰʐo⁵⁵ 动 打鼾 snore *ilissyi yamione in tro nzzhodebbe, intro ne suvanyo mali*。大多数男性都或多或少地打鼾,但打鼾有碍身体健康,是不好的。

i nwa ge i⁵⁵nua⁵⁵ke⁵⁵ 家庭里 in the family *i nwa ge yali ne zzhoyazze, i nwa ge mali ne zzhonzzyi*。家庭和谐,日子就过得舒适;家庭不和,日子就过得味如嚼蜡。

i nwa ji⁵⁵nua⁵⁵ 名 家庭 family *sune i nwa ddehyo ssyi ddehssu si pamava shanga hase gge de*。只有组建了家庭、抚育了后代,才能够感知父母的恩情,体贴老人。

i nyope ji⁵⁵ɲo⁵⁵pʰe⁵⁵ 名 屋外 outdoors *siza wo ddabba i nyope sihggwarra ddasa si nqi qo nehze*。把大木段背着绕屋外走三圈,然后丢到坎上。(民间故事)

i pe ji⁵⁵pʰe⁵⁵ 名 房价 housing price *ozzo i pe dde pe kwa i ryi pama nyo a.de byibyi o ngwarhbupwa ngujje*。西昌的房价涨得吓人,据说现在1平方米要卖5000元人民币。

i pu ① ji⁵⁵pʰu⁵⁵ 动 解放 liberate *ddenyima dde ge ngala, buerssbbyi dde ipu qo ddessoa*。共产党来到我们这里,尔苏人民翻身得解放了。

i pu ② ji⁵⁵pʰu⁵⁵ 动 翻身 turn over

i she ji⁵⁵ʃe⁵⁵ 名 邻居 neighbor

i ssa ji⁵⁵za⁵⁵ 名 儿子 son *issa ya kwa ne amu hi, issa lhalha ne mulhi hi, i ssa ssanyo ne muga hi*。长子叫阿木,次子叫木来,老幺叫牧呷。

i ssenyo ji³³ze³³ɲo³³ 起作用 take effect *gtajji ddezhu i ssenyo, ntreojji ddezhu i ssenyo*。笨人赞扬起作用,智者赞扬起作用。(谚语)

i ssu ra ji⁵⁵zu³³ra³³ 获得寿命 get the longevity of

i syi i⁵⁵sɚ⁵⁵ 名 新屋,新房 new house *issa ddekwa ne ingehgu, ingehgune i syi te bbe, ssanyo ddene ima tebbua*。儿子长大就分新房子独立,老幺家继续住老屋,老屋叫作母屋。

i syi ngu i³³ɕɿ³³ŋu⁵⁵ 小心谨慎 be cautious

i taga ji³³tʰa⁵⁵ka⁵⁵ 这房子 the house *i taga yahi la maha daga，cihi si ddecu za daga*。这房子去年来的时候还没有，是今年才建起来的。

i zyi ji³³tsɿ³³ 名 香皂，肥皂 perfumed soap *sho i ne i zyi jji，tiha ne xian-zao la fei-zao jju jji*。过去都叫"胰子"，现在改叫"香皂"了。

i zze ji³³dze³³ 名 肚腩，下腹 belly *amu i zze qo bbazha kalwa babyi deha*。阿木的肚腩上有一个开过刀的疤痕。

i zzha ge ji⁵⁵dʑa⁵⁵ke³³ 厢房里，卧室里 in the bedroom *azzyimimi i zzha ge kamarza，tava desyi nga bbar nyis hu*。阿芝咪咪在厢房里睡着了，别打搅她，让她休息一下。

i zzho ji⁵⁵dʑu²³ 动 怀孕（动物）be pregnant *amukessassyi ngwarmancha i zzho za，mosilha tebbu ane dde sho gge jje*。阿穆克热家的母牛已经怀孕了，再过三个月就要产子了。

i zzho gga ji⁵⁵dʑo⁵⁵ga³³ 快要怀孕 about to get pregnant *ngwarharma teo i zzho gga de，teo kesshyiale navar ggeshe nehggu magge*。这头年轻的母牛快要怀孕了，买这头牛只会赚钱不会亏本的。

ibbwa i ji⁵⁵bua⁵⁵ji³³ 名 腋下，腋窝，胳肢窝 armpit *zaxi ggama zai yanbbo de，azzyi keciciha a ti ibbwa i si ddabar za*。扎西真是个大个子，我俩比了一下高低，我只到他的胳肢窝。

ibo mosolo ji⁵⁵bo⁵⁵mo⁵⁵so⁵⁵lo⁵⁵ 名 摩挲棚子沟（地名）Mosuopengzi Valley *ibo moso lo ge zyi bbe subarnbbo，degguzwa ne davara*。摩挲棚子沟的蕨萁有一人高，只用一会儿就可以割到一背（两百斤）了。

ica ji³³tsʰa³³ 名 油菜籽 bolt of rape *liseba she jji mardde ica detro kala i ica mama nahssa tre ra jje*。越西县保安乡连三营的王家种了一片油菜，收到了两百斤油菜籽。

靠在墙上的油菜秆

ica ggo gugu i³³tsʰa³³go⁵⁵ku⁵⁵ku⁵⁵ 名 油菜薹 bolt of rape *ai ngezzyiha，ica ggo gugu nehge i kanzza bbe tabarmar su mazzho*。我认为，爆炒出来的油菜薹是佳肴，是很好吃的。

ica lage ji⁵⁵tsʰa⁵⁵la⁵⁵ke⁵⁵ 菜籽地里，油菜地里 in the rapeseed field *amu sha la sunyidrebiga de nanca i ica lage zzezze gge jje*。憨人阿木赤裸着身子在油菜地里奔跑。

ica mama i⁵⁵tsʰa⁵⁵ma³³ma³³ 名 油菜籽 rapeseed *aunggwa la nyipyi a ica mama de nggonggo a anengugge?* 南瓜都丢弃了，还捡拾菜籽有什么用呢？

ica nyo i³³tsʰa³³ȵo³³ 名 油菜苗 rape seedling *ica nyo bbe mido ddamavi hene ggobi ngengu angece jji yamar debbe*。油菜苗在没有开花之前可以作为蔬菜食用，口感是很好的。

icu ① ji³³tsʰu³³ 名 木汤勺，马匙子 wooden spoon *icu ne si ddenkuza de，zzhoceha ne na manpar debbe，ssi ya zze*。马匙子是木质

149

勺子,喝汤的时候不烫嘴,用起来方便。

icu ② ji⁵⁵tsʰu⁵⁵ 修房子 build a house *assyi awa nessyi icu dege sibbuzza desyi nggonggo la*。我奶奶到你家修房子的地方来捡一些木屑刨花。

icu bbeer i⁵⁵ tsʰu⁵⁵ be³³ ɚ³³ 装勺子的竹箅 bamboo bamboo basket carrying spoons *icu bbeer o wanjja qo kasa za, ddrotru dao jji k ege zzho*。装勺子的竹箅挂在碗柜的侧面,锅铲也放在里边。

icu garda i⁵⁵tsʰu⁵⁵k ɚ⁵⁵ta³³ 名 勺箅,竹箅 bamboo basket carrying spoons *bujigu bida o icu garda ga nagwarza*。削土豆皮的刨刀放在竹箅里了。

ida ji⁵⁵ta⁵⁵ 名 床,睡处,卧榻 bed *memacozzyii syinyio ne ssumi ramardenbbui kezuzu ida ge telhazajje*。传说野人婆的心脏就是用一些玉米须包起来藏在床上的。(民间传说)

ida dela fu jja o i⁵⁵ta⁵⁵te⁵⁵la⁵⁵fu⁵⁵ dʑao⁵⁵ 不需要床 do not need the bed *manzzane copardeone ida dela fu jja o, kadege jjingazzha ne kamar maggene*。夏天嘛,年轻人还要什么床,随便在哪里躺下不就可以睡了嘛。

ida ngeko ji⁵⁵ ta⁵⁵ ŋɛ³³ kʰo⁵⁵ 动 铺床 make the bed *yaddre imarnala, ne ida desyi ngeko*。小孩子瞌睡了,你把床铺一下。

ida pe ji⁵⁵ ta⁵⁵ pʰɛ⁵⁵ 名 房费(住宿费,床位费) accommodation fee *galobashe ida pe dankwar ne sso hssa xxi ssyi pwa*。甘洛县政府招待所的房费,每晚上是480元人民币。

ida sibyi ji⁵⁵ta⁵⁵si⁵⁵pzɚ⁵⁵ 名 床板 sleeping board *idage sibyi sipwa zzha dei ida sibyi dapwa mahaza*。本来这张床上有三张床板,现

在少了一张。

ida tre ji⁵⁵ ta⁵⁵ tʂʰɛ⁵⁵ 名 床沿,床枋 the edge of a bed *anyu ida tre gaqo nehssyi za, amu le ngga nyo va zza lwalwa gge*。阿妞正坐在床沿上,阿木正在门外切猪草准备喂猪。

idda nga i tesho gga ji⁵⁵ da⁵⁵ ŋa⁵⁵ ji³³ tʰe³³ ʃo³³ ga³³ 很饿(差一点被饿死) starved *deso zzha ngamace sillage ddwa jja, nzzhokwa ddamahji, iddanga i tesho gga*。今天早上没有吃早餐就上山进老林了,又忘了带午饭,差一点被饿死。

iddanga ma do a i³³da³³ŋaj³³ma⁵⁵do⁵⁵a⁵⁵ 饿得实在不行 starved, very hungry

iddangai tenzzhozzela ʑi³³ da³³ ŋaj³³ tʰe⁵⁵ dʐo⁵⁵ dʑe⁵⁵ la³³ 饿得要死,快要饿死 almost starved to death

iddangai wohar ji³³da³³ŋa³³ji³³uo⁵⁵xɚ⁵³ 饿得虚脱 starved to collapse *a daso iddanga i wohar, dru naga ntonto nala ddeso ddexoxo mapa,vaehji tesho*。我今天早上饥饿得虚脱了,浑身是汗,动弹不得,差点就休克了。

idigge ba i⁵⁵ti⁵⁵ge⁵⁵pa⁵⁵ 名 马伊呷村 Mayixia Village *idigge bashene jji mar lanbbu la barer-ikwa dde zzho dage*。马伊呷村是吉满长房家支和巴尔大屋子一支居住的地方。

ier dranggu i⁵⁵ɚ⁵⁵tʂa⁵⁵ŋu⁵⁵ 白果树拐杖 crutch made of ginkgo tree *ier dranggu cene gai ssura*。获得十二根白果树拐杖连加的寿命。(一根白果树拐杖的使用寿命有四五十年,"十二根白果树拐杖连加的寿命",意思就是寿比南山)

ier mama ji⁵⁵ɚ⁵⁵ma³³ma³³ 名 白果 ginkgo nut *ier mama sibbene yanzze debbeza, ierdranggu dagala cho mya bbu tre ssi*。因

为白果树是材质好的木料,所以白果树条制作的拐杖寿命长。

白 果

ier si ji⁵⁵ ɚ⁵⁵ si³³ 名 银杏树,白果树 ginkgo tree *hgoxxo ddebarne ier su si cabbe ddesui goi yanqo debbe*。到了秋天的时候,银杏树的树叶全部变成浅黄色,风景很美。

银 杏

iga ngeijjo ji⁵⁵ ka⁵⁵ ŋe⁵⁵ ji⁵⁵ dʑo⁵⁵ 房子歪斜 the house is skew *te iga ngeijjo za, sessyi dega ddo*? 这座房子歪斜了,是谁家的?

ige ① ji⁵⁵ke³³ 介 把,被 by

ige ② ji⁵⁵ kɛ⁵⁵ 屋子里 in the room *ige yashe su zzhomangu ne ngehme amaligge, debbe ne nahggwa gge*。屋子里长期不住人就会发霉变坏,房子甚至还会倒塌。

igge ii ji⁵⁵ ge⁵⁵ ji⁵⁵ ji⁵⁵ 房前屋后,房屋周围 around the house *igge ii gabi gaca bbe nge syi ngaxwa shosho lala shu gge*。准备把房前屋后的垃圾全部整理出来,再把地面打扫干净。

igge nbbya ji⁵⁵ ge⁵⁵ nbja³³ 名 后山(山名) Hou Mountain *igge nbbya kanzza i nyi zzo roha, inpe ssuhwaige zzabbe shu njja te zyi za*。站在后山往下观看,房前稻田里的稻子在阳光下泛着金黄色。

iggesiha isiha ji⁵⁵ ge⁵⁵ si⁵⁵ xa⁵⁵ ji³³ si³³ xa³³ 与左邻右舍和谐相处 live peacefully with the neighbors *aryile igge si ivaha inyi si i vaha (iggesiha isiha) nengu tiha ddabar*。我家历来是敬业乐群的,能够与左邻右舍和谐相处。

igwar da ji⁵⁵ ku ɚ⁵⁵ ta⁵⁵ 名 胎盘 placenta *sudebbe ne yaddre dde zzyi ha igwar da bbe lake zho i zzyi jje*。据说,有人把从产房里拿来的胎盘拿去煮着吃。

ila ga ji⁵⁵ la⁵⁵ ka³³ 名 房屋 building, house *ersuyamio i la ga bbe nyipyi i nzzacha gassyi nguddwa ne nyo pe ike sshyi a*。尔苏人丢下自己的房屋到外地打工,现在在外地购买了房屋。

imar i⁵⁵m ɚ⁵⁵ 名 睡眠 sleep *coparhane mezzyi xxongge ddezzyiha lahamase, tihane imar mazzho a*。年轻的时候,睡觉时打雷我都听不到,而现在睡眠没有那么好。

imar ddaza ji⁵⁵m ɚ⁵⁵ da⁵⁵ tsa⁵⁵ 动 睡醒 wake up *imar ddaza i nge ddwa i kezzo ro ha ne nyoma la neqo gga jji gge*。等他睡醒了,爬

起来出门查看的时候，太阳都要落山了。

imar ddaza miha ji⁵⁵ mɚ⁵⁵ da⁵⁵ tsa⁵⁵ mi⁵⁵ xa³³ 如梦初醒 realize *zaxilige syisyigaga ddakato i tege ddeso imar ddaza miha*。扎西把事情原原本本都告诉了他，这时候他才如梦初醒,恍然大悟。

imar ddenpu ji⁵⁵ mɚ⁵⁵ de⁵⁵ npʰu⁵⁵ 打瞌睡 doze *amu sibu yakwa bui zhanga nehssyii imar ddenpu za*。阿木坐在那棵大树下打瞌睡（已经睡着了）。

imar ddezzho ji⁵⁵ mɚ⁵⁵ da⁵⁵ dʐo⁵⁵ 瞌睡来了,想睡觉 sleepy *aya, yaha kamamar-i, tiha imar ddezzho i ddegu ddabar mapa*。哎呀,因为昨天晚上我熬通宵,现在瞌睡来了,眼睛都撑不开了。

imar mazze i⁵⁵ mɚ⁵⁵ ma⁵⁵ dze⁵⁵ 睡眠不好 don't sleep well *ale imar maazze, degguzwane imar ddezaddeza ngu gge de*。我睡眠不好,不能够熟睡,一会儿就惊醒了。

imar nala ji⁵⁵ mɚ⁵⁵ na⁵⁵ la²³ 打瞌睡 doze *imar nala ne ssyia ngwar jji zzeo bbubbege ngenbbe a kamar*。困了就到牛圈楼上,钻到干草堆里打瞌睡。

imar ne npu ji⁵⁵ mɚ⁵⁵ ne⁵⁵ npʰu⁵⁵ 打瞌睡 doze

imar nessinessi nala ji⁵⁵ m ɚ⁵⁵ ne³³ zi⁵⁵ ne⁵⁵ zi⁵⁵ na³³ la³³ 困了,眼睛睁不开了 sleepy *ale imar nessinessi nala, mar-iggecwa, neryi ggagga se*。我瞌睡来了（困了）,要去睡觉,你们就继续玩你们的。

imar npu je⁵⁵ m ɚ⁵⁵ npʰu⁵⁵ 打瞌睡 doze *nyinwao zzhonbbar erqoma dapwaqo nehssyii imar npu jje*。在大河边,弟弟坐在一块大石板上打瞌睡。

ime ddasa ji⁵⁵ me⁵⁵ da⁵⁵ sa⁵⁵ 动 失火 fire *amu ssyibbu dde ime ddasa i anebbela ne zhyi ne ru a*。阿木家失火了,所有东西都被烧得干干净净。

imwa dawazyi i⁵⁵ mua⁵⁵ ta⁵⁵ ua⁵⁵ tsɚ³³ 一起谋划 conspire *nyinwa vanwa ne lehdda daga, syihbyi dega bbula dawazyi imwa dawazyi*。弟兄之间要像同一根舌头、同一条手臂,一起商量,一起谋划。

imwa ddahggar ① ji⁵⁵ mua⁵⁵ da⁵⁵ əg ɚ⁵⁵ 做白日梦 daydream *netihasi imwa ddahggar asse, gedaha ka ngenbbe de*? 你现在才开始发梦颠（方言,做噩梦产生梦魇）吗,刚才你跑哪里去做白日梦了?

imwa ddahggar ② ji⁵⁵ mua⁵⁵ da⁵⁵ əg ɚ⁵⁵ 动 梦游 sleepwalk

imwa ma ndde i⁵⁵ mua⁵⁵ ma⁵⁵ nde⁵⁵ 梦兆不吉 a bad omen in the dream *ayaha imwa ma ndde, desyi lehode daloa galo keminqia kwakwa bbe akadrashyi*。我昨晚上梦兆不吉,打个电话询问一下甘洛的老人健康不健康。

in-ha ji³³ nxa³³ 名 银行 bank *bbazzhe bbo ne inhang ge nagwar*。有了钱就存入银行。

ina si i⁵⁵ na⁵⁵ si⁵⁵ 名 冬青树,万年青 holly *ina si bbe ne hnehgo manzzho debbe*。万年青是常绿灌木,一年四季不落叶。

inga tra ji⁵⁵ ŋa⁵⁵ tʈʰa⁵⁵ 名 饿死鬼（当地指称低血糖）hungry ghost (referring to hypoglycemia) *yanyo nbbya sizhyi ddwajja inga tra de dde zzuzzu i varhji barmala*。昨天到山上去砍柴,遭遇了饿死鬼（低血糖）,差点就走不回家来。

inwa hyo i⁵⁵ nua⁵⁵ xjo⁵⁵ 居家过日子,安家 live a life *yaddrecopar ne lemakeshu inwa hyo si namar gge debbe*。年轻人要娶媳妇、居家过日子以后,才会安静下来。

inwa mama ji⁵⁵ nua⁵⁵ ma⁵⁵ ma⁵⁵ 名 樱桃 cherry *galo bashe inwa mama dedre sipwangu, ozzhobashe dedre necyipwa*。甘洛的樱桃一斤卖三元,西昌的樱桃一斤卖二十元。

樱 桃

樱桃树

inwa mama si i⁵⁵ nua⁵⁵ ma⁵⁵ ma⁵⁵ si⁵⁵ 樱桃树 cherry tree *inwa mama si la inwasi ne demimaha debbe*。樱桃树和野樱桃树是不一样的。

inwa nebbezzha ji⁵⁵ nua⁵⁵ ne⁵⁵ be⁵⁵ dʑa⁵⁵ 家庭破裂 breakdown of a family *te abugao issao tesho ne issalemao jji ddwa, inwa ojji nebbezzha*。这个老人的儿子死后,儿媳妇也走了,家庭就破裂了。

inwa nggu i⁵⁵ nua⁵⁵ ŋgu⁵⁵ 村庄里按照户数均分东西 divide things according to the number of family members *lemashu hane shyinggubbene inwa nggu hyo gge debbe*。婚礼仪式上要按照户数送礼酒、礼肉,每家派人当场吃掉。

inwa si i⁵⁵ nua⁵⁵ si⁵⁵ 野樱桃树 wild cherry tree *nwanzzu bashe harhgubbo inwa si bushe erntre hgu de ng ezzho za*。凉山村熊洞坪的那棵野樱桃树旁开了一个沙场。

inwamama yakwa si ji⁵⁵ nua⁵⁵ ma⁵⁵ ma⁵⁵ ja³³ kua³³ si³³ 车厘子树,大樱桃树 cherry tree *zzilha loge ne inwamama yakwa si hadege, mamabbe ngeceli hamase*。则拉乡有车厘子树,过去人们不知道车厘子可以食用。

ipa ji⁵⁵ pʰa⁵⁵ 名 胃,腹部 stomach, belly *aiyaddre nguha ipa dde nyi kehxxi mapa, tiha ne tacha*。我小时候经常胃疼,现在已经好了。

ipa ddapwa ji⁵⁵ pa⁵⁵ da⁵⁵ pʰua⁵⁵ 肚子撑 stuffed stomach *yomwao zumama debbe nezyijja tamyaza, ipa ddapwa i ta sho za*。给那只母羊喂了一些生黄豆,可能喂多了,现在羊撑死了。

ipa dde rere ji⁵⁵ pʰa⁵⁵ de⁵⁵ re⁵⁵ re⁵⁵ 腹部肿胀 swollen belly

ipa ddebbo ji⁵⁵ pa⁵⁵ de⁵⁵ bo⁵⁵ 肚子胀 swollen belly

ipa ge ca nehze i³³ pʰa⁵⁵ ke⁵⁵ tsʰa⁵⁵ ne⁵⁵ ətse³³ 腹腔有水泡 have blister in belly

ipa kwa ① ji⁵⁵ pʰa⁵⁵ kʰua⁵⁵ 形 贪婪,贪心,腐败 greedy, corrupt *nzzai o ipa kwa de, qadai kemi kage kejji za*。那个汉族小伙子是个贪婪的人,现在被关起来了。

ipa kwa ② ji⁵⁵ pʰa⁵⁵ kʰua⁵⁵ 肚子大,食量大 big appetite *amu ipa ya kwa de jje, dazza nche dedre zzi de jjigge*。阿木是个大肚汉(食量

大),他一顿饭要吃一斤米。

ipa ma nzzyiryi ji⁵⁵ pʰa⁵⁵ ma⁵⁵ ndʐɚ⁵⁵ rɚ⁵⁵ 消化功能退化 digestive degradation *tihane temoane shyimajjimaha, ipa jji ma nzzyiryi a, andesyi ngezzyi lanecu gge*。现在人老了,牙齿掉光了,消化功能也退化了,吃什么都拉肚子。*alo anjji manddo, tedehsseggu ipa manzzyiryi i hji ane desyi ngezzyi li necu*。你看,不知道什么原因,这段时间消化功能紊乱,吃点什么都要拉肚子。

ipa necu i⁵⁵ pʰa⁵⁵ ne⁵⁵ tsʰu⁵⁵ 拉肚子 have loose bowels, have diarrhea *amu ssa o ipa necu i ddehggwar mapa za*。那个阿木拉肚子拉得脱水了,已经下不来床了。

ipa pwa le ji⁵⁵ pʰa⁵⁵ pʰua⁵⁵ le⁵⁵ 爆肚子的 fulfill the belly

ipa qoze ji⁵⁵ pʰa⁵⁵ tɕo⁵⁵ tse⁵⁵ 名 上腹 midsection

ipala twanzze su ji⁵⁵ pʰa⁵⁵ la³³ tʰua⁵⁵ ndze⁵⁵ su³³ 肚子圆如陶坛 have a round belly *nedde ipala twanzze su erpela bucasu desho radwa gge jji gge ma*。你家要生伟男,肚子圆如陶坛,脚杆粗如象脚。(当地的祝福语)

ipanddrobi ddancwa ji⁵⁵ pʰa⁵⁵ ndʐo⁵⁵ pi⁵⁵ da⁵⁵ ntsʰua⁵⁵ 肚皮发痒,腹部发痒 belly itching *aya amwamznddo a ipanddrobi ddancwa*。哎呀,不知道为什么,我的腹部瘙痒。

isha ji³³ ʃa³³ 名 张(藏姓伊莎)Zhang *isha shwa ssa ngge panci ne debbu*。依莎和耍冉等九个家族,属于一个大家族集团。

isha fu ji³³ ʃa³³ fu³³ 名 扎地头村 Zhaditou Village *ishafu bashe tiha ne isha mazzhoa jjigge*。扎地头村现在已经没有杨氏家族后人居住了。

isha ma ji³³ ʃa³³ ma³³ 名 伊莎张家女 the Zhang's daughter *assyi awa ngenyo dao ne isha ma de jji gge*。据说,我们吉满家族的始祖母是依莎张家女。

ishe ggunjjo ① ji⁵⁵ ʃe⁵⁵ gu⁵⁵ ndʐo⁵⁵ 名 隔壁邻居,左邻右舍 neighbor *su ne bu a ha wa haho, ishe ggu njjo vaha ne ngu ho debbe*。人一定要融入社区、融入集体,要和左邻右舍和谐相处。

ishe ggunjjo ② ji⁵⁵ ʃe⁵⁵ gu⁵⁵ ndʐo⁵⁵ 邻篷而居的放牧同伴 grazing companion and neighbor *ishe ggunjjo ne i bbe dawaha, ssu ggu bbe jji hgu njjo njjo ngu su bbe*。邻篷而居的同伴一起放牧,连牲畜都成为朋友了。

ishe lo ji⁵⁵ ʃe⁵⁵ lo⁵⁵ 长房沟,有长房子的山沟 valley with long houses built in *ishe lo ge nzzyi kwa bbe yanyo ve zyi lige nyongancha*。长房沟里的苦荞麦,昨天被野猪糟蹋了。

issa ddehssu ji⁵⁵ za⁵⁵ de⁵⁵ zu⁵⁵ 养大儿子 raise the son *issa ddehssu cyi ge gwar ssi i ddehssu wagegwar*。养大儿子入宗族,养大女儿放村寨。(谚语)

issa jjisu ji⁵⁵ za⁵⁵ dʑi⁵⁵ su⁵⁵ 名 儿子(所谓儿子) son *nessyi issa jjisu ka nge nbbe i ne avahzhala i*?为什么找我为你办事?你儿子到哪里去了?

issa lema ① i⁵⁵ za⁵⁵ lɛ⁵⁵ ma⁵⁵ 名 儿媳 daughter-in-law *muli dde issa lema yancu de raza*。牟利家娶的儿媳妇很贤惠。

issa lema ② ji³³ za³³ lɛ⁵⁵ ma⁵⁵ 儿子和儿媳 son and daughter-in-law *aryi lenzzhe ngezzyia issa lema bbe galo gwarshe ge ne ddwai jjo ma lase*。我们吃了晚饭,儿子和媳妇们都上甘洛集市去了,(现在)还没有回来呢。

issa lepu ji⁵⁵ za⁵⁵ le⁵⁵ pʰu⁵⁵ 名 孙子，孙儿 grandson *ai ke zzo ru hane issa lepu la ssi lepu nyo gwa de ni ha*。在我看来，孙儿和外孙儿都是一样的，没有区别。

issa lhalha ji⁵⁵ za⁵⁵ ɬa³³ ɬa³³ 名 次子 the second eldest son *issalhaha wo ne kwakwabbe va yahzhyi, tava ne jo fu ana syizyi*。次子对父母亲孝顺得多，可以放心把父母交给他。

issa o desyi yakwa ji⁵⁵ za⁵⁵ o⁵⁵ te³³ sɕ³³ ja³³ kʰua³³ 儿子年长 the son is elder *tedde issa de o zzho ssi deozzho, issa o desyi yakwa, ssi o desyi ya marmar*。他家有一儿一女，儿子稍大些，女儿稍小些。

issa yakwa i⁵⁵ za⁵⁵ ja³³ kʰua⁵⁵ 名 长子（大儿子）the eldest son *te zzyi issa yakwa o galo zzho*。他家的大儿子住在甘洛。

issa zyiga i⁵⁵ za⁵⁵ tɕɕ⁵⁵ ka⁵⁵ 名 独子 only son *amussa ne tiha issa zyiga dabar bbode*。阿木惹现在只有一个独子。

issala lema ji⁵⁵ za⁵⁵ la⁵⁵ le⁵⁵ ma⁵⁵ 名 儿子和儿媳 son and daughter-in-law *ama manddrene issala lema bage dryihgge gwar*。母亲不好，就会在儿子和儿媳之间挑拨离间。

issyi kengu ji⁵⁵ zɕ⁵⁵ kʰe⁵⁵ ŋu⁵⁵ 动 打盹，小睡 take a nap *jji bbu jji njji issyi kengu jjane mwai kencua*。睡在客位上打个盹儿，结果做了一个噩梦。

isu i ji³³ su³³ ji⁵⁵ 名 飞蛾 moth *isu i de ggwarhggwar gge, denzha o tige tapwaha*。有一只飞蛾在飞，谨防它扑灭油灯。

isyi gasyi i⁵⁵ sɕ⁵⁵ ka⁵⁵ sɕ⁵⁵ 名 新屋，新房 new house *tejo a ne isyi gasyi ge, se jji shosholala ngu, mapo natangu*。现在住新屋新房，大家都要讲究卫生，不要懒惰。

isyi ngu ① ji³³ sɕ³³ ŋu⁵⁵ 小心谨慎 careful *icudege nyinqi nguhane isyi ngu myabbryi nddongu, rekara hamo*。工地上做活的时候，要小心谨慎，注意安全，不要有伤亡发生。

isyi ngu ② i³³ sɕ³³ ŋu⁵⁵ 动 注意 be cautious *erkwao ssahssa ddebi, isyi ma ngu i dda pwa ha*。这个石头要轻轻地撬，不注意就会把它撬烂。

iva i⁵⁵ va⁵⁵ 屋里 at home, in the house *sedejji syi ma nyo, iva kala desyi bbarnyila xxi de go cela shu*。是谁都没有关系，请他进来休息一下，抽支烟。

iva bbe ji³³ va³³ be⁵⁵ 屋里的，家里人 family members *ashyi jjo maddwa ne iva bbe syi nyi ma zze gge*。不早些回去，就会使家里人担忧。

ixo ji³³ ɕo⁵⁵ 打扫屋子 clean the house *aikebbu mwa tessyi ixo gge, mwazwa si ne she lagge jje*。阿依克部莫正在打扫屋子，她说等会儿再到你这里来。

ixo gaxo i⁵⁵ ɕo⁵⁵ ka³³ ɕo³³ 清洁房屋 clean the house *nzzazhoo gga ne ixo gaxo de, kgeme bbela ngaga maha shu gge debbe*。临近春节了就要清洁房屋，把尘土都清除干净。

izhe re i⁵⁵ tʃe⁵⁵ rɛ⁵⁵ 名 清油（植物油，菜籽油）vegetable oil, plant oil, rapeseed oil *izhe re de mi ke sshyi ahjila, nzzazho hane kase kanzza zzhyi gge*。买一点清油回来，过年要炸卡塞吃。

izhere nazha i⁵⁵ tʃe⁵⁵ rɛ⁵⁵ na⁵⁵ tʃa⁵⁵ 动 油炸 fry *sunggwa midobbe izhere ge nazha ne yamar debbe*。把南瓜花卉的雄蕊摘下来，油炸后，吃起来味道很好。

izu ji⁵⁵ tsv⁵⁵ 名 屋基，宅基地 groundsill *soloma leizu bba tiha la hase, sezzyi izu ke ge ha jji* *sela hase debbe*。搬到凉山村之前都住在梭洛马,到现在各家各户的屋基都还清楚地记得模样。

izu hzu ji⁵⁵tsu⁵⁵ətsu⁵⁵ 夯屋基,夯实基础 lay the foundation *coparbbe rata erqodepe zulili nengui sossho debbu izu hzu gge*。有三四个年轻人,用一扇石磨做夯,正在那里夯屋基。

izu wa ji⁵⁵tsu⁵⁵wa⁵⁵ 老地基,老屋基(地名,在凉山村) Laowuji (name of a place) *nwaznzzuba bbei cala ne izu wa ge nanca za debbe*。凉山村的坟茔地就是他们原先的老屋基。

izuwa tru ① i⁵⁵tsu⁵⁵wa⁵⁵tʂʰu⁵⁵ 动 暗示 hint *alo nzzhyile mabbo jja izu wa tru gge, aige davar ngassha teqia*。阿洛在暗示我,她没有换洗的衣服了,我收集了一些衣服交给她。

izuwa tru ② i⁵⁵tsu⁵⁵wa⁵⁵tʂʰu⁵⁵ 平地基,夯地基 flat ground

izzha ngga ji⁵⁵dʐa⁵⁵ŋga³³ 厢房门 the door of the wing-room *ni izzha ngga o tahwahwa za, rabbe kege keiha*。你的厢房门开着呢,注意别让鸡钻进去了。

J j

ja nqo tɕa³³ntɕʰo⁵⁵ 名 北方（冕宁语）north

ja sha ① tɕa³³ʃa³³ 动 招呼，邀请，查询，询问 call, invite, inquire *gadaha amu erbbu nava jashagge.tihane ddwa lamanddo*。阿姆尔部刚才问起你，现在他可能已经走了。

ja sha ② tɕa³³ʃa³³ 动 款待 entertain *tedde denyo galobai nddavarbbe jasha gge jje*。她说她家今天要款待来自甘洛县的宾客们。

ja vuli tɕa⁵⁵vu⁵⁵li³³ 名 龟头（阴茎头）glans penis, balanus

jaja tɕa⁵⁵tɕa⁵⁵ 动 夹（菜）pick up food (with chopsticks) *veshyi syi kajaja ngezzyi, marmar ga dasyi si, nbbishomaho*。把那点猪肉夹起来吃了，量很少，不要客气。

jan-yo tɕa³³jo³³ 名 酱油 soy sauce *shantre ce ha ne jan-yo nagwar si yamar*。吃面条的时候要放酱油才好吃。

janqo meer tɕa³³ntɕʰo⁵⁵me³³ɚ³³ 名 北风 north wind, boreas *janqo meer ddeerne menanga gge, lhoqomeer ddeerne mendde gge*。吹北风是天阴的前兆，吹南风就天晴的预兆。

janzzu deo tɕa³³ndʐu³³te³³o³³ 副 适当地 suitably *ti bartebar lemara, syimanyo, janzzu deo ne kehxxi*。她要骂就随她骂，不和她一般见识，你适当地忍让她，不要一句顶一句。

janzzu singu tɕa³³ndʐu³³si³³ŋu⁵⁵ 适可而止，别太过分 stop where it should stop, don't be too much *yaddre chyi i teo neryi shanga manzzho, janzzu singu ma*。对这个幼小的孤儿，你们做得实在过分了，好可怜哦，要适可而止。

jao-har lwanbbu tɕao⁵⁵xɚ³³lua⁵⁵nbu³³ 蓝色塑胶鞋，蓝色胶鞋 blue plastic shoes, blue rubber shoes *assyiabba mulhiazzi vahga jao-har lwanbbu deodeddre kesshyihjila*。我父亲为木来和我共买了两双蓝色塑胶鞋。

jar tɕɚ³³ 名 碱 alkali *aryi shopene jar demanyo de, zhepu zhyinzhyi nca jji er gwar debbe*。我们以前没有碱这种东西，做魔芋豆腐也是加草木灰。

jara jara tɕa⁵⁵ra⁵⁵tɕa⁵⁵ra⁵⁵ 废话连篇，无主题地唠叨 nag, talking nonsense *ne ne nbbryi demanyo anedebbesi jarajara deddo*。你是什么事也没有，在这里废话连篇。

jeto tɕe³³tʰo³³ 名 木盆（蟹螺语）wooden basin *imarnalane jetoge zzhonbbidemi nagwar nacece zzeo ngenbbeakamar*。瞌睡来了，就在木盆里放一点凉水，洗了脸上楼去睡觉。

ji ① tɕi⁵⁵ 量 把 a handle of *bbazha te ji ai ke sshyi deji, ateji ne ni kesshyi ji*。这把刀是我买的，那把刀是你买的。

ji ② tɕi⁵⁵ 名 夹子 clip, tong *trosasu abu mugassao silage ji debbe kezzyi zai, jijoiggejja ddeddwa*。猎人牧呷老爷在林里安装了一些捕鸟夹子，今天他查看夹子去了。

ji ③ tɕi⁵⁵ 名 砸板，砸鼠板 pitfall, rat guard *zaxi ssyi yaddre o mecu ne ji kezyi i denyonyo ne ji jo*。扎西的儿子每到冬天，就安装许多砸板，天天去巡逻看效果。

ji ba ① tɕi⁵⁵pa⁵⁵ 动 接近，靠近 approach, close to

shunyo denyo teddele mashujja, aryiva makato, aryidesyilajiba maddwa。前几天他家办喜事没有通知我们，我们一点都没靠近和参与。

ji ba ② tɕi³³ pa³³ 名 凳子（蟹螺语）stool *shanddi ma ddav war kala, ashyi jiba de nahzha ddavar nessyi shu ta*。沙迪曼家里来客人了，赶快找个凳子给客人坐。

ji ba ③ tɕe³³ pa³³ 名 菜墩，菜板 chopping board *lemmashohe ggamimo：jiba ga nga shyimahgu, shapi ganga vu mahgu*。结婚时候的对歌歌词是：空空菜板不产肉，空空托盘不出酒。

菜墩、菜板、砧板

ji jo tɕi⁵⁵ tɕo⁵⁵ 动 巡猎（巡查被捕获的猎物）patrol for the captured prey *luobuga qabba tesho hala ddwai jijoddwaza, zaha da kemi nehjila*。罗布呷在他父亲死的那天还去巡猎并收集到一只被捕获的野鸡。

ji nbo tɕi⁵⁵ npo⁵⁵ 羊毛剪子 the scissor for cutting wool *alai o zzhuchu gge jja jinbo ji si nesu nesu i bbalo bbalo nge i su za*。阿莱要剪羊毛，把羊毛剪子磨得亮晃晃的。

ji nqo tɕi⁵⁵ ntɕʰo⁵⁵ 名 水管，导流管，水槽 water pipe, water tank *tiha ne cape nbbi qo zzho ddecho hgo jinqo kasa tege fuge barla su za*。现在架设了导流管道，把对面山上的甘泉水引到这边的村里了。

ji zyi tɕi⁵⁵ tsɚ⁵⁵ 安装夹子，设置砸板 install the clip *amu jaha jikezyi nggwape anebarnqo dekemi za*。阿穆加哈安放了一个砸板，逮到一只很漂亮的锦鸡。

jibi tɕi⁵⁵ pi⁵⁵ 名 皮，表皮 skin *sune yozaikehji mahssyine jibidebu nedreane goiddema nyidebbe*。只要不是自己的至亲宗亲，(我与他)就隔着一层皮。

jibi tahggwa tɕi⁵⁵ pi⁵⁵ tʰa⁵⁵ əgua⁵⁵ 擦破皮，割掉皮，皮肤绽开 split one's skin *lesuga va bbazha kalwa i jibi de la tahggwa a*。手指被刀子划开了，有一小片皮都被割掉了。

jigu tɕi⁵⁵ ku⁵⁵ 名 壳，皮 shell, skin, fur *zhangaso jjimoabuzzeo ddeddwaikezzoro hanehwasejigu bbe si ne zo za jje*。第二天早上基摩老爷上楼去查看，果然满楼板上都是成堆的花生壳。

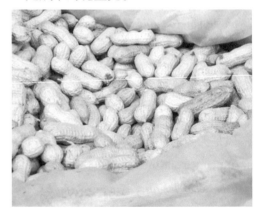

花　生

jiji ① tɕi⁵⁵ tɕi⁵⁵ 形 严格的 stringent, strict *tejwa nenzzadde ge bela subbe jiji ddagwar ne kwarnce ngwarnce mahnyoa*。现在开始执行严格的纪律，以后工作人员也不敢迟到早退了。

jiji ② tɕi³³tɕi⁵⁵ 动 剪 shear, cut *sonyonessyia zzibbenejiji，harbbu myahade nancane kashyi manzzyi*。明天就去把头发剪了，留着长发像只公熊一样，很难看。

jiji ddagwar tɕi⁵⁵tɕi⁵⁵da⁵⁵ku ər⁵⁵ 严格要求 be strict with *yaddre nzzhonzzyisohane jijiddamagwarne ggaggasikeshyiane mancu*。小孩子读书的时候要严格要求，不然的话他们贪图玩耍，学习成绩上不去。

jipe hjihssa tɕi⁵⁵pʰe⁵⁵ətɕi⁵⁵əza⁵⁵ 名 同龄人，同类人 peer, same kind of person *nei jipehjihssa bbe nyahala lema keminqi kebossi yaddrelazzhoa*。和你一样的同龄人现在都娶媳妇、生孩子、安家过日子了。

jiqi tɕi³³tɕʰi³³ 名 节庆，节日 festival *jjimardde jiqi hane ernbbu sho，qozyi ane langu ggedi*。吉满家是每个节日都要举行清洁仪式的，各种敬祖仪式都举行。

jisu mafu tɕi³³su³³ma⁵⁵fu⁵⁵ 没有技术的，非技术性的，纯体力活 nontechnical, physical work *aryitege nyinqi marragabbe ne jisumafu debbe，mipe desyi nyinyi*。我们工地上也需要没有技术的小工，只是工资低一些。

jja ① dʑa⁵⁵ 拟声 哎（吆喝耕牛声）the sound of crying out to the cattle *ngwarlaha，ngwar wo bburyi ggehar jjiddwane jja，jja jjahane nyilagge*。在耕地的时候如果耕牛不走隘口，就喊"哎哎"，耕牛就会下来的。

jja ② dʑa³³ 从句标记，语法化标记 clause marker, grammaticalization marker *daso azzi ssaga reggubashe ssyigge jja, zzho ngakwai ngei mapaza*。今天早上，我们俩准备去磨房沟村的，结果涨大水过不去了。

jja ③ dʑa³³ 连 因为……所以…… ... so... *yaddreo ddempi jja mala*。因为娃娃说冷得很，他不想来，所以就没有带他来了。

jja ④ dʑa⁵⁵ 动 说 say *mizzyi qabba wo ipa ddenyi jja meliggu kalangala gge*。义父躺在地上说肚子疼，他在地上一边呻吟一边打滚。

jja bbarbbar dʑa⁵⁵b ər³³b ər³³ 副 大概，差不多，将近 probably, nearly, almost *qacyi ge tebbe nagwar ne jjabbarbbar gge*。麻布口袋里装下这些就差不多了。

jja ge ssa dʑa³³ke³³za³³ 架埂子 build lane

jjaba she dʑa⁵⁵pa⁵⁵ʃe⁵⁵ 名 清水村，西番寨 Qingshui Village, Xifan Village *shoidepuha jjabashe nzzaryinbbate bbu i suyamiha 360 inwa zzho jji gge*。过去地处大路边上的清水村人很多，鼎盛时期大约有三百六十户人家。

jjabbarbbar nelia dʑa⁵⁵b ər³³b ər³³ne³³li⁵⁵a³⁵ 差不多就行 almost *anengu jji jjabbarbbarnelia，ddabbartazha nge zi，dde futa za ne tehge*。做什么事情都不要太过，差不多就行了，装太多就溢，太过就折。（满招损）

jjage ssa dʑa³³ke³³za³³ 名 架埂子小村，小山岗村 Jiagengzi Village, Xiaoshangang Village *jjagessa bashe hzhankadde ne su yumi mazzho dde yancu debbe si*。架埂子小村的山姓家族，虽然人口并不太多，但都是能人。

jjaggu lo dʑa³³gu³³lo³³ 河谷地区，峡谷地带 valley, gorge region *dancha ddezyi ddakwa ne cada jjagguloge zzahzhaddwa*。（其中）一位诞生并长大以后，到河谷地区以经营农业为生。

jjai jjai gge dʐa³³ ji³³ dʐa⁵⁵ ji⁵⁵ ge⁵⁵ 命该如此，本该如此 that's how it could be *tessyibbumwao jjai jjai gge demassyi ne zzhobinbiva si dda bar dege tesho*。这个日布莫是命该如此，不然怎么会在齐膝盖深的水里窒息死亡呢？（不科学的说法）

jjai jjai gge de dʐa³³ ji³³ dʐa⁵⁵ ji⁵⁵ ge³³ te³³ 命中注定的 fateful, predestined

jje = jjie dʐe³⁵ 表示转述 paraphrase marker *nessyimwa yai kato i navatrolen guha ne anjji jji jjola ho jje*。你母亲让我告诉你，射箭节那天无论如何都要回去一趟。

jji ① dʐi³³ 名 圈，舍，塘 pen, house, pool *nbbo jji ge nbbo ddabbar, yo jji ge yo ddabbar*。马圈里边马满圈，羊圈里边羊满圈。

jji ② dʐi⁵⁵ 名 妻子 wife *nchyi jji manqinyia maddwa, civi manqibboamaddwa*。夫妻不和不务农，弟兄不和不对敌。

jji ③ dʐi³³ 名 坛子 jar *jji manewodawa nezyi ddo, jji maipukwa manyo ddo hen zza*。两个大坛并列摆一起，坛子不分大小才开亲。

jji ④ dʐi⁵⁵ 副 也，亦，仍然，即使 too, also, even so, even then *sonyone a jji neryipe dezhengua galola ssyia ggagga gge*。明天我也要跟着你们到甘洛去玩。

jji ⑤ dʐi³³ 表示趋向 directional verb *veshyi tebbe jji hji gge la nyi hji gge ne nini nzze*。这些猪肉，要拿上去还是拿下去由你自己做主。

jji ⑥ dʐi³³ 动 倾诉，诉说，数落 tell, pour out, scold *yanyo mankwarshe zaxiva alige zzhyi debbei jji lebea*。昨天下午扎西被我狠狠地数落了一阵。

jji...jji dʐi³⁵ dʐi³⁵ 是……也是…… also, the same *nejjitabbe, ajjitebba, aryisela pamala jji laho va yahzhyi ho*。你是这样，我也是这样，我们大家都要爱父母、爱大众。

jji a dda dʐi³³ a⁵⁵ da³³ 这样说吗 say so *nessyi nyama galo ssyi magge jji a dda*? 你妈妈不去甘洛，这样说吗？

jji bbar dʐi⁵⁵ bar⁵⁵ 牛皮绳 cowhide rope *ngwar nddro ngeko a ddeddru shu a si ciruda i nge ru a jji bbar na nca*。把牛皮晒干后，用剃头刀将牛皮划成细条，做成牛皮绳。

jji bbar daga dʐi⁵⁵ bar⁵⁵ ta³³ ka³³ 一条牛皮绳 a cowhide rope *sangco ga o jji bbar daga ddehji si zhyi i gge jja, nbbya ddeddwa*。桑聪子说要去砍柴，带着一条牛皮绳上山去了。

jji bbu dʐi⁵⁵ bu⁵⁵ 名 客位（客人的座位）guest's seat *nddavar ncha jji bbu garhar kecucui zahene mo zzhodabbar vuliqo nehia*。客人蹲坐在客位上的时候，又有一瓢水从头上淋下来。

jji bubu dʐi⁵⁵ pu⁵⁵ pu⁵⁵ 向上瞄准，向上指点 aim at the target above *jjashyimwa nyichu jji bubu mihane, capenbbya vazyide nalalai nala*。贾世马举枪向上一指，对面山坡上就有一头野猪滚下来了。（旧时打猎的情景）

jji chu dʐi³³ tʃʰu⁵⁵ 往上方开起 open up

jji cu dʐi³³ tsʰu⁵⁵ 坐到下面，面向上方坐 sit below *zaya barlaha ne subbe ddabbarza ne nyehe jji cu a nehssyi*。扎娅赶来的时候屋里坐满了人，于是她在下方找个座位，面向上方坐下了。

jji dda dʐi³³ da³³ 动 说 say, speak *ale nava kaca ddecashu asi ngezzyi jji dda*。我是说，你把东西加热了再吃。

jji ddwa ① dʐi³³ dua²³ 斜着上去，向斜上方走去 go up the slope *bajima logeloge* *jjiddwa*, *hichyi i gge jje*。巴基嫚顺着山沟向斜上方走去,她说要去砍竹子。

jji ddwa ② dʑi³³dua⁵⁵ 动 上去 go up

jji garhar zzho dʑi⁵⁵kaʴ⁵⁵xaʴ⁵⁵dʒo³³ 动 以为,认为 think, consider *zaxi ne aryi nyogwa ddebbuddalai tava nqijjo jjigarhar zzho de*。扎西认为,是我们大家共谋把他陷害了。

jji garuru dʑi³³ka³³ru³³ru⁵⁵ 动 上吊,引体向上 hang oneself, pull up *ncho ddehggwar ne ate shewawaqo jji garuru ngu ne yakadra*。每天起床后,在那对铁环上做引体向上,这样就会身体健康。

jji gge dʑi⁵⁵ge⁵⁵ 这样说,据说 put it this way, it is said that *sonyo xyan-ge mongga dage lilissyi deo nyissyi ne massyimape jjigge*。据说明天乡上开会,所有男性公民不许不去。

jji go dʑi⁵⁵ko⁵⁵ 名 上把位(尊长的座位) the elderly's seat *neryi zhangakalai abbu bbe nyogwa jjigo kwar i a nehssyi*。恭请你们后面进来的高龄长辈们都坐到上把位。

jji gu dʑi⁵⁵ku⁵⁵ 向上翘起 upwarp

jji hda dʑi³³əta⁵⁵ 向斜上方折叠 fold over to the top *tiha pugwar jjihda tepyi, jjolasi ngekogge*。把铺盖向斜上方折叠放下,等我们回来了再打开铺好。

jji hggu dʑi⁵⁵əgu⁵⁵ 向斜上方踢腿 kick upward *ava kecicikecici nguggede, aige jjihggu jjane me liggu tebu a*。他在比划着要打我,我用脚向斜上方踢去,他就倒在地上了。

jji hzu jji hzu dʑi³³ətsu³³dʑi³³ətsu⁵⁵ 生机勃勃 vibrant *natiha mancu jji yaddre bbe jjihzujjihzu ddala, dejonyoma ne ddahza gge*。你现在虽然不行,但你的小孩子们生机勃勃在成长,总有一天会翻身的。

jji li dʑi³³li⁵⁵ 向斜上方抛掷,向上方甩 throw upward *mugassao erkwao jjili magge sugguge nyili, varhji suvakelia*。这个木嘎热拿着石头不向上方甩,却甩向下方的人群,差点打着人了。

jji lolo dʑi⁵⁵lo⁵⁵lo⁵⁵ 满山沟的房屋 the houses in the ravine *menpenpe jjilolo nyogwa ne tessyi, aryila tassyi ssugguhgusu*。满山遍野的土地和满山沟的房屋都是他家的,我们都是他家的牧人。

jji ma dʑi³³ma³³ 大坛子 big jar *yahi trolenguha adde jjima bar nabwa twa dege nzzhyiva dejji kezhoa*。去年射箭节的时候,我家准备了一个可以装两斗粮食的大坛子装醪糟。

jji mar dʑi³³maʴ³³ 小坛子 small jar *abu cihgumenyi o jjimar dege bbyire dabbar ddadwai nehjila jje*。放山羊的红脸老爷抱着一小坛蜂蜜走下来了。

jji nca nyi nca dʑi³³ntsʰa³³ȵi⁵⁵ntsʰa⁵⁵ 不管你如何修 no matter how you fix it *npizhyi teo ni jjinca nyinca ava magwar, nanca rara ddessili ne li*。这个冰箱,不管你如何修,反正修好能用就可以了。

jji ngwa dʑi⁵⁵ŋua⁵⁵ 名 下把位(晚辈或后生的座位) the inferior seat *mecu jjingwa nassyi ne ggama meer kesso i ddenpi*。冬天坐在下把位,背被风吹着,很冷。

jji ngwa nehssyi dʑi⁵⁵ŋua⁵⁵ne³³əʐo³³ 坐在下把位 sit at the inferior seat *lema syisyi ne jji ngwa nehssyi*。新媳妇往往坐在下把位。

jji ngwa pe dʑi⁵⁵ŋua⁵⁵pʰe³³ 下把位(这里指背向门口之位) the inferior seat, a seat backing the door *jjingwape ne vagu rai ggagga dega, tegenazyi nzzhemali tiajje*。唱词说:下把位是小猪儿、小鸡儿戏要的

地方,搁置在这里不合适。

jji nyi ʥi⁵⁵ȵi⁵⁵ 主妇座位,女人座位 the housewife's seat

jji nyi pa ʥi⁵⁵ȵi⁵⁵pʰa⁵⁵ 能上能下 able to be up or down

jji nzza ʥi³³ndza³³ 面向着山头方向站立 stand facing the direction of the hill *harwo jjinzzai kezzorohane, mizzyii nagu ddre rova ddebuza*。老熊面向着山头方向站立,兔子的一对耳朵果真正顶着岩石。

jji nzzucu ʥi³³ndzu³³tsʰu⁵⁵ 动 蓬起,立起 rise up, stand up *nzzyi bbe nechyi ane nzzyinggazu nanca jji nzzucu a ngeko a ddeddrushu*。把荞子割下来就蓬成荞棚子,然后把荞子晾干(脱粒)。

jji o ʥi³³o³³ 名 高原,高寒地区 plateau, high and cold area *jjio ba la cada ba bihzu buga ma ssuhssu*。高寒县和二半山地区打草皮的方式不一样。

山 区

jji o ba ʥi³³o³³pa³³ 名 九龙县 Jiulong County *yahi shohi ne, ersu bbe jjio ba she la sshyinka ngu jje*。据说,过去尔苏人到九龙县做生意。

jji pa nyi pa ʥi³³pʰa³³ȵi⁵⁵pʰa⁵⁵ 能上能下 able to be up or down

jji pu nyi pu ʥi³³pʰu³³ȵi⁵⁵pʰu⁵⁵ 翻上来翻下去 search up and down

jji shyi ① ʥi³⁵ʃɘ⁵⁵ 也是肉 it is also meat

jji shyi ② ʥi³³ʃɘ³³ 做陶罐 make stean *jjishyi ga dde jji shyi su dancha ra dwa za jjigge*。陶罐师傅家出生了一个小孩,将来会是个陶罐制作人。

jji shyi da ʥi³³ʃɘ³³ta³³ 坛罐厂,坛罐窑 jar factory *jjishyi dage tihane ersu coisi ngere zajjigge*。据说,越西县坛罐窑村子里,现在只剩下几户尔苏人家。

jji su ʥi⁵⁵su⁵⁵ 说……的人,如是说的人 people who talk about… *bbazha tejile syihbyi sinzzi ngfegge jjisu i vuddaga*。这一刀将砍向那些说舌头做楔子的人。(咒语:打倒栽赃陷害的人)

jji va ʥi⁵⁵va⁵⁵ 形 迟缓,缓慢 slow, tardy *cihi erxxige nalhazzho jja midovi jjiva debbutre, tiha si vi kasicua*。今年是闰六月,所以开花的时间有点迟,现在才开始开花。

jji za ʥi³³tsa³³ 向上吊起 lift up *rao nesyi ane rahmo bryidagai hdwara jjizai nggamekodagaqo kasa za*。把鸡杀了,洗干净后,用一根细绳拴着脖颈,向上吊在晾衣绳上。

jji zha nyi zha ʥi³³tʂa³³ȵi⁵⁵tʂa⁵⁵ 撑上去撑下来 drive up and down

jji zuzu ① ʥi³³tsu³³tsu³³ 向上包,向上裹 wrap up *isyi awao zuzugelege syiya nesibar jjizuzui ngehjilai ava zyila*。新屋老奶奶用她的衣襟向上包裹着两三个桃子,送到家来给我吃。

jji zuzu ② ʥi³³tsu³³tsu³³ 往上戳,向上捅,向上刺 poke upward, thrust upward *majjigao ssubbu daga rarangui sibuqo zhabehguge* *jjizuzu jjizuzu gge*。木吉呷用一根竹竿在不停地往上戳着那个吊挂在树上的马蜂窝。

jji zzhoro ʥi⁵⁵ ʣo⁵⁵ ro⁵⁵ 往上看 look up *mbbya jji zzhoro ha，yo bbe ershwa tezyi，nbbiqo dda bbar za*。往山坡上看去，羊儿满山坡，到处一片白色。

jji zzoro ʥi³³ ʣo³³ ro³³ 往上看 look up *tezzi ggeqo jji zzoro ane parle miha deo dalala delala nalajje*。她俩往上看的时候发现山岗上有个竹囤一样的东西滚下来了。

jjibbar i dda za ʥi⁵⁵ bɚ⁵⁵ ji³³ da⁵⁵ tsa³³ 用牛皮绳捆起来 bundle up with a leather rope *memacozzyi o sofu lige jjibbar i ddaza i nqosibu va kasa jje*。据说，吃人婆被索夫用牛皮绳捆绑起来，吊在大松树上抽打。

jjibbar i ddepryi ʥi⁵⁵ bɚ⁵⁵ ji³³ de⁵⁵ pʰʐɿ³³ 用牛皮绳拴着 leash, tether with a leather rope *zaxissyi qabu o nwa lige kemi hjiddwa i jji bbar i ddepryi za jje*。据说，扎西的爷爷被奴隶主逮去用一根牛皮绳拴着了。

jjibbu gahar ʥi⁵⁵ bu⁵⁵ ke³³ xe³³ 名 客位（的方向）the guest's seat *nddava bbe jjibbu gahar kwar i，nyogua jjibbu gahar kwar xxi*。客人都到客位上去坐。

jjibbu pe ʥi⁵⁵ bu⁵⁵ pʰe³³ 名 客位（进门右手边）the guest's seat (on the right hand of the door) *ddavarbbe jjibbupe kwar-ia nehssyi*。请客人们都到客位上入坐。

jjida mala nekatajji ① ʨi⁵⁵ ta⁵⁵ ma⁵⁵ la⁵⁵ ne⁵⁵ ka³³ tʰa³³ ʨi³³ 能不诉讼的就不诉讼 no needless litigation *ssahzhyi ne ndde demahssyi，jjida mala bbene katajji*。官司不是个好东西，能够不诉讼的就尽量不诉讼。

jjida mala nekatajji ② ʨi⁵⁵ ta⁵⁵ ma⁵⁵ la⁵⁵ ne⁵⁵ ka³³ tʰa³³ ʨi³³ 不该数落的就不啰嗦 no needless complain *janzu debbe si ddabyada，jjida mala bbene katajji*。少些唠叨，不该数落的就尽量不去啰嗦。

jjida mala nekatajji ③ ʨi⁵⁵ ta⁵⁵ ma⁵⁵ la⁵⁵ ne⁵⁵ ka³³ tʰa³³ ʨi³³ 不该关起来的就不关 do not close it if not necessary *ssuggu bbe jjida mala nekatajji，telili ane ru yami danage razzyi gge*。不该关的牲畜就不要关，放养的牲畜有更多草吃。

jjifujjajji nyifujjanyi ① ʥifuʣa³³ ʥi⁵⁵ ȵifuʣa³³ ȵi⁵⁵ 听从指挥 listen to the command

jjifujjajji nyifujjanyi ② ʥifuʣa³³ ʥi⁵⁵ ȵifuʣa³³ ȵi⁵⁵ 逆来顺受的，温顺的 resigned, meek *ugassabarmarmar dene kahzhaigge ddo? ssi mi ijji fu jja jji nyifujjanyi*。像牧呷惹这样温顺的、逆来顺受的人哪里找？老婆让他怎么样他就怎么样。

jjigaruru da ʥi³³ ka³³ ru³³ ru³³ ta⁵⁵ 名 吊环（引体向上的架子）ring, hand ring, the pull-up shelf *jjigaruru da galagwai nehzui kankwa*。引体向上的架子经过日晒雨淋后生锈了。

jjigo pe ʥi⁵⁵ ko⁵⁵ pʰe³³ 名 上把位（尊长的座位）the elderly's seat *ubuyakwao nc jjigo pe kwar-ia nehssyi*。大爷爷，您朝里边去，坐到上把位上去。

jjiho nejji nyiho nenyi ① ʨi³³ xo³³ ne³³ ʥi³³ ȵi³³ xo³³ ne³³ ȵi³³ 服从调遣的 docile and obedient

jjiho nejji nyiho nenyi ② ʨi³³ xo³³ ne³³ ʥi³³ ȵi³³ xo³³ ne³³ ȵi³³ 服从调遣，百依百顺 obey the command, be obedient to *aryile ddenyimai* zzhyibbanyi, nzzaddei jjihonejji nyihonenyi gge。我们尔苏人一定要听党的话，不折不扣地服从政府的调遣。

jjijji abbo se dʑi⁵⁵ dʑi⁵⁵ a⁵⁵ bo⁵⁵ se³³ 其他的还有吗 what else do you have, anything else memacozzyio jjijji abbo se jjane, yo munpase shai hjila gge tejja jje。野人婆问她，其他的还有吗？她说，我去哥哥家再取一些来送给你吃。（民间故事）

jjikwa nyivu dʑi³³ kʰua³³ ȵi⁵⁵ vu⁵⁵ 形 高大，伟岸 big and tall nassyi amukebbuo ggama ganqine jjiwa nyivu, copargahmo de tebbuza。你家的阿木克部个子高大，完全蜕变成一个伟岸的小伙子了。

jjilebi nyileho dʑi³³ le³³ pi³³ ȵi⁵⁵ le⁵⁵ xo⁵⁵ 借故推辞，找借口推脱 find an excuse to decline, excuse oneself nbboru chyisuo nggame bebe tiase caha ncatiase jjilebi nyileho ggagga jje。割马草的奴隶，一会儿说补衣服，一会儿说修草鞋，不断地找借口推脱。

jjimar aga dʑi⁵⁵ m ɚ⁵⁵ a⁵⁵ ka⁵⁵ 名 王（姓，吉满阿呷支系）Wang jjimar aga bbe nyogwa varge garhar zzho。吉满家族阿呷支系的人都集中在越西县居住。

jjimar anyo nggeo ssyi dʑi⁵⁵ m ɚ⁵⁵ a⁵⁵ ȵo⁵⁵ ŋge³³ o³³ zɿ³³ 吉满家族集团九弟兄 nine brothers of the Wang family jjimar anyo nggeo ssyi, xxisha shwassa ngge ossyi。吉满家族集团九弟兄，依沙家族集团九支系。

jjimar cinwa dʑi⁵⁵ m ɚ⁵⁵ tsʰi⁵⁵ nua⁵⁵ 王氏策诺家族 the Wangs jjimar cinwa ne zzhodemanddo, varge mazzho tele nahzha ra magge a lamanddo。现在没有发现王氏策诺家族的人，若越西也没有，这个家族就很难找到了。

jjimar dde dʑi⁵⁵ m ɚ⁵⁵ de³³ 王氏吉满家族 the Wangs jjimar dde ne jjimar nyaga dde zzyi。王氏吉满家族诞生了吉满良呷（法师、英雄）。

jjimar ddukwa dʑi⁵⁵ m ɚ⁵⁵ du³³ kʰua³³ 吉满多夸支系 the Wangs ddokwa abu gguceizhanga ngazhai jjimarnengu jjimar ddukwa tebbua。多夸老爷跟着顾策老爷一起加入吉满九大家族，变成了吉满多夸支系。

jjimar gaza dʑi³³ m ɚ⁵⁵ ka⁵⁵ tsa⁵⁵ 吉满呷扎支系 the Wangs jjimar gaza bbe tiha ne vargebashe sizzo, sujji tiha ne ddahssai ddala。吉满呷扎家族现在都在越西县，当前这个支系已经发展起来了。

jjimar gguce dʑi⁵⁵ m ɚ⁵⁵ gu³³ tsʰe³³ 名 李（王氏九族之顾策支）Li ggucabu yomo jjimar ddegelaggejja jjimar gguce nanca dejjigge。顾策老爷说他也要加入吉满家族，所以顾策支系就作为吉满九支系之一。

jjimar gguci dʑi⁵⁵ m ɚ⁵⁵ gu³³ tsʰi³³ 名 李（王氏九族之顾策支）Li

jjimar gwa npu dʑi³³ m ɚ⁵⁵ kua⁵⁵ npʰu⁵⁵ 名 王（姓，逛普支系）Wang jjimar gwanpu dde jji jjimar nddronwa debbe jji gge。王姓逛普家族也是吉满黑皮肤家族的人。

jjimar la nbbu dʑi⁵⁵ m ɚ⁵⁵ la⁵⁵ nbu⁵⁵ 王家狮帽支 the Wangs jjimar la nbbu dde ne shaba ngu di jje。据说，王家狮帽家族是沙巴世家的一支。

jjimar mwaha dʑi⁵⁵ m ɚ⁵⁵ mua⁵⁵ xa⁵⁵ 王姓玛哈支系 the Wangs jjimar mwaha hadde galo ddahssa, tiha xian-jinzzomola chocho ddezzyiza。王姓玛哈支系在甘洛发展壮大，现在已经有一些县处级干部了。

jjimar nddroer dʑi⁵⁵ m ɚ⁵⁵ ndʐo⁵⁵ ɚ⁵⁵ 王氏白皮

肤支系 the Wangs *ersusyissa jjimarnyagane jjimar nddroerde, bbokwaba she zzhode jjigge*。尔苏英雄吉满良呷是王氏白皮肤支系的人,家住保安乡大龙堂村。

jjimar nddronwa dʑi⁵⁵ mɚ⁵⁵ ndʐu⁵⁵ nua⁵⁵ 王氏黑皮肤支系 the Wangs *jjimar nddronwa ddene zzilhaloge yaddehssa za, nzzage ngalasu jji yami*。王氏黑皮肤支系的人在甘洛县则拉乡最为兴旺,出来参加工作的人也较多。

jjimar nyaga dʑi⁵⁵ mɚ⁵⁵ ȵa³³ ka³³ 名 吉满良呷(王家英雄祖先的名字)the name of the ancestor of the Wangs *jjimar dde ne jjimar nyaga dde zzyi*。王家诞生了吉满良呷英雄祖先。

jjimar re ggu dʑi⁵⁵ mɚ⁵⁵ re³³ gu³³ 王家老屋基地(地名)the Wang's old home *nwanzzuba bbe tihane mo ngwarlai jjimar reggu zzholazase*。凉山村的人现在又南迁到王家老屋基地上来居住了。

jjimar ssanyo dʑi⁵⁵ mɚ⁵⁵ za⁵⁵ ȵo⁵⁵ 王家黑肤的幺房支 the Wangs *jjimar ssanyo dde ne isyi abu de ddezzyi a*。王家黑肤的幺房支诞生了一个最富有的新房老爷。

jjimar wola dʑi³³ mɚ⁵⁵ uo⁵⁵ la⁵⁵ 王姓哦拉支系 the Wangs *jjimar wola dde nehssa bbu tre bbe ge dwa shu pu kwarddwai zzho ddwa jje*。王姓哦拉支系的人约在两百年前就迁移到汉源县大树堡一带了。

jjimar zasyi dʑi⁵⁵ mɚ⁵⁵ tsa⁵⁵ sɚ⁵⁵ 王姓扎思支系 the Wangs *jjimar zasyi ne varge hwashe be she yami debbe zzho jji gge*。据说,王姓扎思支系的人分布在越西后山乡一带。

jjimardde pe nganzza dʑi⁵⁵ mɚ⁵⁵ de³³ pʰe³³ ŋa³³ ndza³³ 站在王氏家族一边 stand on the side of the Wangs *anggubbuha sui jjimardde pe nganzzai kadege labarddwa za de*。昂古不哈站在王氏家族一边,参加了所有王氏家族的活动。

jjime jjiva dʑi⁵⁵ me⁵⁵ dʑi⁵⁵ va⁵⁵ 姗姗来迟的,拖拖沓沓的 tardy, dilatory *ta va ngatalo, jjime jjiva, nyaha si barla gge ma nddo*。别等他,拖拖沓沓的,不知道什么时候才能够到达。

jjimo dʑi⁵⁵ mo⁵⁵ 形 富有的 rich, wealthy *her ddahssa bbyi ddahssa ngu, her jjimo bbyijji mo ngu*。龙发展要像蜜蜂一样发展,龙富有犹如蜜蜂一样富有。

jjimo dde dʑi⁵⁵ mo⁵⁵ de⁵⁵ 富裕户,富人家 rich family, wealthy family *neryishe jjmo dde yolahbu ddezzi ateggei zailaxxingu ddo?* 听说你们村的那户富人家的羊都有上千只了,到底是不是真的哦?

jjimo nyimo dʑi³³ mo³³ nyi⁵⁵ mo⁵⁵ 呼上唤下,相互邀请 invite each other *nzzazhohane teryi ssone titidde jjimo nyimo bbezzhazzyi addesi zyiga*。春节期间他们一家一家地你呼我唤,相互邀请着吃转转饭,只有我家是单干户哦。

jjimo ssahbu dʑi⁵⁵ mo⁵⁵ za⁵⁵ ǝpu⁵⁵ 名 首富 the richest *tiha ersubbege ne, tedde jjimo ssahbu ggeshe*。在现在的尔苏人中,他家是首富了。

jjimo ssahbu jjigaꞏhai zzho dʑi⁵⁵ mo⁵⁵ za⁵⁵ ǝpu⁵⁵ dʑi³³ kɚ³³ xɚ³³ dʐo³³ 自诩为最富有,自诩为首富 someone self-proclaimed as the richest man

jjimo ssyi ① dʑi⁵⁵ mo⁵⁵ zɚ³³ 富有的人,富人之子,富二代 wealthy man, the son of the rich *jjimo ssyi shyi hzyi hase, mabbo ssyi sihzyi hase*。富二代知道肉关节,穷二代知道柴节节。(谚语:富人善宰杀,穷人善砍柴)

jjimo ssyi ② dʑi⁵⁵ mo⁵⁵ zɤ⁵⁵ 形 富有的 rich, wealthy

jjingwa pe dʑi⁵⁵ ŋua⁵⁵ pʰe³³ 名 下把位(火塘添柴处,火塘尾部) the inferior seat (the end of fireplace) *tene tejjiajje，jjingwa pene vei rai bbei ggagga dega，tege tepyimali*。她就这样唱道:下把位是小猪小鸡戏耍的地方,别把我放在这里。

jjinkwa shenkwa dʑi⁵⁵ ŋkʰua⁵⁵ ʃe⁵⁵ ŋkʰua⁵⁵ 名 高湖,长湖,牛角海 high lake, long lake, sea shaped like ox horn *galoba bbe tiha ne jjinkwa shenkwa o ngebubi a ddavar sshagge jje*。甘洛县的人现在要开发高湖、长湖、牛角海,吸引八方游客来甘洛游玩。

jjinyi pe dʑi⁵⁵ ɲi⁵⁵ pʰe³³ 名 主位(进门左方) main position (on the left of the door) *ssama gema bbe jjinyipe nehssyi，aryi vuzha dehyo gge*。司饭员(做饭的服务员)都到主位坐下,我们要轮敬一道酒。

jjinzzyinzza nyinzzyi nzza ① dʑi³³ ndzɤ³³ ndza³³ ɲi⁵⁵ ndzɤ⁵⁵ ɔndza⁵⁵ 举棋不定,患得患失 hesitate *janzu deo ne nankanishu，jji nzzyinzza nyi nzzyinzza，muzwa ne tepyiha*。差不多就把它卖掉算了,如果患得患失、举棋不定,谨防下午就卖亏了。

jjinzzyinzza nyinzzyi nzza ② dʑi³³ ndzɤ³³ ndza³³ ɲi⁵⁵ ndzɤ⁵⁵ ndza⁵⁵ 东想西想,心不在焉 be absent-minded *shabaso ne shabaso, anedebbe jjinzzyinzza nyinzzyinzza lenyo e*。安心学习、传承沙巴文化,有什么东西值得你东想西想、心神不宁的呢?

jjiobala cadaba dʑi³³o³³pa³³la³³tsʰa⁵⁵ta⁵⁵pa⁵⁵ 高山人和矮山人(高寒山区的人和河谷地区的人) people living in the high mountain area and people living in the valley area *jjiobala cadaba bihzubiga massussu, gwabalangwaba zzhyiho massuhssu*。高山人和矮山人打草皮不协调,北边人和南边人说话有差别。(谚语)

jjipu nyipu dʑi³³ pʰu³³ ɲi⁵⁵ pʰu⁵⁵ 翻来覆去 toss and turn *macangalaza, ni lobbe ngehjii macalage jjipu nyipu nge koadde ddrushu*。外边出太阳了,把你的床垫、被褥拿到太阳底下翻来覆去地晒干。

jjipunyipu ddamar dʑi³³ pʰu³³ ɲi³³ pʰu³³ da⁵⁵ maɹ⁵⁵ 睡懒觉(翻过来睡又覆过去睡) sleep late, turn over and sleep again *ssonbbo bbe marhane jjipuddamar nyipuddamar sibbutre mar de bbe jje*。野人婆睡觉的时候是翻过来睡又覆过去睡,据说一觉要睡三年的。

jjishu nyishu dʑi⁵⁵ ʃu⁵⁵ ɲi⁵⁵ ʃu⁵⁵ 带上去带下来,到处奔波 bring it up and down, run around, on the move *shyibbussao hjinbbadagate paomugassaosi jjishunyishu nddenddekocia*。史部带着抛木呷子在医院里到处奔波,非常辛苦。

jjishyi da dʑi³³ ʃe³³ ta³³ 板桥乡坛罐窑村 Tanguanyao Village, Banqiao Town *varge jjishyida bashe ne tihajji mo ersu denei zzhose*。越西县板桥乡的坛罐窑村至今还有一两家尔苏人。

jjisu bbe ① dʑi³³ su³³ be⁵⁵ 这样说的人,传言者,传谣者 people who say this, a person who spreads rumors *mahssyihssyi nanca katoggejjisubbe, manzzhenzze nanca kato subbe*。无中生有、传播谣言者,歪曲事实、陷害他人者,这些都是驱赶的对象。

jjisu bbe ② dʑi³³ su³³ be⁵⁵ 说是要…… say that it will *niveshyi nqo loma hji gge jji subbe nezyi gata, yaddrebbe osse ssyi gge jji gge*。

你的那些说是要拿到永和乡的猪肉准备好,娃娃们要到石棉县去。

jjiva maji ngada ji dʑi⁵⁵ va⁵⁵ ma³³ tɕi³³ ŋa⁵⁵ ta⁵⁵ tɕi³³ 不怕慢就怕停 it is better to go slow than stop *ane deo ngu ha jji demiha , jjiva maji nga daji jja ti hbizyi gge debbe*。无论做什么事,道理都是一样,不怕慢就怕停。(谚语)

jjivu yamar dʑi³³ vu⁵⁵ ja⁵⁵ m ɚ⁵⁵ 醇香的坛子酒,甜的坛子酒 mellow wine, a jar of sweet wine *jjivu yamar cesuzzho , shyibar yamar zzyisu zzho*。甘甜匝酒有人喝,美味块肉有人吃。

jjo ① dʑo⁵⁵ 形 歪的,偏的,斜的 crooked, partial, skew *icuhane lwangu ga tejjo ne iga tebu nzzho gge debbe*。修房子的时候如果大梁歪斜了,整个房子就有可能倒塌。

jjo ② dʑo⁵⁵ 名 周(藏姓觉) Zhou *ojjo wabbu casapanci ge jjo dde jji tiha ne tedo a*。周姓十三支里的觉家到现在也断嗣了。

jjo ③ dʑo⁵⁵ 动 返回 return *amshejjola razezzyilabbyichozzyila , zzhoqigekatanzza*。回到妈妈身边来吃核桃、吃板栗,不要站在河边上。

jjo ④ dʑo⁵⁵ 量 片,板 piece, slab *zabu ngwarhnaro dejjo tehssyi ava qi , dechyi lapa*。扎布给我砍了一片牛排骨,我背不起来。

jjo ⑤ dʑo⁵⁵ 动 推,推动 push, shove, promote *nddavar bbe zzhokeshe ddejima kegekeimali , aige kege kejjo a*。婚使们怕被泼水不肯进去,被我一把推进去了。

jjo ⑥ dʑo⁵⁵ 名 石神 the stone god *yakwayakwa nejjoyakwa , tralalhaobageddranengu sula lha bage mo nengu*。神界最尊的是白石神,它是鬼和神之间的界限,是人和神之间的使者。(当地的说法)

石 神

jjo bbuhgu dʑo⁵⁵ bu⁵⁵ əku⁵⁵ 偏僻小村 podunk *aryine jjobbuhgugu sutebbu ane anela naga maqi*。我们是偏僻小村的人,什么都没有经历过,没有经验。

jjo bbura i dʑo⁵⁵ bu⁵⁵ ra⁵⁵ ji⁵⁵ 形 胆怯的,没见过世面的 timid, naive *yaddreteo jjobburaide sutenddo anevumyala ddenyiza*。这个娃是没见过世面的,见到一个生人就会脸红。

jjo er dʑo⁵⁵ ɚ⁵⁵ 名 鸡蛋(隐语,白色的球形物) egg (hints a white spherical object) *muga jjoi ggetegge , ne jjoer nesio ddenggoa teqita*。穆呷在说他要回去了,你就捡几个鸡蛋给他嘛。

jjo gga ngu dʑo⁵⁵ ga⁵⁵ ŋu⁵⁵ 唱石神歌 sing songs of the stone god *jjo gga ngu nyi ngu ma nzzho jjoi ha , langu ma nzzho jjoi ha jja gga debbe*。石神歌是这样唱的:不会务农石神教,不会耕种石神教。

jjo i gge dʑo⁵⁵ ji⁵⁵ ge³³ 要回去,回家 want to go back, go home *nyaigai qamao jjo igge hane iva munpa ngge wo te ta va bela je*。

尼爱呷的母亲要回家的时候，她的九个哥哥都来送她。

jjo la ① dʐo⁵⁵la⁵⁵ 动 回来，返回，转来 return, come back, get back, turn around *shuersshyisu yoerwoi zhanga kazhazhai ta sshyi yava jjola za jje*。穿白披毡的猎人跟随着白羊，一直跑一直跑，就跑回家来了。

jjo la ② dʐo⁵⁵la⁵⁵ 名 回转 rotation

jjo laho dʐo³³la⁵⁵xo⁵⁵ 名 大众，群众 public, the masses *jjolahovanddamangu bbeimahggane ddenyima ssyi mido rasa megge de*。如果不为群众办实事，你就得不到共产党的信任和提拔。

jjo nyo dʐo⁵⁵ɲo⁵⁵ 名 他乡，外地 an alien land, a place far away from home *co chyi i ncha jjonyo hgwar, hwachyi i ncha nbbi nyohgwar*。孤儿流落在他乡，孤鸟流落在山外。（民歌歌词）

jjo si dʐo³³si⁵⁵ 名 刺梨树 roxburgh rose *nbbonbbar zzhoge kenjji ngezho nyogwa jjosi kezzhyiz*。冕宁城东马尿河流域全部种植了刺梨树。

刺梨树

刺梨花

jjo si mama dʐo⁵⁵si⁵⁵ma⁵⁵ma⁵⁵ 名 刺梨果（冕宁语）fruit of roxburgh rose *jjo si mama bbe ne nyihji debbe jje, tiha ne jjo si mama zzha nancainkegga*。据说，刺梨果是中药，现在有刺梨茶出售。

刺梨果

jjoi lonbba dʐo⁵⁵ji⁵⁵lo⁵⁵nba⁵⁵ 名 三垭乡（卡拉）Sanya Village *jjoi lonbba nbbi lohgu, yahishohi hnyihgu da*。三垭乡里山沟沟，过去曾经开金矿。

jjoi mali dʐo⁵⁵ji⁵⁵ma⁵⁵li³³ 不肯回去 will not go back *yeddre te bbe ggagga si keshyi i nyogwa jjoi mali*。这些小孩全部都贪图玩耍，不肯回家去。

jjoida manyo ① dʐo⁵⁵ji⁵⁵ta³³ma⁵⁵ɲo⁵⁵ 无家可归 homeless *cochyiincha ne jjoidamanyo dadai jjonyohgwar*。人间的孤儿因为无家可归

所以才流落他乡。

jjoida manyo ② dʐo⁵⁵ji⁵⁵ta³³ma⁵⁵ȵo⁵⁵ 没有娘家人 do not have a family *anga ne ivemunpa mandde detebbu ne jjoidajjimanyo de*。本人因为没有娘家人,所以没有地方可以去探亲。

jjojjo dʐo³³dʐo³³ 互相推挤 jostle each other, push each other out *taryi nyogwa deodaeva dde jjojjoi ke keddwa debbe*。他们一起互相推挤着进去了。

jjojjo pyipyi dʐo³³dʐo³³pʰzɚ⁵⁵pʰzɚ⁵⁵ 推推搡搡,连推带挤 push and shove *sohbu lige sshassha subbe jjojjo pyipyi rewa nyope ngazha*。老师把到学校捣乱的人连推带挤地推出校门了。

jjonyo hgwar dʐo⁵⁵ȵo⁵⁵əkuɚ⁵⁵ 流落他乡 become homeless in other countries *hwachyi in cha nbbi nyo hgwar, co chyi in cha jjo nyo hgwar*。落孤的鸟儿流落大山外,落孤的孩儿流落在他乡。

jjozyi damanyo dʐo⁵⁵dʐɚ⁵⁵ta⁵⁵ma⁵⁵ȵo³³ 无处怪罪,无法推诿 no one to blame *teone aiai sshode sevala jjozyi damanyode, neryi anela kato maho*。这个事情是我自己的责任,无法推诿,与谁都没有关系,你们什么都不要说了。

jo tɕo⁵⁵ 动 捂,包 cover, wrap *nessyimalio vurade vuliva kejojo i vujo denanca za*。你家的玛丽用一块布裹在头上当头巾。

jo par tɕo³³pʰɚ³³ 名 盆,木盆 basin, wooden basin *yaddre teo radwai sinyo tebbu ha ne ssama dejopar zzyi tezzupa jje*。据说,这个小孩出生三天就可以吃一木盆大米饭了。(民间传说)

jojo ① tɕo³³tɕo³³ 名 舅舅 mother's brother, uncle *dajojo ne daso zzha demi ge a ce ddo*。大舅,您今天早上吃早餐了没有?

jojo ② tɕo³³tɕo³³ 动 缠绕,裹 twine, bind

K k

ka ① k^ha^{55} 名 牢房，监狱，关犯人的屋子 prison, jail *te ryi na va ka ge kejji gge jji gge*。他们说，要把你关进牢房里去。

ka ② k^ha^{33} 量 方（与布料口面等长的布料），方形布料 a square of cloth *vura daka ne vura chobarfi ne tabar she i sshohbbu nece desyi*。一方布就是与布料口面等长的一块正方形的布料。

ka ③ k^ha 趋向前缀 tendency prefix *atege ddenyisu suva kebvu gge su zzho neryi atege ka ta jiba*。那里有传染病的病人，你们不要靠近。

ka ④ k^ha^{55} 名 大麦 barley *ka hopa bbe ngga va kasa ne tra bbe ya va kala mahnyo debbe jje*。据说，把大麦芒挂在门枋上以后，鬼邪就不敢进来了。（当地的说法）

挂着的大麦

ka ⑤ k^ha^{33} 名 羚羊 antelope *kama ka i dde zzyi, ka i ddakwa kama nesyi*。羚母哺育羚羊仔，羚仔长大刺死羚母（吸奶时头往上顶角，刺入母腹）。（谚语）

ka ⑥ k^ha^{55} 名 嘴 mouth *assyi mugamitane ka hnede, ne anekeminqi netezzhyi sikato ggede*。我家的牧呷米塔是一个嘴拙的人，你问什么他就只能够答什么。

ka ⑦ k^ha^{33} 代 哪里，何处 where *kazzhoila ddo? tedehsseggu kaka ligga e? nassyi pama bbe nddoajjie?* 从哪里来哦？这一段时间在跑哪些地方呢？你的父母都健康吗？

ka ⑧ k^ha^{33} 动 胜利 win *nwanzzuba la jjaba bbe ddararai nwanzzuba bbe yaka nguihjilaza*。凉山村的人和清水村的人发生争执，凉山村的人胜利了。

ka ba $k^ha^{55}pa^{55}$ 哪里人 where are you from *ne ryi ka ba de bbe? kazzho i la debbe? andesyi ngula ddo?* 你们是哪里人？从哪里来？准备来这里做点什么事呢？

ka bbanyi ① $k^ha^{33}ba^{33}\underset{\cdot}{n}i^{55}$ 动 听 listen *neka bba nyi, ngga nyo sude gwar-igge myaha, desyi nge ya kezzoro*。你听，门外好像有人在喊，你出去看看。

ka bbanyi ② $k^ha^{33}ba^{33}\underset{\cdot}{n}i^{55}$ 动 关注，注意，留心 pay attention to, be careful *nesyi aihima va yahzhyi mahzhyi a nagu ddecui kabbanyi za de*。你们对我的妹妹好还是不好，我一直很关注，竖着耳朵倾听着。

ka bwa i $k^ha^{55}pua^{55}ji^{55}$ 动 照顾，抚养 look after, bring up *ale tizhangane aiyaddre nabarsi kabwai zzhongugge, seshejji ssyi magga*。从今以后我就只保护和抚养我的两个孩子，不再嫁给任何人了。

ka caca $k^ha^{33}ts^ha^{33}ts^ha^{33}$ 动 斗争，干（施加作用力）struggle, do *erkwamateo gedaha amo deqi kacaca i kama shyide*。这个大石头，刚才我也撬过一阵子，始终撬不动它。

大石头

ka da ① $k^ha^{55}ta^{55}$ 动 堵塞，关闭，遮挡 block up, close, cover *bbozzho ga ge gabi gaca bbe lige kada za, nnamashushu i mali*。沟渠里边被垃圾堵塞着，不清除干净不行了。

ka da ② $k^ha^{55}ta^{55}$ 动 垒，结 build, tie *ngga o ge la gara va kada za, yasheo su ke i maqi za*。门上都结了蜘蛛网，有一段时间没有住人了。

ka da ③ $k^ha^{55}ta^{23}$ 动 筑（巢）build (nest) *isu ige mengahwai bbe lige hwai nche de kada za*。房檐下，燕子筑起了窝。

ka dda $k^ha^{55}da^{55}$ 代 哪里，何处 where *o nddavar delagebar, kaddazzhoi tegelade?* 哦，来了一位尊贵的客人，请问您从哪里来的？

ka ddra $k^ha^{55}ɖʐa^{55}$ 动 抢夺，偷窃，豪夺 loot, steal, seize *te tro o vezza bbe si ka ddra i zzyi, ngazha*。这条狗专门抢夺猪食来吃，把它赶出去。

ka dege $k^ha^{55}te^{55}ke^{55}$ 副 到处（哪里都）everywhere *tebbe le kadege la zzho, mazzho dewa maha*。这些到处都有，可以说是无处不在。

ka dra ① $k^ha^{33}tʐa^{33}$ 动 得罪（伤害情感）offend, hurt feelings

ka dra ② $k^ha^{33}tʐa^{33}$ 形 健康 health

ka dradra $k^ha^{55}tʐa^{55}tʐa^{55}$ 动 邀约 send invitation to, invite *ddrobbyiva desyi kadradra galo ssyi aggeshyi, ggetelie aryidezhengu*。你们去邀约一下老张，看看他去不去甘洛，如果要去，我们就同行。

ka ga $k^ha^{55}ka^{55}$ 动 钉入 hammer into *jjimar reggu calava hnyonzzi shenzzi hjiddwai kagai tepyiajje*。天皇岗上的尔苏坟茔，被钉入了铜钉和铁钉。（害人的迷信做法）

ka gaga $k^ha^{55}ka^{55}ka^{55}$ 动 涌进，涌入 inburst, spill into, pour into *nddarao awalige nbgade ngammajiba, bbecanbbu yava kagagashuza*。因为奶奶没有关严纱窗，所以一大群蚊子涌入房间了。

ka hda $k^ha^{33}əta^{55}$ 动 折叠 fold, pucker *ncho ddehggwar ne pugwarwo zzhoggwa kahda tepyi*。每天早上起床后，马上把铺盖折叠起来摆好。

ka hdwa $k^ha^{33}ətua^{55}$ 动 施法，念咒 incant, cast spells *sasamao lepe zzhozui nanparha shabalige kahdwane tacha*。萨萨曼的手被开水烫的时候，沙巴对手吹气施法术，手就好了。（当地的做法）

ka hggaru $k^ha^{33}əga^{33}ru^{55}$ 强行摊派 allocate by compulsion *tilige ava bbazzhe denbbonco* *pwa qihojja kahggaru ata*。我被他强行摊派了一万元人民币。

ke hihi $k^hɛ^{55}xi^{55}xi^{55}$ 动 闻，嗅 smell, sniff *tro ryipaga kehihi kasa ne zzhoggwa nyizuru raza*。猎狗在路边上只是嗅一嗅，就立即发现了猎物的踪迹。

ka hna ① $k^ha^{33}əna^{55}$ 动 稳定，不摇动 stabilize *trehngwarsiga na maqo ne ka mahna, trehngwar siga neqo ne kahna za*。篱笆不打三个桩就不稳定，篱笆打了三个桩就稳定了，这样说。

ka hna ② $k^ha^{33}əna^{55}$ 动 停靠，停住，靠住 call at, draw up, come to a halt *tessyiissalemateolekahna ma gge de, nya ha de nyo ne ngahggwar gge de*。他家的这个儿媳妇靠不住，总有一天会飞走的。

ka lanyi $k^ha^{33}la^{33}ȵi^{55}$ 动 重复，返工 repeat, rework *nyinqi ngu hane nddendde nengu, suva ka lanyi le manyo shu*。做活路的时候要好好做，不要有让别人返工的地方和环节。

ka lasshyi $k^ha^{55}la^{55}ʐa^{55}$ 动 冤枉（栽赃陷害）wrong, frame up *mejoqonyizzoruza, nemahssyimanzzhebbe avakalasshyi a, yali ma gge*。上天在关注着我们，你用无中生有的东西来栽赃陷害我，不会有好下场。（当地说法）

ka lhalha $k^ha^{33}ɬa^{33}ɬa^{55}$ 动 卷起，收捡 roll up, pick up *vahgga pwa maho ha ne ka lha lha vaikaza zzhyisui ddecu tepyi*。晒垫用完了就卷起来，用绳子捆扎后立放在屋檐下的阴凉处。

ka lili $k^ha^{33}li^{33}li^{55}$ 小陶瓷罐子 wine jar, small ceramic pot *nassyi kalili sitre twao addeva desyi kehi hojje*。请你把你家能装三斤的小陶罐借给我家用一下再说。

ka lya $k^ha^{55}lja^{23}$ 贴上去 paste on

ka ma bar $k^ha^{33}ma^{33}bɚ^{55}$ 没有触及，未达到 do not touch, do not reach

ka ma nca $k^ha^{33}ma^{33}nts^ha^{33}$ 没记住，忘记 do not remember, slip from one's memory

ka ma sso $k^ha^{33}ma^{33}zo^{55}$ 动 脱靶 miss the target

ka ma zzoro $k^ha^{33}ma^{33}ʥo^{55}ro^{55}$ 没有照看，没有观察，没照料 do not look after

ka mahji $k^ha^{33}ma^{33}ətɕi^{55}$ 远房的亲戚（不是血亲）distant relatives (not genetically related)

ka mar $k^ha^{55}mɚ^{55}$ 动 睡觉 sleep *da za ka mar gge*。准备睡一觉。

ka marra $k^ha^{33}mɚ^{33}ra^{33}$ 动 收缩，变小 shrink, diminish

ka mashyi ① $k^ha^{33}ma^{33}ʃɤ^{55}$ 没有战胜，没有打赢 do not win *labu la kala zzi yoyo jja kala ncha labu va kamashyi*。拉布和卡拉进行摔跤比赛，结果卡拉没有战胜拉布，拉布赢了比赛。

ka mashyi ② $k^ha^{33}ma^{33}ʃɤ^{55}$ 没有品尝，没有吃 do not eat *lamo ane desyi la ka ma shyi, a syinyi ge nejjoi ma pa de*。拉莫什么东西都没有吃，我为之过意不去。

ka nkwa $k^ha^{55}ŋk^hua^{55}$ 动 生锈 rust *bbazha ddamasu ne kankwa, hibba ddamaga ne mase*。刀子不磨铁就生锈，话语不言理不明。（谚语）

生锈的铁瓢

ka par-er kʰa³³pʰaɚ³³ɚ⁵⁵ 赔礼道歉，赎罪，谢罪 extend a formal apology, atone for one's crime, apologize for an offence *lalaga teyo ajja lapiga va da nggazu da hwamya kaparer ajje*。拉拉呷认错了，给拉皮呷用一坛酒和一个牺牲做赔礼道歉礼仪。

ka ssassa kʰa³³za³³za³³ 动 吩咐，嘱咐，告诫 tell, enjoin, warn *ssyiggeha kassassa kassassai mapa, mo darddwa ne teyodaiteyo*。走的时候再三嘱咐，反复告诫了，到了那里照样犯老毛病了。

ka sshyi kʰa³³ʐɘ³³ 名 命运，命相 fate, destiny

ka tasshyi kʰa⁵⁵tʰa⁵⁵ʐɘ⁵⁵ 不要买，别买 do not buy *ne ka ddwa ma nddo ai jjile na tebbe katasshyi*。我不知道你跑到哪里去了，我的意思是你不要买这些。

ka varvar kʰa³³vaɚ³³vaɚ⁵⁵ 动 协助，援助，帮助 assist, support *nyi nqi ngu hane mado bbeva ne ka varvar, dde nbba nbba*。体力弱小的人在劳动时，我们要提供帮助。

ka wa i ① kʰa³³wa⁵⁵ji⁵⁵ 围在……around… *gedaha ainddohela wejige hddwara va kawai za de, tiha ne kaddwa nanddo*。刚才我还看到围巾围在脖子上，现在不知道掉到哪里去了。

ka wa i ② kʰa³³wa⁵⁵ji⁵⁵ 动 套上（绳索）put on (the rope) *trobryiga trova kawai, muzwa su ke dryiha*。把狗索套在狗头上，谨防一会儿咬着人。

ka wa i ③ kʰa³³wa⁵⁵ji⁵⁵ 动 栽赃 frame

ka wawa kʰa³³wa⁵⁵wa⁵⁵ 动 簇拥，包围 cluster, surround, encircle *anggu nzzomo barla jja, renyi nyawa bbe nyogwa kawawa i kanzzanzza za*。姓周的领导来了，亲戚朋友们全部簇拥着他站立着。

ka zaza tʰa³³tsa³³tsa³³ 跳进去，往北跳 jump into, jump to the north *trolige zhalai nggahgu balane tige yava kazaza*。狗把他追到家门口了，他一个箭步跳进屋里。

ka zhazha kʰa⁵⁵tʃa⁵⁵tʃa⁵⁵ 动 追逐，追赶，跟随，随从 chase, follow after, accompany *fuge yaddre bbe ddavar ma bbe zhanga kazhazha i zzoro gge*。村子里的小孩子们跟在外村来的女客人后面看。

ka-re nabbo kʰa⁵⁵rɛ⁵⁵na³³bo³³ 夹米核桃，铁核桃 walnut

ka-re sinbbar kʰa⁵⁵rɛ⁵⁵si³³nbaɚ³³ 核桃树疙瘩 root of walnut tree *ka-re sinbbar ne hja le ya zzho de, de o ne lape de maga keshu do*。核桃树疙瘩是经烧的，一个疙瘩可以烧半个月。

kaba de kʰa⁵⁵pa⁵⁵te³³ 哪村人，何地人，籍贯 birthplace *neryi kaba debbei? tege anenguladdo? nbbryi desyi nyodebbe bwa?* 你们是哪个村的人呢？到这里来做什么事呢？是不是有什么急事？

kabbanyi maya kʰa³³ba³³ɲi³³ma³³ja⁵⁵ 不堪入耳的 rude *teamussa ne munpa hima zzho magwar ka bbanyi maya su keto gge de*。这个牧呷子不管什么场合都要说些让人不堪入耳的话。

kabbanyi ha kʰa³³ba³³ɲi³³xa⁵⁵ 听起来 sound *nu dda kato su kabbanyi ha zaidebbe myaha*。你说的这些事情听起来好像是真的。

kabbu kʰa⁵⁵bu⁵⁵ 动 施法，念咒 conjure, cast spells, incant

kacha mapa kʰa³³tʃʰa³³ma⁵⁵pʰa⁵⁵ 坚持不住，忍不住 can't hold on, can't help doing *ipa ddenyi kacha mapa yozai bbebbe bbebbe hjinbba daga ddwa*。肚子疼得实在忍不住

了,只好自己爬着到医院去了。

kai ddakwa kʰa³³ji³³da³³kʰua³³ 小羚牛长大 small takin grows up

kai ddakwa kama nesyi kʰaj⁵⁵da⁵⁵kʰua⁵⁵kʰa³³ma³³ne³³ɕɚ³³ 羚羊儿子长大杀死羚羊母亲 little antelope grows to kill the mother antelope *kainyonyocehavulijjihzu, ro ga qama i paddehzho ne qama tesho, qadadai kai ddakwa kama nesyi jja hbizyi*。羚羊仔在吮奶时头往上顶,尖角会刺穿羚羊母亲的腹部而将其杀死。

kai ddezzyi kʰa⁵⁵ji⁵⁵de³³ʥɚ³³ 生出小羚 give birth to a baby antelope *kama ddakwa kai dde zzyi*。羚羊长大生小羚。

kai.lia kʰa⁵⁵ji⁵⁵lja³³ 动 停止,忍住 stop, refrain

kai lo kʰai³³lo³³ 动 开着 unlock, drive *amu jjolaha shwalwa da de ddre kailo ihji la za*。阿木回来的时候是开着一辆汽车回来的。

kaja kʰa⁵⁵tɕa⁵⁵ 动 刻痕,刻槽,刻纹 nick, groove, engrave *drosibu bbeva kajasi hibbude qokenyo a drorecu*。在漆树上用刀刻下槽子,再插入一个竹筒,用来收集漆液。

kala kʰa³³la³³ 往北走来 walk to the north, go north *vaegebabbe sonyone kala gge jjigge, desyi nezyiga o*。越西的亲戚明天就要往北来甘洛,你们稍作准备哦。

kala bar-i mado kʰa⁵⁵la⁵⁵bɚ⁵⁵ji⁵⁵ma⁵⁵to⁵⁵ 寸步难行,哪里都去不了 it's hard to walk, can't go anywhere *tihaneyaddre de nebyiya i kalabar-i mado.zhangasi lagge*。现在被一个小婴儿缠着,哪里都去不了,以后再说吧。

kala ngala kʰa³³la³³ŋa⁵⁵la⁵⁵ 满地打滚的,滚来滚去的 turnover, rolling *beisho ipa ddenyi jja meliggu kala ngala gge, hjinbba su de syi ddagwar i*。倍硕因为肚子疼在满地打滚,喊一下医生吧。

kalanyia ngezzyi kʰa³³la³³ɲi³³a³³ŋe⁵⁵ʥɚ⁵⁵ 动 再吃,加餐 continue to eat, have extra meal *ne gedaha dda ma wa de, kalanyi a ngezzyi a dda wa su*。你刚才没有吃饱,现在再吃一点。

kalata zzoro kʰa³³la³³tʰa⁵⁵ʥo³³ro³³ 看都不要看一眼 don't even look at it *zhanga ti ddenyi navagwarxxi hane kalata zzoro*。以后他病了喊你的时候,你就看都不要看他一眼。

kalo kʰa³³lo³³ 量 片 a stretch of (land) *meli ta kalo ne assyi abba i ava ngenbbyi da kalo, nzzyi de ima twa tro*。这片土地是我的父亲给我的陪嫁。

kalo xa ka³³lo⁵⁵ɕa³³ 名 卡拉乡,马鸡店(山神名)Kala Town *kaloge ssyi gge ha rome nyisha ngezyi dege ngwar igge de*。到卡拉乡需要经过一些悬崖峭壁的地方。

kama kʰa³³ma³³ 羚羊母亲 the mother antelope

kama ddryinyi ddwa kʰa³³ma³³ʥɚ⁵⁵ɲi⁵⁵dua³³ 不辞而别,悄悄地走了 leave without saying goodbye *tedde hzachyi he sedde va la kama ddryinyi ddwa dei*。他家搬离这里的时候,和谁都没有打招呼,不辞而别了。

kamanzzho kassyigge kʰa³³ma³³nʥo³³kʰa⁵⁵ʐɚ⁵⁵ge⁵⁵ 能够学会,怎么可能学不会 be able to learn *nzzahola manzzhojji, depu kesoso ane kamanzzho kassyigge, syinyi nataddra*。不会说汉语也没有关系,模仿一段时间怎么可能学不会,别灰心。

kami kʰa³³mi³³ 名 糌粑,福禄 roasted highland barley flour

kami re kʰa³³mi³³re³³ 炒面糊 fried batter

kanbba ma pa kʰa³³nba³³ma⁵⁵pʰa⁵⁵ 坚持不住的,抵挡不住的 unstoppable, irresistible

kanbba ssyi nge nyo ka³³nba³³zɚ³³ŋe³³ȵo³³ 小广播的嘴 loud mouth *ssihi te o ne kanbbar ssyi ngenyo za de, kadege jji depryi rara si kato.* 这个女人长了张小广播的嘴,到处乱说。

kanca hode kʰa⁵⁵ntsʰa⁵⁵xo⁵⁵te⁵⁵ 需要记住,谨记 keep in mind *ersha tebbe ne syinyi ge kanca hode bbe, zhenga ne ersh ge ngazha ddessi ma.* 这些方针政策一定要谨记在心里,今后要按照这些政策来执行。

kanca kawa kʰa³³ntsʰa³³kʰa⁵⁵wa⁵⁵ 藤蔓笼罩着的 be enveloped by vines

kanga hgo kʰa³³ŋa³³əku⁵⁵ 动 咒骂（发毒誓） curse, swear *qamava mahzhyi jja, qamalige rao nahbar i kanga ddehgo i zhanga ne tesho jje.* 因为他对母亲不孝,其母披头散发地咒骂他,所以后来他就真的死了。（当地的说法）

kanpi kʰa⁵⁵npʰi⁵⁵ 名 康（藏姓康匹） Kang *zzilhaloge shoi ne ersu kanpi panci zzho dege.* 则拉乡在很久以前有家姓康匹的尔苏藏族。

kar li kʰɚ⁵⁵li⁵⁵ 动 停止,停下 stop *nbbanbba subbe karli cwa, ddenyisu va desyi ngabbarnyi shu she.* 哭嚎的亲戚暂时停止哭泣了,让病人稍微休息一下啊。（喝热汤仪式上）

kare kʰa⁵⁵re⁵⁵ 名 核桃 walnut

核　桃

kare bbehggwa kʰa⁵⁵re⁵⁵be⁵⁵əgua⁵⁵ 核桃树上的老母虫 worm from the walnut tree *kare bbehggwa bbe tesi nddoha ddejimai go ddanzzha tebbe.* 核桃树上的老母虫样子很吓人,刚一见到的时候会毛骨悚然。

kare ga kʰa⁵⁵re⁵⁵ka³³ 从树上打下核桃 get the walnuts down from the tree

kare izhere kʰa⁵⁵re⁵⁵i³³tʃe³³rɛ³³ 核桃油 walnut oil

kare jigu kʰa⁵⁵re⁵⁵tɕi³³ku³³ 核桃壳 walnut shell

kare na pwa kʰa⁵⁵re⁵⁵na³³pʰua³³ 锤核桃 hammer the walnut

kare nyo kʰa⁵⁵re⁵⁵si³³ȵo³³ 核桃树苗 walnut seedling

kare rohggu kʰa⁵⁵re⁵⁵ro⁵⁵əgu⁵⁵ 成熟的核桃,脱壳核桃 ripe walnut, shelled walnut

核桃、核桃仁

kare se kʰa⁵⁵re⁵⁵se³³ 核桃仁 walnut kernel

kare si kʰa³⁴rɛ⁵⁵si³³ 核桃树 walnut tree

核桃树

kare si nbbar kʰa⁵⁵re⁵⁵si³³mbɚ³³ 核桃树根 root of walnut tree

kare sica kʰa⁵⁵re⁵⁵si³³tsʰa⁵⁵ 核桃树叶 walnut leaves *kare sica bbe mosu ge nagwar ne bbeer bbe tesho gge*。把核桃树的叶子放到茅厕里边就可以杀死蛆虫。(当地的做法)

kare ssu kʰa⁵⁵rɛ⁵⁵zu³³ 核桃油 walnut oil *ai qwa he ne, zzhare ca ha ne kare ssu desyi nagwar he ne goi ddehe*。我认为,喝酥油茶的时候添加一点核桃油,味道更加香甜。

kare zzhu zzhu kʰa⁵⁵re⁵⁵ʥu³³ʥu³³ 核桃仁 walnut kernel *kare zzhuzzhu be kanzza izhere nanca jji li, zzizzingezzyi jji nyihji*。核桃仁可以加热炒出核桃油,也可以生食健身。

核桃仁

kareddenggo kare hze ga kʰa⁵⁵re⁵⁵de⁵⁵ŋgo⁵⁵ kʰa⁵⁵re⁵⁵ətse³³ka³³ 以钱挣钱 earn money by investment *rahssugge jji ssahssala, kareddenggo kare hzega ne yahsshyi*。要开养鸡场也得慢慢来,要以鸡养鸡,以钱挣钱,卖鸡赚钱再投资就没有压力。

karhggaru ngarhggaru kʰɚ³³əga³³ru³³ŋɚ⁵⁵əga⁵⁵ru⁵⁵ 横冲直撞 go on the rampage *ngwarhar wolasokesicu dei bburuge kar hggaru ngar hggaru keshyi mapa*。这个牛犊因为刚开始被驯,所以在隘口上横冲直撞,差点逃脱。

karntro vevuli kʰɚ³³ntʂʰo³³ve⁵⁵vu⁵⁵li³³ 错失良机 miss the good opportunity *tiha ne kar ntro vevuli ma mi, ngar ntro vemenche ma mi, anela ngejjiva*。现在是向北抓没有抓住猪头,往南抓没有抓住猪尾巴,错失良机了。

karo hgu kʰa³³ro³³əku⁵⁵ 动 咒骂,诅咒 curse, swear *su va karo ddehgu ne mali, kei sihzu nyo i si hggu gge de jji gge*。诅咒别人不好,咒语是把双刃剑。

kase kʰa³³sɛ⁵⁵ 名 油饼(当地又称"油炸果子") pancake, deep-fried dough cake *ersubbe ne nzzazho he ne kase kanzza zzyi debbe*。尔苏人的习俗是过年的时候要吃

油炸果子。

油饼、油炸果子

kase ssama kʰa⁵⁵se⁵⁵za⁵⁵ma⁵⁵ 油炒饭,肉炒饭 fried rice *ersubbene nzzazho deosonchone kase ssama kanzza qozyi gge debbe*。每年大年初一天亮前,就要做肉炒饭来祭祀先祖。

kashu kʰa³³ʃu⁵⁵ 名 陶罐(窄口陶罐) stean, jar, narrow mouth stean *muga o zaya ddege vu dakashu hji la i lema minqi la jje*。据说,穆呷带了一陶罐白酒到扎娅家里来相亲(问酒)了。

kashu sier ddaza kʰa³³ʃu³³si³⁵ɚ⁵⁵da³³tsa³³ 有三个提手的酒罐 a jar with three handles

kassha kesshu kʰa³³ʒa³³kʰe⁵⁵ʒu⁵⁵ 挤压变形,收缩变成畸形的 deformed *nzzama momo bbei erpe bbe ne kassha kesshu kezzoro maya debbe*。汉族老奶奶的小脚被挤压成畸形,惨不忍睹。

kasshyi gahdi kʰa³³ʒɚ³³ka⁵⁵əti⁵⁵ 命相中注定 doomed *kasshyigahdigeha neniraggede, kasshyi gahdi ge maha ne ne ra magga de*。命相里注定有的你就会得到,命相里注定没有的你就得不到。(不科学的说法)

katabbanyi ggela ane shyi kʰa³³tʰa³³ba³³ȵi³³ge³³la³³a⁵⁵ne⁵⁵ʃɛ⁵⁵ 最好还是不要听他的,it's better not to listen to him *tizzhyi bbele katabbanyi ggela ane shyi ma, nyongan ncha ha*。他说的话你们最好还是不要听为好,谨防出问题。

kato ① kʰa³³tʰo⁵⁵ 动 答,回答 answer, reply

kato ② kʰa³³tʰo⁵⁵ 动 说话,告诉,通知 speak, tell, notify

kato da mala kʰa⁵⁵tʰo⁵⁵ta³³ma³³la³³ 不该说的 the wrong words *bage mo ngu su ma ncu ne, kato dama labbe dda kato ane zzhyijih jite bbu gge*。中间的协调者不得力就会把不该说的一起说了,成为中间的传话挑拨者。

kato ha kʰa³³tʰo³³xa⁵⁵ 说话的时候 when (you) speak *zzhyi kato hane lalamomo ngatai, desyi nezzyimishu*。说话的时候不要结结巴巴的,稍微表述得清晰明了一些。

kato le kʰa³³tʰo³³le³³ 名 言语(要说的话) words, something to say

kato nzzho kʰa³³tʰo³³ndʒo⁵⁵ 动 会说 able to talk persuasively or eloquently

kato tezzu mapa kʰa³³tʰo³³tʰe³³dzu³³ma⁵⁵pʰa⁵⁵ 说不完,唠叨 keep telling, nag *nezzineo anede bbekato tezzu mapae, kwa kwaika todage de syi ka bba nyi*。你们俩有什么悄悄话说不完啊,先听领导讲,你们再说好不好。

ke ① kʰɛ⁵⁵ 名 里,里面 inside *ggupa de zhyi ge kenbbe za, ddazhazha a ngala sho a vu ddehzu*。一只老鼠跑到柜子里面去了,把它驱赶出来再打死它。

ke ② kʰɛ⁵⁵ 表示趋向 directional marker *mecune, zzhyiizua ke ke ddwa ne dde dde npi*。冬天从凉山村往瓦板房老屋基去的路上,越往北走就越冷。

ke ③ kʰɛ³³ 趋向前缀 directional prefix *dwahwa me na nkwar, neryi ngogwa tege ke i*。今

天天晚了,你们一起就住在这里吧。yaddre o nbbe gge myaha, ne desyi yava ke i ke zzoro。好像听到娃娃在哭,你进去稍微看一看。

ke bbu kʰɛ⁵⁵bu⁵⁵ 动 涂色,刷漆 tint, paint ersubbe tiha ne kela kebbu su bbosu la ggoi mazzho a, shoile sedde labbo。尔苏人家现在很少有涂了色的木盔,过去是家家都有的。

ke bo ssi kʰe³³bo³³zi⁵⁵ 居家过日子 live

ke bubu kʰɛ⁵⁵pu⁵⁵pu⁵⁵ 动 瞄准,指出 take aim at, point out

ke cici kʰe³³tsʰi⁵⁵tsʰi⁵⁵ 动 量,测量 measure

ke cu kʰe³³tsʰu⁵⁵ 动 开头,开始,启动 start, begin meli lakecuhane hdora nezzhyi sho ddengu hodebbe。才开始耕地的时候,要吟唱几句祝福语的。

ke cucu ① kʰe⁵⁵tsʰu⁵⁵tsʰu⁵⁵ 动 举着 lift up, hold up yaddreo daryide nava kecucuza, na ngamanggo anengu? 小孩举着一个东西给你,你半天不接受,你在干什么啊?

ke cucu ② kʰe³³tsʰu³³tsʰu⁵⁵ 动 蹲,蹲着 squat amu lama ssyi lemao mejjinbbar ke cucu i ssumi ssama debbezzyi gge。阿木拉麻的媳妇正蹲在火塘边吃玉米饭。

ke dryi ① kʰɛ⁵⁵tʂɚ⁵⁵ 动 栽赃,诬告 frame up, lodge a false accusation tava ddeshyi ha ddenyi kehxxi mapa ne tiga kezezei suva kedryiza。他被严刑拷打以后,疼痛难忍就只好栽赃陷害他人了。

ke dryi ② kʰe⁵⁵tʂɚ⁵⁵ 动 咬 bite atehwafu ke dryi qibarne mamanqo mamantre tebbune ssi ga ma kehi。那个曾经被咬了一口的花红变成的姑娘既不美又有点憨,所以叫"憨憨女"。(民间故事)

ke erbo kʰe³³ɚ³³po³³ 动 补,补做,补救 do it again, remedy bbossyio setamazi, nyichu nge bu bu gge i, zaxige damarkeerboa。那个敌人没有断气,还在端枪瞄准,被扎西补了一枪击毙了。(民间故事)

ke erlya kʰe⁵⁵ɚ⁵⁵lja⁵⁵ 动 沾惹,招惹,接触 provoke, incur, contact aryile tava keerlya maqi, qineqi, maqi namaqi ggeshe。我们没有招惹过他的。

ke fu kʰe⁵⁵fu⁵⁵ 动 弯 become curved, bend

ke ge kʰe⁵⁵kɛ⁵⁵ 名 里面(房子里面)inside

ke heme kʰɛ³³xe³³mɛ⁵⁵ 动 发霉(滋生霉斑)go mouldy, mildew zhyinzzhyi keheme bbe ssure ge nazha ngezzyi ane yamar de。豆腐发霉过后再油炸吃,味道很好的。

ke hge kʰe⁵⁵əke⁵⁵ 向内曲折,跪 bend inward, kneel ersu su tesho ane mo ddama gabi nggame neshyi erpe lepe bbe kehgea kaza ggede。尔苏人去世后,先洗漱更衣,然后要把遗体的手脚全部弯曲,捆扎成睡姿摆放。(当地的习俗)

ke hggo kʰe³³əgo⁵⁵ 动 烙(饼)bake ramao nggakunggebar ddroge kehggozaha ne bbu ge deo deo nezzyi tezzu。母亲在锅里烙着九个馍馍,被野猫一个接着一个地吃完了。

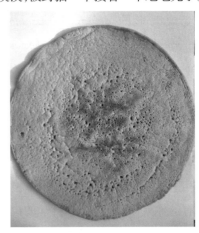

烙 饼

ke hggu $k^h\varepsilon^{33}$ əgu^{55} 向内踢,迈进去,伸进去 kick inward, stride forward *erpe ddenpi pugwarge kehggudda ao tige guzi kukukeli*。我的脚有些冷,就伸进了他的被窝,结果他用拳头狠狠地击打我。

ke hgo ka hda k^he^{55} ko^{55} k^ha^{55} əta^{55} 折叠起来的 folded

ke hhihhi $k^h\varepsilon^{55}$ hi^{55} hi^{55} 动 闻,嗅 smell *mimagabuone, hzhemoge kehhihhi ddangar aza shyi tia jje*。老母猴就说:"在他屁股上嗅嗅,看发臭了没有。"(民间故事)

ke hi $k^h\varepsilon^{33}$ xi^{55} 动 借,借出 borrow, lend, loan out *nissyi ngwarmi desyi ava kehi agge ddo, a meli desyi lalenyo*。把你家的牛借给我用一下,可以吗?我需要翻一下地。

ke hzhe hzhe $k^h\varepsilon^{33}$ $\text{ət}\int\varepsilon^{33}$ $\text{ət}\int\varepsilon^{55}$ 动 扶,牵,握,劝阻 support with one's hand, grasp, discourage

ke jo ① $k^h\varepsilon^{55}$ $t\text{ço}^{55}$ 动 裹起,缠起 twine, roll up, wrap up *hwanzze bbe siga qo kejoi tepyi ane, yashemabbune hwabbe nazajje*。把粘麻雀的果胶缠在竹竿上,然后把竹竿平放在树杈上,一会儿就粘满了麻雀。(当地的做法)

ke jo ② $k^h\varepsilon^{33}$ $t\text{ço}^{55}$ 动 绕(线团) roll, coil, wind

ke lechyi $k^he^{55}le^{55}t\int^h\text{ə}^{55}$ 赌咒的一种方式 a way of the curse *sila tege kessosso mapa, azho troddaza ra ddaga i kelechyi zadege*。这个树林千万不能去动,你看,打鸡吊狗地赌了咒的地方,神灵会守护的。(当地的说法)

ke lo $k^h\varepsilon^{33}$ lo^{55} 动 阻挡,防守 block, obstruct, defend *qabbao issa va, erddro nala ne ne kelo ma tiyajje*。父亲跟儿子说,飞石滚下来的时候,你要扑上去阻挡它。

ke mi $k^h\varepsilon^{33}$ mi^{55} 动 捉住,捕获 catch, capture *zaxi sila ge harerga de kemi hjila za i, zhanganyo na zzici ge nagwar sila ge sa ddwa*。扎西在山林里捉住一只熊猫,第二天又装在背箧里送上山,去放归大自然了。

ke micu $k^he^{55}mi^{55}t\text{s}^hu^{55}$ 动 点名(直呼其名) call the roll, address someone disrespectfully by name *yozai abu abba va kemicu ne machyi gge debbejje*。对自己的长辈直呼其名是大不敬的行为。

ke nagwar $k^h\varepsilon^{33}$ $na^{55}ku\text{ɚ}^{33}$ 动 放入,添加 put it inside *sshaoge raze sibarzzho, mo dabar ke nagwar ne cobar zzhogge de*? 碗里有三个鸡蛋,又添加一个鸡蛋,现在共有几个鸡蛋?

ke nbbe i k^he^{33} $nbe^{33}ji^{55}$ 钻进去,走进去 get in, drill in, walk in *ne mabryi hdoga nyoa yava kenbbei, aryi nyope nava ngelogga*。你装着若无其事地走进屋去,我们都在外边等待你出来。

ke nbbryi k^he^{55} $nb\text{zɹ}^{33}$ 恰逢其时 at the right time *te yohassa ssone suse ssamanpu hala kenbbryi za de*。这个哟哈热到别人家蹭饭都把握好时间,做到恰逢其时。

ke nbbu k^he^{33} nbu^{33} 动 烤,烧烤 barbecue, grill *ke nbbu i zhyi si na ma hgu*。烤熟了,只是没有烧焦。

烧 烤

烤 肉

ke nbbu de $k^h e^{33} nbu^{33} te^{55}$ 火烧的，在火里烧熟的 something cooked in a fire, pyric *ai qwa ha le bugaga mejjige kenbbu de si yamar ggeshe*。我认为在子母灰里烧熟的洋芋是最好吃的。

ke nbbyi $k^h \varepsilon^{55} mbz\mathrm{e}^{55}$ 动 跨进，迈进 step into, stride forward *tizhangane yavakenbbyi kasatene ti troerpe la ddehgeshu gge*。从此以后只要他敢迈进这个屋子一步，就打断他的腿。（民间故事）

ke nce ① $k^h e^{33} nts^h \varepsilon^{55}$ 动 掐（用两指甲掐）pinch, nip *memacozzyi vulige shebbe kence mahnyo, sijajai kajaja i neqoneqi ngu*。她不敢掐野人婆头上的"虱子"，只好用木夹一只一只地夹给野人婆。（民间故事）

ke nce ② $k^h \varepsilon^{33} nts^h \varepsilon^{55}$ 打上结子 make a knot *cihi shacha mancudehi, hgoxxo chyigaha adde nzzyikwakence dagasira*。今年是收成不太好的一年，秋收时我家只收到装满并打结的一口袋苦荞。*ta vai ge gedwa de kence za, ne aivahga desyi tepecha me*。这条绳子被打了一个结，请你帮我解开一下嘛。

ke nche ① $k^h e^{33} nt\mathrm{f}^h e^{55}$ 形 快的，快速的 quick, fast *neryi yaddrebbe ryipaga nataggagga kenche su soso dege soso i*。你们这些小娃娃别在半路上逗留，要快速到学校去上课。

ke nche ② $k^h \varepsilon^{55} nt\mathrm{f}^h \varepsilon$ 动 喷，喷溅 spray, spatter, splash, sputter *zaxi shoceca danyo mengedde mozzhokenchea desyikexxo ggesejje*。今天出大太阳了，扎西的披毡要重新喷一点水来揉一揉。

ke ncho ① $k^h e^{33} nt\mathrm{f}^h o^{55}$ 动 跟随，伴随，同行 follow, go after, accompany *yole tabar-i teryipe ke nchoncho ggeshe, anedela yoi zzyimadode*。我只是跟随着他们，其实我是没能力危害人类的。（民间故事）

ke ncho ② $k^h e^{33} nt\mathrm{f}^h o^{55}$ 动 祭祀 offer a sacrifice

ke nddrenddre $k^h e^{55} nd\mathrm{z}^{55} nd\mathrm{z}^{55}$ 动 缝上，缝纫 sew, stitch *vurabbe ke nddrenddre nggamedebbe nancai moqo ngu*。把布料粗线条地缝在一起，做成寿衣献给老人。

ke nggo $k^h e^{33} \eta go^{55}$ 接进来 get in *nddavarbbe vu kehjila, desyi kenggoa ddebubia qokezyi*。客人献酒来了，快些接进来，立即打开酒罐上敬给祖先。

ke ngu ① $k^h \varepsilon^{33} \eta u^{55}$ 动 许愿 make a wish, wish *ai vi tabar ne nzzazho ha ne me jo va hwa gge jja kenguzade, sevalaqi magge*。这个

小猪儿是我许了愿要在年三十献给天神的,不会卖给任何人。

ke ngu ② kʰɛ³³ŋu⁵⁵ 动 伤害,划伤,咬伤 scar, scratch, bite *daso gazidezyihzyi jjane, ailepeo gazilige kadryii kengui, nyihji hiddwa*。今天早上逗一只小狗,结果被咬伤了手,去打了狂犬疫苗。

ke ngu ③ kʰɛ³³ŋu⁵⁵ 名 伤口,伤痕 wound, scar

ke ngu ④ kʰɛ³³ŋu⁵⁵ 动 约定 appoint *kakaman la jjijjima nzzyi kengui sonyone galogwarshege zzuzzu gge jje*。卡卡嫚和吉吉嫚两人约定好了,明天要在甘洛街上会面。

ke ngu ⑤ kʰɛ³³ŋu⁵⁵ 动 许诺,承诺 promise, commit

ke ngu mapa ① kʰe³³ŋu³³ma⁵⁵pʰa⁵⁵ 强度高的 high-intensitive

ke ngu mapa ② kʰe³³ŋu³³ma⁵⁵pʰa⁵⁵ 咬不动,嚼不动 too tough to bite, too tough to chew *hzhemova kedryi ne ddengwar, vuli va kedryi ne gagabi kengu mapa*。咬到屁股时臭得咬不开,咬到头部时硬得咬不动。(民间故事)

ke ngu pa kʰe³³ŋu³³pʰa⁵⁵ 强度差的 low-intensitive

ke ngungu kʰe³³ŋu⁵⁵ŋu⁵⁵ 动 搭伙(方言),共用 share *tezzi newo kengungui ssaca dagasi tenzzhyi nenzzhyi sshyi jje*。他们两个搭伙,轮换着穿一条裤子。

ke njjonjjo kʰe⁵⁵ndʑo⁵⁵ndʑo⁵⁵ 动 做伴,交友 keep company, make friends *zzazzyi mama bu harwo bu pe kenjjonjjo keryinyi ajje*。地香范(白草莓)就和苦蒿做伴、做亲戚了。(民间故事)

ke nyoba kʰe³³ȵo³³pa³³ 动 伤害,危害 damage, hurt, harm *mubba ssimo possa va ke nyoba, possa va kanggawa jjigge*。木巴惹莫伤害了丈夫,木巴女鬼作祟于丈夫。(民间故事)

ke nzze ① kʰe³³ndzɛ³³ 动 克制,忍耐 restrain, endure, forbear *tessihiwo kenzze mapa ddehggwar ngeddwai kezzorohane anemazzho*。这女人忍不住爬起来跑到外边去看的时候,外边什么东西都没有。(民间故事)

ke nzze ② kʰe³³ndzɛ³³ 动 浸泡 steep, soak, dip in *zebbubbe nechyi ane zenzzehgoge nagwar zzho kenzze gge debbe*。把麻秆割下来后放到泡麻坑的水里边浸泡。

ke nzze ③ kʰe³³ndzɛ³³ 形 耐磨的,耐用的 wearproof, durable *jjimar nyagao anjji nengu hala, te nddro ssyi ddre kenzzei ngezzhu mapa*。吉满良呷无论怎样糟蹋这双皮鞋,它就是耐磨耐穿,不容易破损。(民间故事)

ke nzze ④ kʰe³³ndzɛ³³ 动 抵抗 resist

ke nzzho kʰɔ⁵⁵ndʐo⁵⁵ 动 学会,能 learn to do something, be able to do *a tiha ne sunggwa ddecyi su zzyi kenzzho a, shope ne mahgga de*。现在能吃苦瓜了,我以前是不喜欢吃的。

ke nzzu kʰɛ³³ndzu³³ 动 守护,守着,看守 guard, watch *yaddrebbe kare tralaggejji amukeha karebu se ke nzzu za*。阿穆克哈怕小孩子们来打核桃,这几天就守在核桃树下。

ke nzzu nzzu ① kʰɛ³³ndzu³³ndzu³³ 动 安慰,劝导,诱导 comfort, persuade, induce *lemasyisyi deva ne ke nzzu nzzu denyo ggeshe ddeta sshongwa*。对待新娘子要安慰和劝

导,切记不能发脾气和辱骂。

ke nzzu nzzu ② $k^h\varepsilon^{33}$ nʥu^{33} nʥu^{55} 动 哄,诓(善意欺骗) coax, fool, deceive in a well-meaning way *ngwar har so ha ne ke nzzu nzzu, ddata ga ddata hzu*。驯小牯牛时要哄,不要抽打它、虐待它。

ke nzzu nzzu ③ ke^{55}nʥu^{55}nʥu^{55} 扣扣子,把扣子扣上 button up *nggame kama nzzu nzzu meerddeer-i ddenpi, sho ke nzzu nzzu se*。衣裳不扣扣子的话,风吹着冷,你先把扣子扣起来再劳动。

ke pe $k^h\varepsilon^{55}$ $p^h\varepsilon^{55}$ 名 里边,内部 inside, interior *kawailo ne kepe zzhoi ngalade, awa desyi anemihaza i?* 卡外罗,你刚从里边出来,阿瓦奶奶好些了没有?

ke pryi ① $k^h e^{33}$ pʐɿ^{55} 动 拴 tie down *tro zzapa ga qo kepryi za de, dda tajima ashyi yava kwarla*。那条狗是拴在柱头上的,不要害怕,大胆地进屋来。

ke pryi ② $k^h e^{55}$ pʐɿ^{55} 动 捆绑(五花大绑) bundle, tie one's hands behind his back *tamo vaidesyi issai vuliva zzhongwar ke pryi ddengu shuzaijje*。他也在他儿子的头上像绑水牛脑壳一样拴细绳子。

ke qoqo $k^h e^{33}$ tɕʰo^{33} tɕʰo^{33} 抱成团,拧在一起,聚集 hold together, twist together, gather *hzaddwabbe nehzaddwa, maddwabbe nekeqoqo debu nengu zzhongu*。迁走的就迁走了,没有搬迁的要抱成团,像亲弟兄一样团结,互帮互助,共同生活。

ke re $k^h e^{33}$ re^{55} 动 烘烤,炙烤,烤干 bake, grill, parch *byima lige ngwarvuli ji erkiehbarsi mejjinbbar kere zajje*。青蛙把牛头扑满草木灰,再把它靠在火塘边上烤了。(民间故事)

ke rewa $k^h e^{33}$ rɛ^{55} wa^{55} 动 圈起,围起,合抱 enclose *zzhonbbar bwalasibubu susio kerewa ha lesu bbe mimi la mapa debu jje*。据说,古时候河边上那棵小叶榕树的树干很粗,三个人合抱还抱不拢的。

ke ro ① ke^{55}ro^{55} 铲起来,撮起来 shovel, pinch *azzyimao guochua gerara ngu ssama kerodebbar ddegui avazyii ddewa*。阿芝嫫用锅铲铲了一大碗饭给我吃,我都已经吃饱了。

ke ro ② $k^h e^{33}$ ro^{55} 动 书写,写下,写 write, write down *ryipwa shuvawo nkolo daga keroi assyi kwakwa va nasa za*。陈经师写了张经文塞在经筒里,然后开光加持给我父亲戴上了。(当地的做法)

ke roddre $k^h e^{55}$ ro^{55} ʥɛ^{33} 击中要害 hit the spot *te muga ssao sela kacaca mapa dei danyo ne ni lige zzhyibbe keroddre*。这个穆呷平时是谁都不敢惹他的,今天被你击中要害,数落得淋漓尽致。

ke ronddre $k^h e^{33}$ ro^{33} nʥɛ^{33} 动 交往,结交,攀亲,亲近 contact, associate, claim kinship *harobu hio buva ddemi ne hiobube ke ronddre kegozyi keryinyi*。白色蒿草靠近了箭竹,就和箭竹攀了亲,成为箭竹的亲戚和至交。

ke roro ① $k^h e^{33}$ ro^{33} ro^{33} 动 书写,涂抹 write, smear *shaba wo jjogava hjohddo debbe keroro ane ggarhar jjizyi za*。沙巴在石神上涂抹了一些符号,然后又把石神放在神龛里了。

ke roro ② $k^h e^{55}$ro^{55}ro^{55} 形 深(没膝之深) deep *nyope ssyihbbu keroro i nbinbi va ddabar za*。门外的大雪已经深得没过膝盖了。

ke ru $k^h e^{33}$ ru^{55} 动 停下,停止 stop, cease

ssama ngezzyibbe nyogwa bbungu she keruza。刚才吃下去的食物,全部停靠在胃的进口处了。

ke she $k^he^{55}\int e^{55}$ 使其休眠,让它们处于休眠状态 make it dormant, put them in a dormant state ddaca taza ne yobbe rehna ge kenbbe a dexoxo magga de, teo nekeshe jji。天气太热的时候将羊群赶到稍微阴凉的树下,使其休眠,羊就不再走动了。

ke shu $k^he^{33}\int u^{33}$ 添柴烧火 add firewood and make a fire yaddrebbesikehjila me keshu, a ryi ra pe de nesyi a qozyi gge。小孩子们去抱柴来烧火,我们要宰杀一只大公鸡来上敬祖先。

烧　柴

ke shyido $k^he^{33}\int \theta^{33}to^{33}$ 动 作祟 haunt ela o ntirai ke shyido na manddo vuli jji jji tejjo i hgwarra gge。那只公羊可能被眩晕鬼作祟了,正歪着羊头在那里打转转。(当地的说法)

ke so $k^he^{33}so^{33}$ 动 学习(接受训练)study, receive training mula ne muzzyar keso qide, qadadai lenkwar de。木拉是拜师学过木匠活的,所以他是个有手艺的人。

ke sso $k^h\varepsilon^{33}zo^{55}$ 动 中,射中 shoot, hit mar ga nggwar va ke sso a。箭射中了靶子。

ke ssuhssu ① $k^he^{33}zu^{33}\vartheta zu^{55}$ 形 (关系)融洽,和谐 harmonious hngwar ryinyi hnyi ggunjjojja, sejjiishe ggunjjo bbepen ke ssuhssufude。俗话说银亲戚金邻居,大家要搞好邻里关系,要和谐。

ke ssuhssu ② $k^he^{33}zu^{33}\vartheta zu^{55}$ 动 (夫妻)恩爱,和好 (husband and wife) love each other, make peace, make it up tezzi napama kessuhssu za, shyishyi hala deqodeqo nenguza。他们两口子已经和好了,行走时都是形影不离的。

ke tre $k^h\varepsilon^{55}t^h r\varepsilon^{55}$ 打上篱笆墙,用竹子编篱笆 make a fence with bamboo age tefutreo desyiketretre a ggubi nebu rece apa shyigge ddo。我来把这块菜地打上篱笆墙围起来,希望收获些蔬菜。

ke tro $k^he^{33}\underline{t}^ho^{55}$ 动 射击 shoot jjimar amu nyichuge nbbiqu debubu i ketro pryine vezyi zyipe o nalala i nala。猎人吉满阿穆把枪朝着山坡上射击,枪一响,山上的雄性大野猪就滚下来了。(民间故事)

ke xo $k^h\varepsilon^{33}\varepsilon o^{55}$ 动 借(碗、锅、农具,可原装退还的)lend a nedde ge zzebyi deji kexo a meli zze i gg ddo。我到你家借一把挖锄去挖地。

ke xo nge hi ① $k^he^{33}\varepsilon o^{33}\eta e^{55}xi^{55}$ 动 借出,出借 lend

ke xo nge hi ② $k^he^{33}\varepsilon o^{33}\eta e^{55}xi^{55}$ 有借有还 give back after borrow

ke yo $k^he^{33}jo^{33}$ 动 爬 climb

ke ze ① $k^he^{55}tse^{55}$ 动 诓骗 deceive

ke ze ② $k^he^{55}tse^{55}$ 动 接上 connect

ke ze ③ $k^he^{55}tse^{55}$ 动 嫁接 graft

ke zeze ① $k^h\varepsilon^{55}ts\varepsilon^{55}ts\varepsilon^{55}$ 动 连接 connect, link ersu ersha bbe cici tedo gga dda, tedo ne kezeze i ssenyo。尔苏文化细得要断裂(意指濒危)了,虽然如此,接上就可以了。

ke zeze ② kʰe⁵⁵tse⁵⁵tse⁵⁵ 搀话接舌 slander others *ne a va ke zeze a yali gge ma, ne yali gge*。你对我搀话接舌，这样不好。

ke zeze ③ kʰe⁵⁵tse⁵⁵tse⁵⁵ 动 栽赃 frame up *ne mahssyi mahssyi bbe la kezeze qwa gge dda, muzwa ti goddenddre a nava ddaga ha*。你无中生有地栽赃陷害他，谨防他一会儿愤怒了打你。

ke zho kʰe³³tʃo³³ 动 煮 boil *kezho i re si na ma hgu, ane ge ai naga maqi ddo?* 煮得只是没有熬出汤，什么样的场合我没有经历过？（意指历经磨难）

ke zho dage kʰe⁵⁵tʃo⁵⁵ta⁵⁵ke⁵⁵ 磨难之处 the hardship *kezho dage ai nabarqi*。我曾历经磨难。

ke zho de kʰe⁵⁵tʃo⁵⁵te³³ 形 水煮的 boiled, poached *a le bu kezho de si yahgga de.fuzi re demi ra ha nzzhoro yahgga*。我只喜欢吃白水煮洋芋，有一点海椒蘸着就更加喜欢了。

海椒、辣椒

ke zhyi kʰɛ⁵⁵tʃɤ⁵⁵ 动 烧焦，烧煳 scorch, burn, be over-burned *laggu zaxi dde ime ddasai ha, tessyi barbbe nyogwa kezhyi neruzajje*。拉古扎西家失火后，家里的粮食全部被烧焦烧煳了。

ke zu ① ke³³tsu³³ 动 煮沸 boil *yava zzhozu kezum a ngelo, aryi degguzwane barlagge*。你在家里把水煮沸，我们一会儿就到家了。

ke zu ② ke⁵⁵tsu⁵⁵ 用绳勒 rein

ke zuzu ① kʰɛ³³tsu³³tsu³³ 包裹起来 wrap up, parcel up *ggobi ddeer hgge bbe kezuzua tesingu, nzzaddezho ane kalagge*。把这些白菜籽捡好包裹起来，开春就要把它拿到地里种下去。

ke zuzu ② ke⁵⁵tsu⁵⁵tsu⁵⁵ 动 挑拨，挑唆 incite

ke zyi ① kʰɛ³³tɕɤ³³ 设谜面 tell a riddle *ncava ngala ajjjaga, kezyiggela ngedre gge, daca ddagga ngalasu*。远道而来的大表哥，是要设谜或猜谜，唱出一段表心意。（民歌歌词）

ke zyi ② kʰɛ³³tɕɤ⁵⁵ 摆放进去 put in *ggwa la gga, ashyi nggame ngeko zabbe kezyida yava kezyi*。马上就要下雨了，快把晒的衣服全部收起来摆放到家里去。

ke zyi ③ kʰɛ³³tɕɤ³³ 形 更严，更紧 much more serious, tighter *ershaga kekezyikekezyi kala, neryi sejji mali manqosu natangu*。政策法规越来越严，你们谁都不要以身试法。

ke zyi ④ kʰɛ³³tɕɤ³³ 动 设置，摆出 set up, put out *asyisyide kezyigge, neryinyogwa ngedre a ngala su ma*。我设置一个谜面在这里，你们所有人都来猜猜。

ke zyizyi ddabbar kʰɛ³³tɕɤ³³tɕɤ³³da⁵⁵bɚ⁵⁵ 拥挤地摆满 be crammed with *zozeqo nzzanzzale bbe kezyizyi i ddabbar shu i zoze la nghga zzela za*。桌上拥挤地摆满了菜肴，桌子像要被压断的样子。

ke zzi kʰɛ³³dʑi³³ 动 到齐，凑够 gather together *ro la nyi bbe ke zzila za, mimihihi sanbbwa* zze。亲戚朋友齐聚会，兄弟姐妹都高兴。

ke zzo ① $k^he^{33}\, d\!z o^{55}$ 动 刻，雕刻 carve, engrave *varge nzzaryi ryipaqige erkwamadeqo nzzanzzhonzzyi dekezzoitapyi za*。越西城大路边的大石头上面刻着一个汉字。

雕刻工具

大石头

ke zzo ② $k^he^{33}\, d\!z o^{55}$ 动 修凿 repair *fu ge rata ddre ti lige kezzo i syi myaha de ddre tebbu za*。村子里那个石磨被他修凿了一次，有了一副崭新的模样。

ke zzoro ① $k^hɛ^{33}\, d\!z o^{33} ro^{55}$ 动 看，关注 look, watch *neershao anjji pyipu geshyi asyi kezzo ro ma*。国家的新政策有什么变化，请你帮我关注一下。

ke zzoro ② $k^hɛ^{33}\, d\!z o^{33} ro^{55}$ 动 关照，照顾，看护 keep an eye on, foster, look after *ai nya o tege kesheza, a vazza danaga hzhaigge aivahgadesyi ke zzoro*。我的婴儿睡在这里，我去扯一点猪草来，请你帮我照看一下。

ke zzoro ③ $k^hɛ^{33}\, d\!z o^{33} ro^{55}$ 收作妾，料理（管理生活）accept as a concubine, look after (administer one's life) *abulha teshoane, awao zzoro suma zzhoi, ivemupabbe geabuva lyezhengu ikezzoroshu a*。二爷死后，二奶奶无人看顾，生活维艰，二奶奶娘家人强行让我爷爷将她收作妾。

ke zzoro ④ $k^he^{33}\, d\!z o^{33} ro^{55}$ 名 督查 supervision, inspection

ke zzoro ⑤ $k^he^{33}\, d\!z o^{33} ro^{55}$ 动 监督，检查 supervise, oversee *zhanga ne timagga, nemwahwa kezzoro*。今后我不会这样了，不信你就监督我。

ke zzoro ⑥ $k^he^{33}\, d\!z o^{33} ro^{55}$ 动 看，阅读，观察 look, read, observe *te zzhonzzyi bu ne desyi kezzoro, ane jjigarhar zzhoshyi*。你看一看这封信说的是什么意思。

ke zzoro i syia mala $k^he^{33}\, d\!z o^{33} roj^{33} sɘ^{55} ma^{55} la^{55}$ 视而不见，熟视无睹 turn a blind eye to *denyonyo kezzoro kezzoroa ne ande jji ke zzoro i syi a mala de*。天天看，天天看，无论什么事情，都会熟视无睹的。

ke zzuzzu ① $k^hɛ^{33}\, d\!z u^{33} d\!z u^{55}$ 动 见面，遇见，遇到，碰上 meet, come across, encounter *sila ge mwami hzhaddwaha subbene kagekezzuzzu za, asikezzuzzu mapa*。到山坡上的树林里去找天麻的时候，别人都找到了，只有我遇不到。

ke zzuzzu ② $k^he^{33}\, d\!z u^{33} d\!z u^{33}$ 副 共同，一起 jointly, together *asingutezzu magge, nala azzi kezzuzzu anencagge*。我自己做不完这事，请

你过来和我一起共同完成这些任务。

ke zzuzzu ③ kʰe³³ dʐu³³ dʐu³³ 名 合伙人 partner

kebbu kacha ① kʰɛ³³ bu³³ ka⁵⁵ tʃʰa⁵⁵ 彩绘图案 painted pattern *bwangai ersu ibbe mulike sosoijjolai, ibbekebbu kacha goiyalisu nanca*。保安乡尔苏人到木里学习了藏族地区建筑的风格,新建的房屋做了漂亮的彩绘装饰图案。

kebbu kacha ② kʰe³³ bu³³ kʰa⁵⁵ tʃʰa⁵⁵ 色彩斑斓的,五光十色的 bright-colored, multi-colored *danyoa iggesilage ddeddwaha, nggwape kebbu kacha yanqode tenddoa*。今天我到后山树林里去的时候,看见了一只色彩斑斓的锦鸡。

kebyibyi kenyinyi ① kʰe³³ pzɤ³³ pzɤ³³ kʰe⁵⁵ ȵ̩iȵ̩i⁵⁵ 低声下气的 humble

kebyibyi kenyinyi ② kʰe³³ pzɤ³³ pzɤ³³ kʰe⁵⁵ ȵ̩iȵ̩i⁵⁵ 低调处事,为人谦恭 be low-key, be courteous *suiteo le nzzyimo demimaha dessune kebyibyi kenyinyi zzho de*。这个人不像个土司,一生低调处事,为人谦恭。

kecitwa ① ke³³ tsʰi³³ tʰua³³ 名 祝福,祝愿 blessing, benediction *abolo mejjova kecitwa za, nava ssushe neqi kami neqi gge*。阿波罗对天许下祝愿,你要长寿增加福和禄。(民间故事)

kecitwa ② ke³³ tsʰi³³ tʰua³³ 动 规定,约定 prescribe, appoint

kecitwa ③ ke³³ tsʰi³³ tʰua³³ 动 敬祝 respectfully wish

kecu ha kʰɛ⁵⁵ tsʰu⁵⁵ xa⁵⁵ 副 起初,首先,开端 in the beginning, at first *nwanzzuba kecuhane jjimar ddreddre sizzho, zhanga ddeso panci kasha*。凉山村起初只有吉满家族,后来才有了其他族人。

kecyi kʰe³³ tsʰɤ³³ 动 设谜 tell a riddle

kecyi kada kʰe⁵⁵ tsʰɤ⁵⁵ kʰa³³ ta³³ 收捡起来(把摊开的东西全部收拢)pick up, gather all the things that are spread out *ngganyo nggame ngeku zabbe nyogwa kecyi kada yava kezyi*。把晒在外面的衣服全部收捡起来,堆放到屋里去。

kecyicyi mapa kʰe³³ tsʰɤ³³ tsʰɤ³³ ma⁵⁵ pʰa⁵⁵ 触动不得,触摸不得,挨不得 cannot touch, cannot get close to *te yaddre teo kecyicyi mapa de*。这个娃娃,谁都触摸不得。

kedryi keyo ① kʰe⁵⁵ tʂe⁵⁵ kʰe³³ jo³³ 咬着不放 bite *yaddre teo ava si kedryikeyo, sushe ne desyi la ssyimali, ava neqia ngezzyi gge*。这个娃儿一天就是把我咬着不放,好像要把我吃掉了。

kedryi keyo ② kʰe⁵⁵ tʂe⁵⁵ kʰe³³ jo³³ 锲而不舍 work with perseverance *sudewone te shaligo baryajo demazzho nyinqi deo ne kedryi keyode*。干工作没有谁比莎莉果更加敬业,她对工作是兢兢业业、锲而不舍的。

kedryii ssyiola kʰe⁵⁵ tʂe⁵⁵ ji⁵⁵ zɤ⁵⁵ o³³ la³³ 目标达成,心想事成 achieve the goal, all wishes come true *lhanbbodde tejwane, kentroileo la, kedryii ssyio lagge jjigge mo*。韩博家族从现在起,一抓就会抓到手里来,一咬就会衔到口里来,心想事成,万事如意。

keerlya maqi kʰe⁵⁵ ɚ⁵⁵ lja⁵⁵ ma³³ qi³³ 不曾摸过 never touch *ni bbazzhebbe kazzhajji hamase, aryile ni bbazzhe keerlya maqi*。你的钱放在哪里,我不知晓,你的钱,我是摸都没摸过的。

kefi ddaca kʰe⁵⁵ fi⁵⁵ da⁵⁵ tsʰa⁵⁵ 形 闷热的 muggy, sultry, stiflingly hot *chendu ne kefi ddaca dege, ozzho mimaha, ozzho ne mimishasha*。成都夏天是潮湿而闷热的,不像西昌这里

凉爽舒适。

kefu mapa ① kʰe⁵⁵ fu⁵⁵ ma⁵⁵ pʰa⁵⁵ 不易弯曲 difficult to bend *zhenyisiga kamanbbui kefumapa，kefumapane bbwadrero nengumali*。酸籽树条不加热就不易弯曲，没有弯曲就不能够做撮箕肋骨。

kefu mapa ② kʰe⁵⁵ fu⁵⁵ ma⁵⁵ pʰa⁵⁵ 不易弯曲的 unbending

kego kahda kʰe³³ ko³³ kʰa⁵⁵ əta⁵⁵ 叠起来，折叠起来收拢在一起 fold, fold up and gather together *anedebbe pubile nyoddo？kego kahda kaza ddecu*。有什么展示的价值吗？把它折叠下，捆好立起来。

kegu keer kʰe³³ ku³³ kʰe⁵⁵ ɚ⁵⁵ 蜷曲着身体 curl up the body *masangu a kegukeer akamar，teryi anedebbe zhyigu navamagwar*。你不要开腔，尽管蜷曲着身体睡觉，他们说些什么与你没有关系。

kegu keru kʰe³³ ku³³ kʰe⁵⁵ ru⁵⁵ 把身体收拢，蜷曲身体 tuck your body, curl up the body *koci ne yozai masangu a kegukeru a kamar keishu*。既然累了，就各人到自己床上蜷曲身体睡下罢了。

kehbbu miha kʰe³³ əbu³³ mi³³ xa⁵⁵ 惊慌失措 panic *zzhongakwai ngalada tenddohane kehbbu miha ane ngu gge la mase*。看见洪水滚滚而来，我惊慌失措地呆立在那里不知道做什么了。

kehgo kahda kʰe⁵⁵ əko⁵⁵ kʰa⁵⁵ əta⁵⁵ 折叠起来 fold up *susu tezzu ane pugwarla lo bbe kehgokahda kaza yavahjila*。放假后，把铺盖和垫絮一起折叠打包拿回家来。

kehsse gge la nyohsse gge kʰe⁵⁵ əze⁵⁵ ge⁵⁵ la³³ əŋo³³ əze³³ ga³³ 是往里还是往外 come in or go out *ssahbu o rewa ga qo nehssyi za，ke sse gge la nyo sse gge？*国王骑在围墙上，是往里还是往外下墙？（民间故事）

kehze ngehze kʰe⁵⁵ ətse⁵⁵ ne⁵⁵ ətse⁵⁵ 荡来荡去，晃来晃去，甩来甩去 hang about *azzhyi mao zala wo la ggama qo kehze ngehze liggaligga soso dege nge ddwa*。阿芝莫背着一个包朝学校跑去，包在背后甩来甩去。

kehzho i ngepi kʰɛ⁵⁵ ətʃo⁵⁵ ji⁵⁵ ŋɛ³³ pʰi³³ 动 戳破，刺破 puncture, cut through *razewo bbazha vuli kehzho i ngepi za，ashyi kezhoa ngezzyi*。这个鸡蛋被刀刺破了，要抓紧时间吃了它。

keji dala manyo kʰe³³ tɕi³³ ta³³ la³³ ma⁵⁵ ŋo⁵⁵ 密密麻麻的 dense *nzzahilage hisyiddenyoi kejidala manyo za，tehggu mapa*。慈竹林里长了新竹子，密密麻麻的，以后无法穿过去了。

keji kaba ① kʰe⁵⁵ tɕi⁵⁵ kʰa³³ pa⁵⁵ 名 亲戚，近亲（蟹螺语）relative, close relative

keji kaba ② kʰe⁵⁵ tɕi⁵⁵ kʰa³³ pa³³ 动 临近，紧挨 next to, close to *ne ava tejji keji kaba natangu，a ddaca*。你不要这样紧挨着我，我热得很。

kejoa zzhongu kʰe³³ tɕo³³ a³³ dʒo⁵⁵ ŋu⁵⁵ 留居原处，继续居住在原地 continue to live in situ *alenzzashe ngeddwahamosu la nahzha ramado，kejoa zzhongumangu ne*。我到汉族某地区连厕所都找不到，不留居在这里就寸步难行了。

keli mali kʰe⁵⁵ li⁵⁵ ma³³ li³³ 不肯罢休，不肯收手 refuse to give up *a tava keli kelijja te kelimali de，ti anjji qwaho ava magwar de*。我叫他停止，他就是不肯罢休，他怎样做与我无关。

kemi kʰe³³ mi⁵⁵ 动 捉住 catch, grasp

kenbbu dage nagaqi kʰe³³ nbu³³ ta³³ ke³³ na⁵⁵ ka⁵⁵ tɕʰi⁵⁵ 火烤的地方经历过 we have been through difficulties *kenbbu dage jji naga* qi, kezhodege jji nagaqi, anela aryi tendoqi。火烤的地方我们经历过，水煮的地方我们也经历过，什么场面都见过。

kence ngence $k^he^{33}\ nt\mathcal{s}^he^{33}\ \eta e^{55}\ t\mathcal{s}^he^{55}$ 抬进抬出 be carried in and out　nzzomo ssahbu kence ngence sula ssama mazzyi mapa de。就是坐八抬大轿被抬进抬出的国王和大官也不能够不吃不喝。

kenche shu a ssyi $k^he^{33}\ nt\mathcal{ʃ}^he^{33}\ \mathcal{ʃ}u^{33}\ a^{33}\ z\varepsilon^{55}$ 快速地去，快去 go fast, hurry up　na tadanggo a, ashyi kenche shu a ssyi, muzwa ggwa la la gge la ma nddo。别耽搁了，快点去，一会儿可能要下雨。

kenche shu a ya $k^he^{33}\ nt\mathcal{ʃ}^he^{33}\ \mathcal{ʃ}u^{33}\ a^{33}\ ja^{55}$ 快点跟着一起走 hurry up and go with us　ashyi kenche shu a ya, muzwa ne me na nkwar gge, ashyi ma ddwa i。快点跟着一起走，不然的话，一会儿就晚了。

kenche zata $k^he^{55}\ nt\mathcal{ʃ}^he^{55}\ tsa^{33}\ t^ha^{33}$ 来得早 come ahead of time, come early　neryi ndde ndde kenche shu zata, kazzho ila debbe? yava desyi hssyila mo。你们特地来得早嘛，从哪里来的哦？到家里来坐坐嘛。

kencyi kehggo $k^he^{55}\ nts^h\mathrm{ə}^{55}\ k^he^{33}\ \mathrm{ə}go^{33}$ 挑肥拣瘦，挑挑选选 picky　ni ne hssyida deo la kencyi kehggo, kage jji nehssyi gge she。你就是这样的德行，一个座位还挑肥拣瘦，有个座位就坐下来嘛。

kengu pa $k^he^{33}\ \eta u^{33}\ p^ha^{55}$ 强度差，咬得动 soft, easy to bite　yoshyibbe nezho nezhoi nenyo za, ala kengu pa za。这些羊肉煮了许久，全部都煮软了，软得我都咬得动了。

kenguda kesyi $k^he^{33}\ \eta u^{33}\ ta^{33}\ k^he^{55}\ s\varepsilon^{55}$ 伤口愈合 wound healing　ai bbazha kalwa ge tiha ne kenguda kesyi za, tacha nata nzzyi nzza。我的刀伤现在痊愈了，你别再担忧了。

kenjji ngezho $k^he^{33}\ nd\underline{z}i^{33}\ \eta e^{33}\ t\mathcal{ʃ}o^{33}$ 名 附近 neighborhood　har zuru bbe melige la meli kenjji ngezho si dda bbarbbar za。老熊的足迹在庄稼地里和庄稼地附近都有。

kenpi $k^h\varepsilon^{55}\ mp^hi^{55}$ 动 躲藏，藏匿，隐藏 hide, harbor, conceal　bashoi sanbba ne kenpia nyoggu gge sanbbaza, nzza ige kepryi ihji ddwa。宝硕以为躲藏起来可以过关，结果还是被派出所的人给抓走了。

kenpi kenpi ngu $k^he^{55}\ np^hi^{55}\ k^he^{33}\ np^hi^{33}\ \eta u^{33}$ 躲躲闪闪，藏着掖着 skulk, hide　nine anetekatohala hji kenpikenpi ngu qwa gge de, ale mahgga。你是讲点什么都藏着掖着的，我是很不喜欢的。

kenzzho kei ① $k^he^{33}\ nd\mathrm{ʐ}o^{55}\ k^he^{55}\ ji^{55}$ 长时间住下，逗留 stay for a long time, linger　jjimarabu si venyo te zzhoi sila ge kenzzho kei trosa nyihgge jje。吉满家族三兄弟在马基岗深山老林里长住下来狩猎。

kenzzho kei ② $k^he^{33}\ nd\mathrm{ʐ}o^{55}\ k^he^{55}\ ji^{55}$ 动 滞留，起居 stay in a place for a long time　te amu rapene galobashemaddwa, wobya himaddegesi kenzzhokeizade。这个阿木那坡长时间滞留在峨边的妹妹家里，不回甘洛去。

kenzzu kei $k^he^{33}\ nd\mathrm{ʐ}u^{33}\ k^he^{55}\ ji^{55}$ 动 看护，守卫 nurse, guard　landdre mama syibba kasa ddehiggana denyonyo sibushe kenzzu kei ranzzu gge。新品种葡萄挂果以后，天天都要在树下搭棚看护守卫着。

kenzzyi kanzza $k^he^{33}\ nd\mathrm{ʐ}\mathrm{ə}^{33}\ k^ha^{55}\ nd\mathrm{za}^{55}$ 动 炒烩，煎炸 fry　nzzazhodeoso nchakwassama la lwassu kenzzyi kanzza kase qozyi de。大年初一的清晨就把大米饭和腊肉颗粒一起炒烩成腊肉炒饭来上敬先祖。（当地的习俗）

kepe bu kʰɛ⁵⁵ pʰɛ⁵⁵ pu³³ 衣服里子, 内层 the lining of clothing, the inner layer *ngga me kepe bu ggama va keyo, ryinyi kepeo syinyi a kieyo*。衣服里子贴身体,直系亲戚贴心坎。(谚语)

kepu ngepu kʰe³³ pʰu³³ ŋe⁵⁵ pʰu⁵⁵ 内外翻动,翻来覆去 turn inside and out, toss about *amu ssao yohgu ha ne macala gene hssyi inggame tagwaike pu ngepu she zha*。阿木子在山坡上放羊的时候,晒着太阳,在衣服上翻来覆去地捉虱子。

keqoqo azzhongu kʰe³³ tɕʰo³³ tɕʰo a³³ dʑo⁵⁵ ŋu⁵⁵ 聚集在一起居住,抱成团聚居 gather together, congregate together *neryi si mihi ne kadde ge la ta ssyi a tege si ke qoqo a zzho ngu ma jja tiya*。你们兄妹三家哪里也别去,就聚集在这里长期居住下去,就这样说了。

keshyi magge kʰe⁵⁵ ʃɘ⁵⁵ ma⁵⁵ ge⁵⁵ 打不赢,战胜不了,将会失败 can not win, fail *danyo vai njjinjji yoha ssinqomabbu possabbu va keshyi magge*。今天的拔河比赛,女子队可能战胜不了男子队。

keshyi manzzyi ① kʰe⁵⁵ ʃɘ⁵⁵ ma⁵⁵ ndʑɘ⁵⁵ 不好意思的,不雅观的 shy, inelegant, ungraceful *asi ddegga ne keshyi manzzyi, ggegge tele aryi dessune ngu a ggagge*。光是我一个人唱有些不好意思啊,如果要唱就我们几个一起合唱吧。

keshyi manzzyi ② kʰe⁵⁵ ʃɘ⁵⁵ ma⁵⁵ ndʑɘ⁵⁵ 过意不去 be shy of, feel apologetic

kesi cua kʰe³³ si³³ tsʰu³³ a³³ 才开始 just start *ssyixxoha ne kesi cua kuhala liggapoho debbe*。遇到下雪,要在才开始下雪的时候就跑着回家。

kesshyi kassha ① kʰe³³ ʒɘ³³ kʰa⁵⁵ ʒa⁵⁵ 不加选择地收纳 accept something indiscriminately *ssintre ma na kesshyikassha anebbela memacozzyii nagu ge gar jje*。聪慧女就不加选择地收东西,都往野人婆的耳朵里装去。(民间故事)

kesshyi kassha ② kʰe³³ ʒɘ³³ kʰa⁵⁵ ʒa⁵⁵ 收拢起来,刨到一起 gather up, put together *xxicabbe ashyi kesshyi kassha yava kehjii, ggwala ta*。下雨了,快点把烟叶刨拢一堆收回屋里去嘛。

kesshyissha bbe kʰɛ⁵⁵ ʒɘ³³ ʒu³³ be³³ 从地上捧起来的东西 something that is held up from the ground *meliggu ke sshyissha bbe ve a nezyi*。把从地上捧起来的东西拿出去喂猪。

kessosso mapa kʰe³³ zo³³ zo³³ ma⁵⁵ pʰa⁵⁵ 一点都不能动 can't move at all *ti daryi daryi bbe aryi se la ke ssosso mapa de*。他的任何东西,我们一点都不能动。

kesyi keddru ① kʰe⁵⁵ sɘ⁵⁵ kʰe³³ ɖʐu³³ 形 干瘪的 wizened

kesyi keddru ② kʰe⁵⁵ sɘ⁵⁵ kʰe³³ ɖʐu³³ 动 干缩 dry and shrink *nge pryi bbe sibuqo nazane kesyi keddru i marmar lala debbe tebbu a*。圆根串拌在树上,干了以后就缩成小小的干圆根了。

kesyisyi kalwalwa kʰɛ⁵⁵ sɘ⁵⁵ sɘ⁵⁵ kʰa³³ lua³³ lua³³ 形 吝啬,小气 stingy, miserly *agomo ne kesyisyi kalwalwa, shehbyi sheze temiha de*。阿果莫就是这样一个人,吝啬小气、斤斤计较。

kevelanddavar vulele kʰe⁵⁵ ve⁵⁵ la³³ nda⁵⁵ vaʴ⁵⁵ vu⁵⁵ le⁵⁵ le⁵⁵ 主客双方比赛喝酒 drinking contest between the host and the guests *keve la nddavar vulele hene ggho debbe, ggadaza ne vu dazhape*。主人们和客人们在比赛喝酒的时候流行唱歌助兴,一首歌抵一杯酒。

kevenddavar madrada kʰe⁵⁵ve⁵⁵nda³³vɐ³³ma³³tʂa³³ta³³ 分不清宾客和主人 confuse the guest with the host *nezzyi lemashuha, subbenyogwa vutesshyi sshyii keve nddavar madrada*。你家举办婚礼的时候所有人都喝醉酒了,分不清楚宾主了。

kexxi kexxi kʰe³³əzi³³kʰe³³əzi³³ 忍了又忍,长期忍让着 endure for a long time *tava kexxi kexxi ti zhanga ke byibyi ke nyinyi lwasshu daga bar ngehzzia*。对他忍了又忍,在他面前低声下气地避免冲突,就像吃肥肉一样烦腻,实在无法继续下去。

keze ngebe kʰe³³tse³³ŋe⁵⁵pe⁵⁵ 迎进送出,迎来送往 welcome and send off *lema syisyi denekezengebe denyoggeshe, ti ti ligge shu ne ma nzzyier de*。一个新娘子回娘家,丈夫应该迎来送往,让她独自来往不太妥当。

kezho dage naga qi kʰe⁵⁵tʂo⁵⁵ta⁵⁵ke⁵⁵na³³ka³³tɕi⁵⁵ 经历过高温蒸煮的煎熬 experience the extreme heat *kezho dage ai naga qi, kenbbu dage ai naga qi, ddata jima*。我经历过高温蒸煮的煎熬(历经磨难,见多识广),今天有我在,大家别怕。

kezho ddo ngazwa kʰe⁵⁵tʂo⁵⁵do⁵⁵ŋa³³tsua³³ 煮过再捞出沥干,焯一下 boil and drain, blanch *ggopyi bbe kezho ddeso ngazwa ne rengepyi jji debbe*。把青菜在开水里煮一会儿再捞出沥干,这就叫"焯一下"青菜。

kezho de kʰe⁵⁵tʂo⁵⁵te⁵⁵ 形 煮的 poached *ddro ge bbugagabbeqo nzzyi zzho nggaku de zzha, nggaku kezho de zzyi*。锅里的洋芋上有个煮的荞馍馍,把它吃了吧。

荞馍馍

kezhyi kʰɛ⁵⁵tʂo⁵⁵ 烤得焦煳 char *kezhyi da ge yo i nabar qi, ke zhyi i zhyi si na ma hgu*。烘烤,我经历过,只差被烤煳。

kezhyi kanpar kʰe⁵⁵tʂo⁵⁵kʰa³³npʰɐ³³ 动 烧煳,烧焦 burn, scorch *ramaomekeshuiddrokecui ddereshui kegehdoi ddevu ddala kezhyike kanpar rusu*。母鸡把锅架在三锅庄上烧起火,烧热铁锅后,跳到里边去打滚,被烧焦了。(民间故事)

kezhyi keru kʰe⁵⁵tʂo⁵⁵kʰe³³ru³³ 烧得焦煳 burn *rama o ddro ge kezhyi ke ru i tesho jje*。母鸡在辣锅里被烧得又焦又煳。

kezyi kaza kʰe³³tsɘ³³kʰa³³tsa³³ 捆扎结实,捆扎得结结实实 tightly bound *ai lepe ddenyiza ga tilige kezyikaza yoerhge de zyiza kengua*。我的这只受伤的手被他像捆绑羊的一只断蹄一样捆扎得结结实实的。

kezyii kala kʰe⁵⁵tsɘ⁵⁵ji³³kʰa³³la³³ 开始严格,开始严重 become strict, become serious *tihane ershaga kezyii kala ne sela ddratra ddehji a teyo tashu*。劳动纪律现在开始严格执行了,大家要遵守纪律,不要违反纪律。

kezze ngczze kʰe⁵⁵dze⁵⁵ŋe⁵⁵dze⁵⁵ 跑来跑去 run

back and forth *vanbbryimao yaddreo ngeshyiji jjakezze ngezze zzezze gge*。王碧曼因为丢失了小孩,着急得跑来跑去。

kezzho kaga $k^he^{33}dʒo^{33}k^ha^{55}ka^{55}$ 缩水严重,收缩减少 shrink heavily *nggame ca kezzhokaga sshyi le mabe za, zhanga de ze ngeze gge*。这件衣服缩水严重,无法穿了,准备在下边接上一块布。

kezzoro maya $k^he^{33}dʒo^{33}ro^{33}ma^{55}ja^{55}$ 惨不忍睹,无法正视,无法面对 too horrible to look, unable to face *assyi rai wo nessyi gazi lige ddexxoi ddeshyi ddashwa kezzoro maya za*。我家的小鸡被你家的小狗咬死了,小鸡被撕扯得惨不忍睹。

kezzoroha zzyizzho $k^he^{33}dʒo^{33}ro^{33}xa^{33}dʒɚ^{55}dʒo^{55}$ 形 壮观的,庄严的,威严的 spectacular, solemn, stately *neryi coparbbe hnzzahme nggame ddesshyi ha, kezzoro ha zzyizzho*。你们年轻人穿上军装以后,看上去就很威严。

kezzu $k^he^{55}dʒu^{55}$ 动 伤害,遭殃,作祟 hurt, suffer, haunt *ai zzhyi tebbe kato ne sede va jji kezzu magge debbe, neryi syinyi ge tala le*。我说这番话是不针对任何人的,不伤害任何人的,你别对号入座,从而耿耿于怀。

ko ① k^ho^{55} 动 铺,垫 spread, extend, pad *harnddro dapwa meliggu ngekoi lonenguha anebar caca e*。把干熊皮垫铺在地上打地铺,人睡在上边的时候很暖和。

ko ② k^ho^{55} 动 晒 bask *bar bbe ngehji ya maca la ge ngeko*。把粮食拿出去在太阳下晒起。

ko ③ k^ho^{55} 名 嘴 mouth

ko ci $k^ho^{55}tʃi^{55}$ 形 累的,疲惫的 tired, fatigued *dany meli zze jja koci ddexoxo mado a*。今天我去挖地,累得无法动弹了。

koci kobbar $k^ho^{55}tʃi^{55}k^ho^{55}bɚ^{55}$ 劳累疲乏的 exhausted *teryipe dezhengui bigaddwa jji koci kobbar ddezyi, ddexoxo mapa*。与他们一道去打草皮,非常劳累疲乏,动都不想动了。

koci la kobbar $k^ho^{55}tʃi^{55}la^{33}k^ho^{55}bɚ^{55}$ 又苦又累的,累死累活的 bitter and tired, hard *danyone koci la kobbar ddehsswa*。今天是真的又苦又累。

koko $k^ho^{55}k^ho^{55}$ 动 擀毡 make felts *koko denyo meer dra, lhelhe denyo meermo*。擀毡之日忌风吹,扬场之日求风吹。(谚语,表示事物有两面性)

koko ha ne $k^ho^{33}k^ho^{33}xa^{33}ne^{33}$ 擀毡的时候 when making felts *koko hane meer dde jima, lhelhe denyo na meer yahzhyi*。擀毡的时候讨厌刮风,扬场的时候盼望刮风。

kole $k^ho^{55}le^{55}$ 名 褥子,垫子 cotton-padded mattress, mat *idage kole bbe nahzha nyabbavateqia mar-ishucwa*。把床上的垫褥找出来,拿给小孩子们,让他们早点入睡。

komo ① $k^ho^{55}mo^{55}$ 名 猫头鹰(冕宁语) owl *komo ne bbezzyi si kemi zzyi gge debbe jje*。据说,猫头鹰是捉害虫来吃的。

komo ② $k^ho^{55}mo^{55}$ 名 秃鹫(雄秃鹫) vulture, male vulture *nzzyimo wuja susyi hanyi chuddan bbarne komo bbe ro ge sushyi zzyi la gge*。抛烘乌甲杀人的时候,枪声一响,秃鹫就飞起来,扑到崖下去啄食人肉了。(民间故事)

kon-dan ge keli $k^ho^{55}nta^{55}nke^{33}k^he^{33}li^{33}$ 动 落空 come to nothing, shoot into the air *yanyo shwalwa dao ngehjiddwa buncai* ggejja kon-dan ge keli za。昨天把汽车开过去准备运一点洋芋,结果落空了,什么也没拉成。

koro kʰo³³ro³³ 名 壳子 shell azo sibuqo bbezzyi koro de naza za,techyi a ke zzoro。你看,树枝上挂着一个虫壳子,取下来看一看。

ku kʰu³³ 名 胸腔 thorax kuge sho mazzho ne shebbara ncha。胸腔里没有血的是蚂蚁。(民歌歌词)

ku bbe kʰu⁵⁵be⁵⁵ 名 葫芦(蟹螺语) calabash kube cala ge natai,sui sanbba ne kubbe npo sanbba gge。不要到葫芦瓜林里去,别人会误以为你在偷葫芦瓜。

葫芦

ku ge kʰu³³ke³³ 胸腔里,胸中 chest, in one's mind lokemi kuge ngawa hane sholasho si, syitapwaza manddoa。麂子被捉住并开膛以后,发现胸腔里全都是血,原来它是被累死的。

ku meer kʰu³³me³³ɚ⁵⁵ 名 过堂风,穿堂风 ventilation, draught i ku ge ngeddwai meer ne ku meer tejji gge debbe。从屋里经过的风就叫作"穿堂风"。

ku nggarabu kʰu³³ŋga³³ra³³pu³³ 名 胸膜 pleura amu ipaddenyijja zzoroddwai ku nggarabu dderere zajje。阿木肚子疼,到医院去检查了,说是患上了胸膜炎。

ku zza kʰu³³dʑa³³ 名 中柱(中间最高的柱头) center pillar, the tallest column in the middle pama tesho ne rewa ga ddehggwa, zzive tesho ne kuzza ge tehge a。父母过世犹如围墙坍塌,丈夫死亡就是中柱折断。(谚语) kuzza ne zyi hggulha zyi yanbbo ga va jji de。中柱就是最中间那个最高的柱头。

kuashocele kʰu³³a³³ʃo⁵⁵tsʰe⁵⁵le⁵⁵ 被喝血的,该死的 damned, blamed kua shocele o futre gw nyinyiddwa,ggonyi bbe si npu。这只该死的鸡,不停地钻到菜园里,专门啄食白菜苗。

kubbu shashyi kʰu⁵⁵bu⁵⁵ʃa⁵⁵ʃɤ⁵⁵ 猪喉结周围的肉,猪槽头肉的一部分 the meat around the throat of a pig zyissyi naddra qi bbene kubbu shashyi mazzyi debbejje。患过化脓性扁桃体炎的人,不宜再吃猪喉结周围的肉。(当地的说法)

kubi kʰu⁵⁵pi⁵⁵ 名 坝子,平地 dam, flat ground coparyaddrebbe kubi ge dohdoggagga gge。年轻人都在坝子里跳舞。

kuku kʰu⁵⁵kʰu⁵⁵ 形 弯曲的,曲折的 crooked, curving, flexural age sikuku teo talwa hji ya sohine laggo deddre ne nca gge。我把这根弯曲的木柴砍下来,拿回家去阴干,到明年就可以作一个枷担。

kula kʰu⁵⁵la⁵⁵ 名 木盔,木盘,木碗 wooden helmet, wooden tray, wooden bowl shyibbe kula geddegu ggela lehzhege ngagwargge?坨坨肉是舀到木盘里,还是直接放到筲箕里?

kula ecu zyi da kʰu⁵⁵la⁵⁵ji⁵⁵tsʰu⁵⁵tsɤ³³ta³³ 名 碗柜 cupboard nessyi kula ecu zyi da o ne kadege zzha de ddo?你家的碗柜是放在哪

里的？

kula ge kʰu⁵⁵la⁵⁵ka⁵⁵ 木盔里边 inside of the wooden helmet *kula ge shyi bbe si bidobido, ddegu la mazze, ddavar yahzhe ta za*。木盔里边的肉堆积太多，都不好舀起来吃,（主人）太好客了。

kula ssai kʰu³³la³³ʒa³³i³³ 小木碗 a small wooden bowl *shyibar nabar kulassai ge nagwar avakeqi, aqozyi gge*。装两个坨坨肉在小木碗里，拿进来交给我，我要上敬先祖。

kulakebbu daga kʰu⁵⁵la⁵⁵kʰe³³bu⁵⁵ta³³ka⁵⁵ 一只有绘画的木盔，一只彩绘汤钵 a wooden painted helmet, a painted soup bowl *varge gancha ddwaha, kulakebbu daga sshyiggejja, dahssapwajje*。到越西去赶场的时候，准备买一只有绘画的木盔，他要价一百元人民币。

木　钵

kun-la kun³³la³³ 形 困难的 difficult *adde ngane tiha yaddre bbe dda makwa se, yava bbazzhe desyi kun-la*。因为我家的孩子们还没有长大，所以现在家庭在经济上有些困难。

kusyi kusyi kʰu⁵⁵sɚ⁵⁵kʰu⁵⁵sɚ⁵⁵ 拟声 嘤嘤（哭泣的声音） the sound of weeping *ssikwa ngganyo gahga ncha, ssanyo yava kusyi kusyi gge*。长女在外哈哈笑，幺女在家嘤嘤哭。（民歌歌词）

kwa kʰua⁵⁵ 形 大 big *aryi nwanzzu ba she bu ddendde ha, bu ya kwabbe deo la de dremahsse zzho*。我们凉山村洋芋丰收的年份，大的洋芋一个有一斤多。

kwakwa kʰua⁵⁵kʰua⁵⁵ 名 大人，尊长，父亲 adult, the elder *tewo ne a i kwakwa wo ddo, neryi nga ne ddo ma qi*。这位是我的父亲，难怪你们没有见过。

kwakwa bbe kʰua⁵⁵kʰua⁵⁵bɛ⁵⁵ 名 长者（长辈们，老人们） old people *kwakwa bbe ne gwarhar nehssyi, yaddre bbe ne ngwarhar nahssyi*。长辈们就座上方，晚辈们就座下方。

kwakwa ssyi kʰua⁵⁵kʰua⁵⁵zɚ⁵⁵ 名 大人，领导者，贵人 adult, leader, conductor *tewo ne a i nyinwa marmar wo, tiha fu ge kwakwa ssyi ne ngu za*。这个是我家的幺兄弟，现在是村里的领导（村委会主任）。

kwanya ngwanya kʰuɚ³³ŋa³³ŋuɚ⁵⁵ŋa⁵⁵ 分别往南北两方避让 retreat to the north and the south respectively *danyotege melige, salaer mavessulha ngugwa kwanya ngwanya tanyanya*。今天这小块土地上，阴魂阳魂山神地神，全南北避让回避开。（葬礼词）

kwar chu kʰuɚ³³tʃʰu⁵⁵ 向北开 open to the north *tezzyi nggao zaqope kwarchu za de, qadadai teddege mecu ne ddenpi*。因为他家的门是向北开的，所以冬天他家就较冷一些。

kwar cu ① kʰuɚ³³tsu⁵⁵ 面向里面坐着 sit facing the inside *lemasyisyii ne jjingwa kwarcu zao*。新娘子是坐在下把位、面向里边坐着的那位。

kwar cu ② kʰuɚ³³tsu⁵⁵ 拿进去，取进去 take it in *zaji ge hngwar bulili dabar zzhojja, tilige yava kwarcui tesinguza*。墙体里本来埋有一锭银子，被他挖出来拿进去藏起来了。

kwar idamanyo ngwai damanyo kʰuɚ³³ji³³ta³³ma³³n̥o³³ŋuɚ⁵⁵ji⁵⁵ta⁵⁵ma⁵⁵n̥o⁵⁵ 走投无路，无路可走 no way out *tiha ne naloba dege nahzei kwar idamanyo ngwaidamanyoa*。现在落到这么个夹皮沟里，走投无路了。

kwar imapa ngwar imapa kʰuɚj⁵⁵ma⁵⁵pʰa⁵⁵ŋuɚj⁵⁵ma⁵⁵pʰa³³ 限制走动，不许出行，被困住 not allowed to travel, stuck *yomwao ncememe ge ncai nejoi kwar imapa ngwar imapa tapyiza*。那只母羊在刺茏里被藤蔓缠住，无法动弹，被困在里头了。

kwar la ① kʰuɚ³³la⁵⁵ 动 进来 come in *ne nyope kanzza i a ne ngu ddo? yava kwarla ddo*。你站在外边干什么呢？进屋里来嘛。

kwar la ② kʰuɚ³³la⁵⁵ 往北来，到北边来 come to the north *kwarla yava desyi ngebbarnyi a xxidego ce a o*。到北边来家里休息一下，抽一根烟嘛。

kwar mo ngwar mo kʰuɚ³³mo³³ŋuɚ⁵⁵mo⁵⁵ 相互邀约，呼北唤南 invite each other, call on friends *ssoryi sso zidenyo zhodenyo ne kwarmo ngwarmo shyizzyi vuce*。别人家是逢年过节就会相互邀约着喝酒吃肉。

kwar pu kʰuɚ³³pʰu³³ 翻向北，翻过去 turn to the north, turn over *zabala ne temyaha de, kwar pu ci nddro ngwar pu yo nddro*。扎巴拉就是这样一个人，翻过来是绵羊皮，翻过去是山羊皮，两面三刀。

kwar zzoro ngwar zzoro kʰuɚ³³dzo³³ro³³ŋuɚ⁵⁵dzo⁵⁵ro⁵⁵ 东张西望 look around, look right and left *ne ane debbe kwar zzoro ngwar zzoro ggagga e, ashyi ngwarlanata danggo*。你在那里东张西望看些什么？快点出来，别在那里耽搁时间。

kwarddwa kwar syangga kʰuɚ³³dua³³kʰuɚ⁵⁵sja⁵⁵ŋga⁵⁵ 来去都绊脚，阻碍交通 obstruct the traffic *nite erpegane kwarddwa kwar syangga, ngwarddwa ngwar syangga*。你的这只脚，过去被绊着，过来也被绊着，真的阻碍通行。

kwarddwa kwarzha kʰuɚ⁵⁵dua⁵⁵kʰuɚ⁵⁵tʂa⁵⁵ 亦步亦趋，紧随其后 blindly follow someone *teyaddreo ai zhanga kwarddwa kwarzha ngwar ddwa ngar zha kazhazha*。这个小孩子跟在我的身后亦步亦趋地撵路。

kwarimassyi ngwar imassyi kʰuɚji⁵⁵ma⁵⁵zɚ⁵⁵ŋuɚj⁵⁵ma³³zɚ³³ 进退两难 in a dilemma, stuck in the middle *qabba neti, qama ne ati, sui yaddreo kwar imassyi ngwar imassyi*。其父这样说，其母那样说，娃娃左右不是，进退两难。

kwarji erba ngwarji siba kʰuɚ⁵⁵tɕi⁵⁵ɚ⁵⁵pa⁵⁵ŋuɚ³³tɕi³³si³³pa³³ 无比繁忙的（头偏北嵌入木缝，头偏南嵌入石缝）very busy *avakajiji, azai kwarjierba ngwarjisiba za*。我无比繁忙，你别来打搅我，我头偏北嵌入木缝，头偏南嵌入石缝。

kwarji siba kʰuɚ⁵⁵tɕi⁵⁵si⁵⁵pa⁵⁵ 往北偏头夹树杈 stuck between the tree branch as you go north *kwarji siba ngwarji erba*。往北偏头夹树杈，往南偏头卡石缝，忙得手忙脚乱。（谚语）

kwarji siba ngwarji erba kʰuɚ⁵⁵tɕi⁵⁵si⁵⁵pa⁵⁵ŋu

ɚ³³tɕi³³ ɚ³³pa³³ 手忙脚乱的 busy, abustle *aya a danyo kwarji siba ngwarji erba , yovu hynehnyo a*。哎呀！我今天手忙脚乱的，成了一只昏头羊。

kwarlha ngwarlha kʰu ɚ⁵⁵ɬa⁵⁵ ŋu ɚ⁵⁵ɬa⁵⁵ 向北旋又向南旋 turn north and south *yaddr bbe lige ni rata erqo pe kwarlha ngwarlha lhalhagge*。小孩子们把你的那个石磨扇推起来，一会儿往北旋一会儿往南旋。

kwarlhalha ngwarlhalha kʰu ɚ³³ɬa³³ ŋu ɚ⁵⁵ɬa⁵⁵ɬa⁵⁵ 往北转动又往南转动 turn north and south *assyi abu shoce ko ha ne kwar lhalha ngwar lhalha lhalha gge de*。我家爷爷擀毡的时候不停地把毛毡子往北转动又往南转动。

kwarnbbe ngwarnbbe kʰu ɚ³³nbe³³ ŋu ɚ⁵⁵nbe⁵⁵ 钻来钻去 burrow *aryi danyo sila ge kwarnbbe ngwar nbbe nenbbenbbe nenbbe nbbei kocia*。今天，我们在树林里钻来钻去，钻得精疲力竭了。

kwarnce ngwarnce kʰu ɚ⁵⁵ntsʰe⁵⁵ ŋu ɚ⁵⁵ntsʰe⁵⁵ 自由散漫的，迟到早退的 free and desultory *bbela ha ne kwarnce ngwarnce ngehgui gge de ne hdei kenpi ggagga*。上班的时候就自由散漫，东游西荡，假装上厕所，躲在外边玩。

kwarnjji deo ngwarnjji deo ku ɚ³³ndʑi³³teo³³ ŋu ɚ⁵⁵ndʑi⁵⁵teo⁵⁵ 东倒西歪 reel right and left, lie on all sides *subbenyogwa vutasshyi kwarnjji deo ngwarnjji deo nga ncha ncha su za*。人们全部都喝得烂醉如泥，东倒西歪，睡满了一屋子。

kwarpu cinddro ngwar pu yonddro kʰɚ³³pʰu³³tsʰi⁵⁵ndʐo⁵⁵ŋ ɚ⁵⁵pʰu³³jo³³ndʐo³³ 两面三刀的（翻过来是绵羊皮，翻过去是山羊皮）double-dealing *amu ne kwar pu cinddro ngwarpu yo nddro te , meer miha kata jiba*。阿木翻过来是绵羊皮，翻过去是山羊皮，两面三刀，跟风一样，要远离他。

kwarzha ngwar zha kʰu ɚ⁵⁵tʂa⁵⁵ ŋu ɚ⁵⁵tʂa⁵⁵ 动 撵，追赶，驱赶 drive out, catch, chase *ngwar o teryilige kwarzhangwarzha syitapwa zzela shuza*。这头牛被他们撵来撵去，到处驱赶，差点累死了。

L l

la ① la³³ 数 零 zero *yo nibbe la ai bbe dawa nassha ne yo da hssa la si wo zzho*。把你的羊和我的羊加在一起,就有一百零三只羊。

la ② la⁵⁵ 动 滚动,打滚 roll *nbbo pa nbbu nbbonzzyi techyi ane meliggu kala ngala lala gge*。那匹驮马被卸下驮架以后,在地上满地打滚。

la ③ la⁵⁵ 连 和,及 and *zaxi la zaya la lobbu doji nyogwa ozzho la trolengu lagge jjigge*。扎西和扎娅跟罗布多节一起,要到西昌参加射箭节庆典仪式。

la ④ la³³ 动 来,前来 come, come to *syi manyo tele la yava desyi ggagga la ta*。如果没有什么事,就来家里玩耍嘛。

la ⑤ la⁵⁵ 副 都(表示"甚至") even *xolo bashe a la ssyi gge, nayava zzhongua ane ngu gga? ssyia ra nggarbyii*。我都要去蟹螺乡江坝村,你在家里待着干什么?一起去参加还山鸡节。

la ⑥ la⁵⁵ 名 肥料 fertilizer, manure *bu la ssumi la he la nagwar ne repu ya ndde*。在种玉米和种洋芋的时候,如果施底肥,庄稼会长得好。

la ⑦ la⁵⁵ 名 老虎 tiger *yela lashyi ma zzyi laremace denyo ne lamar siga la shyimabar ngala*。长久没吃虎肉没喝虎血,今天怎么会从牙齿缝里掏出了三根老虎的毛呢?(民间故事)

la ⑧ la³³ 形 众多的,大量的,大片的 numerous *meli o sso ngwar bbutre na ma ngu i nzze la de tebbu za*。这一大片轮耕地,四五年没有耕种,成了一片草地了。

la ⑨ la⁵⁵ 动 和着 mix with *ssumi ssama la lwanbbu ngencence angazzyi dazza ne goi yamar de*。玉米面面饭和着豆渣菜,这样的素餐太可口了。

面面饭、玉米饭

la ⑩ la³³ 名 獐子 river deer, roe *lapelama bbe troi zha la tepo mapa ne ngazazalanzzi gaqo kenpigge de*。公獐、母獐在被猎狗追赶时,实在逃不脱就会纵步飞到树杈上躲起来。

la ⑪ la³³ 连 还是 or *zaxi neryi danyo tege kei ggela jjoi gge debbe ddo*?扎西,你们今天是在这里过夜,还是回去?

la ⑫ la⁵⁵ 动 耕地,犁地 plough, plow *melila ne mo repwa jji, ngwarla jji, rece jji debbe*。耕地又叫翻地、抄牛、翻土,说法多了。

新翻的地

牛犁地、耕地

蕨萁草

la cho la⁵⁵ tʃʰo⁵⁵ 牛枷担的后杆（蟹螺语）the back part of an x-shaped cangue on the neck of an ox *yanyo ai bboge ngwar la he lacho ge la ddehgea*。我昨天在坝上耕地的时候，牛枷担的后杆都被拉断了。

la da mara la⁵⁵ ta⁵⁵ ma³³ ra⁵⁵ 没时间来，没有得到来的机会 no chance of coming here *ami o ddebbibbi jja che-ndu la kedwa, neddegge lada mara jje*。阿米说很忙，到成都去了，他说这次实在没有时间到你家来。

la dezo la⁵⁵ tɛ⁵⁵ dzo³³ 一堆肥料，一小堆肥料 a pile of fertilizer *drotre ge la dezo nazyi ane drotre la maha miha*。坝子里堆了一堆肥料以后，坝子就不容易看见了。

la er la⁵⁵ ɚ⁵⁵ 名 蕨萁草（越西语）fern *age laer danaga nechyi a zzojjige gwarlagge*。我去割一点蕨萁草回来垫圈。

la ga la⁵⁵ ka⁵⁵ 名 狮子，公狮 lion *tiha ne laga bbe la nbbo bbe dawa ggagga gge*。现在（马戏团里）是狮子和马儿都可以在一起玩耍。

la gga dengu la⁵⁵ ga⁵⁵ de³³ ŋu³³ 唱着虎歌 sing the tiger's song *mubba ssimo lagga dengui lanche ge kenbbei lai nenpo a*。木巴热莫唱着虎歌，钻入虎穴，偷走虎仔。（民间故事）

la ggo la⁵⁵ go⁵⁵ 名 牛轭，牛枷担，牛鞅 oxbow, yoke *ge te si kuku o laggo de nca gge jja*。我准备把这根弯木头做成一个牛枷担。

la ha la³³ xa⁵⁵ 名 麝香 musk, moschus *tihane laha pejji pekwa, hzha da jji manyo*。现在的麝香既名贵又难觅。

la hbbi la⁵⁵ əbi⁵⁵ 名 肥堆 compost pile *ersubbe yami le mazzho, ddexo ne nddretro, ddehbbi ne lahbbi*。尔苏人口不多，要做到：箭竹撸起成标杆，肥料堆起成肥堆。（俗语，表示要团结一致）

la hdo ddengu la⁵⁵ əto⁵⁵ de³³ ŋu³³ 跳着老虎的舞蹈 imitate the dance of tiger

la hdo nge ngu la⁵⁵ əto⁵⁵ ŋe³³ ŋu³³ 迈着虎步，模仿老虎走路 imitate the walk of tiger *mubba ssimo lahdo ngengu laho ddengu i la nche ge kanbbe i la i nanca*。女鬼木巴热莫，迈着老虎的步子，说着老虎的语言，钻入虎窝装虎子。(民间故事)

la hdo ngu la⁵⁵ əto⁵⁵ ŋu⁵⁵ 礼节性的，象征性的 ritual, symbolic *tewone alo tabar-i lahdo ngu desyi shyi ta, zhanga nebbu asi qwa gge*。这个嘛，你看的只是象征性的表示，以后成功的时候会正式做的。

la hdoze la⁵⁵ əto⁵⁵ tse³³ 动 沤肥（踩踏肥料）compost, tread on fertilizer *aryi jjioba she ne nyi nechyi lazo ngagar la hdoze debbe*。我们居住在高山上的人，要割草来铺在地上，路过时可以踩踏沤肥。

la hgga la³³ əga³³ 扁竹篮，浅竹钵 flat basket, shallow bamboo bowl *anggu amu o bu da lahgga kezho i a ryi va zyi a*。周阿木煮了一扁竹篮洋芋给我们吃了。

祭祀用的竹钵

la hsso la³³ əzo⁵⁵ 欠命债 owe the debt of life *nezzineo abbalahsso laamahlassoe? anjji te nddo nbbryi ma nbbryi nezuhzu?* 你俩是欠父亲的命债还是欠母亲的命债呢？怎么一见面就开打呢？

la kenbbryi a ① la⁵⁵ kʰe⁵⁵ nbzʅ³³ a³⁵ 刚播种就获雨水，播种得恰逢其时 it rains when you plant, sowing at the right time *cihi ne ssumi bbe la kenbbryi a, shacha bbe yancu gge de bbutre*。今年玉米栽种得恰逢其时，应该是收成很好的一年。

la kenbbryi a ② la⁵⁵ kʰe⁵⁵ nbzʅ³³ a³⁵ 蹭饭蹭得恰逢其时，蹭饭如期而至 come at the appointed time, bum meals at the right time *awo, denyo ne tege zzyi la kenbbryi a ta*。哎哟喂！今天到这里蹭饭是恰逢其时了嘛。

la kesso la⁵⁵ kʰe⁵⁵ zo³³ 牛犁地劳累过度 the ox is overworked by ploughing *a ssyi la ngwar o tiga meli la jja, la kessoi tihe ne ddahggwar mapa za*。我家的耕牛被他借去犁地，现在劳累过度，卧病不起了。

lai nggachu maho la³³ i³³ ŋga⁵⁵ tʃʰu⁵⁵ ma⁵⁵ xo⁵⁵ 回来时不需要开门 you don't have to open the door yourself when you come back *ai ama momo zzhoha ne ddwai ngga da maho lai nggachu maho*。我的老母亲健在的时候，走的时候不需要关门，回来的时候不需要开门。(家有一老如有一宝)

lai njjier la³³ ji³³ ndʑi⁵⁵ ɚ⁵⁵ 获得吉祥，实现目标 gain auspiciousness, achieve the goal *danyo tege nyizzho bbe lai njjier ddwai vunbbo, dessu ssavar shu*。要让今天所有到达这里的人获得吉祥，去时安康，一生幸福。

lajo la³³ tɕo⁵⁵ 动 报仇（索取命债）revenge, claim for life debt *abba syisu ge ngala, danyo ne nava lajo gge*。杀死我父亲的那个人经过

这里,今天我就要报仇。(民间故事)

lala momo la⁵⁵ la⁵⁵ mo⁵⁵ mo³³ 形 结结巴巴 stammering *possa nene, zzhyidekato nehgge zzyi suma gge lala momo anjji za de*。你这个大男人说话要表述清楚嘛,怎么结结巴巴的呢。

lama ① la⁵⁵ ma⁵⁵ 名 母狮 lioness *lagalama bbene debbudebbu nenguiliggaggedebbe, deo deo si magge de*。狮子是公母一起群居的,一般是不会单独行动的。

lama ② la³³ ma³³ 名 母獐 female roe *yanyo tro sa ddwai lama de ddre kemi a*。昨天去狩猎,逮到一只母獐。

lama ③ la⁵⁵ ma³³ 来哦 come *sonyo ne a dde hwamyaga gge, neryi nyogwa addege ggagga lama*。明天我家要请客,你们都要一起来玩哦。

lamanddo ① la³³ ma⁵⁵ ndu⁵⁵ 副 可能,兴许,估计 probably, perhaps *tiha la tege bar mala, danyo la magga la manddo, neryi nga taloa*。到现在这时候都还没有到达这里,估计今天不来了,你们不要再等了。

lamanddo ② la³³ ma⁵⁵ ndu⁵⁵ 不该来,还没到来的时候 shouldn't have come, it's not the time for coming *ne lamanddose de, azzi bossi ngganggu la zyiga tamazzuse ta*。你不该这时候来看我的,我们居家过日子的,家具都还没齐备。

lami la³³ mi³³ 名 腊梅 wintersweet *lami bbe ne lai ge vi debbe dadei lamijji de*。腊梅就是因为在腊月开花,所以就叫"腊梅"。

腊　梅

lamo ① la⁵⁵ mo⁵⁵ 名 喇摩(经师兼沙巴) Lamo *lamo ne shaba jji ngu lama jji ngu do bbe*。喇摩是可兼事沙巴仪轨的、在藏族地区学成归来的喇嘛。

lamo ② la⁵⁵ mo⁵⁵ 名 结巴 stammer *marmar ha lamo kesoso ane lamo tebbu gge debbe jje*。小的时候模仿结巴说话就会成为真的结巴,这就是习惯成自然。

lamuddi la³³ mu³³ di³³ 名 罗马村 Luoma Village *zzyimovuja lamuddi imesala, jjimar abbu lige nyichu ngenche nwassyivahga keloa*。抛烘乌甲到罗马村去烧民房,吉满老爷拿起枪杆,为那家彝族人抵御了暴徒。(民间故事)

lamuddi bashe la⁵⁵ mu⁵⁵ di³³ pa³³ ʃe³³ 罗马沟地区 Luoma region, Luoma area *ai kanca ha ai galo zzho ha ne, lamuddi bashe ne nddro bbyi dei zzho*。我记得我在甘洛工作时,罗马沟地区有一户张姓的人家。

lanbbu ① la⁵⁵ nbu⁵⁵ 名 郎部(凉山村王家长房支的家名) Wang (the family name of Wang's eldest branch in Liangshan Village) *nwanzzubashe jjimar nedawa ngezzhyisu, ta nala ne lanbbu la nzzhe nyo*。凉山村王家的始祖,发展为郎部和贞两个房名。

lanbbu ② la⁵⁵nbu⁵⁵ 虎皮帽,骨制法帽 tiger-skin hat *shoiha jjimar abu byijo ha ne lanbbu dezu qadadeilanbbudejja kei dde jje*。从前,吉满老爷在为别人作仪式的时候,佩戴一顶骨制法帽,故被叫作"虎帽之家"。(民间故事)

lanbbu dde zu la⁵⁵nbu⁵⁵de³³tsu³³ 戴上虎皮帽 wear the tiger-skin hat *jjimarshaba kabyijohala lanbbuddezuggede, ne subbe ige lanbbu jja kehi*。王家长房沙巴作仪式都要戴虎皮帽,所以被取绰号为"郎部"。

lanche la⁵⁵ntʃʰe⁵⁵ 名 虎穴,虎窝,虎巢 tiger den, tiger nest *munbba ssimo laho ddengu lahdo ngengu lanchege ngenbbei lai nenpo*。木巴女鬼说着虎语,迈着虎步,麻痹母虎,钻进虎窝,盗走虎仔。(叙事诗)

lanche ge la⁵⁵ntʃʰe⁵⁵ke³³ 名 虎窝,虎穴 tiger den

lancyi zzi la⁵⁵ntɕe⁵⁵dʑi³³ 名 南垭河大桥 Nanyahe Bridge *lancyi zzi ga ne yahi shohi la ha da ga*。南垭河上的大桥是以前就有的。

landdre la⁵⁵ndʐe⁵⁵ 名 桶,水桶 bucket, barrel *ne gwarshr ge landdre dence kasshyi a ava qila, a nava bbazzhe qi gge*。你在街上顺带买一个挑桶给我,回来我如数给你钱。

lanjji la³³ndʑi³³pa³³ 名 腊岱,狼藉(地名) Ladai, Langji *depuha lanjji beshe baer bbe gagabi he nzzala nwa la taddejima*。曾几何时,狼藉地区杨家强盛时期,周边其他民族的人都惧怕他家。

lanjji ba la⁵⁵ndʑi⁵⁵ba³³ 名 腊岱村 Ladai Village *baerbbe ne lanjji ba she kacha, lanjji bashe ddehssa debbe jjigge*。据说,巴尔家族是在腊岱村扎寨、不断繁衍发展起来的。

lanjjo la⁵⁵ndʐo⁵⁵ 形 懒惰的 lazy *tiha ne ersha yalia ne lanjjo majo bbe si zzyi le mabbo, yajo yanga ne jjimo*。现在是政策好,只有懒惰的人是贫穷的,勤劳的人都富起来了。

lanjjo imar la⁵⁵ndʐo⁵⁵ji⁵⁵mɑ⁵⁵ 动 睡懒觉,赖床,贪睡 sleep late, stay in bed, fond of sleeping *tiha yaddre dede bbe ne nkwar ne mamar, nchoneidage lanjjo imarsi mar*。现在有些年轻人,晚上迟迟不睡觉,早上赖床睡懒觉。

lanjjo su la⁵⁵ndʐo⁵⁵su⁵⁵ 名 懒人(懒惰的人) a lazy person *lanjjo su a tenddo qi, su tabar lanjjo su ne a nddo ma qi*。懒惰的人我见多了,但这么懒惰的人我没有见过。

lanzzhe nggewosso la⁵⁵ndʐe⁵⁵nge⁵⁵uo⁵⁵zo³³ 欠下九虎命,欠下九条虎命债 owe the debt of nine lives *lwapwadde lanzzhenggewo byima dde va sso, danyi ne hwa la*。老虎家族欠下我们青蛙家族的九条虎命债(一只虎命抵一只青蛙命),今天就该归还了。(民间故事)

lanzzi la⁵⁵ndzi³³ 名 獐树杈(獐子的避难处) the branch for roe to hide, the refuge for the roe *lanzzi la po la ma gwa*。獐子为了逃避猎狗的追赶,跳跃到高树杈上,但还是没有逃脱被猎人套住的命运。

lape la³³pʰɛ⁵⁵ 名 公獐,麝,林麝 male roe, muskdeer, moschus berezovskii *zhanga nyo zzha ceshe ne zyidda i nbbya lape lama deddre nala jjigge*。第二天早上大约吃早饭的时间,真的就从山坡上下来了一对雌雄獐子。

lare mace ① la⁵⁵re⁵⁵ma⁵⁵tsʰe³³ 没有喝虎血 haven't drunk the tiger blood *yashe o lashyi mazzyi lare mace, danyo ne na tege* *bela asse*? 很长时间没有吃虎肉,没有喝虎血,今天你是送到这里来了吗?(民间故事)

lare mace ② la⁵⁵ re⁵⁵ ma³³ tsʰe³³ 不喝虎血 don't drink the tiger blood *aryile lashyi jji mazzyi lare jji mace debbe*。我们是既不吃虎肉也不喝虎血的人。

lare nge ce la⁵⁵ re⁵⁵ ŋe³³ tsʰe³³ 喝下虎汁(血) drink the tiger blood

lase ① la⁵⁵ se⁵⁵ 老虎的气味 the smell of tiger *tesilage lase ddengwar, lade ngenbbe ddwa za, shope kezzho manddo*。这树林里有老虎的气味,说明老虎从这里经过了,可能就藏在前面不远处。

lase ② la⁵⁵ se⁵⁵ 肥料的气味 the smell of fertilizer *cihi ssumi deo kadege ncugge ddo, ssumi laha lase desyi ddemangwar*? 今年种玉米没施底肥,闻不到一点肥料的气味,庄稼怎么可能丰收呢?

lashe ① la⁵⁵ ʃɛ⁵⁵ 名 铧,犁铧,铁铧 plow, ploughshare, iron plow

lashe ② la⁵⁵ ʃɛ³³ 来嘛 come on

lashe dwa la⁵⁵ ʃe⁵⁵ tua⁵⁵ 抱(烧红的)铧口 hold the (red-hot) ploughshare

lashe vuli la⁵⁵ ʃe⁵⁵ vu³³ li⁵⁵ 铧口尖,犁头尖,犁铧尖 ploughshare, plow

犁 头

犁 刀

lasho lare la⁵⁵ ʃo⁵⁵ la⁵⁵ re⁵⁵ 名 虎血,虎汁 tiger blood *ne ane tabar goddenddre de ddo, lasho lare debbe ni ngeca asse*。你为什么这么暴躁呢?是不是喝了虎血和虎汁?

lashyi ① la⁵⁵ ʃɘ³³ 或者是,还是 maybe, still *ne danyo tegge ggagga gge lashyi ka ssyi gge de*。你今天是在这里玩耍,还是要到其他地方去呢?

lashyi ② la⁵⁵ ʃɘ³³ 名 虎肉 tiger meat

lashyi ngezzyi la⁵⁵ ʃɘ³³ ŋe³³ dzɿ³³ 吃虎肉 eat tiger meat *byimao ne yela lashyi ngezzyi maqi a, tejji a jje*。青蛙说:"很长一段时间都没吃过虎肉了。"(民间故事)

lasshyi ngu la⁵⁵ ʒɘ⁵⁵ ŋu⁵⁵ 耕牛之歌,犁地歌 cattle song, plough song *meliga ngwar la ha ne lasshyi sica ddengu na ngwar pi reapi*。在耕地的时候,唱上三曲耕牛之歌,既利于耕牛又利于庄稼。(当地的说法)

latachagge la³³ tʰa⁵⁵ tʃʰa⁵⁵ ge³³ 都会痊愈 heal, cure *tebbe ngezzyi ane ipa ddenyi la ta chagge*。吃了这些东西以后,肚子疼都会痊愈的。

laxo la⁵⁵ ço⁵⁵ 女式烟荷包，绣花三角烟荷包 triangle embroidered tobacco pouch *ssinqomabbei dobulaxo bbe do la dahssopwa nengui nka gge*。现在尔苏女士佩戴的绣花三角烟荷包是工艺品，一个都要卖一百多元钱。

女式烟荷包

lazha la⁵⁵ ʧa⁵⁵ 名 金环胡蜂 vespa mandarinia *lazhabbe suqolayanga debbe, mejo ge kanzza za da nddo ane ashyi tanggwa*。金环胡蜂极易攻击人，你只要看见它悬停在空中就必须立即躲开，不然就被蜇了。

lazhu la³³ ʧu³³ 名 蜡烛 candle, wax candle *subbei kato ha, ngwar mi bbe lazhu nanca li debbe jjigge, ale nca manzzho*。据说，牛油可以加工成蜡烛，但是我不知道是怎么做的。

蜡烛

lazhyi ga la⁵⁵ ʧə⁵⁵ ka⁵⁵ 名 鹞子（雀鹰），猎鹰 sparrow hawk, falcon *pao muli lazhyiga de kemi ddehssu za, zhange ne hwai zha shu gge jje*。抛木乃捉了一只鹞子，用绳子拴着养起来了，他说要用它来捉麻雀。

lazo la⁵⁵ tso⁵⁵ 为制作肥料把草铺在地上踩踏 lay the grass on the ground for treading in order to make fertilizer *jjio babbe ne nyibbeggahgu lazo nanca qoshyishyi, nyi necho la tebbu*。高山的人把杂草割回来铺垫在门口的路上供踩踏，草腐烂后就成为肥料了。

le ① lɛ³³ 焦点标记 focus marker *zzyi le bbe sibu qo ddaza mahssyi ne bbezzyii ke hggehgge gge*。在野外要把吃的东西吊在树枝上，不然会被虫和蚂蚁爬上去舔舐。

花茶上的蚂蚁

le ② le⁵⁵ 名 手 hand *zzyi zzyi ne le naga, cece ne su naga*。吃着吃着就被打手，喝着喝

着就被掌嘴。（表示禁止）

le ③ le³³ 的（名词化标记）of (nominalization marker) *zizi le danyi tege neddalaagga la a nala gge?* 被剁的，今天这个时候，是你上来，还是我下来（打你）？ *meddroi ne syile tewo nbbyanbbya jjijji ddwa, ao koci lako bbar.* 被雷打的这个东西，不停地往山坡上跑，让我追得累死累活的。

le ④ le³³ 话题标记 topic marker *tege ngezzyi ane aryi le ggarhar awa ddege jjia desyi awa o zzoroi gge.* 在这里吃了后，我们就要到上边去看一看老奶奶。

le ⑤ le⁵⁵ 形 陈旧的，以前的 obsolete, timeworn, former, previous *qomama lebbene nyihji, lhesi mama le bbe ne marzzu.* 陈旧的花椒是药，陈旧的木姜是毒。（谚语）

le bbe lɛ⁵⁵bɛ¹⁵⁵ 名 手背 the back of the hand

le bbu le⁵⁵bu⁵⁵ 名 手残 disabled hand *suteo lebbu dancha, tamahssyitele ane bar yangaggede manddo?* 这个人是手残，否则不知道有多大的力气。

le bu le⁵⁵pu⁵⁵ 名 杉树 fir

le byi ge le⁵⁵pzɚ⁵⁵ke³³ 手掌里，手板上 in the palm *mwaha nedanyotege nggwa deke mitele a lehyige kenbbu a navazyigge.* 没有关系，如果你今天在这里捉住一只锦鸡的话，我就把它放在我手掌里烧给你吃。

le ddecu le⁵⁵de⁵⁵tsʰu³³ 动 举手 raise the hand *ni le ddecu macu zzoro ggeshe, sedeo yanbbo ma nbbo mazzoro de.* 我们只看你举没举手，不看你举多高。

le dru ① lɛ⁵⁵tɹu⁵⁵ 名 手镯 bracelet *gohgosu ncha hnyi ledru desyi zzhohgu qo sibu va kasa jji.* 乞丐拿了一个金手镯，挂在水井上方的树丫上。（民间故事）

le dru ② lɛ⁵⁵tɹu⁵⁵ 名 手表 watch *nedde ledru desyi lema syisyi va sa magga dei assyi ddo?* 你家不打算拿一只手表给才过门的新儿媳吗？

le hdda le⁵⁵əda⁵⁵ 名 臂膀，胳膊，前臂 arm, forearm *sedeo manddo lehdda ngeshoi muga ssyi vahga ve zzhodryi gge.* 没有看清楚是谁挽着胳膊上的衣袖正为牧呷家烫猪。

le hgu le⁵⁵əku⁵⁵ 名 （向下凹陷的）窝凼 ditch, pit *yai shoha ersu bbei zzho dege ne lehgu zadei lohgu ge jji, tihane logu jje.* 从前的故居是个窝凼，所以取尔苏语地名为"洛谷"，现在汉语、藏语都叫"泸沽"。

le hze le⁵⁵ətse⁵⁵ 名 簸箕 dustpan *yaha neddre ddryiibbe lehzege ngagwar ngehji iamacalage desyingeko.* 把昨晚上推的糯米粉子面装在簸箕里边，拿到太阳坝头晒一下。

簸 箕

le najja le⁵⁵na⁵⁵dʑa³³ 手疲乏 fatigued hand *ashyi zhao ngenggo ta, vuzha de ngecucui le na jja gge ta?* 你快把杯子接住嘛，就这样端着一只酒杯，你不知手会疲乏吗？

le nggwar lɛ⁵⁵ŋguɑ⁵⁵ 名 戒指 ring *tiha ne sela*

hnyi le nggwar sa，masa su ne a dde si zzho。现在大家都时兴戴金戒指，只有我家人不戴。

le nyo lɛ⁵⁵ȵo⁵⁵ 名 反手 backhand *suva lenyo garhar ssama zyi mapa，shossama bbesi tizyi debbe*。不允许反手方向给人添饭端菜，因为只有对死人才这样行礼的。

le o lɛ⁵⁵ uo⁵⁵ 名 楼，楼上 floor, upstairs *amuyibbu xximar nala nne leo ddiya kamar*。阿木伊布，你疲倦了就到楼上去睡下吧。

le pe lɛ⁵⁵pʰe⁵⁵ 名 手，手臂 hand, arm *lepe ne teshe，bbezzhu ne tezzho，nzzyinzza bardabar mapa*。手臂太长而衣袖太短，想做的事情做不成。（俗语：心有余而力不足）

le qa lɛ⁵⁵tɕʰa⁵⁵ 先动手，先下手 start at first, beat to the draw *harshyi ha ne sedeo sho oleqa na harhggeo ne tira ggede*。按照尔苏人狩猎的习惯，猎杀老熊时谁最先动手谁就获得猎种（特权）。

le rata lɛ⁵⁵ra⁵⁵tʰa⁵⁵ 名 手磨（用手推动的石磨）grind, a stone mill pushed by hand *shohine subbe deiddele rata deddre bbo，yozai neddre yozai zzyi de*。从前，各家各户都有一副手磨，自家推磨自家做饭吃。

手 磨

le ssi lɛ⁵⁵zi⁵⁵ 手持工具 hand tool *nkwar nyope shyishyi ha ne anjji ho lessi de dehji na yala de*。走夜路的时候无论如何都要带上一个手持工具，会安全可靠些。

le su lɛ⁵⁵su⁵⁵ 名 食指，手指 index finger, finger *yadre ngaddamase de，lesu ge ssyige ngagwa rha la nahda manzzho de*。这个小孩还不懂事，把手指伸到他嘴里，他都不知道咬。

le zu pe lɛ⁵⁵tsu⁵⁵pʰɛ³³ 名 右边，右手 right, the right direction, the right hand side *su yami o ne lezupe shomo yazzho debbe*。大部分人都是右手的力气要大些。

le zwa lɛ⁵⁵tsua⁵⁵ 名 手腕（腕关节）wrist, wrist joint *assyi lemao ve venyo ngezzyi ane lezwa ge ddenyi jja mazzyi de*。我家媳妇说她吃了猪肥肠就手腕疼痛，所以她不吃猪肥肠。（委婉地拒绝）

le zzyi lɛ⁵⁵dʑɚ⁵⁵ 名 手指甲 fingernail *ni lezzyi bbe desyi najaja，qame anjji ssonbbo lezzyi debbe bashe zata*。你去把你的手指甲修剪一下，怎么和野人指甲一样长了呢？

lebbe shyi lebyi shyi lɛ⁵⁵be⁵⁵ʃɚ⁵⁵lɛ⁵⁵pzɚ⁵⁵ʃɚ⁵⁵ 形 公平的（手心手背都是肉）fair, just, impartial *yeya，lebbwa jjishyi，lebbe jjishyi，naryi ne ande assetingu debbe ddo*。哎哟！手心手背都是肉，你们何必这样互相折磨。

lebbe yahbbu lɛ⁵⁵bɛ⁵⁵ja⁵⁵əbu⁵⁵ 厚实的手背，粗大的双手 thick back of the hand, big strong hands *su te o lebbe yahbbu de，ane bar shomo yazzho de manddo*。这个人有一双粗大的手，不知道有多大的力气。

lebbwa ggulha ① lɛ⁵⁵bua⁵⁵gu³³ɬa³³ 名 手心 palm *ne tezzhoge ssunazha kemi tele age ssuga ailebbwa ggulha kanbbu gge*。如果你在这条河里捉到鱼，我就把鱼放到我的

手掌心里煎。

lebbwa ggulha ② le⁵⁵ bua⁵⁵ gu³³ ɬa³³ 掌握之中 under control

lebu subu le⁵⁵ pu⁵⁵ su⁵⁵ pu⁵⁵ 高山针叶树木,杉树和柏树 alpine coniferous trees, fir and cypress *shata sibu ddekwai ddeddwa ne jjio lebu subu va ddemï ajje*。铁杉树长大以后,就和高山上的杉树、柏树并列,与针叶树种相靠近了。

柏　树

lebyi dda lhalha lɛ⁵⁵ pzɚ⁵⁵ da⁵⁵ ɬa⁵⁵ ɬa⁵⁵ 摇着手(表示否认) wave to deny *zala agamawo yavadɛjolajja lebyiddalhalha jji namali, keshyi mapa*。我请扎拉阿呷莫到家里来坐一坐,她摇着手,无论如何就是不肯来。

lebyi ddehgge le³³ pzɚ³³ de⁵⁵ ɚge⁵⁵ 舔舐手板(据说熊冬眠时舔舐手掌) lick the paw (bears are said to lick their paws during hibernation) *nyinqi mangune hardebarbar lebyiddehgge ggemahssyitele anezzyigge*。如果你不做农活,你将吃什么东西呢?除非你像老熊一样舔舐自己的手掌。

lebyi draryi lɛ⁵⁵ pzɚ⁵⁵ tʂa³³ rɚ³³ 名 掌纹,手纹 palmprint, handprint *su bbei kato i, lebyi draryi ke zzoro a ne ssushe ma she hase de jje*。别人说看手纹就能够看出一个人长寿不长寿。(当地的说法) *lebyi dradryi mabryi bbe ne dessu ne ggagga yazze bbe jje*。据说,手纹浅的人一辈子日子过得舒适。(当地的说法)

lebyi ganga ① lɛ³³ pzɚ⁵⁵ ka³³ ŋka³³ 空手板 empty handed *alo, nemwaha ke zzoro a lebyi ganga ge hwaishyi kebbu a nava zzyi gge*。你看着,我在空手板心里烤煎麻雀肉给你吃。

lebyi ganga ② lɛ³³ pzɚ⁵⁵ ka³³ ŋka³³ 副 徒手 bare hands

lebyi ganga i ddepu le⁵⁵ pzɚ⁵⁵ ka⁵⁵ nka⁵⁵ ji³³ de³³ pʰu³³ 白手起家,从零开始 build up from nothing, start from scratch *zaxila azzi ne wote chyii debbe, lebyi ganga iddepu tiha si inwahyo*。扎西和我都是贫穷孤儿,我们白手起家,从零开始,现在才开始居家过日子。

lebyi ggulha lɛ⁵⁵ pzɚ⁵⁵ gu³³ ɬa³³ 掌控之下 under control *yahishihine anjjila gagabijji kabariggeddo, nwai lebyi ggulha mazzho ne*。在旧社会,你再凶也跑不到哪里去,无论如何都在奴隶主的掌控之下。

lebyi lebbe lɛ⁵⁵ pzɚ⁵⁵ lɛ⁵⁵ bɛ⁵⁵ 手心手背 the palm and the back of the hand *gedaha lhachyi jja lhai nanzzai lebyi lebbe nyogwa ddesyi*。刚才割火麻不小心蜇着了,手心手背现在都还发痒呢。

lebyi zziryi lɛ⁵⁵ pzɚ⁵⁵ dʑi³³ rɚ³³ 名 掌纹 hand print *lebyi zziryisiga ne dabar nashe debbe, ggulhage ne ya zzhozzho*。三条手掌纹是不一样长的,一般中间一条要短一些。

lebyi jjishyi lebbe jjishyi lɛ⁵⁵pzə⁵⁵dʑə⁵⁵ʃe⁵⁵lɛ³³bɛ³³dʑə³³ʃə³³ 形 公平的（手心是肉，手背也是肉）fair, just, impartial *dagarharne ssidde，dagarharne issadde，lebyijjishyi lebbejjishyi anjjigge?* 一边是女儿家，一边是儿子家，手心手背都是肉，叫我咋办呢？

ledru lenggar le⁵⁵ʈʂu⁵⁵le³³ŋgɚ³³ 手镯和戒指（越西语）bracelet, ring *ncava ngala ajjima，ledru lenggarddasa deminca*。远道来的大表姐，手镯戒指真漂亮。（《对歌》歌词）*ledru lenggwar lemepenagwar jji，te bbe dde ho ma nzzho njjo ma hde*。手镯戒指陪给新娘来做伴，手镯戒指不会说话不算伴。（民歌歌词）

ledru sa ① lɛ⁵⁵ʈʂu⁵⁵sa³³ 戴手表 wear a watch *depuha sela ledru sa desyi bucu zzoro，ti ha ne lehobboane sasumazzhoa*。有段时间，大家都戴手表看时间，现在有手机后戴手表的人少了。

ledru sa ② lɛ⁵⁵ʈʂu⁵⁵sa³³ 戴手镯 wear a bracelet

ledru tagwa le⁵⁵ʈʂu⁵⁵tʰa⁵⁵kua³³ 取下手镯，脱下手镯 remove the bracelet, take off the bracelet *gohgosu hnyi ledru tagwa i zzho hgo qo sibu va ka sai ngeloi zzoro jje*。假乞丐把金手镯取下来，挂在水井上方的树枝上，在远远的地方坐着观察。（民间故事）

leer si le⁵⁵ɚ⁵⁵si⁵⁵ 名 白杉树，白冷杉 white fir *mazyinggaleersilage vazyi ddebbejjo daga nzzyi kahbar bbe gale la nafu za*。在马基岗白杉林被野猪拱翻的泥土里，种的荞麦长得压弯了禾秆。

leerngacha lenqocha le⁵⁵ɚ⁵⁵ŋa³³tʃʰa³³le⁵⁵ntɕʰo⁵⁵tʃʰa³³ 手指白皙才美丽 white fingers are beautiful *leer ngacha le nqo cha，nzzyinzza yankwar ntre nacha*。手指白皙才美丽，思维敏捷才聪慧。（民歌歌词）

lega she le⁵⁵ka⁵⁵ʃe⁵⁵ 名 杉树岗（地名）Fir Hill *zzilhaloge da pucege ssyiggehane legashe nyii ggedebb*。从则拉乡到海棠镇要经过杉树岗的。

lege nezyi le⁵⁵ke⁵⁵ne³³ɕɿ³³ 亲自交到手里 put it in one's hand in person *ni vepebbe hjii a tessyi ssimoi lege nezyi nahssyiile mahdude*。你要把售猪款拿去亲手交到他老婆的手里才算数的哦。

lege nge nddryinddryi le⁵⁵ke⁵⁵ŋe⁵⁵ndʐɿ³³ndʐɿ³³ 经他人的手分配，靠别人分配 distribute things through others *bbe ge zzhoha anela lege nge nddryi nddryi，bar dabarla hnyibarhzhyi*。在生产队劳动时，什么东西都要靠别人分配给你，一粒粮食都非常珍贵。

legga de ddehji le⁵⁵ga⁵⁵te³³de³³ətɕi⁵⁵ 带上一件衣服，带上一件外套 bring a piece of clothing, bring a coat *nyope meer ergge goi ddenpi，ne nyopei ngeiggene legga de ddehji*。外面气温很低，正在吹大风，你要出去就带上一件外套。

leggade nepu le⁵⁵ga⁵⁵te³³ne³³pu⁵⁵ 披上一件外套 put on a coat *losa malassa gedaha ngganyo ssyiggejja leggade nepu nyope ngeddwa*。洛萨马拉子刚才说要出去，披上一件外套就到外边去了。

legwarchu ddengu le⁵⁵kuɚ⁵⁵tʃʰu³³de³³ŋu³³ 支起手肘 put the elbow against something

legwarchu de lɛ³³kuɚ⁵⁵tʃʰv³³tɛ³³ 名 肘，手肘 elbow

legwarchu dedre lɛ⁵⁵kuɚ⁵⁵tʃʰu³³tɛ³³ʈʂe⁵⁵ 一肘长（的距离）the length from the elbow to the hand *nyogwabage legwarchu detedre shu kanzza，te ane deodava syangga megge*。

大家以间距一肘的长度站立后，在摆动手臂时就不会再相互碰撞了。

lehbi lɛ⁵⁵əpi⁵⁵ 形 沉重的 heavy, ponderous *nassyi nyama agwa ge zyi lehbi ddechyi la mapa davar nge hjila*。你妈妈在后边（北头），背着一筐重得拉都拉不动的蕨萁草来了。

lehdda ndde le⁵⁵əda⁵⁵nde⁵⁵ 臂力强大 great arm strength *jjimarbwaqwa ne lehddandde deane anejji lehddashomo ge si ta gwar*。因为吉满保全臂力强大，所以什么事情他都想以武力解决。

lehdda shomo gesi tagwar le⁵⁵əda⁵⁵ʃo⁵⁵mo⁵⁵ke³³si³³tʰa³³ku ɚ³³ 凭借强大的臂力，用手臂的力量 with a strong arm, use the power of arm *baoqwalige lehddashomo ge si tagwar-i sui nwai o ddezhyi ddezhei tebu*。摔跤的时候，保全只凭强大的臂力，把其他彝族小伙子给箍紧摔倒了。

lehgu ddabbar le⁵⁵əkʰu³³da³³b ɚ⁵⁵ 坑坑洼洼的，满地坑洼的 potholed, bumpy *eca meli ge subbe lige bu mamo nbbarjja lehgu ddabbar za*。菜籽地被人挖野洋芋挖得到处都坑坑洼洼的了。

lehgu ddanbbar le⁵⁵əkʰu³³da³³nb ɚ⁵⁵ 动 挖坑 dig a hole *agwa zzhyiizu melige tihane vezyilige lehgu ddanbbar bule tebbu zajje*。北边马基岗老林腹地的平原上，被野猪像挖坑一样拱起了许多的土。

lehme nehze ① le⁵⁵əme⁵⁵ne³³ətsɛ³³ 习惯性地摔碗 break a bowl regularly *sshao nepwa ne lepe ddata nggonggo, lehme nehze gge*。碗打破了以后不能立即用手捡，否则会成为习惯。（当地的风俗）

lehme nehze ② le⁵⁵əme⁵⁵ne³³ətsʰe³³ 成为习惯之手（摔碎器具的习惯）become a habit (develop a habit of breaking things) *nene lehmenehzezade, ngganggudeo nilege nyibarddwane napwa*。你的手已经成为习惯之手（摔碎器具的习惯）了，器物一到你的手里就会破损。（当地的说法）

leho de teli le⁵⁵xo⁵⁵te³³tʰe³³li³³ 手机通话，打手机，使用移动通讯 ring up, call up *ne nyaha jjolagge ne, sho lehode teli a ava ddakato ma*。你什么时候回来，就事先打手机通知我一下。

lehze kwa lɛ⁵⁵ətsɛ⁵⁵kʰua⁵⁵ 大簸箕 large dustpan, big dustpan *qomamabbe nedo ane lehze yakwa ge ngagwar macalage zziko ngengu*。把花椒籽摘下来以后，就立即放在大簸箕里拿去暴晒。

lehze pale le⁵⁵ətse⁵⁵pʰa⁵⁵le⁵⁵ 破旧的簸箕 shabby dustpan *nbbiqoddabar-inyi zzorohane yaddreo lehzepalede gagangui gagge jje*。跑到山坡上往下看时，发现（一个大人）像抖破旧的簸箕一样打那小孩。（暴力行为）

lehze wa ssa lɛ⁵⁵ətsɛ⁵⁵wa³³za³³ 小簸箕 small dustpan *bemu barryi lehze wassa ge nagwar ngehji a maca la ge desyi ngeko*。把那点贝母放在小簸箕里，拿出去放在太阳下晒一晒。

lehzhe da lɛ⁵⁵ətʃɛ⁵⁵ta³³ 名 扶手，把手 handrail, armrest, handle *nzzhyiddre lehzheda ne nzzhyiro jji, bbuddre lehzheda ne bbutrojji*。脚犁的把手就叫"犁角"，牛犁的把手就叫"犁把"。

lei gar har lɛ³³ji⁵⁵kɛ³³xɛ³³ 名 左边（左手方向）left, the left-hand side, the left direction *lei garhar shomo cu su bbe neyahdwa bbe, yahdwa ne yatre jje*。习惯用左手的人叫

"左撇子",据说左撇子的人要聪明一些。

leka kezyi le⁵⁵kʰa⁵⁵kʰe³³tsɚ³³ 动 阉(猪)castrate (pig) *vi teo leka kezyii dalhala tamabbu sede*。这个小猪做过阉割术,至今还不到一个月呢。

lema ① lɛ⁵⁵ma⁵⁵ 名 领导,负责人 leader, manager *tiha ne zaxilobbu ne aryi momo bbe hbugwar su lema o*。现在扎西龙部是管理我们老年人的专门机构的领导。

lema ② le⁵⁵ma⁵⁵ 名 新娘 bride *lema one azho vujo ddanwa ddezu shussa ddanwa ddesshyi zao ddo*。新娘就是戴黑色头帕,穿黑色新披毡的那个人啊。

lema ③ le⁵⁵ma⁵⁵ 名 孙女,外孙女 granddaughter *abuawa bbe ssungeshe, tihane lepulema bbe la ddakwa inwahyoa*。爷爷奶奶他们长寿,现在孙儿孙女们长大成人都安家了。

lema ④ lɛ⁵⁵ma⁵⁵ 名 未婚妻,对象 fiancee *zaxi varge lema dekeminqizai kamashu se*。阿西在越西说了亲事,有了对象,现在还没有结婚。

lema keshu hsse kenggo lɛ⁵⁵ma⁵⁵kʰɛ⁵⁵ʃu⁵⁵zɛ⁵⁵kʰɛ⁵⁵ŋo³³ 娶媳妇 marry *kalo tihane hsse lema keshu hsse kenggo izhange na namarnaga*。卡洛娶了媳妇当了家以后就浪子回头,现在变得规规矩矩的了。

lemakeshu ssekenggo lɛ⁵⁵ma⁵⁵kʰɛ⁵⁵ʃu⁵⁵ze⁵⁵kʰɛ⁵⁵ŋo⁵⁵ 举办婚礼仪式 hold a wedding ceremony *tihane lemakeshu sseke nggo ane sizzi daavartagwa miha*。现在儿子举办了婚礼仪式,娶了媳妇安了家,(我)就像放下了一筐湿柴火。

lemaminqi ssekeshu le⁵⁵ma⁵⁵mi⁵⁵ntɕʰi⁵⁵ze³³kʰe³³ʃu³³ 说亲娶媳 marry *lemaminqile ma sse ke shu ne pama i ggu, pamaddehssu ddo mo pyi ne i ssa i ggu*。说亲娶媳办酒是儿子的责任,赡养老人,养老送终是儿子的义务。

lemi dage le⁵⁵mi⁵⁵ta³³ke³³ 唾手可得的,近距离内,手可触到之处 handy, at one's fingertips *melige nyinbboha zzebyitegote lemidage erkwa ramagge*。在地里薅草的时候,一旦锄头松脱了,近距离内找不到镶锄头的石块。

lenddro mabbo sshyinka nzzyi le⁵⁵ndʐo⁵⁵ma³³bo³³ʐɛ⁵⁵ŋkʰa⁵⁵ndʑɛ⁵⁵ 没有资金难经商 no money, no business *lenddro mabbo sshyinka nzzyi, pare maha nyingu nzzyi*。没有资金难经商,没有祖地难务农。(谚语)

lenggwar hnyire ddedryi le³³ŋguaʴ³³əɲi⁵⁵re⁵⁵dɛ³³tʂe³³ 镀金的戒指 gold-plated ring *ate lenggwar wo ne hnyire ddedryi za de mane, daryi deo mahssyi de*。那只戒指是镀金的,没有什么不得了的。

lenjji tego le⁵⁵ndʑi⁵⁵tʰe³³ko³³ 手臂脱臼 dislocated arm *amu yoyo ha lenjji tegoi tiha la tacha ddema ddre se*。阿木在摔跤的时候手臂脱臼,至今还没有完全恢复。

lenjjo bbe le⁵⁵ndʐo⁵⁵be³³ 班子成员 the member of the leading group *amu zzyizzyi tantwa dai lenjjo bbe nyogwa tava mahgga tangepu*。因为阿木太贪财,所以班子成员都不喜欢他,都反对他。

lenyo garhar lɛ³³ɲo⁵⁵kɛ³³xɛ³³ 反手向外的方向 backhand direction *ersubbene, sossama qiha ne lenyo garhar ngwargwar gge debbe*。尔苏人给死人献祭送饭时,要往反手方向献供。

lenzzyi lẽ³³ndʐɛ⁵⁵ 名 轮子,轮胎 wheel, tyre *ai shwalwada o lenzzyi depe mali za, a ssyia syidepe kesshyi a si la gga*。我的车子有一只轮胎坏了,我去买一只新轮胎后再来。

leo qohzyi leo⁵⁵tɕʰo⁵⁵ətsə⁵⁵ 名 楼上（上面一层楼）upstairs, the upper floor *leo qohzyi ge ne ssiddeva teqiza*。上面一层楼是分给女儿一家的。

lepe ce lɛ⁵⁵pʰɛ⁵⁵tsʰɛ³³ 动 洗手 wash the hands *lepenecea ssama zzyila, neryi danyi neshyi nebbua*。把手洗干净了来吃饭，你们今天太辛苦了。

lepe chuitehssu lɛ⁵⁵pʰɛ⁵⁵tʃʰuj⁵⁵tʰe⁵⁵əzu⁵⁵ 把手插入泥里，田间劳作 put the hands in the mud, work in the field *ni sanbba ne ai lepechui temahssu naggagga i ra debbe asse?* 你以为，我的这些是没有经过田间劳作就获得的，是不是哦？*tiha ersha gene lepe chui tehssu a namangune ssama razzyi magge debbe*。当今社会，你不把手指插入泥里（意指劳动），是不可能获得收入的。

lepe dda hwahwa lɛ⁵⁵pʰɛ⁵⁵da⁵⁵xua⁵⁵xua⁵⁵ 挥舞着上肢，挥动手臂 wave the upper limb, wave the arm *lwapwao harva ne lepe dda hwahwa ne a nava hcaiggetiajje*。老虎给老熊说，只要你挥动手臂，我就立即拉你开跑。（民间故事）

lepe kavarvar dentro lɛ⁵⁵pʰɛ⁵⁵kʰa⁵⁵vɚ³³vɚ³³te³³ntʂʰo³³ 一捧 a bunch of *abu yakwa ava xxica lepe kavarvar dentro qi tene nyo tebbe ce*。大爷爷给了我一捧兰花烟烟丝，这两天就抽这些烟了。

lepe nanpar lɛ⁵⁵pʰɛ⁵⁵na³³mpʰɚ³³ 形 烫手的 hot *bugaga cacabbe lepe nanpar i ngazzyi mapa*。这些热洋芋很烫手，不好立即吃下去。

lepe teshe ① lɛ⁵⁵pʰɛ⁵⁵tʰe⁵⁵ʃe⁵⁵ 想做的事情很多，富于幻想 want to do so many things, full of fantasy *lepe teshe bbezzhotezzho, nzzyinzza da bar-imapa*。手长袖短，富于幻想，想得到却做不到了。

lepe teshe ② lɛ⁵⁵pʰɛ⁵⁵tʰe⁵⁵ʃe⁵⁵ 手臂太长 long arm *aryila alo tahane lepeteshe bbezzhu tezzho a, madoa*。你看我们现在这个样，手臂太长，衣袖太短，啥事都心有余而力不足。

lepege bbelabbela gge le³³pʰe³³ke³³bə⁵⁵la⁵⁵bə⁵⁵la⁵⁵ge⁵⁵ 手不停地颤动（要打人）the hand keeps quivering, try to beat people

lepyi ggulha lɛ⁵⁵pzə⁵⁵gu³³ɬa³³ 名 手心 palm *ai lepyi ggulha lebbwadradryi siga dabar mashe*。我的手板心里的三条掌纹是不一样长的。

leshe sihgei le⁵⁵ʃe⁵⁵si⁵⁵əke⁵⁵ji⁵⁵ 手长的人折枝去 the man with long arms breaks off the branch *leshe si hgei ershe zzho hggui*。手长的人折枝去，脚长的人淌河去。（谚语，表示扬长避短）

lesi jigu le⁵⁵si⁵⁵tɕi⁵⁵ku⁵⁵ 杉树的树皮 fir bark *lesi bbe jigu nagwa ne gguiyashe depu ddencu ma gga de*。这棵杉树剥了皮之后就活不了多久了。

lesu ancyi ga le⁵⁵su⁵⁵a⁵⁵ntsʰə⁵⁵ka⁵⁵ 小指头 little finger *nele ai lesu ancyi ga cilamazzyi de, naashe ddetahose*。你还不如我的小指头，你在我面前不要说话。

lesu daga lɛ⁵⁵su⁵⁵ta³³ka³³ 一根手指 a finger *bbuholaqa zzyi veshyibbe lesu daga si ddeerza, zzyi yazze debbe*。部伙拉恰家的年猪肉肥的地方只有一指膘，吃的时候要好吃得多。

lesu daga barfi lɛ³³su⁵⁵ta³³ka³³pɚ³³fi³³ 一指宽，一个指头这么宽 the width of a finger *vei tewo ddendde maza de, shyi bbe lesu daga barfi desyi sihade*。这头小猪儿不够肥，砍下来的猪肉就只有一个指头这么宽的

猪膘。

lesu daga fi lɛ³³su⁵⁵ta³³ka³³fi³³ 一指宽 the width of a finger *tessyi veshyi yanddesyi lesu daga bar si fi，kezzoro hala shanga*。他家杀的年猪肥肉只有一指宽，(我) 看着这些肉，同情之心油然而生。

lesu ga lɛ⁵⁵su⁵⁵ka³³ 名 食指 index finger *lesugane lemagashekejiba zage，nyichutro hane lesuga i nkwai gge de*。食指是靠近大拇指的那根指头，打枪时就是用食指扣扳机的。

lesu ngwarga le⁵⁵su⁵⁵ɣuaʳ⁵⁵ka⁵⁵ 五个指头 five fingers *lesungwarga bbyire ngwarntwa maha ne sedeo nivahga nganzza gge*。五个指头上若没有五滴蜂蜜，那么谁会为你站出来担当呢？(俗语：无利不起早)

lesu nzzomo le⁵⁵su⁵⁵ndʐo³³mo³³ka³³ 名 中指 middle finger *lesu nzzhomoge ne jji jji bbe qo desyi yashe，qadadei nzzomo jja jje de*。中指比其他的指头要长一点点，所以称之为"指头之王"。(当地的说法)

lesu rome lɛ⁵⁵su⁵⁵ro³³me³³ 名 指纹 fingerprint *mipe swanzzha ha bbazzhe ngenddwane lesu rome nessi ho debbe*。结算民工费时，领了工资以后，就要印下手指指纹。

lesu ryiguzeze le⁵⁵su⁵⁵rɿ³³ku³³tse³³tse³³ 手指关节 finger joint *anbbokun ton-fon bbe ddenyi jja lesu ryigu zeze bbele ngeijja za*。昂博昆因为患痛风，手指关节都长歪了。

lesu taga le⁵⁵su⁵⁵tʰa³³ka³³ 这根手指 this finger *nzzyimo wuja lesu taga mmaha ne nyichu ketro mapa jje*。据说，抛烘乌甲的这根手指被打掉了以后就无法开枪了。(民间故事)

lesu zeze le⁵⁵su⁵⁵tse³³tse³³ 名 指节 (指关节) knuckle *cihi mecu ddenpi lesuzeze bbela dderererei ggonbbar ddenyi miha za*。今年冬天冷，手指节肿胀得像红萝卜一样了。

lesuhge lemahge lɛ⁵⁵su⁵⁵əke⁵⁵le⁵⁵ma⁵⁵əke⁵⁵ 掰着手指计算 calculate with the fingers *abugao denyonyo ne lesuhge lemahge sshyizyi nyomao si hdegge*。老爷爷天天都掰着手指算时间。

lewa nepu le⁵⁵wa⁵⁵ne⁵⁵pʰu⁵⁵ 十指交叉后，双手放在膝盖上 (即闲着) hands clasping together on the knee (idle) *ne lewanepui anengu e，ngganyo si dena ga shai hjila mejji ge kagwar*。你双手放在膝盖上干什么？快到屋外去取一些柴火添到火塘里，把火添旺。

lewo ggulhahzyi lɛ⁵⁵uo⁵⁵gu⁵⁵ɬaʳ⁵⁵ʑɿ³³ 楼房的中层，二楼 the middle of the building, the second floor *meliggu ne aryi kwakwabbe，lewo ggulhahzyi ne galhi dde*。底楼是我们老人在住，二楼是老二一家在住。

leza da le⁵⁵tsa⁵⁵ta³³ 名 手提袋，手提包 handbag *tiha ne lezadage ne bbwazzhe nggui la lelhyola nkuhzyi si gwar de*。现在手提袋里边一般只放钱包、手机和钥匙。

lezhu le⁵⁵tʂu⁵⁵ 名 礼品 (纪念品，会议礼物) present, souvenir, the meeting gift *mongga de ge lezhu su deo ne myace pazyi debu qi za*。每人发了一张洗面巾作为会议纪念品。

lezu garhar lɛ³³tsu⁵⁵kɛ³³xɛ³³ 名 右边 the right side *sala ne lezu garhar desyi kwarnyi，a tege vujji shala gge*。沙拉，你往右边让一下，我要到这里来抱走酒坛子。

lezupe garhar lɛ⁵⁵tsu⁵⁵pʰɛ³³ka³³haʳ⁵⁵ 名 右边 (右手的方向) the right side *yaddreo harwo i lezu pe garhar kanzzai vucwa ngalha i qo keli jja*。这个小孩按照兔子的吩咐，站到黑熊的右边，高举斧头砸下去了。(民间故事)

lezwa nyizyi lɛ⁵⁵tsua⁵⁵ɲi⁵⁵tsɿ³³ 手腕以下 below

the wrist *amu lezwa nyizyi nyogwa zzhozu ge nentro jja tiha nyigu tezyi za*。阿木手腕以下的部分浸入开水里去了,所以现在皮肤烫红了。

lezzyi mido lɛ⁵⁵ dzɤ⁵⁵ mi³³ to³³ 名 指纹 fingerprint

lezzyi yashe lɛ⁵⁵ dzɤ⁵⁵ ja⁵⁵ ʃe³³ 长指甲,超长指甲 long fingernail, long nail *su tewo yava nyinqi ma ngu de za, azho lezzyi anebar yashe de*。这个人是不做家务事的,你看她的手指甲有多长。(当地人从指甲长短推测某人做不做家务)

lha ① ɬa⁵⁵ 名 月份 month *talhagene zuilha, zui ge ne nggwarbyi qozyi deryi ha*。这个月是农历九月份,九月是还愿祈福的月份。*debbutrene cena lha, sihssa nyoma tru ssyi nyo, ssama ma zzyi de nyo ma zzho*。一年有十二个月,三百加上六十五天,没有一天能够不吃饭。

lha ② ɬa³³ 把……转动 rotate *erkwa tewo ryipa tadaza, shyishyi mazze, dde lha nqi neli ddo*。这个大石头把路阻碍着,使往来交通都不方便,把它转动并推下坎去。

lha ③ ɬa⁵⁵ 名 荨麻,火麻 nettle, hemp *vezza chyi ha manzze lha i na nzza i lebbe la dde rere a*。割猪草时不小心被火麻蜇中,手背都肿胀起来了。

lha ④ ɬa⁵⁵ 名 笛子 flute *aicoparha yohguha ne nzzalha daga nparnzzhode, tihane manzzhoa*。我少年时期在山上放羊的时候,经常吹短笛子,现在遗忘了,不会吹了。

lha ⑤ ɬa⁵⁵ 名 神 god

lha bbar ɬa⁵⁵ bɤ⁵⁵ 名 元宵节(十五日,月圆)the Lantern Festival *ersu bbe ne lhabbar nkwar ne drotre ke nassha ne shyihgai jojo debbe*。尔苏人在元宵节的晚上,在敞坝里集中玩耍时,相互交换节日腊肉吃。

lha ce ɬa³³ tsʰe³³ 给神仙做清洁仪式 give the god a cleaning ceremony *shaba bbe ne dedejo ne lhace gge debbe*。尔苏沙巴在某些时候,要给神仙做清洁仪式。

lha ddabbar ɬa⁵⁵ da⁵⁵ bɤ³³ 名 满月,望月 full moon *danyo ne lhaer tezzu a, lhaddabbar, sonyo ne lhanwa deo nyo kacua*。今天是月亮上弦的末尾日,是月圆之日,明天就是月亮下弦第一天了,月亮最大。

lha ddebar ɬa⁵⁵ da⁵⁵ pɤ³³ 名 临产 parturiency *tessyi issa lemao tenenyo lha ddebar de jja hjinbba daga ddwa za*。他家儿媳妇已到临产月,所以这段时间到医院去了。

lha er ɬa⁵⁵ ɤ⁵⁵ 前半月,月亮上弦,月白 first quarter *lhaer lhanwa zezenyo, mendde menga madrada*。月白月黑有分界,天晴天阴界不明。(谚语)

lha er de o nyo ɬa⁵⁵ ɤ⁵⁵ te⁵⁵ o³³ n̩o³³ 名 月白初一,初一 the first day of each month of the lunar calendar

lha er sso nyo ɬa⁵⁵ ɤ⁵⁵ zo³³ n̩o⁵⁵ 名 上弦初四,初四 the fourth day of each month of the lunar calendar

lha er syi nyo ɬa⁵⁵ ɤ⁵⁵ sʅ⁵⁵ n̩o³³ 名 初七 the seventh day of each month of the lunar calendar

lha er tezzu ɬa⁵⁵ ɤ⁵⁵ tʰɛ⁵⁵ dzu⁵⁵ 名 十五日(月白结束)the fifteenth day of each month of the lunar calendar

lha hggu ɬa⁵⁵ əgu³³ 名 期间(正当……时候) period, the time of *mendde lhahggu nezzyi neo nyinqi mangu yava zzhongui aneguddo*。正当有大太阳的时候,你们两个不去做农活,待在家里干什么呢?

lha hssyida ɬa³³zɘ³³ta³³ 名 神龛（神仙座位）shrine, the seat of a god　*lhahssyidage lhga nehssyi，lhamobbe qohssyi，lhassabbe zhanga hssyi*。神仙座位由神仙来坐，先神坐上位，后神坐下位。（当地的说法）

神　龛

神　龛

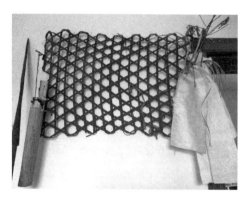

神　龛

lha i na nzza ɬa³³i³³na³³ndza³³ 被火麻蜇 stung by a hemp　*nyichyi jja，manddo lha debu kezhyizhe za，lepe o lha i nanzza i ddancwa*。割草的时候不小心抓了一棵火麻，手掌被火麻蜇了，痒得很。

lha lha ① ɬa⁵⁵ɬa⁵⁵ 动 滚动，滚 roll　*si mazhu ne dda lhalha，er ma zhu ne dde jjojjo*。大的柴火就推转，大的磐石就滚动。（谚语，表示想方设法完成任务）

lha lha ② ɬa⁵⁵ɬa⁵⁵ 动 摇晃，摇摆，转动 shake, swing, turn　*jjala shyinbbu zzhoggwa vuli ddalhalha vu npula mali jjigge*。加拉世部始终摇头予以否认。

lha mabe ɬa⁵⁵ma⁵⁵pɛ³³ 月数不够，没有到预产期 haven't reached the due date　*ssuggu bbe lha ma be ne ddata mapa debbe，ashyi te singu*。牲畜不到预产期提前生产的，往往小仔都活不下来，要好好护理。

lha mandde ɬa⁵⁵ma⁵⁵nde³³ 动 小产（不足月）miscarry, be premature　*labbyi i ta ncha lha ma ndde dancha，ta ma hsingu i ddata ma gge*。这只羊羔不足月，如果不护理就会活不下来。

lha mo ɬa³³mo⁵⁵ 名 祖神，家神 ancestor god　*lhamo gabu bbe ngogua qo hssyi，neryi va ne qozyi ssyizyi gge*。祖神家神全部请上座，要给你们上敬肉和酒。（祭祀用语）

lha nchyi ɬa⁵⁵ntʃʰɘ⁵⁵ 白杨树林旁边 on the edge of the poplar trees　*jjomar nddroer abu mazyingga kala ne lhanchyi lo ge nehssyi a jje*。吉满家族白皮肤始祖到马基岗来了，就住在白杨树林旁边。（民间故事）

lha nddre ɬa³³ndʐe³³ 名 神龛 shrine　*ersubbe ne sudeidde nyissyi lhanddre maha di ma zzho*。尔苏人家家户户都有神龛，没有哪家不设

神龛。

lha nddre she ɬa³³ndʐe³³ʃe³³ 神龛边上 near the shrine *trosa ddwa nyi kemi ha ne nyihggeo hjila lhanddre she qokezyi gge de*。狩猎获得猎物的时候就要把猎物肉拿到神龛边上举行上敬仪式。

lha npar ɬa⁵⁵mpʰɚ⁵⁵ 动 吹笛子，鸣笛 flute, whistle, blow *nunai wo copar ha lhanpar goi yankwar de*。木乃在年轻的时候，吹笛子是很有名的。

lha nwa ɬa⁵⁵nua⁵⁵ 名 下弦月，月黑 waning moon *lhanwa ha ne mya manddo, lhaer ne myanddo*。月黑的时候晚上看不见，月白的时候晚上看得见。（多数情况如此）

lha nwa te zzu ɬa⁵⁵nua⁵⁵tʰe⁵⁵dzu⁵⁵ 名 月末（下弦结束）the end of a month

lha nzzhyi mama ɬa⁵⁵ndʐɿ⁵⁵ma⁵⁵ma⁵⁵ 名 八月果（高山野香蕉）wild alpine banana *lhanzzhyi mama bbe ngece a ne i ddanga ma gge*。吃了八月果就不会饿肚子。*yaishohane lhanzzhyi mama ne ssahbui cedebbejjigge, yamardebbe*。在很久以前八月果是贡品，是皇帝的食物。

lha nzzu ɬa⁵⁵ndzu⁵⁵ 火麻毒刺，火麻刺 the thorn of hemp *yaddre teo, bbyinzzu lhanzzu hji myaha, ka ke cyicyi dage zhyiramera ngu shu za*。这娃好像携带着火麻刺，碰到谁都使谁惊叫。

lha sa ɬa³³sa³³ 名 拉萨 Lhasa *lhasa meli ge ne pryicha meli mrhggulha tebbu za jje*。拉萨是藏族居住的中心地区。

lha za ① ɬa³³tsa⁵⁵ 名 神站 god temple *lhaza ddebarne erkwa da ddenggo a ddehji kege nezyi hdora ngu de*。到达神站的时候，要捡一个小石头投放到石堆里，再说上几句祝福语。（当地的习俗）

lha za ② ɬa³³tsa⁵⁵ 名 玛尼堆 Mani Stone Pile *muli bashe ddiggehane, yanywan ssahgge gge ddeddwane lhaza dehe*。去木里县的路上，在盐源和木里交界的山垭口就有个玛尼堆。

lha ze ɬa³³tse⁵⁵ 名 火麻，荨麻 hemp, nettle *sofu lige lha ze nggeci mema cozzyi va nachanachai ncha tezzu ajje*。索夫用荨麻掺野人婆，把九把荨麻全部掺没了。（民间故事）

lhabbar deonyo ɬa⁵⁵bɚ⁵⁵teo⁵⁵ȵo³³ 正月十六日 the sixteenth day in the first lunar month *chemo azzhyi lhabbar deonyo ne shu gge jjigge*。据说，车模阿芝要在正月十六那天结婚。

lhadra ngengu ɬa⁵⁵tʂa⁵⁵ŋe⁵⁵ŋu⁵⁵ 记忆犹新 remain fresh in one's memory *marmar ha aryi ddeer ddehbi bbe hji lhadra ngengu kanca za ta*。小时候我们的所作所为，犹如张挂的唐卡，历历在目，记忆犹新。

lhaer casa o nyo ɬa⁵⁵ɚ⁵⁵tsʰa⁵⁵sa⁵⁵o⁵⁵ȵo³³ 名 十三日（前半月的第十三天）the thirteenth day of each month of the lunar calendar *anyo zhangalhage lhaer casao nyo shugge jja katogge, aryivuceigge*。阿妞农历下个月十三结婚，我们都要去参加她的婚礼。

lhaer ceceonyo ɬa⁵⁵ɚ⁵⁵tsʰe³³tsʰe³³o³³ȵo³³ 名 初十（上弦第十天）the tenth day of each month of the lunar calendar *talhage lhaer ceceo nyo kecui ggwa xxo, danyo ne tru nyo nanga*。这个月从初十开始下雨，到今天已经阴了六天了。

lhaer ceneo nyo ɬa⁵⁵ɚ⁵⁵tsʰe⁵⁵ne⁵⁵o⁵⁵ȵo³³ 名 十二日（上弦十二日）the twelveth day of each month of the lunar calendar *lamissadde* builhaer cene onyo galo issalema shugge na va la ho jjigge。拉米惹家冬月十二日要在新市坝娶儿媳妇,请你家一定要去参加。

lhaer cessonyo ɬa⁵⁵ɚ⁵⁵tse⁵⁵zo⁵⁵n̩o³³ 名 月白十四,十四日 the fourteenth day of each month of the lunar calendar　nessyi lema syisyi wo lhaer cessonyo jjola gge issava ta zela fu jjigge。你家新媳妇十四日回家来,让你家儿子去接她一下。

lhaer cezyio nyo ɬa⁵⁵ɚ⁵⁵tsʰe⁵⁵tsɚ⁵⁵o⁵⁵n̩o³³ 名 十一日(上弦十一日) the eleventh day of each month of the lunar calendar　builhaer cezyionyole kalamo dde ssibar ggejje, navalahojjigge。冬月上弦十一日,卡拉曼家要嫁女儿,请你一定要前往参加。

lhaer deo nyo ɬa⁵⁵ɚ⁵⁵te⁵⁵o⁵⁵n̩o³³ 名 上弦初一(上半月第一日) the first day of each month of the lunar calendar　aryi le lhaer deo nyo ne sila ge la ssyi a trosa i gge。我们上弦初一就要到老林里去放狗巡山。zui lhaer deonyo ne ranggwarbyi debbe。农历九月初一是还山鸡节。

lhaer lhanwa zeze ge ɬa⁵⁵ɚ⁵⁵ɬa⁵⁵nua⁵⁵tse⁵⁵tse⁵⁵ke³³ 月白月黑交接时,前半月和后半月交接时 junction of black and white crescent moon, junction of the first quarter and the last quarter　ai kanca ha ne lhaerlhanwa zeze ge jjola de myaha。我记得大概是在月白月黑交接的那段时间回来的。

lhaer neo nyo ɬa⁵⁵ɚ⁵⁵ne⁵⁵o⁵⁵n̩o³³ 名 月白初二,上弦初二 the second day of each month of the lunar calendar　danyo ne bu i lhaer ne o nyo, lema sho i nyoma zyi yali denyo。今天是冬月初二,是举办婚礼的最佳日期。danyo ne lhaer neo nyo, nyoma yali de nyo。今天是上弦初二,是个好日子。

lhaer nggeo nyo ɬa⁵⁵ɚ⁵⁵ŋge⁵⁵o⁵⁵n̩o³³ 名 初九,月白(上弦)初九 the ninth day of each month of the lunar calendar　ciilhaer nggeonyo ne lhape la dryi ramancu tebo gge debbe。尔苏历算规定,农历七月初九夜应该是七星簇和月亮的交会时间。

lhaer ngwar wo nyo ɬa⁵⁵ɚ⁵⁵ŋu ɚ⁵⁵wo⁵⁵n̩o³³ 名 初五(前半月的第五天) the fifth day of each month of the lunar calendar　zhyi i lha er ngwar wonyo ne ngwar nzza zzho。正月初五是牛过年的日子。

lhaer sio nyo ɬa⁵⁵ɚ⁵⁵si⁵⁵o⁵⁵n̩o³³ 名 上弦初三 the third day of each month of the lunar calendar　bui lhaer sionyo ne adde lema shugge, nyogwa la vudemi cela。冬月初三那天我家要娶儿媳,请你们大家都来喝一杯喜酒。

lhaer ssonyo ɬa⁵⁵ɚ⁵⁵zo³³n̩o⁵⁵ 名 初四(前半月的第四天) the fourth day of each month of the lunar calendar　zhyii lhaer ssonyo ne yo nzzazho jja kato。正月初四是羊过年的日子。

lhaer syio nyo ɬa⁵⁵ɚ⁵⁵sɚ⁵⁵o⁵⁵n̩o³³ 名 初七 the seventh day of each month of the lunar calendar　cihi ne cyii lhaer syio nyo si zzhukwa cu gge。今年剪羊毛节的时间是七月初七。

lhaer tezzu ① ɬa⁵⁵ɚ⁵⁵tʰe⁵⁵dzu⁵⁵ 月白结束 the end of the first quarter　sonyo ne lhaer tezzu a, nggeso ne lhanwa deo nyo。明天就是月白结束日,后天就是月黑初一。

lhaer tezzu ② ɬa⁵⁵ɚ⁵⁵tʰɛ⁵⁵dzu⁵⁵ 名 十五日(月白结束日,望月末日) the fifteenth day of each month of the lunar calendar, the end of the first half　*danyo ne lhaer tezzu a, sonyo ne lhanwa deo nyo*。今天是望月末日，明天是朔月初一。

lhaer tezzu nyo ɬa⁵⁵ɚ⁵⁵tʰɛ⁵⁵ dʑu⁵⁵ȵo⁵⁵ 名 十五日（月白结束日）the fifteenth day of each month of the lunar calendar, the end of the first half　*shyii ge ne lhaer tezzu nyo tebo gge debbe, nyoma zzoro te nyo va keci gge*。十月十五日是月亮与七星簇交会日，历算纪日都以这天为基准调整。（当地的说法）

lhaer truonyo ɬa⁵⁵ɚ⁵⁵tʂʰu⁵⁵o³³ȵo³³ 名 初六（月初第六天）the sixth day of each month of the lunar calendar　*zhyii lhaer truonyo ne nbboi nzzazho, syi onyo ne su nzzazho jje*。正月初六是马过年的日子，正月初七是人过年的日子。

lhaer xxio nyo ɬa⁵⁵ə⁵⁵ʑi⁵⁵o⁵⁵ȵo³³ 名 初八（上弦第八天，上半月第八天）the eighth day of each month of the lunar calendar　*zhyii lhaer xxio nyo ne repu bbe nzzazho debbe jja ti keto*。尔苏人传说中，正月初八是庄稼过年的日子。

lhai go ɬa⁵⁵i⁵⁵ko³³ 名 仙女果（人名）Xiannuguo (name) *nessyi lhaigo yava a zzho, yazzho te ulle ge dɛɜyi ggagga la shu*。你家的仙女果在不在家？如果在，就请她到我家去玩。

lhai ma ɬaj³³ma³³ 名 仙女嫚（人名）Xiannuman (name) *cadabase azzhyilonbbo dde tiha yaddre ne lhai ma la lhaizza naozzho*。差达村阿芝龙波家现在有仙女嫚和神的儿两个孩子。

lhai nya ɬa³³ji³³ȵa³³ 神的儿 the son of god *lha i nya la lha i zza la lha i ma nyagwa na ssossoa shyilha mi kehi zade*。"神的娃""神的儿"，还有"神的女儿"，这些名字都是为图个吉祥而取的。

lhai ssa ɬa³³ji³³za⁵⁵ 神的儿 the son of god *ersu bbe ne yao yao ne lhaissa jja hi su zzho de*。有个别尔苏人的名字会取为"神的儿"。

lhalha si ɬa³³ɬa³³si⁵⁵ 名 白杨树 poplar tree *jjaranyanpi vura wo nge hjilai nashwai lhalha sibu qo ke jojo ajje*。加拉良匹看见白杨树冷，把丈母娘给的布拿出来撕成条，裹在白杨树上了。（民间故事）*meer ddeer-ilhalha sica pwa ta pwa ta dda nbbarne sibbe dde pi jja, vurana shwai sibu va ke jojo a jje*。风吹起白杨树树枝"啪嗒啪嗒"响，他说，树冷，把布取来缠在树上。（民间故事）

lhalha si ca myaha ɬa⁵⁵ɬa⁵⁵si⁵⁵tsʰa⁵⁵mja³³xa³³（像白杨树树叶一样）风吹两面倒 sail with the wind (like the poplar leaves)

lhalha sizzyi ɬa⁵⁵ɬa⁵⁵si⁵⁵dzə³³ 白杨树树芽 bud of poplar tree　*sica ne yanqoyanqoo ne lhalha sizzyi yanqo*。就树叶来讲，最漂亮的当属白杨树树芽的叶子。

lhalhasica miha ɬa⁵⁵ɬa⁵⁵si⁵⁵tsʰa⁵⁵mi³³xa³³ 像白杨的树叶一样见风使舵 sail with the wind (like the poplar leaves) *amu lhalhasica miha, mahga de, te pe daryi dda ta ncyira*。阿木像白杨树树叶一样见风使舵，是一个很危险的人物，不要给他透露任何消息。

lhami ga ɬa³³mi³³ka³³ 火麻新长出的苗，火麻嫩苗 hemp seedling *abbwa yaddre teo lhami ga yanqo dancha, sessyi de manddo*。哎呀！这个小孩子就像火麻苗一样漂亮，不知道是谁家的哦。

lhami ma ɬa³³mi³³ma³³ 名 仙女 fairy *lhami ma la lhami ga lham minyi lha mima bbe ne* *lhai nya ddebbe jji garhar zzho debbe*。"拉迷嫚""拉迷呷""拉以念""拉以嫚",这些名字的寓意都为仙子仙女。

lhamo dde nchoncho ɬa⁵⁵mo⁵⁵de⁵⁵ntʃʰo³³ntʃʰo³³ 老神要祭祀 old god need to be sacrificed *mimo ddebbubbu*,*lhamo dde nchoncho*。语言需要交流,老神需要祭祀。(谚语)

lhanbbo ɬa⁵⁵nbo⁵⁵ 名 陈(藏姓朗博)Chen *zzilha ba bbe ne mengga lhanbbo ba jja jji de bbe*。大埔子还有名字叫"门格"和"朗博"的两个村庄。

lhanwa ceneo nyo ɬa⁵⁵nua⁵⁵tsʰe⁵⁵ne⁵⁵o⁵⁵ȵo⁵⁵ 名 二十七日(下弦十二日)the twenty-seventh day of each month of the lunar calendar *danyo ne lai lha nwa ceneo nyo*,*vega nyoma yali de nyo*。今天是腊月下弦十二,是宰年猪最好的日子。

lhanwa cessonyo ɬa⁵⁵nua⁵⁵tsʰe⁵⁵zo⁵⁵ȵo⁵⁵ 名 月黑十四,二十九日 the fourteenth day of the secord half *danyo ne lhanwa cesso nyo*,*sonyo ne lhanwa tezzu a*。今天是月黑十四日,明天就是月黑结束日。

lhanwa deonyo ɬa⁵⁵nua⁵⁵te⁵⁵uo⁵⁵ȵo⁵⁵ 名 下弦第一日,十六日 the first day of the second hal, the sixteenth day of each month of the lunar calendar *sonyone lhanwa deo nyo*,*aryi nyogwa cada bashe ssyi gge*。明天是下弦第一日,我们大家到差达村去。

lhanwa neonyo ɬa⁵⁵nua⁵⁵neo⁵⁵ȵo⁵⁵ 名 下弦第二天,十七日 the second day of the second half, the seventeenth day of each month of the lunar calendar *lai lhanwa neonyo nge ozzhobashe lhanbbo abu mozzhazuggejje*。据说,腊月下弦第二天(十七日),西昌韩博老爷要做活道场。

lhanwa nggeo nyo ɬa⁵⁵nua⁵⁵ŋge³³uo³³ȵo³³ 名 二十四日 the twenty-fourth day of each month of the lunar calendar *cyii lhanwa nggeonyo ne cadabai nyobbe nejjo i gge cwa debbe*。每年七月二十四日矮山的羊群就会赶回去,不再圈养在高山。

lhanwa ngwar onyo ɬa⁵⁵nua⁵⁵ŋuaʴ³³o³³ȵo³³ 名 下弦第五日,二十日,月黑第五日 the fifth day of the second half, the twentieth day of each month of the lunar calendar *danyo ne vui lhanwa ngwaronyo*。今天是下弦第五日。

lhanwa ngwarwonyo ɬa⁵⁵nua⁵⁵ŋuaʴ³³uo³³ȵo³³ 名 二十日(后半个月的第五天)the twentieth day of each month of the lunar calendar,the fifth day of the second half *aryi lhanwa ngwar wonyone galo bashe amuerbu lemashu dege ssyi gge*。二十日那天,我们要到甘洛参加阿木尔部家的婚礼。

lhanwa tezzu ɬa⁵⁵nua⁵⁵tʰɛ³³dʐu⁵⁵ 名 三十日(月内最后一天)the thirtieth day of each month of the lunar calendar,the last day of the month *danyo ne lhanwa tezzu a*,*sonyo ne zhangailhage lhaer deo nyo*。今天是这个月的最后一天,明天是下个月的第一天。

lhape troi ngezzyi ɬa⁵⁵pʰe⁵⁵tʂʰo⁵⁵ji⁵⁵ŋe³³dʐə³³ 月食 lunar eclipse *zaxikala na lhapetroi ngezzyida nddo aqide? alle chonddryi nddo qide*。扎西卡拉,你见过月食吗?我倒是见过好几次了。

lhazzyi mamo syiyama ɬa³³dʐ³³ma³³mo³³sɕ⁵⁵ja⁵⁵ma⁵⁵ 神的母亲司亚曼 the mother of god *lhazzyi mamo syiyama*,*lhazzyi pamo lhayaga*。神的母亲司亚曼,神的父亲拉雅呷。

lhazzyipamo lhayaga ɬa³³ dʑɤ³³ pʰa³³ mo³³ ɬa⁵⁵ ja⁵⁵ ka⁵⁵ 神的父亲拉雅呷 the father of god *shabai katoha lhazzyipamo ne lhayaga hide jje*。沙巴口诵经里边神的父亲叫"拉雅呷"。

lhelhe ɬɛ⁵⁵ɬɛ⁵⁵ 动 扬场 winnow *nzzyi naga ne zzyibar bbe nge lhe lheanesho aneqacyi ge nagwar ddecu a*。把荞子打下来了就扬场，扬干净了就装在口袋里，口袋装满就立起。

lher ɬɤ⁵⁵ 名 蛇神，龙 zombie, dragon *ssyissabbe nyogwa lherda wanggassahbu ddege ssyigge ddeddwa jje*。所有的神仙都到蛇神家里去做客了。

lher i ɬɤ³³ji³³ 名 壁虎 gecko

lhi ɬi³³ 动 炼，熔炼，熔化 smelt, refine, melt *shelhi hngwarlhi hane meshu maramapa*。炼钢、炼铁、熔银子的时候都离不开钢炭。

lhi ga ɬi³³ka³³ 名 炕架，矮楼 frame of the brick bed, low building *zwaya de lhiga nanca i nzzazho zhyinzzhyi bbe qo ke nddre za*。用担架做了个炕架，把年货、豆腐炕在上边。

lhi o ɬi³³o³³ 名 楼上，阁楼 upstairs, loft *karebbe lhio ddezyia kenddre a ddeddru shu*。把核桃放到楼上炕干。

lhipigao ɬi³³pʰi³³kao³³ 名 台架（两个木柱间放小物件的木板）scaffold (a wooden board between two wooden pillars for placing small objects) *mehggeo lhipigao nezyiza, nehjila mehze o desyi ddepryi*。火柴放在台架上，你取下来把火点燃。

lhizyi ① ɬi⁵⁵tsɤ⁵⁵ 名 梯子，楼梯，阶梯（固定的阶梯）ladder, stairway, fixed ladder *kare gahene sibu ddesshyiimapage ne lhizyi deddre kazyi ggeda*。打核桃的时候，核桃树爬不上去，就架设一个梯子，从梯子上爬上去。*lhizyio ggwa kessogge, desyi ddenggo a zajiqo kapahgga shu*。梯子要被雨水淋湿了，把它扶起来放在墙壁边靠起。

楼梯、梯子、木梯

lhizyi ② ɬi⁵⁵tsɤ⁵⁵ 动 掂量 weigh, weigh in the hand *desyi dde lhizyi a yo ka ssyi yahne ne teo kahjila naga*。你掂量一下，哪一只羊重就拉哪只进来宰杀。

lho dre ɬo⁵⁵tʂɛ⁵⁵ 名 栏杆，穿枋 railing, handrail *byima desi lhodre gaqo keyoza*。只有一只青蛙趴在牛圈的栏杆上。

lhyo ① ɬjo⁵⁵ 名 灯 light, lamp *yahisohi ne ersubbe nqishusi ncu, taha ne sejji zzholhyo ncu*。从前，尔苏人只能够点竹竿火把，现在所有人都用电灯了。

lhyo ② ɬjo⁵⁵ 动 闪 flash, lightning *mejo gela melhyo gge, meddelhyo addeso ne mazzyi zzyi gge*。天空中闪着闪电，先看见闪电，然后才听见雷声。

lhyo ③ ɬjo⁵⁵ 名 电 electricity *yaisoha ne melhyo nyo, tihane zzholhyo, melhyo* meerlhyo macalhyonyo。从前就只知道有雷电，现在又有了水电、火电，还有风电、热电、光电等。

lhyo qo ɬjo³³tɕʰo⁵⁵ 名 南方 south

li ① li⁵⁵ 动 放牧，放开，放射 pasture, radiate ssugu lishe ddabar, ngwarbbe ashyi telia ngaishu, suibbe teli kala。放牧时间到了，快把牛放出来，别家的都已经放给牛倌出牧了。

li ② li⁵⁵ 名 弓 bow lineyamidebbenyo, silinyo, shelinyo, hilinyo, hiline canda bbeva jjida。弓按照材质分为许多种，有木弓、铁弓、竹弓等，多根竹弓合并就成为弩了。(当地的弓和弩)

弓

li ③ li⁵⁵ 动 让 let, allow nyaiman la nyeigezzi malimapa memacozzyi tile kalashuajje。聂依曼和聂依呷两人被逼得不得不打开门，让野人婆进家里来。(民间故事)

li ④ li⁵⁵ 形 球状的，棒状的 spherical, globular, clubbed zhabulilio megekanpar-i zhabbe shotezzuane zhahwabbe techyia。把球状的马蜂包放到火上烧，等马蜂烧完后取出蜂巢再取蜂蛹。(当地的做法)

li ⑤ li⁵⁵ 动 同意，允许 agree, allow yaddreo jjoigge bbibbine tege goi bbryi jji manyo, ssyishujji li ddo。既然这个年轻人闹着要回去，他在这里也没有什么大事情，就同意了，让他自己想办法走回去吧。

li ⑥ li⁵⁵ 动 抛，投，掷 throw, toss, fling, hurl ssnyaima lige nddre zaza deteli nishui memacozzyii mihguge leliajje。聂依曼用长戟向下投掷，标枪从吃人的野人婆嘴里插入，把她杀死了。(民间故事)

li ge li⁵⁵ ke⁵⁵ 山林里 in the mountains ligenggwapededdre nqolenqodda ahgahemossyi shyilavubar manqo。山林里的一对锦鸡虽然美丽，但是比不上母舅(即舅舅)家里的酒和肉的味道美。

li gga ① li⁵⁵ ga⁵⁵ 动 跑，跑步，奔跑 run te nchomeddanancu ddahggwar drotrege hgwar rangui ligga gge。黎明的时候，他就起来在坝子里绕圈子奔跑。coparha ncho dda hggar nedrotre ge nacyi hgwarramaga li gga, tiha ne mado a。年轻的时候，每天早上起来了就在坝子里边跑二十多圈，现在就不行了。

li gga ② li⁵⁵ ga⁵⁵ 动 走动，晃悠，穿行 walk about, stagger, walk through ne ata meli ge ane debbe si ligga de ddo? 你在那地里晃悠什么啊？

li hge li⁵⁵ əke⁵⁵ 名 山鹰 eagle, the mountain eagle lihge delige nchyiggu yobbuge nezzei *labbyii de ddazai hjiddwa*。一只山鹰俯冲到山顶上的羊群里,抓走了一只小绵羊。

li ncha li⁵⁵ntʃa⁵⁵ 上敬供品,向先人敬献供品 provide offerings *danyo ne nyila nggu bbe va lincha dde qi gge, qozyi ssyizyi gge*。今天我们在这里给先祖上敬供品,上敬酒来上敬肉。(敬供辞)

li nehnyo li⁵⁵ne⁵⁵ɳo⁵⁵ 在林中迷失方向,在林中迷路 lost in the forest *silage hichyiddwajja linehnyoi jjola mado, silage dankwar keia*。到老林里去砍竹子,迷失方向回不来,只好在老林里住了一宿。

li ngga li⁵⁵ŋga⁵⁵ 名 灾祸(灾祸载体) disaster, disaster carrier *abu mwafu lige lingga deddre ddagwar-i nwa bbe va nyizha sui pola jje*。马付老爷施法做了一对灾祸载体,让那些谋杀他的奴隶主去追,他就(带着儿子一起)趁机逃回来了。(民间故事)

li ngwar li⁵⁵ŋuɚ⁵⁵ 名 野牛 wild ox, buffalo *sibbuzza deddre kahdwai lingwar deddre tehbui silage nalashuajje*。给一对木屑施法,使其变成两只野牛,从树林里冲出来。(民间故事)

li nkwa li³³ŋkʰua³³ 名 磷矿 phosphorite *zzilha loge ɳe kege la linkwa zzho, kɑ dege dda nbbar la ngala dege*。则拉乡到处都是磷矿,在哪里挖都能够挖出品相很好的磷矿石来。(意指磷矿丰富)

li ryi li⁵⁵rɚ⁵⁵ 名 暗道,地道(地下通道) dark pass, tunnel, underground passage *hzhobwa bbe nzzara venyo barbar liryi ddenbbar-i tessyi yava kieli za*。盗贼们就像鼹鼠一样,打地道进入了他家屋里。

li tra li⁵⁵tʂʰa⁵⁵ 森林里的鬼 the ghost in the forest *aer muga nyanyosilage ddwa ilitra dei ddehzu za jja dehmo ddenyi za*。阿尔牧呷昨天到森林里去时,遭到一个森林鬼的暴打,今天开始全身疼痛。(不科学的说法)

ligo ge li⁵⁵ko⁵⁵ke⁵⁵ 森林深处 deep forest *a ligo ge da nchyibeer deqi nedo i ngelyila ha nc mejo ge ggwala gga*。我从森林深处摘了一堆刺龙苞(菜),背出森林的时候,天就要下雨了。

lili ssyi li⁵⁵li⁵⁵zɚ³³ 名 男人,男性 man *danyolili ssyi bbe ngogwa sierzzapa hzhaigge, hima nzzama bbezzuzii*。今天男性村民全部去砍木料,女性村民都去拔黄豆(子株)。

lilissyi copar li⁵⁵li⁵⁵zɚ³³tsʰo³³pʰɚ³³ 青年男人,小伙子 young man, young fellow, lad, chap *lilissyi copar bbe nyogua har zha i gge, deo la yava ngata re*。青年男人全部去撵老熊,一个也别落下。

linzza ba li³³ndza³³ba³³ 名 林杂村 Linza Village *cihi shyii lhaer deonyo nwazhohane linzza bashela yolherzza shaiigge*。今年十月初一过彝族年的时候,我们要到林杂村去收牧羊工钱(米)。

liryi ddanbbar li⁵⁵rɚ⁵⁵da⁵⁵nbɚ⁵⁵ 挖地道,打墙洞 dig a tunnel, open a hole in the wall *zaxi jjo mala tele hzhobwa bbe lige liryi ddanbbar iya kenbbe za*。要不是扎西及时回来的话,盗贼挖地道就进入家里了。

lise ba li⁵⁵se⁵⁵pa³³ 名 连三营村 Liansanying Village *lisebashe jjimardebbezzho*。连三营村有几家吉满家族的人。

lizzho li⁵⁵ʤo⁵⁵ 名 银领(银项圈) silver necklace *lizzhone himanzzama bbesisade, lesusigabaefi, hdwarava dejosi zzhode*。银领是女性专用的佩饰,只有三指宽,刚好围

在脖颈上。

lja lja⁵⁵ 动 行，可以 all right *lja, nekaili, aryinite bbebban yilasumahssyi, ne zzho gge te ai ketoka bbanyi*。行了，你什么都别说了，我们不是来听你说这些事的，你如果还要待下去就听我的劝。

ljo ① ljo⁵⁵ 量 庹（两手伸展的长度）the length of a two-arm stretch

ljo ② ljo⁵⁵ 动 庹（用手伸展开测量）measure with the hand *desyi ngeljo a cholyozzho shyi me*。用手庹一下，看有多长。

lo ① lo⁵⁵ 量 两（五十克）liang, a unit of weight (50 grams) *delo ne cece dozi, de dozi ne cece hgama*。一两是十钱，一钱是十毫。

lo ② lo³³ 名 垫子，坐垫 cushion, mat *ne cinddronkwazyi tagwa meliggu lo ngekoa nehssyi*。你把山羊皮裰子脱下来，垫在地上当坐垫。

lo ③ lo⁵⁵ 名 峡谷，沟，山沟，壑 canyon, valley, ravine, gully *bbeizyime zhangalosi ngereane, yoryizajjoiggecwa, nesi ssahssajjoi tia*。只剩下最后一条沟，我们就到家了，你一个人安全地回去吧。

lo ④ lo⁵⁵ 名 麂子 muntjac

lo ⑤ lo³³ 名 碟子，盘子，盆 small plate, dish, basin *ngamazzyi ne loge zzho, ngamace ne jji gezzho*。没有吃就在盘里，没有喝就在坛里。（谚语）

lo ⑥ lo³³ 名 地方 place *aryi zzi lha lo ge ddezzyi ddakwa su bbe ne seqola ya jo*。我们生长在磨房沟的人，比其他地方的人要勤劳。

lo ⑦ lo³³ 名 毡氇垫，褥，床垫 cushion, mattress *aimarmarha harnddrodapwa meliggungekoi lonengu hacacalala de*。我小时候睡过一张熊皮褥子，铺在地上也很暖和。

lo ⑧ lo³³ 献给贵宾的礼盘 a gift to the distinguished guest *lemashu hane lemolo lwahane marmargaga gge de*。结婚典礼上母舅（即舅舅）食用贵宾礼盘，安安静静地食用。

lo ⑨ lo³³ 动 阻挡，挡，阻拦 obstruct, hold up, intercept, impede, hinder *te loge nabar ne memacozzyio ryihggolha ngehdoi ryipa ga ddelo ase*。她下山走到沟底的时候，那野人婆从路边跳出来，挡在她回家的路中间了。（民间故事）

lo bbu lo⁵⁵ bu⁵⁵ 狭窄的山沟 narrow valley *harwo trolige lobbuge jjijji zhala, neryishe ddabar gga*。那只老熊被狗驱赶着，顺着狭窄的山沟爬上去了，快要到达你们那里了。

lo er lo³³ ər⁵⁵ 名 斑鸠 turtledove *nyizzorohane ojjasibuqo qozhanga loer sio kanzza zajje*。朝下边望去的时候，发现梨树上中下排列站着三只斑鸠。

lo ge ① lo⁵⁵ ke⁵⁵ 名 沟底（山下的沟里）the ditch under the mountain *nbbiqo kanzza nyizzoro, ama looge razhagge, loge nabar mwa ma nddo*。站在山头往下望，妈在沟底撵鸡子，下到山沟不见妈。（民歌歌词）

lo ge ② lo³³ ke³³ 名 饭席 feast *ngama cene jjigge zzho, ngama zzyine loge zzho*。如果没有喝就还在酒坛里，如果没有吃就还在饭席里。（谚语）

lo ge ③ lo⁵⁵ ke⁵⁵ 名 乡村 village, country

lo ge ④ lo³³ ke³³ 名 基础 basics

lo hgu lo⁵⁵ əku⁵⁵ 名 山坳，山沟 col, ravine *tege*

ne lohgu ge nehzei meermanyo, desyi la ddemanpi。这里处在山坳里，山风吹不到，所以一点都不冷。

lo kwa lo⁵⁵ kʰua⁵⁵ 名 原野，平原，开阔地，大沟 champaign, flatland, open ground, large furrow *lo kwa ge ne meli la ya zze, nbbi kwa ge ne ssu ggu hgu yazze*。开阔地上好耕种，广阔草坡好牧羊。（谚语）

lo ma lo⁵⁵ ma⁵⁵ 名 母麂，雌麂 female muntjac *goi nbbya nzzenchyilage loma de gahdogahdo lnalajje*。他们说，在北山的草坡上有一只母麂跳着纵步下来了。

lo nbba ① lo⁵⁵ mba⁵⁵ 名 山谷 valley *harhgubbo lonbbage meli yandde bbe nyogwa ne isyiabu ssyi re*。熊洞坪山谷里肥沃的土地全都是新屋老爷家的。

lo nbba ② lo⁵⁵ mba⁵⁵ 两山间的开阔地 open ground between two hills *sasshyi me lonbba ge nzzhyi kuku zze kuku va zzahzha ddwa*。到大的开阔地去，依靠弯弯脚犁和弯弯挖锄去觅食。

lo nzzyi a lo⁵⁵ ndʑ³³ a³³ 让你久等了 sorry to make you wait *yava syi desyi nyoi nadanggoa, neryi lonzzyi a mo*。因为家里有点事给耽搁了，让你们久等了，抱歉。

lo pe lo³³ pʰe³³ 青麂子 green muntjac *menyi nzzeru ngala ne lope nbbya runyo zzhyila gge debbe*。春天山坡上的青草长起来以后，青麂子就回来觅食吃草。

lo sshe lo³³ ʒe³³ 形 热闹的，喜庆的 alive, festive *yahi shohi pucege pusa ncanca hene goi losshe debbe*。过去在海棠镇赶庙会时，整个街上是热闹非凡的。

lo tra lo⁵⁵ tʂʰa⁵⁵ 名 山沟鬼 the ghost in the valley *lotra de ddezzuzzu ala manddo, loge keddwajja ipa de desyi ddenyi*。不知道是不是遭遇了山沟鬼，从沟里回来就感觉肚子有些痛。（不科学的说法）

lo-kwa lo³³ kʰua⁵⁵ 名 箩筐 bamboo basket, wicker basket *nzza ncegelele hvasu de lokwa deddrege radu dence ngehjila jje*。大路上来了一个汉族挑夫，在箩筐里挑了一担布匹。

lofa lo³³ fa³³ 名 楼房 building *lofa yakwage ne assyi ge, tiggamanyo ge ne anggu ssyi ga*。那栋大的楼房是我家的，它背后的那栋楼房是周家的。

loge lo⁵⁵ ke⁵⁵ 名 山谷，山沟 valley, ravine *zzhoge nbbio jji nqo, sikara loge nyissa*。把河水引上山顶，把干柴推下山谷。（民歌歌词）

loge nkanzza jjizzoro lo³³ ke³³ kʰa⁵⁵ ndza⁵⁵ dʑi³³ dzo³³ ro³³ 站在沟里往上望 stand in the ditch and look up *aige loge nkanzzai nbbiojji zzoroha, mejjo la nahggwa gga miha*。我站在沟里往山顶望去时，发现天都要垮下来了（意指乌云密布）。

lohgu lo⁵⁵ əku⁵⁵ 名 洼地，坳地，峡谷 depression, bottomland, canyon, gorge, ravine *bbyiryi zzhohgu meli lohgu ge meita dehgu ngezzho za*。糖水井沟那片洼地里，现在发现了一个煤矿。

lohgu ge lo⁵⁵ əgu⁵⁵ ge⁵⁵ 名 盆地，坳地 basin *lohgu gene bbeca tamya ddo, tamatele yali dege*。（那个）盆地就是蚊子太多，要不然的话是个好地方。

lolo ge lo⁵⁵ lo⁵⁵ ke³³ 名 洛洛沟村 Luoluogou Village *lologe ba ne edigge ba i ngwahar garhar mbbya ha de*。洛洛沟村坐落在马伊呷村南面方向的阴面山坡上。

lomwa ba lo⁵⁵mua⁵⁵pa⁵⁵ 名 上官村 Shangguan Village *lomwabashe tiha ne ersu dei la mazzho a jjigge, shoi ne ersuhu de*。据说,现在上官村里头一家尔苏人都没有了,从前这里是纯尔苏居民村。

londdi lū³³di⁵⁵ 名 菜板 chopping board *londdi gaga shyi yahgu, bepu gaga nche yahgu*。搬弄菜板多出肉,搬弄米柜多出米。(谚语)

loze lo⁵⁵tsɛ⁵⁵ 名 沟雾,雾气,雾 fog in the ravine, fog *loze bboze bbize lameze, nyogwa ne ze debbe, nyogwa ne zzho debbe*。沟雾、坝雾、山雾和天上的云都是水蒸气变化而成的。

雾

loze nala lo⁵⁵tsɛ⁵⁵na⁵⁵la²³ 下雾了,雾来了 the fog comes *loze nalai ane na nddomapa, sonyo si hzhalagge she*。大雾来了,笼罩了山沟,什么也看不见,明天再来寻找嘛。

loze nenzzyinzzyi lo⁵⁵tsɛ⁵⁵ne⁵⁵ndʑɛ⁵⁵ndʑɛ⁵⁵ 雾漫山谷,雾满山谷 fog fills the valley, fog diffuses in the valley *ti ha ne loze ne nzzyi nzzyi za, muzua ne maca ngala gge la ma nddo*。现在是雾满山谷,一会儿可能要出太阳。

lu-ssho ssama lu⁵⁵ʐo⁵⁵nza³³ma³³ 卤肉饭 braised pork rice *gwarshege zzhoha iddangai tepyirara lu-sshossama dabbar ngezzyi a*。在街上饿了的时候,就随便买了一盒卤肉饭来吃了。

lu-ssong lu⁵⁵zoŋ³³ 名 鹿茸 pilos antler *lu-ssong ngezzyi ane sunbbuge harsho nala gge debbe jji gge ngatazzyi*。据说,吃多了鹿茸会流鼻血的,一般情况下不要吃。

luanguga ggu ngenpe lua⁵⁵ŋu⁵⁵ka⁵⁵gu³³ŋe³³npe³³ 房屋均分 the house is divided equally into two parts *ai ilaga nyogwa luangu ga ggungenpe a dehge nava zyigge*。我的房屋全部以屋脊为准均分成两份,分一份送给你。(家产一分为二)

lujo ma lu⁵⁵tɕu⁵⁵ma³³ 手有残疾的女人 a woman with disabled hands *awa teo lepega rekarai ddexoxo mapa zade, tiha ne lujoma detebbuza*。这个老奶奶手受伤后一直活动不了,成为一个残疾的女人。

lulo lu³³lo³³ 动 录音 record *chemo awai shwassa nelibbe nyogwa luloi tepyi za*。车模老奶奶所有的遗嘱全部都录音保存下来了。

lwa ① lua⁵⁵ 动 切,砍 cut, chop *sibu talwa neddregga hane ggehar nyehar ke zzoro, suqo nessi ha*。砍伐树木即将要砍倒的时候,左右上下都要看看,别压到人。

lwa ② lua⁵⁵ 形 陈,旧,腊(肉)old, worn, preserved *veshyi ngele bbe ne leasshunyo lwanbbwa nyo*。陈年的猪肉分为腊肉和腊腊肉(两年期及以上)。

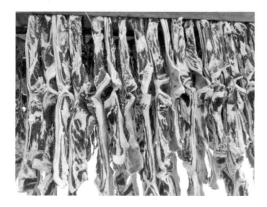
腊猪肉

lwa ③ lua⁵⁵ 形 曾（第三代）Zeng (the third generation) *qojjihyo ne lwa abu nyo, zhenga nyihyo ne lwalepu nyo*。往上数有曾祖父，往下数有曾孙。

lwa abu loa⁵⁵ a⁵⁵ pu⁵⁵ 名 曾祖父（祖父的父亲）great grandfather, grandfather's father *assyi lwa abu nenyozu hi dejjigge, abbaikato matale sedei hase ddo*? 我家曾祖父的名字叫"虐组"，若非父亲告知，我从何知道哦？

lwa awa lua⁵⁵ a³³ wa³³ 名 曾祖母（父亲的奶奶），外曾祖母 great grandmother, father's grandmother *assyi ama ne assyi lepussyi lwa awa, assyi lepu ne amai lwa lepu*。我的妈妈是我孙儿的曾祖母，我的孙子是我妈妈的曾孙。

lwa lepu loa⁵⁵ lɛ⁵⁵ pʰu⁵⁵ 名 曾孙（孙子的儿女）son and daughter of grandson *tiha ne lwalepu la zzho a ane debbe nzzyinzza se ddo*? 现在都有曾孙了，还想什么呢？

lwa lepu ssyi lua⁵⁵ le⁵⁵ pʰu⁵⁵ zɿ³³ 名 曾孙子 great grandson *abuteotiha lwalepussyi siozzho, lwalepu siote teshenzzhonzzyi sogge*。这个爷爷现在有三个曾孙子，三个曾孙都在他那里上学。

lwa lepuma lua⁵⁵ le⁵⁵ pʰu⁵⁵ ma⁵⁵ 名 曾孙女 great granddaughter *assyikwakwao tiha lwa lepuma lwalepussyi lacoco zzho a, ssu ngeshe de*。我家的老人现在有几个曾孙女、曾孙子，属于长寿老人了。

lwa lwa ① lua⁵⁵ lua⁵⁵ 动 切，切割，切片，切丝 cut, cut into slices, cut into shreds *cindo teji ne shyi lwalwa da deji, ateji ne vezza zizi da deji*。这把菜刀是专门用来切肉的，那把菜刀是专门用来斩猪草的。

lwa lwa ② lua⁵⁵ lua⁵⁵ 名 玄（第四代）Xuan (the fourth generation) *kwakwa tewo tiha ne lwalwa lepu zzhoa, tava lwalwa abu gwaria*。这个老人现在已经有玄孙了，有喊他高祖父的人了。

lwalwa abu lua⁵⁵ lua⁵⁵ a⁵⁵ pu³³ 名 高祖父，高祖舅父 great great grandfather, grandfather's grandfather *ai lwalepu ne ai abbai lwalwa le pu, aia bba ne ailwa le pui lwalwa abu*。我的曾孙是我爸爸的玄孙，我的爸爸是我的曾孙的高祖父。

lwalwa awa lua⁵⁵ lua⁵⁵ a⁵⁵ wa⁵⁵ 名 高祖母（爷爷的奶奶）great great grandmother, grandfather's grandmather *lwalwa awa ne abui awa, lwlwa lepu ne lepui lepu*。高祖母是爷爷的奶奶，玄孙子是孙子的孙子。*ai lwalepu ne ai amai lwalwalepu, aiama ne ailwalepui lwalwa awa*。我的曾孙子是我妈妈的玄孙，我的妈妈是我曾孙的高祖母。

lwalwa lepu lua⁵⁵ lua⁵⁵ le⁵⁵ pʰu⁵⁵ zɿ⁵⁵ 名 玄孙 great grandson's son and daughter

lwalwa lepuma lua⁵⁵ lua⁵⁵ le³³ pʰu³³ ma³³ 名 玄孙女（曾孙的女儿）great great granddaughter, great grandson's daughter *cyipo maratijji mapa, tihanelwalwalepumala nddo a, cyipo* *xxissyi mahssea*。也不能说年纪不大,现在都见玄孙女(元孙)了,年纪都八十多岁了。

lwalwa lepu ssyi lua⁵⁵ lua⁵⁵ le⁵⁵ pʰu⁵⁵ zɤ⁵⁵ 名 玄孙(孙子的孙子) great great grandson, grandson's grandson *kalaga ne ai lwalwa lepussyi, ane kalaga i lwalwa abu o*。卡拉呷是我的玄孙,卡拉呷称呼我高祖。

lwamwa yakwa lua⁵⁵ mua⁵⁵ ja³³ kʰua³³ 名 大木盆 large wooden bowl *awamizzyi lwamwayakwao nyiholaddesoi zhangakenbbei kenpiajje*。兔子奶奶把大木盆倒扣在地上,然后钻到大木盆下躲起来了。(民间故事)

lwanbbu lua⁵⁵ nbu⁵⁵ 名 豆渣菜,连渣菜 bean curd dishes *addedanyo lwanbbudeddro neddrea varvarhzhagge, neryi nyogwa lamo*。我家今天要推一锅豆渣菜,请大家都来帮我忙,突击劳动。

lwangu ① lua⁵⁵ ŋu⁵⁵ 名 房梁,家支,财产 house beam, lineage, property, estate, asset *angguima lwangu ga newu licyihade, tihane hggoshai sudehbu mahsse zzho*。周姓四支系是在镇西大坝头村分房的,至今分布在各地的有一千多人。

lwangu ② lua⁵⁵ ŋu⁵⁵ 名 房脊 ridge *possa o lwangu gaqo kanzza i ranggar byi gge jjigge*。据说,他的丈夫站在屋脊上正在作还山鸡仪式。

lwangu ga lua⁵⁵ ŋu⁵⁵ ka⁵⁵ 名 财产,家产(房子的大梁) estate, girder, crossbeam *te te ne a lwangu ga ggu ngenpe a dehga nava zyi gge*。那样的话,我就把我家产一分为二,其中一份送给你。

lwanpu lua³³ mpʰu⁵⁵ 名 锤子 hammer *shelwanpu de nguhji lai nehzu naga i ngemi ngenzzhe su za*。拿出一个铁锤来,狠狠地又锤又打,把它打得稀烂了。

锤 子

lwanpu tro lua³³ npʰu³³ tʂʰo³³ 名 锤柄(锤子手柄) hammer handle *ngwarro ncho si daga nahzha lwanputro desyi ncagge jje hzha ddo*。准备砍一根黄连树来做锤柄,所以在到处寻找黄连树。

lwapwa lua⁵⁵ pʰua⁵⁵ 名 老虎 tiger *vu demi tingeceane lwapwalatessua nbbo ddenzze do jjigarharzzho de*。他一旦喝了一点酒,就以为自己可以把老虎捉来当马骑的。

lwapwa ho lua⁵⁵ pʰa⁵⁵ xo³³ 名 虎啸 roar *vudemi tingece anetege debbedebbe lwapwa ho ngu gge*。喝了一点点酒,就在这里虎啸狼嚎。

lwapwa hongu ① lua⁵⁵ pʰa⁵⁵ xo³³ ŋu³³ 说着老虎的语言 speak the language of the tiger *owshbwa mancu ne lwapwa ho ngu jji su nava cohde magge da*。你自己的行动跟不上的话,即使你说着老虎的语言,人家也瞧不起你。

lwapwa hongu ② lua⁵⁵ pʰa⁵⁵ xo³³ ŋu³³ 夸夸其谈 talk excitedly and boastfully

lwapwa tessu a ddenzze lua³³ pʰua³³ tʰe⁵⁵ zua³³ de³³ ndʑe³³ 把老虎捉来骑 catch the tiger to ride it *lwapwatessu a ddenzze do, mekwar techyi a martro do*。敢把老虎捉来当马

骑,能将彩虹摘下当弓射。(谚语)

lwapwa zzyizzho lua³³ pʰua⁵⁵ dʐə³³ dʐo³³ 有老虎般威望的,威风凛凛的 jovian, majestic-looking

lwasshu daga bar ngehxxi lua³³ ʒu³³ ta³³ ka³³ pɐ³³ ŋe⁵⁵ əzi⁵⁵ 厌烦透顶的(像嘴里衔腊肉般难受)irksome(like having a piece of bacon in your mouth)*ryipataga dde miha ssyi ge lwasshu daga kedryiza bar ngehxxi za*。一想起这条危险的路就好像嘴里衔一块腊肉般发腻难受。

lya ① lja⁵⁵ 动 刷,粉刷,涂抹 brush, whitewash, paint *zajiva shyi-huila ngwar hzho ddashashasu ngalyaza, zajiwo dde hyo gade tebbu za*。墙壁上涂抹了石灰和牛屎的混合物,所以墙体变成了灰色。(当地的做法)

lya ② lja⁵⁵ 动 粘贴,张贴 stick, paste *wamwa ngga she zajji qo bu-gao de ngalya za, ane debbe kato ma nddo*。城墙上张贴着一张布告,不知道说的是什么内容。

城　墙

lya ③ lja⁵⁵ 动 黏合,胶粘 glue, gum *anggu yobbu sunpwa wai nelya jja, ddehose mapa za, tepe hibba ddataga*。昂古育部的嘴巴被山药黏合了,暂时开不开腔了,你别和他说话。

lya da ① lja⁵⁵ ta⁵⁵ 名 刮灰刀 scraper *erlyada da neji kesshyi za, ho tele deji navaqigge*。买回来了两把刮灰刀,你如果需要就拿一把给你。

lya da ② lja⁵⁵ ta⁵⁵ 名 刷子 brush

刷　子

lya gwar lja³³ ku ɐ³³ 动 纳粮,交公粮 deliver grain to the state *ersubbe ma ja-fan ha pucege la lyagwartiha ne lya ma gwar*。中华人民共和国成立前,则拉乡的尔苏人全部要到海棠镇去交公粮,现在就全部免交公粮了。

lya gwar maho lja³³ ku ɐ³³ ma⁵⁵ xo⁵⁵ 不用交公粮 don't need to deliver grain to the state *tihane sejji lyagwar maho, varnzzyi yakwa de la ddehggoa*。现在大家都不用交公粮了,这给大家减轻了很大的负担。

lyagwa ddagwar lja³³ kua³³ da⁵⁵ ku ɐ⁵⁵ 戴上枷锁 shackle *nzza muzyar o nzzomo wuja lige lyagwa ddagwar nyinqingu suzajje*。汉族一个木匠被抛烘乌甲戴上枷锁,被强迫劳动。(民间故事)

lyegwa lja³³ kua³³ 名 枷锁 chain, shackle *nzzyimovuja ligesubbe kami hjiddene lyegwa ddagar-itepyizajje*。抛烘乌甲给捉去的人戴上枷锁当奴役驱使。(民间故事)

M m

ma ① ma⁵⁵ 表示否定 negation marker *nessyi nama danyo jjomala, sonyo si jjola ggelamanddo, aha ma se*。你妈妈今天没有回来，也有可能明天才回来，我不知道她的行动安排。

ma ② ma⁵⁵ 形 大 big *zzhyiima tagajjimassyiga, atenqibbiqo nddruiyakwagena assyige*。这个逗榫大木屋是吉满家的房屋，那个堡坎上的大瓦房是我家的。

堡　坎

ma ③ ma⁵⁵ 形 女的，母的，雌的 female *nezzyi yomwa o labbyi i de ddeshu za jjigge i, npa de la ma de ddo*？听说你家的母羊产子了，羊崽是公的还是母的哦？

ma ④ ma⁵⁵ 形 宏大，巨大 great, huge *erkwa ma laiddepu zajjigge ersha mazzha, ane debbe ngalagge mase*。据说，那个巨大的磐石都翻倒了，没有这个先例的，不知道是什么兆头。

ma ⑤ ma⁵⁵ 名 母亲 mother *kwargwar-i ma mazzhzo, ngwar gwar-i ma mazzho*。往北喊不见母亲，往南喊不见母亲。（意指到处都找不到母亲）

ma bbanyi ① ma³³ba³³ȵi⁵⁵ 没挂红，水果没泛红 immature, the fruit is still green *nitehwafu nedobbe ma bbanyi se, bbanyi dabarla mazzho*。你摘的这些花红果全部都没有挂红。

ma bbanyi ② ma³³ba³³ȵi⁵⁵ 不听话，不听劝 don't listen to others, don't listen to the persuasion *yaddre bbe hahasui ddakato bbe ne mabbanyi, sisi shyi ne ngu*。这些娃娃不听老师的话，故意和老师对着干。

ma bbo ① ma³³bo⁵⁵ 动 没有 without, no *neryi icuggehomaggeho, aryile zzhyi manyo, kato le mabbo*。不管你们修房子还是不修房子，我们都没有意见。

ma bbo ② ma³³bo⁵⁵ 形 贫穷 poor *aryine mabbo, yava ddavar dekalajji lalo nengu mado ddo*。我们家因为贫穷，家里来一个客人时也无法好好款待。

ma caca ① ma³³tsʰa³³tsʰa³³ 不热乎，不暖和 cool, cold *nggame sshyizwa ne macaca, nchyijji syisyi ne masshassha*。衣服新的不暖和，夫妻新的不吵架。（谚语）

ma caca ② ma⁵⁵tsʰa⁵⁵tsʰa⁵⁵ 不斗争，不作为 don't fight, don't act *malimanqo supene ma caca, yozaibbe va ne ngehmi zzela*。遇到坏人坏事你就不去斗争，对于无辜的人你就凶神恶煞，好像要把人家一口吞噬了一样。

ma ddryi ma⁵⁵ dʐɚ⁵⁵ 没听见,听不见 don't hear, can't hear *maddryi mapa zzho nedre, tenddo mapa nbbi nedre*。听不见因隔着江,看不见因隔着山。(《谜语歌》歌词)

ma do ① ma⁵⁵ to⁵⁵ 不和谐,无法相处,不相容 discord, can't get along with *lema la qomo bbe da wa ma do jje*。媳妇和婆婆不和谐,据说她们无法相处。

ma do ② ma⁵⁵ to⁵⁵ 名 阳痿,性无能 impotence, sexual dysfunction

ma doa ma⁵⁵ toa²³ 做不下来,完成不了 can't do, can't complete *agemeli tawa dde boa nengu gge jja, dde pewai nengu mado a*。我准备承包这块土地来种植,但现在你承包费上涨了,我包不起做不下来了。

ma ersha ma⁵⁵ ɚ⁵⁵ ʃa⁵⁵ 不符合规范,违反规则,没有先例,违纪 don't conform to the regulation, break the rule, breach a principle *assyi akwa ne ane desyi ngu jji ma ersha su ma ngu de*。我家大伯是无论做什么事,从来都不会不符合规范的。

ma gga ma⁵⁵ ga³³ 副 不 no *nessyi issa nzzazho ha chepyao ramapa jja jjola magga jje*。你家那位说,儿子春节的时候因为买不到火车票,所以不回来了。

ma ha ① ma⁵⁵ xa⁵⁵ 动 没有 bo without *hwahushibu qoleane maha, hwafu mido bbe si sibuqi ngalyalyaza jje*。花红树上什么也没有,倒是花红花开得满枝头都是。

ma ha ② ma⁵⁵ xa⁵⁵ 没有结出,没有携带 don't have, don't carry *sibuqo kare maha, neryi ane debbe zzoro ddo*。核桃树上又没有结核桃,你们在那里看什么呢?

ma hbu ma³³ əpu⁵⁵ 不算数,不作数 don't count *yoyone neotekehzhe siqwade, nigesuikala mahzhese ngacha, mahbu*。摔跤是两人都握好绳才开始的,人家还没准备好,你就开赛,这个不作数。*nishopehjilabbe mahbu, mo ssumi sibwa hjila si ddezzi gge*。你先交来的不算,还要交三斗玉米才能够完成公粮。

ma hge ① ma⁵⁵ əke⁵⁵ 形 危险 hazardous, dangerous, risky *age ngezzyi tele azho ni ge mahge ggajje, ershadela mazzha gge*。我把它吃了的话,你就能够把我置身于危险的境地了,我才不信呢。

ma hge ② ma⁵⁵ əke⁵⁵ 动 不许 not allowed to *vu a ddeli shu mahge*。他不许其他人超过他。(不许其他人出头)

ma hgu ma³³ əku⁵⁵ 不产出,不出产 don't output, don't produce *shoine jjiobeshe nche mahgu, tihane jjiobashe nchenyi hgu*。过去高山不产米,现在高山产红米。

ma hssyi ma³³ əsɿ⁵⁵ 动 不是,不对 be wrong

ma hzha ① ma⁵⁵ ətʃa⁵⁵ 动 不挣,不赚 don't earn

ma hzha ② ma⁵⁵ ətʃa⁵⁵ 不寻找,不探求 don't look for, don't explore

ma mi ma³³ mi³³ 不及时,来不及 not in time, be late *loloma teryi jjiobashe ssyiggejja zzha ngece mami chezyi nehssyi ddwa*。罗洛曼她们要到九龙县去赶场,没来得及吃早饭就匆匆忙忙赶车走了。

ma nchwa ma³³ ntʃʰua⁵⁵ 进入深睡状态,不清醒,昏迷 in a coma *ai kamar-imanchwa zahane hzhobwa lige nggaddechui yake nbbe za*。我睡觉睡得深的时候,家里被盗贼破门而入了。

ma ncu ma⁵⁵ ntsʰu⁵⁵ 形 不行,孬 bad, not good *temoa, ma ncu a, bbazzhe nahzha ra ma pa*。老了,不行了,挣不到钱了。

ma ndde su ma³³nde⁵⁵su³³ 名 歹人，恶人（暴躁者）bad guy, the wicked, hotspur *su teo mandde su vumya ngenyo za de, yalisu de mahssyi*。这人长着一副歹人相，绝对不会是一个好人。

ma nddei ssi ma⁵⁵nde⁵⁵ji⁵⁵zi³³ 优秀的女士 an excellent lady

ma nddo ma³³ndo⁵⁵ 没有看见，不见 don't see *yanyo mejoge ze ernbbu denqo ngala jjigge, ale manddo*。据说，昨天在天空里出现了一朵绿色云，我没见到。

ma nddo pe nggu ma³³ndo³³pʰe⁵⁵ŋgu⁵⁵ 没有见过的器具 instruments that one has not seen

ma ne ma³³ne³³ 不是吗，本来就是 isn't it, it is *zaxi laha ne yahdryi bbe ngu gge de mane, yavala tejji mangu de*。扎西拉哈就是故意这样做的，他在家里都从来不这样，不是吗？

ma nga de ma³³ŋa³³te³³ 形 弱的，不凶的 weak, tender

ma nggoto ma⁵⁵ŋgo³³tʰo³³ 承担不起，不能胜任 unable to afford, be not competent *te amussao ma nggoto gge, mugassane desyi ka varvar*。这个阿木惹，承担不起，牧呷惹，你帮他一下。

ma ngu ne ma⁵⁵ŋu⁵⁵ne⁵⁵ 如果不做的话，如果不干的话 if you don't do it

ma ngwangwa ma⁵⁵ŋua⁵⁵ŋua⁵⁵ 不明白，不知道，不明确 don't understand, don't know *a tiha neryi ane debbe hibba ma ngwangwa se ddo*。我现在还不明白你们到底在谈些什么事情。

ma npu ① ma⁵⁵npʰu⁵⁵ 还不如，倒不如 it's not as good as *neshe barla hane ane hgo hgo su dea manpu a ta*。在你看来，我还不如一个讨饭的叫花子。

ma npu ② ma⁵⁵npʰu⁵⁵ 不笑话 don't laugh at *tava manpu, sede jji ngguige bbazzhe dabarla mazzho tinzzhode*。不是笑话谁，任何人都有这包里没有一个子儿的时候的（即身上没钱）。

ma npu ③ ma⁵⁵npʰu⁵⁵ 动 犹如，堪比，胜过 as if, be comparable to, like, better than *ao koci drume ngeerer i zzhoingenbbea manpu detebbua*。我被弄得汗流浃背，犹如钻了水塘一般浑身湿透了。

ma nqi ① ma⁵⁵ntɕʰi⁵⁵ 不团结，不同心 disunity, disharmony *cyivi man qi bbomaddwa, nchyi jji manqi ne nyi a maddwa*。家族不团结就不对敌人，夫妻不和睦就不务农事。（谚语，意在强调家和万事兴）

ma nqi ② ma⁵⁵ntɕʰi³³ 没有询问，不闻不问 don't ask about, show no interest in something, turn a deaf ear to *abu awabbeva kadramadra ngezzyimazzyi bbe mami manqi mazzhomiha*。对爷爷奶奶的健康状况和饮食起居不闻不问，犹如他们不存在一样。（不孝顺的孙子）

ma nqi ③ ma⁵⁵ntɕʰi³³ 不知道，想不明白 don't know, have no idea, don't understand *teryi kassyigge manqi e, amo ha mase de ddo*。不知道他们要到哪去，我也是不知情的人啊。

ma nqi ④ ma⁵⁵ntɕʰi⁵⁵ 不得不 have to *daso te ddege zzhace jja, ao ti lige neji neji i mazzyi la manqi, ddawa taza*。今天早上在他家吃早饭，我被他热情地反复劝吃，不得不吃，吃得太饱了。

ma nqo ma³³ntɕʰo⁵⁵ 形 丑（不漂亮）ugly, unlovely *yaddrene pama manqo ha mase,* *tropa ne sapa mabbo ha mase*。孩子不知道父母不漂亮，土狗不知道主人不富裕。（谚语：儿不嫌母丑，狗不嫌家贫）

ma nta ma⁵⁵ nta⁵⁵ 不喜欢，不高兴，不乐意 dislike, hate, unwilling to *netejji ane awao nava ma nta gge, mwasa desyi ngezzyi*。你这样客气，老太太会不乐意的，倒不如埋头多吃一点点为好。

ma ntwa ma³³ ətʰua⁵⁵ 形 钝（不锋利）blunt *vucwa ai jihji su teji mantwa, ni jihji su i ate ji ne yantwa deji*。我拿的这把斧头不锋利，你拿着的那把斧头是锋利的。

ma nyi ma³³ ȵi⁵⁵ 名 玛尼堆 Mani Stone Pile *manyi qo erkwabbequ mani jja nzzhonzzyi nabar dde nkui hade bbe*。山口的玛尼堆上的石头都刻有"玛尼"二字的藏文。

ma nyo ① ma³³ ȵo³³ 动 毁灭 destroy, exterminate *tezzyi ime ddasa ha, nezhyineru i ane la ngamare, ane la manyo a jje*。他家房子失火的时候，什么东西都没有剩下，全部被大火烧毁了。

ma nyo ② ma⁵⁵ ȵo³³ 动 没有（不存在）don't exist *ga de ma nyo ne nga de ma nyo, anede hone nezzhyi nganbbar da de nyo de*。没有"呷"这个音就没有"昂"音，事情都有前因后果。

ma nzzho ma³³ ndʐo⁵⁵ 动 不会 will not *nele intro manzzho de, sepekamar jji suva kanggawa magge de*。你是不会打呼噜的，和谁共住一个房间也不影响他人休息。

ma nzzyi ma⁵⁵ ndʑi⁵⁵ 形 不难，容易 not difficult, easy *tihane sejjibbazzebbo, ideshyijji goimanzzyi, nagasigala sshyi su zzho*。现在大家都有钱了，买套房子也不难，还有人买两三套房子的。

ma pa ma⁵⁵ pʰa³⁵ 不行了，治不好 be on the point of death, can't cure *amu nca ddenyi jja nyihji gu ddwa i mapa jja zashula za*。阿木患了肝病，送到医院去治疗，医生说医不好了，被送回来了。

ma pu ① ma³³ pʰu⁵⁵ 形 懒，邋遢 lazy, messy *amu dde ne mapu de i, yava ngeshyi ngenddre za de i*。阿木一家都是懒惰的人，他一家人都邋遢得很，东西到处乱丢。

ma pu ② ma³³ pʰu³³ 名 懒人 dawdler *amu dde nemapu dei, yava ngeshyi ngeddre erpe nezyi da la manyo*。阿木一家都是懒人，家里乱得没有地方下脚。

ma pya ma³³ pʰja⁵⁵ 名 孔雀 peacock *ersune hmohssala mapya mahsshyihsshyide, mohssa nddomaqi*。尔苏人是不区分凤凰和孔雀的。因为没有见过凤凰，所以都称之为"孔雀"。*mapya menche nzzhongu gaga la, syingge vuli nzzhongu lhalha la*。像孔雀尾巴一样抖起来（开屏），像麒麟脑壳一样摇起来（舞狮）。（民歌歌词）

孔　雀

ma qi ① ma³³ tɕʰi³³ 动 不给 don't give

ma qi ② ma⁵⁵ tɕʰi⁵⁵ 副 未曾 have not

ma se ① ma³³ se³³ 不比赛，不比较 don't match,

don't compare *aryile madone mase*，*sepejji zyizyi mado sepejji ligga mado*。我们这些人嘛，不强所以不比，和谁都争不赢，和谁都跑不赢。

ma se ② ma³³ se³³ 动 不懂（不明白）don't understand，don't make sense，have no idea of *nddo maqi ne mase*，*ddryi maqi ne mase*，*masene ne ane sungegge*。没有见过就不懂，没有听过就不懂，不懂就是不懂了，你又有什么办法。

ma shosho ma⁵⁵ ʃo⁵⁵ ʃo⁵⁵ 被污染 be polluted *nggan ggu nyihjihjibba dagehjiddwa bbe*，*nentru ma shosho desyi nece*。这些曾经拿到医院去的器具，被污染了，要清洗一下才行。

ma ssavar ma⁵⁵ za⁵⁵ vɚ⁵⁵ 不羡慕，不幸福 don't envy *ai qubbu ne tei ssone ma ssavar kassyi gge*? 阿依区部莫，别人不幸福会怎么着？

ma ssuhssu ① ma³³ zu³³ əzu³³ 不团结的，不和的，不恩爱的 ununited，discordant，unloving *ashyishyii qamala afufuiqamabbene ssyekwa hssei debbe ma ssuhssu jje*。阿什什的妈和阿付付的妈是大小老婆，两人不团结。

ma ssuhssu ② ma⁵⁵ zu⁵⁵ əzu⁵⁵ 不协调，不同步，不一致 out of tune，out of sync，discord *jjioba la cadaba bihzubiga ma ssuhssu*。高山的农民和矮山的农民打草皮的季节和方式不一致。

ma vi ma⁵⁵ vi⁵⁵ 姨表兄弟姐妹，母系兄弟姐妹，姨亲 cousins *xinqo ge jjimar massyi bbe mavi mongga ggejja shyibbu teryi barhga gge*。新桥村吉满家女儿们的后代要举行姨表兄弟姐妹聚会，十部他们当事人正在张罗。

ma zze ma⁵⁵ ʣe⁵⁵ 形 不便的，危险的，inconvenient，unsafe，insecure *meli tege mazze dege*，*tege katanzzanzza kwarnya*。这地方不安全，大家不要站在这里，往右边走一走吧。

ma zzezze ① ma⁵⁵ ʣe⁵⁵ ʣe⁵⁵ 没有奔走，不找关系 don't pull any strings

ma zzezze ② ma⁵⁵ ʣe⁵⁵ ʣe⁵⁵ 不舒适，不舒服，不习惯，不便 be uncomfortable，be unaccustomed to，be inconvenient *teyava yaddreneo mazzho ane ale hji mazzezzege za*。家里两个孩子突然出门了，我实在不习惯。*a tenenyo ipa necui mazzezzege*，*a muzwa hjinbbasu she desyi ssyigge*。我这两天拉肚子，身体不舒服，我一会儿去医院。

ma zzezze ga ma⁵⁵ ʣe⁵⁵ ʣe⁵⁵ ka³³ 不舒服，不习惯 discomfort，be unaccustomed to *tenenyo yaddre tao yamazzho hala desyi mazzezzega deta*，*neryi tajji manddo*。这两天，这个小孩不在家，我还有些不习惯呢，不知道你们是不是这样。

ma zzhazzha ① ma³³ ʥa³³ ʥa³³ 不舒适，不舒服，慌慌忙忙 discomfort，hurry *zzilha loge ne denyonyo ngezzyi ma zzhazzha ngece ma zzha zzha ne ngu jji ipa ddawa mapa*。在则拉乡的时候，一天到晚慌慌忙忙、吃不好喝不好地劳作，到最后还是填不饱肚子。*a denyo ipa dessyi ma zzhazzha*，*neryi sho ngezzyi*，*a muzwa si zzyi gge*。我今天肚子有些不舒服，你们先吃，我等会儿再吃。

ma zzhazzha ② ma⁵⁵ ʥa⁵⁵ ʥa⁵⁵ 没有传播，没有传开 don't transmit，don't spread *ni tebbe na mazzhazzha che*，*aryi la danyo meche ddryi la maqi*。你的这些事情没有人传开，今天之前我们从来没有听说过。

ma zzho ① ma⁵⁵ ʥo⁵⁵ 动 没有 don't have *cihi*

bumelige papabbele ndde, bugaga ne goi mazzho。今年洋芋的藤蔓很茂盛,都没有多少洋芋块茎。

ma zzho ② ma³³ dʐo⁵⁵ 动 不在,没来 absent, didn't come *danyo tege mazzhosu ne nzzamar muga ddesi, jjijjibe nyogwa zzila*。今天没有来的只有张木呷家,其余的都到了。

ma zzoro ma⁵⁵ dʐo⁵⁵ ro⁵⁵ 动 不看(不关注,不关心) don't see, don't care about *ti ssimo ryinyi bbesi singu ggeshe, aryi vane malazzoro de*。他是只关心妻子的人,对我们是看都不看一眼的。

ma zzyi ma⁵⁵ dʐɛ⁵⁵ 动 不吃 don't eat *veshyi mazzyi suzzho yoshyi ngwarshyi mazzyi suzzho*。有不吃猪肉的人,也有不吃牛、羊肉的人。

ma... ma... jja neji ma⁵⁵ ma⁵⁵ dʐa⁵⁵ ne³³ tɕi³³ 不要……却被强行…… be forced to... *nggame ca maho maho jja nejineji ngu qi ne ddesshyi a gge she*。这件衣服我不要,他却反复强塞给我,我只好把它穿在身上了。

ma... mapa ma³³ ma⁵⁵ pʰa⁵⁵ 不得不 have to *zaxiwo ava shyinga kalala i mala mapa tcpryi rara la ggeshyi ta*。扎西一再央求着,我不得不来,就硬着头皮来了。

mabbibbi ddebbibbi ① ma⁵⁵ bi⁵⁵ bi⁵⁵ de³³ bi³³ bi³³ 本来不忙却装着忙 pretend to be busy when not

mabbibbi ddebbibbi ② ma⁵⁵ bi⁵⁵ bi⁵⁵ de³³ bi³³ bi³³ 故作慌忙地,非常着急地 pretend to be in a hurry *tegene mabbibbi ddebbibbi, ngeddwai vargebashene nenyolanaggagga*。他在这里故作慌忙地离去,到越西去了。

耽搁了两天。

mabbo shyibar ma³³ bo³³ ʃɤ³³ pa˞³³ 珍贵的块状肉,穷家稀缺的肉 precious meat in poor families *mabbo shyibar hdolali, mabbo vumi sshelali*。珍贵块肉跳得欢,珍贵美酒流得畅。(赞美诗,表示穷人家待客真诚)

mabbo ssyi ma³³ bo³³ zɤ³³ 穷人的后代,穷苦人 the descendant of the poor, the children of the poor, the poor *markwakwala ddenyimaddengalane, tihane mabbossyibbe qoddessoa*。来了毛主席和共产党,现在穷人翻身作主人了。*nbboru chyi su yaddre ncha ne mabbossyi de jje*。割马草的小孩子是穷人的后代。

mabbo vumi ma³³ bo³³ vu³³ mi⁵⁵ 珍贵的酒(穷人家的酒) precious wine *mabbo vumi celezzho, mabboshyi bar zzyile zzho*。贫家之酒值得品,贫家之肉值得尝。(谚语,表示穷人家待客感情真挚)

mabbo vumi sshe la li ma³³ bo³³ vu³³ mi⁵⁵ ʒe⁵⁵ la⁵⁵ li⁵⁵ 穷家美酒流得畅(穷家真诚来待客) the poor show sincerity to entertain guests *mabbo sshyibar hdola li, ma bbo vu mi sshe la li*。贫穷人家的块肉跳得欢,贫穷人家的美酒流得畅。

mabboshyibar sunge hxxi ma³³ bo³³ ʃɤ³³ pa˞³³ su⁵⁵ ŋe⁵⁵ əzi⁵⁵ 穷人猪肉腻客人(穷人待客客满意) the poor are generous on dishes, guests are satisfied with the poor's entertainment *mabboshyibar sunge hxxi, mabbovumi su tesshyi*。穷人家的块肉使客人吃饱,穷人家的美酒使客人喝足。

mabbossyi ncha ma³³ bo³³ zɤ³³ ntʃʰa³³ 可怜的穷人(值得同情的穷人) pitiful poor people *mabbossyincha mecuddenpi ddejima, menyiddanga ddejima*。值得同情的穷苦人，冬天就怕被冻着，春天就怕被饿着。

mabbossyii sonyokwa ma³³bo³³zəj³³so⁵⁵ŋo⁵⁵kʰua⁵⁵ 穷人总是讲明天 the poor always talk about tomorrow *ye mabbossyii sonyo pekwa? anesungugge, lege ngalamado a*。哎呀！有什么办法呢？穷人总是讲明天嘛，现在困难，手头紧嘛。

mabbovumi sutesshyi ma³³bo³³vu³³mi³³su⁵⁵te⁵⁵ʐo⁵⁵ 穷家美酒醉客人，穷人家酒使人醉 poor man's wine intoxicates his guests *mabbovumi ngecegge, mabbovumi sutesshyi*。穷人家珍贵的美酒要喝下去，穷人家珍贵的美酒使人醉。

mabryi hdoga ma⁵⁵pʐʅ⁵⁵əto⁵⁵ka⁵⁵ 不动声色地，若无其事地 keep one's countenance, as if nothing has occurred *ti ane kato hone, nana mabryi hdoga ngu a tegesi nehssyi*。不管他说什么，你要泰然处之，你都要不动声色地坐在这里。

mabryi hdoga ngu ① ma⁵⁵pʐʅ⁵⁵əto⁵⁵ka³³ŋu³³ 若无其事的，不动声色的 nonchalant, unemotional *lamo va kezuzui gonddresuane tene mabryi hdohga nguza*。他把拉莫挑拨起来大闹的时候，他又装着若无其事的样子。

mabryi hdoga ngu ② ma⁵⁵pʐʅ⁵⁵əto⁵⁵ka⁵⁵ŋu⁵⁵ 泰然处之，假装什么都看不清楚 take it calmly, turn a blind eye on *subbelezhyiguzhyigu gge, munyo mabryihdoga ngui atege nehssyi xxice gge*。所有人都在那里叽叽喳喳地争论，唯独目牛一个人泰然处之，在旁边坐着抽烟。

mabu ncha ma³³pu³³ntʂʰa⁵⁵ 麻布裙子 linen skirt *yahishohi ersubbe mabbossyincha ne mabuncha nancai sshyidebbejje*。据说在很久以前，尔苏人没钱买布，自己纺麻做裙子，所以叫"麻布裙子"。

maca ① ma⁵⁵tsʰa⁵⁵ 名 光线 light ray *danyo mejoge ze tehbbui maca nga mala, maca zei ketretrea*。今天云层太厚了，光线全都被云彩遮挡住了。

maca ② ma⁵⁵tsʰa⁵⁵ 名 阳光 sunshine *maca ngala ne ddope jji kencu, shepe jji kencu hode*。太阳出来以后，既要照耀东方，也要照耀西方。（阳光普照，意指公平处事）

maca ggudde zu ma⁵⁵tʂʰa⁵⁵gu³³de³³tsu³³ 太阳当顶 the sun is right overhead *ai imar ddaza ha ne maca la ggu ddehgu zu, ngejji va ne ma la dda*。我睡醒的时候就太阳当顶了，已经迟到了，所以我就没有来了。

maca i ne nzzu ma⁵⁵tsʰa⁵⁵ji⁵⁵ne⁵⁵ndzu⁵⁵ 被晒得头昏眼花 sunburn *danyo denyonyoma maca ngezei macai nenzzui ddexoxo mapa*。今天晒了一整天的太阳，被晒得头昏眼花，动弹不了。

maca kencu ma³³tsʰa⁵⁵ke³³ntsʰu⁵⁵ 阳光照射 illuminate *iggenbbya macakencu ge ne dda bba za, maca kama ncu dage ne ddanwa za*。后山上有阳光照射的地方就亮着，没有阳光照射的地方就黑着。

maca ko ma⁵⁵tsʰa⁵⁵kʰo⁵⁵ 在太阳下晒 bask in the sun *muzwa maca ngala ne nggame bbe ngehji i macala ge maca ngeko*。一会儿太阳出来，就把衣服拿出去在太阳底下晒。

maca manbbi ma³³tsʰa⁵⁵ma³³nbi⁵⁵ 不冷不热的，温暖的 not cold or hot, warm *a zzhoca maca manbbi demi ce bbwazhe, ne zzhoca demi nehi*。我想喝一点温开水，你帮着倒

一点水来。

maca manyi ① ma^{55}tsʰa^{55}ma^{55}ɲi^{55} 平安祥和，清清净净 safe, peaceful and quiet

maca manyi ② ma^{55}tsʰa^{55}ma^{55}ɲi^{55} 无灾无病，没有疾病和死亡 there is no disease or casualty *tangeddwa ne ssossolalagge, macamanyi gge jjiggemo*。神说，从此以后就无灾无病、吉祥如意。(民间故事)

maca manyo ma^{55}tsʰa^{55}ma^{55}ɲo^{55} 吉祥如意，没有任何病痛 lucky and happy *ersubbe nyogwane ssossolala macamanyo gge jjiggemo*。要这么说：尔苏人全部都吉祥如意、无病无灾。

maca ngeko ma^{55}tsʰa^{55}ŋe^{55}kʰo^{55} 被太阳暴晒 be exposed to the sun *barbbege lanyi bbezzyibbe maca ngeko ane kegukeru za*。粮食里边的那些虫子被太阳暴晒后就缩成一团了。

maca ze ma^{55}tsʰa^{55}tse^{55} 沐浴阳光，晒太阳 bath in the sun, bask in the sun *maca ngalajje, awagebbe nyogwa nggahgu nehssyi maca zegge*。太阳出来了，老婆婆们都坐在门外晒太阳呢。

maca zirazira ma^{55}tsʰa^{55}tsi^{55}ra^{55}tsi^{55}ra^{55} 晒得犹如针刺一样，晒得火辣辣的 as hot as stabbed by a needle, burning *cihine anjji tabarddaca manddo, tene nyola maca zirazira kecu addo*。今年不知道为何这样热，这两天就晒得火辣辣的。

mace cehdongu ma^{55}tsʰe^{55}tsʰe^{55}əto^{55}ŋu^{33} 假装在喝，不喝装喝 pretend to drink, pretend to drink when you don't *alemace cehdongu, ma zzyi zzyihdongu iggaggade, qa dadai vuta masshyi*。我不吃装着吃，不喝装着喝，所以我根本就没有喝醉酒。

mace mali ma^{55}tsʰe^{55}ma^{33}li^{33} 出于礼节不喝不好 drink out of courtesy *nzzomo de vu deqi ane mace mali denzzhokeshyia*。一个领导来敬酒，出于礼节，不喝不好，我尝了口酒。

mace mapa ma^{55}tsʰe^{55}ma^{55}pʰa^{55} 不得不喝，不喝就不行 have to drink *tige garo ddessi vubbe mace mapa, vu negui tesshyi suza*。他强迫着别人喝酒，不喝就不行，把人给灌醉了。

maddamazzyi ssiddamazzyi ma^{55}da^{55}ma^{55}ʥ^{55}zi^{33}da^{33}ma^{33}ʥ^{33} 没有母亲就没有女儿 no mother, no daughter *ma dda mazzyi ne ssi ddama zzyi, pa ddamazzyi ne ssyi ddama zzyi*。没有母亲就没有女儿，没有父亲就没有儿子。(谚语，表示要感恩父母，孝敬老人)

maddryi manyi ① ma^{55}ɖʐə^{55}ma^{33}ɲi^{33} 不通知也不报告 neither inform nor report *amu dde maddryimanyi silao nyogwa talwai sinezhyiza*。阿木不通知也不报告，就悄悄地去把树全部砍伐了，变成柴火了。

maddryi manyi ② ma^{55}ɖʐə^{55}ma^{33}ɲi^{33} 副 悄悄地(不声不响地，秘而不宣地) stealthily, quietly, secretly *nedde ssone maddryi manyi lema debu keshuajjigge*。听说你们家儿子已经结婚了，你们不声不响地，也不通知我们。

maddryi manyi ddwa ma^{55}ɖʐə^{55}ma^{33}ɲi^{33}dua^{33} 不辞而别 leave without saying goodbye *qabbvakwao gekeidei, daso ddehggwar hane maddryi manyi ddwaza*。娃他大伯昨晚是留宿在这里的，今天早上一看，发现他不辞而别了。

mado ① ma^{55}to^{55} 形 弱的(没有力量的)

weak, powerless

mado ② ma⁵⁵to⁵⁵ 不和谐,无法相处 discord, can't get along with *lema la qomo bbe da wa ma do jje*。媳妇和婆婆不和谐,无法相处。

maer ma³³ɚ⁵⁵ 动 不吹 don't blow

maersha sungu ma⁵⁵ɚ⁵⁵ʃa³³su⁵⁵ŋu⁵⁵ 不务正业,不走正道 not attend to one's proper works or duties *amu ne maersha sungu ggede, neryi tepe ddatanchoncho*。阿木是专门不走正道的,你们千万不要和他同流合污。

mafu mara ① ma³³fu³³ma⁵⁵ra⁵⁵ 副 突然地 suddenly *mafu mara ge tilige ao tihnyi rela langeshyiji lamanddo*。我被他突然地一惊吓,魂魄都可能被吓掉了。

mafu mara ② ma³³fu³³ma⁵⁵ra⁵⁵ 形 突然的,没有前兆的 sudden

maga ma⁵⁵ka⁵⁵ 副 多于,超出,多达 more than, beyond, as many as *danyo le necyi maga debbe ra, yanyo ne ceceo la mazzho*。今天得到的多于二十个,昨天得到的还不足十个。

maga matryi ma³³ka³³ma³³tʂʰɚ³³ 形 鲁莽的,粗暴的 reckless, rough *nei ne andengu hone maga matryi qwa ggede, a nava ddeji ma*。你这人不管干啥都是粗暴鲁莽的,我真的怕你了。

magge masse ma³³ge³³ma⁵⁵ze⁵⁵ 漫不经心的,心不在焉的 casual, absent-minded *ddegukezzoro, magge masse muzwa.shagwao tehzetelenapwa gge*。眼睛看着点,不要心不在焉的,一会儿若掉落地上就摔碎了。

mahbi bingu ma³³əpi⁵⁵pi⁵⁵ŋu⁵⁵ 装模作样,装腔作势 put on an act, posey *tihassimoma zzhohalemahbi bi ngu, muzwa ssimo barla ne tro detebbu ha*。现在你老婆不在场,你就装模作样的,等会儿她来了,你恐怕就像狗一样了。

mahdomagga mashanga ma⁵⁵əto⁵⁵ma⁵⁵ga⁵⁵ma³³ʃa³³ŋa⁵⁵ 不唱歌不跳舞的人不可爱 people who don't sing and dance are not lovely *mahdo magga ma shanga, yahdo yagga ya shanga*。不唱不跳不可爱,越唱越跳越可爱。(情歌歌词)

mahdryi ddehdryi ma⁵⁵ətʂʅ⁵⁵de³³tʂʅ⁵⁵ 春风得意的,装模作样的 beamish, bumbling *yaddreteo bbazzhedanabartibbo jja ne ma hdryi dde hdryi de nanca za*。这个娃自以为有点钱,就在那里装模作样,一副春风得意的样子。

mahge ma⁵⁵əke⁵⁵ 形 危险 dangerous *tatajji, tihaershyi syidaga nalaza, tejji mahgele.teyogge*。别这样!危险啊,现在国家有新政策了,不能够这样做,会犯错误的。

mahge mahge ne ① ma⁵⁵əke⁵⁵ma⁵⁵əke⁵⁵ne⁵⁵ 除非是,千万不要 unless, no way *mahge mahge ne ale nava mahzhyi si mahgi*。危险的危险就是除非我不孝顺您。(意指我会绝对地孝顺您)

mahge mahge ne ② ma⁵⁵əke⁵⁵ma⁵⁵əke⁵⁵ne⁵⁵ 万一,假若 in case

mahssyi hbungu ma³³əɛʅ³³əpu⁵⁵ŋu⁵⁵ 虽知道错怪了,但假装无所谓 pretend the mistake doesn't matter *tege si mahssyi hbungu mo zzhebyi ngalha i meli zze ase*。这时候她知道自己错怪了别人,假装无所谓地抡起挖锄挖地。

mahssyi manzzhe ① ma⁵⁵əɛʅ³³ma⁵⁵ndʑe³³ 子虚乌有,不实之词 unreal, unture words *ne ava mahssyi manzzhe bbe kezezea* *yaliggema*。你用子虚乌有的事情对我进行了栽赃陷害,你不会得到好报应的。

mahssyi manzzhe ② ma³³ɘʑɜ⁵⁵ma⁵⁵ndʑe⁵⁵ 无中生有,栽赃陷害 rumor, frame up *amulabwa yo nengu maqi lanaqi jja, mahssyi manzzhe jja sshyizha mali*。阿姆拉巴拒绝承认他犯罪,他说他没有干过这些事情,说这是无中生有、栽赃陷害。

mahssyi manzzhe bbe ma³³ɘʑɜ⁵⁵ma⁵⁵ndʑe⁵⁵be⁵⁵ 无中生有的,莫须有的 groundless, spurious *sudeo zzhone syinyi yalihode, mahssyi manzzhe bbene suva katazeze*。作为一个人,一定要善良,不要用无中生有的事情昧着良心栽赃陷害他人。

mahssyi tele ma³³ɘʑɜ³³tʰe³³le³³ 不然的话,否则,不是的话 otherwise, if not *teo ma hssyi tele a kei kezzooro a jjijji a zzha shyi gge she*。这个不是(你要的)话,我再进去看看还有没有其他的嘛。

mahua mua⁵⁵hua⁵⁵ 动 别干,停下 don't do, stop *zaxi, mahua, natava keshyi magge, kaili cwa*。扎西停下,你不是他的对手。

mahwa ma⁵⁵xoa²³ 动 不要,别做 don't, don't do

mahyo malo ma⁵⁵xjo⁵⁵ma³³lo³³ 没有想到,没有料到 have not thought of, don't expect to *o, sica meer i hji la, mahyomalo nzzomo nemyaha deo ge barla a*。哦,什么风把您吹来的哦,没想到您这位大领导光临这里哦。

mahzhyi ma⁵⁵ʑe⁵⁵ 不珍惜,不爱 don't cherish, don't love *amu pao kenyama va mmahzhyi jja a ryi ddwa i deqi nahaha nezzyizzyi a*。据说,阿木不懂珍惜,对黄克娘不好,我们去批评教育了他一番。

mai ngebbo de nyo la ma³³i³³ŋe⁵⁵bo⁵⁵te⁵⁵ɲo⁵⁵la⁵⁵ 从妈妈孕育的第一天起 from the first day of motherhood

majo dda ma⁵⁵tɕo⁵⁵da³³ 说正经的,不说假话 be serious, speak seriously

majo te ma⁵⁵tɕo⁵⁵tʰe³³ (否认刚才的话)实际上 (denied the words just now) in fact

maka mabe ma³³kʰa³³ma³³pɛ³³ 不输不赢 break even *nezzi yoyo ha deodamar yanga tigge ta, nezzi sejji tamaka sejji namabe*。听说你们俩摔跤一人赢一次,你们谁也不输谁也没赢。

mali ma⁵⁵li³³ 形 坏 bad, out of order *ai leho o la naddrai meliggu nehzei rekara, malia*。我的手机掉在地上摔了,现在坏掉了。

mali bbe si kato ma⁵⁵li⁵⁵be⁵⁵si⁵⁵kʰa⁵⁵tʰo⁵⁵ 专说怪话的 enigmatic

mali ma nqo ① ma⁵⁵li⁵⁵ma³³ntɕo³³ 名 坏事 bad thing *mali ma nqo nata ngu*。别干坏事。

mali ma nqo ② ma⁵⁵li⁵⁵ma³³ntɕʰo³³ 形 丑恶的(不美好的) ugly, hideous *mali ma nqo syi ne teshyi a nyipyi, yali yanqo shyi ne ddessyi*。不美好的东西就改掉,美好的就要坚持。

mali ma nqo ③ ma⁵⁵li⁵⁵ma³³ntɕʰo³³ 坏人坏事,不美之事 evildoers and bad deeds, bad people and bad things *ale mali manqo bbepe si jihji gge de*。我是专门和坏人坏事做斗争的。

mali su ma⁵⁵li⁵⁵su⁵⁵ 名 恶人,坏人(不好的人) the wicked, the bad guy, the bad *netiddakatoane malisune asitebbu massyia? tene mingane asi ddehji gge*。你这样说就表示只有我一个恶人了,不是吗?那么这个坏名声就我一个人来背了。

malibbesi kato ma⁵⁵li⁵⁵be⁵⁵si⁵⁵kʰa⁵⁵tʰo⁵⁵ 专门说

不好的事情 only talk about bad things *neryii te amu ne malibbesi kato ggede*。你们的这个阿木专门说不好的事情。

mama ddanwa si ma⁵⁵ma⁵⁵da³³nua³³si³³ 名 五加皮树 cortex periplocae tree *assyi meli nqibbuge mama ddanwa si debu kezzyiza*。我家地里的土坎上栽了一棵五加皮树。

mama hzha ma⁵⁵ma⁵⁵ətʃa⁵⁵ 寻找野莓 look for wild berries *aryi mama hzha ne zzazzyi mama le meli mama bbe yali*。我们要寻找的野莓就是香范儿和红草莓。

mama sshwa ma⁵⁵ma⁵⁵ʒua⁵⁵ 采摘山莓,寻食山莓,觅食覆盆子 pick raspberries, forage raspberries *harnwa gabu de nchyiqige ngalai mama sshwa gge*。一只黑熊跑到山上觅食覆盆子。

mami bbe mami a ① ma³³mi³³be⁵⁵ma⁵⁵mja⁵⁵ 病人已经去世,逝者已逝 the patient has passed away, the dead has gone *mamibbe mamia, eryi zzhobbene ssama zzyidai zzyi, nyinqi ngu dai ngu*。逝者已逝,我们健在者该吃吃该做做。

mami bbe mami a ② ma³³mi³³be⁵⁵ma⁵⁵mja⁵⁵ 来不及的已经来不及 it was too late *ya ddrebbe nzzonzzyikeso, mamibbemamia, mibbene nddendde kesoso*。娃娃们都要好好读书,来不及的已经来不及了,适龄儿童要刻苦学习。

mami gge ma³³mi³³ge³³ 会来不及的,追悔莫及,悔之晚矣 will be too late, too late to repent *netihale mamo mazzoro, zhanga mamo hssugge jjihane mamigge*。你现在对母亲不闻不问,今后你欲赡养时,母亲不在了,就会追悔莫及。

mamo ① ma⁵⁵mo⁵⁵ 形 粗大的 massive, thick, gross *ncamamo dagalwajjahane, ssega lepeva hda mamo ga hnddokalwa za*。在用力割一根粗大的藤蔓的时候,不慎割到手上的主动脉了。

mamo ② ma⁵⁵mo⁵⁵ 名 母亲,娘,妈妈 mother *zzhonbbi deshe racegge, mamo demi nddo magge*。想喝冷水能得喝,想念母亲不得见。(《思母歌》歌词)

mamo ③ ma⁵⁵mo⁵⁵ 形 老的 old *shyisshyi mamo ava zhazha la amwai*。阎王老爷为什么还不来接我走啊!

mamo jja rara ma³³mo³³dʐa³³ra³³ra³³ 名 壮年,中老年 prime of life, middle age *abuga mamo jjarara de ncegalele de ddehvei ssumi marnta nkagge*。有个壮年人挑着一副担子走村串户贩卖玉米麻糖。

mamo nzzehji ma⁵⁵mo⁵⁵ndze³³ətɕi³³ 母亲理事,母亲当家 mother manages household affairs *shopene mamo nzzehji, tiha ne ssii nzzehji, ale nzze ddessi maqi de*。过去是母亲当家,现在是女儿当家,我没有当过家。

mancho ngula ma⁵⁵ntʃo⁵⁵ŋu⁵⁵la⁵⁵ 名 继子(随母过继的前夫之子) stepchild (the son of former husband) *bbuwane anggussyi demassyine, lhanbbo ddege manchongula zade*。部瓦本来是姓周的,他是陈家的继子。*ayane qamaope manchongu lade, qabbagozyi ne baerpanci. tihane jjimar hde*。阿雅是随母亲带来的前夫之子,其生父姓杨,现在他改姓王。

manchwa ngu ma³³ntʃʰua³³ŋu³³ 迫不及待地,惊慌失措地 eagerly, urgently, in a panic *mema cozzyi o su gazi de jihji jjihane* *manchwa ngui poddwajje*。野人婆听说这人带了一只狗崽,就迫不及待地溜走了。(民间故事)

manddei ssi ma⁵⁵nde⁵⁵zi³³ 优秀母亲的女儿 the daughter of a good mother *aryi sejji panddei ssyi, manddei ssi debbe, suva nehishu ane mali*。我们都是优秀父亲的儿子,都是优秀母亲的女儿,不能让别人说我们闲话。

manddo hala ma⁵⁵ndo⁵⁵xa⁵⁵la⁵⁵ 防微杜渐 nip in the bud *iga desyi zzorozzorongu, manddo hala mahssyine, nahggwanemamia*。那个房子要时不时地去看看,要防微杜渐,不然等它垮了就晚了。

manddo hala nezyiga ma⁵⁵ndo⁵⁵xa⁵⁵la⁵⁵ne³³tsɔ³³ka³³ 防患于未然,提前准备 nip in the bud, prepare in advance *nya hssu gge ne manddoha la nezyiga, nzzhyiva demi jji kezho*。生孩子就要提前准备,适当地煮一点醪糟来备用。

manddo penggu ma³³ndo³³pʰe⁵⁵ŋgu⁵⁵ 没有见过的家具 furniture that has not been seen *manddo penggu nca mapa, maddryi hizzhyi hi mapa*。没见过的家具做不了,没听到的话语说不得。(谚语,表示要实事求是)

manga de ma³³ŋa³³te³³ 形 弱的,不强的 weak, infirm, impotent *amukebu ne manga de, mugakeqa ne yangade, tezzine tepejojo zaa debbe*。阿木克部是不强壮的,木呷克卡是个强壮的人,他们两个正好反过来了。

mangga nzzanga ma⁵⁵ŋga⁵⁵ndza⁵⁵ŋa⁵⁵ 不以为意 don't take it seriously *ggwatabarza, mangga nzzanga mar hzhemar ddebu jja sukwao chala za*。雨下得这么大,她不以为意,还在蒙头大睡,结果在领导来查岗时被抓住了。

mangu ne ma⁵⁵ŋu⁵⁵ne⁵⁵ 如果不做就将…… if (you) don't do it, (you) will… *temelibbe mangu ne ssama razzyi magge, nengu ne iddanga megge*。如果不种这些地就会吃不上饭,耕种这些地就会解决温饱问题。

manyi mancwa ma³³ȵi³³ma⁵⁵ntsʰu⁵⁵ 不痛不痒 be perfunctory *yaddre gaggene yanbbu ddaga, ni manyi mancwa desyi ne trohbyi gaga*。你打小孩就要打重些,你这不痛不痒地打还不如掸灰尘。(当地的说法)

manzzho jjinzzho ma⁵⁵ndʐo⁵⁵dʑi³³ndʐo⁵⁵ 不会装会,不懂装懂 pretend to understand *lahggancahojja hinyibbe xxongga ngejji, manzzho jjinzzho nahdea*。把篾条放到我面前,让我编一个浅竹钵,我只好不会装会了。

manzzho ryinbba manyo ma⁵⁵ndʐo⁵⁵rɔ⁵⁵nba⁵⁵ma³³ȵo³³ 无所不会,什么都会做 can do everything *baoqin qabba ne lenkwar ssa hbu, manzzho ryinbba ma nyo de*。包勤的父亲是个极具创造力的人,他无所不会,什么都会做。(夸赞的话)

manzzhyi tengu ma⁵⁵ndʐo⁵⁵tʰe⁵⁵ŋu⁵⁵ 拜干妈,拜义母 ratify the adoptive mother *nessyi yaddreo nkwar nbbe nzzhone manzzhyi tengu ane techyi gge de*。你家婴儿夜啼,拜一个干妈就会好的。(当地的风俗)

manzzyi manzza ma⁵⁵ndʐo⁵⁵ma³³ndza³³ 没有想到,没有料想,预料之外 unexpected, beyond expectation *tenddryi ge manzzyi manzza ne nava ddezzuzzu a, zohwa zai* *yandde*。这一次是没有想到会在这里遇见你,真的运气好。

manzzyi miha ma⁵⁵ ndʑɚ⁵⁵ mi⁵⁵ xa⁵⁵ 看似不难,看似容易 it seems easy *barbu ncaha kezzorohane manzzyi miha de, yozai nca ha ne bbula mapa de*。编夹背这手艺看似容易,自己操作起来就很难。

mapu ma³³ pʰu⁵⁵ 名 懒人(邋遢)loon

mapya ma³³ pʰja³³ 名 孔雀(木里语),凤凰 peacock, phoenix *mapya ne nggwa desyi la ssyiha debbe mencheyashe ddebb ddacha*。孔雀有点像锦鸡,尾巴长,浑身色彩斑斓。 *mapya deone katoda ddyiqo geshe sedejji nddole maqi, ane miha de hamase*。凤凰这个物种只听说过,谁也没有见到过,什么样的都不知道。

mapyipyi da ddenzza nzza ma⁵⁵ pʰzɚ⁵⁵ pʰzɚ⁵⁵ ta⁵⁵ da³³ ndʑa³³ ndʑa³³ 站在(不安全的)高处 stand on high place *te yaddreo ma pyipyida ddenzzanzzai, muzwa naddra hale*。这个小孩子站在高处,谨防一会儿摔下来哦。

mar ① m ɚ⁵⁵ 动 吹 blow

mar ② m ɚ⁵⁵ 形 好吃的 delicious

mar ③ m ɚ³³ 名 箭 arrow *mar ne shemarnyo simar nyo himar nyo, bwanzze mar nyo*。箭有铁箭、木箭、竹箭,还有芦苇箭。

箭 镞

弓、箭

mar ④ m ɚ⁵⁵ 动 睡 sleep

mar ⑤ m ɚ⁵⁵ 名 刺猬 hedgehog *paguma larvata yanyo aryi mar dekemi, taha la jjige kejji za*。昨天我们捉到一只刺猬,今天都还养在圈里。

mar ⑥ m ɚ⁵⁵ 名 獾,狗獾 badger

mar ⑦ m ɚ⁵⁵ 形 小,小的 small

mar ⑧ m ɚ³³ 名 羽毛,兽毛 feather, plume, animal hair *netigetele, ahggoxxo ne yomar dagalanava qimagge, namanzzhe kazzro*。如果你要这样的话,到秋天,我连一根羊毛都不给你,不信你就瞧。

mar ⑨ m ɚ³³ 形 温顺,听话,善良 docile, meek

mar goma m ɚ⁵⁵ ko⁵⁵ ma⁵⁵ 名 箭杆,箭身 arrow shaft *neryi i mar goma tebbe le nyogwa hi tro deggee*。你们的这些箭杆全部都是竹子的。

mar hga m ɚ⁵⁵ əka⁵⁵ 名 味道 flavor, smell *shyi bbe npizhyi ge namagwar, desyi marhga ma nqo za*。没有把肉放入冰柜里,气味有点不好了。

mar i cwa m ɚ⁵⁵ ji⁵⁵ tʃʰua⁵⁵ 动 去睡 go to sleep

mar i tezze m ɚ⁵⁵ ji⁵⁵ tʰɛ³³ dzɛ³³ 动 睡着 fall asleep *ryipa taga ngehxxi, sonyo anjji ssyi* *gge nge nzzyinzza ne mar i tezze mapa*。走这条路走烦了,想到明天怎样走这个问题,睡都睡不着觉。

mar ihzhemar ddebu mɑ⁵⁵ji⁵⁵əʧe⁵⁵mɑ⁵⁵de⁵⁵pu³³ 动 酣睡(蒙头大睡)sleep soundly, fall into a deep sleep *teddenapamate idagemar ihzhemarddebu, idagaggwanence lamase*。他们两口子在床上酣睡,雨漏到他们床上了都没有察觉。

mar itanchwa mɑ⁵⁵ji⁵⁵tʰa⁵⁵nʧʰua⁵⁵ 尝到甜头,发觉好吃 have known the sweetness of *te ge ne yaddreo te sunggwa bbe mar itanchwai teli malia*。这时小孩发现了这些西瓜特别好吃,就再也不肯放手了。

mar itezze mapa mɑ⁵⁵ji⁵⁵tʰe³³dze³³mɑ⁵⁵pʰa⁵⁵ 睡不着觉 can't sleep, be unable to sleep *kwar ne yaddre bbe i vahga nzzyinzza ddehgu mapa, mar ila tezze mapa*。夜间就为小孩子们的出路想啊想,想不出个头绪,常常为此而睡不着觉。

mar ke sso mɑ³³kʰɛ³³zo³³ 动 中箭 be shot by arrows

mar kwakwa mɑ³³kʰua⁵⁵kʰua⁵⁵ 名 毛主席(专用)Chairman Mao *mar kwakwa te nga la*。毛主席来到这里。

mar ma gge mɑ⁵⁵ma⁵⁵ge⁵⁵ 动 不睡 don't sleep *aryi tiha zzhonzzyi zzoro gge se, mar bbwa mazhe se degge, neryi sho kamar*。此时此刻我们在看书,还不愿意睡觉,你们先睡吧。

mar mar ① mɑ⁵⁵mɑ⁵⁵ 形 小,小的 small, little *zhon-dya yakwade kessyine, ne shou-byao marmar gadabar avangeerbo*。我购买了你的大钟表,你就送给我一个小的手表嘛。

mar mar ② mɑ³³mɑ³³ 形 温顺的 docile, *meek nbbo tenbbo ne marmar denbbo, sede ddenzzhe jji nzze shu za de*。这匹马很温驯,每个人都可以去骑。

mar mar ③ mɑ⁵⁵mɑ⁵⁵ 名 嗉子 craw *e-ang marmar zza zzho, o-ang marmar ru zzho, katoda ddabar ne yozai zzhyi yozai bbo*。鸭子的嗉子里有食物,鹅的嗉子里有草,到诉讼的时候就各有各的话说。(谚语)

mar mar ga mɑ⁵⁵mɑ⁵⁵ka⁵⁵ 副 稍微,一点 a little, a bit *zabbu ya ne marmar ga desyi kwarshe a ne aryi nyogwa nahssyi twa gge*。扎部雅,你稍微往里边让一点,我们就能够一起坐下去了。

mar mazze ma⁵⁵ma⁵⁵dze⁵⁵ 睡眠不好 loss of sleep

mar ne goi mamar ma⁵⁵ne⁵⁵goj³³ma⁵⁵ma⁵⁵ 不太好吃 not tasty

mar nku mɑ⁵⁵ŋkʰu⁵⁵ 名 山墙,观察窗 gable, viewing window *nyichu ga marnku ga ngwar bubu za*。枪从山墙的观察窗往外瞄准着。

山墙

mar nta mɑ⁵⁵ntʰa⁵⁵ 名 糕点,糖果 cake, sugar *tezzyi yava momo de zzho, ssyi gge he ne marnta danabar ddedre a lezu ngui*。他家里有老人,你去的时候就称一些糖果带去当作见面礼。

mar nzzu mɑ⁵⁵ndzu⁵⁵ 名 箭头,箭矢

arrowhead, arrow *mardagane marnzzu mar goma marmenche nyo,ddan bbar gge bbe ne bbulhe la ha*。一支箭由箭头、箭杆、箭尾组成，响箭还带有翅膀的。

mar ra m α^{55}ra^{55} 形 小 small

mar re m α^{55}re^{55} 可口的汁液 delicious juice

mar sshyi m α^{33}ʐə^{33} 名 媒婆（婚姻介绍人）matchmaker, marriage broker *marsshyi ndde ne ve vuli, marsshyi nga ne tro vuli*。媒婆做得好（婚姻幸福）就得猪头，媒婆做得不好就得狗头（被埋怨）。（谚语）

mar syisyi m α^{55}sə^{55}sə^{55} 细绒毛 fine hair *ni zi ra te o le mar syi syi nga lyalya za de, ggoi ddendde ma za de*。你的这只火把节的祭鸡，浑身长满了细绒毛，估计是没有长肥壮。

mar tro ① m α^{55}tʰʐo^{55} 动 射箭，放箭 shoot *vezyiide ngalai, tige mar damar ketroanevezyiio syi nyi nbar keli tesho a*。来了一只野猪崽，他一箭射过去射中了心脏的部位，把它射死了。（旧时的做法）

mar tro ② m α^{33}tʰʐo^{55} 名 箭杆 arrow shaft *tiha trolengu ha ggagga subbe ne martro ne hi nanca za debbe*。现在射箭节娱乐用的箭杆是用竹子做成的。

mar zza m α^{55}dʐa^{55} 名 美食 cate *gai marzza hamase, ddryi nggaku bbe tabar mar de bbe, amwa da i mahgga*。山猪吃不来细糠（憨人不识美食），糯米馍馍这么好吃，你为什么不喜欢呢？

mar zze m α^{55}dʐe^{55} 睡得舒适 sleep sound *zaxi nezzyi awa momo ddenyisu yaha marzze la mar ma zze*？扎西,你家生病的老奶奶昨晚上睡得舒不舒适哦？

mar zzu m α^{55}dʐu^{55} 名 毒药 poison

mara mapa ma^{33}ra^{33}ma^{55}pʰa^{55} 离不开，非获得不可 can't do something without… *aryi ersubbe ne nyogwa ddenyima dde va mara mapa debbe*。我们尔苏人都离不开中国共产党的领导。*alemara mapa su ne ai abba ama, ai nyinwa venwale mimihihi*。我离不开的是我的父母和兄弟姐妹。

marci pryi m α^{33}tsʰi^{33}pʰʐə^{55} 动 蜕皮 exuviate *su teo nga ssassa le, azho bberyi daga marcipryi ngengu ddabbalo zha*。这个人变年轻了,你看,犹如一条蛇蜕皮了一般,一身光鲜的。

marla m α^{55}la^{33} 动 来睡 sleep *zubarma la njjibarma zzi nyilaimeliggu marlajje*。黄豆嫂和绿豆嫂两个下楼到地上来睡了。

marmar daka m α^{55}mα^{55}ta^{55}kʰa^{55} 量 一点（粉末）a little (powder) *zaxi, ai shantre bbege cyi mabe, na cyi marmar daka hjilasshaoge nagwar*。扎西,我的面条里差一点盐,你拿一点点盐巴来放到我的面碗里边。

marmar dehbbi m α^{55}mα^{55}te^{5}əbi^{55} 一小口（固体）a bite of (solid) *ddenyisu o ddahar ssama marmar dehbbi ngezzyisho si kamar ti*。把病人搀扶起来,让他吃一小口饭过后再睡。

marmar demi m α^{55}mα^{55}te^{55}mi^{55} 量 一点（液体）a little (liquid) *vuzhege marmar demi nehi se, ssahssa kehzhea ngece shyimanyo*。酒杯里再斟一点点酒,倒一点坐杯酒慢慢喝,没有关系的。

marmar denzzho m α^{55}mα^{55}te^{55}ndʐo^{55} 一小口（液体）a sip of (liquid) *danyo goi ddenpi, vu marmar demi nzzho ngece a ddaca shu shimanyo*。今天天气特别冷,喝一小口酒驱寒,没有关系的。

marmar desyi mɤ⁵⁵mɤ⁵⁵te⁵⁵səi⁵⁵ 量一点（固体）a little (solid) *veshyi yaddre marmar desyi yaddreva nazhwazhwa su ne ddakwayali*。拿一点点肥的猪肉给婴儿吮吸着吃,他就会长得快些。（当地的说法）

marmar ga mɤ⁵⁵mɤ⁵⁵ka³³ 名 仓库,储物间（蟹螺语）warehouse, storage room

marmar ga dasshao mɤ⁵⁵mɤ⁵⁵ka⁵⁵ta⁵⁵ʒao⁵⁵ 小半碗 less than half a bowl *a ssama zzyibbwa mazhe, desyi marmarga dasshao si ddegua hjila*。我不太想吃饭,你只盛小半碗饭给我就可以了。

marmar ga dehbbi mɤ⁵⁵mɤ⁵⁵ka⁵⁵te⁵⁵əbi⁵⁵ 一小堆 a small pile *meli ge bugaga bbe me nbbyibbyi i didde marmarga dehbbi nancaza*。地里边的洋芋,按照人口均分成一家一小堆了。

marmar ga ha mɤ⁵⁵mɤ⁵⁵ka⁵⁵xa⁵⁵ 小时候 in childhood

marmar gaga ① mɤ³³mɤ³³ka⁵⁵ka⁵⁵ 形 平静(不动声色)calm, keep one's countenance

marmar gaga ② mɤ³³mɤ³³ka⁵⁵ka⁵⁵ 副 平静地,温顺地 calmly, meekly *tamajji tele azho ni vahga marmargaga nehssyi gge jje azho*? 如果不这样做的话,你以为他会这样平静地待着吗?

marmar lala ① mɤ⁵⁵mɤ⁵⁵la⁵⁵la⁵⁵ 形 小巧的 small, little

marmar lala ② mɤ³³mɤ³³la⁵⁵la⁵⁵ 形 温顺的 docile, meek

narmar lala ③ mɤ³³mɤ³³ka⁵⁵ka⁵⁵ 形 安静的 peaceful, serene

marmar lhigwa mɤ⁵⁵mɤ⁵⁵ɬi³³kua³³ 名 廊道,耍楼（蟹螺语）gallery

marmar nehne mɤ⁵⁵mɤ⁵⁵ne⁵⁵əne⁵⁵ 暗中得好处 get the benefits secretly *te sso ne marmar hnehne de*。别的人家暗中得好处（受贿）了。

marmar nguge mɤ³³mɤ³³ŋu³³ge³³ 要轻饶 give a lesser punishment

marmar she mɤ⁵⁵mɤ⁵⁵ʃe³³ 睡觉的时间,入睡时分 sleep time, time to fall asleep

marmarga deku mɤ⁵⁵mɤ⁵⁵ka⁵⁵te⁵⁵kʰu⁵⁵ 小半盆 less than half a basin *shyi mafu, lwanbbu marmarga deku ddegu a hjila, a lwanbbu demi cegge*。肉不要,舀小半盆的豆渣菜来吃,我只想吃一点豆渣菜。

marmi ddengu mɤ⁵⁵mi⁵⁵de³³ŋu⁵⁵ 凭空捏造,杜撰,无中生有 fabricate, rumor *nenesuva marmi ddengui kezezei qwagge de, mali tatajji*。你老是凭空捏造一些事情来整人,这样不好,你要改。

marnci ga mɤ⁵⁵ntsʰi⁵⁵ka³³ 形 很小的 small *melige bugaga yabbishu mazzho, nyogwa marnci ga debbe sizzho*。地里头的洋芋没有大的,全部都是一些个头很小的。

marnku lo mɤ⁵⁵ŋkʰu⁵⁵lo⁵⁵ 名 山墙沟坝 ditch on the gable *nzza debbe nahzha marnku lo ge ggobi nyihji magwar bbe la gge jja nezyiga za*。找一些汉族投资商,准备在山墙沟坝开阔地里种植生态农业作物。

marnku qo mɤ⁵⁵ŋkʰu⁵⁵tɕʰo⁵⁵ 山墙上 on the gable *shoi yolabi ne zajihzuha marnkuqo nehssyihala imarnpu ggede*。从前,拉比老人在打墙的时候,坐在山墙上都要打瞌睡的。

marnta ddenyi mɤ⁵⁵ntʰa⁵⁵dɛ⁵⁵ne⁵⁵ 名 红糖 brown sugar *marntaddenyibbe nbbonkwamiha dai mo nbbonkwa maentajji*。红糖的形状像

马蹄,所以有"马蹄糖"之称。

maryi mawa ma³³ rɿ³³ ma⁵⁵ wa⁵⁵ 没吃饱也没喝足,半饥半饱 half full *teddege shyilavu maryi mawa desyi si, zzyillemabe, tege keerbo la*。在他家屋里酒肉都不够吃,只吃了个半饱,只好到你家来加餐了。

mase matra ma⁵⁵ se⁵⁵ ma³³ tʰa³³ 一些不懂事的小孩 innocent children *yaddre mase matra denbbu gadaha nessyi kelebbe gagge*。刚才有一群不懂事的小孩子偷偷地扔石头击打你家的核桃。

mase matryi ma⁵⁵ se⁵⁵ ma³³ tʰɿ³³ 青涩的果实,没有成熟的果实 green fruit, unripe fruit *sibuqo ojjamasematra yi debbe siha, anjigge debbe nedo angezzyi ggela*。树上只有一些青涩的梨子,要摘一些下来品尝一下吗?

masematra debbe ma³³ se³³ ma³³ tʰa³³ te³³ be³³ 一些不懂事的小孩 innocent children *mase matra debbe si tege ggagga gge*。只有一些还不懂事的小孩在这里玩耍。

masho inzzu ma⁵⁵ ʃoj⁵⁵ ndzu⁵⁵ 灵丹妙药,长生不老药 panacea, catholicon *masho inzzu anyise shyi? nyitele kadda zzhajji a shaigge*。还有没有灵丹妙药?只要世上还有,我就取来治你病。

masho mame ① ma⁵⁵ ʃo⁵⁵ ma⁵⁵ me⁵⁵ 终生难忘,没齿难忘 never forget *ti addeva nddekengubbe aryi sejji tesho ne teme masho nemame*。他为我家做好事的恩德,我们大家要铭记在心,没齿不忘。

masho mame ② ma⁵⁵ ʃo⁵⁵ ma⁵⁵ me⁵⁵ 终生难忘的,没齿难忘的 unforgettable

masshyiga ma⁵⁵ ʃɿ⁵⁵ ka⁵⁵ 名 玛日岗,田坝街 Tianba Street

massyi ddehssyi ① ma³³ zɿ³³ de⁵⁵ ɿ⁵⁵ 自以为是的 self-righteous, opinionated

massyi ddehssyi ② ma³³ zɿ³³ de⁵⁵ ɿ⁵⁵ 自以为是地 presumingly *munyu ne tege massyi ddehssyi qwa gge dda, muzwa mugo ige ngala i ha*。牧牛,你在这里自以为是地做,谨防一会儿被木果打得满地打滚。

massyi hzawa ma³³ ɿ³³ ətsa⁵⁵ wa⁵⁵ 妻儿老小 family member *nessyi massyi hzawa bbe ka ka zzhoddo? a kadra e?* 你的妻儿老小都在什么地方?都健康吧?

massyi magwa ma⁵⁵ zɿ⁵⁵ ma³³ kua³³ 不得不去,无法不去 be obliged to go, have to go

massyi mapa ① ma⁵⁵ zɿ⁵⁵ ma⁵⁵ pʰa⁵⁵ 必须去 be obliged to go *sukwa ikato ideddela massyimapa jja, aryi nyogwa bbebbeddadda la*。村长说的,每家人都必须去,所以我们全体出动,大家一起来了。

massyi mapa ② ma⁵⁵ zɿ⁵⁵ ma³³ pʰa³³ 不得缺席 no absence *shonyo ersu momobbe nyogwa galo mongga ggejja, massyi mapa tigge*。明天尔苏老前辈全部都要到甘洛聚会,据说不得缺席。

massyiha le manyo ① ma⁵⁵ zɿ⁵⁵ xa⁵⁵ le⁵⁵ ma³³ ŋo³³ 没有哪点不像,完全相像 nothing is different, completely alike *te amussa o qabba va massyiha lemanyo, gwabbu deo ge neshe myaha*。这个阿穆自和他的父亲长得很像,就像从一个模子里刻出来的一样。

massyiha le manyo ② ma⁵⁵ zɿ⁵⁵ xa⁵⁵ le⁵⁵ ma³³ ŋo³³ 惟妙惟肖 be of resemblance *mugassa zhao-besha va nzzonzzo nguha hji massyiha desyi le manyo*。穆呷子在模仿赵本山表演节目的时候惟妙惟肖,一点都没有差别。

matisofu ma³³ ti³³ so⁵⁵ fu⁵⁵ 名 马蒂索夫(汉藏语言

学家）Matisoff（the sino-tibetan scholar）*matisofu ssungeshe kangemi, parayabucissura, ierdrenggucenegaissura*。马蒂索夫要健康长寿,寿比南山,福如东海,寿比十二根柿树挂杖。（十二根柿树挂杖的使用寿命累加起来约五百年）

mazyi ma⁵⁵tsɛ⁵⁵ 名 子弹 bullet *nzzyimo wuja va jjima nyozu lige mazyi damar i lezhwa tehzhyi a*。抛烘乌甲的手被吉满虐组射了一颗子弹,他的右手大拇指被打掉了。（民间故事）

mazzho a ma⁵⁵dʐo³³a³³ 动 不在,死,去世 have gone, have passed away, die *dojinbato ssyiqabba la mazzho ajjigge, neryi ssyi agge debbei*？据说,多金巴托家老父亲都去世了,你们要去奔丧吗？

mazzho jjizzho ma⁵⁵dʐo⁵⁵dʐi³³dʐo⁵⁵ 没有也得有 must have even if there is no such thing *assyiyavazzhojja kalasshyiane, mazzhojjizzho tebbu a, tejwa ne nava hzha*。本来不在我家里,被你栽赃陷害了,那就没有也得有,现在就找你要了。

mazzho maro ma⁵⁵dʐo⁵⁵ma³³ro³³ 不理不睬 completely ignore

mazzho su ① ma³³dʐo³³su⁵⁵ 没有到达现场的人 absent people *mazzho subbevadesyi ddagwar-i shyinggu shalasu*。呼喊没有到达现场的人,让他们快来取各自的份子肉。

mazzho su ② ma³³dʐo³³su⁵⁵ 名 死者(已经死的人) the dead *mazzhosumazzhoa, zzhosubbene natacyinatara, ssama zzyidaizzyihode*。不幸的死者他已经去了,生者不要过度伤心悲痛,还得继续生活,继续吃饭的。

mazzi… yadda ma³³dʑi³³ja⁵⁵da⁵⁵ 连 不但（不仅）……而且（反而）…… not only… but also…, not only… but…（as well）*amu bbazzhe ya vama qi ma zzi, yadda qabbase xxi pema bbo jja she la jje*。阿木不仅不给家里钱,反而还要找他爸要烟钱。

mazzo maro ma⁵⁵dzo⁵⁵ma³³ro³³ 不理不睬,不屑一顾 ingore, disdain *amu ssomo keshui sibbutre tebbua, mazzo maro yava tinyipyiza*。这个阿木娶媳妇三年了,至今把媳妇丢弃在家里不理不睬。

mazzyi mace ma⁵⁵dʑɛ⁵⁵ma³³tsʰe³³ 不吃不喝 don't eat or drink *tesu mazzyimace susinyo zzhongu ane kacha mapa*。这样不吃不喝三天,就再也坚持不住了。

mazzyi zzyihdongu ma⁵⁵dʑɛ⁵⁵ətо³³ŋu⁵⁵ 假装在吃 pretend to eat *ssintre ma ne sheze ssama bbe mazzyi zzyihdongui byiloi zhanga gwar jje*。聪慧女就假装在吃,把虱子饭舀起来后悄悄倒入竹笆垫下边。（民间故事）

me ① mɛ³³ 名 火 fire *meo nzzongo shu la ho, meo nzzongu bbar la ho, meo nzzongu hja la ho*。火一样地点起来,火一样地燃起来,火一样地着起来。（民歌歌词）

me ② mɛ⁵⁵ 名 土地 land, soil, ground *colemenessi melecoddchyi*。人能够利用土地,土地能够承载人。

me ③ mɛ³³ 名 气候,气象,气温 climate, weather, air temperature *ta ngeddwane me ddacane nggame jji desyi bbyibbyi su ddesshyi*。从现在开始,气温逐渐回暖了,衣服要逐渐穿薄一点。

me ④ mɛ⁵⁵ 名 墨,墨汁 ink *shaoddeer bbe qo mezyi ddenwa su kero, massshyizha mapa de*。用墨水在白纸上写下了黑字,不由得你不认账。

me ⑤ me³³ 名 天 sky *nkwarhge mejo dryi kencu，sasshyivuqo co kencu*。夜半天空星闪烁，大地之上人照耀。（民歌歌词）

me ⑥ mɛ⁵⁵ 动 忘记，忘却 forget, lose one's memory of *ti nengu nala bbe ipage lha dra ngengui tame mapa*。他的所作所为在我的肚子里（心里）就像挂着唐卡，历历在目，无法忘却。

me ⑦ mɛ⁵⁵ 名 风 wind *me er shwalwa iku ddezi hdanga*。旋风吹倒房屋，把房盖掀翻是怪相（指少见而不吉利的事）。

me ddaca me³³ da³³ tsʰa⁵⁵ 天气热 it is hot *meddaca ne aryi ssyia silage la desyi liggai ya menbbryi gge*。天气热的时候，我们就到山林里去观赏山水风景。

me ddencu mɛ⁵⁵ dɛ⁵⁵ ntsʰu⁵⁵ 名 天亮 daybreak, dawn *me ddencu asi idage nbbar ngence*。天亮了才尿在床上。（俗语，表示晚节不保）

me ddencu gga me³³ de³³ ntsʰu⁵⁵ ga⁵⁵ 名 黎明 dawn *ssibarhameddencu menculamo gga, wawa gga ne nyohzu nyomo za qwa*。在嫁女儿的时候，黎明时就开始唱留财神歌，哇哇唱法的歌词就变为留财神的词。

me ddenke me³³ de³³ ŋkʰe⁵⁵ 被烟熏 fumigated *danyone a i ka nehssyi ne menke tege la, meddenke i nehssyi mapa*。今天我坐哪个方位烟就朝哪里飘，我被烟熏得坐不住了。

me dehbbu me⁵⁵ te⁵⁵ əbu⁵⁵ 半边天，一方天地 half the sky

me hgge ① mɛ³³ əɛ⁵⁵ 名 火种（引火的火源）kindling, tinder *abbu, assyi meo tenzzhoza, a neshe mehgge dasyi shala ddo*。老爷爷，我家的火种歇火了，我到你家来借一点火种。

me hgge ② ma³³ əge⁵⁵ 名 火柴 match *nimehgge desyi ave kexo，age xxi dego kahja cegge*。把你的火柴借给我，我要点一杆烟来抽。

火　柴

me jji mɛ⁵⁵ dʑi⁵⁵ 名 火塘，火圈 fireplace *ne zzyi muzyio me jji nbbar sike qoi, ggu pane mazhyi, cu de o ane ngu gge ddo*？你家猫蹲在火塘边上，从来都不去捕捉老鼠，这样的猫有什么用？

me jo me³³ tɕo³³ 名 天空，太空 sky, space *abuawa temobbe nyogwa mejoge zzho dejjigge, kazzhola sihasedde*。都说故去的先祖在太空里，谁知道他们真正在哪里哦。

me kencu me³³ kʰe³³ ntsʰu³³ 动 点火，引燃 light a fire *tilige nzzenchyilage me kencui nbbime ddasa*。山坡上的草丛被他点了一把火，把整个山坡都烧掉了。（错误的做法）

me mar me³³ m ɐ³³ 动 吹火 blow the fire *mejjige sizzi denbbu kagwar za, yaddreo hzhemongecucui memar gge*。火塘里添着一些湿柴，小孩撅着屁股在吹火。

me nke mɛ³³ ŋkʰɛ⁵⁵ 名 烟（烧火出烟）smoke *nzzazholhashonyo me dda mancu ne gabigaca bbe kassa me nkecu gge de*。每年大年三十清晨的时候都要焚烧垃圾，让浓烟滚滚上升。

me nzzyi ① mɛ⁵⁵ ndʑə⁵⁵ 名 火星,火花 spark, light *parsi bbe cheshu ha ne menzzyi swara swara ngala debbe*。在焚烧油栗子树的时候会产生火花,冒出火星。

me nzzyi ② mɛ⁵⁵ ndʑə⁵⁵ 名 火炭(热) hot coal *parsi menzzyibbene shuleyazzho, ssumi bbugene degguzwa ne manyoa*。油栗子树的火炭就经烧,玉米秆一会儿就烧没了。

me nzzyi ③ mɛ⁵⁵ ndʑə⁵⁵ 名 木炭,晌炭,完成炭(冷) charcoal, burned charcoal *nzzonzzyi sibbutresoha bi mabboi menzzyi keroqi*。上小学三年级的时候,因为家里穷,没有铅笔,曾用晌炭作笔写作业。

木炭

me syi me⁵⁵sə⁵⁵ 动 杀鬼(当地传说 me 是个吞噬亡魂的厉鬼) kill the ghost (it is said that "me" is a ferocious ghost that devours the soul of a decreased person) *momoma zzho ane, tivahga ryipaga meo nesyia nyipyi ta mege ddei su*。当老人过世的时候,要去杀死噬魂鬼,协助亡魂到天庭,归位先祖的行列。(当地的说法)

me tepu me³³ tʰe³³ pʰu⁵⁵ 天气变化 weather change *danyo ne metepu a, yasheo ggwamala, ggwademi hnyibarhzhyi*。今天天气开始变化了,长时间不下雨,雨(水)贵如金了。

me tra me³³ tʈʰa³³ 火烧死的鬼 people who died in the fire *izutege metrade zzhodege, tamassyi tene ime nenddryidasa byimanyo*。这个屋基里是有个火烧死的鬼,要不然同一个宅基地里不会失火两次的。(不科学的说法)

me xya me⁵⁵ ɕa⁵⁵ 名 墨线 the line made by a carpenter's ink marker

me zo mɛ³³ tso⁵⁵ 名 天,天空 sky *magassa ssyikanzzhokwa ddehji mezo meli ne nzzyi nzzyi dazzoro ddwa*。木呷子带上干粮,晌午去找天和地相连的地方。(民间故事) *amu ggobi bbesui nenpojje, mezomeli*。阿木在呼天抢地地骂人,说她家菜地里青菜被人偷去了。

mebbo dda mapryi me³³ bo³³ da³³ ma⁵⁵ pzə⁵⁵ 名 黎明(天还没有破晓,天还没有亮起来) dawn *daso mebbo dda mapryi ha nyichu ddebbe nbbargge, ane ngu manddo*。今天黎明前有枪声在响,不知道发生了什么。

mecu nagwa me³³ tsʰu³³ na³³ kua³³ 动 过冬 hibernate, go through the winter *zhoi daka nanca yozza nengu gge, labbyi io mecu nagwa magga miha*。做一点糌粑面当羊饲料,不然那只小羊羔可能过不了冬。

meddencuda manyo mɛ³³ dɛ³³ ntsʰu³³ ta³³ ma⁵⁵ ŋo⁵⁵ 暗无天日,走投无路 at the end of one's rope, no way out *yaddreo nzzonzzyiso ggei, soso lepe qile mabbo, me ddencu da manyo a*。孩子要去上学了,至今没落实学费,感觉走投无路了。

meddra tepu me³³ dʐa³³ tʰe⁵⁵ pʰu⁵⁵ 地界变更 boundary changes *meli bbe bbeva nenbbyi nbbyii zhangene meddra tepu maggadebbe*。把土地承包给农民以后,地界不再发生变更了。

mede bbutre me⁵⁵te⁵⁵bu⁵⁵tʈʰe⁵⁵ 大约一年,快一年 about a year, nearly a year *erpedaga mede bbutre ddenyi a,nyihji kehijji mahsse*。一只脚疼了快一年了,吃药、敷药都不起作用。

mede kencu me⁵⁵te⁵⁵kʰe⁵⁵ntsʰu⁵⁵ 点一把火,点把山火 ignite, light a mountain fire *yohgusu gabyilige mede kencui nbbionbbime nyogwa hja tezzua*。山野被跛子牧羊人点了一把火,所有的东西都被火烧光了。(民间故事)

mede nyiddencu ① me⁵⁵de⁵⁵ȵi³³de³³ntsʰu³³ 每当天亮时刻 every day at dawn *nessyi yaddreteo medenyiddencu nessyibyimyashwa nbbekecua*。你家的这个娃儿,每当天亮时刻就开始龇牙咧嘴地哭起来了。

mede nyiddencu ② me⁵⁵de⁵⁵ȵi³³de³³ntsʰu³³ 无时无刻不,每时每刻 all the time, at all times *mede nyiddencu ne ai abba ama bbe akaddrao si nzzyinzza*。我无时无刻不在想我的父母亲是否健康的问题。

meer ihji me⁵⁵ɚ⁵⁵ji⁵⁵ətɕi⁵⁵ 被风吹走,被风带走 be blown away by the wind, be taken away by the wind *sica htehsse meer ihji, meerfufu sica hggwar*。树叶枯落风吹走,秋风习习落叶飞。(民歌歌词)

meerngagaddeddrushu me⁵⁵ɚ⁵⁵ŋa⁵⁵ka⁵⁵de³³dʐu³³ʃu⁵⁵ 在风中晾干 dry in the wind *nzzazho veshyi lwasshubbe leo ddezyia meerngagaddeddrushu*。把年猪腊肉拿上楼去挂起来,在风中晾干。

meggu ngehsse me⁵⁵gu⁵⁵ŋe⁵⁵əze⁵⁵ 到达地面,出现在地面 reach the ground, appear on the ground *yaddre teo meggu ngehsse mapa, anjji temyaha de ddo?* 这个娃娃放不到地上去,一放就大哭,怎么会这样?

meggu nkwa me⁵⁵gu⁵⁵ŋkʰua⁵⁵ 名 地中海(当地指称土地中间的小水塘) mediterranean (a small pond in the middle of the land) *jjabase meggunkwao tihane ddeddru za, tama tele zzoro yazze de*。清水村对面的地中海现在干枯了,不然的话是个很美丽的景点。

meggulha ba me⁵⁵gu⁵⁵ɬa⁵⁵pa⁵⁵ 中国籍公民,中国人,中国公民 Chinese, Chinese citizen *aryiersubbe nyogwane zzhohe meggulha besu tesho jji meggulhaba tra*。我们藏族尔苏人,活着就是中国人,死了也是中国鬼。

meggulha dde me⁵⁵gu⁵⁵ɬa⁵⁵de⁵⁵ 名 中国,中华人民共和国 China, the People's Republic of China *tiha aryimeggulhadde ddakadra ddepizzhei shyishyi ha la zzhu ddezuga*。现在我们中国崛起了,经济发展了,国力强盛了,我们走路都昂首挺胸了。

mehda sahda me⁵⁵əta⁵⁵sa³³əta³³ 山经地脉 mountain *sulige ersu bbei mehda sahda tanbbar dadeiersu bbe varhji tedo a jje*。据说,尔苏人被别人挖断了家乡的山经地脉,所以差点就灭绝了。(当地的传说)

mehze ddepryi me⁵⁵ətse⁵⁵de³³pʰʐɚ⁵⁵ 动 点火,引火 ignite, light a fire *ddamao ncho ssaddamasshyi mehze ddepryii dronkwar tenbbisho*。清晨,早起的女主人没穿裤子就去把塘火点燃,馗䴉羞得上楼避让。(民间故事)

mehze pryi ① me⁵⁵ətse⁵⁵ pʰʐɚ⁵⁵ 动 引火，起灶 ignite *ncho ddahggwar ne mehze ddepryia zzho cakaca zzhare kezzugge。* 早上起床后就要把火引燃，烧了开水，打酥油茶来喝。

mehze pryi ② me⁵⁵ətse⁵⁵ pʰʐɚ⁵⁵ 发炭火 ignite *shope meita shuhane ale mehzepryi manzzho，tiha ne mehzepryimaho。* 过去烧煤炭的时候，我就是不会发炭火，现在就不需发炭火了。

燃烧着的蜂窝煤

mei nenddo mei⁵⁵ne⁵⁵ndo⁵⁵ 遭天谴，遭报应 be scourged，be punished

meissyika tabbar me⁵⁵ji⁵⁵zɚ⁵⁵kʰa⁵⁵tʰa³³b ɚ³³ 魂魄缺少口粮（当地的说法）the soul is short of rations *meissyika tabbar shaba kecyia ssyika keze ane li debbe。* 当魂魄缺少口粮的时候，请沙巴来做送口粮仪式。（当地的做法）

mejoi neqi me⁵⁵tɕo⁵⁵ji⁵⁵ne⁵⁵tɕʰi⁵⁵ 老天赐予 be bestowed by heaven *nezzi newo ne mejoi ava neqi aissi ddre，ashyi ngala amashyila。* 你们是老天赐予我的两个女儿，你们快些出来和妈妈生活在一起。

mejomeli nepejo me³³tɕo³³me³³li:³³ne⁵⁵pʰe⁵⁵tɕo⁵⁵ 天翻地覆 turn upside down *abumomo ne tejji ajje，mo nenyogene mejomeli nepejo gge，ngumahoa。* 白胡子老人就说了，过几天将会天地翻覆，你们就不要再开荒了。（民间故事）

mekwar me⁵⁵kʰuɚ⁵⁵ 名 彩虹 rainbow *ggwaernexxo ane mekwar ngala gge，mankwar se me kwar ne shaqo ha。* 下了过山雨就会出彩虹的，下午的彩虹在东方。（当地的说法）

mekwar techyi silingu me⁵⁵kʰuɚ⁵⁵tʰe⁵⁵tɕʰɚ⁵⁵si⁵⁵li⁵⁵ŋu⁵⁵ 取下彩虹作弯弓 take down the rainbow and make a bow *lwapwa tessu nbboddenzze，mekwar techyi sili ngu。* 捉住老虎当马骑，取下彩虹作弯弓。（谚语）

meli me⁵⁵li⁵⁵ 名 土地 land, soil, ground

meli baoshu me⁵⁵li⁵⁵bao⁵⁵ʃu⁵⁵ 名 马勃，马粪包，牛屎菇，灰蘑菇 puffball，gray mushroom *melige xxoggajja meli baoshu de kasyanggai menke debbu ddahbar。* 在地头走动的时候，挨到一朵牛屎菇，它爆开一包黑烟一样的孢子。

meli dabwai me⁵⁵li⁵⁵ta⁵⁵buai⁵⁵ 一亩土地，种一斗粮种的土地 an acre of land, a land of growing grain *meli dabwai ne nzzhyihgge dabwa twa. tetro zzyihgge nabwa tua de。* 一亩地能够种一斗荞麦种。这片地面积有两亩，能够种两斗荞麦种。

meli detro me⁵⁵li⁵⁵te⁵⁵tʰʰo⁵⁵ 一块土地 a piece of land *isyi abu ne xxi meli de tro syi bubi gge jja nyinyiddwa jje。* 幺房老爷天天都说去开垦一块烟苗地，朝着村南走去。

meli ggu me⁵⁵li⁵⁵gu⁵⁵ 名 地面，地上 ground, floor *meli mama bbe nyogwa meliggu ngehiza，desyi dde nggonggo。* 草莓全部撒在地上了，快帮着捡起来。

meli mashohi me⁵⁵li⁵⁵ma⁵⁵ʃo⁵⁵xi⁵⁵ 不太平的

unpeaceful yahishohi cada meli mashohi ha, sedeoo la cada nei mahnyo。过去矮山不太平的时候，谁都不敢贸然地去，生怕感染热病。

meliggu nalamapa me⁵⁵li⁵⁵gu⁵⁵na⁵⁵la⁵⁵ma⁵⁵pʰa⁵⁵ 瘫在床上，无法下床 can't get out of bed nyaha denyo ne neguer a meliggu nalamapa ne ane jji gge? 有朝一日瘫痪在床上下不了地的时候，该怎么办呢？

memar hibbu mɛ³³mɚ³³xi³³bu⁵⁵ 名 吹火筒 blowtube

menche maha subyihar me⁵⁵ntʃʰe⁵⁵ma⁵⁵xa⁵⁵su⁵⁵pzɤ⁵⁵xɚ⁵⁵ 人蛙熊三者无尾巴 people, frogs and bears have no tail sa sshyi vuqo ne, menche maha sune su byima har siryinbba zzho。世上有三种动物没尾巴，那就是青蛙、老熊和人。（当地的说法）

menche ngezu me⁵⁵ntʃʰe⁵⁵ŋe⁵⁵tsʰu⁵⁵ 伸直尾巴（动物逃跑的姿势，引申为逃命）flee nbbo panbbo ti lige dda gai me nche ngezui ligga gge。那匹骏马被他打得伸直了尾巴在狂奔。

mencu mancu mɛ³³ntsʰu³³ma³³ntsʰu³³ 名 黎明 dawn

mencu menkwar manyo mə³³ntsʰu³³mə³³ŋkʰuɚ⁵⁵ma³³n̦o³³ 不分昼夜，不管白天黑夜 both day and night, no matter day or night tegene mencu menkwar manyo, depryirara meongara hose mapa。这里是城市，无论白天黑夜都不能够高声大叫的。

mendde menga me⁵⁵nde⁵⁵me⁵⁵ŋa⁵⁵ 阴平阳旺（当地称东西时多一点为"阳旺"，少一点为"阴平"），或多或少的 more or less drene mendde menga, bwane ddehbu mahbu cha。杆秤过称有平旺，大斗过量分盈亏。（谚语）

menene nkwar syi ddedde tre me⁵⁵ne⁵⁵ne⁵⁵ŋkʰuɚ⁵⁵sɤ³³de³³de³³tɽʰe³³ 天越来越黑，心越来越急 it gets darker, and people get more anxious marmarha ajjavahga yaddre dwaha, me nene nkwar syinyi ddedde tre。小时候到姐姐家去帮她带小孩子，天越来越黑，我的心情就越来越急。

menga hwai nche lo me³³ŋa³³xuaj³³ntʃʰe³³lo⁵⁵ 名 燕子沟（燕子窝多的山沟）Swallow Gully menga hwai nche yami hada loge kato yanzzyii mengalo jja kato de。"燕子窝多的山沟"说起来费时，所以简称为"燕子沟"。

menga nyoma qomali me³³ŋa³³n̦o³³ma³³tɕʰo³³ma⁵⁵li⁵⁵ 阴沉天气不易黑 it is not easy to get dark on a cloudy day menga nyoma qomali, yaddrebbe yavalholonzzyi, ashyi jjoigge shyita。阴沉天气不易黑，娃们在家难得盼，还是快些回去吧。

menga qomali me³³ŋa³³tɕʰo³³ma³³li³³ 天阴不易黑（感觉阴天时间漫长）it is not easy to get dark on a cloudy day menga qomali, danyo ne menankwarhyolo mmankwar。真是天阴不易黑啊，今天这么冷，希望快些黑，它却迟迟不肯黑。

mengga ddechu me³³ŋga³³de³³tʃʰu⁵⁵ 打开天窗，亮开地皮 open the window, break the ground ncememebbe talwa mengga ddechu ane sibunyo bbe ddakwagge。把刺笼砍掉，亮开地皮，树苗就会长得又快又高。

mengu zhangu su me⁵⁵ŋu⁵⁵tʃʰa⁵⁵ŋu⁵⁵su⁵⁵ 名 接生员，助产士 midwife te awao ne mengu zhangu su de, assyi aga la ti vume tenge de。这个老婆婆是个职业接生员，我家阿

呷也是她接生的。

menkar mankar ha me⁵⁵ŋkʰɚ⁵⁵ma⁵⁵ŋkʰɚ⁵⁵xa⁵⁵ 傍晚时分,天黑未黑时 dusk

menke ddalala mɛ³³ŋkʰɛ³³da⁵⁵la⁵⁵la⁵⁵ 浓烟滚滚 smoke filled *ti imar ddaza hene ssamelege menke ddalala neshuzajje*。他睡醒的时候发现火地里的柴火全部着火了,到处都浓烟滚滚。

menke tada mɛ³³ŋkʰɛ³³ta⁵⁵ta⁵⁵ 烟雾弥漫 smoke filled *yavale menke tadai nddomapa, yaddreo ddroizhanga kenbbeime margge*。屋里烟雾弥漫着,到处看不到人,后来发现小孩趴在锅底下在吹火。

menke zeerngu ① mɛ³³ŋkʰɛ³³tsɚ⁵⁵ŋu⁵⁵ 烟雾缭绕的 smoky

menke zeerngu ② mɛ³³ŋkʰɛ³³tsɚ⁵⁵ŋu⁵⁵ 炊烟袅袅 smoke is spiralling upward from the kitchen chimney *nessyi yava menke zeerngu gge, yaddre nzzhonzzyi sosubbe barla ba*。你家房子的烟囱上炊烟袅袅,放学的孩子们到家了吧。

menkwar mankwar mɛ⁵⁵ŋkʰuɚ⁵⁵ma⁵⁵ŋkʰuɚ⁵⁵ 名 傍晚(天刚擦黑)dusk, nightfall *amussa menkwar mankwar, muhssemahsse ne dyanba dege ddehji nala*。阿木惹在天刚刚黑还能够依稀分辨之时,拿着一只手电筒下来了。

menyi meer me⁵⁵ȵi⁵⁵me⁵⁵ɚ⁵⁵ 名 春风 spring breeze *ryii swai ge menyi meer ddeerha, meer drondro ilatezi zzela*。农历二三月间吹起春风,吹得房屋咚咚响,像风把房子都要吹走了一样。

menzzyi ntontongu me⁵⁵ndʑɚ⁵⁵ntʰo⁵⁵ntʰo⁵⁵ŋu⁵⁵ 烧得犹如火炭,发高烧 burn like a live charcoal, have a high fever *nessyi tayaddreo roshyi ddacai menzzyi ntontongu gge, ashyi kechesu*。你家这娃烧得犹如火炭,必须立即送医院。

menzzyi sorosoro ① me⁵⁵ndʑɚ⁵⁵so⁵⁵ro⁵⁵so³³ro³³ 形 闪烁的 twinkling, sparkling

menzzyi sorosoro ② me⁵⁵ndʑɚ⁵⁵so⁵⁵ro⁵⁵so³³ro³³ 钢花飞溅,火星闪烁 molten steel splash *zhama o zhamaerkwa qo kagaha menzzyi sorosoro ngalai vikahja*。火镰击打在打火石上的时候,火星闪烁,点燃了火草。

火绒、火草

meoba mei nanpar mɛ³³o³³pa⁵⁵mej⁵⁵na⁵⁵mpʰɚ⁵⁵ 名 带状疱疹 herpes, zoster *meobameinanpar ne zzhoggu da hgwarra kezzi ane su tesho gge dejje*。尔苏人说,感染带状疱疹病毒后,如果在腰上长满了一圈疮就有生命危险。(当地的说法)

meohda meizzu meo⁵⁵əda⁵⁵mei⁵⁵dʐu⁵⁵ 天藤地根(长在天空的藤子扎在土壤里的根) vines in the sky and roots in the soil *zzazzyimama le nzzeo lebusubu ne meohda meizzu debbe*。矮山的白莓草和高山顶上的松柏是天藤地根。(当地的说法)

meqo nge hjihji mɛ³³tɕʰo³³nɛ⁵⁵ətɕi³³ətɕi³³ 形 马虎的(不踏实的)careless, casual, shiftless

mere ga me³³re³³ka⁵⁵ 名 烤火费,取暖费 the

fire fee, heating fee *yaddre bbe soso dege mekere ha merega qiho jje*。学生们在教室里烤火要交取暖费。

meryi ddechu me³³ ɾɕ³³ de³³ tʃʰu³³ 打开通天之路,架通天路 open the way to the sky *meryi maha meryi ddechu, zeryi maha zeryi ngechu*。天上无路架天路,云里无路开云路。(民歌歌词)

meryi maha me³³ ɾɕ³³ ma³³ xa³³ 没有天路,没有通天之路 there is no way to sky *meryi maha meryi chu, mege zege lohape do*。没有天路开天路,天上云里摘月亮。(民歌歌词)

mese ddenzzhyi me³³ se³³ de⁵⁵ ndʑɕ⁵⁵ 季节变化 season changes *tenenyo ne mese ddenzzhyii tacalhia, vesyi lwasshu nca mapa*。这段时间以来季节发生变化,已经进入春季,不能再做腊肉了。

meshu shuda mɛ⁵⁵ ʃu⁵⁵ ʃu³³ ta³³ 名 炭窑 carbon cell

mesyi ggube me⁵⁵ sɕ⁵⁵ gu⁵⁵ pe⁵⁵ 杀鬼送魂,遣灵杀鬼 kill the ghost to send the soul *xolobe bbesi ranggwar byihane mesyi ggube gge debbe*。只有蟹螺乡的尔苏人要在还山鸡节的时候举行杀鬼送魂的仪式。(当地的做法)

meyo zeyo me³³ jo³³ tse⁵⁵ jo⁵⁵ 普米人的羊,云上的羊 the sheep of the Pumi people, the sheep on the clouds

meze ddenyi me⁵⁵ tse⁵⁵ de⁵⁵ ɲi⁵⁵ 名 彩霞,火烧天,火烧云 roseate clouds, crimson clouds at sunrise (sunset) *ncho me zeddenyi ne bar tako, nkwarze ddenyi lha nddroshyi*。早烧天就莫晒粮,晚烧天时月无雨。(谚语)

彩霞、火烧云

mezzhyi me⁵⁵ dʑɕ⁵⁵ 名 垮山,塌方 mountain collapse, hill collapse, landslide *ngwar zha loge ryipa ga comyaimezzhyi na hggwa i neqi tehgu mapa*。清溪沟的路上有许多处塌方阻隔了路,现在不好通行。

mezzi ngentrontro ① me⁵⁵ dzi⁵⁵ ŋe⁵⁵ ntʂo⁵⁵ ntʂo⁵⁵ 悲痛欲绝的 heart broken

mezzi ngentrontro ② me⁵⁵ dzi⁵⁵ ŋe⁵⁵ ntʂo⁵⁵ ntʂo⁵⁵ 扯着头皮号啕大哭 burst into tears *calagebarddwane mezzi nge ntro ntro deqisi nenbbe ane zajjola*。到了坟茔地里,就扯着头皮号啕大哭了一阵子,然后回来了。

mezzo me⁵⁵ dzo⁵⁵ 名 地形,地势 terrain, topography

mezzo dde ngu me⁵⁵ dzo⁵⁵ de⁵⁵ ŋu⁵⁵ 就地打转(圈) go in circles, spiral

mezzo ddenzzhyi me³³ dzo³³ de⁵⁵ ndʑɕ⁵⁵ 地域变化(表示搬到新址) move *galozzhohale kakadradra, myan-yakalai mezzo ddenzzhyii nyaha ddenyi*。原来住甘洛时健健康康,现在搬到绵阳,地域变化了,可能水土不服,经常生病。

mezzo zzoro su me⁵⁵ dzo⁵⁵ dzo⁵⁵ ro⁵⁵ su⁵⁵ 风水先生,地理学家,地质学家 geomathematician, geographer, geologist

mezzyi ggoro ggoro me⁵⁵ dʑɕ³³ go³³ ro⁵⁵ go³³ ro⁵⁵ 雷

声咕隆咕隆,雷声阵阵 thunder bursts

mi ① mi³³ 动 捉,逮,抓 catch, capture, grasp

mi ② mi⁵⁵ 形 多 much, many *ar, nbbisho a, danyo a ryi nddava yami debbe la i neryi va si nahzuga mo*。啊! 惭愧了,今天我们来了太多的客人,给你们添麻烦了。

mi ③ mi⁵⁵ 形 (像猴子一样)丑陋 ugly, unlovely (like a monkey) *yaddre ma nqo de va hbizyi ha la, mide ssyiha de jja tikato*。说一个小孩丑陋的时候就说"像只猴子一样"。

mi ④ mi³³ 香炉炉灰 cinder dust *shaba i kamiku ge mi desyi nenpo a yoa zzyi la te tacha gge jja tejji ddekato*。他说:"到沙巴的香炉里偷一点炉灰来给我吃,我的病就会痊愈的。"(民间故事)

mi ⑤ mi⁵⁵ 名 名字 name *ane mi hi hase ne kape ngehzyi o jji hase gge de*。知道一个人的名字就能够知道他出生的八卦方位。(当地人取名有讲究)

mi ⑥ mi⁵⁵ 名 酥油,牛油 butter *mobba ssimo mi i ge shaba i miku ge ngwar mi npo ddwa jje*。木巴女鬼到寺庙里去偷沙巴油灯里的牛油。(民间故事)

mi ⑦ mi⁵⁵ 形 (像猴子一样)狡猾 crafty, cunning (like a monkey) *ne mi de bar ggwarhggwar de*。你像猴子一样狡猾。

mi ⑧ mi⁵⁵ 名 刀 knife *ai bbazha nddre mi ji ngehjila agadesyi ddesu gge, sonyo ne harzhai gge jjigata*。把我的牛耳朵刀给我拿出来,我要磨一下,明天要去撵老熊。(旧时的做法)

mi ⑨ mi⁵⁵ 来得及 in time

mi bu mi⁵⁵ pu⁵⁵ 名 酥油饼 fried crisp cake *muli ba i hahasu bbe xi-cha soso laha, ava mibu de lezu da ngu la*。木里的老师们到西昌来学习的时候,送了我一个酥油饼作礼品。

mi ha mi⁵⁵ xa⁵⁵ 形 著名的,驰名的,出名的,有名的 famous, farfamed, well-known *zzilhalo ge ne men gge zzyiqa wo mihade*。则拉乡的门格自恰是有名的尔苏英雄,后被抛烘乌甲杀害了。(民间故事)

mi hgu dde nyi mi⁵⁵ əku⁵⁵ de³³ ɲi³³ 名 咽喉痛,咽炎 sore throat, pharyngitis *te mihgu ddenyi ddehose mapa za, ne tepe hibba ddeta ga*。他咽喉痛得不能说话了,你别和他讲话。

mi hgu mi⁵⁵ əku⁵⁵ 名 油井 oil well, the oil source *kalama ne ategesi ngezzhe maroza, atege cyihgu hala mihgu hae?* 卡拉曼,你始终不舍得离开那里,那里到底有盐井还是有油井?

mi hi ① mi³³ xi³³ 名 兄妹,姐弟 brother and sister, elder sister and younger brother *nezzi nemihi ssama ngamazzyi tele ashyi ssamazzyila*。你们两兄妹如果还没吃饭,就快来吃饭。

mi hi ② mi⁵⁵ xi⁵⁵ 名 名称,名字 name *sejji buerssyi debbe anemihi desyi ddakatoane deodeva hase gge*。我们都是尔苏人,相互通报姓名,便于相互认识。

mi ke hi mi⁵⁵ kʰɛ⁵⁵ xi⁵⁵ 动 起名,赐名,取名 give a name *raddreradwa aneshaba nasunzzha kagengehzyi hashene mi ke higge de*。小婴儿出生以后,请人测算出生的八卦方位,再根据方位名称起名。

mi ngehze mi³³ ŋ³³ ətsə³³ 动 失言(口无遮拦) make an indiscreet remark *neryi yaddrbbe zzhyi ngehze mi ngehze ha*。你们年轻人要

谨言慎行,不要口无遮拦、到处泄密。

mi nggara hi mi⁵⁵ ŋga⁵⁵ra⁵⁵xi⁵⁵ 大后年的下两年 five years later *mi nggara hi ne a le chengdu ssyi a soso i gge*。大后年的下两年,我就要到成都去读书。

mi nggu mi⁵⁵ŋgu⁵⁵ 名 椽子,椽板,檩子 rafter, the rafter board, purlin *gapao hemoddege ddwane hibbagale mabboane meojji zzoro minggu hde*。憨人到岳父家去的时候,因为没有话说,就望着屋顶数檩子掩饰尴尬。(民间故事)

mi npu cha ncha mi⁵⁵ npʰu⁵⁵ tʃʰa³³ ntʃʰa³³ 彩色珠链 colorful beads

珠 链

mi nqi ① mi⁵⁵mtɕi⁵⁵ 动 相亲 go on a blind date *zaxitezzyi zalovahga varge bwangabashe lalemaminqi ddwajje*。据说,扎西到越西保安为他的儿子相亲去了。

mi nqi ② mi⁵⁵mtɕi⁵⁵ 动 询问 ask

mi nzzaku mi⁵⁵ ndʐa⁵⁵ kʰu³³ 名 猴头骨碗 the bowl made by the bone of the money head

mi nzzhe mi⁵⁵ ndʐɛ⁵⁵ 形 烂,稀烂 messy, ashed

mi pa mi⁵⁵ pa⁵⁵ 名 公猴 male monkey *mi nwa gabu o mi pa mima bbe ddeshushu i zza hzha gge*。猴王带领着其他公猴、母猴一起在觅食。

猴 子

mi pa mi ma mi⁵⁵ pʰa⁵⁵ mi⁵⁵ ma⁵⁵ 公猴和母猴 male monkey and female monkey

mi pwa mi⁵⁵ pʰua⁵⁵ 做工的凭据,做工的天数 the evidence of doing manual work *amo sonyo kecu a ne mipwa de ne nyo gai ge, bbazzhe dana bar nama hzhai mali a*。我也是从明天开始就要去打一两天的工,不挣一点钱不行了。

mi pwa ga su mi⁵⁵ pʰwa⁵⁵ ka⁵⁵ su⁵⁵ 打短工的人,赚工钱的人 a man of short work, a man who makes money

mi qo mi⁵⁵ tɕʰo⁵⁵ 这时候,此时此刻 at this time, at the moment *teryi ssone miqo ne ya va la barddwa*。别人这时候估计到达家里了。

mi qoqo mi⁵⁵ tɕʰo⁵⁵ tɕʰo⁵⁵ 大概在这个时候 about this time

mi re mj⁵⁵ re⁵⁵ 名 脂油(融化的)(melted) grease

mi so mi⁵⁵ so⁵⁵ 名 大后天 three days from now

mi sshao mi⁵⁵ ʒa⁵⁵ o⁵⁵ 名 灯碗,油灯 lamp bowl, oil lamp *zaxi kenguo hwaddwa i shaba misshao ge ezhere sidre twqi a jje*。扎西去还愿,据说,给沙巴的灯碗捐了三斤油。

mi tehgu mi⁵⁵tʰe⁵⁵əku⁵⁵a⁵⁵ 赫赫有名，闻名遐迩 have a great reputation, be well-known

mi tra mi⁵⁵tʂʰa⁵⁵ 猴子鬼 the monkey ghost

mi zha su mi⁵⁵tʂa³³su³³ 撵猴子的人 a person who ousts monkey

mi zyi hi mi⁵⁵tsɿ⁵⁵xi⁵⁵ 大大后年，后年的后年 four years from now

mi zzyi ① mi³³dzɿ⁵⁵ 名 兔子 rabbit

兔　子

mi zzyi ② mi⁵⁵dzɿ⁵⁵ 猴子家的 the monkey house's *mizzyi yava ne sha bobo de zzha jje*。猴子的家里有一个沙罐。

mido ① mi⁵⁵to⁵⁵ 名 荣誉，花环 honor, garland *ddenyima ssyi mido seva nase ne se yakwa*。共产党的荣誉颁给谁谁光荣。

mido ② mi⁵⁵to⁵⁵ 名 子宫 womb, uterus

mido ③ mi⁵⁵to⁵⁵ 名 花，花朵 flower *roge mido sinyo nqo, jjigo nddavar sinyo kwa, mido teshu romanqo*。崖上鲜花艳三天，客位贵客尊三天，鲜花凋谢崖不美。（民歌歌词）

mido caca mi⁵⁵to⁵⁵tsʰa⁵⁵tsʰa⁵⁵ 名 花瓣 petal *hwasi mido bbe mido caca tehsse a ne gaga kasa gge*。杜鹃花的花瓣凋谢后，花骨朵就要结果了。

杜鹃花

小叶杜鹃花

mido ddenyi ncabbar mi⁵⁵to⁵⁵de⁵⁵ɲi⁵⁵ntɕʰa³³ba³³ 红色紫荆花，红花羊蹄甲 red bauhinia *mi dodde nyi ncabbar bbele midozyinti ddenyi ncabbar bbe ne deryi nbba*。开红色花的紫荆花和开紫色花的紫荆花都属于同一类藤蔓植物。

紫荆花

mido ddevi me⁵⁵to⁵⁵de⁵⁵vi⁵⁵ 花朵绽放，花儿开放 flowers bloom *tazzyi te hwahu bu ne* *mido ddevi i gaga kasa jje*。他家的这棵花红树就开了花结了果。

mido debu mi⁵⁵to⁵⁵tɛ⁵⁵bu⁵⁵ 一枝花 a flower *neate roge dde bbe bbe amido debu te chyi ane hjila ne yaddre nbbe ma gga jje*。据说,你攀爬上那个悬崖摘下那枝花来,小孩就不会再哭闹了。

mido deci mi⁵⁵to⁵⁵tɛ⁵⁵tsʰi⁵⁵ 一束花 a bunch of flowers *salima yanyo gwarshege zuremido deci kesshyi i ava qila za*。沙丽曼昨天在街上买了一束美人蕉鲜花送来给我了。

mido dencu mi⁵⁵to⁵⁵tɛ⁵⁵ntsu⁵⁵ 一朵花 a flower *nezzyi nddara ge ne ane mido dencu ddeviza ddo*。你家窗台上开放的那一朵花是什么花哦?

mido ga mi⁵⁵to⁵⁵ka⁵⁵ 动 绣花,刺绣 embroider *erssu ssiharma de mido ga manzzho de mazzho*。尔苏姑娘没有哪个不会绣花的。

mido nzzyiza mi⁵⁵to⁵⁵ndʑɛ⁵⁵tsa⁵⁵ 花腰带 flowery waistband *ssinqo mane bbubi nzzyiza dagala mido nzzyiza dagabbo*。每位女士都有一条蚕丝带和花腰带。

腰 带

mido sa mi⁵⁵to⁵⁵sa⁵⁵ 动 戴花 wear a flower *tihane lamashuhane cosyineone midoddenyi sadenyo*。这几年,结婚的时候时兴一对新人戴红花。

mido shara mi⁵⁵to⁵⁵ʃa³³ra³³ 名 米朵沙拉(尔苏英雄人物名) the name of the Ersu hero *jjimar abu mido sha ra dde zzyi*。王家诞生了米朵沙拉这个英雄祖先。

mido syinyi mi⁵⁵to⁵⁵sɕ⁵⁵ɲi⁵⁵ 名 花蕊,花心 pistil *bbyi dancha midoge nenbbei bbyizzahzhagge*。一只蜜蜂飞来,钻到花蕊里边去采蜜了。

蜜蜂在油菜花上采蜜

mido zyinti ncabbar mi⁵⁵to⁵⁵tsɕ⁵⁵ntʰi⁵⁵ntcʰa³³baʴ³³ 名 紫荆花 bauhinia *mido zyinti ncabbar debulategeha*。这里还有一朵紫荆花呢。

miha mi⁵⁵xa⁵⁵ 动 好像 seem *danyo mengendde ggemiha, muzwa nggamebbe ngehjiya nggagengeko*。今天好像要出太阳,一会儿把衣服拿去门外晒晒。

mihgu mi³³əku³³ 名 咽喉 throat *shyibbe tenddo ane zzyibbwazhei mihgu gela bbela bbe la gge*。看到肉就想吃,咽喉都在不断地蠕

动着（吞咽口水）。*zzhyine zzhyi kejjiggengui，zzhyi bbe mihgugela ddala si nehmia*。准备说他几句的,话都到喉咙里（嘴边）了,又把它吞下去了。

mihgu bryi mi⁵⁵ əku⁵⁵ pzɿ³³ 枷担的喉索 laryngeal lasso of the x-shaped cangue *laggo mihgu bryi ga ka masa ne ngwarla hane laggu te ncho gge de*。如果枷担的喉索不拴,犁地的时候枷担就会从耕牛的脖颈上滑掉。

mihgu cho mi⁵⁵ əku⁵⁵ tʃʰo⁵⁵ 形 嘴馋的 gluttonous, greedy *ale mihguchode, shyi deo tenddo mapade, seiramazzyi ai rama zzyi miha de*。我是个特别嘴馋的、见到肉就想吃的人,好像我没吃过肉一样。

mihgu dda ncwa mi⁵⁵ əku⁵⁵ da³³ ntsʰua³³ 咽喉痒 the throat itchs *a denyonyitryi kessoggela anjji ma nddo mihgu ddancwa*。我今天不知道是受凉了还是为什么,咽喉发痒。

mihgu ge la menke ddala mi⁵⁵ əku⁵⁵ ke³³ la³³ me³³ ŋkʰe³³ da³³ la³³ 七窍生烟,喉咙里都冒出烟来 in a great fury *amu ne gapa deddo, tingengu su amihgugela menke ddala*。阿木是个憨子,他的所作所为把我气得七窍生烟。

mihgu vai mi⁵⁵ əku⁵⁵ vaj³³ 前辕拉索,绑牛脖了的绳子 laryngeal lasso, a rope tied to a cow's neck *laggo va mihgu vai ga la tehzhyi za, kama zeze i ddessi ma la*。枷担的前辕上的绳子都断掉了,不接上不能够使用了。

mihi ① mi³³ xi³³ 名 下巴 jaw *amu ne gamane marmar dda mihi ne goi yashe dancha*。阿木是个头不大但下巴很长的人。

mihi ② mi³³ xi³³ 名 兄妹,姐弟 brother and sister

mihi ddancwa ① mi³³ xi³³ da⁵⁵ ntsʰua⁵⁵ 下巴瘙痒 jaw itchs *mihi va sumarbbe nama ru le mihi ddancwa gge debbe*。长时间不刮胡须,下巴就会瘙痒。

mihi ddancwa ② mi³³ xi³³ da⁵⁵ ntsʰua⁵⁵ 幸灾乐祸 gloat

mihi maha ① mi³³ xi³³ ma³³ xa⁵⁵ 短下巴 short chin *amu ne mihi desyi la maha, manqo de ddo*。阿木是一个短下巴的人,面容不太好看。

mihi maha ② mi³³ xi³³ ma³³ xa⁵⁵ 没有下巴 no chin

mihi nentrontro mi³³ xi³³ ne⁵⁵ ntʂʰo⁵⁵ ntʂʰo⁵⁵ 扣下巴,幸灾乐祸 gloat *netiha nddendde mangua, syidengehgutele sugemihi nentrontro gge*。你现在若不好好把握,一旦出事就会被别人扣下巴（幸灾乐祸）的哦。

mihssa mi³³ əza⁵⁵ 名 容貌,容颜,形象 appearance, looks, image, figure *mihssa nddei mi nepyi, trohzhonbbuqo midovi*。容颜虽好素质低,狗屎堆上开鲜花。（谚语,指徒有其表）

mihssa ngendde mi³³ əza³³ ŋe³³ nde⁵⁵ （女性）变美丽,变漂亮,更加靓丽 become beautiful *ssiharma bbe ddakwa ne se jji ngezzingehzhyi a mihssangen dde gge de*。任何一个小姑娘长大了都会变漂亮的,这是青春的魅力。

mikunzzyi ① mi⁵⁵ kʰu⁵⁵ ndʐɿ³³ 名 喉结 Adam's apple *har aqo ddezzei ddalai, aigenddrega mikunzzyiddeerqo kenddre a*。老熊站起来扑向我,我用梭镖一把插入他的喉结那撮白毛处。（旧时的做法）

mikunzzyi ② mi⁵⁵kʰu⁵⁵ndʐɜ³³ 喉结周围 around the Adam's apple *tizhangane hima nzzama ne mikunzzyi jjizyi syi yaddre*。从此以后，女人就只是喉结以上部分聪明，喉结以下部分就不聪明了。（民间故事）

mila mila mi⁵⁵la⁵⁵mi⁵⁵la⁵⁵ 形 软绵绵的 soft *vura ernbbu teo le milamila mancu de, ale teo sshyi magga*。这个天蓝色的布料软绵绵的，质地不太好，我不打算买它了。

milahar tebbu mi⁵⁵la⁵⁵xaʴ⁵⁵tʰe⁵⁵bu⁵⁵ 变成野兽，变成熊和猴 become a beast, become bear and monkey *nzzeo zzhongui tiha ne milahar tebbugge gga simarzyimar si nga mala*。长期居住在高山上，现在变成野兽，只差背上长出野草树叶了。

milha ggu mi⁵⁵ɬa⁵⁵gu⁵⁵ 名 白天 daytime *mi lha ggu ne jjimarnyagalige nyona sumar dege nddatre bu va kepryi za*。白天，吉满良呷抓一根太阳的胡须拴在沼泽地里的一棵节灌草上。（民间故事，意指太阳被拴住了，无法落下山去）

milhaggu miha mi⁵⁵ɬa⁵⁵gu⁵⁵mi⁵⁵xa⁵⁵ 像白天一样，如同白昼 as in the day *ne zzyi yaddre bbe ngganyo nqichu kencui milhaggu miha suza*。你家小孩在门外点着火把，把地面照得如同白昼。

mima momo mi⁵⁵ma⁵⁵mo³³mo³³ 老母猴 old female monkey *mimamomo teo addegesila cengwar bbutre tebbua, temoade*。这只老母猴真的非常老了，它在我家都生活十五年了。

mimi hihi mi³³mi³³xi⁵⁵xi⁵⁵ 兄弟姐妹 brothers and sisters *danyo nyoma mimi hihi dawa barla ne syinyi sanbba ggo i yazze*。今天兄弟姐妹全部汇聚在一起，我们的心情非常愉快。

mimo ddebbubbu mi⁵⁵mo⁵⁵de³³bu³³bu³³ 有语言就要交流 communicate when you have something to say *mimo bbone ddebbubbu, lhamo bbone ddencence*。有语言就要交流，有老神就要祭祀。（谚语：理不辩不明，神不敬不灵）

minga ddehji mi⁵⁵ŋa⁵⁵de⁵⁵ətɕi⁵⁵ 以……为借口 on the pretext of, use... as an excuse *zaxila zayazzyi pucege sshyinka ngui gge minga ddehji ddwa ne poddwa za*。扎西、扎娅两人以到海棠去做生意为借口一走了之，后来发现两人是私奔了。

minga rahji mi⁵⁵ŋa⁵⁵ra⁵⁵ətɕi⁵⁵ 背黑锅，被冤枉 become a scapegoat, wronged *sebbe sishe nbbu tahzhe, sunggwalage ssyibryi tanca, minga rahji gge debbe*。李子树下别弄帽子，西瓜地里莫系鞋带，都是要背黑锅的。（瓜田李下）

mingadaga tazzhazzha mi⁵⁵ŋa⁵⁵ta⁵⁵ka⁵⁵tʰa⁵⁵dʐa³³dʐa³³ 臭名昭著 notorious *aryi le minga daga ta zzhazzha nyima nqi, suva mali nengu maqi*。我们虽然臭名昭著，但是从来没有做过坑人害人的事情。

minggara hi mi⁵⁵ŋa⁵⁵ra⁵⁵xi³³ 大大大后年，明年以后的第四年 five years later *minggarahi ne azzyi lepu la nzzhonzzyi so gge cwa*。明年以后的第四年，我家的孙子将要上小学了。

minggara so mi⁵⁵ŋa⁵⁵ra⁵⁵so³³ 大大大后天，明天后的第四天 five days later *danyo ne bbarnyi, minggara sone izhangenyone mo bbarnyi ggacwa*。今天就是星期天，过了大大大后天，又是一个周末了。

minggu vunjji mi⁵⁵ŋgu⁵⁵vu³³ndʑi³³ 承载檩子之

木，檩子枕木 the wood that carries the purlin, purlin sleeper *iqo nddru har ha ne minggu vunjji bbe yanzze su nama gwar le mali*。在房屋上盖瓦的时候，檩子枕木要选结实的，否则的话就会不安全。

minpu chancha mi^{55} np^{h}u^{55} tʃ^{h}a^{55} ntʃ^{h}a^{55} 彩色珠链，彩珠串 colorful beads, bead string *minpu chancha ddeho ma nzzho njjo mahde*。彩色珠链不会说话不算伴（伴娘）。（民歌歌词）

mipe mi^{55} p^{h}e^{55} 名 工钱，工资 wage, salary *aryi tegezzhobbe nyogwa momipebbe rane ngejjola nzzazzhola gge*。我们在这里的人全部都要收到工钱后才回家过春节。

mipe qi mi^{55} p^{h}ɛ^{55} tɕ^{h}i^{55} 发工资，发工钱 distribute salary, pay off *sukecyiui nyinqi nguhane mipe ne dalhadalha nefate qi*。请临时工来帮工，要按照月份按时发工资。

mipe teqi mi^{55} p^{h}ɛ^{55} t^{h}ɛ^{55} tɕ^{h}i^{55} 结算工钱，付给工钱 pay *missyissyi hnyiidozi hngwar iolo hjillai chemoaga shehzusui mipe te qi*。猕猴子孙带来以钱为单位的金子和以两为单位的银子（金钱银两），付给尔苏铁匠车模阿呷先生，作为打铁的工钱。（民间故事）

misi si mi^{33} si^{33} si^{55} 野梨子树 wild pear tree *ai kanca ha ne nwanzzuba i calahgu ne misi si debu ha da*。我记得凉山村的坟茔入口处就有一棵野梨子树。

miso ncho mi^{55} so^{55} ntʃ^{h}o^{55} 大后天早上 the morning after three days from now *misonchone zigge, rashyi, vutwa, shyizhoho, goi ddebbibbi gge*。大后天早上要过火把节，杀鸡、码酒、煮肉等，事情很多。

miso su mi^{55} so^{33} su^{33} 耍猴人，驯猴师 a person who trains the monkey *gadaha misosu lige mio bbanyi mali jja naganaga*。刚才驯猴师说猴子不听指挥，就把那只猴子狠狠地训了一顿。

missyi marra ① mi^{33} zɘ^{33} m ɚ^{55} ra^{55} 形 一般的，平常的 ordinary, usual *suteo missyimarra de massyi, a ryi sela ti zzhyi desyi kebbanyi*。这个人不是一般的有能耐，我们大家都听听他的见解。

missyi marra ② mi^{33} zɘ^{33} m ɚ^{55} ra^{55} 小敲小打 clout

missyi marra mahssyi mi^{33} zɘ^{33} m ɚ^{55} ra^{55} əma^{55} zɘ^{55} 非同一般的，不同寻常的 extraordinary, exceptional, unusual *yaddre teo tiha la tabar yantre de, missyi marra mahssyi gge de*。这小孩这么小就这么聪慧，将来一定是非同一般的人物。

missyimarra mi^{33} zɘ^{33} m ɚ^{55} ra^{55} 小事情，小开销 little thing, small expenses *sutemo aneyava missyimarra desyisinengu, goishomo katacu, roshyibbe tesingu*。上了年纪就只做些零星小事，不要过分用力，要保护好身体。

mizha su mi^{55} tʃa^{55} su^{33} 撵猴人（驱赶猴子的人） a man who ousts monkey *a ggazho, mi zhasu bbe la mbbi qo nala*。你往那个山顶上看，撵猴的人都下来了。

mizyi hi mi^{55} tsɘ^{55} xi^{55} 大后年的下一年，明年后的第三年 four years later *cihine laerbbutre mossobbutre tebbuane, mizyihi nenbboer bbutregge*。今年是虎年，大后年的下一年是马年。

mizyi so mi^{55} tsɘ^{55} so^{55} 大大后天 four days later *mizyiso ne yazzhocu gge, soyo bbege ne yobbe yohzzhonazha*。大大后天就要剪羊毛了，明天把羊群赶去洗澡（又称"去渣"）。

mizzyi hdda mi³³ dʑə³³ əda⁵⁵ 有兔子窝的山岗 a hill with rabbit's nest *ngwarbbe mizzyihdda ddagaqu ddazhane zzhonbbar ngazzhai rehnaze*。把牛群赶上有兔子窝的山岗以后,他就在山脚树林里躺着乘凉。

mizzyi hdda lo mi⁵⁵ dʑə³³ əda⁵⁵ lo⁵⁵ 兔子岗的山沟 the gully in the Rabbit Village *sohinearyi mo bbebbe nbbarnbbar mizzyi hddaloge la meli desyi bubi gge*。明年我们也全体出动到兔子岗的山沟里去开垦一片土地。

mizzyi hnagu mi³³ dʑə³³ əna³³ ku⁵⁵ 兔子耳朵 rabbit ears, hare ears *mizzyi o roma nahggwaggai aimizzyi hnaguddrei ddebuza tiyajje*。兔子就这样说,石崖要垮下来了,我用耳朵把它顶起来。(民间故事)

mizzyi i mi³³ dʑə³³ ji³³ 小兔子 leveret *zaxi o mizzyi i dancha bbezzhu ge ngagwar i hjihji gge*。扎西把一只小兔子揣在袖里随身带着。

mizzyi lha mi³³ dʑə³³ ɬa³³ 名 二月,兔月 February *mizzyi lhage ne bihzu biga ishifu, bigaga, bikasa ne swai ge ne nzzyilagge*。兔月里主要是打草皮、晒草根、烧草皮,三月初就要种苦荞了。

mizzyi ma mi³³ dʑə³³ ma³³ 名 母兔 female rabbit, maternal rabbit, mother rabbit

mizzyi npa mi³³ dʑə³³ npʰa⁵⁵ 名 公兔 male rabbit *mizzyi npa nzzenchyi la ge nehssyii ryi jjaha ne syi tebyi*。公兔得意地坐在草坡上笑,就把嘴笑豁了。(民间故事)

mizzyi syibyi mi³³ dʑə³³ sə³³ pzə³³ 豁口兔子,缺嘴唇的兔子 a rabbit with broken lips *mi zzyio nzzeshe daga sunpua ddehzhoi mizzyisyibyi de tebbuajje*。一根丝茅草割破了兔子的嘴唇,兔子嘴巴就有个豁口了。(民间故事)

mo ① mo⁵⁵ 动 呼唤,召唤 call, summon, call up *amujiha ne ngganyo ngei gazi de ddemoa ya shatru hggalashu*。阿木几哈,你到大门口去呼唤一只小狗来舔舐婴儿的排泄物。(当地乡村的习俗)

mo ② mo³³ 动 请客,吃喝 entertain guests *ne ryi i kwar mo ngwar mo ha a ka zzho gge ddo?* 你们呼来唤去、请吃请喝之时,我会在哪里哦? *tezzi ne i nzzazhoha ne kwarmo ngwar mo bbezzha sshwasshwa*。他们两家过年的时候,你召唤我,我召唤你,相互请客吃饭。

mo ③ mo³³ 副 还要,又要,也是,然后 still, then, afterwards *aryi mo hizze bibi hane mola hizzebi ggase*。到了拔竹笋的季节,我们还要来削竹笋。

mo ④ mo⁵⁵ 形 年老的 aged, old *como deva ddenggunggui kaddella liggashui, coparbbe kaddwajje*。家里的年轻人都到哪里去了?让老年人弓起腰杆到处奔波。

mo ⑤ mo³³ 副 又,再次 again, once more *abbazzhebbo anemonava zzorulaggese, ne syingeremahoma*。我有钱了,会再次返回来看望你的,你别心有遗憾哈。

mo ⑥ mo⁵⁵ 名 尸体(动物的) carcass

mo nejjo mo⁵⁵ ne⁵⁵ dʑo³³ 老糊涂 dotard *assyiabbule temoimonejjoza, ssama ngezzyi mazzyi la hamase*。我爷爷是老糊涂了,吃没吃饭他都不知道了。

mo ngga mo⁵⁵ ŋga⁵⁵ 动 开会 have a meeting

mo ngu mo⁵⁵ ŋu⁵⁵ 动 调解,传达,传令 mediate, convey, transmit orders *ane tejji tezzi possassimo bage mongu ggeshyi ta*。我就这

样在他们两口子之间传达命令。

mo ngu su mo⁵⁵ ŋu⁵⁵ su⁵⁵ 名 调解者，使者 moderator, envoy

mo nkwa mo⁵⁵ ŋkʰua³³ 名 锰矿 manganese ore *zzhoi sila nipudage mo nkwa hgu dee ngezzhu za jjigge*。从马基岗翻山下去，有个地方，据说已经发现了锰矿。

mo su mo³³ su³³ 名 厕所，洗手间 toilet *nessyi nddavarbbe mosu ge keddwa*。你家的客人都上厕所去了。

mo syi mo³³ sɕ³³ 名 茅厕，厕所 latrine, toilet *mosyi ge bbeerddabbwa za, nyifuzi debbe nechyia negwa*。厕所的粪坑里生蛆了，割一些蓼子草投进去。（当地的做法）

mo vu ddeer mo⁵⁵ vu⁵⁵ de³³ɚ⁵⁵ 老年人都要长寿到头发斑白 old people are going to live long enough to have white hair *hgusu chenbbo, mo vu ddeer su ssa njji ddeshe su*。天上牧人的仙哲赐福我们，老人都要长寿到头发斑白。（祝辞）

mo zho mo⁵⁵ tʂo³³ 野萝卜，难吃的萝卜 wild radish, unsavory radish *melige ngemozho dene wohai, age ddecia kehoa vea zyigge*。地头长有几个野萝卜，我打算把它们拔起来拿回家，煮熟了喂猪。

moba mo³³pa³³ 名 女婿（女儿的丈夫）son-in-law, daughter's husband *mobadene issa npenpe dei jipe, lema dene ssiideijipe*。一个女婿半个儿，一个媳妇一个女。（谚语）

moba marra mo³³pa³³ mɚ³³ra³³ 小女婿 the youngest son-in-law *buhakebbu ssyi moba marra ga ne bei-jin bai nzzai dancha*。不哈可不的小女婿是个从北京来的汉族小伙子。

moba syisyi mo³³pa³³ sɕ³³sɕ³³ 新女婿 new son-in-law *yobukaha ssyi moba syisyio yanyo melige ngwarlagge*。我昨天看见哟部卡哈家的新女婿在地里耕地。

moba yakwa mo³³ pa³³ ja³³ kʰua³³ 大女婿 the eldest son-in-law *lajiman ssyi moba yakwa ne ai issa marmarga o*。拉吉嫚的大女婿就是我的小儿子。

moba yancu zhumafu mo³³ pa³³ ntsʰu³³ tʂu⁵⁵ ma⁵⁵fu⁵⁵ 女婿优秀不用夸 a good son-in-law needs no praise *moba yancu zhumafu, lema yancu zhudezzho*。媳妇贤惠当夸奖，女婿优秀不用夸。（谚语）

mocar ga mo³³tsʰɚ³³ka⁵⁵ 收取租金，收佣金，收管理费 charge for rental, collect commission, charge for management fee *jjimar abu chotai deddre nancai nessyissai fugebabbeva mocargajje*。吉满老爷自己打造了一台水推石磨，供全村人使用并收取管理费。（民间故事）

mocar nkebyi mo³³tsʰɚ³³ŋkʰe⁵⁵pɘ⁵⁵ 有缺口的零钱，旧铜钱 small money with a gap, old copper money *tejji manzzho mankwar ne, zhange mocar nkebyi dela nava ngenbbu magge*。你表现得不好，今后我连一个有缺口的零钱都不会留给你。

mochu mo⁵⁵ tʃʰu⁵⁵ 名 宝剑，长剑，马刀 sword, long sword, sabre *jjimanlassyi lige ngwar poddwa o nezzeddwai mochui njji natra*。吉满腊日奔下去，冲向奔跑的狂牛，用长剑劈下牛的两条后腿后杀死了牛。（民间故事）

mochu kankwa mo⁵⁵ tʃʰu⁵⁵ kʰa⁵⁵ ŋkʰua⁵⁵ 剑已生锈，剑被锈蚀，马刀被锈蚀 rusted sword, rusted sabre *mochu kankwa, messyi tehza, muzyi ggu mami, lwapwa zzyi mazzho a*。马

刀被锈蚀，火药受潮湿，猫咪不捉鼠，老虎无威严。（民歌歌词）

moi shotra mo³³ji³³ʃo⁵⁵tʈa³³ 名 女鬼（雌性鬼邪）female ghost *moi shotra te kamatra tele poishotra neo tava kanggawa za*。如果不是一个女鬼作祟的话，那就是两个男鬼在作祟。（不科学的说法）

molagge se mo³³la⁵⁵gɛ³³sɛ⁵⁵ 还要再来 will come back again *mwaha neryii ngelo，hartewo molaggese de，neryi kezzoroco*。没关系，你们在这里继续等着，这老熊还要再来糟蹋庄稼的。

momo mo⁵⁵mo⁵⁵ 名 老人，长者 elderly person, old man *momo dene nkudeddre，ddwaha ngga damaho laha ngga chumaho*。家里有个老人犹如有一把锁，去时不须关门，来时不用开门。

momo deo mo⁵⁵mo⁵⁵te⁵⁵wo⁵⁵ 一个老人 an old man *neryi coparbbe ne te momo deo va ddegguggui ligga su i，malide*。你们这些年轻人让这么一个老人佝偻着腰到处奔波，不能够这样粗心。

momo lala mo⁵⁵mo⁵⁵la³³la³³ 垂暮之年，耄耋（老人）in old age *suteo momolala dehala azho shyishyiha ggamagala ddezuddagaza*。这个人是个耄耋老人，但你看他走路时还昂首挺胸。

momobbe zzhose ba mo⁵⁵mo⁵⁵be⁵⁵ʥo⁵⁵se³³pa³³ 老人还健在吗 is the old man still alive *amukesyi，tiha nessyi yava momobbe zzho se ba ta？akadra e？*阿木科思，现在你家老人还健在吗？都还健康吗？

momoyahchyi ersha mo⁵⁵mo⁵⁵ja⁵⁵ɘʨ⁵⁵ɚ³³ʃa³³ 孝悌文化 culture of filial piety *momova yahchyi i ersha ne demera demera hyola gge de jjigge*。据说，孝顺老人和尊敬兄长的孝悌文化传统是一代一代传承和仿效下来的。

monepyi monanpar ① mo⁵⁵ne⁵⁵pzɘ³³mo⁵⁵na³³mpʰɚ³³ 养老送终 serve parents while living and give proper burial after the death *isyi awa ssyissi mazzho de，ai monepyi hmo nanpar de*。新屋老奶奶无儿无女，是我给她养老送终的。

monepyi monanpar ② mo⁵⁵ne⁵⁵pzɘ³³mo⁵⁵na³³mpʰɚ³³ 动 出殡，焚尸，安葬 hold a funeral, burn corpse, bury the dead *abba ama ddehssu a temo ddeso monepyi monanpar hode*。要赡养父母亲到老，死后还要好好安葬，认真做好丧葬礼仪。

mongga mo⁵⁵ŋga⁵⁵ 动 开会，盟会 have a meeting *danyoaryi xian-ssyioge nasshai tege dduzzela mongga la sungwarhssa kezzia*。今天我们集中了八个县的人到这里盟会，共计有五百人。

mongga ngu mo⁵⁵ŋga⁵⁵ŋu⁵⁵ 动 开会 have a meeting *aryi nyogwa ozzobashe dduzzya la monggala，mongganguneyali de*。我们大家到西昌来聚集开会，开会就是一种吉祥的和平的好形式。（当地的说法）

monggu mo³³ŋu³³ 动 思念（想与其分享某物）miss, want to share something with *qamao shyidesyi nyizzyi ne yava ssyio va monggu*。母亲每当吃肉的时候，都会想起她的留守女儿，想与其分享这些肉。

mongu su mo⁵⁵ŋu⁵⁵su⁵⁵ 名 调解者，协调员 mediator, interceder, peacemaker, coordinator *mongu su mongu mankwar ne ssada，monguyankkwar ne haha*。调解者不擅调解就变成挑拨，调解得体就会处理

并化解矛盾。

monzzho zyi mo⁵⁵ndʐo⁵⁵tsɘ³³ 做活道场 hold the ritual of sending souls *monzzho zyii zhanga ne su nyilanggu ge gwar de, shosholala hode.* 做活道场仪式以后,老者归属于先祖行列了,所以要清洁,不得污秽。(当地的说法)

mopyi monpar mo⁵⁵pʰɕɿ⁵⁵mo⁵⁵npʰɚ⁵⁵ 动 出殡,火化 hold a funeral, cremate *buamaha wamaha bbe ne yasutesho he mopyimonpar sulama zzho de.* 不靠地邻不入伙的孤僻者,他自己或者他的家人死后,连抬尸焚尸的人都找不到。

mosu ge mo³³su³³kɛ³³ 厕所里,粪坑里,积肥池里 in the cesspit, in manure pool *bbege zzhoha mosuge labbe nceha negoi yanzzyi, gonfenjji yainyo.* 在生产队劳动的时候,去积肥池里挑大粪是重体力劳动,所以评工分也评得高。

mosuge naddra mo³³su³³ke³³na³³dʐa⁵⁵ 掉入粪坑,掉进厕所里(非活体) fall into the cesspit, fall into the toilet

mosuge nehsse mo³³su³³ke³³ne⁵⁵əze⁵⁵ 落到茅厕里,掉到厕所里(活体) fall into the toilet

mosuge nehze mo³³su³³ke³³ne⁵⁵ətse⁵⁵ 倒进厕所里 pour... into the toilet *yobbuncubbe mosuge nehze, trova razzyi tashu.* 把羊的胃容物倾倒到厕所里去,不要让狗吃着了。

mozzha zu mo⁵⁵dʐa⁵⁵tsu⁵⁵ 为老年人祝寿,为老年人煮茶 make a toast for the elderly, make tea for the elderly

mozzha zyi ① mo⁵⁵dʐa⁵⁵tsɘ⁵⁵ 为老年人祝寿,为老年人做早餐 make a toast to the elderly, make breakfast for the elderly *yoerbashe ajja bajima xxissyi kezyi ha mozzha kezyi mozzha nezyi a.* 青林村的大姐巴基嫚八十岁时,儿女们为她老人家办了祝寿仪式。

mozzha zyi ② mo³³dʐa³³tsɘ³³ 做活道场,为活人送葬,煮敬老茶 hold the ritual of sending souls, boil the tea soup for the elderly *tessyi awa ddenyi jja, mozzha nezyi a jji gge.* 他家的老奶奶因为病了,所以就做了一次活道场。(当地的习俗)

mu la mu⁵⁵la⁵⁵ 名 灵狐 fox *erhggo lehggo su ne mula qo tendda be mazzho.* 轻手轻脚的人比灵狐更灵巧。

mu zzyi le mabbo hima nbbe mu⁵⁵dʐɘ⁵⁵le⁵⁵ma⁵⁵bo⁵⁵xi³³ma³³nbe³³ 娘家缺吃女哭泣,哥哥缺粮妹伤心 the daughter is sad when her mother's family is short of food, and the sister is sad when her brother is short of food *mu zzyilemabbo himanbbe, hi zzyilemabbo munpa ryi.* 娘家缺粮女儿哭,婆家缺粮舅子笑。(谚语,表示哥嫌妹)

mula deddre mu³³la³³te⁵⁵dʐe⁵⁵ 一对灵狐,两只灵狐 two foxes, a pair of foxes *lage erleya hggosu deddre zzho, anebbeva hbikezyi mula de ddreva hbikezyi.* 山野里边有一对手脚灵巧的东西,比喻的是啥东西?是灵狐。(对歌)

muma mu⁵⁵ma⁵⁵ 名 木马脚架,马凳(木工的工作台) trojan horse, carpenter's worktable *te sibyipwa dda ddwa ngehji muma qo nezyi amaxia geke netroa kehjila.* 把这张木板抱到屋外的木马脚架上,以墨线为准锯开再拿进来。

munbba zzu mu⁵⁵mba⁵⁵dʐu⁵⁵ 驱除女鬼的经文 the scripture of ousting a female ghost *ersu* *sahaba tra zha ne munbba zzu la nqolo zzu naza nyo debbe*。尔苏沙巴驱鬼有《驱女鬼经》和《驱男鬼经》两部口诵经。（民间文献）

munpa chossyi mu⁵⁵ npʰa⁵⁵ tʃʰo³³ ɕɿ⁵⁵ 送婚使者，新娘的义兄 marriage messenger, brother of the bride *lemashu sinyo ne munpa chossyi zyiyakwa*。婚礼议程决定，结婚三天内送婚使者具有至高无上的权利。（当地的习俗）

muzar m³³tsɚ⁵⁵ 名 木匠 carpenter *sier zzapa muzardama lenezyi, mexiadaga qongaga, bbupe fipe sincu sa*。把木料交给木匠，墨线一弹上去，宽窄厚薄各三刀，一根木料就做好了。*a ssyi iwo ggwa ne nce za, muzar de kecyi a te i wo desyi na nca*。我家房子漏雨了，请个木匠师傅来修一下。

muzi ga-ryi mu⁵⁵tsi⁵⁵ka³³ru³³ 那点眉毛，些许的眉毛，不多的眉毛 eyebrows *amu mahdryi ddehdryi zishunchanchajje muzi ga-ryi la ddesshwaza*。阿木自以为是参加掺火把赛，他那点眉毛都被火苗给烧没了。

muzwa mu⁵⁵tsua⁵⁵ 一会儿，等会儿 a while, after a while *muzwa ne ggwa lagge oamanddo, sadebu ddehji*。等会儿可能要下雨，你要带一把伞在身边。

muzya tamya itejjo mu³³tsja³³tʰa³³mja⁵⁵ji⁵⁵tʰe⁵⁵ dʑo⁵⁵ 木匠多了房子歪 more carpenters make a house askew *muzya tamya itejjo, sukwa tamya mahssuhssu*。木匠多了房子歪，管事多了闹纠纷。（谚语，表示不能过分民主）

muzyi mu⁵⁵tsɿ⁵⁵ 名 猫 cat *muzyiggupa mazha ne shyinbbryi ma nyo*。猫如果不捉老鼠，就失去了它的作用。

muzyi i mu³³tsɚ³³ji⁵⁵ 名 小猫 kitten *muzyi i be ddakwa zhengene tehuge muzyi ngamyai ddebbarbbar za*。自从小猫们长大以后，这个村里的猫就太多了，到处都是。

muzyi leer m³³tsɚ³³le⁵⁵ɚ⁵⁵ 有白色前爪的猫 a cat with white front paws *ihguhane muzyileerwo neyovakenbbu sujjitabar goddamaddre tiajje*。他分家的时候如果把白色前爪的猫分给我，我也不会这么愤怒了。

muzyi mama mu³³tsɚ³³ma³³ma³³ 小豆瓣树籽（当地又称"红军粮""沙棘果"）seabuckthorn berries *muzyi mama bbe mecu ne hwa i zza ngu debbe*。小豆瓣树籽在冬天是鸟儿的食物。

小豆瓣树籽

muzyi muzyi mu⁵⁵tsɚ⁵⁵mu⁵⁵tsɚ⁵⁵ 天麻麻亮，天将亮不亮 dawn *nkwarhge ddahgwar trozza che, muzyi muzyi trosa nggwar*。半夜起床做狗粮，天将亮不亮出征忙。（民歌歌词）

muzyi npa mu³³tsɚ³³mpʰa⁵⁵ 名 公猫 tomcat *te muzyi npa ddehyo leer wo nessyi o assyi e？* 这只爪白毛灰的公猫是不是你家那只？

muzyi pe mu⁵⁵tsɚ⁵⁵pʰe⁵⁵ 名 公猫 tomcat *muzyi pe i ddanwa leer dencha kessyi ira za*。买了一只全身黑色、前爪白毛的小公猫。

muzyi si mu⁵⁵tsɚ⁵⁵si³³ 名 小豆瓣树 seabuckthorn *muzyi si bbe ne bbazha kalwa ha sho ngala su ma gge nyihji*。小豆瓣树的叶子具有止血的

作用,可以用来治刀伤。

mwa mua⁵⁵ 名 梦 dream *dankwar teimwa, i mwa imwa ne me ddecua*。反复不停地做梦,做梦做到大天亮。

mwa bu i ssa ma⁵⁵pu⁵⁵ji⁵⁵za³³ 名 唢呐(当地又叫"马步") suona *mwabuissa ddnparne bbanyiyazze debbe*。吹起马步(唢呐)的时候觉得很好听。

mwa pye mua⁵⁵pʰje⁵⁵ 名 孔雀 peacock *mwapye menche ngahar hane yanqo debbe*。孔雀尾巴展开就很漂亮。

mwa shyi mua⁵⁵ʃɘ⁵⁵ 名 竹篮(盛粮器,同升子) bamboo basket *a gohgosuva ssama tezyiha zzyimali ssumi hojja damwashyi teqia*。我给乞丐食物,他不要,他指定非要玉米籽不可,我就给了他一竹篮的玉米籽。

mwa zyi mua⁵⁵tsɘ⁵⁵ 名 子弹 bullet

mwacha ga mua⁵⁵tʃʰa⁵⁵ka³³ 名 马敞河坝(地名) Machang River Dike *debbe i kato ne bboirotro ne mwacha ga hi de jja tigge*。有人说马敞河坝又叫"马敞呷"。

mwaha mua⁵⁵xa⁵⁵ 动 别怕,没事 don't be panic, don't be afraid *mwaha, ne tege nehssyi, shyi manyo*。没关系,你就坐在这里,没有事的。 *mwaha, har wo ddala ne a kelo gge, ddatajima*。玛尼,别怕,老熊上来了,我来抵挡。

mwai kencu ma⁵⁵ji⁵⁵kʰe⁵⁵ntsʰu⁵⁵ 做噩梦,梦魇 have a nightmare *ao vuli meakezyi pryine mwai kencui ddese mapa*。我的头刚刚挨着枕头就开始做噩梦,梦魇压得我喘不过气来。

mwala mua⁵⁵la⁵⁵ 名 睾丸 testicle

mwami ① mua³³mi⁵⁵ 名 将军,大官 general, high-ranking official *ssahbu deo nyo, mwami neo nyo, lwnbbwa sionyo*。国王初一,将军初二,财主初三。(当地的说法,分别指正月初一、初二、初三)

mwami ② mua³³mi³³ 名 天麻 gastrodia elata *aryi shunyonyo silage mwami hzhaddwajja, dabar la mara*。我们上前天到树林里去找天麻,结果一个都没有找到。

天　麻

mwami ncusu mua⁵⁵mi⁵⁵ntsʰu⁵⁵su⁵⁵ 名 和尚(点灯的人) monk, the lamp lighter *teggonbba ige mwami ncusu ceneo zzho dege*。这个笨伯寺庙里有十二个点灯的人。

寺　庙

mwami saba mua⁵⁵mi⁵⁵ʃa⁵⁵pa⁵⁵ 点灯的沙巴,点

酥油灯的沙巴 the lighting shaba *ersu shaba ne mwami saba debbe, erzeba bbe ne mwami ncusu jji*。尔苏沙巴就是点灯沙巴,石棉人称之为"点酥油灯的人"。

酥油灯

mwami shaba ma⁵⁵mi⁵⁵ʃa⁵⁵pa⁵⁵ 点灯的沙巴,点灯的经师 the shaba of lighting, the master of lighting *yahishohi ne ersu lili ssyi yaddre deo nyissyi ne mwami shaba sosode bbe jje*。传说在很久以前,尔苏男性青年都要学习点灯沙巴的文化。

mwami sionyo mua³³mi³³si⁵⁵o⁵⁵ȵo³³ 名 将军初三(当地又称"财主初三",即正月初三) the third day of the first lunar month *danyo mwami sionyo lami la kebu zzi keshukala ne dde jji ddemo gge*。今天是将军初三,拉咪和克部结婚成家以后就会吉祥富裕。

mwamincu su ① mua⁵⁵mi⁵⁵ntsʰu⁵⁵su⁵⁵ 名 道士(蟹螺语) Taoist *barer shwanshwan ne mwamincu su dejji gge, qo da lha ssohssa pwa nyo*。巴尔双双是一个道士,每月有四百元生活费。

mwamincu su ② mua⁵⁵mi⁵⁵ntsʰu⁵⁵su⁵⁵ 名 沙巴(点灯师傅,点酥油灯的师傅),经师 shaba, the master of lighting *varge bashe mwaha shura ne mwamincu su dejjigge*。越西的玛哈经师就是个点灯师傅。

mwao mwazzu ① mua⁵⁵o⁵⁵mua⁵⁵dʐu⁵⁵ 迷迷糊糊的,产生梦魇的 vague, hazy *nkwarkamarhane mwa o mwa zzu mwaomwazzu ane debbesi imwa mase*。晚上睡觉的时候始终是迷迷糊糊的,不知道在做些什么梦。

mwao mwazzu ② mua⁵⁵wo⁵⁵mua⁵⁵dʐu⁵⁵ 迷迷糊糊,似睡非睡 drowse, daze *idege kesimar pryi ne mwao mwazzu mwaomwazzu ne mwaikencu a* 刚睡下去就开始迷迷糊糊,一会儿就做恶梦了。

mwapwa mua³³pʰua³³ 名 伤口,伤痕 wound, scar *alige nyihji denbbu qokehi tepyi, nenyo tebbua ne mwapwalakesyiza*。伤口被我用一些草药敷在上边,过了两天就开始结痂,快要好了。

mwaqa mua⁵⁵tɕʰa⁵⁵ 形 短小的,不饱满的 short, not full *ssumi mwaqa nabar nejigwa kenbbua nddavarma chava tezyi ta*。剥一两个不饱满的玉米苞在火头烧,烧好后拿给小女客人吃嘛。

烤熟的玉米棒

mwaru mwaru mua⁵⁵ ru⁵⁵ mua⁵⁵ ru⁵⁵ 拟声 吗噜吗噜（嚼食声）chewing sound *zzapa garyi ti lige mwaru mwaru hda te zzu a*。那点折耳根被他吗噜吗噜地吃完了。*ngwar bbe ngwar ru zzyi ha ne mwaru mwaru gge de bbe*。牛吃草的时候就会发出吗噜吗噜的声音。

mwasa ngu ① mua⁵⁵ sa³³ ŋu³³ 别开腔,保持缄默 don't speak, keep silence, be reticent *na mwasa ngu, ane la ddatahose, tegesi nehssyi a sunpwa o nememe*。你别开腔,什么都不要说,只要闭上嘴巴坐在这里。

mwasa ngu ② mua⁵⁵ sa³³ ŋu³³ 若无其事地 casually *azzi neo ge mwasa ngu tege nehssyi ssama dazzyi ke npu a ngezzyi a anejji a shyi*。我们两个若无其事地在这里坐下来蹭一顿饭吃,看他们如何奈何得了我们。

mya ① mja⁵⁵ 名 脸 face *myace pazyi shyizwa bu ne ni, palebu ne ai*。新的洗脸帕是你的,旧的那条是我的。

mya ② mja³³ 名 眼 eye *yakeddwai kamar hane ssiteddre si myangga myangga la jje*。据说,她返回屋里睡下的时候,那对小女孩始终浮现在她的眼前。

mya bbo mja⁵⁵ bo⁵⁵ 名 眼泪 tear *qama o tessi neo va kabwai ddese mapa myabbo si lolo nalajje*。母亲抱着两个女儿说不出话来,任由眼泪流淌。

mya bbryi mja⁵⁵ bzʅ⁵⁵ 名 眼力,眼光 eyesight *myabbryi manddo lemankwar, syibamabbe letezzho, anesunggge*。没有眼力、没有技术、没有专长、没有力量,一事无成,有何办法。

mya bbryi nddo ngu ① mja⁵⁵ bzʅ⁵⁵ ndo⁵⁵ ŋu⁵⁵ 考虑周全 be thoughtful

mya bbryi nddo ngu ② mja⁵⁵ bzʅ⁵⁵ ndo⁵⁵ ŋu⁵⁵ 名 警觉 vigilance, circumspection

mya bbu mja⁵⁵ bu⁵⁵ 名 麻子,麻脸 pockmarked face *myabbuma la myabbuga bbedawa barla nedeodeva ddraho ngu jje*。麻脸男和麻脸女到一起就相互善意地开玩笑。（民间故事）

mya deguzyi mja³³ te³³ ku³³ tsʅ³³ 一眨眼工夫 in the blink of an eye *gedahalatege ne hssyi za de, mya degu zyi si ne mazzho za, keddwaha ma se*。刚才都是坐在这里的,一眨眼工夫就不见了,不知道他到哪里去了。

mya ha mja⁵⁵ xa⁵⁵ 动 像 such as, like *sica meerihjila, danyo nemiha de tege barla ne myaqo kehssyi myaha*。树叶被大风吹来,今天像你这么珍贵的客人到家里来了,照顾不周,怠慢了。

mya pryishwa pryishwa mja⁵⁵ pʰu⁵⁵ ʃua⁵⁵ pʰu⁵⁵ ʃua⁵⁵ 脸色红一阵白一阵的,灰溜溜的 ablush, gloomy *danyi ao bbei myao mya pryishwa pryishwa ane nengu la mazze*。今天我被他弄得灰溜溜的,做什么事都觉得不妥(手足无措)。

myabbo ddomarnzzi akasa mja⁵⁵ bo⁵⁵ do⁵⁵ mɚ⁵⁵ ndʑa³³ kʰa³³ sa³³ 眼泪挂在睫毛上（随时随地都在哭）the tears are hanging on the lashes (crying at anytime and anywhere) *nine agemagene zzhoggwa myabbo ddomarnzzi akasa ggede, mali*。你是动不动就要把眼泪挂在睫毛上,这样不好。

myabbo naga naza mja⁵⁵ bo⁵⁵ na⁵⁵ ka⁵⁵ na³³ tsa³³ 眼泪不停地淌,声泪俱下,两股泪水不停地流 in a tearful voice, tears flow incessantly *tava tenddoha syinyiddenyi, mya bbo naga nazaissama nga mazzyi jjo la*。看见他就心疼,我两股泪水不停地流,没有吃饭就回

来了。

myabbo ssama ngence nce mja⁵⁵bo⁵⁵za⁵⁵ma⁵⁵ŋe⁵⁵ntsʰe⁵⁵ntsʰe⁵⁵ 哭得死去活来,眼泪就着饭吃,一边流泪一边吃饭 cry out, cry ceaselessly *abba amaneo mazzhoha, myabbossama ngencence, nenbbenen bbe ddo nepyi zzela*。阿爸阿妈去世后的那段时间里,我悲痛欲绝,哭得死去活来,眼睛差点哭瞎了。

myabbryinddo ngu mja⁵⁵bzɿ⁵⁵ndo⁵⁵ŋu⁵⁵ 小心谨慎,考虑周全 be thoughtful, pay special care *silage ngeddwa ne myabbryinddo ngu, rekara hale*。进入森林一定要小心谨慎,千万不要发生不安全的事情。

myaca myanyi mja⁵⁵tsʰa⁵⁵mja⁵⁵ȵi⁵⁵ 形 羞答答的,害羞的,羞涩的 shy, coy, bashful *tese nddavar ngu ha, hosu bbe sitamyai su ggu ma zyi mya ca myanyi nbbisho*。到他那里做客的时候,和我打招呼的人很多,我一点都不熟悉,羞答答的,很不好意思。

myace jopar mja⁵⁵tsʰɛ⁵⁵tɕo⁵⁵pʰaʴ⁵⁵ 名 洗脸盆,水盆 wash basin, wash bowl *jopar o lehbi taza, myacejopar natangu*。这个木制洗脸盆太重,不要再作洗脸盆用了。 *neryi ta myace jopar ge zzho bbe afu se debbe? mafute nyifuga gge*。这个洗脸盆里的水,你们哪个还要用吗?若不用,我就把它倒了。

瓷盆、洗脸盆、水盆

myace kula mjɛ⁵⁵tsʰɛ⁵⁵kʰu⁵⁵la⁵⁵ 名 面盆,洗脸盆 wash basin, wash tub *ryiryi zzho bbe ne myace kula genagwar-i zzhyibbai zhanga tepyizajje*。智慧水就装在洗脸盆里,放置在天窗下边的地上。(当地的习俗)

myace pazyi mja⁵⁵tsʰɛ⁵⁵pʰa⁵⁵tsɿ⁵⁵ 名 毛巾,洗脸帕 towel *tihane myacepazyi bbela myahwa ddreddre mahssyi*。现在的洗脸毛巾都不是纯棉制品了。 *myace pazyi ne yozai ne yozai ddessi, ddenyi kebu ha*。各人用各人的洗脸帕,预防眼病相互传染。

myage shonantwa zzho mja⁵⁵ke⁵⁵ʃo³³na³³ntʰua³³dʐo³³ 脸颊里还有两滴血的,没有死亡的 with two drops of blood on the cheek, undead *amassyi myage shonantwa zzho deone zhonpyi ngenpyiasi ddehge magge*。脸颊里还有两滴血的妈妈的儿子,绝不会把口水吐出去了再舔回来。

myalo mja⁵⁵lo⁵⁵ 名 眼镜 glasses *myalo ddasa ne su kezzoro ha nehggezzi yapa*。戴上眼镜后,看人的时候能够看得更加清晰一些。

myalo zzi mja⁵⁵lo⁵⁵dʑi⁵⁵ 名 玻璃桥(用钢化玻璃搭建的桥) glass bridge (a bridge made of tempered glass) *ale vunehnyi i myalo zzi gengei mahnyo de*。我因为眩晕,是不敢过玻璃桥的。

myame gguzyi mja⁵⁵me⁵⁵du⁵⁵tsɿ⁵⁵ 动 面熟,眼熟 look familiar *nyatancha ne myame gguzyi dda namadrada de, sessyi nya ancha ddo*。这小姑娘面熟,但我没有认出是哪家的小孩。

myanddo nqizze mja⁵⁵ndo⁵⁵ntɕʰi⁵⁵dze⁵⁵ 明知故犯,知法犯法,看得见还跳崖 commit a crime purposely, deliberately break the law *baodiga ne alilizzhozzhone myanddonqizze* *de, ti nggumanyo deta*。这个保定本来是干得好好的,他太不该这样知法犯法。*ershage anengu mapa jjana tane tebbengu, myanddo nqizze ggede*。国家政策禁止的,他要违反,他这是明知故犯,知法犯法。

myanddro maho mja⁵⁵ ndʐo⁵⁵ ma³³ xo³³ 不怕羞的,不胆怯的 unabashed, unappalled *aryile myanddro maho ngu i zzyi debbemo*。我们是不怕羞的哦,我们是会大胆地吃饱的。

myangga ddabar ne mja⁵⁵ ŋga⁵⁵ da⁵⁵ bɚ⁵⁵ ne³³ 到了面前,到时候,届时 at the appointed time *tihaneryizzeho jje, ryizzemyangga ddabar ne hte hnyi hzho nge nce*。他现在说要一条龙,真正地看到龙到达面前的时候,他就会屁滚尿流的。

myanhwa miɛ̃³³ xua⁵⁵ 名 棉花 cotton *aryi jjio jjibbu ne myanhwa ma la dege, mizzhyi jji ma nyo de*。我们高山是不种棉花的,也没有"棉花"这个名词。

myapo mja⁵⁵ pʰo⁵⁵ 名 面子,脸面 face *myapo kwa bbe ne zzyi i da nyo, a ryi ne i dda nga*。面子大的人到哪都有饭吃,而我们就饿肚子了。

myaryi bi ddaga mja⁵⁵ rɚ⁵⁵ pi⁵⁵ da⁵⁵ ka⁵⁵ 浑身长疮 the whole body was covered with sores

myaryitacha nyiteme mja⁵⁵ rɚ⁵⁵ tʰa⁵⁵ tʂʰa⁵⁵ ɲi⁵⁵ tʰɛ⁵⁵ mɛ⁵⁵ 好了伤疤忘了疼 forget the pain when the wound is cured *myaryitacha nyiteme, teyaddrewo yanyo la nbbe syisyi, danyo ne mosabi*。这个娃儿好了伤疤忘了疼,昨天还在为错误痛哭流涕,今天又在这调皮捣蛋了。

N n

na na⁵⁵ 动 稳定 stabilize *hima nzzama nwahbuddege ddwa，nehna ggemagge ne possavala de*。女人到了婆家能不能死心塌地地稳定下来，取决于其丈夫的能力。

na bbarnzzyi na³³bɑ˞³³ndʐɜ³³ 动 打搅，添麻烦，为难 disturb, trouble, embarrass *jjimoabu aryilessyiggecwa，navanabbar nzzyi a，ne zzeoddi a ke zzoro*。羁摩老爷，我们走了，给你添麻烦了，你上楼去看看吧。

na cwa ① na⁵⁵tsʰua⁵⁵ 动 隔断 cut off, separate

na cwa ② na⁵⁵tsʰua⁵⁵ 两间，两格 two, two sublattices *zaxi ssyi ssimo o nyinqingu dege i nacwa ne nbbyinbbyi i ra za*。扎西老婆工作的单位给她分了两间屋子。

na da na⁵⁵ta⁵⁵ 动 关闭 close *lhanggaddechu tra ngga nada，traohgede tehbui nddarasihggu kaseta machu*。神仙出入的门打开着，鬼邪出入的门关闭着。女鬼变成飞鹰，踢了三次窗户，都没有踢开。（民间故事）

na ddra na³³dʐa³³ 动 掉下，跌落 drop, fall off *lepe cui tahssu a nama ngune mejo gele nama ddra，bar bbe ka ra gge*。如果不把手插入泥土里劳作，天上又掉不下馅饼，粮食从哪里来哦。

na ddraddra na⁵⁵dʐɛ⁵⁵dʐɛ⁵⁵ 动 掉落 drop, fall from a high place *ssamazzyiha ne isyingu，ssamabbe meliggu naddraddra tashu*。吃饭的时候要注意，不要让饭粒掉落在地上。

na er na⁵⁵ɚ⁵⁵ 名 催生（鸟，沙巴用的仪式符号）Cuisheng (a rite symbol) *mesyi trajji hane naer dehode，naer nedede bbene cece jjigge debbe*。在送魂做道场的时候需要一个叫"催生"的仪式符号。它是一只鸟，又叫"策策"。

na gaga na⁵⁵ka⁵⁵ka⁵⁵ 动 倒出，倾倒，腾空 pour out, teem, empty, dump *zzici o na gaga tapyia desyi ngabbarnyia yaddre nyonyo neguse*。把背篼倒腾出来放着，稍事休息，缓过一口气，再给小婴儿喂奶。

na ggagga ① na³³ga³³ga³³ 动 玩耍 play, have fun *zaxi，neryi ddata bbibbi a tege denenyo naggagga si jjoi*。扎西，你们不要急着走，在这里多耍几天再回去。

na ggagga ② na³³ga³³ga³³ 眼冒金星 dizzy *amu muga lige nanbbar dekeli ddeguge bai menzzyi naggagga shu a*。阿木被穆呷扇了一个耳刮子，被打得眼睛里直冒金星了。

na gu na⁵⁵ku⁵⁵ 名 耳朵 ear *tinagu qa i ngezzyi la ma nddo maha za*。他的耳朵不在了，可能是被麻风虫吃了。（当地的说法）

na gu ddancwa na⁵⁵ku⁵⁵da⁵⁵ntsua⁵⁵ 耳朵痒 ear itch

na gwar ① na³³kuɚ³³ 动 装入，注入 enclose, inject

na gwar ② na³³kuɚ⁵⁵ 动 加，添加 add *sio ge ngwarwo nagwar ne xxyiwo*。三个添加五个就等于八个。

na haha na³³xa⁵⁵xa⁵⁵ 动 传授，教育，训导 impart, teach, educate, teach and guide *manzzho mankwar bbe ne nahaha*，*ne zzyizzyi*。做得不好、做得不到位的地方就要教育和训导。*teyo tenzze bbe ne nahaha*，*malibbe techyi ane zhe*。犯了错误就要加以批评和教育，改正了就行。

na hda na^{33} əta^{55} 动 折叠 fold, fold up

na hdahda na^{55} əta^{55} əta^{55} 动 嚼碎，嚼细 chew *na hdahda nezze a si ngezzyi*。嚼细了再吃（吞咽）。

na hdwa na^{33} ətua^{55} 动 提醒（保密），告诫 remind somebody to keep a secret, warn, admonish, exhort *assyi ssimo va desyi nahdwa*，*tepryirara ddeho tasho*。提醒一下你老婆，叫她不要随便乱说。

na hggaru na^{33} əga^{33} ru^{55} 向下俯冲，向下扑 pitch down, subduct, dive *hgetromomo deo nahggaru dasi nddo ha ne vi o tage ddaza i gelegele ngehji ddwa*。一只大雕飞来，只看见它向下一个俯冲就把小猪儿捉住，一荡一荡地飞走了。

na hggwa na^{33} əgua^{55} 动 倒塌，坍塌 topple, collapse, fall down *zzhongakwaha meli nqibbuge zzholige nahggwa suata*。发大水的时候，大水把地边上的泥坎子冲倒塌了。

na hggwahggwa na^{55} əgua^{55} əgua^{55} 形 浓郁 intense, rich *vusshyi bigao tegenga lase*，*su barmala vuzziga sho nahggwa hggwai ngehjila*。那个酒疯子又到这里来了，人还没有到达这里，浓郁的酒味就先扑鼻而来了。

na hgu na^{55} əku^{55} 名 耳孔 ear hole *su lilissyi bbe temo a ne nahgu ge mimar ngenyo ne nagu maddryi gge cwa*。男人老了耳朵洞孔里就长出毫毛来了，耳朵就有些背了。（当地的说法）

na hna mapa na^{33} əna^{55} ma^{55} pʰa^{55} 不能稳定，无法稳定，不会长久住下 unable to sustain, don't stay for a long time *ssihi te o ne na hna mapa magge de o*。这个女人是不会长久住在这里的。

na hro na^{55} əro^{55} 名 肋骨 rib *yahishohisubbe ssamazzyile mabbone ngahgai nahro bbe dagadaga nehdepa*。从前的人因为吃不饱饭，所以瘦得皮包骨，肋骨都可以一根一根地数出来。

na hssa na^{55} əza^{55} 数 二百，两百 two hundred *ne nche bbazzhe nahssapwa pe ddedrea ava qi*。你称价值两百元钱的大米给我。

na hwanzzha ① na^{33} xua^{33} ndʑa^{33} 动 匹配（合理搭配）match, reasonably match *muggassale lhaima tezzi ne o le na hwanzzha gge debbe*。牧呷惹和啦依嫚，他们两个是匹配的。

na hwanzzha ② na^{33} xua^{33} ndʑa^{33} 婚姻结缘 get married *kasshyi loer nahwanzzha ne anjji jji dei tebbu gge debbe*。命相之中的前世缘分结合，有缘分无论如何都会成一家的。（当地的说法）

na hzha na^{33} ətʃa^{55} 动 寻找 find, look for, search *ai bhazha ji kadege zzha ma nddo*，*desyi nahzha ava qila*。我的刀不知道放在哪里了，帮我找寻一下拿给我。

na hzha i ra na^{33} ətʃa^{55} i^{55} ra^{23} 动 找到 find, seek out, find out *ai ermwa igo yashege ngeshyiji*，*aige nahzha i ra*。我的用石头打磨的烟锅子丢失了，又被我找到了。

na hzho na^{33} ətʂo^{55} 名 耳垢，耳屎 earwax

na ja na^{55} tɕa^{33} 动 约定 agree on, arrange, appoint *aryi yahi na naja i cihi hgoxxo ne* *monggajja tiza de*。我们去年就约定了今年秋天聚会。

na kanyi na³³ kʰa³³ ɲi⁵⁵ 动 完成 accomplish, complete, finish *bwangabashe ersuibbeqo zajiqo zzhonzzyi romega bbetige nakanyi ggajje*。在保安乡尔苏人的新房子的墙壁上画图和写字的工作快要被她完成了。

na kato na³³ kʰa³³ tʰo⁵⁵ 动 摆谈,说理,争议,调解 make a conversation, conciliate *amu la anyo zzi rara zzyizzyi nyo jja aryi lige nakato i nebbu a*。阿木和阿妞之间闹矛盾,被我们调解好了。

na kwa na³³ kʰua⁵⁵ 动 驯化,矫正,规范 tame, standardize *possa teo ne ssimo va nakwa mado de, ssimo nggewa kemi tamyaha de*。这个男人是没有能力规范妻子的,妻子张嘴就说,到处惹祸,他无能为力。

na la ma hdahda na³³ la³³ ma³³ əta³³ əta³³ 嚼都没有嚼,狼吞虎咽 pig out, gobble *babu nddenddeiddangaza, bugaga debbe teqi nalamahdahda ne nemia*。巴布看起来非常饿,给了他一些煮洋芋,他狼吞虎咽,一会儿就吞下去了。

na lanyi na³³ la³³ ɲi³³ 副 反复 again and again, repeatedly *zzhyideo ne nama hggezzyi ne nalanyi a kemiqi deo nyo gge she*。话语没有听清楚就要反复询问搞清楚。

na lha ① na³³ ɬa⁵⁵ 动 滚动,扭转 roll, reverse *qabbao ddeddwai nbbya erddro nalhai nalashua*。他的父亲到山顶上滚动石头去砸他。(民间故事)

na lha ② na³³ ɬa⁵⁵ 动 缠绕,缭绕,搓 twist, twine, entwist *nzzamar nzzyii bbe nggabar nalha kentru a zzyiggejja nezyigaza*。他们准备把甜荞面粉搓成甜荞面饭蒸来吃。

na ma kaka na³³ ma³³ kʰa³³ kʰa⁵⁵ 不分胜负 end neither in victory nor defeat

na ma ngu na³³ ma³³ ŋu⁵⁵ 没有劳动,不劳动,没有作为 don't work *namangu ne ramazzyi, lwahpwa trobarzze neipajji tro barvarggede*。不劳动者不得食,劳动时若像狗一样舒适,就只能收获狗食。

na ma shyi ① na³³ ma³³ ʃə⁵⁵ 不辛苦 don't work hard *tenehi nemelige shyiddeshu nzzeddeshu ane nyinqi manyo namashyi*。现在因为退耕还林、还草都不做农活了,所以不辛苦了。

na ma shyi ② na³³ ma³³ ʃə⁵⁵ 没有消费 have not consumed

na mar na³³ m ɚ²³ 安安静静,不吵不闹 quiet *yaddreo tiha ne namar nagai kwakwa demiha za*。这个小孩现在开始变得安安静静、不吵不闹,像个大人了。

na marmar ① na³³ m ɚ³³ m ɚ³³ 动 变小,退化 diminish, degenerate *sune sedehone temo ane syinyijji na marmar ggedebbe*。所有的人老了以后,心智都会退化到小孩子的水平。(当地的说法)

na marmar ② nɛ⁵⁵ m ɚ⁵⁵ m ɚ⁵⁵ 两件单衣 two pieces of light clothing *takahama o, tenenyo hgoxxo la tezzugga, nggame namarmar si sshyi*。时至秋末了,这个卡哈曼还只穿着两件单衣。

na marmar ③ nɛ⁵⁵ m ɚ⁵⁵ m ɚ⁵⁵ 动 闭(眼) close (eyes), shut (eyes)

na marra na³³ m ɚ³³ ra³³ 动 变小,变矮 diminish, become shorter *sutemo ne subbryi negezi, ngwartemo ne ngwarbbryi namarra*。人变老,身高变低;牛变老,个头变小。(谚语)

na massyi de syinyi na⁵⁵ma⁵⁵zɚ⁵⁵te³³sɚ³³n̩i³³ 非亲兄弟一条心，不是兄弟胜似兄弟 brotherly *nzzyinzza sanbba dawazzhane na massyi de syinyi zzho debbe.* 只要理想信念在一起，不是兄弟胜似兄弟。

na myaryi na³³mja³³rɚ³³ 伤口开始结痂 the wound begins to scab *nyibugai rekara dage tenenyo ne na myaryi i nala.* 摔破的伤口这几天就开始结痂了。

na nbbarshwa na³³nbɚ³³ʃua⁵⁵ 动 介绍，引荐，自荐 introduce, recommend, self-nominated *zaxi ashe na nbbarshwa si a teryiva hase de.* 扎西给我介绍了，我才认识他们的。

na nbbo na⁵⁵mbo⁵⁵ 名 聋子 deaf *nanbbotra jji dde hggwar a ngala, hddogutra jji hddaggwar a nga la tiya.* 聋子鬼起床出来了，瞎子鬼也起床出来了。(民间故事)

na nbbo ga na⁵⁵nbo⁵⁵ka⁵⁵ 男聋子 male deaf

na nbbo ma na⁵⁵nbo⁵⁵ma⁵⁵ 女聋子 female deaf

na nca ① na⁵⁵ntsʰa⁵⁵ 动 借贷，赊账 debit and credit, borrow, take out loans *nela gge ne amala bbo jjinanca jjinanca hwamyakesshyi naga na va zyi gge.* 如果你要来的话，我即使贫穷没钱，哪怕借贷，也要买牛羊宰杀待你。

na nca ② na⁵⁵ntsʰa⁵⁵ 两片，两张 two pieces of, two tablets of *a veshyi yandde su nanca nanca la ngezzyi a, ngehxxi a.* 我吃了两大片肥猪肉，吃腻了，不能够再吃了。

na nca ③ na⁵⁵ntsʰa⁵⁵ 动 拖下，拉下 pluck down, drag down *mujjissao tilige nqinancai nzzomo bar tagaga.* 木吉子被他拉下水，把那个职位都丢了。

na ncanca ① na⁵⁵ntsʰa⁵⁵ntsʰa⁵⁵ 切成片 cut into slices, cut into pieces *mwami bbe jibi tetruanchere ge nenzzesi nancanca ngeko.* 天麻去皮在米汤里浸泡后，切成片暴晒干。

na ncanca ② na⁵⁵ntsa⁵⁵ntsa⁵⁵ 两串 two series of *nggaba zaji qo fuzi nancanca ha hala yaha ne hzhobwai nenpoza.* 门外墙上悬吊的两串红海椒，昨天晚上被小偷盗窃去了。

na nddagu na⁵⁵nda⁵⁵ku⁵⁵ 动 变浓，浓缩 concentrate, enrich *shagwa ge zzhare bbe nezu nezui zzhomi kesshoi nanddaguza.* 砂锅里的茶水反反复复地熬啊熬，把茶水熬蒸发了不少，茶汁变浓了。

na nggwa na³³ŋgua⁵⁵ 动 回避，忌嘴，隔离 avoid, avoid certain food, isolate, segregate *hjinbbasui katoi, nava nyihji cehane fuzi lavu nanggwa fujje.* 医生说，服药期间你要忌嘴，不能喝酒，也不能吃海椒。

na nkwankwa na⁵⁵ŋkʰua⁵⁵ŋkʰua⁵⁵ 动 分别，离别，别离 leave, separate *ssanyope na nkwankwa myabbo ro nkwankwa.* (我)泪眼婆娑地和幺女分别，就是一场生离死别。

na shwalwa na³³ʃua⁵⁵lua⁵⁵ 形 干，蔫 withered *tanenyo maca tenddei ssumi caca bbela nashwalwa zzala za.* 这两天太阳太毒了，玉米叶子都要干枯了。

na twa na³³tua³³ 动 压紧，码酒(清理废渣，灌水浸泡) compact, compress, arrange the wine (clean the waste, fill in water and soak) *er-ilhanwadeonyo maddencune jjivu jji ddadwa ngehjila vu natwagge.* 农历六月十六一大早就要把酒坛抱出来码在大厅里。

na var na³³vɚ⁵⁵ 有利可图的，有好处的，丰盛的

profitable, beneficial, hearty *danyo baima dde ge ddwai ssama navar dazza razzyi a*。今天我们到白玛姑娘家吃了一顿十分丰盛又实在的民族餐。

na wawa na³³ wa³³ wa⁵⁵ 呈圆弧状 in arc-shape *sibuyakwabu sigalebbe nawawai meliggu lakaharhar za debujje*。那棵大树枝叶繁茂，呈圆弧状的大树冠遮天蔽日地盖住了地面。

na xai na⁵⁵ ɕã⁵⁵ ji⁵⁵ 动 降价，垮价，贬值 depreciate, devalue *tiha ne npizhyi bbela naxai pehzyi nyogwa naddra za*。现在冰柜都变便宜了，价格全部都降下来了。

na zha na³³ tʃa⁵⁵ 赶下去 drive away *nivabbe melige bunyobbe bbejjogge aige nazhai neddwa, kejji*。你家的猪跑到别人家的地里去拱洋芋苗，被我赶下去关进圈了。

na zhagu na³³ tʃa³³ ku³³ 动 策划，谋划，欲求，处置 scheme, plan, desire, handle *amuyodda, nitiha melibbe anjji nguggejja na zhagu zade*? 阿木哟达，你现在准备怎样处置这些土地呢？

na zzhazzha na⁵⁵ dʐa⁵⁵ dʐa⁵⁵ 沸沸扬扬 boisterous, noisy, rumbustious *amu qamava mahzhyijja, ersunyi zzho dege nazzhazzha za*。阿木虐待自己母亲的事，在尔苏社区被传得沸沸扬扬。 *tessyi ssi yayanqoo yayantre dejje, kaddai meligela nazzhazzha*。他家的女儿又美丽又聪慧，各地都传颂得沸沸扬扬。

nabbar nenzzyi na³³ bɑ³³ nɛ⁵⁵ ndʐɤ⁵⁵ 形 繁琐，麻烦，辛苦 tedious, troublesome, hard *ni tesu deo nabbar ne nzzyi, ggoi nbbryi de manyo ande nca maho se*。你修这个东西既麻烦又没有多大价值，干脆别修了。

nabbwa nehbbu na³³ bua³³ ne⁵⁵ əbu⁵⁵ 形 胖（胖墩胖墩的）obese, fat *te amu nabbwa nehbbu ane yabbi de tebbuza manddo*。这个阿木发福了，不知道为什么胖得这么厉害。

nabbwa nere ① na³³ bua³³ ne⁵⁵ re⁵⁵ 形 肥胖（肥头大耳）fat, with a large head and big ears (sign of a prosperous man) *tiha ne ssama ngezzyi hnehssyi ssama ngezzyi hnehssyi, nabbwanere a*。现在吃了饭就坐着，不运动，身体就肥胖了。

nabbwa nere ② na³³ bua³³ ne⁵⁵ re⁵⁵ 满脸赘肉 with flesh on face

nabwa nabwa na³³ pua³³ na³³ pua³³ 多次奸污，两人多次发生性行为 rape repeatedly, several sexual intercourses between two people

naca nenyi na⁵⁵ tsʰa⁵⁵ ne³³ ɲi³³ 有死亡有疾病，又是病又是死 there are deaths and diseases *tefuge she cihi ne amwa manddo naca nenyi ryipa ma nyo a*。不知道为什么，这个村今年又是病又是死的，一点都不太平。

naddra nala na³³ dʐa⁵⁵ na⁵⁵ ca⁵⁵ 掉下来，掉落下来，从高处落下 fall down, fall off, drop down *kare sibuqo bbehggwa de naddra nalai aimyangga nehzei htehnyia*。从核桃树上掉下来一只老母虫，落在我面前，把我吓着了。

naddrai neddwa na³³ dʐa⁵⁵ ji⁵⁵ na⁵⁵ la⁵⁵ 掉下去，落下去 fall down, fall off, drop down *ssintrema memacozzyiva nddretroge tezzho naddrai neddwade tiajje*。聪慧女对野人婆说，梭镖杆太短了，是它自己掉落下去的。（民间故事）

nadra nada na³³ tʐa³³ na⁵⁵ ta⁵⁵ 清清楚楚，一目了然 clear, distinct *nbbiqokanzzai nyizzoroha* loge mengubbe nadranada nehggenezzyi za。站在山顶往下望的时候，山下的景物清清楚楚、一目了然。

naga maqi na⁵⁵ ka⁵⁵ ma⁵⁵ tɕi⁵⁵ 没经历过，没锻炼过，没观察过 have not experienced, exercised, or observed *lamo anemiha a nagamaqi, dda, suhbi ne degguzwa si hode*。拉莫是个什么样的人，我没观察过，但是"识人一会儿"嘛。

naga naga na³³ ka³³ na³³ ka³³ 动 毒打，痛打（狠狠地殴打）beat up, beat cruelly, hit someone hard, fight tooth and nail, wallop *sofu lige memacozzyio naga nagai kesshoi kare barkwa dabarsi tebbua*。索夫狠狠地毒打这个野人婆，把她打得缩成核桃那么大。（民间故事）

naga qi na³³ ka³³ tɕʰe⁵⁵ 经历过 live through, experience *tebbege ne nagaqi nagamaqi ne yakwa dela cha debbe*。经历过这种场合的人和没经历过的人，在处理事情的能力方面，差别是很大的。

nagaqi nenguqi na⁵⁵ ka⁵⁵ tɕʰi⁵⁵ ne⁵⁵ ŋu⁵⁵ tɕʰi⁵⁵ 实践经验，亲身经历 practical experience, personal experience, experience *nene nagaqi nenguqide, sibanyo, angane nagamaqi, nengumaqi*。你是亲自经历过的，有实践经验和办法；我没有经历过这种场合，没有对策。

nagu ① na⁵⁵ ku⁵⁵ 名 耳朵 ear *amu ssa tiha ne nagujji nenbbo a, ddegujji nddo mapa za jji gge*。阿木现在耳朵聋了，据说眼睛也看不见了。

nagu ② na⁵⁵ ku⁵⁵ 名 耳郭，耳廓 pinna, auricle *nagu la lehwa su de sho ra dwa gge jjigge mo*。你家定会早生贵子，先要生一个耳郭像蒲扇一样的孩子。（祝福语，当地以耳郭大为佳）

nagu bbyinbbar na⁵⁵ku⁵⁵bzə⁵⁵nb ɚ⁵⁵ 名 耳鸣（耳朵里有响声）tinnitus, a drumming in the ears, sonitus *ai kwakwa o ssossyi erhala nagu bbyinbbar, tiha ngge ssyi kezyi hamo nbbar*。我父亲从四十岁时就开始耳鸣，现在都九十岁了还在耳鸣。

nagu behgu na⁵⁵ku⁵⁵pɛ⁵⁵əku⁵⁵ 名 耳孔（耳朵上的洞孔）earhole, the hole in the ear *ai marmar ha la kwakwa bbe lige nagu va behgu de nechu za de*。在我还小的时候，就被大人在我的耳朵上打了个孔。

nagu ddryi ddegu nddo ① na⁵⁵ku⁵⁵ dʐə⁵⁵de⁵⁵ku⁵⁵ndo⁵⁵ 耳聪目明 can hear and see well *tiha ne temo a nagu ddryi ddegu nddo i cyipo ma hssyi a ta*。现在我已经是个老年人了，不再是耳聪目明的年纪了。

nagu ddryi ddegu nddo ② na⁵⁵ku⁵⁵ dʐə⁵⁵de⁵⁵ku⁵⁵ndo⁵⁵ 耳朵能听见，眼睛能看见 the ears can hear and the eyes can see *tiha abu teo nggessyi nggudryi nyimanqi, naguddryipa ddegunddopa*。虽然这个老爷年纪上了九十岁，可是他眼睛看得见、耳朵听得到。

nagu la lehwasu na³³gu³³la⁵⁵le⁵⁵hu⁵⁵su³³ 耳朵像蒲扇 the ears are like cattail leaf fan *labolabbujjimazzi kebo kessi denyo ne issa nagu la lehwa sude radwa ggejje*。据说，拉波和布吉莫俩居家过日子以后，要生一个耳朵像蒲扇的儿子。

nagu teddryi ddegutenddo na⁵⁵ku⁵⁵tʰe⁵⁵dʐə⁵⁵de⁵⁵ku⁵⁵tʰe⁵⁵ndo⁵⁵ 亲耳所闻，亲眼所见 hear with one's own ears, see with one's own eyes *janzzudeonesuizzhyi katabbanyi, nagu* *teddryi ddegutenddo bbesinzzeli*。一般情况下，不要听信他人传话，自己亲眼所见、亲耳所闻的才信。

nagu teddryiqi na^{55} ku^{55} tʰe^{55} ɖʐɘ^{55} tɕʰi^{55} 有所耳闻，曾经听见 heard, have heard *baer yobbu la pao muli zzyi yoyo yanga jja katoda nagu teddryiqi*。巴尔哟部和抛牟利，这两个人以摔跤出名，我们是有所耳闻的。

naguvunzzu ddeddru na^{55} ku^{55} vu^{55} ndzu^{55} de^{33} ɖʐu^{33} 饿得皮包骨，耳尖尖（耳郭）蔫了 starved and skinny *sho nyo ge sho menyiddabarne naguvunzzu ddeddru hala razzyimagga*。再过段时间到了春荒，即使耳朵尖尖都蔫了，也没东西供给你吃了。

nagwa magge na^{33} kua^{33} ma^{55} ge^{55} 活不下去，过不下去，坚持不住 can't live anymore *su temiha depyi anjji nagwa magge, zzho ma pa*。就这样的一个人啊，如何和他过下去哦，实在是过不下去了。

nagwar nagwar ① na^{55} ku^{55} ɚ^{55} na^{55} ku^{55} ɚ^{55} 不停地装进去 keep putting in *jjaranyanpio denyonyo te mebbubbu ge shahggebbesi nagwarnagwarza*。加拉良匹天天到这个坑里，把麦种不停地往坑里装。

nagwar nagwar ② na^{55} ku^{55} ɚ^{55} na^{55} ku^{55} ɚ^{55} 添了又添，不停地添加 ceaselessly add *kulage shyibbesi nagwar nagwari nge bbyibbyi suza*。往饭席上的木盆里边不停地添加肉食，加得满满当当的。

nagwar neshe na^{55} ku^{55} ɚ^{33} ne^{55} ʃe^{55} 埋藏起来，掩盖起来 bury, cover up *teveihmo kehjii meliqige bbubbu de ddanbbar nagwar neshe a tepyi*。把这头小猪的尸体，拖到地边上挖个深坑，深深地埋藏隔离起来。

nagwar-i nagwar-i na^{55} ku^{55} ɚ^{55} ji^{55} na^{33} kua^{33} ji^{33} 千呼万唤，喊了又喊 call again and again, urge repeatedly *teddenehar ihgukenbbe miha, nagwar-i nagwar-i hala deho magge dei*。他家的人就像老熊冬眠一样，千呼万唤不出来，任你怎么喊都不会答应的。

nahdahda ngezzyi na^{33} əta^{33} əta^{33} ŋe^{55} dzɘ^{55} 嚼了吃下，嚼细了咽下 chew and swallow *ssamabbe nahdahda nezzeshu a ngezzyi*。把饭嚼细了再吃下。

nahga nenzzu ① na^{33} əka^{33} ne^{55} ndzu^{55} 悠扬婉转 melodious *yaddre teo lha desyi npar ha hji nahga nenzzu desyi npar gge, syi desyi la ddetre*。这个娃娃吹笛子吹得悠扬婉转，听了使人思乡之情油然而生。

nahga nenzzu ② na^{33} əga^{55} ne^{55} ndzu^{55} 凄凉哀怨 dreary and plaintive *mulissai erfu ncancaha nahga nenzzu desyi qwa gge de*。牟利惹拉二胡的时候，曲调凄凉哀怨令人愁。

nahzho ngedre na^{33} ətʃo^{33} ŋe^{55} tʂɛ^{55} 掏出耳屎 take out earwax

nai ddalha kabbanyi nai^{33} da^{55} ɬa^{55} kʰa^{55} ba^{55} ɲi^{55} 竖耳一听，把耳朵竖起来探听 prick up one's ears to listen *nai ddalha ikabbanyi ha, neddesi zzho daddryi anedde mitahgua*。竖起耳朵探听，发现大家都在传扬你家的事情，现在你家名声在外了。

nai ddecu na^{33} ji^{33} de^{55} tsu^{55} 竖耳倾听，竖立起耳朵 pick up one's ears to listen, prick up one's ears *missyissyi o nagu deddre hane, nai ddecu sinyo ryipa kabbanyi*。人类有一对耳朵，就要竖起耳朵来探听三日之内的动静。（当地以此强调捕捉信息的能力）

nala ① na^{33} la^{55} 动 下达（政策）transmi

（policy） to lower levels *ersha syidaga nalajjigge*, *ersha namahggezzyiha depryi raranatangu*。据说,已经下达了一个新的政策,在政策没明朗之前不要胡乱而为。

nala ② na⁵⁵la⁵⁵ 动 下来 come down *amu netabar bbanyimali*, *danyo ne nala gge la a ddala gge*? 你这个阿木这么不听话,今天是你下来还是我上来呢?

nalwa na³³lua⁵⁵ 动 砍倒(开荒),割下 cut down (open up wasteland), cut out *nela azzi hengu nzzangu ggetele vuva zinalwa*, *zzyivashongenchegge*。你和我若要开亲成为一家人,那么就要头上割发、指上抽血作仪式(女鬼要求)。(民间故事)

nama na³³ma³³ 名 南麦(小麦的一种) Nanmai (a type of wheat) *namane njjonjjo yashe ddesone hopalaha debbe*, *naga nala mali debbe*。南麦是穗子较长并且有麦芒的,脱粒也困难,必须用连枷捶打。

nama bbu na³³ma³³bu⁵⁵ 没做对,做错 misdo, mistake *ka desyige namabbu ne kahaha*, *ddata sshongwa*。哪点没做对就教育和指导,不要动不动就发火或辱骂。

nama hggezzyi ① na³³ma³³əgɛ⁵⁵dʒə⁵⁵ 没有决定,没有决断,没有确定 haven't been decided yet *ranggwarbyi seddegeda hwamya gu gge nama hggezzyi se bbibbi maho jje*。据说还山鸡节的时候,在哪家聚会宰杀牲口的事还没有确定,不要着急。

nama hggezzyi ② na³³ma³³əgɛ⁵⁵dʒə⁵⁵ 没有转折(旋律) have no transition (melody) *ersu ggane nama hggezzyi ne bbanyi mazze de*。演唱尔苏歌的时候,旋律如果没有转折,就平淡得不好听了。

nama hggezzyi ③ na³³ma³³əgɛ⁵⁵dʒə⁵⁵ 没听清楚 haven't heard clearly

nama hgu ① na⁵⁵ma⁵⁵əku⁵⁵ 没有析出 haven't separated out *zhere zzhobbe nezhonezhoi tiha bi namahguse*。这些硝水反复地熬煮了,到现在还没有析出结晶。

nama hgu ② na⁵⁵ma⁵⁵əku⁵⁵ 没有熬出汁 no juice comes out *nyihji tebbe anjji nezho la re namahgu*。这些中药材无论怎样熬制,都没有熬出像样的汁水来。

nama hgu ③ na⁵⁵ma⁵⁵əku⁵⁵ 没有学会,没有毕业 have not learned, cannot graduate *mugassaone shaba kesoi namahgu se dejjigge*。牧呷惹学习沙巴文化,现在还没有学成执业。

nama kaka ① na³³ma³³kʰa⁵⁵kʰa⁵⁵ 分辨不开,区分不开,不分高低 can not distinguish, be equally matched

nama kaka ② na³³ma³³kʰa⁵⁵kʰa⁵⁵ 不分胜负,平分秋色 come out even, draw, have equal shares of honor *qobulili ggagga subbe tiha nama kaka se*, *mo zyizyi gge se*。打球的那些人现在还没有分出胜负来,他们还在继续比赛。 *palassyi newo te ligao bbobboge yoyo jja nama kaka telili ajje*。父子俩在阿辅山那个平台上比赛摔跤,分不出胜负,只好放开。

nama kaka ③ na³³ma³³kʰa⁵⁵kʰa⁵⁵ 没有区别对待,没有二心 make no difference, no second thoughts *qamenyao gozyilawassyi namakaka*, *namakwage yabbeva dabarhzhyi*。他后妈对他们不分亲疏,对待前妻子女如同已出,没有二心。

nama ssyihssyi na³³ma³³zə⁵⁵ɛ⁵⁵ 没有沉淀物,没有沉淀,没有积淀 no precipitation, no accumulation *zyire bbe choragenagwar-*

idankwa tepyi ha nama ssyi hssyi,*ma ncu de bbe*。蕨萁根过滤的浆,置放在大木桶里,一夜后还没沉淀,可见这些蕨萁根不好。

nama zzhazzha na³³ ma³³ ʤa⁵⁵ ʤa⁵⁵ 没有传播,没有传开 no spread *ni tebbe nama zzhazzha che*,*aryi la danyo meche ddryi la maqi*。你的这些事情没有人传播,我们在今天之前都是从来没有听闻过的。

namangu nzzhemanyo na³³ ma³³ ŋu³³ ndʒe⁵⁵ ma⁵⁵ ra⁵⁵ 没有工作就没有报酬 no work, no pay *nama ngu nzzhe manyo*,*hggepa maqi hsse manyo*。没有不工作就得劳务费的,没有不给聘礼就得媳妇的。

nangga ngamanchu na³³ ŋga³³ ŋa³³ ma³³ ntʃʰu⁵⁵ 不听劝告,不予倾听 be deaf to advice, refuse to listen *kwakwa bbei ddakato bbe ne nangga ngama nchu*。大人教育你的,你却当耳边风,不听劝告。

nassha dawakezyi na³³ ʒa³³ ta⁵⁵ wa⁵⁵ kʰɛ³³ ʤi³³ 收归在一起,聚集在一起 gather together *mimihihi bbe nassha dawa kezyibucu jjiyami manyode*,*dawa ddehibba*。兄弟姐妹聚集在一起,这种机会并不太多,大家多交流摆谈吧。

nassyi behgu na³³ zɤ³³ pɛ⁵⁵ əku⁵⁵ 名 耳环眼 earhole *ai nagu va nassyi behgu o kalamoi nechu de*,*desyila ddamanyi*。我的耳环眼子是卡拉莫帮我穿刺的,一点都不痛。

nassyi deddre na³³ zɤ³³ te³³ dʐe⁵⁵ 一双耳环,一副耳佩 a pair of earrings *assyi hima yakwai nassyi deddre tege ngere za*,*ngaswa nei shugge*。我家大姐姐的一对耳环遗忘在家里了,要给她寄去。

nassyi mama na³³ zɤ³³ ma³³ ma⁵⁵ 名 耳垂 earlobe *shabateo yancuggede*,*azho nenassyi wawa lanazai vihbbiva nabargge*。这个沙巴是个不得了的沙巴,你看他的耳垂都要垂到肩膀上了。(当地的说法)

nassyi wawa na³³ zɤ³³ wa³³ wa⁵⁵ 耳环圈,大耳环 big earrings *tessinqomao liggahala nassyi wawa kehze ngehze gge*。这个美女跑起路来,耳环圈荡去荡来的。

nassyibehgu nechu na³³ zɤ³³ pɛ⁵⁵ əku⁵⁵ ne³³ tʃʰu³³ 穿刺耳环眼 get one's ears pierced *shalima i nagu va nassyi behgu de nechuza*,*nyaha nechude alehamase*。沙丽曼的耳朵上穿了一个耳环眼,我不知道她是什么时候穿的。

nassyimama nento na³³ zɤ³³ ma³³ ma³³ ne⁵⁵ ntʰo⁵⁵ 耳垂欲滴 the earlobe is about to drip *abuteo missyi marra de mahssyi*,*azho nassyimama la nentozade*。这个老爷非同一般,不信你看他的耳垂,下垂得即将要滴落。(当地的说法)

nava mapa na⁵⁵ va⁵⁵ ma⁵⁵ pʰa⁵⁵ 奈何不了你 can't do anything to you *tihale a navamapa*,*dejonyoma ne neava keshyi magge*。现在我奈何不了你,有朝一日你是干不赢我的。

nava pasu na⁵⁵ va⁵⁵ pʰa⁵⁵ su⁵⁵ 能够奈何你的 can do something to you *ale nava ddejima*,*navapasu zhanga ngala*,*aryile shopoddwa*。我是怕你,能够奈何你的人马上就来了,我先走了。

nava telili na⁵⁵ va⁵⁵ tʰe³³ li³³ li³³ 让你随心所欲 let you do whatever you want *nava telili sanbbacholahga ngusuza le mali miha*,*zhangane hasegge*。把你放开了,让你自由自在、随心所欲,你还觉得不好,今后你就晓得了。

navar ggeshe nehggu magge na³³ vɚ³³ ge³³ ʃe³³

ne⁵⁵əgu⁵⁵ma⁵⁵ge⁵⁵ 只赚不赔,只赚不亏 never-can-lose deal *byimao ddeho ne ne ape ddele nenavar ggeshe nehgguma gge te jja jje*。青蛙说,你跟着我一道去,你只会赚到而不会亏的。(民间故事)

navar lenyo na³³vɚ³³le³³ŋo⁵⁵ 有利可图,可以幸福的 profitable *ssoi atege ddwa ne navar lenyo ta, ne-ryi ne ane la hamase*。别人到那里去是有利可图的,只有你们什么都不知道。

nbba ① nba⁵⁵ 形 可惜的 unfortunate *nggaku tabar yamartabakwa bbe yaddre bbe lige nyipyi za zho,nbba ddo*。这么大、这么好吃的馒头,你看都被娃娃们丢弃了,很可惜的。

nbba ② nba⁵⁵ 形 遗憾 regretful, pityful *nbba, lo tabarkwa de kalakemigga ddoso ngeshyiji a*。太遗憾了!这么大一只麂子都快要逮着了又失踪了。

nbba ③ nba⁵⁵ 名 腊肉,猪肉 bacon, pork *ddavarmai ncha nbba de syi kama zho i anji gge, shanga ma nzzho?* 你不知道同情这位小女客人,你不煮一点腊肉招待,怎么办?

腊　肉

nbba ④ nba⁵⁵ 名 旁,边上 the side, the edge *ne sui nggabbunbbar kanzzai ane debbe nbbe de, ssayava nbbei*。你站在别人的门边上哭什么,要哭就回你家屋里去哭。(当地的忌讳)

nbba nbba ngwar ddwa nba⁵⁵nba⁵⁵ŋuɚ⁵⁵dua³³ 沿着陡坡往南而去 go south along the steep slope *vezyibbe romashe nbbanbba ngwarddwai harhgubbo ngenbbea*。野猪群从大岩石旁边沿着陡坡往南朝着熊洞坪方向而去了。

nbba ne ngu nba⁵⁵ne⁵⁵ŋu⁵⁵ 动 珍惜,节约 cherish, save

nbbage ngarddwa nbɚ⁵⁵ke⁵⁵ŋɚ³³dua³³ 从旁边经过 pass by, go by *amwamibui nbbage ngarddwa hala manddo, muji aizhanga nalaitira*。我从那棵天麻旁边经过都没发现,木吉从我的后边过来,被他得到了。

nbbahna gehe mba⁵⁵əna⁵⁵ka⁵⁵xɛ⁵⁵ 名 侧面 side *amu laanyozzi sshassha gge, a nbbahna gehe na nbbarca ha bideomazzho de*。阿木和阿姐在争吵,我从侧面了解了一下前因后果,其实并无大事。

nbbai gge nba⁵⁵ji⁵⁵ge⁵⁵ 顺便带回去 take... back by the way

nbbanbba ngarddwa nba⁵⁵nba⁵⁵ŋɚ³³dua³³ 沿陡坡往南去 go south along the steep slope *ssuggubbe gedahala nbbanbba ngar ddwa, tihanckala harddwa mando*。牲畜群刚才就沿着那个陡坡往南走了,现在就不知道已经到哪里了。

nbbar ① nbɚ³³ 名 尿 urine *lamo, nessyi yaddrewo nbbar ddebbo za, ashyi desyi telhyo tei shu*。拉莫,你家的小孩尿胀了,你快来给他端(把)一下尿嘛。

nbbar ② nbɚ⁵⁵ 名 源头 source *lancyi zzhoga zzhonbbar ne yelye melige ngenyo nala daga*。石棉县南垭河的源头在冕宁县冶

勒水库一带。

nbbar ③ nb ɚ^{55} 名 块根，根 earthnut，root *drongwarbbu drosi sinbbar de ddanbbar hjila za，ne desyi zzoro la*。我在矮漆树坡上挖到一块漆树根疙瘩背回来了，你来帮我估算一下它的价值。

nbbar ④ nb ɚ^{55} 动 挖，刨 dig，plane *yaddrenguha hihinbbya la wa nbbar-i qi，culi bbe jjinbbyi nyishe koci*。小时候曾经到梭梭坡去挖山药，那个地方爬一步倒退两步，非常难走。

nbbar ⑤ nb ɚ^{55} 名 岩牛，山㑚 rock cattle，wild ox *lobussa ne ne tege nbbar nzza dde ngu i tege ane ngu ddo*？罗布子，你就像山㑚站在崖上一样站在这里，一动不动地做什么呢？

nbbar ⑥ nb ɚ^{55} 名 家谱，族源，族根，族谱 family tree，ethnic origin，genealogy book *hichyi ne vu a shyi，henzza ne nbbar syi，jja tebbe si katoddo*。砍竹子时取舍依据是竹头，谈婚嫁时关注目标是族源，有这样的俗语。（当地的风俗）

nbbar ⑦ nb ɚ^{55} 形 响亮 loud and clear，resounding，sonorous *zaxilige amu npopalebbu gao nanbbar dei nbbardasi teddryisuza*。那个惯盗阿木被扎西一个响亮的耳刮子打得晕头转向，不知自己在哪了。

nbbar ⑧ nb ɚ^{55} 动 发炎 inflame *amu i erpe har i kentro ge hjinbba romaddre tiha ne ddanbbarza*。阿木被老熊抓伤的腿部，因为治疗不到位，已发炎了。

nbbar cha nb ɚ^{55} tʃʰa^{55} 动 调查，追查 investigate，track *shushunyo sudebbe ddehzuhzu zajja nbbarcha gge，ne-ryi se debbe shyi*。大前天有人在打群架，派出所现在正在调查你们哪些人参与了。

nbbar ddalwa nb ɚ^{55} da^{55} lua^5 连根铲除，连根拔起 uproot，tear-up，root out，root up *sedelige temelige ssumi bbe nyogwa nbbar ddalwa i nyipyiza，nbba*。哪个把这片地里的玉米苗全部连根拔起了，好可惜。

nbbar ddenyi nb ɚ^{33} de^{33} ȵi^{55} 名 尿疼 odynuria *nge kenbbu ngatazzyi，ngekanbbu ngezzyi ane nbbarddenyi debbe*。不要吃火烧的圆根，吃了火烧圆根会尿疼的。（当地的说法）

nbbar ddezyi nb ɚ^{55} de^{55} tsɔ^{55} 动 临近，来临 come，approach *nddavardebbe gezzho，nzzazhodeola nbbarddezyi nzzhorola nejiji za*。有些客人在这里需要接待，还有年关就快要来临，两件事挤着更加显得繁忙。

nbbar fu nb ɚ^{55} fu^{55} 名 山片（一种野菜，当地又称"森林大蒜"）Shanpian（a wild vegetable, garlic）*nbbarfu bbene fuzzi ddangwar debbe dade nbbar fu kehi debbe*。山片是长在森林里的一种野菜，因为有蒜味而获得"森林大蒜"之称。

nbbar hssace nb ɚ^{55} əza^{55} tsʰe^{33} 名 短裤 shorts *yahishohi ersu lilissyi bbe ne nbbar hssace desyi sshyi debbe*。从前，尔苏男性就穿短裤的。

nbbar hze nb ɚ^{33} ətse^{33} 动 排尿 micturate *yaddre o nbbarhze ha ne ka ta zyihzyi*。当娃娃在排尿的时候，不要去逗他。

nbbar lhyo nb ɚ^{33} ɬo^{55} 动 把尿，端尿 help a small child urinate by holding his legs apart *amamama，yaddreyaddre deodeva singu，yaddre nbbarlhyo la mazzho*。哎哟哟，小孩带小孩了，你连给婴儿把尿都不会。

nbbar nddro nb ɚ^{33} ndʐo^{55} 名 尿垢（尿壶上的

沉淀物) the sediment on the urinal

nbbar ngenyo mbɑ³³ŋɛ⁵⁵ȵo⁵⁵ 动 生根 take root, strike root *nessyi nyabba o zaxi ddege ddwai nbbarngenyo alamanddo jjomala*。你爸爸到扎西家去了,是不是在那里生根了,到现在还不回来。

nbbar nzza dde ngu nbɑ⁵⁵ndzɑ⁵⁵de³³ŋu³³ 像野牛站崖上一动不动 stand motionless on the cliff like a wild ox *muga nyinqi ngu dage nbbarnzza ddengu desyila maxoxo, ane nyinqide tingu e?* 穆呷在做农活的地里像野牛站崖上一样站着,动都不动一下,他在做什么?

nbbar re mbɛ⁵⁵rɛ⁵⁵ 名 尿液 urine, human urine

nbbar shwa nbɑ³³ʃuɑ⁵⁵ 讲来历,讲家谱 talk about history, talk about genealogy *a ryi ersu bbe ne nbbarshwa ne nbbar nyo hji shwa ne hji a nyo jja makato de*。尔苏人有家训,认为讲族谱就会亏宗族,讲来历就会伤同胞,一般不讲。

nbbar syi da nbɑ³³sɿ³³tɑ⁵⁵ 名 阴茎 male genital, penis

nbbare bbebbe nbɑ⁵⁵rɛ⁵⁵be³³be³³ 动 登山 climb, climb the mountain *taha ne nzza nbbare bhebhe yangasu chomyachomya zzho*。现在有许多其他民族的登山运动员,(他们的)登山能力很强。

nbbare ddezzu nbɑ⁵⁵rɛ⁵⁵de⁵⁵dzu⁵⁵ 陡峭山坡 steep slope *ate nbbare ddezzu ge ddanwagao ne ane de manddo, nehggezzyi mapa*。在那个陡峭的山坡上,黑色的是个什么东西哦,我看不清楚。

nbbare ge nbɑ⁵⁵rɛ⁵⁵ke³³ 陡坡上 slope, steep slope *nbbarege ne ssumi kalagge matele bukala mali*。陡坡上不能种洋芋,只能种玉米。(当地的耕种习惯)

nbbarge necho nbɑ⁵⁵ke⁵⁵ne³³tʃo³³ 烂在根基里,有害于根基 rot in the base, do harm to the basis *melige bbezzyi ddabbwa i ssumibbe nbbarge necho za*。地里滋生了害虫,玉米苗根基腐烂了。

nbbe ① nbɛ³³ 动 钻洞,潜入,溺 bore, drill, get into, slip into, sneak into, flow *melige nzzaravenyoi ngenbbenbbeza, ssumi nyonyobbe ddeddru shuza*。地里边被鼹鼠钻了许多地洞,有些玉米苗都被弄干枯了。

nbbe ② nbɛ⁵⁵ 哭 weep, cry *ai ddryiha ne kadege yaddre nbbeggemyaha, neryi addryi manddo*。我仿佛听见那里有个小孩子在哭泣,不知道你们听到了没有。

nbbe ③ nbɛ⁵⁵ 名 肚子 tummy, tripe

nbbe bryi mbɛ⁵⁵pʐɚ⁵⁵ 哭腔换气周期 the ventilation period of sobbing *ya ddre nbbe bryi yashe dancha*。(他是)哭腔换气周期长的一个小孩。

nbbe dda pwa mbɛ³³da³³pʰua⁵⁵ 爆肚子 overeat *yo mwa o zu mama yami debbe ngezzyi i nbbe ddapwa za*。那个母羊吃了太多的生豆子,吃得爆肚子了。

nbbe er nbɛ⁵⁵ɚ⁵⁵ 白色肚子,白色腹部 white belly, white abdomen

nbbe li mbɛ⁵⁵li⁵⁵ 名 肾(腰子) kidney

nbbe ma do nbɛ³³ma³³to³³ 哭不出来 can not cry out

nbbe mado ha nbɛ⁵⁵ma⁵⁵to³³xa⁵⁵ 谨防哭不出来 beware of not crying *tiha le nbbe gge, muzwa nbbe dakepyi nbbemadoha*。你现在在这里哭,谨防一会儿该哭的时候你哭不出来。

nbbe nbbe ① nbɛ⁵⁵nbɛ⁵⁵ 多人同哭 many

people cry together *sosodage yaddre bbe hahasuli ge ddejji nzzho nzzyi zefu jja nbbenbbe gge*。学校里小学生们被留下来背课文,他们都哭了。

nbbe nbbe ② nbe³³nbe³³ 不停地钻(山林或山洞) keep drilling into (mountain forest or cave) *silage nbbenbbe jji shomo debbe fu de*。不停地钻树林确实需要消耗不少的体力。

nbbe nge hzhyi le mbe³³ŋe³³ətʃə⁵⁵le⁵⁵ 形 爆肚子的 overeating

nbbe ngu nbe³³ŋu³³ 一样地哭 cry like… *nzzyi tromo de nbbe ngu*。像老狼一样大嚎大哭。

nbbe rase mbɛ⁵⁵ra⁵⁵se³³ 懂得哭泣,知道哭 know to cry, know how to cry *yaddre ngaddese zade, nbbela nbberase za*。这个小婴儿是懂事的,他知道用哭泣来表达感情。

nbbe re mbɛ³³rɛ⁵⁵ 名 脸颊,腮帮子 cheek, jaw *abbwa, yaddre teo, nbbere shyi la dagwanzze zzho miha de*。啊啵,这个娃胖得脸颊肉都可以装满一沙罐了。

nbbebbyi ddanzzha nbɛ⁵⁵bzə⁵⁵da³³ndʒa⁵⁵ 动 害怕 be afraid of *yaddre ne nbbebbyi ddanzzha su si ggagga gge de, mahgele*。你这个娃娃尽做些使人害怕的危险动作,这样做不行哦。

nbbeda kepyi nbe⁵⁵ta⁵⁵kʰe³³pʰzə⁵⁵ 该哭的时候,该哭的地方 the time to cry, the place to cry *nbbedakepyi nbbemado*。该哭的时候哭不出声来。

nbbedaga syisyi nbe⁵⁵ta⁵⁵ka⁵⁵sɕ³³sɕ³³ 哭个不停,不停地哭 go on crying, do not stop crying *amu sanbbamazzejja tazzyi yava nehssyii nbbedaga syisyi gge*。阿木说心情不好,在家里坐着嘤嘤地哭个不停。

nbbeli ① nbe³³li³³ 名 灰灰菜,籽粒苋 amaranth *nbbelin yi bbe ne vezza yan dde bbe, su jji ggo bi ne ngu a nge zzyi ha yamar debbe*。灰灰菜是很好的猪饲料,人也可以拿它来做菜食用,其口感很好。

灰灰菜

nbbeli ② nbe³³li³³ 名 腰子,肾 kidney *amu o nbbelige erncyimama ddabbwa jja nbbeli ddenyi kalangala gge*。阿木患了肾结石,现在疼得在床上翻来覆去地打滚。

nbbeli bryi nbe³³li³³pzə³³ 名 肾管,输尿管 nephridium, nephric duct, ureter

nbbeli nyi nbe³³li³³ɲi³³ 名 灰刀菜 pigweed *nbbeli nyi tebbe sula ngezzyilidebbe, aryi nahzhai hjilai zzhokezui ce*。这些灰刀菜,人可以吃的,我们曾经摘回来煮汤喝。

nbbelige erncyiddabbwa nbe³³li³³ke³³ɚ⁵⁵ntsʰə⁵⁵da³³bua³³ 名 肾结石 kidney stone, renal calculus *nbbeli ge erncyi ddabbwa ne nyihji ngecei ssenyo ggeshe*。患上了肾结石可用药物来治疗,并且疗效很好。

nbbepa ddalha nbe⁵⁵ pʰa⁵⁵ da³³ ɬa³³ 肚子撑圆，肚子圆滚滚，吃得太饱 round belly, round tummy, overeat *ngwar o ngwar ru bbe ngezzyi ngezzyi i nbbepa ddalha za*。牛不停地吃草，肚子吃得圆滚滚的了。

nbbe-re ngebbu nbe³³ rɛ³³ ŋe³³ bu⁵⁵ 塞满嘴（嘴里塞食物让脸颊都往外鼓出）stuffed mouth, the food in the mouth makes cheek bulge out *amu ane bar-iddanga manddo, bu zzyiha nbbe-re ngebbui zzyigge*。阿木不知道有多么饥饿，吃洋芋的时候塞满了嘴，狼吞虎咽的。

nbbe-re qacyi nbɛ³³ rɛ³³ tɕʰa³³ tsʰɛ³³ 腮帮子赘肉 flab on the cheek, flesh on the cheek *ersu nzzhomo teo fucyi de lazzho de, azho nbbe-re qicyi nazai*。这个尔苏大官有点威严的，你看他腮帮子肉突出地向下坠着。（当地的说法）

nbbe-re ryigu nbɛ³³ rɛ³³ rə³³ ku⁵⁵ 名 颧骨 cheekbone *nbbe-re ryigu maca ngeko a ne su bbe yakadra jje, amo tiha ne nyaha macako*。据说，让颧骨经常晒太阳对身体有好处，我现在就经常晒太阳。（当地的说法）

nbbezi tra nbe³³ tsi³³ tʈʰa³³ 撑死鬼，胀死鬼 people who eat to death *ssama ngezzyi i ddawa taza i tesho a ne nbbezi tra tebbu gge de jje*。吃饭吃得太饱，撑死了就成为撑死鬼了。 *tro ne nbbezi tra de kezzuzzu zade*。这条狗一定是遭遇了胀死鬼的。（意指狗吃撑死了）

nbbi ① nbi⁵⁵ 名 山 mountain *yanyo aryi coparbbe nzzho dezhajja nbbio nbbime naligga neliggai kocia*。昨天，我们年轻人追赶一只红麂子，漫山遍野地跑啊跑，实在跑累倒了。

nbbi ② mbi⁵⁵ 名 胸膜炎（当地又称"阴箭"）pleurisy *nbbi kesso bbe la trohbbu kedryi bbe ne bbazha kalwa ngecu pa debbe*。胸膜炎和被疯狗咬着都可以用手术方法来治疗的。

nbbi ③ nbi⁵⁵ 形 凉，温 cool, warm *lepeola nbbigonbbigo gge, desyi mekere shu*。她的手都是冰凉冰凉的，让她烤一下火。

nbbi bulili nbi⁵⁵ pu⁵⁵ li⁵⁵ li⁵⁵ 名 山包，山丘，小山 hill *shama ssone de nyonyo yohgu ha ne ddwai nbbi bulili ngazzhai mar*。沙马每天放羊的时候都在山包上睡觉。

nbbi ddepua la nbi⁵⁵ de⁵⁵ pʰu⁵⁵ a³³ la³³ 翻山过来 tramp over the hill *nyochwalo geda nbbiddepu alane nwanzzuba she barlagge de*。从铜厂沟翻山过来，就能够到达凉山村。

nbbi ddesshe nbi⁵⁵ de⁵⁵ ʒe⁵⁵ 动 跋山 climb the mountain *nbbi ddesshe zzho tehggu, anesu neshyishyi i tege barla i*。你们又是跋山又是涉水的，历经辛苦才到这来。

nbbi ddezzu nbi⁵⁵ de³³ dzu³³ 山险峻，山陡峭，山峻峭 the mountains are steep *nbbi ddezzu imuggu kezyi*。山陡峭得靠拢额头了。（意指人爬山时，额头快贴着山壁，说明山很陡）

nbbi ddezzu taza nbi⁵⁵ de⁵⁵ dzu⁵⁵ tʰa⁵⁵ tsa⁵⁵ 山太陡 the hill is too steep *kalabasene nbbi ddezzu taza imuggu kezyi miha degge jjijji ddwa*。卡拉乡的山太陡了，上坡的时候山就要挨着前额的样子了。

nbbi dwalili nbi⁵⁵ tua⁵⁵ li⁵⁵ li⁵⁵ 名 山峦 chain of mountains *nbbi dwalili teo ddezzu tazai su ddido su mazzho degejje*。因为这个山峦太陡峭了，据说还没有人能够上去。

nbbi go nbbi go nbi⁵⁵ ko⁵⁵ nbi⁵⁵ ko⁵⁵ 冰凉冰凉的 cool, icy, cold

nbbi gwa nbi⁵⁵ kua⁵⁵ 名 山脚 the foot of a hill,

foothill *ate nbbi gwa sizo ne jaddassa ssyi dezo jjigge*。据说,那山脚下的柴堆是佳达惹家的柴火。

nbbi hdwahmwa nbi⁵⁵kʰeⁿ⁵⁵mwa⁵⁵ 独山峰 single mountain

nbbi kepe nbi⁵⁵kʰe⁵⁵pʰe⁵⁵ 山这边,山里边 on this side of the mountain *me nankwar-i mengu nddo mapa, nbbikepe mala nbbi nyope ddwaza*。到山顶上时,天黑得看不清楚方向了,没有朝着山这边来,走到山外边去了。

nbbi kesso nbi⁵⁵kʰe⁵⁵zo⁵⁵ 遭阴箭(当地指得胸膜炎),中阴箭 get the pleurisy *assyi anyide nbbi kesso tezzuzzui ddenyi jja shabalige ngecua*。我家一位姑姑遭阴箭,前胸后背游走性刺疼,被沙巴做穿刺治好了。(当地的做法)

nbbi lohgu nbi³³lo⁵⁵əku⁵⁵ 名 山坳,盆地 basin, col, level ground in the mountains or hills *ggwameer ke ssoi yobbe nyogwa ne nbbi lohgu ge sila ge kazha*。遭了大风雨以后,把羊赶到山坳处那个小树林里了。

nbbi mar nbi⁵⁵mɚ⁵⁵ 阴箭的箭头 the arrowhead of Yin arrow *zaxi ssyi awa o nbbi de kesso i nbbimar ga vahji cubi va ke sso za*。扎西家的奶奶遭了阴箭(得了胸膜炎),阴箭的箭头差点就射到肺部了。

nbbi me ① nbi⁵⁵me⁵⁵ 名 山火 forest fire *nwanzzuba se guimbbyala sedelige metehze amaddo nbbime kasaza*。不知道谁不小心点燃了火,凉山村的北山都被山火烧掉了。

nbbi me ② nbi⁵⁵me⁵⁵ 山上的地,山坡地 the mountain land, slope *nbbya meli desyi ngebubia nzzyi danabar lagge jja, nbbire mancu de*。到山上开垦一点土地来种荞麦,结果这个山头上的地贫瘠得很。

nbbi meer nbi⁵⁵me⁵⁵ɚ⁵⁵ 名 山风 mountain breeze, mountain wind *te ge nbbi me ddeer i ggoi ddenpi, desyi tanya gwarhar kwarnya ne caca gge*。这里吹着山风,很冷,我们稍微往北让开一些就会暖和点。

nbbi nbbar ① nbi⁵⁵nbɚ⁵⁵ 名 山脚 the foot of a mountain *ate nbbi nbbar meli tro nava hgo qigge*。那块山脚下的旱地送给你。

nbbi nbbar ② nbi⁵⁵nbɚ⁵⁵ 动 挖山 dig the mountain *abumomo ssyissila lepulema bbe ddeshushui denyonyo nbbi nbbarjje*。这个老爷爷带领他的儿女和孙子,天天去挖山。

nbbi nbbi nbi³³nbi³³ 形 凉 cool *nggakutebbe caca ha ngezzyi ane maya, nbbinbbi ha ngezzyia ne yamar*。我告诉你们,这种馍馍热的时候不好吃,凉的时候吃就可口些。

nbbi ngwarbbu nbi⁵⁵ŋuɚ⁵⁵bu⁵⁵ 低矮的山丘 hill, massif *ate nbbi ngwarbbu zandasi debu ha, azzyi abu ngenyo da ate ge nagwar za*。那个低矮的山丘上有棵檀香树,我家的始祖就埋葬在树旁边。*nbbingwarbbu ne yahisho hine wasa dagaha dege, ryipa nzzu nwa nzzu*。在那座矮小的山上,修建了一栋碉房,用于值守道路和防止盗贼来侵扰。

nbbi nyope nbi⁵⁵ɲo⁵⁵pʰe⁵⁵ 名 山外,外乡,他乡 an alien land, a place far away from home *nbbinyope debbutre ssyisipoxxo, aryishene debbutre ssyidepo sixxo*。山外每年要下三次雪,我们这里每年只下一次雪。

nbbi qo ① nbi⁵⁵tɕʰo⁵⁵ 山顶上 hilltop, mountain top, mountain peak *nbbiqo ddeddwa shyi ggengu, loge nabar shyi lhi ngu*。上到山顶唱苦歌,下到谷底鸣悲声。(《苦歌》歌词)

nbbi qo ② nbi⁵⁵tɕʰo⁵⁵ 在山上,山坡上 on the

mountain, on the hillside *nbbiqoyoer nabarhbar nggessyingge, yohgusu nagwar ne dahssawo*。坡上遍布白羊九十九，加上牧者就有一百整。

nbbi rere nbi⁵⁵ re⁵⁵ re⁵⁵ 平缓的山势 gentle mountain slope *igwarhar nbbi ne ddamazzu denbbi, nbbi rereddeddwa ne nbbiqobar*。北边那座山是不太陡峭的，顺着平缓的山势走上去就能够到山顶。

nbbi sha nbi⁵⁵ ʃa⁵⁵ 形 凉爽,凉快 pleasantly cool *nbbishane conyozzhojjizzhopa, ddacane denyo la kanbbamapamiha*。天气凉爽,多少天都可以待；天气酷热，就待一天都无法坚持。*ozzone zaila ddecajji sibuzhanga nehssyi ane nbbisha de*。无论多么热的天气,在西昌,坐在树下就凉快。

nbbi sho mbi⁵⁵ ʃo⁵⁵ 形 害羞 shy, bashful *ale nbbisho de, a danyo ggamagge*。我害羞,今天不唱了。

nbbi sshe nbi⁵⁵ ʒe⁵⁵ 动 爬山,登山,上山 climb mountain *sonyo ne ra nggarbyi, aryi nyogwa ssa nbbisshe zyizyi gge*。明天是还山鸡节,我们大家都去参加爬山比赛。

nbbi tra nbi⁵⁵ tʂʰa⁵⁵ 名 山鬼（居住在山头的鬼）the ghost lives in the hilltop *nbbi tra zzhosu tanyanya, lutra zzhosu tanyanya*。若有山鬼请避让,若有林鬼请避让。(驱鬼仪式的咒语)

nbbi vu hdia nbi⁵⁵ vu⁵⁵ əti⁵⁵ a³³ 名 山顶,山巅 mountain peak, summit *azho ate nbbi vuhdia sibu bu ne parsi debu*。你看,那座山顶上那棵树是油栗子树。

nbbi vuli nbi⁵⁵ vu⁵⁵ li⁵⁵ 名 山顶,山上 mountain top, summit, mountain peak *loge bboze ne nzzyinzzyi, nbbivuliqo ze da gge*。山沟里边云雾白茫茫,山顶头上乌云在堆积。(民歌歌词)

nbbi zungu mbi⁵⁵ dʐu⁵⁵ ŋu³³ 驱除阴箭经,驱除阴箭仪式 ceremony of exorcising the Yin arrow *shaba bbe nbbi zunguha ne ngwarro ddadda defu debbe*。沙巴在做驱除阴箭仪式的时候需要一个道具,那就是拔火罐用的牛角。(当地的习俗)

nbbi zyiyanbbo ge nbi⁵⁵ tsɿ³³ ja³³ nbo³³ ke³³ 高峰,主峰,巅峰 peak, main peak, peakedness *ssyibbu ssahgge nbbi zyi yanbboge kanzzane nqomankunyi nddopa*。站在则拉乡竹林垭口山的最高峰,就可以看见阳逻雪山的铧头峰。

nbbi zzhe nbi⁵⁵ dʐe⁵⁵ 粗脖子的人,甲亢病人 hyperthyroidism patients, patients with hyperthyroidism

nbbikepe nbi⁵⁵ kʰe⁵⁵ pʰe⁵⁵ 山这边的 on this side of the mountain

nbbilo nbbilo mbi⁵⁵ ko⁵⁵ mbi⁵⁵ ko⁵⁵ 冰凉冰凉的 cold and cool *erbbeqo nbbilo nbbilogge, nyizzoro hane bberyi daga qo ngessheddwa*。我感觉脚背上冰凉冰凉的,向下一看是条蛇蹿过脚背。

nbbime ddasa nbi⁵⁵ me⁵⁵ da³³ sa³³ 烧山火 the wild fire burns

nbbime kencu nbi⁵⁵ me⁵⁵ kʰe⁵⁵ ntsʰu⁵⁵ 点燃山火 light the forest fire *shoi yoncharyi singuhane de bbutre nyissyi nyinyiggu nbbime kencua sa*。过去经营羊子的时候,为了让羊子发展起来,每年冬季都要悄悄点燃山火。(违法行为)

nbbiqo ddwa nbi⁵⁵ tɕo⁵⁵ dua⁵⁵ 上山去 go to the mountain *zaxi yanyo hizze hzha jja nbbiqo ddwa za, mela nankwar si nejjola*。扎西昨天上山去掰笋子了,到晚上才下山。

nbbisshe nbbasshe nbi⁵⁵ ʒe⁵⁵ nba³³ ʒe³³ 翻山越岭 tramp over the hill *nbbolo bashe da jjioba she ddwa ha ne nbbisshe nbbasshe ho dege*。从冕宁县到九龙县去，途中是要翻山越岭的。

nbbisshe zyizyi nbi⁵⁵ ʒe³³ tsə⁵⁵ tsə⁵⁵ 登山比赛 mountain-climbing competition *cihi trolengu nyo copar yaddrebbe nbbisshe zyizyi jje*。今年的射箭节上增加了一个项目，那就是年轻人开展的登山比赛。

nbbitra lotra nbi⁵⁵ tʂʰa⁵⁵ lo⁵⁵ tʂʰa⁵⁵ 在山头的鬼和在山沟的鬼 the ghost in the hilltop and the ghost in the ditch *nbbitra lotra tanyanya, nchyitra litra tanyanya*。山野之鬼、森林之鬼都让开，山头之鬼、山沟之鬼全避开。（驱邪仪式的咒语）

nbbizzu ngu ① nbi⁵⁵ dzu⁵⁵ ŋu⁵⁵ 驱除阴箭的仪式展演，表演驱除阴箭 a rite of driving out the Yin arrow *amu ma nbbi kesso ha shaba nbbizzu ngu vu de mi ngece a*。阿木得胸膜炎，沙巴开展驱除阴箭仪式时，还喝了一点酒。

nbbizzu ngu ② nbi⁵⁵ dzu⁵⁵ ŋu⁵⁵ 名 阴箭经 The Scripture of the Yin Arrow *nbbizzzu ngu taza ne ale kesoi kamanzzho daza*。这段《阴箭经》，我没有学会。

nbbo ① nbo⁵⁵ 量 匹 a piece of, a bolt of *zaxi, nessyi nbbonbbo avakexi, agalola cyi nahssadre naga hjilagge*。扎西，把你家的那匹马借给我用一下，我到甘洛去打200斤盐巴回来。

nbbo ② nbo⁵⁵ 形 聋 deaf *ga i zha n ga nbbo ke ncho, ta taga ne nenbbo*。聋紧跟着傻，又傻又聋。

nbbo ③ mbo³³ 名 马 horse *assyi nbbopa nbboma deqo ngeshyijiha te-ryi jiu-xia la nbbonka gge jje*。我家的一对公马母马被盗的那段时间，据揭发，他们正在汉源卖马。

nbbo ④ mbo⁵⁵ 动 涨，涨价 swell, go up, rise *tihane ilagabbe pehzyi dde nbbo i a-ryi nyogwa kesshyi madoa*。现在房价上涨了，我们大家买不起房屋了。

nbbo ⑤ mbo⁵⁵ 形 纵向 longitudinal *chemo agai lenezyi, nbbope sihzu bbupe sihzu kasa*。交给铁匠车莫阿呷，横向、纵向各锤三下。

nbbo ⑥ mbo⁵⁵ 动 薅 weed out

nbbo da nbo⁵⁵ ta⁵⁵ 名 薅锄 a type of hoe *yanyo nbbodaji kadege tepyi kamanca ngeshyijia*。昨天把薅锄放在哪里不记得了，（可能）把薅锄弄丢了。

nbbo ddelhi mbo⁵⁵ de⁵⁵ ɬi⁵⁵ 动 马嘶 nicker, neigh

nbbo ddenzze ① nbo³³ de⁵⁵ ndze⁵⁵ 骑着马 ride a horse *nbbo ddenzze a shossyi, aryi zhanga shwalwada nehssyialagge*。你骑着马儿先走，我们后边赶车来。

nbbo ddenzze ② nbo³³ de³³ ndze³³ 骑着马奔跑 ride a horse quickly *sui nbbo ddenzzei sho nge ddwa ne yo dranggu ddehji azhanga zha gge*。别人家骑着马奔过去了，我也要拄着拐杖跟过去。（意指从众）

nbbo ddwa nbo⁵⁵ dua⁵⁵ 动 祭祀 sacrifice *nedde ra dancha nbbo iho tigge i, nbboddwa la nbbo ma ddwa ddo*。说你家需要拿一只鸡去祭祀一下，是去祭祀了还是没有去祭祀哦?

nbbo de nzzyi nbo⁵⁵ te⁵⁵ ndzə⁵⁵ 一驮（一匹马驮的东西）a pack, a burden, a load carried by a pack-animal *ssi dde zzyi lema bbo jja qabbao ssumi nbbodenzzyi kenzzyi nazhala za*。因为女儿家粮食不够吃，其父亲运来了一驮玉米籽。

nbbo gada mbo⁵⁵ ka⁵⁵ ta⁵⁵ 名 鞭子，马鞭 whip,

horse whip *ti lige nbboga da gai ao ddenchyi ddanchai tepyia.* 我被他用马鞭狠狠地抽打了一顿。

nbbo ggu mbo⁵⁵gu⁵⁵ 小腿的前面部分 the front part of the calf

nbbo hi nbo⁵⁵xi⁵⁵ 动 除草,薅草 weed *lalai bucu lalafo nbbohi bucu nbbohifu.* 该栽种时当栽种,该除草时要除草。(农谚)

nbbo hssa ① nbo³³əza⁵⁵ 名 马鞍 saddle *nezzyi ngwarjji zzeo nbbohssa pale dazzha.* 在你家的牛圈楼上有一个破旧的马鞍子。

马　鞍

nbbo hssa ② mbo⁵⁵za⁵⁵ 名 鞍鞯 saddle and blanket *assyi nbbohssa hnyi kelhyo za ddre sei hji ddwa hamase.* 我家的包金的鞍鞯,不知道被谁抱走了。

nbbo hssa ③ nbo⁵⁵za⁵⁵ 一百匹马 one hundred horses

nbbo hssa vashyi nbo³³za³³va³³ʃə³³ 贪图马鞍 want the saddle *ale te nbbohssa va shyi i nbbo o sshyi de.* 我是贪图这个马鞍才购买这匹马的。

nbbo hyo nbo³³xjo³³ 动 赶马 drive a horse *teryine nbbohyosu dene nbbo sinbbo shushugge, ane denbbo si hjihji do.* 他们一个赶马人带着三匹马,我只能够赶一匹马。

nbbo hzhe va i nbo⁵⁵ʒɤ⁵⁵va⁵⁵ji⁵⁵ 名 后鞦 crupper *nbbo hzhe va i ga ne nbbo menche ga i zhanga kwar wa i za de.* 马儿后鞦是从马尾巴下边套过来的。

nbbo hzho nbo⁵⁵ʒo⁵⁵ 名 马粪 horse shit

nbbo i mbo⁵⁵ji⁵⁵ 名 马驹 colt *nbboi tancha deggu ddamasshu shede, ggamayanbbo gge de.* 这个小马驹还没有满一岁,看起来将来是个高大的骏马。

nbbo i lha mbo³³ji³³ɬa³³ 名 马月,五月 May

nbbo i ne chyi nbo³³ji³³ne³³tʃə³³ 骑马时把皮肤磨破 crush the skin while riding a horse

nbbo lhi mbo⁵⁵ɬji⁵⁵ 动 马叫,马嘶 neigh *ncho li bucu ddabar ne nbbo nbbo lhi gge de, nbbolhi da teddryi a ne nbbo li.* 早上放圈的时间到了,那匹马儿就会嘶鸣,(主人)听见马鸣就把马从马厩里放出来。*bbuhassao ipaddenyijja nbbo ra lhi ngwar ra ngugge.* 不哈热因为肚子疼痛,在不停地呻吟着,就好像马嘶牛哞一样。

nbbo linpu mbo³³li³³mpʰu⁵⁵ 名 马笼头 bridle, halter, headstall *nbbolinpu qokasa mahssyi mazwa ne tava keshyimagge.* 你现在不把马笼头给马戴上,一会儿你就没有办法驾驭它了。

马笼头装饰

nbbo linpu bryi nbo⁵⁵li⁵⁵npʰu⁵⁵pʐə⁵⁵ 名 缰绳 (牵马的绳索,马笼头绳) rein, halter *nbbolinpu bryiga dyan-ga gaqo kepryi atepyi a bbarnyila*。把马缰绳拴在电线杆上,你来这里休息。

拴着缰绳的马

牛扎口

肥猪苗

nbbo lyo mbo⁵⁵ ljo⁵⁵ 名 料,马料 feed, horse feed *te ssumi bbe nbbolyo nengu, ngehji i nbbo jji zzeo ddezyi*。把这些玉米作马料,拿出去放到马圈的楼上存放。

nbbo ma nbo³³ ma⁵⁵ 名 母马 mare *malaja ssyi nbboma ddanwanbbo bbazzhe nggehbu pwa nanka jje*。据说,马拉加的黑色母马卖了 9000 元人民币。

nbbo ma ddwa nbo⁵⁵ ma³³ dwa³³ 没有去薅草 didn't go to uproot *daso ne ggwala ne ssumi bbe jji nbbo ma ddwa, anjji gge*。今天早上因为下雨,没有去给玉米薅草,怎么办呢?

nbbo menche mbo³³ mɛ³³ ntʃʰɛ⁵⁵ 名 马尾 horse tail

nbbo na nka nbo³³ na⁵⁵ ŋkʰa⁵⁵ 把马卖掉 sell the horse

nbbo nbbar re nbo³³ bɑ˞³³ re³³ 名 马尿 horse urine

nbbo ncho nbo³³ ntʃʰo³³ 名 牛扎口,肥猪苗(草) carduus crispus

nbbo nco ① nbo³³ ntsʰo³³ 量 元(钱)yuan(the monetary unit of China) *tihane shantre dasshao ne bbazzhe cecenbbonco ngei nkagge*。现在一碗面条都要卖十元人民币。

nbbo nco ② nbo³³ ntsʰo³³ 数 万(一万)ten thousand

nbbo nco nbbo nco nbo³³ ntsʰo³³ mbo³³ ntsʰo³³ 数 亿(一亿)one hundred million

nbbo nkwa mbo³³ ŋkʰua⁵⁵ 名 马蹄,马掌 hoof, horseshoe

nbbo nkwa mar nta nbo⁵⁵ ŋkʰua⁵⁵ mɑ˞³³ ntʰa³³ 名(马蹄形)麻糖,红糖 brown sugar

nbbo nzzyi mbo³³ ndʑɿ⁵⁵ 名 驮架 pack rack

nbbo si nbo⁵⁵ si⁵⁵ 名 柳树 willow, osier, salix babylonica *nbbosi gale meer ncho, waqo nbbonzze suzzoro*。骑在墙头观势头,柳树枝条随风摆。(谚语,意指见风使舵的人)

柳 枝

nbbo wobu mbo³³ wo⁵⁵ pu⁵⁵ 名 马鬃 horse mane

nbbo zyi mbo⁵⁵ tsɚ⁵⁵ 名 乌毛蕨 blechnoid *nbbozyi bbene rozzubbege ha, erkwabbeqoha, shyinbbryi manyode*。乌毛蕨生长在石堆上和石缝里。

乌毛蕨

nbboda marra nbo³³ ta³³ mɚ⁵⁵ ra⁵⁵ 名 薅锄(小锄头) a type of hoe used for weeding *she hbi er denesyi nahzha nbboda marra zzebyi deji hzu gge*。找点废铁打一把薅草的小锄头。

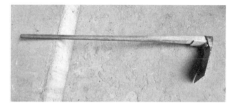

锄 头

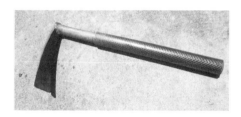

小锄头

nbboda vai nbo⁵⁵ ta⁵⁵ va⁵⁵ ji⁵⁵ 名 前鞧 the front part of crupper *nei nbbo nbboda vaigala tehzhyi gga, ashyi syi dega kasa*。你的马儿前鞧都要断了,你要及时更换一条新的。

nbboda zzebyi nbo⁵⁵ ta⁵⁵ dze³³ pzɚ⁵⁵ 名 薅锄(薅草的锄头) the weeding hoe *yava nbboda zzebyi bbe ngehjila sinzzi bbe kagagge*。把家里的薅锄拿出来,我把所有的楔子都敲紧。

nbbohyo su ① mbo³³ xjo³³ su⁵⁵ 名 马帮 horse caravan, horse team

马 帮

nbbohyo su ② mbo³³ xjo³³ su⁵⁵ 名 马夫,骡夫(赶骡子的人) groom, mule driver

nbbomarmar sui nzze nbo³³ mæ³³ mæ³³ su¹⁵⁵ ndʑe⁵⁵ 马善被人骑 all lay loads on a willing horse *nbbomarmar sui nzze, neigade nzzongui suivahga varngu ne ti gge de。* 马善被人骑啊,你这样像憨人一样让别人使唤着,结果一定会是这样。

nbbonbbo dryidryi nbo³³ nbo³³ tɽə⁵⁵ tɽə⁵⁵ 数 千千万万,万万,数以亿计 myriads of, billions of *mejodegai zhangasu nbbonbbo dryidryizzho, nisanbba ne ne siz zho a sse?* 天底下有数以亿计的人口,你以为就只有你一个人吗?

nbbonyi ngwar mabu nbo³³ ȵi³³ ŋuæ⁵⁵ ma⁵⁵ pu⁵⁵ 马病不传染牛 horse sickness does not infect cattle *qwamo aryile tezzugga, nbbonyi ngwar mabumo, yozaiyozai tezzushu。* 开始哦,我们已经开始做了,马病不传染牛,各人完成各人的任务。

nbbora ngwarra ngugge mbo³³ ra³³ ŋuæ⁵⁵ ra³³ ŋu³³ gɛ⁵⁵ 牛鸣马嘶,高声嚎叫,高声吼 howl, snarl, the cow moos and the horse neighs *bbubbukebu ssancha nzzhonzzyi sohane nbbora ngwarra ngu gge de。* 补补克哈这位同学,读书时是高声吼着的。

nbbotemo nkwange she mbo⁵⁵ tʰe⁵⁵ mo⁵⁵ ne ŋkʰua³³ ŋe³³ ʃe³³ 马儿衰老,马蹄就变长 the old horse has a long hoof *nbbo temo ne nkwa ngeshe, ngwar temo ne ro ngeshe。* 马儿衰老,马蹄就变长;牦牛衰老,犄角就变长。(谚语)

nbbotemone marngeshe mbo⁵⁵ te⁵⁵ mo⁵⁵ ne³³ mæ³³ ŋe³³ ʃe³³ 人穷志短,马瘦毛长 stifle the ambition *alo, nbbotemo nemarngeshe, lepe teshe bbezzhu tezzho, anela madoa。* 你看人穷志短,马瘦毛长,手长袖子短,什么事情都没有想法了。

nbboyandde jji hssandde fu nbo³³ ja³³ nde³³ dʑi³³ əza⁵⁵ nde⁵⁵ fu⁵⁵ 马好也要好鞍配 a good horse needs a good saddle *nbbo yandde jji hssa ndde fu, suyancu jji njjo nddefu。* 马好也要好鞍配,人强也要好帮手。(谚语)

nbbryi nbzʅ⁵⁵ 名 事情,急事 thing, matter, urgency, exigence *babiga nbbryi nyo jja ligga ligga zabu ddege ngeddwa。* 巴比呷说有点急事,一路小跑着跑到扎布家里去了。

nbbu ① mbu⁵⁵ 量 堆,团(散乱的) a pile of, a mass of (scattered) *nzzazhogga ne gabigaca bbe nasshaisi bbu denbbu kencua mesaggede。* 过年时,就要把房前屋后的垃圾全部扫除,再找一团干草点燃了烧垃圾。

nbbu ② mbu³³ 名 帽 cap, hat *ni nzzenbbu ddezu, maca kencu a nyitryikesso gge。* 你把草帽戴上,太阳晒到头上容易患感冒。(当地的说法)

nbbu ③ mbu⁵⁵ 动 烤 bake, roast *kenbbu dage ai nagamaqi la kezho dege ai nabar maqi ddo。* 是被烧烤的场合我没经历过,还是被蒸煮的场合我没有经历过呢?

nbbu ④ mbu⁵⁵ 动 归,分得,归属 share, affiliate, belong to *twama suer yo manbbu jji mizyi leer yo kenbbu shu hode。* 既然白色嘴唇的母骡不归我,那么前爪白色的母猫应归我。

nbbu si mbu³³ si³³ 名 掏火棍,扒火棍,柴钩 stick used for touching fire *nbbusi ga rara ngu i vezza bbe ddahar dderyi a。* 用掏火棍

把猪潲水搅拌了。(当地的做法)

nbbu tagwa ① mbu³³tʰa⁵⁵kua³³ 摘下帽子, 平反 take off one's hat, rehabilitate *amu tiha ne mali nbbu tagwai*。阿木现在被平反了。

nbbu tagwa ② mbu³³tʰa⁵⁵kua³³ 推卸责任 shirk one's responsibility

nbbwara nbbwara mbua⁵⁵ra⁵⁵mbua⁵⁵ra⁵⁵ 拟声 吧啦吧啦(如牛喝水的声音) the sound of cows drinking water *laga o vulisi nenggunggui zzhomisi nbbwara nbbwara cegge*。拉嘎只是把头低着不停地吧啦吧啦地喝着汤。

nbbyi nbzɤ⁵⁵ 动 跨, 迈, 越 step, stride, pass over, cross *vu nwa ssyi ncha ro shomo, denbbyi ngasa nggenbbi nbbyi*。黑头人子力无穷, 迈一步来越九峰。(民歌歌词)

nca ① ntsʰa⁵⁵ 动 修理, 制作 make, repair, mend, fabricate

nca ② ntsʰa⁵⁵ 动 牵(不用力拉, 只跟着后面提着绳子) lead (a cow) *ngwarncane bbu ryi ggarhar shyi shyi, ngwr ddama dra ha ne yahsshyi de*。牵牛时就站在隘口上方跟着牛走, 耕牛不调皮的时候是个轻松的活路。

nca ③ ntsʰa⁵⁵ 动 牵(在前面拉), 拉动 pull, lead (a cow) *bbujjissa teryipe, nbbo ddancai shope ngui pucege la gancha ddwa jje*。据说, 布吉子牵着马儿随同其他人一起到海棠集市上赶场去了。

nca ④ ntsʰa⁵⁵ 量 片 a slice of *a shyi da nca nge zzyi a*。我吃了一片肉。

nca ⑤ ntsʰa⁵⁵ 名 肝 liver *tessyi qamao ipa ddenyi hjinbbadage zzoroddwai ncaddenyi za jje*。他家妈妈肚子疼, 到医院里去就诊, 结果是肝脏出了问题。

nca ⑥ ntsʰa⁵⁵ 动 编制 weave *zzhoge hinyi bbe ddazwahjila, age bbwadre de nancagge*。把浸泡在水里的篾条捞上来, 我要编制一个撮箕来用。

nca ⑦ ntsʰa⁵⁵ 名 胎记 birthmark *yaddre teo mai ngebbo hala hzhemo va nca desyi hade*。这个婴儿从娘肚子里出来的时候就在屁股上带有一个胎记。

nca ⑧ ntsʰa⁵⁵ 名 印记 imprint, stamp *yaddre ta ncha ne mya nca de syi ha de, tama tene ggoi yanqo de*。这个小孩脸上有一点印记, 要不然的话是很漂亮的。

nca ⑨ ntsʰa⁵⁵ 名 痕迹 mark, trace, vestige *yoryigava meliggu erkwabbeqo singancai ncabbela hase*。在赶羊道中央的石块上, 还留有拉木料留下的树皮痕迹。

nca ⑩ ntsʰa⁵⁵ 动 拖动, 拉走 pull, tug, track *siza ddadda bbe nzzelage nganca ha ngeimali, koci sho ddenpyi zzela*。大木料墩子在草地上拖不动, 把人累得差点吐血。

nca ⑪ ntsʰa⁵⁵ 动 装扮, 扮演 dress up, pretend, play, act, portray

nce ① ntsʰe⁵⁵ 名 担子 burden, load *nzza-ryiga le nce galele hji su ngala*。大路上来了一些挑担子的人。

nce ② ntsʰe³³ 动 掐 pinch *teige awai zibbe tebubi shebbe nence nencei, lezzyila shobiddegashuza*。她分开奶奶的头发掐虱子, 掐呀掐, 掐得手指甲上沾满了血。(民间故事)

nce ③ ntsʰe⁵⁵ 动 挑, 挑水 carry, carry water, lift, raise *shoi ne ssihibbe zzhoqi debbe, tiha ne zzhomaqi zzhonce*。过去是女性背水的, 现在不背水了, 改为挑水了。

nce ④ ntsʰɛ⁵⁵ 动 滑 slide, slip, slide down

mimi li gga li gga ngala jja syiyajigu deqo tencei nyibuga。米米跑着往这边来的时候,在一块桃子皮上滑倒了。

nce ⑤ ntsʰe⁵⁵ 动 漏,渗 seep into, permeate *zzhohar ne nce za zzhohar ge zzho yami ma zzho za*。水桶漏水了,(现在)里边没有多少水了。

nce ⑥ ntsʰe⁵⁵ 动 冒出(刚长出)emerge, burst out *zyinyo de syi erjjilage ddencei dde la pryine ssu ggu lige neguzei teshoa*。一株蕨萁在石漠里刚长出幼苗,就被牛羊一脚踩下去踩死了。

nce ⑦ ntsʰe⁵⁵ 名 豆栈(豆苗攀爬的竹竿)a bamboo pole for climbing *dwahwa zzholhyo manyone ssabinburu nce naga tenche ahji la kencu*。今天晚上没有电,去抽两根豆儿栈点火把。

nce ⑧ ntsʰe⁵⁵ 名 天花(派生)smallpox *ncene nceerncenwanyo, nce nwa ne su teshu gge de, tiha ne nce manyo a*。天花分良性和恶性的,恶性天花是会致死的,现在已经消灭天花了。

nce ⑨ ntsʰe⁵⁵ 名 麻疹,痘症 measles, variola

nce nesu ntsʰe⁵⁵ne³³su³³ 插豆栈(把四季豆等的竹栈插入地里)insert the bamboo pole into the ground *zabassa zzha ngece ane muga la neo te, hi bbe nehji i a nbinburu nce ne su*。扎巴子和牧呷一起吃了早饭后,把竹子扛到地里去插豆栈。

nce ze ① ntsʰe⁵⁵tse⁵⁵ 名 蕁麻,水麻,红麻 ambary, red ramie, kenaf *assyi iggarhar nqibbi zhanga nceze bbe ne su qo yanbbo debbe*。我家房后土坎下红麻地里的红麻长得比人还高。

红 麻

nce ze ② ntsʰɛ⁵⁵tsɛ⁵⁵ 名 麻(麻绳)hemp (hemp rope)

nce zuru ntsʰe⁵⁵tsu⁵⁵ru⁵⁵ 前车之鉴 lessons drawn from others' mistakes *shope nncezuru deha oha, a myanddo nqizze nggumanyo de*。有前车之鉴,我没有理由明知故犯。

ncenenceer ncenwanyo ntsʰe³³ne³³ntsʰe³³ɚ³³ntsʰe⁵⁵nua⁵⁵ŋo⁵⁵ 麻疹有良性和恶性之分 measles can be benign and malignant *nenceer ncenwa nyo, ncenga mala ne su mahbu jja ashoihane*。麻疹有良性和恶性之分,"没出麻疹还不能算人",这是过去的谚语。

ncha ① ntʃʰa⁵⁵ 名 裙子,围裙 petticoat, skirt, apron *qama ligenwamwanchao qokahwane marga tebi ggulizzyibbwa keli*。他的妈妈用长裙一扫,就把箭改向,射中柱头,没有射中他的大哥哥。(民间故事)

ncha ② ntʃʰa³³ 量 位,个,只 *hwachyi incha nbbinyohgwar, cochyi i ncha jjonyo hgwar*。小孤鸟流落山外,小孤儿流落他乡。(民

歌歌词,这句子中的"孤"含有一只、一个之意)

ncha ③ ntʃʰa⁵⁵ 动 抽,打,摔,捆 draw, hit, fight, slam, slap, smack *nehjihji nehjihji ane, ailige nwai ncha ddadwai meliva nancha*。我和彝族小伙摔跤,一会工夫,彝族小伙就被我抱起来摔倒在地上了。

ncha bu ntʃʰa⁵⁵pu⁵⁵ 名 裙幅(裙子的宽度) the width of a skirt *nchabu yafine ddesshyiha yacaca, zzoro jji yazze*。裙幅宽的裙子穿起来既暖和、舒适又美观。

ncha er ntʃʰa⁵⁵ɚ⁵⁵ 名 白裙 white skirt *neyossyi mamo tele, nchaer nchanwa pyipwa pyipwa dde la gge*。你若真是我妈妈的话,身上的白裙、黑裙就会摩擦着发出噼啪噼啪的声音。(民间故事)

ncha goma ntʃʰa⁵⁵ko⁵⁵ma⁵⁵ 名 裙长 skirt length *ni nchaca ncha goma desyi tezzho za, qo desyi ddeze*。你裙子的长度不够,把上边裙腰接长一点点。

ncha ncha ① ntʃʰa⁵⁵ntʃʰa⁵⁵ 动 对打(互相抽打) whip each other, whip each other with bamboo poles *zaxikala la bemwayazho zzi zishu nchancha nyayanganewo*。扎西卡拉和白马杨忠两个人,是当地掺火把对打最勇敢的两位。

ncha ncha ② ntʃʰa⁵⁵ntʃʰa⁵⁵ 银坠子,纯银吊坠 silver pendant *naru nahda lemape njjo gwar gge, minpu nchancha lemape njjo gwar gge*。蜜蜡珠子头饰来陪伴,纯银吊坠头饰来做伴。(民歌歌词)

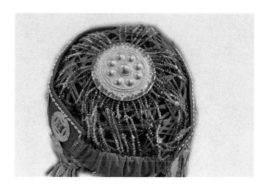

头　饰

ncha nwa ntʃʰa⁵⁵nua⁵⁵ 名 黑裙 black skirt, black dress

ncha nyi ntʃʰa⁵⁵ȵi⁵⁵ 名 红裙 red skirt *asyisyi shussa ddenwa ncha ddenyi sshyi su danchasi*? 谜语:穿红裙子、披黑毡子的是哪位?(谜底:红尾水鸟)

ncha nyi zzhohwa ntʃʰa³³ȵi³³dʒo⁵⁵xua⁵⁵ 穿红裙的水鸟 a water bird in a red dress *asyisyi, nchanyi zzhohwai danchasi, ane deva hbizyi gge*? 猜谜语,穿红裙子的水鸟,这是比作什么东西的?

ncha ra ntʃʰa³³ra³³ 名 树冠 tree crown *sibuyakwa ncharakwa, ncharayakwa rehnakwa, rehnaige zzamahgu*。树高大树冠大,树冠粗大树荫大,树荫底下不产粮。(谚语)

nchaci ntʃʰa⁵⁵tsʰi⁵⁵ 名 裙摆 skirt's hemline *nchaciyanqoo ne nchayanqo, nchacimanqo ne momoncha*。裙摆漂亮裙子就漂亮,裙摆素净的是老年裙。

nchakwa ssama ntʃʰa³³kʰua³³za³³ma⁵⁵ 大米饭 rice, boiled rice *nwazho dege ddwai nchakwa ssama la veshyi razzyi a*。到彝族去过年,吃到了大米饭和猪肉。

尔苏语词汇通释

米 饭

nchakwassama amuiga ntʃʰa³³kʰua³³za³³ma³³a⁵⁵muj⁵⁵ka⁵⁵ 大米白饭真漂亮,白色米饭真漂亮 white rice is really nice nchakwassama amuiga, ssumissama sujizzho。白色米饭真漂亮,玉米面饭磕嘴巴。(民歌歌词)

nchancha ntʃʰa⁵⁵ntʃʰa⁵⁵ 彩色珠串 a string of beads danyo ssi bar vujo la nchancha njjo gwar gge。今天女儿出嫁到婆家,彩色珠串头帕来陪嫁。(民歌歌词)

nchara ge ntʃʰa³³ra³³ke³³ 树荫下,遮阴处 under a tree, under the shade of a tree, shade, shady place amussao yobbe nbbya ddazha ne parsi nchara ge zhanga ngazzhaza。阿木子把羊群赶上山以后,就躺在油栗子树的树荫下。

nchara nchara ntsʰa⁵⁵ra⁵⁵ntsʰa⁵⁵ra⁵⁵ 巾巾吊吊的 tattered nggameo vurabbe nashwai nchara nchara gge。那件衣服上的布料被撕得巾巾吊吊的。

nchara nchara ggozhe bi ntʃʰa⁵⁵ra⁵⁵ntʃʰa⁵⁵ra⁵⁵go⁵⁵tʃe⁵⁵pi³³ 巾巾吊吊酸菜叶 the pickled cabbage leaves are like strips of hanging cloth nchara nchara ggozhe bi, ddala ddala zhyinzhyi bi。巾巾吊吊酸菜叶,颤颤巍巍豆腐墩。(谚语)

nche ① ntʃʰɛ³³ 名 米,大米 rice qo nzzade isshahane, binburuddeer dedre ne nche dedrela nelo nzzhyi。国家收购的时候,一斤白芸豆折算成一斤二两大米。

nche ② ntʃʰɛ³³ 形 早 early ggwar nche shu za ta, bbibbi desyi nyobwa? 你起得早了点,有紧急事情吗?

nche ③ ntʃʰɛ³³ 形 快 fast, quick, rapid kenche shu za ta, chezyi nehssyiila asse? 你来得真快啊,是坐汽车来的吗?

nche ④ ntʃʰe³³ 名 窝,穴,巢 nest muzzyissao beijinddwaizhanga ne hwaide nchengehgu miha, jilamaqia。木吉子到北京去了以后,就像一只鸟儿跳巢一样,再也没有回过老家了。

nche ⑤ ntʃʰɛ⁵⁵ 动 抽出,拉,拔起 take out nyope sizoge sipwa naddra ngenche a kehjila。到门外的柴堆里去抽取两个柴划(粗木柴)进来。

nche ⑥ ntʃʰɛ⁵⁵ 动 吸气,吸取,抽取 inhale, absorb jjivu ya mar de, harnddrega demi ngenchenchea ngece。这一坛坛子酒很甜醇,就着吸管吸取一点。

nche ⑦ ntʃʰɛ⁵⁵ 动 哽 choke (with food/emotion) zhoi ncami ceha tenchei varhji setazha。喝糌粑汤的时候哽住了,差点窒息。

nche ce ha ntʃʰɛ³³tsʰɛ⁵⁵xa⁵⁵ 淘米时 when wash rice nchenece hane nchecezzho bbe midokuge nagwar miduhssugge。淘米的时候,把淘米水倒入花坛里,用来养花。

（当地的做法）

nche da ntɕʰɛ³³ta⁵⁵ 动 筑巢，做窝 nest, make a nest *nedde ddahssagge, hwai de nessyi zzhyi sui nche da gge.* 你家要发达起来了，有一只鸟儿正在你家屋檐上做窝。（当地的说法）

nche dabar ntɕʰɛ³³ta³³pa⁵⁵ 一粒米，一颗米 a grain of rice *te nalha deo ne nchedabar tissyi ge ngei maqi.* 这两个月以来，一颗米粒都没有进过她的嘴巴。

nche ddre ntɕʰɛ³³dʐɛ⁵⁵ 动 磨米（把米磨成粉）grind rice (into flour)

nche de ntro ntɕʰɛ⁵⁵tɛ⁵⁵ntʐo⁵⁵ 一把米，一捧米 a handful of rice *nche dentro kentrontro a ngehjila ddroge kagwar nchemi kezho a cegge.* 抓一把米放到锅里头煮稀饭来吃。 *nchemi demi zho ggejjidda, yavakezzoroha nche dentrola mazzhaza.* 本来准备煮一点稀饭来吃，发现家里头一把米都没有了。

nche er ntɕʰe⁵⁵ɚ⁵⁵ 名 白米 white rice, milled rice

nche erbbu marnta ntɕʰe³³ɚ³³bu³³mɚ³³tʰa⁵⁵ 名 米花糖 crunchy rice candy

nche hdo ntɕʰe³³əto⁵⁵ 动 离巢（离开巢穴）jump out of the nest, leave the nest *hwai ddakwa nche ngehdo, issa ddakwa ingehgu.* 小鸟长大就离巢，儿子长大就分家。（谚语）

nche hdo gge ntɕʰe³³əto³³ge⁵⁵ 动 离巢（跳出巢穴，小鸟离开出生的巢）jump out of the nest (birds leave their parents) *hwaibbe nchengehdo ane yozaiyozai zzahzhaigge debbe.* 小鸟长大了就要跳巢，跳巢以后就自食其力了。

nche mahgu ntɕʰe³³ma³³əku⁵⁵ 没有大米 there is no rice *bepu ganga nche mahgu, shapi ganga vu mahgu.* 空空米柜无大米，空空托盘无美酒。（民歌歌词）

nche mi ntɕʰɛ⁵⁵mi⁵⁵ 名 稀饭 porridge, gruel

nche nche ① ntɕʰɛ⁵⁵ntɕʰɛ⁵⁵ 不停地抽出来 keep pulling it out

nche nche ② ntɕʰɚ⁵⁵ntɕʰɛ⁵⁵ 形 快的 fast, quick, fleet, rapid

nche nche ③ ntɕʰɛ⁵⁵ntɕʰɛ⁵⁵ 动 啜，饮，吃 sip, suck, eat *ngwar zzhanyo bbe ngenchenche a nge ce.* 把牛奶吮吸着吃下。

nche nefi ntɕʰe³³ne³³fi⁵⁵ 发霉的大米 moldy rice *nche nefi bbe ne sungatazzyi, sungezzyi ane suvanyo.* 发霉的大米人不要吃，吃了就会伤身体。

nche nwa ntɕʰe⁵⁵nua⁵⁵ 名 黑米 black rice *nche nwa nchemi kezhoi ngeceane zibbe ya ddamwa gge jje.* 煮黑米粥食用，可使头发更加发黑。

nche nyi ntɕʰe⁵⁵ɲi⁵⁵ 名 红米 red rice *assyi anya ava zzasusu damwashyi qi, hjilai nehzuhane nchenyi debbe.* 我家姑姑给了我一升谷子，拿回来舂了才发现是红米。

nche nzzhyiva ntɕʰe⁵⁵ndʐɔ⁵⁵va⁵⁵ 米醪糟 fermented glutinous rice *yahishohi trolenguha ne ssumi nzzhyiva ce, tenehi trolengu hane nche nzzhyiva ce.* 过去射箭节要喝玉米醪糟，现在射箭节要喝大米醪糟。

nche re ntɕʰɛ³³rɛ⁵⁵ 名 米汤 rice soup, gruel *idde ngaha nchere demi la hzhanzzyi.* 饿肚子的那段时期，一点米汤都很稀奇。

nche syiya ntɕʰe⁵⁵sə³³ja³³ 名 油桃，香桃 nectarine, peach *nchesyiya bbene nyope hgula su, tenehi si nddo debbe.* 油桃是从外地引种进来的，市场上最近几年才看到的。

nche zhyi ntʃʰe⁵⁵tʃɚ⁵⁵ 名 米柜 rice chest *nessyi nche zhyige bbeku ddabbwa zama, ashyi nencyinca*。你家的米柜里生米虫了，赶快把它打扫、清除干净。

nche zhyinzzhyi ntʃʰe⁵⁵tʃɚ⁵⁵ntʃɚ⁵⁵ 米凉粉，米豆腐，饵块 rice jelly, rice tofu, rice-flour cake *nche zhyinzzhyi demi nanca neryi va guggema, neryi desyi naggagga*。我做一点米凉粉给你们吃，你们稍微娱乐一下哈。

nchebbe tedredre ntʃʰe³³be³³te⁵⁵tʴe⁵⁵tʴe⁵⁵ 动 淘米（把米里的细沙等涤荡掉）wash rice, separate the sand from the rice *nchebbe tedredre asi kezho, tama hssyii ernche yabar yabar ncho ncho*。把米淘好再放进锅里煮饭，要不然里边会混有少量的细沙。

nchece zzho ntʃʰe³³tsʰe³³dʒo³³ 淘米水 water of washing rice *nchece zzhobbe midokula ge nagwar ne mido nyonyo bbe bbwata gge*。用淘米水浇花，花会长得茂盛。

nchehgu marnta ntʃʰe³³əku³³mɚ³³ntʰa⁵⁵ 米花糖，炒米裹糖 swelled rice candy, crunchy rice candy *nche hgu gebbyi re kagwar dde harryia nge nbbi ane nchehgumarntatebbua*。在炒米花里添加蜂蜜炒匀，定型冷却以后就成米花糖了。

nchei ga ntʃʰe⁵⁵ji⁵⁵ka⁵⁵ 名 伙伴（当地又称"呈博之子"）partner, fellow, companion, the son of the Chengbo *anava kehxxi kehxxi mapa ma nchei ga, ne ohwamar taza*。我对你是忍无可忍了，伙伴，你要适可而止，别欺人太甚。

ncheiga bbe ntʃʰe⁵⁵ji⁵⁵ka⁵⁵be⁵⁵ 男伙伴们，呈博家族的后人们 the descendants of the Chengbo family *ncheigabbe mazazai tege zzhongua nzzheli magga ma*。男伙伴们继续待在这里，不逃跑的话就没有活路了。

nchema ntʃʰe⁵⁵ma⁵⁵ 名 伙伴（呈博的女性后代）the female descendants of Chengbo family *nchema bbe aryi nyinqidesyi namangui tiane si gga gga ryipade manyo*。伙伴们，我们不做点活路，就这么耍着没有什么出路。

nchenche le ntʃʰe⁵⁵ntʃʰe⁵⁵le³³ 吸吮的（当地暗指纸烟或旱烟）suctorial, haustellate *tenenyo nchenche le mabboi ssyi mazzezzega*。这两天没有吸吮的东西了，嘴巴里空落落的，很不舒服。

nchenyi zzhohwai ntʃʰe³³ɲi³³dʒo⁵⁵xuaj⁵⁵ 名 红尾水雀 the water bird with red tail *shussa ddenwa nchanyi sshyisu dencha sine nchenyi zzhohwaiva hbikezyi*。披黑毡、穿红裙的是哪位？那个指的就是红尾水雀。（对歌歌词）

ncho ① ntʃʰo⁵⁵ 名 早晨，早上 morning *sonchu ne ncho hggar ddengu a ashyi zzhangecea galo la ssyi gge*。明天要起个大早，早点吃完早饭到甘洛去。

ncho ② ntʃʰo⁵⁵ 名 刺，荆棘 thorn *yanyo yohgu ddwa jja, erpe wo ncho i kehzho i ddenyi*。昨天去放羊，脚被刺刺伤了，有些疼。

ncho ③ ntʃʰo⁵⁵ 动 散落 scatter

ncho ④ ntʃʰo⁵⁵ 动 敬献 consecrate

ncho ⑤ ntʃʰo⁵⁵ 动 跟随 follow, go after

ncho ligga ntʃʰo⁵⁵li⁵⁵ga⁵⁵ 名 晨跑 morning jog, morning running *coparha nchoddahggar nedrotrege nacyi hgwarramaga ligga*。年轻的时候，每天起床后就在坝子里边晨跑二十多圈。

ncho hggwar dengu ntʃʰo⁵⁵əgu ɚ⁵⁵de⁵⁵ŋu⁵⁵ 起个大早，早早地起来 get up early *zzilhabashe nchohggwar dengu bangaibashe* *barsi nzzhezzyi*。起个大早,从则拉乡大铺子赶到越西县保安乡保安营吃晚饭。

nchonbbryi mama ① ntʃʰo⁵⁵ nbzɿ⁵⁵ ma⁵⁵ ma⁵⁵ 黄莓刺果 yellow raspberry *ncho nbbryi mama bbe ne dde shu ga ddebbe, dda nwa su jji zzho*。黄莓刺果有黄色的,也有黑色的。

黄莓刺果

nchonbbryi mama ② ntʃʰo⁵⁵ mbzɿ⁵⁵ ma⁵⁵ ma⁵⁵ 名 空心苞,覆盆子 raspberry

覆盆子(花)

nchonbbryi si ntʃʰo⁵⁵ nbzɿ⁵⁵ si⁵⁵ 黄莓刺树 yellow raspberry tree *nchonbbryi si mama bbele ddecho ddebbe*。黄莓刺树的果实是甜的。

nchonyi hasu ntʃʰo⁵⁵ ɲi⁵⁵ xa³³ su³³ 癫痫病患者,癫痫病人 patients with epilepsy *yaddre nchonyihasu bbe cehxxyi bbutre tebbu a ne titi tacha gge debbe*。小时候患有癫痫病的人,到了十八岁以后就会自动痊愈的。(当地的说法)

nchonyi nyihji ntʃʰo⁵⁵ ɲi⁵⁵ ɲi³³ ɕtɕi³³ 解痉药,抗癫痫病的药 anticonvulsive drug, antiepileptic drug *nchonyi nyihji bbegene bberyimarci ngepryibbe nagarne sseleyanyojje*。据说,在抗癫痫病的药物里加入蛇蜕就药效倍增了。

nchoze ddenyi ntʃʰo⁵⁵ tse⁵⁵ de⁵⁵ ɲi⁵⁵ 名 早烧云,朝霞 morning glow, rosy dawn, clouds of dawn *ncho ze dde nyi nddro ma shyi*。早烧云不出行(意指要下雨)。(谚语)

nchu ma ntʃʰu⁵⁵ ma⁵⁵ 名 背柳,脊背 back *aotilige naganagai nbbeli nchuma la tagaga*。我被他狠狠地揍,腰子、背柳都被打落了。

nchwa nbbryi ngu ntʃʰua⁵⁵ nbzɿ⁵⁵ ŋu⁵⁵ 动 警醒,警觉(提高警惕) beware, alert *har nzzu ha ne desyi nchwa nbbryi ngu massyi i har la ha*。值守庄稼地防老熊的时候一定要警觉,不然老熊会来的。

nchyi ① ntʃʰɿ⁵⁵ 动 捻(用手指)twist with the fingers *ssi hibbe kangeddwa jji zzhu desyila nchyio daga dde hji zzhunchyi debbe*。妇女们走到哪里都要带上一些羊毛和一个捻具,忙里偷闲捻羊毛线。(当地的生活习惯)

nchyi ② ntʃʰɿ⁵⁵ 动 剖开 slit, cut *yaha ggu pa nehmo vudda ga, ne ddahggar nenchyia kenbbua ngezzyi*。昨晚我打死了两只老鼠,你一会儿起床把它们剖开烧来吃了。

nchyi ③ ntʃʰɿ⁵⁵ 动 分开,撕开 separate, tear apart, slit *assyi abuo lezzyi rarangui veicyi syi nenchyi i nazhwazhwa i ngezzyia*。我家的高祖父用手指甲把(煮熟了的)小猪肩胛骨撕开啖食了。

nchyi ggu ntʃʰɚ⁵⁵gu⁵⁵ 名 荒漠（当地指没有树的荒草坡） desert, hungriness, a wasteland without a tree *ngwarmo rosheo macalage nchyi ggu kejoi ddru gge*。那头有长长犄角的老黄牛，在阳光下趴在荒漠里反刍着。

nchyi lo ntʃʰɚ³³lo³³ 纺线锤 spindle *nchyioge ne dedebbe ne nchyilo ge jja jji gge debbe*。纺线锤，有些人称之为"纺线棒"。

nchyijji nengu ntʃʰɚ⁵⁵dʑi⁵⁵ne³³ŋu³³ 做了夫妻 become husband and wife *seho ne nchyijji nengu a ne daodeva yahchyi yanjji nengu a tesitengu hodebbe*。无论是谁，做了夫妻就要相互爱戴、相互照顾和保护的。

nchyikwa ne jjikwa ntʃʰɚ⁵⁵kʰua⁵⁵nɛ³³dʑi⁵⁵kʰua⁵⁵ 夫贵妻荣，妻以夫为荣 follow the man you marry, no matter what he does *nchyikwa ne jjikwa, troshe nabar netro, rashe nabar nera*。夫贵妻荣，嫁鸡随鸡，嫁狗随狗。（以前的观念）

nchyilo ntʃʰɚ³³lo³³ 名 法铃，铜铃，铃铛 bell, copper bell, tinkle bell, jingle bell *neryii she jjimar muga shaba le, yava nchyilo neo neo la bbo de*。你们村的吉满沙巴家里，单是法铃就有两个。

铃 铛

nchyio ga ntʃʰɚ³³o³³ka³³ 纺线锤 spindle *hima nzzamabbei nyinqinguhane nchyioga vujo ge nenzzi, ka bbarnyi ne ga nchyi*。女人出工时把纺线锤插在头帕里，休息时坐下来就开始捻毛线。（当地的生活习惯）

nchyitra litra ntʃʰɚ⁵⁵tʂʰa⁵⁵li⁵⁵tʂʰa⁵⁵ 荒山之鬼和森林之鬼，山野之鬼 the ghost of the mountain and the ghost of the forest, the ghost of the wild *danyo nbbyazyichyiddwai nchyitralitra deddezzuzzui vuliddenyi mapa*。今天到山上去割蕨萁，遇到一个山野之鬼，头疼得实在坚持不住了。（不科学的说法）

ncu ① ntsʰu⁵⁵ 名 雹子，冰雹 hail *tiha nyope ncu xxogge*。现在室外正在下冰雹。

ncu ② ntsʰu⁵⁵ 名 椿树 ailanthus *tenenyo chendu gwarshege ncunyo dedre bbazzhe cenepwa nguge*。这几天成都集市上一斤椿芽卖十二元。

椿 树

ncu ③ ntsʰu⁵⁵ 量 朵 *mido dencu trohzho nbbu qo ddeviza*。一朵鲜花开放在狗屎堆上。

ncu ④ ntsʰu⁵⁵ 动 点（亮），点（燃） lighten, ignite *zhama ddega vi kencu, vi kehjane xxikencua ngecegge*。打起火镰把火草点燃，点燃了火草就点烟抽。

ncu ⑤ ntsʰu⁵⁵ 形 优，好，对 good, right *cihirepu ncu gge debbutre, ka dde gela ssumi bbe* ngwarrosheshe nguza。今年是个好年份,到处都丰收在望,玉米长得像牛犄角一样粗壮。

ncu hbbu ntsʰu⁵⁵ əbu⁵⁵ 名 雹子,冰雹 hail, hailstone　*ncu hbbu nala gga ne nyichu ketro ane ncu hbbubbe tezhazha gge de*。看到要下冰雹的时候,对着天空的云层放枪,可以化解冰雹灾害的。(当地的说法)

ncu sibyi ntsʰu⁵⁵ si³³ pzə³³ 椿树板,椿树木板 ailanthus board　*ncu sibyi bbe ntruna ncaha, ssama kentruha ssama nevu maggedebbe jje*。据说,用椿树板制作的甑子蒸饭,饭不会馊。

ncuhbbu cyiga kengu ntsʰu⁵⁵ əbu⁵⁵ tsʰə⁵⁵ ka⁵⁵ kʰe³³ ŋu³³ 冰雹下得如打盐巴,冰雹下得猛烈 a heavy hailstorm　*daso ncuhbbu cyiga kengu i ssumi nyonyo bbe nyogwa nezizi ata*。今天早上冰雹下得犹如打盐巴,把玉米苗全部打烂了。

ncuncu biga ntsʰu⁵⁵ ntsʰu⁵⁵ pi⁵⁵ ka⁵⁵ 名 囫囵,全身 whole, entire　*rape o lwa pwa jji ge nge hdoilwapwa lige rapeo ncuncu biga ngehmia*。那只公鸡跳到老虎窝里去了,被老虎一口衔住囫囵吞下了。(民间故事)

ncuncu biga nehmi ntsʰu⁵⁵ ntsʰu⁵⁵ pi⁵⁵ ka⁵⁵ nɛ⁵⁵ əmi⁵⁵ 囫囵吞下,没有剥皮就吞下 swallow something as a whole, swallow something entirely　*ryipige dagalige ggupa deo ncuncu biga nehmi*。一条蟒蛇把一只老鼠囫囵吞下了。

ncwa ① ntsʰua⁵⁵ 动 发痒 itch, tickle　*gedaha nqibbiqo vezza chyijja lepe o lhai nanzzai ggoi dda ncwa*。刚才在坎上割猪草,手被火麻蜇了,很痒。

ncwa ② ntsʰua⁵⁵ 形 辣 spicy, peppery　*fuzi nyihssa naga nagwar jja, fu zi ddancwai ssama nge zzyi mapa*。饭里加了两根青海椒,辣得吃不下饭了。

ncyi ntsʰə⁵⁵ 动 挑,选,挑选 choose, pick, select　*zu erbwa ge zu nwa ncyi dde ngu i he nzza ngu*。像在一斗白豆里边挑选黑豆一样地选择婚姻对象来开亲。

ncyi hggo ntsʰə⁵⁵ əgo⁵⁵ 动 挑拣,挑选,甄选 select, pick, choose, screen　*yoerbbuge yonwancyi hggo, zuerbwage zunwa ncyi hggo, ncheerbwage zzasuncyi hggo*。白羊群里挑黑羊,白豆袋里捡黑豆,白米斗里选谷子。(谚语)

黑 豆

ncyincyi ggohggo ntsʰə⁵⁵ ntsʰə⁵⁵ go⁵⁵ əgo³³ 挑挑选选 select, pick, choose　*shyinggu de ne deo kentrontro ahji ggeshe, ana debbe ncyincyi ggohggo e*? 作为份子肉,随便抓一坨就走,有什么值得挑挑选选的?

ndda gu nda⁵⁵ku⁵⁵ 形 酽(茶),浓 strong (tea), thick　*ni nzzhyiva bbene nddagutazaza, desyi zzhorezzhore debbe nancayali*。你的醪糟调得太浓了,稍微调得稀一些就好吃了。

ndda pa nda⁵⁵ pʰa⁵⁵ 名 无根藤,寄生草 rootless grass

ndda ra nda³³ ra⁵⁵ 名 窗户,窗花 window, papercutting for window decoration

窗 户

ndda re nda⁵⁵ re⁵⁵ 名 蕨液（过滤的蕨萁液） filterable fern liquid *ndda rebbe chorage nessyihssyi ane zyimibbe chora ssyiloge kadaza*。过滤的蕨萁液沉淀了,沉淀物就在大木桶的底部,黏附在木板上。

ndda ta nda⁵⁵ tʰa⁵⁵ 名 首乌 fleece-flower noot

ndda var barzyi nda⁵⁵ vɚ⁵⁵ pɚ³³ tsɿ³³ 动 送客 see the guest off *nddavar bbe nga a barzyi e*? 客人们送走了没有?

ndda var kwa nda³³ vɚ³³ kʰua⁵⁵ 名 贵客,贵宾 honored guest

ndda zyi nda⁵⁵ tsɿ⁵⁵ 蕨萁根的渣滓 the dross of the fern root *iddangaha nddazyi ssama ngezzyi ihzhoi kanggai neizzu mapa, vahji te shoa*。挨饿的那个时期,吃了蕨萁根渣做的饭,大便结块无法排泄出来,差点死人了。

nddaggu sapa nda⁵⁵ gu⁵⁵ sa⁵⁵ pʰa⁵⁵ 名 家长 parents *nddaggu sapa yancu ne njjondde ryinyi ndde*。家长优秀就朋友多,亲戚多。

nddagu nddagu nda⁵⁵ ku⁵⁵ nda⁵⁵ ku⁵⁵ 名 黏稠液,醅汁水 sticky liquid, thick juice *zhaya nchemi nddagu nddagu dabbar ddadwai ngehjilai cetezumapa*。扎雅端来了一盆黏液一样的稀饭给我们吃,实在吃不完了。

nddajji dde hdo nda⁵⁵ dʑi⁵⁵ əto⁵⁵ 名 跳高 high jump *nddajji dde hdo nedegehe ne erhggo lehggo ho mo dage he ne hdo nzzho ho de*。跳高一方面要手脚轻便、麻利,另一方面是需要技巧的。

nddajji ngehdo nda⁵⁵ dʑɚ⁵⁵ ŋe⁵⁵ əto⁵⁵ 名 跳远 long jump *coparbbe bisahane nddajji hdo, nzzyila hane meshuizuge nddajji ngehdo*。年轻人在烧草皮的时候跳高,在种荞子的时候依着烧草皮的灰坑跳远。(当地的习俗)

nddandda gugu nda⁵⁵ nda⁵⁵ ku⁵⁵ ku³³ 形 黏糊糊的 squishy, slimy *yalishe ggaggaddwai, nzzhyiva nddandda gugu dabbar ngehjilai gua*。我到雅丽那里去玩的时候,她端来了一碗黏糊糊的醅糟给我喝。

nddara ma nda³³ ra³³ ma³³ 图画文字,象形文字,尔苏沙巴文 hieroglyph, pictograph *ersu shaba nzzhonzzyi bbe ne nddarama jja jji debbe*。尔苏沙巴的图画文字就叫"窗花样文字",尔苏人就是这样称呼的。

nddare nddare nda⁵⁵ rɛ⁵⁵ nda⁵⁵ rɛ⁵⁵ 形 淡,稀(清汤寡水) watery, thin, weak (liquid) *daso nchemi bbe nddare nddare gge ngece la ngamace demiha gge*。今天的早餐,粥很稀,吃不吃一个样,很快就会饿的。

nddavar nda⁵⁵ vɚ⁵⁵ 名 客人 guest, visitor *nddavar lagge hamase, nggenyo ryipa ngamaze*。不知道珍贵的客人来咱家,没有到九天的路程去迎接。(民歌歌词)

nddavar be nda⁵⁵ vɚ⁵⁵ pɛ⁵⁵ 动 送客 see the guest off *a ddege nddavar nanchalai a* *danyo nddavar bei gge ddo*。我家来了两位客人,今天我要送客人走。

nddavar gwar i nda⁵⁵ vɚ⁵⁵ ku ɚ⁵⁵ ji⁵⁵ 请客人来,喊客人到家里来 invite guests to the house *ssama razzyi gga, ssa nddavar bbe gwar i a shula*。饭蒸熟了,快去请客人来(吃饭)。

nddavar hzhehzhe nda⁵⁵ vɚ⁵⁵ ətʃɛ⁵⁵ ətʃɛ⁵⁵ 动 留客(挽留客人) detain guests *tedde hwamya gaggejja nddavar hzhehzhe gge*。他家要宰杀牲口待客,所以正在挽留客人。

nddavar jasha nda⁵⁵ vɚ⁵⁵ tɕɑ⁵⁵ ʃa⁵⁵ 动 请客(招待客人) entertain guests, invite (guests) *danyo adde zhere demi shi kezui nddavar jasha, nbbisho, anjji gge*。今天我家只用一点豆腐请客,急慢了,我羞愧得无地自容了。(自谦的话)

nddavar zyi nda⁵⁵ vɚ⁵⁵ tsɿ⁵⁵ 动 款待 treat guests *danyo adde ggozhere demi kezu i ddavar zyi bbe va gu jjidda*。今天我家烧了一点酸菜汤来款待客人。

煮酸菜汤

ndde ① ndɛ⁵⁵ 形 晴,旺 clear, sunny, fine *danyo menddedenyo, moqonggame bbe ngehjila ngeko*。今天是个晴天,把老人的寿衣全部抱到太阳下暴晒去霉。

ndde ② ndɛ⁵⁵ 形 肥沃,优,好 fertile, rich (soil) *meliya ndde de nggu ge ha, aryihza late gela gge ahgga shyi*? 这里是一片肥沃的土地,我家搬迁到这里来,你们同意否?

ndde ③ ndɛ⁵⁵ 形 美丽(蟹螺语) beautiful *ssimo yandde fugezzho, mido yanqo rogeha*。漂亮女人在村里,美丽花朵在崖上。(赞美女性的歌词)

ndde desyi mangu nde⁵⁵ tɛ⁵⁵ sɿ⁵⁵ ma⁵⁵ ŋu⁵⁵ 无恶不作的,专门做坏事的 scoundrel *neryishe amu ne malide suva ndde desyi mangu depyi*。你们那里的阿木是个坏人,专做坏事的,从来不做好事。

nddendde ngebe ndɛ⁵⁵ ndɛ⁵⁵ ŋɛ³³ pɛ⁵⁵ 动 欢送 see off warmly *nddavarbbe ssyi gge cwa jji gge, ndden dde desyi nge bei*。客人们就要走了,你们要欢送。

nddengule maha nde⁵⁵ ŋu⁵⁵ le⁵⁵ ma⁵⁵ xa⁵⁵ 不值得为他做善事 it's not worth doing good to him *suteone mali de, tava nddengule maha de*。这个人是坏人,不值得为他做善事。

nddetebbui ryipa nde⁵⁵ tʰe⁵⁵ bu⁵⁵ ji⁵⁵ rə⁵⁵ pʰa⁵⁵ 成功之路 the road to success, way to success, fastrack *nei nddetebbui ggeryipa tage ge ngatabbarnyi, ashyi nengua ddehgusu*。你在这条成功之路上要勇往直前,不要逗留旁顾。

nddo ndo³³ 动 看见 see, catch sight of *abbu gala yanyo bbubbibbo ni sibu sshe da ai nddo a*。阿布呷拉,你昨天在苦楮坪爬树被我看见了。*yanyo neryi drotrege sheshebbarbbar ggaggagge amo nddo a*。昨天,我看见你们在敞坝进行拔河比赛。

nddre ① ndʐɛ⁵⁵ 动 刺,戳 jab, poke, stab,

299

prick　assyikwakwa lige nddre ga rarangui harbbuo dde nddreitesho shuza。我父亲用长戟把雄性老熊刺死了。（旧时的做法）

nddre ② ndʐe⁵⁵ 名 长矛 spear, lance zhenyisi razebarbbi silyomaga zzhodaga nehia bbazha dejiqokenyoa ne nddre daga tebbua。找一根鸡蛋粗细、三尺左右长的酸籽木杆，弄光滑了，一头镶把尖刀就成长矛了。

nddre ③ ndʐe³³ 动 缝 stitch, seam, sew nggame dde nddre a ddesshyi a ne dda ma npi。缝件衣服来穿，可以御御寒。

nddre ga ndʐe⁵⁵ka⁵⁵ 那把梭镖，那把长戟，那根杆子 that dart, that halberd me maco zzyio nyai mai qabbai nddrega nge hji lai nyaimava dde qi ajje。野人婆拿出尼艾曼父亲的那把梭镖举过头顶，递给尼艾曼。（民间故事）

nddre si ndʐe⁵⁵si⁵⁵ 名 齐眉棍（上尖刀可作戟，挑夫用来自卫的拐棍）eyebrow-high stick (the stick can be used as a halberd with the knife or a weapon for self-defense) nzzaryiga gavarhjiha nddresi muggu kecida gahji, hzhobwa lanenddre ngu。旧时在大路上当背夫的时候，手拿一根齐眉木棍，遇到劫匪时可作戟以御敌。

nddremi deji ndʐe⁵⁵mi⁵⁵te³³tɕi³³ 一把尖刀，一把牛耳朵形尖刀 a sharp knife, a sharp knife in the shape of bull's ear ale nddremi deji nezua ssigge, tamahssyii silage liggahana mazze。我要锻打一把牛耳朵形的尖刀，不然进山的时候很不方便。

nddrepu marwa ndʐe⁵⁵pʰu⁵⁵mɚ⁵⁵wa⁵⁵ 用镖指着目标，箭在弦上 the arrow is fitted to the string shaba bbe nyogwa nddre pu mar wa nazhala jje。沙巴们全部端着梭镖，指着目标，追赶下来了。

nddreshe ggagga ndʐe⁵⁵ʃe⁵⁵ga³³ga³³ 名 长棍舞，迎宾舞 a dance with long sticks, welcome dance ersubbe mesyitrajji ha ndda var ze hane nddreshe ggagga ggede。尔苏人在做道场的时候，迎宾要跳迎宾舞的。

nddro ① ndʐo⁵⁵ 动 吼，大吼，吼叫 roar, growl, howl, yowl, yell, shout, bellow tro harva kemimi ddeddwai, harlige ngenddroane zzho ggwa nyo nga nya。这只狗沿着熊迹追上去，老熊一吼，它马上就退缩了。

nddro ② ndʐo⁵⁵ 名 皮 fur ngwar nddropwa macalage desyingeko adde ddrusu, age lonengu gge。把牛皮拿到太阳坝上晒干，我要用它作床垫。

nddro ③ ndʐo³³ 动 量，测量（体积）measure (volume) bar bbe bwa ge ddenddroa chomya zzho shyi me, zhanga hwa ho deta。把粮食用斗来测量，看看总共有多少，今后需要归还的嘛。

nddro ④ ndʐo³³ 名 污垢 dirt, filth, fouling, grime yaddre te o vumya nece ma qi za, vumya va nddro bi ddaga。这个娃娃不知道有多久没有洗脸了，满脸都是污垢。

nddro bi ndʐo⁵⁵pi⁵⁵ 名 皮肤 fur shoi hane ve nddrobi bbe nddro ssyi nca de bbe。过去，猪皮是用来加工皮鞋的。

nddro er ① ndʐo⁵⁵ɚ⁵⁵ 名 白皮肤（王姓的支系）Wang yahishohi ne jji mar nddroer bbe nyogwa varge bwangai kenji ngezho zzho。过去的时候，王家白皮肤支系都住在保安乡附近（辖区）的。

nddro er ② ndʐo⁵⁵ɚ⁵⁵ 白皙的皮肤 white skin tevumya syi ddeer i fuzzhu nebii barnqo, titi nddrobi ddeer syi va goi yahgga。她一张白脸长得犹如刚剥皮的大蒜瓣一样美丽，她

喜欢自己白皙的皮肤。

nddro gwa ndʐo⁵⁵ kua⁵⁵ 动 剥皮 pare, peel *zaxilate-ryi coparbbe yode kesshyii nagai nddrogwashyizzhyi gge jje*。扎西他们年轻人买了一只羊,准备宰杀了剥皮煮羊肉来吃。

nddrobi ddehbbu ndʐo⁵⁵pi⁵⁵de⁵⁵əbu⁵⁵ 皮肤增厚,皮肤变厚,皮肤粗糙 thickened skin, rough skin *shapu shyibbe kenbbu hane nddrobii ddehbbua lesu sio magazzho jje*。刺猬肉在火头烧过之后,皮肤增厚到约有三指膘。

nddru ① ndʐu⁵⁵ 名 瓦 tile *nddrubbwa dege hbomode neshuaddegene vuliddenyidesyi tachagge*。在一个瓦片里烧一点檀香枝,打一个醋坛,你的头疼就会缓解的。(当地的做法)

nddru ② ndʐu⁵⁵ 动 反刍,回草 ruminate *ngwarbbene milhaggu nenzze bbe ipanagwar gge, nkwar si ssahssa nddru*。黄牛白天吃下草,晚上慢慢来反刍。(民歌歌词)

nddrui nddruma nge hggo hggo ndʐuj⁵⁵ndʐu⁵⁵ma⁵⁵ŋe³³əgo³³əgo³³ 大瓦房依次排列,房屋鳞次栉比 the buildings are in tight rows *tihene ershayali ne, ersumeli ge nddrui nddruma ngehggo hggo suza*。现在国家的政策好了,尔苏地区大瓦房鳞次栉比。

nddryi ① ndʐɚ⁵⁵ 量 次,趟,转 time (once, twice, etc.) *su dede bbe dessu ho-che de nddryi nehssyi maho ho-che la tenddo maqi*。一些人一生都没有看见过一次火车,更别说坐过了。

nddryi ② ndʐɚ⁵⁵ 动 转动,旋绕 rotate, twirl *tenenyo ale byimape dezhengui ozzhola chohdi nddryi ddwa*。这几天我和青蛙一道,到西昌转观赏塔去了。(青蛙是民间故事中的角色)

nddryi ③ ndʐɚ⁵⁵ 动 观赏,瞻仰 view and admire, enjoy the sight of, look at with reverence *byima syissao ozzhola chohdi nddryii gge jja gaer qo nehssyi inge dwa*。青蛙仙子骑着乌鸦飞走了,到南方的西昌去观赏白塔了。(民间故事)

ne ① ne³³ 副 再 again *tiha ddamawa jji mwaha, muzwa ne zzyila ggeshe*。现在没吃饱没关系,一会儿还要再来吃的。

ne ② ne⁵⁵ 表示趋向 tendency marker *veibbe nankaneddwatene a raidebbe kesshyia ddehssugge*。如果小猪儿全部卖出去的话,我要买一些小鸡来喂养。

ne ③ nɛ⁵⁵ 代 你 you, thou *ne wossebashe tro nka dde jjiggei nyahajjola de ddo*? 听说你到石棉县永和乡卖狗去了,是什么时候回来的?

ne ④ nɛ⁵⁵ 数 二,两 two *ssumibbe ngwar ro she shengui debu ne ssumi gaga ne wo kasa za*。玉米棒子长得像牛犄角,每棵植株上都结着两个玉米苞。

ne ⑤ ne⁵⁵ 作为话题标记,作为主题标记 topic marker *tege barla ne neryi nyogwa jjoi cwa, a ne tege kenzzu gge*。到了这里以后,你们就都回去,我一个人看守。

ne bbi ne⁵⁵bi⁵⁵ 动 渗出 flow *jjimao la anjji manddo nebbiza, vubbe ngencei nesshe la za ta*。不知道什么原因,这个大坛子已经迸裂,酒都渗漏出来了。

ne bboncobbonco ne⁵⁵bo⁵⁵ntsʰo⁵⁵bo⁵⁵ntsʰo⁵⁵ 数 两亿 two hundred million

ne bbu ① nɛ⁵⁵bu⁵⁵ 形 正确,对,成功 correct, right *nei tamar ne nebbu a de*。你的这一

招是正确的。

ne bbu ② ne³³bu⁵⁵ 落下残疾 become disabled *te zzyi yaddre o er nebbu za jje*。据说，他家娃娃的脚落下了残疾。

ne bbyi ne⁵⁵bzɚ⁵⁵ 动 照射（阳光灿烂）irradiate（sunny）*nggabale ande mazzho, lhapesi nebbyi za, mokwar jjoddwai kamar jje*。大门外什么都没有，只有月光照射在大地上，她又返回去睡觉了。

ne be ① nɛ³³pɛ³³ 动 亏损，失败 lose, frustrate *sshyi nka ma ncu i nzzhe ne be a, ssuggu nanka nzzhehwa gge*。生意不好亏了钱，卖掉牲口把钱还。

ne be ② ne³³pe⁵⁵ 动 化脓，溃烂，生疮 fester, ulcerate, suppurate

ne be ③ nɛ³³pɛ⁵⁵ 动 吊着（鼻涕）hang（snot）

ne bi ① nɛ³³pi⁵⁵ 动 剥皮，削皮 pare, peel *mulhinyao anebar iddanga manddo, bugagabbe ne bi mami nzzho nzzho nwahnwa syihda gge*。小木乃不知道有多饿，煮的洋芋他没有剥皮就狼吞虎咽地吃下去了。

ne bi ② ne⁵⁵pi⁵⁵ 两捆 two bundles *ssumi bbu nebi ddadwa kehjila te vio kama npar anjji gge, ngebbi ddeddre a ne npar yanzzyide*。抱两捆玉米秆来把这头猪的猪毛烧一烧，不然，猪死僵了就不好燂毛了。（当地的做法）

ne bi ③ ne⁵⁵pi⁵⁵ 动 怪罪，诿过 attribute, blame *cogatryio nbbopa tigeddagai erpe rekara shusi ne molo va nebi a*。这个憨人把马儿打伤后诿过给莫洛，说莫洛把马儿打伤了。

ne bu ① ne³³pu⁵⁵ 动 披上 put on *nggame de qo ne bu*。披上一件衣服。

ne bu ② ne⁵⁵pu⁵⁵ 动 盖上 cover with *pugar qo ne bu*。盖上被子。

ne bu ③ ne⁵⁵pu⁵⁵ 两层 two layers *ngga me nebu nebubu za*。衣服两层两层地叠着。

ne bu ④ ne³³pu⁵⁵（家族性遗传病）传染 infece

ne bubu ne⁵⁵pu⁵⁵pu⁵⁵ 一层叠一层，多层 overlap, layer by layer *mecu le ddamahggwar, anjji nggame de bbe ti nebu bu a ddo?* 又不是冬天，怎么穿这么多层衣服呢？

ne byi ne⁵⁵pzɛ⁵⁵ 动 辱骂，批评 abuse, revile, criticize *qanyo lige zhoncui va nebyi nebyi i myaddebar damanyoa*。忠出被他老丈母娘辱骂得无地自容，睁不开眼。

ne byi ne byi ne⁵⁵pɚ⁵⁵ne³³pɚ³³ 骂了又骂 scold again and again

ne byiya i ne³³pzɛ³³ja³³ji³³ 被缠着（小鸡缠着鸡婆）be tied to *alo, tedenebbutreyava veirai debbe nebyiyai nganyanya mapaddo*。你看嘛，这两年来我被家里的小猪、小鸡缠着，离不开啊。

ne ce ne⁵⁵tsʰe³³ 动 清洗 wash, clean, rinse

ne cepwa ne³³tsʰe³³pua⁵⁵ 动 明说（清楚表达意思）speak frankly, articulate

ne cho nɛ³³tʰo⁵⁵ 动 烂（局部开始烂）rot（partially rot）*buzzhwage bugaga bbe debbe kenpi necho za*。竹围子里的一些洋芋被冻烂了。

ne chu ne⁵⁵tʃʰu⁵⁵ 动 打眼，打孔 bore, punch, drill

ne chyi ne³³tʃʰɚ³³ 磨破皮 be abraded *nbbo nzzejja nbbo i nechyi i nqoca ngenyo dage nddro bi lamaha za*。因为骑马，把大腿根部的皮磨破了一块，受伤了。

ne chyi i ne³³tʃʰɚ³³ji⁵⁵ 动 落孤，流落，解散（化为乌有）dissolve（go up in smoke）*tefu bai su bbe nwanzzubabbe jjika dege debbe nechyi* *imanyo ggadebbe*。现在这个村的人像一群孤雁一样到处流落，见不到踪影了。

ne chyichyi nɛ⁵⁵ tʃʰɚ⁵⁵ tʃʰɚ⁵⁵ 动 驱离，隔离，开除 expel, isolate, expulse *shoi nyihji mabbo ne sukehnyo a ne nyinwa venwa ge nechyi chyi gge*。过去因为没有特效药，谁患了麻风病，就会被家族的弟兄隔离开的。 *amu o teyo i cyivi bbe lige nechyichyi a jjigge*。阿木犯大错误触犯了家规，被家族开除了族籍。

ne cyi de nɛ⁵⁵ tsʰɚ⁵⁵ tɛ⁵⁵ 数 二十一 twenty-one

ne ddryiddre nɛ³³ dʐɚ³³ dʐɚ⁵⁵ 动 涂抹，揉搓 smear, paint, knead *ssintremao menkei vumyava ne ddryiddrei ddemeddanwa de nanca*。聪慧女把锅烟子涂抹在脸上，把脸全部涂成黑黢黢的了。（民间故事）

ne ddwa nɛ⁵⁵ dua⁵⁵ 动 下去 go down *assyi muzzyissao ne ddege ssyiggejja neddwa, jajaddagwar kezzoro*。我家的木吉子说到你家去，已经下去了，你们对他要严格要求。

ne er nɛ⁵⁵ ɚ⁵⁵ 动 添加，加上 add, increase *sacyi ge cene o neer ne co wo e*？三十添上十二是多少？（30+12=？）

ne erbo nɛ³³ ɚ³³ po⁵⁵ 动 增补，添加，补充 increase, gain, supplement, replenish

ne gege nɛ⁵⁵ ke⁵⁵ ke⁵⁵ 气味扑鼻 tangy smell *danyo sedei dde vu ntru manddo, vuse daga negege za*。今天不知道是谁家在烤酒，空气中酒气扑鼻。

ne gehge nɛ⁵⁵ ke⁵⁵ əke⁵⁵ 要压断似的 as if it is broken *te-ryi sso zoze negehge i shyi zzyi vu ce gge*。食物摆满一桌子，桌子好像都要压断似的。

ne gezi nɛ³³ ke³³ tsi³³ 变矮小 dwarf *su bbryi ne ne gezi, su o ne dde ntre*。人的个体在变小，人的思维在强大。（谚语）

ne gguhdda nɛ³³ gu³³ əda⁵⁵ 动 分割，切分 cut apart, divide into *henzza tebbu ggoi mali, rarabibi nyo ne neryi ssyia negguhdda nyipyi ddo*。这桩婚姻不理想，既然吵吵闹闹不停，那么你们去调解分割，了结掉吧。

ne gohgo nɛ⁵⁵ go³³ əgo³³ 动 返贫，乞讨 return to poverty, beg *yahile vema denankajja bbazzhe raza, cihi ne anela mabbo nehgohgo se*。去年卖了一头母猪，得到一些钱，今年就什么收入都没有，又返贫了。

ne gojja ŋe³³ ko³³ dʐa³³ 动 疲倦，倦怠，累倒 exhaust, tire, jade *nyinqinguhane yaddrebbene negojjayanche, kwakwa bbe ne kociyachyi*。在劳动的时候，少年儿童疲倦得快，成年人耐劳一些，所以疲乏来得迟。 *ai yaddre nguha, bbege nyinqingu hane degguzwa ne ne gojja*。我小时候在生产队劳动，没过多久就累倒了。

ne gu nɛ³³ ku⁵⁵ 动 喂，让喝，使喝 feed, let... drink, make... drink *ngwarxxyi teo desyi nama zzyijoi ddata magge, zhoi ncami demi negu ma*。这头小牛不特别照顾恐怕活不下来，给它喂一些糌粑浆吧。

ne guer nɛ³³ ku³³ ɚ³³ 动 瘫痪 paralyze *amu nyibugai vuli erkwa kehzui neguer i shyɪshyi mado yasizzho*。阿木跌倒，头撞在石头上瘫痪了，不能够走路，只能待在家里。

ne hbu nɛ³³ əpu⁵⁵ 动 镇压，去势 suppress, repress, castrate, put down

ne hddi nɛ³³ ədi⁵⁵ 坐下别动（隐语）sit still (lingo) *ne ne tege nehddi, ane debbe xoxo ddo*。你就在这里坐着，动什么动。

ne hde ① nɛ³³ ətɛ⁵⁵ 动 数，计数 count, tally

ne hde ② nɛ³³əte⁵⁵ 动 装着 be filled with

ne hdo nɛ⁵⁵əto⁵⁵ 动 跳（下）jump *ne sso zzhosho ku ge zzhozzho ne zzhotru kuge nehdo a ta*。你呀，在干净的水桶里待得好好的，怎么就跳到脏水桶里去了呢？

ne he nzza nɛ³³xɛ³³ndʐa⁵⁵ 动 开亲 get married, marry

ne hge ① ne³³əkɛ⁵⁵ 动 撇断，折断 snap, break off *ggogugubbe nehge ddroge nagwar kezho, muzwa ne nzzhokwa zzyi gge*。把菜头和菜秆折断后，放到锅里一起煮起来，一会儿就来吃午饭了。

ne hge ② nɛ⁵⁵əkɛ⁵⁵ 动 缺少，稀缺，需要 lack, need *a-ryi yaddre nguha zzyile cele nehge, sshyili nggame nehge, ggoima bbo*。我们没有长大的时候，家里缺少吃的和喝的，也稀缺衣服、被盖等物品。（缺吃少穿）

ne hge ③ ne³³əke⁵⁵ 动 弄断（棍子），摘 break (a stick), snap *ryipa qige harwo sidro dde ddru danaga nehge a zzishu zagge*。在路边上摘一些干枯的蒿草秆来扎几个火把，节日专用的蒿子秆火把。

蒿子秆火把

ne hggezzyi ① na⁵⁵əge⁵⁵dʑə⁵⁵ 动 区分，辨别，分辨（弄清楚）distinguish, differentiate, identify *nileho nposu kassyi deo, na nehggezzyi o, depryi rara npo katabi*。是哪个人偷了你的手机，你一定要分辨清楚，不要随便指认。

ne hggezzyi ② nɛ³³əgɛ³³dʑə³³ 形 清楚，清晰 clear *zebbe ddeshyi zhange ne nbbya ssuggu bbe nehggenazzyi iddo a*。云雾散开以后，山坡上的牛羊全部看得清清楚楚的了。

ne hggezzyi ③ nɛ³³əgɛ³³dʑə³³ 作出决定 make a decision *neryi anjjigge ne nehgge nezzyi, suisubbe ne-ryiva ngelozata*。你们要怎么办就作出明确的决定，其他人都在等待着你们决定。

ne hggezzyi nɛ³³gɛ³³dʑə³³ 动 清楚，明白 understand

ne hggu ① ne³³əgu³³ 动 踢下，踏下 kick down *ddryimo de hge i nehggu za jje, agwa zzho nbbar bbebbe gge jji gge*。一只大雁被老鹰踢下了，据说那只大雁就在北边的河边爬行。（当地人认为老鹰会踢大雁）

ne hggu ② ne³³əgu⁵⁵ 动 吃亏，亏本，不划算 suffer losses, lose *ai cihi izu sshyinka tehzyi nehggua, ershava kamamimi namabbu a*。我今年的房地产生意做亏了，没有赶上政策调控，搞错了。

ne hgu ne³³əku⁵⁵ 动 学会，学精，出师 learn, finish one's apprenticeship *isha yaddreo shaba kesoi nehgu zade, lhanddre si ddamapu se*。这个依莎青年学沙巴手艺是学精通了，只是还没有开光授权。

ne hi ① ne⁵⁵xi⁵⁵ 动 倒出，斟 pour out, pour *zaxijjola vuhjilaza, deminehi aqokezyi, nyilanggu bbeva desyika ssa ssa*。扎西回来带了白酒，倒一点点上敬给先人，并求先人要照顾大家。（当地的习俗）

ne hi ② ne⁵⁵ xi⁵⁵ 在背后议论他人 talk about others behind their backs *amu la ama nezzi sui mugossa va nehi a anengu gge ddo*? 阿木和阿嫚你们两个,在木果热背后议论什么?

ne hmi ne⁵⁵ əmi⁵⁵ 动 吞咽,吞下 swallow *inwamama nedre kesshyiitige nyogwa ncuncubige ngalhalhainehmia*。买了两斤樱桃回来,全部被他一人连皮带核地吞下了。

ne hnyo ne⁵⁵ əȵo⁵⁵ 动 陷下,沉没,沉入 sink down, go down, go under, sink, submerge *zzholema ge zzholhe jjane kege nehnyo i vahji ddamala*。在水池里游泳的时候,不小心沉入深水区,差点就没有上来了。

ne hsse ① nɛ⁵⁵ əze⁵⁵ 动 落入,掉入 fall into *zzhocyi zzhonbbar bulege yanyo vezyi de nehsse za*。苦水沟河边的陷阱里,昨天掉入了一只野猪。

ne hsse ② nɛ⁵⁵ əze⁵⁵ 动 下马,下车,下轿 dismount, get off, come out of the sedan *luobu nbboqo nehssei nala he ne nbbo ngedru dru ntonto gge*。罗布从马上下来以后,那匹马已经大汗淋漓了。

ne hxxi ne hxxi ne⁵⁵ əzi⁵⁵ ne⁵⁵ əzi⁵⁵ 忍了又忍,多次忍让 endure for many times *su tewo ahomar-itaza de, ai te se nehxxi nehxxi koci a*。这个人实在太过分了,我已经对他多次忍让了。

ne hyo ne⁵⁵ xjo³³ 顺着往下,依次往下,从头到脚 in turn, from head to toe *vua nehyo hzhea nabar, nggame shyizwa kezzi depo tava neshyia*。给他买了一套新衣服,从头到脚全部换新了。

ne hzu naga ne³³ ətsu³³ na⁵⁵ ka⁵⁵ 形 锤烂的,捣碎的 broken, mashed

ne hzuga ① ne³³ ətsu⁵⁵ ka⁵⁵ 动 敲打,捣烂 knock, pound *nggazyii icabbe nedo ane zulili nehzunaga si macalage zzikongengu*。把兰花烟叶和烟梢摘下来,用棒槌把它们全部敲打捣烂,然后摊在太阳坝里边暴晒。

ne hzuga ② ne³³ ətsu³³ ka⁵⁵ 添麻烦,使困难 incommode, trouble *teddege hima vuce mahssyila neryivasi nehzuga na bbarnzzyi sua ma*。名义上是到他家来吃三朝宴,实际上是给你们添麻烦了。

ne hzuga ③ ne³³ ətsu⁵⁵ ka⁵⁵ 动 打搅 trouble

ne i ① ne⁵⁵ ji⁵⁵ 动 下去 go down *zho nessyi mugassao addege ssyijja nei mali ganga ddezyi*。你看,我请你家的牧呷惹到我家里去坐一坐,他无论如何都不下去。

ne i ② ne⁵⁵ ji⁵⁵ 两家 two families *idigge bashe su bbe hzachyi tezzui, tiha ne su nei si ngere zajjigge*。马依呷村人大都搬迁走了,据说现在只剩下两家了。

ne i ③ nɛ⁵⁵ ji⁵⁵ 代 你的 your *zzitra teone nei o, zzitra ateo ne aio*。这个树皮网兜是你的,那个树皮网兜是我的。

ne i de ① nɛ⁵⁵ ji⁵⁵ tɛ⁵⁵ 是两家的 from two families *te inwatewo su nggeozzhodde, palassyi neide, neidde dawazzho debbe*。这个家有九口人,是父子两个家庭合在一起的。

ne i de ② nɛi⁵⁵ tɛ⁵⁵ 代 你的 your

ne izzu mapa ne⁵⁵ i⁵⁵ ʤu⁵⁵ ma³³ pʰa³³ 动 便秘 constipate *subbe temo ane ipa ma nzzyiryi ne neizzu mapa se ipa necu a se gge debbe*。人老了,消化机能就会退化,有时候会便秘,有时候又会拉肚子。

ne ji ne^{33}tɕi^{33} 动（强行）给予，赐，（强行）赠送 give, bestow, give as a gift *vujo tebbe ne paoshyibbu tava neji qiza debbe*。这些头帕是抛史部送给他们的。

ne jiji ① ne^{55}tɕi^{55}tɕi^{55} 形 繁忙 busy *tenenyo nejiji, ngule bbesi ngencidodo za, anesu ngu tezzugge hamasea*。这两天太繁忙了，要做的事情排着队，不知怎样才能做完。

ne jiji ② ne^{33}tɕi^{33}tɕi^{55} 动 剪裁，裁 clip *vurade nejiji nggamenaca nahddai, tezzyi napassyi deodaca rasshyia*。裁了一块布回来，做了两件衣服，他们爷俩每人一件衣服。*yaddre himanche ge zibbe nejijine tesingu a nyi tapyi o*。小婴儿第一次剪下的胎毛要收藏好，别乱丢。（当地的习俗）

ne jofu nɛ^{55}tɕo^{55}fu^{55} 动 交付，交接，交割，交给 hand over, consign, deliver *yaddreo shuddwa ne qabba qama bbeva myanggada nejofu*。把这个小孩子送到那里以后，要当面交给他的父母亲。

ne le ne... dda... ne^{55}le^{55}ne^{55}da^{55} 连 虽然……但是…… although...

ne lohgu ne^{33}lo^{55}əku^{55} 动 凹下 sag, concave *lugu ne yaishoha ne ersu melideggejje, ne lohgudegedai miteo rajje*。泸沽镇在很久以前就是尔苏人居住地，因其地势凹下而得名。

ne meme mapa ne^{55}me^{55}me^{55}ma^{55}pʰa^{55} 无法闭合，合不拢 can't close *lamo tegge i sunpwala ne meme mapa za*。拉莫高兴得嘴巴都合不拢了。

ne mi ne^{33}mi^{55} 动 划开，切开，破开 cut *hibbe nemisi gongecua zzhoge nesinyonenzze ane shubbu ngepryigge*。把竹子破开，去掉里层，做成篾条在水里浸泡，几天后捞出来编竹溜索。

ne miha de ne^{55}mi^{55}xa^{55}te^{55} 像你这样的，你这么个... like you *yaddre nemihade ddehssui zzyile subarmavar, sshyile subarmavar*。养你这个不成器的娃娃，吃的不如人，穿的也不如人。

ne mihi ne^{55}mi^{55}xi^{55} 两兄妹，两姐弟 brother and sister *qamao vevuli beddwane nyaiga la nyaima nemihi siyava zzho jje*。母亲去拜年了，家里看屋的就只剩涅呷和涅曼两姐弟。

ne mimi ① ne^{33}mi^{33}mi^{33} 向下挨近，向下靠 close to *aryisilage nyinyiddwa, varhji nyicwalo bashela nemimiasi jjila*。我们在森林里不断往下走，向下靠近了铜厂沟的地界，我们才返回山顶来的。

ne mimi ② ne^{55}mi^{55}mi^{55} 动 压扁，挤烂 squash, crush *bugagabbe kezhoi nemimi nagwagwa za*。洋芋被挤烂了。

ne mimi ③ ne^{55}mi^{55}mi^{55} 打变形 beat, thump *nekala, nekalane age nahzunaga nemimi shugge*。你进来，你进来了我就把你捶打得改变形状。（吓唬上门的来犯者）

ne mimi na gwagwa ne^{33}mi^{33}mi^{33}na^{33}kua^{33}kua^{33} 被捶打成糊状，捶烂捶扁 be beaten into a paste

ne nbbonco nbbonco ne^{55}nbo^{55}ntsʰo^{55}nbo^{55}ntsʰo^{55} 数 二亿，二万万 two hundred million *jafa ngesilaha mehggulha be su ne nbbonco nbbonco su nengguzzho*。中华人民共和国刚成立的时候有四万万人。

ne nchenche nɛ^{55}ntʃʰɛ^{55}ntʃʰɛ^{55} 撕成条，切成丝 cut into strips *bugaga newo nenchenche abuntre nanca kenzza zzyigge*。把这两个洋芋切成丝，我们炒洋芋丝来吃。

ne nchozu ① ne⁵⁵ ntʃʰo⁵⁵ tsu⁵⁵ su⁵⁵ 动 倒吊（使头部向下悬空）hang upside down *ngwar nposu kemiha, teryilige ddazai kare sibuqo kasai nenchozu suza*。捉到盗牛贼的时候，他们把他捆起来，倒吊在核桃树上。（民间故事）

ne nchozu ② ne⁵⁵ ntʃo⁵⁵ tsu⁵⁵ 头朝下，脚朝上 headstand, stand upside down

ne nchozu ③ ne⁵⁵ ntʃo⁵⁵ tsu⁵⁵ 耷拉着（脑袋）with one's (head) down *nene yaddre bba lamanzzho, yaddreo vuli nenchozu suza*。你呀连小孩都不会背，小孩都耷拉着脑袋了。

ne ncido ① nɛ³³ ntsʰe³³ to⁵⁵ 跌入深坑 fall into the deep pit *amu ssyi yaddreo sibuqo naddrai sibuzhanga mosuge nencidoza*。阿木家的娃娃爬树嬉戏，从树上跌下来掉入茅坑里了。

ne ncido ② nɛ³³ ntsʰi³³ to⁵⁵ 动 塞紧 fill in, stuff, cork *nene bunbba de nencido zamiha, zzhyi dezzhyila ni mahose*。你就像一个罐子被塞紧了开口一样，一句话都不说。

ne ncido zade ne³³ ntsʰi³³ to³³ tsa³³ te³³ 形 密封的，密闭的 sealed, hermetic

ne ncu ne³³ ntsʰu⁵⁵ 动 砍剁，切削 chop, hack, cut *si mazu ne nencuncu, ermazu ne ddalhalha*。木材不直就切削，石头不直就转动。（谚语，指矫正或长善救失）

ne nddre nddre nɛ⁵⁵ ndʐɛ⁵⁵ ndʐə³³ a²³ 动 战栗，颤抖 tremble, shake, shiver *suo tehnyi nenddrenddre i rahose lamapa de tebbu a*。整个人吓得不断地颤抖着，战战兢兢地说不出话了。

ne ne ne³³ ne³³ 连 越……越…… the more... the more...

ne nga yaba ne⁵⁵ ŋa⁵⁵ ja³³ ba³³ 谢谢你 thank you

ne nggonggo ne⁵⁵ ŋgo⁵⁵ ŋgo⁵⁵ 动 向下拉 pull it down

ne nggu nggu ne⁵⁵ ŋgu⁵⁵ ŋgu⁵⁵ 动 弓腰 bend down

ne ngu ① ne⁵⁵ ŋu⁵⁵ 动 做，实施 do, implement

ne ngu ② ne³³ ŋu³³ 动 成为，结成 form, become *ersubbe nyogwa jjimossyi nengu ane nzzomo hssabu pela kence ngece gge jje*。尔苏人都成为拥有财富的人了，将和达官贵人一样被（轿子）抬进抬出。

ne ngudo ne ddehjido ne⁵⁵ ŋu⁵⁵ to⁵⁵ ne⁵⁵ de³³ ətɕi³³ to³³ 敢作敢为 decisive and bold in action *neryisei nengu ne sei, yozai ne ngudo ne ddehjido*。自己做的就要敢作敢为，勇于承担责任。

ne npi ne³³ npʰi³³ 动 结冰，冻结，冻起 freeze, ice up *varge ngeddwa ncami hgu ngwar har ryipa ga she-re ngehi ne npi za*。越西炒米关往南去的路段上下了凌子，路面上结冰打滑了。

ne ntonto shu ne³³ ntʰo³³ ntʰo³³ ʃu³³ 湿淋淋的，浑身湿透 drenched, wringing *bulu o azzhyi lige zzho debbar vuli qo nyigwar ne ntonto shu a*。布洛被阿芝那一盆水从头上浇下来，浑身湿淋淋的了。

ne ntosu ne³³ ntʰo³³ su⁵⁵ 动 搅拌，混合 stir, whip, mix *ssamanbbinbbi bbe zzhoca ge nentosu a ngezzyi*。把冷饭加到热汤里边搅拌，和匀了再吃。

ne ntru ne³³ ntʰu³³ 动 弄脏 pollute, contaminate *ngga me shyizwa ce tilige nentru za*。那件新衣服被他弄脏了。

ne nyi nɛ⁵⁵ ɲi⁵⁵ 动 低，低下，降低，减少 lower,

reduce, drop ni veteo bbazzhe nenyi magge tele a sshyi magga。你的这头大肥猪如果价格不降低，我就不打算买了。

ne nyo ① nɛ⁵⁵ȵo⁵⁵ 名 两天 two days a galo kala i nenyo la tebbu a, sonyo ne ozzho ngejjo i gge。我到甘洛来已经两天了，明天就要返回西昌去了。

ne nyo ② nɛ³³ȵo³³ 动 变软 soften ngwar vuli shyi bbe nenyohala ngwae bbupa shyi ne nenyo magge debbe jje。牛头肉已经煮软了，牛胃肉还没有煮软。

ne nzze nɛ³³ndʑɛ³³ 动 浸泡 soak, steep, dip zzhucu ggahane yozzhozha, yozzhozhahane yobbezzhoge nenzzegge de。剪羊毛之前要给羊洗澡，洗澡时要把羊身浸泡在水里。

ne nzzegwa ① nɛ⁵⁵ndʑɛ⁵⁵kua⁵⁵ 形 稠,黏稠,浓稠 thick, sticky ve vuli shyibbe nezho nezhoi zzho bbela ne nzzegwa za。这些猪头肉煮了又煮，煮得肉汤都黏稠稠的。

ne nzzegwa ② nɛ⁵⁵ndʑɛ⁵⁵kua⁵⁵ 形 模糊的 blurry ai ddegu la ne nzzegwa za, ddonyi kesso a la ma nddo。我的眼睛都模糊了，有可能是患眼病了。

ne nzzo nɛ³³ndʑo⁵⁵ 全部有序地坐着 sit orderly ngge me vu pe sula bbe nyo gwa drotrege ne nzzo za。来自四面八方的客人全部有序地在地面上坐着。

ne nzzunzzu nɛ⁵⁵ndʑu⁵⁵dʑu⁵⁵ 紧扣着 buckle, lock abuga sumar de er ponzzyi shanzzyi ne nzzunzzu de ti shope nehssyi nala jje。一个穿长袍子的、紧扣着袍子纽扣的白胡子老人坐到他面前来。

ne nzzyinzza nɛ³³ndʑɛ³³ndʑa⁵⁵ 动 操心,愁苦,悲伤 worry about ssyilassi vahgane nzzyinzza tazai ddegula negua, tiha ne nzzyinzza madoa。为儿女操碎了心，眼睛也操心操瞎了，现在没有能力为他们操心了。

ne nzzyinzzyi ① nɛ⁵⁵ndʑɛ⁵⁵ndʑɛ⁵⁵ 紧贴着 be glued to amu cinbbya nbbize ne nzzyinzzyi za, ggwalagge, hinbbu de ddehji。北山山顶紧贴着山雾，今天白天可能要下大雨，你要戴上一顶竹斗笠去。

ne nzzyinzzyi ② nɛ⁵⁵ndʑɛ⁵⁵ndʑɛ⁵⁵ 向下粘 conglutinate, stick to memacozzyii hzhemo erqomapwaqo ne nzzyinzzyi i dde hggwarmapa jje。野人婆的屁股向下粘在大石板上，无论怎么挣扎都挣扎不开了。（民间故事）

ne nzzyinzzyi dage nɛ⁵⁵ndʑɛ⁵⁵ndʑɛ⁵⁵ta⁵⁵kɛ⁵⁵ 连接处,相接的地方 junction, contiguous area mejo meli ne nzzyinzzyi da ge。天和地连在一起的地方。

ne o ① nɛ⁵⁵uo⁵⁵ 你这个……（贬义）you…(derogatory term)

ne o ② nɛ⁵⁵uo⁵⁵ 数 两 couple, two tezzineo mo denyonyo ddwai silage trosa jjigge。此后，他们两人又开始天天在一起上山打猎。（民间故事）

ne o ba ge nɛ⁵⁵o⁵⁵pa³³kɛ³³ 两者之间 between the two

ne o nyo neo⁵⁵ȵo⁵⁵ 名 初二 the second day, the second day of the lunar month neo nyo ne ryizze i nyoma, yali de nyo, a ryi ssa nyope ggagga i gge。初二是属龙的日子，是个好日子，我们到外边去玩玩。

ne pi nɛ³³pʰi³³ 动 破碎 break up, crush qwa, ngala damar ddeyoyo, raza de tele nepi ggejji? anedeo ddejimaddo。干！出来和他摔一跤，你怕什么？又不是一个鸡蛋怕破

ne pryi ne⁵⁵ pʰzɿ⁵⁵ 动 割下（蜂房），弄下（捣毁）cut off, cut out, chip off *zaxi dde bbyi denche nepryi jja, chomya i bbyire ngala za*。扎西家切割了一窝蜜蜂的蜂房，弄下好多蜂蜜哦！ *aige zhashuga denche nepryi i zha hwa bbe hjilai kentru zhai bbe ngecu a*。我捣毁了一窝黄蜂，取下蜂房蒸起来，再取出蜂卵和幼蜂（作食物）。

ne pu nddre ① nɛ³³ pʰu³³ ndʐɛ⁵⁵ 动 变穷，落魄（家徒四壁）return to poverty (be utterly destitute) *amu denyonyo marzzubbesice, inwa nyogwa nkatezzu, nepunddre za*。这个阿木天天吸毒，把家产全部变卖了，现在家徒四壁了。

ne pu nddre ② ne³³ pʰu³³ ndʐe³³ 形 贫穷 poor, impoverished *tedde ne pu nddre ne hgohgo*。他家贫穷得只好去乞讨。

ne pujjai tesho ne³³ pʰu³³ dʑaj³³ tʰe⁵⁵ ʃo⁵⁵ 动 遇难 die in an accident, be murdered *lamo kadege nepujja i tesho a maddo, hgu mala*。拉莫失踪多年了，不知道在哪里遇难了。

ne punddre ① ne³³ pʰu³³ ndʐe³³ 动 （牲畜）死亡 (livestock) die *shunyonyola yosiongeshyiji, sinyonahzha ramapa, kanepunddre hamase*。大前天丢失了三只羊，连续找了三天都没有找到，不知道它们死在哪里了。

ne punddre ② ne³³ pʰu³³ ndʐe⁵⁵ 动 返贫（返回贫穷状态）return to poverty *lamodde ddaladdahza dei, cihissomo ddenyi nzzhemara mo nepunddreza*。拉莫家本来都脱贫了，今年妻子病了，又没有挣到钱，又返贫了。

ne puwa ne³³ pʰu³³ wa⁵⁵ 动 （牲畜）伤亡 (livestock) get injured and die

ne qi ① ne⁵⁵ tɕʰi⁵⁵ 动 坍塌 collapse, slump, fall down *ggwa nexxo nexxoi nbbya melila neqi nalaza, mezzhyi neqigga*。天天下大雨，山坡上的土地已裂开一条大缝了，马上就要坍塌了。

ne qi ② ne³³ tɕʰi³³ 动 送给，给予，赐，赠送 give, bestow *vujotebbene paoshyibbu yozai bba zzhe dde zzu i nancai teryivaneqizade*。这些头帕是抛史部自己出钱请人制作，然后去送给他们的。

ne qi ③ ne⁵⁵ tɕʰi⁵⁵ 动 咬死 bite *yahane zaxilobbu ssyi rama zyiga ola bbulige neqi ngezzyi za*。昨天夜里，扎西罗布家的独母鸡被野猫咬死了。

ne qo ① nɛ⁵⁵ tɕʰo⁵⁵ 两捆 two bunches

ne qo ② ne⁵⁵ tɕʰo⁵⁵ 动 落下，落山，下山 drop down, go downhill *nyoma nchone shaqo jjihgu, mengwarshe ne nyoqo nyiqo ggede*。太阳是早上从东方升起，下午从西边落下的。

ne qo ③ nɛ⁵⁵ tɕʰo⁵⁵ 动 插（在地里），栽插 insert, stick into *sulige sibarbar daga hegeneqo ane, zhanga ne siga ddencui ddekwa*。别人插了一根木棍在他的坟茔上，后来这木棍发芽，长成了参天大树。

ne qossyi ne³³ tɕʰo³³ zɿ⁵⁵ 形 艰辛的，苦难的 hard, arduous, suffering, miserable *jjiobashezzhoha neshyibbu neqossyi nyimanqi, ggama kadra sanbbazze*。居住在高山上的时候，虽然生活得艰辛苦难，但身体健康、心情愉快。

ne regga ne³³ re³³ ga³³ 动 过滤，分离 filtrate, filter, separate *qacyi shosho dagage zurebbe neregga ddeso mo kezhoa ddezusu*。在一个干净的布袋里过滤豆浆，然后把豆浆煮开待用。

过滤、沥水的笊篱

ne ru nɛ³³ ru⁵⁵ 动 需要,需求 need, demand, require *danyosuva namaru sonyonesuva neru gge, sonyonamaru nggesoneru gge*。今天不需求人,明天也会求人;明天不需求人,后天也会求人。

ne ryi nɛ⁵⁵ rɿ⁵⁵ 代 你们 you *ateshohane neryi ssibbeva hyolone didde ngwar dangwarhjila*。今后我过世的时候,只希望你们女儿们,每家牵一头牛来。

ne se ŋɛ³³ sɛ⁵⁵ 动 卸(货) unload, discharge cargo

ne shyiku nɛ³³ ʃɤ³³ kʰu⁵⁵ 瘆肠寡肚(疾病以后特别想吃肉) especially want to eat meat after the illness *sui suteo shekezyi de, tiha ne shyiku za de, shyi nzzhoro yabar teqi*。这个人刚动了手术,正是瘆肠寡肚的时候,给他多分一两块坨坨肉。

ne so nɛ³³ so³³ 动 训练,驯牛 train, practice, train a cow *ngwarna marmarhala namasone ddakwasi nesona soyanzzyide*。在牛还不是太大的时候就要驯,不能等它长大了再驯。

ne sshyihsshyi ① nɛ⁵⁵ ʒɛ⁵⁵ əɕɛ⁵⁵ 动 (按类别)分开 separate (by category) *cilayo ne sshyihsshyi, tralalha o nehggezzyi*。山羊、绵羊要分开,鬼邪、神仙要分清。

ne sshyihsshyi ② nɛ⁵⁵ ʒɛ⁵⁵ əɕɛ⁵⁵ 动 分别,隔开 separate, split *azzi ni yobbe nehsshyi hsshyi a kejji, tamassyi mali*。我们两家的羊隔开关进羊圈里,不然不合适。

ne ssi ① nɛ³³ zi⁵⁵ 动 (石头)压 press *zyinyo daga erqoma dapwa lige nessi ddezzyinyo ddala mapa za*。一棵蕨萁苗被一个大石板压着,始终发不出芽来。

ne ssi ② nɛ³³ zi⁵⁵ 动 压制,压迫 press, push *tilige nessi zaxio ddakwa ddala mado a, yaddre o me ddencu da manyo za*。扎西被他压制着,一点都发展不了,找不到成功的契机了。

ne ssi ③ nɛ³³ zi⁵⁵ 动 抵押 mortgage *ai meli de tro neshe nessi gge, ne bbazzhe denbbonco pwa ava kexo*。我用我的一块土地来抵押,你借一万元人民币给我。

ne ssi ④ nɛ³³ zi⁵⁵ 动 按,印,盖印,使用 press (with palm or finger) *vuli va dinzzyi dda sa za, gama va lenca ne ssi za deshoradwa gge mo*。脑壳上戴着顶戴,背后盖着大印章,这样的一个先降生。(民间故事)

ne ssi za nɛ³³ zi⁵⁵ tsa³³ 动 压着 press

ne sso nɛ³³ zo⁵⁵ 动 落到,到达 fall on, get to *aibbujji cihi ne yosahggu nesso za de, sahggu nesso ne bar da, cihi shuda zzho*。阿依布吉今年的命相落到羊神位,在神位就可以嫁,今年是她的出嫁年。(当地的说法)

ne ssu ① nɛ³³ zu³³ 两席(饭菜) two tables (of food) *yava abuawa bbe she zzalo nessu kei shu, ate nddavar lasi wo dawa ke ngushu*。给爷爷奶奶的屋里,端两席饭菜进去,让那几位客人和老人一起用餐吧。

ne ssu ② nɛ³³ zu³³ 两套(工具) two sets (of tools) *nessyidda varbbe nassyi vahga nyinqi nguiggei, ngganggu nessuqi hojje*。你家的客

人要为你家做农活，说需要你家提供两套农具。

ne ssuhssu ne³³ zu³³ ʒu⁵⁵ 动 协调 coordinate, concert, harmonize *shyi shyi ha erpe nepe ne ssu hssu za*。在走路的时候，两只脚协调了。

ne ssyi ne⁵⁵ zɕ⁵⁵ 你家的 your *ssonbbo ne tejjiajje, nessyi nyabbale yava futrege ohaoha ra zhazha gge*。野人婆对她们说，你父亲在家里正吆喝着驱赶菜园里的鸡群。（民间故事）

ne ssyihssyi ① ne³³ zɕ³³ ʒɕ³³ 动 结晶，析出 crystallize, separate out *zzhonbbi bbe chafuge nezhonezho ane zzhonddro nessyihssyi gge de*。把冷水放到茶壶里反复煮，茶壶里就会析出一些水垢。

ne ssyihssyi ② ne³³ zɕ³³ ʒɕ⁵⁵ 都坐下 all sit down *nyogwa ddetahose anessyihssyi, te ge a nggu syissa hibba ne zzhyi ge shu*。大家都坐下来，不要说话，听昂古圣人来讲几句。（民间故事）

ne ssyihssyi ③ ne³³ zɕ³³ ʒɕ³³ 动 沉淀，积淀 precipiate, accumulate *zyi nbbar bbe ne hzua ne nddazyi bbe ne regga nddare bbe chora ge nessyi hssyi shu gge*。把蕨萁根洗净锤烂后，让蕨根汁水在大木桶里沉淀下蕨萁粉。

ne ssyissyi na caca ne⁵⁵ zɕ⁵⁵ ʒɕ⁵⁵ na³³ tsʰa³³ tsʰa³³ 变成粉末，粉身碎骨 be smashed into pieces *amu capero ge ne hssei ryigubbela ne ssyissyi nacacaza, tachado magga tigge*。阿木从对面山上的悬崖上，摔下山底，粉身碎骨了，据说没有痊愈的可能性了。

ne su ne⁵⁵ su⁵⁵ 动 缩减，收缩 shrink, curtail, reduce *ddro ge lwanbbu bbe zhu napwane nesu a, yami mazzho ggede*。锅里的豆浆不沸腾了，收缩后没有多少了。

ne syisyi ne⁵⁵ sɘ⁵⁵ sɘ⁵⁵ 撕成条 tear into strips *shaobbe tilige nesyisyi idagadaga debbe nancai tepyiza*。那些纸被他全部撕成纸条丢在那里了。

ne tru ① ne³³ tʳʰu⁵⁵ 动 刮，剐蹭，磨 shave, scrape, scratch *zhepu bba bbwadre ge netru a zhepu zhyinzzhyi nanca gge*。把魔芋在撮箕上刮碎后加工成魔芋豆腐。

ne tru ② ne³³ tʳʰu⁵⁵ 动 推 push *zzepyi debbe hjila tege chuli bbe nawa tege izuwa de netru gga*。带一些锄头来，把泥土掏下去，我们在这里推一个屋基出来。

ne vu ① ne⁵⁵ vu⁵⁵ 动 霉变，发霉 mildew, go mouldy *me nanga i, bar bbe ddama ddru, nevu za*。天气不好，粮食没有干，已经发霉了。

ne vu ② nɛ³³ vu⁵⁵ 形 馊（饭） spoiled, sour (food) *me ddaca i ssama ddrabbe npizhyi ge ka mazyi i nevu gge*。天气炎热了，剩饭剩菜不放在冰箱里会馊的。

ne xobu ne⁵⁵ ɕo⁵⁵ pu⁵⁵ 动 盖，遮盖 be covered with *buhggebbe kala ne chuli yahbbu debui nexobu gge debbe*。洋芋种栽到地里以后，就要用一层比较厚的泥土覆盖起来。

ne xxo nɛ³³ ʐo⁵⁵ 动 挼，揉 massage, knead *nzzyikwa nzzyii bbe nggaku che hane kexxoa xxokezze shuane yamar*。用苦荞面粉做荞馍馍时，荞面面团挼得越实在，馍馍的口感就越好。

ne zhezhe ne³³ ʧe³³ ʧe³³ 抵足而眠 share the same bed *nyoma ggudddezyi hala, possassimo neote idage nezhezhei kamarzase*。太阳都当顶了，他们两口子还在床上抵足而眠呢。

ne zho ne⁵⁵ ʧo⁵⁵ 动 熬煮 boil, stew *ddrokwade*

kesshyii mecune ngwarvulideji kasshyia nezho azzyi gge。买了一口大锅,准备在冬季买一套牛头、牛蹄一起熬煮了吃。

ne zholhi na⁵⁵ ʧo⁵⁵ ɬi⁵⁵ 动 搭配,配好 match, collocate *tebbe nyogwa ddezholhi nezholhi a ddaba inwaggu nanca*。把这些全部按照好坏搭配好,分成等份,按照户数均分。

ne zizi nɛ⁵⁵ tsi⁵⁵ tsi⁵⁵ 动 剁,剁细,切碎 cut, chop, cut up, shred *vezzabbe nezizi asi ddro ge kezho a veva nezyi gge*。把猪草剁细了煮熟,然后拿来喂猪。

ne zyiga ① nɛ⁵⁵ tsɚ⁵⁵ ka⁵⁵ 你单独,你单人 you *ne zyiga dete bbu nyi manqi, aryicivibbe nivahga nganzzagge, syimanyo*。没关系,虽然你是家里的独子,但我们宗族一定为你分担困难。

ne zyiga ② nɛ⁵⁵ tsɚ⁵⁵ ka⁵⁵ 动 准备 prepare, get ready *ramao rai nggeo ivahga nggaku nggebar nezyiga za de jje*。母鸡为九个小鸡准备了九个馍馍。(民间故事)

ne zyiga ③ nɛ³³ tsɚ³³ ka³³ 做好准备,准备着 get ready for *nedde hwamya la ggaggejji, bbibbimaho, nezyigane aryi zhengalagge*。你家即使要宰杀牲口来待我们,也不要着急,你准备好,我们过段时间来。 *nevesshyiggete bbazzhebbe nezyigatepyi, shoncho nggargge hashalagge*。你的确要买猪的话,先把钱准备好,我明天早上要出发的时候来取。

ne zyiga rara ngu nɛ⁵⁵ tsɚ⁵⁵ ka⁵⁵ ra⁵⁵ ra⁵⁵ ŋu³³ 做好准备 get ready for *muzwa har wo tege jjila gge la manddo, sejji nezyiga rarangu*。一会儿,老熊可能要从这里跑上来,大家做好准备,随时战斗。

ne zze nɛ⁵⁵ dze⁵⁵ 动 压实,踩实(使之均匀) compact, consolidate *ssumi re ddepwage melio coparbbe lige jjihdo jjigga ngujja nezze za*。那些年轻人围起来跳觉朵舞,刚犁过的玉米地被踩实了。

ne zzhezzhe nɛ³³ dʒe³³ dʒe³³ 叠起来 overlap *bbazzhe bbe nyogwa zoze dapwa qo dezo dezo ne zzhezzhe i tepyi za*。所有的钱全部一摞一摞地叠起来放在一张桌子上。

ne zzi ① nɛ⁵⁵ dzi⁵⁵ 动 聚集,集合 gather, aggregate, get together, assemble *drotrege subbesi nezziza, asi tege myaca myanyi anjji ge desyi nzzyinzza*。坝子里边聚集了很多人,我在想我一个人羞答答地怎么过去哦。

ne zzi ② nɛ³³ dzi³³ 动 宰断,切断,截断,砍 cut off, truncate *hibbe nechyii hjilane bbazha rarangua nezzia dabarshe shuggede*。把竹子砍下来,拉回家以后用刀子把它们砍成一样长。

ne zzi ③ nɛ⁵⁵ dzi⁵⁵ 代 你俩 you two *nezzi yaha mar a zze ma nddo? neryi va singu da jji ma ra*。你俩昨天晚上睡好了没有?我实在没有时间照顾你们了。

ne zzoro nɛ³³ dzo³³ ro⁵⁵ 往下看 look down *nbbiqo kanzza i ne zzoro, bboge ama zzho qi gge*。站在山顶往下看,坝上阿妈在背水。(《思母歌》)

ne zzyimi nɛ³³ dzɕ³³ mi³³ 吐字清晰 talk clearly, articulate *yobbussa nehi bba gane desyinezzyimingua kato, aniho nehggezzyi mapa*。育部,你吐字稍微清晰一点,我实在搞不明白你说的话。

necichyi nɛ³³ tsʰi³³ ʧʰe⁵⁵ 动 裁决,判决,调解(用语言来调解) mediate (reconcile by words)

necyi nece na³³tsʰɚ³³ne⁵⁵tsʰe⁵⁵ 洗漱干净 clean *ssiharmao keddwai necyinece ane mihssa ngendde ssinqoma detebbua*。小姑娘进洗漱间洗漱干净，出来就变成了一个小美女。

necyi necyi ne⁵⁵tsʰɚ⁵⁵ne³³tsɛ³³ 悲痛欲绝 sorrowful, extremely grieved *kwakwa o mazzho ha necyi necyi ssamala ngezzyi mapa, varhji teshoa*。老人过世的时候，我悲痛欲绝，吃不下饭，差点死了。

necyi ngwar nɛ⁵⁵tsʰɚ⁵⁵ŋu ɐ⁵⁵ 数 二十五 twenty-five *zaxi cihi ne necyi ngwar o kecyi a assyi teqo casa bbutre yakwa*。扎西今年二十五岁了，是吧？那我比他大十三岁。

necyizzi ba ne⁵⁵tsʰɚ⁵⁵dʑi⁵⁵ba⁵⁵ 两个肩胛骨之间 between the two shoulder blades *ai necyizziba desyi dancwa, aivahga desyi dde ntrontro*。我的两个肩胛骨之间痒，请帮我挠一下。

neddwa ha ne⁵⁵dua⁵⁵xa⁵⁵ 搬下去的时候 the time to move down *ersubbe zzilhabashe zzhoigalo neddwaha nzzadde bbazzhe namaqidebbe*。尔苏人从则拉乡搬到县城周边去的时候，都没有人要移民搬迁补助款。

nego nehssu ① ne⁵⁵ko⁵⁵ne³³əzu³³ 动 跌倒 fall down *amu ssyi ngwarmorosheo ncehguge negonehssui ddahggwarmapa*。阿木家的那头长角老牛，跌倒在沼泽地里再也起不来了。

nego nehssu ② ne⁵⁵ko⁵⁵ne³³əzu³³ 动 趴下 lie prone

negu negu ne³³ku³³ne³³ku³³ 喂了又喂，反复劝喝 constantly encourage others to drink *amu pusha ne ne anjjidei vubbesi suva negunegui suva vutesshyisui*。阿穆蒲沙，你是怎么搞的？总把酒拿来劝，反复劝喝，别把人灌醉了。

nehe nanzza ne³³xe³³na⁵⁵ndza⁵⁵ 开亲出嫁，联姻开亲 marry, get married *ssidezzho jji cobbutre sizzho, ddakwa ne nehe nanzza ne su she ddwa*。养个女儿，也就（二十）几年时间，等她长大了，就开亲出嫁到别人家去，就成别家人了。

nehgga anqo ne⁵⁵əga⁵⁵a⁵⁵ntɕʰo⁵⁵ 你贪我爱，你情我愿，心甘情愿 consensual, at our mutual agreement *shoine henzza jji kwakwabeinzze, tiha ne nehgga anqo si henzza*。过去的婚姻要有媒妁之言、父母之命，现在是你情我愿才开亲婚配。

nehggezzyi mapa nɛ³³əgɛ³³dzɚ⁵⁵ma⁵⁵pʰa⁵⁵ 无法决定，决定不了 can't decide *amulaloma zzi dde sshu gge la nebbezzha gge nehgge zzyi mapa, rara gge se*。阿木和罗曼两个是分手还是和好，现在还在调解，一时还决定不了。

nehgo nahda ne⁵⁵əko⁵⁵na⁵⁵əta⁵⁵ 动 蔫 fade down *ggobi ngekoza bbe maca ngekoi nehgo nahda i neddwa*。白菜在阳光下一晒就全部蔫下去了。

nehmi mapa ① nɛ⁵⁵əmi⁵⁵ma⁵⁵pʰa⁵⁵ 咽不下，吞咽困难 have difficulty in swallowing *a yanyokecu ane mihgu ddenyi zhonpyi nehmi mapa*。我昨天开始就咽喉疼痛，连吞咽口水都困难。

nehmi mapa ② ne⁵⁵əmi⁵⁵ma³³pʰa³³ 无法吞咽 can't swallow *zaxissyi mamo bbubryi ddenyijja ssama desyi la nehmi mapa jjigge*。扎西的妈患了食道疾病，据说一点食物都无法吞咽了。

nehxxi nehxxi ne⁵⁵əʑi⁵⁵ne⁵⁵əʑi⁵⁵ 忍了又忍，忍让克制 endure for many times *su te o* *ahomar-itazade*, *ateshe nehxxi nehxxi koci a*。这个人实在太过分了,我对他百般忍让克制,差一点就忍无可忍了。

nehzu naga ne^{33} ətsu^{33} na^{55} ka^{55} 动 捶烂,捣碎 mash, pound, hammer into pieces, triturate *bugagakezho bbe lwamwage nehzu naga nemimi nagwagwa shuza*。煮好的洋芋全部倒在木盆里,用棒槌把它们捶烂捣碎,捶成洋芋泥了。

neji nagwa ne^{33} tɕi^{33} na^{55} kua^{55} 剥离开来,剥离干净 separate, strip *ssumibbe negoi hjilane neji nagwa ssumi jaja ge na gwartepyi*。把玉米苞掰回来以后,就把它们剥离干净,全部装到玉米架仓里去。

neji neji ne^{33} tɕi^{55} ne^{55} tɕi^{55} 反复地劝吃 keep persuading others to eat more *mapa mapa tilige shyibbesi nejineji ipala ngehzyi zzela*。我说吃不下了、吃不下了,被他反复劝吃肉,感觉肚子都要被撑破了。

nekane neyanga ne^{33} kʰa^{33} ne^{33} ne^{55} ja^{55} ŋa^{33} 你强就你赢 if you're strong, you will win *neka ne ne yanga, aka ne a yanya, azzi netre shugge*。你强就你赢我,我强就我赢你,我俩一决雌雄。

nenbbe nenbbe ne^{55} nbe^{55} ne^{33} nbe^{33} 哭了很久,哭得死去活来 cry for a long time, weep oneself out *dian-ing zzoroha nenbbe nenbbei ddegula ngwarhddegumihade tebbua*。看电影的时候,哭得死去活来,眼睛都肿得像牛眼睛一样了。

nenbbe nenbbe ngu ne^{55} nbe^{55} ne^{55} nbe^{55} ŋu^{55} 不时地哭泣 cry from time to time *ni nya singu yanzzyi de, nyaha nenbbe nenbbe ngui ryipamanyo de*。你的小孩子不好带的,他时不时地哭泣一场,弄得我实在没有办法。

nenbbenbbe ne nbbenbbe ① ne^{33} nbe^{33} nbe^{33} ne^{33} nbe^{33} nbe^{33} 不停地钻(某空间) constantly drill (a space) *yaddrebbe silage nbbarfuhzhaddwaha, nenbbenbbe nenbbebbei kocia*。我们小娃娃到老林里去找野菜山片的时候,在老林里不停地钻,累趴下了。

nenbbenbbe ne nbbenbbe ② ne^{55} nbe^{55} nbe^{55} ne^{55} nbe^{55} nbe^{55} 多人长时间号啕大哭 many people cry for a long time *cada bashe ddabar ne su nyizzhobbe ava kedodoi ne nbbe nbbenenbbenbbe*。我走到差达村后,所有的人都看着我,长时间地号啕大哭。

nenci nedo ne^{33} ntsʰi^{33} ne^{55} to^{55} 动 塞紧,填充,塞满 stuff up *buzzyige ane debbe nencinedo i ngebbu ngeru shuza*。袋子里填充了些什么东西,装得鼓鼓囊囊的呢。

nencido za ne^{33} ntsʰi^{33} to^{33} tsa^{33} 被塞住的,已经被封住的,密闭的 sealed, hermetical, closed, airtight *vejikoro nencido zao hjiddwa sunpwagga kezyii desyi techua*。他把密闭葫芦的葫芦口,放到死人的嘴边旋开一点。(民间故事)

nene shyi ne^{33} ne^{33} ʃə^{33} 越给穿就越…… the more clothes you give, the more… *tava nggame neneshyi ne te nzzoronzzoro ma pekua miha*。你越送给他衣服穿,他就越不当回事,越来越不懂得珍惜。

nene shyi ne ne^{33} ne^{33} ʃə^{33} ne^{33} 越梳就越…… the more you comb, the more… *venwassyissio zineneshyine vunanahggwa, zhangane zi da ga lama hajje*。哥哥的女儿头发越梳就掉得越多,到最后她的头上一根头发都没有了。

nenentru mama nqo ne^{33} ne^{33} ntʂʰu^{33} ma^{55} ma^{55}

ntɕʰo⁵⁵ 越脏就越丑 the dirtier, the uglier *yaddre shopela manqo de, nenentru ne mamanqo*。娃娃本来就丑，越不干净就越丑。

neneshyi ngengeshe ne³³ ne³³ ʃɘ³³ ŋe⁵⁵ ŋe⁵⁵ ʃe³³（头发）越梳越长 the more you comb, the longer the hair grows *zi nene shyine ngengeshe, zhangane nqibbiqo kanzzasi zineshyipa*。头发越梳越长，后来只好站在坎上梳头。（民间故事）

nengu nala bbe ne⁵⁵ ŋu⁵⁵ na³³ la³³ be³³ 所作所为，行为举止 the doings, all one's actions *tiaryiva nengu nala bbe nge nzzyinzza ha, tava nahdahda nge zzyi zze la*。现在想起他对我们的所作所为，真想把他嚼来吃掉。（切齿痛恨）

nenpyi nanpar ne³³ npʰʑɘ³³ na⁵⁵ npʰæ⁵⁵ 热气腾腾，滚热的，滚烫滚烫的 hot, steaming, reeky *nyitryi kessohane zzhoca nenpyi nanpar demi ngecajji hsse debbe*。当你患风寒感冒的时候，喝点热气腾腾的开水，也可以起到治疗的作用。

nenyo namwa ne³³ ȵo³³ na⁵⁵ nua⁵⁵ 形 软 soft *syiyabbe dankwar sitebbu ne nenyo namwa za, ashyi ngezzyi*。这些桃子只经过一个晚上就软了，大家赶快吃，不然就烂坏了。*syiyabbe ddehi nenyo namwa za, sibuqi nedoha la ngemingenzzhea*。树上的桃子全部软了，在树上摘的时候，有的都软烂了。

nenyo za ne³³ ȵo³³ tsa³³ 已经（变）软 has been soft *yoshyibbele kezhoi nenyoza, yovuddro bbele namanyosela manddo*。羊肉已经煮软了，羊头、蹄肉可能还没有怎么软吧。*ngwar shyi bbe kezhoi nenyoza, degu a nddavar bbe va tezyi a zzyishu cwa*。牛肉已经煮软了，赶快舀出来请客人们吃吧。

neo bage nɛ⁵⁵ o⁵⁵ pa³³ kɛ³³ 两者之间 between *ne tavayahgga la ava yahgga ne neo bage deo si rancyi gge*。你到底是喜欢她还是喜欢我？只能够在两者之间取其一。

nepunddre nehgohgo ne³³ pʰu³³ ndʐe³³ nə⁵⁵ əko⁵⁵ əko⁵⁵ 穷得快要去乞讨 poor enough to beg *amudde hzatechyia nyilajja nalamali, tihane nepunddre i nehgohgo*。阿木家，原先动员他家迁下山来，他不听，现在穷得快要去乞讨了。

neshyi nashwa ne³³ ʃɘ³³ na⁵⁵ ʃua⁵⁵ 撕成碎条，撕得粉碎 tear into pieces *ni xin-bu tilige neshyi nashwa i mejji ge kehzea*。你写给他的信，被他撕得粉碎投入火里了。

nesshyi nasshwa ne³³ ʐɘ³³ na⁵⁵ ʐua⁵⁵ 动 冲刷，涤荡 wash away *lepecahane zzhoyami demi rarangua nesshyi nasshwa*。洗手的时候要多用一点水把手冲刷干净。

nessyinyama ne³³ zɘ³³ ȵa⁵⁵ ma⁵⁵ 你的母亲，你的妈妈 your mother *mugassa nessyi nyama navagwar-igge, ashyi jjoi*。牧呷惹，你的母亲在呼唤你，你快些回去吧。

nezhyi neru nɛ⁵⁵ tʂɘ⁵⁵ ne³³ ru³³ 动 烤煳 char *kezhyi dage yo i nabar qi, kezhyi i ne zhyi neru si na mahgu*。烘烤的地方我经历过，差点被烤煳。（意指历经磨难）

nezyi ne³³ tsɘ⁵⁵ 动 喂，给吃，使吃 feed, feed up, let… eat *ncho ddahggwar ne rabbe razza nezyi si tele a ngganyo ngazha gga*。每天早上起床，给鸡喂食以后，把它们放到外边去自由觅食。

nezyi naga ne⁵⁵ tsɘ⁵⁵ na³³ ka³³ 准备充分，万事俱备，一切准备就绪 at full cock, ready *nddavarlage hamase, nezyinaga ngamalo,* sanbba mazze natangu。不知贵客要临门，没做好充分准备，(请您)别不愉快。

nezyi negu na³³tsʰɚ³³nɛ⁵⁵ku⁵⁵ 给吃给喝，请人吃喝 give food and drink, invite people to eat and drink *tedde ne suva nezyi negu do ne myapo yaha, aryine nezyi negu mado*。他家能够请客吃饭，所以就有面子；我们没有这个能力请人吃喝。

nezyi nejo ne³³tsɚ³³nɛ⁵⁵tɕo⁵⁵ 动 护理，照料 care *vi bbe nezyi nejo a dderyi ddeva shu a harbi lage ngazha teli*。把小猪们照料好，让它们吃饱喝足了，然后把它们赶到蒿草坪去敞养。

nezyi nezi ne³³tsɚ³³nɛ⁵⁵tsi⁵⁵ 拔除干净 pull out *melige bu bbe ddanbbar zubbe nezyi nezi ane nzzyilagge*。地里的洋芋挖了，大豆全部拔除干净了，就准备种秋荞。

nezzho nezzho azzho ne zzho ne⁵⁵dʐo⁵⁵ne³³dʐo³³a⁵⁵dʐo⁵⁵ne³³dʐo³³ 势不两立，你死我活，不共戴天 be irreconcilable with

nezzyi nemi ne³³dzɚ³³nɛ⁵⁵mi⁵⁵ 形 清清楚楚的，明明白白的 unambiguous, clear *zzhyi nezzyi nemi nece napwa ddama kato ne tehamase*。话不给他说得清清楚楚、明明白白，他是听不懂的。

nga ① ŋa⁵⁵ 名 假话 lie *nddeho ngaho lahama sene gademahssyi ne ane deddo*？真话假话都分不清楚，不是傻子是什么呢？

nga ② ŋa³³ 表示趋向的词 directional word *ngwarhar garhar nga nga la ne ddadda ca*。在往南边的方向上，越往南走越暖和。

nga ③ ŋa⁵⁵ 形 饥饿 hungry *zzapa nge nge zzyi i dde dde nga, ssyi ngenge zzyi zzho dde dde she*。肚子饿了，折耳根越吃肚子越饿；口渴了，雪花越吃越口渴。(谚语)

nga ④ ŋa⁵⁵ 形 强 strong *ne yanga gge, ngeya veo kemi tige tehze tele ragamagge*。你可能要强一些，去把猪抓住，否则一会儿逃脱了就宰杀不成了。

nga ⑤ ŋa⁵⁵ 动 坏，使坏 go bad, spoil, ruin *mancu ssyinchava nga tangu, yanga ssyi va tajima*。别对弱势群体使坏，别怕强势人物刁难。

nga ddese ① ŋa³³de³³se⁵⁵ 过了青春期 go through puberty *copar bbe nga ddese a ne inwa hyo su*。年轻人过了青春期，就让他们独立居家过日子。

nga ddese ② ŋa⁵⁵de³³se³³ 动 懂事，长见识 acquire knowledge, gain experience *yaddre bbene, cyipo dde ddekwa ne nga ddedde se, syi ddedde re gge debbe*。少年儿童随着年龄的增长越来越懂事，越来越有见识，所以心志越来越健全。

nga ddese ③ ŋa³³de³³se⁵⁵ 名 觉悟 consciousness *tiha ne ersubbe nyogwa ngaddese i ddenyima ddepe nganzzha za*。现在广大尔苏人民提高了思想觉悟，大家紧跟中国共产党奔小康。

nga ddese ④ ŋa³³de³³se³³ 动 觉醒，醒悟，省悟 awaken, awake *yaddre tewo nga ddese jjiva de, tiha la ane la hamase de se*。这个娃娃是个发育迟缓的人，这么大的人还什么都不知道，没有觉醒。

nga dra ngelo ŋa³³tʂa³³ŋe⁵⁵lo⁵⁵ 排队等候，列队等待 wait in line, queue up *neryi nzzahme ngui ggebbe tegengadrangelo, shwalwadaobarlagga*。你们要去应征入伍的都在这里排队等候，汽车马上就要来了。

nga dradryi ŋa⁵⁵tʂa⁵⁵tʂɚ⁵⁵ 动 节约，节省，计划 save, spare, economize *bbazzhe ne bboha* ne desyi ngadradryi, kecicia neshyi。有钱的时候要节省着花,开支要量入为出。

nga gaga ŋa⁵⁵ka⁵⁵ka⁵⁵ 动 喷出,供出,冲刺而出 spout out, gush out, spurt out *amu kemi kage ngehze ddalamashyi ne nyogwa ngagaga ngesshyizha*。阿木刚被收审就毫无保留地全部供出了自己的犯罪事实。

nga harhar ŋa³³xɚ³³xɚ³³ 动 飞奔 run at full speed *ggwalage mugossa o shanbbude ddezui nga harhar shu ngepola*。木果惹在大雨中戴着一顶草帽飞奔着跑回家了。

飞 奔

nga hbbar ŋa³³əbɚ⁵⁵ 形 劳累,疲乏,累,困 tiring, fatigue, tired *aya, danyo nddendde ngahbbar denyo, desyi ashyi ngabbanyi gge*。哎呀,今天实在是劳累的一天,我们早一点休息。

nga hga ŋa⁵⁵əka⁵⁵ 动 变瘦 lose weight, get thin *chen-du daca i ssama ngezzyi mapa jja zaxi la nddendde ngahga za*。成都天气太热,吃不下饭,扎西都瘦了很多。

nga hggwa ŋa⁵⁵əgua⁵⁵ 动 翻皮,脱皮 exuviate, molt *bugaga bbe kezho ane jigubbe ngahggwa i tessyitahggwa za*。这些洋芋煮熟了后就全部脱皮爆开了花。

nga hssa ŋa⁵⁵əza⁵⁵ 形 宽松,放松,松懈 loose, lenient, relaxed *tiha ne yaddre hssui ersha ga nga hssa za, tamahssyi tele ggoizyi debbe*。现在计划生育政策宽松了一点,过去是很严格的。

nga kwa ŋa⁵⁵kʰua³⁵ 动 涨大,膨胀,变粗,长大 bulk, expand, swell, dilate, coarsen, largen *me lige bubbe wuige nge ddwa jji mongakwale nyose, ashyi manbbar debbe*。地里的洋芋过了五月还要长粗大,所以不会马上就开挖的。

nga la ① ŋa⁵⁵la⁵⁵ 动 出现,现出,流出 appear, arise, turn up

nga la ② ŋa⁵⁵la⁵⁵ 动 出来 come out, come forth, get out, appear, arise *ne yavakei a zaxiva ddagwar-ingala nddavar bbe desyi zela tejji*。你进屋去跟扎西说,叫他出来到外边去迎接一下远道来客。

nga lya ŋa³³lja⁵⁵ 动 粘贴,粉刷 paste, stick, whitewash, brush *zaji qo shyi-hui ngalya za, ti ya ne yanqo*。墙壁上粉刷了石灰,这样就好看多了。

nga lyalya ŋa⁵⁵lja⁵⁵lja⁵⁵ 动 长满 overgrow *cihi nbbya zzazzyi mama la melimama bbesi nga lyalya za jjigge*。据说,今年山坡上到处都长满了白莓和草莓。

nga ma hjila mapa ŋa³³ma³³ətɕi⁵⁵la⁵⁵ma⁵⁵pʰa⁵⁵ 不得不拿出来 have to take out *a o ti ge bi-lo i bbazha ji ngamahji la mapa nejofu a ta*。我被他逼得不得不把刀拿出来上交了。

nga maci ŋa³³ma³³tsʰi⁵⁵ 不服输,没有认输 gameness *mengge zzyiqa gagabi dejjigge, nzzyimowujava ngamaci dejje*。门格自恰是个英雄,他对抛烘乌甲是不服输的(所以被暗杀了)。(民间故事)

nga mar ŋa³³mɚ³³ 动 吹出 blow off, blow out, exsufflate *lhaggusao sedenqo ngamar, pebbuerhwa deddre tehbui nkwage ngeddwa*。人神拉古萨吹出一口仙气,变成一对花翅

317

白鸟向海飞去。（民间故事）

nga mase ① ŋa³³ma³³se⁵⁵ 不觉悟，不增智 don't realize, don't comprehend *nzzacha maddwa ne nga mase, ssyi dde mahssu ne mama hzhyi*。不养儿不知父母恩，不去汉（族地）区参观不觉悟。（谚语）

nga mase ② ŋa⁵⁵ma³³se³³ 不懂事，不长见识，不成熟 inmature *nzzacha maddwa ne ngamase, sozzho mace ne syi mare*。不去内地观光不长见识，不去高山喝雪水不长心志。（谚语）

nga mo ŋa⁵⁵mo⁵⁵ 名 骆驼 camel *ngamo ne lhaolhame zzhomace zzamazzyi jji pa debbe jje*。据说，骆驼特别耐饥饿，可以个把月不吃不喝。

nga mya ŋa³³mja⁵⁵ 动 增多，增加，增长，发展 increase, develop, grow, add, augment, aggrandize *jjimarbbe zzhyiizua zzhoha yoer hbuddezziha monzzhoro ngamyahyolo*。吉满家在马基岗老林里生活的羊群发展到上千只，还希望有更大的发展。

nga ncha ① ŋa³³ntʃʰa⁵⁵ 动 摔倒，扔掉 throw out, throw away *yoyojipe nwaicoparwo tilige ddadwai nganchai nbbe ddepu suza*。和他对摔的小伙子，被他抱起来摔倒在地上，来个肚皮朝天的仰躺了。

nga ncha ② ŋa³³ntʃʰa³³ 放开嗓子 raise the voice *qwa, neote dessu nengua nganchai daca ddegga*。唱吧，你们两个一起放开嗓子唱一阵子（若干曲）。

nga nggwar ŋa³³ŋguɚ⁵⁵ 动 出发 depart, set out, start off *libussa lhacha ssyiggejja ngala nganggwarne monggahojja ramaddwa*。力布子准备去拉萨观光，快要出发了又没有去成，因为接到开会的通知了。

nga ngu su ŋa⁵⁵ŋu⁵⁵su³³ 做坏事的人 wrongdoer, evildoer *amu ne suva ngangu sude, mali manqo su si ngu gge de*。阿木是专门做坏事的人，他不是一个好人。

nga nyanya ŋa⁵⁵ȵa⁵⁵ȵa⁵⁵ 动 分离，分开 separate, divide *tro bbe te yohmo va nga nyanya mapa za*。这些狗离不开这只羊的尸首了。（不吃完都不愿离开）

nga nyanya mapa ŋa³³ȵa³³ȵa³³ma⁵⁵pʰa⁵⁵ 离不得，分不开 inseparable *copart tene o deodeva yahgga i desyi la nga nyanya mapa za*。这两个年轻人相爱得相互一点都离不开了。

nga nzza ① ŋa⁵⁵ndza⁵⁵ 动 分担，承担，作证 share, bear, testify *amu o nenpo mahssyi ma nzzhe jja sshyizha mali, muga o nganzza kebubu a si ngesshyi zha*。阿木对自己的盗窃行为百般抵赖，穆呷站出来作证了，他才认账。

nga nzza ② ŋa³³ndza³³ 站在一起 stand together *tessyi lema o qama pe nganzza i possa o ddazhazha i ssyi su za jje*。据说，他家的媳妇与丈母娘站在一起，把他（丈夫）赶走了。

nga nzza ③ ŋa⁵⁵ndza⁵⁵ 挺身而出 throw oneself into the breach, step forward bravely *tege ne qabba o nganzza i qwa, sizhyi sihyo ngu i nabar nabar i tepyi a*。这时候他的父亲就挺身而出，接着狠狠地骂了一阵子。

nga nzzanzza ŋa³³ndza³³ndza³³ 横向挺立，平伸着 stand upright horizontally *ninddre za za telineddwa ga sinbbardevakeli nganzzanzzaite pyi za*。你投掷的标枪，插入一个木桩，横向挺立在木桩上了。

nga pale ŋa³³pʰa³³le⁵⁵ 形 破旧的 old, shabby,

scruffy, beat-up *nbbu teo nga pale za , jjijji de kesshyigge teo nyipyi*。这顶帽子破旧了，重新买一顶新的，把这顶丢掉吧。

nga ra ŋa³³ra⁵⁵ 动 大叫，大呼 roar, yell *tassyi qabbao yava ngara ngara ngu gge , ane debbe rara manddo*。他爸在家里不断地高声大叫，不知道在争执些什么。

nga ra ngu ŋa⁵⁵ra⁵⁵ŋu⁵⁵ 动 惊叫，大叫，大呼 yell, scream

nga saqi ① ŋa⁵⁵sa⁵⁵tɕʰi⁵⁵ 动 过线，过界 pass the line, pass the edge *nbbya yobbe zhazha jja , beer detili ngeddwai ngasaqi silage ngeddwa*。为驱赶山坡上的羊群，用皮风（投石的工具）投掷一个石头，石头飞过界到树林里了。

nga saqi ② ŋa⁵⁵sa⁵⁵tɕʰi⁵⁵ 动 达标 reach the standard

nga se ŋa³³se³³ 动 觉醒，醒悟 aware, come to realize

nga shahbar ŋa³³ʃa³³əpɚ⁵⁵ 动 撒开，摊开，洒落 spread out, sprinkle, scatter *shahnyo mamabbe meliggu ngashahbarza , kesyixwa mah ssyi tence gge*。豌豆洒落在地上了，不把它扫起来，踩上去会滑倒。

nga shwa ŋa³³ʃua³³ 动 撕烂（无意间撕烂）tear up *gedaha amu ibula mugaerho zzi yoyo jja neote nggamebbe ngashwa*。刚才牧呷伊布和木格尔火两个摔跤的时候，把衣服都给撕烂了。

nga ssha ① ŋa³³ʒa³³ 动 收缴，收集，募 collect, gather, raise

nga ssha ② ŋa³³ʒa³³ 嵌在……之间 embed in… *vai gai nbbo ssyingassha i kesui ddehzhe ane nbbo tilige namar*。把绳子嵌入马嘴里再捆扎紧了，那匹马立即就平静下来了。

nga swa ŋa³³sua³³ 动 寄来，寄去 send *a nggame daca sshyigge , ne bbazzhe danabar ashe ngaswa*。我要买一件衣服，你寄一点钱给我。

nga ta hjila ma gga ŋa³³tʰa³³ətɕi³³la³³ma⁵⁵ga⁵⁵ 不该拿出来 should not take out *ni vu bbe yanyo ne nga ta hjila magga , danyo ne mabbo a ta*。你的酒昨天不应该拿出来喝的，今天就没有喝的了。

nga za ① ŋa³³tsa⁵⁵ 动 悬挂，晾晒 hang, dry *xxicabbe vai ngepryi ddeso ne rehnage ngancai nazai meerngagaza*。把烟叶用绳索编织起来，放在阴凉的地方晾干待用。

nga za ② ŋa³³tsa⁵⁵ 动 张贴 post

nga zaza ŋa⁵⁵tsa⁵⁵tsa⁵⁵ 冲出去，飘出去 rush out *silage vezyi nche de kezzuzzu i vezyi mao ngazazai poddwa*。在森林里看到一个野猪窝，准备猎杀的时候，母野猪冲出去了。

ngahggwar ngarhar har ŋa³³əguɚ³³ ŋ aɚ³³xaɚ³³xaɚ⁵⁵ 无影无踪，飞逝 without a trace *shope le ssyima gge jja kato gge de , zhangane ngahggwar ngar harhar a*。他先说不去的，后来突然就跑得无影无踪了。

ngai wolebi ŋaj⁵⁵uo⁵⁵le⁵⁵pi⁵⁵ 与主题无关的，不务正业 irrelevant to the topic, ignore one's proper occupation, fool along *suihibbaga hene nene ngai wolebi bbe si kato*。大家在说正经事的时候，你却说与主题无关的事。

ngala magge ① ŋa⁵⁵la⁵⁵ma³³ge³³ 不出来，不打算出来 don't come out, have no intention of coming out *ne gwai maho a ngala magge , ne si ashyi jjo i*。你别喊了，我不出来，你自己快些回去吧。*ashyi ngala magge , yava ane debbe danggo tezzumapae*。还待在

家里,不快些出来,有什么事情耽搁不完哦。

ngala magge ② ŋa⁵⁵la⁵⁵ma⁵⁵ge⁵⁵ 不能够如期交付,无法按期归还 can't return on time *e, modesyi ngeshe mahssyii ngalado maggema, nzzhoro nalhangeshe*。唉,时间还要延长一些,不然无法按时归还,最好能延期两个月。

ngala ngelho ŋa³³la³³ŋe⁵⁵ɬo⁵⁵ 殷切期盼,盼望,充满希望 eager, look forward to, hope *tava ngala ngelho lagge sanbba ha ne bogezyi ngeshyiji a*。本来是殷切期盼他的到来,结果音讯全无,连影子都没有看见。

ngamo geziga ŋa⁵⁵mo⁵⁵ke⁵⁵tsi⁵⁵ka⁵⁵ 骆驼仙子,长寿老人 the longevous *ngamo geziga issura, shobenbbu ceneoissura*。获得骆驼仙子的寿命,获得一打毡帽的寿命。(意指寿比南山)

nganddra ngusu ŋa⁵⁵ndʐa⁵⁵ŋu⁵⁵su⁵⁵ 性骚扰者,盗妇者,猎妇游戏者 molester *gadoma ssyi karebbe nganddra ngusu bbelige ngezzyisi bbazzheqizajje*。呷朵嫚家的核桃都被猎妇游戏者吃掉了,有人还留下了吃核桃的钱。

nganengu nenga ŋa³³ne³³ŋu³³ne³³ŋa⁵⁵ 害人终害己 harm sets, harm gets *su ne suva ndde nengune ndde nga nengu nenga, yozaikato mahude*。你对别人做好事,你就有好的结局;你对人做坏事,你的结局就不好,害人终害己,不需要明说。(当地的说法)

nganyi kesso ŋa⁵⁵ɲi⁵⁵kʰe⁴⁴zo⁵⁵ 患疾病 suffer from illness *assyi kwakwao tiha ne nganyi kesso i lepebbe ngezuga mapa za de*。我家的老人患疾病,现在双手都伸不直了。

nganzza qwa ŋa⁵⁵ndza⁵⁵tɕʰua⁵⁵ 站出来干,一起上 stand out and do, do together *qwa, qwa, qwa, possabbe, sejji nganzzaqwa*。干!干!干!所有的男子汉们,大家一起上。

ngarhggar ncalima nge hssyigga ŋɚ⁵⁵əgɚ⁵⁵ntsʰa⁵⁵li⁵⁵ma⁵⁵ŋe³³əze³³ga³³ 漂亮得快要飞起来,飞到草里马村 fly to Caolima Village *yaddreyanqo devane ngarhggar ncalima ngehssyigga jja hbizyidebbe*。形容一个小孩漂亮时,就说"漂亮得就要飞起来,飞到草里马村"。(当地的习惯用语)

ngarhggwar gga ŋɚ⁵⁵əgu ɚ⁵⁵ga³³ 形 漂亮,妩媚 beautiful, charming, feminine *shalima la shaligo bbe yanqoi ngarhggwar gga debbe*。沙丽曼和莎莉裹她们漂亮得快要飘起来了。

ngarma cyier ba ŋuɚ³³ma⁵⁵tsʰə⁵⁵ɚ⁵⁵pa³³ 卜卦大师,历算大师 divination master, master of calendar caculation

ngarntro ve menche ŋɚ³³ntʈʰo³³ve⁵⁵me⁵⁵tʃʰe⁵⁵ 失之交臂,痛失良机 miss the opportunity *axio kwarntro vevulimami, ngarntro vemenchemami, tihasi agushyia*。阿西痛失良机,只有扼腕叹息了。(谚语"往北抓不住猪头,往南抓不住猪尾"即指痛失良机)

ngasha ngahbar ŋa³³ʃa³³ŋa⁵⁵əp ɚ⁵⁵ 撒在地上,抛撒满地 scatter everywhere, scatter on the ground *ni antrege qomamabbe rape lige ngasha ngahbar meliggu nagwarza*。你的那些放在筛子里晒着的花椒,被公鸡用爪子抛撒得满地都是了。

ngaya shyi ŋa³³ya³³ʃə³³ 岩鹰捕获的动物的肉 the meat of an animal captured by rock eagle *nbbule maya ngaya shyi kenbbu, zzyilemaya ngaya shyi ngezzyi*。烧烤不洁的岩鹰捕获的动物肉,唸食不洁的岩鹰捕获的动物肉。(咒语)

ngaya zhere ŋa³³ya³³ʧe³³re⁵⁵ 名 石膏水，盐酸水 gypsum water *zhyinzhyi ddre ne ngaya zhere bbe yancu*。推豆腐的时候点的酸水，还是以石膏水为上乘。

ngayai gale ŋa³³ja³³ji³³ka³³le³³ 被岩鹰抓走的（有咒骂之意）be caught by the rock eagle *ngaya igale tebbe meli ge nyinyi ddwa, ai ggonyo ga-ryi manyoa ta*。被岩鹰抓的这些（鸡）天天往地里钻，把我的青菜苗子全部糟蹋了。

nge ŋe⁵⁵ 名 圆根 turnip *hsse ncyihggoi hsse nbbizzhe, nge ncyihggoi ngemozho*。挑选妻子挑去挑来挑到个粗脖子，挑选圆根挑去挑来挑到个野萝卜。（谚语）

圆　根

nge bbezzha ŋe⁵⁵be⁵⁵ʤa⁵⁵ 松散开 loose *bbe-ryi dagakegoxoi ryipagazzho, erkwade qokeli nge bbezzhai poddwa*。有一条蛇盘在路中央，扔一个石头到它身上，它就松散开身体跑了。

nge byi ŋe⁵⁵pzɔ⁵⁵ 动 剖，剖开 dissect, split *viwo kanparne nbbe ngebyi a venyo bbe ngawa nanca kezho*。把小猪烧完毛，就剖开肚子、掏出内脏，清洗干净下锅煮。（当地的做法）

nge ddru ŋe⁵⁵ɖʐu³³ 干圆根 dry turnip *ngeddru bbe vashyilwasshu ge nezho ngezzyi hena nyayamar debbe*。把干圆根和腊肉一起炖来吃，味道特别好，是尔苏人的一道美食。

nge dre ŋe³³tʐɛ⁵⁵ 动 猜（谜语）guess

nge hbici ŋe⁵⁵əpi⁵⁵tsʰi⁵⁵ 动 演绎（以此表达观点）deduce（express opinions by this way）*tabbeva ngehbici makatone azho hddehmi yabbi bbe tii kato jje*。他们由此演绎出一些故事来说罢了，你以为他们能够说得出什么道道来呢。

nge hdo ŋe⁵⁵əto⁵⁵ 动 跳过 jump, jump over *tangeddwa ne memacozzyi latazzi zzhobbuga ngehdojja hdozyizyi*。于是，野人婆就和她两人一起比赛跳远，来跳过一条沟壑。（民间故事）

nge hggo ddru ŋe⁵⁵əgo⁵⁵ɖʐu³³ 干圆根菜 dry turnip *ganchaggejja bbazzhemabbo, ngehggoddru nesibar ngguige nehssu ddwa*。要去赶场却没有一分钱，只好摘几颗干圆根菜揣入腰包里出发了。

nge hggobi ŋe⁵⁵əgo⁵⁵pi³³ 名 圆根茵茵（叶子）turnip（leaf）

nge hgu ŋe⁵⁵əku⁵⁵ 动 暴露，现出，献丑 expose, reveal, show oneself up *zzhoo nesu ne rotro ngehgu, ssyi nesu ne trohmo ngehgu*。洪水消停现石漠，大雪消融见死狗。（谚语）

nge hjila ŋe³³ətɕi³³la⁵⁵ 拿出来，交出来，支出 bring out, take out, hand out, pay, disburse *ni bbazzhebbe ngehjila te vupe bbe sho ddagwar*。先把你的钱拿出来垫付这些酒钱。

nge lhe ŋɛ³³ɬɛ³³ 动 扬风,吹风,过风 the wind blows *zumama bbe desyi ngelhe a neshosu*。把豆子全部过一下风，使渣渣和豆粒分离开。

nge nbbenbbe ŋe³³nbe³³nbe⁵⁵ 钻去钻来 drill *yohggobi tebbe silage nge nbbenbbei nahzhasu*。这些野油菜是我在森林里的树

下边钻去钻来寻来的。

nge nbbu ŋe⁵⁵nbu⁵⁵ 动 惠及，分发（到……名下）extend to, distribute *ninyide kemine nyishyibbe sevajji desyi ngenbbu shu mota*。你既然有了猎获物，就应该给每个人都分发一点猎物肉。

nge ncho ŋe³³ntʃʰo⁵⁵ 动 散落，松开 scatter, loose *ni yaddreo ssyibryi gala ngencho za, kama sua muzwa nyibugaha*。你家娃娃的鞋带松开了，不拴紧，谨防一会儿绊倒。

nge ncuncu ŋe³³ntsʰu³³ntsʰu³³ 动 并列，齐全 keep parallel, juxtapose *ssumi bobo bbe ngencuncu i, daga ha daga yashe*。玉米棒子并列着，一个比一个长得粗壮。

nge nddryinddryi ① ŋe³³ndʐə³³ndʐə³³（经过别人之手）分得一点食物 get a little food through others *nddavar tamyai hwamya mabe, shyibar nge nddryinddryi sude nabar sira*。客人太多，牲口肉不够，每人只分得两块肉。

nge nddryinddryi ② ŋe³³ndʐə⁵⁵ndʐə⁵⁵ 动 分配，分给 distribute, allocate, assign *anedebboddo bbazzhe suilege nge nddryinddryi mipedanabarsi tirade*。他有什么钱哦，不过就是别人分给他点工钱。

nge npryi ŋe⁵⁵mpʰʐə⁵⁵ 动 变淡（酒挥发而变淡）thin *shagwage vubar nepyi epyi tiha ne ngenpryi za*。沙罐里的酒放置太久，现在因挥发而变淡了。

nge pu ŋe³³pʰu⁵⁵ 动 反叛，敌对 revolt, rebel, antagonize, turn against *cyilavi ne ngepu mapa de, himanzzama ne ivemunpa ngepu mapa*。宗族弟兄不能够敌对，女性不能够和娘家弟兄为敌。

nge pyi ŋe⁵⁵pʰʐə⁵⁵ 丢弃出去，抛弃到外边 cast out, throw out, discard *lo palebbe ngehjiddwai ngepyisi lepe necyineceasi kala*。把旧垫絮拿出去丢弃，回来后把手洗干净，最后才进入里屋来。

nge ruru ŋe⁵⁵ru⁵⁵ru⁵⁵ 有划痕，划割成条 gash, rip *age ngwar nddro pa ngeruru a labbar debbe nancagge ddo*。我要把这张牛皮划割成一些拉绳。

nge se ŋɛ³³sɛ⁵⁵ 动 卸下，放下 unload, discharge *varwo desyingese a tege desyi bbarnyi la*。把背上的包袱放下来，在这里稍微休息一下。

nge sshe ddwa ŋɛ³³ʒɛ³³dua³³ 爬出去 climb out, crawl out *nessyi yaddre o meliggu bbebbe bbebbe nge sshe ddwa*。你家的小婴儿在地上爬着爬着就向门口去了。

nge sshe la ① ŋɛ³³ʒɛ⁵⁵la⁵⁵ 爬出来 crawl out creep out, climb out *gguhguge ggupa neo dezhengui ngesshela nemo dezhenguikeddwa*。有两只老鼠从鼠洞里一同爬出来又爬进去了。

nge sshe la ② ŋɛ³³ʒɛ³³la⁵⁵ 流出来，淌出来 flow out, spill out *zzhobbe mejjigela ngesshela*。水淌出来，流到火塘里来了。

nge sshe la ③ ŋɛ³³ʒɛ³³la⁵⁵ 先来吃了，再……come and eat first, let's eat first *desyi ngabbarnyi, sho ngesshela se*。休息一下，先来把饭吃了，再干。

nge sshyi ŋe⁵⁵ʒə⁵⁵ 动 担保，作保 warrant, guarantee, ensure, assure *ssumi tena qacyi la kalamoi ndda ggu nge hgui nge sshyii hjila za debbe*。这两口袋玉米都是卡拉莫出面担保了，才能够赊来的。

nge zhu ŋe⁵⁵tʃu⁵⁵ 动 出示（拿出来看）show (take out to see) *nibyibyi onge zhu hjila akezzorogge, tamahssyi ne danyotege keimapa*。把你的证件拿出来给我看看，没

有证件的今天这里不许通行。

nge zzhore ŋe³³ dʐo³³ re⁵⁵ 下软的鸡蛋,事被拖着不办,事情黄了 things have been roiled *ne jijiddamagwarle tilige nisyitaga ngezzhore ggemihama*。你不催促他的话,这件事将会被他拖着不予办理的。

nge zzyi ŋe³³ dʑɚ³³ 动 吃,吃下,吃掉 eat off, eat *iddamanga ha ne ssama ngezzyi mazzyi demiha*。肚子不饿的时候,吃不吃饭都一个样。

ngebbyi nala ŋɛ³³ bzɿ⁵⁵ na⁵⁵ la³³ 满溢出来,往下流淌 overflow, flow down *lahio ane nzzyi nzza manddo, jji vu bbe zhage nge bbyi i nala ha manchwa*。拉黑不知道在想什么,坛子酒从杯壁上满溢出来了,他都没有反应。

ngeci magge ŋe⁵⁵ tsʰi⁵⁵ ma⁵⁵ ge⁵⁵ 决不投降,决不后退 never surrender, never retreat *jjimar nyaga o nzzalige anjji ddeshyi jji ngeci magge dejjigge*。尔苏英雄吉满良呷被官府捉去,无论被怎样拷打,他都决不投降。(民间故事)

ngehgge gara ŋe⁵⁵ əge⁵⁵ ka³³ ra³³ 名 蜻蜓(当地又称"叮叮猫儿") dragonfly *mengendde ggahane ncho ne ngehggegara bbe ddabbar za de*。要出大太阳的时候,早晨就有许多蜻蜓在草丛中飞舞。

蜻蜓、叮叮猫儿

ngehggobi ngepryi ŋe⁵⁵ əgo⁵⁵ pi³³ ŋe³³ pʰʐɚ³³ 编串圆根茵茵 a string of turnip leaf *ngehggo bi bbe ngepryisibuqi naza ddeddru a yoru nengu jjili de bbe*。圆根茵茵割下来编成串,吊挂在树杈上晾晒阴干,冬天可以作羊饲料。

ngehgui da ŋɛ³³ əkuj³³ ta⁵⁵ 名 厕所,便坑,茅厕 toilet, washroom *sudei ne ngehguida dewo nanca fu jja ersha tesu daga nala za*。每家要修一个厕所,这是最近下达的政策。

ngehgui dage ŋe³³ əku³³ ji³³ ta³³ ke³³ 名 洗手间,厕所,洗漱间(出恭的地方) toilet, washroom, bathroom *nge hgui dage zzho namala, desyi nanca*。厕所里不来水了,要修一下。

ngehgui gge ŋe³³ əku³³ ji³³ ge³³ 动 出恭,上厕所 go to the toilet, go to the lavatory

ngehmi zzela ŋe⁵⁵ əmi⁵⁵ dʑe⁵⁵ la⁵⁵ 要吞噬……的样子 it's going to eat... up *ne ne denyonyo ava ne ngehmi zzela*。你每天都是要吞噬我的样子。

ngehnyo ngepyi ŋe⁵⁵ əɲo⁵⁵ ŋe³³ pʰʐɚ³³ 形 粗暴的(极不耐烦的) crude, impatient *anyone avane amademimaha, ngehnyo ngepyi bbolai debbemiha*。阿妞对待我的态度历来是粗暴的、极不耐烦的,就像对待敌人一样。

ngehyo ngepyi ŋe³³ xjo³³ ŋe⁵⁵ pʰʐɚ⁵⁵ 动 冲毁,淹没(一无所剩) destroy by rush of water, drown, flood *lancyi zzhoga ngakwai nalaha ngehyo ngepyi anela ngamare shuza*。石棉县南垭河暴涨时,以摧枯拉朽之势冲毁和淹没了河床上的所有东西。

ngeko ŋe³³ kʰo⁵⁵ 阳光下暴晒 bask in the sun *doho bbe maca lage nge ko a ne nashwalwa ne yaggoh ggo*。先把挖到的独活在太阳光下暴晒,晒干了就轻些。

ngemi ngenzzhe ŋe³³mi³³ŋe⁵⁵ndʒe⁵⁵ 形 稀烂，烂 completely mashed *zalage yobbe mama bbe ngechyingeche nyogwa ngemi ngenzzhe za*。杂囊里边的柿子全压烂了，都烂成一包柿子酱了。

ngemi nzzhegge ŋe³³mi³³ndʒe³³ge⁵⁵ 下软蛋，将会化为乌有 go up in smoke *ssahzhyi taga nedo tene nava vashu gge nige ngemi nzzhe gge ha*。这个官司如果你能够胜任就交给你来办，你千万不要下软蛋哦。

ngenbbu mapa ŋe⁵⁵nbu⁵⁵ma³³pʰa³³ 无法惠及，无法顾及，不能够给你 can't reach, can't give you *tenddryige muzyiinava ngenbbu mapa, zhenganddryi qige*。这回派送小猫崽，实在无法顾及了，下次一定送给你。

ngenge… ne… ddedde… ŋe³³ŋe³³ne³³de⁵⁵de⁵⁵ 越是……就越是…… the more… the more… *nzzhyivane ngengela ne ddeddero, lazhyine ngengele ne ngengenpryi*。醪糟越是陈酿就越是浓烈，白酒越是搁置就越是寡淡。

ngengele ne yayamar ŋe³³ŋe³³le³³ne³³ja⁵⁵ja⁵⁵mɚ⁵⁵ 存放得越久远越好吃 the longer you store it, the better you taste it

ngengezzyine iddedde nga ne³³ne³³dʐə³³nej³³de⁵⁵de⁵⁵ŋa⁵⁵ 越吃就越饿 the more you eat, the more hungry you are *zzapa be ngenge zzyi ne i ddedde nga gge debbe*。你越吃折耳根，就越感觉肚子饿。

ngenyi ngahssa ŋe⁵⁵ȵi⁵⁵ŋa³³əza³³ 泛蓝色（暗示植物茁壮成长）blue (imply plants grow strongly) *yaha ggwa demi nexxo pryine danyo ne repubbe ngenyingahssa*。昨天晚上稍微下了一点小雨，今天就看见庄稼开始泛蓝色了。

ngepe ngei zzyi ŋe³³pʰe³³ŋe³³ji³³dʑɚ³³ 敞开吃，随便吃，不受限制地吃 eat unrestrictedly, help yourselves *nzzazho ha ne ngepe ngei zzyi, nyimonyi ne kecicii zzyi*。春节的时候可以敞开吃，平时的时候就要节约着吃。

ngepe ngejo ŋe⁵⁵pʰe⁵⁵ŋe³³tɕo³³ 转身就跑，转身逃跑 turn to run, turn away *te zuoma aga o ava tenddo ane ngepe ngejo iddwa de ta*。这个卓玛阿呷一看见我，转身就跑得无影无踪了。

ngepe ngelhi ŋe⁵⁵pʰe⁵⁵ŋe³³ɬi³³ 用簸箕簸出去 winnow with a dustpan *nyomase mama bbege mezhebbe ngepe ngelhi a ne hsshyi hsshyi*。用簸箕把葵花籽簸起来，把葵花絮簸出去。

葵 花

ngeryi ngara ŋe³³rə³³ŋa⁵⁵ra⁵⁵ 用匙子刮干净 clean with a spoon *kulage veshyi hggobryi myaha desyi si zzho de, dderyiddara ngeryi ngara*。木盆里边只有一点像绳结一样细小的猪肉，用马匙子把它们全部刮干净吃掉。

ngeshe magge ŋe⁵⁵ʃe⁵⁵ma⁵⁵ge⁵⁵ 不予赊账 no credit *niigakesshyijji nzzhe ngesho mado, debbe ngeshe magge teleshyi magge*。你的房屋我即使买了，也没有办法一次把钱给

ngeshe mapa ŋe³³ ʃɛ³³ ma³³ pʰa⁵⁵ 不能拉长 can't lengthen, can't stretch *nzzyissa ne ngenggonggoa ngeshe ggede, ssubbune ngeshemapade*。面团可以拉长,竹棍是不能拉长的。

ngeshu ngaga ŋɛ⁵⁵ ʃu⁵⁵ ŋa³³ ka³³ 整齐有条理,整整齐齐,有条不紊 orderly, in perfect order *yaddre teo barla ne yava ngesyingaxya ngeshongaga shuza de*。只要这个娃回来,就把屋子打扫得干干净净,把东西收拾得有条不紊。

ngeshyi ngehi ŋe⁵⁵ ʃo⁵⁵ ŋɛ³³ xi³³ 整洁干净,整齐排列 clean and tidy, neat and clean, in good order, neat, tidy *mengge ssyihamao ngeshyi ngehi bberyi daga marci pryi ngenguza*。门格衣哈麻收拾得整洁干净,犹如蛇蜕了皮一样光鲜。

ngeshyi ngenddre ŋe³³ ʃɛ³³ ŋe⁵⁵ ɖʐe⁵⁵ 东西满屋子丢,七零八落地丢着 a house full of stuff, things are everywhere *ngganggu bbe yava kege ngeshyi ngenddre, trojji degemiha*。家里的东西七零八落地到处丢着,像个狗窝一样。

ngesshe ngesshe ŋe³³ ʑɘ³³ ŋe⁵⁵ ʑe⁵⁵ 狠狠地吃,敞开吃,不加限制地吃 eat at will *danyo yabolo dde bbyipryi jja bbyishu debbei ngesshe ngesshei kocia*。今天雅布洛家取蜂蜜,我们去吃蜂房,敞开吃,都吃累了。

ngesshyi ngassha ŋe³³ ʑɘ³³ ŋa⁵⁵ ʑa⁵⁵ 收缴干净,洗劫一空 rob everything *hzhobwalige assyiyava nge sshyi ngassha ane desyila ngereshu maza*。盗贼把我家洗劫一空,没有留下任何一点有用的东西。

ngesshyi ngazha ① ŋe⁵⁵ ʑɘ⁵⁵ ŋa³³ tʃa³³ 彻底坦白,全部供认 candidly confess *loba nzzhengezzyi kagekejji ane pwahapwaha nyogwa ngesshyingazha za*。罗保受贿收了钱,关到监狱里就竹筒倒豆子全部供认,彻底坦白了。

ngesshyi ngazha ② ŋe⁵⁵ ʑɘ⁵⁵ ŋa³³ tʃa³³ 满口答应,一口应承 consent without much deliberation, promise *qowo su sacyi napar nzzaryiga ncalafujja, bbulo sso ngesshyingazhaza*。乡政府要求派出三十个农民工去修村公路,布洛一口应承下来了。

ngesyi ngaxwa ŋe³³ sɘ³³ ŋa⁵⁵ ɕua⁵⁵ 清扫干净,清除掉 clean up, clean away *muzwanenddavar lage, ashyi drotreo ngesyi ngaxwa shosho lalashu*。一会儿有贵客来,快把院子清扫干净等着。

ngesyi ngexwa ŋe³³ sɘ³³ ŋa⁵⁵ ɕua⁵⁵ 清扫擦洗 clean up *ssiharma tancha yavala ne tage ngesyi ngexwa shosholala nenguza*。这位姑娘到家里来,就会把家里清扫擦洗得干干净净。

ngeze ngehggo ŋe³³ tse³³ ŋe⁵⁵ əgo⁵⁵ 比比皆是,俯拾即是,到处凌乱堆放 can be found everywhere *yava nzzhonzzyibbe ngezengehggo kaddala nezonehbbiza*。家里边到处都是书刊——满地凌乱地堆放着。

ngezhyi ge ŋe⁵⁵ tʃo⁵⁵ ke⁵⁵ 名 末梢 tip, end *bbazha teji alo ngezhyige ne bbeo la jjigu za deji*。你看这把刀还翘着尖尖的末梢。

ngezi ngebbu ŋe³³ tsi³³ ŋe⁵⁵ bu⁵⁵ 爆炸开裂 burst, crack, erupt, blow out *bbuo jjolai mewo bubi hane raze wo ngezingebbui bbuo tehnyi suza*。野猫在火塘里摊开火种的时候,鸡蛋爆炸开裂把野猫吓着了。

ngezi ngezi ŋe⁵⁵tsi⁵⁵ ŋe⁵⁵tsi⁵⁵ 灌了又灌，饱了还吃，穷吃憨胀 eat all the time *yanyo nddavar nguddwai, cogapalabuo ngezingezi wa nyo teche shu za*。昨天去做客，憨人拉布穷吃憨胀，把自己的胃吃坏了。

ngezyi ngezi ŋe³³tsɿ³³ ŋe⁵⁵tsi⁵⁵ 裂纹纵横交错 crisscross crack *nzzyikwa nggaku erbbikengu nge zyi nge zide ggozhere nge ncence gge*。把在子母灰里炕熟的、裂纹纵横交错的苦荞馍馍和着酸菜汤来吃。

ngezzhyi ŋe³³dʑɿ⁵⁵ 动 膨胀，增长，增多 swell, expand, dilate *a ddroge zumama danabar nenzzejja, alo ngezzhyii vahji ddabbarza*。我在锅里浸泡一些黄豆，你看现在膨胀得都差点装不下了。

ngezzi ngehzhyi ŋe⁵⁵dʑi⁵⁵ ŋe³³əʨ³³ 发育长大 develop and grow up *yaddre coparbbe sosodage ddwane ddakwai ngezzi ngehzhyi za*。小青年到学校去学习，现在就发育长大了，凸显出青春魅力。

ngezzyi mazzha nge ce mazzha ŋe³³dʑɿ³³ ma³³ dʑa³³ ŋe⁵⁵tsʰe⁵⁵ ma⁵⁵dʑa⁵⁵ 寝食难安，吃不下睡不着 sleepless at night and unable to eat *ngezzyi mazzha ngece mazzha neryi miha debbe ddehssui aggoggo*。我吃不下睡不着地抚养你们几个娃儿，算是白养了。

ngezzyi nbbryi ma nbbryi ŋe³³dʑɿ³³ nbzʐ³³ ma³³nbzʐ³³ 刚吃下饭（才吃完饭，连碗筷都还没放下） just ate dinner (just had meal, even the dishes were not put down) *ne ngezzyi nbbryi manbbryi katamar, zzazzu nehzegge*。你刚吃下饭不要忙着躺下睡觉，这样会得肠胃疾病的。

ngezzyi ngeishu ŋe³³dʑɿ³³ ŋe⁵⁵ʃu⁵⁵ 吃掉算了，吃下吧 eat it, eat up *tekulage vashyi yami denesyi mazzhode, ngezzyingeishu ggeshe*。这个木盔里边的猪肉又没有多少，你把它全部吃下去吧。

ngezzyi ngenyo ŋe⁵⁵dʑɿ⁵⁵ ŋa³³ȵo³³ 大量地发芽 sprout in large quantities *shaojige zunyo debbe kehezai nyogwa ngezzyingenyoi ngala*。笤箕里边正在发豆芽，已经开始大量地发芽了。

ngga ① ŋga³³ 名 边 side *leho vunjji ngga tepyi ane ggamavanyo dejje, vunjji ngga ta ta pyi*。据说手机放在枕头边上，会影响人体健康，别把手机放在那里。

ngga ② ŋga³³ 名 门 door *nessyii ngga o kape chu ddwa za de la ai hase jjao*。你家的门朝向哪里开，难道都会被我知道吗（我不知道）？

ngga ba ŋga⁵⁵pa⁵⁵ 名 门口，门外 doorway, outside the door *nggaba neddwai kezzoro hena byima desi lhodregaqo keyoza jje*。到大门外去探视的时候，什么都没有，只有一只青蛙爬在牛圈的栏杆上。

ngga bar ŋga⁵⁵paɹ⁵⁵ 甜荞面搓的颗粒状的饭，荞粒饭 granulated meal of buckwheat flour *aryi nzzyimar nzzyii bbe kexxoa nggabar nanca kentru azzyigge mo*? 我们把甜荞面粉搓成荞粒饭蒸来吃，好不好？

ngga behgu ŋga⁵⁵əpɛ⁵⁵əku⁵⁵ 名 门缝 a crack between the door and its frame *nyaiga bbanyimali lesuganggabehguge ngessui memaco zzyige ke zhyi zhe*。尼爱呷不听劝，把手指插入门缝，被野人婆一把抓紧了。（民间故事）

ngga buda ŋga³³pu³³ta⁵⁵ 名 抵门杠 support, backing, prop (of a door) *assyi nggabuda gene zhenyisi guzibarbbi nelyo maga zzho daga*。我家的抵门杠是根拳头粗细的、有

两尺多长的、酸籽树的干木料。

ngga chu ŋga³³ tʃʰu³³ 动 开门 open the door *vema cozzyi nyaiga la nyai ma zzyi va nggachulaho jja gwar igge jje*。野人婆在门外喊,尼爱呷和尼艾曼两个来开门。(民间故事)

ngga ddada ŋga⁵⁵ da⁵⁵ ta⁵⁵ 关闭门,闭锁着门 close the door, shut the door *ssalaamu dde nggala ddadaza, kape ddwa manddo su yava mazzho*。日阿拉牧呷的家门都是闭锁着的,人们不知道他家人到什么地方去了。*subbe nyogwa nggabbe dda dadai nwa nzzomo ssyi mesyi dage ddwa za*。人们都关门闭户,跑到土司家去参加道场了。

ngga dre ŋga⁵⁵ ʈʂe⁵⁵ 名 门闩(内开) bolt *nggadre ne yakwasunyo marra sunyo, demimahade*。门闩有大的也有小的,都不一样。

ngga dreda ŋga⁵⁵ ʈʂe⁵⁵ ta⁵⁵ 名 抵门杠 the prop of a door

ngga er ŋga⁵⁵ ɚ⁵⁵ 名 门斗(上、下两个) cross bass *nggaer ne siddenkui nanca susi, erkwa ge nemagwar debbe*。把两段木料打凹,来做成上门斗和下门斗,一般不能用石头做门斗。

ngga er wazyi ŋga³³ ɚ³³ wa³³ tsɿ⁵⁵ 名 门扣 door holder *nggaer wazyi ne shenancasu, nyope ngankwaine kepe dechu mapa*。门扣是金属把件,门外扣起后,从室内是打不开的。

ngga kepe ŋga⁵⁵ kʰe⁵⁵ pʰe⁵⁵ 名 门内,室内 inside of the room *lemaminqiha zzhoshe ne ngganyoshe debbe, nggakepeneshemapade*。订婚相亲的时候泼水,只能够在室外泼,进入室内就不能再泼了。

ngga kwa ŋga⁵⁵ kʰua⁵⁵ 名 前门、大门、正门 front door, main entrance *hzhobwao rewa tehguikala nggakwa she kabar ne kacacamapaza*。强盗翻过围墙赶到正门以后就攻不进去了。

ngga nada ŋga³³ na³³ ta⁵⁵ 向外关门,关上门 close the door *ngga tahwahwai meerkalai ddenpi, ngei ngga nada*。门敞开着,风刮进来了,冷得很,你去把门关上。

ngga nenku ŋga³³ nɛ³³ ŋkʰu⁵⁵ 动 锁门 lock the door *nenggwarggehane temetashua ngganenkua nkuhzyi zajibbubbu kenzzi*。你出发时别忘了锁门,把钥匙塞进墙洞里放着。

墙　洞

ngga ngada ŋga³³ ŋa³³ ta⁵⁵ 动 关门(把门关上) close the door *amussa ngei ngga ngada, veirai bbe yava si kwarkwarla*。老大去把门关上,小猪、小鸡不停地往屋内钻了。

ngga ngedre ŋga⁵⁵ ŋe⁵⁵ ʈʂe⁵⁵ 动 抵门 block the door *nkwar marge hane nggaregai ngga ngedre asi kamar*。晚上睡觉的时候要把门用抵门杠来抵住再睡。

ngga nku ŋga⁵⁵ ŋkʰu⁵⁵ 名 门锁 door lock *ersune ggoi ngganku maggede, nenkujji nkuhzyi lemidegezzhasuggede*。尔苏人不太习惯锁门,即使上锁了,钥匙也会在附近放着。

铁 锁

ngga nyo ŋga⁵⁵n̪o⁵⁵ 名 门外 outside of the door *ngganyo sude gwar-i ggemiha, nezzi ashyi ngei akezzoro*。门外好像有人在喊叫,你们两位快出去看看。

ngga nyope nga⁵⁵n̪o⁵⁵pʰɛ⁵⁵ 门外边 outside of the door *trawola suwo ssahbussyi ngganyope barlane neote bbula jje*。这只鬼和这个人一起商量,来到了财主家的门外边。(民间故事)

ngga nzzi ŋga⁵⁵nd͡zi⁵⁵ 名 门栓(可内开和外开) bolt (inward opening and outward opening) *dada bbe ne ngganzzi bbe va mo nggaerwa zyi jji gge debbe*。门栓有两个叫法,也有的叫"门闩"。

ngga shu nga⁵⁵ʃu⁵⁵ 名 门枋,门框 doorframe *kanjjonjjo debu nggashugava kasa ne tralala kelo gge debbejje*。把大麦穗子挂在门枋上可以抵挡鬼邪来作祟。(当地的说法)

门

ngga sibyi ŋga⁵⁵si⁵⁵pzɔ⁵⁵ 名 门板 door sheet, door plank *depryi rara ngga sibyi dapwa techyii ddenyisu ddencei hjiddwa*。只好随便地拆下一张门板,把病人抬走了。

ngga tahwahwa ŋga³³tʰa⁵⁵xua⁵⁵xua⁵⁵ 大门洞开 the door is open *abarddwa hene ngga tahwahwa sudelayava mazzho*。我到达时大门洞开着,可家里一个人也没有。

nggadre da nga⁵⁵tʐɛ⁵⁵ta⁵⁵ 名 门闩 bolt *ngga dre da nezhe nyisi bbe ne yali cici gagabi ddoya she su nyo*。门闩和抵门杠最好用红酸籽树来做,这种木料又细又直而且有韧性。

nggaku ddra ga⁵⁵kʰu⁵⁵dʐa⁵⁵ 陈旧的馍馍(指不值一提的事物) things that are not worth mentioning *ai nggaku ddrao la ni makato. possa demimaha, wawanyanya*。你说的还不及我的陈旧的馍馍,你简直不像个男人,斤斤计较又啰嗦。

nggaku kentru ŋga⁵⁵kʰu⁵⁵kʰe⁵⁵ntʂʰu⁵⁵ 蒸馒头,蒸馍馍 steamed bread, steamed bun *nggaku kentru onzzhokwa nengu, daso ne kenbbu o ngezzyi*。蒸馍留作响午带回去,今天早上就吃火塘里烘烤出来的这个馍馍。

nggaku zzyila ŋa⁵⁵kʰu⁵⁵dzɔ³³la³³ 来吃馍馍 come and eat steamed buns *la tege ssyidabboge ngabbarnyi a nggakuzzyila o*。到这个休息坪里休息下,顺便来吃一点馍馍嘛。

nggalo nyope ŋga³³lo³³n̪o⁵⁵pʰe⁵⁵ 大门的外边,野外 outside of the door, open country

nggama hddasu nga³³mɛ³³ndʐɛ³³su⁵⁵ 名 裁缝 tailor, dressmaker, needleman *yutya nzza ryi ga nbba nggamahdda su vujjo gao* yaddreyancu debbe zzhode。玉田公路边的偏头裁缝有几个非常优秀的子女。

nggame ŋga⁵⁵ mɛ⁵⁵ 名 衣服 clothes, clothing, garment *nggame meer ngaga ddeddru su*。把衣服晾开，让风把它吹干。

nggame bbubbu ŋga⁵⁵ mɛ⁵⁵ bu⁵⁵ bu⁵⁵ 窄袖紧身上衣，狭长袖紧身上衣 a tight coat with narrow sleeves *nggame bbubbu keddegar, nkohdo bbubbu nyoo nagwar*。窄袖紧身上衣穿里头，宽短袖长尾裳罩外面。

nggame bebe ŋga⁵⁵ mɛ⁵⁵ pɛ⁵⁵ pɛ⁵⁵ 缝补衣服 repair clothes, mend clothes *ggwalai nyinqi nganggwar malihane amai nggamebebe ggada ggagga*。下大雨没有办法出工的时候，就在家看娘缝补衣服、听她唱歌。

nggame ce ŋga³³ mɛ³³ tsʰɛ³³ 洗衣服 do the laundry, wash the clothes *me ngendde denyo ne zzhokwa ga she la ssyia nggame ce i gge*。找个天晴的日子，到大河边洗衣服。

nggame damarmar ŋga⁵⁵ mɛ⁵⁵ ta⁵⁵ mɚ³³ mɚ³³ 一件单衣 a piece of unpadded garment *lhanbbo yaddreo mecula nggame da marmar si ddesshyiza*。韩博后生冬天都只穿一件单衣。

nggame ddesshyi ŋga⁵⁵ mɛ⁵⁵ dɛ⁵⁵ ʐɔ⁵⁵ 把衣服穿上 put on the clothes *nggame ddesshyii nazzelaha ne tessyi iwo la satezzugga*。把衣服穿好跑下来的时候，他家的房子都快要被烧完了。

nggame depo ŋga⁵⁵ mɛ⁵⁵ tɛ⁵⁵ pʰo⁵⁵ 一套衣服 a suit of clothes *age nggame depokesshyi a sonyone assyi awava shyii ggejja*。我准备买一套新衣服，明天去见我奶奶时穿。

nggame ggu ŋga⁵⁵ mɛ⁵⁵ gu⁵⁵ 名 手提箱,衣箱 suitcase *ai nggame ggu ge nggame zyiga naca si zzhode, hggohggo lala demane*。我的衣箱里只有两件单衣,箱子轻轻巧巧的,一点都不重。

nggame gova nddre ŋga⁵⁵ mɛ⁵⁵ ko⁵⁵ va⁵⁵ ndʐɛ⁵⁵ 缝衣领,缝补衣服领口 sew the collar *ai nggame gova ngezzhu za, hardaga nahzha nggame gova ke nddre*。我的衣服领口磨破损了,找根针来把领子缝一下。

nggame hdda ŋga⁵⁵ mɛ⁵⁵ əda⁵⁵ 裁衣服,裁布料 fabric cutting *maliman o galo gwarshege nggame hddasu she nggame hdda soso gge*。马丽曼在甘洛街上的裁缝铺里学习裁衣服。

nggame kepebu ŋga⁵⁵ mɛ⁵⁵ kʰɛ³³ pʰɛ³³ pu³³ 衣服里子 clothing lining *nggame ne kepei bu, ryinyi ne kehji bbu*。衣服是里层最关键,亲戚是至亲最重要。（谚语）

nggame ko ŋga⁵⁵ mɛ⁵⁵ kʰo⁵⁵ 晒衣服 hang up the clothes *tege bryi daga nganca nggame ko dade nancagge*。在这里拉上一条绳子,准备晒衣服用。

nggame la nkwazyi ŋga⁵⁵ mɛ⁵⁵ la⁵⁵ ŋkʰua³³ tsɛ³³ 名 衣服,褂子 clothing, short garment *nggame la nkwazyi o nebubu a ddesshyi, tenenyo ddenpi*。这两天冷,衣服和褂子重叠着套起来穿。

nggame nca ŋga⁵⁵ mɛ⁵⁵ ntsʰa³³ 修改衣服 clothing alteration *sungahga ne nggame bbe takwa, desyi nggamebbehjii nanca kerushu*。减肥成功以后,衣服显得宽大,把衣服拿到裁缝铺改小收紧。

nggame nchyira ŋga⁵⁵ mɛ⁵⁵ ntʃʰɚ⁵⁵ ra⁵⁵ 破旧不堪的衣服 ragged the clothes *ssahbu ssyi issao nggame nchyira denbbu ddeshyii gohgo* *su de nancaza*。国王的儿子穿着破旧不堪的衣服,扮成一个乞丐了。(民间故事)

nggame nddre nga⁵⁵ mɛ⁵⁵ ndʐɛ⁵⁵ 动 缝衣 sew the clothes *ssiimarmar ne nggame nddre soso,lilissyi nya ne byijo soso*。小姑娘要学习刺绣和缝衣服,小男孩就要学习沙巴做仪式。

nggame ne ce ŋga⁵⁵ mɛ⁵⁵ ne⁵⁵ tsʰɛ⁵⁵ 洗衣服 wash the clothes *zhoncu danyo nggame necea sonyone lhacha ssyi ggejje*。据说,中楚今天洗了衣服,明天就要去拉萨旅行了。

nggame ne shyi nga⁵⁵ mɛ⁵⁵ ne⁵⁵ ʃɚ⁵⁵ 送件衣服给别人穿 give clothes to others *nggame ne daca tavateshyi ggejja sui tenddo ane nenpu ddejima*。准备送件衣服给他穿,怕其他人看见了笑话。

nggame nelegga ŋga⁵⁵ mɛ⁵⁵ ne⁵⁵ le⁵⁵ ga⁵⁵ 披着衣服 wear clothes *zalogao gedahala nggame dela neleggai tege walawala ssoggagge*。扎洛刚才披着件衣服,晃去晃来地在这里游荡。

nggame ngehi nga⁵⁵ mɛ⁵⁵ ŋe³³ xe⁵⁵ 动 熨衣 iron the clothes *nggame bbe nece a ne desyi zzhoca debbe rarangu a nggame ngehi*。衣服洗了以后,要用热水熨烫一下。

nggame nyopebu ŋga⁵⁵ mɛ⁵⁵ ɲo³³ pʰɛ⁵⁵ pu³³ 外层衣服 outer clothing *nggame nyo pe bu tagwa age de ggu zwa nece gge*。把外层衣服脱下,我抽点时间洗了。

nggame nzzhyile ŋa⁵⁵ mɛ⁵⁵ ndʐɚ⁵⁵ le⁵⁵ 换洗的衣服,替换的衣服 laundry *ne danyo nddroshyi i ggene nggame nzzhyile neposipo ddehji ta*。你今天要出行就带上两三套换洗的衣服嘛。

nggame zhyi nga⁵⁵ me⁵⁵ tʃɚ⁵⁵ 名 衣柜(五斗橱,小平柜) wardrobe, commode *mi npu ngga me zhyi gena gwar ngga me ngamya,che ggu ge nagarnzzhe nganya*。把这个珠子宝贝放进衣柜,衣服就增加;放进钱柜,票子就增多。(民间故事)

nggamela likwazyi nga⁵⁵ me⁵⁵ la⁵⁵ li³³ kʰua³³ tsɚ³³ 名 衣服,褂子 clothing, short garment *nggame la likwazyi o nebubu a ddesshyi, tenenyo mese ggoi ddenpi*。这两天的天气不是一般的寒冷,把褂子等衣服重叠着套起来穿。

ngganyo su mazzho nga⁵⁵ ɲo⁵⁵ su³³ ma³³ dʐo⁵⁵ 门外无人 no one outside the door *ngganyo ngeddwa ne nggaba le ane de su mazzho, tegene zakejjo a jjigge*。到大门外之后,发现门外无人,只好返回来了。

nggao tahwahwa ŋgao³³ tʰa⁵⁵ xua⁵⁵ xua⁵⁵ 大门洞开 the gate is open *yava nggaole tahwahwa za, sudele yava mazzho, kaddwalejjanzzyinzza*。家里的大门洞开着,可房屋里面没有一个人,寻思着人到哪里去了呢。

nggar ŋuɚ⁵⁵ 名 供品,祭祀品 offering *cihi ra nggar deke zyi za, nzzazho lhasho nyo ne tahwa hode*。今年给天神约定了一只供鸡,大年三十要举行还愿仪式。

nggar byi ① ngɚ⁵⁵ pzɚ⁵⁵ 还愿仪式 ceremony for promise fulfillment *nggarbyine ranggarbyi, yonggarbyi, ngwarnggarbyi, venggarbyi anelanyo*。还愿仪式可用各种牲牲(即用于还愿或祭祀的牲口),有公鸡,有山羊,有大肥猪,还有用牛作牺牲还愿的。

nggar byi ② ngɚ⁵⁵ pzɚ⁵⁵ 动 还愿,祭祀 fulfill one's promise, sacrifice *zi i zihdo deryiha, zhoi zhohdo deryiha, nggar byi nggar-i* *deryiha*。火把节有火把仪式，过年有过年仪式，还愿也有还愿仪式。（当地的习俗）

nggashu gaqo nga⁵⁵ʃu⁵⁵ka⁵⁵tɕʰo³³ 门枋上 on the doorframe *ngga shu gaqo nbbowosigale habbe ne hme bbe kama ssosso tepyi jje*。凡是门枋上挂有柳条枝的，当兵的就没有滋扰他们了。（民间故事）

nggazyi ŋga⁵⁵tsɤ⁵⁵ 名 茄子 aubergine, eggplant *nggazyi ne zuge kentru ngezzyi jji mar，mege kenbbu a nge zzyi jji mar*。茄子，放火头上烧来吃好吃，放蒸笼里蒸来吃也好吃。

茄 子

nggazyi kenbbu nga⁵⁵tsɤ⁵⁵kʰe³³nbu³³ 烧烤茄子，火烧茄子 grilled eggplant, roasted eggplant *anyoma，te nggazyi kenbbu bbe fuzire kesusu a ngezzyi*。阿纽曼，你把这些烤茄子蘸辣椒酱来吃。

nggazyi xxi ŋga⁵⁵tsɤ⁵⁵zi⁵⁵ 名 兰花烟 orchid-made tobacco *nzza xxi deone anengu gge ddo，aingeceha ngga zyi xxi bbe si ha yaru*。纸烟拿来做什么哦，我抽起来还是觉得兰花烟的劲大些。

nggazyixxi dego nga⁵⁵tsɤ⁵⁵zi⁵⁵te³³ko³³ 一锅兰花烟，一竿兰花烟 a rod of orchid-made tobacco *suo nggazyixxidego ce gge jja xxi ntrontro hane memacozzyii tanddoa jje*。这个人准备抽一竿兰花烟，在皮包里边摸索着掏火镰，野人婆看见了这个举动。（民间故事）

ngge ① ŋge⁵⁵ 使牢实，不易突破 firm *trebyi sibu ma magwar ne kamangge，trebyi sibu ddagwar ne ke ngge*。据说，篱笆不用三排竹就不结实，采用三排竹就不易突破。

ngge ② ŋgɛ³³ 数 九 nine *ngge sigema nggewaha，nggenbbar dryidryi dawala*。九棵树长在九个地方，九根寻踪归到一起来。（民歌歌词）

ngge hi ŋgɛ⁵⁵xi⁵⁵ 名 后年 the year after next year *nwanzzubve ne nggehi jji nzzhyihi jji jji，dahna ne nzzhyihi sijji*。凉山村的人说"后年"有两个名词，其他地方人说只有一个名词。

ngge hssa ŋgɛ³³za⁵⁵ 数 九百 nine hundred

ngge hwa ssyi ŋgɛ³³xwa³³zɤ⁵⁵ 百种飞禽，九种鸟的后代 hundreds of birds, the offspring of nine kinds of birds *sila nggehwassyizzho，nggenyi ssyi zzho，nyogwa bbe hgusu chenbbozzoro*。山林里有百种飞禽、百种走兽，全部都有上天的放牧人在看护着。（当地的说法）

ngge imwa nge³³ji³³mua⁵⁵ 副 万万 absolutely *sicameerihji la，nemya ha de tege bar la gge jja ngge imwa ngala ma nzzyinzza*。树叶被风吹来了（稀客），万万没有想到，你这么大的贵客能够光临寒舍啊。

ngge me vu pe ŋge⁵⁵me⁵⁵vu⁵⁵pʰe⁵⁵ 四面八方 far and wide, far and near *hzhobwabbe zzhokwalo nggemevupe gaharla jje，anddejie jjaxxice jje*。劫匪从四面八方赶来围困左壳洛的马付的小棚子，他还不慌不忙地在

抽烟。

ngge mo nkar ŋge⁵⁵ mo⁵⁵ ŋkʰaɻ³³ 后天晚上 the night after tomorrow nggemonkarne aryi zzilhaba la ssagareggba pe zishu nchanchai gge。后天晚上,我们将和大埔子、磨房沟两个村的尔苏人开展打火把比赛。

ngge nbbi dre nge⁵⁵ nbi⁵⁵ tʂe³³ 隔着九座山 there are nine mountains between them nggenbbi nedre nddomapa,nggezzho nedre ddryimapa。隔着九山望不见,隔着九江听不见。(民歌歌词)

ngge ryinbba kezzi ŋge⁵⁵ rə⁵⁵ nba⁵⁵ kʰe³³ dʑi³³ 多种多样,数不胜数 manifold, various lamo ngehimaha zzyilacelebbesi nggeryinbba kezzi kzzyizyi za。拉莫生小孩坐月子的时候,给她弄的营养品各种各样,数不胜数。

ngge so ŋgə⁵⁵ so⁵⁵ 名 后天 the day after tomorrow

nggefu loge ŋge⁵⁵ fu⁵⁵ lo⁵⁵ ke⁵⁵ 名 九寨沟 Jiuzhai Valley nggefo loge lonbbage su nggefu zzho dai nggefuloge kehidejje。九寨沟因山沟里有九个藏族堡子而得名。

nggehssa ryinbba tacha ① ŋge³³ əza³³ rə⁵⁵ nba⁵⁵ tʰa⁵⁵ tʃʰa⁵⁵ 还欠缺许多东西,什么都没有 a lot of things are missing, nothing at all taha bossingganggu nggehssa ryinbbata chase, neanedebbe syiddacae? 现在,居家过日子的工具还欠缺很多,你心急什么呢?

nggehssa ryinbba tacha ② ŋge³³ əza³³ rə⁵⁵ nba⁵⁵ tʰa⁵⁵ tʃʰa⁵⁵ 千差万别,差别太大(九百种差别) multifarious tezzi neo dawa kezyi hane nggehssa ryi nbba ta cha。如果把他俩放在一起比较的话,那就差别太大了。

nggemevupe garhar ŋge³³ me³³ vu⁵⁵ pʰe⁵⁵ kaɻ⁵⁵ xaɻ⁵⁵ 千头万绪 a multitude of things nya mazzho ne nbbarwo si necyi, nyazzhone nggeme vupe garhar necyi。没有小孩的只操心无后代,有小孩的是千头万绪都要操心。

nggenga kalala ŋge⁵⁵ ŋa⁵⁵ kʰa⁵⁵ la⁵⁵ la⁵⁵ 千恩万谢,百般央求 a thousand thanks, beg sedulously

nggenga naga ŋge⁵⁵ ŋa⁵⁵ na⁵⁵ ka⁵⁵ 千难万险 numerous difficulties and dangers aryile cepebai melige ddeddwai, nggenga naga qi, nggenga neshyi qi。我们到过河对面,在奴隶主的压迫下,历经千难万险。

nggenyoiryipa ramar swa ŋge³³ ȵo³³ rə⁵⁵ pʰa ra⁵⁵ maɻ⁵⁵ sua⁵⁵ 千里送鹅毛 a small gift that conveys great affection nggenyoiryipa ramarswa, nzzyinzza mazzhoteli vencadesyijji qimagge。唉,千里送鹅毛啊,如果想不到的话,哪怕是一片猪肝也不会给你寄来。

nggeryi nggenbba ŋge⁵⁵ rə⁵⁵ ŋge⁵⁵ mba⁵⁵ 九种九类,各种各样,多种多样 variety nyabbei nahzhai hjilai zzyilebbe nggeryi nggenbba kezyizyi za。子女们拿来的各种各样的食物摆满了。

nggessiddezzyi ngge fucha ŋge³³ zi³³ de³³ dʑʑ³³ ŋge⁵⁵ fu⁵⁵ tʃʰa⁵⁵ 生出九女,诞生九村庄 give birth to nine daughters, nine villages come into being nggessiddezzyi ngge fucha, nggehwa ddevi hwaya nqo。生出九女发展成九个村庄;生长出九棵树,全部都开花,花更艳。

nggessyiddezzyi nggei ddepu ŋge³³ zə³³ de³³ dʑʑ³³ ŋge⁵⁵ ji⁵⁵ pʰu⁵⁵ 生出九子立九户(出生九个孩子安了九个家庭)give birth to nine kids and set up nine families nggessyiddezzyi nggei dde pu, nggessi ddazzyi nggefu cha。生出九

子立九家,生出九女成九村。(谚语)

nggo ① ŋgo⁵⁵ 动 拾,捡 pick up from the ground *dde nggo* 拾起

nggo ② ŋgo⁵⁵ 小铁锅 small iron pan

nggo nggo ŋgo⁵⁵ ŋgo⁵⁵ 捡起来 pick up

nggo sha ① ŋgo⁵⁵ ʃa⁵⁵ 名 钹 cymbal

nggo sha ② ŋgo⁵⁵ ʃa⁵⁵ 名 锣 gong

nggoto ŋgo³³tʰo³³ 动 胜任,承担 be qualified, bear, undertake *te nggoto a do de?* 他能否胜任?

nggoto mado ŋgo³³tʰo³³ma⁵⁵to⁵⁵ 驾驭不住,承担不了,担当不起 couldn't manage, can't bear, can't undertake the responsibility *ddenyimadde varnzzyi tabarkwa de neqi, a nggoto mado miha.* 党和政府给我压了这么沉重的一副担子,感觉有些承担不了。

nggu ① ŋgu⁵⁵ 名 份,份儿,股份 share

nggu ② ŋgu⁵⁵ 名 遗产(绝户的遗产) heritage, legacy (the legacy without offspring)

nggu manyo ŋgu⁵⁵ma⁵⁵ȵo³³ 没事的,没关系,别怕 it doesn't matter, don't worry

nggussyi nggussyi ŋgu⁵⁵zɛ⁵⁵ŋgu⁵⁵zɛ⁵⁵ 默默地、不停地做事 do things in silence *nenedesyi ngebbarnyi se, nggussyi nggussyi anedebbe singuddo?* 你啊,休息一下嘛,默默地不停歇地做事情,忙些什么呢?

nggwa ① ŋgua⁵⁵ 动 避让,让开,回避 avoid, shirk *lemashusu nebbu dawa barlahane debbu ne tenggwa hodebbe.* 两批送亲队伍路上相遇时,其中一队需要避让的。(当地的习俗)

nggwa ② ŋgua⁵⁵ 名 锦鸡,金鸡 golden pheasant *deloge ne danggwape, denbbivane delwapwa.* 一条沟里一锦鸡,一座山上一猛虎。(民歌歌词)

nggwar ① ŋguɚ⁵⁵ 动 许愿,祈愿,供奉 wish, keep one's fingers crossed, enshrine and worship *mejoshe rai dancha kengu gge, ranggwarbyi hane ddebyi gge.* 向老天爷许个愿,到秋天就去给老天爷还愿。

nggwar ② ŋguɚ⁵⁵ 动 出发,动身 depart, set out, start off *muzwa ggwalaggema, ssamasyi ngezzyi ane yozai nggwar sa ho.* 待会可能要下雨,把饭吃了以后,就各人悄悄地动身。

nggwar sale ŋguɚ³³sa³³le³³ 该死的,该杀的,挂祭杆的(咒骂之语) damned, blamed *nggwarsale bbe denyomo futrege naddwa zase, anejjiddo kenggegge?* 要挂祭杆的这些鸡,今天又跑进菜园里了,如何才能关住它们哦?

nggwarhar ŋguɚ⁵⁵xɚ⁵⁵ 名 锅盖 pot cover *zaya, nggwarhar o desyi ddehjila ddro qo nahar, bubbe ddehi magge.* 扎娅,请你把锅盖拿起来盖在锅上,不然洋芋是煮不熟的。

ngu ① ŋu⁵⁵ 名 鸡冠 cockscomb *rape te o ra ngungu ggoi yakwa de ha de.* 这只公鸡的鸡冠很大。

ngu ② ŋu³³ 动 做,当,担任 do, take charge of *yahi shohine, gassyi ngu apae, moba ngu apae, jja ti kato debbe?* 过去的时候有这样的提问:能当长工否,能当女婿否?(意为女婿是苦力)

ngu ③ ŋu⁵⁵ 动 鸣,啼鸣 crow *raddengu ne traomeddencu yojjoigge cwa jja ddwa, sutegesi jjoddwa.* 鸡啼了,这鬼就说道:"天都亮了,我要走了。"鬼走后,这个人才从麦地出来回家去。(民间故事)

ngu ④ ŋu⁵⁵ 动 攥(拳)grip, grasp *lepeo guziddengu i sunpwage ngagwar kedryi za.*

把手攥成拳头放到嘴巴里咬着。（婴儿的举动）

ngu ⑤ ŋu⁵⁵ 名 劳动 labor, work *aryile nyinqi ngusu ssyi debbe, nyinyusubbava ne syinyi yakehji de*。我们是劳动人民的子女，所以对劳动人民是有亲情的。

ngule manyo ŋu⁵⁵ le⁵⁵ ma⁵⁵ ŋo⁵⁵ 无事可干，没有事做 nothing to do *tenenyo ngulemanyo denyonyo ne yavasi ggagga*。这几天无事可干，天天都在家里休息。

ngwamo geziga ŋua³³ mo³³ ke⁵⁵ tsi⁵⁵ ka⁵⁵ 骆驼老人（一位长寿老人） a long-lived old man *yo ngwamo geziga sihssa bbutrekezyi erkwa kezhoa nenyo mase*。我骆驼老人活了三百岁，也没有听说可以把石头煮软的事情。（民间故事）

ngwamo gezigai ssura ŋua³³ mo³³ ke⁵⁵ tsi⁵⁵ ka⁵⁵ ji⁵⁵ zu³³ ra³³ 长命百岁，寿比南山 long life, many happy returns, live as long as the southern mountain *ne avanddekengu anengwamo gezigai ssu ra gge, pwarayabuci ssura gge*。你为我做好事修阴功，会获得骆驼佬的寿命的，会长命百岁、寿比南山。（当地的说法）

ngwar ① ŋuɚ³³ 形 腥臭，臭，膻 stink *zzi ddangwar jja te anggu lameima le yoshyi mazzyi de*。这个昂古腊梅说，羊肉有腥臭味，所以她不吃。

ngwar ② ŋuɚ³³ 数 五 five *ddro ge bugaga ngwar bar kezho za*。铁锅里煮着五个洋芋坨坨。

ngwar ③ ŋuɚ³³ 名 牛（总称） cattle's, ox, cow *ngwar le zzhongwar nyo ngwarnyi nyo ra ngwar nyo*。牛的种类有水牛、黄牛和牦牛等。

牛

ngwar bbeyo ŋuɚ³³ be³³ jo³³ 名 牛虻 tabanus bovinus *ngwar bbeyo de ngwarhssyi ddebbu gava kazhazhai dryigge*。一只牛虻在追着叮那头花牯牛。

ngwar bbubryi ŋuɚ³³ bu³³ pzɿ⁵⁵ 牛食管 cattle's esophagus *age ngwar bbubryi ga bbazhyii qolhyogga, avaqila*。我要用牛食管套刀鞘，你把牛食管拿给我用。

ngwar bi hddonyi ŋuɚ⁵⁵ pi⁵⁵ ədo⁵⁵ ȵi⁵⁵ 眼睛发红的疲牛 a tired ox whose eyes are red *ngwarbihddonyiteo, la la mangade, nyahadegene naga nge zzyiti shu*。这头眼睛发红的疲牛犁地一点都不出力，什么时候把它杀了吃掉算了。

ngwar ddebbu ŋuɚ³³ de⁵⁵ bu⁵⁵ 名 花牛 dairy cattle *lonbbossyi ngwarma ddebbu ngwar bbazzhe denbboncopwa ddehgua*。别人出价10000元人民币要买龙波家的花母牛。

ngwar ga ŋuɚ⁵⁵ ka⁵⁵ 动 杀牛，宰牛 kill the cow, slaughter the cattle *xinminba bbe zingwargagge, aryissangwarsyi zzyi gge*。新民村的人为了过火把节正在杀牛，我们要去吃牛肉。

ngwar hbu ŋuɚ³³ əpu⁵⁵ 动 阉牛（当地又称给牛去势） castrate *ngwar har o nehbu jja ne* *conyo tebbu a ne tesho a*。给犍牛去势，结果没过几天它就死了。

ngwar hddegu ŋuɚ⁵⁵əde³³ku⁵⁵ 牛眼睛 cattle's eyes *ngwar ssyi ta ngwar hddegu la zha depe bar hssyi de*。这头壮牛的眼睛都有大杯子那么大。

ngwar hddogu ŋuɚ⁵⁵do³³ku³³ 瞎子牛 a blind cattle *ngwarhddogu kesshyia zihane zingwar nengu ggejje*。把这头瞎子牛买下来，火把节的时候作节日牛来宰杀。

ngwar hgu ŋuɚ⁵⁵əku⁵⁵ 动 放牛 pasture, graze *tele denyonyo ngwar hgu ddwane sidavar nassha hjila ggede*。他每天放牛时都要砍一大背柴火回来。

ngwar hzzhobucece ŋuɚ⁵⁵ətʃo⁵⁵pu⁵⁵tsʰe⁻³³tsʰe³³ 名 毛肚 cattle's stomach *ngwar ga ha ngwar hzzho bu cece be nece a nesho sua zyi nazha zzyi debbe*。杀牛的时候把新鲜的毛肚反复清洗干净后，煮熟切碎了凉拌来吃。

ngwar i lha ŋuɚ³³ji³³ɬa⁵⁵ 名 腊月（属牛的月份，十二月）December, the month of cattle *ngwar i lha ge lhaer si o nyo ne lema shu gge*。腊月初三就要举行结婚仪式。

ngwar ma ŋuɚ³³ma⁵⁵ 名 母牛 cow *assyi ngwar madde shongwar ngwar idde shu gga*。我家的咖啡色母牛快要产小牛犊了。

母牛、小牛

ngwar nkwa ŋuɚ³³ŋkʰua³³ 牛蹄印 cattle's hoofprint *zzhohge hane ngwankwa ge ssare la sui ddeguice*。严重缺水的时候，在牛蹄印里边的泥浆水也会被人舀来当饮用水喝。

ngwar nyi ① ŋuɚ⁵⁵ȵi⁵⁵ 名 牛，黄牛 cattle, ox, cow *zzilhaloge ne ngwarnyi sizzho, zzhongwarla rangwar ne mazzho*。则拉乡只有黄牛，没有水牛和牦牛。

ngwar nyi ② ŋuɚ³³ȵi³³ 名 牛病，牛瘟（牛的传染病）cattle plague, rinderpest *amu ipanecui ngazazai ngwar nyi kessoa tehbu za*。阿木拉肚子，犹如打喷枪，就像牛害瘟一样。

ngwar ru ŋuɚ³³ru³³ 牛饲料 fodder *ssumi hoho bbe ngepryi a sibuqo naza ne mecu ne ngwar ru ngude*。把玉米壳用篾条编成串吊在核桃树上，冬天就成了最好的牛饲料了。

挂在树上的饲料

ngwar shyi ŋuɚ³³ʃɘ³³ 名 牛肉 beef *yanyo aryisuteshoda ddwai ngwarshyi ngezzyi ngezzii shyimala denyi*。昨天，我们去参加葬礼，吃牛肉吃得牙齿都疼了。

ngwar ssyigara ŋuɚ⁵⁵zɘ⁵⁵ka⁵⁵ra⁵⁵ 名 骑柱，蹬柱 riding pillar *dredreigene ngwarssyigara mazzhomaggede, iyancubbeneyamizzho*。穿逗榫结构的屋子里，无论如何都会有骑柱，房子越豪华骑柱越多。

ngwar sunpwa ŋuɚ³³su³³npʰua³³ 名 牛嘴

cattle's mouth *ngwar sunpwa ge kezzoro a coerge ddala za de shyi, ssassa tele ke ssyi gge*。看看牛嘴里的牙，估算一下年纪，如果年龄小就买下。

ngwar zza ① ŋuɑ˧˧ dzɑ˧˧ 牛饲料（过冬吃的）fodder（for winter） *ngwarwo ngwarrunezyia ngwarzza denabar nazyi, muzwangwarlaigge*。给耕牛喂牛草，再喂点牛饲料，今天要去耕地。

ngwar zza ② ŋuɑ˧˧ dzɑ˧˧ 五顿（饭），五餐 five meals *tava kepryi ssama ngwarzza tamazyi ddeso supe yoyo shuajje*。把他捆起来，五顿不给饭吃。

ngwarddwa ngarzha ŋuɑ˥˥duɑ˥˥ ŋuɑ˥˥tʂɑ˥˥ 亦步亦趋，紧随其后 follow step by step, in hot pursuit *ne aizhangasi kazhazhai kwarddwa karzha ngwarddwa ngarzha*。你成天就跟着我，亦步亦趋地赶路。

ngwardro erkwa ŋwɑ˧˧tʂo˧˧ɚ˧˧kʰuɑ˧˧ 名 牛黄（牛结石）bezoar *ipage ngwar dro erkwa zzho ne ngahgai nddrobi si hade jje*。据说，肚里有牛黄的牛，都是瘦得皮包骨头的。

ngwarhbi denyoma ŋuɑ˧˧əpi˧˧te˧˧n̠o˥˥mɑ˥˥ 识牛一整天 learn about a cattle for a whole day *ngwarhbi denyoma suhbi degguzwa, tiha kaddei mali*。识人一会儿，识牛一整天，测试现在才开始，还早呢。

ngwarhzho ŋuɑ˥˥ətʂo˥˥ 牛粪 cow dung

ngwarhzho bbezzyi ŋuɑ˥˥htʂo˥˥ bɛ˧˧dzɿ˧˧ 名 蜣螂（屎壳郎）dung beetle

ngwarhzho nbbuge tence ŋuɑ˥˥ətʂo˥˥nbu˥˥ke˥˥tʰe˧˧tsʰe˧˧ 牛屎堆上滑倒（即爽约，放鸽子）slip on a pile of cow dung, stand sb. up *ni vahga gaga kesshyi bela ngwar hzho nbbuge tence i naddra*。为你买的糖果，因我跌倒在牛屎堆里，所以全掉在地上了。

ngwarma cyierba ŋuɑ˥˥mɑ˥˥tsʰɛ˥˥ɑ˥˥pɑ˧˧ 名 沙巴，历算师 Shaba, a master of astronomy *ngwarma cyierba she naswanzzha hane, ssimova zzyijonbbya nyishu jje*。在历算师那里打卦完以后，他让妻子走转折路下山。

ngwarma ddebbu ŋuɑ˥˥mɑ˥˥de˥˥bu˥˥ 红底白花的母牛 a white cow with red lines *lamo ngwarma ddebbu dengwar kesshyi kehjila*。拉莫买了一头红底白花的母牛回来。

ngwarma dryipwa ŋuɑ˥˥mɑ˥˥tʂɛ˥˥pʰuɑ˥˥ 额头有白斑的母牛 a cow with white spots on the forehead *ngwarma tangwar ne muggu dryipwa hadde jje*。这头母牛的额头上有一个白色的斑块。

ngwarmo nesho ncehgu ŋuɑ˥˥mo˥˥ne˧˧ʃo˧˧tsʰe˥˥əku˥˥ 老牛死在沼泽地（意指安土重迁） the old cow died in the swamp *ngwarmo nesho ncehgu, ale kadda la ssyi magge tegesi zzho gge de*。老牛死在沼泽地，我是哪里都不去，坚持住在老屋里。

ngwarro sheshe ngu ŋuɑ˧˧ro˧˧ʃɛ˧˧ʃɛ˧˧ŋu˥˥ 像牛角一样饱满粗壮 full and thick like a bull's horn *melige ssumibbe ngwarro sheshe ngenguza, sanbbazze*。地里的玉米长得跟牛角一样饱满粗壮，看了让人赏心悦目。

ngwarshyi ddepekwa ŋuɑ˧˧ʃɛ˧˧de˧˧pʰe˧˧kʰuɑ˧˧ 牛肉涨价 increase in the price of beef *ngwarshyi debbe ddepekwai tiha ne kesshyi ngezzyi madoa*。牛肉涨价涨得离谱，现在都不敢买牛肉来吃了。

ngwarssyi gara ŋuɑ˥˥zɿ˥˥kɑ˥˥rɑ˥˥ 矮人国，小矮人国 the dwarf kingdom *shuersshyi su bbubbugenyincei ngwarssyi gara bbe shela nyi hgu za jje*。穿白披毡的猎人从洞里落

下去，一直落到地下的小矮人国了。（民间故事）

ngwartemo rongeshe ŋuɚ³³tʰe³³mo³³ro⁵⁵ŋe⁵⁵ʃe⁵⁵ 牛变老就犄角变长 horn grows longer when cow gets old *ngwar temo ne ro ngeshe, nbbo temo ne nkwa ngeshe*。牛变老就犄角长，马变老就蹄变长。（谚语）

ngwartru pwa ŋuɚ⁵⁵tʂu⁵⁵pʰua⁵⁵ 五六张，五六元 five or six pieces, five or six yuan *xxidebosshyigge jja bbazzhe ngwar tru pwa chase, desyi ava kexo*。准备买一包烟，结果还差五六元钱，你借给我吧。

ngwarzha lo ŋuɚ⁵⁵tʂa⁵⁵lo⁵⁵ 名 清溪沟，深沟 Qingxi Gulley, deep gutter *shoi ersubbe ngwarzhaloge ryinzzu, zizzhacelajjane zakao tehze dejje*。从前，尔苏人在清溪沟设卡值守，在一次火把节回来吃早餐时，把关隘失去了。

ngwarzza zyi ŋuɚ³³dza³³tsɘ³³ 喂牛饲料 feed cattle with fodder *aryi ersubbezyi ne ngwar ru zyi gge she ngwar zza mazyi debbe*。我们尔苏人养牛是喂牛草（如玉米秆），而不喂牛饲料的。

玉米秆

nimeli nissyi ni⁵⁵me⁵⁵li⁵⁵ni⁵⁵zɘ⁵⁵ 回故乡去，滚回老家 go back to hometown *ssama tehbbi nava zyi ane ashyi jjo i, ni meli nissyi*。吃了这口饭，你就快速地回家去，滚回到你的老家去。

njji ① ndʑi⁵⁵ 猎狗发现猎踪，高兴地吠叫 the hunting dog find hunting trace, barking with joy *tromaago silagenddenddenjjige, anenyideddaharmanddo*。母狗阿果在深山里高兴地吠叫着，不知发现了什么猎物的行踪。

njji ② ndʑi⁵⁵ 名 腿 leg *nbbarege jjiddwahane njjidenyi, nyilahanebinbi ddenyi*。上陡坡的时候腿肚子疼，下陡坡的时候是膝盖疼。

njji ③ ndʑi⁵⁵ 名 绿豆 mung bean *njjimama bbene njjihyo kezuli, njjinyonesheli, njji marnta ncali*。绿豆可以炖绿豆汤，也可以发绿豆芽，还可以做绿豆糕。

njji ④ ndʑi⁵⁵ 动 躺 lie *lilissyibbe jjibbu jjinjjia kamar, himanzzamabbe hwage kei*。男士躺在客位上和衣而卧，女士们就到上房里去休息。

njji ⑤ ndʑi⁵⁵ 名 枕（头，巾，木）pillow *muga la kessa zziyoyo ha, muga lige njjida de la kezzoro deso ke nancha*。牧呷和克热两个摔跤时，牧呷先看准个枕的地方，然后摔倒在那里了。

njjiba dabbar ndʑi⁵⁵pa⁵⁵ta³³bɚ³³ 自私自利 look after one's own interests *yobbu ne yozai njjiba dabbar si nzzyinzza gge de*。哟部有自私自利之心，一切都是为自己打算的。

njjibar ma ndʑi⁵⁵pɚ⁵⁵ma³³ 名 绿豆蔓（食人婆次女）mung bean vines (the second daughter of a cannibal) *tege zubarma la njjibarmazzi ssintrema la ssigama zzi pe mar da dde nzzhyi*。就这样，黄豆蔓和绿豆蔓对

调了,聪慧女和憨憨女对调了睡房。(民间故事)

njjo ndʐo⁵⁵ 名 友,朋友 friend *traola suo ddezzuzzu ane traone yozzi njjo nguggetiajje*。人和鬼遭遇了,鬼就提出来要和人交朋友。(民间故事)

njjo nagwar ndʐo⁵⁵ na⁵⁵ ku ɚ⁵⁵ 动 做伴,陪伴 accompany *vujoddeer njjo nagwar ggedda vujoddeer ddehomanzzho njjo mahde*。虽说要用白色头帕做陪伴,但是白色头帕不会说话,所以不算伴。

头帕(女)

njjo njjo ndʐo⁵⁵ ndʐo⁵⁵ 名 朋友 friend *su o la tra o njjonjjo ngune ka npoigge jja nala jje*。一个人和一个鬼交朋友了,他们决定去偷别人家的大麦。(民间故事)

njjoga ndʐo⁵⁵ ka⁵⁵ 名 朋友,同年 the same year, friend *muniu la azzyi ne njjoga, azzyi neote yoer debbe*。牧呷和我是朋友,并且同年,都属羊。*zaxilamu lalabo zzyine cyipo dabarkwa, njjoga debbe*。扎西拉木和拉波是同年,又是好朋友。

nka ŋkʰa⁵⁵ 动 卖 sell

nkaizza ŋkʰa³³ji³³ dʐa³³ 形 幸福,安康 beatific, healthy *tangeddwane neddeva kami neqi gge nkaizza ne qi gge jji gge ma*。从今往后,你家会幸福安康、福禄双全的。

nkar ŋkʰɚ⁵⁵ 名 夜里,晚上 evening, night, nighttime *tivahga nge nzzyinzza hene nkar kamarha imar nalamapa*。为他考虑这些事情的时候,晚上都睡不着觉。

nkarnyo tenzzhyinzzhyi ŋkʰɚ⁵⁵ ɲo⁵⁵ tʰe⁵⁵ ndʑo³³ ndʑo³³ 昼夜颠倒 turn night into day *nkwar ne ma mar, nyo ne mahggwar, nkarnyo te nzzhyinzzhyi*。晚上不睡,白天不起,昼夜颠倒了。

nkeme ŋkʰe³³me³³ 名 烟尘,烟灰 smoke, dust, fume *ssihibbeige lamazesu nkeme neddreneddrei ddemeddanwa suza*。美女们用锅烟灰把迎婚使者的脸抹得黑黢黢的了。(当地的习俗)

nku ① ŋkʰu⁵⁵ 名 锁 lock *momo de ne nku deddre bbo myaha, ssyii ngga nkumaho, lai ngga chu maho*。家里有个老人犹如有一把锁,去时无须锁门,来时不用开门。

nku ② ŋkʰu⁵⁵ 动 锁(门)lock (the door) *gaga ersha ne ssyi wamwa ngga o nku ma zao*。呷呷尔沙,你家的大门没有锁上哦。

nku bbyi ŋkʰu⁵⁵bzɛ⁵⁵ 名 谣言 rumor

nku bbyi ngu ŋkʰu⁵⁵bzɛ⁵⁵ŋu³³ 动 造谣(无中生有)start a rumor, create something out of nothing *ne ne anedebbe marmiddengui nkubbyi ngu de ddo*?你为什么要这样无中生有、想当然地胡说呢?

nku hzyi ŋkʰu⁵⁵ɕtɕe⁵⁵ 名 钥匙 key *nkuhzyi dege nku deddre chu, ersha dega sshahzyi dagahze*。一把钥匙开一把锁,一个案例办一件案。(谚语)

nkuhzyi ga ŋkʰu⁵⁵ɕtɕe⁵⁵ka⁵⁵ 名 钥匙,锁钥 key

nkuhzyi ga nggashu ga qo kase za, nini techyi angga ddechu yava kei ngelo。钥匙挂在门枋上,你自己把它取下,打开房门进屋等。

nkwa ① ŋkua³³ 名 蹄,蹄印 hoof, hoofprint

nkwa ② ŋkʰua⁵⁵ 动 扳断,掰开 split, tear, break ssumi bobo bbe nankwa hjila kenbbu a ngezzyigge。把玉米苞掰下来,拿回来烧着吃。

nkwa ③ ŋkʰua⁵⁵ 名 湖,湖泊 lake

nkwa ④ ŋkua³³ 名 双生,双胞(胎) twins assyiiggehe sibunkwaideddre ddenyoiddalaza, debupe debuqoma jje。我家屋后长了一对双生树,一棵是雄性的,一棵是雌性的。(当地的说法)

nkwa ⑤ ŋkʰua⁵⁵ 动 离别 part, bid farewell, leave ale ozzone ssyibbwazhe, tene ai ssyilepu pe nankwankwa mapa。我倒是愿意去西昌的,但我不愿意和孙女分开。

nkwa ⑥ ŋkʰua⁵⁵ 动 走,去 go, leave nkwa cwa, nceiga。呈博的子孙悄悄地走了。

nkwa byibyi ŋkʰua³³ pzɿ³³ pzɿ³³ 名 扁平蹄,人(在当地的故事中,老虎认为人是它的扁平蹄类食物) flat-foot, human (the tiger thinks that man is its flat-footed food) lwapwaone; yoleanya nzzaryiga ssa nkwabyibyi yao hzhai gge jja ddwa。"我嘛,要到大路边上去,寻找个把扁平蹄类猎物。"老虎说着就走了。(民间故事)

nkwa nkwa ŋkʰua⁵⁵ ŋkʰua⁵⁵ 动 离别,远离,离开 leave, depart ama ssyihssu de hssu ngu, ssyissi nkwankwa nggeryinbba。阿妈养儿都一样,子女纷飞千百样。(谚语)

nkwa zzyi ŋkʰua⁵⁵ dzɿ⁵⁵ 名 蹄,蹄类 hoof nava ddamanggo ha le nkwazzyi ha su sacyiryinbba qo hdolai qo nbbyila。没有捡拾你之前,蹄类动物三十种,踩踏你来跨越你。(当地的咒语)

nkwabyi ngalyalya ŋkʰua³³ pzɿ³³ ŋa⁵⁵ lja⁵⁵ lja⁵⁵ 锈迹斑斑 rusty dyanbwa ga kege nkwabyi ngalyalyaza, ddessi mali se ggejjio。手电筒里边已经锈迹斑斑了,肯定不能够再使用了。

nkwaer nkwanwa ŋkʰua⁵⁵ ɚ⁵⁵ ŋkʰua⁵⁵ nua⁵⁵ 白海和黑海 white sea and black sea

nkwai deddre miha ŋkʰuai³³ te⁵⁵ ɖʐe⁵⁵ mi³³ xa³³ 形影不离,如同一对双胞胎 be together, like twins tezzyi neo kaddwajji dezhengui ma nkwankwa, nkwai deddre miha。他们两个走到哪里都形影不离,就像一对双胞胎。

nkwai nkwama ŋkʰua⁵⁵ ji⁵⁵ ŋkʰua⁵⁵ ma⁵⁵ 小湖和大湖,母子湖 small lake and great lake nqomankunyi ddeddwaha nkwai nkwamabbe tenddoha goddanzzha。到铧头山去的路上,看见大湖、小湖、子母湖,就胆战心惊。

nkwankwa maro ŋkʰua⁵⁵ ŋkʰu⁵⁵ ma⁵⁵ ro⁵⁵ 不忍离别,舍不得离别 be reluctant to leave, can't bear to leave mugalaha la zaxi te zzi ne o daso na nkwankwa maro。牧呷拉哈和扎西两人今天早上舍不得离别。

nkwar ① ŋkʰu ɚ⁵⁵ 动 善于 be adept in, be good at nzzyinzza yankwar ne azzhyi wuji, erhbi yankwar ne agabbujji。善于思考莫过于阿芝乌恰,举止得体当数那阿呷布吉。

nkwar ② ŋkʰu ɚ⁵⁵ 名 夜,夜晚 night, evening nkwarhge mahge tro er he, ngganyo ngatahgu jja kassassa。"夜晚狗吠时别出门",这是一句忠告。

nkwarhge mahge ŋkʰu ɚ⁵⁵ əkɛ⁵⁵ ma⁵⁵ əkɛ⁵⁵ 名 深更半夜 midnight

nkwazzyi ŋkʰua³³ dʑə⁵⁵ 名 偶蹄（如羊）cloot

nkwazzyi hasu ŋkʰu⁵⁵ dʑə⁵⁵ xa³³ su³³ 蹄类动物 hoofed animals *zzyizzyi hasu sihssa qohdola,nkwazzyi hasu sihbu qo nbbyi la*。三百爪类动物从你身上跳跃过去，三千蹄类动物从你身上跨越过去。（民歌歌词）

npa npʰa⁵⁵ 形 雄，公（动物）male (animal) *veinpade cecetrezzho lanpai deo sidre zzho. vei nelanpa qo yapekwa*。一头小公猪重十斤，一只公羊羔重三斤，小猪价比小羊羔价高。

npar ① mpʰɑ³³ 动 弹（琴），吹，奏 play (a stringed instrument), blow (the trumpet) *coparhane chuchunpar, xyanzzyinpar, lhanpar, tihane anela manzzhoa*。年少的时候会弹口弦，会弹月琴，还会吹笛子，现在什么都不会了。

npar ② npʰɑ⁵⁵ 动 烫，烧 scald, burn *mejjige bugagadebubijja, lepeo mei nanpar*。在火塘里掏一个洋芋，结果不小心把手烫伤了。

npezi npʰe⁵⁵ tsi⁵⁵ 羊毛呢背心 woolen cloth *dadahene age zzho danage ketroa, npezi de nekoa navashyigge*。闲暇的时候我来弹一点羊毛，给你制作一件羊毛呢背心来穿。

npezi nkwazyi mpʰɛ⁵⁵ tsi⁵⁵ ŋkʰua⁵⁵ tsɿ⁵⁵ 名 氆氇（羊毛呢无袖坎肩）Tibetan woolen cloth *ai npezinkwazyi yali ca, xolobashe vanbbryi vateshyia*。我的新羊毛呢无袖坎肩送给蟹螺乡的旺毕亲戚穿了。

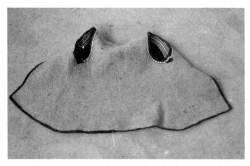

氆氇、羊毛呢无袖坎肩

npi ① npʰi⁵⁵ 形 冷，寒冷 cold *tenbbira ne denyodenyo ne ddenpi ggecwa*。立秋以后，气温会一天天变冷。

npi ② npʰi⁵⁵ 量 瓶 bottle (of wine) *alo anelahjilalemabbo, vu denpi hjila nava gula*。给你，其他什么都没有带给你，只带来一瓶酒给你喝。

npi ③ npʰi⁵⁵ 名 冰 ice *zzhoge la kenpi npigororo desi tebbuza*。村东头的小河水都结成冰块了。

npi ④ npʰi⁵⁵ 动 躲，躲藏 hide *suige hahyokengua, zzhodamanyo ryinyinyiwa she npida desyihzhala*。被他人欺凌得实在无处安身，到亲戚这里来找个躲藏之地。

npi meer mpʰi⁵⁵me⁵⁵ɚ⁵⁵ 名 冷风，寒风 cold wind, cold air *neryi ngganyo ngatai, angwa npi meer daga zhyiryi zhyiryi gge*。你们都不要到门外去，门外呼啸着凛冽的寒风。

npiga soga npʰi⁵⁵ka⁵⁵so⁵⁵ka⁵⁵ 受冻挨饿，受冻受凉 suffer from cold and hunger *momodebbe tege coparbbepe nehssyi i npiga soga, jjoi yava ngabbarnyi*。你们老年人在这里和年轻人一起受冻受凉，快回家里休息吧。

npizu mpʰi³³tsu³³ 名 霜冻，寒潮，寒流 frost, cold wave, cold current *npizu nagwar ne goi ddenpi debbe*。寒潮来了，别怕冷。

npizzho npʰi⁵⁵dʐo⁵⁵ 里边有冰，里边结着冰 there's ice, there is ice in it *zzhonbbi ceha xxisyi ngu, zzhobbege npizzho*。喝冷水的时候，要注意冷水里含有冰碴。

npo ① npʰo⁵⁵ 动 偷盗 steal *ersubbe shoijji nposu mazzho debbe, tizhanga jji seho npo katasoso*。尔苏人过去是没有人偷东西的，今后任何人也不要偷东西。

npo ② npʰo⁵⁵ 名 水痘 chicken pox, varicella

te zzyi yaddre o zzhonpo ngala namyabbu za jji gge。他家的小孩出水痘了，据说在脸上留下了麻子。

npora sa np^{h}o^{55}ra^{55}sa^{55} 佩戴佛珠 wear Buddha beads *shaba bbe byijogge hane nporasa ncanca hgwaraqo ddesegge de*。沙巴念经的时候也要在颈脖上佩戴一串佛珠。

npryi np^{h}ʐə^{55} 动 喷，喷洒 spurt, spray, sprinkle *koko hane shole ge zzhuneko zabbeqo zzhokenpryi sikala ggede*。擀毡的时候羊毛铺在竹栅栏里，喷水在羊毛层上再裹起来搓揉。

npu ① np^{h}u^{55} 动 取笑 make fun of

npu ② np^{h}u^{55} 打（瞌睡）doze off, nod *ti ane debbe kato jji hamase, bbanyibbanyi ne imar ne npu a*。不知道他在讲些什么，听着听着就打瞌睡了。

npu ③ np^{h}u^{55} 蹭（饭吃）sponge *te dde ne denyonyo ssama zzyikecune npusu kawawa la gge dege*。每天开始吃饭时，他家屋里蹭饭吃的人就会蜂拥而至。

npwa yo mp^{h}ua^{55}jo^{55} 名 牛虻 gadbee *npwayo bbe ngwarbbeva kedryi ane ngwar bbenyiddaabbwa ggede*。牛虻叮了黄牛以后，在牛皮下的肌肉里会产生淋巴。（当地的说法）

npyi ① np^{h}ʐə^{33} 动 吐，呕吐 vomit *yaha vu tesshyii nenpyi nenpyii droremi la npyitezzzua*。昨晚喝醉酒了，吐啊吐啊，把苦胆水都吐干净了。

npyi ② np^{h}ʐə^{33} 名 呕吐物 vomit, vomitus

nqi ntɕ^{h}i^{55} 名 隘口 mountain pass *ngwalanyinqi ge bugaga debbe ngala*。在犁地的隘口处，犁出一些洋芋。

nqi bbi ntɕ^{h}i^{55}bi^{55} 名 土坎，石坎 ridge, threshold *ne nqibbi ge nyinyiddwa，nqi naddraha*。你不断地往土坎边移动，谨防掉下坎去。

nqi ne ntɕ^{h}i^{33}ne^{33} 动 说起 when it comes to... *tessyi nzzazho ve wo nqine ddendde i ddahggwar la hmapa hzhemo nebu za*。说起他家那头过年猪，它肥得站不起来，只能够把屁股杵在地上抬头。

nqi shu ntɕ^{h}i^{55}ʃu^{55} 名 火炬，（竹制）火把 torch, bamboo torch *kwar ddabar isyisyiha ne yovuli deva ne nqi shu nepukasai sho ngaza*。晚上发起战斗时，每只羊的两角上各绑缚一把火炬，把羊群赶在前头。（民间故事）

nqinca ronca ntɕ^{h}i^{33}ntʂ^{h}a^{33}ro^{55}ntʂ^{h}a^{55} 拖过悬崖，拖过坎，盲目地拖拽 drag over the cliff, drag over the ridge, drag blindly *harwo lwapwa ge nqinca ronca nanca nancai har menche la tedo lwpwai hji a*。老熊被老虎盲目地拖拽着跑啊跑，最后老熊的尾巴都被老虎拖断了。（民间故事）

nqishu ncu ntɕ^{h}i^{55}ʃu^{55}ntʂu^{55} 点起火把，点燃火炬 light the torch *nqishu ncusu bbe nqishu kencu, ssamazzyi subbe mya manddoa*。点火把的人把火把点起来，吃饭的人看不清楚了。

nqo ① ntɕ^{h}o^{55} 动 拍，拍打 pat, beat, slap, strike *nedde anggu dde ne pama ngencuncu ddo ssyi ssi yatre kenqonqobaeyali*。你周家是父母健在、子女成器，就像被拍打过一样如意和美好。

nqo ② ntɕ^{h}o^{55} 形 漂亮，美丽 beautiful *si kato hala nazzyi hima zaya ne ssihi ya nqo da ncha jjigge*。谁都说你的妹妹扎娅是一位非常美丽的姑娘。

nqo ③ ntɕʰo⁵⁵ 名 生姜 ginger *ngwarshyi zhohene nqonbbar desyi kagwar ne ngwarzzihgao nessi gge*。在煮牛肉的时候加一点生姜,可以去除牛肉的腥味。

nqo ④ ntɕʰo⁵⁵ 形 倾斜的 skew, slant *iggarhar nqoi nbbare ge mwami kezzhyi za, ssuggubbe kege ngei tashu*。屋后那片倾斜的坡地,已经全部种植了天麻,要防止牲畜进去糟蹋。

nqo ca ntɕʰo³³tsʰa³³ 名 大腿 thigh

nqo gele ntɕʰo³³ka³³lɛ³³ 名 松枝 pine branches *zarawa amu lhape detebbuane nqo gele debu ddehvei jjolazajje*。扎拉瓦阿木失踪半个月后扛着一根松枝回来了。

松 树

nqo hdda ① ntɕʰo⁵⁵əda⁵⁵ 名 特吉村 Teji Village *mafu lige ggoma beer teli nwa hzhobwa bbe nqohdda la nepe nechyii nepo*。马付老爷用加长皮风投掷石块,把盗匪从特吉村赶下去了。(民间故事)

nqo hdda ② ntɕʰo⁵⁵əda³³ 松树山岗 a hill of pine trees

nqo madoa ntɕʰo³³ma⁵⁵to³³a³³ 美不起来 it is not beautiful *tahane temoi nqo madoa, coparha mimaha ta*。现在老了,美不起来了,已不是年轻的时候了。

nqo mama ntɕʰo³³ma³³ma⁵⁵ 名 松子 pine nut *ozzho gwarshege nqo mama be dedrene xxinbbonco ngui nkagge*。西昌街上干燥的松子每斤售价八元人民币。

松 子

nqo zzyi gge ntɕo³³dʑɜ³³ge³³ 将会诞生美女,生美女 the beauty will be born, give birth to the beauty *tizhange ne aryi anggu dde ssizzyi nqo zzyi gge, ssyi zzyi hbuzzyi gge*。从此以后,我们周姓家族生女生美女、生男生俊男。

nqoba dde ntɕʰo⁵⁵pa⁵⁵de⁵⁵ 坡上之家,坎上之家 the home on the slope, the home on the hill *aryi nwanzzyibai jjimar lanbbu bbene ima lwangu ne nqoba ddejje*。我们凉山村的吉满家族里郎部枝的幺房是坎上之家。

nqoca hyanyo ge ntɕʰo³³tsʰa³³əja⁵⁵ɲo⁵⁵ke⁵⁵ 大腿最粗的部位 the thickest part of the thigh

nqoca kepe ntɕʰo⁵⁵tsʰa⁵⁵kʰe³³pʰe³³ 大腿内侧 inner thigh

nqoca ngenyoda ntɕʰo³³tsʰa³³ŋe⁵⁵ɲo⁵⁵ta⁵⁵ 大腿根部,大腿上部 the upper part of the leg *zzhoge ngenge ddwa ne nenehnyo, nqoca ngenyoda ddabarjje*。蹚河的时候,越走水

越深,最后达到大腿根部了。

nqoca nyope ntɕʰo⁵⁵ tsʰa⁵⁵ ŋo³³ pʰe³³ 大腿外侧 lateral thigh *ngwarharmao sedege nqocanyope bbazhede kaga manddo kenguza*。年轻的母牛不知被谁在大腿外侧砍了一刀,现在牛皮已经受伤了。

nqoca ryigu ntɕʰo³³ tsʰa³³ rɘ⁵⁵ ku⁵⁵ 大腿骨 thighbone, femur *amu nqoca ryigu ga ddenyi jja hjinbba ddwa za*。阿木的大腿骨疼痛,他到医院治疗去了。

nqoi nbbare ntɕuʰo⁵⁵ ji³³ nba³³ re³³ 缓坡地,平缓山势,斜坡地 gentle slope, slope *ngwarbbe nyogwa ve maga gu lage nqoi nbbare ge nahbarhbar za*。所有的牛群都散布在洋姜林山的缓坡地里。

牛　群

nqolo zzu ntɕʰo³³ lo³³ dzu⁵⁵ 驱除男鬼的口传经文 the oral scripture to exorcise the male ghost *shababyijohane nqolo zzu zane trapa zhaha ssi daza jje*。沙巴驱男鬼时念诵驱除男鬼的口传经。(当地的习俗)

nqoma nkunyi ntɕʰo⁵⁵ ma⁵⁵ ŋkʰu⁵⁵ ɲi⁵⁵ 名 铧头山 Huatou Mountain *nqomanku nyi ne galobai cyiqo trangga gahar ha de, yela ssyi mashyi dege*。铧头山在甘洛的西北方向,是一年四季不化雪的地方。

nqomakunyi ssyima shyi ntɕʰu⁵⁵ ma⁵⁵ ŋkʰu⁵⁵ ɲi⁵⁵ zɿ³³ ma³³ ʂʅ³³ 铧头山上雪不化 Huatou Mountain is covered with snow all year round *nqomakunyi ssyima shyi, awa ssace nbbar mashyi*。铧头山上雪不化,婴儿裤子尿不干(指婴儿随时拉尿,实在来不及换)。(谚语)

nqosi gale ntɕʰo³³ si³³ ka³³ le³³ 名 松枝,松丫 pine branches *amurape lhapedemaga tebbu si nqosi gale daga ddehvei silage nyila*。阿木那坡过了半个月才从树林里出来,下山时肩上还扛着一根松枝。

nqosi mama ntɕʰo³³ si³³ ma³³ ma³³ 名 松子 pine nut *nqosimama bbene nqosi gaga gezzhodebbe, ngekoatagagane ngalagge*。松子是长在松果里的,只要把晒干了的松果抖动一下,松子就出来了。

松　果

nqosi mar ntɕo³³ si⁵⁵ mɚ⁵⁵ 名 松针,松叶 pine needle

nqosi sica ntɕʰo³³ si³³ si³³ tsʰa⁵⁵ 名 松叶(松针),松毛 pine needle *nqosi sica bbene har barbar suva kehzho ha ddenyi debbe*。松针就像针一样,刺到手时会很疼。

nqosi ssu ntɕʰo³³ si³³ zu⁵⁵ 松香,松脂 colophony, rosin *erfu ncanca hane nbbomar bbeva nqosi ssu desyi ngehi ane yali de bbe*。拉二胡的时候,在马尾弓弦上擦拭一下松香,这样音色会好得多。

nqosissu gedwa ntɕʰo³³ si³³ zu³³ ke³³ tua³³ 名 松香

块 colophony, rosin

nsse nsse nze³³ nze³³ 副 不停地, 阵阵地 ceaselessly *azzhyimao qama teshoi syi ddetrei nbbya ddeddwaha gga nssensse gge*。这个阿芝嬷因为母亲过世了而悲伤, 到山上的时候不停地唱《思母歌》。

ntashe ntʰa⁵⁵ ʃe⁵⁵ 名 周 (藏姓塔设) Zhou *ntashe bbe ne shiyi-myar zzho*。塔设家族分布在石棉县。

ntashe ma ntʰa⁵⁵ ʃe⁵⁵ ma⁵⁵ 周姓塔设家族姑娘, 姓周的女人 the woman of Zhou family *jjimar amu jabu ssyi issao ntashe ma de ke miqi zai jje*。据说, 吉满阿木加布家的儿子, 讨了一位周姓塔设姑娘为妻。

ntira nyi ssole ntʰi³³ ra³³ ɲi³³ zo³³ le⁵⁵ 遭眩晕病的人, 美尼尔氏综合征, 患眩晕病的人 a person with vertigo, Meniere's syndrome *alontira nyi ssole wo tenenyo vuliiddenyi ddehggwarmapa*。你看我正在遭眩晕病嘛, 这几天都头疼得起不来。

nto ① ntʰo⁵⁵ 量 滴 a drop of *ipa ge ssu re dento ma zzho*。肚子里没有一滴油水。

nto ② ntʰo⁵⁵ 动 点, 灸, 烙 burn, fire, iron *vuli ddenyiipa ddenyi hane lahavi desyi kento ane kessegge debbe*。头疼、腹疼的时候, 可用艾灸烙一些穴位, 有止痛作用。(当地的说法)

nto ③ ntʰo⁵⁵ 动 滴, 滴落 drip *zakalaha gadaha nggamebbe ggwai nehzui zzho ntonto nala*。扎卡拉哈的衣服, 刚才被雨淋湿了, 不停地往下滴水。

nto gge ① ntʰo⁵⁵ ge³³ 在滴 (水) dripping down *nessyiyava ggwarnce yabaryabarntogge, nddrudapwa nesshealamanddo*。你们家里不时地在滴水, 估计哪里有块瓦裂开了。

nto gge ② ntʰo⁵⁵ ge³³ 用艾灸 cauterize by burning mugwort *awa vuli tiha ddenyi jja lahavi desyi nahzha ke ntogge*。奶奶的头现在有点疼痛, 准备拿一点艾来火灸。

nto jo ntʰo⁵⁵ tɕo⁵⁵ 名 塌鼻子, 塌鼻梁 flat nose *ntojo gala ntojo mazzi kebossi, yaddre ntojo ma dancha radwa za*。塌鼻梁先生和塌鼻梁女士结婚, 不久生下一位塌鼻梁的小女婴。(民间故事)

nto nwa ntʰo³³ nua³³ 名 戥子秤 the balance for gold and silver *ntonwa nzzongu ddelo, dreer nzzoneo dde dre*。戥子秤一样地约两 (重新称斤两), 杆秤一样地称量。(谚语, 指处事公平正直)

ntojo ge ntʰo⁵⁵ tɕo⁵⁵ ke³³ 名 踏足姑寨, 松林寨 Tazugu Village, Songlin Village *ntojo ge ne ersubbei meli de nzzyimo vujai teer de jjigge*。踏足姑寨本来是尔苏人的地, 后来被抛烘乌甲掠去了。(民间故事)

ntonto ntʰo⁵⁵ ntʰo⁵⁵ 不停地烙, 反复地烫, 不停地烧 constantly bake *tezzyi neo deodeva menzzyi ntonto gge*。他们两个在相互不停地烙火子。

ntre ① ntʈʰe⁵⁵ 形 聪慧, 聪明, 明智 clever, intelligent *yakwaone yayanqo yayantre dene ssintrema jjakehi ajje*。长女因为又漂亮又聪慧, 所以就取名为"聪慧女"。(民间故事)

ntre ② ntʈʰe⁵⁵ 动 啼, 啼鸣 ululate, crow *lo ge nggwape de ntre gge*。山沟里有一只锦鸡在啼鸣。

ntre bbar ntʈʰe⁵⁵ bɚ⁵⁵ 系绳结以记事 (木里语) keep records by tying knots *shabawo shoi rela shushu hane ntre bbar gava gedwa syiwo nceggede*。沙巴为死者举行指路仪式时, 要

用绳系上七个疙瘩的。(当地的做法)

ntre da ntʈʰɛ⁵⁵ ta⁵⁵ 名 绕线机,绕线架 winding machine

ntre o pwa ntʈʰe⁵⁵o³³pua⁵⁵ 纺线锤的惯性盘,纺锤木盘 wood spindle tray, the inertial disk of spindle *te lhaimao yantre dejja xadela ne ntreopwa de za manddo*。都说仙女嫚是个聪慧女,其实是个聪慧的纺锤木盘(傻瓜)。(民间故事)

ntreda ddryia ntʈʰɛ⁵⁵ta⁵⁵ɖʐə³³a³³ 听见啼鸣 hear the crow *silege nggwapeo ntreda ddryia*。听见树林里的锦鸡在啼鸣了。

ntreo ga ntʈʰə³³o³³ka³³ 名 纺线锤 spindle *ntreoga ne ntrewopwa la ntre o ma ga ddehssama za de*。纺线锤是由纺竿和纺锤组合在一起的。

纺　锤

ntreo pa ntʈʰe³³o³³pʰa³³ 名 精纺锤 precision spindle *ntreoga ne ntreopa deqo shentre daga kasa za debbe*。在一个精纺锤上安置了一条细铁丝转柱,就成了精纺器。

ntrese mazzho ntʈʰe⁵⁵se⁵⁵ma³³ʥo³³ 没有灵气,不聪明的,愚笨 inadvisable, unwise, untalented, foolish *muggu bbaja desyi hao ne ntrese mazzho de ne ssigama jja kehi a jje*。额头上有疤痕的这个女孩,有些呆头呆脑的,没有灵气,妈妈就给她取名为"憨憨女"。(民间故事)

ntro ① ntʈʰo⁵⁵ 动 抓,捞 grasp, grab *muzyi lige shafa vurao nentro nentro i ngashwa za*。沙发的布垫天天被猫咪抓扯,现在被抓烂了。 *zaxi vumya va har iddentro i neshyi nashwa shu za*。扎西的脸被黑熊抓得满脸都是伤痕。

ntro ② ntʈʰo⁵⁵ 量 把,捧 a handful of *zurune ernche dentro se denqo kamar i qokahbar ne lidejje*。对付日煞的方法是抓一把细沙,呵一口气,立即撒上去就可以化解了。(当地的说法)

ntro ③ ntʈʰo⁵⁵ 名 鼾 snore *zaxi sso ne banddi ga qo ngazzhai intro nkwa nkwa gge*。人家扎西啊,横躺在板凳上睡得鼾声如雷。

ntru ① ntʈʰu⁵⁵ 形 脏 dirty, miry, mucky *yaddrebbe, neryi tegeddatadohdo, muzwa ssamabbe neryilige nentrugge*。娃娃们,你们别在这里跳,一会儿饭菜被你们弄脏了。

ntru ② ntʈʰu⁵⁵ 名 秃顶,秃梢 bald, bald tip *sibu tebu vuli la tentru za debu, dejo ne talwa jjüjji debu kezzhyi ho*。这棵树已经秃梢了,在合适的时候把它砍掉,重新补栽一棵好树。

ntru ③ ntʈʰv⁵⁵ 名 蒸笼 food steamer *nggaku bbe ntru ge nagwar kantru a ngezzyi gge*。把馍馍放入蒸笼里蒸着吃。

蒸　笼

ntru ④ ntʈʰu⁵⁵ 名 甑子 rice steamer *ncusisibyi ntrunanca ne ssamakentruha vuddangwar maggejje*。据说，用椿树木板做甑子，里面的剩饭不容易馊。

甑子、笀子

ntru ⑤ ntʈʰu⁵⁵ 动 蒸，蒸煮 steam *zhabulili ntruge nagwar kentru ane zhaibbe ngecu angezzyili*。把马蜂包放到甑子里蒸了，马蜂死了，可以把蜂蛹取出来食用。

ntru ce ntʈʰu⁵⁵tsʰe⁵⁵ 名 熏蒸（一种民间清洁仪式）fumigation (a folk cleansing ritual) *lamoma shabalige ddentrucei tihane tachai kaddege laliggagge*。拉莫曼经过沙巴的熏蒸仪式以后，病情大为好转，现在可以到处走动了。

ntwa ① ntʰua⁵⁵ 形 快，锋利，锐利 sharp, sharp-edged, keen *bbazha teji yantwa deji, bbazha ateji le mantwa deji*。这把刀是锋利的，那一把是不锋利的。

ntwa ② ntʰua⁵⁵ 量 滴 a drop of *tayava ggwance nyaha dantwa nala*。这个屋里时不时会滴一滴雨下来。

ntwa ddessi ntʰua⁵⁵de⁵⁵zi⁵⁵ 持锋利的器物（剑）hold a sharp object (sword) *aryizzussisu zzuddessi, ntwassisu ntwaddessi, hzhobabbe nazhanazha*。我们持利箭的持利箭，持利剑的持利剑，紧紧地追赶捉拿盗贼。

nwa ① nua⁵⁵ 名 彝族 the Yi ethnic group *zishupyi i ggejja xide nwapwa nwamwa dezhe ngu i ozzho nga la*。喜德县的彝族男女结群到西昌参加打火把游戏。

nwa ② nua⁵⁵ 名 隔阂 estrangement *nelige zaxi la azzyi bage dda sshadai tihe ne ava nwa de nazhashuza*。我和扎西之间被你挑拨得产生了隔阂，至今没有和好。

nwa ③ nua⁵⁵ 形 黑 dark, black *shussa ddanwa sshyi vo ncemi nbbinbbi bbe sucetezzu ajje*。穿黑色披毡的猎人先把凉稀饭吃完了。

nwa nkwa ① nua³³ŋkʰua⁵⁵ 名 黑湖 black lake *ahzu nzzeo ne nwankwa nyinkwa yami debbe la ha jji gge*。那高山顶上有黑湖和红湖等许许多多的高山小湖泊。

nwa nkwa ② nua⁵⁵ŋkʰua⁵⁵ 名 彝海 Yi Sea *nwankwa ne nbbolobase hade, nkwa ge ngwar sinya de zzho degejje*。彝海位于冕宁县东部，民间传说海里有一头镇守彝海的仙牛。

nwa nzzomo nua⁵⁵ndʐo⁵⁵mo⁵⁵ 彝族土司 the minority hereditary headman of the Yi ethnic group *nwa nzzomo nzzyimo zhangbao-su, addegelai hngwar ceceoteqa*。彝族土司兹莫张宝苏到我家来访问，走的时候高祖父赠予土司十个银锭。（民间故事）

nwa pwa nua⁵⁵pʰua⁵⁵ 彝族男子 the man of the Yi ethnic group *nwapwa nzzucu ddengu za de tege ka la*。一个头上打着"天菩萨"发髻的彝族男子到这边来了。

nwa su nua⁵⁵su⁵⁵ 名 劫匪，山贼，土匪 robber *tenehi ne nposu mazzho nwasu mazzho,* *ershayali ne tebbeyali*。现在没有盗贼，没有劫匪，太平社会就是这样安乐祥和的。

nwade nazha nua⁵⁵ te⁵⁵ na³³ tʂa³³ 树立敌人，得罪人 antagonize, offend *ncheiga, ne zzhyi tebbe ddamacucu le ava nwa de nazhaggema*。伙伴，你不把这些语言解释清楚的话，他们会误会我，甚至以我为敌，记恨我的。

nwahbu ddege nua³³ ɕpu³³ de³³ ke⁵⁵ 丈夫的家 husband's family *achasili bbyire datwanzze ddehji nwahbu ddege ssyigge kala jje*。表姐包里带着一小罐蜂蜜往北方到她的丈夫家去了。

nwahbu iva nua³³ ɕpu³³ ji³³ va³³ 婆婆家的屋子里，丈夫家的屋子里 husband's family *ama iva nggezza zzyi, nwahbu iva dezza zzyi, dazza ngezzyi zzyi yahde*。阿妈家里日九餐，婆家屋里日一餐，只吃一餐还嫌多。(《思母歌》歌词)

nwaho nua³³ xo³³ 名 彝语 the language of the Yi ethnic group *ersu bbene erhozzho mazzi sine nzzaho nwahola katonzzho*。尔苏人不仅会说本民族母语，而且还能够说汉语和彝语。

nwaho singu nua⁵⁵ xo⁵⁵ si⁵⁵ ŋu⁵⁵ 只说彝语，都说彝话 only speak the language of the Yi ethnic group *zzhonbbihgu babbe shoihane nwahosingudege, tahane ersuhongujje*。水泉村的人过去只说彝语，据说现在开始说尔苏语了。

nwaho yangu nua⁵⁵ xo⁵⁵ ja⁵⁵ ŋu⁵⁵ 大多说彝语，大家都说彝语 almost speak the language of the Yi ethnic group, everyone speaks the language of the Yi ethnic group *zzho nbbi hguba she ersubbene nwaho la yangu debbe jja kato gge*。据说，越西保安乡冷水泉村庄的尔苏人大多数情况下说彝语。

nwaku tezyi nua⁵⁵ kʰu⁵⁵ tʰe⁵⁵ tsɤ³³ 漆黑一片 pitch-black, jet-black *lhanwahane mejo ngejo miha nwakutezyi i ane la nddomapa*。每当月亮下弦的时候，眼前漆黑一片如被蒙着一样，什么都看不见了。

nwamelili ngehze nua⁵⁵ me⁵⁵ li⁵⁵ li⁵⁵ ŋe⁵⁵ ətse⁵⁵ 形 黑黝黝的(现出黑油油的颜色) swarthy *ssumi nyonyo bbe mkacallage nwamelili ngehze*。玉米苗在烈日下长得黑黝黝的。

nwanyi var nua⁵⁵ n̩i⁵⁵ vɚ⁵⁵ 红彝庶民 the common people of the Red Yi ethnic group *lhoqo nwanyi var*。南方有红彝庶民。

nwanzzu ba nua⁵⁵ ndzu⁵⁵ pa⁵⁵ 凉山村 Liangshan Village *ane zzi lha loge nwa nzzuba she dde zzyidde kwa deddo*。我是则拉乡凉山村土生土长的尔苏人。

nwanzzuba sinwadere wa nua⁵⁵ ndzu⁵⁵ pa⁵⁵ si⁵⁵ nua⁵⁵ te⁵⁵ re⁵⁵ wa⁵⁵ 凉山村全村范围内 the scope of Liangshan Village, the whole Liangshan Village *nwanzzuba sinwa derewa nenponpo nwanwa su dewo la mazzho dege*。整个凉山村的范围内不存在一个小偷小摸的人。

nya ① n̩a⁵⁵ 名 幼童，小孩 toddler, kid *neryi nyabbene kwakwabbei zzhyibbanyi yalingune ddekwa yalimo*。你们小孩子们啊，听大人的话，就会长得高哦。(善意的教导)

nya ② n̩a³³ 副 很 very *ddryi nggaku bbe izhere ge nazhan ngezzyiha nyayamar alenyayahgga*。把糯米馍馍放在清油里炸，这样吃起来味道很好，我是很喜欢这样吃的。

nya ③ n̩a³³ 动 走，出发 go, walk *nya aryi*

347

ssyigecwa, muzwane ngejjiva gge。走吧,我们该走了,不然一会儿会迟到的。

nyaha jji ȵa³³xa³³dʑi³³ 肯定是,什么时候都 must be, whenever *mugabbussyi yaddre tewo nyahajji addege lamagga tiygge*。牧呷部日卓这个娃娃肯定是决心不再到我家来的了。

nyaha la ȵa⁵⁵xa⁵⁵la⁵⁵ 副 早就 already *zaya lamo temahssyi tele nyaha la nzzhonzzyi so ddwa ce*。如果不是他的话,扎雅拉莫早就去升学读书了。

nyaka reggu ȵa⁵⁵kʰa⁵⁵re⁵⁵gu⁵⁵ 名 下差达村(矮山村的下埔子自然村) Xiachada Village *nyakareggu ne shopene ersu nyake panci ddei zzho dage*。下差达村以前是尔苏尼阿卡家族居住的地方。

nyawa ȵa⁵⁵wa⁵⁵ 名 亲戚(官话),朋友(引申) relative, friend *su deo ne ryinyi mara mapa nyawa mara mapa*。每个人都离不开亲戚,每个人都离不开朋友。

nye he ȵe³³xe⁵⁵ 名 下游,下方,下面 inferior, underneath *ne ssyi ngwar bbe nye he zzho nbbar zzho nbbar nyinyi ddwa*。你家的牛群在下方顺着河往下游走了。

nyehe gehe ȵe⁵⁵xe⁵⁵kɛ⁵⁵xɛ⁵⁵ 名 下方,下边(下边一点) underneath *ale nyehe gehe ngwar mala desyi qo ngwarlaza, mwami bu kamazzuzzu*。我应从稍微下边一点的地方往南巡,路线稍微偏上了,所以没有遇到天麻。

nyehe syige ȵe³³xe³³sɕ³³ke³³ 名 下边(下边一点点) underneath *nyilage ngala ha, nyehe syige bberyi gava manddo, varhji bberyii kenpua*。从草丛里经过的时候,没发现下边有蛇,差一点就被它咬伤了。

nyi ① ȵi⁵⁵ 名 野兽,猎物 wild animals, prey, quarry *yanyo bbubilo trosa ddwai nyi de kemi hjilai fu ge nyogwa zzyi la*。昨天到楠树坡沟去狩猎,逮到一头猎物背回来,全村人都来吃猎肉了。

nyi ② ȵi⁵⁵ 形 少 few, little *yava gohgo sulane yami nyinyi danabar tamaqi nemalidejje*。家门口来了乞讨者时,或多或少都要施舍点,不然不符合尔苏习俗。

nyi ③ ȵi⁵⁵ 名 草 grass *muzwa bbarnyi hane nyi danaga nechyi a vazzha ngu i gge*。一会儿休息的时候就去割一点草拿回去做猪食。

nyi ④ ȵi⁵⁵ 名 农业,农事 agriculture, farming *seddeho ne ane la ddebbibbi jji nyi men geshe tashu, hgu me ngeshe tasu*。不管是哪一家人,无论怎样繁忙,都不能够不按时节栽种和放牧。

nyi ⑤ ȵi⁵⁵ 形 红 red *byima o ge ngwarhssyi nyibbuga ngwar kepryi i hjila za*。青蛙把那头红花大牯牛牵出来了。(民间故事)

nyi ⑥ ȵi⁵⁵ 名 病 disease *erpe ddenyi, vuli ddenyi, nganyi pula*。脚疼、头痛,慢性疾病复发了。

nyi ⑦ ȵi⁵⁵ 形 矮 short, dwarf *ersuhbizyi ne, ggama nyinyi syinyi yantre, ngwarzyibbe yantrejje*。尔苏人有句俗语说,矮个子的人心机缜密;又说,个子矮的人聪明。

nyi ⑧ ȵi⁵⁵ 表示趋向的词 directional word *ddege ddenchonchoa nyinyi iane galo bar-igge*。顺着这条河往下走,就能够到达甘洛县城。

nyi ⑨ ȵi⁵⁵ 名 疼 pain, ache *bbulho yagomo nyira jje denyonyo hjinbba dage kei za*。布洛雅果莫有病疼,在医院里住院治疗。

nyi ⑩ ȵi³³ 代 你 you *nyi ne aggemagge ne*

myabbo ddomarnzzi va kasa tejji gge de。你动不动就哭泣淌眼泪,养成了这种不好的习惯。

nyi barla ȵi⁵⁵ pɚ⁵⁵la⁵⁵ 动 发病,患病 sicken, fall ill *shu nyo nyoainddoha, lapu o nyibarla jja ida ge nga zzha nge ncu kamar za*。前天我见拉普发病了,他仰躺在床上睡着。

nyi buga ȵi³³ pu³³ka³³ 动 摔倒,跌倒,绊倒 trip, tumble *comobbene nyibugatashu, nyibugane ryigurekarane tachamali*。尽量不要让老年人摔倒,老年人摔倒会导致骨折且不易愈合。

nyi busha ȵi³³ pu³³ʃa³³ 病情加重,病情复发 disease aggravation, relapse *zaxi nyi o yali sonyo ne jjola gge jja ne, yaha ne mo nyibusha za jje*。扎西的病情大为好转了,本来准备明天出院回来,结果昨天晚上又复发了。

nyi dde ȵe⁵⁵dɛ⁵⁵ 动 织,织布,纺织 weave, spin *agamo nggahgu sibui zhanga byilo dapwa qo nehssyii nyi dde gge*。阿嘎莫坐在门口大树下的一张竹笆上织毛布。

nyi fuzi ȵi⁵⁵fu⁵⁵tsi³³ 名 辣蓼草,蓼子草 polygonum *nyi fuzi bbe mosu ge nagwar ne bbeer bbe nesyi gge debbe*。把辣蓼草放到厕所里可以把蛆蛹消灭干净。(当地的说法)

nyi hga ȵi⁵⁵əka⁵⁵ 本该忌讳(在特定亲属在场时不谈生殖与性的话题) should be taboo (not talking about the reproduction and sexuality in the presence of a particular kinship) *nyihga pama yaddre dawa zzho kato mahssyi, tipossao made dejje*。我不是在有父母子女在场时谈论这件本该忌讳的事,据说她丈夫是个性无能者。

nyi hssa ȵi³³əza⁵⁵ 形 蓝 blue *silage sibu bbe nyogwa ne nyihssa zahane zzhohggwa pula*。山上的树全部泛蓝色的时候,就是有雨水的时候了。(当地的说法)

nyi la ȵi³³la⁵⁵ 动 下来 come down, come from a higher place

nyi la nggu ȵi⁵⁵la⁵⁵ŋgu⁵⁵ 祖先神和舅家神 ancestor

nyi lanyi ȵi³³la³³ȵi³³ 重复做 do repeatedly

nyi ma ngu ȵi³³ma³³ŋu³³ 不务农事 don't do farming *nchyijji manqinyi mangu*。夫妻不和,不务农事。

nyi ma nqi ȵi³³ma³³ntɕʰi³³ 连 虽然 although, though *a nava yahgga i nyimanqi ne teyo tenzzea ne a nava dde sshongwa gge de*。虽然我喜欢你,但是当你犯错误的时候仍然要批评教育你。

nyi marra ȵi⁵⁵mɚ⁵⁵ra⁵⁵ 动 变小,退化 diminish, degenerate *kwakwai depu, yaddrei depu, sejjite mo ane nzzyi nzza nyimarragge*。一阵大人一阵小孩的,老了谁都会思维退化的。

nyi mi ȵi⁵⁵mi⁵⁵ 名 草名 grass name *yashe yashe makato a ne, tiha ne nyi mi bbe la me tezzu a*。长时间没有谈起这些草的名字,现在大部分的草名都被遗忘了。

nyi nbbar ȵi⁵⁵mbɚ⁵⁵ 名 药材,草根 medicinal material, grassroot

nyi nbbo ① ȵi⁵⁵mbo⁵⁵ 动 除草,薅草 weed

nyi nbbo ② ȵi⁵⁵nbo⁵⁵ 名 金马 golden horse

nyi nbbo ③ ȵi⁵⁵mbo⁵⁵ 河水奔腾 the river flows

nyi nbbo ④ ȵi⁵⁵nbo⁵⁵ 名 植被,草木 vegetation

nyi nbbu ȵe³³mbu⁵⁵ 病痛的负担 burden of illness

nyi ngu ① ȵi⁵⁵ŋu⁵⁵ 名 劳动 labor

349

nyi ngu ② ȵi⁵⁵ŋu⁵⁵ 动 劳作 do manual labor

nyi nkusyi ȵi³³ŋkʰu³³sə³³ 动 俯卧 prostrate *nkwar marha nyinkusyiakamar ne mancu, syinyiokociggede*。晚上睡觉采用俯卧的方式有碍健康,对心脏压力大。

nyi nyi ① ȵi⁵⁵ȵi⁵⁵ 形 少(少之又少) less, few, little

nyi nyi ② ȵi⁵⁵ȵi⁵⁵ 形 矮,低矮 short, low

nyi nyi ddahdda ȵi³³ȵi³³da³³əda³³ 不停地斥责 rebuke constantly, reprimand constantly *mancu deva ne nyinyi ddahdda ne mali, desyi ka haha nenga ddese gge*。对不懂事的弱者来说,对其不停地斥责不好,要给予教育使其觉悟。

nyi pi ga ȵi⁵⁵pʰi⁵⁵ka³³ 一种猪饲料草 a kind of grass for feeding pigs

nyi pyi ȵi³³pʰʐɿ⁵⁵ 动 丢弃,抛弃,甩掉 discard, abandon, give up, throw away *tilige nzzhonzzyi yanbbo ge kesoi ngala ne ssimo ncha te cucui nyipyi a*。他大学毕业了,就解除婚约把那位妻子抛弃了。

nyi shahnyo ȵi⁵⁵ʃa⁵⁵əȵo³³ 野豌豆,草豌豆(越西语) vetch, tare *galobabbe i hwai shahnyi bbe vargebashe ne nyishahnyo jjigge debbe*。紫芍,甘洛尔苏人称之为"鸟豌豆",越西尔苏人称之为"草豌豆"。

nyi ssa ① ȵi⁵⁵za⁵⁵ 名 中药 traditional Chinese medicine *jjimar abu yakwa ddene shaba so, jjimarabu ssanyo ddene nyissa so*。吉满老爷长房家主要学沙巴文化,吉满老爷么房家主要学习中药学。

nyi ssa ② ȵi⁵⁵za⁵⁵ 名 嫩草 browse, green grass *vazzachyi nyissa danaga chyi, vushe meshe temo taga debbe ane ngu gge*。割猪草就要割一些嫩的青草,长长的老草割回来干什么。

nyi ssassa ȵi⁵⁵za⁵⁵za³³ 名 嫩草 browse, green grass *zzicide jihji tele age te nyissassa bbe nechyia vazza nguigge*。假若带了一个背篼的话,我将把这些嫩青草割回去做猪饲料。

nyi tacha ① ȵi⁵⁵tʰa³³tʃʰa⁵⁵ 动 痊愈 recover, cure *shabao hnyosiqo zzhohgo gezzhodemi ddegui tavategu ane nyitacha jje*。沙巴用铜水瓢在水井里打了一点水给他喝,他的病就痊愈了。(民间故事)

nyi tacha ② ȵi⁵⁵tʰa³³tʃʰa²³ 使痊愈(病),使康复 cure, recover (from an illness), heal *mubbassimo ne ane ngezzyi anyi tacha gge tia jje*? 木巴女鬼问其夫:"吃什么可使病痊愈?"(民间故事)

nyi tro ȵi⁵⁵tʰʐo⁵⁵ 名 猎狗 hunting dog, hound, courser

nyi tryi ȵi⁵⁵tʂʰə⁵⁵ 名 感冒 cold *nyitryi kesso i tesho gga, alo ne she ggagga le si tacha za*。遭了一个重感冒,差点死了,哪里还能够到你那里去哦。

nyi vu ȵi⁵⁵vu⁵⁵ 名 红酒 red wine

nyi wassa ȵi⁵⁵wa⁵⁵za³³ 名 酸浆草 sorrel

酸浆草

nyi zi ȵi⁵⁵tsi⁵⁵ 动 拔草 pull up weeds, weed

nyi zizi ȵi⁵⁵tsi⁵⁵tsi³³ 动 刹草 cut the grass

nyi zukwa ȵi⁵⁵tsu⁵⁵kua⁵⁵ 有瓜味的草茎,草黄瓜 melon-flavored grass stem, cucumber *aryi silageddwai zzhoddeshe hane nyizukwa nahzha zzyi debbe*。我们到森林里去采摘东西的时候,口渴了就去采草黄瓜来吃。

nyi zzho ① ȵi⁵⁵dʐo⁵⁵ 形 全部 all, whole, total *nyikemi hane nyi nchyi dege nyizzho bbene deodeguzyi ragge debbe*。在猎获的时候,凡是到场的人全部都分一份,这是狩猎规则。

nyi zzho ② ȵi⁵⁵dʐo⁵⁵ 动 有病(查出疾病) be ill, detect the disease *vi teo ggama dda kwa mali de, ipage nyizzho dela ma nddo*?这头猪不肯长架子(指骨架长不开),会不会身体有病哦?

nyi zzho ③ ȵi⁵⁵dʐo⁵⁵ 名 金河(第三大河) Golden River (the third large river) *nyizzhone sshyimaqo yakwa, sshyimane zzhokwala zzhoparqo yakwade*。金河比母河大,母河大于大河,大河比小溪大。*zzhopar ngakwa dohdo la, nyizzho ngakwa sshesshe la*。小河涨水波浪翻,金河涨水不起浪。(民歌歌词)

nyi zzoro ① ȵe⁵⁵dzo⁵⁵ro⁵⁵ 动 看病,就诊(看医生) see a doctor, see the doctor *nyizhema danyi hjinbba dage nyizzoro ddwa, yava mazzha*。拟者嫂今天不在家,她去医院看病去了。

nyi zzoro ② ȵi³³dzo³³ro³³ 向下看,往下望 look down *nbbiqo kanzzai nyizzoro ha ama bbuge razhagge*。站在山头往下观望的时候,发现母亲正在菜园子里驱赶啄菜的鸡。

nyi zzorosu ȵi⁵⁵dzo⁵⁵ro⁵⁵su⁵⁵ 名 医生 doctor *ddenyisu yaha goi marmazze, muzwa nyi zzoro su she desyi ddakato*。病人昨晚上睡得实在不踏实,一会儿医生来查房时报告一下。

nyiba hji ȵi⁵⁵pa⁵⁵ɐtɕi³³ 垒坟祭祀,扫墓瞻仰,修整坟墓 build tomb for sacrifice, decorate the grave, tomb sweeping *jjimar ddene shaba nama swanzzha ne nyiba hji mapa debbejje*。吉满家族不去坟地,除非沙巴测算指出可以去,一般情况下不许垒坟祭祀。

nyiba la ȵi⁵⁵pa⁵⁵la⁵⁵ 副 故意,有意 deliberately, intentionally *ni ne nyiba la lyolyo qwagge de mane*? 你故意这样做,不就是有意为之吗?

nyibbu ȵi⁵⁵bu⁵⁵ 名 殷,荫,尹(藏姓伊布) Yin *nyibbu ne pryicebaer casa panci ge zzho debbe*。尹氏家族是杨姓十三家的一个家姓。

nyibbyi ① ȵi⁵⁵bzɘ⁵⁵ 名 长脚蜂 polistine wasp *nyibbyi bbe ne bbyihwa desyi si ha debbe*。长脚蜂没有蜂包,只有一小块蜂房。

nyibbyi ② ȵi⁵⁵bzɘ⁵⁵ 名 草蜂(细腰草蜂) eumenid poher wasp *nyibbyi sissoncha erkwai zhangape bbyihwa desyi qo keyo zade*。三四只草蜂在石头的阴面上构筑了一个没有外壳的蜂房。

细腰草蜂

nyibbyi bbyihwa ȵi⁵⁵bzɛ⁵⁵bzɛ³³hua³³ 名 露蜂房（中药）nidus vespae　*erkwa ma bbei nbbei ne nyibbyi bbyihwa ha nzzho debbe*。有些大石头的荫侧结有草蜂的露蜂房。

nyibbyi nche ȵi⁵⁵bzɛ⁵⁵ntʃʰe³³ 名 露蜂房　nidus vespae　*anjjo bbe, nyibbyi nche de tegehaddo*。伙伴们，这里有个长脚蜂的露蜂房。

nyichu ȵi⁵⁵tʃʰu⁵⁵ 名 枪支, 枪 firearm, gun　*ncuhbbu xxo hane nyichu ketroa ne zebbe tazhazha ne ngehggo gge de bbe jje*。据说，在下冰雹的时候放枪会震动气流，把黑云赶走了，冰雹就消散了。（当地的说法）

nyichu kesso ȵi⁵⁵tʃʰu⁵⁵kʰɛ³³zo³³ 动 中枪（被子弹打中）hit by a bullet, get shoot

nyichu kesso za ȵi⁵⁵tʃʰu⁵⁵kʰɛ³³zo³³tsa³³ 受了枪伤 injure, hurt by the gun　*harnwa gabu nyichu kesso za hela, mo suqo jjizaza jjizaza gge jje*。黑熊已经受了枪伤，它还不停地往上冲。

nyichyi bbuchyi ① ȵi⁵⁵tʃʰə⁵⁵bu⁵⁵tʃʰə⁵⁵ 动 割草 mow

nyichyi bbuchyi ② ȵi⁵⁵tʃʰə⁵⁵bu⁵⁵tʃʰə⁵⁵ 割草积肥 mow and collect manure　*nwanzzubashe zzhoha ggwalahala nyichyi bbuchyi, neshyinebbudege*。原来在凉山村的时候很辛苦，就是下雨天也要去割草积肥。

nyichyii gge ȵi⁵⁵tʃʰə⁵⁵ji³³ge³³ 要去割草，准备割草沤肥料 going to mow, ready to mow the lawn　*bbuloman teryi nyichyii gge jja zzhonbbar hssema shugge*。不罗曼她们要去割草，都在河边磨大镰刀。

nyidde da ȵe⁵⁵dɛ⁵⁵ta⁵⁵ 织布工具 textile tool, textile machine　*ssintremao ashyi hsse dagai nyibbe teer talwai nyidde da bbe nyipyii po jje*。聪慧女立即用镰刀割断织布纱线，丢弃织布工具，拔腿就跑，赶紧逃命去了。（民间故事）

nyiddru ȵi⁵⁵dʐu⁵⁵ 名 干草（干饲料）hay, dried grass　*nyiddru dana ge nge nbbu nbbu massyi mecu ssuggu bbe nezyi le bbo magge*。要储备一些干草，不然的话到了冬天，牲畜就会没有吃的。

nyidre biga ① ȵi⁵⁵tʐɛ⁵⁵pi³³ka³³ 赤身裸体地 in a state of nature　*ale lajji nyidre biga delade, ddwajji rago dega lahji magge*。我赤身裸体地来到这个世界，去时也不会带走一根棉纱。

nyidre biga ② ȵi⁵⁵tʐɛ⁵⁵pi³³ka³³ 赤身裸体 naked　*nyao nyidrebiga de nancai rago daga kawai maza, idage tinyipyiza*。那个婴儿赤身裸体，一根纺线都没包裹，被丢弃在床头边上。

nyier hjinbba ① ȵi⁵⁵ɚ⁵⁵ətɕi³³mba³³ 动 医治, 疗伤, 包扎 cure, bind up　*bbuhassa roge naddrai ryigubbele ddessyissyii, tiga nyier hjinbbai tacha*。布哈热从崖上摔下来，浑身多处粉碎性骨折，被治愈了。

nyier hjinbba ② ȵi⁵⁵ɚ⁵⁵ətɕi³³mba³³ 中医治疗 Chinese medicine treatment　*trohbbu kedryi bbe nyier hjinbba mahssyi ne tacha mapa debbe*。被狂犬病狗咬伤的人，只能够用中医药治疗，西医对此是束手无策的。（旧时的说法）

nyigu tezyi ȵi⁵⁵ku⁵⁵tʰe⁵⁵tsɤ³³ 形 红彤彤, 红灿灿 glowing red, shiny red　*te ssihio te nbbishoi vumyao nyigu tezyii dancaga desyisi tebbu za*。这个女人害羞得满脸红彤彤的。

nyihji gu ȵi⁵⁵ətɕe⁵⁵ku³³ 动 医治（疾病）heal,

cure, treat (illness)

nyihji gusu ① ȵi⁵⁵ htɕi⁵⁵ ku³³ su³³ 名 药剂师（配发药物的人）pharmacist (the person who dispenses the drug) *nyihji bbe ssemahsse ne nyihji gusu va goi la debbe*。药剂有没有效果，与药剂师的手法很有关系。

nyihji gusu ② ȵi⁵⁵ ətɕi⁵⁵ ku³³ su³³ 名 护士 nurse *gedaha nyihji gesui kato i ava sonyo ne jjoipa jje*。刚才护士说，我明天就可以出院回家了。

nyihji hjibba su ȵi⁵⁵ ətɕi⁵⁵ ətɕi⁵⁵ mba³³ su³³ 名 医生 doctor

nyihji kehi ȵi⁵⁵ ətɕi⁵⁵ kʰe³³ xi³³ 动 敷药，包扎（涂抹药剂）apply ointment, bind up *chamo ddenyisu jjimar amuva kahahai nyihji ahzhai kehi ne tachajje*。太平军的军医教王阿木识药采药，让他自己敷药治伤。（民间故事）

nyihji manyo ȵi⁵⁵ ətɕi⁵⁵ ma⁵⁵ ȵo⁵⁵ 无药可救 incurable, clueless, incorrigible *anela nyihji nyo, teshoi ddahargge ne nyihji manyo*。什么病都有药可治的，唯死人无药可救。（当地的说法）*yaddrene denyonyo bba zzhe si gga gga, techyi magga nyihji manyo de*。你这个娃娃天天赌博，改正不了，无可救药了。

nyihji nbbar ① ȵi⁵⁵ ətɕi⁵⁵ nbaʳ³³ 草根药 Chinese herbal drug *nyihji nbbar ne repehggozzi la ranbbarsheshe ne varhji sssyiha debbe*。草根药物中，党参和泡参样子相似，有人分辨不清。

nyihji nbbar ② ȵi⁵⁵ ətɕi⁵⁵ nbaʳ³³ 挖草药 dig herb, scoop herb *sila ge nyihji nbbar i na nka si ne zzhonzzyi pe qi do*。要到老林里去挖草药，卖了药才能付书本费。

nyihji re ȵi⁵⁵ ətɕi⁵⁵ rɛ³³ 名 汤剂，汤药 solution, liquid medicine *droge bbe zzyi zzho jja ipa dde nyi zai nyihjire demi negu ane na nzzhwa za*。他肚子疼，说是因为肠道生蛔虫，服用一点汤药就缓解了。

nyihji zho ȵi⁵⁵ htɕe⁵⁵ tʃo³³ 动 煎药，熬药 decoct traditional Chinese medicine *nyihjizho hene shagwa ge menke nei mapa, qada dai ngganyo zho debbe*。熬有些药的时候要防备落入烊尘，所以有些药一定要在室外熬制。

nyihji zzhonzzyi ȵi⁵⁵ htɕi⁵⁵ dʒo³³ ndʒɛ³³ 名 药书，药典 pharmacopeia, physicochemistry, the medicine book *aryi ersu nyihji zzhonzzyi debu rogge jja nezyigaza*。我们正在准备撰写一部尔苏人的药典。

nyihssa ȵi⁵⁵ əza⁵⁵ 名 绿，绿色，草绿 green *syiyasi bbe ne mido ddevi asi nge nyihssagge debbe*。桃树一般都是先开花，花谢了才长树叶变绿的。

nyike bubu ȵi⁵⁵ kʰe⁵⁵ pu⁵⁵ pu⁵⁵ 被传染 be infected with *assyi abu o sulige nanyikebubui hssana keli 39erkezyi hane teshoa*。我爷爷被传染了二号病（即霍乱），三十九岁的时候就死了。

nyikemi ne troddaga ȵi⁵⁵ kʰe⁵⁵ mi⁵⁵ ne³³ tʳtʰo³³ da³³ ka³³ 藏弓烹狗，过河拆桥，忘恩负义（猎获打狗）kick down the ladder, ungrateful *sune ndde nengu ne ndde, nyikemi ne tro ddaga ne mali*。为人要记得别人的好，要感恩，不要藏弓烹狗。

nyikwala nyifu ȵi⁵⁵ kʰua⁵⁵ la⁵⁵ ȵi³³ fu³³ 经线和纬线 longitude and latitude *nyikwala nyifu ne zzyi deryinbbar ho debbe, tamahssyi ne zzoro mazze*。纺织时的经线和纬线要用同一种材

质和同一种颜色，不然的话就不好看了。

nyila ȵi³³la⁵⁵ 动 下来 come down from a higher place *nava nyila yava zzhangece asi nengu hojje*。叫你下来把早饭吃了再做。

nyila nggu ȵi⁵⁵la⁵⁵ŋgu⁵⁵ 父亲家族的祖先和舅舅家的祖先 the ancestors of the father's family and the ancestors of the uncle's family *danyo ne nyila nggu bbeva qozyigge ssyi zyi gge*。今天要给本家的祖先和舅舅家的祖先一起敬肉和敬酒。

nyime ngeshe ȵi³³me³³ȵe³³ʃe³³ 农活被耽搁，耽误农事 delayed farming *cihine sibudebbe zzhyi jjane, nyime ngeshe ngume ngeshe*。今年春季因为植树造林把农事给耽误了。

nyime nyihssa ① ȵi⁵⁵me⁵⁵ȵi⁵⁵əza⁵⁵ 形 绿油油，青幽幽 shiny green *melige bupapa bbe nyime nyihssa se, tenenyo nata nbbar se*。地里的洋芋藤苗还青幽幽的，所以这两天不要忙着挖洋芋。

nyime nyihssa ② ȵi³³me³³ȵi⁵⁵əza⁵⁵ 形 青涩的 green and astringent *sebbe nyime nyihssa debbe nedoi ngezzyii ipa necui hzhore nge nzzheza*。摘了些青涩的李子吃，结果拉肚子了。

nyinbbo zzebyi ȵi⁵⁵mbo⁵⁵dzɛ³³pzə³³ 薅草锄头，铲草锄 hoe *nyinbbo zzebyi bbeva ne zzebyi jja jji debbe*。薅草锄头被尔苏人简称为"薅锄"。

nyinchozu shua ddaza ȵi³³ntʃʰo⁵⁵tsu⁵⁵ʃu⁵⁵a⁵⁵da⁵⁵tsa⁵⁵ 动 倒吊 headstand

nyingu hgunddryi ① ȵi³³ŋu³³əku⁵⁵ndʐə⁵⁵ 农业和牧业，农牧业 agriculture and animal husbandry

nyingu hgunddryi ② ȵi³³ŋu³³əku⁵⁵ndʐə⁵⁵ 动 耕种，放牧 cultivate, graze *buerssyi ne nyingu hgunddryi va keshyii ipahzha de nyo ggeshe*。尔苏人就是依靠耕种和放牧来糊口的嘛。

nyingu hgunddryi su ȵi⁵⁵ŋu⁵⁵əku⁵⁵ndʐə³³su³³ 农民和牧者，种地和放牧的人 farmer and shepherd *aryi nyingu hgunddryi su ne ddenpi denyo npimaji, ddeca denyo camaji*。我们这些种地和放牧的人，冷天不怕冷，热天不怕热。

nyingu su ȵi³³ŋu³³su³³ 名 农民 farmer *nyingu su deo ne ggwa mahzu meer maga dewo ne manyo de*。作为种地的农民没有不被雨淋的，没有不被风吹的。

nyinqi ① ȵi⁵⁵ntɕi⁵⁵ 名 劳动，活路 labor

nyinqi ② ȵi⁵⁵ntɕʰi⁵⁵ 名 工作 work

nyinqi ngu ȵi⁵⁵ntɕʰe⁵⁵ŋu⁵⁵ 做活路，干活路 work, do *nyinqi nguha ne sholashola lanyide ggoi naga mi ha*。做活路的时候懒翩翩的，就像懒虫子被连枷砸了一样。

nyinqi ngusu ȵi³³ntɕʰe⁵⁵ŋu⁵⁵su³³ 劳动者，干活的人，劳动力 laborer, worker, working people *sutedde nyinqi ngusu nemazzho ssamazzyi su ne yami, kabboggeddo*。这家人怎么会富裕呢，人口又多劳动力又少。

nyinqi tamya ȵi⁵⁵ntɕʰi⁵⁵tʰa⁵⁵mja⁵⁵ 工作太忙 busy work *te zzhonzzyibu ncyinca jja nyinqi tamyai pama bbe vala zzoro damara*。为创作和翻译这部书稿，工作太忙，连看望父母的时间都挤不出来了。

nyinqingu igge ȵi⁵⁵ntɕi⁵⁵ŋuj³³ge³³ 要去劳动 going to work *muga ssao nyinqingu igge jja zzebyi deji ddehji harhgobbola ngeddwa*。木呷惹说是要去劳动，扛把锄头去熊洞坪了。

nyinwa venwa ① ȵi⁵⁵nua⁵⁵ve⁵⁵nua⁵⁵ 名 姐妹（女性互称）sister *a ne agema wo, zhoya* *la zhomwa zzi ne ai nyinwa newo, a ne tezzii venwa*。我是阿呷嫚,卓雅和卓玛俩是我妹妹,我是她俩的姐姐。

nyinwa venwa ② ȵi⁵⁵ nua⁵⁵ ve⁵⁵ nua⁵⁵ 名 弟兄(他称) brother *tezzyi ne o ne ama zhabryi daga nahdda i nyinwa ve nwa ne wo*。他俩是同一根脐带上剪下来的弟兄两人。

nyinwa venwa ③ ȵi⁵⁵ nua⁵⁵ vɛ⁵⁵ nua⁵⁵ 名 弟兄(男性互称) brother *danyo nyinwa venwa bbe nyogwa dduzzar mongga la za, sanbba yazze*。今天弟兄全部聚会来商谈家族事宜了,我们大家心情很愉快。

nyinyi danabar ȵi⁵⁵ȵi⁵⁵ta³³na³³p ɚ⁵⁵ 数 少许,一点 little, few *a ddechyi mapa yami natagwar, ao nyinyi danabar si hji gge*。我背不动,你别装太多,我只背一点走。

nyinyi gguse ȵi⁵⁵ȵi⁵⁵gu³³sɤ³³ 私下里,台面底下,背地里 secretively, confidentially *tiha nzzassyi ssa mazzyi subbe jji nyinyi gguse sshyinka ngusu zzho*。现在仍然有些公务员还在私底下做生意。

nyinyi lala ȵi⁵⁵ȵi⁵⁵la⁵⁵la⁵⁵ 形 低矮的,矮小的 short, laigh *ssumi tabbe ggamasyila nyinyilala debbe, gagajji ggoi yakwa magga*。这些玉米植株都这么矮小,玉米苞也不会有多粗壮。

玉米须

nyipa nyishyi ȵi³³pʰa³³ȵi⁵⁵ʃɤ⁵⁵ 顺其意愿,了其心愿 fulfill one's dream *zabumo ni wala ca ho jjigge, nyipa nyishyi teshyi gge la aneshyi*? 扎布摸在讨要你的擦尔瓦(斗篷),你就给他了个愿,送给他行不?

nyishyi cashyi ȵi⁵⁵ʃɤ⁵⁵tsʰa⁵⁵ʃɤ⁵⁵ 经历病痛折磨,生离死别 go through sickness and death *danyo ddenchonbbane nyishyi cashyi subbe nyitechyi catechyi*。今天我们在此祭祀后,所有经受病痛折磨者能驱除病痛,避免不吉祥。(祭祀时许愿的话)

nyitryi catryi ȵi⁵⁵tʈʰɤ⁵⁵tsʰa⁵⁵tʈɤ³³ 头疼脑热,一般的疾病 slight illness *nyitryi ca tryi dele tavamabide, talake ddrene nyaha jji yazyi dekessoa*。一般头痛脑热的病是弄不倒他的,既然让他倒下了就不是一般的病。

nyitryi kesso ȵi⁵⁵tʈɤ⁵⁵kʰɛ³³zo³³ 动 伤风(患感冒) have a cold, catch a cold

nyivar ȵi⁵⁵v ɚ⁵⁵ 名 尹,殷(藏姓尼外) Yin *baer nyivar dde ne pryice baer casa panci ge nchoncho*。殷家也是杨姓十三家的成员之一。

nyizha tro ȵi⁵⁵tʃa⁵⁵tʈo⁵⁵ 名 撵山狗,猎狗 hound, wolfhound *shope trosappa hale nyizha tro deo ne bba zzhe dehbupwa ngu*。以前可以狩猎的那个年代,一只猎狗可以卖到一千元人民币。

nyizhe ga ① ȵi⁵⁵tʃe⁵⁵ka³³ 名 酢浆草 oxalis, sorrel *nyizhega bbene ipa necu nyihji debbe*。酢浆草是收敛的草药,可以治疗拉肚子的病。

酢浆草

nyizhe ga ② ȵi⁵⁵ tʃe⁵⁵ ka³³ 名 马齿苋（中药） purslane *nassyi yaddre o ipa ne cuza, ssyiamelige nyizhe ga debbe nezia kezho anegu*。你家的这个小孩子拉肚子了,可以到地里去扯一些马齿苋回来煮汤给他喝。（当地的做法）

nyizzho cape ȵi⁵⁵ dʒo⁵⁵ tsʰa³³ pʰe³³ 金河对岸,大渡河对岸 the other side of the Golden River, the other side of the Dadu River *ssinka dage ssi manka, nyizzho cape ssi teqi*。该嫁女儿处不嫁女,大渡河对岸把女儿嫁。（民歌歌词）

nyizzho ga əȵi⁵⁵ dʒo⁵⁵ ka³³ 名 金河,大渡河 Golden River, Dadu River

nyizzhongakwa sshesshe la ȵi⁵⁵ dʒo⁵⁵ ŋa³³ kʰua³³ ʒe⁵⁵ ʒe⁵⁵ la⁵⁵ 金河涨水疾速流 Grolden River flows rapidly with the rising water *nyizzho ngakwa sshesshe la, mupa ssanyo yo ze la*。金河涨水疾速流,亲亲小弟接我回。（民歌歌词）

nyizzoro labbe ① ȵi⁵⁵ dʒo⁵⁵ ro⁵⁵ la⁵⁵ be⁵⁵ 所有来看望……的人 all the visitors *ta abuva su nyizzoro labbe, syihbyi nama ho de mazzho*。所有来看望这位爷爷的人无不伸舌惊叹。

nyizzoro labbe ② ȵi⁵⁵ dʒo⁵⁵ ro⁵⁵ la⁵⁵ be⁵⁵ 来医院就诊的病人 the patient who come to the hospital *nyizzoro labbe kepe nehssyi, ddemanyibbe nyope ngwar-i*。来医院就诊的病人坐里边,陪护人员到门外去。

nyo ① ȵo⁵⁵ 名 芽,幼苗 bud, budlet *bunyo bbe meli ge ddesi nce i ddala le meer lige tehzyi zzheai mar gge*。土豆苗刚刚出土,就被风吹得像要断的样子。

nyo ② ȵo⁵⁵ 动 剩余,余下 be left, remain *danyo bbe shyi bbe inwa nggu ngexxi itezzu a, dessyi la ma nyo meo*。今天的肉全部按照人户分份子,肉分完了,一点都没有剩下。

nyo ③ ȵo⁵⁵ 量 天,日 day *te mo cece nyo tebbu a ne galo jjola gge jjigge, neryi dasyi ngelo*。他也是再过十天就要回甘洛,你们等待一段时间就行。

nyo ④ ȵo⁵⁵ 动 有,存在（不及物）have, exist *ataha neryiva zzhyilami anyomiqiha neane lama nyo, ti hane zzhyi nyo*。那个时候问你们有没有意见,你们说没有意见,现在又有意见了。

nyo ⑤ ȵo⁵⁵ 名 昼,白昼 day, daytime *nkar nyo ma nyo nyinqi ngu jje*。不分昼夜地干活。

nyo ⑥ ȵo⁵⁵ 名 外 outside *nine kedemanyo nyodemanyi, nyo gwa demiha ngueqwade. tineyali*。你是不分内部和外部,都是一碗水端平着对待的,这样就好。

nyo ⑦ ȵo⁵⁵ 名 天 day

nyo chwa lo ȵo³³ tʃʰua³³ lo³³ 名 铜厂沟

N n

Tongchang Valley *nyo chwa lo ge shoi ne hnyonbbar hnyolhi dege dadai nyochwalo kehi de jje.* 铜厂沟,以前是开采铜矿石和冶炼铜矿石的地方,故得名。

nyo ddro ȵo³³ ɖʐo⁵⁵ 名 铜锅 copper pan *nyo ddro le nddo maqi, nyonggo le ersu bbe ne sedde jji bbo de bbe.* 大铜锅没有看到过,但是小铜锅是大多数尔苏人都有的器具。

nyo gwa ① ȵo³³ kua⁵⁵ 副 一起,都 together, all *neryi nyo gwa dezhengu a erneshyi a ngala.* 你们大家一起走路过来。

nyo gwa ② ȵo³³ kwa³³ 副 全部 all *bugaga tebbe nyo gwa ai sshyi gge, neryi jjijji sshyi i.* 这些土豆,我全部购买,你们去买其他地方的。

nyo hge de ȵo⁵⁵ əkɛ⁵⁵ tɛ⁵⁵ 名 半天 half of the day, quite a while *a danyo vuli ddenyi nyo hge de mahsse kamar a.* 我今天头疼,睡了大半天。*aya tewo ane debbe kato le bbo de ma nddo, nyohge de dde hibba.* 阿雅这个人怎么有这么多话,讲了大半天时间。

nyo hgu ȵo³³ əku³³ 名 铜矿 copper mine

nyo la manyo ȵo⁵⁵ la⁵⁵ ma⁵⁵ ȵo⁵⁵ 存在不存在 existence or not *subbe ti ti kato gge, tebbe nyo la manyo ddo?* 别人都这样传说,但这些事究竟存在不存在呢?

nyo le nca ȵo⁵⁵ le⁵⁵ ntsa⁵⁵ 名 铜印 copper seal

nyo ledru ȵo³³ le³³ ʈʂu⁵⁵ 铜手镯 copper bracelet *ersu bbe zzhonbbi ce ha ne hnyo letru syi zzhohgu ge nazyi si zzhonbbi ce de.* 尔苏人在喝冷水的时候先把铜手镯放到水里,再在手镯旁边喝冷水。(当地的习俗)

nyo magge a ȵo³³ ma⁵⁵ ga⁵⁵ 不会再有 no more

nyo mo ȵo³³ mo³³ 召唤财神,唤财神 call the god of wealth, summon the god of wealth

nyo nbbar bbo ȵo³³ mbaʴ³³ bo⁵⁵ 麻风遗传家族史 a family history of leprosy

nyo nga ncha ȵo⁵⁵ ŋa⁵⁵ ntʃʰa³³ 动 失败 be defeated, fail *aryi yanyo xinqo bashe yoyo ddwajja, nyo nga ncha, teryi va keshyi mapa.* 我们昨天到新桥村参加摔跤比赛,结果失败了,我们摔不赢他们村的人。

nyo nganya ① ȵo⁵⁵ ŋa⁵⁵ ȵa⁵⁵ 动 退后,后退 step back *yaddre bbe tegekata jiji, nyo nganya, nyo nga nya.* 小娃娃们别拥挤,后退,后退。

nyo nganya ② ȵo⁵⁵ ŋa³³ ȵa⁵⁵ 动 退开,撤退,放弃 back, retreat, give up *coparbbe muzwa har tege jjilaggelamanddo, sejji kebuaqwa, nyo nganya mapa.* 年轻人,一会儿老熊可能要从这里爬上来,大家都要勇敢抵挡,不许撤退逃跑。

nyo nge jjo ȵo⁵⁵ ŋɛ⁵⁵ dʐo⁵⁵ 动 退潮,后退 ebb, draw back

nyo nge shyishyi ȵo⁵⁵ ŋɛ⁵⁵ ʃə⁵⁵ ʃə⁵⁵ 动 回头(向后转身) turn back *ggama nyo sude hose gge i, nyo nge shyishyi ha ne te ryi yava la kala.* 听见后边有人说话,回头一看,发现他们都已经进屋里来了。

nyo nge zzoro ȵo⁵⁵ ŋɛ⁵⁵ dzo⁵⁵ ro⁵⁵ 回头看 look back, turn around *ne ne shyishyi ha ne ane debbe si nyo nge zzoro nge zzoro ngu de ddo?* 你为什么不断地回头看?

nyo ngehge ȵo⁵⁵ ŋɛ⁵⁵ əkɛ⁵⁵ 往外撇折,往外掰断 break off, break up *ranvuli nyo ngehge abbulheizhanga kenzzia kamarshu.* 把鸡头往外折到鸡翅膀下边,让它睡着。

nyo ngejjo ȵo⁵⁵ ŋɛ⁵⁵ dʐo⁵⁵ 动 减轻,缓解(疼痛),好转 alleviate, relieve (pain) *ddenyisu ssenegui shyire demi ngecei, desyi*

357

nyo ngejjo za jje, *nzzyinzza mahoa*。通过献祭，给病人喝了一点肉汤，现在病情开始好转了，请别担心了。

nyo nggo ȵo³³ŋgo⁵⁵ 小铜锅 small copper pan

nyo nyo ① ȵo³³ȵo³³ 形 软，软弱 soft, weak, flabby *yava momo zzho ne ssama chejji desyi nyo nyo ngu a keche*。家里有老人，做饭做菜就要尽量做得软和一些。

nyo nyo ② ȵo⁵⁵ȵo⁵⁵ 名 乳房 breast *yaddre o nyo nyo techyi jja*, *mamo nyo nyo ddebbo jje*。娃娃断了奶，母亲这几天乳房涨疼。

nyo nyo ③ ȵo⁵⁵ȵo⁵⁵ 名 芽，幼苗（种子芽）bud, sprout *sonyo nggeso ne sibu nyonyo debbe nahzha hjila te meli ge ka zzhyii gge*。明后天找一些树苗来栽在这块地里。

nyo nyo ④ ȵo³³ȵo⁵⁵ 形 软 soft

nyo nyo ⑤ ȵo⁵⁵ȵo⁵⁵ 动 吮，吮吸 suck *ngwar zzhanyo bbe ne nyonyo a ngece*。把牛奶吮掉。

nyo nyo ⑥ ȵo⁵⁵ȵo⁵⁵ 名 乳汁 milk *yaddre oo ce kkemimi mapa*, *nyonyo daga ta zaza*。婴儿吃不完母乳，乳汁不停地流淌。

nyo qo ȵo⁵⁵tɕʰo⁵⁵ 名 西，西方 west, the west *nyoma danyo neqope nyo qo*, *sonyo ne mo shaqope jjila ggede*。太阳今天从西方落下，明天又从东方升起来。

nyo zzitra əȵo⁵⁵dʑi³³tʂʰa⁵⁵ 铜网兜，铜网袋 copper mesh bag *yaddreo lige qokwa o nyo zzitra ge ngazhe i ddesshyi ajje*。小伙子把大煞关进铜网袋里，进行了拷打和审问。（民间故事）

nyogwa langu ȵo³³kua³³la⁵⁵ŋu⁵⁵ 全部都来 all together *jjimojji nzzazho mabbojji nzzazho*, *nyogwa addege langu nzzazhogge*。富有的人要过年，贫穷的人也要过年，全部都来我家过。

nyohge ȵo⁵⁵əke⁵⁵ 日上三竿 it's late in the morning *nedde ne anjji za dei ddo*? *nyohge tebbu ha la nyinqi ma nggar de i*。你家是怎么了？日上三竿了还不出工。

nyohge dege ȵo⁵⁵əke⁵⁵te³³ke⁵⁵ 正午时分 at noon, midday *shushu nyo tro sa ddwa ne nyohge dege ne lo de ddahar i nazhala*。大前天去狩猎，正午时分就追踪到一只麂子，把它撵下来了。

nyohwa ȵo³³xua³³ 名 硫黄 sulfur *ngaidai zzhohguge nyohwa zzhoi zzhobbe ddaca*, *necece neddrobi dda ncwa hssejje*。埃岱泉水里有硫黄，所以水是热的，在水里洗浴可以治疗皮肤病。

nyohzhe nyomo ȵo³³əʈʂe³³ȵo⁵⁵mo⁵⁵ 唱留财神歌 sing for the god of wealth *ssibarhane me dde cu gga ne nyohzhe nyomo gga de bbe*, *menculamo jji de*。嫁女儿的时候，快要天亮时就要唱留财神歌，又称为"天亮招神歌"。

nyolo ba ȵo⁵⁵lo³³ba³³ 名 漫滩（地名）Mantan *jjimar nyaga nyolo ba she dala ne sushe nzzhokwa hdara ddwajje*。尔苏英雄吉满良呷到了漫滩，就到人家里去化缘，化晌午餐。（民间故事）

nyoma ① ȵo⁵⁵ma⁵⁵ 名 太阳 sun *nyoma kencu yosidemanyo nengutebbujji kasshyi*, *ddejji makajjiloer*。太阳不会只照咱，事情圆满也命相，事情阴缺也随缘。（民歌歌词）

nyoma ② ȵo⁵⁵ma⁵⁵ 名 时间 time *menyi nyoma ngenge she*, *nwahbu nzzhokwa keke ci*。春天白天的时间越来越长，婆家提供的烧午越来越少。（民间故事）

nyoma bbryiikawa ȵo⁵⁵ma⁵⁵bʐɿ⁵⁵ji⁵⁵kʰa⁵⁵wa⁵⁵ 名 日晕，月食 aurede, lunar eclipse *nyoma bbryi i kawa nyo ne kadege nzzassahbu de tesho za dejje kato*。据说，日晕是某个地方的国王去世了的标记。（当地的说法）

nyoma ddehgu ȵo⁵⁵ma⁵⁵da⁵⁵əku³³ 太阳升起，太阳出来 the sun rises, the sun goes up *nyoma ddehgu a ne ssuggu li ho de, tama hssyi ne nyinqi ngu na da nggo gge*。太阳出来就要放牧了，要不然就会耽搁出工而影响生产劳动了。

nyoma ddehgu ddesila ȵo⁵⁵ma⁵⁵de³³əku³³de³³si³³la³³ 太阳刚刚升起来 the sun just rises *nyoma ddehgu ddesila hane ve kengu zao mejo va tahwa ho de*。给老天爷许下的祭猪，要在太阳刚刚升起时准时举行还愿的仪式。

nyoma ddehgua ȵo⁵⁵ma⁵⁵de⁵⁵əku⁵⁵a²³ 太阳出来了 the sun has risen *nyoma ddehgua, ssyibbe teligga, ssyixxomanpi ssyili npi*。太阳出来了，积雪就要融化了，下雪不冷化雪冷。

nyoma ddeshyi ȵo³³ma⁵⁵de⁵⁵ʃə⁵⁵ 动 测算（日子）measure and calculate time *nyoma ddeshyi da buge nyoma nehde ha, nyo ndde dryi ndde ne danyo si*。用沙巴文历书测算后发现，良辰美景全部集中在今天。

nyoma denyo ȵo⁵⁵ma⁵⁵tɛ⁵⁵ȵo⁵⁵ 一天时间 one day, time of one day *tiha ne bucu hnyibar hchyi, nyoma denyo hbulo hssalo pe ddo*。现在是时间贵如金，一天时间值千两百两（银）。

nyoma ggu ddezyi ȵo⁵⁵ma⁵⁵gu³³de³³tsə³³ 名 正午，中午 noon, midday, noontime

nyoma gguddezyi ȵo⁵⁵ma⁵⁵gu³³de³³tsə³³ 太阳当顶 overhead sun *nyoma gguddezyi za, ne ashyi ddahggwar ssa zzho nce i*。太阳当顶了，你快起来去挑水。

nyoma hgu bucu ȵo⁵⁵ma⁵⁵əku⁵⁵pu⁵⁵tsʰu⁵⁵ 日出时刻 sunrise *saqo ne nyoma hgu bucu ne nyoma hgu, nyomaqobucu ne nyoma qo*。大地上，该日出时就日出，该日落时就日落。这是大自然的规律。

nyoma hgu she ȵo⁵⁵ma⁵⁵əgu⁵⁵ʃe⁵⁵ 大约在出太阳的时间 about the time of sunrise *aryi sonyo nyoma hgo she barla gge la ma nddo, zzhoca demi kaca*。我们明天大约在出太阳的时间就能到家，你事先烧一点开水等着。

nyoma i nyoma ȵo⁵⁵ma⁵⁵ji⁵⁵ȵo⁵⁵ma⁵⁵ 星期一，太阳日 Monday *zhyi i lhaer de onyo ne la i nyoma, nyoma i nyoma*。正月初一是虎日，是七曜的太阳日。

nyoma shyida ȵo³³ma³³ʃɛ³³ta⁵⁵ 测日子的书，沙巴文历书 almanac, Shaba ephemeris *nyoma shyidane ne necyisso pwa cene lha, sihssa nyoma trussyi nyo hade*。测日子的书共有二十四页，十二个月共三百六十天。

nyoma yashe zhanga ha ȵo⁵⁵ma⁵⁵ja³³ʃe³³tʃa⁵⁵ŋa⁵⁵xa³³ 来日方长，更长的时间还在后头 there will be ample time, it's still a long time *nyoma yashe zhanga ha ane ddeji, bbibbi maho?* 更长的时间还在后头，不要着急，你慌什么呢？

nyondde dryindde ȵo³³nde³³tʂə⁵⁵nde⁵⁵ 吉祥日吉祥时，日期时辰均吉祥 auspicious days and auspicious time, the day and time are auspicious *danyo nyondde dryindde vuqo ggagga gge, sanbba yazze vahga gala ho*。今天在吉祥的日子、吉祥的时刻，大家心情愉快地来歌唱。

nyonganya magge ȵo⁵⁵ŋa⁵⁵ŋa⁵⁵ma⁵⁵ge⁵⁵ 不甘示

弱,不会后退,一马当先 refuse to admit being inferior, take the lead *sui aernyoha le andenguhajji nyonganya magge de, ngazzaggede*。阿尔虐哈是什么事情都会一马当先的,他是不会退缩的。

nyonkwa bbezzyi ȵo⁵⁵ ŋkʰua⁵⁵ bɛ⁵⁵ ʥɤ⁵⁵ 名 蚯蚓,曲蟮 earthworm, lumbricus *igge nzzharyiga hgoxxo ggwa nexxo ane nyonkwa bbezzyi ddabbar, erpe nezyi de nanyo*。秋天,下雨后的公路路面上到处是蚯蚓,完全没有办法落脚。

nyonyo bi ȵo⁵⁵ ȵo⁵⁵ pi³³ 名 奶头 nipple

nyonyo chyi ȵo⁵⁵ ȵo⁵⁵ tʃʰɤ³³ 动 隔奶,断奶 ablactate, wean *yaddre o tene nyo nyonyo chyi jja ddawa mapa dai nbbe ta*。这个婴儿这几天在隔奶,吃不饱,所以才哭泣。

nyonyo garhar ① ȵo⁵⁵ ȵo⁵⁵ kɚ⁵⁵xɚ⁵⁵ 反手方,反方向 backward direction, negative direction *suva ssamazyi hane nyonyo garhar natagwar, tiyane suvakezzuggede*。给别人添饭的时候,千万不要反手添饭,这是极不礼貌的行为。

nyonyo garhar ② ȵo⁵⁵ ȵo⁵⁵ kɚ⁵⁵xɚ⁵⁵ 情况恶化 deterioration *ddenyi su nyonyo garhar ddwa tele ddence a lajigu tessyi image hji ggejje*。据说,如果病情恶化了,就要把病人抬回拉吉沽他老家的老屋里去。

nyonyo nbbar ȵo⁵⁵ ȵo⁵⁵ nbɚ³³ 名 乳根 breast base

nyonyo sice ȵo⁵⁵ ȵo⁵⁵ si³³tsʰe³³ 光吃母乳(不吃其余的) only drink breast milk *yaddre teo nyonyo si ce, ssama desyi la zzyi mali*。这小孩天天光吃母乳,其他食物一点都不吃。

nyonyo zhe ȵo⁵⁵ ȵo⁵⁵ ʧe⁵⁵ 动 挤奶 squeeze (for milk) *ale ngwarma nyonyo demi nezhe a nencyinca nkai ggejjidda*。我准备挤点新鲜牛奶,加工后拿到街上去卖。

nyope sude ge ma zzho ȵo⁵⁵ pʰe⁵⁵ su³³ te³³ kə³³ ma³³ ʥo³³ 都是自己人,无局外人,没有外人 people on our own side, no outsider *danyo tege nyope sude ge ma zzho, ane ka to le bbo jji kato*。今天没有外人在此,有什么话就尽管说。

nyosa nesso ne syihdu ȵo⁵⁵ sa⁵⁵ ne⁵⁵ zo⁵⁵ ne⁵⁵ sɤ⁵⁵ əpu⁵⁵ 命相在东方或西方时,就会心情急躁 anxious when destiny is in the east or west *nyo sa nesso ne syi hdu, nyoqola saqo nesso hane syinyi ddehbu*。当人的命相处在东方或西方时,就会出现心神不定的着急状态。(不科学的说法)

nzu njjonjjo tsu⁵⁵ nʥo⁵⁵ nʥo³³ 名 豆角,豆荚 green bean, pod *ssyihwai punqi ga qo zukezzhyiza bbe, nzu njjonjjo bbe si na ncha ncha za*。在水田田坎上种的黄豆植株上,豆荚成串成串地簇拥着吊着。

nzza ① nʣa³³ 动 (蜂子)蜇(wasp) sting *ne yaddreo tamasingu, ya ddre o bbyi i na nzza za*。你不好好带小孩,小孩被蜂子蜇着了。

nzza ② nʣa⁵⁵ 动 煎,炒,烩,炝 fry, braise *veshyi bbe ka nzza nguzzyi ne kezho ngezzyi qo yamar*。一般情况下,炒肉比煮肉要好吃些。

炒 肉

nzza ③ ndʐa⁵⁵ 名 鼓，羊皮鼓 drum, bodhran *suteshoi rela shushu ha ne nzza mahzu debbe, rala tehnyiggedebbe*。给亡魂指引道路时是不打鼓的，生怕惊扰了亡魂。（当地的风俗）

鼓

nzza ④ ndʐa⁵⁵ 动 站 stand *nzza te nzzale mara, tava atege kanzzashu*。要站就站吧，有什么关系，就让他站在那里好了。

nzza ⑤ ndʐa⁵⁵ 名 姑姑，姑母，姑妈 aunt, father's sister *hela nzza ba mo manyi i dre manyo*。姑舅之间没有媒妁就没有规则。

nzza ⑥ ndʐa⁵⁵ 名 汉族 the Han ethnic group

nzza dde ndʐa⁵⁵ de⁵⁵ 名 国家 country *nzza dde tiha ne ersha nzzoro la yali daga nalazajjigge*。国家现在出台了一项更加有利于我们尔苏藏族文化发展的好政策。

nzza fubbu ndʐa⁵⁵ fu⁵⁵ bu⁵⁵ 名 洋葱（汉族大葱）onion *nzza fubbu bbe vu nyi bbege nazha ngezzyi ne nbbar ddenyi nyihji*。据说，洋葱泡红酒下饭吃可以缓解糖尿病的症状。（当地的说法）

洋 葱

nzza guer ndʐa⁵⁵ kuə⁵⁵ 名 鼓槌（弯曲的杆）drumstick *nzza guer bbe ne tiha coparbbe ne ne nzzaho kashai nzzaer ganga jji gge*。现在的年轻人对鼓槌的称谓带上了汉语成分，叫"鼓槌杆杆"。

nzza hi ① ndʐa³³ xi³³ 名 慈竹，金竹，水竹 sinocalamus affinis *assyi igwarhar nzza hi debu ke zzhyi za, ne nzza hi bu va ke dodo ala*。我家屋北头栽有一片慈竹，你沿着竹林找，就到我家了。

nzza hi ② ndʐa³³ xi⁵⁵ 名 楠竹 phyllostachys pubescens *nzza hi nesi ga talwa nzzuboi de dde cu gge*。砍几根楠竹来搭建一个窝棚。

nzza hi ③ ndʐa³³ xi³³ 名 毛竹 phyllostachys pubescens, moso bamboo *sudei dde nzzahi la dehane ddela majjimo jji zzyilebbo gge de*。一家人只要有一片毛竹林，即使不富裕也不会缺吃少穿的。

nzza hme ① ndʐa³³ əmɛ⁵⁵ 名 军队，军人，部队 army, soldier

nzza hme ② ndʐa⁵⁵ əmɛ⁵⁵ 名 兵，士兵，战士 soldier, warrior *mierbbutre nwa hzhobwa tafa he zzilha loge nzzahme dancha tesho jje*。猴年（1956年）土匪暴乱的时候，则拉乡牺牲了一位解放军战士。（民间故事）

nzza ho ndʐa³³xo³³ 名 汉语 Chinese *tiha ne nzza ho denezzhyi nzzo ne kangeddwa hala bbela yazzhe*。现在只要会说几句汉语,到哪里打工都方便一些。

nzza jjizho ssyi nyila ndʐa³³dʑi⁵⁵tʃo⁵⁵zɚ⁵⁵ȵi⁵⁵la³³ 春节期间下雪 it snows during the Spring Festival *nzzazhoha ne tikata debbe, nzza o jji zho, ssyi o nyi la*。过年的时候往往都会这么说的:春节往上过,大雪往下飘。(谚语,意指春节期间下雪)

nzza ku ndʐa³³kʰu³³ 名 碗(小木碗,小木盅) bowl, small wooden bowl

碗

木碗、小木盅

nzza ma i ndʐa⁵⁵ma⁵⁵ji⁵⁵ 汉族姑娘 the girl of Han ethnic group *nzza ma i dancha ngala*。从北方来了一位汉族姑娘。

nzza meer ndʐa⁵⁵me⁵⁵ɚ⁵⁵ 名 春风 spring breeze

nzza nbbwalha ndʐa⁵⁵nbua⁵⁵ɬa⁵⁵ 名 财神,粮食神 the god of wealth *sho desho ddasane, ayagabu nzza nbbwalha i nehssyi dage masho ha*。熏啊熏啊,这一熏要驱除阿呀呷部财神座位上的污秽。(祝福语)

nzza nwa er sipanci ndʐa⁵⁵nua⁵⁵ɚ⁵⁵si³³pʰa³³ntsʰi³³ 名 汉彝藏三族 the Han, Yi, and Tibetan ethnic groups *saqo mejodega izhange nzza nwa er sipanci ne nyinwa venwa*。世界上(天下)汉藏彝三族人民都是同宗兄弟(从前尔苏人只知这三族)。(当地的说法)

nzza nzza ndʐa⁵⁵ndʐa⁵⁵ 动 炒菜 a fried dish *nzzazhoha cheche ne nzza nzza yami nezhosu yanyinyi debbe*。过年期间,家庭厨师掌勺,以炒菜为主,炖菜为辅。

nzza nzzhonzzyi ① ndʐa⁵⁵ndʐo⁵⁵ndʐɚ⁵⁵ 汉文化,中华文化 Chinese culture, Han culture *neryine nzza nzzhonzzyi dana bar kesoi nzzan zzhonzzyi va sshui yantre*。你们是因为学习了一些汉文化,所以变聪明和睿智的。

nzza nzzhonzzyi ② ndʐa⁵⁵ndʐo⁵⁵ndʐɚ⁵⁵ 名 汉字 Chinese character *nzza nzzhonzzyi nesibar tikamaso tamahssyi tele tige sula ngezzyigge*。幸好他是个不识汉字的文盲,要不然他就吃人不吐骨头了。

nzza panci ndʐa³³pʰa³³ntsʰi³³ 名 汉族 the Han ethnic group *nzza panci ne nga yaddese, nzzhonzzyi nzzhoma yahase*。汉族这个民族的总体文化水平要高些,文化知识积累得多。

nzza ra nyi ndʐa⁵⁵ra⁵⁵ȵi³³ 名 难产 dystocia

nzza vu ndʐa³³vu³³ 名 汉酒,烈酒 Chinese

wine, distilled beverage *lhanbbo dde vaevar hzhagge jja nzza vu degwa ddebbai kehji ddea*。韩博家要请族里的人们帮工，背了一大罐烈酒过去了。

nzza zho ndza³³ tʃo⁵⁵ 动 过年 celebrate the Spring Festival *nzza zho ne sunpwa nzzazho, zi ne ddegu o zi de*。过年是嘴巴的节日，火把节是眼睛的节日。（意指过年以吃为主，火把节以看为主）

nzza zhoshyi ndza³³ tʃo³³ ʃɔ⁵⁵ 过年的肉 the meat of the Chinese New Year

nzzacha menbbryi ndza³³ tʃʰa³³ me⁵⁵ nbzɚ⁵⁵ 到内地去观光，到汉族地区去观光 go to the Han area for sightseeing *nzzacha menbbryi ngaddese, comyadeshyi syi ddese*。内地观光长觉悟，寄人篱下长心智。（谚语）

nzzaha nwaha ndza³³ xa³³ nua³³ xa³³ 与汉族和彝族和谐共居 live in hamony with the Han and Yi ethnic group *xin-min zzhongu a ne nnzzaha nwa ha nama ngu ne mali de*。居住在新民村一定要与汉族和彝族邻居搞好关系，和谐相处。

nzzahgohgo denanca ndza³³ əko⁵⁵ əko⁵⁵ te³³ na³³ ntsʰa³³ 化装成乞丐，伪装成乞丐 disguise as a beggar *nzza ssahbu ssyi ssyi kwao nzza hgohgo denancai ersu ssyi ssi ssanyo miqi la*。国王家的长子化装成乞丐，来到尔苏家和幺女子相亲。（民间故事）

nzzahi hizze ndza⁵⁵ xi⁵⁵ xi³³ dze³³ 金竹的竹笋 the bamboo shoot of sinocalamus affinis, bamboo shoots *i ggehar nzza hi de bu ha, qadadai debbutre nyissyi ne hizze negoi zzyi*。房后有一笼金竹，所以每年都可以掰竹笋来吃。

nzzahi jigu ndza³³ xi³³ tɕi³³ ku³³ 慈竹的竹壳 the bamboo shoot of sinocalamus affinis *ersu bbe ne nzzahi jigu nejiji ssyi ssyilo gegwar debbe*。尔苏妇女们把慈竹壳拿来，剪成鞋底形状垫在鞋垫里。

竹壳、笋壳

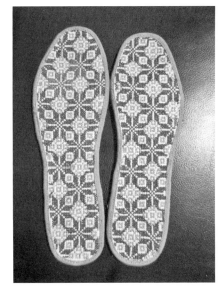

鞋　垫

nzzahi lage ndza³³ xi³³ la³³ ke³³ 慈竹林 sinocalamus affinis forest *amu nessyi nzzahi* *lage nzza hi yabbi daga telwai ne hji ddwa*。阿木在你家的慈竹林里砍了根粗大的慈竹扛下去了。

nzzahme debbu ndʐa⁵⁵ əmɛ⁵⁵ tɛ⁵⁵ bu³³ 一支军队 an army, a contingent of troops *pucege nzzahme debbu ngala jjigge，nwasapabbe nyogwa potezzua*。据说，海棠来了一支解放军部队，奴隶主全部吓跑了。（民间故事）

nzzahme ngu ndʐa⁵⁵ əme⁵⁵ ŋu⁵⁵ 动 参军，入伍 join the army *ale nzzahme ngu yahgga dei，ssyiggejja ggama mancu jja fumali*。我喜欢解放军，我渴望参军入伍，可是我体检不过关，没能入伍。

nzzahmo nzzu ndʐa⁵⁵ əmo⁵⁵ ndzu⁵⁵ 名 守汉坟，嘉梦居（藏名，属广汉）Shouhan Tomb *nzzahmo nzzu ne ersumi de，tiha ne nzzami tebbu ane tepuza jje*。"守汉坟"在从前是个尔苏地名，汉语音变成现在的嘉梦居了。

nzzaho manzzho ndʐa³³ xo³³ ma³³ ndʐo³³ 不会说汉语 can't speak Chinese *ersuyaddre bbe yamio marmar he ne nzzaho manzzho，ddakwa si kenzzho su*。大多数的尔苏人小时候都不会说汉语，大家都是长大了才学会汉语的。

nzzahzu lhanpar ndʐa⁵⁵ ətsu⁵⁵ ɬa⁵⁵ npʰɚ⁵⁵ 敲锣打鼓，敲锣吹笛 beat drums and beat gongs, strike the gong and play the flute *gwaba la ngwa ba nzzahzu lhanpar ma hssuhssu*。北村人和南村人敲锣吹笛不同步。（意指调子不同）

nzzahzu su ndʐa⁵⁵ ətsu⁵⁵ su⁵⁵ 敲鼓人 drummer *nzzahzu su dwahwa ne addege lagge，nkarneneryi addege desyi ggagga la*。沙巴（敲鼓人）今天晚上将要到我家来敲鼓，请你们晚上到我家听念经。

nzzaku ndʐa³³ kʰu³³ 名 碗，木碗 bowl, wooden bowl *sonyo ozzho ddwa bbe su deo ne si nzzaku depe qigg jji gge*。据说，明天到西昌的人每人获赠一只木碗。

nzzama ① ndʐa⁵⁵ ma⁵⁵ 姑之女，（姑）表姐妹 cousin *be-jin ddwa ha a ssyi a nya ssyi nzzame nya i zzhodege la da hgarryi bar ddwa*。去北京的时候，我们去了一趟我姑姑家的小表妹那里。

nzzama ② ndʐa⁵⁵ ma⁵⁵ 汉族女子 the woman of Han ethnic group *zaxi, azho kezzoro, nzzamai fuzzhu nebi myaha dancha tegenala*。扎西你看，一位就像刚剥了皮的蒜子一样漂亮的汉族女子朝这里走来了。

nzzama awa ndʐa⁵⁵ ma⁵⁵ a⁵⁵ wa⁵⁵ 汉族奶奶 the grandma of Han ethnic group *tedde nzzama awa temo i zi la ddeer tezzu za de zzho*。他家有一位头发都全部白了的汉族老奶奶。

nzzama erzhe ndʐa⁵⁵ ma⁵⁵ ɚ⁵⁵ tse⁵⁵ 脆红李子 crispy red plum *nzzama erzhe bbe ne ddecho debbe，ddama zhyi debbe*。脆红李子是甜的，不是酸的。

nzzamar reggu ndʐa⁵⁵ mɚ⁵⁵ re⁵⁵ gu⁵⁵ 名 张家地头，藏满家族地头 the Zhang's field *tihane nzzamar reggu nzzamar mazzho, subbe nyogwa hzachyi tezzzua*。藏满家族地头没有藏满家族人，现在的尔苏人全部都搬迁走了。

nzzame nya ndʐa⁵⁵ me⁵⁵ ɲa³³ 小表妹（姑表）little cousin *assyi nzzame nya ne fuzzhu nebi baryanqo dancha*。我姑姑家的小表妹漂亮得就像刚剥的蒜瓣一样油光水滑。

nzzapa nzzama ndʐa³³ pʰa⁵⁵ ndʐa³³ ma⁵⁵ 汉族夫妇（汉族男男女女）the couple of Han ethnic group *xiamu dde nzzapa nzzama leote pocegela keddwa*。夏沐家这对汉族夫妇到集市上赶场去了。

nzzara venyo ndʐa³³ra³³ve³³ɲo³³ 名 鼹鼠 mole *nzzara venyo bbe ne mei si zzho debbe, mejo tenddo ane tesho gge debbe jje*。据说，鼹鼠是生活在地下的，一旦见了阳光就会死亡。（当地的说法）

nzzaranyi ssole ndʐa³³ra³³ɲi³³ʐo⁵⁵le⁵⁵ 因难产而死亡的人 maternal death

nzzaryi ga ndʐa⁵⁵rɚ⁵⁵ka⁵⁵ 名 大道（南丝路的简称）main road, avenue (the southern silk road) *nzzaryi ga va ncegelele hve ddwai byandakuku va zzahzhaddwa*。到南丝路上去挑担子，为往来的商贾当挑夫，依靠弯弯的扁担过日子。

nzzaryi ganga ndʐa⁵⁵ryi⁵⁵ka⁵⁵nka⁵⁵ 名 鼓槌（敲鼓的棒）drumstick *shabawo nzzaryi ganga ddehji tefungai kanzzaza*。沙巴举着鼓槌愣在那里，不知道该做什么事情了。

nzzassyi ssama zzyisu bbe ndʐa⁵⁵zɚ⁵⁵za⁵⁵ma⁵⁵dʐɿ⁵⁵su⁵⁵be⁵⁵ 国家公职人员 civil servant *aryi nzzassyi ssama zzyi subbe bbela nga bbarnyi jji zzyile pe qi gge dedde*。我们国家公职人员退休了也会发退休金。

nzzatro nbbar ndʐa⁵⁵ʈʰo⁵⁵nbɚ⁵⁵ 响鼓仪式，祭祀仪式 ceremony of drums, sacrifice ceremony *nzzatro nbbar ne nzzawo ddenbbar shugge dejjigehar zzho deggeshe*。响鼓仪式顾名思义就是敲响鼓做仪式的意思。

nzzazho ka ndʐa³³tʃo³³kʰa⁵⁵ 过年货，年节食物 special purchases for the Spring Festival *nzzazhogga, ssa nzzazhoka kesshyi mahssyii nzzazhoha ne ramagge*。要过年了，不提前去买一些年节食物的话，春节期间不好买的。

nzzazho lhahggu ndʐa³³tʃo³³ɬa⁵⁵əgu⁵⁵ 过年期间，春节期间 during the Spring Festival *nzzazho lhahggu desyi ngabbarnyi ggeshe, ane debbe ngu tezzu mapa*。春节期间好好休息一下嘛，有什么事情这样忙不完哦。

nzzazho veshyi ndʐa³³tʃo³³ve³³ʃɚ³³ 过年的猪肉，春节祭祀肉 the pork for the Spring Festival *nzzazho veshyi jja nzzazho veshyi syile aryilige kezhoi ngezzyia*? 都说过年猪肉珍贵啊，你家的过年猪肉都被我们提前煮来吃掉了，还有什么比这更严重的呢？

nzze ① ndʐɛ³³ 动 克制，忍 restrain, endure

nzze ② ndʐe³³ 名 草（泛指）grass

nzze ③ ndʐɛ³³ 动 浸 soak, steep *hibbe nemianekegoxoi zzhoge ne nzze tapyi, shubbu pyihasi ddazwagge*。把竹子划成篾条团起浸泡在水里，编溜索时才捞出来。（当地的做法）

nzze ④ ndʐe⁵⁵ 动 骑 ride *ssahbu nbbo dde nzze ngalane mate ssihiva zzhyi minqila jje*。国王骑着马过来了，又来询问这个农妇。（民间故事）

nzze ⑤ ndʐe⁵⁵ 名 茅草，狗尾巴草 thatch *nzze chyi nzze nka ka dde ba, nzze chyi nzze nka nzze bbo ba*。割草卖草是哪村？割草卖草草坪村。（民歌歌词）

nzze ⑥ ndʐɛ³³ 动 主宰，做主，管事 dominate, decide *nezzi sedeo nzze nyo ne kala ashe bbula la*。你们两个中谁能做主就到我这里来谈判商量。

nzze ddru ndʐɛ³³ɖʐu⁵⁵ 干茅草 dry thatch *nzzdanaga nechya nzze ddru nge nbbunbbua mecu ssuggujjige gwargge*。割一点茅草储

备起来,让牲畜过冬有干茅草吃。

nzze i ndʑe³³ji⁵⁵ 名 草房,草屋,草棚 thatched house *nzze i nga nga su ma ca*。简陋的草屋不暖和。

nzze la ge ndʑe³³la³³kɛ⁵⁵ 草地里,草坝里,草场上 on the grassland, on the meadow *yaddre bbe nzze la ge vula gge*。孩子们在草地上打滚(戏耍)。

nzze la hnge ggoggo ndʑe³³la³³əŋɛ³³go⁵⁵go⁵⁵ 大草原 prairie

nzze lo ndʑe³³lo⁵⁵ 名 草垫,草席 petate

nzze manyo ndʑe³³ma³³ɲo³³ 没有权力,无权 without power, no power *zaxilili tihane ngabbarnyi anela nzze manyo za, yavasi ggegge gge*。扎西李力在退休以后,什么权力都没有了,全天候地在家里休养。

nzze nbbo ndʑɛ⁵⁵mbo⁵⁵ 名 骏马 fine horse, steed, courser *nzze nbbo bbe ne erle yashe ho debbe*。赛马用的骏马要腿脚长些的。

nzze nggwarhar ndʑe⁵⁵ŋguɑ˞⁵⁵xɑ˞⁵⁵ 草编的锅盖 straw pot lid *aryi jjio ba bbe ne nzze nechyi i hinyi ngazai nggwarhar nancahe nyayali*。我妈妈割来茅草,用篾条捆扎成茅草锅盖,非常经久耐用。(当地的习俗)

nzze nzze ndʑe⁵⁵ndʑe⁵⁵ 动 使唤,指使,调遣,指挥 order, incite, instigate, dispatch, maneuver, command *vaebbo ne var nzze nzze, va mabbo ne yo nzzenzze*。有仆从则使唤之,没有仆从自使唤。(谚语)

nzze nzze da ndʑɛ⁵⁵ndʑɛ⁵⁵ta³³ 名 胶,黏合剂 glue, gum

nzze o ndʑe³³o³³ 高山上 on the mountain *nzze o lebu ube she demi, leebusubu pe keryinyikegozyi*。挨上了高山上的杉树和檀香树,就和杉树、檀香树更亲近了。("高山上的杉树和檀香树"指高阶层的人,"挨上"意同攀附。)

nzze re ndʑe⁵⁵re⁵⁵ 男性阴液 semen

nzze ssi su ndʑe³³zi³³su³³ 主事者,总管,执行主席 executive chairman

nzze zi ndʑe³³tsi⁵⁵ 拔茅草 pull up weed, weed

nzzebbo ba ndʑe³³bo³³pa⁵⁵ 名 草坡村 Caopo Village *nzze chyi nzze nka nzzebbo ba, qozzhyi qonka lajigu*。割草卖草草坡村,摘椒卖椒拉吉谷。(民歌歌词)

nzzebbo nzzenbbi ndʑe³³bo³³ndʑe⁵⁵nbi⁵⁵ 草场和草坡 grassland and grass slope *kadege jji nzzebbo nzzebbo ha ne ssuggu ddehssa gge de*。不管在哪里,只要有草地和草坡,牛羊就会发展起来的。

nzzeda nzzeda ndʑe⁵⁵ta⁵⁵ndʑe⁵⁵ta⁵⁵ 黏糊黏糊 sticky, squishy *hwanzze jigu bbe kezhonehzugane nzzeda nzzeda de te bbu ane hwa va pu*。把粘麻果的果皮煮软,再锤融去渣后就变成了黏糊黏糊的胶状物,这样就可以用来捕鸟了。

nzzedre si ndʑe³³tʂe³³si⁵⁵ 名 苦楮树,楮栗,血楮,苦楮子 castanopsis sclerophylla schott *nzze dre si gege bbe ne nyihji debbe jja karo gge*。有人说,苦楮结的果实可以入药。(当地的说法)

nzzegwa nzzegwa ndʑe⁵⁵kua⁵⁵ndʑe⁵⁵kua⁵⁵ 形 黏咚咚的,黏糊糊的 sticky, slimy *ve nddrobi bbe nezhoi nzzegwa nzzegwa de tebbu ane muzar shehji ddwa*。把猪皮熬成黏糊糊的,就端到木匠那里去了(做胶)。(当地的做法)

nzzekwa ddessi ndʑe⁵⁵kʰua⁵⁵de³³zi³³ 掌握大权 wield the sceptre *anggu kwa kwa kwanbbu* *ddezu，vanbbryikwakwa nzzekwa dde ssi*。昂古老爷当大官,旺毕老爷掌大权。(民歌歌词)

nzzekwa tehze ndze³³ kua³³ tʰe⁵⁵ ətse⁵⁵ 大权旁落,被他人架空 one's power has been transferred into the hands of others *laba tihane nzzekwa suge tehzei byimassyige rehna mazzhoajje*。拉巴现在是权力旁落,他说话不起作用了。

nzzela ddenyo mapa ndze³³ la³³ de³³ ɲo³³ ma³³ pʰa⁵⁵ 不毛之地,寸草不生 barren land, wasteland

nzzha ① ndʑa³³ 动 害怕,吓人 fear, be afraid of *suteo nzzha gu nzzha gu ggamage si kezzoro hala dda nzzha mde*。这个人个子高高的,看着样子挺吓人的。

nzzha ② ndʑa³³ 名 牺牲(祭祀死人时宰杀的牲口) sacrifice, the sacrifice to the dead *labuga tesoha sui nzzha danchala mara, shanga ddo*。拉布呷死的时候,一头牺牲都没有获得,好可怜哦。

nzzha ma ra ndʑa³³ ma³³ ra³³ 没有获得牺牲,没有被献祭 there is no sacrifice *tesho i nzzha ma ra, nyige ddabar magge nggu geddabar magge*。过世的时候没有得到祭祀的牺牲(当地指用于祭祀等的牲口)就到达不了祖先的行列。(当地的说法)

nzzhafu nzzhafu ① ndʑa⁵⁵fu⁵⁵ndʑa⁵⁵fu⁵⁵ 某种快感,失重状态的感觉 pleasure, the feeling of weightlessness *ryipaga bberyi nqoca barbbi dega tenddoi dehmo nzzhafu nzzhafu gge*。在路边发现一条大腿一样粗的蟒蛇,(我)吓得浑身产生了一种失重状态的感觉。

nzzhafu nzzhafu ② ndʑa⁵⁵fu⁵⁵ndʑa⁵⁵fu⁵⁵ 吓得脚板心发痒 tremble with itchy feet *myalo zzyigaqo nyizzoro ha, erbyi gela nzzhafu nzzhafu gge*。站在玻璃栈道上往下看,吓得脚板心发痒头眩晕。

nzzharyi nbbaba ndʑa⁵⁵rə⁵⁵nba⁵⁵ba⁵⁵ 大路旁的村子(清水村和青林村) the village on the boulevard (Qingshui Village and Qinglin Village) *yoerjjaba ne nzzaryi genbbar zzho debbe dadai nzzaryi nbbaba jjide*。清水、青林两村地处南丝路两侧,所以被称之为大路旁的村子。

nzzhe ① ndʑɛ⁵⁵ 名 钱,财富 money, wealth

nzzhe ② ndʑe³³ 动 拉肚子 have loose bowels

nzzhe ③ ndʑɛ⁵⁵ 名 晚饭 dinner, supper *me nankwar si ne nzzhe keche a ngezzyi gge debbe, ataha ne i ddanga*。天黑了,(我)才做晚饭,那时候肚子都饿了。

nzzhe ④ ndʑe³³ 妾(除正房外的),侧室 concubine

nzzhe bar ① ndʑe⁵⁵ pɚ⁵⁵ 名 本金 principal *nzzhe bar sibedi ngwarwo debbe, ercila ddama swanzzha ha*。在没有计算利息的时候,单是本金就是五个银锭。

nzzhe bar ② ndʑe⁵⁵ pɚ⁵⁵ 名 本钱 capital

nzzhe bar tahwa ndʑe⁵⁵ pɚ⁵⁵tʰa⁵⁵xua⁵⁵ 归还本金 return the principal, give back the capital *nzzhehwa i bucu ddabar nzzhe bar tahwa erci bbe ddehji se*。到还款时就先归还本金,利息暂缓。

nzzhe be ① ndʑɛ⁵⁵pɛ⁵⁵ 动 输钱 lose money in gamble *bbazzhe ggagga ne nzzhe be, gazi ggagga ne dryi*。赌博必然要输钱,戏耍狗崽必然被咬手。(谚语)

nzzhe be ② ndʑe⁵⁵pe⁵⁵ 送钱去,送彩礼,送聘金 send betrothal gifts *coparbbe zhanka ddege* nzzhe bei ggejja shwalwada siddre ddeddwa。年轻人要到山家送彩礼,开去了三辆汽车。

nzzhe che she ndʐe⁵⁵ tʃʰe⁵⁵ ʃe³³ 晚炊时分 supper time, dinner time

nzzhe dda ma zzu ndʐe⁵⁵ da⁵⁵ ma⁵⁵ dzu⁵⁵ 没有出钱,不要彩礼 don't ask for the betrothal gifts *nzzhe ddama zzu i hsse de manyo, ane de ni ra manddo?* 没有不要彩礼的媳妇,不知道你娶了个什么媳妇?

nzzhe dde hji ndʐe⁵⁵ de⁵⁵ ɕji⁵⁵ 动 负债,欠债(欠别人的钱)owe *a le tiha sui nzzhe dde hji za se, a le kavarvar ma do a mo.* 我现在还欠着别人的债,帮不上你的忙了。

nzzhe dela mali ndʐe³³ te⁵⁵ la⁵⁵ ma⁵⁵ li⁵⁵ 信都不信,不相信 misdoubt, unconvince

nzzhe hgu le hgu ndʐe⁵⁵ əku⁵⁵ le³³ ku³³ 名 钱库,银库,银行 treasury, bank

nzzhe hi ndʐe³³ xi⁵⁵ 动 借钱 borrow money

nzzhe hji ndʐe⁵⁵ ətɕi⁵⁵ 动 欠债,负债 owe *a zaxiva nzzhesso huamado, ramenankwar miha. meddencu dama nyo a.* 我欠着扎西的债,至今还不起,天天都想不到出路。

nzzhe hzha le hzha ndʐe⁵⁵ ətʃa⁵⁵ le³³ tʃa³³ 动 赚钱,挣钱 make money, make a profit *tiha ne, chopar de nyizzho su nyogwa ne nyopa nzzhe hzha le hzha ddwa.* 现在所有的年轻人都到外边挣钱去了。

nzzhe i ndʐe³³ i³³ 非正房之子,妾之子 the child of concubine

nzzhe kesso ndʐe⁵⁵ kʰe⁵⁵ zo⁵⁵ 动 拉肚子(吃未成熟果实产生泻肚)suffer from diarrhea (eat unripe fruit leading to a diarrhea)

nzzhe la le bbo ndʐe⁵⁵ la⁵⁵ le³³ bo³³ 拥有财富 own wealth

nzzhe li ndʐe³³ li⁵⁵ 动 相信(信以为真) believe, trust

nzzhe ma li ① ndʐe³³ ma⁵⁵ li⁵⁵ 不相信 misdoubt

nzzhe ma li ② ndʐe³³ ma⁵⁵ li⁵⁵ 不得行,不能够实现 have to, be unable to achieve

nzzhe nagar ndʐe⁵⁵ na⁵⁵ kɚ⁵⁵ 放债(有债权)lend money for interest

nzzhe nebe ndʐe⁵⁵ nɛ⁵⁵ pɛ⁵⁵ 动 赔钱,亏本,折本 lose money (in business) *lamo su i zzhyi bbanyi mali, sshyinka mankar qadai te nzzhe nebe a.* 拉莫不听别人劝,自己又不会做生意,所以就赔钱了。

nzzhe ngezzyi ndʐe⁵⁵ ŋe⁵⁵ dzɿ⁵⁵ 动 受贿,吃回扣 accept/take bribes *nzza nzzhe ngezzyi bbe nyogwa tiha ne jozyizyi gge.* 凡是受贿和吃回扣的人现在都在争着退还或上缴赃款赃物。

nzzhe o nzzho li ndʐe³³ o³³ ndʐe⁵⁵ li⁵⁵ 形 认认真真的 serious-minded

nzzhe ra ① ndʐe⁵⁵ ra³³ 动 赢利,赚钱,得钱 win money, make money, get money *tase chedu icudage ngujja, kesshyissha su nzzhe ra jjigge.* 踏色在成都的建筑工地挣钱,就像在地上捡钱一样。

nzzhe ra ② ndʐe⁵⁵ ra²³ 动 赢钱 make money *amu bbazzheggagga shopenyole nzzhe ra, zhanganyo kecuanebesibe.* 阿穆赌钱,第一天赢钱了,从第二天开始就天天输钱了。

nzzhe ra ma zzu ndʐe⁵⁵ ra⁵⁵ ma⁵⁵ dzu⁵⁵ 没有出钱 give no money *erggussa wo ngecu ha, sela bbazzhe razzu, tedde si nzzhe ra ma zzu.* 尔姑子取保候审的时候,每家都出钱,只有他家没有被摊派出钱。

nzzhe sso ndʐe⁵⁵ zo⁵⁵ 动 欠债 owe *ne ava nzzhe sso deo, teme tashu, cihi hgoxxone hwalahodeo.* 别忘了你还欠我的债哦,今

年秋天就应该归还了。

nzzhe tebe ndʑe⁵⁵ tʰe⁵⁵ pe⁵⁵ 动 赔钱，亏本 lose money（in business）

nzzhe xo ndʑɛ⁵⁵ ço⁵⁵ 动 借钱（还等值物，不能原装退还）borrow money（return the equivalent thing, for the borrowed thing is not refundable）*isshyigge nzzhemabei danyo neddege nzzhe danabar xoladdo*。我准备买房，还差些钱，今天到你家来借点钱。

nzzhe zzyi ① ndʑɛ⁵⁵ dzə⁵⁵ 吃晚饭 have supper, have dinner *neryi ane debbe ngu i tiha si nzzhezzyi ddo? aryi ne nyaha la ngezzyi a*。你们干什么事情去了，现在才吃晚饭？我们早就吃了。

nzzhe zzyi ② ndʑɛ⁵⁵ dzə⁵⁵ 动 受贿 accept bribes, take bribes

nzzhebbo su ndʑe⁵⁵ bo³³ su⁵⁵ 名 富翁，富者（财富多的人）rich man, man of wealth *yela nzzhebbo su ne syinyi nga, kage gaer ddeernyo*。从来富者心不善，哪有乌鸦羽毛白。（谚语）

nzzheche she ndʑe⁵⁵ tʃʰe⁵⁵ ʃe³³ 晚炊时分，该做晚饭的时间 the time for dinner, it's time for cooking dinner *yanyo nzzheche she ne ggwahbbu ryigakengu a*。昨天晚炊时分大雨直泻而下。

nzzhedela mali ndʑe³³ te⁵⁵ la⁵⁵ ma⁵⁵ li⁵⁵ 信都不信，不相信 misdoubt, unconvince *zaxi gassyingu debbutre necyi nbboncopwa rajja a nzzhedela mali*。据说，扎西打工的年收入是二十万元，对此我信都不信。

nzzhehgu lehgu ndʑe⁵⁵ əku⁵⁵ le³³ əku³³ 名 钱窟，银库，银行 treasury, bank *tassyi yava nzzhehgu lehgu ngenyo dematale tabar jjomo maggede*。除非他家屋里出了一个银库，不然他家不该这么发财的。

nzzhehzha lehzha ndʑe⁵⁵ ətʃa⁵⁵ le³³ ntʃa³³ 动 赚钱，获利 make money, make a profit

nzzheli ndʑe³³ li⁵⁵ 能够成功，可信度高 be able to success, high reliability *yalo high ikato yanyo mami nbbarddwai necyidre maga rajja, ne nzzheli lamali?* 雅诺说，他昨天去挖天麻，总共挖了二十多斤，你认为可信度高吗？

nzzheli gge magge ni nzze ndʑe³³ li³³ ge³³ ma⁵⁵ ge⁵⁵ ni⁵⁵ ndze⁵⁵ 信不信由你 believe it or not *sonyone mejonaddra meliggu nehze ggejjigge, nzzheli gge magge ni nzze*。据说，明天天要塌下来落在地上，信不信由你。

nzzhenbbar ne shushu ndʑe⁵⁵ nbaʴ⁵⁵ ne⁵⁵ ʃu⁵⁵ su⁵⁵ 理顺账目，理清来龙去脉 sort out the account, clarify the context *te zzineo rarabibi bbe i nzzhenbbar ne shushu gge*。把他们两个吵闹纷争的原因弄清楚，理清来龙去脉。

nzzhenbbo nbbyali ndʑe⁵⁵ nbo⁵⁵ nbja⁵⁵ li⁵⁵ 马放南山，刀枪入库 let horses go to the mountain, put weapons back to the arsenal *nyi kemi tro ddaga, nzzhenbbo nbbya telia, nddremi igegwar, ane sungu gge*。打到獐子就打狗，马放南山，利剑入鞘，我们有什么办法呢？

nzzheo nzzheli ndʑe³³ o³³ ndʑe⁵⁵ li⁵⁵ 副 认认真真地，仔仔细细地 seriously, carefully *ssama zzyihane kwardodo ngwar dodo tangu, nzzheo nzzheli ngezzyi*。吃饭的时候不要东张西望，要认认真真地吃饭。

nzzhezzyi she ndʑe⁵⁵ dzə⁵⁵ ʃe³³ 晚餐时间 dinner time, supper time *tiha nzzhezzyi she dda abar ddo? ddabar tele nzzhezzyicwa*。现在到

吃晚饭的时间了吗？如果时间到了，我们就吃饭。

nzzho ① ndʐo⁵⁵ 动 会做（能够做）be able to do *manddo penggo ncama nzzho, maddryi hi zzhyi hi mapajjatihbizyi*。尔苏语有句谚语说：未曾见过的家具做不了，未曾听见的话语不能说。

nzzho ② ndʐo⁵⁵ 红麂子 red muntjac *yaddre te o ne anjji dei, ddahggar pryi ne nzzho de nbbe ngu i*。这个娃是怎么了，一起床就像红麂子叫唤一样地哭个不停！*nzzho bbe nkwar rahane yaddre denbbe nzzongu ggede bbe*。红麂子晚上游走的时候，发出的声音像婴儿啼哭。

nzzho ③ ndʐo⁵⁵ 名 红苕 ipomoea batatas *awamizzyi la awa haemo newo nzzho zho nzzho nbar gge jja ddwajje*。兔子奶奶和黑熊奶奶两个交朋友，它们一起去挖红苕、煮红苕去了。（民间故事）

红苕、红薯、甘薯

nzzho ④ ndʐo³³ 名 午餐，烧午 lunch

nzzho ⑤ ndʐo⁵⁵ 偶尔会，有可能，曾经 occassionally, probably *tegele wuigela cwaraqo ssyihbbu delyohbbu su nezyi nzzho deggejje*。这里即使到了五月份，也有可能下鹅毛大雪，木桩上积很厚的雪。

nzzho ⑥ ndʐo⁵⁵ 黄麂子 yellow muntjac

nzzho hmo ndʐo⁵⁵ əmo⁵⁵ 红麂子的尸体 the carcass of red muntjac *goinbbya nzzelaga nzzho hmo da zzha, aige ddabbaihjila*。北山草坡上有一只红麂子的尸体，我把它给背回来了。

nzzho kwa ndʐo³³ kʰua³³ 名 午饭（正式的午餐）lunch, luncheon

nzzho nbbe ndʐo⁵⁵ nbe⁵⁵ 红麂子叫唤，红麂子哭 red muntjac cries

nzzho ngu ① ndʐo³³ ŋu³³ 副 一样 as, just like, alike *tava ssahbu de nzzho ngu i meo jjisasane yahdryi bbe ngugge*。对他像国王一样尊敬，他自己就忘乎所以，真以为自己不得了了。

nzzho ngu ② ndʐo³³ ŋu³³ 动 将就，伺候 put up with, yield, look after *denyonyo ddehggwar pryine tava nzzho ngu ho, ggoila nabbarnzzyi de*。每天一起床就要伺候他，是个非常麻烦的人物啊。

nzzho nzzho ndʐo³³ ndʐo⁵⁵ 动 搅拌，稀释 stir, whip, agitate

nzzho ro ndʐo⁵⁵ ro⁵⁵ 副 更加，越 further, more *tangeddwane aryinyogwane nzzho ro nzzhoro ladde jji mo dda ssa hbu gge*。从此以后，我们大家就越来越发财、越来越有地位了哦。

nzzhode nbbengu ndʐo⁵⁵ te⁵⁵ nbe³³ ŋu³³ 像一只红麂子哭叫一样 crying like a red muntjac *nessyi yaddreo nggahgu kanzzai nzzhode nbbengu gge*。你家娃娃站在门口像一只红麂子叫一样地在哭呢。

nzzhogo ba ndʐo⁵⁵ ko⁵⁵ ba³³ 名 团结村 Tuanjie Village

nzzhokwa ndʐo³³ kʰua³³ 名 午饭，烧午 lunch *danyo nzzhokwa hji ma la，i dda nga gge*。今天没有带烧午，可能会饿肚子。

nzzhokwa zzyi ndʐo³³ kʰua⁵⁵ ɕɿ⁵⁵ 吃午餐，吃烧午 eat lunch, have lunch *memacozzyi laawa gao dawa nehssyii nzzhokwa zzyi jje*。野人婆和那个女人一起坐下来吃午饭。（民间故事）

nzzhokwa zzyishe ndʐo⁵⁵ kʰua⁵⁵ ɕɿ⁵⁵ ʃe⁵⁵ 名 中午，正午（午餐时间）noon, midday *te maddamancu lopyi ddwai nzzhokwa zzyishe ne yavabarla zajjigge*。他天不亮就到蓼坪乡赶集去，在午餐时间就返回到家了。

nzzhongu nzzyi ndʐo³³ ŋu³³ ndʑɿ⁵⁵ 难伺候，难将就 hard to please *te copar bbe nzzonzzyi kesoi jjila ne deodamar ddehji zzongu nzzyi*。这些年轻人读了书，回来就都各自为政，很难将就，很难伺候。

nzzhonzzho nwahnwa ndʐo⁵⁵ ndʐo⁵⁵ nua⁵⁵ ənua⁵⁵ 狼吞虎咽 gobble, engorge *memacozzyio veshyibbe nzzhonzzho nwahnwa ipage nencyidoa*。野人婆把那些猪肉全部狼吞虎咽地塞入肚子了。（民间故事）

nzzhonzzyi ① ndʐo⁵⁵ ndʑɿ⁵⁵ 名 文字 character, letter, script *tihane dian-nao bboane, yasheo ma roane nzzhonzzyi rola manzzhoa*。自从有电脑录入后，长期不用笔写字了，今后字都不会写了。

nzzhonzzyi ② ndʐo⁵⁵ ndʑɿ⁵⁵ 名 信 letter *ssimo she dalha ne nzzho nzzyi de bu ro gge de*。每个月都给妻子写一封信。

nzzhonzzyi ③ ndʐo⁵⁵ ndʑɿ⁵⁵ 名 书 book *nzzhonzzyi keso ne su ddentre, nzzhonzzyi ma su ne su taga*。读书使人聪慧，不读书使人愚笨。（谚语）

nzzhonzzyi dabar ndʐo⁵⁵ ndʑɿ⁵⁵ ta³³ bɚ³³ 一个字 one word *nzzhonzzyi dabar yomase*。一个字我都不识。

nzzhonzzyi dadra ndʐo⁵⁵ ndʑɿ⁵⁵ ta³³ tʂa³³ 一行文字 a line of words, a line of text *kala nbbiqo yohgu ha meddro kessoi ggama va nzzhonzzyi dadra ha jje*。卡拉在山上放羊的时候遭雷击了，据说在其背上留下了一行文字。（当地的传说）

nzzhonzzyi debu ① ndʐo⁵⁵ ndʑɿ⁵⁵ tɛ³³ pu³³ 一本书，一部书 a book *tiha shalima la cyibinqi bbe nzzhonzzyi debu rogge*。现在沙丽曼和赐秉棋正在撰写一部书。

nzzhonzzyi debu ② ndʐo⁵⁵ ndʑɿ⁵⁵ tɛ³³ pu³³ 一封信 a letter *amujala yava nzzhonzzyi debu barlaza*。阿木加拉寄来了一封信。

nzzhonzzyi ze ndʐo⁵⁵ ndʑɿ⁵⁵ tsɛ⁵⁵ 动 朗读（读一下，念一念）read

nzzhoro bbe ndʐo⁵⁵ ro⁵⁵ be⁵⁵ 形 多余的 redundant, spare, unnecessary *ssumi didde casa dre si ho, nzzhoro bbe ne yozai zajo i*。这次每家只需要（交）十三斤玉米，多余的各自拿回去。

nzzhoro layalia ndʐo⁵⁵ ro⁵⁵ la⁵⁵ ja⁵⁵ li⁵⁵ a³³ 形 更好 better *ddenyima ssyi ershage ngengela ne yayali, tiha ne nzzhoro nzzhoro layalia*。共产党的政策越来越好，现在就更加好了。

nzzhoro nzzhoro ndʐo⁵⁵ ro⁵⁵ ndʐo⁵⁵ ro⁵⁵ 越来越……the more… the more… *qawao ddenyi ane i-yuan geshu maddwa, nzzhoro nzzhoro ddenyi za*。她的奶奶生病了，由于没有送到医院去，结果病情越来越严重了。

nzzhu ndʐu⁵⁵ 名 酒曲，酵，酵母 distiller's yeast, yeast *nchakwa ssama tero bbe syi ntru kengu si nzzhu kagwar ne nzzhyiva tebbu* *gge*。剩下的大米饭重新蒸了以后，添加酒曲，发酵以后就可以成为醪糟。

nzzhu ho ndʐu³³xo³³ 名 大麻，荨麻 hemp, nettle *nzzhu ho bbe ze nagwa ne ate trole bryi bbe nca li debbe*。大麻的皮剥下来可以做羊毛弹弓的拉绳。

nzzhu kwa ndʐu⁵⁵kua⁵⁵ 名 筷子，竹筷 chopsticks, bamboo chopsticks *ersuyaddre bbene ecu ssinzzho ggeshe nzzhu kwa ssine ggoimanzzho*。尔苏娃们只会用马匙子，而筷子是大多不会用的。

nzzhukwa deddre ndʐu³³kʰua⁵⁵te⁵⁵dʐe⁵⁵ 一双筷子 a pair of chopsticks *zaxi ssyi awa o tava hnyi nzzhukwa deddre taqi za*。扎西的奶奶送给他一双金筷子。

nzzhozho nzzhobbar ndʐo⁵⁵tʃo⁵⁵ndʐo⁵⁵baʴ⁵⁵ 挖薯又煮薯 dig potatoes and boil potatoes

nzzhwa shu ndʐua³³ʃu³³ 动 煨桑（敬神） simmer mulberry *shaba byijo kachu gge ha ne nzzhwa shu gge de*。沙巴在开始念经之前要煨桑。

nzzhyi ndʐə⁵⁵ 名 脚犁 foot plough

nzzhyi ca ndʐə⁵⁵tsʰa³³ 脚犁根部 the root of foot plough

nzzhyi goma ndʐə⁵⁵ko³³ma³³ 脚犁主杆 the main rod of foot plough

nzzhyi nzzici ndʐə⁵⁵ndzi³³tsʰi³³ 脚犁后跟 the heelpiece of foot plough

nzzhyi pwa ndʐə⁵⁵pʰua³³ 脚犁蹬 the pedal of foot plough

nzzhyi ro ① ndʐə⁵⁵ro³³ 脚犁扶手 the hand rail of foot plough

nzzhyi ro ② ndʐə⁵⁵ro⁵⁵ 名 盲肠，阑尾 cecum, epityphlon

nzzhyi so ndʐə⁵⁵so⁵⁵ 名 后天 the day after tomorrow *nzzhyi so yava vagagge, neryi ddala vasho vaze zzoro la*。后天家里要杀猪，你们都上来看猪脾、猪血吧。（当地的习俗）

nzzhyi ssi ndʐə⁵⁵zi³³ 使用脚犁，蹬脚犁 use foot plough *nwa nzzuba bbe ne nzzhyi ssi ya nkwar ddebbe*。则拉乡凉山组的人是蹬脚犁的好手。

nzzhyi vihbbi ndʐə⁵⁵vi³³əbi⁵⁵ 脚犁的犁肩 the batten of foot plough

nzzhyi zhyinzhyi ndʐə⁵⁵tʃə⁵⁵ntʃə⁵⁵ 名 荞凉粉 buckwheat jelly *ale sahnyo zhyinzhyi yahgga, nzzyi zhyinzhyi bbe ne goi mahgga de*。我喜欢豌豆凉粉，对荞凉粉我是不太喜欢的。

凉 粉

nzzhyimi nagu dʐə⁵⁵mi³³na³³ku³³ 名（脚犁）犁耳 the coulter of foot plough

nzzhyinzzhyi ndʐə⁵⁵ndʐə⁵⁵ 动 换，交换 change, exchange *tege ne, azzyi nleo vujo jji nzzhyi nzzhyi, nggame jji nzzhyi nzzhyi gge tia jje*。这时候，我们不仅头帕要交换，身上的所有衣服都要交换。

nzzhyiva ndʐə⁵⁵va⁵⁵ 名 醪糟 fermented glutinous rice *trolengu nyo ne huge yakwai nyizzhosu nassha nzzhyiva cegge debbe*。射

372

箭节当天,全村人集中起来搞庆典活动,大家一起喝醪糟。

nzzhyiva ce ndʐɿ⁵⁵ va⁵⁵ tsʰe³³ 喝醪糟 drink fermented glutinous rice *yaddre radwa ggehene nzzhyiva kezho gge,radwane nzzhyiva ce gge de*。尔苏人不管是谁家,怀了娃娃就酿制醪糟,生了小孩就要喝醪糟(庆祝)的。

nzzi ① ndʑi⁵⁵ 动 插,塞入 plug, cram *te ane de manddo ni nggui ge ke nzzi keddwa, ne desyi kezzoro*。他塞了个东西到你的包里了,你查看一下是什么。

nzzi ② ndʑi³³ 名 榫头 tenon

nzzi ③ ndʑi³³ 名 钉子 nail *nzzi ne sinzzi nyo, shenzzi nyo, hngwar nzzi nyo*。有木钉,也有铁钉,还有铜钉和银钉。

钉 子

nzzici ndʑi⁵⁵tsʰi⁵⁵ 名 脚后跟 heel *venwa jjaoxai dessu ne ssyi ddama sshyi, nzzici erbyi la ngezyi ngezi za de*。哥哥焦侠一辈子没有穿过鞋子,脚后跟底部皲裂了很多口子。

nzzo mo ndʐo³³ mo³³ 名 官,大官 dignitary

nzzomo marmar ndʐo³³ mo³³ mɚ⁵⁵ mɚ⁵⁵ 名 小官 an inferior officer, functionary

nzzomo yakwa ndʐo³³ mo³³ ja⁵⁵ kʰua⁵⁵ 名 大官,高官 dignitary

nzzu boi ndʐu⁵⁵ bo⁵⁵ ji⁵⁵ 小茅棚,小窝棚 small thatched shed, shack

nzzunzzu ga ndʐu⁵⁵ ndʐu⁵⁵ ka³³ 钉扣子 sew a button *nggame shyizwa nzzunzzu ga kamaga se daca kasshyuiihjila*。买了一件还没有钉纽扣的新衣服回来了。

nzzyi ① ndʐɿ⁵⁵ 名 狼 wolf *abu sanbba mazzei nggahgu nehssyi i nzzyimomo de nbbe ngugge*。那老爷爷心情不好,坐在家门口像一匹老狼一样地号啕大哭。

nzzyi ② ndʐɿ³³ 名 驮架 a load on an animal's back

nzzyi ③ ndʐɿ⁵⁵ 动 驮 bear on the back

nzzyi ④ ndʐɿ³³ 名 荞 buckwheat *nzzyilaibucu ne nzzyila, nzzyi chyi nzzyi ka ibucu ne nzzyi chyi nzzyi ga*。该种荞子的时候就种荞,该割荞打荞的时候就收割。

荞 麦

nzzyi ⑤ ndʐɿ³³ 形 困难 difficult *varnzzyi deoo ne nzzyi manzzyi ne hjisu yozai hase*。一份工作难不难,只有承担工作的人才知道。

nzzyi ⑥ ndʐɿ³³ 量 驮(粮) a pack of *twa nbbo hnyi la hngwar de nzzyi ke nzzhyi i zhala jje*。用骡子驮回来一驮架金子和银子。(民间故事)

nzzyi ⑦ ndʐɿ³³ 动 粘 stick *shao pwa zoze qo ne*

nzzyinzzyi za。这张纸粘在桌子上了。

nzzyi bu ndʑə⁵⁵pu⁵⁵ 荞麦麸 buckwheat bran *nzzyi bu bbe nzzyikwai bbege ddashasha ngezzyi ne nyivahsse*。荞麦麸和荞面和在一起煮食，可以缓解糖尿病症状。（当地的说法）

nzzyi kwa i ndʑə³³kʰua³³ji³³ 荞麦粉 buckwheat flour

nzzyi mar ndʑə³³mɚ³³ 甜荞麦，花荞麦 sweet buckwheat *anela zzyile mabbojji, nzzyikwa nzzyi mar ddeshasha ngata zzyi*。不管怎么缺少粮食，也不能苦荞和甜荞混着吃。

nzzyiho laho ndʑə⁵⁵xo⁵⁵la⁵⁵xo⁵⁵ 虎狼之语，狂妄之言 sass, the words of madness *sunpwa ne nzzyiho laho ngugge, lwahbwa ne hzhoge ngce*。嘴里说着虎狼之语，行动就像拉肚子的。（意指语言的巨人，行动的矮人）

nzzyikwa goba ndʑə³³kʰua³³ko⁵⁵pa⁵⁵ 荞面千层饼 multi-layer steamed bread of buckwheat *nzzazho deoso me ddama ncu nzzyi kwa goba nahar tro sa nggwar*。正月初一天不亮就起来烙上苦荞千层饼，准备举行打猎的出征仪式。

荞面千层饼

nzzyikwa nzzyii ndʑə³³kʰua³³ndʑə³³ji³³ 荞麦面粉 buckwheat flour *tiha ne su bbe nzzyi kwa nzzyii bbe ncaware nancai bbu zu gge*。现在流行把荞麦面粉调成生荞麦面汤来喝。

nzzyimar bedwa ndʑə³³mɚ³³pe³³tua³³ 甜荞麦面搅团（美食）sweet buckwheat paste (delicacy) *a dwahwa nzzhe nzzyimar bedwa ngace de, ddawataza zzyimadua*。我今天晚饭吃的是甜荞麦面搅团，饱得已经吃不下了。

nzzyimar mido ndʑə³³mɚ³³mi³³to³³ 甜荞花 sweet buckwheat flower *nzzyimar mido tetroddevihane nbbio lanyogwa nyimerara ngezegge*。甜荞花开的时候，漫山遍野都是粉红色。

nzzyimar nche ndʑə⁵⁵mɚ³³ntʃʰe⁵⁵ 甜荞火米 sweet buckwheat grain *nzzyimarbbe kezho aso ngeko a ddeddru shu rata ge ngapwa nzzyi jigu bbe tahggwa ne nzzyimar nche tebbu a*。把甜荞麦煮过晒干，然后用石磨碾压去壳，就变成了甜荞火米。

甜荞火米

nzzyimar sihbumido ndʑə³³ma³³si⁵⁵əpu⁵⁵mi⁵⁵to⁵⁵ 紫玉兰花 purple magnolia *azzyi iggehe nzzyimar sihbumido debuhai cihimido gguiyanqo*。我家屋后有一棵紫玉兰树，今年开花开得特别艳。

nzzyinddro lajji ndʑə⁵⁵ndʐo⁵⁵la⁵⁵dʑi⁵⁵ 声色俱厉，虎啸狼嚎，怒吼咆哮 be fierce both in look and voice, roar and howl *liga o vudemi ti ngece su agwa yava nzzyinddro lajji ngugge*。里呷喝了一点酒,正在他家里虎啸狼嚎一样地咆哮着。

nzzyinzza ndʑə⁵⁵ndʑa⁵⁵ 动 想,思考 think, consider *ai nzzyinzza ne meli te hggoggo nyo gwa ke sshyi asibu kezzhyi te ncu ggede*。我想,把这片地全部买下来,种上树,就会很理想的。

nzzyinzza kage la dʑə⁵⁵ndʑa⁵⁵kʰa⁵⁵ke³³la³³ 与我的主张一致,符合要求 in line with my claim, meet the demand *tihane ai nzzyinzza kage la ne sanbbayazzhe, shomokecua qwagge*。现在的决定与我的主张一致,我的心情舒畅,要好好地大干一场。

nzzyinzza lemanyo ndʑə⁵⁵ndʑa⁵⁵le⁵⁵ma³³ȵo³³ 无忧无虑,没有什么可担忧的 be light of heart, nothing to worry about

nzzyinzza taca manyo ndʑə⁵⁵ndʑa⁵⁵tʰa⁵⁵tsʰa⁵⁵ma⁵⁵ȵo⁵⁵ 不断地想,浮想联翩 have random thoughts, fall into reverie *denyo nyo vulimeake zyi pryine tivahga nzzyinzza tacama nyo*。天天都是头一挨着枕头就不断地想他的问题,睡不着。

nzzyinzza tezzu mapa ndʑə⁵⁵ndʑa⁵⁵tʰə⁵⁵dʑu⁵⁵ma³³pʰa³³ 想不完,想不出头绪 can't think out *yaddre tebbe i vahga a ngar ne ida ke kamar ha nzzyinzza tezzu mapa*。为了这些娃娃,晚上我睡在床上,始终想不出头绪。

nzzyinzza vuqo ddesso ndʑə⁵⁵ndʑa⁵⁵vu⁵⁵tɕʰo⁵⁵de³³zo³³ 如愿以偿,愿望实现 get one's wish, achieve what one wishes *tejwane nzzyinzza vuqo ddesso, ddehji vuqo ddabar*。现在目标达成,如愿以偿了。

nzzyiza ddaza ndʑə⁵⁵tsa⁵⁵da⁵⁵tsa⁵⁵ 扎上腰带 tighten the belt *mecune zzuggu nzzyiza ddagakaza ne yacaca*。冬天,在外套上扎一根带子,会感觉暖和得多。

nzzyiza nbbar ndʑə⁵⁵tsa⁵⁵mbaɻ⁵⁵ 名 隔山撬,白首乌(中药) radix cynanchi bungei (traditional Chinese medicine) *nzzyiza nbbar kenbbune nzzyiingala, yami ngezzyi nehzho kangga*。把隔山撬根放火里烧熟食用,能提供丰富的淀粉,但是吃多了就会便秘。(当地的说法)

O o

o ① o⁵⁵ 名 周（藏姓：哦） Zhou *o ne ojjo wabbu casa panci ge nconco de, tiha ne tedo a*。哦姓是周姓家族集团十三姓之一,现在断嗣了。

o ② o⁵⁵ 名 里边 inside *kentro ne le o la, kedryi ne ssyi o la*。一抓就到手里,一衔就到嘴里。(意指心想事成)

o ③ o⁵⁵ 量 个 *de o kemi jji mi, ne o kemi jji mi*。抓到一个也是抓,抓到两个也是抓。

o ④ o⁵⁵ 叹 哦 oh *o, meidronkwar, amwadai avasi ddenyi shu*? 哦,老天爷,为什么只是让我一个人生病哦?

o ho mar i o³³ xo³³ m ɚ³³ i⁵⁵ 副 非常,过分 extremely *vura tewo o ho mar i yaddo de, mya ddenggwa mali, desyi yamaddo de kesshyi gge*。这种布料颜色非常深,有些晃眼睛,不好,买那种颜色较浅的。

o ho mar i taza o³³ ho³³ m ɚ⁵⁵ ji⁵⁵ tʰa³³ tsa³³ 副 太过,实在 too, really *yeddre o ho wamar yantre tazabbe ne ssu mashe, desyi janja ngu bbene sshu yashe*。太过聪明的娃娃都不长寿,智力一般的娃娃命长。(民间不科学的说法)

o hwa mar a ga ne er o³³ xua⁵⁵ m ɚ⁵⁵ a⁵⁵ ka⁵⁵ ne⁵⁵ ɚ³³ 太过分 go too far *ve hdanga ne, o hwa mar a ga ne er de*。你这头怪相猪,实在太过分了。(呵斥牲畜的话)

o jjo wa bbu o⁵⁵ dʑo⁵⁵ wa⁵⁵ bu⁵⁵ 名 哦,觉,瓦布(均为姓氏) Oh, Jue, Wabu *o jjo wa bbu casa panci ne nyogua anggu ge ncho ncho*。哦、觉、瓦布等十三姓都是属于周姓大家族的。

o-ang õã³³ 叹 哇昂 wow *o-ang, nige vei wo rekara, a ge ssa nassyi nyamase ddakato gge*。哇昂,你把小猪弄残了,我要去告诉你妈妈。

o-ang marmar ① oaŋ⁵⁵ m ɚ³³ m ɚ³³ 鹅嗉子 goose crop *o-ang marmar ge ne ru zzho, o-ang nenyiriu zzyi debbe*。鹅嗉子里有草料,鹅是食草动物,专门吃草料的。

o-ang marmar ② oaŋ⁵⁵ m ɚ³³ m ɚ³³ 名 小鹅 small goose *tessyi ve jji ge tiha ve mazzho, kege o-angu marmar cece o kejji za*。他家的猪圈里没有猪,现在里边关着十只小鹅。

o-ang ra ze o⁵⁵ ã⁵⁵ ra³³ tsɛ⁵⁵ 名 鹅蛋 goose egg

o-angu ua⁵⁵ ŋu⁵⁵ 名 鹅 goose *o-anguzzho degene bberyi mazzho. o-angu ddehssuane bberyilamagge*。俗话说："有鹅的地方没有蛇。"养鹅就不会有蛇来。(当地的说法)

鹅

o-angu jji ua³³ ŋu³³ dʑi³³ 名 鹅圈 goose shed *o-angu jji ge nassaza, zzho debbe ngehjii desyi nece*。鹅圈里地面脏兮兮的,拿一些水去

冲洗一下。

o-angu ma oã³³ma⁵⁵ 名 雌鹅，母鹅 goose *o-angu ma o bbelhedagaga nkwage ne ddwai hngwarvucwa dejiddehjila*。雌鹅扑腾着翅膀钻到湖底去，过一会儿衔起一把银斧头来。（民间故事）

o-angu pe o⁵⁵ã⁵⁵pʰe⁵⁵ 名 雄鹅，公鹅 gander *o-angu pe bbelhedagaga nkwage ne ddwai hnyivucwa dejiddehji la*。雄鹅扑腾着翅膀钻到湖底去，过一会儿衔起一把金斧头来。（民间故事）

o-angu qoma õ⁵⁵ã⁵⁵tɕʰo³³ma³³ 名 仔雌鹅 the young goose *o-angu qoma o qmaizhanga nkwagenehdoi hnyo vuchwadeji ddehjila*。仔雌鹅随着母鹅跳入湖中，衔起一把铜斧头来。（民间故事）

o-angu ssu oaŋu⁵⁵zu⁵⁵ 名 鹅油 goose oil *nyibugai tanwachubbe ne o-angu ssu neddreane tachagge debbe*。跌打损伤留下的疤痕和色斑，经常用鹅油涂抹，会很快消去。（当地的说法）

o-angu syi oã⁵⁵sə³³ 动 杀鹅 kill the goose

obo o³³po³³ 母舅的母舅，妈妈的舅舅（略同祖父） mother's uncle (just the same as grandfather) *ersubbe suteshohale sosuossyi obo she lozyi fudebbe*。尔苏人去世时，在丧席上要给死者母亲的舅舅敬献主宾礼。

obo lo o³³po³³lo³³ 献给死者母亲的舅舅的主宾礼 a gift to the uncle of the deceased's mother *obo lo ne ngwer cyi dela vu dabbar*。献给死者母亲之舅舅的主宾礼，就是祭牛的一只牛膀和一坛酒。

obwa o⁵⁵pua⁵⁵ 名 蝌蚪，幼蛙 tadpole *obwa bbe ne ddenwaga debbe, kezzoroha ne ssu debbe lassyiha*。蝌蚪是黑色的，初看起来像小鱼儿。

ogo ngu o³³ko³³ŋu³³ 祭祀仪式，敬神灵仪式 sacrificial ceremony *ogo ngu ne qozyi ddebbe, ve, yo, ra siryinbba hqila qozyi gge de*。在祭祀神灵的仪式上，要用猪、羊、鸡来敬神。

ohdimaddryi syimare o⁵⁵ədi⁵⁵ma³³dʐə³³sə⁵⁵ma⁵⁵re⁵⁵ 不旅外乡不成熟，不旅他乡见识少 he who does not travel is not mature, he who does not travel knows little *ohdimaddryi syimare, ssyissi mahssu nga mase*。不旅他乡见识少，没养子女智不达。（谚语）

ohomar itaza o³³xo⁵⁵mɚ⁵⁵ji⁵⁵tʰa⁵⁵tsa³³ 实在过分 go too far *anedeojji assyimara nelide, ohomar itaza ne sui ma hgga beiimahgga*。什么事情都讲究一个度，实在过分了就会讨人厌。

ohsse ba uo⁵⁵əʃe⁵⁵pa⁵⁵ 石棉县城 Asbestos County *zzhoge erhzhe erma hggu, ohsse ba tro nka tro ma hggu*。水潭抛石石不还，石棉买狗狗不还。（谚语）

ohwamar i... ma... o³³xua³³ma⁵⁵ji⁵⁵ma⁵⁵ 不是一般地，太过分 excessively *cihi temenzza ohwamar iddamaca, melilakezhyi zzelai ddaca*。今年这个夏天不是一般地热，热得像土地都要烧焦一样。

ohwamar i o³³xuo⁵⁵mɚj⁵⁵ 副 非常，太过 very, extremely *ale ohwamar-i agabbujji barbar tejji ddeerhbi maqi*。我从来都没有像阿呷布吉这样，表现得太过分了。

ohwomar i ddenpi o³³xuo⁵⁵mɚ⁵⁵ji⁵⁵de⁵⁵npʰi⁵⁵ 实在冷 it's really cold *danyo temejo ohwomar i ddenpi denyo*。今天这个天气，实在是冷得很。

ohwomar i meddaca o³³ xuo⁵⁵ mɚ⁵⁵ ji⁵⁵ me⁵⁵ da⁵⁵ tsʰa⁵⁵ 实在热 it's really hot *ale ohwomar i meddaca dage ne zzho mapa de*。实在太热的地方,我是待不下去的。

ojja o⁵⁵ dʑa⁵⁵ 名 梨 pear *iggehe ojja sibu bbe nyogwa mido ddevi erpu tezyi za*。房屋后边的梨树全都开花了,到处是白茫茫的梨花。

梨　花

ojja si o⁵⁵ dʑa⁵⁵ si³³ 名 梨树 pear tree *isha bologao melige ojja zzhyiggejja, yanyo ojja si nyo dechehjilaza*。依莎博罗呷说要在地里栽梨树,昨天用汽车拉来了一车梨树苗。

ojjasi penggu a⁵⁵ dʑa⁵⁵ si³³ pʰe³³ ŋgu³³ 梨木家具 pearwood furniture *yandde yandde ne ojjasi penggu siryigu yandde, tiha goi lapekwa*。要说优质,还是梨木家具优质,现在梨木家具价格居高不下。

osse ba uo⁵⁵ ze⁵⁵ pa⁵⁵ 石棉县永和乡 Yonghe Village, Asbestos County *osse ba she tro kasa, lape deddre nazhala*。永和山上放猎狗,一对公獐被撵出。(民歌歌词)

P p

pa ① pʰa⁵⁵ 形 公,雄性 male *tezzyi nggege tro pa ddebbu yakwa de ngala*。从他家的门里出来了一条花白大公狗。

pa ② pʰa⁵⁵ 名 茎,茎秆 stem, stalk *bupa pa bbe ne zzhuva ddabarza, ddanbbarne bumama ne mazzho*。洋芋的茎秆齐腰深,挖出来的洋芋很少。

pa ③ pʰa⁵⁵ 动 能,许可,可以 be able to *ersu hbizyi ne gassyi ngu a pa? moba ngu a pa? jjatikato debbe*。尔苏谚语说,可当长工否?可当女婿否?女婿如长工。

pa ④ pʰa⁵⁵ 动 能够(可以适应) be capable of, be able to *wabbubashe ne sihge dege, ale atege ka pa ma pa dege*。瓦埠村(汪百户村)是个缺柴的地方,我无法适应那里的生活。

pa hgga pʰa³³əga⁵⁵ 动 靠 depend on *gaga erssyissa sibu debuqo kapahggai rehna ba gge*。这时候,呷呷尔日惹靠在一棵树上照相。

pa nzzhyi tengu pʰa⁵⁵ndʐo⁵⁵tʰe⁵⁵ŋo⁵⁵ 结拜义父 become sworn father and son

pa o pʰao⁵⁵ 名 黄(藏姓抛)Huang *pa o dde ne ojjo wabbu casa panci ge nconco*。黄姓属于周姓十三大家族集团。

pa re pʰa⁵⁵re⁵⁵ 名 祖地 ancestral land *pa re ma bbo nyi ngu nzzyi, lessu ma bbo sshyinka nzzyi*。没有祖地劳动难,没有资本买卖难。(谚语)

pa zyi pʰa³³tsɿ³³ 名 毛巾,手帕 towel, handkerchief *te awagao nyihajji pa zyi debu shocegova gaqo kasai hjihji ggede*。这个老奶奶经常把一条毛巾系在披毡领口的结绳上,随身带着。

手 帕

pace ① pʰa³³tsʰe³³ 名 布条,手绢 a strip of cloth, handkerchief

pace ② pʰa³³tsʰe³³ 名 女红 needlework *pai zzhyi zzhyi ssyishe zzha, mai pace ssishe zzha*。父亲民谚留给儿,母亲女红留给女。(谚语)

pahggada manyo pʰa⁵⁵əga⁵⁵ta⁵⁵ma³³ȵo³³ 无依无靠,无助 have nothing to depend on *shoihine ersubbe pahggada manyo, rokua nenzzaizzyi, ggaanenwaizzyi*。从前,尔苏人无依无靠,所以前胸被官府吃,后背被黑彝吃,民不聊生。

pahxxo nehze pʰa⁵⁵əʑo⁵⁵ne⁵⁵ətse⁵⁵ 继承父亲的秉性,继承家族的特性 inherit the family identity *amu ne pahxxo nehze i ma matre, mama nqo azho nyaggu made*。阿木继承

了父亲的秉性,美又不美,慧又不慧,你看,像山顶洞人。

palassyilepu ssomara pa⁵⁵ la⁵⁵ zɤ⁵⁵ le⁵⁵ pu⁵⁵ zo⁵⁵ ma⁵⁵ ra⁵⁵ 从父辈到孙辈四代 four generations *tedde tiha pala ssyi lepu sso mara dawa zzho*。他家现在是从父辈到子孙四世同堂了。

pale pʰa³³lɛ⁵⁵ 形 陈旧,旧的 old *nggame pale suddeca,nggaku nbbinbbi suddawa*。陈旧衣服暖人身,冰凉馍馍饱肚子。(谚语)

pama pʰa⁵⁵ma⁵⁵ 名 父母 parents *su sso ne pama ngencuncu,a ryi si chyi i ngehgu*。别人家是父母双全,只有我是可怜落孤者。

pama yaddre pʰa⁵⁵ma⁵⁵ja⁵⁵ɖʐe⁵⁵ 大人和小孩,父母子女 adults and children, members of the family, parents and children *tedde pama yaddre truodahza,ddegwar-iggetene zzalo nessu sifude*。他家大人小孩总共六口人,若请只需增加两套餐席。

pamabbe shotenche pʰa⁵⁵ma⁵⁵be⁵⁵ʃo⁵⁵tʰe⁵⁵ntʃʰe⁵⁵ 失怙失恃,父母去世得早 parents die early *yaddre teo pamabbe shotenche,hahasu mazzho,singusu mazzho*。这个小孩父母去世得早,没人抚养,没人教育。

pan-xa pʰa³³nɕa⁵⁵ 名 螃蟹 crab *aryile veshyi deokato ggeshe pan-xai ne razzyijjili ra mazzyi jjilide*。我们嘛,只需要猪肉,至于螃蟹,有就可以吃,如果没有,也不在乎的。

panci hyolonyo pʰa³³ntʃʰi³³xjo⁵⁵lo³³ɲo³³ 民族有希望 there is hope for the ethnic group *tihane ersha yali wahwa yaline panci hyolo danyo*。现在国家的政策好、制度好,我们国家各民族都有希望。

pandde ssyi pʰa⁵⁵nde⁵⁵zɤ⁵⁵ 优秀儿子 a good son *aryisejji panddeissyi,manddeissi debbe,sejji nbbisho ncanga haseho*。我们是父亲的优秀儿子,我们是母亲的优秀女儿,大家要懂得廉耻和荣光。

panddessyii sifugwar pʰa⁵⁵nde⁵⁵zɤ⁵⁵ji⁵⁵si⁵⁵fu⁵⁵kɚ³³ 优秀男儿护三村 a good man protects three villages *panddessyii sifugwar,yacnu yandre deone sevajji desyi tesingu*。俗话说得好,优秀男儿护三村,好汉就要关心大家,关注大众。

panzzhyi tengu pʰa⁵⁵ndʐɤ⁵⁵tʰe⁵⁵ŋu⁵⁵ 结拜义父,拜……为义父 become sworn father *amubbussyi marmar ha pucege shehzusu deva panzzhyi tengui*。阿木不日在儿童时期,拜海棠铁匠为义父。

par ① pʰɚ⁵⁵ 动 拆,拆散 unseam *ainggame tacacecebutreddesshyi ddezzhoza tap par syidde ngengugge*。我这件衣服穿了十年,现在缩水了显得太短,要把它拆散后重新织。

par ② pʰɚ⁵⁵ 动 派,派遣,派出 assign, appoint, dispatch *baermuga aina par galoshupu sshyiddwade,neryi mipedesyi raqiggede*。是我派遣巴尔木呷去甘洛购买水桶的,你们给他一点工钱。

par ③ pʰɚ⁵⁵ 名 食物,吃的 food, nourishment *tinehi ne zzapu zza par deo ne mahge*。这些年,食物是不缺乏的。

par si pʰɚ³³si⁵⁵ 油栗子柴 oil chestnut firewood *par si bbe keshu zahane,mejjige menzzyi parra parra ngala gge debbe*。火塘里燃烧油栗子柴的时候,会不时地炸得火星四射。

paremaha nyingunzzyi pa⁵⁵re⁵⁵a⁵⁵xa⁵⁵ɲi⁵⁵ŋu⁵⁵ndʐɤ⁵⁵ 没有祖地难做活 it is hard to live without ancestral land *pare maha nyingu nzzyi，lenddro mabbo sshyinka nzzyi*。没有祖地难做活,没有经费难经商。(谚语:务农靠土地,经商靠资金)

parer dozi $p^h æ^{33} æ^{33} to^{55} tsi^{55}$ 赔礼道歉,致歉 offer an apology *tamar ge ai teyo a, teyoane nava parer dozi gge*。这件事是我错了,我错了就要向你赔礼道歉。

parla ge $p^h æ^{33} la^{33} ke^{55}$ 油栗子树林(属于则拉乡大铺子村) oil chestnut grove *zzilhabai ssuggubbe parla ge nykalane isyiabu capekanzzai reggede*。每次大铺子村的牲畜穿过油栗子树林,新房老爷都站在河对面高声喊叫。

pe ① $p^h ɛ^{55}$ ……的方向 the direction of *rapeongehjilai nggemevu pe ddahwahwane zzho bbe ssahssane nesua*。他们把公鸡抱出来向四面八方挥动起来,就看见洪水慢慢地消停下去了。(民间故事)

pe ② $p^h ɛ^{55}$ 形 公,雄 male *zaxi lahamo nezzyi ra i ta ncha ne pe i de ta*。扎西拉哈莫啊,你家这只小鸡,是雄性的。

pe ③ $p^h ɛ^{55}$ 名 价钱,价值 price, value *tihane zzyilebbe pe kwa, nggazyi dedrela sinbbonco nengui nkagge*。现在吃的东西价格高,一斤茄子都要卖三元钱。

pe ④ $p^h ɛ^{55}$ 量 只 *zzhonbbar su hzha ddwa i, ane la manddo, ssyi de pe si ra jji gge*。到河边去寻人,什么都没有看到,只找到一只鞋。

pe ⑤ $p^h ɛ^{55}$ 动 等价 equal in value *cihi ne nzzyimar bbe goi mandde, neshyibbubbe la ma pe*。今年的甜荞歉收,连辛苦费都不值。(意指收获和付出的劳动不等价)

pe ⑥ $p^h ɛ^{55}$ 名 边,方位 side, position *she pe zzhongu ne shezzho ce，ddope zzhongu ne ddozzhoce*。居住在阴山的人喝阴山上流下的水,居住在阳山的人喝阳山上流下的水。

pe ddakwa $p^h ɛ^{33} da^{33} k^h ua^{55}$ 动 涨价 rise in price *ngwa rshyi bbejji pedda kwa, rashyibbejji pe ddakwa, kasshyi madoa*。牛肉的价格涨了,鸡肉的价格也涨了,现在就买不起了。

pe hzyi $p^h e^{55} ətsʅ^{55}$ 名 单价,价格 unit price, price *vetrowo pehzyi ddehgutele taryi vananka, pehzyi ddehgumapa tekeli*。大肥猪的价格合适,就把它卖掉,如果价格实在不合适,就不要卖。

pebar pemabar $p^h e^{55} b æ^{55} p^h e^{55} ma^{55} b æ^{55}$ 半睁半闭,似睁非睁,似闭非闭 half open *oolaoola，ddegu pebar pemabar, ddehggwar ngezzelagge yasusu*。哦哦啦、哦哦啦、哦哦啦,半睁半闭似闭非闭眼,很像蹦起冲出来的样。(《鸟经》)

pehzyi ddenbbo $p^h e^{55} ətsʅ^{55} de^{33} mbo^{33}$ 动 涨(价) go up, rise *tenehi ne te idebbei pehzyi ddenbboi kesshyimadoa*。几年来,这些房子涨价涨得使人想买都买不起了。

penggu pera $p^h e^{55} ŋgu^{55} p^h e^{55} ra^{55}$ 名 物件,器具 article, instrument *yava penggu pera bbe ne abu abbai ernddro le nddro*。现在家里所有的物件,都是祖辈遗留下来的纪念物。

peqo nadradaha $p^h e^{33} tɕ^h o^{33} na^{33} dɻa^{33} ta^{33} xa^{33}$ (禽)能分得出公母的时候 the time when the poultry's gender can be told *a ige tassyi rai peqo nadreda pa i tesu cece o ke ntrontro i hji la*。他家刚刚能够识别出雌雄的小鸡,就被我抓(买)了十只回来。

pera peho pʰe⁵⁵ra⁵⁵ pʰe⁵⁵xo⁵⁵ 随叫随应,有人叫你名时立即回应 respond immediately when someone calls your name *su silanyilage ngeddwaha, sugwar-i suzzhohane perapehongu mapa*。当人在野外或山林里,仿佛听见有人呼叫你的名字的时候,忌讳随呼随应。(当地的说法)

pese pese pʰe⁵⁵se⁵⁵ pʰe⁵⁵se⁵⁵ 拟声 哔啵哔啵(耗子吃花生的声音)the sound of the mouse eating peanuts *mema cozzyi o pese pese nyaiga i ryigu bbe syihda ggejje*。野人婆正在床上坐着,哔啵哔啵地嚼着涅以呷的骨头。

peshwa peshwa pʰe⁵⁵sua⁵⁵ pʰe⁵⁵sua⁵⁵ 拟声 沙沙响 rustle *erncyi bbe bbesusu dde ddru ge peshwa peshwa mbbar gge*。沙子在干瓠中沙沙作响。

peswa desyi sinagwar pʰe⁵⁵sua⁵⁵te³³si³³na³³kuɚ³³ 一声耳语,低声细语 whisper, murmur *aryi nyogwa tege nehsssyi za debbei peswa desyi sinagwar netezzileo ddwa*。本来我们一起坐在这里的,听到一声耳语,他们两个就走了。

peswa peswa pʰe⁵⁵sua⁵⁵ pʰe⁵⁵sua⁵⁵ 窃窃私语,叽叽咕咕 whisper

pesyi peswa pʰe³³sɿ³³ pʰe⁵⁵sua⁵⁵ 窃窃私语,低声细语 whisper *nzzomo hibbahane nezzineo ne ane debbe pesyi peswa nguddo?* 领导在讲话的时候,你们两个有什么东西值得叽叽咕咕、窃窃私语的呢?

petryi petryi pʰe³³tʂʰɚ³³ pʰe³³tʂʰɚ³³ 拟声 嘶嘶声(拖拽衣服发出的声音) the sound of dragging clothes *alige ngeddwai amu nggamegova kehzhei petryi petryi kancala*。我出去把阿木的外衣领子抓住,拖拽着把她拉进来了。

pi ① pʰi⁵⁵ 动 敲诈,勒索,讹 extort, blackmail *telobbune sudevane aggemaggene ne pi azzyigge jjigarharsizzho*。这个罗布就是这样,动不动就想敲诈别人,讹别人的钱财。

pi ② pʰi⁵⁵ 名 益猪草,雪蕨萁,利猪草(猪爱吃的一种草)the grass that is good for pig *menzza ne pi bbe nechyi a hji la ve bbe va nezyi ne va yandde*。夏天把益猪草割回来,煮熟了作饲料来喂猪,猪很喜欢吃,对猪也很有裨益。

pi mezhe pʰi⁵⁵me⁵⁵tʃe⁵⁵ 名 秕叶(利猪草的叶子)leaves of a kind of grass that the pig likes to eat *ronggalonbbya pinechyii ngekoinagai pi mezhe qacyikence sshogahjila*。到崖门坡上割秕、晒秕,捶了满满四麻袋秕叶,背回来作猪的饲料。

pila pila pʰi⁵⁵la⁵⁵ pʰi⁵⁵la⁵⁵ 肥得圆滚滚 fat

pin-go pʰi³³nko⁵⁵ 名 苹果 apple *pin-go bbene hwafubbeqo yamar, hwafubbene goipingo bbe barmaya*。苹果要比花红好吃一些,花红没有苹果那么好吃。 *pin-go bbe tihadedresipwa ngunkegge, aryi nkaha dedre sihbusingu*。现在一斤苹果卖三元,当年我卖苹果的时候,一斤苹果只卖三角钱。

苹果(花)

pinzyi pʰi³³ndzɚ³³ 名 瓶子 bottle *ne pi-nzyi daga ava qi, a vuntru su ddege vu de pinzyi na ga hji gge*。你给我一个瓶子,我到酒坊里去打

一瓶子酒回来喝。

po ① pʰo⁵⁵ 动 逃,逃走,逃跑 escape, run away, flee *hwai dekemi yaddreoi lege nezyii ggaggashujje tehzei po ddwa*。捉到一只鸟,交给小娃娃玩,一会儿功夫,鸟就逃脱飞走了。

po ② pʰo⁵⁵ 量 轮 turn *lhanbbomuga dde lemasshuha nddavar si po la ne zyi a jji ge*。韩博木呷家娶儿媳妇的时候,据说客人坐席都坐了三轮。

po ③ pʰo⁵⁵ 量 套(衣服) a set of *nggame de po kesshyi a abbu va shyi gge, ne ai vahga deshyi hji i ma*。我要买一套衣服给爷爷穿,你帮我带回去。

po ④ pʰo⁵⁵ 量 遍 once *zzhonzzyi tebu yali debu, a tiha la denyo ne de po zzorodebu*。这是本好书,我每天都要读一遍。

po ⑤ pʰo⁵⁵ 量 批 a batch of *ssama de po nezyi de po ddahggwar ne kanche gge de*。饭席摆在地上,第一批吃完,第二批接着吃,依次轮流上席,这样速度就快了。

po ddwa pʰo⁵⁵ dua⁵⁵ 动 私奔,跑,潜逃 elope, run away

po zha pʰo³³ tʃa³³ 名 炮仗,鞭炮,爆竹 firecracker *amu po zha dengebbui ddeguva kessojje rekaraza*。阿木被一个爆竹炸伤了眼睛,现在留下了残疾。

pobba pʰo³³ ba⁵⁵ 名 金刚杵 vajra pestle *shaba nzzonzzyi ge pobba ne xinqi ngwar wonyo vajjidebbe*。在沙巴文象形文字里边,"金刚杵"是星期五的意思。

pohgu pʰo⁵⁵ əku⁵⁵ 名 身体 body *rama o vuli zzici ge ngebbei pohgu ddajajai ngei mapaza*。母鸡的头钻入背篼网眼里,身子却卡在里边出不来了。

背篼网眼

pohgu shara pʰo⁵⁵ əku⁵⁵ ʃa³³ ra³³ 名 全身 the whole body *mimar ngenggonggo ne pohgu shara ddenyi*。扯着毫毛就浑身疼痛。(意指休戚相关)

pohgu qoddadda pʰo⁵⁵ əku⁵⁵ tɕʰo⁵⁵ da³³ da³³ 上半身 the upper part of the body *pohgu qowoddadda bbecai kedryi jja bobo bbe si ngalyalyaza*。据说,他被蚊子叮咬了,上半身长满了疙瘩。

pohgu qoze pʰo⁵⁵ əku⁵⁵ tɕʰo⁵⁵ tse³³ 上半身 the upper part of the body *pohgu qowoze bbecai kedryi jja bobo bbe si ngalyalyaza*。据说,他被蚊子咬了,上半身长满了疙瘩。

pohgu zhanga ze pʰo⁵⁵ əku⁵⁵ tʃa⁵⁵ ŋa⁵⁵ tsɛ⁵⁵ 下半身 the lower part of the body *nddrobbyi abu shwalwa dao naddrai pohgu zhungu ze neguerza*。张姓老人因为车祸受伤,现在下半身已经瘫痪了。

pohgu zhangaddadda pʰo⁵⁵ əku⁵⁵ tʃa⁵⁵ ŋa⁵⁵ da³³ da³³ 下半身 the lower part of the body

poi shotra pʰo⁵⁵ i³³ ʃo⁵⁵ tʂa³³ 男幽灵 the male ghost *poi shotra la moi shotra bbe nyogwa dava zzho jje*。男幽灵和女幽灵,据说都在一起生活。(当地的传说)

poishorela katra pʰo³³ji³³ʃo⁵⁵re⁵⁵ra⁵⁵kʰa³³tʂa³³ 男幽灵作祟 the male ghost causes trouble *te yaddre vuli ddenyio poishorela katra za de, bosho de nabar fude.* 这个小孩子头疼医不好,是有一个男性幽灵作祟,打个醋坛,熏一下柏香吧。(当地的习俗)

poponbya dehdo pʰo⁵⁵pʰo⁵⁵nbja³³de⁵⁵əpu⁵⁵ 坡坡山凸起的山包(地名) Popo Mountain *neryi yobbe popo nbya dehdo qo la ngeddwa, kezzorowo.* 你们的羊子都跑到坡坡山凸起的山包旁边去了,要注意哦。

possa ① pʰo⁵⁵zɚ⁵⁵ 名 丈夫 husband *lahamai possa ne galaga, galaga teshoaddeso nyinwa muga she nabar.* 拉哈曼在丈夫呷拉呷死了以后才转房,嫁给前夫的弟弟木呷。

possa ② pʰo⁵⁵za³³ 名 大汉,男子 bruiser, man *danyone sica meer ihjila, possa yancu o tege ngala ta.* 今天是什么风把你吹来的,优秀的大汉子到这里来了嘛。

possa de pʰo⁵⁵zɚ⁵⁵te³³ 名 男人(血性男儿) man, bruiser *ne possa de mahssyi matele taolani ddejima.* 难道你不是男人吗?这点东西你都害怕。

possa npohgga pʰo⁵⁵za³³npʰo⁵⁵əga⁵⁵ 丈夫喜欢偷盗 husband likes to steal *possa ne npohgga, ssimo ne zzyihgga, sutadde ryipa manyoa.* 做丈夫的喜欢偷,做妻子的喜欢吃(销赃),这家人无药可救了。(谚语)

pryi ① pʰzɚ⁵⁵ 名 藏族 the Tibetan ethnic group *pryi nzzazho hane kase kanzzai qozyi ddeso sushehji debbe.* 藏族过年的时候要制作卡塞(油炸果子),卡塞首先要上敬给先祖,然后还要送邻居。

pryi ② pʰzɚ⁵⁵ 名 蒲(藏姓普米)Pu *pryi panci ne pryice baer casa panci ge nchoncho debbe.* 蒲姓家支属于蒲车莫杨十三姓。

pryi ③ pʰzɚ⁵⁵ 不加盐的,清淡的 saltless (soup), insipid *a ggozhere cyi dda magwar pryi pryi demi si cebbwzzhe.* 我就只想喝一点没有加盐巴的素酸菜汤。

pryi ④ pʰzɚ⁵⁵ 编辫子 weave a plait *zibbe ngeshe ha ne ngama pryi ne zzoro mazze debbe.* 头发长长了以后,如果没有编起辫子就很不好看。

pryi ⑤ pʰzɚ⁵⁵ 名 普米族 the Pumi ethnic group *pryi hola ersuhone demimaha, teryikatoha anekatohamase.* 普米族的语言和我们尔苏人说的语言是不一样的,他们说的话,我们听不懂。

pryi ⑥ pzɚ⁵⁵ 名 嘎米 Kami *zhwanjaikatoha ersuhoge pryi hoyami debbe nchonchojje.* 据专家说,尔苏话里有许多嘎米语。

pryi de pʰzɚ⁵⁵te⁵⁵ 一个藏族人 a Tibetan *pryi de ne bbazha deji, pryi de ne bbazha deji jihji de bbe.* 每一个藏族人都佩带一把短剑,这是生活习俗。

pryi nbbu pʰzɚ³³nbu³³ 名 法帽,尖尖帽,僧人帽 monk's hat, the pointed hat *varge gwafubase paoabu shaba le pryin bbu daga bbo de.* 越西广河乡的黄沙巴老人家有顶僧人帽。

pryi ne pʰzɚ⁵⁵ne⁵⁵ 副 立即,马上,即刻,直接地 immediately, right away *zaxo barla pryi ne awashekeddwai hibbaggagge, awava nyaya hzhyi.* 扎西一到家就立即跑到奶奶屋里,和奶奶攀谈起来,他特别喜欢奶奶。

pryi panci pʰzɚ⁵⁵pʰa⁵⁵ntsʰi³³ 藏族族群,藏族人 the Tibetan ethnic group, Tibetan *aryii kezzorohane pryi panci ne ggamajjiyanbbo bbipejjiha deryinbba.* 在我们看来,藏族人

的体型是又高又大的。

pryi pryi pʰzɚ⁵⁵ pʰzɚ⁵⁵ 形 寡淡,清淡,纯净 insipid, pure *alome ddecai ggozhere pryi pryi demi si kezu za, demi ngeca*。因为天气太热,喜欢清淡的食物,所以我只煮了一点素酸菜汤,请你也喝一点。

pryice ba pʰzɚ⁵⁵tsʰe⁵⁵pa⁵⁵ 蒲策两姓聚居地 the habitation for Pu and Ce families *pryice ba er casapanci zzho, pryice ba se pryice nebbu zzho si kato*。杨姓十三家为一个大家族集团,据说蒲策村是蒲策两姓聚居地。

pryice baer casa panci pʰzɚ⁵⁵tsʰe⁵⁵pa³³ɚ³³tsʰa³³sa³³pʰa³³ntsʰi³³ 杨姓的十三个家族 thirteen families of Yang *pryice baer casa panci nyo, ojjowabbu casa panci nyo*。杨姓家族集团有蒲、策、杨等十三个家族,周姓家族集团有周姓十三个家族。

pryii meli pʰzɚ⁵⁵ji⁵⁵mɛ⁵⁵li³³ 藏族地区 the Tibetan region *zawa kwarddwa ne pryii meli gebarddwa ne rome nyisha ngezyidege*。我们往北方走,就会走到藏族地区,那里悬崖绝壁较多。

pryinbbu zu pʰzɚ⁵⁵nbu⁵⁵tsu³³ 戴法帽,戴尖尖帽,戴僧帽 put on monk's hat *lahma massyi pryinbbu zu*。不是喇嘛戴法帽。(冒充僧人)

pryipryi lala pʰzɚ⁵⁵pʰzɚ⁵⁵la³³la⁵⁵ 清汤寡水,清淡的菜汤 watery and tasteless soup *tedehsseggu shyi nge zzyi nge zzyi izzho pryipryi lala demi hgga*。这一段时间天天吃肉,想喝点清淡的素菜汤。

pryira pryira pʰzɚ⁵⁵ra⁵⁵pʰzɚ⁵⁵ra⁵⁵ 模模糊糊,模糊不清 hazy *ddegu nyikessui tiha ne pryira pryira dasyi si nddopa*。现在患上了眼疾,只能看见一点点模模糊糊的影像。

pryiryi pryiryi pʰzɚ⁵⁵rɚ⁵⁵pʰzɚ⁵⁵rɚ⁵⁵ 拟声 咕嘟咕嘟(喝汤之声) glug (the voice of drinking soup) *tesi ate ge nahssyi i zzho mi si pryiryi pryiryii ce gge*。他自己一个人坐在那里,咕嘟咕嘟地只顾着喝汤。

pryiswa pryiswa pʰzɚ⁵⁵ʃua⁵⁵pʰzɚ⁵⁵ʃua⁵⁵ 众目睽睽之下 in full view *bbei myao aosi mya pryiswa pryiswa ngeishui*。在众目睽睽之下,你让我一个人灰溜溜的,多难看。

pu ① pʰu³³ 动 变化,改变 change, turn into *menyi gabo tro pyi pu, ama ssanyi syi pyi pu*。春季杜鹃啼音变,妈的幺儿心思变。

pu ② pʰu³³ 动 翻转 overturn *ssyilahane yonddro nkwazyio nge pu a ddesshyi*。遇到下雪的时候,就把羊皮褂子翻转过来穿。

pu gwar pʰu⁵⁵kuɚ⁵⁵ 名 被子,铺盖 quilt, blanket *zyilissa osi pu gwar ge ngenbbei kamarza, jjijjibe kaddwa hamase*。只有至力惹转在铺盖窝里睡觉,其他人不知道去什么地方了。

pu la pa pʰu³³la³³pʰa⁵⁵ 名 祖辈,祖先 forefather

pu nce pʰu⁵⁵ntsʰe⁵⁵ 掐脖颈 squeeze one's neck *hima nzzama zuhzune rao hzhyi, lilissyi zuhzune npu nce*。女人打架扯头发,男人打架掐脖子。

pu nddre su pʰu³³ndʐe³³su³³ 贫困潦倒的人,邋遢的人 poor man, impoverished man

pu nqi pʰu³³ntɕʰi³³ 名 田坎 raised path through fields *ddadwai ngedredrei ssyi hwai pu nqi siga ne ddwai nbbe ddepuite shoa jje*。把对手抱起来,甩到三道田坎之外。

pu syi pu ddre pʰu⁵⁵sɿ³³pʰu⁵⁵ndʐe³³ 邋邋遢遢,贫穷潦倒 poor, impoverished

pubbi pʰu³³bi³³ 名 租子,地租,房租 rent *ersubbe melibbe suvaddeshyi, melidabwaine* pubbi ssoshyiddrojjigge。西番把土地出租给别人,据说种一斗粮食的地(相当于一亩)收四升粮食(约二十斤)的地租。

pubbi nddro $p^hu^{33}bi^{33}ndɻo^{55}$ 收租子,交租子,量租粮 collect rent, pay rent *pubbi nddro hane nbbohjiya nzzyi igge, tama ssyine dddechyi maggejje*。收租子的时候,要牵着马儿去驮运,不然就会因为地租太多而运不回来。

puce $p^hu^{55}ts^hɛ^{55}$ 名 街道,市场,市镇 street, market *puce gela vura sshyi cyigagge jja ncho la bar dabwa kehjiddwa*。因为要到海棠集市上去扯布、打盐巴,所以早起就背一斗粮食到海棠集市去了。

puce ge ① $p^hu^{55}ts^hɛ^{55}ke^{55}$ 海棠小城,海棠镇 Haitang Town *teryi coparbbele puce gela pusa ncence da zzoroddwa*。阿木木和年轻人都到海棠小城去赶庙会了。

puce ge ② $p^hu^{55}ts^hɛ^{55}ke^{55}$ 市镇上,集市上 in the town, in the market *shyiige nwazho hane puce ge nwaveshyi nkwasu bbesi ddabbarbbarza*。到了每年十月过彝族年的时候,集市上到处都是卖猪肉的彝人。

pugar nebu a kamar $p^hu^{55}kaʳ^{55}ne^{55}pu^{55}a^{55}k^ha^{55}mæ^{33}$ 盖着铺盖睡 sleep with quilt

pugar nyope bu $p^hu^{55}kuaʳ^{55}ȵo^{33}p^hɛ^{33}pu^{55}$ 被盖面子 quilt cover

pugwar kepe bu $p^hu^{55}kuaʳ^{55}k^hɛ^{33}p^hɛ^{55}pu^{33}$ 被盖里子 quilt lining

pula pa $p^hu^{33}la^{33}pa^{55}$ 名 祖辈,祖先,祖宗,先人 ancestry, ancestor, forefather *pula pa bbe kazzoro, ssyi lassibbeva kehgu, ssossolalashu, ddejjiddemoshu*。祖先要像牧人放牧一样庇佑后人,使子孙后代永远吉祥安康、福禄双至。

punddre punddre $p^hu^{33}ndɻɛ^{55}p^hu^{33}ndɻɛ^{55}$ 贫穷而卑微 poor and humble *taamu nchasi punddre punddre dewa ssyi demanyo*。只有这位可怜的阿木,贫穷卑微无人请。

punddre su ① $p^hu^{33}ndɻɛ^{33}su^{55}$ 名 穷人,穷光蛋 the poor, pauper *lanjjo su bbe ne nepunddre gge, punddre su ne lanjjo gge de*。懒惰的人是会贫穷的,贫穷的人也会懒惰的。

punddre su ② $p^hu^{33}ndɻɛ^{33}su^{33}$ 贫困潦倒的人,邋遢的人 impoverished man, sluttish man *amu ne punddre sude, yava keddwaha ngeshyi nge nddreza*。阿木是个邋遢的人,你到他家就会发现,东西乱放,家里乱得一塌糊涂。

pusa $p^hu^{33}sa^{33}$ 名 菩萨 Bodhisattva *erbbu miige pusa bbe pyipwahe jjimar nyagaiipa ge hnbyi nelo zzhohode*。粉碎镇西寺庙的时候,在吉满良呷菩萨雕塑的腹里,发现有二两黄金。

pusa ncence $p^hu^{33}sa^{33}nts^hɛ^{33}nts^hɛ^{33}$ 名 庙会 temple fair *shoi pucege pusa ncence ha, suhpulasuhssazzho, ryipaga le taza za*。从前,在海棠庙会期间,海棠集市上人山人海,街道被挤得水泄不通。

pusa sela $p^hu^{33}sa^{33}se^{55}la^{55}$ 菩萨显灵,菩萨活过来 the Buddha makes presence, the Buddha come alive

pusaddegu sipeha $p^hu^{33}sa^{33}de^{55}ku^{55}si^{55}p^he^{55}xa^{55}$ 三眼菩萨(有三只眼睛的菩萨) a Buddha with three eyes *sho i ne pucege mi i ge pusa ddegu sipe ha de, kezzoro ha ddejima de*。从前,海棠的庙里有一个三眼菩萨,忽然看到时非常吓人。

pushyi punddre $p^hu^{33}ʃə^{33}p^hu^{55}ndɻɛ^{55}$ 邋邋遢

遢,不讲卫生,不修边幅 sluttish, slovenly *amune pushyi punddre de, tedde ge ssamangezzyi ddawamagge*。阿木是个邋邋遢遢的人,你在他家吃饭是吃不下的。

pusyi punddre ① pʰu⁵⁵sə³³pʰu⁵⁵ndʐe³³ 邋邋遢,贫困潦倒 sluttish, poor *nzzamar bajima ne pusyi puddrede, ssamacheha lepe cemagga de*。扎嫚巴基嫚是个邋邋遢遢的人,她连和面粉之前都不洗手。

pusyi punddre ② pu³³sə³³pʰu⁵⁵ndʐe⁵⁵ 形 懒惰 lazy *suteddene pusyi punddre ggaggadei, teddegele ssama ngezzyimapa*? 这家人懒惰得不得了,一点都不讲究卫生,谁敢在他家吃饭、喝水?

puyo pʰu⁵⁵jo⁵⁵ 名 周(藏姓普哟)Zhou *puyo parnci tiha ka zzho hamase*。普哟这支家姓的后人,现在不知道分布在哪里。

pwa ① pʰua⁵⁵ 动 劈开,打破,打烂,破碎 chop (firewood), split up *ngehimaha razenyi na pwa jigubbe ngenbbu nbbua siryi gaza pyiigge*。孕妇在怀孕期间,要把所有打破的鸡蛋壳都收集起来,等小孩满月后丢到三岔路口去。(当地的习俗)

pwa ② pʰua⁵⁵ 量 张,页,叶 a sheet of *shao da pwa avaqila, a zzhonzzyi debu keroa nava hjishugge*。你拿一张纸给我,我写一封信交给你带走。

pwa ③ pʰua⁵⁵ 动 灭,扑灭 extinguish, put out *hbbume kencu ane na pwa mado, nemiha deo anjjigge*。你把野火点着了,又扑灭不了,你这个人太差劲了。(挑拨是非劝不开)

pwa ④ pʰua⁵⁵ 拟声 啪 bang *tege debbedebbeshwagge, muzwa ailignanbbardei pwa nagwarshuha*。你在这里不停地乱说,谨防我啪的一声扇你一个大耳刮子啊。

pwa ⑤ pʰua⁵⁵ 量 块,元(人民币单位)yuan (the monetary unit of China) *ozzhone bbazzhenecyi pwa neveshyi dedresirapa, galone nedrerapa*。在西昌二十元钱只能买一斤猪肉,在甘洛二十元钱可以买到两斤猪肉。

pwaha pwaha pua⁵⁵xa⁵⁵pua⁵⁵xa⁵⁵ 竹筒倒豆子,供认不讳(歇后语)pour beans out of a bamboo tube, candidly confess *mengge abu ddela mashyi ne pwaha pwaha nyogwa ngesshyinazhajje*。门格老爷被抓去以后还没被拷打,他就像竹筒倒豆子一样地坦白了。

pwarayabuci pʰua⁵⁵ra⁵⁵ji⁵⁵pu⁵⁵tsʰi⁵⁵ 名 寿星,帕拉雅布策(300岁的寿星) the god of longevity, ParaYabuce (300-year-old god) *pwara yabuci ru ra, ierdranggu cenegaii ssura*。获得帕拉雅布策等长的寿命,12根柿子树拐杖的寿命。(意指寿比南山)

pwarayabuci ssura pʰa³³ra³³ja⁵⁵pu⁵⁵tsʰi⁵⁵zu³³ra³³ 寿比南山 live as long as the southern mountain *abuawanyogwane parayabuci ssura, shobenbbu ceneoi ssuragge*。所有的爷爷奶奶们,寿比南山,福如东海,寿长超过12顶毡帽的使用年限。

pyi pʰzə⁵⁵ 动 甩,丢弃 throw away *hwage ate jji pale nkebyi dehao ai lige zzhonbbarla pyi ddwa*。上房里放着的那个有缺口的破旧坛子,被我拿到河边扔了。

pyi bo pʰzə³³po⁵⁵ 名 推刨 plane *sibyi pyi bo ngamahi ne mahihi, zaji sibyi kamanqoo jji nahihi*。家具的木板不经过推刨推就不光滑,新垒的墙壁不经过拍板捶紧就不

光滑。

pyi i pʰzɤ⁵⁵ ji³³ 动 扔掉，丢弃 throw away, discard *yaha vuddagai ggupa hmo bbe kejijia pyi i te, yava ddengwar ddega*。把昨晚上打死的老鼠夹起拿出去扔掉，不然臭熏熏的难闻。

pyibo ngessi pzɤ³³ po³³ ŋe³³ zi⁵⁵ 用推刨推，使用刨刀 push with plane *vumya la pyibo ngessi miha dehala, tage debbe debbe shwa gge*。脸面平坦得都像用推刨推过一样的人，还在这里说个没完没了。

pyibo simuzha pʰzɤ³³ po⁵⁵ si³³ mu³³ tʂa³³ 名 刨花 wood shavings *a neddege pyibo ngessi simuzha desyi ddenggonggoa mehzepryiiggema*。我到你家来捡一些刨花渣回去引火。

pyipyi pʰzɤ⁵⁵ pʰzɤ⁵⁵ 形 安全，稳定 safe, steady *ma pyipyi da dda nzza nzza, vubbyi la dda nzzha de erhbi gge de ma*。站在不安全的高处做的动作，使人头皮都发麻。

pyiryi pyiryi pʰzɤ³³ rɤ³³ pʰzɤ³³ rɤ³³ 拟声 表示喝汤之声 the sound of drinking soup *ni ne anjji pyiryi pyiryi zzho debbe si ce de*? 你为什么咕嘟咕嘟地只喝汤（不吃其他的）？

Q q

qa ① tɕʰa⁵⁵ 代 其 it, that

qa ② tɕʰa⁵⁵ 名 梅毒 syphilis *mi-shan ba she jjimar erbbu ddegula qa i ngezzyi jja negu za jjigge*。眉山的吉满尔布的眼睛，因为感染梅毒而失明了。

qa ③ tɕʰa⁵⁵ 名 麻风杆菌 mycobacterium leprae *hwanhwai bashe isha ssaggo la qa i ngezzyijja sunbbulamahaza jjigge*。凤凰营的伊莎沙果被麻风杆菌侵蚀了，据说鼻子都没有了。

qa dada i tɕʰa⁵⁵ta⁵⁵ta⁵⁵ji⁵⁵ 连 所以，因此，故，为此 hence, therefore *neryiseddela hwamya gagge debbe, qa dada i aleneryi shela bbwamazhe*。我来了，你们就家家户户都宰杀牲畜，所以我很不情愿到你们这里来。

qa hga tɕʰa⁵⁵əka⁵⁵ 名 他（她）舅，其舅 his/her uncle *agai qahga, ne nyaha la deddo? yava desyi hssyilata*。阿呷她舅，你是什么时候来的，到家里边来坐一坐嘛。

qa jja tɕʰa⁵⁵dʐa⁵⁵ 娃他哥，娃儿他姐 the baby's brother, the baby's sister *muga i qa jja neryi zzha demi ngace debbe manddo?* 牧呷他哥，你们吃了早饭没有哦？

qa kwa tɕʰa⁵⁵kua⁵⁵ 他大伯，娃他伯父 his uncle, the baby's uncle *qa kwa nya addegeigge, tege ddenpi ddaga anesu meddencugge?* 走，孩子他大伯，到我家去住宿吧，这里受冷受冻怎能挨到天亮？

qa me tɕʰa⁵⁵me³³ 叹 可恶 damn *qa me, aotilige vahji zzholema ge ngejjo ta*。可恶，我差点就被他推进水塘里去了。

qabba bbe tɕa⁵⁵ba⁵⁵be⁵⁵ 娃他叔父们 the bady's uncles *munyu shabakeso i lhanddre pu ha ne qabba bbe ngogwa zzoro la gge jjigge*。木牛在学习完沙巴学问，举行出师仪式的时候，要请他的叔父们都来参加毕业典礼。

qacyi ka tɕʰa⁵⁵tsʰɚ⁵⁵kʰa⁵⁵ 麻袋口 sack *qacyi bbe nyogwa barbbe nagwar ne qacyika o kaza ddecu a tepyi*。麻袋里装上粮食以后，把麻袋口扎紧了，全部立在一起放着。

qacyi ncha tɕʰa³³tsʰɚ³³ntʃʰa⁵⁵ 麻布裙子 linen skirt *yahishohi vura kesshyimado hene yozaiqacyi ngeddei qacyi ncha sshyi*。从前买不起布时，都是自己纺麻布，自己做短裙遮羞的。

qacyi npu kence tɕʰa⁵⁵tsʰɚ⁵⁵npʰu⁵⁵kʰe⁵⁵ntsʰe⁵⁵ 把口袋作为围巾，麻袋围在颈项上（意指靠买粮过日子）use pocket as a scarf, the sack is around the neck *sulemenyiddahgwar ne qacyi npu kencei barsshyi, addene kesshyimado*。每年春末，别人家都把口袋当作围巾到处买粮，只有我家缺钱买不起。

qacyi vura tɕa⁵⁵tsʰɚ⁵⁵vu⁵⁵ra⁵⁵ 名 麻布 flax, linen *nzzonzzyigekasaza, aryiiabuybbene qacyi vura hssaceddadda sshyidebbe*。据书上记载，我们的祖先是穿麻布短裤的。

qi ① tɕʰi⁵⁵ 名 边沿，边 side *nzzaihbizyine, ddro qi ge ddahgarrara neddrosyi zzyibbwazhesujje*。汉族有一俗语说，不图锅巴不依灶。

qi ② tɕʰi³³ 名 棋 chess *nyinqingu bbarnyiha ne erbyimwamwa qoerncyidebbe qi ggaggade*。田间休息的时候，在一块石板上画线，捡几颗石子下棋。

qi ③ tɕʰi⁵⁵ 代 他的，其 his, her, its *yaddre teo, danyo qabba qama bbe la maza ta, anejji ajje?* 这个娃今天是什么原因，他的父母都没有到场呢？

qi ④ tɕʰi⁵⁵ 动 递交，送给，发放 hand over, pass, give *nzzazho shope ne gassyi ngusubbe i mipe nyogua ddaswanzzha te qi*。春节来临的时候，把农民工的工资全部结算清楚，发放到他们手里。

qi ⑤ tɕʰi⁵⁵ 动 给 give *assyi achakwa ava nzzhonzzyipe teqi fujja bbazzhe napwa qi a*。我的大表姐给了我两元钱去交学费。

qi ⑥ tɕʰi³³ 副 曾经 once, ever *ihone kezho degejji naga qi, kenbbu degejji naga qi*。以火是经历过蒸煮，也经历过烧烤的人。（历经磨难）

qi che tɕʰi³³ tʃʰe⁵⁵ 名 汽车 car, automobile *salima dde qi che ne ddre ne ddre la bbo, jjimoo dei*。萨丽曼家现有两辆汽车，她家是真正富裕的。

qi ge tɕʰe⁵⁵ kɛ⁵⁵ 名 边上，旁边 side *nassyi abugao shimanyo hane meli qi ge dahgarrara i zzoru gge de*。你的老爷爷，在没有事情的时候，就绕着地边巡看、巡查着什么东西。

qi ggagga tɕʰi³³ ga⁵⁵ ga⁵⁵ 动 下棋 play chess *nyinqi nguha koci bbarnyi hajji qi ggagga debbe*。在田间劳动的中途休息时，也可以就地玩一会儿五子棋的。

qi-ar tɕʰiɛ̃⁵⁵ 名 铅 lead

qi-yo tɕʰi³³ jo³³ 名 汽油 gasoline *shopene shwalwada ne qi-yo mabbomapa, tiha ne lhyo qwasujji zzho*。以前的汽车必须烧汽油，现在可以不烧汽油而改为用电了。

qiar-xin hgu tɕʰja⁵⁵ɕin⁵⁵əku³³ 铅锌矿 lead zinc ore *galo bashe qiar-xin hgu nge zzhu izhanga ne su debbe ddejjimo a*。甘洛开采铅锌矿以后，有少数人发了财。

qio qira ① tɕʰi⁵⁵uo⁵⁵ tɕʰe³³ra³³ 名 周边 rim, circum *nkwar nzzuboige kamarzahane nzzyibbe nzzuboi qio qira hgwarragge*。晚上，我睡在值守庄稼地的窝棚里的时候，发现狼群在窝棚周边绕来绕去的。

qio qira ② tɕʰi⁵⁵o⁵⁵ tɕʰi³³ra³³ 名 附近 neighborhood *nzzyizurubbe yojji qio qira ddabbarza, nzzyi cowo la la maddo*。狼在羊圈附近留下了许许多多杂乱的足迹，不知道总共来了多少只。

qiu-lin tɕʰju⁵⁵lin³³ 名 丘陵 hill *tihane ersubbe yami debbe hzatechyi chendu qiu-lin bbeshe ddwa za*。现在有许多尔苏人迁移到成都周边的丘陵地区了。

qo ① tɕʰo⁵⁵ 名 花椒 Zanthoxylum bunganum, Chinese prickly ash, pepper *qo barne ipaddebbo nyihjide, ipa ddebbohaqo nabar nehmi ane sshede*。花椒是治疗腹胀的药，腹胀的时候吞两粒花椒就可以缓解了。

花 椒

qo ② tɕʰo⁵⁵ 量 对,双(人,羊),俩 pair *te dde na ma ssyi si yommwa de qo myaha, deqodeqo nalala*。他母子俩跟一对羊母子一样,进进出出都是成双成对的。

qo ③ tɕʰo⁵⁵ 名 上级,政府,上方 superior, government *nbbya ruane ngala ne yotebbezzyi, qo ershaane nalane ersubbeteossi*。山坡上长出啥嫩草,羊群就吃啥嫩草;政府颁布啥政策,尔苏人就执行啥政策。

qo ④ tɕʰo⁵⁵ 形 雌(禽)female *lige zaha pe qo deddre zzho, ngezeyalisu ne dancha si*。在山林里有一对雌雄野鸡,能够下蛋的野鸡只有一只。

qo ⑤ tɕʰo⁵⁵ 名 胡椒 pepper *qo bar neryinbba nyo neryinbba te ncencelege gwar debbe*。椒子有花椒和胡椒两种,两种椒子都是食品的调料。

qo ⑥ tɕʰo⁵⁵ 量 捆 bundle, bale *aiyava si meshu le ma bbo a, si ne qo nezhyi a ava qila*。我家里没有柴火了,去砍两捆柴火来给我。

qo ⑦ tɕʰo⁵⁵ 垂直上方 on the top, over

qo ⑧ tɕo³³ 名 方向 direction, orientation *tasubbe kasshyi sha qo nyo qo barddwa hane desyi syica jje*。人的生命周期到达东西两个方向的时候,人就会性格急躁。(当地的说法)

qo ⑨ tɕo³³ 名 上 upper *awaharmo nige qo zzhobe tada, hzhemo desyi ddechyia zzhoteli*。老熊奶奶,你把上游的水都阻断了,你把屁股抬一抬,放一点水下来吧。(民间故事)

qo keli tɕo⁵⁵ kʰe⁵⁵ li³³ 掷在……上 throw on… *tesu o ssimo tenddo ane syipemanchwai harga byima qo keli ajje*。这个人在水里看见了自己的老婆,就慌慌忙忙地把绣花针掷在青蛙身上。(民间故事)

qo keyo tɕo⁵⁵ kʰe³³ jo³³ 爬在上边,依附在上边 climb up, attach to the top *ssyihwagedradryidaga erpe qo keyo i taddramali, lepyi denqo kasane taddra*。在水田里,一条蚂蟥叮在脚上不肯松口,用手拍它一下就脱落了。

qo mo tɕʰo³³ mo³³ 名 烧酒,白酒 arrack, liquor *yahishohine ersu bbene lazhyi bbene qo mo jji debbejje*。以前,尔苏人称白酒是"曲沫",现在才改称白酒为"辣汁"。

qo nebu tɕo⁵⁵ ne⁵⁵ pu⁵⁵ 披起来,披上 wear *hantazyio qo nebu a ddesshyi*。把汗褡儿披在身上,穿起来。

qo pu tɕo⁵⁵ pʰu⁵⁵ 花式荞馍,工艺荞饼 fancy buckwheat bun, buckwheat cake *ranggwarbyihane qo pu qomo hjii silage nggwarbyi dege qozyi debbe*。在还山鸡节的时候,要带上花式荞饼和烧酒,去山林里祭祀山神老爷。

烘烤荞饼

qo wo tɕo⁵⁵ wo⁵⁵ 名 上面,政府 higher-up, government

qo yami tɕo⁵⁵ ja⁵⁵ mi⁵⁵ 副 多于(比……多) more than *ai mipe te qo yami, ti mipe abar ma mi*。我的工钱比他的多,他的工钱没我

的多。

qo zyi tɕʰo⁵⁵tsɤ⁵⁵ 动 上敬，祭祀 sacrifice, worship *zhanga ateshoane, lwanbbudemisi neddrejji yova qo ke zyi tiajje*。老奶奶这样对她儿子说："将来我去世了，哪怕只推一点豆渣，也要给我敬奉。"

qo-lin tɕʰo⁵⁵lin³³ 名 丘陵 hill *qo-lin ne nbbi ngwarbbu lage tejji yali debbe*。丘陵就是矮山包成群的地区。

qola ge tɕo⁵⁵la⁵⁵ke³³ 花椒树林里 in the woods of pepper

qola hdda ba tɕʰo⁵⁵la⁵⁵əda³³pa³³ 名 松林岗，小河村 Songlin Hummock, Xiaohe Village *qola hdda ba she ne vezyi ddehssu za dde, tihane nahgwa zaᵢa katoge*。小河村喂养野猪的企业，据说现在已经破产了。

qole tɕʰo⁵⁵lɛ⁵⁵ 名 粟，小米 millet *nzzazho he ne qole nggaku kanzza kase ngu de bbe*。年三十就要油炸小米馍馍来做卡塞。

qolo tɕʰo⁵⁵lo⁵⁵ 名 汤（蟹螺语）soup *qolo demi kezu a ngece gge*。准备烧一点汤来喝。

qoma tɕʰo⁵⁵ma³³ 形 雌性，母 female *isyiawa ra qoma dancha kkesshyi i hji la ddehssu a njjongu gge jje*。新屋家老奶奶准备买一只小母鸡来喂养，给她做伴。

qomo tɕʰo⁵⁵mo⁵⁵ 名 婆婆 mother-in-law *possa wo i qama ne qomo jji debbe*。丈夫的母亲叫婆婆。

qomo lema tɕʰo⁵⁵mo⁵⁵le⁵⁵ma⁵⁵ 名 婆媳 mother-in-law and daughter-in-law *agala salimazzi neo ne anya nzzui newo qomo lema nengu za debbe*。阿呷和沙里麻，她俩是从姑侄变成婆媳的。

qosi mido tɕʰo⁵⁵si³³mi³³to³³ 花椒花 the flower of Chinese prickly ash *qosi mido bbene nyihssa ga debbe, mido la sica madreda*。花椒的花是草绿色的，花和叶子不好区分。

qosi nbbar tɕʰo⁵⁵si⁵⁵nbɚ³³ 花椒树根 the root of pepper tree *qosi nbbar ddehzhyi a dahna zzhyi i gge*。把花椒树根拔起来，移栽到其他地方去。

qosi sizzha tɕʰo⁵⁵si⁵⁵si³³dʒa³³ 花椒树寄生包 the parasitism of pepper tree *qosi sizzha le va syinyi dawa ne zzho ne syinyi ddenyi nihji de jje*。据说，花椒树的寄生包上的寄生树芽和猪心炖了吃，能治疗心脏病。（当地的说法）

qozhanga kessyissa tɕo⁵⁵tʃa³³ŋa³³kʰe⁵⁵zə⁵⁵za⁵⁵ 上下错位，上下交错 dislocation *mar ga qozhanga ke ssyissa i tepyiza*。箭瞄准时不对头，弄成上下错位了。

qozyi tɕʰo⁵⁵tsɤ⁵⁵ 动 敬神 hold a worshipping ceremony for a god

qozyi da tɕʰo⁵⁵tsɤ⁵⁵ta⁵⁵ 名 供具（祭祀用具） sacrificial vessel, sacrifice utensil *pao amussazzyi yava ishyizwagage qozyi da neo la nanca za*。抛阿木家的新房子里，设了两个上敬先人的供架。

qozyi le tɕʰo⁵⁵tsɤ⁵⁵le⁵⁵ 名 供品（上敬给先祖的礼物）offering

qozyi ssyizyi tɕo⁵⁵tsɤ⁵⁵zɤ³³tsɤ³³ 给祖先敬献酒肉 offer wine and pork to the ancestor *danyone neryi va qozyi ssyizyi gge, neryine aryiva kkehgua kezzoro*。今天要给祖先敬酒敬肉了，你们要像放牧一样庇佑我们。

qozzu de tɕʰo³³dʒu³³te⁵⁵ 形 强势的，凶恶的，欺友的 mighty, ferocious *vema teo qozzu de, va jjijji bbe tilige zza razzyi ma pa zzhoggwa*。这个母猪强势得很，其他的猪始终都被它欺负，吃不到食。

qwa tɕʰua⁵⁵ 动 干,冲,操作 do, rush, operate, manipulate *jjimar junjungao qwa jjahane nddre ga har mihgo la kenddre za*。吉满军军呷喊一声"干",他的标枪已经深深地刺入老熊的咽喉里了。

qyan tɕʰiɛ̃⁵⁵ 名 铅 lead *nwa i ddesyi, sigabu tesu deo, qyan de bar lehbi de*。这个柴疙瘩跟铅块一样沉重。

qya-nbi tɕʰja⁵⁵npi³³ 名 铅笔 pencil *yaddre bbe nzzhonzzyi so kesicuhane qya nbi ssi debbe*。小孩子才开始上学时,是要用铅笔写字的。

铅笔、橡皮擦

R r

ra ① ra^{33} 动 得到，获得 get, acquire, obtain *zabulo silage trosa ddwajja silaqo dabbwadre ra jja hjila za*。扎部洛到森林里去狩猎，只得到一撮箕青花椒。

ra ② ra^{55} 名 鸡 chicken

鸡

ra ③ ra^{55} 动 喊，高呼 shout, yell *hzhobwa la jja dda ra ne fuge su nyizzho ngehgguhgu a hzhobwa za gge*。你高呼"有强盗"以后，村里人就会全体出动追赶盗贼的。

ra ④ ra^{55} 动 嚎，叫，嚷 howl *te yaddre oo ane debbe si ra de? denyo nyoma dda ra gga*。这个小孩在嚎什么呢？快要嚎一个上午了。

ra bbubbe ra^{33}bu^{55}be^{55} 名 翅根（鸡翅膀的根部）chicken wing *tiha ne yaddrebbe ne ra bbubbe bufe nazha bbesi zzyiyahgga mahssyia*。现在的小孩子都喜欢吃油炸鸡翅根。

ra bbulhe ra^{455}bu^{55}ɬe^{55} 鸡翅膀 chicken wing *rashyi zzyiha ne ra bbulhe ne shyimaha dai ggeshe yamar debbe*。在吃鸡肉时，鸡翅虽然肉不多，但是最好吃的部分。

ra bubu ① ra^{55}pu^{33}pu^{33} 动 指证 testify *nikatoi teyonenpoi ngezzyijjigge, kadege nenpone ra bubu gge*。你说他偷羊了，是在哪里偷的，必须指证。

ra bubu ② ra^{55}pu^{33}pu^{33} 能重叠，实现重叠 be able to overlap *nggame ca tamarra i ra bubu ma pa*。衣服胸围太小了，胸前部分不能够重叠扣上。

ra bubu ③ ra^{55}pu^{55}pu^{55} 名 胗子，鸡肫 gizzard *shoi ne ra bubu ne momobe la hzyiddra yakwa bbe va zyi de*。过去，尔苏人吃鸡的时候，鸡肫（鸡胗）是用来孝敬老人或长辈的。

ra ddengu ra^{55}de^{55}ŋu^{55} 动 鸡叫，鸡鸣，鸡啼 crow

ra ddohgu ra^{55}do^{55}əku^{55} 瞎子鸡，瞎眼的鸡 the blind chicken *ra ddohgu zza namazyi le tenzzho atesho gge*。这只瞎眼的鸡，如果你不喂食，它就会饿死。

ra de ra^{55}tɛ^{55} 一只鸡 one chicken *ne gwarshege ra de kesshyia hjila, xiaobugge desyi yakwa de ddencyi*。你到街上买一只鸡回来。要做断口嘴的仪式，选一只大的回来。

ra do ① ra^{55}to^{55} 名 布驮（打包的一捆布）a load of cloth *yahishohi ne nbbonzzyi o si hyo debbe, ra do neo ne nbbo de nzzyi*。过去（没有车）只有马匹运输，两个布包就是一驮（马儿的一次运量）。

ra do ② ra⁵⁵to⁵⁵ 名 布匹，布料，衣料 piece goods, cloth *higatryio vutesshyii sui ra do de ddehvei jjiddwa nyiddwajihji*。黑呷驰喝醉了，把别人的一匹布料扛在肩上，在街上来回地走动。

布匹、布料、衣料

ra gge ra⁵⁵gɛ⁵⁵ 动 鸣叫（猫），叫唤 meow *muzyi wo ngupe ra gge, izzho gga*。母猫在野外叫唤（叫春），快要有小猫了。

ra hddegu ra⁵⁵əde⁵⁵ku⁵⁵ 鸡眼睛 eyes of the chicken *ra hddegu bbene me nankwargga ne nddo mapa za debbe*。鸡眼睛一到傍晚，就什么都看不见了。（当地的说法）

ra i ra⁵⁵i⁵⁵ 名 小鸡（雏鸡）chick *ra i denche ke he jja*。孵化了一窝小鸡。

ra i gabyi ra⁵⁵i³³ka³³pə³³ 跛脚的小鸡 lame chick *ra ma de la ra i gabyi da ncha*。一只母鸡和一只跛脚的小鸡。

ra i hji nbbar shwa raj⁵⁵ɕtɕi⁵⁵nb ɚ⁵⁵ʃua³³ 述说鸡的来源 tell the source of the chicken *ra i hji nbbar shwa ne razzunyu jja kato debbe*。讲述鸡的来源，实际上就是沙巴念口诵经《鸡经》。

ra ma nchu ra⁵⁵ma⁵⁵ntʃʰu⁵⁵ 唯一的鸡，保留的独鸡 the only chicken, sole chicken *ramanchujja ra ma nchu ncha la nesyii aryi vazyi, tisurune aneo nyose?* 都说保留了独鸡，但独鸡都杀给我们吃了，除此之外还有什么呢？

ra marmar ra⁵⁵m ɚ⁵⁵m ɚ⁵⁵ 鸡的储食囊，鸡嗉子 chicken's crop *rankasuge ra marmar ge zzabbe nencido nencidoi ddabbarbbar shuza*。卖鸡的人给鸡塞了很多食物，把鸡嗉子都塞得胀鼓鼓的了。

ra me nankwar ra⁵⁵mɛ⁵⁵na⁵⁵ŋkʰu ɚ⁵⁵ 绝望，眼前漆黑一片（犹如鸡遇到天黑）desperation, hopelessness, feeling blind (like a chicken in the dark) *tegene aosi ra me nankwar miha, ane nengu mapa ane nengu mapa*。这时，我就绝望了，犹如处在黑暗中的鸡，不知道该做什么。

ra she ra⁵⁵ʃɛ⁵⁵ 动 阉鸡 castrate *nyanyo ra she ha bbazhaji katepyia manddo temei ramapa*。昨天在阉鸡的时候，不知道把刀子放哪里了，现在找不到了。

ra sshesshe ra⁵⁵ʒe⁵⁵ʒe⁵⁵ 只好爬行 have to crawl *bbubbuu tezege ncarara mazase, aryi ra sshesshe ggemo*。这段山洞还没有修好，我们只能爬行了。

ra syi ra⁵⁵sɿ⁵⁵ 得到杀……的机会 get the chance of killing… *subbenddreddehji silagengelongeloi zhangane zzyimowujao ra syi ajje*。人们手持梭镖在老林里潜伏等待，终于得到杀抛烘乌甲的机会。（民间故事）

ra ze ra⁵⁵tsɛ⁵⁵ 名 蛋，鸡蛋 egg *assyi te rama ddeerwo yahila ra ze ngeze ade*。我家的这只白色母鸡，去年就下蛋了。

ra zza ra⁵⁵dza⁵⁵ 鸡饲料 chicken feed *teryiketo i ra zza bbe ge ne erncyi ssyissyi nchoncho neyali de jjigge*。他们说，鸡饲料里要添加少量的细砂子，鸡需要细砂来帮助消化。

radwa ① ra⁵⁵tua⁵⁵ 成捆的布匹，一整件布匹 a bundle of cloth, an entire piece of cloth *akwa higatryi radwa de ddehvei pucege gwarsha zzezze gge jje*。黑呷驰大伯扛着一整件布匹，在海棠集市上来回地走着。

radwa ② ra⁵⁵tua⁵⁵ 动 出生，诞生，获抱，得抱 bear, hold *galobashe zalazonqo ssissa dancha radwa zajje*。据说，甘洛的扎拉中丘生了个儿子。

rago ① ra⁵⁵ko⁵⁵ 名 纤维 fiber

rago ② ra⁵⁵ko⁵⁵ 名 棉纱，纱线 cotton yarn *ne addege laha rago degala hjimala, tihane nggame ngexoxoza*。你到我家来的时候，一股纱线都没带来，现在是一身绫罗绸缎。

rago daga ra⁵⁵ko⁵⁵ta⁵⁵ka⁵⁵ 一根纱线，一丝棉纱 a yarn *angane mabbo ddo, rago daga la aimabbo de*。鄙人实在贫穷，一根纱线都没有。

ragodaga kamawai ra⁵⁵ko⁵⁵ta⁵⁵ka⁵⁵kʰa⁵⁵ma³³wai³³ 一根纱都没挂（没给死者换一件新衣）no yarn is hanging (no new clothes for the dead) *qaddao teshoha ragodaga kamawai, su tabar mancusu mazzho*。他父亲死的时候，一根纱都没挂，没有比他更孬的人。

raho ngugge ra⁵⁵xo³³ŋu³³gɛ⁵⁵ 说着鸡的语言 speak the language of chicken *zzilhabashe ssubiga le raho ngugge nzzho de, tava rape hibbaga shu*。大堡子的如比呷先生是会说鸡的语言的，让他和鸡交流吧。

ralemo sizyiga ra⁵⁵le⁵⁵mo³³si³³tsɛ³³ka³³ 唯利是图 seek nothing but profits *laomala teo ne yozai ralemo si zyiga, suva ne desyi la mazzoro de*。拉伯麻拉这个人唯利是图，一点都不关心和帮助他人。

ramar nbbohssa ra³³m~³³nbo⁵⁵əza⁵⁵ 鸡毛毽子 shuttlecock *ziha ziranesyi ane ramarbbe tehzhyia ramar nbbohssa nanca iggagga*。在火把节期间宰杀大公鸡以后，扯下鸡毛制作鸡毛毽子来踢。

ramar nzzanzzangu ra³³mæ³³ndza³³ndza³³ŋu³³ 矗立在一起，像玉米棒子一样矗立着 cluster together, stand like the corn *mesyi nyo subbe drotre ge ramar nzzanzzangu ddenguza*。做送魂仪式那天，敞坝里站满了人，就像玉米地里的玉米棒子一样立着。

ramazyiga bbuihjiddwa ra⁵⁵ma⁵⁵tsɛ⁵⁵ka⁵⁵bui⁵⁵ətɕi⁵⁵dua⁵⁵ 独鸡婆被野猫拖走，野猫拖走独鸡婆 the only hen is dragged away by the wild cat, the wild cat dragged away the only hen *awasio dawanezzi ane, ramazyiga bbuihjiddwala hamase*。三个老妞凑一块神侃，野猫拖走独鸡都没觉察到。

randdre mama ra⁵⁵ndʐɛ⁵⁵ma³³ma³³ 名 葡萄（野葡萄）grape (wild grape) *randdre mamala marnta ddeerbbe davazheneshe ane vuddenyi tebbua*。在葡萄上撒上白糖，采用糖渍的办法，然后发酵一段时间，葡萄就变成红酒了。

葡萄

rangga ra³³ŋga³³ 名 时间,机会 time, opportunity, chance *bbarnyi rangga manyoa, tamahssyi tele xxidego ceggejjidda*。没有休息的时间和机会了,要不然的话,都想抽支烟。

ranggar byi ra⁵⁵ŋgaʵ⁵⁵pzə⁵⁵ 还山鸡祭祀仪式 the cock sacrifice *ranggar byi hane rasyi su, vegasu, yogasuzzho debbe, ngwarga sulazzho*。举行还山鸡祭祀仪式时,有人杀鸡,有人杀猪,有人宰羊,还有人要宰杀肥牛。

rao nggebbossyi ① ra³³o³³ŋge³³bo³³zə³³ 名 敌人 enemy *gaerdderane rao ngge bbo ssyi qone chyi, chacha dde hoya libbe ke nbbu*。乌鸦叫要对应到敌人一方,喜鹊叫要对应到自己这一方。

rao nggebbossyi ② rao⁵⁵ŋge⁵⁵bo⁵⁵zə³³ 世上与自己不相干的人 people who have nothing to do with us *naca nanyi bbe nyogwa ra o ngge bbossyi bbe qo nabar gge jjigge*。瘟疫和死亡的灾难全部落到与自己不相干的其他人的头上。

rao sinbbryi mama rao³³si³³nbʐə³³ma³³ma³³ 名 枸杞,枸杞籽,羊棘子 Lycium chinensis *zzhoisilage rao sinbbryi mama hedege, hzhasumazzho, pekwahamase*。马基岗老林里有枸杞,由于不知道它有药用价值和经济价值,没有人采摘。

raomama ncho ra⁵⁵o⁵⁵ma⁵⁵ma³³ntʃʰo⁵⁵ 栽秧果的刺巴 the thorn of Zaiyang fruit

栽秧果、毛叶蔷薇、刺梨儿

rape ddengu ra⁵⁵pʰe⁵⁵de⁵⁵ŋu⁵⁵ 公鸡打鸣 crow *subbei katoha, mankwarshe rape ddengu na mali debbe jje*。据说,下午公鸡打鸣是不吉祥的预兆。

rape hggozzi ra³³pʰe³³əgo⁵⁵dʑi⁵⁵ 名 党参 Codonopsis pilosula *ale nyahate rape hggozzi rashyige nazhoi zzyide yajjiyamar, monyihji*。我时不时地把党参和着鸡肉炖来吃,口感不错,还是健身良药。

rape menchemar ra²³pʰe⁵⁵me⁵⁵ntʃʰe⁵⁵maʵ⁵⁵ 公鸡尾翼的羽毛 feathers of the tail of a cock *zihane rape menchemar bbe kaza zehze ggagga debbe*。火把节宰杀祭祀鸡以后,把公鸡尾翼的羽毛捆在一起做抛掷游戏。

公 鸡

rape ncabbar ra³³pʰe³³ntsʰa³³bɚ⁵⁵ 名 鸡屎藤 Chinese fevervine herb *rape ncabbar bbe nahzha hjila ne zzici bryi nancane yanzze debbe*。鸡屎藤被采集回来,做成背篼的背系,经久耐用。

rape ngungu ssu ra⁵⁵pʰe⁵⁵ŋu⁵⁵ŋu⁵⁵zu⁵⁵ 名 鸡冠油(肠衣脂肪)cockscomb oil *rape ngungu ssu ne ssure goi mazzho de, nzzale jji mazzho de*。鸡冠油的脂油不多,所以不禁炒,每次用的分量大些。

rape shyi njji ra³³pʰe³³ʃə⁵⁵ndʑi⁵⁵ 名 泡参,南沙参 Adenophora tetraphylla *rape shyi njji nbbar bbe ddanbbarhjila nazho a ngezzyi ne cenyihji debbe*。把泡参的根挖回来炖着吃可以止咳化痰。(当地的说法)

rapebbwagu shyimazzho ra⁵⁵pʰe⁵⁵bua⁵⁵ku⁵⁵ʃə³³ma³³dʑo³³ 乌花色公鸡身上肉少 the black color roosters have little meat *ama rapebbwagu shyimazzho, sunpwagasi ddyaddya su ne mancu de*。啊呀呀,乌花色公鸡身上肉少!话太多的男人不是好男人。

raqoma ra⁵⁵tɕo⁵⁵ma³³ 小母鸡 pullet, chick *vuliddenyi vunehnyo bbene raqoma dancha vuliqo ngejojo nedesyi ya ligge*。头疼头昏的人用一只小仔母鸡在头上绕几圈,做个清洁仪式就可以缓解症状。(当地的习俗)

raqoma raze ra⁵⁵tɕʰo⁵⁵ma⁵⁵ra⁵⁵tse⁵⁵ 仔母鸡下的蛋,小母鸡下的蛋 the eggs of the chick *bugaga tebbe raqoma raze barsikwa debbe, tamarmar taza ta*。这些土豆只有仔母鸡下的蛋那么大,太小了。

raqoma vuli ra⁵⁵tɕʰo⁵⁵ma⁵vu⁵⁵li⁵⁵ 仔母鸡的头(小)chick's head (small) *cihi zzhohggwa tamya ssumi bobo bbe raqoma vuli barlamakwa su kasaza*。今年雨水太多,庄稼歉收,玉米秆上的玉米棒子还没有仔母鸡的头大。

rara ngu ① ra⁵⁵ra⁵⁵ŋu⁵⁵ 准备好,准备着 get ready, be prepared for *nddre ga ddehji rara ngu, har nwa gabu o ddala gga*。握着长杆子(长梭镖)准备着,大黑熊马上就要上来了。

rara ngu ② ra³³ra³³ŋu³³ 动 用 use *hi dra nggu da ga rara ngu i bberyi ga nancha nancha i vuddehzu a*。用一根手杖狠狠地打那条蛇,把蛇打死了。

rara zzyizzyi ra⁵⁵ra⁵⁵dʑɛ³³dʑɛ³³ 名 纷争,争端 dispute, quarrel *yabbe rara zzyizzyi nyo ne nahaha, deope natangu, ggulha kanzza*。后辈有纷争的时候,(长辈)要站在中立的立场,进行教育劝导,不要偏袒。

rarada mala rara ra⁵⁵ra⁵⁵ta⁵⁵ma⁵⁵la⁵⁵ra³³ra³³ 无理取闹,胡乱闹腾 unreasonably troublesome *suyantrebbe ne rara dalalajji marara, sumancune rara da mala jji rara*。优秀的人该闹的他也不闹,不良的人不该闹也要闹腾(指无理取闹)。

rata ra³³tʰa³³ 名 石磨, 磨 stone mill *ersubbene nbbiqo zzho, rata ne leratanyo, yomwanyo, chotanyo*。因为尔苏人生活在高山和山沟里，所以石磨有手磨、腰磨和水磨三种。

石　磨

rata behgu ra³³tʰa³³pe⁵⁵əku⁵⁵ 磨子口, 进料口 feed inlet *lwanbbu ddre hane zumama bbe rata behgu ge nyigwar nyigwar nuggede*。推豆渣的时候，要把浸泡的黄豆粒从石磨的进料口添加进去。

rata ddre ra⁵⁵tʰa⁵⁵dʐɛ⁵⁵ 动 推磨, 磨面 grind the mill, grind the flour

rata erqo ra³³tʰa³³ɚ⁵⁵tɕo⁵⁵ 石磨的石扇 stone fan of the stone mill *aryi she ngwarhssyi hge ɿ ddaza i hjiddwa, rata erqo meer hjiddwa*。我们那里，大牯牛被鹰叼走了，石磨被大风吹走了。(诙谐，夸张)

rata hwa hwa ra⁵⁵tʰa⁵⁵xua⁵⁵xua⁵⁵ 水磨的水车轮 water wheel of water mill *munyo lige erkwa de ddadwa bbozzho geneli rata hwa hwa qo nehze za*。木牛抱了一个大石头，丢到磨房的冲水槽里，砸在水磨的车轮上边了。

水　车

rata lwamwa ra⁵⁵tʰa⁵⁵lua⁵⁵mua⁵⁵ 名 磨槽, 大木槽 mill groove *ne ssyi rata lwamwa ge, ne ane debbe nagwar izzho ddo*? 你家的磨槽里装的是什么东西啊？

rata sunggwa ra³³tʰa³³su³³ŋgua⁵⁵ 大冬瓜, 石磨瓜 white gourd, wax gourd *rata sunggwa ne sunggwa yabbiga rataqolayakwa bbevajji de*。石磨瓜指的是巨大的、比石磨还大的冬瓜。

raze ra⁵⁵tsɛ⁵⁵ 名 蛋, 鸡蛋 egg *mecune raze bbe penaddra, raze dedre si nbbonco si nengui nkagge*。到了冬天，鸡蛋就跌价，价格降到每斤三元了。

raze barkwa ra⁵⁵tse³³bɚ³³kʰua³³ 鸡蛋般大 as large as the egg *ncuhbbu raze barkwa su nalai ssumi bbe nyogwa nehzunagai manyoa*。下了像鸡蛋那么大的冰雹，把玉米苗全部打得稀烂。

raze ze ra⁵⁵tse⁵⁵tsɛ³³ 动 下蛋, 产卵, 生蛋 lay eggs, lay an egg *rama raze nge ze si raze ddenpu i ngezzyi i hdanga*。母鸡下蛋以后啄食鸡蛋为怪相。(母鸡啄食下的蛋是尔苏人的禁忌之一)

razegoba kanzza ra⁵⁵tse⁵⁵ko⁵⁵pa⁵⁵kʰa⁵⁵ndza⁵⁵ 煎鸡蛋饼 fry an egg pancake *raza nasibar* ngehjila raze goba kanzza nyava tezyi。取两三个鸡蛋出来,煎鸡蛋饼给小孩吃。

razhe ra⁵⁵tʃe⁵⁵ 无生育的人,没有生育的人(不结玉米苞的玉米植株) people who doesn't have a child (the maize that does not produce corn) *razhe cala ne razhe ma bbe npar razhema bbe gwarshe degge*。无后坟茔是专门焚烧、埋葬没有生育的女性的坟茔地。

razhe cala ra⁵⁵tʃɛ⁵⁵tsʰa⁵⁵la⁵⁵ 无后女性的坟墓 the graves of women who have no offspring *calane sufusheyaryishe, razhe cala neryi hge dege, qadai sufusheya ryinyi*。一般的坟山都离村庄较远,无后女人的坟茔在半路上,所以这种坟墓离村庄较近。

razhe ma ra⁵⁵tʃe⁵⁵ma⁵⁵ 无后女(无后代的女人) woman without offspring *isyiawa ne razhe ma de lashyi anjji dai me ngamali de, neryi sedaihase*?新房奶奶是个无后女,是什么原因造成她没有后代的,你们有谁知道?

razza zyi ra⁵⁵dza⁵⁵dzɚ⁵⁵ 动 喂鸡 feed the chicken, raise chicken *zirizirine razza zyi jorojoro ne razzho gu*。啫喱啫喱喂鸡食,囵咯囵咯喂鸡水。(民歌歌词)

razzu ngu ra⁵⁵dzu⁵⁵ŋu⁵⁵ 讲《鸡经》(讲鸡的来历) talk about the origin of the chicken *shaba byijo ha ra zzu dde ngu ma do ne ra ma syi de bbe jjigge*。据说,沙巴在做断口嘴仪式的时候,若不能讲述鸡的来历就不能杀鸡。

re ① rɛ⁵⁵ 动 烤 roast *ddenpi ne me ke rei ssenyo*。冷了,烤火就起作用(暖和)。

re ② rɛ⁵⁵ 名 汁,汤,液 soup, juice, liquid *ddenyisu o shyi re demi ngece ane dda kadra gge debbe*。长期生病卧床不起的人,喝点肉汤就会稍微康复的。

re ③ rɛ⁵⁵ 名 耕地,熟地 cultivated land, plowland *meli te tro nzzyi la ha nzzyi nabwa la pa dege jji gge*。这片耕地,据说可以种两斗荞子。

re ④ rɛ⁵⁵ 形 陡,倾斜,斜 steep, skew *neryi i yobbele nyogwa tate nbbya rere re re ngwar ddwa*。你们的羊顺着那个陡坡往南方去了。

re ⑤ rɛ⁵⁵ 动 肿 swell *ni erpe de re za, remozho bbe nessho ase ddexoxo*。你的脚都肿了,要等消肿以后,才能下床活动。

re bubi rɛ⁵⁵pu⁵⁵pi⁵⁵ 动 开荒 assart, reclaim wasteland *ersubbene re bubi jjane ime dasyi bubi jja qwa gge debbe*。尔苏人说的开荒,就是指开一块种烟苗的地。

re ce rɛ⁵⁵tsʰe⁵⁵ 动 犁地 plough

re da wa rɛ⁵⁵ta⁵⁵wa⁵⁵ 一块地 a plot of land

re detro rɛ⁵⁵tɛ⁵⁵tʰɹo⁵⁵ 一块耕地,一片耕地 a plot of cultivated land *har momowo re detro ngamaddwa ne nalalai neddwa*。年迈的老熊还没有走出一块耕地就滚下去了。

re mo ① rɛ⁵⁵mo⁵⁵ 名 肿块,肿胀 lump, swelling *nyihji debbe kamahi, ni erpeva re mo bbe nessho magge*。如果不涂擦一些药水,你的脚就不容易消除肿块。

re mo ② rɛ⁵⁵mo⁵⁵ 名 浮肿 edema, dropsy *loernyabbutre subbe iddangai re mo ngala, zhanga ipaddewane tacha*。在大家都饿肚子的年代,很多人得了浮肿病,后来吃饱饭了,病就痊愈了。

re ngepyi rɛ⁵⁵ŋe⁵⁵pʰzɚ⁵⁵ 动 焯水(用开水焯一下) scald, parboil *wose vulii bbe zzhozuge desyi re ngepyi ane yamar*。莴笋叶子要用开水焯一下,这样加工出来的菜就可口一些。

re ngu rɛ⁵⁵ŋu⁵⁵ 动 袒护,护短,包庇 be partial

to, cover up *te yaddreo qabbai haha hane qamao ne re ngu, qadadai nakwa mado*。这个娃娃教育不好了,其父教育、教训他的时候,他妈就跳出来袒护。

regga re⁵⁵ga⁵⁵ 动 过滤 filter *nddazyibbeddegua zyingekui bbwadrege nagwar ne regga chore getepyi*。把砸碎的蕨萁根放在垫有蕨萁草的竹箩筐里过滤,滤液放在桶里沉淀。

rela nbbo re⁵⁵la⁵⁵nbo⁵⁵ 送魂马(驮运灵牌的马) the horse carrying a spirit tablet *rela nbbo nesilage nyipyia zhazhai maggade, titisilaga zhongosuggede*。送灵牌的马是不能够再牵回来的,要放在野外,让它在老林里自生自灭。

remo nessho ① rɛ⁵⁵mo⁵⁵nɛ³³ʐo³³ 动 消肿,消炎 relieve swelling, diminish inflammation *ne ashyissyia hjinbbadage nyihjikehi, teerpega remo nessho a nalashu*。你赶快到医院去敷上药,让脚上的肿块消下去。

remo nessho ② re⁵⁵mo⁵⁵ne³³ʐo³³ 消肿止痛 relieve swelling and pain *ai erpega depu ddererezai zzabbugaga debbe nesuikehi remo nesso a*。我的脚肿胀了一段时间,自从涂抹了慈姑浆以后,就消肿止痛了。

remo nessho shu rɛ⁵⁵mo⁵⁵nɛ³³ʐo³³ʃu⁵⁵ 使之消肿,让其消肿 to relieve swelling *aierbbumwao remo nessho shu gge jja shaba kecyia ntruce ggejjigge*。阿依尔部莫说为了消除浮肿,请沙巴来作仪式,进行熏蒸疗法。

remobbe nessho rɛ⁵⁵mo⁵⁵be³³ne³³ʐo⁵⁵ 动 消肿,退肿 relieve swelling *tiha denyinyi silage jjijjiddwa, ddeliggane remobbe nessho nyilatachaza*。现在他天天往山上跑,锻炼了身体,肿块消退,那个疾病也离他而去。

repu zhyi ga re³³pʰu³³tɕ⁵⁵ka⁵⁵ 收割庄稼 reap the crops *repu lala ne lhame, repu zhyi ga ne bucu*。春耕栽种时间以月论,秋收季节抢天时。

稻田、丰收、收割

rewa nyope re⁵⁵wa⁵⁵ȵo⁵⁵pʰe⁵⁵ 名 郊区(围墙之外,围墙的外边)outskirt(outside the wall)*rewa nyope ggubi lasu bbe ne ddejjimo gge debbe*。郊区的菜农是很容易发家致富的。

rewa tretre rɛ⁵⁵wa⁵⁵tʰʐɛ⁵⁵tʰʐɛ⁵⁵ 编制篱笆围墙 build fence *rewa tretre a virai bbe kelo gge, tammahssyi ne nyogwa ke ngenbbe za*。要修一个栅栏做围栏,不然的话,小鸡、小猪都往里头钻了。

rewa zhanga re⁵⁵wa⁵⁵tʃa⁵⁵ŋa⁵⁵ 围墙底下 under the wall *ssahbu o rewa nca su bbe i ge vu ddehzu e rewa ga zhanga dagwar jje*。国王被修围墙的民工打死后埋在围墙下方了。

ro ① ro³³ 名 父系,家族,宗亲 father, family *danyo nyomane rolanyibbe nyogwazzilaza, sanbbuddeche ggagga gge*。在今天这个吉祥的日子,族亲姻亲全部都到齐,为着祥和安康来舞蹈。

ro ② ro⁵⁵ 动 舍得 not begrudge, be willing to part with *mizzyio ddenyijja ti issao yaddrencha roma ro shyihbi dezama hssyia*。

兔子父亲测试义子,看它舍不舍得为义父宰杀其儿子。(民间故事)

ro ③ ro^{55} 名 角,犄角 horn *ngwarmo ro she zzhoce mali ne，ro ji kehzhe nyissi sse manyo*。长角老牛不喝盐巴水,强压犄角起不到效果。

ro ④ ro^{33} 动 写,画,涂抹 write, paint, smear *shao qo nzzhonzzyi ro gge，zajiqo shao ngalya gge，erkwaqo ro megagge*。纸上要写字,墙上要贴纸,石上要绘图。

ro ⑤ ro^{33} 名 骨头,骨骼 bone *ersupancine ro yakwadapanci，yayabbi yayanbbo，zibbela ddeguddeer*。尔苏人是个骨骼高大的亚族群,又高又胖而且头发还卷曲着。

ro ⑥ ro^{33} 名 骨灰 bone ash *nzzahme syisyi ddwa i tesho bbe ro bbe hjilai cala ge nagwar za*。作战牺牲的解放军战士的全部骨灰都被带回来,埋在专门修建的烈士陵园了。

ro ⑦ ro^{55} 名 崖,石崖,悬崖 precipice, cliff *ro ge mido sinyo nqo，jjigo nddavae sinyokwa*。崖上鲜花只有三天鲜艳期,各位贵客只有三天特权日。

石 崖

ro ⑧ ro^{33} 名 势力,力 power, force *nzzadde ro zzhongui kebui qwagge jja, kamajji mapa jjigge*。那个汉族人家在全力以赴地告状,据说不逮捕罪犯不足以平民愤了。

ro bbryi ro^{55} bzʅ^{55} 名 山洪,泥石流 torrential flood, debris flow *ro bbyi loge zhenwa buzzyi detehzhyi ggwa nehi ro bbryi nahyoi nalaza*。崖峰沟里遭局部暴雨,形成泥石流冲刷下来,把山沟冲出一条深涧。

ro bbubbu ro^{55} bu^{55} bu^{33} 名 石窟,岩腔,岩房 grotto, cavern *lwapwao nddoane mizzyiwo ro bbubbu genehssyii bbyire ce ggejje*。老虎找到兔子的时候,它正坐在岩腔里喝蜂蜜。

ro ddre ro^{55} dʐe^{55} 形 透彻,够 thorough, enough *palo ne desyi kaili gge la aneshyi，a nilige ro ddre a*。帕罗,你是不是可以消停一下哦,我被你折腾够了。

ro hggo ro^{33} əgo^{55} 名 黄槐树(叶苦可充饥) yellow locust tree *iddanga he seladdwai sila ge ro hggo si cabbe nedoi ssama gge kashaizzyi*。在困难年代,大家都到山坡上摘黄槐树树叶,掺和在饭里,用这些苦味的树叶来充饥。

ro hgu ro^{55} əku^{55} 名 岩洞,溶洞 cavern, karst cave *ro hgu ge erkwa ida le erkwazozyi le jjijji erkwa ngganggu zzha*。岩洞里有石床、石桌等石制生活器具。

ro i ro^{55} ji^{55} 名 岩房,岩洞 cave, cavern *sofui nddohane，mema cozzyio ro i ge mekeshui roshyibbe reggejje*。索夫追近石崖仔细一看,发现野人婆正在岩洞里烧火,烤它那受伤的身体。(民间故事)

ro i ba ro^{55} ji^{55} pa^{33} 名 岩房村,中博洛村 Yanfang Village, Zhongboluo Village *ro i* *ba ne ersumi, nzzami ne zhonbolo jji dege*。岩房村是尔苏地名，汉族地名叫中博洛村。

ro ku gebbe ro^{55} k^{h}u^{55} kɛ^{33} bɛ^{33} 名 内脏 internal organs

ro la chu tebbu ro^{55}la^{33} tʃ^{h}u^{55} t^{h}e^{55}bu^{55} 骨都变成泥 the bone turns to mud

ro la nyi ro^{33}la^{33}ɲi^{55} 宗亲和姻亲，所有的亲戚 clan relatives and affinity, all the relatives *nyoma yali ne danyi zyi yali, ro la nyi bbe nyogwa tege zzyila za*。今天是最为吉祥的良辰，所有的宗亲和姻亲都汇聚到这里来了。

ro ma ro^{55}ma^{33} 名 悬崖，石崖 precipice, escarpment, cliff *memacozzyio ro ma i zhange robbubbu ge kenbbeddwa*。那个野人婆跑到悬崖边，钻进崖下的石洞里去了。

ro ma she ro^{55}ma^{33}ʃe^{33} 大石崖边 cliffside

ro me ① ro^{55}mɛ^{55} 名 画，图像，影像 painting, picture, image

ro me ② ro^{55}mɛ^{55} 名 图形，花纹 picture, pattern *muzyi ro me la nzzyinwa ro me bbe ne demiha debbe*。猫身上的斑纹和豹子身上的花纹基本上是相似的。

ro muzyi si ro^{55}mu^{55}tsə^{33}si^{33} 大豆瓣树叶 the leaves of big watercress tree *ro muzyi si bbe ne sica dasyi yakwa*。大豆瓣树的叶子比较宽大。

ro nbbi ro^{55}nbi^{55} 名 绝壁，峭壁，陡壁 cliff, crag, precipice *varge ro nbbi deqo romedebbeha, pryinzzhonzzyila shabanzzhonzzyi*。越西的一个崖壁上有些图案是藏文和沙巴文图符。

ro nbbryi ro^{55}nbzɿ^{55} 参观山崖 visit the cliff *menbbryine zzhonbbryi nyo, si nbbryinyo, ro nbbryi sunbbryianelanyo*。旅游观光有许多种类，包括观山、观水、观山崖、观树，等等。

ro nci ro^{55}ntsʰi^{55} 名 鹿，岩羊 deer, blue sheep *ersubbei zzhodagene ro nci mazzho, sshyima zzhonbbarne zzho dege*。尔苏人居住的地方没有岩羊，尼日河两边的山崖上有岩羊。

ro nddre ro^{55}ndʐɛ^{55} 动 交往，结交，攀亲，亲近 associate with, contact

ro nehsse ro^{55}ne^{55}əze^{55} 摔下悬崖，从崖上坠落 fall off the cliff *nzzyimo vujao jjimar mulhineoge harzha nddremi iddenddre nejjoane ro nehsse i tepyi jje*。抛烘乌甲被两个人用杀老熊的杆子刺杀，又被用力向下推，他最终摔下悬崖，摔死了。（民间故事）

ro ngeshe ro^{55}ŋe^{55}ʃe^{55} 犄角变长 horn becomes longer *ngwarhssyi temo ro ngeshe, mopa bemo nkwa ngeshe*。牦牛变老，犄角就变长；骏马变老，马蹄就变长。（谚语）

ro ngga lo ro^{55}ŋga^{55}lo^{33} 崖门沟（山名）Yamen Valley

ro nqi ro^{55}ntɕi^{55} 名 断崖，石坎，绝壁 crosswall, cliff, scar, escarpment *mizzyilige harwo nyinyishene ro nqi ge neliajje*。兔子使老熊不停地往后退，一会儿老熊就摔下断崖了。（民间故事）

ro nqi ge ro^{33}ntɕʰi^{33}kɛ^{33} 悬崖边，悬崖峭壁 cliff edge, cliffside *nessyi cimao ro nqi ge kanzza za*。不知你的母山羊站在悬崖边上。

ro ro ① ro^{33}ro^{33} 动 涂抹，画 smear, paint *nessyi ailimo ate erkwama yakwapwa qo ane debbe ro ro manddo*。不知你的阿姨丽莫在那块大石板上写些什么。

ro ro ② ro^{55}ro^{55} 动 写（字）write *ne andebbe*

ro ro ddo? tabarshe depu keroro a zzho ddemanyi asse? 你在写些什么？你写这么长时间，难道腰杆不痛吗？

ro shyi ro³³ ʃə⁵⁵ 名 肌肉 muscle *nddroneshyii koci ro shyi bbe ddenyi ddexoxo madoa*。走路走得太累，肌肉发酸发疼，无法下床活动。

ro shyi dda ca ro⁵⁵ ʃə⁵⁵ da⁵⁵ tsʰa⁵⁵ 动 发烧 have a fever

ro swa nyi ro⁵⁵ sua⁵⁵ ȵi³³ 名 哮喘病 asthma

ro swa nyi pula ro⁵⁵ sua⁵⁵ ȵi³³ pʰu³³ la³³ 哮喘病发作 asthmatic attack

ro zzu ① ro⁵⁵ dzu⁵⁵ 名 石堆，石坎 clitter *kiwakwabbei nyinqi nguhane, azzyi ne ro zzu qo ddecoi supe hibbaga*。大人做农活的时候，阿芝就站在前面的石堆上和大人说话。

ro zzu ② ro⁵⁵ dzu⁵⁵ 名 河堤，防洪堤 river embankment, floodwall

roba ngeji ro⁵⁵ pa⁵⁵ ŋe³³ tɕi³³ 嵌到崖缝里，把头嵌入石缝里了（形容很忙）embed the head in the stone (busy) *adanyo ggoi ddebbibbi, kwaka siba ngeji, ngwarka roba ngeji*。哎呀，我今天非常繁忙，头往北偏嵌入树杈里，往南偏又嵌入石缝里。

robbuche shyizzhu ro³³ nbo³³ tsʰɛ³³ ʃə³³ dʐu⁵⁵ 名 象牙 ivory

roge mido sinyonqo ro⁵⁵ ke⁵⁵ mi⁵⁵ to⁵⁵ si³³ ȵo³³ ntɕʰo³³ 崖上鲜花艳三天，崖上的鲜花只美丽三天 the flowers on the cliff are only beautiful for three days *roge mido sinyonqo, jjigo nddavar sinyo kwaa*。崖上鲜花艳三天，各位贵客尊三天。（谚语，表示婚期不过三日）

rohjji ngu ro⁵⁵ ədʑi⁵⁵ ŋu⁵⁵ 使出浑身力气，使出移山的力气 try all strength, exert the strength to move the mountain *aletivahga rohjji ngu, tele lazhyiga nbbahna ngeli ggagga ggede*。我使出浑身力气来帮他，他却玩海青秉性（不当一回事）在旁边玩。

rohnyo nebe ro³³ əȵo⁵⁵ ne³³ pe⁵⁵ 名 骨髓炎 osteomyelitis, medullitis *lwasshu ryigu ddahda ne rohnyo nebe nzzhojje, zailaxxongu neha mase*。据说，吃了腊肉骨头的骨髓，会患骨髓炎，不知道是否属实。

rohsse le ro⁵⁵ əze⁵⁵ le³³ 坠崖的人，跌落悬崖的人 the people who fall off the cliff *rohsse le nedasorun gamazzyi miha ggagga ggedda, muzwa njjiddatraha*。坠崖的（呵斥牲口）你好像今天早上没有吃草一样，谨防我砍掉你的后腿。

rohsse tra ro⁵⁵ əze⁵⁵ tʂʰa³³ 跌崖死的鬼 the ghost who fall off the cliff *nzzyimowujao roge teshoi rohsse tra de tebbuzajje*。因为抛烘乌甲跌落悬崖而死，所以他变成了一个跌崖死的鬼。（民间故事）

roi roma ro⁵⁵ ji⁵⁵ ro⁵⁵ ma⁵⁵ 大大小小的石崖，大崖小崖 big and small stone cliffs *pryicha ddeddwa ne roi roma ngalyalya i, kabarddwajji roma*。到了九龙以后，你就会发现，随处可见大大小小的石崖。

rojji la ro³³ dʑi³³ la³³ 沙化地（沙石化的地块）desertification *jjimoabui ssyihkoshe meli bbetiha ne rojji la debbe si tebbuza*。从前，那一片地是基摩老爷的鱼塘，现在全都被沙石化了，无法耕种。

roku ge ro⁵⁵ kʰu⁵⁵ kɛ³³ 名 胸腔 chest *yoinecyinala sedei hase, cise sinqo roku ge nazha sumase*。我的悲哀、伤痛又有谁人

知,叹息三声装入胸腔无人知。

roku gebbe ro⁵⁵kʰu⁵⁵kɛ³³bɛ³³ 名 内脏 internal organs *ranchyi hane nbbe ngepi ane roku gebbe sho ngenche*。拔毛剖鸡的时候,横切开腹部以后,要先把内脏全部掏出来。

rokwalo ge ro⁵⁵kʰua⁵⁵lo⁵⁵ke³³ 大崖沟里 in the ditch of the great cliff *rokwalo ge zenwabuzzyi ddalalai nala*, *ggwahbbulagga*。大崖沟黑云席卷而来,看起来大雨即将来临。

rola chutebbu ① ro³³la³³tʃʰu⁵⁵tʰe⁵⁵bu³³a³⁵ 尸骨都变成泥土了,去世多年 the bones have all turned to soil, have died for many years *ddenyima dde nga mala tele*, *neryi zzhoma hone aryila rola chutebbu a*。要不是共产党解放了我们,不要说不会有你们,连我们的尸骨都早就变成泥土了。

rola chutebbu ② ro⁵⁵la³³tʃʰu⁵⁵tʰe⁵⁵bu⁵⁵ 骨都变成泥,骨头已经成为土壤 the bones have all turned to soil *nyabba miqone rola chutebbua*, *kadegehzhaiggese*? 估计你父亲的骨头现在都变成泥了,你到哪里去找他?

role rotebbu ro³³le³³ro⁵⁵tʰe⁵⁵bu⁵⁵ 骨头将变成石崖 the bones become the cliff *neava nesyitele*, *yoi role chutebbu*, *zilelha ro tebbu shole zzho tebbu gge*。你要是杀了我,我的骨头将会变成悬崖,我的头发将会变成火麻,我的血将会变成大河。

roma ro⁵⁵ma³³ 名 悬崖,石崖 cliff

roma i ro⁵⁵ma³³ji³³ 岩石房 rock house

roma she ro⁵⁵ma⁵⁵ʃe³³ 名 大石崖边(地名)Big Cliffside *nyoma neqo a*, *macala roma she la ddeddwa*。太阳要落山了,阳光都爬上大石崖边了。

rome ga ① ro⁵⁵mɛ⁵⁵ka⁵⁵ 名 刻字,画像,影像 lettering, portrayal, image

rome ga ② ro⁵⁵mɛ⁵⁵ka⁵⁵ 动 绣花(绣图案)embroider

绣 花

rome nyisha ro⁵⁵me⁵⁵ȵe⁵⁵ʃa⁵⁵ 名 悬崖,绝壁,峭壁 precipice, barranca

rome nyisha ngezyi ro⁵⁵me⁵⁵ȵi⁵⁵ʃa⁵⁵ŋe⁵⁵tsə³³ 悬崖边 cliffside

rome shyime ro⁵⁵mɛ⁵⁵ʃə³³mɛ³³ 忘得一干二净,彻底忘记 forget all about it *nggwarggehene leho rome shyime temei zhyiqo lhyogwarjja tepyia*。手机放在大柜上充电,出发的时候忘得一干二净,空手来了。

ronbbuche ro³³nbu³³tʃʰe⁵⁵ 名 大象 elephant *ronbbuche bbe ne jjijji mihza si zzyi lwapwa jja tesude jji hide*。尔苏人对大象还有一个称呼,叫作"吃木头的老虎"。

ronbbuche shyizzhu ro³³nbo³³tsʰɛ³³ʃə³³dʒu⁵⁵ 名 象牙(吃木头的老虎的獠牙)ivory *ronbbuche shyizzhu ne mo sizzyilwapwa shyizzhu jji debbe*。尔苏语里象牙又叫"吃木头的老虎的獠牙"。

ronbbutre erpe ro³³nbu³³tʰɛ³³ɚ³³pʰe³³ 大象脚 elephant foot *nzza ddegu de ronbbutre erpe keerlyane*, *zzapa dagamiha tiajje*。一个瞎子摸到象的大腿,就说大象好像一根柱子。

ronbbutre shyima ro³³ mbu³³ tʂʰɛ⁵⁵ ʃɕ³³ ma⁵⁵ 名 象牙 ivory

ronbbutre shyizzhu ro³³ mbu³³ tʂʰɛ⁵⁵ ʃɕ³³ dʐu⁵⁵ 名 象牙 ivory *ronbbutre shyizzhu bbe npora nancazabbe tihane goi pekwajjigge*。听说，现在用象牙做的佛珠串非常珍贵。

ronddre ro⁵⁵ ndʐɛ³³ 名 木雅（藏族）Muya *ozyi xxissahbu, zawa pyi ronddre*。西南方向纳西王，西北方向木雅藏。

ronggalo ngwainbbya ro⁵⁵ ŋga⁵⁵ lo⁵⁵ ŋua⁵⁵ i⁵⁵ mbja³³ 崖门沟的南坡 the south slope of Yamen Valley *ronggalo ngwainbbya lode hdohdo hdohdo nalai*。崖门沟的南坡上有一只麂子跳跃着下山来了。

ronyima ro⁵⁵ ɲi⁵⁵ ma³³ 名 胸脯，胸膛，胸部（隐语：乳房）chest, breast *nene danyone ronyima latenddro i anengu ggenezyiga zade ddo*? 你今天把胸脯都敞开了，准备去干什么事情哦？*a o syinyi ddenyi guzi ronyima va kuku keli a*。我心疼得用拳头嘭嘭地猛击自己的胸膛。

roshyi ro³³ ʃɕ⁵⁵ 名 肌体，身体 human body, body *amu nyitryi kessoi roshyi ddacai zzhoddenyijje*。据说，阿木患感冒了，身体发烧，腰杆也疼痛。

roshyi ddaca ro³³ ʃɕ³³ da³³ tsʰa⁵⁵ 动 发烧 have a fever *awa nyitryi kesso i roshyi ddaca*。奶奶患感冒了，身体在发烧。*shoiha yeddrebbe mama ngelaggehane roshyi ddaca gge debbe*。过去没有消灭麻疹，出麻疹的时候身体发烧。

roshyi nanpar ro³³ ʃɕ³³ na⁵⁵ pʰɚ⁵⁵ 发高烧 have a high fever, run a temprature, run a fever *te amu roshyi nanpar-i menzzyi ntonto ngegge.ashyi hjinbbai*。阿木发高烧，身体烧得犹如火炭一样滚烫，快些送他到医院去急诊吧。

roshyi nbbinbbi ro³³ ʃɕ³³ nbi³³ nbi³³ 冰凉的肌体 cold body *yaddre roshyi ddeca tazane kwakwabbe roshyi nbbinbbi desyi kejoisse*。小孩子发烧的时候，成年人用冰凉的肌体抱住小孩，进行物理降温。

roshyi va ro³³ ʃɕ³³ va³³ 名 身上 body *ti roshyi va myaryi ngalyalya za*。他的身上长满了疮。

roshyiddaca ne hjinbba ro³³ ʃɕ³³ da³³ tsʰa³³ ne³³ ɚtɕi⁵⁵ nbɚ³³ 发烧要就医 people (who) have a fever will go to hospital for a medical treatment *se de hone roshyi ddaca ne hjinbba ho, depryi rara nata ngu*。谁发烧了都要去就医，不要随便对待。

roshyidesyi ddaca ru³³ ʃɕ³³ te³³ sə³³ da³³ tsʰa⁵⁵ 肌体有点发热、发烧 have a slight fever *assyi yaddreo danyo roshyidesyi ddaca, sosola magga ma*。我家的小孩子，因为今天有点发烧，所以不来上学了。

roswa nyi ro⁵⁵ sua⁵⁵ ɲi³³ 名 哮喘 asthma *roswa nyi hebbe seddebbu hane mihguge haeryi harryi gge debbe*。有哮喘病的人呼吸时，咽喉里会发出哮鸣音。*ayaddreha roswa nyi hadei, ane ddecyisubbea nyihjijja ava negenegea*。我小时候患有哮喘病，家人什么苦味东西都喂我吃，是那位都偏村民推荐的药方。

roswanyi pula ro⁵⁵ sua⁵⁵ ɲi³³ pʰu³³ la³³ 哮喘病发作 asthma attack *sssumibbu dde ddele ddecho dda, ngece zhangane roswanyi pula ggede*。玉米秸秆吃起来甜倒是甜，就是吃了以后会使哮喘病发作。

rotro la ro³³ tʂʰo³³ la³³ 名 石漠化 stony

desertification *zzlhabase zzhoingehyo i tiha ne rotro la debbe si ngreza tigge*。则拉沟里发大水后,大片沟坝地区都石漠化了,到处都是石头。

rotro la ge ro³³ tʈʰo³³ la³³ ke⁵⁵ 乱石滩里 sneck *zzhonesu ane rotro la ge si nggonggo igge*。洪水退去以后,就去乱石滩里捡水打柴来过冬。

rozzhose siryinbba ro³³ ʤo³³ se⁵⁵ si⁵⁵ ryi⁵⁵ nba⁵⁵ 固、液、气三形态 the three forms of solid, liquid and gas *ro zzho se siryinbba te zzhobbe tepu nepu ggagga de*。同种物质的固、液、气三态是可以转变的。

ru ① ru⁵⁵ 动 剃,刮 shave, scrape *sumarbbe ngeshe ane sumar ru dade rarangua neryi hode, copar ne ssumar ngateli*。胡须长长了,就要用剃须刀剃掉,年轻人不要留胡须。

ru ② ru⁵⁵ 名 草,草料 forage *ngwarbbe mihaggu ru bbe ngezzyi ane nkwarne neddru gge debbe*。牛在白天吃下草料,晚上就会慢慢地反刍消化的。

ru ③ ru⁵⁵ 动 缺乏 lack *sudeone suva ne ru magge jjisudene manyode, danyo nema ru jjisonyo ne ru gge*。一个人不需要别人帮忙是不可能的,即使今天不需要,明天也会需要。

ru da ru³³ ta³³ 剃的工具 shaving tool *aibbassa teji ziruda nengu, sumarru dane ngu mimar ru da ne, anelapa*。我的这把小刀子可以用来剃头发、剃胡须、剃毫毛等。

ro dde hsse ro⁵⁵ de⁵⁵ əze³³ 动 坠崖(摔下悬崖) fall off the cliff

ro ddehgu ro³³ de³³ əgo⁵⁵ 动 脱壳 unshell

ru ru ① ru³³ru³³ 开口狭窄,口径狭小 narrow at the opening *nggame ddezzhokao ru ru ne yali, ddeshyi ane ngehssyi gge debbe*。衣服的袖口紧一些好,穿着穿着就变宽了。

ru ru ② ru³³ru³³ 形 窄 narrow *jjika o ru ru de, lepe la nehssu mapa de*。坛子口是狭窄的,连手都伸不进去。

ru ru ③ ru³³ru³³ 动 刻画 depict

ryi ① rə⁵⁵ 们(代词的复数标记) plural marker for pronouns *tahane ne ryi arydemanyo, i jihji debbe*。现在是不分你们或是我们(不分彼此),谁都应该踊跃担当,踊跃负责的。

ryi ② rə⁵⁵ 动 笑 laugh, smile *naryi neane de ryie? zzhyi dezzhyila ane debbe ryi lenyo debbeddo*。你们笑什么哦? 不就是一句话嘛,有什么值得你们发笑的呢?

ryi ③ rə⁵⁵ 名 路 way *yoi nggage ryi lo manyo, ddralo manyo na anangula de*? 我的门口不是土地的边界、不是行走的道路,你到这里有何贵干?

ryi ④ rə⁵⁵ 行为端正的,有节制的 well-behaved, well-disciplined

ryi ci rə⁵⁵ tsʰi⁵⁵ 名 小路(狭窄的路) small road, path *ryi ci ga nbbi qo ddezzyi ddejjo za*。山坡上的小路弯弯曲曲,是羊肠小道。

ryi ddabar rə⁵⁵ da⁵⁵ pa³³ 动 想笑,发笑 want to smile, want to laugh *nyateneo ddeerddehbi da tenddo ne a ryi ddabar kexxi mapa*。看着这两个小孩的所作所为,我实在控制不住发笑。

ryi gaza rə⁵⁵ ka⁵⁵ tsa⁵⁵ 名 路口,岔路口 crossing, intersection *ne ssyi abu angwa si ryi gaza ka nzza za*。你爷爷在三岔路口站着呢。

ryi gga ① rə⁵⁵ ga⁵⁵ 走错路 go the wrong way *silage ryi nemenwa i ryi gga ddwai angu* *vulicyi mengu la bar ddwa za*。在森林里迷失了方向，走错了路，走到海棠镇西大坝头的方位去了。

ryi gga ② ɹə⁵⁵ga⁵⁵ 动 （动物）发情，求偶 *rut azzyi vamao ryi gga ddwa za, sonco ne shui njjo gwar gge*。我家的母猪发情了，准备明天早上就去配种。

ryi gu ɹə⁵⁵ku⁵⁵ 名 骨头 bone *tetiha ava ne ti ryi gu ddadrabar mahgga, nehamase?* 他对我就像啃了他的骨头一样仇恨，难道你还不知道吗？

ryi ha ɹə⁵⁵xa⁵⁵ 名 祭祀 sacrifice *suaige trolengui de ryi ha, er-ige zii zihdo deryiha*。三月箭祭（射箭节）有祭祀，六月火祭（火把节）有祭祀。（谚语）

ryi hge ɹə³³əke⁵⁵ 名 半道，途中 halfway, midway *tiha tege ne ryi hge ngo, desyi ngabbarnyia xxi dego ngece gge*。现在到这里刚好是一半的路程，我们休息一下，各人抽一锅烟。

ryi ho ryi⁵⁵xo⁵⁵ 动 象征 symbolize, stand for *zaxi hibbagahane, hbi kezyi ryi ke ho sikara la nassha logge ddabbar pa*。扎西摆一点龙门阵的时候又是用比喻又是用象征，能够把干柴火收拢填满山谷。

ryi i ɹə⁵⁵ji⁵⁵ 名 二月 February *zhyi i ryi i ge ne truhbyi ddahgga, shyi zzyi mahwa ssu nzze le la mabbo*。正月和二月就尘土飞扬，别说是吃肉，就是炒菜的油都没有了。

ryi kwa ɹə⁵⁵kʰua⁵⁵ 名 大道（主干线通道）big road, the main highway *zhanga ryi kwa ga ngezzhu ane chendulagalo bage zhonto deosihojje*。今后主干线修通以后，成都到甘洛只要一个小时。

ryi le ① ɹə³³le³³ 名 老路 the old road *ryi le ge shyishyi sumazzho i nyibbe yanbbo shohi yami ha*。老路因为行走的人少，路上野草长得深一些，所以露水多一些。

ryi le ② ɹə³³le³³ 名 笑料 joke *hibbatebbe ddakatoane ryi le desyi nahzhe ne aryi nyogwa deryi ggeshe*。说这些的目的就是给大家提供点笑料，让大家笑一笑。

ryi nyi ① ɹə³³ȵi³³ 名 亲戚 relative *danyomyaha ryi nyi nyawa nyogwa nyogoa dawa barlane sejjisanbba zze*。像今天这样，所有的亲戚朋友都汇聚在一起了，大家都心情愉悦。

ryi nyi ② ɹə³³ȵi³³ 形 近便 close and convenient

ryigu ddatra bar ɹə⁵⁵ku⁵⁵da⁵⁵tʂʰa⁵⁵pɚ⁵⁵ 切齿痛恨，恨得直咬牙，像啃了骨头 hate with teeth gnashing *zanbbussa iddeerhbi sune ale ryigu ddatra bar mahgga deddo*。这藏布惹的所作所为，我是非常讨厌的，像啃了我的骨头一样。

ryigu nzzunzzu ɹə³³ku³³ndzu⁵⁵ndzu⁵⁵ 骨制纽扣 bone button *asyisyi, ponzzyishanzzyi nyo nagwar ryigu nzzunzzu kenagwar*。猜谜语：篷子裳子套外边，骨制纽扣藏里边。（谜底：玉米苞）

扣子、纽扣

ryigu rekara ɹə⁵⁵ku⁵⁵re⁵⁵kʰa⁵⁵ra⁵⁵ 名 骨折 fracture

ryigu rekara ne silhakanggawa ggedejja hbizyi ti kato, yavasi ramarmo。俗话说,伤筋动骨一百天。骨折了就要长期卧床了。

ryigu zyihzyi ① ɹə⁵⁵ ku⁵⁵ ɕəʈɛ³³ əʈɛ⁵⁵ 名 骨节 scleromere,osteocomma *ggama ryigu zyihzyi bbe ne, ersubbene ggerohzyi jji debbe*。背脊上的骨头节子,尔苏人就叫"背脊骨"。

ryigu zyihzyi ② ɹə⁵⁵ ku³³ əʈɛ⁵⁵ əʈɛ⁵⁵ 名 骨头 bone *venaga ne ryigu zyihzyi bbe qigenaza nzzazho hene shokezho angezzyi*。杀猪之后,要把带骨头的肉吊在外边,过年的时候要先煮这些肉吃。(当地的习俗)

ryiguzeze bbezzha gge ɹə⁵⁵ ku⁵⁵ ʦe⁵⁵ ʦe⁵⁵ be⁵⁵ ʥa⁵⁵ ge⁵⁵ 令人心酸,骨节都在散架 sad *denyodenyo amaddemi hane ryigu zeze gela bbezzha gge*。每当想起母亲的时候,犹如骨节散架般难受。

ryihgu lahgu ɹə⁵⁵ əku⁵⁵ la⁵⁵ əku⁵⁵ 担惊受怕 feel alarmed, in a state of anxiety *tesu degge ddwa jj, ai nya o ryihgu lahgu ngei shu i*。到这么个地方去,让我的娃担惊受怕了。

ryihmu ngu le ɹə⁵⁵ əmu⁵⁵ ŋu⁵⁵le⁵⁵ 半道上遭砍死的(骂坏人的话) be hacked to death in midway *loho muga ryihmu ngu le o lige nzzhme neo nesyi za jje*。罗洪木呷这个半道上遭人砍死的土匪,枪杀了两名军人。(民间故事)

ryii lha ɹə³³ ji³³ ɬa³³ 名 二月 February *ryii lha ge ne bihzu biga ishifu, bigaga, bikasa ne swai ge ne nzzyilagge*。二月里主要是打草皮、晒草根、烧草皮,三月初就要种苦荞了。

ryinbba ɹə³³ba²³ 名 颜色 color

ryingga nyingga dechuchu ɹə³³ ŋa³³ ɲi⁵⁵ ŋa⁵⁵ de⁵⁵ ʨʰu⁵⁵ ʨʰu⁵⁵ 大门小门全打开,亲戚之门全部打开 the doors are all open *danyone ryingga nyingga nyogwa dechuchu a, rinyinyawa kasshane ddenyi su nge shu*。今天就打开了所有的亲门和戚门,聚集了所有的亲戚朋友,大家共同作保让病人康复。(一种祈祷仪式)

ryinyi maggu ɹə⁵⁵ ɲi⁵⁵ ma⁵⁵ gu⁵⁵ 名 近郊,附近 suburb *danyo yavaddevarlage, ryinyi maggu desyinengua ddagwar ianejjola*。今天家里要来客,你们就在附近劳动,一听见呼唤就回来。

ryipa deze ɹə⁵⁵ pʰa⁵⁵ tɛ⁵⁵ ʦɛ⁵⁵ 一段路程,一段旅程 a long way, a journey *aryi ryipa deze dezhengu a ra shyishyi gge*。我们将有一段路程会同行。

ryipa manyo ① ɹə⁵⁵ pʰa⁵⁵ ma³³ ɲo³³ 束手无策,不知道该怎么做了 at a loss *yaddre tewo ddekatojji bbanyi malia, ao ryipa manyo a*。这个娃儿不听大人教育,我实在对他束手无策了(拿他没有办法)。

ryipa manyo ② ɹə⁵⁵ pʰa⁵⁵ ma³³ ɲo³³ 没有道路 no road *tenehi zzhoisila shyishyi sumazzhoi silatada, ryipa manyo de*。这几年因为没有人走过,通马基岗老林的路早已荆棘丛生,没有道路可走。

ryipa manyo ③ ɹə⁵⁵ pʰa⁵⁵ ma³³ ɲo³³ 无可奈何 feel helpless, have no alternative *avakazhazhai teli mali, a tilige ryipa manyo ngezhyizha*。他紧紧地跟着我,不放我走,我无可奈何,只好妥协了。

ryiryi haha ɹə³³ ɹə³³ xa³³ xa³³ 喜笑颜开,嘻嘻哈哈 joyful *sudeotezzyi yavakeddwaha ryiryi haha, shyimaddenyila tachaggemiha*。有人走进他家的时候,全家人个个喜笑颜开,

说话温柔体贴，很温馨。

ryiryi mi ɿə³³ɿə³³mi⁵⁵ 想办法，出主意 find a solution *lhanbbo abu ryiryi dedde mi, sibbuzzaneo kahdwai silagengasaitepyi*。韩博老爷想了一个办法，施法使两个木渣进树林。

ryizze ɿə⁵⁵ dʑɛ⁵⁵ 名 龙 dragon *zzho qige barddwane yaddrwo ryizze daga tehbui zzho gengenbbejja*。到了小溪流边上，小孩变成一条龙，钻到河里游走了。

ryizzei dro ɿə⁵⁵ dʑɛ⁵⁵ ji⁵⁵ tʂo³³ 名 龙胆 dragon's bile *denzzhongece sinjji zzanyo ddangwar, denzzhongece ryizzei dro ddangwar*。喝上第一口，有麒麟奶汁的味道；喝上第二口，有龙王胆汁的味道。

ryizzei zzhu ɿə⁵⁵ dʑɛ⁵⁵ ji³³ dʐu³³ 龙的背脊 dragon's back *sonyone ryizzei zzhu ga nzzhongu a ggaggagge*。明天，人们像龙的背脊一样舞动起来。

ryizzuzzu ggazzuzzu ① ɿə⁵⁵ dʑu⁵⁵ dʑu⁵⁵ ga⁵⁵ dʑu⁵⁵ dʑu⁵⁵ 对撞式相遇 encounter on a collision *amushabaikatoi cihine nyaiqabba la azzi ryizzuzzu ggazzuzzu za dejje*。据阿木沙巴测算，今年娃他爸和我的命，是对撞式相遇了的。（当地的说法）

ryizzuzzu ggazzuzzu ② ɿə⁵⁵ dʑu⁵⁵ dʑu⁵⁵ ga⁵⁵ dʑu⁵⁵ dʑu⁵⁵ 共用道路 joint road

S s

sa ① sa³³ 名 英气，威望 heroic spirit, prestige *subbeikatoha, jjimarnyagai sa wo ne nzzai ge erbbu hnehbbuza*。吉满良呷的英气被镇压在海棠镇西的寺庙里了。（当地的说法）

sa ② sa⁵⁵ 动 钉（扣），结（果）sew, bear (fruit) *nggame ca nzzunzzula kama sa ne dde sshyi ngga nyo nge hji ddwa*。新衣服还没有钉扣子，他就披着到门外去了。

sa ③ sa³³ 名 神，神仙 god, supernatural being *nbbi denbbi ne sshehdda dezzho, re detru ne me sa de zzho*。一座山有一个山神，一片地有一个地神。（当地的说法）

sa ④ sa⁵⁵ 名 雨伞，伞 umbrella *nwa bbe ne sa you-bu ddeshu bbe sii yahgga de bbe*。彝族人特别喜欢黄油布伞。

sa ⑤ sa⁵⁵ 动 放，放入，放归 let off, put in, release *momo teshoane menesyi tra nejji, mege dda sa zege dda sa*。老人过世就要开路通关，驱噬魂鬼，杀厉鬼，铺道路，送入天、送入云、送到祖地。（当地的习俗）

sa nehbu sa³³ne³³əpu⁵⁵ 灵魂被镇压 the soul is crushed

sa nessi za sa³³ne³³zi⁵⁵tsa³³ 魂魄被压着 the soul is crushed *erkwamade iddepui ni sa nessi za jje, ssyia erkwamao desyi ddexoxo*。据说，一块磐石翻身把你的魂魄压着了，你要去稍微搬动一下那块磐石。（当地的说法）

sa qo sa³³tɕʰo³³ 名 陆地，大陆，内陆 land, inland

sa ra sa³³ra³³ 名 家禽 fowl *yoryi jjiojjibbu babbena ssuggu sa ra mabbo ne jjima mahde*。我们居住在高山地区的人家，如果没有家畜、家禽就不算富有。

sa sshyi sa³³ʐo³³ 名 地球，世界，大地 earth, world, ground *sa sshyi vuqo chungacha, chuivuqu singacha... sivuqo sungacha*。大地之上产生土，土地之上产生树……有了树林才有人。（民间说法）

sacha sa⁵⁵tʃʰa⁵⁵ 名 地方，区域，辖区 place, area, district *yaishoha ersubbe nyogwa nbbo lo sacha zzhoi nehggosha debbe jji gge*。很久以前，尔苏人全部居住在冕宁县东部地区，后来才分房散居开来的。

sanbbu ddeche sa⁵⁵nbu⁵⁵de⁵⁵tʃʰe⁵⁵ 实现愿望，达成目标 achieve one's dream, reach one's goal *nessone sanbbu ddeche i tege hdohdo ggagga, agwa nyamale ddenyiza*。你因为实现愿望了，就在这里又歌又舞，北边你妈妈却生大病了。

sanzze ba sa³³ndze³³ba³³ 名 徐家坪村 Xujiaping Village *aryi sanzze bashe ryinyi bbeshe la hwamya zzyiddwai jjola*。我们到徐家坪村的亲戚家，接受礼请，吃了宰杀（指肉类），才回来。

saqocoho ddeda sa⁵⁵tɕʰo⁵⁵tsʰo⁵⁵xo⁵⁵de³³ta³³ 国际语言学会 International Language Association *cihi ersu de saqo coho ddeda gge midoqi shuggejja shomocugge*。今年有

尔苏人被国际语言学会推荐为"国际社会语言杰出贡献奖"获得者。

sasshyi melonbba sa³³ ʒɚ³³ me⁵⁵ lo⁵⁵ nba⁵⁵ 尘世中的开阔地,地球上的开阔地 the ground on the earth *sasshyi me lonbba ge nzzhyi kuku zze kuku va zza hzha ddwa*。到地球上的开阔地去向弯弯的脚犁和弯弯的挖锄索要食物了。

sasshyi zzabbolhi sa³³ ʒɚ³³ dza⁵⁵ bo⁵⁵ ɬi⁵⁵ 庄稼的保护神 protector of the crops *sasshyi zzabbolhi qo nyi ddehgu bbe nyogua ti hbugwar*。全天下所有的植物都归庄稼的保护神管辖。

se ① se⁵⁵ 名 气息 breath *yanyo kalama balili lige npuddencei varhji se mala*。昨天,卡拉曼被巴丽丽掐住脖子,差点就没有缓过气来了。

se ② se⁵⁵ 名 大气,空气 air, atmosphere *ozzho neme se syi laya shosho, qada daizzho bbwayazhe, chendu mahgga*。西昌的空气更好更干净,所以我喜欢在西昌定居,不喜欢到成都去住。

se ③ se⁵⁵ 名 籽,种子 seed *nyoma se ne ngezzyili, syiyase ne ngezzyi maya debbe*。葵花的籽是可以吃的,桃子核是不能吃的。

se ④ se⁵⁵ 副 还要,又要,再 also, again *ne ava ncanca maho, sohi bbege ne a mo la gge se*。你现在不要拖我去你家,明年某个时候我还要来,到时候一定到你家去。

se ddangwar se⁵⁵ da⁵⁵ ŋuɚ⁵⁵ 有气味 have a smell

se mazzho se⁵⁵ ma⁵⁵ dʒo³³ 形 死的(断气的) dead

se namar se⁵⁵ na⁵⁵ mɚ³³ 动 吐气 exhale

se tazha se⁵⁵ tʰa⁵⁵ tʃa⁵⁵ 动 窒息 suffocate, choke *rubbubbuge menke kazhei mizzyio menkekegei vahji se tazha*。向岩洞里熏烟,兔子藏在里边,差点窒息死亡。

se zzho se⁵⁵ dʒo⁵⁵ 形 活的 live

se zzho menke ryigu mazzho se⁵⁵ dʒo⁵⁵ me³³ ŋkʰe³³ rɚ⁵⁵ ku⁵⁵ ma⁵⁵ dʒo⁵⁵ 气、水和烟三者没有骨头 gas, water and smoke have no bone *se zzho menke si ryinbba ryigu mazzho shomo zzho*。气、水和烟三者无骨却力气大。(当地的说法)

sebbe ① se³³ be³³ 名 李子 plum *tessyi sebbe bumido ddevi mamakasai ngeyoyoza, gale lanehge gga*。他家的李子树开了花结了果,密密麻麻的,枝条都被压弯了,快要被压断的样子。

瓜子、向日葵盘

李子

S s

李子树

sebbe ② 名 se³³bɛ³³ 杏 apricot

杏 树

杏子、香杏

sebbe ③ se⁵⁵be⁵⁵ 那些气息 those smells

sebbu ddangwar se⁵⁵bu⁵⁵da³³ŋɚ³³ 名 狐臭 body odor

sebbu sehzu se⁵⁵bu⁵⁵se⁵⁵ətsu⁵⁵ 上气不接下气 be out of breath *awo sebbu sehzu tegeddabarne ddehose mapa*。我爬到这里，就上气不接下气地说不出话来了。

sedejji tinzzho se³³dʑi³³tʰe⁵⁵dʑi⁵⁵ndʐo⁵⁵ 谁都有可能遇到这种情况 anyone could encounter this situation *asietamajji, mwahwa, aryi kezzoro gge, sedejji tinzzho debbe*。不光是我这样，没关系，我们走着瞧，谁都有可能遇到这种情况。

sedeo e se⁵⁵tɛ⁵⁵uo³³e³³ 代 哪个，哪位 which

sehar sehar se³³xɚ⁵⁵se³³xɚ⁵⁵ 微微喘息，奄奄一息 at the last gasp

sejji se³³dʑi³³ 谁都 everyone should

sejji buerssyi debbe se³³dʑi³³pu⁵⁵ɚ⁵⁵zə⁵⁵te⁵⁵be⁵⁵ 大家都是尔苏人 we are all Ersu people *aryi sejji buerssyi debbe, deodeva tesingu, deodevakezzoro hodebbe*。我们都是尔苏人，应该相互照顾、相互关怀的。

seka yoka se³³kʰa³³jo⁵⁵kʰa⁵⁵ 争强好胜，赢得输不得 seek to prevail over others

senkolo ddagwar se⁵⁵ŋkʰo⁵⁵lo⁵⁵da³³kuɚ³³ 循环换气法（吹奏换气的技巧，鼻吸口送，不影响嘴里吹奏）circular breathing *lwabbwa nparhane senkolo ddagwar npar hode, yamio manzzho*。吹莽桶（大喇叭）的时候需要采用循环换气法来吹奏，一般人都不会。

sesshawa se³³ʒa³³wa⁵⁵ 名 沙巴（别称）Shaba *mesyi trajji ha ne sesshawa bbe dawa hssyi, lamo bbe qo dawahssyi*。做开路仪式的时候，沙巴坐下边一排，喇嘛坐上边一排，共同念经。

sha ① ʃa⁵⁵ 动 混合 mix *zaila zzyilemabbojji nzzyikwa nzzyimar ka sha ngatazzyi*。再怎么没有吃的，也不要把苦荞和甜荞混合

着吃。

sha ② ʃa⁵⁵ 名 小麦 wheat *tiha ne meli na ngu a ne sha la ka ne hggezzyi mapa su zzho*。现在因为退耕还林后不种庄稼了,许多人已分不清小麦和大麦了。

sha ③ ʃa⁵⁵ 形 咸（盐太多）salty *abu sswalhwa qocyio nddoane cyila dda magwar jji cyi dda sha tigge*。老爷只要看见放在锅庄上的盐块,哪怕还没有放盐,也会说菜太咸。

sha cha ① ʃa⁵⁵tʃʰa⁵⁵ 名 地方,区域,辖区 area, region, district *yeshoha ne aryiersu bbe nbbolo sha cha zzho de, zhanga sinehggo shadebbe*。从前,我们尔苏人都居住在冕宁东部地区,后来才分散开去。

sha cha ② ʃa⁵⁵tʃʰa⁵⁵ 名 收成 harvest *cihi sha cha ya ndde de bbutre*。今年收成丰硕。

sha he ʃa⁵⁵xe⁵⁵ 名 香菌,香菇 mushroom *sha he bbe ne ya yamar de dehe, su su nenzzu ma gge debbe*。香菌是一种又好吃又香又没有毒的菌类。

香菌、香菇

sha hnyo ʃa⁵⁵ əȵo⁵⁵ 名 豌豆 pea *bunanbbarne sha hnyo kala, nzzaddezhoa swaige ne zhyiga nddo*。秋天把洋芋挖了后就种豌豆,开春后三月份就可以收豌豆了。

豌豆

sha i ʃa⁵⁵ji³³ 名 面粉,灰面 flour *sha i bbe ngga kuke che jji yamar, shntre nanca jji yamar*。小麦面粉,做馍馍好吃,做面条也好吃。

sha la ① ʃa⁵⁵la⁵⁵ 种麦子 grow the wheat *jjara nyanpio denyonyo sha la jjane me bbubbu desi nbbar*。加拉两匹（憨人）这个人种麦子,天天都在挖一个坑。

sha la ② ʃa⁵⁵la⁵⁵ 动 来取,来拿 come for, reach for *nggame dacanyabba vashyigge, swa demanyo, nedenyone sha la*。要送一件衣服给你爸穿,找不到人带,你哪天来取走哈。

sha la su ʃa⁵⁵la⁵⁵su³³ 种麦人（尔苏藏族家喻户晓的说笑故事中的重要角色）people who grows the wheat

sha nbbu ʃa³³nbu⁵⁵ 名 草帽（麦秸帽）straw hat *sha nbbu ne shabbu la zzabbu nancabbe va jji debbe*。草帽是用麦秸秆或者稻草编织的帽子。

草帽

sha nga ʃa⁵⁵ ŋa⁵⁵ 形 和气,和蔼 kind, amiable *anggu ne su deva sha nga de, hji syima ddenyila tacha gge mihade*。老周是个和蔼可亲的人,对人亲切得仿佛能使牙疼病人痊愈。

sha nggabar ʃa⁵⁵ ŋga⁵⁵ pɚ⁵⁵ 麦面粒(用麦面粉搓揉成的麦面颗粒)wheat-flour granule *sha nggabar ssama izherege kanzzabbe marle mar ne ncayanzzyi debbe*。麦面粉搓揉的麦面颗粒在清油里边炒的饭,吃是好吃,就是制作麻烦。

sha ngwar ʃa³³ ŋu ɚ³³ 名 锣(沙巴用的铜锣)gong *shababbei sha ngwar ne hzuga da, hdwa mwa xxoda, nleryinbbangu*。沙巴的锣有两个用途:一是可以敲击发音,二是可以揉面粉做朵码。

sha nta ʃa³³ ntʰa³³ 火塘上的搁物架 the shelf on the fireplace *nzzazho zhyinzhyi ne si o nanca zai, nyogua sha nta qo kenddrei tepyi za*。我们做了几锅干豆腐,炕在上塔(火塘上的搁物架)上。

sha nzzyi ʃa⁵⁵ ndʐɿ⁵⁵ 名 衫子,长衫 shirt, gown *shussagogo sha nzzyi dacaddesshyi ngalai kakebubu netege nahggwa*。树神果果穿着一件长衫,站出来东指西指,他所指的地方就会垮下一片。(民间故事)

sha re ʃa⁵⁵ re⁵⁵ 名 粪水(粪堆沁出的水)liquid manure

粪堆、干粪

sha ssama ʃa³³ za⁵⁵ ma³³ 麦面饭 the rice of wheat-flour *shai bbe shabar nalha sha ssama keche jji yamar de*。把小麦面粉揉成麦面颗粒,再蒸成麦面饭也是可口的。

sha vu ʃa⁵⁵ vu⁵⁵ 麦子酒,小麦酒 wheat wine *shabarbbe kezho nzzhukagar keshea vuselashune jjigenagwar sha vu nca*。把麦子颗粒煮熟了掺入酒曲发酵三天,再装坛进一步发酵,就成小麦酒了。

sha zyi ʃa⁵⁵ tsɿ⁵⁵ 名 沙子 sand *nchebbege sha zyi nchoncho, ncheceha nddendde tedredre aneshosu*。大米里边混有沙子,淘米的时候要仔细分离干净。

shaba ʃa³³ pa⁵⁵ 名 (尔苏)沙巴(相当于东巴、和尚、毕摩)Shaba

shaba njjier de ʃa³³ ba³³ ndʑi⁵⁵ ɚ⁵⁵ te⁵⁵ 吉祥的沙巴 auspicious Shaba

shaba nzzhonzzyi ʃa⁵⁵ pa⁵⁵ ndʐo⁵⁵ ndʐɿ³³ 沙巴文图画经书,沙巴图经 Classic of shaba *tiha airyii tanchwa sune shaba nzzhonzzyi tru ryinbba nyo*。现在我们已经发现了六种沙巴文图经。

shabu ʃa⁵⁵ pu⁵⁵ 麦麸皮 wheat bran *tihane nganyihabbe shabu bbe nggaku ge nasha ngezzi yalijje*。现在有人说,糖尿病人要把麦麸和着面粉蒸馍馍,吃这种食物可改善血糖。

shadda bbodda ʃa³³ da³³ bo⁵⁵ da⁵⁵ 不珍惜,铺张浪费 waste, squander *neshebarlasi mapekwa, anedejji shadda bbodda, azho, meliggu ngahbar za*。什么东西到了你的手头都不当回事,铺张浪费,你看,全部丢弃在地上。

shagwa harhar ʃa⁵⁵ kua⁵⁵ x ɚ⁵⁵ x ɚ⁵⁵ 沙锅盖子 casserole lid

shagwa ʃa⁵⁵ kua⁵⁵ 名 沙罐 sand pot *shagwa ge zzhare kazu za, ngwarmi zzhare demi kazu a* *ngece*。沙罐里煮有茶水，我们打一点酥油茶来喝。

沙 罐

shahnyo hgu ʃa⁵⁵ əɳo⁵⁵ əku³³ 炒豌豆 fried peas *a le shahnyo hgu ne zzyi pa, shahnyo zzho i ne cema pa*。我可以吃炒豌豆，但是不能够吃豌豆炒面。

shahnyo kanzza ʃa⁵⁵ əɳo⁵⁵ ka⁵⁵ ndza³³ 炒豌豆 fry peas *shahnyo hgu kanzza i ngezzyi a ne zzyi o zzyi le ma zzho jja kato*。"炒豌豆来吃"，就是说吃的经不起吃。

shahnyo nggaku ʃa⁵⁵ əɳo⁵⁵ ŋga³³ kʰu³³ 豌豆馍馍 steamed pea bun *shahnyo nggaku bbe ngezzyi ngezzyi i npyi dde zzho*。豌豆面做的馍馍吃得多了，让人想呕吐。

shahnyo ntre ʃa⁵⁵ əɳo⁵⁵ ntʂʰe⁵⁵ 豌豆粉条 pea vermicelli *aiqwahane rashyirege ggozhela shahnyo ntre ddagwarne ggoiyamar*。我认为在鸡汤里加入酸菜和豌豆粉条，味道好得很。

shahnyo vuli ʃa⁵⁵ əɳo⁵⁵ vu³³ li³³ 豌豆苗，豌豆尖 pea seedlings *gwarshe ge tene nyo shahnyo vuli de dre xxyi pwa nengu i nkka gge*。这几天，集市上的豌豆芽一斤卖八元钱。

豌豆苗

shalo ʃa³³ lo⁵⁵ 名 钹 cymbal *shalo ddanbbar ne shaba bbene ggalhao barla messyila ggede jje*。据说，只要钹声一响，沙巴神就会来附体，身体不由自主地颤抖。 *mesyi trajji hane lwabbwa ddanpar, shalo ddahzua qwaggede*。在举行送魂仪式展演的时候，要吹着莽筒，打着钹，敲着锣。

shanbbar ddre ʃa³³ nbaɻ³³ dʐe³³ 推湿麦（麦灌浆后，割麦穗煮熟脱粒，用石磨推碾去壳，壳净，面泥成条状如箸，乃断顿之救急，现绝迹）grind wet wheat *yahishohi menyi zzyilemabboi kentro damanyohane shanbbar ddre*。从前，春天断炊实在无奈时，尔苏人不得不推湿麦救急。

shanga ʃa⁵⁵ ŋa⁵⁵ 动 可怜，同情 be pitiful, be pathetic *ale navasi shanga de, jjijjibe ne syinyi ge mala de*。我就是可怜你，其他人我并不在乎的。

shanko ʃa³³ ŋkʰo³³ 动 上课 attend class, go to class *shanko hane syinyi kenggua kesoso, jjinzzyinzza nyinzzyinzza natangu*。上课时要专心学习，不要东想西想的。

shao dapwa ʃao³³ ta³³ pʰua³³ 一张纸 one sheet of paper

shaoji ʃao⁵⁵ tɕi⁵⁵ 名 筲箕 bamboo basket *shaoji marmar tabar, nca nebbu za dabar, zzoru*

S s

yazze dabar。这个小筲箕编得很好,是个很中看的筲箕。

筲箕、蒜

shapi ʃa³³pʰi³³ 名 托盘(酒杯托盘)tray　*shapi gaga vu yahgu, bepu gaga nche yahgu*。使用托盘就是用酒多,光顾米柜就是用米多。

shapu ʃa⁵⁵pʰu⁵⁵ 名 豪猪,箭猪 porcupine　*shapu bbe ne ruzzu ha debbe, shapu ruzzu bbe dazzhwa zzho dabbe*。豪猪身上有长刺,这些刺约有一拃长。

shaqo ʃa³³tɕʰo⁵⁵ 名 东,东方 east　*nyoma shaqo jjihgu, lhoqo nyiqo, danyo neqo sonyo ddehgu*。太阳从东方升起,从西方落下,今天落下,明天又升起来。

shaqo meer ʃa³³tɕʰo³³meˀ³³ɚ³³ 吹东风 east wind blows　*aryishene logenehzei, zaqomeernyo, lhoqo meernyo, shaqo meer manyo*。我们那里因为是南北向的大山,有北风和南风,吹不了东风和西风。

shara ʃa³³ra³³ 名 整体,浑身,全身 whole body　*mimar nge nggonggone pohgu shara denyi, aryine temyaha debbe*。扯到毫毛浑身肌肉疼,我们就是这样的亲戚关系。

shasha ① ʃa⁵⁵ʃa⁵⁵ 吵吵竹杖(一头弄成细竹条的竹杖) Shasha bamboo stick　*mozhwa ai ge shasha i dda ncha ha*。谨防一会儿我用吵吵竹杖打你。

shasha ② ʃa⁵⁵ʃa⁵⁵ 动 混合,掺和 mix, blend　*ddosi gama ddopeha, shesi gamashepeha, ddoca sheca shasha la*。东树长在东山上,西树长在西山上,东叶西叶来混合。(谚语)

shasha ncha ʃa³³ʃa³³ntʃʰa⁵⁵ 名 纱纱裙,百褶裙 gauzy skirt, pleated skirt

shata bbo ʃa⁵⁵tʰa⁵⁵bo⁵⁵ 名 铁杉树坪 Hemlock Ground　*shata bbo kenjji ngezho meli bbe nyogwa nqobassyi meli jjigge*。据说,铁杉树坪及其附近的土地都是坎上边人家的土地。

shata si ʃa⁵⁵tʰa⁵⁵si⁵⁵ 名 铁杉树 hemlock

shatru ʃa⁵⁵tʳʰu⁵⁵ 婴儿拉的屎 baby's excrement　*yozai yaddre shatru ne dde matrude, suiyaddr shatru ne kezzoro mapa*。自己孩子的粪便是不嫌脏的,别的小孩的粪便就看都不想看。

shatru hgge ʃa⁵⁵tʳʰu⁵⁵əge⁵⁵ 舔舐婴儿粪便 lick baby's excrement　*yaddre shatru hgge su mazzhoi mizzyio izzhyibbe teme gazi de dde hssua*。为了让狗舔舐婴儿粪便,忘记了兔子养父的忠告,养起了一只小狗。(民间故事)

she ① ʃe⁵⁵ 名 旁边,下边 side, underneath　*kare hnanbbo bu she sınchyıda de nancaza, sudebbe sinchyigge*。那棵铁核桃树下搭着一个锯木板的台子,有人在那里解板子。

she ② ʃɛ⁵⁵ 形 长 long　*si taga she pe silyo zzho*。这根木料长三庹。

she ③ ʃɛ⁵⁵ 形 渴 thirsty　*daso cyi ddecyi su ngezzyi dai lamanddo, a zzho dde she i ma pa*。可能是今天早上吃得太咸了,我口渴得不行了。

she ④ ʃɛ⁵⁵ 动 洒，泼洒 sprinkle, spray *lema zje su bbe va zzho ke she a ne yali debbe*。给迎亲使者泼水是吉利的事情。（民间信仰）

she ⑤ ʃɛ⁵⁵ 名 时间，时长，时刻 time *yaddreteo tege cho she depu zzhopa jji hamase, timeli tizzhoshu*。这个娃，在这里能够待多久也不知道，就让他待着吧。

she ⑥ ʃɛ⁵⁵ 名 虱子，虱 louse *sheze hda hda, she ma hda hda, dabar ra ne dabar*。得到虮子就算虮子，得到虱子就算虱子，得到一点算一点。

she ⑦ ʃɛ⁵⁵ 名 铁 iron *lwapuzzho geqo she zziga tihane mahaza, shoine mahamapade*。白沙河上的铁桥，现在已经没有了，从前是重要的通道。

she bbar ʃɛ⁵⁵ bɚ⁵⁵ 名 钉耙，铁耙 harrow *she bbar deji ngehjila te vejji ge loabbe desyi ngawa*。拿一把钉耙，将猪圈里的肥料（粪便）掏出来。

钉耙

she ddro ʃe⁵⁵ ɖʐo⁵⁵ 名 铁锅 iron pan *she ddro ngge o nezhuzzhu i kezzho za jji gge*。九口铁锅煮起来再说。

she erkwa ʃɛ⁵⁵ ɚ⁵⁵ kʰua⁵⁵ 铁矿石 iron ore *melige she erkwa debbe ngehgua, kage shehgu deha bwa*。地里露出来许多铁矿石，可能在这附近有个铁矿。

she ga ʃe⁵⁵ ka⁵⁵ 动 打卦，卜卦，算卦 divine *amu ggulhi she ga yankwar de jja sedde la tava hcha*。据说，阿木古力是打签字卦的高手，大家都喜欢找他打卦。

she hbyi ① ʃe⁵⁵ əpzə⁵⁵ 名 草虱 grass louse *sancamanyo na she hbyi dejo nqocaga qa keyoza*。不知不觉就有一只草虱爬到大腿上了。

she hbyi ② ʃe³³ əpə³³ 动 吝啬 skimp *hbizyinetikato, ma she hbyi nemajjimo*。尔苏有句俗语，不吝啬就不富裕。

she hgu ʃe⁵⁵ əku⁵⁵ 名 铁矿 iron mine *nwanzzubashe ne she hgu hadege, aryi marmarha la nbarsuzzho de*。凉山村辖区内是有铁矿的，在我们小时候就有人在开采。

she hzho ʃe⁵⁵ ətʃo⁵⁵ 名 铁渣，铁屎 iron slag *nzzhyimilashe bbe sheshe ha ne shebbelhihane she hzho ngala gge de*。在浇铸犁铧和犁刀的时候，熔化铁水会产生铁渣的。

she i ① ʃe⁵⁵ ji⁵⁵ 小虱子 small louse *tinggamege sheddabbwa za, macala ge ngekohane she i bbe nge sshela*。他的衣服里生虱子了，在太阳下暴晒以后，小虱子就自己爬出来了。

she i ② ʃe⁵⁵ ji⁵⁵ 名 水獭 otter

she kezyi ʃɛ⁵⁵ kɛ⁵⁵ tsə³³ 动 手术，动刀子 perform an operation *amussa venwaddencejja ddencei hjibbadage ddwai she kezyi italwaza*。阿木惹患上了肠梗阻，被抬到大医院去诊治，动手术割了糜烂的部分。

she nzzi ʃɛ⁵⁵ ndzi⁵⁵ 名 铁钉 iron nail, wire tack *yava dredrei dakaddecui she nzzi daga la kamagajje*。家里修一座房子，连一根铁钉都没有使用。

she qo ʃɛ⁵⁵ tɕʰo⁵⁵ 铁水瓢 iron skeet *negalo*

aivahga she qo de kasshyi a hjila, abbazzhe navaqigge。你到甘洛去的时候帮我买一个铁水瓢回来,我拿钱给你。

she va ʃe⁵⁵ va⁵⁵ 名 套索(捕兽)lasso, noose bbuddossai katoi zaxi she ntre va kepu i har de kemi za jje。听部朵惹说,扎西设了个铁丝套索,套了一只老熊。

shehbyi sheze ʃe³³ əpzə³³ ʃe³³ tse⁵⁵ 牛虻和虮子,细小物(吝啬,小气)louse, tiny object amu laba ne shehbyi sheze zzhonbbi demi la sugu ma ro de。阿穆拉巴真吝啬,一口水都不给人喝的。

shehzu dage ʃe⁵⁵ ətsʰu⁵⁵ ta³³ ke³³ 铁匠铺 smithy temeshula shehbierbbe hjia shehzu dage nzzhyimi daga shei gge。准备把这炭和废铁,拿到铁匠铺子里头去,浇铸一个脚犁的犁刀。

铁匠铺

sheshe zishyi ʃe³³ ʃe³³ tsi⁵⁵ ʃɔ⁵⁵ 条状的线 thread lema minqilagge ne sheshe zishyi hjilaho, bbyibbyi xxicahjilaho。你们若要来相亲,带上条状的衣线和薄面的烟叶。

sho ① ʃo³³ 名 血 blood nenbbe mapane rataqo yo sho debbekentrontroi vumyaqo ddehiajje。周围所有的人都在假哭,她装不出来,就顺手在石磨上抓了些羊血抹在眼睛周边。

sho ② ʃo⁵⁵ 名 前 front sho hi ngge po nyo jje, neshongujji kessogge, zhanga ngujji kesso gge de。尔苏人说露水有九重,你走前边要遭露水,走在后边也会遭露水。

sho ③ ʃo³³ 名 大湖,大海 a great lake, ocean ama mama, sho bu ge zzho gwar, negwar magwar dehsso。哎呀呀呀,你这是在大湖里头浇水,浇与不浇一个样。(谚语,表示无济于事)

sho ④ ʃo⁵⁵ 动 死 die ohssebashe venyi dda hgwar i ve bbe nyogwa sho tezzu a。石棉县猪瘟蔓延,猪全部都死了。

sho ⑤ ʃo⁵⁵ 形 干净 clean zzho sho sho demi sho ngece shu se, zzho demi ngeceasi hibbaga。先让他喝点干净水,先喝水再聊天。

sho ⑥ ʃo⁵⁵ 形 净,彻底 clean, complete ratao neddrea nga sho mashu ne ratahmihgu gela drepedezzhogge de。推磨时,如果不推净的话,磨心里都会留半斤粮食。

sho be ʃo⁵⁵ pe⁵⁵ 名 毡子,呢子 felt, woolen

sho ce ʃo⁵⁵ tsʰe⁵⁵ 名 披毡(羊毛斗篷)wool cloak zzhu nedre ne sho ce daca ra ggede, a zzhu sidre hjiddwa nekoi marmar daca sira。一般的情况下,两斤羊毛可以擀出一件披毡,但我拿了三斤羊毛才擀了一件小的。

sho cu ʃo⁵⁵ tsʰu⁵⁵ 动 便血 excrete blood

sho da ntwa ʃo⁵⁵ da⁵⁵ ntʰua⁵⁵ 一滴血 a drop of blood tege sho da ntwa zzha, harwotege nyiddwaza, nyogwa ashyilangu。这里有一滴血,熊一定从这里下去了,大家一起赶快跟上。

sho daga ta zaza ʃu⁵⁵ ta⁵⁵ ka⁵⁵ tʰa⁵⁵ tsa⁵⁵ tsa⁵⁵ 血流不止,血流如注 blood streams down nezzyi bulo nyibugai sunbbu ge har sho daga ta zaza za, ashyizzoroi。你家的布隆跌倒了,

鼻子里血流不止,快去看看。

sho dde npyi ʃo³³de³³npʰə³³ 动 吐血 spit out blood

sho dehi ʃo³³te⁵⁵xi⁵⁵ 那一年 that year *sho dehi zzho ngakwa i rotrola ge zzho nge bbyibbyi i fufu ngala.* 那一年发大水时,洪水涨满了河床,水声呼呼地响。

sho hgu la ① ʃo³³əku⁵⁵la⁵⁵ 来月经 menstruate

sho hgu la ② ʃo⁵⁵əku⁵⁵la⁵⁵ 先转回来 turn back first *aitro agola laba neo ssila gge ddwai, ddemahar, laba o sho te hgu i jjo la za.* 我把阿果和拉巴两只狗放上山去寻猎踪,没有发现猎踪,拉巴先转回来了。

sho hi ʃo⁵⁵xi⁵⁵ 名 前年 the year before last

sho i ʃo⁵⁵i⁵⁵ 副 从前,过去 formerly *sho iha ne nzzazho ve de ga jji ve bbryi marmar lala debbe ga.* 过去,杀过年猪也是杀个头比较小的。

sho i shu ʃo⁵⁵ji⁵⁵ʃu⁵⁵ 由他去 let him do so

sho la ʃo⁵⁵la⁵⁵ 先来 come first

sho la ne sho ra ① ʃo⁵⁵la⁵⁵ne⁵⁵ʃo⁵⁵ra⁵⁵ 先来就先得 first come, first served

sho la ne sho ra ② ʃo⁵⁵la⁵⁵ne⁵⁵ʃo⁵⁵ra⁵⁵ 先来就要丢脸 to come first is to lose face

sho le ʃo⁵⁵le⁵⁵ 竹制栅栏,竹简 bamboo fence, bamboo slip *sho le ne hinacha zade, higo tetryitra dabar shengu shoji ngepryi zade.* 竹简是用树皮绳把去了竹节的篾片编串起来的,可以卷起来,犹如书简。

sho nala ʃo³³na³³la²³ 动 流血 bleed

sho nbbar ʃo³³nbæ⁵⁵ 名 锣 gong *shaba byijo hane sho nbbar ddehzu nzza ddehzua erbbe ddanpar ge debbe.* 沙巴作驱鬼仪式展演时,就要敲锣打鼓吹法螺的。

法 锣

sho necu ʃo⁵⁵nɛ⁵⁵tsʰu⁵⁵ 名 便血 hematochezia

sho nesshela ʃo³³nɛ³³ʒɛ³³la²³ 血流下来 bleed

sho nga la ʃo³³ŋa³³la³⁵ 动 出血 bleed

sho ngehgu ʃo³³ŋɛ³³əku³³ 动 流血,出血 bleed

sho nggame ʃo⁵⁵ŋga⁵⁵me⁵⁵ 名 寿衣 shroud *yanyo ro na ddra o sho nggame napo si ra jji gge.* 昨天坠崖死的人,据说只得到两套寿衣。

sho npyi ʃo⁵⁵npʰzə⁵⁵ 动 咯血,吐血,呕血 spit out blood

sho ntonto ʃo³³ntʰo³³ntʰo³³ 流血不止,(伤口)不停地流血 bleed badly *zakama ne ssyi ssiwo nyibugajja sunbbuge sho ntonto nala.* 扎卡曼,你的女儿摔倒了,鼻子里边不停地在流血哦。

sho pe si lha ge ʃo³³pʰe³³si³³ɬa⁵⁵ke⁵⁵ 前三个月里 in the first three months

sho ra ʃo⁵⁵ra⁵⁵ 动 丢丑,蒙羞 be disgraced

sho rera ʃo³³re³³ra³³ 名 （死者的）魂魄,鬼魂 ghost, spirit

sho sho ʃo⁵⁵ʃo⁵⁵ 形 干净,清洁 clean

sho sho hi ʃo³³ʃo⁵⁵xi³³ 名 大前年 three years ago

sho ssama ʃo³³za³³ma³³ 祭祀用的饭食 sacrificial offerings *sho ssama bbe ni fuga.* 把祭祀用的饭食在祭祀后都倒掉。

sho ssyi a meli o kala ʃo⁵⁵ za⁵⁵ me⁵⁵ li⁵⁵ o⁵⁵ kʰa⁵⁵ la⁵⁵ 提前去犁地 to plow one's field ahead of time *yaha ggwa nexxoi meli nyonyo, ne sho ssyi a meli o kala, miso ne bula gge*。昨晚下了雨，地不硬了，你提前去把地耕了，大后天我们去种洋芋。

sho su ʃo⁵⁵su³³ 名 亡人（已故者）the deceased *nessyi sho su zzho ha, aryi nyaha ne ddege ddwa i ssama npu massyi a?* 你家亡人在世的时候，我们不是经常到你家去蹭饭吃吗？

sho tra ʃo³³tɽʰa³³ 名 血光鬼 bloody ghost *ne ya nyo nbbya sho tra de dde zzuzzu za, desyi ne lhyo*。你昨天在山上遇到了一个血光鬼，要驱鬼才行。（当地的说法）

sho vu mya ʃo³³vu³³mja³³ 死人的面容 the face of a dead man *sho vu mya de la ngenyo za, ma ncu a*。这个人已经出现死人的面容了，不行了。

sho ze ʃo³³tse³³ 脓疱疮 impetigo

sho zzho ① ʃo³³ʥo³³ 高山上的冰水 the ice water on the high mountain

sho zzho ② ʃo³³ʥo³³ 雪融水 snow water, snow-broth *sho zzho ma ce nga ma se*。没有喝过雪融水就不懂事。（当地的说法）

shoassyi dabar nyoassyi dabar ʃoa⁵⁵ zɤ⁵⁵ ta⁵⁵ pɐ⁵⁵ȵoa⁵⁵zɤ⁵⁵ta⁵⁵pɐ⁵⁵ 一如既往地，连续不变地 as always *nyinwa zzhosu venwa zzhosu sejji shoassyi dabar nyoassyi dabar nengu*。所有的弟兄都要一如既往地团结协同，共同渡过难关。

shobe ʃo⁵⁵pɛ⁵⁵ 名 毯子，毛毯 blanket, rug

shobe mama ʃo⁵⁵pe⁵⁵ma³³ma³³ 名 甜莓 sweet berry *shobe mama be ggoi ddecho debbe*。甜莓是很甜的范。

shobe nbboji ʃo⁵⁵pe⁵⁵mbo⁵⁵tɕi⁵⁵ 毡布马垫 felt horse mat

shobe nbbu ʃo⁵⁵pɛ⁵⁵mbu⁵⁵ 名（博士）呢帽，毡帽 doctorial hat, felt cap

shobe vura ʃo⁵⁵pɛ⁵⁵vu⁵⁵ra⁵⁵ 名 呢子 woollen cloth *shoi ne shobe de si nyo, tiha ne shobe vura debbe la ngala*。过去只有毡子，现在出品了呢子（羊毛毡布）。

shobenbbu ceneo issura ʃo⁵⁵pe⁵⁵nbu⁵⁵tsʰe⁵⁵ne⁵⁵oj³³zu³³ra³³ 寿比12顶毡帽（戴的时长），寿比南山 live as long as the time of wearing twelve felt hats *shoben bbu ceneo i ssu ra*。寿比12顶毡帽累计戴的时间。

shobi ddaga ʃo³³pi³³da⁵⁵ka⁵⁵ 浑身是血 covered with blood *nzzahme o syisyi ddwa i nyichu ke sso i dehmo daga shobi ddaga za*。战士上前线打仗，受伤后浑身是血。

shobu ʃo³³pu³³ 名 沙漠 desert *shobu ge zzhogwar, nene gwar na mama nyo*。沙漠里浇水，越浇越干燥。

shobu ge zzho gar ʃo³³pu³³ke³³ʥo⁵⁵kæ⁵⁵ 沙漠里浇水 water the desert

shoce ʃo⁵⁵tsʰɛ⁵⁵ 披毡，毛毯 felt, blanket

shoce wala ʃo⁵⁵tsʰe⁵⁵wa⁵⁵la⁵⁵ 披毡和擦尔瓦，羊毛的披毡和斗篷 woollen cloak *ai shoce wala dessyissa jihji de, ddenpi magge de, syimanyo*。我带着一套羊毛的披毡和羊毛线斗篷，不会冷的，没有关系。

shodaga ntonto ʃo⁵⁵ta⁵⁵ka⁵⁵ntʰo³³ntʰo³³ 血流不止 bleed

shoddenpyi zzela ʃo³³de³³npʰz³³ʥe³³la⁵⁵ 累得要吐血，累死累活 work oneself to death *possane nyope shoddenpyi zzela i nzzhehzha, ssimo neyava nzzhebe*。丈夫在外边累死累活地赚钱，老婆却在家里天天输钱。

shogga mogga ʃo³³ga³³mo⁵⁵ga⁵⁵ 名 丧歌（唱死唱老的歌）dirge

shohi ʃo⁵⁵xi⁵⁵ 名 露水 dew *shohi gaga siponyo jja, shope sucho ngeddwajji kessoggede*。俗话说，露水三道。即便前边过去几个人了，还是要着露水的。

shohi bbutre ʃo⁵⁵xi⁵⁵bu³³tʂʰe³³ 前年的时候 the year before last *shohi bbutre ziha, aryi varge ersubbeshe zi ddwa*。前年火把节的时候，我们去了越西尔苏人那里过火把节。

shohi nga ga ʃu⁵⁵xi⁵⁵ŋa³³ka³³ 淌露水，走过露水小径 walk across the dew path

shohi nggepoha ʃo⁵⁵xi⁵⁵ŋge⁵⁵pʰo⁵⁵xa⁵⁵ 露水有九层，露水抖不干净 dew has nine layers *shohi nggepoha, nishope sunggeolange ddwajji nava shohi kessoggede*。露水有九层，即便在你前面过了九个人，你仍然会遭露水的。

shoiryipa ssamo manyo ʃoji³³ɻə³³pʰa³³za⁵⁵mo⁵⁵ma⁵⁵ɲo⁵⁵ 黄泉路上无老少 the old or the young can not get rid of their destiny *shoiryipa pukwama nyo, shoi ryipa ssamo manyo*。黄泉路上没老少，黄泉路上无尊卑。

shope lhage ʃo³³pʰe³³ɬa³³ke⁵⁵ 上个月 last month

shosho lala ʃo⁵⁵ʃo⁵⁵la⁵⁵la⁵⁵ 干干净净，清洁整齐 clean and tidy *yavala drotrela ngexoi shosho lala nddavar ngeloza*。屋内外全部被打扫得干干净净，等待着客人的到来。

shosyi ʃo³³sə³³ 形 虚伪（假惺惺，假眉假眼）hypocritical, sham, false *jjimar ganyo ne desyi shosyi de, tama tele tabarntre su mazzho de*。吉满呷牛就是有点虚伪，不然的话，她是最聪慧的。

shozha nyozha ʃo⁵⁵tʂa⁵⁵ɲo⁵⁵tʂa⁵⁵ 前后相继，你追我赶，接踵而至 chase each other *mugo azzi leo shozha nyozha barla debbe, tiha ne si hssyi a*。牧果和我是脚跟脚（前后相继）地赶到这里的，现在刚入座。 *tro la nyii bbe gedaha si shozha nyozha te ggehar ngazha ddwa*。猎狗和麂子刚才你追我赶地从这山坡往南追去了。

shozzho ʃo³³dʐo³³ 名 长江 the Yangtze River *sshyima yakwa ne shozzho, nbbibu yanbbone qoma nkunyi*。大河最大长江水，山峦最高铧头山。

shu ① ʃu⁵⁵ 动 产子（哺乳动物）give birth to a baby

shu ② ʃu 名 披毡（毛呢，毡布）wool felt

shu ③ ʃu⁵⁵ 使其，让他（主动）let, allow *tava nezyijo a dderyi dde va shu*。照顾他，让他吃饱喝足。

shu ④ ʃu⁵⁵ 动 让，使（被动）let, allow *a va ne ta va lo shu i, sso i nbbi qo me nbbryi i jjo ma la*。让我等着他，他自个儿却在山上观风景不回来。

shu ⑤ ʃu⁵⁵ 副 这样，样子 so, in this way

shu ⑥ ʃu³³ 名 青稞 highland barley *shu nyo sibu ngezzyi yo ma wa*。我吃了三棵青稞苗，没有吃饱。

shu ⑦ ʃu⁵⁵ 举办婚礼 hold a wedding *pama lwahbwana lema keshu hssekenggo, ssyissi trema ne menesyi*。父母的义务是给子女举办婚礼，子女的义务是给父母做道场。

shu ⑧ ʃv³³ 形 黄 yellow *teone vura ddeshu yaddo de jjide, ateo ne vura ddeshu maddo de*。这个布料，我们就叫它深黄色的布料，那个布料就是浅黄色的布料。

shu ⑨ ʃu³³ 名 海洋 sea *ersubbo i hbi zyi ha ne tesu dezzhyi nyo, shu zzho ma ce syi ma ddre*。尔苏人打比方的时候就有这么一

句话，不喝海洋的水不长见识。

shu er shu nwa ʃu⁵⁵ɚ⁵⁵su³³nua³³ 白披毡和黑披毡 white and black felt

shu ge ʃu³³ke³³ 海洋里 in the sea

shu mu ʃu³³mu³³ 松明火把 pine torch

shu ngu ʃu⁵⁵ŋu⁵⁵ 动 顺从，听话 be obedient to, be tractable

shu qi ʃu⁵⁵tɕʰi⁵⁵ 被允许，许配给 be permitted, be promised to *assyi ssimarmar suva shu qi magge dese, nefutele ssiyakwao nava qigge*。我家小女还不会允亲的，你要，就把大女儿许给你。

shu se ʃu⁵⁵se⁵⁵ 名 粗筛 cribble *nzzyi mezhe bbe shu se ge nase a qacyi ge nagar hjila vezza ngu de*。干荞花用粗筛筛一遍后，装进麻袋运回来作猪食。

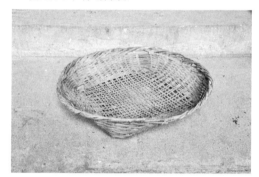

粗筛、朗筛、大眼筛

shu var ʃu³³vɚ⁵⁵ 名 经师，喇嘛 monk *galobashe shu var nyayancune abu ashyimuga, tiha ne mazzhoa*。甘洛最著名的经师是沃祖阿什木呷老先生，他已经驾鹤西去多年。

shubbu ʃu³³bu⁵⁵ 名 溜索（高山溜索）ziptreck *yaishohane, galobai mengune cape bashe ssyigge ne shubbu ssoga sihade*。从前要到越溪河对面去，在甘洛地界只有四条溜索可以到达。

shubbu sshe ʃu³³bu³³ʒɛ⁵⁵ 过溜索，渡溜索 pass the ziptreck *laggussao shubbu sshe ha naddrai meliggu neli rekaraza*。拉古子在渡溜索训练时摔到地上，受了伤。

shubbu sshe soso ʃu³³bu³³ʒe³³so³³so³³ 渡溜索训练，过溜索，从溜索上滑过去 ziptreck training *shoiha nwanzzubabbe fuge shubbu kasai shubbu sshe soso debbe*。过去凉山村在村子里架设溜索，春节期间大家进行过溜索训练。

shulili ngu ʃu⁵⁵li⁵⁵li³³ŋu³³ 川流不息，鱼贯而入 flow perpetually, file into *nzzazho hane taddege nddavarbbesi shulili ngu gge*。春节期间，他家的客人来来往往，川流不息。

shumwa nbbya ʃu⁵⁵mua⁵⁵nbja⁵⁵ 名 帽儿山（越西）Mao'er Mountain *yahishohine ojjowabbubbe shumwa nbbya zzhodebbe, ggoimihadege*。从前，越西县帽儿山是小有名气的，山下是周姓十三家族集团的发祥地。

shunjja tezyi ʃu⁵⁵ndʐa³³tʰe⁵⁵tsɚ³³ 金光闪闪，黄灿灿的，一片金黄色 glittering, golden *tenenyo ozzhobashe assyi ingwashe sha bbe ddeddru i shunjja tezyi za*。这两天，西昌（城乡结合部）我家房子南边田地里的麦子一片金黄。

田地、农田

shunyo nkwar ʃu⁵⁵ȵo⁵⁵ŋkʰuɚ⁵⁵ 前天晚上 the night two days ago *shunyo nkwar hzhobwa la ha ne ka dege ngenbbe de nava manddo ta*。前天晚上来盗贼的时候,你钻到哪里去了,一直没有见到你哦。

shunyo nyo ʃu⁵⁵ȵo⁵⁵ȵo⁵⁵ 名 前天 the day before yesterday *shunyo nyo ne tegela ha, a yava kamar za de, a ddamahggwar de*。前天你来这里的时候,我正在家里睡觉,所以没有起来见你。

shunyo sibu yomawa ʃu³³ȵo³³si⁵⁵pu⁵⁵jo⁵⁵ma³³wa³³ 三棵青稞我不饱 I'm not full after eating three highland barley *iddanga ne shunyo zzyi, shunyo si bu yo ma wa*。肚子饿吃青稞苗,三棵青稞我不饱。(民歌歌词)

shunyo so ʃu⁵⁵ȵo⁵⁵so⁵⁵ 前天早上 the morning two days ago *shunyo so ngwar li ha la nazzyi ngwar wo gabyi gge de*。前天早上放牛出圈的时候,就发现你家的牛已经跛了。

shupu ʃu⁵⁵pʰu⁵⁵ 量 桶 a bucket of *muzhuane futre ge sibu kezzhyi bu she zzho de shupu nehji ya nagwar ma*。稍后提一桶水到菜园子里,给新栽的树浇水哦。

shupu har ge ʃu⁵⁵pʰu⁵⁵xɚ⁵⁵ke⁵⁵ 名 桶箍 hoop *vama vei ngezzyi ihdanga, shupu har ge ngehzhyi i hdanga*。母猪吃掉仔猪是怪相,水桶桶箍断裂是怪相。(咒语)

shupu nebbezzha ʃu³³pʰu³³ne³³be³³dʐa³³ 桶箍断裂以后,桶板散开 staves scatter after the hoop fracturing *zzhohar harge ngehzhyi i shupu nebbezzha ne hdanga*。水桶桶箍断裂后,桶板散开是怪相。

shushu hi ʃu³³ʃu⁵⁵xi³³ 名 大前年 three years ago

shushu nkwar ʃu⁵⁵ʃu⁵⁵ŋkʰuɚ⁵⁵ 上前天晚上 the night three days ago *lhape la dryi rama ncu le shushu nkwar la tebo a, a ke zzoru a de, tamayo*。月亮和七星族在上前天晚上就交会了,我亲眼看到了,没有错。

shushu nyo ʃu⁵⁵ʃu⁵⁵ȵo⁵⁵ 名 大前天 three days ago *shushu nyo ne yanyo i sho pe nenyo ge*。大前天是昨天往前的第二天。

shushu so ʃu⁵⁵ʃu⁵⁵so⁵⁵ 上前天早上 the morning three days ago *shushu so mencu me mancu ha mezzyi ddezzyi a de, neryi ma ddryi a sse*? 上前天早上,天刚麻麻亮的时候,有打雷的声音,你们没有听见吗?

shushunyo ncho ʃu⁵⁵ʃu⁵⁵ȵo⁵⁵ntʂʰo⁵⁵ 上前天早上 the morning three days ago *a shushu nyo ncho la lai tege si zzho de ma ne*? 我上前天早上就来了,一直在这里,不是吗?

shussa daca ʃu³³za³³ta³³tsʰa⁵⁵ 一件折叠好的披毡 a folded felt *qabbao ssivahga shussa daca nekoitesingu za, shuhasi ngehjilagge*。她的父亲为她制作了一件新披毡,折叠好珍藏着,出嫁时才拿出来。

shuvar ʃu⁵⁵vɚ⁵⁵ 名 笨伯经师,和尚 monk, bonze *shuvar ma hssyi hgoca sshyi, lahma mahssyi pryi nbbu zu*。不是经师穿袈裟,不是喇嘛戴佛冠。(反语)

shwa ① ʃua³³ 动 扯烂,撕毁 tear up, rip

shwa ② ʃua⁵⁵ 动 诉说,诉讼 tell, litigate *varge nzzape dda shwa do deo zzho, sinzzi loge gancha dodezzho*。不是谁都能够在越嶲衙门里诉讼,不是谁都能够到中所集市去赶集。

shwa hdda ʃoa⁵⁵ əda⁵⁵ 名 锯齿山岗 Sawtooth Hummock *hzhobwa bbe ngwar ngwar ne npo i shwa hdda jji hji dwa za*。盗贼把牛偷出来后，往锯齿山上赶去了。

shwa ngwar ʃua³³ ŋuɚ³³ 名 法锣 gong

shwa ssa ʃua⁵⁵za⁵⁵ 名 遗嘱 testament

shwa ssa nge li ʃua⁵⁵za⁵⁵ŋe⁵⁵li⁵⁵ 立遗嘱 make a will

shwa zyi ʃua³³tsɿ⁵⁵ 名 刷子 brush *shwa zyi de nge hjila a va qi la*。拿个刷子给我。

shwo pe ʃu⁵⁵o⁵⁵pʰe⁵⁵ 名 样式，样子 style, type

shyi ① ʃɿ³³ 动 走 go *nessyi yaddreo nddendde nge shyishyi do za, anebar ka dra de*。你家的小孩子都能够稳稳当当地走路了，好健康的哦。

shyi ② ʃɿ⁵⁵ 量 升 sheng, litre *barcece shyi ne dabwa, bar dabwane ngwarssyidre, bardeshyine ngwardre* 十升粮食为一斗，一斗粮食是五十斤，所以一升粮食是五斤。

shyi ③ ʃɿ³³ 形 辛苦，艰难 hard, laborious

shyi ④ ʃɿ³³ 动 试试，看看，品尝 have a try, try, taste *ne te shyi o desyi ke shyi a ddehi aza shyi*? 你品尝一下这肉，看看有没有熟？

shyi ⑤ ʃɿ³³ 名 肉，肉食 flesh, meat *danyo ne shyizzyi vucei nyoma, sejji ngepenyii a nge zzyi*。今天是喝酒吃肉的吉祥日子，大家要敞开肚子尽情吃喝，谁都不要顾忌。

shyi ⑥ ʃɿ⁵⁵ 名 升（粮食的量具）litre

shyi ⑦ ʃɿ³³ 动 是 yes

shyi bar ʃɿ³³pɚ⁵⁵ 坨坨肉，块状肉 lump meat *shyi bar cyi iqo ddexxo de ne tisoro yamarsu ne manyo de*。拌了盐巴和调料的坨坨肉，是最好吃的美食了。

shyi bbahbba ʃɿ³³ba³³əba⁵⁵ 名 重叠牙 overlapped teeth

shyi bbe ne zzi ʃɿ³³be³³ne⁵⁵dʑi⁵⁵ 动 砍肉 cut the meat *nesyi manyotele lepenecea ate shyi bbe (desyi) ne zzi, muzwa agekezho gge*。你现在没有事的话，把那些肉砍成小块，一会儿，我就把它们煮了。

shyi bbeer ʃɿ³³bɛ⁵⁵ɚ⁵⁵ 名 肉蛆，肉蛹（生长在猪肉里的蛆） maggot, meat pupa *su debbene shyi bbeer bbe izherege nazhai shu njja tezyi shui zzyi gge*。有些人把肉蛆用清油炸成黄灿灿的食物来吃。

shyi bbu ʃɿ³³bu⁵⁵ 形 辛苦，艰难 hard, laborious

shyi bedwa ʃɿ³³pe³³twa³³ 名 水饺，抄手，馄饨 boiled dumplings, wonton

shyi bedwa lha ʃɿ³³pe³³tua³³ɬa⁵⁵ 包饺子，包馄饨 make dumplings, make wonton

shyi bedwa nca ʃɿ³³pɛ³³toa³³ntsʰa⁵⁵ 包饺子 make dumplings, make Chinese dumplings

shyi ca ʃɿ⁵⁵tsʰa⁵⁵ 名 龅牙 bucktooth

shyi cho ① ʃɿ⁵⁵tʃʰo⁵⁵ 名 蛀牙 tooth decay

shyi cho ② ʃɿ⁵⁵tʃʰo⁵⁵ 名 腐肉 carrion

shyi ddehi ʃɿ³³dɛ⁵⁵xi³³ 名 熟肉 cooked meat

shyi ddenyi ʃɿ³³de³³ȵi³³ 动 心疼，可怜，悲痛 distress, sorrow *chyi i nya teneo tenddo ha shyi ddenyi ryiguzeze bbela bbe zzha gge*。看见这两个孤儿，我心疼得骨关节都好像要散落了。

shyi dehbbi ʃɿ⁵⁵te⁵⁵əbi⁵⁵ 一口肉 a mouthful of meat

shyi dozzi ʃɿ⁵⁵to⁵⁵dʑi⁵⁵ 动 剁肉 chop the meat, cut the meat

shyi gema ʃɿ³³ke³³ma³³ 名 司肉员（厨房里的肉食主管）the director of meat lemashuhane shyibbe nyogwa shyi gema vanejofu ane ddahbu ddene magar。婚庆的时候，所有的肉材全部交给肉食主管以后，东道主家就不再过问了。

shyi ggu ʂə⁵⁵gu⁵⁵ 名 披风 cloak

shyi gwargwar ʂə³³kuɚ³³kuɚ⁵⁵ 名 肉窝窝（酒窝），假话窝 dimple *shyi gwargwar ne hima nzzama jjiha, lilissyi jji dedebbe ne ha*。据说，这个肉窝窝是假话窝，不仅女性脸上有，有些男性脸上也有。

shyi hga i ʂə⁵⁵əkai⁵⁵ 肉礼物（吃饭时，把自己饭碗里的肉块转赠他人）meat gifts

shyi hgai jojo ʂə³³əkaj³³tɕo³³tɕo⁵⁵ 换食腊肉 exchange bacon to eat *cihi lhabbar nkwar neazzi lwasshu shyi hgai desyi jojo gga ma*。今年正月十五晚上，我们俩交换腊肉来吃哈。

shyi hge ʂə⁵⁵əke⁵⁵ 半升 half litre of

shyi i ʂə⁵⁵je⁵⁵ 名 十月 October

shyi i ge nwa nzza zho ʂə⁵⁵ji⁵⁵nua⁵⁵ndza⁵⁵tʂo⁵⁵ 十月里的彝族年 New Year of the Yi ethnic group in October

shyi kanzza ngezzyi ʂə³³kʰa³³ndza³³ŋeʑ⁵⁵ 炒肉吃 fry meat to eat

shyi lwalwa ʂə⁵⁵lua³³lua³³ 动 切肉 cut the meat

shyi lwalwa bbazha ʂə³³lua³³lua³³ba³³tʂa⁵⁵ 切肉刀 cleaver

shyi ma zha nga bu ʂə³³ma⁵⁵tʂa³³ŋa⁵⁵pu³³ 名 下牙 lower teeth

shyi nbbu ʂə³³nbu³³ 名 烧肉，叉烧 carbonado, roast pork

shyi nca ʂə⁵⁵ntsʰa⁵⁵ 名 肉片 sliced meat *shyi nca nca de ne syi kanzza ngezzyi gge*。准备炒一点肉片来吃。

shyi nca nca ʂə⁵⁵ntsʰa⁵⁵ntsʰa⁵⁵ 切肉片，绞肉片 cut the meat into slices, mince the meat

shyi nca shyi nca ʂə⁵⁵ntsʰa⁵⁵ʂə⁵⁵ntsʰa⁵⁵ 地上拖行之状，拖拖拉拉 dilatory, sluggish

shyi ncence le ʂə³³ntsʰe³³ntsʰe³³le⁵⁵ 名 荤菜 meat diet

shyi ndde ʂə³³ndɛ⁵⁵ 名 肥肉，好肉 fat, good meat

shyi nddre ʂə³³ndʐe⁵⁵ 名 熏肉 bacon

shyi njji ʂə³³ndʑi⁵⁵ 名 腿（整个一条腿）leg (the whole leg) *shyi shyiha jjiddwa daga ne shyi njji ddenyi ddimapa*。走路的时候遇到爬坡，大腿就疼得爬不上去。

shyi njji ngenyo da ʂə³³ndʑi³³ŋe⁵⁵ɲo⁵⁵ta⁵⁵ 大腿根部 thigh

shyi nke ① ʂə⁵⁵ŋkʰe⁵⁵ 缺牙巴 lack of teeth

shyi nke ② ʂə³³ŋkʰe³³ 名 肉烟子（烧肉的香味）the smell of cooking meat *nyi la nggu bbe va shyi nke ke ge*。给祖先神敬肉烟子。（当地的习俗）

shyi npwa ʂə⁵⁵mpʰua⁵⁵ 名 疤痕（肉瘤痕）scar (sarcoma scar)

shyi ntre ʂə⁵⁵ntʂʰe⁵⁵ 名 肉丝，肉松 shredded meat, pork floss *a shyi ntre daga ssyi ge nga ma gwar*。我一点肉松都没有放入口里（一点饭都没有吃）。

shyi nwa ① ʂə³³nua³³ 吉祥日 an auspicious day *danyosonyo ne shyi nwa, nyomayali nenyo*。今天和明天是吉祥日，好日子做什么都吉祥。

shyi nwa ② ʂə³³nua³³ 名 痣，黑痣 mole, pigmented naevus *sunpwa se shyi nwa habbe neya ncu jje*。据说，在嘴唇附近有黑痣的人聪明。

shyi nwa ③ ʂə³³nua³³ 名 胎记 birthmark

nyateo radwa pryincahade, *hzhenbbeli va shyi nwa de ha*。这个小孩有胎记，屁股上有个黑痣。

shyi nyanya ① ʃə⁵⁵ȵa⁵⁵ȵa⁵⁵ 形 虚伪的，扭扭捏捏的 mincing, hypocritical *amu ne shyi nyanya myanyanya de*。阿木是个虚伪的表里不一的女人。

shyi nyanya ② ʃə⁵⁵ȵa⁵⁵ȵa⁵⁵ 说假话 tell lies

shyi nzze ʃə⁵⁵ndze⁵⁵ 名 升子（竹子编的容器）the container made of bamboo *var ge shyi nzze marra*, *cece shyi nzze dabwa*, *puce shyi nzze ne xxishyi debwa*, *shwacha shyi nzze ne trushi dabwa*。在越西，升子是十升为一斗，在海棠镇是八升为一斗，在双河是六升为一斗。

shyi shyi ʃə⁵⁵ʃə⁵⁵ 动 顾盼，看 look, see *me nankwar gge*, *ne nyo shyi shyi nyorere nata ngu*, *ashyiliggaligga jjoi*。天要黑了，你不要不断地往后看，快些跑回去。

shyi shyi mapa ʃə³³ʃə³³ma⁵⁵pʰa⁵⁵ 不能走路，不许经过 unable to walk, can not pass *yabu erpe de ddenyijja na shyi shyi mapa*, *danyo mongga dage lamadojje*。雅布因为脚疼不能走路，所以今天的会议他就不能来参加了。*ryipa ga qo shui-nyi ngesilya za*, *sela tege ne shyi shyi mapu jjiggc*。这条道路刚铺了水泥地面，还没有干，任何人都不许从上面经过。

shyi zwa de ʃə⁵⁵tʃʰua⁵⁵te⁵⁵ 形 新的 new, fresh *shwalwada teddre shyi zwa de*, *shope jihji suma hssyi*。这辆汽车是新的，不是他以前开的那一辆。

shyi zyi ʃə⁵⁵tsə⁵⁵ 名 柿子 persimmon *ersubbene shyi zyi bbeva ne yobbemama jja gwar igge debbe*。尔苏人称柿子为"哟呗麻麻"。

柿　子

shyi zzhu ʃə⁵⁵dʐu⁵⁵ 名 獠牙 bucktooth *vezyi zyipe bbe i shyi zzhu bbe ne yayashe yayantwa debbe*。雄性大野猪的獠牙，不但长得长，而且还很锋利。

shyi-hui ʃə⁵⁵xuj⁵⁵ 名 石灰 lime *tezzyi igazajiqo shyi-hui ngalyaza*, *ncao kezzorohala nadrada gge de*。他家的房子，墙上抹了石灰，是老远就能够看清楚的那个。

shyi-lyu ʃə³³lju³³ 名 石榴 pomegranate *shyi-lyune se bbe zzyi de*。吃石榴就是吃石榴籽。

石　榴

shyibar ʂɚ³³pæ⁵⁵ 块状肉 lump meat

shyibar cyiiqo ddexxo ʂɚ³³pæ³³tsʰɚ⁵⁵ji⁵⁵tɕʰo⁵⁵de³³ʐo³³ 拌上盐巴和调料的块状肉 the lump meat mixed with the salt and sauce *zaxidde varvarhzha ha shyibar cyiiqo ddexxo su ngusubbeva nezyia*。扎西家在请人帮忙突击劳动的那天,给大家吃的是拌盐巴和调料的坨坨肉。

shyibbe bbeer ddabbwa ʂɚ³³be³³be⁵⁵ɚ⁵⁵da⁵⁵bua⁵⁵ 肉生蛆了 the meat breeds maggots *ve bbe me ddaca si naga jja. ve shyibbe bbeer ddabbwa za*。杀猪的时候,天气开始暖和了,所以猪肉都生蛆了。

shyido ʂɚ⁵⁵to⁵⁵ 动 作祟,附身,加害 haunt, ghost, harm *yaddre ne dryitra de i keshyido asse? tama tene tima gga de ta*。你这个后生是被凶死鬼作祟了吗?不然不该这样的。

shyido manyo ʂɚ³³to³³ma⁵⁵ȵo⁵⁵ 没有作用,没有用处 be of no effect *nite siga le ane shyido la manyo de sihssyi*。你的这根木头是没有任何用处的!

shyifu yali danyo si ʂɚ⁵⁵fu⁵⁵ja⁵⁵li³³ta⁵⁵ȵo⁵⁵si⁵⁵ 吉祥时刻就是今天 the auspicious moment is today *hdenkwar mamo ceneo i nehdeha, shyifu yali danyo sijje*。高明的历算师的测算表明,婚庆的吉祥时刻就是今天。

shyigga bbugga ʂɚ³³ga⁵⁵bu³³ga⁵⁵ 名 苦歌(辛苦歌) hard song *shyiddetre ha ne syigga bbugga ngu debbe*。思乡的时候就要唱辛苦歌的。

shyihgai jojo ʂɚ³³əkaj⁵⁵tɕo⁵⁵tɕo⁵⁵ 交换礼品肉仪式 the ceremony of exchanging meat gifts *nzzazho lhabbar nkwar ne coparbbe deodeva shyihgai jojo gge debbe*。在正月十五晚上,青年男女之间要举行交换、食用礼品腊肉的仪式。

shyima ʂɚ⁵⁵ma⁵⁵ 名 牙,牙齿 tooth *sutemo ane shyima bbe ddraddra te zzua, ssamajji ra hdahda mapa*。人老了,牙掉光了,食物也嚼不动了。

shyima ddenkunku ʂɚ⁵⁵ma⁵⁵de³³ŋkʰu³³ŋkʰu³³ 咬牙切齿 gnash, grind one's teeth *ishane nava ane debbe mahgga manddo shyima ddenkunku iggagga dde*。那个老张不知道对你有什么成见,一提到你就咬牙切齿的。

shyima ddenyi latacha gge ʂɚ⁵⁵ma⁵⁵de⁵⁵ȵi⁵⁵la⁵⁵tʰa³³tʃʰa³³ge³³ 和蔼可亲,娓娓道来 amiableness, geniality *shaligo zzhyi nezzhyi ketoha, shyima ddenyi la tacha gge miha desyiketode*。莎莉果这个姑娘,说话娓娓道来,你听她说话,有时即使牙疼也会自愈。

shyima lakavarvar zzela ʂɚ⁵⁵ma⁵⁵la⁵⁵kʰa³³vɚ³³vɚ³³dze³³la³³ 牙齿都帮忙,使尽浑身解数 use one's all skill

shyishyi ncanca ʂɚ³³ʂɚ³³ntsʰa³³ntsʰa⁵⁵ 拖泥带水,成群地牵连着进去 sloppy, slovenly *kalama dde mama ii shyishyi ncanca lobbwalili ddege la keddwa*。卡拉曼一家成群地走到罗坝丽丽家了。

shyishyi ncanca keddwa ʂɚ³³ʂɚ³³ntsʰa⁵⁵ntsʰa⁵⁵kʰe³³dua³³ 鱼贯而入,成群结队进入 file into *tedde mamaii nyogwa zalawa ssyi yava shyishyi ncanca ke ddwa*。他的妻儿老小全部鱼贯而入,到扎拉瓦家里了。

si ① si⁵⁵ 名 木头,柴火 wood, firewood *si bbe tesingu mahssyi i ggwai nehzu a ne mali*。把木料收到阴凉的地方放好,不然日晒雨淋的就不好了。

si ② si⁵⁵ 副 仅是，只是，只有 only *amu ssamade zzyihane, te si ra mazzyi za myaha de zzyiggede*。看阿木的吃相，就好像只有他没得到吃的一样。

si ③ si⁵⁵ 名 树，树木 tree *zzhonbbar si bbe nyogwa aikezzhyidebbe, tihane bbegetebbua*。河边上的树以前全部是我栽的，现在就都属于集体的了。

si ④ si⁵⁵ 数 三 three *zaxi denyo nyone zzhada zzacehe nchemi si sshaoce, nggaku si ozzyi*。扎西每天早餐要喝三碗稀饭，吃三个馒头。

si ⑤ si⁵⁵ 名 卦，棍卦 divinatory symbols, rhabdomancy *awa harmo lwamwa qo ne hssyii si ngu jje*。老熊奶奶坐在倒扣在地上的大木盆上，开始打卦测兔子的去向。

si bwa i si⁵⁵ pua⁵⁵ ji³³ 三亩 three acres *meli si bwa i ne nzzyihgge sibwa gwar twa de, simo maga zzho de*。三亩地就是大约可以种三斗荞种的地的面积。

si cho si⁵⁵ tʃʰo⁵⁵ 名 朽木 rotten wood or tree

si daga si⁵⁵ ta⁵⁵ ka⁵⁵ 一根木料（木棍）a wooden stick *yahi meliggu si daga mei neqo jja ddencu i sibu debu tebbu za*。去年在地上插了一根木棍，结果木棍活了，现在变成一棵树了。

si deqo si⁵⁵ te⁵⁵ tɕʰo⁵⁵ 一捆柴火 a bundle of firewood *bande nzzhoromazzha, ate ge si deqo nesemeliggu nezyia nehssyi*。没有多余的板凳了，你到那里搬一捆柴火下来，放在地上当座。

si ga ge si⁵⁵ ka⁵⁵ kɛ³³ 数 第三 third

si gale si⁵⁵ ka⁵⁵ le⁵⁵ 名 树枝，枝条 branch, twig *sukwasi si gale da gale talwa hji la ne comya bbutre ddessi pa*。砍一枝柏香枝回来就可以用若干年时间。

si gaza hji si⁵⁵ ka⁵⁵ tsa⁵⁵ ətɕi⁵⁵ 动 跳神（拿木叉驱鬼）perform a folk dance to god *shaba lige kahdwa i si gaza hji su messyi lai ne nddrenddre i kexxi mapa dohdo*。被沙巴念咒施法以后，拿木叉的人控制不住地颤抖起来，开始驱鬼仪式。（当地的习俗）

si gga er gga si⁵⁵ ga⁵⁵ ɚ⁵⁵ ga⁵⁵ 名 山歌（唱树唱石的歌）folk song *ane la mahssyi ha ne si gga er gga debbe, danyo ne ayama gga de bbe*。平时是唱山歌的，今天就要唱情歌。

si goma si⁵⁵ ko⁵⁵ ma⁵⁵ 名 树干 trunk

si hbu si³³ əpu³³ 数 三千 three thousand *yoer si hbu nbbi va zzho, zeer nzzongu nahbar za*。白羊三千在山坡，犹如白云撒满山。

si hgo sɛ⁵⁵ əko⁵⁵ 树叶枯落 withered and fallen leaves *hgoxxo sicabbenehgoi nalane si hgo yanqo ne lhalha ga*。秋天树叶枯落的时候，好看的树是白杨树。 *hgoxxo ne si ca bbe ne hgo i na la ne nbbi nge nqo*。秋天树叶枯落了，山坡就变美了。

秋　叶

si hngwar si⁵⁵ əŋu ɚ⁵⁵ 名 木桩 timber pile *mwazyingga wuige ssyi nexxo i si hngwar qo la dazzhwakezyipi jje*。马基岗曾经在端午节以后下雪，木桩上的积雪有一拃深。

si hxxi si si³³ əʑi³³ si⁵⁵ 红豆杉树 Taxus chinensis

红豆杉

si i ① si⁵⁵ji⁵⁵ 名 木屋 wooden house　*addemo tege lasilaha, si i de ddecu i zzhota, tihasi nddru i ddecu a*。我家刚搬迁来的时候，也只是临时修了一个木屋住，现在才新修了一幢瓦房。

si i ② si⁵⁵i⁵⁵ 名 柴房（堆柴的屋子）woodshed　*ingwashe si i de ddecua te sipwabbe kege kezyigge*。在房屋的南边搭建一个柴屋，把这些柴火堆放在里边。

si jibi si⁵⁵tɕi⁵⁵pi⁵⁵ 名 树皮 bark　*zzhyiizu zzhoha si jibi nagwabbe nzzubo iqo nahar ha ggwa yangge*。在瓦板房老屋基搭窝棚的时候，用树皮盖棚有较好的防漏效果。

si jigu si⁵⁵tɕi⁵⁵ku⁵⁵ 名 树壳，树皮 bark　*si jigu bbetechyi a bbazzhe nengu anivahga vura sshyi gge*。我将取下树皮当票子，来为你买布做衣裳。（民歌歌词）

si jji lha mu si³³dʑi³³ɬa³³mu⁵⁵ 名 树神 hamadryad, tree god

si la si⁵⁵la⁵⁵ 名 树林，森林，山林 woods, forest　*yanyo si la ga nyihgo hzhaddwai, nchobeer yami debbe ra za*。昨天到山林里去，采摘山野的果蔬，采到很多刺龙苞。

si la kare si⁵⁵la⁵⁵kʰa⁵⁵re⁵⁵ 野核桃，森林核桃 Chinese walnut

野核桃

si lwapwa si⁵⁵lua⁵⁵pua⁵⁵ 名 木老虎 wooden tiger　*yaddre bbei soso dege si lwapwa nesi o nancai zzhoddo*。在幼儿园里，有两三个木老虎，供孩子们攀爬。

si mar ① si⁵⁵mɚ⁵⁵ 名 树胡子，女萝，松萝，海风藤，山挂 usnea　*meer ddeerhane si mar bbe hwalahwala gge*。大风一吹，树胡子就随风飘荡起来了。

树胡子

si mar ② si⁵⁵mɚ⁵⁵ 名 苦麻菜，关公须，松毛，金丝藤，老君须，过山龙 bitter lettuce, salvia kiangsiensis　*si mar bbe ddeleddecyi* *debbe dda pekwa, dedre o necyi pwa ngu gge*。苦麻菜是山珍,虽然苦口,但是价格高,现在每斤市场价是 20 元人民币。

si mazu ne dda lhalha si⁵⁵ma⁵⁵tsu⁵⁵ne⁵⁵da³³ɬa³³ɬa³³ 木头不直就刨一刨,弯曲的木料用刨刀推 if the wood is not straight, plane it *sejji deodeva kahaha, si mazu ne dda lhalha, si mazu ne me ngezu shu*。所有人要相互帮助和教育,木头不直就刨一刨,要做到弃恶扬善。

si mazu ne me ngezu si⁵⁵ma⁵⁵tsu⁵⁵ne⁵⁵me³³ŋe³³tsu³³ 木料弯曲墨线直,木料弯的以墨线为准 the timber bends, yet the ink-line is straight *ersubbe nesejji erhbi yankwar ngu, si mazu ne me ngezu, yali bbe va keso*。任何一个尔苏人,要克服自身缺点,木料弯曲墨线直,要向好人学习。

si muzha ① si⁵⁵mu⁵⁵tʃɛ⁵⁵ 名 锯末 sawdust *assyi awa neddege si muzha denesyi sshalagge jjadwa tiyajje*。他说:"我老奶奶说到你家来捡一点锯末回去烧,至今还没有看见她回来。"

si muzha ② si³³mu³³tʃa⁵⁵ 名 木渣,木屑 wood resdue *yossyi awamomo neddege si muzha desyi nggonggo ggejje ddalade*。我奶奶到你家来捡一些木渣回去烧,她自己走下来了。

木 屑

S s

si napwa sɛ⁵⁵na⁵⁵pʰua⁵⁵ 动 劈柴 chop the firewood *mwaha tiha ddenpijji muzwa shomo kecua si napwa ne ngedru gge*。没关系,现在虽然冷一会儿,但是使劲劈柴以后,你会出汗的。

si nbbar si⁵⁵mbɚ⁵⁵ 名 树根 tree root *si nbbar ngagangebu de ngganggu nca gge jja yapekwa*。因为根系发达、奇形怪状的树根可以做根雕,所以价格较高。

树 根

si nca su sɛ⁵⁵ntʃʰa⁵⁵su⁵⁵ 名 木匠 carpenter

si nchara si⁵⁵ntʃʰa³³ra³³ 名 树冠 crown *sibu jjimar nyagai calage habu si nchara nerenawa ggo i yakwa debbu jje*。据说,当年长在吉满良呷坟墓上的大树,枝叶茂盛,树冠很大。

si ndde bbe ke hssyi si⁵⁵nde⁵⁵be⁵⁵kʰe³³əzɿ³³ 好树遭虫祸 good trees are stricken by insects

si nddrobi si⁵⁵ndʐo⁵⁵pi⁵⁵ 名 树皮 bark *sibubbe si nddrobi nagwa ne teshoggedebbe, assyimara ne natagwa*。一旦剥下了树皮,树就会慢慢枯死的,所以不要剥树皮。*si nddrobi nagwa ne tesho gge, su myanddro nagwa ne nbbisho gge*。树剥去树皮就会死亡,人失去尊严就会羞怯。

si ne si⁵⁵ne⁵⁵ 副 然后 then *ne bbibbi ma ho,*

ssama ngezzyi a si ne ryigu ddatra si ne lepe o nece。你别忙,先吃饭,然后啃骨头,啃完了再洗手。

si nesu si³³ nɛ³³ su³³ 插上树木,插上木棍 plant a stick jjimarnyagai calaqo si daga nyipejoi nesu ha siga ngezzyinyo ddencuza。在吉满良呷的坟上倒着插上一根木棍,结果木棍成活了,并且长成了参天大树。

si ngganggu si⁵⁵ ŋga⁵⁵ ŋgu⁵⁵ 名 木器(木制家具) carpentry (wooden furniture) ozzobashe ne si ngganggu bbe ne ngezi nzzho, manzze。西昌这个地方,木制家具很容易迸裂,使用寿命不长。

si nggwarhar si⁵⁵ ŋguaʴ⁵⁵ xaʴ⁵⁵ 木锅盖 wooden cover, wooden lid daso ainddoha, zaxidde si nggwarhar shyizwa de nancaza。今天早上,我看见扎西家制作了个新的木锅盖。

si ngu ① si⁵⁵ ŋu⁵⁵ 动 保存,存储,存档 save, store

si ngu ② si³³ ŋu⁵⁵ 用木棍卜卦,用树枝卜卦 divine with a wooden stick, divine with branches awahemo lwamwaqo nehssyi awamizzyijjiddwasijjiddwa singu。老熊奶奶坐在底朝天的木盆上打棍卦,嘴里还念诵着"兔子奶奶到卦上来"。(民间故事) awa harmo lwamwaqo nehssyii awamizzyi kaddwa jja si ngu jje。老熊奶奶坐在倒扣的木盆上,开始打棍卦算兔子的去向。(民间故事)

si ngwarbbu si³³ ŋuaʴ³³ bu³³ 柴疙瘩,大柴疙瘩 big tree knot ersubbe nzzazhohane si ngwarbbu dekeshua nzzazhohgu ggede。尔苏人过年的时候,要烧一个大木柴疙瘩来守岁的。(当地的习俗)

si nyo si⁵⁵ ȵo⁵⁵ 名 三天 three days, triduum si nyo ryipa sshyinka da, zzuppe te tryitra bbope te tryitra。三天买卖的路途,把毒品剔除干净,把敌人剔除干净。(民歌歌词)

si nzzi si⁵⁵ ndzi⁵⁵ 名 木钉,榫头 tree nail, tenon aizzebyiji zzebyi si nzzi maliza, aivahga desyi dewo tenzzhyi。我的锄头榫头被用坏了,请帮我换一个新榫头。

si o si⁵⁵ o⁵⁵ 树丫柴 branch (with leaves) alo, temo a ne sipwa ne zhyi mado, si o debbe si kasshai hji la。你看,人老了就砍不动柴,只好收集一些树丫柴回来了。

sipwa si⁵⁵ pʰua⁵⁵ 动 劈柴,划柴 chop the firewood nessyi amussa o ssyilage nggame latagwai vucwa nga lhai si pwa gge。你家阿木在雪地里,脱了上衣,抢起斧头,在狠狠地劈着柴火。

斧 头

si ssha si⁵⁵ ʒa⁵⁵ 动 拾柴(徒手捡,不用刀) collect the firewood tra o si ssha ne zzhoggwa mohnpar bbemesu bbe nasshai hji la za jjigge。鬼去拾柴,就专门捡烧尸体

剩下的烧掉一节的柴火头。(当地不科学的说法)

si sshao ① si⁵⁵ ʒao⁵⁵ 三碗 three bowls *yaha nzzhengamazzyijja, dasone iddangai shantre si sshao ngece*。我昨晚上没有吃饭,所以今天早上很饿,一口气吃了三碗面条。

si sshao ② si⁵⁵ ʒao⁵⁵ 名 面具(鬼脸壳子) mask *shaba bbe si sshao ddezui trazhaha, mya dda nzzha debbe he*。沙巴戴着面具作驱鬼仪式时,阴森森的,令人恐怖。

si sshao ③ si⁵⁵ ʒa⁵⁵ o⁵⁵ 木制面具 wooden mask *shaba bbei si sshao ne sinanca su, nddro nancasunyo, nzzyii hbarsujji zzho*。沙巴作仪式时戴的面具,有木制、皮制、纸制的,有的干脆就往脸上扑粉。

si sshao ④ si⁵⁵ ʒa⁵⁵ o⁵⁵ 名 木碗 wooden bowl *si sshao bbe ne mo kulai ssa jja jji debbe*。木头制作的碗(木碗),又叫"小木盔子"。

si ssu si⁵⁵ zu⁵⁵ 名 树脂 resin *syiya si ssu bbe ne nyihji ngu, ggesi si ssu bbe ne kenculi*。桃树的树脂可以入药,松树的树脂可以点灯。

si ssuma si⁵⁵ zu⁵⁵ ma⁵⁵ 木汤瓢 wooden ladle *si ssuma ga ddroqo nezyi za dei, me ddasshwai kezhyi za*。木汤瓢放在锅台上,没注意到被火苗烤焦了。

大汤瓢

木汤瓢

si su si³³ su³³ 名 铝,软钢 aluminum *ersu bbe ne si su bbe va ne si su jji de bbe*。尔苏人称铝为"软钢"。 *yanyo fuge si su lhi su delai ai ge sshan-ga ddro de nelhi a*。昨天村子里来了一个专门浇铸铝盆的师傅,我浇铸了一口铝锅。

si trehngwar si⁵⁵ tʈhe⁵⁵ əŋu ɚ⁵⁵ 名 木桩(打下的木桩) timber pile *cwarao si trehngwar siga namaqo ne kamahna, siga neqo ne kahna*。在圈竹苇子做围栏时,不打下三根木桩就不稳,打下三根木桩就稳当。

si vuntru ① si⁵⁵ vu⁵⁵ nʈʈhu⁵⁵ 树梢干枯的树,秃顶的树 bald tree *lu-shan qo si vuntru tebu dehbu bbutre maga tabbu za debu*。泸山上这棵秃顶的大树,树龄应该在千岁左右了。

si vuntru ② si⁵⁵ vu⁵⁵ nʈʈhu⁵⁵ 大树秃顶 the big tree becomes bald *sibubbe temo hane si vu tentru gge debbe*。大树老了就会秃顶的。(当地的说法)

si wa ① si⁵⁵ wa⁵⁵ 名 担架(蟹螺语) stretcher *labu erpe ddenyi jja si wa ge dde ncei nge hji ddwa*。拉布脚疼,走不了路,他们把他放到担架上抬出去了。

si wa ② si³³ wa³³ 三地,三块,三处 three places *shahe ne ddenyo hane si wa ddenyo* ggedebbe, dawa rane siwa ragge。三塌菌,这种菌子因为分三地生长而得名,只要找到其中一处就可以在附近找到另外两处。

si wa ③ si⁵⁵ wa⁵⁵ 焚尸柴垛 pyre *abu gola o tesho i sizzi hssyi shu bbe si wa la ddesshu si mo sela jjigge*。果洛老爷没气了,焚尸人都把焚尸柴垛架好了,他又活过来了。

柴 垛

si wo si⁵⁵ wo⁵⁵ 名 丫丫柴(有叶子) branch (with leaves) *si wo bbe ne ddabbaryali dda shulemazzho debbe*。丫丫柴易燃但不经烧,一会工夫就烧尽了。

si za ① si⁵⁵ tsa⁵⁵ 三段,三块 three sections, three stages *nddavarbbe susiwo hibba si za ddegai ngala, kevabbe hibbadosu mazzho*。三个客人讲了三段话,主人家却没有一个人发言。

si za ② si⁵⁵ tsa⁵⁵ 圆木段,圆木料 round log, round timber *anyo hi gatryio si za ddadda de ddabbai xyan-ge monggai ggejja neddwa*。幺叔西噶驰背着一段圆木下去了,听说他是到乡政府参加会议的。

si za ③ si⁵⁵ tsa⁵⁵ 三个竹节 three bamboo joints

si za ④ si⁵⁵ tsa⁵⁵ 把木料砍成两段 cut the wood in half *zabukala ssyi amussao ssyilage drume ngeerer-i si za gge*。扎布卡拉家的儿子冒着飞雪,满头大汗地把木料砍成两段。

si zhyi si⁵⁵ tʂə⁵⁵ 动 砍柴 cut firewood *buga vucwa deji ddehji si zhyi gge jja parlage la ddaddwa*。布呷带着一把斧头,说要去砍柴,往油栗子树林走去了。

si zo ① si⁵⁵ tso⁵⁵ 名 柴堆 rick, woodpile *eya, sutedde anebarnga dei, si zo si chozochozo zzhadei*。哎呀,这家人太能干了,光是柴堆就有好几个。

柴 堆

si zo ② si⁵⁵ tso⁵⁵ 动 堆柴(把柴堆起来) pile up the firewood *nessyi nyama zzhonbbar si zo ggese, asho ngejjolai bbarnyi la*。你妈妈还在河边堆柴火,我先回来一步,休息一下。

si zo ③ si⁵⁵ tso⁵⁵ 三堆 three heaps *sutedde anebar yanga dei manddo, siddru siola si zo sizo la zzha*。这家人你不知道有多勤奋,单是干柴堆就有三堆。

si zzha si³³ dʐa³³ 名 寄生芽 parasitic bud *qo si zzha ne hge ahjila vesyinyi genezho angece ane syinyi dde nyi hsse jje*。吃花椒寄生芽炖猪心,可以治疗心绞痛。

si zzhyi su si⁵⁵ dʐə⁵⁵ su⁵⁵ 种树的人,苗圃工人 nursery worker *ate zzhobbu ga qige si bbu zzhyi su ne assyi mugai qabbao mane*? 那个在水沟边种树的人是我家穆呷他爸,不

是吗？

si zzi ① si⁵⁵ dʑi⁵⁵ 名 木桥 wooden bridge *rotro lage zzhopar gaqo si zzi mar margaqo sibbevala hengenyo za*。河坝头小溪上的小木桥的木头都长出了菌子。

si zzi ② si⁵⁵ dʑi⁵⁵ 名 湿柴 wet wood *si zzi denbbu mejjige kagwar iddabbar mali，amwa dai manqe?* 塞了一堆湿柴火在火塘里，湿柴又燃不起来，何苦呢？

si zzyi lwapwa si⁵⁵ dʑə⁵⁵ lua⁵⁵ pua⁵⁵ 名 大象 elephant *si zzyi lwapwa lige sunbbu rara ngui zzho ddenchei tava kahbar*。大象用鼻子吸水，喷在他的身上了。

siba ngeji si³³ba³³ŋe³³tɕi³³ 嵌入柴间（意为手忙脚乱）be embedded between woods（be hurry-scurry）*a tiha ggoi dde jiji，vuli siba ngeji ma npu za*。我现在这个时候很忙，犹如把头嵌入木柴间。

sibe cala si⁵⁵pe⁵⁵tsʰa⁵⁵la⁵⁵ 刺茏草丛 the grass of thorn *yanyo yo hzha ddwa jja，sibe cala ge ne nbbenbbe ne nbbenbbei kocia*。昨天去寻找丢失的羊，在刺茏草丛里钻去钻来，钻得体力全无，伤心透顶。

sibu debu si⁵⁵pu⁵⁵tɛ⁵⁵pu⁵⁵ 一棵树 one tree *sibu debu vutentru ane ddekwa magga de*。一棵树如果秃了头，那么它就不会再长高。

sibu rehna si⁵⁵bu⁵⁵rɛ⁵⁵əna⁵⁵ 名 树荫 shade of a tree *sibu rehna ge disyi ssyi la*。到树荫下来坐一会儿。

sibu sshe si⁵⁵pu⁵⁵ʒe⁵⁵ 动 爬树 climb the tree *vcezyi ne sibu sshe manzzho debbe，mibbene sibu sshe yanga debbe*。野猪不会爬树，猴子善于爬树。

sibu yanbbo ① si⁵⁵pu⁵⁵ja³³nbo³³ 高大的树木 towering tree *sibu yanbbo meersso，sibu tenbbo vutentru*。高大的树木遭风吹，树木太高树梢秃。

sibu yanbbo ② si⁵⁵pu⁵⁵ja³³bo⁵⁵ 树长高 the tree grows tall *sibu yanbbo ne vutentru nzzho debbe*。树长高了就容易秃树梢。

sibyi nchyi su si⁵⁵pə⁵⁵tʃʰə⁵⁵su³³ 名 解匠（解木板的人）timber artisan, sawer *sibyi nchyi su bbe ne vashyi zzyi yanga de bbe*。解匠都是吃肉吃凶的。

sica dapwa si⁵⁵tsʰa⁵⁵ta⁵⁵pʰua⁵⁵ 一片树叶 one leaf *shamalaho ne hddajabide，sica dapwa naddra la vuddehzu ddejima de*。沙玛拉活是个胆小鬼，是天上掉一片树叶下来都怕砸死人的那类人。

sica gwarbu si⁵⁵tsʰa⁵⁵kuɚ⁵⁵pu⁵⁵ 树叶凹处（可积水）the sunken place of the leaf *sica gwarbu zzho negu，lebbwa gwarbu zza nezyi*。在树叶的凹处盛水喂子女，在手板的凹处放食喂子女。

sica tehsse si⁵⁵tsʰa⁵⁵tʰe⁵⁵əze⁵⁵ 树叶枯落离开树 the leaves wither and fall off the tree *sica tehsse meerhji，meer mahji nbbar nyipyi*。树叶枯落离开树，不是风吹树叶走，而是树干抛弃树叶。

sigaza hji sɛ⁵⁵ka⁵⁵tsa⁵⁵ətɕe⁵⁵ 动 跳神，驱鬼，持叉 perform a folk dance to god, expel the evil spirit

sigguma si⁵⁵gu⁵⁵ma⁵⁵ 名 林中村（蓼坪乡地名）Forest Village *shoine zhanka dde na sigguma zzho，zhangane kwarla*。原先山家家族居住在蓼坪乡林中村地界，后来才北迁。

sihbbu erkwa dwa yazze si⁵⁵əbu⁵⁵ɚ³³kʰua³³tua⁵⁵ja⁵⁵dze⁵⁵ 三角石块便于抱 triangular stones are easy to hold *sihbbu erkwa dwa yazze, ssohbbu erkwa zzo yazze*。三角石块

便于抱,四角石头利于砌。(谚语,表示各有好处)

sihbu si³³ əpu³³ 名 玉兰 yulan magnolia *sihbu si bbe nemido neryinbba nyo, deryi nbbane nzzyimar sihbumidojji*。玉兰树有两种颜色的花,其中一种紫色的花叫"紫玉兰"。

sihjji si si⁵⁵ ədʑi⁵⁵ si⁵⁵ 名 红豆杉树 Taxus chinensis *shoiha sihjji si bbe sijibi bbe sulige nagwai nyihji zho debbe*。过去,红豆杉树皮被人剥下来熬制药物(紫杉醇)。

sihjjisi mama si³³ ədʑi³³ si³³ ma³³ ma³³ 红豆杉树的果子,紫杉树的果子 the fruit of Taxus chinensis *sihjjisi mama bbene nyihjidebbe, ngecehane desyi ddecyi debbe*。紫杉树的果子可以入药,吃起来感觉有些苦。

sii si³³ ji³³ 小木屋 small wooden house *zzhoisilage bilaha, sii nganga debar ddecui nzzoboi de nancaza*。基岗铲草皮(轮耕)的时候,修建了一个小木屋作工棚。

sii hbu manyo si⁵⁵ ji⁵⁵ əpa⁵⁵ ma³³ ɲo³³ 树无千年树(尔苏人认知所限) there isn't an millennium tree *sii hbu manyo, sui hssa manyo*。树无千年树,人无百岁人。(谚语,表示人生短暂,应善待亲友,大度能容)

sikara nassha logeddabbar si⁵⁵ kʰa⁵⁵ ra⁵⁵ na³³ ʒa³³ lo⁵⁵ ke⁵⁵ da⁵⁵ b ɚ⁵⁵ 捡干柴火填满山谷(能说会道) collect dry sticks to fill the valley (have the gift of gab) *te muga le hibbadegene sikara nassha logeddabbar pade*。这个牧呷摆一点龙门阵,能够捡拾干柴火以填满山谷(即能说会道)。

sila dalaqi si⁵⁵ la⁵⁵ ta⁵⁵ la⁵⁵ tɕʰi⁵⁵ 一片森林 a forest *shepe ggeqo nqosi kezzhyibbe tihane sila dalaqi tebbuza*。阴坡上原来人工种植的松树,现在变成了一片森林。

sila kare si⁵⁵ la⁵⁵ kʰa⁵⁵ re⁵⁵ 野核桃,山核桃,楸木 Chinese walnut *sila kare ne hnanbbodebbe, kezhoasi napwane zzhuzzhubbe ngalayali*。野核桃是夹米核,不太容易剥出来,煮过再开就易剥。

sila kare si si⁵⁵ la⁵⁵ kʰa⁵⁵ re⁵⁵ si⁵⁵ 野核桃树,楸木树 Chinese walnut

sila qo si⁵⁵ la⁵⁵ tɕo⁵⁵ 野山椒 wild pepper *aryimarmarhane sila ge qo dohane silaqobbe malazzoro, tihanepekwa*。我们小时候上山摘花椒,从来就看不起野山椒,它现在身价倍增了。

silage ba si⁵⁵ la⁵⁵ ke⁵⁵ pa⁵⁵ 名 林子头村 Linzitou Village *silage ba she anggu dde tihane sudeolamazzho za, nbbarnbbar mara*。林子头村周姓家族现在一家都不在,不知道搬到什么地方去了。

silamido na ggagga si⁵⁵ la⁵⁵ mi⁵⁵ to⁵⁵ na³³ ga³³ ga³³ 山花烂漫 mountain flowers are in full bloom *nwanzzu ba i meli ge, menyi ddabar ne silamido na ggagga gge dege*。凉山村是个每年春天都山花烂漫的地方。

春 天

sili bbu ddabwa ① si⁵⁵ li⁵⁵ bu⁵⁵ da⁵⁵ bua⁵⁵ 弓被虫蛀 the bow is damaged by worms *massi*

massi silila bbu ddabwa za, *mashyimashyi ryipa la nyitadaza*。长时间不用,木弓都被虫蛀了;长时间不走,道路都被草堵了。

sili bbuddabwa ② si⁵⁵li⁵⁵bu⁵⁵da⁵⁵bua⁵⁵ 英雄不再,木弓生虫 no more heroes, the wood bow is damaged by worms *sili bbu ddabbwa*, *mochu shekankwa*, *lwapwa zzyi mazzhoa*。木弓遭虫蛀,宝刀生铁锈,老虎威不再,英雄已不再。

sili bryi se⁵⁵le⁵⁵pʐɤ³³ 名 弓弦 bowstring *sili ssi maggahane sili bryi ga teli mahssyi ne troha ne ssemazzhogge*。木弓在不使用的时候,就要卸下弦绳,不然弓弦就会失去弹力的。

sili ggama si⁵⁵li⁵⁵ga⁵⁵ma⁵⁵ 名 弓背 back of a bow *nbbryisso i sili ggama ge ne ngwarro ddencui ddegwar zade*。部日若依的木弓弓背上被镶嵌了牛角片,加大了强度。

simazu ne ddencuncu si⁵⁵ma⁵⁵tsu⁵⁵ne⁵⁵de³³ntsʰu³³ntsʰu³³ 木料不直就削直,弯曲的木头用斧头削 if the tree is not straight, whittle it *simazu ne ddencuncu*, *teyo tenzze bbevajji kahaha zulasu nyitanddendde*。木料不直就削直,对犯错误的人要教育和帮助,不要歧视和打击。

sinca su se⁵⁵ntsʰa⁵⁵su⁵⁵ 名 木匠(木工师傅)carpenter *siloage kenpi kezzorohane*, *ibbe rara ggajjigge*, *sinca su bbe ddabbarzajje*。他躲在树林里观察,有很多木工在忙碌,几栋房屋正在建设。

sindde bbekehssyi si⁵⁵nde⁵⁵be⁵⁵kʰe³³ɤzɤ³³ 良木容易遭虫灾,好树遭虫祸 good wood is vulnerable to insects *sindde bbe kehssyi*, *condde nyi kehssyi*。良木遭虫祸,好人遭病害。(谚语)

sinwa derewa si⁵⁵nua⁵⁵te⁵⁵re⁵⁵wa⁵⁵ 一个村庄,一座城郭 a village, a city *yaishohane*, *nwanzzubai sinwa derewa nyogwa ne jjimar panci si*。从前,凉山村一座城郭里全部是吉满家族在居住。

sinyodaca vumahgu si⁵⁵ɲo⁵⁵ta⁵⁵tsʰa⁵⁵vu⁵⁵ma⁵⁵əku³³ 三天两头地生病 fall ill every two or three days *itege nalai zhangane sinyo daca vumahgu*, *anjji za manddo*。自从搬进这个屋子以后,就三天两头生病,没有清净过,不知道是什么东西在作祟。

sio nyo si⁵⁵o⁵⁵ɲo³³ 名 初三 the third day of the lunar month *cihinyoma malijja trolengu ngeshei swai llhaer sio nyo singugge*。今年因为属相日的原因,射箭节改为农历三月初三才开始。 *zhyii lhaer sio nyo ne ryizzei nyoma*, *tenyone ve nzzazhyo*。正月初三是属龙的日子,都说这一天是猪过年。

sipwasihyo ngu si⁵⁵pʰua⁵⁵si⁵⁵xjo⁵⁵ŋu³³ 排山倒海般,如山坡上砍柴推柴般 spectacular significance *lalo ne sudeva zzhyi jji hane zzhoggwa sipwa sihyo ngu aqwa gge de*。拉罗说别人的时候,就像站在坡上砍树推柴一样,排山倒海,势不可挡。

siro mandde si⁵⁵ro⁵⁵ma⁵⁵nde⁵⁵ 材质不良,柴的燃烧值低 bad material *zebbusi bbe jji kaersi bbe miha sıro mandde debbe*。麻秆柴和麻柳柴一样,是材质不好的木材。

sishu kwa si³³ʃu³³kʰua³³ 名 黄柏 golden cypress *sishu kwa ne sijigubbe la nyihjidebbe*。黄柏树的树皮都有药用价值。

sisi shyi si⁵⁵si⁵⁵ʃɤ³³ 不听劝,故意为之,我行我素 refuse advice, persist one's old ways *nya ne kwakwa izzhyi ne ma bbanyi*, *sisi shyi ggagga ggede*。你这小孩嘛,不听大人的

siwo bbwazha si⁵⁵o⁵⁵ bua⁵⁵ tʃa⁵⁵ 丫丫柴，树枝柴火 wood branch, firewood *te ai ssao si zhyi jja siwo bbwazha denbbu nasshai hjila za*。这个阿依惹去砍柴火，砍回来一些树枝丫丫。

siza si⁵⁵ tsa⁵⁵ 木料段，成段的木材 timber *sofu lige siza o ddabbai iggei si hgwar ra ne ngu si nqinehzeajje*。索夫把大木段子背起，绕房屋转了三圈，然后丢弃到敞坝，他就离去了。

siza dda gwar si⁵⁵ tsa⁵⁵ da⁵⁵ku ɚ⁵⁵ 戴上脚枷（木墩）put on the foot cangue *nzzyimowuja nzza ratazzusude kemi siza dda gwar varngu*。抛烘乌甲抓了一个汉族石匠，让其戴上脚枷为他干活。（民间故事）

sizzha nbbar si³³dʒa³³b ɚ⁵⁵ 名 寄生包 parasitic bud *ka-resi sizzha nbbar bbeneqosi sizzha nbbar bbe qo yakwa, nyihji jjiyahsse*。核桃树上的寄生包要比花椒树上的寄生包大一些，药用价值也大些。

sizzi hssyi si⁵⁵dʑi⁵⁵ əzɛ⁵⁵ 砍湿柴（烧尸柴）cut the wet wood (the firewood for burning the corpse) *sonyo mochuggetele, danyone sizzi hssyi su neo napar ssyisu*。如果明天要出殡的话，今天就派两人去砍湿柴。

sizzyi yanqo lhalha ga si⁵⁵ dʑɿ⁵⁵ ja⁵⁵ ntɕʰo⁵⁵ ɬa⁵⁵ ɬa⁵⁵ ka⁵⁵ 春天树芽最美的是白杨树 the most beautiful bud in spring is the poplar *sizzyi yanqo lhalha ga, sihgo yanqo marzzha ga*。春天树芽最美的是白杨树，秋天落枯最美的是窝窝树。（民歌歌词）

so ① so⁵⁵ 动 学（文化）learn, study *ersu bbe nyogwane nzzhonzzyi nzzhoma ke so so hu debbe*。所有的尔苏人都需要学习文化科学知识的。

so ② so³³ 动 训练，驯（牛）train *ngwarhar lanama so ne lamanzzho debbe*。小牯牛不驯就不会犁地。

so zzho ① so³³ dʒo⁵⁵ 名 大江 the large river *so zzho mace syimaryi, nzza cha ma ddwa comantre*。不喝大江水勇敢不增，不去内地游智慧不长。（谚语）

so zzho ② so³³ dʒo⁵⁵ 名 长江，扬子江 the Yangtze River

sodage so⁵⁵ ta⁵⁵ kɛ⁵⁵ 名 学校，训练场 school, training ground *tege ne ai marmar ha nzzhonzzyi so da ge*。这里是我小时候读书学习的地方（学校）。

sonyo nggeso so³³ ɲo³³ ŋge³³ so³³ 明后天，最近一两天 tomorrow or the day after, in two days *sonyo nggeso bbe ge ggwalagge jjakatogge, xxinyobbe naharhar*。天气预报说，最近一两天要下大雨，你把烟苗地盖上竹笆。

soso so⁵⁵ so⁵⁵ 动 学习，练习 study, learn, practice *sedejji syissa dele mahssyi, kama soso ne kenzzho magga debbe*。谁都不是神仙变来的，不学习是不会的。

soso da ge so³³ so³³ ta⁵⁵ ke³³ 名 学校（读书之地，培训基地）school *ai soso da ge ne zzilha bashe*。我的小学就在则拉乡大铺子村。

soso nggebbutre ge so⁵⁵ so³³ ŋge⁵⁵ bu⁵⁵ tʂʰe⁵⁵ ke⁵⁵ 名 初三（九年级）the third year of middle school, ninth grade *maga ssao cihi ne soso ngge bbutre ge la ddela de, maso gassyi ngudwajje*。牧呷惹今年已经上初三了，据说现在辍学去外地打工了。

sosole pe so⁵⁵ so⁵⁵ le⁵⁵ pʰe³³ 名 学费（拜师费）tuition fee (expense of taking sb. as one's teacher)

ssa za⁵⁵ 汉族人 the Han people

ssa hbu ① za³³ əpu³³ 名 百户，富翁(有钱人) man of wealth, rich man *aryi ersu ho ge ne ssa hbu ne su dahssa inwa maga hbugar su de*。在我们尔苏语里边，百户就是管理100户左右人家的一个土官。

ssa hbu ② za³³ əpu⁵⁵ 名 皇帝，君主 emperor, king *ssa hbu o rewa cusu bbe lige vuddehzu rewa ga izhanga ddagwar jje*。皇帝被建围墙的人打死了，埋在围墙基下。(民间故事)

ssa ma za⁵⁵ ma⁵⁵ 名 饭 rice, food *ryinyi bbe neshyinebbu tegebarla, ssa ma danabar jji ngazzyia ddawasu*。亲戚们辛辛苦苦来到这里，各人要主动去找些饭吃。

ssa nyo za⁵⁵ ȵo⁵⁵ 幺儿子，小儿子 the youngest son *ssahbu ssyikwahgga, ersu ssa nyo hgga*。都说国王爱长子，谁知百姓爱幺儿。(谚语)

ssahbu deonyo za³³ əpu³³ teo³³ ȵo⁵⁵ 国王初一(正月初一) the first day of the year *danyo ssahbu deonyo, nggwar lage la nggwar lama zzi dei nengu*。今天是国王初一，一对男女结为夫妻了。

ssahbu ssyikwa za³³ əpu³³ zɕ⁵⁵ kʰua⁵⁵ 名 王子 prince *ssahbu ssyi ssyıkwa o gussyi ngusu de nancai yabu ssyi vahga yohgujje*。王子装扮成一个穷小子，帮富翁家放牧，以接近他家的幺女。

ssahbu ssyissi za³³ əpu³³ zɕ⁵⁵ zi⁵⁵ ji³³ 名 公主(国王的女儿) princess (the king's daughter) *jjimoabu i kato i, ssahbu ssyi ssi o nava qi gge, ne a fu ddo?* 基摩老爷说的，要把国王的女儿嫁给你，你是要还是不要？(民间故事)

ssahgge nya za⁵⁵ əge⁵⁵ ȵa⁵⁵ 名 小山口(山名) Xiaoshankou Mountain *yaishoha nwanzzuba she nwanzzudage ne ssahgge nya ddecu zadege*。在古时候，凉山村的观察哨就设在小山口的山腰。

ssahme la za⁵⁵ əmɛ⁵⁵ la³³ 种火地(在被火烧过的荒地里种植) crops are planted in the wasteland that had been burned *ssahme la ggeha ne drema deji ddehji ane lide, zzebyi mfu de*。种火地的时候，不需要带锄头，只需要带一把弯刀就可以了。

ssahssa za⁵³ əza⁵⁵ 副 慢慢(轻手轻脚地)，悄悄 slowly, quietly, softly *ne tiha si jjola ddo, yaddr tiha ka si marza, ssahssa ngu*。你才回来呀，孩子刚睡下，(你)轻手轻脚地，不要吵醒小孩。

ssahssa ngu za⁵⁵ əza⁵⁵ ŋu³³ 副 轻轻地(悄无声息地) gently, noiselessly *har o te nyihe silage zzho, ddalagga, ssahssa ngu ddatahose*。老熊在这下面的树林里爬行，就要上来，(我们)悄无声息地埋伏着。

ssahssa sikato za⁵⁵ əza⁵⁵ si³³ kʰa³³ tʰo³³ 慢慢再说吧，以后再说 take your time, talk to you later *mwaha, yavabarddwa si ssahssa si nava keto gge*。现在不要着急，回到家里以后，慢慢再说吧(即慢慢地收拾对方)！

ssahssa ssyi za⁵³ əza⁵⁵ zɕ³³ 一路顺风 have a nice trip *nganggwarle ryipa nata danggo a, ssahssa ssyi*。既然已经动身了，就不要在路上耽搁了，一路顺风，吉祥安康。

ssajji ba za⁵⁵ dʑi³³ ba³³ 名 雅寨(大湾村一组) Ya Village (the first group of Dawan Village) *ssanjji ba she suja ddene shuvar nbbar bbo dei, acyi bbejji yancu*。因为雅寨的苏家是经师世家，所以后人中也多有聪

明人。

ssama ca ① $za^{55}ma^{55}tsʰa^{55}$ 名 热饭（已加热的饭）hot meal *nddro shyi gge ngazzyia ddewa shu, ssama ca ca danabar nagwar*。因为要出行，所以必须把饭吃饱，添一点热饭来吃。

ssama ca ② $za^{55}ma^{55}tsʰa^{55}$ 动 热饭（给饭加热）heat the meal *ne desyi ngelo se, a ssama ca ggese*。你稍微等一下，我正在热饭。

ssama che $za^{55}ma^{55}tʃʰɛ^{55}$ 动 煮饭 cook *ssama che su bbe lepe bbe neci nece a shosho lala su, mapo nata ngu*。煮饭的服务员要把手清洗得干干净净，大家不要不讲卫生。

ssama che su $za^{55}ma^{55}tʃʰɛ^{55}su^{55}$ 做饭的服务员 cook, chef *ssama che su bbe, mossama sintru kentrua nezyiga. ssama bemagge o*。做饭的服务员再蒸三甑子饭备用，估计米饭不够吃。

ssama cheda $za^{55}ma^{55}tʃʰɛ^{55}ta^{55}$ 名 厨房（做饭的地方）kitchen *yaddrbbe nganyo ngwar i, ssama cheda degela ane debbe jiji lanyo*。娃娃们，请到门外去玩，一个做饭的地方有什么值得你们跑来玩的哦。

ssama chele mabbo $za^{55}ma^{55}tʃʰe^{55}le^{55}ma^{33}bo^{33}$ 无米之炊，无米下锅 cook a meal without rice *mabboha seddela yava ssama chele mabbo, ingakehxxi ngo*。困难时期，谁家都是无米下锅，大家都忍饥挨饿的。

ssama dasshao ① $za^{55}ma^{55}ta^{55}ʒao^{55}$ 名 铁饭碗（一份固定的工作）a steady job, a secure job *ersuyamilemazzhodda nzzassyi ssama dasshao zzyisune debbe zzho*。尔苏人口不多，但是在党政部门、企事业单位工作（钱饭碗）的尔苏人还不少。

ssama dasshao ② $za^{55}ma^{55}ta^{55}ʒao^{55}$ 一碗饭 a bowl of meal *ale tihane dazza ne ssama dasshao si zzyido, soi mimaha*。我现在一顿只能够吃一碗饭，不像过去那么能吃了。

ssama dehbbi $za^{55}ma^{55}te^{55}əbi^{55}$ 一口饭（指生存）a mouthful of rice (seek living) *sejji nyope ssama dehbbi hzhagge she, sanbbu ddeche dele ge mazzho*。谁都是在外头找口饭吃求生存的，没有哪个是吃了饭没事在这扯淡的。

ssama kanzza $za^{55}ma^{55}kʰa^{55}ndza^{55}$ 名 炒饭 fried rice *muga ssama kanzza bbe ngehji ssuggu jjige zzanbbalhabbeva qokezyi*。阿木，把这些炒饭拿去，在各个牲畜圈里给畜牧神上敬一下。

ssama mazzyi $za^{55}ma^{55}ma^{55}dʑɛ^{55}$ 不吃饭 skip meals *zaligao denyonyo ssama mazzyi vusice, nddetebbu magga de*。阿西嘎不会有好结果，他天天光喝酒不吃饭。

ssama nbbinbbi $za^{33}ma^{33}nbi^{33}nbi^{33}$ 名 冷饭 cold meal *ntru ge ssama bbe ngenbbi za, ssama nbbinbbi jji ale zzyi pade*。甑子里的饭已经冰凉了，不过我是可以吃冷饭的。

ssama neer $za^{55}ma^{55}na^{55}ɚ^{55}$ 动 添饭 add more rice *ssamagema bbeashyi ssama neer la, wamu debbe ge ssamamazzhogga*。司饭员们赶快来添饭，有些竹钵快没有饭了。

ssama nevu $za^{55}ma^{55}ne^{55}vu^{55}$ 名 馊饭（变质的饭）spoiled meal, sour meal *ssama bbe tamasingu nevuza, ssama nevu bbe vava nezyi mahssyi mali*。因为米饭没有收拾，所以全部馊了。把馊饭拿来喂猪，不然人吃了不好。

ssama ntosu ① $za^{55}ma^{55}ntʰo^{55}su^{55}$ 名 烫饭 hot meal, boiled meal *daso bbibbi zhazha,* ssama ntosu danabar si ngezzyiila debbe。今天早上忙忙慌慌地只吃了点烫饭来的。

ssama ntosu ② za⁵⁵ ma⁵⁵ ntʰo⁵⁵ su⁵⁵ 汤泡饭 rice served in soup *ssama ddra bbe nge hjila，a ryi lige ssama ntosu debbe nanca zzyi gge*。我们把剩饭拿出来，做成汤泡饭给大家吃。

ssama ntru ① za³³ ma³³ ntʂu⁵⁵ 动 蒸饭 steam rice *ssama gemabbe ssama ntru nddoa，nddavarbbe barlagga*。司饭员们该蒸饭了，客人们快要到了。

ssama ntru ② za³³ ma³³ ntʂu⁵⁵ 一甑子米饭 a pot of rice *amujaha neate ssama ntru ddedwa ngehjila nddavarneova ssama neershu*。阿木加哈，你去把那一甑子米饭轻轻地端出来，让两位客人自己添饭。

ssama qoqo ① za⁵⁵ ma⁵⁵ tɕʰo⁵⁵ tɕʰo⁵⁵ 捏饭团 pinch rice balls *aimo lepenecea atentruge ssamabbe lehzege ngehia ssama qoqo nanca*。阿姨莫，你把手洗一下，把那个甑子里的饭倒在箕子里，再捏成饭团。

ssama qoqo ② za⁵⁵ ma⁵⁵ tɕʰo⁵⁵ tɕʰo⁵⁵ 名 饭团（米饭球）rice ball *aryile nzzhokwa ssama qoqo debbe hjila za，zzyige tele dewo shala*。我们带的午饭有米饭团，你如果要吃，就来拿一个吧。

ssama razzyi mapa ① za⁵⁵ ma⁵⁵ ra⁵⁵ ʥə⁵⁵ ma³³ pʰa³³ 吃不下饭，吃饭困难 be unable to eat, can not eat *assyi awa o cihine nggessyikezyia，shyima mahai ssama razzyi mapa za*。我奶奶90岁了，因为没牙齿，所以吃饭困难。

ssama razzyi mapa ② za⁵⁵ ma⁵⁵ ra⁵⁵ ʥə⁵⁵ ma³³ pʰa³³ 没有饭吃，生活困难 be badly off, have problems in living *fuge ersu nesii lojagoto hza ddwai meli mancui ssama razzyi mapa jjo la*。村子里有两三户尔苏人家，曾经搬迁到罗家沟头村，因为那里土地贫瘠、生活困难，所以后来只好又回到凉山村。

ssama shupu za⁵⁵ ma⁵⁵ ʃu⁵⁵ pʰu⁵⁵ 名 饭桶（装饭的铁桶）the iron rice bucket *ssama besu nbbarege nyibugai ssama shupu la nalalai ddapwa za jje*。送饭的炊事员在山坡上跌了一跤，听说饭桶都滚下山摔烂了。

ssama shyishyi za⁵⁵ ma⁵⁵ ʃɕ⁵⁵ ʃɕ⁵⁵ 名 白饭，素饭 rice with nothing *yava ncencelemazzha，ssama shyishyi denabarsi ngezzyia*。家里实在没有什么菜肴，只吃了一点白饭就来了。

ssama sshao ① za⁵⁵ ma⁵⁵ ʐao⁵⁵ 名 饭碗，工作，职业 job, employment, profession *tiha ne sejji ssama sshao tehze ddejima ne，depryirara nengu nahnyoa*。现在大家都害怕丢掉工作，所以谁也不敢违法乱纪。

ssama sshao ② za⁵⁵ ma⁵⁵ ʐao⁵⁵ 那碗饭 that bowl of rice *ate zozeqo ssama sshao zzyi suma zzho，dde nggo a ntruge nyigwar*。桌子上的那碗饭没有人吃，把它拿起来倒进甑子里去。

ssama ssuma za³³ ma³³ zu⁵⁵ ma⁵⁵ 名 饭瓢 rice ladle *ssamabbe gedwazzho，ssama ssuma rarangu desyi ngeddeyi ne ddre*。饭里有大块的饭团，用饭瓢把饭团压散。

饭　瓢

ssamadazza zzyishe za⁵⁵ ma⁵⁵ ta⁵⁵ dʑɚ⁵⁵ ʃe⁵⁵ 吃一顿饭的工夫 time for a meal *age shonengugese, ssamadazza zzyishe ne te zzu gge de, neryi sho nge zzyi*。我将用吃一顿饭的工夫把它做完,你们先吃吧。

ssamamazzyisumazzho za⁵⁵ ma⁵⁵ ma⁵⁵ dʑɚ⁵⁵ su³³ ma³³ dʐo³³ 天下没有不吃饭的人 there is no one who skip meals *ssama mazzyi su mazzho, xximace su yamihge*。天下不吃饭的人没有,世上不抽烟的人很多。

ssamangezzyi mazzyima nchwa za³³ ma³³ ŋe³³ dʑɚ³³ ma⁵⁵ dʑɚ⁵⁵ ma³³ ntʃʰua⁵⁵ 糊涂得吃没吃饭都不觉得 be too muddled to think about taking a meal *tessyi awao ssamangezzyi mazzyima nchwa tenddoane zzyiggejjigge*。他奶奶糊涂得吃没吃饭都不知道,只要看到东西就要吃。

ssame pwada za⁵⁵ mɛ⁵⁵ pʰua³³ ta³³ 刨土钉耙 digging rake *ssakalwa ssakasai zhangane ssame pwada shebbar dei ddasha dda bar ne lide*。砍了火地、烧了火地以后,用刨土钉耙把烧过的泥土刨散开,就可以撒种子了。

ssami pwada za⁵⁵ mi⁵⁵ pʰua³³ ta³³ 名 水耙(水田里打碎泥块的耙子) water rake *ssyihwaige ssami pwada o zzhongwar va kasai su o qo nessi ncanca gge*。在水田里,把耙子架在水牛身上,人压在上边,就让水牛拉着耙泥饼。

ssankwa lage za⁵⁵ ŋkʰua⁵⁵ la⁵⁵ ke³³ 泥浆中,淤泥里 in the mud *danyone ssankwa lage ssami ddehzu, anesu barla e*? 今天下雨,满地都是泥浆,你是怎么到达这里的哦?

ssanyohzhyiggemwa manddo za⁵⁵ ɲo⁵⁵ ɚʃe⁵⁵ ge⁵⁵ mua³³ ma³³ ndo³³ 子欲孝而母不在 son wants to show filial piety yet mother has passed away

ssaobbwa ʒao³³ bua³³ 名 玛瑙,翡翠,玉石 agate, jade *lamu ngabarha qama tava sshaobbwa le dru daga tasa za*。拉牧出嫁的时候,她的母亲给她陪嫁了一只翡翠手镯。

ssaoge deoncyi ɚzao⁵⁵ ke³³ teo⁵⁵ ntsʰɚ³³ 百里挑一,最优秀的 outstanding, eminent, excellent *copar tebbe nggefu nggewa ge hssao ge deoncyi i shula*。这些年轻人是在各地各铺子里遴选出来的最优秀的成员。

ssassa lala za³³ za³³ la³³ la³³ 年纪轻轻的(人),年幼的(动物),嫩嫩的(植物) young, tender *te melige vezza bbe ssassa lala, sula ngezzyi ya debbe miha*。这个地里的猪草嫩嫩的,好像人都可以食用的样子。

ssassa ssassa za⁵⁵ za⁵⁵ za⁵⁵ za⁵⁵ 小心翼翼 carefully *meliggu shenzzi zzha, ssassa ssassa ngala, shenzzi kehzho ha*。地上有铁钉,要小心翼翼地过来,不要被钉子刺到了。

ssavar ① za³³ vɚ⁵⁵ 动 羡慕 admire *sedei kezzoro hala ava ssavar jje, ai nenzzyinzza suihamase*。大家都说羡慕我,但我的操心和劳累,却没有哪个人知晓。

ssavar ② za³³ vɚ³³ 八洞神仙,道教八尊神(蟹螺语) the Eight Immortals *ssavar ne syissa xxiovakatode, ssavar nqishu kencuila varvarlane gagabi*。八位仙人打起火把照着路,一起上来帮忙,法力就强大得多。(民间故事)

ssavar ③ za³³ vɚ⁵⁵ 名 幸福 happiness

sse ① zɛ³³ 形 有效的 effective *awailo nyihji ngece tachai nyope la zzezze kacua, nyihji sse debbe za*。阿外龙吃药后,病痊愈了,开始出门在外头走动,看来这些药是有效的。

sse ② ze³³ 老年人病重时献的牲口 the sacrifice of the old man with the severe illness

sse ③ ze³³ 名 镰刀 sickle *su ashyiashyi ngui sse ma zziryi he ga ssyige ngeji tra va erlya shuajje*。这个人快速地把有刻槽的镰刀嵌入嘴里，让鬼来抚摸。（民间故事）

镰　刀

sse ④ ze⁵⁵ 名 妻 wife *hggepe mafu sse dera, ama ngala ngga techu*。不要彩礼得妻子，我的母亲来开门。（民歌歌词）

sse ⑤ ze⁵⁵ 动 落脚，进去，到达 stay, get in, arrive *nddavarbbe la kamahsse se, ane debbe bbibbi ddo*? 新娘子都还没有到达，你们慌些什么？

sse ⑥ ze⁵⁵ 猪胸腔软骨部分的肉 the pork of the pig cartilage *ve sse o kezho a qokezyi*。把猪胸腔软骨部分的肉煮熟以后，上敬给祖先。

sse ddegu ① ze⁵⁵de⁵⁵ku⁵⁵ 动 打气，鼓劲，挑唆 encourage, instigate *makehao paoyoddalige sse ddegu su, kalai sutesho dege jjihdojjido gge*。马克哈被抛哟达挑唆以后，跑到办丧事的地方闹事了。

sse ddegu ② ze⁵⁵ de⁵⁵ ku⁵⁵ 动 淬火 quench *shenganga ne sse ddegu i ssamanyo, conganga ne kahahai ssemanyo*。劣质铁器淬火不起效，劣智小人教育不起效。

淬　火

sse gu ① ze³³ ku⁵⁵ 喝热汤仪式 ceremony of drinking hot soup *momobbe sse ne gu ane nyilangguge ddeddwa de, tentru mapa*。老人一旦作了喝热汤仪式，就已经进入了先人的行列，绝对不能够被玷污了。

sse gu ② ze⁵⁵ ku⁵⁵ 动 淬火，硬化 harden, quench *shezzukenbbuga zzhoku ge sse gu ha zzhose neerer-i ddela ggedebbe*。把烧红的铁凿子放到水里去淬火的时候，会升腾起很多水蒸气的。

sse hdda ze³³ əda³³ 名 神山（镇守神山之神）Holy Mountain (the God of Holy Mountain) *sepe sepe la ni mado, nesi sse hdda o nzzongua jji cucu hane ya ligge*。你和任何人都处不好关系，你就像一个镇守神山的神一样（被大家孤立起来）。

sse hdda ggonbba ze⁵⁵ əda⁵⁵ go³³ mba³³ 山神庙 mountain temple *ncheii gabbe sse hdda ggonbba i delategehazho*。伙伴们，你们来看看，这里有一座山神庙。

sse kenggo zɛ⁵⁵ kʰɛ⁵⁵ ŋo³³ 动 娶妻（娶媳妇进门）marry (a woman), take a wife *issa*

443

deo zzho ne lemakeshu sse kenggo ane yozai bossi shu ggeshe。儿子娶媳妇进门以后，就让他们出去自己安家过日子。

sse keshu ze³³ kʰe³³ ʃu³³ 举办婚礼 hold a wedding *tezzyi issa o cihi sse keshu jje*。听说他家儿子今年结婚(举办婚礼)。

sse ma zɛ⁵⁵ma⁵⁵ 大镰刀 big sickle *sse ma zzi ryi ha da ga jihji*。带一把有锯齿的大镰刀。

sse ma nyo ze³³ma³³ȵo³³ 不起作用 it is no use *ane nyitryi de manddo, nyihji ngece hala sse ma nyo de*。不知道是什么样的感冒，吃了药都不起作用。

sse ma zziryi dde nku ze⁵⁵ma⁵⁵ dʑi⁵⁵ rɚ⁵⁵ de⁵⁵ ŋkʰu⁵⁵ 刻有锯齿的镰刀 scythe

sse manyo ze³³ma⁵⁵ȵo³³ 不起作用，不管事 it is no use *tavcaddeddekato ne sse mama nyo, sse manyo nekato magga*。对他越说越不起作用，不起作用就不说了。

sse negu ① ze³³ne³³ku⁵⁵ 喂热汤，作仪式请老人喝点热肉汤 ask the old man to drink some hot broth *momo ne zzhohane tesi tengu, makadra hane sse desyi negu*。老人健在的时候要孝顺和赡养他们，有病痛的时候要给他们医治和喂热汤。

sse negu ② ze³³ne³³ku³³ 敬热汤仪式 ceremony of offering hot soup *momo nebobarde, zzhoha ne sse negu, mazzhoha ne qokezyi*。家中老人是珍宝，在世时行敬热汤仪式，过世之后要经常祭祀。（当地的做法）

sse pe maqi sse mara ze⁵⁵ pʰe⁵⁵ ma³³ tɕʰi³³ ze⁵⁵ ma⁵⁵ ra³³ 不给聘礼不得妻 no betrothal gifts, no wife

sse su ze³³ su⁵⁵ 磨镰刀 sharpen sickle *memacozzyio nkwar ne ssege ngehjilai erkwa deqo sse su gge jja*。野人婆半夜里拿出一把镰刀，在石头上磨了又磨。（民间故事）

ssema zziryi ddenku ze⁵⁵ ma⁵⁵ dʑi⁵⁵ rɚ⁵⁵ de⁵⁵ ŋkʰu⁵⁵ 有锯齿的大镰刀 scythe *nceze lwahane ssema zziryi ddenku bbe mahssyi ne lwa yanzzyi debbe*。收割庄稼和砍伐苎麻的时候，要用刻有锯齿的大镰刀，不然的话割起来很费劲。

ssencyihggoi sse nbbizzhe ze⁵⁵ ntsʰɚ⁵⁵ əgoj⁵⁵ ze³³ nbi³³ dʑe³³ 选妻选来选去选到个粗脖子女人 find a woman with the big neck to be the wife *sse ncyiggoi sse nbbizzhe, nge ncyihgoi ngemozho, jianzzu sii ngu*。选妻子选来选去选到一个粗脖子的女人，选圆根选去选来选到一个野萝卜的圆根。（谚语，表示不要太挑剔）

ssense ʒɛ̃³³ sɛ̃⁵⁵ 名 人参 ginseng *yahishohi ne jjimassyi bbesi ssense ngezzyido*。在旧社会，只有富有的人可以吃到人参。

ssepemaqi ssemanyo ze⁵⁵ pʰe⁵⁵ ma³³ tɕʰi³³ ze⁵⁵ ma⁵⁵ ȵo³³ 不给聘礼不得妻，无不要聘礼之妻 there is no bride without betrothal gifts *ya issa, ssepemaqi ssemanyo, sse ndde ma hssyi hsse nga de nira*。哎，儿子啊，没有不要聘礼的新娘，你没找到好新娘，遇到个坏新娘。

ssezzho ngu ze⁵⁵ dʑo⁵⁵ ŋu⁵⁵ 有耐心，有恒心，锲而不舍 patient, perseverant *awonetejjajje, ane ngujji ssezzho ngu ane she dre nggu jji hardde supa*。那个老奶奶告诉他，做事情只要有耐心，铁杵也能够磨成针。

ssha da ʒa⁵⁵ ta⁵⁵ 挑拨离间，搬弄是非 make mischief, stir up enmity *ssha da su lige ddesshada i tezzi neo taha ne deodeva nalaho*。挑拨离间的人在他们两人之间

搬弄是非，现在他俩相互不理睬。

ssha ssha ʒa⁵⁵ʒa⁵⁵ 动 吵架 quarrel *tezzi copar newo le daryi de tebbu magge, de nyonyo na ssha ssha ngama da*。他们两个年轻人，成不了什么事的，每天都吵架。

sshada su ʒa⁵⁵ta⁵⁵su³³ 挑拨离间者 mischief-maker *byima one sui bega sshada su dejje, qadadai bumasshda jji debbe*。据说，青蛙专门在人与人之间进行挑拨离间，所以说青蛙是挑拨离间者。

sshahdo sshara ʒa³³əto³³ʒa⁵⁵ra⁵⁵ 名 然多然架（神山名）Randuoranjia Mountain (the name of a holy mountain) *shababbei ngezzhyi ngavar dege ne sshahdo sshara hi deggejjigge*。据说，尔苏沙巴祖师爷出生在然多然架神山。

sshahzhyi ddahzha ʒa⁵⁵ətʃʻə⁵⁵da⁵⁵tʃa⁵⁵ 惹上官司，产生纠纷 get in a lawsuit, provoke dispute *tezzyi nyabbe ddakwai sshahzhyi ddahzhai inwanebbezzha, tamatejjimo*。他家的小孩长大后，惹上官司，家庭破碎，妻离子散，要不然，他就成财主了。

sshahzhyi kanpu ʒa⁵⁵ətʃʻə⁵⁵kʰa³³npʰu³³ 名 横祸（牢狱之灾）unexpected calamity (the calamity of imprisonment) *sshahzhyi kanpu neyavasi kenpijji titi ngahggwar lagge dejje*。即使你天天躲在家里，横祸也照样会飞来的。

sshahzhyidaga simanyo ʒa⁵⁵ətʃʻə⁵⁵ta³³ka³³si³³ma³³ɲo³³ 福无双至，祸不单行 joy comes never more than once but trouble never comes singly *ocyibbe katone, sshahzhyi ne daga sidemanyo, kamine neo dawala magge*。长辈们说，祸不单行，福无双至。

sshahzhyimabbo ssha hzhyihzha ʒa⁵⁵ətʃʻə⁵⁵ma⁵⁵bo⁵⁵ʒa⁵⁵ətʃʻə⁵⁵ətʃa⁵⁵ 无事生非，闯祸 make trouble out of nothing, lead to trouble *neryi sshahzhyimabbo ssha hzhyihzha, sibuqo erkwahze deo kanyoe?* 你们是无事生非瞎闯祸，哪有朝着树抛石头的?

sshahzhyimeonyiddra ʒa⁵⁵ətʃʻə⁵⁵me⁵⁵o⁵⁵ɲi⁵⁵dʐa³³ 飞来横祸，祸从天降 unexpected trouble, unexpected affliction *canyi me i qo jjihgu, sshahzhyi meo qo nyiddra*。瘟疫从地下冒上来，灾祸从天上掉下来。

sshao ʒao⁵⁵ 量 碗 a bowl of *ale tihane dazza ne ssama da sshao si zzyido, soi mimaha*。我现在一顿只能够吃一碗饭，不像过去了。

sshao bbwa ʒao⁵⁵bua⁵⁵ 名 玉，白玉，翡翠，绿松石 jade, white jade, jadeite, kallaite *tessyi qanya lha marmar wo salimava sshao bbwa ledru desyi tasaza*。她的三娘给沙丽曼送了一只白玉手镯子。

sshao ce ʒao⁵⁵tsʰe⁵⁵ 动 洗碗 wash the dishes *ssama ngezzyi ane ashyi sshao bbe necyi ne ce a shosholala sho*。吃了饭后，要立即把碗碟一起清洗得干干净净，然后收捡起来。

sshao ddapwa ʒao⁵⁵da⁵⁵pua⁵⁵ 把碗打碎 break the bowl *aige manzze sshao ddapwa i sshaobbwa bbe zzhonbbar la pyiddwa*。我不小心把碗打碎了，把碎片捡起来丢弃到河沟边去了。

sshao depe ʒao⁵⁵tɛ⁵⁵pʰɛ⁵⁵ 一只碗 one bowl *awamomo de sshao depe ddehji dranggu daga ddebui didisegohgogge*。有一位老奶奶拄着一根拐杖，拿着一只碗，在挨家挨户乞讨。

sshao napwa ʒao⁵⁵na³³pua³⁵ 碗被打破 the bowl is broken *sshao napwa ne lepe ddata* nggonggo, lehme nehze gge。碗被打破了以后，不能够立即用手去捡碎片，否则会成为习惯。（当地的说法）

sshaobbwa ledru ʐao⁵⁵bua⁵⁵le⁵⁵ʈʂu⁵⁵ 玉手镯，翡翠手镯 jade bracelet, jadeite bracelet *sshaobbwa ernbbu ledru syi tilige melizze jja ddehgei naddadda nancaza*。她戴着翠绿色的玉手镯去挖地，手镯被震落到地上，碎成两块了。

sshaobbwa lenca ① ʐao⁵⁵bua⁵⁵le³³ntsʰa³³ 名 玉印，官印 jade seal, official seal *nzzomossyi sshaobbwa lencao ngeshyijiajje, sshahzhyi mejo barbbingala*。大官家的玉印被盗了，这是天大的灾难了。

sshaobbwa lenca ② ʐao⁵⁵bua⁵⁵le³³ntsʰa⁵⁵ 名 玉玺 imperial jade seal *tige ssahbu ssyi sshaobbwa lenca o ne npo i ngehji la jjigge*。据说，他把国王的玉玺都偷来了。

sshare sshare ʐa⁵⁵re⁵⁵ʐa⁵⁵re⁵⁵ 稀稀拉拉，为数稀少 sparse *adde ngwar mabbo, yojji sshare sshare danancha si zzho ddo*。我家没有养黄牛，就是羊也只有稀稀拉拉的几只。

sshassha njjinjji ʐa⁵⁵ʐa⁵⁵ndʑi⁵⁵ndʑi⁵⁵ 动 争吵（吵骂和争夺）struggle, quarrel *nyinwa venwa bage ane debbe sshassha njjinjji lenyo ddo?* 两弟兄之间有什么值得争吵的？

sshe hdda ʐɛ⁵⁵əda⁵⁵ 名 山神（高耸的山岗）god of mountain (high hummock) *nesi sshe hdda o nzzongua jjicucu hane yali gge*。只有你一个人像高耸的山头一样，留下来的时候就有好日子过了。（反语）

sshe sshe ① ʐɛ⁵⁵ʐɛ⁵⁵ 动 流动，流淌 flow, stream, run *zzhotru bbe meliggu nge sshe sshe za, sedei tege nyifuga de?* 污水在地上到处流淌，是谁倾倒在这里的?

sshe sshe ② ʐɛ⁵⁵ʐɛ⁵⁵ 动 爬，爬行 crawl *tessyi yaddreo tiha xxyilha tebbui shyishyi mado meliggu sshe sshe gge*。他家的娃现在有八个月了，不会走路，在地上到处爬行。

ssho ① ʐo⁵⁵ 动 咒骂 curse *suikatoi byima bbe sunpwa bbe ssho bbe ssho hane sussho debbejje*。别人说，青蛙嘴巴不停地蠕动着，是在咒骂人类的。

ssho ② ʐo⁵⁵ 名 错误 mistake, error *teyaddreo yozai ssho nyo hasei jjomala nyopekenpiza*。因为这个娃娃认识到自己有错误，所以躲在外边不回来了。

ssho ③ ʐo³³ 数 四 four *amukeha ssyi yava sheer ssho hbbu necesu sso bbo de*。阿木克哈家里有四个正方形铁块。

ssho hbbu ʐo³³əbu⁵⁵ 四个角度，四个角 four angles, four corners *ii ssho hbbu mashoha, wai ssholyo mashoha*。室内四角防不洁，室外屋檐防不洁。（打醋坛时候的吉祥辞）

ssho hbbuga ʐo³³əbu⁵⁵ka³³ 四方形的 dimetric *erkwa ssho hbbuga bbe kezzo ya zze debbe*。四方形的石头原料，堆砌起来要方便些。

ssho hbu ① ʐo³³əpu³³ 四角（钱）forty cents *bbazzhe shoiha ne ssho hbu ne gwami dedre, tihane bbazzhe ssonbbonco dedre*。过去是四角钱一斤挂面，现在是四元钱一斤挂面了。

ssho hbu ② ʐo³³əpu³³ 数 四千 four thousand *anbboabu tiha ngabbarnyi zhanga suikecyii dalha mo ssho hbu pwa qijje*。昂博老爷退休后，被请去当临时工，每月工钱4000元。

ssho hssa ① ʐo³³əza³³ 数 四百 four hundred *nzzyinar dabwai ne nzzyi ssho hssa dre la ramapa debbe*。甜荞的产量很低，一亩甜

荞的产量不足400斤。

ssho hssa ② ʒo³³ əza³³ 四分（钱）four cents (money) *aryiyutya zzho ha kare dabar bbazzhe ssho hssa, tiha ne kere dabar ngwarhbungu*。我们在玉田工作的时候，那里一个核桃卖四分钱，现在涨到一个核桃五角钱。

ssho ngwa ʒo⁵⁵ ŋua⁵⁵ 动 骂，批评 scold, criticize *ne bbanyimali depryirara singu, muzwa nyamalige ssho ngwa laha*。你不听话，调皮捣蛋，谨防一会儿被你妈批评。

ssho zzho te pyi ʒo⁵⁵ dʒo⁵⁵ tʰe⁵⁵ pʰzɚ⁵⁵ 纠正错误 correct the mistake *ssho zzho te pyi ngazzho techyi*。纠正错误，改正缺点。

sshobbi debbi ʒo⁵⁵ bi⁵⁵ tɛ³³ bi³³ 数 四分之一 quarter *melibbe pubbi nddro jja, sshobbi debbi dde nche i hji ddwa*。租种别人的土地被收取地租，抽走了收成的四分之一。

sshoddroddro ngecucu ʒo⁵⁵ dro⁵⁵ dro⁵⁵ ŋe³³ tsʰu³³ tcʰu³³ 四肢僵硬地伸着，僵硬的四肢伸着 four limbs stiffly stretch out *cihmo sivarge ngagwarne sshoddroddro ngecucui nyongehguzajje*。把山羊尸体夹藏在柴背里，僵硬的四肢伸在柴火外边。（民间故事）

sshohbbu nece ʒo³³ əbu³³ nɛ⁵⁵ tsʰɛ³³ 正方形 square *abbuo zhyiissa sshohbbu nece de bbo, kege nggame pale denbbu nenzzi za*。爷爷有一个正方形的小衣柜，里边被塞满了破旧的衣服。

sshozzho tepyi ʒo⁵⁵ dʒo⁵⁵ tʰe⁵⁵ pʰzɚ⁵⁵ 错的要纠正，有错就改 if there is a mistake, correct it *sshozzho ne tepyi, nzzhesso ne tahwa*。有错误就要改正，有债务就要偿还。

sshozzhone tepyi ʒo⁵⁵ dʒo⁵⁵ ne⁵⁵ tʰe⁵⁵ pʰzɚ⁵⁵ 纠正错误，丢弃该批判的 straighten out, correct mistakes *sshozzho ne tepyi, ngazzho ne techyi*。有错误就矫枉，有缺点就改正。

sshu ʒu⁵⁵ 动 依仗，依靠，全凭 rely on, be entirely up to *lwapwagabi zzyizzyi a sshu, ngwarnyigabi rojia sshu*。老虎强势依仗爪，黄牛强势依仗角。（谚语，表示充分利用自己的长处）

sshuni ʒũ³³ ji³³ 名 闰月 leap month *sshuni zzho bbutrene zihanesshuigemazha, zhohasi sshun-i gezha debbe*。过火把节的日期不按照闰月来算，只有过春节的时候按照闰月来算。

sshyi ① ʒɚ⁵⁵ 动 购买 buy *tebbazzhe nahssapwahjii nggame daca ke sshyi a dde sshyi*。把这200元钱拿去，买一件衣服来穿。

sshyi ② ʒɚ⁵⁵ 动 穿（衣）wear (a garment), put on *te cenebbutre hala ssace sshyi le mabbo dejje*。他到了12岁的时候，还没有一条裤子穿。

sshyi ③ ʒɚ⁵⁵ 动 醉 inebriated *vu sshyi biga tege ngala, danyo mo vu te sshyi zase*。酒疯子走到这里来了，他今天又喝醉了。

sshyi hsshyi ① ʒɚ⁵⁵ əʒɚ⁵⁵ 动 分类，分离，挑选 separate, classify, single out *kahama lige nwanzzuba la zzi habai nddavar bbe ne sshyi hsshyii jasha suddwa*。卡哈曼只把凉山村和大埔村的客人挑选出来，带去招待了。

sshyi hsshyi ② ʒɚ⁵⁵ əʒɚ⁵⁵ 动 分开，区分，区别 separate, distinguish *tra la lha o ne sshyi hsshyi, nddela nga o ne sshyi hsshyi*。鬼和神要区分开，好和坏要分清楚。

sshyi le ʒɚ⁵⁵ le³³ 名 衣服（穿的）clothes *ne galo ssyi ggetele sshyi le nggama bbe* *nyogwa hjii*。你如果要去甘洛,就把衣服带着。

sshyi ma ʂɔ³³ma⁵⁵ 名 大河 large river *zzhokwa gaqoyakwa ne sshyi ma, sshyi ma qo yakwa ne nyizzho*。我说比河大的是大河,比大河还大的是金河。

sshyi nka ʂɔ⁵⁵ŋkʰa⁵⁵ 动 买卖,交易,做生意 transact, deal with *sinjji loge sshyi nka dosu danchazzho, varge zzhyizyi dosu danchazzho*。总会有个把人能到中所街上做生意,总会有个把人能到越西县衙打官司。(谚语,这两件事只有有本事的人能做)

sshyile sshyigge ʂɔ⁵⁵le⁵⁵ʂɔ⁵⁵ge⁵⁵ 动 想买,要买(买是要买的) want to buy *ne anzzhu nzzhu sshyile sshyi gge tene, shoncho zzhamace ne la sshyila*。你如果确定要买的话,明天早上吃早饭之前就来买。

sshyima ʂɔ⁵⁵ma⁵⁵ 名 尼日河,越西河 Nieri River, Yuexi River *sshyima gane varge niladaga, qadai nzzane ywexihejji nwane nyisshyijji*。因为越西河是从越西流入甘洛的,所以汉族称越西河彝族为"尼日"。

sshyima ga ʂɔ⁵⁵ma⁵⁵ka⁵⁵ 名 尼日河,越西河 Nieri River, Yuexi River *sshyima ga qo hinyi shubbu pale daga ha*。尼日河上有一条陈旧的竹制溜索。

sshyinka nehggu ʂɔ⁵⁵ŋkʰa⁵⁵ne³³əgu⁵⁵ 动(买卖)亏损,亏本 lose money in business, lose money *busshyinka ddwaha sshyinka nehggu i suva nzzhe rapar-i nbbo nanka*。长途贩运洋芋的生意亏损后,为了赔钱给农民,只好把家里的马卖了。

sshyinka ngu ʂɔ⁵⁵ŋkʰa⁵⁵ŋu⁵⁵ 做生意,经商,做买卖 be in business, do business *sinzziloge sshyinka ndu su danchazzho*。能到中所街上做买卖的,尔苏人之中总会有一个。(旧时该地奸商险恶)

sshyinka nguda ʂɔ⁵⁵ŋkʰa⁵⁵ŋu⁵⁵ta⁵⁵ 名 商店,市场,集市 shop, market, bazaar *nessyi agama wo wossebashe sshyinka nguda ge sui kezei shuddwaza*。你家阿呷嬷在石棉集市上被其他人给拐骗走了。

sshyinka ngusu ʂɔ⁵⁵ŋkʰa⁵⁵ŋu⁵⁵su³³ 做买卖的人,做生意的人 merchant, businessman, dealer *tenehine sshyinka ngusu bbe dde jji mo i lou-fala cogacoga dde cusu zzho*。现在做生意的人发财了,有的还盖起了几幢楼房。

sshyizha ① ʂɔ³³tʂa⁵⁵ 动 认罪,坦白 confess, admit one's guilt *muga baji kemi pryine ane nenguqi bbela nge sshyizha zade*。牧呷八斤被拘留以后,就老老实实、一五一十地坦白交代,认罪伏法。

sshyizha ② ʂɔ³³tʂa⁵⁵ 动 应承,答应,承认,认账 promise, consent, admit *anggu muli jjabashe zyissangu tessyi ggejja nge sshyizha zade*。昂古木来答应了由他到清水塘村去送口信。

sshyizyi nyoma ① ʂɔ³³tsɿ³³ȵo⁵⁵ma⁵⁵ 名 日子 date *su tesu depyise sshyizyi nyoma anejji nagwa ggejji hamase a*。跟着这么一个不称心的人,这日子我不知道该怎么过。

sshyizyi nyoma ② ʂɔ³³tsɿ³³ȵo⁵⁵ma⁵⁵ 名 时间(某特定时间) time, a certain time *hdenkwar mamo ceneo nehde ha, sshyizyi nyoma yali nyo gwane da nyo si*。通过12个历算大师的测算,吉祥时间就在今天这个时候。

ssi ① zi⁵⁵ 动 按,按住 press *mugajiuji shao pwaqo lema ne ssi, ngganggu tebbe tine shyi* *nge sshyi zha*。牧呷九斤按下拇指印,承认使用了这些仪器。

ssi ② zi⁵⁵ 动 用,使用 use *npizhyi o dde ssi ddessi jja mabbanyi, lho namagar ne temo a mali ggede*。叫你们把冰柜用起来,你们不听,也不用,冰柜不通电就会老化损坏的。

ssi ③ zi³³ 名 女人 woman

ssi ④ zi³³ 名 女儿 daughter *ssi ntre hyolo ssi ma ntre, nqohgohyolo nqo mahgo*。希望女儿既聪慧又不聪慧,希望柏树既落枯又不落枯。

ssi bar zi³³ pɑ⁵⁵ 嫁女儿,女儿出嫁 marry off *dryiwo dde yanyo ssi bar jjiggei naddeva makato asse? nggeso mankwar she baer yobu dde ssi bar ggejjigge, neryi ssyiagge*?据说,昨天王家女儿出嫁,没有通知你们家去,是吗?据说,后天下午杨育部家嫁女,你们去不去参加出嫁仪式?

ssi ddezzyi zi³³de³³dzɚ⁵⁵ 生女孩 give birth to a girl *jjimar amula chemoagazzi kebossi ane ssi ddezzyi ne nqozzyigge ma*。吉满阿木和车莫阿呷两人结婚以后,生的女孩都是美女。

ssi ga zi⁵⁵ka⁵⁵ 使用租金,使用费 rent, charge for use *ne ai shwalwadao lhaolhame ddessia, ssi ga pe desyi qimagga de addo*?你把我的汽车开去用了个把月时间,难道你不付一点租金给我吗?

ssi ga ma zi³³ka³³ma⁵⁵ 憨妞女,愚笨女,憨憨女 silly girl, stupid woman

ssi gge ① zi⁵⁵ge⁵⁵ 在使用 be in use *leho ni tava teqio, te tiha ssi gge*。你送给他的手机,他现在还在使用。

ssi gge ② zi⁵⁵ge⁵⁵ 要使用 use, want to use *zhyi zhanga cindopale ji, amu ssi gge jja ddazai nehji ddwa*。柜子下边那把旧菜刀,阿木说要使用,(他)拿去了。

ssi har ma zi³³xɑ³³ma⁵⁵ 年轻姑娘,未嫁少女 young girl, unmarried girl *ate nzza ryiga ngalai hima nzzama le ssi har ma de miha ta*。那个在大路上走过来的女性,看起来是个年轻姑娘嘛。

ssi hi zi⁵⁵xi⁵⁵ 名 女,女性 woman *ssi hi yanqo fugezzho, mido yanqo rogeha*。漂亮女性在村庄,美丽鲜花在崖上。(赞美诗)

ssi i zi³³ji⁵⁵ 名 女儿 daughter *ssyi ddakwa ne passyiha, ssi ddakwa ne ma ssyiha*。儿子长大像父亲,女儿长大像母亲。(俗语:子女长大随父母)

ssi i bar zi³³ji⁵⁵pɑ⁵⁵ 动 嫁女 marry off *nggeso mankwar she baer yobu dde ssi i bar gge jjigge, neryi ssyi a gge*?据说,后天下午巴尔育部家要嫁女儿,你们去不去参加出嫁仪式?

ssi i moba zi³³ji³³mo³³pa⁵⁵ 名 女婿 son-in-law

ssi kwa zi³³kʰua³³ 名 长女(大女儿) the eldest daughter *kahamane ryipwa amu ssyi ssi ya kwa o, cihi ne cyi kezyia, sohi ne shu dazzho*。卡哈曼是陈家的长女,今年她刚好20岁,明年开春就可以出嫁。

ssi lepu zi³³le³³pʰu³³ 名 外孙(女儿的儿子)grandson, daughter's son *abu zala tiha ssi lepu sio zzho, siote nzzhonzzyi sogge*。扎拉老爷现在有三个外孙,都在学校念书。

ssi lha lha zi³³ɬa⁵⁵ɬa⁵⁵ 名 次女 the second daughter

ssi lha ma zi³³ɬa³³ma⁵⁵ 女青年 young woman

ssi ma zi³³ma³³ 名 姑娘,少女 girl, maid *agga tege le sedde ge manddo ssi ma deddre la za*。那村庄的上堡子,不知道谁家来了一

对少女客人。

ssi marra zi³³ mɐ³³ ra⁵⁵ 小女儿 the youngest daughter, little daughter *ryizze ssahbu ssyi ssi marra o tava te nkwa ge neshuddwa jje*。龙王的小女儿把他带到海底去了。（民间故事）

ssi mo zi⁵⁵mo⁵⁵ 名 妻子 wife

ssi nqo ma zi³³ ntɕʰo³³ ma³³ 名 美女 belle, beauty *ssi nqo ma ncha te awaga she kanzza kanzza ha, awaga o tava ka mazzoro jje*。这位美女在老婆婆面前站了许久，那个老婆婆都没有看她。

ssi ntre ma zi³³ ntʂʰe³³ ma⁵⁵ 聪慧女孩 wise girl *ssi ntre ma lige nddre vu nzzuqo ier mama de kase i ssonbbo ssyige nehzho i ssobbo tesho jje*。聪慧女在梭镖头上放了一个柿子，射到野人婆的嘴里，把野人婆杀死了。（民间故事）

ssi nzzu zi⁵⁵ndzu⁵⁵ 名 侄女 niece *anya marmar mancu mantre detijji, aryi ssi nzzu ssyi nzzu ngalalazade, tatajji*。虽然我们的小姑不睿智、没能力，但她还有我们这么多侄儿侄女，你们最好不要这样欺负她哦。

ssi var zi⁵⁵vɐ⁵⁵ 动 展演，展示 show, demonstrate *shaba lhanddre ddepui zhangane ddessivar, ddama ssi var ne ddenyi ddaca gge*。沙巴出师建神龛以后，要时不时地举行仪式展演，不然将三天两头生病。（当地的说法）

ssi zyiga zi³³ tsɤ³³ ka³³ 名 独生女 only daughter *ale tiha ssi zyiga desi zzho, tejjijji mwaha syimanyo, deo ne ceceo pe*。我现在只有独生女，但是我什么也不愁，她一个人能顶其他十个人。

ssi zzyi zi⁵⁵dzɤ⁵⁵ 生女孩 give birth to a girl

ssibbu hnahdda zi³³bu³³əna⁵⁵əda⁵⁵ 长出成年女性身材，出落成大姑娘 grow into a beautiful lady *zaya o tiha ne ddakwa ne zho ssibbu hnahdda i ngenqo za*。扎娅现在长大成人，长漂亮了，已出落成一个大姑娘了。

ssiga ma zi³³ka³³ma⁵⁵ 名 愚笨女，憨憨女 silly girl, stupid woman *ssiga ma ne muggu bbaja desyi ha dejje*。憨憨女的额头上有一道浅浅的疤痕。（民间故事）

ssigama la ssintrema zi³³ka³³ma³³la³³zi⁵⁵ntʂʰe⁵⁵ma⁵⁵ 愚笨女和聪慧女 stupid girl and wise girl *ssigama la ssintrema ne ersubbei yahi de, yahi goila yashe de*。《愚笨女和聪慧女》是尔苏民间故事，故事要讲几个晚上（才能讲完）。

ssihar ma zi³³xɐ³³ma⁵⁵ 未婚女青年 unmarried woman *zhoisilage ssihar ma huzzhu nebi bar nqo neo nbbo ddenzzei ngalajjigge*。据说，在马基岗老林里来了两个骑着马的未婚女青年，漂亮得像刚剥了皮的蒜瓣。

ssihi copar zi⁵⁵xi⁵⁵tsʰo⁵⁵pʰɐ⁵⁵ 年轻女人 young woman *danyone zihdozigga ngu, ssihi copar bbe nyogwa ngala jjohdo jjoggala*。今天是火把节游乐时间，所有的年轻女子全部走出家门，到坝子里跳舞。

ssihi mazzho zi³³xi³³ma³³dʐo³³ 没有美女 there is no beauty *ssihi mazzho fu manqo, mido maha lo manqo*。没有美女寨不美，没有鲜花沟失色。（民歌歌词）

ssihi mongga zi⁵⁵xi⁵⁵mo⁵⁵ŋga⁵⁵ 女子聚会 women's party *fuge hima nzzama bbe nyogwa nbbi qo ssihi mongga ddwa za*。村子里的女人们全部都到山岗上参加女子聚会去了。

ssii hjinbbar hdolafu zi³³ji³³ətɕi⁵⁵ nbɐ³³əto⁵⁵la⁵⁵fu⁵⁵ 为着女儿来舞蹈 dance for daughter *ssyii hjinbbar hdolafu ngehdo mado njjo ma hssyi*。为着女儿来舞蹈，不会舞蹈不是伴。（民歌歌词）

ssii moba zi^{33}ji^{33}mo^{33}pa^{55} 名 女婿 son-in-law *varngu apa moba ngu apa jja, ssii moba de ngu sui var ngu miha de*。俗话这样说，奴隶可当否，女婿可当否。（女婿要吃苦，犹如当奴隶）

ssii yancu zhu ma fu zi^{33}ja^{33}ntʂʰu^{33}tʂu^{55}ma^{55}fu^{55} 女儿优秀不用夸 daughter's excellence needn't to be boasted *ssii yancu zhu ma fu, lema yancu ddezhu fu*。女儿优秀不用夸，儿媳优秀当夸奖。（谚语，表示赞美儿媳是和谐之道）

ssilha ma zi^{33}ɬa^{33}ma^{55} 女青年 young woman *ssi lha ma yanqo dancha tege nga la*。从北边走来一位漂亮的女青年。

ssimo zi^{33}mo^{55} 名 妻子，老婆 wife *ti ssimo mnacu za jjiggei tiha desyi anjjiza, ne ha ase?* 他的妻子病情有点严重，现在不知道好些了没有，你们知道吗？

ssintre ma zi^{33}ntʂʰe^{33}ma^{33} 聪慧女 wise girl *yakwane yantre ne ssintre ma kehi, marmarne mantre ne ssigama kehia*。大女儿聪慧就取名为聪慧女，小的愚笨就叫憨憨女。（民间故事）

ssinya mongga zi^{55}ɲa^{55}mo^{55}ŋga^{55} 小女孩聚会，少女聚会 girl's party, little girls' party *cihi nzzazho truonyo ne fuge ssinyabbe mongga dduzzyar ggejjigge*。今年正月初六那一天，村子里的少女们聚会，过了个欢乐的少女节日。

ssinzzu bbe zi^{33}ndzu^{33}be^{33} 侄女们 nieces *zaya kahai ssinzzu bbe, mihssa yandde debbe*。扎雅卡哈的侄女们，个个都是漂亮的。

ssizyi gabu zi^{55}tsɚ^{55}ka^{55}pu^{55} 名 独生女 only daughter *sedeoti ssizyi gabu i syinenpoi syira tene ti inwao lwangu ga ggungenpe qigge*。谁能够获得他独生女的芳心，他就会将家产一分为二，赠送其中一份给谁。

ssizzyi nqozzyi gge zi^{33}dzɚ^{33}ntɕʰo^{33}dzɚ^{33}ge^{33} 生女就会生美女 if you have a daughter, you will have a beautiful girl *nedde cihi keshu kebossi, ssizzyi nqozzyi gge, ssyizzyi hybu zzyigge jjigge*。你家今年结婚，居家过日子，生女生美女，生儿生伟男。（祝福语）

sso ① zo^{55} 动 着，遭 suffer

sso ② zo^{55} 数 四 four

sso ③ zo^{55} 动 敬献，款待，招待 offer respectfully, entertain

sso ④ zo^{55} 动 欠 owe

sso ⑤ zo^{55} 动 中标（击中目标）hit the target

sso ⑥ zo^{33} 代 别个，他 him, he *sso ne ssyizyi gabu de, inwanggu nyogwane ti ragge de*。他是独生子，整个家庭的财产都由他一人继承。

sso ⑦ zo^{33} 动 实现，到位，达成 realize, come true, reach *te awagao chyii neo si kabwai neshyinebbu, tiha ne qodde sso a*。这个老婆婆终身没有改嫁，独自抚养两个孩子，终于熬出头了。

sso hbbu zo^{55}əbu^{55} 名 四角，四方 the four directions *hssa meli o sso hbbu garhar ssowa kacune ti tepyii ddwai marddwa*。在火地的四角，挖开四个豁口就停下，跑到旁边去睡觉了。

sso hbbu er kwa zo^{55}əbu^{55}ɚ^{33}kʰwa^{33} 四方形石头 square stone

sso hssa zo^{33}əza^{55} 数 四百 four hundred *jjimar nddronwa dde zzilhaloge kalai sso hssa* bbutre mahsse tebbuza。吉满家族黑皮肤那支搬迁到马基岗山区,大约有 400 年了。

sso i zo³³ji³³ 代 别个,别人,他 other people, he, him sso i yava barddwa pryine ssyiddaha zzyisi de, aryimimaha。别人一回到家,可以张嘴就吃饭,哪像我们要自己做。

sso lha zo⁵⁵ɬa⁵⁵ 四个月 four months

sso lyo ① zo³³ljo³³ 屋檐下,廊道上 under the roof, on the corridor teernbbu ddesho le, ixxi ssohbbu ddesho ho waxxi sso lyo ddesho ho。这一熏洁啊,室内四个角落都要清洁,室外四个廊道也都要清洁。

sso lyo ② zo³³ljo³³ 名 四庹(长度单位,一庹大约为 1.5 米)four spans(length unit, about 1.5 meters in length) imarmar taga iwoime ne sso lyo si zzho daga, zzholebe magga desyi。这个小屋子全长只有四庹(六米),太狭小了,我们住不下。

小屋子、石堆屋

sso nbbo zo³³mbo³³ 名 野人,猩猩 orangutan, gorilla sso nbbo bbemo subbe va soso i bbazhangenchei deodeva syi jje。野人们也模仿村民,拿起长刀相互猛砍。(民间故事)

sso nbbo lezzyi zo⁵⁵nbo⁵⁵le³³dʑɚ³³ 野人指甲 savage's nail sso nbbo lezzyi hjibbene bbazha kengu nyichu kesso ma pa debbe jje。据说,携带野人指甲的人是刀枪不入的,在战场上是死不了的。

sso ryi zo⁵⁵rɚ⁵⁵ 代 别个,他们 they, them sso ryi ssone yava ssamachesu zzho, yava barddwa pryina nzzhezzyi。别人是家里有人做饭,一到家就可以吃晚饭。

sso sso zo⁵⁵zo⁵⁵ 动 沾染,接触 be infected with, contact aryi buerssyi bbe ne sejji ddeerma bbe kata sso sso。我们尔苏人,谁也不允许沾染白粉(毒品的泛称)。

sso za zo³³tsa³³ 四首,四段,四节 four segments, four sections assyi mwaya tege shyiza sso za ngaswaza, neryi ssoiva didde dazajje。我妈让我带来了四节腊肉,给你们四家人每家送一节。

sso zzi zo⁵⁵dʑi⁵⁵ 代 他俩 two of them sso zzi ryiryi zzho i bbazze tepi suva kecyi i ddryiddryi suza。他俩有办法,花钱请人帮他们搬动了。

ssogga zo⁵⁵ga⁵⁵ 动 走动,行走 walk dakala tege ssogga ggeai nddoa。刚才,他还在这里散步走动,我看见了的。

ssohbbu erkwa zo⁵⁵əbu⁵⁵ɚ³³kʰua³³ 四方形的石头 square stone ssohbbu erkwa dwayazze jjatikato。常言道,四方形的石头便于抱起来。

ssohbbu erkwa zzoyazze zo⁵⁵əbu⁵⁵ɚ³³kʰua³³dzo⁵⁵ja⁵⁵dze⁵⁵ 方形石头好砌墙 square stones are good for building walls

ssohbbu ryinyi sshalaza zo³³əbu³³rɚ⁵⁵ɲi⁵⁵ʒa⁵⁵la⁵⁵tsa³³ 四方众亲汇聚,四面八方亲戚汇聚 relatives comes from all directions ssohbbu ryinyi sshala za, buerssyi bbe sanbba zze。四方亲戚来聚会,尔苏藏族真快乐。(民歌歌词)

ssoi ssone zo³³i³³zo⁵⁵ne⁵⁵ 名 人家(别人家)

other people　*aryine yozai nahzha su*，*ssoi ssone qabba qama bbe bbazzhe bbosu*。我们是全靠自己奋斗置家，别人家是靠父母亲支撑的。

ssonbbonco sihbu ① zo⁵⁵ nbo⁵⁵ ntʃʰo⁵⁵ si⁵⁵ əbu⁵⁵ 数 四万三千 forty-three thousand　*amukebbu nzzasega ssyi ngu ddwai mipe ssonbbonco sihbu pwa maga raza*。阿木克部到内地去打工，挣到43000元人民币。

ssonbbonco sihbu ② zo⁵⁵ nbo⁵⁵ ntʃʰo⁵⁵ si⁵⁵ əbu⁵⁵ 四元三角 four yuan and three jiao　*yanyo shahnyomama dedre kasshyijja*，*bbazzhe ssonbbonco sihbu ddabar*。昨天去买菜的时候，买了一斤豌豆米，支付了四元三角钱。

ssonjji ga zo³³ ndʑi³³ ka⁵⁵ 名 茶几 tea table　*yava ernbbu sho ne ssohbbuge ddesho ssonjji ga ddesho hode*。作清洁仪式就要清洁桌子和茶几，做到窗明几净。

ssonyo zo³³ ȵo⁵⁵ 名 初四 the fourth day of the lunar month　*ssonyo ne aryi dezhengua silage zzapahzhaiggema*。到初四那天，我们一同去老林里，砍木料做柱头。

ssu ① zu⁵⁵ 名 油 oil　*yaishohane ersumeligene ssu bi de la rama deo njjonjjo ngujje*。那是远古的时候，在尔苏人居住的地方有块油渣和母鸡交朋友了。

ssu ② zu³³ 名 寿命，寿长 life, longevity　*pwarayabuci ssu ra*，*ngwarmo gezigai ssu ra*，*shobenbbu cene o i ssura*。获得长寿老仙的寿长、骆驼仙子的寿长、12顶毡帽的寿长，寿比南山。

ssu ③ zu⁵⁵ 量 首，席，套 a set of　*gga de ssu* 一首歌/ *zzalo de ssu* 一席饭菜/ *ngganggu de ssu* 一套劳动工具

ssu ④ zu⁵⁵ 名 稗子 weed　*ssu hwai ge zza kala ne ssu ddenyo za debbe*，*tahzhyi a nyipyi ho de*。在水田里栽谷子后，会长出一些稗子来，需要我们去拔掉。

ssu ⑤ zu⁵⁵ 名 鱼 fish　*yahishohi nwanzzuba jjimoabu zzhohgu ddanbbar i ssu ddehssu za*。据说，从前凉山村的著名人物吉摩老爷，在屋旁修水塘养鱼。

鱼

ssu bbulhe zu⁵⁵bu⁵⁵ɬɛ⁵⁵ 名 鳍（当地又称"鱼翅膀"）fin　*zzilhaersbbe ssu bbulhe bbe midonengui yaddrenbbuqo kenddreza*。则拉乡的尔苏人，把鱼翅膀脱脂后，作图绣在童帽上。（当地的习俗）

ssu bi zu⁵⁵ pi⁵⁵ 名 油渣 dregs of fat　*denyo degene ssu bi la ramazzi ssubi ddege ggagga ddwa jjigge*。一天，母鸡和油渣一起到油渣家里去玩。

ssu hgu zu⁵⁵ əku⁵⁵ 名 鱼塘，鱼池 fish pond　*macangalane jjimoabu ssu hgu shelongekoi nehssyiissuzzhro ggedejjigge*。据说，太阳出来以后，吉摩老爷就抬条凳子，坐在鱼塘边观察鱼儿。

ssu hnagu zu⁵⁵ əna⁵⁵ ku⁵⁵ 名 鳃（当地又称"鱼耳朵"）branchia, gill　*ssunchyihane ssu hnagu ge ryigubbe techyianyipyi mahssii ddecyidebbe*。在剖鱼时，要把鱼鳃里的碎骨去除，不然的话，吃到这些时会很苦的。

ssu hopa zu⁵⁵ xo⁵⁵ pʰa⁵⁵ 名 鱼刺（细小的鱼刺）

fishbone（tiny fishbone）*ssushyi zzyihane ssu hopa i tahnwa ddejima debbe*。吃鱼肉的时候，就害怕鱼刺卡住喉咙。

ssu hssu ① zu³³əzu³³ 形 要好 be close friends, be on good terms *aila aga zziya ssu hssu, shyishyihala dezhengui liggagge*。现在阿依和阿呷两个很要好，她们走路时都是出双入对的。

ssu hssu ② zu⁵⁵əzu³³ 动 涮，漂洗，搅拌 rinse, wash, stir *trsasuo cyigedwa de ngehjilai zzhobbege ssu hssu gge*。猎人拿出一小块食盐来，在汤里搅拌着涮了一下。

ssu hssu ③ zu³³əzu⁵⁵ 动 符合，适配 conform, fit *ssyi te ddre le ai erpe pe ssu hssu, a deddre ke sshyi temecu sshyi gge*。这双鞋和我的脚大小符合，我打算买一双回去今年冬天穿。

ssu hssu ④ zu³³əzu³³ 动 同步，合适，协调 suit, fit *tejwa ne ssyi la dobar la erpe ngogwa ne ssu hssu a*。现在就鞋子、袜子和脚，三者大小色调都适合。

ssu kwa ① zu⁵⁵kʰua⁵⁵ 名 板油，大油 lard *nyinqingusu denyo ssudesyi kama nzza mapa, qadaivessu ssu kwa yahzhyi*。因为做体力活的农民，每天都需要用油炒菜，所以猪板油就比较珍贵了。

ssu kwa ② zu³³kʰua³³ 名 高寿 long life

ssu ma zu⁵⁵ma⁵⁵ 大汤瓢 big soup ladle *ssu ma ga rara ngua shyi bbe ddegua nddavar bbeshe ddishu*。用大汤瓢把锅里的肉舀起来，添到客人正在吃的饭席上去。

ssu ne ddre zu⁵⁵ne⁵⁵dʐe⁵⁵ 动 抹油，涂油 oil, grease *vucwao silwahane vucwa shyi mava ssu ne ddre ane yantwa*。砍木料的时候，在斧头口上抹油，使用起来就锋利一些。

ssu ngeshe zu³³ŋe³³ʃe³³ 动 长寿（寿命变长）have a long life *ne ssu ngeshe ane parayabuci ssuragge, ngwamo yabuci ssuragge*。你长寿起来堪比帕热雅布策，你能够获得骆驼仙子的寿长。（祝福语）

ssu nggwa zu⁵⁵ŋgua⁵⁵ 动 戒油 give up lard *adanyo ssu nggwa de, shyidesyila zzyimapa, mwahaneryisi ngezzyi*。我今天戒油，一点肉都不能吃，不过没关系，就你们几个吃吧。

ssu ra zu⁵⁵ra³³ 寿命堪比…… life is comparable to *shobenbbu ceneoi ssu ra, ier dranggu cenegai zzura*。寿命堪比一打羊毛制毡帽，寿长堪比一打白果树拐杖。

ssu raze zu⁵⁵ra⁵⁵tsɛ⁵⁵ 名 鱼子，鱼蛋，鱼卵，鱼子酱 roe, caviar *ssu raze bbe na suvayapi debbe tibaiggeshe ngezzyiha ne maya debbe*。鱼子虽说营养丰富，但是吃起来口感一般。

ssu re zu⁵⁵re⁵⁵ 食用油，液态的脂肪化油 edible oil, cooking oil *ne ti ipage ngenbbenbbe ha ti ssu re dntwa nava kesso magge*。你到他的肚子里钻个来回，你都粘不到他的一滴油珠。（谚语，表示城府深）

ssu ru ① zu⁵⁵ru⁵⁵ 名 隐语，暗语 enigmatic language, argot *ssu ru ge ngagwar ddeketo mahssii hihzuhipwa gge*。你要不说隐语的话，他会听懂尔苏话的。

ssu ru ② zu⁵⁵ru⁵⁵ 名 大麦，(大麦的)麦芒（隐语）barley, awn of wheat *trao sunpwage anjjomaji ssu ru ji jja kameli tro va hgwarra gge*。那个鬼嘴里说着"不怕朋友怕麦芒"，绕着麦地打转。（民间故事）

ssu vuli zu⁵⁵vu⁵⁵li⁵⁵ 名 鱼头 fish head *assu dagakemi, ssu vuli la fanparde barkwadaga, kezzorohala goddanzzha*。我钓到了一条大鱼，鱼头都有洗脚盆大，看了令人毛骨

悚然。

ssu zha zu⁵⁵ tʂa⁵⁵ 动 捉鱼,钓鱼,逮鱼 catch fish, go fishing *xxongubigao sshyimmagela ssu zha igge jja neddwa*。假话大王说,要到尼日河里去捉鱼,一路小跑下去了。(民间故事)

ssu zhwa zu⁵⁵ tʂua⁵⁵ 撒网捕捞,撒网捕鱼 catch fish with a net *amussao ssu zhwa va deqoddadwai sshyimage ssuzhwaigge jje neddwa*。阿木惹抱着一张渔网,说是要去大河里撒网捕鱼,往尼日河方向走去了。

ssu zwa zu⁵⁵ tsua⁵⁵ 动 捕鱼,捞鱼 catch fish *jjimoabu sanbbayazzehene tezzyi igwahar ssuhgo ge macaze ssu zwa jje*。基摩老爷心情愉快的时候,就坐在他房子北头的鱼塘边,一边晒太阳一边捞鱼。

ssu zza zu⁵⁵ dza⁵⁵ 名 鱼饵 bait *zzhoge nyiha ssu zza nagwar ne ssubbe tenzzo a ne nyiha la gge*。水里经常投放鱼饵,鱼儿就会习惯性地游过来觅食。

ssubbu zu⁵⁵ bu⁵⁵ 名 竹杖,竹棍 bamboo cane, bamboo stick *ssubbu ne bberyi ihemo jja ssubbu ka ncha ne bberyi ne tesho gge de*。传说,竹棍是蛇的母舅,所以蛇被竹棍打了,就会很容易地死去。(当地的说法)

ssubbu daga zu³³ bu⁵⁵ ta⁵⁵ ka⁵⁵ 一根竹棍 one stick *yaha ggwa nexxo i shohiha, ssubbu daga ddehji a shohi tagaga*。昨晚下了雨,路上有露水,拿一根竹棍边走边抖露水。

ssubu ga ① zu⁵⁵ pu⁵⁵ ka⁵⁵ 形 暴戾,残暴(经常打人,被比作金环胡蜂) brutal *tessyi yaddre le ssubu ga de, nessyibbe teshe kejiba tasu*。他家娃娃是个"金环胡蜂",告诫你家小孩要远离他。

ssubu ga ② zu⁵⁵ pu⁵⁵ ka³³ 名 牛角蜂(一种剧毒野蜂) a virulent wild bee *ssubu ga bbesuva zhala ggede, nezzhoge ngenbbe hala qohgarra ggede*。如果牛角蜂要追赶骚扰它们的人,你就是潜入水里,它们都会在水面上盘旋着等你。

ssuggu debarbar zu⁵⁵ gu⁵⁵ te⁵⁵ bæ⁵⁵ bæ⁵⁵ 像家畜一样 like domestic animals, like livestock *nele ssuggu debarbar ddeho sinzzho deta*。你像个牲口一样,只会发出声音(不知羞耻,不择场合的人)。

ssuhssu lala zu³³ əzu³³ la⁵⁵ la⁵⁵ 团结和睦 united and harmonious *nchyijji neo ssu hssu lala ne abuawa bbeayahzhyine inwaddejjimogge*。只要夫妻俩团结和睦、孝敬老人,这个家庭就会发达起来的。

ssuinenbbe zzhoihase zui⁵⁵ ne⁵⁵ nbe⁵⁵ dʐo⁵⁵ ji⁵⁵ xa⁵⁵ se⁵⁵ 鱼的哭泣水知道 water knows the cry of the fish *ssuinenbbe zzhoihase, ai nenbbe sede hase*? 鱼的哭泣水知道,我若哭泣谁知道?

ssumi jaja zu⁵⁵ mi⁵⁵ tɕa⁵⁵ tɕa⁵⁵ 玉米架仓 granary of corns *mecune ssumi jaja ge ssumigaga bbe nesea nedru ahgu kanzzazzyi gge*。冬天就要从玉米架仓里卸下一些玉米棒子,脱粒后炒爆玉米花来吃。

爆玉米花

玉米架、玉米墙

玉米林、玉米地

ssumi konche zu⁵⁵mi⁵⁵kʰo⁵⁵ntʃʰe⁵⁵ 玉米火米籽（煮熟的玉米粒）（cooked）niblet *ssumi bbe kezho a jibi bbe nagwa si ngeko ne ssumi konche tebbu a*。把玉米煮熟去皮，晒干就成了苞米，可煮玉米籽饭。

玉　米

ssumi la ① zu⁵⁵mi⁵⁵la⁵⁵ 玉米地，玉米林 corn field *ssumi la ge ssumi bbubbe suqoyanbbo, kege ngenbbemapa*。玉米地里的玉米植株比人还高，又高又密，人钻不过去了。

ssumi la ② zu⁵⁵mi⁵⁵la⁵⁵ 玉米底肥，玉米肥料 corn fertilizer *ssumi zzhyihe ssumi la daka nagwar ne ssumi yandde*。种玉米的时候施一点玉米底肥，玉米秆就会茂盛，秋天玉米就丰收了。

ssumi la ③ zu⁵⁵mi⁵⁵la⁵⁵ 种玉米 grow corn *jjiobashene debbutre nyissyi swailhaer kecuane ssumi la gge debbe*。在高山地区，每年农历三月初就开始种玉米。

ssumi mwaqa zu⁵⁵mi⁵⁵mua⁵tɕʰa⁵⁵ 发育不良的玉米棒子，鸡头玉米 hypogenetic corn *cihi zzhohggwa tamyai ssumi nyogwa ssumi mwaqa debbesi tebbuza*。今年涝灾，玉米都发育不良，全部成了鸡头玉米棒子。

ssumi razhe zu⁵⁵mi⁵⁵ra⁵⁵tʃe⁵⁵ 名 空秆（不结苞的玉米植株）empty stalk, barren stalk (the maize plant that does not produce corn) *ssumi razhe bbene ssumibbu yamar debbe, ganzzhyibbu bbemiha*。不结苞的玉米植株秆吃起来甘甜，就像甘蔗一样可口。

ssurugengagwar zu⁵⁵ru⁵⁵ke⁵⁵ŋa⁵⁵kuɚ⁵⁵ 用隐语，说隐语 say argot, speak lingo *ssimo ssurugengagwar katoi macazeda ddisu, nddronddrodaddisu tiajje*。妻子用隐语叫丈

夫舀晒太阳的"背脊骨"上去,再舀刨地的"鸡爪"上去。

ssushe zu³³ ʃɛ⁵⁵ 名 长寿 long life *momo zzhobbe ssushe gge, ssassazzhobbe njjiergge.* 所有的老年人都要健康长寿,所有的青少年都要茁壮成长。

ssussu sswasswa zu³³zu³³zua⁵⁵zua⁵⁵ 祭祖的供品 sacrificial offerings *qogezyi i ssussu sswasswa bbe ngenggoa ngehjila tesingu.* 把供品全部收回来保存好。

ssuzwa va zu⁵⁵tʃua⁵⁵va⁵⁵ 名 渔网 fishing net

sswa zua³³ 小神子 small god *sezzyi veshyi de addege hgula za, sswa i hjila de la manddo.* 哪家的猪肉跑到我家里来了,可能是什么小神子带来的哦。(当地的说法)

ssyi ① zɕ⁵⁵ 动 去 go *kassyigge ssyi, nimeli nissyi.* 去去去,到你该去的地方去。

ssyi ② zɕ³³ 名 鞋子 shoe *jjimarnyaga o te ssyi ddre anjji nengu hala ngezzhu mapa jje.* 无论吉满良呷怎样糟蹋,都无法把这双皮鞋弄烂,但必须弄坏了才能回家。(民间故事)

鞋 子

ssyi ③ zɕ⁵⁵ 数 十(十位,40以上的十位)ten (forty to ninety) *tikatoi ssumi sso ssyi dre nankai bbazzhe ngge ssyi pwa rajje.* 他说卖了40斤玉米,才得到90元人民币。

ssyi ④ zɕ³³ 动 坐 sit *ddevar bbe nyogwa yava desyi ssyi la, xxideodegocala bbarnyi la ta.* 客人们,请全部到家里来坐,都来抽锅烟,休息一会儿吧。

ssyi ⑤ zɕ³³ 动 是 be *ne nzza de a ssyi? ma ssyi, a ersu de, nzza de ma ssyi.* 你是位汉族同志吗?我是尔苏人,不是汉族人。

ssyi ⑥ zɕ³³ 名 雪 snow *ngganyope ssyi hbbu nekokoza, ryipa la nadrada mapa.* 外面下了一场大雪,铺天盖地(都是雪),哪里是路都分辨不清楚了。

ssyi ⑦ zɕ³³ 名 子女 children *tihane ssyi ssi ddakwa ne nzzemanyo a, teryi anjji jja ne anjji gge she.* 现在子女长大了,只好由他们自己做主。

ssyi ⑧ zɕ⁵⁵ 名 口,嘴,嘴里,口腔 mouth *byima ssyi ge rehna mazzho, ane su ngu gge ddo.* 青蛙嘴里没有影子嘛,人微言轻有什么办法。

(猫)口腔、牙齿、舌头

ssyi ⑨ zɕ³³ ……家的 household, domestic *te ssyi ssimo la ivamunpashe jjo ddwai lama lijji gge.* 据说,他家的媳妇回娘家了,不肯回来。

ssyi bbwamazhe ① ɕə³³bua³³ma⁵⁵tʃe⁵⁵ 不想嫁给他,不想再维持婚姻关系 don't want to marry him *a amu va goi mahgga, teshe ssyi bbwamazhe*。我很不喜欢阿木,不想与他再维持婚姻关系。

ssyi bbwamazhe ② ɕə³³bua³³ma⁵⁵tʃe⁵⁵ 不想去,不愿意去 don't want to go *a teddege ssyi bbwa mazhede, shyide ngehxxi barmahgga*。我不想到他家去,想起他家,我就有吃肉吃腻的感觉,实在是厌烦得很。

ssyi da ɕə⁵⁵ta⁵⁵ 名 板凳,椅子,脚踏凳 wooden bench, chair, footstool *a ryi shoi ne barndde ma ssyi da bbe, tihasi barndde ma ra ma pa*。我们过去是不用板凳的,现在却离不开板凳了。

长板凳

ssyi ddamazzyi ɕə⁵⁵da⁵⁵ma⁵⁵dʑɿ³³ 没有生儿子 no son was born *coihbine paddemazzyi ne ssyi dda mazzyi jja kato debbe*。尔苏人有谚语说:没有诞生父亲,就不可能诞生儿子。

ssyi gge ɕə⁵⁵ge⁵⁵ 要走,将要去 be going to, want to go *me nankwar gga, a ryi la ssyi gge cwa*。天快要黑了,我们都要走了。

ssyi hbbu ɕə³³əbu⁵⁵ 名 大雪 heavy snow, great snow

ssyi hggwa mya hggwa ɕə⁵⁵əgua⁵⁵mja⁵⁵əgua⁵⁵ 烫嘴烫脸(即比较热的) scalding *aryi le nzzhyiva dece ne ssyi hggwa mya hggwa yahgga, nbbinbbi nemahgga*。我们喝醪糟酒的时候,就喜欢喝烫嘴烫脸的,不喜欢喝凉的。

ssyi hwa ɕə⁵⁵xua⁵⁵ 名 田,水田,稻田 field, paddy *mafulige nwaio ddadwai ngedredrei ssyi hwa punqisiga nedredre ajje*。马付把黑彝小伙抱起来,再甩出去,飞过了三条田坎。

稻田、水田

ssyi ka ɕə⁵⁵kʰa⁵⁵ 外出时的口粮,在外期间的口粮 rations for a journey *ssyi ka bbe chandage nagwarza, ngeshyijihamo*。外出时的口粮装在长袋子里,要管理好,别遗忘了哦。

ssyi kesshu ɕə⁵⁵kʰe⁵⁵ʒu⁵⁵ 形 涩口 astringent *veshyi lwanbbwa dekezhojja, cenasho maza ssyi kesshu i ngezzyimapa*。煮了一块存放多年的老腊肉来吃,因为没有洗干净,所以涩口得无法下咽。

ssyi kwa ɕə⁵⁵kʰua³³ 大儿子 the eldest son *tessyi ssyi kwa o lemakeshui inwa ddehyoi issa delazzhoza*。他家大儿子早就成家过日子了,现在都已经有一个孩子了。

ssyi ma sshyi ɕə⁵⁵ma⁵⁵ʒə⁵⁵ 不穿鞋,没有鞋子穿 have no shoes to wear *ssyihbbu kexobu bbege liggaha ssyi ma sshyi, erpe ngezyingezi shuza*。在厚厚的积雪里奔跑的时候都不

穿鞋,脚后跟会被冻得裂纹纵横交错的。

ssyi ncha zɤ³³ ntʃʰa³³ 名 男儿,儿子 man, son *zaxine pandde ssyi ncha, ne mimaha, anedejji kesyisyi kanyanya*。扎西是个优秀男儿,不像你一样低级,什么事都斤斤计较。

ssyi ndde sha er zɤ³³ nde³³ ʃa³³ ɚ³³ 白皮肤的优秀男儿 excellent man with the white skin *shuer rewa dde ssyi ndde sha er ngge o dde zzyi a jje*。住在白人城郭里的人家生了九个白皮肤的优秀男儿。

ssyi ndde zɤ³³ nde³³ 名 文字(蟹螺语) text *ssyi ndde ddanwa shao ddeer mahssyi ne zhanga sshyi zha magge*。要白纸黑字留下凭据,不然今后会不认账的。

ssyi nddu zɤ³³ ndu⁵⁵ 名 侄子 nephew *qanyi mazzhoha ssyi nddu bbe deo la barmala jja, hemo necyi za*。姑姑去世的时候,几个侄子都没能赶过来参加葬礼,姑父为此很难过。

ssyi nggeddre zɤ³³ ŋge³³ dʐe³³ 九双鞋 nine pairs of shoes *denyo zohwa goiyandde denyo, taha ssyi nggeddre nankai ngeddwa*。今天是运气很好的一天,现在已经卖出九双鞋了。

ssyi npi zɤ³³ npʰi⁵⁵ 名 冻雪,冰雪 snow ice, frozen snow *munbba ssimo hgama tehbui nqoma nkunyi la ssyi npi hjilai possava zyila*。木巴女鬼历经艰难,到雪山上捧来冰雪,给丈夫作药治病。(民间故事)

ssyi nzzici zɤ⁵⁵ ndzi⁵⁵ tsʰi⁵⁵ 名 鞋跟(鞋的后跟) heel *labuga o mapu de, tissyi o neguze neguzei ssyi nzzici la mali shuza*。这个拉布呷是个邋遢的人,他把自己的鞋当拖鞋穿,把鞋后跟都踩坏了。

ssyi nzzu zɤ³³ ndzu⁵⁵ 名 侄子 nephew *ale ssyi nzzu ssinzzu yami debbeee zzhode, lepunzzoro yamizzho*。我是有许多侄儿侄女的,侄孙儿侄孙女就更多了。

ssyi nzzu ya kwa zɤ³³ ndzu³³ ja⁵⁵ kʰua⁵⁵ 大侄子 the eldest nephew

ssyi pa zɤ⁵⁵ pʰa⁵⁵ 动 能去 can go

ssyi pale zɤ⁵⁵ pʰa⁵⁵ le⁵⁵ 名 旧鞋 old shoes *ssyi pale bbe idai zhanga nge gguhggu za, nge sshyi ssha ngepyi*。旧鞋子散落在床底下,把它们清理了,丢弃出去。

ssyi pusa zɤ⁵⁵ pʰu⁵⁵ sa³³ 名 雪人(雪菩萨) snowman *mecu ssyila hene yaddrebbe ssyi pusa si nca yahgga debbe*。冬天下雪的时候,小孩子们最喜欢堆雪菩萨、堆雪人的。

ssyi ssa ① zɤ³³ za⁵⁵ 量 对,副 a pair of *ngganyo pe ssama zyi gge jja icu kula de ssyi ssa tacha, zase jji gge*。门外边要摆饭席,还差着一副马匙子和木盔。

ssyi ssa ② zɤ³³ za⁵⁵ 动 安装,瞄准,架设 install, aim, erect *har bbe le tege ligga gge de, canda le tege nge ssyi ssa te yali de*。这里是老熊出没的必经之路,弩箭安装在这里是再恰当不过的了。

ssyi ssa ③ zɤ⁵⁵ za⁵⁵ 量 架,套 a set of *zaxi o bbula laggo de ssyi ssa ddehve i ngehjila*。扎西扛着一套犁和枷担过来了。

ssyi ssi zɤ³³ zi³³ 名 儿女 children *ssyi ssi ddakwane pama lwahbwa yazzedda syinyi nzzoro la yaneshyi ggede*。儿女长大,父母的劳动强度虽然降低了,但是思想焦虑会更加严重的。

ssyi ssi bbeshe nabar zɤ³³ zi³³ be³³ ʃe³³ na³³ pɚ⁵⁵ 遗传给子孙后代,交给子女了 hand down to posterity *ti yantrebbe nyogwa ssyi la ssi* *bbeshe nabar ta, azho nyabbejji yantre*。他的聪明才智全部遗传给了他的子女,你看他的子女们都聪明。

ssyi ssyilo zɿ⁵⁵zɿ³³lo³³ 名 鞋底 sole *yaddreo ssyi ssyilo le nezzhu zahala neryii mase, anjji singu debbe ddo*？小孩的鞋底都被磨穿了,你们一点没有发觉,你们是怎样带孩子的?

ssyi teer ① zɿ⁵⁵tʰe⁵⁵ɚ³³ 嘴巴迟钝,嘴里没味觉 there's no taste in the mouth *zzilha sisebbesi nge zzyi nge zzyiiya jjo lane ssyi teer issama nge zzyi mapa*。在磨房沟村天天吃野果,回来后牙齿酸痛,嘴巴都迟钝得没有味觉了。

拐枣、枳椇

ssyi teer ② zɿ⁵⁵tʰɛ⁵⁵ɚ⁵⁵ 牙齿酸疼咬不动食物 can't eat due to the toothache *aya assyi teer ssama ngezzyi mapa*。哎呀,我的牙齿酸痛得咬不动食物,什么饭都吃不下去。

ssyi xxo zɿ³³ʐo⁵⁵ 动 下雪 snow *nyopezzhoha ssyi xxo kecu ane ashyi pola yavajjola, ssyi hbbui nelo ha*。在野外遇见下雪的时候,一定要快速奔回家里,谨防大雪阻隔,回不了家。

下雪

ssyi zyi ① zɿ³³tsɿ³³ 用酒敬神,上敬酒 worship on liquor *nyila nggu bbe qo nehssyi, danyi neryiva qozyi ssyi zyi gge*。列祖列宗请上座,今天给你们上敬美酒和佳肴。

ssyi zyi ② zɿ⁵⁵tsɿ⁵⁵ 名 独子 only son, only child *tralige ssahbu ssyi ssyi zyi gabu ncha vejige senejji hjilajje*。鬼把国王家独子的魂魄装入葫芦里,塞上塞子就拿来了。(民间故事)

ssyi zyiga zɿ³³tsɿ³³ka³³ 独生子,独生儿 only son, only child *sudela trao dde hbbubbui ssahbussyi ssyizyio npoddejje*。一个人和一个鬼合伙去盗窃国王的独生子的魂魄。(民间故事)

ssyi zzho zɿ³³dʒo³³ 名 雪水(雪融水)snow water *kwakwabbei kato, zzho ne ssyi zzho bar dde npisu ne anela mazzhode*。据老人们说,最冷的水就是雪融水。

ssyibbwa mazhe zɿ³³bua³³ma⁵⁵tʃe⁵⁵ 不想去 don't want to go *vuliddenyi sosodage ssyibbwa mazhe jja denyo yava zzho su zade*。他头疼,不想去学校上课,请假休息了一天。

ssyibryi tepecha zɿ³³pʐɿ³³tʰɛ³³pʰɛ³³tʃʰa⁵⁵ 解开

鞋带，解下鞋带 untie the shoelace *hzhobwao tige ssyibryiga tepechai lemanaga ngepejoi kazaishuddwa*。抢劫者被他解下鞋带反绑了两拇指，押送到派出所里去了。

ssyibyi myashwa ① zɕ⁵⁵ pzɕ⁵⁵ mja⁵⁵ ʃua⁵⁵ 动 哭穷，哭泣（不停地哭泣）cry again and again *yaddre teo*, *de nyonyo sui zhanga kazha zhai ssyibyi myashwa gge*, *nyiha la manddo*。这个小孩子天天跟在大人后边不停地哭泣，可能身体有点不适。

ssyibyi myashwa ② zɕ⁵⁵ pzɕ⁵⁵ mja⁵⁵ ʃua⁵⁵ 动 唠叨 chatter *te azzhyi ne de nyonyone possa she ssyibyi myashwa subbeva sirelahiggede*。这个阿智每天都在老公面前唠叨，说别人这也不是，那也不是。

ssyida pahggada zɕ⁵⁵ ta⁵⁵ pʰa³³ əga³³ ta³³ 椅子的靠背 backrest *ni legga tagwa ssyihda pahggada qo nelhyo*。把你的外套脱下来，放在椅子的靠背上吧。

ssyige nyingalasu zzhyi mahssyi zɕ⁵⁵ ke⁵⁵ ȵi⁵⁵ ŋa⁵⁵ la⁵⁵ su³³ dʑɕ³³ ma⁵⁵ zɕ³³ 嘴里说出来的不一定是对的，他人讲的不一定对 what others say is not always true *ncheibbe*, *ssyige nyingalasu zzhyi mahssyi ma. assyimara sune katabbe nyi ggela aneshyima*。各位，从嘴里讲出来的不一定都是对的哦。可听可不听的最好不要听。

ssyihbbu kexobu ① zɕ³³ əbu⁵⁵ kʰe⁵⁵ ɕo⁵⁵ pu⁵⁵ 大地铺满积雪（白雪皑皑）the ground is covered with snow

ssyihbbu kexobu ② zɕ³³ əbu⁵⁵ kʰe⁵⁵ ɕo⁵⁵ pu⁵⁵ 鹅毛大雪 large snowflakes *muli ddwajja*, *ssyihbbu kexobui hssyii neloi jjola mapa*, *cecenyo tebbua*。在木里县，遇到鹅毛大雪，被大雪阻隔了无法回来，在木里待了十天。

ssyihbbu nekoko zɕ⁵⁵ əbu⁵⁵ ne⁵⁵ kʰo³³ kʰo³³ 冰天雪地 a world of ice and snow *nwanzzuba she zzho hane*, *mecu ssyihbbu nekoko hane hwai zha yazze*。在凉山村，到了冬天冰天雪地时就方便捉麻雀。

ssyihggwa dde trutru zɕ⁵⁵ əgua⁵⁵ de⁵⁵ tʈʰu⁵⁵ tʈʰu⁵⁵ 雨夹雪 sleet *te ssyihggwa dde tru tru hane nya ddenpi*, *ssuggu bbe shojjitaha yateshode*。这种雨夹雪的天气是很冷的，这个时候被冻死的牲畜最多。

ssyihggwa mala ihar zɕ³³ əgua³³ ma⁵⁵ la⁵⁵ ji⁵⁵ xaʴ⁵⁵ 未雨绸缪，防患于未然，还没有下雨就盖屋 take precautions, nip in the bud *ssyihggwa mala ihar*, *canyi mala shushu*。还没下雨就盖屋，还没瘟疫就祭祀。（谚语，指常备不懈）

ssyihwa punqi zɕ⁵⁵ xua⁵⁵ pʰu⁵⁵ ntɕʰi⁵⁵ 名 田埂 balk, ridge *assyi igwarhar ssyihwai punqi ge zzabbu gaga nebu ddenyi za*。我家屋北头的田埂边上，有两棵慈姑。

ssyihwai zɕ⁵⁵ xuaj⁵⁵ 名 田（水田）field *ssyihwai ge ne le ne i bbwazhe ne anga ne dadryi zzho ddejima ddota*。想下到水田里，可我怕水里有蚂蟥啊。

ssyii hjinbbar ggalafu zɕ³³ ji³³ ɔtɕi⁵⁵ nbaʴ³³ ga³³ la⁵⁵ fu⁵⁵ 为了男儿来歌唱，为了儿子来歌唱 sing for the son *ssyii hjinbbar ggalafu*, *ssii hjinbbar hdolafu*。为了儿子来歌唱，为了女儿来舞蹈。(《出嫁歌》歌词)

ssyii nebbu ① zɕ⁵⁵ ji³³ ne³³ bu³³ 动（在雪地里）冻伤 frostbite (in the snow) *kasalima yoerbashe zzhoinalajja ryipaga ssyii nebbu erpe ga rekara za*。卡萨立马从蓼坪乡白石

村踏雪走路到则拉乡大埔村，因为太寒冷，所以冻伤了一只脚。

ssyii nebbu ② zɕ^{55} ji^{33} ne^{33} bu^{33} 成雪盲，雪地里失明 the eyes are blinded by the snow, become snowblind *ssyilomo yohguddwajja, ddegu ssyii nebbui nddomapaza*。日落寞白天去放羊，眼睛被雪刺激得失明了。

ssyii nggada maho zɕ^{55} ji^{55} nga^{55} ta^{55} ma^{55} xo^{55} 离家时无须关门 don't need to close the door when you leave home *yavamomo dezzhone nkudemiha, ssyii nggada maho, lai nggachumaho*。家有老人犹如一把锁，出门的时候无须关门，回来的时候无须开门。（谚语）

ssyika ikape zɕ^{55} kʰa^{55} ji^{55} kʰa^{55} pʰe^{55} 差旅费 travel expense *ne ai ssyika ikape barryi nehdea avaqi, a jjoia nzzazhoi ggecwa*。请你把差旅费结算给我，我要回家乡去过春节了。

ssyika pe zɕ^{55} kʰa^{55} pʰɛ^{33} 生活费 living expense, living costs *aryi da-xo soha ssyika pe ne ddenyima ddei qi, sosolepe la idape jji ma nyode anebaeli*。我们读大学的时候，生活费有政府资助，不用缴学费和住宿费，多好啊！

ssyika tabbar zɕ^{55} kʰa^{55} tʰa^{33} b ɚ^{33} 动 断顿（没有口粮）can't afford the next meal, go hungry (there is no food) *bilasubbe ssyika tabbar jjige, neryiva ssyika belaho jjigge*。铲草皮的人已经断顿，请你们立即送口粮去。

ssyike ika pe zɕ^{55} kʰa^{55} i^{55} kʰa^{55} pʰɛ^{55} 差旅费 travel expense *ale tanenyo be-jin dahgarra ssyi gge jja ssyika ika pe chomya ddabar gge jji hamase*。我打算这几天去一趟北京，也不知道要花多少差旅费。

ssyikwa lema zɕ^{33} kʰua^{33} lɛ^{33} ma^{33} 长子媳妇 the eldest daughter-in-law *cihi ne ssyikwa lema keshua, sohi ne lhalha lemashugge*。今年娶了长子媳妇，明年老二还要娶媳妇。

ssyilage tebui nalala zɕ^{33} la^{33} ke^{33} tʰe^{55} pu^{55} i^{55} na^{55} la^{33} la^{33} 雪地里摔倒后滚下来 fall down in the snow *zaxigedaha ssyilage tebui nalala, nqibbi zhangala neddwa*。刚才，扎西在雪地摔倒后滚下来，滚到坎下边去了。

ssyilagete nce zɕ^{55} la^{33} ke^{33} tʰe^{55} ntsʰe^{33} 雪地里出溜 slip in the snow *ssyilagete nce ddala mapa, ernku deddre nancai ddelhyo ila*。雪地里出溜，无法行走，只好制作了一双脚垫，套在脚上防滑，然后走来的。

ssyilassi zɕ^{33} la^{33} zi^{55} 名 子女 children *nele ssyilassi ngencuncu zade, temojji singusu zzho, amimaha*。你现在是子女成群的人，老了以后不愁没人赡养，不像我老了以后是孤寡老人。

ssyilassi bbe zɕ^{33} la^{55} zi^{55} be^{55} 子女们，后代人 children, descendant, offspring, progeny *a nezzhyi hibbagge, neryi ssyilassi bbe kabbanyi*。我要说一两句话，子女们，你们听着。

ssyilwa myalwa zɕ^{55} lua^{55} mja^{55} lua^{55} 形 粗糙（涩嘴巴，割嘴割舌）coarse (astringent) *ssumi ssamabbe cucu lala debbe, ssyilwa myalwa nehmi mapa debbe*。这些玉米饭的玉米面粉，磨得过于粗糙，割嘴割舌的，吞咽困难。

ssyima nbbar ʑɕ^{55} ma^{55} nb ɚ^{55} 大河边，尼日河边 the edge of the river, the edge of the Nieri River *xxongubigao liggaligga ssyima nbbar la ssu nggonggoi ggejja neddwa*。假

话大王一路小跑,说是要到尼日河边去捡河床上的大鱼。

ssyime ddeer zɿ⁵⁵ me⁵⁵ de⁵⁵ ɚ⁵⁵ 风雪交加,风卷着雪 windy and snowy *ssyime ddeer ssyi bbe denbbu denbbu vumya qo kahbarkahbar ngu gge*。风雪交加,大风吹来的雪花一团一团地砸向人脸。

ssyimya ddanggwa zɿ³³ mja³³ da³³ ŋgua⁵⁵ 雪景耀眼 dazzling snowscape *meliggune ssyihbbu nekoko mejogene maca kencui ssyimya ddanggwai*。地上铺着厚厚的积雪,天空阳光明媚,雪景耀眼,耀得人睁不开眼睛。

ssyindde shaer gomazzho zɿ³³ nde³³ ʃa³³ ɚ³³ ko⁵⁵ ma⁵⁵ dʐo³³ 白肤公子无才干 man with white skin has no talent *a mama mama, yela ssyindde shaer gomazzho, mihssa ndde i mi nepyi*。哎哟哟哟,从来白肤公子无才干,绣花枕头一包草。

ssyinqo ga zɿ⁵⁵ ntɕʰo³³ ka³³ 名 美男子,俊男,才俊 handsome man, the nice-looking man *ssyinqo ga la ssinqo ga bbe vulili ggazyizyi ggese, ale mar-iggecwa*。俊男美女们还在拼酒赛歌,我退出来要去睡觉了。

ssyinzzu lhalha zɿ⁵⁵ ndzu⁵⁵ ɬa³³ ɬa⁵⁵ 二侄子,三侄子 the second nephew, the third nephew *ti ssyinzzu lhalha dezzho se, tiha varge nzzhonzzyi sogge*。他还有一个稍小的侄子,二侄子现在在越西县读中学。

ssyinzzu marmar zɿ³³ ndzu³³ mɚ⁵⁵ mɚ⁵⁵ 小侄子 little nephew *agamai ssyinzzu marmar wo tiha lema kesishua marmar la mazzhose*。阿呷嫚的小侄子,刚结婚不久,连小孩都还没有。

ssyinzzu yakwa zɿ³³ ndzu³³ ja⁵⁵ kʰua⁵⁵ 大侄子 the eldest nephew *ti ssyinzzu yakwa tava singu gge, ne nzzyinzza maho*。他的大侄子在护理他,你不要过分地操心他。

ssyiryi myaryi zɿ⁵⁵ rɿ⁵⁵ mja⁵⁵ rɿ⁵⁵ 喜笑颜开,喜形于色,笑逐颜开 light up with pleasure, beam with joy *ai, ssyiryi myaryi ngala, nyihajji ane yabbiga de kami zamanddoa*。啊呀,走路都是兴高采烈的,看你喜形于色的样子,不知你逮到多大个猎物。

ssyissi ddakwa zɿ³³ zi³³ da⁵⁵ kʰua⁵⁵ 子女长大 children grow up *ssyissi ddakwa kebossi, punddre ssyi dde iddepu*。子女长大安了家,赤贫人家换新颜。(《翻身歌》歌词)

ssyizyi ddehgu jjidagu zɿ³³ tsɿ³³ da⁵⁵ ku³³ dʑi⁵⁵ ta⁵⁵ ku⁵⁵ 积雪最多麂子坪 the Deer Grassplot is the place of the most snow *ssyizyi ddehgu jjidagu, wasyiddehgula*。积雪最多麂子坪,火麻最多瓦斯沟。

ssyizyi ssizyi zɿ⁵⁵ tsɿ⁵⁵ zi⁵⁵ tsɿ⁵⁵ 独儿独女 one son and one daughter *tedde tiha ne ssyizyi ssizyi nancha si zzho*。他家现在只有独儿独女两个小孩。

ssyizzyi jjiva zɿ³³ dʑɿ³³ dʑi⁵⁵ va³³ 动 晚育 late childbirth *alo ssyizzyi jjiva ne tihasi erbbi ge vula vula gge*。因晚婚晚育,你看我的儿子现在才开始在灰堆边摇摇晃晃地玩。

su ① su⁵⁵ 动 紧 be tight *ssyibryi ga desyi ke su*。把鞋带系紧。

su ② su⁵⁵ 动 像,相似 like *zyisho izyine vulila lhibwa su, sunpwala fanpar su de sho radwa gge jjigge*。最先生出一个脑袋像竹筒、嘴巴像汤钵的儿子。

su ③ su⁵⁵ 动 消退,枯竭 degrade, exhaust *te ne nyo zzhokwa ga la ne su za, rotro la ge zzho demi la ma zzho gga*。这两天大河都枯竭了,河床的沙石里一滴水都快没有了。

su ④ su⁵⁵ 动 缩减 reduce *ddro ge lwanbbu bbe zu napwa ne ne su a ta, yami mazzho de*。锅里的豆浆停止沸腾后就缩减了，没有多少量。

su ⑤ su⁵⁵ 名 人 person, people *su bbe le ti kato gge, ne zzyi ya dre o ddenyi za jji gge*。人们都说，你家娃娃生病了。

su bbe su³³be⁵⁵ 名 别人，人们 other people *su bbe i kato da kabbanyiha, ne zzyi yadre o ddenyio za jjigge*。听到别人在说，你家娃娃生病了。

su beji=sunpwabeji su⁵⁵pe⁵⁵tɕi³³ 形 苦口，苦涩 bitter, astringent *gabbryi ssama su ji zzho, teo ne gabbtyi ssama bbe zzyi ha ne su npwa ke beji jji garhar zzho de*。高粱米饭多苦口，就是说，吃高粱饭时有苦涩的味道。

su dde su⁵⁵de⁵⁵ 名 人间 world *shoine su bbe tesho manzzho marci pryi, zhanga si bberyi pe nenzhyi nzhyi de*。从前，人间从来不死人，人们只有蜕皮的习惯，后来人和蛇交换了。（民间传说）

su dde ngu su⁵⁵de⁵⁵ŋu⁵⁵ 吹口哨 whistle

su ddenyi su⁵⁵de⁵⁵ɲi⁵⁵ 嘴变红 mouth redden *lhanpyi sho ngamace i su ddenyi, lwappwa shyi ngamazzyi shyi vahji*。红嘴雀没有喝血嘴变红，老虎没有吃肉背生肉。（谚语）

su ddra su su⁵⁵ɖʐa⁵⁵su⁵⁵ 名 强盗（抢劫者，抢夺者）robber

su de o su⁵⁵tɛ⁵⁵o³³ 一个人 one person

su debbu su⁵⁵tɛ⁵⁵bu³³ 一队人，一群人 a group of people *amuyobu neddege daso su debbu ke ddwa, ane ngula debbe jje*? 阿穆育部，今天早上你家来了一群人，他们是来干什么的？

su er ga su³³ɚ³³ka³³ 名 白人 white man or woman

su ga su⁵⁵ka⁵⁵ 动 打人 hit someone

su hxxo ngu su⁵⁵əzo⁵⁵ŋu³³ 说假话，说谎 tell a lie

su i su⁵⁵ji⁵⁵ 名 别人，别个 other people

su i de su⁵⁵i⁵⁵tɛ³³ 别人的，人家的 others' *a i de su va tamazyi ne su i de a va zyi ma gge*。我的不拿给别人吃，别人的也不会拿给我吃。

su i ma su⁵⁵ji⁵⁵ma³³ 别人的女儿，他姓之女 daughter of other people

su i ryi le zyiga suj⁵⁵rə⁵⁵le³³tsɘ³³ka³³ 为他人准备笑料 prepare jokes for others

su kwa su⁵⁵kʰua⁵⁵ 名 头头，大人，领袖 headman, leader, person in charge

su kwa si su⁵⁵kʰua⁵⁵si³³ 名 柏树 cypress

su lige su⁵⁵li⁵⁵ke⁵⁵ 被别人 by others *sibu tebu nbbarge mwami debu ha dei su lige nanbbar hji ddwaza*。这棵树底下本来有一棵天麻的，结果被别人挖走了。

su ma se su⁵⁵ma⁵⁵se³³ 别人不知晓，无人知 other people don't know *myabbo sintwa ku nagwar ha su ma se*。三滴眼泪往肚里吞，说话无人知。（歌词）

su ma wa su⁵⁵ma⁵⁵wa⁵⁵ 不会使人吃饱，吃不饱 don't make you full *gohgo nggame su ma ca, hgohgo ssama su ma wa*。讨要来的衣服穿不暖身，到别人家蹭饭吃不饱。

su mar ① su⁵⁵mɚ⁵⁵ 名 胡子，胡须 mustache *abu momo su mar walawala de ngala i aryi pe hibba ga ne ggoi syinca bbo de*。一个白胡须飘逸的老头出来跟我们说话，记忆力特别好。*abuga su mar ddeerdebu la walawala gge de banddi daga kezyi inehssyi* *nalajje*。一个白胡须的老头端来一条凳子坐在他的面前了。

su mar ② su^{55}mɚ^{55} 名 根须 root *zzapa bbe ne su mar ha debbe, wa bbe, gagu bbe, nzzyizanbar yami debbe nyo*。折耳根是有根须的,山药、黄姜、隔山撬等都有根须。

su mar ③ su^{55}mɚ^{55} 衣服的流苏 tassel *sumar ne wala su mar nyo laxo su mar nyo, dedebbe ne nggame su mar nyo*。有的擦尔瓦有流苏,有的烟荷包有流苏,还有一些衣服也有流苏。

su mar dde er su^{55}mɚ^{55}de^{55}ɚ^{55} 白胡子 white moustache *abu ga su mar dde er walawala de ngalai banddi daga qo nehssyi lesu bubu gge*。一个白胡子老头出来坐在一条板凳上,折着什么东西。

su mar ru da su^{55}mɚ^{55}ru^{33}ta^{33} 刮胡刀 razor

su nce da su^{55}ntsʰɛ^{55}ta^{33} 名 轿子 sedan chair, palanquin

su ndde su^{55}ndɛ^{55} 名 好人(优秀的人)good person (excellent people) *si ndde ne bbezzyi ddabbwa, su ndde ne canyi kehssyi*。良木遭遇蛀虫啖,好人遭遇疾病缠。(谚语)

su nenzzu nzzho su^{55}ne^{55}ndzu^{55}dʐo^{33} 会使人中毒 poison someone *bu macakencui ngeernbbu minanzza bbe ngezzyi ane su nenzzu nzzho debbe*。被太阳晒过、发绿且吃了让人感到涩口的洋芋,容易使人中毒。(当地的说法)

su nga su^{55}ŋa^{55} 名 坏人,恶人 villain *su ndde su nga ne erhbi ha ne sshyihsshyi la gge de, yo condde de jja timahode*。好人坏人在行为上就会表现出来的,不需要自己说。

su nge ji su^{55}ŋe^{55}tɕi^{55} 塞进嘴里 foist into

one's mouth

su nge jo su^{55}ŋe^{55}tɕo^{55} 捂着嘴巴 cover the mouth

su njji er da ncha ① su^{55}ndʑi^{55}ɚ^{55}ta^{33}ntsʰa^{33} 一个吉祥的人 a lucky man

su njji er da ncha ② su^{55}ndʑi^{55}ɚ^{55}ta^{33}ntsʰa^{33} 做事易成功 easy to succeed

su npwa su^{55}mpʰua^{55} 名 嘴,口 mouth

su nwa ga su^{55}nua^{55}ka^{33} 名 黑人(皮肤黑) black people

su pi su^{55}pʰi^{55} 动 讹诈,敲诈,勒索 blackmail *gagaerssyi ne su pi su zzyi tenzzozade*。这个尕尕尔日是专门讹诈人的。

su re mya re su^{55}re^{55}mya^{55}re^{55} 鼻涕眼泪 snot and tear

su se ① su^{55}sɛ^{55} 名 粗筛 cribble

su se ② su^{55}sɛ^{55} 在别处 in other places

su ssa su^{55}za^{55} 名 头人,大人(蟹螺语) the leader

su ssha su^{55}ʒa^{55} 汇集宾客,汇聚人才 assemble guests, attract talents *tedde sonyo su ssha gge jji gge i, ddavar yami kezzi agge manddo*。听说,他家明天聚客,不知道来多少客人。*nyinqi de o kesicu ha ne su ssha ho de, ne ngu i ggete ssyi se*。一个工地才开工的时候是要招很多人的,如果你要去干活,你就去吧。

su ssho ① su^{55}ʒu^{55} 诅咒他人 swear, curse others

su ssho ② su^{55}ʒu^{55} ……一样地咒 curse as... *shaba o malibbeva ssho ha ne mejjo la nahggwa gga su ssho gge debbe*。沙巴在咒骂坏人,犹如天都要塌下来一样地骂。

su va bar su^{55}va^{55}pɚ^{33} 动 骂人(数落人) swear, scold, rebuke

su va ndde ngu su⁵⁵ va⁵⁵ nde⁵⁵ ŋu⁵⁵ 为人提供好处，为……做好事 do a favor for somebody *sho i ne a su va ndde ngu, tiha ne subbe a va ndde ngu*。过去是我为大家做好事，现在是别人为我做好事。

su va shanga hase su⁵⁵ va⁵⁵ ʃa⁵⁵ ŋa³³ xa³³ se³³ 富有同情心的，知道怜悯人的 compassionate

su xxongu su⁵⁵ zo⁵⁵ ŋu⁵⁵ 动 骗人，诓骗 deceive, cheat, fraud

su ya su⁵⁵ ja⁵⁵ 抵押人质 mortgage the hostage *shoi jjimar gwanpu civi delige pucege su ya nanca nyipyi tesi poddwa*。从前，一个王家弟兄被另一个人抵押在海棠铺子上，那人自己跑掉了。

su zhwa su³³ tʃua⁵⁵ 动 捞人，救人 rescue people, save people

su zi ① su⁵⁵ tsi⁵⁵ 动 抢劫 rob *cape nwa bbe zzhokwalo su zi laha mafuge ggoma beerkasai nazha nazha*。尼日河对岸的彝人来抢劫竹壳洛的彝人，被马付用加长披风打得屁滚尿流。

su zi ② su⁵⁵ tsi⁵⁵ 名 人发（人的头发）human hair *sho i ne su zi ssha su mazzho, tiha ne su zi bbe vazi qo la yapekwa jje*。过去是没有人收购人发，据说现在人发的价格比猪鬃的还高。

su zyi su⁵⁵ tsɵ⁵⁵ 给别人吃 give others to eat

su zyihzyi su³³ tsɵ⁵⁵ tsɵ³³ 动 逗人 amuse *su zyihzyi ne shora, tro zyihzyi ne ledryi*。逗人遭遇尴尬，逗狗遭遇咬手。（谚语）

su zzhome su⁵⁵ dʒo⁵⁵ me⁵⁵ 人居环境 living environment, dwelling environment *ozzho ne su zzhome ne nya yali desyi gge, ale tege si zzho bbwazhe de*。西昌是个人居环境非常好的地方，我就喜欢在这里生活。

su zzhwa ① su³³ dʒua⁵⁵ 名 嘴筒子（动物的）mouth *ve te ryinbba ne su zzhwa yashe de ryinbba*。这种猪是嘴筒子特长的一个品种。

su zzhwa ② su³³ dʒua³³ 名 人中（中医穴位）philtrum *subbe tenchohane ashyi su zzhwa va kenkuane ddanchwa gge*。一旦某人昏厥了，及时掐住他的人中，他一会儿就会苏醒过来。（当地的做法）

su zzyi ① su³³ dzɵ⁵⁵ 夺人钱财，敲诈勒索 racketeer, blackmail *cozzigabu bbe ne gwarshege su pi su zzyi debbe*。地痞流氓们全靠在乡间地邻为非作歹、敲诈勒索度日。

su zzyi ② su⁵⁵ dzɵ⁵⁵ 剥削人 exploit, plunder *yahishihi ne melisapa bbe ne pubbiddenddroi su zzyi*。在旧社会，地主就靠收地租剥削人。

suassyi dabar soa⁵⁵ zɵ⁵⁵ ta⁵⁵ bɚ⁵⁵ 与过去保持一致 be consistent with the past

subar makwa su⁵⁵ pɚ⁵⁵ ma³³ kʰua³³ 低人一等，不被别人尊重 be a cut below others *yava mabbo manyo ane nyopengeddwa hala subar makwa miha*。因为家境贫寒，所以到外面去的时候都有不被别人尊重的感觉。

subar manbbo su⁵⁵ pɚ⁵⁵ ma³³ mbo³³ 低人一头，不被别人尊重 be a cut below others

subbe ddezzyiza su⁵⁵ be⁵⁵ de⁵⁵ dzɵ⁵⁵ tsa³³ 人声鼎沸，喧闹喧哗 noisy, rumbustious *yaha tessyi yava subbe ddezzyiza, anenbbryi ngo manddo*。昨天晚上，他回家的时候，屋里人声鼎沸，不知道发生了什么大事情。

subbe shulili ngugge su⁵⁵ be⁵⁵ ʃu⁵⁵ li⁵⁵ li⁵⁵ ŋu³³ ge³³ 人来人往，人流如织 many people come and go *yaddreo jjolai nzzazho jja, tavazzoro jja su bbe shulili ngugge*。孩子过年回家来了，看望的宾客人流如织。

subi zhanga bu su⁵⁵ pʲe⁵⁵ tʃa⁵⁵ ŋa⁵⁵ pu⁵⁵ 名 下唇

underlip, labium

sude mimaha su⁵⁵te⁵⁵mi³³ma⁵⁵xa⁵⁵ 不像个人样 don't look like a man *tessyi yaddreone sude mimaha mide ssyiha de*。他家的娃娃不像个人样，像个猴子一样。

suerda su⁵⁵ɚ⁵⁵ta³³ 磨刀石 knife grinder *erkwatewo ddabba hjiya ngga hgote pyia suerda nenga gge*。把这块大石头背回去，放在家门口做磨刀石。

suhbi degguzwa su⁵⁵əpi⁵⁵de⁵⁵gu⁵⁵tsua³³ 识别一个人的秉性只需要一会儿 it only takes a moment to identify a person's character *suhbi ne degguzwa ngwarhbi ne denyoma jja ti hbizzyi*。识别一个人的秉性只需一会儿，识别一头牛的秉性要一整天。（谚语）

sui hssa manyo su⁵⁵ji⁵⁵əza⁵⁵ma³³ŋo³³ 人无百岁者，没有上百岁的老人 there is no centenarian *sui hssa menyo, siihbu manyo, sedeone dessu kenyoa zzhongu ggede?* 人无百岁人，树无千年树，哪个人会像木桩一样永远矗立着？

sukwa si su⁵⁵kʰua⁵⁵si³³ 名 柏树，塔柏树 cypress *nwanzzuba she fu vuhdi a jjimar amu ssyi sukwa si bu aha se ma nddo?* 凉山村村顶上王阿穆家的塔柏树还在不在？

sumar ru ① su⁵⁵mɚ⁵⁵ru³³ 动 刮脸，修面（剃胡须）shave *sumar ru da ne chopwa ngusu jjinyo, chohbupwa ngusujji nyode, kato mazzede*。刮胡刀的价格，一般的是几元钱，好的则是数千元，所以不好说。

sumar ru ② su⁵⁵mɚ⁵⁵ru³³ 动 批评，理麻 criticize *sobbussa zzhyikato namabbu jja ti nzzomo lige sumar neru neru ngezhyizha za*。所部子因为讲错了话，被领导批了又批，被批得焦头烂额的。

sumar ruda su⁵⁵mɚ⁵⁵ru³³ta³³ 刮胡刀，剃须刀 razor *sumar ruda bbe vuli deo hasu, newo hasu, siwo hasu, coryinbba la nyo de*。刮胡刀有单头的、有双头的，还有三头的，多种多样。

sumar wala wala su⁵⁵mɚ⁵⁵wa⁵⁵la⁵⁵wa⁵⁵la⁵⁵ 胡须飘逸 flowing beard

sunbbu su⁵⁵mbu⁵⁵ 名 鼻子 nose *shoihane nwa nzzu bashe abu momo sunbbu maha zade zzho*。从前，凉山村有一个没有鼻子的老爷爷。

sunbbu be hgu ge su⁵⁵mbu⁵⁵pe⁵⁵əku⁵⁵ke⁵⁵ 鼻孔里 in one's nostril

sunbbu behgu su⁵⁵mbu⁵⁵hpɛ⁵⁵hku⁵⁵ 名 鼻孔 nostril

sunbbu bryi su⁵⁵nbu⁵⁵pʐo⁵⁵ 牛鼻绳 the rope in the cow's nose *ngwar sunbbu bryi ne zivai dagaqwa mahssyi ne ngwar sunbbu nebe nzzho*。牛鼻绳要用毛发编的毛绳，不然的话，牛鼻子容易发炎化脓。

sunbbu guge su⁵⁵mbu⁵⁵ku⁵⁵ke⁵⁵ 名 鼻窦，鼻腔 paranasal sinus, nasal cavity

sunbbu ka meojjigu su⁵⁵mbu⁵⁵kʰa⁵⁵meo³³dʑi³³ku³³ 鼻孔朝天 stick up one's nose *ssihi teo ne manqo de, azho sunbbu kao meojjigu zade*。这个女人的形象不太好，你看她是鼻孔朝天的。

sunbbu maha su⁵⁵nbu⁵⁵ma³³xa³³ 缺鼻子，没有鼻子 no nose *sho i aryi marmar ha ne, aryi ne azzyi abu sunbbu maha o va ddejima de*。以前我们小的时候，就怕我家的那个没有鼻子的叔祖父。

sunbbu mama su⁵⁵mbu⁵⁵ma⁵⁵ma⁵⁵ 鼻尖 tip of the nose

sunbbu mar su⁵⁵nbu⁵⁵mɚ⁵⁵ 名 鼻毛 vibrissa

sunbbu npar su⁵⁵mbu⁵⁵mpʰɚ⁵⁵ 鼻子里叹气（表示极大的不满）sigh, grievance

sunbbu npar ssensse su⁵⁵nbu⁵⁵npʰɚ⁵⁵ze³³nze³³ 吹胡子瞪眼，不断打响鼻 be angry and fierce, constantly snort

sunbbu rugu su⁵⁵mbu⁵⁵ru⁵⁵ku⁵⁵ 名 鼻梁 bridge of the nose *paroga nyibugai sunbbu rugu ddehge jja vura ddeer de i kaza za*。帕罗子跌倒了，把鼻梁骨摔折了，现在用一块白色纱布包扎着。

sunbbu ryigu su⁵⁵mbu⁵⁵rɚ⁵⁵ku⁵⁵ 鼻梁 bridge of the nose

sunbbu ryigu dde hge su⁵⁵nbu⁵⁵rɚ³³ku³³de⁵⁵əke⁵⁵ 鼻梁骨骨折 nasal bone is fractured

sunbbu wahdda su su⁵⁵nbu⁵⁵wa⁵⁵əda⁵⁵su⁵⁵ 鼻子像山梁 nose likes ridge

sunceda zwaya su⁵⁵ntsʰɛ⁵⁵ta³³tsua⁵⁵ja³³ 抬人的担架 stretcher of carrying people *ddenyisu sunceda zwaya de nazai kege nasa ddence shuddwa jje*。病人被放到刚刚捆扎的抬人担架上抬走了。

sunggwa su³³ŋgua³³ 名 瓜（总称）melon, pumpkin *sunggwa ne, ddeersu nyo, nyihssasu nyo, ddeshusu nyo debbe*。瓜有白色的，有蓝色的，有黄色的等。

sunggwa ddecho su³³ŋgua³³de⁵⁵tʃʰo⁵⁵ 名 甜瓜、西瓜 muskmelon, watermelon *sunggwa ddecho bbene nyope hgulasu, ersu melige ma hgu, kezzhyi mapa*。甜瓜是外边运进来的，尔苏地区不产甜瓜，也没有办法种植。

sunggwa ddecyi su³³ŋgua³³de⁵⁵tsʰɚ⁵⁵ 名 苦瓜 bitter gourd *ersubbe shoiha ne sunggwa ddecyi su mala debbe, tiha ne kadege jji ngalala za*。过去尔苏人是不种植苦瓜的，现在到处都是苦瓜。

sunggwa ddehe su³³ŋgua³³de⁵⁵xe⁵⁵ 名 香瓜 muskmelon *sunggwa ddehe bbe ne nyope hgula su, aryi yozai meli ne mahgu de*。香瓜、甜瓜是外来品种，尔苏本地是不出产这些瓜的。

sunggwa ddenyi ① su³³ŋgua³³de⁵⁵ɲi⁵⁵ 名 金瓜 golden melon *sunggwa ddenyi bbe tepyia desyingele shua, builaige sikatrua ngezzyiha goimar*。红色的金瓜，放置一段时间，到冬月或腊月里再蒸来吃，特别好吃。

sunggwa ddenyi ② su³³ŋgua³³de⁵⁵ɲi⁵⁵ 黄色的南瓜 yellow pumpkin *sunggwa ddenyi kezho bbe ne jjijji beqo yaddecho*。水煮的黄色的南瓜，比其他南瓜更甜。

老南瓜

sunggwa ddeshu su³³ŋgua⁵⁵de⁵⁵ʃu⁵⁵ 名 金瓜 golden melon *ersubbe ne sunggwa ddenyi la sunggwa ddeshu ne ma sshyihsshyi debbe*。尔苏人称红色的瓜或黄色的瓜为金瓜，这两者是可以混用的。

sunggwa mido su³³ŋgua³³mi³³to⁵⁵ 南瓜花 pumpkin flower *sunggwa mido bbe peqo neryinbba nyode, pebbe teshyia izhere ge nazha yamar*。南瓜花有雌花和雄花之分，把雄花摘下来油炸着吃，很好吃。

南瓜花

sunggwa nyihssa su³³ ŋgwa³³ nyi³³ əza³³ 南瓜 pumpkin *sunggwa nyihssa ssassabbe nepia ssushyige nezhohe goiyamarde.* 把嫩南瓜打碎了,和鱼肉一起煮,做南瓜鱼,味道特别好。

sunggwa pa su³³ ngua³³ pʰa⁵⁵ 南瓜苗,南瓜藤尖 pumpkin seedling, pumpkin vine cusp *shoiha ne sunggwa pa bbe nehzhyi ivejji gegwar, tihane ssassabbe nedo zzygge.* 过去是把南瓜藤扯下来丢到猪圈里垫圈,现在是把嫩的南瓜藤尖摘下来做菜。

南瓜苗、南瓜藤尖

sunpwa su⁵⁵npʰua⁵⁵ 名 嘴 mouth

sunpwa daga sihade su⁵⁵npʰua⁵⁵ta⁵⁵ka⁵⁵si³³xa³³te³³ 只长着一张嘴(表示只有吃饭的功能) do nothing but eat *ale tihane temoa, sunpwa daga sihade tebbua, anelaneryi copar bbevasi lalhoa.* 我现在老了,成为一个只长着一张嘴巴的人,什么事都得依靠你们年轻人了。

sunpwa ddaha su⁵⁵mpʰua⁵⁵da³³xa⁵⁵ 张开嘴巴 open one's mouth *nyinqi mangu ne meo jjidodoa sunpwa ddaha ne nei ssyige nehzzhogge?* 你不做活,朝天望着,张开嘴巴,老天就会把吃的送入你的嘴巴吗?

sunpwa ge su⁵⁵mpʰua⁵⁵ke³³ 口腔里,嘴巴里 in the mouth *sunpwa ge shyima nabarsi ngerea, anela kengumapa.* 现在嘴里只剩下两颗牙齿,什么东西都吃不动了。

sunpwa ge ddabbar su⁵⁵pʰua⁵⁵ke⁵⁵da³³bɚ²³ 填满嘴巴 fill the mouth *lomu o ggobi bbe sunpwa ge ngencidodo i ddabbar bbar shu i zzyi gge.* 罗姆把煮熟的白菜不停地往嘴里塞,白菜塞满了嘴巴。

sunpwa jibi su⁵⁵npʰua⁵⁵tɕi⁵⁵pi⁵⁵ 名 嘴皮子 lip

sunpwa mandde su⁵⁵nbua⁵⁵ma⁵⁵nde⁵⁵ 嘴巴严厉,刀子嘴 speak harsh words *sunpwa mandde jja mi tazzhazzha gge she, ye sudeva nesshomaqi.* 虽然我嘴巴严厉得出了名,但是从来没有诅咒过任何人。

sunpwa mandde syinyi li su⁵⁵npʰua⁵⁵ma⁵⁵nde⁵⁵sɔ³³i³³li³³ 刀子嘴豆腐心 one's bark is worse than one's bite *aryi le sunpwa mandde syinyi li, sudevane nangamagga debbe.* 我们是刀子嘴豆腐心,虽然嘴巴像刀子,但从来不整人害人的。

sunpwa mangge su⁵⁵nbua⁵⁵ma⁵⁵ŋge⁵⁵ 嘴巴不严 talkative *zaqomali ne sunpwa mangge de, zzhyi bbe zzhoggwa sushe teli ggede.* 杂曲玛丽是个嘴巴不严的人,对她说的话,她马上就会告诉其他人。

sunpwa ne meme su⁵⁵ mpʰua⁵⁵ nɛ⁵⁵ mɛ⁵⁵ mɛ⁵⁵ 动 抿嘴 close the mouth slightly

sunpwa nememe mapa su⁵⁵ npʰua⁵⁵ ne⁵⁵ me⁵⁵ me⁵⁵ ma⁵⁵ pʰa⁵⁵ 嘴巴都合不上,合不拢嘴 can't get the mouth shut *lamade keminqia tava qiggejja yabulotegei sunpwa nememe mapa*。说到要娶一个新娘子给雅布洛,他高兴得合不拢嘴了。

sunpwa nggamaha su³³ npʰua³³ ŋga³³ ma³³ xa³³ 口无遮拦,嘴上没安门 talk something without scruple *sunpwa ne yangge yangge ngu, sunpwa nggamaha ne mancua*。嘴巴要严实一些,口无遮拦就不行。

sunpwa yangge su⁵⁵ npʰua⁵⁵ ja⁵⁵ ŋge⁵⁵ 嘴巴严实,严守秘密 discreet in speech, keep a secret *ale sunpwa yangge, bunbba ncido de nencido za miha de*。我的嘴巴严实得很,就像陶罐口被塞紧了一样。

sunpwade dakato su³³ npʰua³³ te³³ ta³³ kʰa³³ tʰo³³ 一张嘴一说法,众说纷纭 opinions vary *sudeo sunpwadeo dakato su nggeo nggessyi ddeha nggekato*。一人一嘴一说法,众人张嘴各纷纭。(民歌歌词)

sunpwaga siniyanga su³³ npʰua³³ ka³³ si³³ ni⁵⁵ ja⁵⁵ ŋa⁵⁵ 只有嘴劲 only pay lip-service *lahei ne sunpwaga siniyanga, lwahbwa ne hzhoge ngence*。拉黑嘛,你只有嘴劲,行动上却是最弱的。

suo temo su⁵⁵ uo⁵⁵ tʰe³³ mo³³ 人变老了 people get old *suo temo negezi, rape temo ngunejjo, sibutemo vutentru, erkua temo ggunapwa*。人变老了个变矮,公鸡变老冠萎缩;树子老了树梢秃,石头变老从中裂。(民歌歌词)

supi su su⁵⁵ pʰi⁵⁵ su⁵⁵ 诈骗者,说谎者 swindler, cheater, liar *jashiga ne galo gwarshege supi su de jji gge, seva tenddo sevapi jje*。驾驶呷是甘洛街上的一个混混,专门诈骗人,他见到哪个就骗哪个。

suru da su⁵⁵ ru⁵⁵ ta³³ 磨刀石 knife grinder

suru suru ① su⁵⁵ ru⁵⁵ su⁵⁵ ru⁵⁵ 拟声 苏噜苏噜(银片碰撞声) tinkle *zaya i mipu chancha bbe ddasa i shyishyi ha nchancha bbe suru suru nbar gge*。扎娅戴着她的彩珠链,走起路来银片摩擦发出苏噜苏噜的响声。

suru suru ② su⁵⁵ ru⁵⁵ su⁵⁵ ru⁵⁵ 名 坠子(银质耳佩) earring, silver earring *tiha ne suru suru de ddre la dehbu pwa nengu i nka gge*。现在,一对银质耳坠子要卖1000多元了。

sushe ddwa ① su⁵⁵ ʃe⁵⁵ dua³³ 到别家,到别处,落到别家 go to other's home, go to other places

sushe ddwa ② su⁵⁵ ʃe⁵⁵ dua³³ 嫁给别人 marry someone

susu kamar su⁵⁵ su⁵⁵ kʰa⁵⁵ m ɚ³³ 深深入睡 fall asleep deeply

susu si su⁵⁵ su⁵⁵ si⁵⁵ 名 白果树 ginkgo *susu si bbe ne yanzze debbe, dranggu na nca ha ssuyashe de*。白果树的材质是结实的,制作成拐杖很耐用。

suva su³³ va³³ 对人,对别人 to others

suva ddechyipade su⁵⁵ va⁵⁵ de⁵⁵ tʃʰɔ⁵⁵ pʰa³³ te³³ 待人接物能力强 have strong ability in getting along with others *tessyi issa lemao ne nqo lemanqo dda suva dde chyipade*。他家的儿媳妇虽然不太漂亮,但是待人接物的能力强,各方面事情处理得好。

suva kanga hgu su⁵⁵ va⁵⁵ kʰa⁵⁵ ŋa³³ əku³³ 动 咒人 swear at someone, lay a curse on someone

suva kata lasshyi su⁵⁵ va⁵⁵ kʰa⁵⁵ tʰa⁵⁵ la³³ ʒɔ³³ 不诬

陷他人,别诽谤他人 don't slander other people, don't frame other people up *ni anjjidene anjjide, zuzugaga ddakato, suva kata lasshyi*。你是怎么做的就怎么说,如实讲出来,别诽谤其他人。

suva ke bu su⁵⁵va⁵⁵kʰe³³pu³³ 传染给人,传染他人 infect *tihane sra nyi suva ke bu deryi nbbany jje, neryii se jji ddatra ddehji*。据说,现在有一种禽流感能传染人,你们大家要提高警惕,注意防范。

suva kezzu su⁵⁵va⁵⁵kʰe³³dʑu³³ 得罪他人,伤害别人 offend, hurt, harm *neryi copar bbe ne nyope liggaho suva kezzu tashu, mali manqo natangu*。你们年轻人要在外头闯荡,千万不要得罪他人,伤害别人,不要做坏事。

suva nahaha = su a nahaha su⁵⁵va⁵⁵na³³xa³³xa³³ 动 教育,施教 educate, teach *te ne syinyi ya ndde de, suva nahaha gge de, ssongwa magge de*。他是好心的,他教育人时从来不骂人的。

suva nyo = su a nyo su⁵⁵va⁵⁵ȵo³³ 得罪人 offend *dranggu ddehji trova nyo, zzhyi ndde kato suva nyo*。拿着拐棍狗不悦,述说实话得罪人。(谚语)

suva ryiryi zyi su³³va³³ɽə³³ɽe³³tsɿ⁵⁵ 设计坑害他人 play tricks to harm others *nzzyimo wuja o suva ryiryi zyi jjahane titi npua nabar, sulige nesyi a*。抛烘乌甲设计坑害他人,结果搬起石头砸自己的脚,自食其果,被别人杀了。(民间故事)

suva shanga su³³va³³ʃa³³ŋa³³ 关心他人 care about others *ne suva shanga yahzhyi nengu ne sujji nava yahzhyi ggede*。只有你关心他人,他人才会关心你。

suva shanga hase su⁵⁵va⁵⁵ʃa⁵⁵ŋa⁵⁵xa³³se³³ 富有同情心的 compassionate *yanbu man o su va shanga hase de, syinyi ya ndde de*。央部姑娘是个好心的人,一个对人富有同情心的人。

suzi su su⁵⁵tsi⁵⁵su³³ 名 强盗,劫匪 bandit

suzi suer su⁵⁵tsi⁵⁵su⁵⁵ɚ⁵⁵ 抢劫掠夺,劫人抢人 loot, rob *tenehi ne suzi suer de manyoa, ershayali wahwa yali, tamatele aryi la manyoa*。现在没有劫人抢人的了,这是因为政策好,法制建设好,要不然的话,我们都危险了。

suzi suer su su⁵⁵tsi⁵⁵su⁵⁵ɚ⁵⁵su³³ 名 强盗 robber, bandit

suzi sunka su³³tsi⁵⁵su³³ŋkʰa⁵⁵ 动 抢人,卖人 rob people, trade in human beings *yahisohi capebabbe shubbu ngesshe laigepunka suzi sunka, tiha ne tesu manyo*。从前,河对岸的人渡溜索到河这边来抢人卖人,现在没有这些事了。

suzi sunpo su³³tsi⁵⁵su³³mpʰo⁵⁵ 动 盗窃,抢劫 rob, steal *kabade manddo suiyava kenbbe suzi sunpo jja zzholhyo kesso i teshoza jje*。不知道是哪里人钻到别人家里盗窃、抢劫,结果触电死了。

suzyi gabu su⁵⁵tsɚ⁵⁵ka³³pu³³ 单枪匹马,单独一人 single-handed, alone *a nga ne suzyi gabu de tebbu a, tedde ne ssongwar venyo zzo*。我只是单枪匹马一个人,而他家有四五个弟兄,人多势众。

suzyi vumace su⁵⁵tsɚ⁵⁵vu⁵⁵ma³³tsʰe³³ 单人不喝酒 do not drink alone *ssyi zyi gabu bbo mazha, suzyi ganga vumace*。独子不追贼,单人不喝酒。(谚语,当地人认为传递香火高于一切)

swa sua⁵⁵ 动 寄（信）send（a letter） *assyi abba ashe ssyida idape nga swa bbe yanyo ne barla za*。父亲给我寄来的伙食费和住宿费，昨天就收到了。

swa i sua³³ji³³ 名 三月 March

swa ndi sua⁵⁵nti⁵⁵ 动 算数，成功 count, succeed *bbazzhe bbe ngu i nagwar ne swa nddi a sanbbe sse*？把钱揣入口袋就算数了吗？

swassyi dabar nyoassa dabar ʃoa⁵⁵zɚ⁵⁵ta⁵⁵pɚ⁵⁵ȵoa⁵⁵zɚ⁵⁵ta⁵⁵pɚ⁵⁵ 一如既往，自始至终 as always, from beginning to end *aryimo swassyi dabar nyoassa dabar, bbula dewazyi, imwa dawazyi*。我们要一如既往地一同商量，一并策划，要团结协作。

syi ① sɚ⁵⁵ 名 事情 thing, matter *syi manyo tele ne, nzzhoro denenyo naggagga amwa e*？如果没有什么事的话，多玩一两天怕什么呢？

syi ② sɚ⁵⁵ 动 杀 kill *yava nddravar ma da ncha la za i ra da ncha ne syi i ta zyi gge*。家里来了一位女客人，准备杀一只鸡给她吃。

syi ③ sɚ⁵⁵ 数 七 seven *assyi nggahgu sessyi rama de rai syi bar shushu gge*。不知道是谁家的一只母鸡带着七只小鸡在我家门口。

syi ④ sɚ⁵⁵ 形 新，新鲜，新的 new, fresh *shahnyo syi ngala shahnyo zzyi, bu syi ngala busyi zzyi, ane syi ngala ane zzyi*。新豌豆成熟了就吃新豌豆，新洋芋出来了就吃新洋芋，什么庄稼成熟了就吃什么。

syi ⑤ sɚ⁵⁵ 名 心 heart *lamozaxi syi mazyi jja ava la desyi kezzoroho jja la de*。因为拉莫扎西不放心，特意叫我来看看，所以我就来了。

syi ⑥ sɚ³³ 名 新人，新房 newlyweds, new house

syi mazyi sɚ⁵⁵ma⁵⁵tsɚ⁵⁵ 不放心 be anxious for *danyo yaddre teo si teli ssyi shui a hji syi mazyi de, nama bbu a*。今天，我把这个娃娃一个人放走了，始终不放心，这件事我没有做好。

syi ngge ① sɚ³³ŋge⁵⁵ 名 大渡河（蟹螺语）Dadu River

syi ngge ② sɚ⁵⁵ŋge⁵⁵ 名 麒麟 kylin *syi ngge vuli nzzhongu lala la, mohssa me nche nzzongu gagala*。像麒麟头颅一样摆起来，像凤凰尾巴一样抖起来。

syi nyo sɚ⁵⁵ȵo³³ 名 初七 the seventh day in lunar month *talhage lhaer syi nyo aryi nyogwa barer ddege nddavar nguddwa*。我们在这个月的初七那天，已经到巴尔家去做客了。

syi pu sɚ⁵⁵pʰu⁵⁵ 名 苗圃（小树林）nursery, spinney *sela syi pu ge si bbe lwa mapa, tro ddaga zale, malidebbe mo*。谁都不能到小树林去乱砍滥伐，打了狗赌了咒的，是非常忌讳的。

syi tebu sɚ⁵⁵tʰɛ³³pu³³ 心被包裹，心里麻木 heart is wrapped, numb *alo suo tagai syinyi tebu lili ane pama tesho hala necyi nara manzzho*。你看嘛，人变憨了，心被包裹着，就算父母过世都不知道伤心悲痛。

syi tepu sɚ⁵⁵tʰɛ⁵⁵pʰu⁵⁵ 思想变化，变心思（表示后悔）thought changes, cease to be faithful *menyi gabo tropyipu, ama ssanyo syi te pu*。阳春杜鹃变啼音，阿妈幺儿变心思。（《思乡歌》歌词）

syi ya sɚ⁵⁵ja⁵⁵ 名 桃子，桃树 peach

桃子

syi zyi sɿ³³ tsɿ³³ 动 放心 feel relieved, be at ease *ale issalassii neova dabar syi zyi, syizyi dadai newote nzzhonzzyisosu*。因为我对儿子和女儿一样放心,所以现在送两人一起深造。

syiba gaba sɿ³³ pa³³ ka⁵⁵ pa⁵⁵ 名 天地,常规,常态,状态 convention, routine, normal state, ordinary state *nwamwai ddeguncha ne tejjiajje, syiba gaba tepua, yoddese mahnyo*。彝族小盲女悄悄地说道,天地将翻覆,我不敢泄密,你俩马上就有杀头之灾。

syibyivuline nzzunzzu sɿ³³ pʐɿ³³ vu³³ li³³ ne⁵⁵ ndʐu⁵⁵ ndʐu⁵⁵ 名 舌粘连 ankyloglossia *yaddre teo syibyivuline nzzunzzu za de, ashyi kehji bba hode*。这个小孩子是舌粘连患者,应该尽早治疗的。

syigga togga sɿ⁵⁵ ga⁵⁵ tʰo³³ ga³³ 名 铠甲 armour *yahi shohi nyichu mabbo ha, syisyi ha ne syigga togga desshyi ne kengu mapa*。从前,没有枪炮的年代,打仗的时候穿上铠甲,刀子就捅不进去了。

syihbyi nbbar sɿ³³ əbʐɿ³³ mbɚ³³ 名 舌根 root of tongue

syihbyi vuli sɿ³³ pɿ³³ vu³³ li³³ 名 舌尖(舌头末梢) tongue tip *syibyi vuli ne nzzunzzu*。舌尖粘连在下颚上。

syimi sɿ⁵⁵ mi⁵⁵ 名 心(越西语,蟹螺语) heart

syingge vuli sɿ³³ ŋge³³ vu⁵⁵ li⁵⁵ 麒麟的头部 kylin's head *danyo ne syingge vuli nzzhongu i lhalha la*。今天,(我们)就像麒麟的头一样摆动起来。(意指跳舞)

syinssyi sɿ⁵⁵ mzɿ⁵⁵ 数 七十 seventy

syinyi sɿ⁵⁵ ȵi⁵⁵ 名 心脏 heart

syinyi a mala sɿ⁵⁵ ȵa⁵⁵ ma³³ la³³ 没有上心,没有引起足够的重视 pay little attention to *erpe va myaryi marmar desyi si hade syinyi a mala jja, tiha ne ngakwa*。脚上有一个小疮疤,因为之前没有引起足够的重视,现在变得严重了。

syinyi biga sɿ⁵⁵ ȵi⁵⁵ pi⁵⁵ ka⁵⁵ 容易生气的人 fractious person *zaxi ne syinyi biga de, tava ka ta zyihzyi*。扎西是个容易生气的人,你不要去逗他。

syinyi bryi sɿ⁵⁵ ȵi⁵⁵ pʐɿ⁵⁵ 名 心索,心血管 angiocarpy *abuga o nbbe da tenddo ha syinyi bryi ga le ddenyi, sanbba mazze i koci*。看到这位老者在哭泣,我真的心索都疼,伤心极了。 *zaxi o syinyi bryi ga tada za jja, tiha ne shentre desyi i ta drawo za*。扎西的心血管堵塞了,现在是用一个钢架支开着的。

syinyi bryi ddenyi sɿ⁵⁵ ȵi⁵⁵ bʐɿ⁵⁵ de⁵⁵ ȵi⁵⁵ 心血管疼 cardiovascular pain

syinyi bryi yashe sɿ⁵⁵ ȵi⁵⁵ pʐɿ⁵⁵ ja³³ ʃe³³ 不急躁 patient, gentle *su yantre o ne syinyi bryi yashe, su mancu sine ngezingebbu zzela*。贤哲的人是不急躁的,只有不睿智的人才是暴跳如雷的。

syinyi ddaca sɿ³³ ȵi³³³ da³³ tsʰa⁵⁵ 形 心慌,心焦 nervous

syinyi ddenyi sɿ⁵⁵ ȵi⁵⁵ de⁵⁵ ȵi⁵⁵ 名 心痛

cardiodynia *a tihane syinyi ddenyi denggu kessoi kala ssyi mahnyo*。我现在得了一种心痛病,哪里都不敢去。

syinyi mandde sɿ⁵⁵ȵi⁵⁵ma⁵⁵nde⁵⁵ 心术不正,思想不好 harbor evil intentions *ane syinyi mandde delige ssumi bbe tehgei nyipyiza*。不知哪个心术不正的人,把玉米苗折断了丢弃在地里。

syinyi marmar sɿ³³ȵi⁵⁵mɚ⁵⁵mɚ⁵⁵ 形 胆小,心小 timid, coward *ssintrema o hwavapusuva syinyi marmar ngu ne yali jja kahaha*。聪慧女告诉捕鸟人说,为人做事不能够心太大(要心小)。(民间故事)

syinyi napwa zzela sɿ⁵⁵ȵi⁵⁵na³³pʰua³³dze³³la³³ 很担心,非常担心 worry about *su deonyope ddwai jjo mala mezzyi gge, ggwa xxogga, syinyi napwa zzela*。这个人到野外去了,还没有回来,现在又打雷又下雨的,真是让我很担心。

syinyi nataddra sɿ⁵⁵ȵi⁵⁵na⁵⁵tʰa⁵⁵ɖʐa⁵⁵ 别灰心,别伤神 don't give up *bbazzhe mabbo syinyi nataddra, nyinqi tehzejji syinyi nataddra, sukadraho*。没有钞票别灰心,丢了工作别伤神,只要人健康就好。

syinyi nbbar sɿ⁵⁵ȵi⁵⁵mbɚ⁵⁵ 名 心口,心窝 the pit of the stomach *tilige guzi dei ai syinyi nbbar keli, ao ddese mapa*。他用拳头击打我的心口,使我无法喘息。

syinyi ne beer ① sɿ⁵⁵ȵi⁵⁵ne⁵⁵pe⁵⁵ɚ⁵⁵ 动 恶心,发呕 feel sick, feel nauseated *azho syinyi nebeer jja dde npyi gga, netape ddatahose*。你看他晕车恶心得要发呕了,请你暂时不要和他说话。

syinyi ne beer ② sɿ⁵⁵ȵi⁵⁵ne³³pe³³ɚ³³ 名 晕车 carsickness

syinyi ne ssyixxo sɿ⁵⁵ȵi⁵⁵ne³³zɿ³³ʐo³³ 折磨心志 torment one's heart *nene ava tejji syinyi ne ssyixxo ne a teshogge*。你这样地折磨我的心志,一定会把我折磨死的。

syinyi necho sɿ⁵⁵ȵi⁵⁵ne⁵⁵tʃʰo⁵⁵ 用心险恶 sinister *tilige syinyi necho bbengu, zaji nahggwa ggaha ashe makato*。他用心险恶,故意使坏,发现墙体要垮塌了都不告诉我。

syinyi necyi sɿ⁵⁵ȵi⁵⁵ne⁵⁵tsʰɿ⁵⁵ 形 焦躁,焦急 anxious, impatient *zzho ngakwai ryipa ngehyoi jjoi mapa, syinyi necyi i ryipa manyo a*。大水把道路冲毁了,无法回家,我现在焦急得不得了。

syinyi neshyi sɿ⁵⁵ȵi⁵⁵ne⁵⁵ʃ⁵⁵ 动 操心,焦虑 be concerned about, worry about *yaddre te o shope, a syinyi neshyi i zzho mapa*。为这个娃娃,我操碎了心。

syinyi nexxo sɿ⁵⁵ȵi⁵⁵nɛ³³ʐo³³ 动 烦心,劳心(折磨心志) annoy *tilige ao syinyi nexxo nexxo i koci a, tihane nyipyi nyishu a*。我被她折磨得精神差点失常,太劳心了,现在就和她离婚。

syinyi ngecu sɿ⁵⁵ȵi⁵⁵ŋe⁵⁵tsʰu⁵⁵ 诚心诚意地,真心实意地 faithfully, genuinely, sincerely *netava syinyi ngecu a dda keto ane te mabbanyi magge*。你诚心诚意地告诉他,他不会不听你的忠告。

syinyi nzzyinzza sɿ³³ȵi³³ndʑi⁵⁵ndza⁵⁵ 心里想 thought *syinyi nzzyinzza su mase sunpwa ddese su teddryi*。心里思想人不觉,嘴巴一说众人知。

syinyi nzzyinzza deryinbba sɿ⁵⁵ȵi⁵⁵ndʑ⁵⁵ndza⁵⁵te⁵⁵rɿ⁵⁵nba⁵⁵ 心里想的是一套 speak contrary to one's thought *syinyi nzzyinzza deryinbba, sunpwa kato deryinbba*。心里想

的是一套，嘴巴说的又是一套。

syinyi sanbba zze sɿ³³ȵi³³sa⁵⁵nba⁵⁵dze⁵⁵ 心情愉快 in a happy mood *danyo ryinyi nyawa bbe zzilane syinyi sanbba ggoi zze。*今天亲朋好友来聚会,我心情非常愉快。

syinyi sho sɿ³³ȵi³³ʃo³³ 名 心血 painstaking effort, heart blood

syinyi tebbi sɿ⁵⁵ȵe⁵⁵tʰe³³bi³³ 太贪心,太大胆 greedy, bold *yaddre teo syinyi tebbi de, keddwai elabbei zuhzu dage zzoro gge。*这个娃儿太大胆了,跑去观看公羊打架。

syinyi tebulili sɿ⁵⁵ȵi⁵⁵tʰɛ³³pu³³li³³li³³ 形 麻木(指无所焦虑) numb *anela syinyi tebulili dejji teddege barddwa ne syi tepu gge de。*无论多么麻木的心,到了他家之后都会产生后悔和焦虑的。

syinyi tejjo se⁵⁵ȵi⁵⁵tʰɛ³³dʑo³³ 动 偏心,偏袒 be partial, bias for *pama ne yaddre bbe vane syinyi tejjo mapa, seva jji dabar dde nyi fude。*父母对待子女,要一碗水端平,不要偏心偏爱。

syinyi tepu sɿ⁵⁵ȵi⁵⁵tʰɛ⁵⁵pʰu⁵⁵ 动 变心(改变心思) cease to be faithful *nwanzzubashe zzhongakwa datenddoane syinyi tepu vartab bar。*在凉山村经历发大水以后,我就改变了心思。

syinyi ya ndde sɿ⁵⁵ȵi⁵⁵ja³³nde⁵⁵ 心地善良 kind-hearted *kwakwa te o syinyi ya ndde de。*这个大人是心地善良的人。

syinyi ya ntre sɿ⁵⁵ȵe⁵⁵ja³³ntʂʰɛ³³ 形 心细(指心思聪慧) careful

syinyi yabbi sɿ⁵⁵ȵi⁵⁵ja⁵⁵bi⁵⁵ 野心大,胆子大 bold *syinyi yabbi ne mali sejji menchekejiji a zzhongu yali de。*胆子大的人不好,谁都要夹着尾巴做人,凡事要小心谨慎。

syinyi yakwa yakwa ngu sɿ⁵⁵ȵi⁵⁵ja³³kʰua³³ja⁵⁵kʰua⁵⁵ŋu⁵⁵ 要往好处想,心胸要开阔,想开 think for the best, maintain an open mind *yava mabbomanyojji sukadra neyalide, syinyi yakwa yakwa nge nzzyinzza。*家庭贫穷没关系,只要人健康就好,要往好处想。

syinyi yantre ① sɿ⁵⁵ȵi⁵⁵ja³³ntʂɛ³³ 形 细心,聪明 careful, scrupulous *baer amu ne syinyi yantre de, sela te cimazzyi de。*老杨是个又心细又聪明的人,这方面谁都不及他。

syinyi yantre ② sɿ⁵⁵ȵe⁵⁵ja³³ntʂʰɛ³³ 形 聪慧 clever *yakwaone syinyi yantre ne ssintrema jja kehi ajjigge。*稍大的这个女儿,聪慧一些,就取名为聪慧女。

syinyi zyidanezyi sɿ⁵⁵ȵi⁵⁵tɕɿ³³ta³³ne³³tsɿ⁵⁵ 心放到原来的位子上,放心 be at ease, feel relieved *ssumi tanabar rane cihi zzyile vahga necyi mahoa, syinyi zyidanezyi a。*得到这点玉米就放心了,今年不愁口粮不够了。

syinyia nesso sɿ⁵⁵ȵa⁵⁵nɛ³³zo³³ 达到目标,耐心等待 achieve the goal, wait patiently *tamargene ni syinyia nesso a, nzzoro kato mafua。*现在这个结果已经达到你的预期目标了,其他就不要再说什么了。

syinyide mazzho ① sɿ⁵⁵ȵi⁵⁵te⁵⁵ma³³dʐo³³ 没有记性,不接受教训 don't learn the lesson *tebbuhassao syinyide mazzho de massyitele, teryipe nchonchomafuade。*这个布哈惹除非是不接受教训的,否则,他不会再和其他人到处跑的。

syinyide mazzho ② sɿ⁵⁵ȵi⁵⁵te⁵⁵ma³³dʐo³³ 没有良心的,没有心肝的 conscienceless *lhaima netava ndde ngusu nddehamase, yaddre syinyide mazzho de massyi。*仙女嫚

是个没有心肝的不知好歹的小孩。

syinyide nzzyinzza sunpwa dakato sɿ⁵⁵ȵi⁵⁵te⁵⁵ndʑ⁵⁵ndza³³su³³npʰua³³ta³³kʰa³³tʰo³³ 口是心非 duplicity *amu neine syinyide nzzyinzza sunpwa dakato qwaggede*。阿木心里想的是一套,嘴上说的又是一套,口是心非。

syinyige nejjoi mapa sɿ⁵⁵ȵi⁵⁵ke⁵⁵ne³³dʑoj³³ma⁵⁵pʰa⁵⁵ 于心不忍,不会死心 can't bear to, don't have the heart to *a ersu mimo nzzhonzzyi tebu kamaro tile syinyige nejjoi mapa*。我如果不撰写这部关于尔苏语翻译的书稿,就会不忍心也不会死心的。

syinyipe nzzyinzza sunpwa pekato sɿ⁵⁵ȵi⁵⁵pʰe⁵⁵ndʑ⁵⁵ndza³³su³³npʰua³³pʰe³³kʰa³³tʰo³³ 心直口快 frank and outspoken *aryile syinyi pe nzzyinzza sunpwa pekato, syinyi zzyijjo de ha mase*。我是心里想什么嘴巴就说什么,说出来也不知道含蓄和转弯抹角。

syinyiva nesso sɿ⁵⁵ȵi⁵⁵va⁵⁵ne³³zo³³ 心满意足 satisfy *melitetro nirane ne syinyiva nesso, syinyiva nessone ndde ndde nengu*。分得了这片土地,你就心满意足了,你得好好耕种。

syipe manchwa sɿ³³pʰe³³ma³³mtʃʰua⁵⁵ 不顾一切,来不及思索 regardlessness *yaddre o nyibuga da nddo a ne syipe manchwa i dde zzeddwa i ddahar ddala*。看见小孩摔倒了,来不及思索,就一个健步冲上去把小孩扶起来了。

syisyi sɿ³³sɿ⁵⁵ 细 fine, thin, slender *zhoibbe syisyi neddre maza, cuculala ssyilwa myalwa*。糌粑面没有被推细,粗粗糙糙割嘴巴。

syisyi erba sɿ⁵⁵sɿ³³ɚ³³pa⁵⁵ 名 石十尔村 Shishier Village *syisyi erba she baerbbe yamio nyilai galo gwarshe lazajje*。据说,石十尔村子的尔苏杨姓人家大多数搬到甘洛县城来了。

syisyi gaga ① sɿ⁵⁵sɿ⁵⁵ka⁵⁵ka⁵⁵ 形 仔仔细细 careful

syisyi gaga ② sɿ⁵⁵sɿ⁵⁵ka⁵⁵ka⁵⁵ 打打杀杀 fight

syisyigaga ddehyola sɿ⁵⁵sɿ⁵⁵ka⁵⁵ka⁵⁵de³³xjo³³la³³ 无微不至地关怀 show every concern for *aryi nzzhonzzyi hahaha sososu yaddre bbeva syisyi gaga ddehyolai singu*。我们在当教师的时候,对学生的生活和学习是无微不至地关怀和照顾的。

syitepu vartabbar sɿ⁵⁵tʰɛ⁵⁵pʰu⁵⁵vaɚ⁵⁵tʰa⁵⁵baɚ³³ 前途渺茫,绝望,无望 desperation, hopelessness *teddege yava keddwa ha syitepu vartabbar izzhomapa*。走到他家的时候,(我)丧失信心,感到绝望。

syiya mido sɿ⁵⁵ja⁵⁵mi⁵⁵to⁵⁵ 名 桃花 peach blossom *syiya mido ne ddenyisu zzho, dde ersu zzho*。桃花有粉红色和白色两种颜色。

桃 花

syiya se sɿ⁵⁵ja⁵⁵se⁵⁵ 名 桃仁 peach kernel, peach seed *syiya se bbene nyihji debbe,* *kamanzzane ddecyi debbe*。桃仁是可入药的,没有炒熟时是苦的。

syiya setryi sɤ⁵⁵ja⁵⁵se⁵⁵tʂʰɤ⁵⁵ 没有成熟的毛桃子 unmatured peach *syiya setryi ngezzyi ane nzzhe kesso ane ipa necu gge de*。咀嚼和吞咽没有成熟的毛桃子,就会胃肠发炎,导致拉肚子。(当地的说法)

毛 桃

syiya si sɤ⁵⁵ja⁵⁵si⁵⁵ 桃子树 peach tree *nggahgu syiya si hane bbeca yamizzho debbe*。如果门前有桃树,家里就很容易招蚊虫。

syizyi kengu ① sɤ⁵⁵tsɤ⁵⁵kʰe³³ŋu³³ 重新铺垫,重新安置 relocate *ate zzho hdo erkwa o bidobido gge, desyi syizyi kengu*。那条河里的垫脚石摇摇晃晃的,不稳当,需要重新安置一下。

syizyi kengu ② sɤ⁵⁵tsɤ⁵⁵kʰe³³ŋu³³ 值得放心,可以放心 can rest assured *ne ya ddre o a va ne jofu ne, syizyike ngu pa de*。你把小孩托付给我,是可以放心的。

T t

ta ① t^ha^{55} 动 别,莫,勿 do not *shoi ryipa ta ta da*,*nbbiqo erddro katalo*。山上滚下来的飞石莫要阻拦,人间轮回死亡之道路不要堵塞。(谚语)

ta ② t^ha^{55} 代 他 he, him *ta tala tala jja*,*la gge de jji gge*。叫他别来别来,他非说要来的嘛。

ta ③ t^ha^{55} 副 太 too, extremely *shyi bar bbe ta marmar ne zzyi ma zze*。坨坨肉太小了,吃起来不方便。

ta ④ t^ha^{55} 拼写变体 spelling variation *vura teo ava qi*,*tava ta ta qi*。这个布料给我,不要给他。

ta ⑤ t^ha^{55} 否定形式 negative form *neddata bbibbia denenyo naggaggasi jjoi*,*a sonyo ne zajjolagge de*。你不要急着回家,在这里多待几天,我明天就会返回来陪你的。

ta bar i ① $t^ha^{55}pa^{55}ji^{55}$ 副 稍微,稍许 merely, a little, a bit *zzhassi ne*,*ssama bbe ta bar i dehbbi keshyi ane nejo ggede*。新娘接受摆路边饭礼节的时候,稍微吃一口就行了。

ta bbwa $t^ha^{55}bua^{55}$ 饮酒过量而死 die of overdrinking *subbei katoi zaxio vu tamya debbe ngecei vuitabbwa i tesho a jje*。据大家传说,扎西因喝酒过量而死。

ta cha $t^ha^{33}tʃ^ha^{23}$ 动 痊愈 cure, heal *tihanekaka dradra*,*shope vuli ddenyi la ngeshyiji ta cha jje*。(我)现在就健健康康的,过去的头疼病也痊愈了。

ta da ① $t^ha^{55}ta^{55}$ 动 遮挡,关闭 keep out, close *nige aishope ta dai macaoketretre ata*,*desyitanya amo maca zegge*。你站在我的前面,把我的太阳光遮挡了,你稍微让开点,我也要晒太阳。

ta da ② $t^ha^{33}ta^{33}$ 动 阻断,关闭 close, shut, stop *ersubbelige ngwarzhaloge nzzaryigala ta da qijjigge*。据说,在古时候尔苏人曾阻断了清溪沟交通。

ta ddre $t^ha^{55}dʐe^{55}$ 动 别磨,别推(磨) don't grind (the mill) *moba syisyi ne ngwarshyi tazho*,*lema syisyi ne zhoi ta ddre*。新女婿莫要煮牛肉,新媳妇不要推糌粑。(谚语,表示两者折耗太大,应避嫌)

ta ddwa $t^ha^{55}dua^{55}$ 开始逐步地 gradually *mejoge maca ola zenwabuzzyi bbelige tadai ta ddwa*。天空中的太阳开始逐步地被黑云遮盖,隐去了。

ta gaga ① $t^ha^{55}ka^{55}ka^{55}$ 动 弹掉,抖掉 flick off, shake off *ni nggameqo xximehe debbeha*,*yozai desyi ta gaga*。你的衣服上有些烟灰,你自己轻轻地把它抖掉。

ta gaga ② $t^ha^{55}ka^{55}ka^{55}$ 动 流产 miscarry *amu nyade ta gagai bbu trehge dela mazzho tiha mo zzhoza sejje*。阿姆流产还不到半年的时间,据说现在又怀孕了。

ta gaga ③ $t^ha^{55}ka^{55}ka^{55}$ 动 掸,抖动,扇 whisk, shake, fan *amuo xxigo gazzyitraqo nehzungui xxi mehebbe ta gaga siddahggwar ddwa*。阿木用烟杆敲着火塘边的石板,抖掉烟灰,提起烟杆,爬起来走了。

ta ka ① $t^ha^{33}k^ha^{33}$ 动 战胜,赢,胜利,胜出

win, triumph *lajiguba la xinqo ba bbe zishu nchanchajja lajigo babbe ta ka jje*。拉吉谷村的人和新桥村的人开展掺火把比赛，拉吉谷村的人胜利了。

ta ka ② tʰa⁵⁵kʰa⁵⁵ 这一点（粉末状物）this (powder) *ssumi nzzyii ta ka, yavahji i, nessyi nyama ssumi nggaku yahgga de*。把这一点玉米面粉带回家去，你母亲喜欢吃玉米馍馍。

玉米馍馍、窝窝头

ta la ① tʰa⁵⁵la³³ 动 别来 don't come *ne tejjigge detele tizhanga ne addege ta la*。如果你要这样做的话，从今以后就别来我家。

ta la ② tʰa⁵⁵la³³ 副 逐步 step by step *nessyi melige ssumi nyonyo bbe denyo denyo dda kwai ta la*。你家地里的玉米苗，一天天逐步长大了。

玉米苗

ta lha ① tʰa⁵⁵ɬa⁵⁵ 动 车转，转动 turn, rotate *kanyomao ava tenddo ane vulila ta lhai nyishyishyi iava mazoro a*。呷虐嫚看见我以后，就转头不再看我。

ta lha ② tʰa⁵⁵ɬa⁵⁵ 这个月 this month *ta lha ne zhiige lailha, ta lha ne lhamendde lha*。这个月是正月，是虎月，这个月大。

ta lwa tʰa³³lua³³ 动 割断，砍掉 cut off, sever *tilige bbazha ngenchei ncabbar bbe ta lwa ne zzhoggwa sho nesshelajje*。他抽出佩刀把藤条砍断，立即就有鲜血流淌下来。

ta ma bbu tʰa³³ma³³bu⁵⁵ 动 失败（没有成功）fail, be defeated

ta ma hsse tʰa³³ma³³əze⁵⁵ 动 未脱（未掉落，还没更换）don't take off *ai vei marla ta ma hsse dabar, nkabbwamazhe ddo*。我的这只小猪儿，奶毛都还没脱尽，实在舍不得卖。

ta ma ka tʰa³³ma³³kʰa³³ 没有赢 don't win, be defeated

ta ma ka namabe tʰa³³ma³³kʰa³³na⁵⁵ma³³pɛ³³ 不输不赢 draw *zzilha bashe yoyo ddwajja, nwanzzuba bbe tama ka namabe*。凉山村的人到大堡村去摔跤，不输不赢，双方打个平手。

ta ma menwa tʰa⁵⁵ma³³me⁵⁵nua⁵⁵ 没有忘记 do not forget *yahishohi nyi zzhyi dda kato bbe, a tihala desyila ta ma menwa de*。你过去告诉我的那些话，我至今一句都没有忘记。

ta ma sho tʰa³³ma⁵⁵ʃo⁵⁵ 没有死 do not die *abu momo teo ta ma sho se, tiha alili zzho se*。这个老人没有死，现在还活得好好的。

ta mahssyi tʰa⁵⁵ma⁵⁵əzɤ⁵⁵ 不是这样的 things are not like that *ta mahssyi ggejji o, su i zaxi o mala zzho de, a nde nqe*。不是这样

一回事哦,扎西都不在场,你们又何苦冤枉他。

ta mahssyi te $t^ha^{33}ma^{33}ɕz^{33}t^he^{33}$ 不然的话,否则的话 otherwise *tige ddehosei ssubbe tebbui poddwa, ta mahssyi te le a ssukemi ggede*。他在这里大呼小叫把鱼吓跑了,不然的话,我今天会钓到大鱼的。

ta mahssyi tele $t^ha^{55}ma^{55}ɕz^{55}t^he^{33}le^{33}$ 不然的话,否则的话 otherwise *ddagga i ni ge kemi a, ta mahssyi tele miqo ne kage la barddwa ma nddo*。幸好被你捉住了,否则的话,此时此刻不知他跑到哪里去了。

ta maka ① $t^ha^{33}ma^{33}k^ha^{55}$ 没有战胜,没有赢取 do not win *teryi vucelele gge debbei sejji tamaka, sejji nga maci*。他们在拼酒(比赛喝酒),结果没有谁输也没有谁赢。

ta maka ② $t^ha^{33}ma^{33}k^ha^{33}$ 没有赢,没有胜出 do not win *lamibai nzzabbe lajjabai ersubbe yoyoha sela ta maka*。腊梅村的汉族小伙子和清水村的尔苏小伙子摔跤时,谁都没有胜出。

ta mame $t^ha^{33}ma^{33}mɛ^{55}$ 没有忘 do not forget *assyi zuawa mazzhoha anjji nengubba, a ta mame, kancaza*。祖母去世的场景,我至今没有忘记,还记得清清楚楚。

ta mar ① $t^ha^{55}mɚ^{55}$ 动 吹,吹掉,吹去 blow, blow off *zzabu ta mar ne nchetenddo su, nesshyinkane nzzhe tenddosu*。祝愿大家都吹掉谷糠就见米,做了买卖就得钱(表示成效显著)。

ta mar ② $t^ha^{55}mɚ^{55}$ 这一招 this act *qabbao erddro va kamazzoro ne, ta mar ge ne zzyihdeicemar tiyajje*。父亲看都不看一眼那块飞石,自语道,这一招就如愿以偿了。(民间故事)

ta mar hji ddwa $t^ha^{55}mɚ^{55}ɕi^{55}dua^{33}$ 动 吹走 blow away

ta marmar $t^ha^{33}mɚ^{33}mɚ^{35}$ 形 太小 too small *amubaluju ggamabar ta marmar ne zhyiqo ddemi mapa*。阿木巴洛举因为个子太小,所以够不着大柜柜面上的东西。

ta marra $t^ha^{33}mɚ^{33}ra^{55}$ 形 太小 too small *aburape ne ggamabar ta marra daii rapega kehi zade*。"公鸡老爷爷"是因为他个儿太小,所以被取了这个绰号,说他只有公鸡那么大。

ta masho se $t^ha^{33}ma^{33}ʃo^{33}se^{55}$ 还没有死 not dead yet *veo ta masho se, lepe tatali, desyi kessi a kezzoro se*。猪还没死,先不要放手,保持状态,看一看再说。(宰杀年猪)

ta matele $t^ha^{55}ma^{55}t^he^{55}le^{55}$ 不然的话,否则的话 otherwise *danyo tege cheqai myapo keshyi dei, ta matele, nava nezzeshugge*。今天完全是看在车洽的面子上,不然的话,一定要把你捶扁。

ta mwaha $t^ha^{33}mua^{55}ha^{55}$ 副 甚至 even *ta mwaha, zaxi ona shohi ne be-jin ssyi gge, ozzho zzhomagga jjigge*。甚至连扎西明年都要去北京生活,不再在西昌生活了。

ta mya $t^ha^{33}mja^{33}$ 形 太多 too much, too many *ssama ta mya debbe nezzyi a ne ipa ddebbo gge, janja si nengu*。饭吃得太多了就会肚子胀,吃饭要适可而止。

ta nca $t^ha^{55}nts^ha^{23}$ 动 射偏(擦身而过) shoot aside, brush past *nddre zaza de keli jja, jibi ge tanca ngeddwa, sso da ka ma sso*。投掷了一支标枪,结果只擦身而过,擦破一点皮子,没有射中要害处。

ta ncanca $t^ha^{55}nts^ha^{55}nts^ha^{55}$ 成串成串地,一连串地,成群结队 a series of, a battery of, a

T t

string of, in droves *nkwar ne gguigguma bbe ta ncancai mebbubbu ge ngenbbelai zza hzhagge*。到了晚上，大鼠小鼠就成群结队地跑出来觅食。

ta nchwa tʰa³³ ntʃʰua⁵⁵ 动 发觉，发现，惊醒 find, discover, perceive, wake up with a start *tegene ggupa razenpo i ryiba ne ai ta nchwa de*。老鼠偷鸡蛋的技巧，从此被我发现了。

ta ndda ta³³ nda³³ 动 超过，超出 exceed, surpass *si hze i dehze ta ndda ta shu, si ga i da ga ta ndda ta shu*。甩三次为限，别超出一次；打三下为限，别超出一下。（沙巴念的咒语）

ta ngeci tʰa³³ ŋe³³ tsʰi⁵⁵ 由此推断，由此可知 therefore, it can be seen *ta ngeci ne le ddenyi maza de ma ne*。由此推断，你是没有病的。

ta ngeddwa tʰa³³ ŋe³³ dua³³ 从今往后，从现在开始 from now on *ta ngeddwa ne denyodenyo me ddaca ggecwa, ggobi zzhyi nddoa*。从现在开始，气温逐渐回升，可以种蔬菜了。

ta nggwa tʰa³³ ŋgua⁵⁵ 动 忌讳，避讳，躲避 taboo, avoid, elude *cihi ni kasshyio cyiqo trangga zzho, necyiqo trangga garhar ta nggwa*。今年，你的命相在西北方向，出门时忌讳到西北方向去。（当地的说法）

ta nzzyinzza tʰa⁵⁵ ndʐɚ⁵⁵ ndʐa⁵⁵ 动 别想（别思念，别思考）don't think of *nessyi mugassaikatoi tebei-jin ddwane nava tava ta nzzyinzza fujje*。你家牧呷让我告诉你，他到北京以后，你不要思念他。

ta par tʰa⁵⁵ pʰaɻ⁵⁵ 动 拆掉（衣服）take apart, tear off *nyamaikatoi nggamepale taca tapar nggame bebe ngugge jjigge*。你妈妈说了，要把这件旧衣服拆掉，做补衣服的补丁来用。

ta qwa ① tʰa⁵⁵ tɕʰua⁵⁵ 动 拆掉，拆除 tear down *tihane su lege bwangai rewagala daddadda ta qwai nyipyiza*。现在有人把保安营老围墙拆除了一段。

ta qwa ② tʰa⁵⁵ tɕʰua⁵⁵ 动 别干，不做 don't do *nava ta qwa jjihane, neqwagge, nava qwajjihane ne malaxoxo*。叫你别干时你偏要干，叫你干时你动都不动。

ta ryi tʰa³³ rɚ³³ 代 那，这（不定代词）that, this, there *ne ta ryi bbe avaqila, adesyi kezzorogge*。你把那些东西拿给我，我看看到底是些什么。

ta shu ta⁵⁵ ʃu⁵⁵ 动 别让 don't let *yaddre bbeva sososhu, abu awa bbeva inga zzhoshe ta shu*。要让小孩上学读书，别让老人受冻挨饿。

ta shwalwa tʰa³³ ʃua³³ lua³³ 动 揪下，扯下 pull down

ta si nyipyi tʰa⁵⁵ si⁵⁵ ȵi⁵⁵ pʰʐo⁵⁵ 丢下他一人，别理他 leave someone alone *tebbanyi maline ta si nyipyi, aryi jjijjibbe nyogwa ozzho ssyiggecwa*。他不听话就丢下他一个人，我们其他人全部到西昌去。

ta ssha tʰa⁵⁵ ʐa⁵⁵ 动 忍让，退让，饶恕 forbear, concede, forgive *suva ta ssha teqi ne njjongamya, supe njjinjji a hjila ne bbo ngamya*。忍让他人，放弃利益就增加朋友；与人争执，获取好处就增加敌人。

ta sshwa tʰa³³ ʐua⁵⁵ 动 涮净，淘洗，清洗 wash, clean, elutriate *zhoi ncami cehane sshao ta sshwa ngece hode*。喝糌粑汤以后，要把碗清涮干净，再把涮碗水喝下。（当地的习惯）

ta ssyi tʰa⁵⁵zɤ⁵⁵ 动 别去 don't go

ta ta tʰa³³tʰa³³ 越……越…… the more... the more... *tava ta ta ssha ne te ddedde hdekwa*。你对他越忍让，他就越嚣张。

ta ta jji tʰa³³tʰa³³tɕi⁵⁵ 别这样 don't do that *neryi copar bbe ne ta ta jji，yali bbe na mali bbe va ka ta soso*。你们年轻人就别这样，好人不要学坏人。

ta tali tʰa⁵⁵tʰa⁵⁵li⁵⁵ 别放手，不要就此放手 don't let it go *nddrega yanbbu ddehzhe，ta tali wo*。把梭镖杆握紧，千万别放手。

ta va tʰa⁵⁵va⁵⁵ 对他，给他（她）give him（her）*jjibbarga dehbbu mema cozzyi lege nezyii ta va kehzheshu，de hbbu ngehjiddwai ngganyo bungu ka sa*。把皮绳的一头交给野人婆，叫它拉着，另一头拖出去拴在门外的石臼上。

ta va qi tʰa⁵⁵va⁵⁵tɕi⁵⁵ 给他（她），送他（她）give him（her），send him（her）*ssintremao memacozzyi va qabbai nddrega hjila ta va qi la ho tiajje*。聪慧女告诉野人婆，去把她父亲的杆子（梭镖）取来，递给她传柿子。（民间故事）

ta zaza ① tʰa³³tsa³³tsa³³ 流个不停，喷射 keep running, spray, eject *nzzamai ncha ozzho barlane nyitryi kessoi harsho daga ta zaza*。那位汉族姑娘到达西昌以后，因为患感冒，所以不停地流鼻涕。

ta zaza ② tʰa³³tsa³³tsa³³ 动 射偏（从旁飞出去）shoot aside, fly away by the side *nddre zaza de teli jja，kamasso，nbba hnage ta zazai ngeddwa*。投掷了一支标枪，但没有射中目标，梭镖从旁飞出去了。

ta zhazha tʰa⁵⁵tʃa⁵⁵tʃa⁵⁵ 动 驱散，驱离，驱赶 disperse, drive away *meer daca ngalai zenwabuzzyi bbe ta zhazha ne mejo ngendde a*。吹来一阵大风，把重重叠叠的黑云驱散了，天又放晴了。

ta... ggela ane shyi tʰa⁵⁵ge³³la³³a⁵⁵ne⁵⁵ʃɤ⁵⁵ 最好不要 it is best not to... *nzzhyiva bbe ngele taza zadebbe，su nenzzu nzzho，nga ta ce ggela ane shyi*。醪糟存放的时间太长，喝了会中毒的，最好还是不要喝了。

tabar desyi tʰa⁵⁵pɚ⁵⁵ji⁵⁵te⁵⁵sɤ⁵⁵ 副 稍微 a little *tabar idesyi ngezzyia ingabbazzyi nesyishu, muzwa shyizzyigge*。稍微打个尖垫个底，别吃饱了，一会儿还要吃大餐（吃肉）。

tabar i tʰa³³pɚ⁵⁵i⁵⁵ 只不过，只是，仅仅是 only, merely *ale tabar i teryipe nchoncho ggeshe, ane daryi deo zzyimadode*。我嘛，只是跟着他们闲逛罢了，我是什么都吃不了的。

tabar yanzzyi tʰa⁵⁵pɚ⁵⁵ja⁵⁵ndzɤ⁵⁵ 这么艰难 so hard *tihane nzzhonzzyi desojji tabar yanzzyi, yaddrebbe soso jji goi yanzzyi ddo*。现在小孩子们读个书也是这么艰难。

tabar-i... ggeshe tʰa³³bɚ³³ji⁵⁵ge⁵⁵ʃe⁵⁵ 只是……罢了 just... *ai tabar-i tejji kato ggeshe, sedeo ne teddege ssyi ggade ddo*。我也只是这样说说罢了，哪个人真的会到他家去呢。

taca tʰa³³tsʰa³³ 动 结束，完结 end, finish *nei hibbane taca rangga manyo*。你的讲话总是结束不了。

taca rangga tʰa³³tsʰa³³ra³³ŋa³³ 结束的机会，完结的时刻，间歇 end, intermission *ni nyinqibbe desyi taca rangga nyohane aryishejji desyi ggaggalamo*。当你的工作稍有间歇时，不妨到我们这里来玩玩。

taca rangga manyo tʰa³³tsʰa³³ra³³ŋa³³ma³³ŋo⁵⁵ 始终完不了，不间断地，源源不断

uninterruptedly, incessantly *nzzahme bbe nzzaryi ga taza i nddrohxxobbar hyongu i taca rangga manyo a*。公路上排满了士兵，像野牛群迁徙一样，源源不断，没有尽头。

tacarangga manyo $t^ha^{33}ts^ha^{33}ra^{33}\eta a^{33}ma^{55}\eta o^{55}$ 无穷无尽，连续不断，络绎不绝 endless, successive *ataha nzzaryi gava ncege lelehve subbe si tacarangga manyo*。那个年月的南丝路，挑夫马帮南来北往，络绎不绝。

tachale manyo ① $t^ha^{55}tf^ha^{55}le^{55}ma^{33}\eta o^{33}$ 不缺东西，全部齐备 there's nothing missing *tejwane nezyi nagai ane lake zzia, tachale manyo a*。现在已经准备充分，东西全部齐备，不缺什么了。

tachale manyo ② $t^ha^{55}tf^ha^{55}le^{55}ma^{33}\eta o^{33}$ 没有区别，一模一样 with no difference *teyaddreole zaxibaoto ssyihade, desyila tachalemanyo, tessyidebwa*。这个娃娃与扎西宝托一模一样，估计是他家的孩子。

taddre $t^ha^{55}dre^{55}$ 别推磨 don't mill

taddwa $t^ha^{55}dua^{55}$ 开始逐步地 start to… gradually

tahda nahda $t^ha^{33}\partial ta^{33}na^{55}\partial ta^{55}$ 动 显摆（搔首弄姿，卖弄风情）show off, coquet *tezayancha vujoddeerdesyi ddezu nchadaca dde sshyi tahda nahda gge*。这个扎娅戴着一顶白头帕，穿着一条裙子，在那里显摆。

taka mapa $t^ha^{33}k^ha^{33}ma^{55}p^ha^{55}$ 胜利不了，打不赢 don't win *nddavar lekeve bbe ne njjinjji, ne njjinjji, sela taka mapa dabar nga*。宾客和地邻反复竞赛，结果谁也战胜不了谁，最后双方打成平局了。

takwa taza $t^ha^{33}k^hua^{33}t^ha^{33}tsa^{33}$ 形 太大 too big *ssyi teddre ava takwa taza, a maho, ale desyi marmar ga deddre ho*。这双鞋对我来说太大了，我不要这么大的鞋子，我要一双小一些的鞋子。

tala tebbua $t^ha^{33}la^{33}t^he^{55}bu^{55}a^{33}$ 都已经成功了 have been a success *syitaga aryige ngengui tebbua ddejji taka, tala tebbua ne jjijji ddata katoa*。这事情被我们运作成功，既然都已经成功了，就别说其他的。

talha ge $t^ha^{55}ła^{55}k\epsilon^{33}$ 在这个月内 in this month, within this month *talha ge kechuha a muli ddile nbbryinyo dei, kwakwao jofu damanyo*。就在这个月的月初，我有事要到木里去，老人没有地方托付。

talha nalha $t^ha^{33}ła^{33}na^{55}ła^{55}$ 旋去旋来，摇摆不定 whirl *nbbu teo, talha nalha anjji ddezu jji zu ma zze de*。这个帽子，旋去旋来，怎么戴也戴不好。

talwa tedo $t^ha^{33}lua^{33}t^h\epsilon^{55}to^{33}$ 动 割断，砍断 cut off, sever, chop up *sibu ge talwa i tedo gga mo, zhangasu zzho bbenyogwa tanyanya*。这棵树将要被砍断了，下方的所有人都要让开哦。

tama tele $t^ha^{33}ma^{33}t^he^{33}le^{33}$ 要不然，否则 otherwise *nige ddehose ssubbe tehnyi poddwa, tama tele ai ssu yakwa dega kemi a*。你在这里吼叫把鱼吓跑了，要不然的话，我会钓到一条大鱼的。

tamar ge $t^ka^{55}m\ \textipa{@}^{55}k\epsilon^{33}$ 代 这次，这回 this time *tamar ge tebbu tele tebbua, tamar ge tamabbu tele tebbu magga*。这回成功的话就成功了，这回不成功就不会再成功了。

tamar hjiddwa $t^ha^{55}m\ \textipa{@}^{55}\partial tci^{55}dua^{33}$ 被吹走，被吹跑 be blown away, be blown off *ssintremai romepwa meerlige tamar ssahbu* ssyi drotrege hjiddwa。聪慧女的画像被大风吹到国王家坝子里了。(民间故事)

tamar nzzi mapa tʰa⁵⁵m ɚ⁵⁵ndʑi⁵⁵ ma³³ pʰa³³ 只能由着他 let him have his own way *yaddre teo, tamar nzzi mapa, myabbo daga ddomarnzzi akasai。*这个娃儿，一点都说不得(只能由着他)，他动不动就哭闹。

tamarge ne tʰa⁵⁵m ɚ⁵⁵ke³³ne³³ 代 这样(这次就) this, like this *tamarge ne te massyi mapa mema cozzyi pe hdo zyizyi jje。*这样，她就不得不和野人婆一起比赛跳远(跨越河沟)。(民间故事)

tamate (= ta mahssyi tele) tʰa⁵⁵ma⁵⁵tʰe³³ 连 不然，否则 otherwise *a erpe desyi ddenyi ddo, tamate amwa ssyi magge ddo?* 我的脚疼哦，不然的话，我为什么不去呢？

tamwa mi tʰa⁵⁵mua⁵⁵mi⁵⁵ 呆若木鸡，目瞪口呆 dumbstruck, stupefied *qabbao issa o lepe maha za tenddoane tamwa mii ddeho manzzhoa。*父亲看见儿子失去了一只手臂，顿时呆若木鸡，半天说不出话来。

tamya nagwar tʰa⁵⁵mja⁵⁵na⁵⁵kuɚ⁵⁵ 装得太多 overfill *tige rangwar shyi ddru bbe tamya nagwar-i nggoto ma do a。*牦牛肉干被他装得太多，我都拿不动了。

taryi tʰa³³rɚ³³ 代 那个 that

tassha magge tʰa⁵⁵ʐa⁵⁵ma⁵⁵ge⁵⁵ 手下不留情，绝不手软 show… no mercy *tejwala npola tele tava tassha magge, shope ngeshyiji bbela parsugge。*如果你以后还来偷的话，我们绝不手下留情，(你)要把过去偷走的一起赔偿。

tata singu tʰa³³tʰa³³si³³ŋu⁵⁵ 不要护理，不要关照，不要料理 don't care *tronyomo ddetruddaga tesudeo tata singu ggela ane*

*shyi, suva ke buha。*这个又脏又臭的癞痢狗，最好不要再护理它了，谨防它身上的病菌传染人哦。

tava magar tʰa⁵⁵va⁵⁵ma³³kɚ⁵⁵ 与他无关，漠不关心 have nothing to do with him, be indifferent to *meli tawane ai dawa, tewa nkane tava magar de。*这块地是我自己的地，我卖这块地与他无关。

tava vu nataji tʰa⁵⁵va⁵⁵vu⁵⁵na⁵⁵ta⁵⁵tɕi⁵⁵ 别强行给他灌酒，别劝他喝酒 don't force him to drink, don't persuade him to drink *abbuzaxi ggama mahggomwa de, neryi tava vu nataji。*阿布扎西身体欠佳，你们不要劝他喝酒。

te ① tʰɛ⁵⁵ 代 这里 here *danyo te ge mongga gge jji gge, ne ryi desyi tanyanya。*今天在这里开会，请你们避让一下。

te ② tʰe³³ 代 他，她，它 he, she, it *te mo a bar hzhyi。*他也像我一样大方和好客。

te ③ tʰɛ⁵⁵ 代 这 this *bbazha te ji ne ai deji, bbazha ateji ddesone nei ji。*这把刀是我的，那把刀才是你的。

te ④ tʰe⁵⁵ 趋向前缀 tendency prefix *shyi taga le ai kezzuro ha ne tebbu ma gge daga。*我认为，这件事情是不会成功的。

te bbe ① tʰɛ⁵⁵bɛ⁵⁵ 代 这种 this kind (of) *bu tebbe ne ddanwaga de bbe, kezhoha ne yamar debbe。*这种洋芋是黑色的，又叫"乌洋芋"。

te bbe ② tʰɛ⁵⁵bɛ⁵⁵ 代 这些 these *zzhyi tebbe ne su she dda ta kato, sshahzhyi te bbu gge。*这些话别在别人面前说，否则会引起纠纷的。

te bbu ① tʰɛ⁵⁵bu⁵⁵ 动 受惊 startle, scare *nzzyi de yo bbu ge neli, yo bbe te bbu i nepenechyi* *i ddwa za*。一只狼窜入羊群里,羊群受惊了,四散奔逃。

te bbu ② $t^h\varepsilon^{33}bu^{23}$ 动 成功 succeed *nengu i te bbu a, nzzyinzza vu qo dda bar a*。做的事情成功了,想的目标实现了。

te be $t^h\varepsilon^{33}pe^{33}$ 动 败,亏损,输 lose, fail *mwaha abu bbazzhe ggagga nzzhetebe jje, tiha ne nanggwai malazzoro*。玛哈老爷赌钱输了,现在再也不去那些赌博的场合了。

te bi $t^h\varepsilon^{33}pi^{55}$ 动 弹起 upspring, bounce *hinyi ddefuzaga nilege te bi ai ddegoqo ngexo i desyi ddenyi*。被压弯了的那根竹子被你挨着了,弹起来打到我的眼睛,现在有些疼。

te bo $t^h e^{55}po^{55}$ 动 交会,会面(交叉通过) rendezvous, cross *lhape la dryi rama ncu gedaha te bo a, danyo si shyi i lha er tazzu a*。月亮和七星簇刚才交会,今天才开始算(矫正为)十月十五日。(当地的说法)

月 亮

te bu $t^h e^{55}pu^{55}$ 动 倒,推倒,打倒 fall, push over, overthrow *ssimo mancu ne possa o nbbi o la te bu aya kezyi jji ddehza magge de*。婆娘没有持家的本领,丈夫把山推倒了搬回家来也富裕不了的。

te bubi $t^h\varepsilon^{33}pu^{33}pj^{33}$ 动 摊开,打开 spread out, open *hnaro bbe te bubi a su a dagadaga hde shu gge asse*? 你要把衣服摊开,把肋骨交给人家一根一根地数,是吗?

te byi ① $t^h\varepsilon^{33}pz\mathrm{o}^{33}$ 动 败,失败,溃败 lose, fail *zisone zaka ge kamalo, nzza bbe nyogwa te byii ngalajje*。火把节这天的早上,深沟隘口没有守住,守军全部溃败下来。

te byi ② $t^h\varepsilon^{33}pz\mathrm{o}^{33}$ 动 溃塌 burst *zzholema kadazawo te byi i zzhobbe nyogwa ngehihi neddwa*。河边围起来的水塘,被水冲开一个口子,溃塌了,水冲下去了。

te byi ③ $te^{55}pz\mathrm{o}^{55}$ 动 豁,豁开 split, gap *mizzyi o tegge ryijjane nzzeshedaga sunbbudde hzhoi si te byia jje*。兔子高兴得前仰后合地笑,一根丝茅草把鼻孔刺豁了。

te chyi $t^h e^{55}\mathfrak{t}\mathfrak{f}^h\mathrm{o}^{55}$ 动 取下 take down *zhabulili o nkwar ne ssyi techyi a nehji la ndru ge kentru a sile zha i bbe tagaga ngezzyi*。晚上就去把马蜂窝取下来,放到甑子里蒸了,再把蜂蛹抖出来吃掉。

te chyichyi $t^h e^{55}\mathfrak{t}\mathfrak{f}^h\mathrm{o}^{55}\mathfrak{t}\mathfrak{f}^h\mathrm{o}^{55}$ 动 搬动,搬移 move *nessyi jjigo zhyiga ni rela nessi za, desyi te chyichyi mahssyi i limagge*。你家上把位的大柜压着了你的魂魄了,不搬动一下不行。(当地的说法) *nezzyi yaddre rela ngeshyiji za jjigge, ıga deshyi te chyichyi a syicu ddengu*。你家孩子的魂魄走掉了,必须要把房子搬到一个地方重新修建。(当地的说法)

te de ssehggu $t^h e^{55}te^{55}ze^{33}\mathrm{o}gu^{33}$ 这段时间 during this time *tejwa te dessehggu, a neryiva kamazzoro i anejjiza manddo*。在这段时间里,我没有来看望你们,不知道你们怎样了。

te dehsseggu tʰe⁵⁵te⁵⁵əze⁵⁵gu⁵⁵ 这段时间,几天来 during this period of time, for days *te de hsseggu zaxi yava kwakwa bbe makadrai syinyineshyi*。这段时间,扎西因为父母生病而操心和焦虑。

te dogwar tʰe³³to³³kuɚ³³ 动 交叉(没有对准) cross

te dredre tʰɛ⁵⁵tʂɛ⁵⁵tʂɛ⁵⁵ 动 过滤,沥水,淘洗,涤荡 filter, elutriate, wash away *nchebbege erncyi mama zho, cehane desyi te dredre*。大米里头含有细沙,淘米的时候要涤荡一下。

te drogwar tʰe³³tʂo³³kuɚ³³ 动 错乱 disorder *zishyibbe te drogwar tepechamapa, nyimapyi anengugge?* 线错乱成一团,无法理顺了,不丢掉干什么用呢?

te er ① tʰe³³ɚ⁵⁵ 形 钝,迟钝 blunt, dull *bbazhateji ssyi te er za, ane la kengu mapa. za, age desyi ddesu gge*。这把刀钝了,啥都砍不动,我准备把它磨一下。

te er ② tʰe³³ɚ⁵⁵ 动 抢夺 seize

te fungga ① tʰe⁵⁵fu⁵⁵nga⁵⁵ 呆如木鸡 dumbstruck *ao tehnyi te funggai ane nengu ho hamase a*。我被吓得呆如木鸡,不知道该做什么事情了。

te fungga ② tʰe⁵⁵fu⁵⁵nga⁵⁵ 不知所措 at a loss

te ge tʰɛ⁵⁵kɛ⁵⁵ 名 这里 here *te ge bbarnyila xxidego cala se ta*。(你)到这里来抽一杆烟,休息一会儿再走吧。

te gge tʰe³³ge⁵⁵ 形 高兴 happy, glad *galo ssyigge jjihane te gge nyadei bbyire raca miha*。说到要去甘洛,他就高兴得像孩子吃了蜂蜜一样。

te gge ta ya te³³ge³³tʰa⁵⁵ja⁵⁵ 形 高高兴兴 cheerful

te gu tʰɛ³³ku⁵⁵ 动 喂(液体),给喝 feed (liquid) *ra ibbe zzho demi te gu a ne teli a ngganyo ngazha a zzahzhai shu*。给小鸡们喂一些水,然后放出去,让它们自己去刨食啄食。

te hgu tʰɛ³³əku³³ 动 孵化,孵出 hatch, brood *lemane kezzoroma, razetebbar kehe te hgu ane ne ivemupa she jjoima*。媳妇,你要注意观察,等这一窝鸡蛋孵化出来,你就可以回娘家探亲了。

te hxxo tʰɛ⁵⁵əzo⁵⁵ 名 这类,这群,这家 this kind, this type, this family *yo te hxxo ne yanco dehxxo, ela yancu dei yo yancu*。这群羊是优秀的品种,因为公羊优秀,所以群羊优秀。

te hze tʰɛ³³eze³³ 动 逃走,逃跑,逃脱 escape, run away, flee *te yaddre marmar lege hwao te hzei poddwa*。这个小孩子手里的那只小麻雀逃脱了,我看见它飞走了。

te hzhyi tʰe⁵⁵eʧi⁵⁵ 动 拆,拆除 dismantle *gwarshe ge ishyime shyizwa bbe nzzabbelige te hzhyi i syicungu*。城市里崭新的房子就被单位领导设法拆除了。

te le tʰe³³le³³ 连 假若,假如 if, in case *azho, neqwa tele ne yanga gge? ne miha tege deola tege debbe debbe shwa*。你以为假如你去干的话,你会赢?像你这样的人还在这里说三道四。

te letebbua tʰe³³le³³tʰe⁵⁵bu⁵⁵a³³ 成功是成功了,但……success is certain, but... *sshyi nka tamar te le tebbua dda ddozzhe barryi legebarla sisyizyi*。这桩生意成功是成功了,但是要把钱拿到手了才算数。

te lhi tʰɛ⁵⁵ɬi⁵⁵ 动 藏匿,埋藏,隐瞒,藏着 bury, hide *cio nenpo i sivarge te lhi jjihane,* *ciddroddro ga sivar ge nge nce zajje*。把山羊偷出来后藏在丫丫柴火里,不料山羊脚露出来被发现了。(民间故事)

te li ① $t^h e^{55} li^{55}$ 动 放开,解开 disengage, untie *hwanzze gage hwai de kemizai amuwateqijjane tige te li poishua*。我在粘麻秆上粘到一只麻雀,取给阿木,结果被他放开飞走了。

te li ② $t^h e^{33} li^{55}$ 动 溶解 melt *cyibbe zzhogenagwa pryine te li manddo a*。把盐巴放入水里就立即溶解,看不见盐巴颗粒了。

te li ③ $t^h e^{55} li^{55}$ 动 熔化 fuse *shehbier bbe kenbbua ddeerkadebbe tebbune te li ggecwa*。炉子加热到炉膛里火焰变成白色以后,废铁就开始熔化了。

te li ④ $t^h e^{55} li^{55}$ 动 投掷,抛掷,甩出 throw, toss

te li ⑤ $t^h \varepsilon^{33} li^{55}$ 动 融化,消融 thaw, melt *ssyixxomanpi ssyilinpi, danyo macangalai nyimanqi ssyi bbe te li gge*。下雪不冷化雪冷,今天虽然有太阳,但是因为在化雪,所以还是冷得很。

te ma hyolo $t^h e^{55} ma^{55} xjo^{33} lo^{33}$ 不希望如此 don't hope so *nzzamar mulio na va hyolo te ma hyolo, ne anjji dai momo de va garo ssi de*? 扎满牧扭,我们不希望你这样,你为什么要虐待老人呢?

te mo ① $t^h e^{33} mo^{33}$ 动 死,去世 die *ozzho bashe jjimar abu la temo a ti gge, neryi ssyigge lamagge ddo*? 西昌的吉满老爷去世了,你们几家去不去参加葬礼哦?

te mo ② $t^h e^{33} mo^{55}$ 动 变老,衰老 age, grow old *ra te mo ne ngu nejjo, su te mo ne ne gezi*。鸡变老就冠萎缩,人变老就个变矮。(谚语)

te mo ③ $t^h e^{33} mo^{55}$ 形 老 old *alo tiha ne te mo i shyima bbe la ddraddra tezzu za*。你看,现在老得牙齿都掉光了。

te nbbira $t^h e^{55} nbi^{55} ra^{55}$ 动 (秋后)降温,转凉 cool down *danyo kecu ane tenbbira, denyo denyo ne ddenpi gge*。今天开始降温了,从今以后就一天比一天冷了。

te nbbisha $t^h e^{33} nbi^{33} ʃa^{33}$ 动 变凉,退凉 cool off *tangeddwane te nbbisha ggecwa, nisanbbane tabar ddacagge asse*? 再往后就开始退凉了,你以为还会有这么热吗?

te nce $t^h \varepsilon^{33} nts^h \varepsilon^{55}$ 动 滑倒,滑溜 slip, slide down *te ge ryipa gava nce zuru de ha, neryi xxisyi ngu*。这里的路上有个滑痕,你们要注意,不要滑倒了。

te nche $t^h \varepsilon^{55} ntʃ^h \varepsilon^{55}$ 动 噎,呛(水或食物进入气管引起咳嗽) choke *zzhobbege qo mama tamyazai ao qoi te nchei vahji semala*。汤里的花椒太多,我被呛了,差点没能缓过气来。

te ncho ① $t^h \varepsilon^{33} ntʃ^h o^{33}$ 动 散落,掉落,落 scatter, fall down *bryiga te nchoi sivar meliggu nehzei varhji erpe gaqo nehzua*。不知道什么原因,绳子散了,柴火掉落在地上,差点砸到他的脚了。

te ncho ② $t^h \varepsilon^{33} ntʃ^h o^{33}$ 名 休克 shock

te nenyo $t^h e^{55} ne^{55} ŋo^{33}$ 这两天,这两三天 these two days, the two or three days *te nenyo me na nga ne a kadda la ma ddwa, yava si zzhonzzyi zzoro ddo*。这两三天因为天阴,所以我哪里都没有去,天天在家里看书。

te nkebyi ① $t^h \varepsilon^{55} ŋk^h \varepsilon^{55} pzɘ^{55}$ 动 缺失(死) lack (die) *rai nggebar zzhohala yanyone dancha te nkebyia, hgei hjiddwaza*。本来只有九只小鸡,昨天缺失了一只,看来被老鹰叼走了。

te nkebyi ② $t^h \varepsilon^{55} ŋk^h \varepsilon^{55} pzɘ^{55}$ 名 缺口,豁口

487

gap, chip *issao yantresojjine, ne nzzhyimi lashe bbe ggupa lige te nkebyi gge bwa jje*。儿子自以为聪明,就这样说,犁铧犁刀要收回来,怕被老鼠啃出缺口。（民间故事）

te nku shyi tᵉ⁵⁵ŋkʰu⁵⁵ʃə³³ 不知所措,束手无策 at a loss *nyao sosotili jjolahane napamate zuhzugge, yaddreo te nku shyi ikanzza za*。小孩放学回家,见到父母亲正在打架,一时不知所措,呆立在那里了。

te ntente tʰe³³ntʰe³³ntʰe⁵⁵ 平地起水,地上积满雨水,满地洪水 the ground is full of raindrops *zzhongakwaha yava zzho te ntentei ngganggubbe nyogwa zzho kenzzea*。发大水的时候,家里进水（满地洪水）,家具和其他东西全部被淹了。

te ntru tʰe⁵⁵ntʰʐu⁵⁵ 动 犯脏（被玷污）,中邪 pollute, bewitch *zaxi cihi ne zzhowo zzhome zzho, tentru mapa, suhmoshe katajiba*。因为扎西今年的命相在水头水尾（南北）,所以不得犯脏,不要靠近尸体。（当地的说法）

te nyi ① tʰe³³ɲi³³ 形 太矮（高度不够）too short *ggama te nyi bbe ne syinyi ya tre, nzzhuteci bbe ne syinyi yabbi*。个子太矮的人心思缜密,腰杆太细的人欲望太强。

te nyi ② tʰe³³ɲi³³ 形 太少（数量不够）too little

te nzzho ① te³³ndʐo⁵⁵ 动 熄灭,熄,灭 extinguish *su goci ne denzha debarbar degguzwa ne te nzzho gge de*。人的生命也和灯盏一样,会很轻易地被熄灭的。*izhere mazzho hane mebbar otiti la tenzzho ggede, mwaha tiatepyi*。没有关系,就这样搁着,让它燃烧,没有油以后,灯自己会熄

灭的。

te nzzho ② te³³ndʐo⁵⁵ 动 死去（生命之火熄灭）die, go away, die off (the fire of life is extinguished) *nene ssamade zzyihane ingai te nzzho gge de miha ngui zzyigge de*。你吃饭的样子就像快要饿死了一样。

te nzzhyi tʰe³³ndʐe⁵⁵ 动 更换,替换,更迭 change, replace, substitute *nele syinyi te nzzhyi le bbo tele, azzi mo dawa zzhogge sejji li*。如果你能够把心替换（痛改前非）的话,我们就还可以继续一起生活。

te nzzhyi nzzhyi tʰe³³ndʐe³³ndʐe⁵⁵ 动 交换,置换,换位 exchange, transpose *ne ggama tenbboi himao ketretrea, nezzi neo ssyida te nzzhyi nzzhyi anehssyi*。你个子太高把妹妹遮住了,你们两个交换下座位。

te nzzyinzzyi tʰe³³ndzɿ³³ndzɿ³³ 粘连着,黏附在一起 stick *zzhobbe nenpi siqo zzhoggu ge te nzzyinzzyi itechyimapaza*。水缸里的水冻成冰了,水瓢也被冻住,与冰黏结着,已经拿不开,取不出了。

te pecha ① tʰe³³pʰe³³tʃʰa⁵⁵ 动 解（套,结子）undo a knot *mibbene anjjila ggwarhggwar jji vaite pecha manzzho*。猴子纵使狡猾,它也不会解套。（警句）

te pecha ② tʰe³³pʰe³³tʃʰa⁵⁵ 动 解开,松开,松绑 untie, loosen, disentangle *cihgu myanyio sibuqo mizzyio te pechai nalashu ane tava ddazasua*。红脸狐狸从树上解下兔子,再让兔子把它吊在树上。

te pecha ③ tʰe³³pʰe³³tʃʰa⁵⁵ 动 放开,解开,释放 untie, disengage, release *tro bryiga te pecha teli silage ngeishu, danyo yaoyao da a harshyi*。把猎狗的绳子解开,放它到树林里去,看看今天能不能惊醒个把猎物。

te pu tʰe³³ pʰu³³ 动 改变,变化,翻转 change, alter, transform, turn over *danyone mejola metepu gge syibagaba te pu gge, yo ddese mahnyo*。今天天气恶化了,天地即将要翻覆,我实在不敢泄密。

te pyi ① tʰe⁵⁵ pzɚ⁵⁵ 动 放置,留下 place, leave *ssumi nggaku o kehjii jjigo zhyiga qo kezyi a te pyi*。你把玉米馍馍拿进去,放置在上把位的柜子上。

te pyi ② tʰɛ⁵⁵ pzɚ⁵⁵ 动 放下 put down *memacozzyio icuga hjiddwai yava te pyi asi mo zhanga zhala se*。野人婆把马匙子拿回家,放在家里,然后又开始追赶聪慧女。(民间故事)

te qi ① tʰɛ⁵⁵ ɕʰi⁵⁵ 动 送(东西) give, send *maloma, ni bbazzhebbe zxi va te qi a ozzho ssiva qishu*。马罗曼,你把你的钱交给扎西带去西昌,送到你女儿手里。

te qi ② tʰɛ⁵⁵ tɕʰi⁵⁵ 动 交给,拿给 hand, bring, deliver *bbazzhe nahssapwa yaddreva te qi a ssyidaidape nguisho*。拿200元钱给孩子做差旅费。

te ryinbba tʰɛ⁵⁵ rɚ⁵⁵ mba³³ 这个民族,这个族群 the ethnic group

te sho tʰe³³ ʃo³³ 动 去世,死去,死亡 pass away, die *suteo ne te sho jjimapa deza, tamahssyi tele nyaha nyichu kesso zade*。这个人有可能是不会死的,他经常中弹,每次受伤以后都死不了。(民间故事)

te shu tʰe⁵⁵ ʃu⁵⁵ 动 凋谢,凋敝 wither *iggehar syiya midobbela te shu za, syiya sica la ngenyo za*。屋子背后的桃树,桃花已经凋谢了,现在长出了树叶。

te singu ① tʰe⁵⁵ si⁵⁵ ŋu⁵⁵ 动 收藏,保管 collect, take care of *nya iqabba yaddre o neshe ngeddwa, desyi tesingu, nyibuga ha*。他爸,孩子跑到你那边去了,留心照看一下,谨防他跌倒了。

te singu ② tʰɛ⁵⁵ si⁵⁵ ŋu⁵⁵ 动 保护,照顾,庇佑 protect, look after, take care of, safeguard *assyi venwa ava tesingui nzzhonzzyi so tezzu shu a*。我的哥哥照顾我,一直到我学业结束。

te sshyi tʰɛ⁵⁵ ʒɚ⁵⁵ 动 醉,过量,麻痹 be drunk, overdose, palsy *vuyamingece tesshyi, zehgge yamingezzyi tesshyi, hizze yamingezzyi tesshyi*。喝酒过量会醉,麻籽吃过量会醉,竹笋吃过量也会醉。(当地的说法)

te sso tʰɛ⁵⁵ zo³³ 代 别个,他 he, him

te ssyi tʰɛ⁵⁵ zɚ⁵⁵ 他家的/她家的 from his/ her family *te ssyi ssio vanbbryi nzzomo ssyi lwalwa lepu she nabar za jjigge*。据说,他女儿嫁给旺毕千户的玄孙儿了。

te su tʰe⁵⁵ su⁵⁵ 形 这样的,这般的 such *fuge ke minqia te su bbosu azzho shyi, zzhotele ngehjilashu, akesshyigge*。在村里好好询问一下,看有没有这样的东西,若有就拿出来卖给我。

te suxo tʰɛ³³ su³³ ɕo⁵⁵ 动 擦,擦除 wipe *suteo sugu la tesuxo manzzhode, tesudeo ne anengugge ddo*? 这个人鼻涕流下来都不会自己擦掉,你带他来干什么用哦?

te tru tʰe⁵⁵ tʂʰu⁵⁵ 动 刮掉 scrape, shave off *zajiqo ane debbe kesso za manddo, mugassane bbazhai te tru anyipyi*。墙上不知粘了些什么东西,牧呷惹,你去用刀把它刮掉。

te trutru tʰe³³ tʂʰu³³ tʂʰu⁵⁵ 动 铲掉,刮掉 scrape, shave off *lwanbbu kezhoi ddroge ddrosyi bbe te trutru azzzyipatele ngezzyi*。你

把煮过豆渣菜的锅里的锅巴全铲下来,如果喜欢就把它吃了。

te yo ① tʰe⁵⁵ jo⁵⁵ 犯错误 make a mistake *zaxizabu ershage te yo jja jjolai ngabbarnyi shuza*。扎西扎布因为犯了错误,所以现在被解职,回家休息了。

te yo ② tʰɛ⁵⁵ jo⁵⁵ 形 错误 wrong *neryi bbazzhe bbe pyinpar te yo za, syi swanzzha ngengu gge*。你们把钱算错了,我们要重新计算。

算盘

te yo ③ tʰe⁵⁵ jo⁵⁵ 犯错误(隐语,通奸被抓) commit adultery *jabula chanya zzi te yo zajja katogge, desyikahaha*。加布和查亚两人犯错误了,你要教育一下他俩。

te zhura tʰɛ³³ tʂu³³ ra³³ 动 灭绝,断根,绝嗣 die out, extinct *zzi lha ssa ga dde tiha ne te zhura za*。则拉乡的冉呷家族现在已经断根了。

te zi tʰɛ⁵⁵ tsi⁵⁵ 动 拆掉,拔起 tear off, pluck out *nwanzzubashe ibbenyogwa te zi ngwarryiga ngwarhjiddwaiddecuza*。凉山村的民房全部被拆掉了,村民都搬到赶牛道旁边去建房了。

te zyi tʰɛ³³ tsɿ⁵⁵ 动 给吃,使吃,喂 give food, feed *abulo tihasi barlade nzzhe ramazzyide, ashyi ssama debbe nge hjila tezyi*。阿布龙现在才到这里,他还没有吃晚饭,快拿一些饭菜给他吃。

te zyidro tʰe³³ tsɿ³³ tʂo⁵⁵ 动 崴,扭伤 sprain *daso ligga jjiha ne dama ddreddre sile ao erpe te zyidro a*。今天早上跑操的时候,一不注意就把自己的脚给崴了。

te zyishe tʰe⁵⁵ tsɿ⁵⁵ ʃe³³ 动 整理,归拢,理顺 clear up, put together, straighten out *syi manyo hane te yava daryi daryi bbe desyi te zyishe a zyida nezyi*。平时没事的时候,就把家里的东西整理归类,把它们放到该放的地方。

te zze tʰɛ⁵⁵ dze⁵⁵ 惯性地从旁掠过,停不住 pass by habitually, can't stop *ryipa tencei kanzza mapa, neqokezze dejimai te zzei nbbahna neddwa*。因道路泥泞打滑,停不住,他怕撞着你,就一拐,从你的旁边掠过去了。

te zzi ① tʰɛ⁵⁵ dzi⁵⁵ 代 他俩 they two, the two of them *te zzi neo nesinyo tebbu ane zajjola ggedebbe, ne zhangakatazhazha*。他俩过两三天就会回来的,你别跟着。

te zzi ② tʰɛ³³ dzi⁵⁵ 动 截断 cut off

te- tʰɛ⁵⁵ 完成体前缀 perfective prefix *ssama zzyi te zzu ne nenbbyibbyi, nyinqi ngu te ne ddejjojjo*。饭要吃完的时候就要分摊,活要做完的时候就要争做。

teddege nzzhe beddwa tʰe⁵⁵ de⁵⁵ ke⁵⁵ ndʒe⁵⁵ pe⁵⁵ dua⁵⁵ 到她家送彩礼 send betrothal gifts *yanyolhanbbo buzzha te ddege nzzhe beddwa, baerdde hgoxxone shuggejje*。昨天到韩博部扎家送彩礼去了,巴尔家在秋后就要接儿媳了。

tegarhar la tʰe⁵⁵ ke⁵⁵ xe⁵⁵ la⁵⁵ 到这边来 come here *zzho tehgua tegarhar la, a nava ngelo gge*。你蹚河过来,到我这边来。

tege da ① tʰe³³ke³³da³³ 从现在开始 from now on

tege da ② tʰe³³ke³³da³³ 从这里开始 start from here *tege da erneshyi a dwashupu barddwane sinyoshyishyi fu。* 从这里步行到大树堡,总共需要三天的时间。

tege ngelo tʰɛ⁵⁵kɛ⁵⁵ŋe³³lo³³ 在这里等着 wait for *ne nehssyia tege ngelo, aryi muzwa nyogwa tege sshala bbula gge。* 你坐在这里等着,我们一会儿都集中到这里来商量事情。

tegeddezzyi tegedda kwa tʰe⁵⁵ke⁵⁵de⁵⁵dʐə⁵⁵tʰe⁵⁵ke⁵⁵da⁵⁵kʰua⁵⁵ 土生土长(这里生长) be born and brought up locally *aryi nyogwa ne tege dde zzyi tegedda kwa debbe, sejji yozaimelide。* 我们大家都是这里土生土长的,这里就是我们的家乡啊。

tegge nezze tʰe³³ge³³ne⁵⁵dʐe⁵⁵ 高兴得跳起,高兴得跑起 jump for joy, run for joy *ne la magge jjane, ti tegge nezze su dohdo gge。* 听说你不来了,他高兴得奔跑起来。

tegge taya tʰe³³ge³³tʰa⁵⁵ja⁵⁵ 欢天喜地,兴高采烈,高高兴兴 happy, cheerful *lemashudage ssyi gge jji hane tegge taya bbyire raca gge miha。* 一说到去参加婚礼就欢天喜地的,犹如即将要喝到蜂蜜一样。 *nggame daca kesshyia shyiggejja, yaddreo tegge tayai ddwa。* 许诺给他买一件新衣服穿,小孩就高高兴兴地去了。

tehbu nehbu tʰe⁵⁵əpu⁵⁵ne⁵⁵əpu³³ 不停地幻化 change constantly *jjimarnyaga tehbu nehbu nzzho jje, nzza bbe tava shyine kebi mapa jje。* 英雄吉满良呷是会不停地幻化的,所以官府拷打他是不起作用的。

tehgua ddala tʰɛ³³əku⁵⁵da⁵⁵la⁵⁵ 动 跨过,通过 pass through *neryi zzhoga tehgua ddala ne ryikwagashebarlagge, moddala nebarla。* 你们跨过那条河继续往前走,就可以走到大路上,顺着大路再走一会儿就到达了。

tehsse tʰe⁵⁵əze⁵⁵ 动 更迭,枯落,掉落 change, wither and fall, fall down *hgoxxo nesica yamine tehsse gge, menyi sisyi ngenyoa ngalagge debbe。* 秋天大部分树的树叶都要枯落,到第二年春天树又重新发芽。

tehssyia ddeve ahjila tʰe⁵⁵əze⁵⁵a⁵⁵dɛ⁵⁵əve⁵⁵a⁵⁵ətɕi⁵⁵la⁵⁵ 一刀把树枝砍断,再扛回来 cut the branch off and carry it back *zhabu lilihai sigalega bbazhai tehssyia ddeve ahjila ntruge necido kentru angezzyi。* 用快刀一刀砍下长马蜂窝的枝条,将枝条扛回去塞到甑子里蒸,马蜂死了就吃蜂蛹。

tehze tehze ngala tʰe³³ətse³³tʰe⁵⁵ətse⁵⁵ŋa⁵⁵la⁵⁵ 脱口而出,不假思索地说 blurt out, speak without thinking *labuo manzzyimanzza nezzhyibbe tehze tehze ngala, syinyige nejjoima pa。* 拉布不由自主地将心里话脱口而出,看来他是不吐不快啊。

tehzhyi teru ① tʰe⁵⁵ətʃə⁵⁵tʰe³³ru³³ 义无反顾,拒绝挽留 proceed without hesitation, refuse to detain *yaddreva ddemihene meozzho meizzho manchwa, tehzhyi terui jjola。* 想到家里小孩的时候,就不知道在头上还是在地下(头脑一片空白,表示担心),义无反顾地返了回来。

tehzhyi teru ② tʰe⁵⁵ətʃə⁵⁵tʰe³³ru³³ 动 拆除,扯断 dismantle, pull apart *tava kepryi zai vaiga tilige tehzhyi terui nyipyii poddwaza。* 他扯断了拴着他的绳子,然后跑掉了。

tei zhanga tʰɛ⁵⁵ji⁵⁵tʃa⁵⁵ŋa⁵⁵ 今后,从此以后 in the future, since then, from now on, henceforth

teimwa miha tʰe⁵⁵ji⁵⁵mua⁵⁵mi³³xa³³ 恍若梦境，依稀记得，模模糊糊的 remember vaguely, have a vague memory　*awamazzhoha, ale teimwa miha deshyisi kancaza, ggoi sanca manyo*。奶奶过世的时候，我只有做梦一样模模糊糊的印象，不是十分清晰了。

tejji nengu tʰɛ³³dʑi³³nε⁵⁵ŋu⁵⁵ 动 做过 have done　*shodebbutre vulele jja tejji nengu qi, tiha ngenzzyinzza halamo ryidabar*。前些年（我们）还做过拼酒的游戏，现在想起来仍令人发笑。

tejji nengua tʰe⁵⁵dʑi³³ne³³ŋua³⁵ 这样做，发生这样的事情，就是这样 to do so, that's it　*tejji nengua lamali titele titi laqwa su, aryi nyonga nya gge*。这样做他都说不行，那就让他自己来做，我们大家一起退出。

tejjinengu qi tʰe⁵⁵dʑi⁵⁵ne⁵⁵ŋu⁵⁵tɕʰi⁵⁵ 曾经做过，曾经……过 have done that before　*tava hzuggegagge ddezagge jja tejjinengu qi, masse, ane la hmasse*。我曾经对她施加过压力，打她、捶她、捆她等，没用，一点都没有作用。（民间故事）

teli tʰɛ⁵⁵li⁵⁵ 动 释放（解除羁押）release, set free　*nwai yaddre ncha ggoi tamayodei, nebbutre kejji ane teli jjola za*。那个彝族小伙子犯罪情节不太严重，在监狱里关了两年就被释放回来了。

teli mali ① tʰe³³li³³ma³³li³³ 放开或不放开，开释或不开释 let go or not　*zaxine abuga o zaya va teli ne mali ryiryi zeze si ngu*。扎西只以这个老头开释不开释扎娅为关注的目标。

teli mali ② tʰe³³li³³ma⁵⁵li⁵⁵ 不该放开，不得放开 shouldn't let go, can not let go　*tenposu teli ne mali, hjii nzzaddeva jofui*。你不该就这么把这个盗贼放了，应该把他送交派出所。

teli neli tʰe³³li³³ne⁵⁵li⁵⁵ 来往穿梭，往来不断，自由出入 come and go　*telami ma te ssyiyava teli neli gge, issalema demiha ggagga gge*。这个拉咪嫚在他家自由出入，那么随便，好像是他的儿媳妇一样。

teme a tʰɛ⁵⁵mε³³a³³ 动 忘记，忘掉 forget　*yanyo paokebbussa ssyi abushe lahojja rome shyime teme a ta*。昨天让我到抛克部子的爷爷那里去一趟，我彻彻底底地忘记了这件事。

teme magge tʰe⁵⁵me⁵⁵ma³³gɛ³³ 不会忘记，不得遗忘，没齿难忘 never forget, shall not be forgotten　*hahasu bbe ava kavarvar tesingubbe teme magge de*。老师们对我的教育、关爱和照顾，我没齿难忘。

teme mapa tʰe⁵⁵me⁵⁵ma³³pʰa³³ 不得遗忘，不许忘记 shall not be forgotten, don't forget

temoi teshole singere tʰe³³moj³³tʰɛ⁵⁵ʃo⁵⁵le³³si³³ŋe³³re³³ 即将老死 be about to die at the old age　*tihane alo temoi teshole singere, ane la neryi copar bbe va hyolo a ma*。你看，我现在就老不中用了，只剩下等着老死了，什么都只能够依靠你们年轻人。

tence nence tʰɛ³³ntsʰe³³ne⁵⁵ntsʰe⁵⁵ 溜去溜来，路很滑 sliminess, the road was very slippery　*meliggu shere ngehi tence za, shyishyi ha tence nence gge, neryi desyi isyi ngu*。地上因为结了一层薄冰，很滑，行走的时候溜来溜去的，走路要格外小心。

tenche nenche tʰɛ³³ntʃʰe⁵⁵nɛ⁵⁵ntʃʰe³³ 忙里偷闲，抽空 snatch a little leisure from a busy life, make time　*bbege nyinqinguhane sela tenche nenche vezzahzha, denyodavar*。在生产队

干活的时候，大家还忙里偷闲去割猪草，一人一天要割一背篼回来。

tencyi tence tʰe³³ntsʰɚ³³ tʰe⁵⁵nts ʰe⁵⁵ 道路滑，道路泥泞 the road is slippery, the road is muddy *ggwa nexxoi ryipaga tencyi tence shyishyi mazze，varhji barmala*。下了雨，道路泥泞难行，差点不能到达这里了。

tenddryi tanddra ① tʰe³³ndʐɚ³³ tʰa⁵⁵ndʐa⁵⁵ 云开雾散，天气放晴 the clouds clear away, clear up *mejoge zebbe tenddryi tanddra teddwa，mengendde za*。天空的积云开始散去，看来就要出太阳了。

tenddryi tanddra ② tʰe³³ndʐɚ³³ tʰa⁵⁵ndʐa⁵⁵ 张开手脚(不设防) open arms and legs (undefended) *nkwar kamar hane erpelepe bbe tenddryi tanddra katamar*。晚上睡觉别张开手脚。

tene mo tʰe³³ne³³mo⁵⁵ 连 但是，然而(话又说回来) but, yet, however *tene mo ggwalatele anjji nengu gge*? 但是如果下雨的话，我们又该怎么办呢?

tentru mapa tʰe⁵⁵ntʂʰu⁵⁵ma³³pʰa³³ 不得被污秽 must not be polluted *cihine nikasshyio shaqo barddwaza，tentru mapa ka la dda ta li gga*。今年你的命相运行到东方了，不能被污秽，所以别到处乱跑。(当地的说法)

tenzzho tʰe³³ndʒo⁵⁵ 动 熄灭，熄 extinguish, quench *su goci ne denzha debarbar degguzwa ne tenzzho gge de*。人的生命也和灯盏一样会很轻易地熄灭的。

tenzzhyi lebbo tʰe⁵⁵ndʒɚ⁵⁵le³³bo⁵⁵ 能够改正，痛改前非，回头 be able to correct, thoroughly rectify one's errors *nele tenzzhyi lebbo tele amo neshe zzho gge se*。如果你能够痛改前非，我就还和你一起生活。

tenzzo teyo te³³ndzo³³ a³³ 习惯成癖，养成坏习惯 form the hobby, develop a bad habit *nessyi yaddre teo，tenzzo teyo me ddencu pryine dazza zzyi*。你家这个娃娃养成了坏习惯，天要亮不亮时就要吃一顿饭。

teo mahzha ane hzha tʰe⁵⁵o⁵⁵ma³³ɵtʃa³³a⁵⁵ne⁵⁵ɵtʃa⁵⁵ 求之不得 most welcome *bbazzhenei qiggene teo mahzha ane hzha*。你要帮我们付款，那是求之不得的事。

tepu nepu tʰɛ³³pʰu³³ne⁵⁵pʰu⁵⁵ 变化无常，变过去变过来 changeable *mejo la danyo ne tepu nepu, deggu zwa ne ngendde se degguzwane nanga se*。今天天气变去变来的，一会儿阴了，一会儿又晴了。

tepyi mapa tʰɛ⁵⁵pzɚ⁵⁵ma⁵⁵pʰa⁵⁵ 放不下来，无法丢下，放心不下 can't leave, hard to put it down, be worried about something *ai yaddre trulha si tebbu de, tiha nkwarne tepyi mapa dese*。我的小孩才六个月大，晚上还无法丢下他。

teryi yozai tʰe⁵⁵rɚ⁵⁵jo⁵⁵tsai³³ 他们自己 themselves

tesho i ryipa si ngere ʃo³³ji³³rɚ⁵⁵pʰa⁵⁵si³³ŋe³³re³³ 只有死路一条 there is a road that leads to death

tesi deryinbba te⁵⁵si⁵⁵te⁵⁵rɚ⁵⁵mba³³ 与众不同，不同寻常 different from the rest *tachyilo ne tesi deryinbba de, nyihji hjinbbasu dei suva shanga hasede*。这个次洛是与众不同的，因为他的职业是医生，所以他会关心他人。

tesi tengu tʰe⁵⁵si⁵⁵tʰe³³ŋu³³ 动 照顾，帮衬 look after, assist *mecu ddahggar ne ssuggu bbe tesi tengu mahssyi netenpi teshogge*。冬天

来了,要把牲畜照顾好喂养好,不然会冻死的。*neryi munpa sio hima zyiga ncha va ne tesi tengu a zzhongu o*。你们三个弟兄要关照和爱护唯一的妹妹哦。

tesu zzugga tʰe⁵⁵su⁵⁵ dzu⁵⁵ga⁵⁵ 关于这些 about

tetryi tatra ① tʰe³³tʈʰə³³tʰa⁵⁵tʈʰa⁵⁵ 剔除干净 reject totally *ngwarryigubbe tetryi tatra nesho su si kezho*,*shyire demi ne ahgushyi*。把牛棒子骨上的肉剔除干净了再炖,看看能否炖出一点骨头汤来喝。

tetryi tatra ② tʰe³³tʈʰə³³tʰa⁵⁵tʈʰa⁵⁵ 动 隔绝,断绝 isolate, cut off, break off

teyo su tʰɛ⁵⁵jo⁵⁵su⁵⁵ 犯错误的人 the man who makes the mistake *teyo su bbeva ne kahaha*,*dranggu danchai vuddehzu lemali*。对于犯错误的人要帮助教育,不能够采取一棍子打死的办法。

teze nebe tʰe³³tse³³ne⁵⁵pe⁵⁵ 迎来送往 welcome and send off *nddevar jasha gge ne lalo ngu nzzho ho de*,*desyi teze nebe ho debbe ta*。要宴客就要懂一点社交礼节,至少要做到迎来送往。

tezhura gga tʰɛ³³tʃu³³ra⁵⁵ga²³ 即将灭绝,即将消亡,濒危 endanger, exterminate

tezuzu garhar tʰe⁵⁵tsu⁵⁵tsu⁵⁵kɚ⁵⁵xɚ⁵⁵ 正对面,正对的方向 opposite direction *ne ddatazzyijjo*, *tezuzu garhar lyolyoddwa ne barda bar i gge*。你别转弯,顺着正对的方向一直走,就会走到你的目的地。

tezyi tagwa tʰɛ³³tɕi³³tʰa⁵⁵kua⁵⁵ 全部脱下来 entirely take off *ne tiha nggame bbe tezyitagwa*, *muzhwa nyitryi kessohama*。你把衣服全部脱下来了,小心一会儿患感冒哦。

tezyi teshe tʰe³³tsə³³tʰe⁵⁵ʃe⁵⁵ 归并理顺,使其井井有条 place neatly, keep it in order *nya yancu dencha*, *yava tilige tezyi teshe i shosholala ngu za de*。这个小姑娘很不错,家里被她收拾得井井有条、干干净净的。

tezyi tezi tʰe³³tsə³³tʰe⁵⁵tsi⁵⁵ 拒绝挽留,毅然离去 refuse to retain, resolutely leave *nyava ddemi ha ne meozzho mei zzho mase*, *tezyi tezi jjola*。想起小婴儿在家,她着急得不知道自己在哪里,毅然离去赶回家。

ti tʰi⁵⁵ 就这样,就以这种方式 in this way *o*, *nzzazho ne ti zho de*, *tizhanga ne sedde jji ti ya ddezho*。哦,就这样,过年就应该这样过,从此以后谁家过年都要用这种方式。

ti byi nyo tʰi⁵⁵pzə⁵⁵ɲo⁵⁵ 有这个规矩 there is the rule

ti ha ① tʰi⁵⁵xa⁵⁵ 名 现在 now, present, nowadays *ozzho ngesila ha*,*anela mabbo*,*ti ha ne zzyilecele jjobbo*, *sshyile jjibbo*。刚到西昌的时候什么都没有,现在好了,有吃的、有喝的,也有穿的,什么都不愁了。

ti ha ② tʰi⁵⁵xa⁵⁵ 这时候 at this time, at this point, by this time *yabulo a shenbbo hjilanava zelagge*, *ne ti ha kadesyigezzho a ddakato*。雅布洛,我正骑摩托车来接你,告诉我,你这时候在什么位置。

ti leo nezyi tʰi³³le³³o⁵⁵ne³³tsə³³ 放在他手里,交给他 put it in his hand, give him *ne vepe bbe leoleba ti leo nezyi mahssyi i mali wo*。你必须把购猪款兑现,现在就交到他的手里,不然就不行。

ti magge de tʰi⁵⁵ji⁵⁵ma⁵⁵ge⁵⁵te³³ 不会这样做 will not do so *zaxi le ti magge de*, *neryi sede o ke zzuzzu a ma nddo*。扎西是不会这样做的,不知道你们遇到哪个人了。

ti shope tʰi³³ ʃo³³ pʰe³³ 名 以前 before *ti shope anemyaha ne tizhanga jji temyaha, tejji si inwage ddahza gge*。以前怎样，以后也要继续坚持怎样，只有这样才能够使家庭振兴起来。

ti soro tʰi³³ so³³ ro³³ 比……更加…… more... than... *zaxine erhbi yankwarde, aryi tegene ti soro yancu su ne mazzho ade*。扎西是表现优异的一个小伙子，在我们这里没有比他更加优秀的人。

ti ti tʰi⁵⁵tʰi⁵⁵ 他自己 himself *te bbazzhe bbo de, ssama pe ti ti teqi shu*。他有钱，饭钱让他自己去付。

tigge ssyi manzzyinzza tʰi⁵⁵ge⁵⁵ zɕ⁵⁵ma⁵⁵ ndʐ³³ ndʐa³³ 没有想到会这样，出乎意料 beyond one's expectation *ale tigge ssyi manzzyinzza, qadadai ashyi zzoro mala de ta*。因为我没有想到会是这个样子，所以才没有及时来看望的啊。

tiha tʰi⁵⁵xa⁵⁵ 名 现在 now

tiha si tʰi⁵⁵xa⁵⁵si⁵⁵ 现在才……not... until now *gedaha ssama zzyi ha ne mala, tiha si ane ngula ddo*。刚才吃饭时间（你）不来，现在才来干什么呢？

tiha te gguzwa tʰi⁵⁵xa⁵⁵tʰe⁵⁵gu⁵⁵tʃua³³ 此时此刻 at this very moment

tikato tʰi⁵⁵kʰa⁵⁵tʰo⁵⁵ 这样说 put it this way

timagge tele tʰi⁵⁵ma⁵⁵ge⁵⁵tʰe³³le³³ 不然就，不这样的话 otherwise

timapa kato tʰi⁵⁵ma⁵⁵pʰa⁵⁵kʰa³³tʰo³³ 巴不得这样，就怕不能如此 wish it were so *tigge ne tishu, ale timapa kato, tiggene anela temapa*。他要这样就让他这样，我就怕他不能这样，要这样就千恩万谢了。

timelitizzho aimeliaizzho tʰi⁵⁵me⁵⁵li⁵⁵tʰi⁵⁵dʒo⁵⁵ a⁵⁵me⁵⁵li⁵⁵ai⁵⁵dʒo⁵⁵ 他在他乡，我在我乡（互不相干，互不往来）he is in his hometown and I'm in my hometown (have nothing to do with, have no connection with)

tingguige zzhomiha tʰi³³ŋgu⁵⁵ji⁵⁵ke³³dʒo⁵⁵mi⁵⁵xa⁵⁵ 如数家珍（好像在他的包里一样）be very familiar with one's subject

tiralemo sizyige tʰi⁵⁵ra⁵⁵le⁵⁵mo⁵⁵si³³tsɘ³³ka³³ 只顾自己捞好处，自私自利 only look after one's own interests, egoistical

titi nge sshyizha tʰi⁵⁵tʰi⁵⁵ŋe⁵⁵ʒɘ³³tʃa³³ 不打自招，供认不讳 confess everything without torture, candidly confess

titi npu a nabar tʰi⁵⁵tʰi⁵⁵npʰua⁵⁵na³³ pɚ³³ 自食其果 eat one's own bitter fruit *zaxibaja o suva ryiryi zyi mahssyi la titi yozai npu a nabar a*。扎西八甲设计陷害他人不成，反倒自食其果了。

titi yozai tʰi⁵⁵tʰi⁵⁵jo⁵⁵tsaj³³ 他自己 himself *lamo, ne tava ddakatoa, titi yozai ngezzyi aryiva ngatalo tejji*。拉莫，你告诉他，叫他自己先吃，不要等我们回来。

tiya ne tʰi⁵⁵ja⁵⁵ne⁵⁵ 这样就 in this way *tiya ne lya, neryi ngabbarnyi cwa, asi tezyisha gge*。这样就行了，你们休息休息，我自己来归顺一下。

tiyoza i tʰi⁵⁵jo⁵⁵tsa³³ji³³ 他自己 himself *ti yoza i ssyi ggede jjigge, tiyozai ssyi shu*。他自己要去说，让他去。

tizhanga ne tʰɛj⁵⁵tʃa³³ŋa³³ne³³ 从此以后，从今以后 since then, from now on *tizhangane sejji tatajjia, sejji ersu debbe, sejjibuerssyi debbe, ande asse?* 今后，谁也不要这样做了，大家都是尔苏人，都是养蚕人的后代，

何苦呢？

toji tʰo³³tɕi³³ 名 柑橘（蟹螺语）citrus

tra tʂʰa⁵⁵ 名 鬼，邪 ghost, evil spirit *tra la lha wo nehggezzyi, tra o ngazha, lha o ka hna*。鬼和神要区分开，神留下，鬼驱除。

tra dde nzze tʂʰa⁵⁵ de⁵⁵ ndze⁵⁵ 动 闹鬼 be haunted

tra erhge tʂʰa⁵⁵ ɚ⁵⁵ əke⁵⁵ 断脚的鬼，跛子鬼 lame ghost

tra gabyi tʂʰa⁵⁵ka⁵⁵pzə⁵⁵ 跛脚的鬼 lame ghost

tra hddogu tʂʰa⁵⁵ədo⁵⁵ku⁵⁵ 眼瞎的鬼 blind ghost

tra hnanbbo tʂʰa⁵⁵əna⁵⁵nbo⁵⁵ 耳聋的鬼 deaf ghost

tra i tʂʰa⁵⁵ji⁵⁵ 名 小鬼，鬼屋 small ghost, haunted house

tra mar tʂʰa⁵⁵m ɚ⁵⁵ 名 鬼毛 ghost hair *trazha mahone tra mar dagala aimanddo, anedeo trazha zzezze ddo*。别说驱鬼，连鬼毛都没有看见一根，撵什么鬼哦。

tra mar dde zyihzhyi tʂʰa⁵⁵ m ɚ⁵⁵ de⁵⁵ tʂə⁵⁵ətʃʰe⁵⁵ 形 顽皮，调皮 naughty *ssihi tewo, tra mar dde zhyihzhyi, issa de miha*。这个女孩调皮捣蛋，到处跑，像个男孩。

tra ngga tʂʰa³³nga⁵⁵ 名 鬼门 the gate of hell *cihi suteo kasshyi tra ngga bar ddwa za, yisi ngu*。今年这个人的命相运行到鬼门的方向了，一定要小心谨慎。（当地的说法）

tra nzze tʂʰa⁵⁵ndzɛ³³ 名 茅草，丝茅草（扎草偶的野草）thatch *ssedaga ddehji a ssyia agga nbbya tra nzze dadwa nechyi a hjila*。带上一把镰刀，到后山的山坡上去割一捆茅草回来。

丝茅草

tra zha tʂʰa⁵⁵tʃa⁵⁵ 动 撵鬼，驱鬼 exorcise, expel the evil spirit *shabai tra zha hane nzza ddehzui ibbege kazha ngazhe zhagge de*。沙巴在驱鬼的时候，敲着法鼓，挨个房间做驱鬼仪式。（当地的习俗）

trai shyido tʂʰa⁵⁵ji⁵⁵ʃə⁵⁵to⁵⁵ 鬼作祟 the ghost haunts

tramu ziroro tʂʰa⁵⁵mo⁵⁵tse⁵⁵ro⁵⁵ro⁵⁵ 闹山的麻雀 sparrow *yadre teo ssihi de mimaha, tramu ziroro de ssyiha*。这个娃儿，不像个小女孩，一点都不文静，倒像个闹山的麻雀。

tranbbar shwada tʂʰa³³nb ɚ³³ʃua³³ta⁵⁵ 名 鬼经（《识鬼图经》）The Ghost Pictography *tranbbar shwada ne xxi zehade, ssihi la lili ssyi yozai ssozehede*。《识鬼图经》共有八部分，男女鬼各有四部分图画。

trazha ddengu tʂa⁵⁵tʃa⁵⁵de⁵⁵ŋu⁵⁵ 驱鬼一样，严厉驱逐 like expulsing ghosts, harshly eject *amu, aterabbe vazzasi npugge, shasha ngenchea trazha ddengu ddeisho*。阿木，那

些鸡专门啄食猪食,拿起竹沙杖像驱鬼一样地把它们驱走。

trazzyimamo addoma tʂʰa³³ dʑə³³ ma³³ mo³³ a³³ do³³ ma³³ 鬼的母亲阿朵嫚 the ghost's mother Addoma *trazzyimamo addoma, teo lani hamase ne ane shaba de ngue?* 鬼的母亲叫阿朵嫚,这个你都不知道,还当什么沙巴?(当地的说法)

trazzyipamo addoba tʂʰa³³ dʑə³³ pʰa³³ mo³³ a³³ do³³ pa³³ 鬼的父亲阿朵巴 the ghost's father Addoba

tre rewa tʰʈɛ⁵⁵ rɛ⁵⁵wa⁵⁵ 篱笆围墙 the fence wall

tre tre ① tʰʈɛ⁵⁵ tʰʈɛ⁵⁵ 名 栅栏 fence, rail fence

tre tre ② tʰʈɛ⁵⁵ tʰʈɛ⁵⁵ 动 遮,挡 block, obstruct

trebyi tʈʰe⁵⁵pzə⁵⁵ 名 篱笆 fence

围 栏

trebyi hsse tʈʰe⁵⁵ pzə⁵⁵ əze⁵⁵ 编篱笆 make the fence

tro ① tʰʈo⁵⁵ 动 射击,打枪,射,放 shoot, launch *zyibbu nbbarbbu ngalane nyichuke tro tamabi marke tro tamabi dejje.* 野猪精、野牛精来了,开枪射击射不死它,弯弓射箭也射不死它。

tro ② tʈʰo⁵⁵ 名 把手 handle *sibarbar taga age bbazha tro daga nancagge.* 我准备用这根细木棒,来做一把刀的把手。

tro ③ tʈʰo⁵⁵ 动 锯开 saw, saw off *muji katoi swahddai sibyipwa ne tro a dima de nanca gge jje.* 木吉说,要把那张木板锯开,做一条板凳。

锯、锯齿

tro ④ tʈʰo³³ 动 测算(打卦测签)calculate, make a divination

tro ⑤ tʰʈo³³ 名 狗 dog *memacozzyi ne tro si ddejimade, gazidevajji ddejima poggede.* 野人婆什么都不怕就怕狗,哪怕是只小狗,她也怕得很。

狗

tro ⑥ tʈʰo⁵⁵ 名 声音,腔 voice, tune *ddagga gge jja tro mandde, ngehdo gge jja er mandde.* 打算唱歌可惜腔不正,准备舞蹈就是脚不灵。

tro ⑦ tʰʈo⁵⁵ 量 块(地),片(面积)patch (of ground, field), tract *harhgobbo qoze ge jjimar abu mongu meli detro taqiza.* 熊洞

坪上头的一块地,作为调解纠纷的酬谢,被划给了吉满老爷。bwala bushe meli tro zzhuho kalaza。大榕树旁边的那块地已经被种上大麻了。

to hzho bbwace tʈʰo³³ ʑʧo³³ bua³³ tsʰe³³ 名 土大黄 rheum officinale nyi de ryi nbba ne tro hzho bbwace jja jji de bbe,nyihji de bbe。有一种草,名叫土大黄,是一种用处多的中草药。

tro i tʰʈo³³ ji⁵⁵ 名 狗崽,小狗儿(越西语)puppy, pup galobabbei gazi jjisu bbene vargeba bbene tro i tigge debbe。甘洛人说的狗崽子,就是越西人说的狗的儿子。

tro sa tʰʈo³³ sa³³ 动 放狗,打猎 release the dog, hunt aer nyobbu me ddamancu tro sa i ggejja zzhoisila keddwa。天还不亮的时候,阿尔哟部就到马基岗老林里放狗去了。tro sa nyihgge hene zzitra dela bbazha nddremi deji ddamahji mapa de。上山打猎的时候,最基本的行装是树皮网袋和一把牛耳朵尖刀。

tro tabar ya ndde tʈʰo⁵⁵ tʰa⁵⁵ pæ⁵⁵ ja⁵⁵ nde⁵⁵ 声音这般嘹亮,声音这么好 the sound is so loud, the sound is so good

tro te pu tʈʰo⁵⁵ tʰe⁵⁵ pʰu³³ 动 变音,变声 change sound

tro tro tʰʈo⁵⁵ tʰʈo⁵⁵ 名 把儿,把子 handle

tro zza tʰʈo³³ dʑa³³ 名 狗食,狗粮 dog food nkwarhge mahge trozza che,mencu mancu trozza zyi。夜半三更做狗粮,天将拂晓喂狗食。(《打猎歌》歌词)

tro zzu ga tʈo⁵⁵ dʑu⁵⁵ ka³³ 名 见肿消(草药,有毒)discutient

trodda ga ra ddaza tʈo³³ da³³ ka³³ ra⁵⁵ da⁵⁵ tsa⁵⁵ 打鸡吊狗的仪式,拒绝往来的仪式 the ceremony of severing communication tro ddaga ra dda za,rohdda sibbe desyi la kesoso mapa ma。石崖岗上的树一点都不能动,因为作了打鸡吊狗仪式了。(当地的说法)

troga kesyibi kesyibi tʈʰo⁵⁵ ka⁵⁵ kʰe⁵⁵ sɚ⁵⁵ pi⁵⁵ kʰe⁵⁵ sɚ⁵⁵ pi⁵⁵ 声嘶力竭 shout oneself to hoarse labu lemashu dage dugwa ngugge troga kesyibi kesyibingui ragga。拉布在婚礼现场当督管,他声嘶力竭地喊着,安排各部门的工作和就餐程序。

trohbbu ngecu tʈʰo⁵⁵ əbu⁵⁵ ŋe³³ tsʰu³³ 治疗被疯狗咬伤者,治疗狂犬病 cure rabies, cure the wounded bited by a mad dog subbe trohbbui ketryi ha,menyi ddabarne shaba ge bbazha itrohbbu ngecu do。有人被携带狂犬病毒的狗咬伤,沙巴可在春暖花开时节为他动手术治疗。

trohbyi tʈʰu⁵⁵ əpzɚ⁵⁵ 名 尘土 dust trohbyi nggame va keyoi necehala nalamali。尘土粘在衣服上,洗都洗不掉了。

trohbyi ddaggagga tʈo⁵⁵ əpzɚ⁵⁵ da³³ ga³³ ga³³ 尘土飞扬 the dust is rising in clouds nzzha ryiga meer ddeer-ane trohbyi ddaggagga,xxo ngge sula tadrada mapa。一刮风,公路上就尘土飞扬,连站在面前的人都看不清楚。

trohbyi ddahggwar tʈʰo⁵⁵ əpzɚ⁵⁵ da⁵⁵ əgu aʴ⁵⁵ 扬起灰尘 rise a dust copar bbe meliggu dde hdohdosu trohbyi ddahggwar sula nddo mapa。年轻人在坝子里跳舞,扬起的灰尘遮天蔽日,连人都看不太清楚了。

troi bryiteli ① tʈʰo⁵⁵ ji³³ pzɚ⁵⁵ tʰe³³ li³³ 解开套索的狗 the dog with the unfastened lasso sososu bbe danyo bbarnyijja,wabbuo troi *bryiteli myaha，tihala jjo malase*。今天学生放假，瓦布就像解开套索的狗，跑得无影无踪，到现在还没回来。

troi bryiteli ② tʂʰo⁵⁵ji³³pzɿ⁵⁵tʰe³³li³³ 放狗入山 release dog into the mountain

troi lha tʂʰo³³ji³³ɬa⁵⁵ 名 狗月，九月 September, the dog month *zui gene troi lha ge jja tikato debbe*。九月就是属狗的月份，这是大家说的。

troi nyoma tʂʰo³³ji³³ȵo³³ma³³ 名 狗日（属狗的日子）dog day *danyone troi nyoma, cyiilha tezzua, sonyo ne veinyoma bwai lhaer deonyo*。今天是属狗的日子，七月结束；明天是属猪的日子，八月初一。

troi zzei tʂʰo³³ ji³³ dze⁵⁵ ji⁵⁵ 狗杂种，狗日的 bastard，son of bitch

troingezzyi veisyiddenyi tʂʰoj³³ ŋe³³ dze³³ vej⁵⁵ sɿ⁵⁵ ȵi⁵⁵ de³³ ȵi³³ 动 嫉妒（狗吃了、猪心疼）envy, be jealous of *neryisejji troingezzyi vei syiddenyi nata ngu, sejji buer ssyi debbe*。大家都是尔苏人，你们不要抱着狗吃了、猪心疼的心态。

tronde siigwar tʂʰo⁵⁵nde⁵⁵si⁵⁵ji⁵⁵kaʴ³³ 好狗护三邻 the good dog protects the neighbours around *trobbryi yandde siigwar, possa yancu sifugwar*。优秀的土狗护三户，优秀的男儿护三村。（谚语，表示关心邻里，多做善事）

tru tʂʰu⁵⁵ 数 六 six *dryiramancu ne syinhade tigge she, nadra dapa sune tru bar hade*。夜空里的七星簇说是有七颗星，不仔细观看就只看见六颗。

twa ① tʰua⁵⁵ 名 骡子 mule *ssuhwassumabbe nikenbbune twa ma suernbbo ava kenbbu shuamwa*？大田小田全部归你了，那么为何不能够把白嘴母骡子分给我呢？

twa ② tʰua³³ 能够容纳，可以装下 be able to accommodate *qacyi dage ne bar dahssa ngwarssyi dre gwar twa debbe*。一条麻袋可以装下150斤粮食，这就是麻袋的容量。

twa de nzzyi tʰoa⁵⁵tɜ⁵⁵ndzɜ⁵⁵ 骡子驮的一驮货物 the burden of a mule carrying goods *ssintrema o lezhu bbe twa de nzzyi kenzzyi i ngazhala*。聪慧女用骡子驮了一驮礼物，赶来了。（民间故事）

twa denbbo tʰua⁵⁵te⁵⁵mbo⁵⁵ 一匹骡子 a hinny

twa denbbo nzze tʰwa⁵⁵te⁵⁵nbo⁵⁵ndze⁵⁵ 骑着一匹骡子 ride a mule

twa nzze tʰua⁵⁵ ndze⁵⁵ 小坛子 small jar *lema minqi ha ne vu da twanzze hji ho de*。举行订婚前的请酒仪式，需要带一小坛子酒去的。

tyancai marnta tʰa⁵⁵ntsʰai⁵⁵maʴ³³nta³³ 甜菜麻糖 beet sugar

V v

va ① va⁵⁵ 动 给 give *a ta va ddakato a*。我已经给他说了。

va ② va⁵⁵ 名 网, 捕套, 套索 web, net, trap, lariat

va ③ va⁵⁵ 介 被 by *tige a va dde sshongwa*。我被他骂了。

va va va⁵⁵va⁵⁵ 动 咀嚼, 嚼细 chew

vai woma va⁵⁵ji⁵⁵wo⁵⁵ma⁵⁵ 绳套扣, 纲目 rope buckle, cord fastener, outline

var ① vɚ⁵⁵ 名 衙门, 县衙 County government in feudal China *amu nzzalige kemi var ge nehjiddwai ddeshyi ajje*。据说, 阿木被抓到县衙里去拷打了。

var ② vɚ⁵⁵ 形 安逸, 舒适 easy, pleasant, comfortable *shope ne sepejji hjihji, tejwa ne nesi ngere ane na var ggeshe?* 先前你和所有人都斗个不停, 现在只剩下你了, 安逸了吧?

var ③ vɚ⁵⁵ 名 奴仆, 奴隶, 娃子, 仆从 slave, servant *var lasa o madrada, sale manddo var i ddo ne hdanga*。主仆不分、主人不见奴隶见, 这些全都是怪相。

var ④ vɚ³³ 名 包袱, 背包 cloth-wrapper, backpack *memacozzyio shyi var dehji qahga hemoshe shyibei ggejja ddwa*。野人婆背起装肉的包袱, 出门到娘家送肉去了。(民间故事)

var tabbar vɚ³³tʰa⁵⁵bɚ³³ 没有希望, 前途迷茫, 绝望 desperation, hopelessness *teddege keddwaha syitepu var tabbar*。走进他家就令人失望, 让人思想发生变化了。

varhji vɚ⁵⁵ɕtɕi⁵⁵ 副 差点, 险些 nearly, narrowly *yanyo shunyo ddenyi varhji tesho, tejwane vucemapa xxice mapa*。前段时间, 我生病差点就死了, 所以从现在起戒烟戒酒了。

varkwane sakwa vɚ⁵⁵kʰua⁵⁵ne³³sa³³kʰua³³ 仆贵主荣(仆人有地位了, 主人更有地位) if the servant is respected, the master will be even better *varkwane sakwa ssyissi ddakwa ne pama kwa*。奴仆得势主人尊, 子女长大父母尊。(谚语)

varnzzyi ddehggo vɚ⁵⁵ndʑɚ⁵⁵de⁵⁵əgo⁵⁵ 减轻负担, 卸下包袱 ease the burden, leave baggage behind *tiha ne ngabbarnyi ane gga varnzzyi ddehggo ane ggagga zze*。现在退休了, 卸下包袱轻松了。

varnzzyide tagwa miha vɚ⁵⁵ndʑɚ⁵⁵te⁵⁵tʰa⁵⁵kua⁵⁵mi³³xa³³ 如释重负(就像卸下个沉重的负担) as if relieving a heavy load, feel a sense of relief *ersubbe lyagwarmaho jjahane varnzzyide tagwa miha ddehgo ddamwa*。尔苏人不再交公粮, 就像从背上卸下一捆柴火那样如释重负了。

vava nezyi va⁵⁵va⁵⁵ne⁵⁵tsɚ⁵⁵ 把食物嚼细了喂养小婴儿 chew the food up to feed the baby *yaddre deo ne ama i vava mazzyi de mazzho*。没有哪个小孩没吃过自己母亲咀嚼过的食物。(旧时的说法)

ve vɛ⁵⁵ 名 猪 pig *nene vedebarntrede, qame danyomiha tesu kato lemaha de?* 你真的像猪那么笨, 在今天这种严肃的场合, 你怎

V v

能够说这些话题呢？

ve hssu su ve⁵⁵ əzu⁵⁵ su³³ 养猪人 swineherd *ve hssu su cihi vetro yandde su dahssa o mahsse na nka jji gge.* 据说，养猪人今年卖了100多头大肥猪。

ve lekazyi su ve⁵⁵ le⁵⁵ kʰa³³ tsʅ³³ su³³ 阉猪匠 the man who castrates pig *ve lekazyi su ve i ma lekazyi la vei npa lekazyi ne demi maha debbe.* 阉猪匠在阉割仔猪的时候，对小公猪和小母猪做的手术是不一样的。

ve lhi ve⁵⁵ ɬi⁵⁵ 动 猪叫，猪嚎 pig barks *nzzazho ve ga ha ne se ssyi zho veo ve lhi ya nga syi jja zyizyi debbe jje.* 宰杀过年猪的时候，要看谁家的年猪嚎得响亮（进行比赛）。

ve ma vɛ⁵⁵ ma⁵⁵ 名 母猪 sow

老母猪

ve mar vɛ³⁴ mɚ⁵⁵ 名 猪鬃 bristle

ve mi vɛ⁵⁵ mi⁵⁵ 名 脂油，化油 tallow

ve nbbeli ve⁵⁵ nbe³³ li³³ 名 猪肾 pig kidney *nzzazhove nagahane ve nbbeli la veze bbe sho kenbbu a qozyi gge debbe.* 宰杀过年猪的时候，剖开猪后，先取出猪肾和猪脾看卦，然后放在火里烧烤，及时敬神。

ve nchyi su ve⁵⁵ ntʃʰə⁵⁵ su³³ 名 屠夫 butcher

ve nwa ① vɛ⁵⁵ nua⁵⁵ 名 肠，大肠，粗肠，黑肠 intestine, large intestine *shama abu o ipa necu i ve nwa dde nce i tesho za.* 沙马老爷因为拉肚子导致肠梗阻去世了。

ve nwa ② ve⁵⁵ nua⁵⁵ 名 哥（弟称），姐（妹称） brother, sister *a shunyonyo la azzyi ve nwa pe dezhengu i lade.* 我在上前天和我哥哥一起来的。

ve nyo ① vɛ⁵⁵ n̻o⁵⁵ 名 肠子 gut, intestine, bowel

ve nyo ② ve⁵⁵ n̻o⁵⁵ 名 姊妹，兄弟 sister, brother

ve she ve⁵⁵ ʃe⁵⁵ 名 土豚，猪獾，土猪 aardvark *ve she bbe ne she bbara bbekemi zzyi gge debbe jje.* 猪獾是要捉蚂蚁来吃的。

ve syi ma ve⁵⁵ sɿ⁵⁵ ma⁵⁵ 还没有产仔的母猪，小母猪 a young sow that has not yet given birth, small sow *veihssu magga jjigge, te ve syi mao leka kezyia nzzazhove ngu gge.* 他们不打算养小猪了，把这个小母猪去势（即阉割）了，养肥作今年的过年猪。

veji siqo ve⁵⁵ tɕi⁵⁵ si³³ tɕo⁵⁵ 葫芦瓢 the gourd ladle

veji sunggwa va⁵⁵ tɕi⁵⁵ su⁵⁵ ŋgua⁵⁵ 葫芦瓜 gourd

葫芦瓜

veji vugar da ve⁵⁵ tɕi⁵⁵ vu⁵⁵ kɚ⁵⁵ ta³³ 名 葫芦酒壶 gourd flagon

veji vunddro da ve⁵⁵ tɕi⁵⁵ vu⁵⁵ ndʐo⁵⁵ ta³³ 葫芦酒瓢（舀酒的）the gourd ladle (spooning out the wine)

vejji vɛ⁵⁵ dʑi⁵⁵ 名 猪圈 hogpen

vejjo mama ve⁵⁵ dʑo⁵⁵ ma³³ ma³³ 名 白果（冕宁语）ginkgo

vema gagu ve⁵⁵ ma⁵⁵ ka⁵⁵ ku³³ 名 母猪黄姜（地名）Muzhu Huangjiang *aryi zzhyizu keigge hane vema gagu lage kwar igge de*。我们要想到瓦板房老屋基去，就要经过母猪黄姜林里。

vema hnape vɛ⁵⁵ ma⁵⁵ əna³³ pʰɛ³³ 名 车前草（当地又称"母猪耳朵草"）plantain

车前草

vema hzhozzo ve⁵⁵ ma⁵⁵ ətso³³ dzo³³ 名 草石蚕，宝塔菜，甘露子，甘露儿 Chinese artichoke, crosne *hgoxxo meli lahe vema hzozzo ngela ne ddenggonggoa hjii kanzza zzyi*。秋天耕地的时候，翻出甘露子，收捡起来拿回家，油炸之后成了美食。

vezyi zyima vɛ⁵⁵ tsɤ⁵⁵ tsɤ³³ ma³³ 雌性野猪 female boar

vezyi zyipe vɛ⁵⁵ tsɤ⁵⁵ tsɤ³³ pʰe³³ 雄性野猪 male boar *vazyi zyipe ligga nyayanche, menche ngezu hane ashyi nbbahna tanya*。雄性野猪奔跑速度非常快，你只要看到它的尾巴伸直，就要立即往旁边避让，否则野猪獠牙砍来如利刀。

vi ① vi⁵⁵ 动 开（花）blossom *igge hwa vi nggebu ha, mido dabu yo i ma hssyi*。屋后开花九棵树，没有一朵属于我。（民歌歌词）

vi ② vi⁵⁵ 名 豺狗 dhole *vi bbe ne debbu debbu ligga gge debbe, kawawa ne ngwarla neqido de*。豺狗是成群结队活动的，它们成群地攻击猎物，能够把高大的牛咬死。

vi ③ vi⁵⁵ 名 宗族 clan *issa ddekwa vi gegwar, ddryimo ddakwa megegwar*。儿子养大归宗族，大雁养大飞天空。（谚语）

vu ① vu⁵⁵ 动 发酵 ferment *azzyi yava tenenyo nzzhyiva dejji ne vu jja, danyo si vuse ngala*。我家这几天发酵了一盆醪糟，今天开始闻到酒香了。

vu ② vu³³ 名 头 head *hwai vu qo gabozzho, coi vuqo hemozzho jja tebbe siddakatoddo*。鸟的头上有杜鹃，人的头上有母舅（谚语：白鸟鹃为贵，人间舅为尊）。

vu ③ vu⁵⁵ 拟声 呜（喇叭声）toot（the sound of a trumpet）*mesyi trajji hane zzhoggwa vu vu lwabbwa nparssensse ddebebbe*。在做送魂仪式的时候要吹莽桶，呜呜的大喇叭声音震撼人心。（当地的习俗）

vu ④ vu⁵⁵ 名 酒 wine, liquor, alcohol *shoixxi ngecexxi yamar, zzhangeceizzhayamar tane vu ngeceivuya mar*。先抽烟，烟好抽；后喝茶，茶醇香；再喝酒，酒甘甜。

vu ⑤ vu⁵⁵ 形 馊 sour

vu dazha vu⁵⁵ ta⁵⁵ tʃa⁵⁵ 一杯酒 a glass of wine *ai tiha vu dazha nava qigge, ne ssahssa kehzhea ngece*。我献一杯酒给你，你端着慢慢地喝。

vu denpi vu⁵⁵ tɛ⁵⁵ mpʰi⁵⁵ 一瓶酒 a bottle of wine

vu gge bubu vu³³ gɛ³³ pu³³ pu³³ 头顶部 the top of the head *lajigao vu gge bubu myaryi de* *ngalajja zibbe la ddraddra tezzoza*。拉架呷的头顶上长了一个疮,头上的头发都掉光了。

vu gu vu⁵⁵ku⁵⁵ 动 敬酒,献酒 propose a toast *nddavar lane shoi xxigu gge, tai vu gu gge moddesone zzha ggugge*。尔苏人家里来客,先敬烟,后敬酒,再献茶。

vu hga i vu⁵⁵əka⁵⁵ji³³ 小礼酒(在巡酒过程中把自己的份子酒转赠他人) small wine gift (transfer one's own wine to others) *ersubbei suva vu hga i gu ne mali de, mashosho debbe, techyihobe*。尔苏人给别人敬小礼酒的习惯不好,不卫生,应该戒除这个习惯。

vu hggwa vu⁵⁵əgua⁵⁵ 名 癞头(生疮的头) ulcerate head

vu hzhyi me hzhyi vu⁵⁵əɕʅ⁵⁵me⁵⁵əɕʅ⁵⁵ 胡乱地拔,东扯西扯 casually pull, pull aimlessly

vu i vu⁵⁵ji³³ 名 五月 May *mugu ssa o kato i, vu i ge ne shaba bbe ne nbbi ilha ge jja jji debbe*。牧果说,农历五月,沙巴称之为马月。

vu i dwaya vu⁵⁵ji⁵⁵tua⁵⁵ja⁵⁵ 五月端阳 the Dragon Boat Festival

vu i ta bbwa vu³³ji³³tʰa³³bua³³ 饮酒过量 overdrink

vu jjo vu³³dʑo⁵⁵ 名 歪头,偏头 wryneck

vu jo vu³³tɕo⁵⁵ 名 头帕,帕子 headscarf, handkerchief *vu jo nga pwapwa i maca vujo de la nancai ddezu i, himance ge zzho myaha*。把头帕打散了,前额还留下一截遮阳布头,就像一个产妇的装扮。

vu jo nzzhyi mi vu⁵⁵tɕo⁵⁵ndʑʅ⁵⁵mi³³ 头帕的飘带 the streamer of headscarf

vu kashu vu⁵⁵kʰa⁵⁵ʃu⁵⁵ 名 酒罐,酒瓮 wine jar *lema minqi ha ne vu kashu de ge ervu da kashu hji gge ddebbe*。在相亲的时候,要在酒罐里边装满一罐酒带去的。

vu lili vu⁵⁵li⁵⁵li⁵⁵ 圆光头 round bald head

vu mya vu³³mja⁵⁵ 名 脸 face *daso ne ddebbibbi vu mya nece dala mara*。今天早上忙得连洗脸的时间都没有了。

vu nbbo vu⁵⁵nbo⁵⁵ 出人头地 come to the fore, get ahead in the world

vu ne hnyo ① vu³³ne³³ən̪o⁵⁵ 名 眩晕 dizziness, giddiness

vu ne hnyo ② vu³³nɛ³³ən̪o⁵⁵ 动 头晕 feel dizzy, feel giddy

vu nehi vu⁵⁵ne³³xi³³ 动 斟酒,倒酒 serve wine *amuiqabba, yaddrebbe vuhjilaza, vu nehi a qokezyi ta*。阿木他爸,娃娃们回来带了美酒,你打开酒罐斟一点上敬给祖先。

vu ngenpryi vu⁵⁵ŋɛ⁵⁵mpʐ̩⁵⁵ 酒味变淡,酒的浓度降低 the concentration of liquor decreases *neryi momobbe vubbe nbbu ddezu, tepyi tazane maya vu ngenpryi aane yaya*。你们老辈的把酒喝掉,如果酒搁置太久,酒精挥发了,酒味变淡就不醇香了。

vu njji vu³³ndʑe⁵⁵ 名 枕头 pillow

vu njji nbbar vu⁵⁵ndʑe⁵⁵nbaʴ⁵⁵ 枕头边,枕头上 by the side of the pillow, on the pillow

vu nke vu⁵⁵ŋkʰe³³ 酒烟子,酒的芳香 the aroma of the wine *danyo nzzazho ne neryi va shyinke vu nke menke sinke ddangwar shu gge*。今天过年,要让你们(祖先)闻到肉烟、酒烟和火烟三烟的芳香。

vu ntru vu³³ntʰʐu³³ 名 秃尖,秃头(非人) baldness *sibu temo vu ntru, erkwa temo ggu zi, ersu temo vu er*。树木衰老就秃尖,石头衰老就龟裂,尔苏衰老就白头。(谚语)

vu nzzu vu⁵⁵ndzu⁵⁵ 名 尖,尖端,末梢 tip,

point, end *tesibubu, vu nzzu la maha zadebu, temoza debu*。这棵树连树梢都没有了,应该是有相当高的树龄了。

vu qi vu⁵⁵tɕʰi⁵⁵ 动 敬酒,献酒 propose a toast *suva vu qi hane lepe nepete kavarvar zhao sui shope kezyi hode*。给别人献酒的时候要双手捧上酒杯献到别人的面前(前胸的高度)。

vu she me she vu³³ʃe³³me⁵⁵ʃe⁵⁵ 长短不齐 uneven in length

vu she nbbar she vu³³ʃe³³nbaʴ⁵⁵ʃe⁵⁵ 参差不齐 various

vu sshyi biga vu⁵⁵ʐ̩⁵⁵pi⁵⁵ka⁵⁵ 名 酒鬼,酒疯子 alcoholic, drunken maniac *zashu o shope ne vu denzzho le mace dei, tiha ne vu sshyi biga de tebbu zata*? 扎书原先是滴酒不沾的,怎么现在变成了一个酒疯子呢?

vu te hnyo vu³³tʰe³³əȵo⁵⁵ 动 头昏,头晕 feel giddy

vu tesshyi vu⁵⁵tʰɛ⁵⁵ʐ̩⁵⁵ 喝醉 be in liquor, get drunk *coga vu tesshyi ne ddentre, muzyi vu tesshyi ne lwapwa*。傻子喝醉变聪明,小猫喝醉变老虎。*yantresu vu tesshyi ne muzyi tebbu, gapa vutesshyi ne lwapwa tebbu*。聪慧人喝醉变成猫,愚笨人喝醉变成虎。(谚语)

vu zha vu⁵⁵tʃa⁵⁵ 名 酒杯 wine glass

酒 杯

vu... me... vu⁵⁵me⁵⁵ 副 胡乱地 at random *vulwa melwa* 胡乱地砍 / *vuchyi mechyi* 胡乱地割 / *vuce mece* 胡乱地洗

vuce bbwamazhe vu⁵⁵tsʰe⁵⁵bua⁵⁵ma⁵⁵tʃe⁵⁵ 不想喝酒 don't want to drink *ale shyi zzyibbwa zhe ggeshe ye vu le ce bbwamazzhe de*。我就只想吃肉,一点都不想喝酒。

vucei hbolha vu⁵⁵cej⁵⁵əpo⁵⁵ɬa⁵⁵ 喝酒祝词,喝酒的吉祥用语,祝酒词 toast, make a toast *vucei hbolha sizzhyi ddamangu ne, gaer zzazyi ligecoi hbibbugge*。喝酒不作三句祝福语,犹如喂食乌鸦蹲树梢。(谚语,表示讲究饮食礼仪)

vuhsse vuhsse əvu⁵⁵ze⁵⁵əvu⁵⁵ze⁵⁵ 摇摇摆摆,歪歪倒倒 stagger *yaddre o nzza lakamahna ha vuhsse vuhsse qamai zhanga ngezzela*。孩子站都站不稳,就摇摇摆摆地跟着她妈妈的脚步追出来了。

vuli ddagaga ① vu³³li³³da⁵⁵ka⁵⁵ka⁵⁵vu⁵⁵me⁵⁵ 动 摇头(表示否决的肢体语言)shake one's head *nessyi nyashe barlasuggejje agassawo vuli ddagaga vunpula mali*。想让阿呷嫁给你儿子,结果她直摇头,无论如何都不肯点头。

vuli ddagaga ② vu³³li³³da⁵⁵ka⁵⁵ka⁵⁵ 动 摇头(表示无可奈何)shake one's head *nyawolige nbbenbbe ryiryi qokezzei, abugao zzhoggwa vuli ddagaga*。小孩子又哭又闹地冲向他,老头无可奈何地摇头。

vuli nenyi vu³³le⁵⁵nɛ⁵⁵ȵi⁵⁵ 动 低头 lower one's head *ne vuli nenyi mahssyi anava vujo razu mapa*。你不把头低下来,我无法给你裹头帕。

vulidawa kezyi vu³³li³³ta⁵⁵wa⁵⁵kʰe³³tsɕ³³ 交头接耳 whisper to each other

vumya necho vu³³ mja³³ ne⁵⁵ tʃʰo⁵⁵ 脸色阴沉,脸色难看,铁青着脸 sullen look, with a straight face *zzhyinga barla pryine lafu vumya nechoi ddehose mapa*。噩耗一传来,拉夫就铁青着脸,悲痛得一句话也说不出来了。

vumya tepu vu³³ mja³³ tʰa⁵⁵ ŋa⁵⁵ 大惊失色,脸色大变 be greatly frightened *yaddreo nilige tehnyi vumya tepu ta, nyadeva ne tata jji*。小孩被你吓得脸色大变了,对待小孩子千万不要这样。

vuntru ryigu ① vu³³ ntʂʰu³³ ɹɛ³³ ku³³ 名 颅骨 skull

vuntru ryigu ② vu³³ gɛ³³ ɹɛ³³ ku³³ 名 头盖骨 skull

vura buzzyi ① vu³³ ra³³ pu⁵⁵ dʑɘ⁵⁵ 布口袋(小的) cloth pocket *vura buzzyi ge qomama nedre nagwar za, hjii nessyi nyama teryiva teqi*。布口袋里装有两斤花椒,把它带回去送给你妈妈。

vura buzzyi ② vu³³ ra³³ pu⁵⁵ dʑɘ⁵⁵ 名 布包 cloth bag, cloth bale *mulu sosoiggejja, vura buzzyi ge nzzyi kwa ngga ku detre zzho*。木鲁说要去上学,他在布包里装了一个苦荞馍馍。

vura ddadda vu³³ ra³³ da³³ da³³ 短节布,卖剩余的短布 short cloth

vura ddanwa vu³³ ra³³ da⁵⁵ nua⁵⁵ 名 青布 black cloth

vura dde va³³ ra³³ dɛ⁵⁵ 动 织布 weave, knit *bbubi bbe kezho a nehzu si ddenchyi a vura dde pa debbe*。蚕茧煮了、锤了,然后纺成丝线就可以织布。

vura dde da vu³³ ra³³ dɛ³³ ta³³ 名 织布机 loom

vura ddeer vu³³ ra³³ de⁵⁵ ɚ⁵⁵ 名 白布 calico, plain white cloth

vura ddenyi vu³³ ra³³ de⁵⁵ n̠ʑi⁵⁵ 名 红布 red cloth

vura ddeshu vu³³ ra³³ de⁵⁵ ʃu⁵⁵ 名 黄布 yellow cloth

vura dece vu³³ ra³³ te³³ tsʰe³³ 一匹布 a piece of cloth *juxya la gancha ddwajja, vura dece si kesshyii hjila*。汉源九襄去赶场,只买回来一匹布。

vura deqo vu³³ ra³³ te³³ tɕʰo³³ 一捆布料 a bundle of cloth *amu ssyi awa teshoha vura ddeer deqo kasshyii puzha nepu za*。阿木的奶奶去世的时候,家人买了一捆白布来搭灵堂。

vura desyi sshyigge vu³³ ra³³ te³³ sə³³ ʐo³³ ge⁵⁵ 准备买点布 get ready to buy some cloth *bbujjimkao varge sshyinkangu dage vura desyi sshyigge jja ngeddwa*。布吉嫚到越西县城去了,她说准备去买点布料。

vura hdda vu³³ ra³³ əda⁵⁵ 动 裁布,剪裁 cut, tailor *lhanbbomao tiha nggame vura hddasuse, neryiva sho ngezzyiho tigge*。韩博嫚这时正在裁衣服,她叫你们先吃饭,别等她。

vura jiji vu³³ ra³³ tɕi³³ tɕi³³ 动 剪布 cut the cloth *vujo nca gge hane vura ddeer wofifi garhar dane jijia nezzhu nancaggede*。做头帕的时候,把白布从口面处对裁成两块,对折即可。

vura lwanbbu vu³³ ra³³ lua⁵⁵ nbu³³ 天蓝色的布 sky-blue cloth *amukaha npezi nkwazyi vura lwanbbu toji nagwar zade ddesshyi za*。阿木卡哈穿了一件无袖短马甲,马甲上披了一层天蓝色的布。

vura ncha vu³³ ra³³ ntʃʰa⁵⁵ 布裙子,百褶裙 cloth skirt, pleated skirt *ersubbe shoihane qacyincha sshyide, tenehi ne vura ncha nancai sshyi*。尔苏人以前是穿麻裙子的,现在才穿布裙子。

裙 子

vura nejiji vu³³ ra³³ ne⁵⁵ tɕi³³ tɕi³³ 把布剪开 cut the cloth *ne nzzibu deava qila，age te vurao nejiji a newo nancagge*。你拿把剪刀给我，我要把这块布料剪成两截来用。

剪 刀

vura nzzunzzu vu³³ ra³³ ndzv³³ ndzv³³ 布条纽扣(手工) cloth button *ne syimanyoha aivahga vura nzzunzzu ne o ddence*。你在没有事情的时候，帮我结两个布条纽扣。

vura qacyi vu³³ ra³³ tɕʰa⁵⁵ tsʰɘ⁵⁵ 布口袋（大的）cloth bag *vura qacyi degagene shanzzyii necyi ngwardre gwar debbe*。一条灰面布口袋可装 25 斤面粉。

vura sshyi vu³³ ra³³ ʐɘ³³ 动 买布 buy the cloth *vara sshyi hane lilisshyi vujo ne cenechyi，ssace daca ne necyi chyi fude*。买布的时候，一个头帕要买 12 尺布，一条裤子要买 20 尺布。

裤子（男性简装）

vura ssyi vu³³ ra³³ ʐɘ⁵⁵ 名 布鞋 cloth shoe *ersu temobbe moqossyi ne vura ssyi mahssyi ne mapa debbe*。尔苏人的寿鞋只能是布鞋。

vurace lebbo vu⁵⁵ ra⁵⁵ tsʰɛ⁵⁵ lɛ⁵⁵ bo⁵⁵ 动 怀孕 be pregnant *tessyi lemao sui yozai ggamasi mahssyi vurace lebbo zade*。他家的儿媳妇怀孕了，别人要喝喜酒了。*nessyi lamao vuracele bboza jjiggei，nzzheonzzheli shangakengu*。听说你家的媳妇已经怀孕了，你要好好护理她。

vurassyi pale vu³³ ra³³ ʐɘ³³ pʰa³³ le³³ 破旧的布鞋 shabby cloth shoe *pobbumo ngeshyiji jja zzhonbbar vurassyi pale de pe si ra jje*。追部莫失踪了，到处都找不到，只在河边找到一只破旧的布鞋。

vuse ddangwar vu⁵⁵ sɛ⁵⁵ da⁵⁵ ŋuaɹ⁵⁵ 有酒的气味 have the smell of wine *nedde yava vu keshezalamanddo nessyiyava vuse ddangar*。你家里可能在发酵酒糟，家里有浓浓的酒香气味。

vushe kengu vu⁵⁵ʃɛ⁵⁵kʰe⁵⁵ŋu⁵⁵ 像发酵酒糟一样 like ferment vinasse *yava nggame bbe nezonehddi ngeshyi ngenddre i hji vushe kengu za*。屋里头旧衣服堆积成山，到处都是，就像发酵酒糟一样了。

酒 糟

vusho myaza vu³³ʃo³³mja⁵⁵tsa⁵⁵ 垂头丧气 be downcast in spirit *issao nzzhu marane jjillane vusho myaza jjibbu sine hssyiza jje*。儿子没有找到酒曲，回到家就垂头丧气地坐在客位上不开腔了。

vushyi meshyi vu³³ʃɚ³³meʃɚ⁵⁵ 不经意地花费，随意花费 expend casually *bbazzhe danabar ra jji zzhoggwa vushyi meshyi ne mabbo a*。即使赚到一点钱，随意花费也就没有了。

vusshyi biga vu⁵⁵ʑɚ⁵⁵pi⁵⁵ka⁵⁵ 名 酒鬼，醉鬼，酒疯子 alcoholic, bibber, drunkard *palodanyomo vutesshyiza, vusshyi biga teo ddashwa denyo mazzhoa*。帕罗今天又喝醉了，这个酒鬼没有一天是清醒的。

vuvu ssesse vu³³vu³³zɛ⁵⁵zɛ³³ 歪歪倒倒，东倒西歪 stagger *yaddre neer ge ddalagga, shyishyi ha vuvu ssesse gge, nyiha lamanddo*。这个小孩子快两岁了，至今走路还歪歪倒倒，估计身体上是有问题的。

vuzha vu⁵⁵tʂa⁵⁵ 名 酒杯 wine glass *vuzha o nbbuddezu a nejo, a zhasshao hyo gge*。把酒干了，酒杯交回来，我要轮巡敬酒了。

vuzha kula vu⁵⁵tsʰe⁵⁵kʰu⁵⁵la⁵⁵ 名 酒碗 wine bowl *momo bbeva vuzha kula deo de sho teqi*。先给老人们一人献一碗酒，然后再轮巡献酒。

vuzzyi mezzyi vu⁵⁵dʑɚ⁵⁵meʑɚ⁵⁵ 胡乱地吃几口 eat a few at random *ssama jjizzyi bbwamazhe, dazza nyissyi vuzzyi mezzyi nenyi pyinyipyingu*。饭也不想吃，每顿饭都是胡乱地吃上两口就丢碗筷了。

W w

wa ① wa⁵⁵ 名 周（藏姓挖）Zhou *wa dde la wa bbu dde ne de ryinbba ma ssyi jja kato suzzo*。周姓挖家族和周姓瓦布家族，据说是结拜弟兄，不是同宗的。

wa ② wa⁵⁵ 名 山药 Chinese yam *sunpwa wa i na lya sse? kato dage ne ma kato*。嘴巴被山药粘住了吗？该说的时候就不开腔了。

山 药

wa ③ wa⁵⁵ 动 围，围起 wrap, enclose *yaddre wo pazyi debu hdwara va ka wa za*。那个年轻人用一张帕子围着脖子。

wa ④ wa⁵⁵ 形 圆，圆形的 rounded *nwate shodadda varngu ddwai, sudengga ku wawa dabarla ngwarshyi neora*。到彝族去参加葬礼，每个人分得一个小圆馍和两块坨坨肉。

wa ⑤ wa⁵⁵ 名 村，寨 village *ssindde shaer ddezzyi huge nagwar na fu ngenqoi wa ngenqo*。生下白肤的美女，长大嫁人到村庄，寨子靓丽村增美。

wa ⑥ wa⁵⁵ 动 吃饱，吃撑 be full (after meal) *danyole a sso ngezzyi ngezzyi i ddawa i wa nyo teche a*。今天我吃啊吃，吃得撑坏了肚子。

wa ⑦ wa⁵⁵ 量 块 piece, lump *melita wa tehgoxxo shahnyo lagge, sohi ddeso ssumi lagge nezyigaza*。这块土地，这个秋天我准备种豌豆，计划开年后再种玉米。

wa mu wa⁵⁵mu⁵⁵ 浅竹篾盘 bamboo plate *ssama da wa mu ddegua ngehjila, tege ssama dessu cha se*。再舀一浅竹篾盘大米饭出来，这里还差一盘大米饭。

wa ngessi wa³³ŋe³³zi³³ 给集镇添色，美色出众，艳压群芳 outstanding beauty *tessyi ssila lema bbe buge ngeddwa bungenqo, wage ngeddwa wa ngessi*。他家的女儿和儿媳们，走到集镇上集镇靓丽，走到山庄上山庄添彩。

wa njja wa⁵⁵ndʐa⁵⁵ 名 碗柜，碗架 cupboard *wa njja ge veshyi kezho za debbe zzha, neryi ngecu a kaca ngezzyi*。碗柜里边有些熟猪肉，你们取出来热一热吃了。

wa ssyi wa³³sɿ³³ 不是亲戚，非亲非故，外人，非亲属 be neither a relative nor friend, be neither kith nor kin, stranger *gozyibbene nyongezyi i wa ssyi bbe kege dezyii ggagga ggede*。他把亲戚不当亲戚来对待，却把不是亲戚的人当作亲戚来对待了。

wa zyi wa⁵⁵tsɿ⁵⁵ 名 袜子 sock *yahishohi ne wa*

zyi manyode, dobar caha denyo ggeshe。过去是没有袜子的,只有绣花的草鞋。

wabbu wa⁵⁵ bu⁵⁵ 名 周（藏姓瓦布）Zhou *wabbu ata zzyibbu katanyogwa anggu bbe ge choncho debbejjigge*。据说,瓦布、阿塔、子布、卡塔都属于周姓十三家族。

wabbu ata wa⁵⁵bu⁵⁵ a⁵⁵tʰa⁵⁵ 瓦布和阿塔（两姓均属周姓家族）Wabu and Ata *wabbu la ata nebbu ne ojjo wabbu casa penci ge zzho de*。瓦布和阿塔两个支系属于周姓十三家族。

wage ngeddwa wa⁵⁵ke⁵⁵ ŋe⁵⁵ dua³³ 到城里去,到镇上去 go to the town *anggu labwa ssyi ssisio wage ngeddwa wa nge ssi*。昂古拉巴家的三个女儿盛装到城里去,会使城市为之一亮的。

wage ngeddwa wangessi wa⁵⁵ke⁵⁵ ŋe⁵⁵ dua³³ waŋezi³³ 她到镇上市添彩 she goes to town to give the market a shine *fuge ngeddwa fu ngenqo, wage ngeddwa wange ssi*。她到村里村增美,她到镇上市添彩。（民歌歌词）

waifai nyodage wai⁵⁵fai⁵⁵ ɲo³³ta³³ke³³ 有无线网络的地方 a place with wireless network

wala ① wa⁵⁵la⁵⁵ 动 摇摆,游荡,晃 swing, loaf about, sway *jjimar amu o nbbya wala gge, ane debbe ngu ma nddo*。吉满阿木在山上晃,不知道在干什么。

wala ② wa³³la³³ 名 擦尔瓦（羊毛披风）Caerwa, wool cloak *jjimar mugo wala ddeerdaca ddesshyii nyichudaga ddeveinbbyanala*。吉满牧果披件羊毛披风,扛着一支枪从山坡上走下来了。

wala ddanwa wa³³la³³da⁵⁵nua³³ 黑色的擦尔瓦,黑色披风 the black Caerwa, black cloak *xxongubigao wala ddanwa syi vihbbiqo ngehze liggainalajje*。假话大王把黑色擦尔瓦挂在肩上,一路小跑下来。（民间故事）

wala gova wa³³la³³ko³³va³³ 披风领口 cloak collar *sunpwao wala gova gakedryii lepenepe sizaddaddao ddadwainehjila*。嘴巴咬着羊毛披风的领口,双手抱着一个大木桩下来了。

wala nbbuddezu wa³³la³³nbu⁵⁵de⁵⁵tsʰu⁵⁵ 用披风盖着头部 put the cloak over the head *lagussa ncha yata tenbbisho i dasone wala nbbuddezu i poddwa za*。这位拉古子,因为昨晚上做错事害羞了,今天清晨就用披风盖着头部跑了。

wala wala wa⁵⁵la⁵⁵wa⁵⁵la⁵⁵ 动 晃荡（晃来晃去）loaf about, idle about *ne ne tege ane debbe si wala wala de ddo? desyi tanya*。你在这里晃来晃去,在晃荡些什么?还不快些让开点。

wamu wa³³mu³³ 扁竹盘子 flat bamboo hollowware *danyo gohgo su de la i ssumi nggaku de tezyi i ggomali, nzzyikwa da wamu teqi si ddwa*。今天来了一个乞讨的,给玉米馍馍他不要,给一扁竹盘荞麦他才离开。

装馍的扁竹盘

wamwa ngga ① wa⁵⁵mua⁵⁵ŋga⁵⁵ 名 牌坊,牌楼

memorial archway, decorated archway *muga gedaha wamwa ngga ge de xxogga dasa nengeshyijia*, *kaddwama nddo*。穆呷刚才在牌坊旁边晃荡，一会儿就不见了，不知道到哪里去了。

wamwa ngga ② wa³³mua³³ŋga⁵⁵ 大路边上的门，大门 front door, the door on the side of the road, entrance door, main entrance *zaya ncha wamwa ngga she walawala ddala*。扎娅正从大门口步行上来。

wangge ssahbu wa⁵⁵ŋge⁵⁵za³³əpu³³ 名 山神（山神爷）mountain god *danyo tege ranggwarbyi wangge ssahbu va vupuddeddwa*。今天到这里来还山鸡，给山神爷敬献白酒了。*wangge ssahbu nezoru, ersubbu nyogwa ssosso lala shu*。山神爷要关照一下，让尔苏人全部吉祥平安。（祈祷语）

wanyo teche wa⁵ȵo⁵⁵tʰe⁵⁵tʃʰe⁵⁵ 撑坏肚子 eat too much to overwork the stomach *yaddreteo yamarbbe tenddoane ngezzyingezzyi wanyo teche shu za*。这个小孩看到好吃的食物就狠狠地吃，吃得太多，撑坏了肚子。

washa wa⁵⁵ʃa⁵⁵ 名 碉，石碉，碉房 blockhouse *denbbi ge ne da nggwape, defu ge ne da washa*。一座山岗有一只锦鸡，一个村子有一个石碉。（谚语）

washa yanbbo wa⁵⁵ʃa⁵⁵ya³³nbo⁵⁵ 高大的碉楼 high blockhouse *shoihzho bwazzhohe, lilissyi benkwarne washa yanbbo ge dde coainzzu*。从前有盗贼的时期，晚上男性就要爬到高大的碉楼上值守。

watre shomozzho wa⁵⁵tʂʰe⁵⁵ʃo⁵⁵mo⁵⁵dʐo³³ 国家有力量 the state has the strength

watretebu zajiha wa⁵⁵tʂʰe³³te³³pu³³tsa⁵⁵tɕi⁵⁵xa⁵⁵ 知识浩如烟海 the knowledge is vast *ersui nzzhonzzyinzzoma ngwarmarbarmi watretebu zajiha sede*。尔苏人的文化和知识，多如牛毛，浩如烟海。

wawa wa⁵⁵wa⁵⁵ 名 瓦瓦（歌调名）name of a song *ssibarha ne meddencuggane menculhamo jja wawa gga debbe*。女儿出嫁那天，天快要亮的时候，行召唤财神仪式，就是唱瓦瓦的歌。（当地的习俗）

wo ① uo³³ 名 边，上 side, edge *imar nala ne yozai zzewo ddiya kamar*。瞌睡来了就各自爬到楼上去睡下。*nbbi wo ddeddwa shyi ggangu, loge nala shyihingu*。爬到山上唱苦歌（劳动歌），下到沟里诉苦言。（民歌歌词）

wo ② uo³³ 叹 哦 oh *wo, alige romeshyime a, a zajjoia shaiggese*。哦！被我忘得一干二净了，没关系，我马上回去拿。

wo ③ uo³³ 量 个，件，根，块 piece *aryisu cecewo, bugaga cenewo, sudewo bude kenbbuane, bugaga newo terua*。我们现有十个人，共有十二个洋芋，每人分一个洋芋，还余下两个洋芋。

wo bu wo⁵⁵pu⁵⁵ 名 猪鬃，马鬃，鬃 bristle, mane *nzzazhoveo tilige wo bu va kehzhei nahggarui tebua*。他抓住猪鬃，用力一扳，就把过年猪扳倒在地了。

wo ma ① wo⁵⁵ma⁵⁵ 名 关键词，要点 key point, gist, keywords *zzhyikato ha ne wo ma o wo ma o kehzhe hodebbe*。讲话的时候，始终要抓住要点，言简意赅，突出重点。

wo ma ② wo⁵⁵ma⁵⁵ 活套的口，套索的口 the buckle of lasso *vega ggehane vebryiga wo mao kesshua kesu ddehzhe*。宰杀过年猪的时候，要把捆猪绳的活套套上猪嘴筒，收紧了拉住。

wocyi uo⁵⁵tsʰɚ⁵⁵ 名 前辈（年长者，老年人，老资历者） elder, senior *wocyi hzhongamadrene, hhacyi hzho ddema ngwarjje*。前辈不传授经验，后辈不增长见识。

wohar wo⁵⁵xɚ⁵⁵ 饿得虚脱 hungry to collapse *cadabai inpe zogga ddelahene iddangai wohar-iddalamadaa*。走到下差达的瀑布边时，饿得虚脱了，实在走不动了。

wohssa wo⁵⁵əza⁵⁵ 名 五幅冠 the Five of the Crown *shaba byijo hane sisshao ddesa si wohssa ddezu a ne ggo i zzyi zzho de*。沙巴念经咒鬼时先戴上面具，再顶上五幅冠，很有威严。

woka wo⁵⁵kʰa⁵⁵ 名 苦麻菜，山苦荬，节托莲，苦叶苗 bitter lettuce *woka bbe ve va nezyi he, ve bbe ggui zzyi li de bbe*。用苦麻菜来喂猪，大猪、小猪特别喜欢吃。

wose uo⁵⁵sɛ̃⁵⁵ 名 莴苣，莴笋 lettuce *wose bbe ddakwaha lagwar ne vuliqo nyigwar hidebbe*。莴笋长大以后，要往芯子上泼粪（打尖）。

莴笋

wulwa melwa vu³³lua³³me⁵⁵lua⁵⁵ 胡乱地割 cut it in a random way *zaya ne vezza desyi chyijji wulwa melwa de, nzzeo nzzheli de jji tama chyide*。扎娅割猪草也是胡乱地割的，从来就没有认真地割回来一背猪草。

X x

xa ① ça³³ 名 盒,箱 box *shwalwadage marnta da xa zzha, nese a yaddebbeva tazyi*。汽车上有一箱糖果,卸下来发给小朋友们吃。

xa ② ça³³ 名 虾,河虾 shrimp *ale xa bbe zziddengwar zzhyibbwa mazhe de*。我不喜欢虾的气味,所以不喜欢吃虾。

xa ③ ça⁵⁵ 名 香烛,柏香,檀香 incense, candle *awagabbe nbbolobashe la xa ncu i gge jja ngeddwa*。老太婆们到冕宁县灵山寺烧香去了。

xa ncu ça⁵⁵ ntsʰu⁵⁵ 动 烧香 burn incense *lajiguba ersubbe nebui lhanwa ssonyone nyomalha va xa ncu gge debbe*。拉吉沽村的尔苏人,冬月十九日要给太阳神烧香祭祀。

烧香的香灰

xa nzzyi ça³³ndʐɿ³³ 名 胡琴,二胡,玄琴,月琴 erhu (a two-stringed bowed instrument), yueqin *mulhi kessai xa nzzyi ddanparsu himanzzama bbe nbbesu chomyazzho*。木来克热弹月琴,曲调哀怨婉转,让很多在场的女性都流下了眼泪。

xa yo ça⁵⁵jo⁵⁵ 名 乡勇(领饷的民兵) militia *a ssyi abu ne syi xa yo jja ho de, abu wo i qabba ne le xa yo*。我爷爷是新乡勇,他的父亲是老乡勇。

xa-i ça⁵⁵ji⁵⁵ 形 便宜,相因 cheap, inexpensive *subbeikatoi tedehsseggu ne ipe bbe la na xa-i zajjigge, aryi la hamase*。有人说,这段时间以来,房价下跌(便宜)了,我们却不知情。

xadela ne ça³³ta⁵⁵la³³ne³³ 结果是,原来如此 as a result *ale neryi lamagga sanbbai, xadele ne nela shobarla za*。我以为你们不来了,原来你们比我来得还要早。

xala xala ① ça⁵⁵la³³ça⁵⁵la³³ 东游西荡,闲荡,闲逛 stroll, idle about *xala xala kwarddwa xala xala ngwar ddwa*。东游西荡,无所事事。

xala xala ② ça⁵⁵la³³ça⁵⁵la³³(喝了酒)走路不稳 sit around, at loose ends, walk unsteadily *lamossa danyomo vudemi ngecei xala xala ggaggagge*。拉莫惹,你今天又喝了酒,走路都走不稳。

xalaxala su ça⁵⁵la⁵⁵ça⁵⁵la⁵⁵su⁵⁵ 浪荡的人 dissipated man *xalaxala su sso ne xalaxala kwar ddwa se xalaalla ngwarddwa se, ssavar*。浪荡的人真的悠闲安逸,一天到晚东游西荡,无所事事。

xan-i ɕian⁵⁵ji⁵⁵ 形 便宜，相因 cheap, inexpensive *ssepemafu ssendde manyo, ggepe xan-i ssendde manyo*。不要聘礼的贤妻没有，彩礼相因的贤媳没有。

xancu su ɕa⁵⁵ntsʰu⁵⁵su³³ 名 香客（烧香的人）pilgrim *nbbolobase ggonbbaige xancu su bbesi ddabbarbbar zajjigge*。冕宁县灵山寺里边，烧香的人络绎不绝，香客多得拥挤不堪。

xao bu ɕao⁵⁵pu⁵⁵ 断口嘴，清洁仪式 the cleaning ceremony *su dedebbele dalha denddryi xao bu, addele debbutre denddryi singu*。有些人家是一个月作一次清洁仪式，我家是一年只作一次清洁仪式。

xao de bu ɕao⁵⁵te³³pu⁵⁵ 做个断口嘴仪式 hold a cleaning ceremony

xaode tebu ɕao⁵⁵te³³tʰe⁵⁵pu⁵⁵ 做个断口嘴仪式，做一次清洁仪式 make a cleaning ceremony *sonyo ne nzzachala nzzhehzhai gge, dwahwa yava xaode tebu gge*。明天就要到汉族地区打工挣钱了，今天晚上在家里举行个清洁仪式。

xi gwa ɕi⁵⁵kua⁵⁵ 名 西瓜 watermelon

xi-xin ɕi³ɕin¹⁵ 名 细辛（中药）asarum

xi-zyi ɕi⁵⁵tse⁵⁵ 名 凉席，草席 sleeping mat, straw mat *nddadrengepryii xi-zyi dega nanca za, yaddreo soso dagehji ggejje*。用灯草编织了一床凉席，孩子要拿到学校去垫床。

灯 草

xiao bu ɕja⁵⁵o⁵⁵pu³³ 断口嘴，反咒 against the curse *tedde cihi yava ma nzzyier jja, muga shaba va kecyi i yava xiao bu jje*。他家今年不太平，据说已经请穆呷沙巴来家里做断口嘴仪式了。

xigwa ɕi⁵⁵kua⁵⁵ 名 西瓜 watermelon *tenenyo xigwa bbe pe naddrai dedre o bbazzhe dapwa si ngu gge*。这两天西瓜便宜多了，一斤只卖一元人民币。

xinqo ba ɕi⁵⁵ntɕʰo³³pa³³ 名 新桥村 Xinqiao Village *xinqo ba se keddwa yashe kamaddwa ne bwangai xian ge bar igge*。从新桥村继续往北走，没多远就到达保安乡政府所在地了。

xo ① ɕo⁵⁵ 动 借 borrow *ne she bbwazzhe da na bar xo la jji dda*。我到你这里来借一点钱。

xo ② ɕo⁵⁵ 动 摇，摇动 rock *ai shyima taga kahna za se, tiha ne mo dexo xo mapa*。我的这颗牙齿栽稳当了，现在不摇动了。

xo ③ ɕo⁵⁵ 动 扫（在地上拖行）sweep, drag *ni*

nchao meliggu nge xo xoi ncancagge。你的裙子太长了,在地上拖行着呢。

xo ④ ço⁵⁵ 动 编排 lay out *lapu ssyi nggahgu hi zongga de dda xo i vei rai ke loza*。拉普家门口放置了一个编排好的竹制门槛,防小猪儿出入。

xobu lebbe ① ço⁵⁵pu⁵⁵le³³be³³ 名 被褥 bedding *xobu lebbe nahdai zhyiqo nezo za, yozai ngebubia kamar*。被褥都折叠着码在柜子上,你们自己取下来打开,盖着睡。

xobu lebbe ② ço⁵⁵pu⁵⁵le³³be³³ 该掩埋的(诅咒用语)something to be buried *xobu le tebbe, yaha mo lai ssumi bbe xxola zase*。该被泥石流掩埋的(野兽)昨晚上又来糟蹋玉米地了。

xobu ssama ço⁵⁵pu⁵⁵za³³ma³³ 名 夜宵 midnight snack *xobu ssamasi ngezzyi ane cedo bbe nece, cemado bbe ne mardahzhai*。吃夜宵以后,能够喝的就继续喝,不能喝的就自个找地方入睡。

xobu vu ço⁵⁵pu⁵⁵vu³³ 夜宵酒,盖被子酒,晚安酒 midnight wine *yaha xobu vu mebei ddenpi kamar mapa*。因为昨天晚上晚安酒不够喝,所以晚上冷得让人无法入睡。

xoxo gge ① ço⁵⁵ço⁵⁵gɛ³³ 动 晃动,摇动,松动 move, budge *shoge marnta ngerejji nganyi rai, tihane a i shyima bbe la xoxo gge*。因为得了糖尿病,所以我的牙齿都松动了。

xoxo gge ② ço⁵⁵ço⁵⁵gɛ³³ 准备动一动,准备搬迁,要离开 ready to move *tiha ersha tabarli, addemo desyi xoxo gge ngu ddo*。现在国家鼓励大家搬迁下山,我家也在准备搬迁。

xoxo gge ③ ço⁵⁵ço⁵⁵gɛ³³ 不稳当 be moving, not be secured *ate ryipaga va erkwa zzha o xoxo gge de, desyi kenyo a kahna shu*。那个铺在路面上的石头没有放稳,要重新安置使其稳当。

xu çu³³ 叹 嘘 hush *xu, nyao tihakesimarde, muzwa imar ddza nee ryipa nyimagge*。嘘,婴儿才睡下,如果把他吵醒了,一会儿就没办法哄他了。

xxi ① ʑi⁵⁵ 名 烟,香烟 cigarette *shoi aryi yaddre nguhane yava nggazyi xxi la xxikwa neryinbba zzhyi*。以前我们小的时候,家里种两种烟草,一种是茄儿烟,一种是草烟。

xxi ② ʑo⁵⁵ 数 八 eight *shoihane momo trussyikezyimado, tiha ne xxi ssyi mehsse kezyisu yami*。过去老年人大多活不到60岁,现在能够活80多岁的都很多了。

xxi ca ʑi⁵⁵tsʰa⁵⁵ 名 烟叶,兰花烟,叶子烟 tobacco, tobacco leaf *alo xxi ca dego nava gugge? ne tiha xxica ace se ddo*。你现在还在抽兰花烟吗?我拿一杆给你抽。

烟叶、叶子烟

xxi ce ʑi⁵⁵tsʰɛ⁵⁵ 动 抽烟,吸烟 smoke *tihane coparbbe yamio xxi ma ce a, cesu sibbi debbi* *la mazzho*。现在大多数年轻人都不抽烟,抽烟的人数不足三分之一了。

xxi dego ʑi⁵⁵tɛ⁵⁵ko³³ 一杆烟,一锅烟,一袋烟 a pack of cigarettes *alo namomo deshebarla, anelamahji, xxi dego si nava guggema*。来看望你这样高寿的老人,我只给你带了一锅烟。

xxi ga ʑi⁵⁵ka⁵⁵ 第八条 eighth *xxi ga ge ne, sejji ddenyimai zzhyi kebbanyi, lepechui tehssua nengu*。第八条是大家都要听中国共产党的话,敬业乐群,勤劳致富。

xxi go ʑi⁵⁵ko⁵⁵ 名 烟斗,烟袋,烟杆 tobacco pipe *abbai xxi go ga naddrai nqibbi zhanganehzea, hzai mahonahzha jji ra me gge*。父亲的烟斗掉到坎底下去了,不要去找了,找也是找不到的。

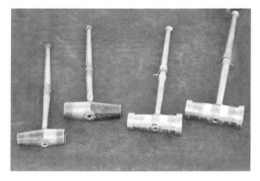

烟锅、烟袋

xxi hgge ʑi⁵⁵əge⁵⁵ 草烟种子 tobacco seed

xxi hnaru ʑi⁵⁵əna⁵⁵ru³³ 名 麦冬,还魂草 radix ophiopogonis *xxi hnaru bbe ne relamo ha ne dada gaqo kase gge debbe*。麦冬又叫"还魂草",是沙巴做招魂仪式时不可缺少的道具。

还魂草

xxi hssa ʑi⁵⁵əza⁵⁵ 数 八百 eight hundred *nzzazho ggane yobbejjima pekwa, yo dekesshyii bbazzhe xxi hssa pwa si*。快要过年的时候,绵羊瘦的就跌价了,买一只羊只花了800元人民币。

xxi kwa ʑi⁵⁵kʰua⁵⁵ 名 草烟,烤烟 flue-cured tobacco *shoi ne xxi kwa bbe deci deci gwarshege nka, tiha ne nyogua nzzadde i sshyi*。过去,草烟成捆地被摆在街上卖,现在全部被政府收购了。

xxi ngge ʑi⁵⁵ŋge⁵⁵ 名 紫苏 purple perilla *lwanbbu ddre hane xxi ngge desyi fuzire bbege nagwar ne ddehe sencyi nyodo*。在推豆渣菜的时候,将海椒蘸水里加一点紫苏叶,就会让味道更香。

海椒蘸水

xxi nggui ʑi⁵⁵ŋgu⁵⁵i³³ 烟荷包 cigarette pouch

xxi nyo ʑi⁵⁵ɲo⁵⁵ 名 烟苗 cigarette seedling

烟苗

xxi ssyi ʑi⁵⁵zɘ⁵⁵ 数 八十 eighty *acihi ne xxi ssyi mahsse ge ddala, nei kwakwa nggessyi neo a*。我已经80多岁了嘛，你的父亲今年92岁了。

xxi tego ʑi⁵⁵tʰe⁵⁵ko⁵⁵ 这支（斗）烟 the cigarette *muga dasyi ngabbarnyia xxi tego ngece asi ne ngu*。牧呷，(你)稍微休息一下，把这斗烟吸了再做工。

xxice su ʑi⁵⁵tsʰɛ⁵⁵su³³ 抽烟的人，吸烟者，烟民 smoker, habitual smoker *xxice su bbene lesubbela ddanwaza debbe, cula ddenwa zadebbe tigge*。吸烟者的食指、中指都是黑色的，据说连肺部也是黑色的。

xxidego ce ʑi⁵⁵te⁵⁵ko⁵⁵tsʰe⁵⁵ 抽一杆烟 smoke a tege *xxi dego ce ggese, neryi denbbyi shossyi*。我在这里还要抽一杆烟，你们就先走一步吧。

xxiga ge ʑi⁵⁵ka⁵⁵ke³³ 第八条，第八项 the eighth article *xxiga ge ne aryibuerssyi nyizzhisu, kanehssyijji ddenyimai ersha ddessi*。第八条就是，我们尔苏人无论居住在哪里都必须模范地执行党的方针政策。

xxiha ji⁵⁵xa⁵⁵ 名 衣哈（人名）Yiha *xxiha ma nessyi vahga chotaige rata ddre ggejja neddwa*。我看到衣哈了，她说要到水磨房去帮你家推磨。

xxihssa bbutre zɘ⁵⁵əza⁵⁵bu³³tʂʰe³³ 八百岁，八百年 eight hundred years old, eight hundred years *nzzamomo ssushegao le xxihssa bbutre kezyi ajja katogge*。传说汉族长寿老爷爷（彭祖）活了800岁。

xxime bubi ʑi⁵⁵me⁵⁵pu³³pi³³ 开荒种烟，开荒作烟苗地 open up wasteland to grow tobacco *isyi abu ne denyinyi xxime bubi jja harhgubbo nyi nyiddwajje*。新房老爷爷天天都说去开点荒种烟，他朝熊洞坪方向走去了。

xxingge ddre ʑi⁵⁵ŋge⁵⁵dʐe⁵⁵ 八九双 eight or nine pairs *zozedeqonenzzhukwa xxingge ddre tepyi, sunyinyi suceceo kezzimagge*。每张桌上放八九双筷子，因为人少，每桌坐不满10个人。

xxissyi pwa zɘ⁵⁵zɘ⁵⁵pʰua³³ 八十元，八十块 eighty yuan *ai ssyi teddre bbazzhe xxissyi pwa teqi de ddre, alo ggoi sshyi yazzede*。我这双鞋，你看它很合脚，是我花80元人民币买的。

xxo ① ʐo³³ 名 种类，品种 variety, species *tessyi yaddre tebbe, xxo mandde zhamandde, kwakwa bbeva ngehmizzela*。他家这些娃儿根根不好，种类不好，对待父母凶恶得就像要吃掉的样子。

xxo ② ʐo³³ 名 颜色 color *vura syiya mido ddenyi te xxo ne yahgga dehxxo*。这种桃花（粉红）颜色的布料，我比较喜欢。

xxo ③ ʐo³³ 动 揉，搓揉 knead *zho i ngece a ne mo zzhoi bulili de ke xxo a ngezzyi a ne inga* *yachyi*。喝了糌粑浆以后,再揉一个糌粑团来吃就很禁饿。

xxo ④ ʐo⁵⁵ 动 落,下(雨、雪等) drop down, get down *necune ssyi xxo npi xxo, menzzane ggwaxxo ncuxxo, hgoxxone ggwaxxo*。冬天下雪和下凌,夏天下雨和冰雹,秋天就只下雨。

xxo ⑤ ʐo⁵⁵ 动 属于 belong to *va tehxxo ne vazza zzyimali dehxxo, vatehxxo ne ale mahgga de*。这类猪属于喜欢挑食的,我不太喜欢喂这种猪。

xxo a la ʐo³³a³³la⁵⁵ 动 遗传 inherit *yancu mancu ne xxo a la, yandre mandre ne soala*。优劣与否在于遗传,聪慧与否在于学习。(谚语)

xxo gga ʐo⁵⁵ga⁵⁵ 动 走路,出现,现身 walk, appear, show *zaxi gedeha tege xxo gga ggede i, tiha ne ka ddwa manddo*。扎西刚才在这出现过,现在不知道到哪里去了。

xxo ngga ʐo⁵⁵ŋga⁵⁵ 名 面前,跟前 in face of, front *mizzyine: anjjo, nei xxo ngga zzhoi ddeme ddenwa gaone anede*?兔子高声说:"朋友,在你面前那个黑黢黢的东西是什么?"(民间故事)

xxo ngu ʐo⁵⁵ŋu⁵⁵ 动 诓,骗 deceive, cheat *xxo ngu bigalige subbe xxo dde ngui zzhonbbarla ssyi nggonggo ddwu*。假话大工把大家骗到尼日河抓鱼去了。(民间故事)

xxogga i gge ʐo⁵⁵ga⁵⁵ji³³gɛ³³ 出去散步,去走动 go for a walk, take a walk *nya nzzhengezzyi ane aryi nyogwa nyope desyi xxogga i gge*。走吧,吃了晚饭,我们一起到室外去散步。

xxohxxo nbbarnbbar ① ʐo³³əʐo³³nbɚ⁵⁵nbɚ⁵⁵ 哄骗吓唬,说假话 cheat, tell lies *mugabaji ne sudevane xxohxxo nbbarnbbar gge de, kata bbanyi*。穆呷八斤是个专门哄骗吓唬他人的人,你不要信他。

xxohxxo nbbarnbbar ② ʐo⁵⁵əʐo⁵⁵nbɚ⁵⁵nbɚ³³ 假话连篇,哄骗,欺人之谈 forked tongue, doublespeak *xxohxxo nbbarnbbar, bbenyoge ngwarcu miha ggagga gge*。假话连篇,像从怀中取出般利索。

xxolanggar nezuzu ʐo³³la³³ŋgɚ⁵⁵ne⁵⁵tsu⁵⁵tsu⁵⁵ 假话成真,谎话刚好和实情吻合 the lies come true, the lies just fit the truth *lamassaoi katoi nbbime ddasaggejja, xxolanggar nezuzu i zai ddasa*。拉玛惹说会烧山,结果假话成真,山火果然烧起来了。(民间故事)

xxongu biga ʐo⁵⁵ŋu⁵⁵pi³³ka³³ 说假话的人,假话大王,骗子 swindler, cheater, liar *xxongu bigage nyomala troingazzyiajja zzhoqisubbe zzhoi nentontosu*?假话大王说太阳都被狗吃了,哪还有工夫来欺骗你们?(民间故事)

xxoxxo nbbarnbbar ʐo⁵⁵ʐo⁵⁵nbɚ⁵⁵nbɚ³³ 假话连篇,哄骗 forked tongue, coax and cheat

xyan i ɕian⁵⁵ji⁵⁵ 形 便宜 cheap, inexpensive

Y y

ya ① ja⁵⁵ 这样就…… so... *ti ya ne sejji sanbba yaze de*。这样大家就都高兴了。

ya ② ja⁵⁵ 名 丫（对晚辈的昵称）*Ya ya, nekadege zzholade, neryishe canyile ma nyo bwa, shachabbe ancue?* 丫，你是从哪里来的，你们那里一切都吉祥平安吧，收成还好吗?

ya ③ ja³³ 名 故事 story *aryi nzzhe ngezzyi a ne ya hi gge*。我们吃了晚饭就要讲故事了。

ya ba ① ja³³pa⁵⁵ 有出息的，有前途的 promising *ai nya tenchane ya ba gge dancha, tihala kezzoroa ngela gge de*。我这个小孩将来会有出息的，现在就可以看出端倪。

ya ba ② ja³³pa⁵⁵ 形 优秀 excellent

ya bar ya bar ja³³pɚ⁵⁵ja³³pɚ⁵⁵ 个把 one or two

ya bbi ① ja³³bi⁵⁵ 形 粗大 coarser, big *copar nesio ssyia si ya bbi debu talwa nasyisyia siwa de dde sshu*。去两三个年轻人，砍一棵较粗的树，把柴砍成小块的，堆成焚尸的柴垛。

ya bbi ② ja³³bi⁵⁵ 形 胖（指人）fat *te yaddreo sessyi demanddo, gwanpugwanpu yaddre ya bbi gade*。这个小孩不知是谁家的，胖墩胖墩的。

ya bbo ja³³bo⁵⁵ 比较富裕，比较富有 richer *amu dde ya bbo, yo ngwarssyimagazzho, muga ddene yamabbo*。阿木家比较富有一些，他家有50余只羊，木呷家相对贫困些。

ya bryi ja⁵⁵pʐɔ⁵⁵ 形 显著，突出，引人注目 outstanding, eye-catching *ersubbe ne mali desyi nengu ane sui myakaco i ya bryi*。尔苏人的一举一动，都会特别引人注目。

ya ddo ja⁵⁵do⁵⁵ 形 深（颜色深）dark, deep *vura teo desyi ya ddo, vura ateo maddo de*。这块布料的颜色较深，那块布料的颜色较浅。

ya ddre ja⁵⁵dʐɛ⁵⁵ 名 儿童，小孩 child, kid *nzzazho syi nyo ne ya ddre bbe i nzzhazho de nyo jje*。正月初七是儿童过的节日。（当地的习俗）

ya ddre bbe ja⁵⁵dʐɛ⁵⁵be³³ 娃娃们（辈分低的）children, kids

ya fi ja³³fi⁵⁵ 形 较宽 wider *ryipa taga ya fi daga, neryi she fu ge barddwa ga ne ssesse daga*。这条道路是较宽的，而到你们村组去的那条路是窄的。

ya ga ① ja³³ka³³ 形 要强，更硬 stronger, harder *vuli qo la bbupa ya ga ngu*。肚子比头还硬的样子。（意指颠倒了）

ya ga ② ja³³ka⁵⁵ 占优势 dominate

ya ga ③ ja³³ka⁵⁵ 形 稠（粥），浓 thick, dense

ya ha ja⁵⁵xa⁵⁵ 名 昨晚 last night *ya ha mejoge dryihzhoerbbu daga neddrai menzzyi sorosoro gge*。昨晚上，天空中有一颗流星划过，在夜空里闪烁着火焰，很快落下。

ya hbbu ja⁵⁵əbu⁵⁵ 形 密集，厚实 dense, thick and solid *cihi mecu ddamanpi, atiha nggame ya hbbu daca la ddesshyi ma qi se*。今年的冬天不冷，至今我还没有穿过厚实

的衣服。

ya hdwa ja⁵⁵ ətua⁵⁵ 左撇子 left-hander, lefty *zalimane ya hdwa made, ssama zzyiha ti leigehar na hssyi na mazze*。扎丽玛是个左撇子,吃饭的时候,坐在她的左边就有些不太方便。

ya hdwa ga ja⁵⁵ ətua⁵⁵ ka⁵⁵ 左撇子的男人 left-handed man

ya hgga ja³³ əga⁵⁵ 动 乐意,愿意 be willing to *tezzi newo nee galo zzho ya hgga debbe*。他们两个愿意在甘洛居住。

ya hi ① ja⁵⁵ xi⁵⁵ 名 去年 last year *ya hi tene nyo ne syiya midu bbe vi tezzu a, cihi vi kesicu a*。去年这几天,桃花都开过了,今年桃花才开始开放。

ya hi ② ja³³ xi⁵⁵ 讲故事 tell a story *assyi kwakwa ya hi nyayankwar de, yahi le chomya chomya bbode*。我家老人是个最会讲故事的人,他有许许多多的故事。

ya hi sho hi ja⁵⁵ xi⁵⁵ ʃo⁵⁵ xi⁵⁵ 副 从前,过去 in the past, in ancient times

ya hna ja³³ əna⁵⁵ 形 稳,稳定,稳当 stable, steady *zzhozoma erkwa teo ya hna de, ddatajima ngehdoa ngala*。这个垫脚石是稳当的,你们别怕,放心地过来。

ya hne ja⁵⁵ ənɛ⁵⁵ 形 沉重,较重 heavy, heavier *danyo sizzi tavar ggoi ya hne devar, sonyo ne desyi ggohggo davarhjilagge*。今天的这背湿柴太沉重了,明天就背轻一些。

ya hnyo ja⁵⁵ əno⁵⁵ 形 深,较深 deep, deeper *nkwalewawa teole ya hnyo de mahssyi, neryi dde jima mwahwangala*。这个水塘不算深,你们别怕,放心地过来。

ya hssyi ja⁵⁵ əzɛ⁵⁵ 形 方便,容易,便捷 convenient, easy, fast *ai qwaha ne ozzo dachendu ssyi gge ne ho-che ya hssyi ha yahsshyi*。我认为,从西昌到成都还是坐火车方便一些。

ya hssyi ja⁵⁵ əzɛ⁵⁵ 形(口子)大,宽 big, wide *ersu bbe ne lilissyi la himanzzama bbei ssacekao ne ya hssyi de*。尔苏人的男裤女裤的裤口都是宽大的。

ya hzhe ① ja³³ ətʃɤ⁵⁵ 形 大方,好客,豪放 liberal, generous

ya hzhe ② ja³³ ətʃɤ⁵⁵ 大公无私 unselfish

ya hzhyi ① ja⁵⁵ ətʃɤ⁵⁵ 动 珍惜 cherish

ya hzhyi ② ja⁵⁵ ətʃɤ⁵⁵ 形 和睦,恩爱 harmonious, affectionate

ya hzhyi ③ ja³³ ətʃɤ⁵⁵ 热情好客 friendly and hospitable

ya i ja³³ ji⁵⁵ 名 崖上(山崖上) on the cliff *ya i cima nzza de nzza, cihgu menyi za da za*。崖上的羚羊又站到原来的位置,红眼狐狸又被吊到原来的树上。(民间故事)

ya i cima ja³³ ji³³ tsʰi⁵⁵ ma³³ 崖上的母山羊 the female goat on the cliff

ya i nci ma ja³³ ji³³ ntsʰi³³ ma³³ 崖上的母羚羊 the female oryx on the cliff

ya i sho ha ja³³ je³³ ʃo⁵⁵ xa⁵⁵ 名 古代,从前 in the past, in ancient times

ya kaka ja⁵⁵ kʰa⁵⁵ kʰa⁵⁵ 与众不同,不寻常的 different, extraordinary

ya kaka su ja³³ kʰa³³ kʰa³³ su⁵⁵ 另类人,古怪的人 freak, weirdo

ya karla ja⁵⁵ kʰɚ³³ la³³ 动 请进 come in *kala kala, ashyi yava karla, ya karla nehssyi*。进来,请进来,快进来,请来家里坐下。

ya kehji ja⁵⁵ kʰe³³ ətɕi⁵⁵ 形 更亲(血缘关系更近) nearer, more intimate

ya kwa ja³³ kʰua⁵⁵ 形 较大 larger *cihi ne*

bugaga jji yabbi ya kwa su ngamala, shacha ggoi macu ggemyaha。今年的土豆没有大的，今年的收成眼看着不会太好了。

ya lha ja⁵⁵ ɬa⁵⁵ 个把月 a month or so, about a month

ya ma jo ja³³ma⁵⁵tɕo⁵⁵ 不太勤快 lazy

ya maba ja³³ma³³pa⁵⁵ 不太好，不是很好 be not so well, be not so good

ya manyo ja⁵⁵ma⁵⁵ɲo⁵⁵ 动 节约，节省 economize, save

ya manzzho ne ja³³ma³³ndʐo³³ne³³ 更会 will...even more

ya mar ja⁵⁵mɚ⁵⁵ 形 好吃的，美味的 tasty, delicious *silakare ne ngecu yanzzyi degge she yava kare bbe qo ya mar yaddehe de*。山上的野核桃，虽然不好取出来，但是它比普通核桃要好吃，要香一些。

ya mi ja³³mi⁵⁵ 形 较多 more *nzzaddege bbelasu bbene nzzomo yakwa nengu ne mipe jji ya mi nyode*。参加工作的人中，职务较高的，工资数额也是较多的。

ya nbbar ja³³nbɚ⁵⁵ 形 响亮的 loud *nzzazho lhasho so pozha ya nbbar de bbe ketroa, sededde manddo*。年三十早上，放了一些很响的炮，不知道是哪一家放的。

ya nbbu ja⁵⁵nbu⁵⁵ 副 用力地，狠狠地 strongly, severely *ai ggama ge nddendde ddancwa, aivahga ya nbbu dde ntrontro*。我的背上很痒（瘙痒），你帮我用力地抓一抓（挠痒）。

ya ncha ya ncha ja⁵⁵ntʃʰa⁵⁵ja⁵⁵ntʃʰa⁵⁵ 数 个把 one or two *ne dde jji nddavar ya ncha ya ncha liggaggemiha ta*。你家好像有个把来客在出入嘛。

ya nche ja⁵⁵ntʃʰɛ⁵⁵ 形 快 quick, rapid

ya nche ngu ja⁵⁵ntʃʰɛ⁵⁵ŋu⁵⁵ 副 快 quickly *ngejjiva gge, asshyi ngezzyi a ya nche ngu a soso dege kedodo ssyi*。要迟到了，(你)快些吃了到学校去。

ya ncu ① ja⁵⁵ntsʰu⁵⁵ 形 较好，对 better, right

ya ncu ② ja³³ntsʰu³³ 形 优秀 excellent

ya ncu su ja⁵⁵ntsʰu⁵⁵su⁵⁵ 优秀的人，著名的人物 excellent person, famous people

ya ndde ① ja³³ndɛ⁵⁵ 形 膘肥，肥 fat *vashyi ya ndde ssyi yamar, vura ya dde sshyi yazze*。猪肉膘肥口感好，布料质优触感好。

ya ndde ② ja⁵⁵ndɛ⁵⁵ 形 优秀，肥沃，好 excellent, fertile *nessyi meli tro ya ndde datro, azzyiwawa ne ma ncu da wawa ra za*。你家的那块地是肥沃的，我家的那块地是贫瘠的。 *ersu ya ndde ddezzyi nzzyi, ssahgge sibu ddenyo nzzyi*。优秀尔苏难成长，山口树木难成材。（谚语）

ya nddo ja⁵⁵ndo⁵⁵ 比较清新 purer and more fresh *dasone ggwa nexxoi mesebbe ya nddo, nyanyo mimaha*。今早因为下了雨，空气显得比较清新，不像昨天。

ya ngge ① ja⁵⁵ŋge⁵⁵ 增强稳定性，增强抗压性 enhance stability, increase the resistance of compression *trebyi sibbu ddamagwar ne kamahna, trebyi sibu ddagwar ne ya ngge za jjimo*。编篱笆时单股竹子不抗压，三股竹子合编可以增强抗压性。

ya ngge ② ja⁵⁵ŋge⁵⁵ 形 严实，严密，牢实 close, tight, compact *sunpwane ya ngge ngu, zzhyibbe ne ipage nechoshu*。嘴巴要严实一些，让话烂在肚里。

ya npo ja³³mpʰo³³ 名 铳，土炮，洋炮 blunderbuss, pedrero, gun *sho i bar zha ha ne ya npo daga ddabba ne goi gagabi myaha*。过去，攒

老熊的时候,能够背去一只火铳的人就算是英雄了。

ya nqi ja⁵⁵ntɕʰi⁵⁵ 形 漂亮,得体 beautiful, pretty, proper *sejji ddeer ddehbi ne yali nengu ya nqi nengu, malimanqo tangu*。谁都要注意行为举止得体,不要做坏人坏事。

ya nqo ① ja³³ntɕʰo⁵⁵ 形 美丽,漂亮 beautiful, good-looking *ssihi ya nqo fuge zzho, mido yanqo roge ha*。漂亮女子在村里,美丽花朵在崖上。(谚语)

ya nqo ② ja³³ntɕʰo³³ 形 好看,靓丽 beautiful, good-looking *vura teo ya nqo, ateole manqo, sshyigge teleteo kesshyi ateo katasshyi*。这块布料好看一些,那块布料不好看,如果要买就买这块,别买那块。

ya nqo ma ja³³ntɕʰo³³ma⁵⁵ 美丽女人,靓女,美女 pretty woman *trosasune ya nqo ma ddo achage, yoi trosa namasa, tejjiajje*。狩猎人说道:"你是个美丽女人啊!大表姐,我放狗不是针对你。"(民间故事)

ya nqoga ja⁵⁵ntɕʰo⁵⁵ka³³ 名 俊男,美男子 nice-looking man, handsome man *mubba ssimo: ahginya ddo ya nqoga, di nuggete lezzyi shocu vuazilwagge*。木巴惹莫说道:"大表哥啊美男子,若要夫妻也不难,指尖抽血头断发。"(民间故事)

ya ntre ja³³ntʰɽɛ⁵⁵ 形 聪明,伶俐 clever, smart *yaddre tancha le ya ntre dancha, hibbagaha kwakwa debarbar qwaggede*。这娃娃聪明伶俐,你看他摆龙门阵时就像个大人一样有板有眼。

ya nyo ① ja⁵⁵ȵo⁵⁵ 名 昨天 yesterday *ya nyo ladanyo amwa manddo vuli desyi ddenyi, sonyone hjinbbai gge*。昨天和今天不知为何,感觉头疼,明天就去就诊。

ya nyo ② ja³³ȵo³³ 多花费,多支出 more expense, more disbursement *ni tejji qwa ne bbazzhe ya nyo, bbazzhe bbe desyi keici a neshyi*。你这样干,多花费钱,要省着点花钱。

ya nzze ① ja⁵⁵ndzɛ⁵⁵ 权力更大 (power is) greater *muga jji nzzehji, hji le hji dda mo amu la ya nzze jjigge*。穆呷有权力,但是据说阿穆的权力更大。

ya nzze ② ja⁵⁵ndzɛ⁵⁵ 高强度,抗拉强度大 high resistance *vai sibbo ddehgguane ya nzze jje*。绳子三股合搓就强度高。

ya nzzho ja⁵⁵ndʐo⁵⁵ 更加熟练,更会 more skilled *tebbe le yobbu la ya manzzho ne? nyogwa te ya nzzho*。这些嘛,约部不是更熟练吗?他特别熟练。

ya nzzyi ja³³ndʑɛ⁵⁵ 形 麻烦,困难(难度大) troublesome, difficult, hard *lema debu shu jji ya nzzyi debbeo, neryii sangane yasshyi asse*。举办婚礼是很麻烦的,你们别以为是轻松的事情。

ya nzzyi ryi ja⁵⁵ndʑɛ⁵⁵rɚ⁵⁵ 形 雅观(赏心悦目) tasteful, nice-looking *azzyi amu i ddeerhbi su ne ggo i la ya nzzyi ryi desyi si erhbi gge dancha ddo*。我家阿穆的所作所为是非常雅观的,行为举止都令人赏心悦目。

ya she ja³³ʃɛ⁵⁵ 形 较长 longer *ryipa taga ya she daga*。这条路是比较长的一条。

ya so ja⁵⁵so⁵⁵ 昨天早上 yesterday morning *a i le ya so ncho la she ddryimo nahssyi i chendu la keddwa, sonyo si jjolaggejje*。阿依昨天早上就乘飞机到成都去了,据说明天才回来。

ya va ja⁵⁵va⁵⁵ 名 家里 at home *ya va kala desyi bbarnyila, xxidego ngece asi ssyi*。到家里来休息一下,抽一锅烟再走。

ya va bbe ja⁵⁵va⁵⁵be³³ 名 家人 family member

ya ya ja³³ja⁵⁵ 副 又 and, as well *ssi ntrema ne ya ya nqo ya ya tre danha jja, su bbe nyogua tava yahgga*。因为聪慧女是一位又漂亮又聪明的姑娘，所以大家都喜欢她。（民间故事）

ya zze ① ja³³ dʑɛ⁵⁵ 形 方便 convenient

ya zze ② ja³³ dʑɛ⁵⁵ 形 吉祥，太平 auspicious, peaceful *neryi she canyi manyo ba, ya zze la mazze ddo?* 你们的家乡没有疾病流行吧，吉祥还是不吉祥哦？

ya zze ③ ja³³ dʑe³³ 形 愉快，舒畅，安逸 happy, easy, comfortable *nwanzzuba bbe hzatechyi ga-lo bashe nyila ne lwahbwa la syinyi zzho ya zze a*。凉山村的人搬迁到新市坝镇来了以后，生活愉快，心情舒畅。

yabar yabar ja⁵⁵pɚ⁵⁵ja⁵⁵pɚ⁵⁵ 个把，少许的，一两个 a little, a shade of, one or two *tege meli mama yabar yabar siha, jjijji ne anela maha*。这里只有少许草莓，其他的就什么都没有了。

yabbi ga ja³³bi³³ka⁵⁵ 名 胖子 fat person *suhxxo tedde ne yanbbo yabbi ga debbesi, kadege hxxola debbe le?* 这家人很特别，全部都是胖子和高个子，从哪里遗传来的呢？

yabbi la cici ja⁵⁵bi⁵⁵la³³tsʰi⁵⁵tsʰi⁵⁵ 粗的和细的 large and small *si bbe yabbi la cici ne sshyihsshyi*。把木材按照大小、粗细分开。

yabbu yakwa ja³³bu⁵⁵ja³³kʰua⁵⁵ 大事情，大开销，大决定 big thing, big expense, big decision *yava yabbu yakwa deone amui zzhyi bba nyi, missyi marra bbene aryi yozaiqwa*。家里大事情、大开销和重大决定都由阿穆说了算，其余的小事就我们自己决定。

yadda ja³³da³³ 反而，倒转，更有甚者 instead, but, what is more *danyo neryiva zzoro la jja hane, yadda neryiva si nehzu naga mo*。今天本来说来看望你们的，结果反过来打搅了你们，给你们添麻烦了。

yaddre ja⁵⁵dʐɛ⁵⁵ 名 小孩，儿童 child *yaddre kwakwa nyogwa ngehguhgu i ddwa*。大人、小孩全部出动，都去了。

yaddre bbada ja⁵⁵dʐa⁵⁵ba³³ta³³ 名 背带 brace *zaqoma ssone yaddre bbada mido naga dega jihjigge*。扎确嫚带了一条绣花婴儿背带。

背带布

yaddre bbe ① ja⁵⁵dʐɛ⁵⁵bɛ³³ 名 晚辈 junior *yaddre bbe neryi ddatahose, a yade ddehia neryiva bbanyi shugge*。晚辈们哪，别说话了，我讲一个故事给你们听。*yaddre bbe anezhyi ddakatogge, neryi nzzheonzzheli kabbanyi*。各位在座的晚辈们，我现在给大家说两句，你们认认真真地听一下。

yaddre bbe ② ja⁵⁵dʐɛ⁵⁵bɛ³³ 孩子们，少年儿童 kids, children, the younger generation *yaddre bbe nyogwa ngehguhguinbbiqo la* *sishe shaddwa za*。小孩子们全部出动,到山上运木料去了。

yaddre bbo ① ja³³ dʐɛ³³ bo³³ 有小孩 have children *yaddre mabbone dagasi nzzyinzza*, *yaddre bbo ne nggega nzzyinzza*。没有小孩的只愁一条,有小孩的就要愁九条。(谚语,可怜天下父母心)

yaddre bbo ② ja³³ dʐɛ³³ bo³³ 动 怀孕 conceive *kalaman yaddre bboza de jjigge*, *neryi tava desyi tesingu*。据说,卡拉曼怀孕了,你们平时要适当照顾她。

yaddre cala ja⁵⁵ dʐɛ⁵⁵ tsʰa³³ la³³ 未成年人坟茔,小孩坟,乱葬岗 the tombs of minors, children tombs, mass grave *yaddre ceneer kamazyibbene calakwa ge gwar imagge*, *yaddre cala gegardebbe*。不满12岁的小孩夭折,不能进入大坟茔地,要葬在乱葬岗坟地里。(当地的习俗)

yaddre ddadra de ja⁵⁵ dʐɛ⁵⁵ da⁵⁵ tʐa⁵⁵ te⁵⁵ 调皮的小孩,淘气的小孩 mischievous child, naughty child *jjimarssyi yaddre teo ddadra de*, *nehssyinei mapa de*。吉满家的这个小孩,是一个淘气的小孩,他是一直安静不下来的。

yaddre ddadwa ja³³ dʐɛ³³ da⁵⁵ tua³³ 抱小孩 hold a baby in one's arms *nyagai qabba*, *yaddre ddadwa, a ngganyo desyi ssyiggese*。孩子他爸,你抱一下孩子,我要到门外去一会儿。

yaddre ddezzyi ja⁵⁵ dʐɛ⁵⁵ dɛ³³ dzɿ³³ 生小孩 give birth to a baby *ama yaddre ddezzyi nyonyo negu*, *yaddre ama ddehssu mopyi monpar*。妈妈生小孩,哺乳喂养;子女赡养母亲,养老送终。

yaddre dwasu ja⁵⁵ dʐɛ⁵⁵ tua³³ su³³ 名 保姆 babysitter *tiha yaddre dwasu de dalha mipe nehbupwa qiho jjigge*, *nge zzyi ngece mahbu*。现在一个保姆一个月的工资就要2000元,还不计生活费和其他的费用。

yaddre mongga ja⁵⁵ dʐɛ⁵⁵ mo⁵⁵ ŋga⁵⁵ 儿童聚会 children's party, children's festival *dedebbutrene yaddre mongga yeddre dduzzyar gge debbe*。在一些特殊年份,要开展儿童聚会,举行儿童盟会仪式。

yaddre radwa ja⁵⁵ dʐɛ⁵⁵ ra³³ tua³³ 生小孩 give birth to a baby, have a baby

yaddre singu ja⁵⁵ dʐɛ⁵⁵ si³³ ŋu³³ 照看小孩,带小孩 take care of children, bring up children *nedde yaddre singu su de ho jjigge*, *nazha a ra ddo*? 听说你家要找一个照看小孩的(保姆),找到没有哦?

yaddre singu su ja⁵⁵ dʐɛ⁵⁵ si³³ ŋu³³ su³³ 保育员,幼儿教师 nursery governess, child-care worker, preschool teacher *tenehi ne yaddre singu su bbe jji neleneshyibbu*, *mipe jji goi yanbbo za*。这几年,对幼儿教师和保育员的工作要求提高了,其工资收入也增加了。

yaddre ssassa ja⁵⁵ dʐɛ⁵⁵ za³³ za³³ 名 婴儿 baby, infant *me nankwar*, *ne yaddre ssassa de shushu*, *ashyi jjo i*, *nata danggo a*。天黑了,你带个小婴儿,快些回去,别耽搁了。

yaddre zu ja⁵⁵ dʐɛ⁵⁵ tsu³³ 托举儿童,单手举重 elevate the child, lift weights by one hand

yaddre zyihzyi ja⁵⁵ dʐɛ⁵⁵ tsə⁵⁵ ətsə⁵⁵ 骗小孩,逗小孩 fool the children, tease the children *gazi zyihzyi ne ledryi*, *yaddre zyihzyi ne shora jjatihbizyi debbe*。有这么句谚语要记住:逗小狗将被咬手,逗小孩将会尴尬(难为情)。

yaddre zyihzyi shora a⁵⁵ dʐɛ⁵⁵ tsə³³ ətsə³³ ʃo⁵⁵

ra^{33} 逗小孩会遇尴尬 teasing a child can be embarrassing

yaddreo ngeshyiji ja^{55} ɖʐe^{55} o^{33} ŋe^{55} ʃə^{55} tɕi^{55} 动 流产 miscarry

yafi la ruru ja^{33} fi^{33} la^{33} ru^{55} ru^{55} 宽和窄 wide and narrow *ngwarzha loge ryici desyi si ngere za，hala mo yafi la ruru demi maha*。清溪沟(深沟)只剩下一条小路，还时宽时窄的。

yafi ruru ja^{55} fi^{55} ru^{33} ru^{33} 宽和窄 wide and narrow *aryi lige zzhotre yafi ruru ne tege tehggu a ngei gge*。不管河面宽窄，我们就从这里蹚河过去吧。

yaha ja^{55} xa^{55} 名 昨晚 last night

yahdo yaggayashanga ja^{55} əto^{55} ja^{55} ga^{55} ja^{55} ʃa^{55} ŋa^{33} 又唱又跳更可爱 be more lovely to sing and dance

yahdwa ma ja^{55} ətwa^{55} ma^{55} 左撇子的女性 left-handed woman

yahe ja^{55} xe^{55} 形 较强，较优，较好 stronger, better *possa yahe o tege ngalata，kage zzhoi ngalade? desyi bbarnyilashe*。优秀的男子，到这里来了，(你)是从哪里来的哦? 来休息一会儿嘛。

yahgga ja^{33} əga^{33} 动 恋爱 love *tezzi newo le yahgga dei nengu a，ne anjji gge de*? 他们两个恋爱后就结合在一起了，你怎么办呢?

yahgga yahgga ja^{33} əga^{33} ja^{55} əga^{55} 自由恋爱 free love *labula anyozzina pamabbe mahggala yahgga yahgga deinengu debbe*。拉布和阿妞两个人不顾父母的反对，自由恋爱组合成一家。

yahi ja^{55} xi^{55} 名 去年(过去的一年) last year, in the past year *yahi meddeddrui aryi jjio base shacha ddenddea*。去年(鸡年)是干旱年份，我们高山上的庄稼(耐旱作物)获得了丰收。

yahi shohi ① ja^{55} xi^{55} ʃo^{55} xi^{55} 名 从前，过去 in the past, in ancient times

yahi shohi ② ja^{33} xi^{33} ʃo^{33} xi^{55} 名 去年，前年，以前 last year, the year before last, before

yahne ja^{55} əne^{55} 形 重 heavy

yahnyo dage ja^{55} əɲo^{55} ta^{55} ke^{55} 深水区，水深的地方 deepwater district, profundal zone *tege zzho yahnyo dage la nqoca si ddebar za，ddeta jima ngugwa ngala*。这里深水区只淹到大腿根部，大家不要害怕，全部都过来吧。

yahzhyi yanjji ja^{33} əʧo^{33} ja^{55} ndʑi^{55} 动 孝顺，热爱 show filial piety, ardently love *ssyizzho ssi zzho su ngugwa ne pama va yahzhyi yanjji ho debbe*。所有的子女都应该孝顺父母的。

yai shoha ja^{33} ji^{33} ʃo^{55} xa^{55} 名 古代，古时，从前 in the past *yai shoha ne sassyi vuqo ne, sibuerkwa，ne ane la kato nzzho debbe jje*。从前，世上的树木和石头等所有的东西都会说话的。

yaicima ja^{33} ji^{33} tsʰi^{33} ma^{33} 崖上羚羊 antelope on the cliff *nemwaha kezzoro，yaicima nzza danzza gge*。你若不信就试着，崖上羚羊依旧站(原位)。

yaicima nzzadanzza ja^{33} ji^{33} tsʰi^{33} ma^{33} ndza^{55} taj^{33} ndza^{55} 崖上羚羊又站回原位，格局依旧 the same situation *syinyi te nzzhyi lema nyo ne yaicima nzzadanzza igge de*。如果思想不更新的话，老马不死就会旧心在，崖上羚羊依旧站原位。

yajo ① ja^{33} tɕo^{55} 形 勤快，勤劳，辛勤

hardworking, diligent

yajo ② ja³³tɕo⁵⁵ 形 听话的，乖 obedient, good

yajo yanga ja³³ tɕo⁵⁵ ja³³ ŋa³³ 形 勤快、勤劳 diligent

yakwa i demiha ① ja³³kʰua³³ji⁵⁵te⁵⁵mi⁵⁵xa⁵⁵ 相同大小，相同规格 the same size, the same specification *azzineo azzi dabar mbbo. azzi nggame jji yakwa i demiha ggede*。我俩一样高，我俩的衣服也应该是相同大小的。

yakwa i demiha ② ja³³kʰua³³ji⁵⁵te⁵⁵mi⁵⁵xa⁵⁵ 大小等价，不区分大小的通价 the big one and the small one are sold at the same price *kare yakwamakwamazzoro，yakwa i demiha，dewonebbazzhe ngehbu*。核桃不分大小，大的小的都是通价，每个核桃两角钱。

yakwa la mar ra ja³³kʰua³³ m æ⁵⁵ra⁵⁵ 名 大小 size

yakwa marra ddaba ja⁵⁵kʰua⁵⁵ m æ⁵⁵ra⁵⁵da⁵⁵pa⁵⁵ 大小间搭 sizes mix

yale yazyi de ja³³le³³ja⁵⁵tsɤ⁵⁵te⁵⁵ 程度严重 severe situation

yalha ja⁵⁵ɬa⁵⁵ 名 中煞，月煞 the evil spirit, moon evil

yali ja⁵⁵li⁵⁵ 形 好 good *zhyige tege nezyi ne yali de, kwarddwa ngwarddwa jji ma sarnngga*。把这个柜子放在这里是好的，不妨碍通行。

yali bbe ma kato ja³³li³³be³³ma⁵⁵kʰa³³tʰo⁵⁵ 好的不说 don't say good things

yali su ja⁵⁵li⁵⁵su⁵⁵ 名 好人 good person

yali ya hzhyi ja⁵⁵li⁵⁵ja³³ətʃɕ⁵⁵ 形 和睦 harmonious, friendly

yali yanqo ja⁵⁵li⁵⁵ja⁵⁵ntɕo⁵⁵ 形 美好（尽善尽美）fine, perfect

yali yanqo ngu ja³³li³³ja⁵⁵ntɕo⁵⁵ŋu⁵⁵ 好自为之，多做善事 try to do your best, do more good deeds *ale be-jin la ssyi gge, neryi yozai yozai yali yanqo ngu zzhongu mo*。我现在到北京去了，你们好自为之哦。

yali yazze ① ja³³li³³ja⁵⁵dzɛ⁵⁵ 吉祥而舒适 propitious and comfortable *ozzhone su zzhome yali yazze desyige, sejji tege zzhobbwazhe desyige*。西昌是个吉祥而舒适的地方，谁都喜欢在这里定居。

yali yazze ② ja³³li³³ja⁵⁵dzɛ⁵⁵ 形 痛快 joyful, delighted

yalimali ne hggezzyi ja³³li³³ma⁵⁵li⁵⁵ne³³əga³³dzɛ³³ 分清敌友，爱憎分明 know a friend from an enemy, be clear about what to love or hate

yaliqo yalingu ja³³li³³tɕʰo³³ja⁵⁵li⁵⁵ŋu³³ 精益求精，锦上添花，好上加好 add brilliance to one's present splendor

yami nyinyi 或多或少，多多少少 more or less *ni mwami hggebbe yami nyinyi ne danabar ava ngenbbusu*。你的天麻种子，或多或少都要匀一点给我。

yami one ja⁵⁵mi⁵⁵uo⁵⁵ne⁵⁵ 副 通常地，一般地 usually, generally *tihane ersubbe yami one yava mazzhoa, nyope nzzhehzhaddwa*。现在（青壮年）一般都外出务工挣钱了，基本上不在家里。

yanbbo nyinyi ja⁵⁵nbo⁵⁵ȵi³³ȵi³³ 高高矮矮 tall and short

yanqo yantre ja³³tɕʰo³³ja⁵⁵ntʈʰe⁵⁵ 才貌双全，有才有貌 talented and handsome *lahama ne yanqo yantre de, sudeona tabar yancude nemazzho de*。拉哈曼是个才貌双全的人，没有人像她这么优秀的了。

yashe mabbu ja³³ʃe³³ma⁵⁵bu⁵⁵ 没过多久，不一

会儿 in a few minutes *mezzyi ddezzyi yashe mabbu ne ggwahbbu cyigakenguila*。打雷之后没过多久，倾盆大雨倾泄而下。

yashela zzhozzho ja³³ ʃe³³ la⁵⁵ dʒo⁵⁵ dʒo⁵⁵ 是长了还是短了 long or short *ni tiha ssabryiga yashela zzhozzho ddo*? 你现在这根裤腰带,是长了还是短了嘛？

yava ngu ja⁵⁵va⁵⁵ŋu⁵⁵ 做家务 do housework

yavasi ggagga ja⁵⁵va⁵⁵si⁵⁵ga³³ga³³ 只在家里玩 only play at home *tenenyo ddaca tazai denyonyo yavasi ggagga, nyopedesyila ngammahgu*。这两天因为太热了,所以天天只在家里玩,一次都没有出门。

yayabbi yayanbbo ja³³ja⁵⁵bi⁵⁵ja³³ja⁵⁵nbo⁵⁵ 又高又胖,又高又大 tall and fat, tall and big *yaishoha jjimar nyaga ne bbokwaba de, yayabbi yayanbbo dejjigge*。从前,吉满良呷住在保安大龙堂,他是一个又高又大的伟男子。

yazze ja⁵⁵dʒɛ³³ 形 痛快 joyful, delighted

yo ① jo⁵⁵ 名 羊,绵羊 mutton, sheep, lamb *yo ne yomwa nyo ela nyo, hda nyo*。羊分为母羊和公羊。

yo ② jo⁵⁵ 名 错误 mistake *su te yo bbe sedejji yo tamayo jjigarhar zzho de bbe*。犯错误的人一般都认为自己并没有犯错误。

yo ③ jo⁵⁵ 动 竞技,比赛,较量 compete, match, contest *te yo ne yo nbbu yo, tehsse nehsse nbbuyo*。竞赛去呀竞赛来,竞赛出一个成绩(漂浮去呀漂浮来,就看冠军落谁手)。*ersuho ne zyizyine yo jjidebbe, tenehine yo hasesula ggoi mazzhoa*。尔苏语中竞赛可以说成"子子",也可以说成"哟",现在很多人都不知道说"哟"了。

yo ④ jo³³ 我自己 myself *tikatoha, yo le ssama mazzyipa, vumace mapa jjigge, neanjji nengugge*? 他说"我自己嘛,饭可以不吃,酒不可以不喝",你说怎么办？

yo bbu jo⁵⁵bu⁵⁵ 名 羊群 flock of sheep or goats *vi de bbu yo bbu ge neli, yo bbe tebbu i nepenechyi i po ddwa za*。一群豺狗冲入羊群,羊群被惊吓得四散逃跑了。

yo bbuncu jo⁵⁵bu⁵⁵ntsʰu⁵⁵ 羊的胃渣,羊胃里的消化物 the digestive contents in the sheep's stomach *yo bbuncu bbe ngehji ya mosu ge nagwar la nengu gge*。把羊的胃渣拿去倒进厕所里做肥料。

yo cyi jo⁵⁵tsʰɿ⁵⁵ 名 羊膀（羊的肩胛骨）the scapula of the sheep *ddavar nguddwa yo cyi ddalatele logebbazzhe gwarhode. comiajjili*。做客的时候,别人杀羊招待你时,若端来羊膀,就要在盆里放钱以示祝福吉祥,多少不论。

yo dda jo⁵⁵da⁵⁵ 名 自家,本家,东道主 one's own family, host

yo dde jo⁵⁵de⁵⁵ 名 咱家,我家 my family *lobula katoi yo dde le daso yodenagai nddavarbbe va tzyi jje*。罗布啦说:"我家今天早上宰杀了一只羊来宴请客人。"

yo debbu jo⁵⁵tɛ⁵⁵bu⁵⁵ 一群羊 a flock of sheep *igge cape nzzenbbiva, yo er debbu nahbarza*。房后对面草坡上,一群白羊撒满坡。（民歌歌词）

yo er jo⁵⁵ɚ⁵⁵ 名 羊年,属羊 the year of the sheep, born in the year of the sheep *a yo er de, cihi yo er bbutre na trussyi dryindryi kazyi a*。我属羊,今年是羊年,我的岁数刚好是60岁。

yo ga jo⁵⁵ka⁵⁵ 动 杀羊 kill sheep *tikatoicihi ranggwarbyi hane yava ddavar laggejja yo*

Y y

de ga ggejje。他说,今年还山鸡节家里来客比较多,所以准备宰杀一只羊来待客。

yo ggu jo⁵⁵ gu⁵⁵ 名 羊槽(给羊喂盐水的木槽) trough

yo hggobi jo⁵⁵ əgo⁵⁵ pi⁵⁵ 野蒿菜,山青菜,野油菜 wild tarragon, green vegetables *yo hggobi bbe zzho zu dedryi ngase ne zzhoge nesinyo nenzzeane zzyili*。将野油菜在开水里焯一下,再拿到小溪里浸泡两三天,去苦味以后就可以吃了。

yo hzho jo⁵⁵ ətʃo⁵⁵ 名 羊屎,羊粪 sheep's droppings

yo la jo⁵⁵ la⁵⁵ 名 羊粪 sheep's droppings *yo la bbe drotre ge nezo ane sela gge, seleerer, ssyihbbu bbela teli gge*。羊粪堆在坝子里就会自己发酵,热气腾腾的,即使大雪落到上面也会融化。

yo mar jo³³ mar³³ 名 羊毛 wool, fleece *debbutre nyissyi sui vahga yohgu, yela yo mar dega yoi bbo maqi*。年年岁岁我都为他人牧羊,但一根羊毛都不曾属于我。

yo nddro shyi ggu jo⁵⁵ ndʐo⁵⁵ ʃə⁵⁵ gu⁵⁵ 羊皮斗篷 sheepskin cloak

yo nddro tenddro jo⁵⁵ ndʐo⁵⁵ tʰe³³ ndʐo³³ 把羊皮张挂在竹笆上 hang the sheepskin on the bamboo basketry

羊 皮

yo nzzu hwai jo⁵⁵ ndzu³³ xua³³ i³³ 黑麻雀 black sparrow

yo re yo nge ce jo³³ re³³ jo⁵⁵ ŋe³³ tse³³ 自喝己血,自饮己血 drink one's own blood

yo ru jo⁵⁵ ru⁵⁵ 名 羊草 chinese wildrye *ssyihbbu keroro hane subbe silage sigaletehssyia yo ru ngu debbe*。大雪封山的时候,凉山村的人就带刀上山砍羊草下来喂羊。

yo ryi jo⁵⁵ rə⁵⁵ 代 咱们,他们 we, they *lhaima ikatuoi yo ryi anggu bbe nyogwa bui nzzazho hene mengge gge jje*。小神女说,他们周姓家族要在冬月年节的时候进行聚会。

yo ryi i jo⁵⁵ rə⁵⁵ i⁵⁵ 代 我们的 our *yo ryi i kwakwa ne chendu ssyisiya hgga de*。他说,我们的爸爸是喜欢到成都去的。

yo sa hggu jo⁵⁵ sa⁵⁵ əgu⁵⁵ 羊神位置,西南方 the position of sheep god (southwest)

yo she jo⁵⁵ ʃe⁵⁵ 动 阉羊 castrate sheep

yo shyi jo⁵⁵ ʃə⁵⁵ 名 羊肉 mutton *chonbba hane yo shyi bbe nyopeda kezho ngezzyi gge yavahjilamaggede*。过神仙节或祭祀山神的时候,要在野外把羊肉全部煮着吃了,不带回家。

羊 肉

yo zza jo⁵⁵ dza⁵⁵ 羊饲料,羊草 sheep feed

yohgar yora jo³³ ək aʳ³³ jo⁵⁵ ra³³ 到处流浪,自由旅行 be on the tramp, wander from place to place, travel freely *ssintrema ne, awa, yozzi*

527

neone yohgar yora yozza yohzha debbejje。聪慧女就说:"奶奶,我俩是到处流浪、四海为家的人。"

yohgu zza jo⁵⁵əku⁵⁵dʑa⁵⁵ 名 代牧粮(替人放羊的工钱折成粮食) agistment grain nwa nzzazho hane nwashela yohgu zza nddroi gge。过彝族年的时候,就要到彝族人家去量(收取)代牧粮。

yohwai jo⁵⁵xua⁵⁵ji⁵⁵ 副 通常,一般 usually, generally tihane temo ane yohwai ne ngganyo lamahgua。上了年纪以后,我通常大门都不出了。

yohzho gedwa jo⁵⁵ətʃo⁵⁵ke⁵⁵tua⁵⁵ 羊屎疙瘩,羊屎球 sheep's droppings

yoi jo³³ji³³ 代 我的 my possao yoi jjine xwajji ne yoi teyoa, marjjiane ni teyoa jjanbbejje。丈夫抱着妻子尸体哭诉:喊一声驱赶猫是我的错,喵一声仿猫叫是你的错。

yoi de jo³³ji³³tɛ⁵⁵ 代 咱的,我的 my tilige qokezzei, teo ne yoi de mahssyi ne, hjilajja teer-i zahjila。他冲上去一把夺回来,喊道:"这个是我的东西嘛。"

yoi lha jo⁵⁵ji⁵⁵ɬa⁵⁵ 六月份,羊月 June er-ilha ne yoi lha, zihdo zigga de ryiha。六月份是未羊月,这个月里有一节日,载歌载舞火把节。

yoi ma jo³³ji³³ma³³ 我的女儿,家族的女性 my daughter, the woman in the family yoi ma o sushe ssyigge, suima o yoshe laggede, sejji demiha de。我的女儿也要嫁给他人,别人的女儿也要嫁到我家,是对等的,须公平对待。

yoi nenbbe si hase joi³³ne³³nbe³³si⁵⁵xa⁵⁵se⁵ 我哭谁知道 who knows that I weep nei nenbbe yo hase, yoi nenbbe si hase? 你的哭泣我知道,我的哭泣有谁知?(民歌歌词)

yoi sanbba jo³³ji³³sa³³nba³³ 我以为,原以为 I thought, had thought tikatoha ne, yoi sanbba ne neryi lamagga jjigarhar zzhode, yosilade。他说他以为你们都不来,所以他就独自一个人来了。

yoi yoi jo⁵⁵i³³jo⁵⁵i³³ 我自己 myself byijohajji tige neryi nyonganya, yoi yoi qwagge。在转草偶仪式上,沙巴说:"你们全部退开,让我自己来。"

yolhi ddangwar jo⁵⁵ɬi⁵⁵da³³ŋuaʴ⁵⁵ 有羊膻味 have a smell of mutton sedeo yoshyi ngezzyi ne yolhi ddangwar gge, sinenpone kehhihhi ane hase。谁吃了羊肉,他的身上就会有羊膻味,嗅嗅就知谁偷了羊。

yomwa mancu denchesi jo⁵⁵mu⁵⁵ma⁵⁵ntsʰu⁵⁵te³³ntʃʰe³³si³³ 母羊不良坏(羊羔)一只 if sheep mother is a bad, then one lamb is not good yomwa mancu denchesi, ala mancu debbu nga。母羊不良坏一只,公羊不良就会坏一群。(谚语)

yonddro shyiggu jo⁵⁵ndʐo⁵⁵ʃə⁵⁵gu⁵⁵ 羊皮斗篷 sheepskin cloak qabbao yonddro shyiggu hzheguer nabar daca ddesshyii harnzzuddwa。他父亲穿上一件齐脚后跟的羊皮斗篷,去看守庄稼,以免庄稼被熊吃了。

yonzzu hwai ① jo³³ndzu³³xuaj³³ 黑小麻雀,草丛小鸟 small black sparrow, small bird in the grass yonzzu hwai bbyiggu nggage kenzzui bbyibbe zzyigge。草丛小雀蹲守在蜜蜂桶外啄食蜜蜂。

yonzzu hwai ② jo⁵⁵ndzu³³xua³³i³³ 小黑麻雀,守屋小雀 little black sparrow yonzzu hwai marmar nyimanqi, lige zahggo zaqoi hemo。守屋小雀虽然小,却是山间崖鹰之母舅。

（谚语，指人各有背景，人不可貌相）

yoryi ga jo⁵⁵ryi⁵⁵ka⁵⁵ 名 赶羊道（地名）Sheepherding Road *sibbe ngogoa nehyolai yoryi ga nezyiza, nyaha shai.* 柴火已经被运下来放在赶羊道上了，你们有空的时候去背回来。

yoshyi yongezzyi jo³³ʃɕ³³jo⁵⁵ŋe³³dʐə³³ 自吃己肉，自啖己肉 eat one's own meat *shyio mejjige ddanbbarjje: yoshyi yongezzyi, yore yongece.* 肉块在火塘里说："自己吃自己的肉，自己喝自己的血。"（民间故事）

yoshyiyo ngatazzyi jo³³ʃɕ³³jo³³ŋa³³tʰa³³dʐə³³ 别自啖己肉，自己不吃自己身体上的肉 don't eat one's own flesh *nyiima shyiomejjige ngehze pryine, yoshyiyo ngatazzyi jja dderajje.* 尼艾曼把肉投入火中，这个肉就叫唤起来了：不要自己吃自己的肉。（民间故事）

yozai yozai jo⁵⁵tsai³³jo⁵⁵tsai³³ 各人自己 oneself *tejwane xobuvu ngece ane, ddavar bbe yozai yozai marda debbe nahzhakei.* 现在喝下了盖被子酒，客人各自找地方入睡。

yozaissyika yozaihji jo⁵⁵tsaj⁵⁵zə³³kʰa³³jo⁵⁵tsaj⁵⁵ətɕi³³ 自己携带自己的干粮 bring one's own solid food *zzhyi izua bila hene sejji yozaissyika yozaihji, buhji, ngga ku hji.* 在马基岗铲草皮（翻生地）的时候，都是自带干粮的，有洋芋馍馍等。

yozza yohzha ① jo³³dʐa³³jo⁵⁵ətʃa⁵⁵ 自食其力 earn one's own living *nggeme vupe hgwarra ddwa, shomo kecu yozza yohzha.* 九方九地去转悠，自食其力凭技能。

yozza yohzha ② jo³³dʐa³³jo⁵⁵ətʃa⁵⁵ 自行乞讨 go begging by oneself *ngge meli ge gohgo ddwa, yozza yohzha issama zzyi.* 四面八方去流浪，自行乞讨自糊口。

Z z

za ① tsa⁵⁵ 动 系,扎,捆 bundle, fasten *sibbe dawakezyi a hinyi dagai ka za*。把柴火放在一起,用一根篾条把它们捆起来。

za ② tsa⁵⁵ 名 马鹿(木里语) red deer *tro de silage za qo de ddahar ikemimi kemimi nazhala*。一只狗在森林里发现一只母马鹿,正在紧追不舍。

za ③ tsa⁵⁵ 名 泥,土 mud, soil *nddru ncaha ne za shu za nyi neryinbba ddata shasha*。做瓦胚子的时候,不要把黄土和红土混合起来,要各做各的。

za ④ tsa⁵⁵ 间接实证标记 indirect evidential marker *yaha ggwa nexxo za, tiha la meli ngezzizzi za se*。昨晚上下过雨了,到现在地面上都还是湿的。

za ⑤ tsa⁵⁵ 动 吊,挂 hang *mizzyi lege cihgu menyi ncha xxodde ngui zzitrage nagwar sibuqo jji za*。红脸牧人(狐狸)被兔子诓骗进网袋里吊挂在树上了。

za ⑥ tsa⁵⁵ 名 岩鹰,山鹰 eagle *za hggo zaqo deddre meo zzho, za hggo zaqo rome qogala*。一对雌雄山鹰天上飞,山鹰影像印上托盘来。(赞美婚姻的诗句)

za ⑦ tsa⁵⁵ 动 返,返回 return, go back, backtrack *zzilhaloge subbe pucege ganchahane denyo za pu dde ngu pajje*。则拉乡的人到海棠镇去赶集,赶场结束后可当天返回来。

za ⑧ tsa⁵⁵ 表示趋向的词 tendency word *neryi galo barddwane asyikencheshua za jjola, yava syinyo*。你们到达甘洛以后,就立即快速返回来,家里有事情要处理。

za qo ① tsa⁵⁵ tɕʰo⁵⁵ 名 北方 north *ersubbe zzhodage kezzorohane, za qo ne pryila ronddre bbeizzho dage*。从尔苏人居住的地方来看的话,北方居住的人是木雅人和藏族人。

za qo ② tsa⁵⁵ tɕʰo⁵⁵ 雌秃鹫,母秃鹫,母大雕 the female vulture, the female eagle *zahggo za qo mege hggwarhggwar gge, kwar iggelangwar iggehamase*。公秃鹫和母秃鹫在天上飞,不知道是往北飞还是往南飞。

za qo ③ tsa⁵⁵ tɕʰo⁵⁵ 名 杂荞(甜荞和苦荞混种) mixed buckwheat, mixture of sweet buckwheat and tartary buckwheat *hwa nbbya loge zzho hgushezhyine za qo kalaza*。花山沟那片土地上,水凼以上种了杂荞。

za shu tsa⁵⁵ ʃu⁵⁵ 名 黄土 loess *ddru nca dage ssami bbe ne za shu ge bbe dohze gge debbe*。瓦厂里做泥坯子的泥巴都是采用黄土做原料的。

泥 坯

zaha tsa³³xa⁵⁵ 名 野鸡,雉鸡 pheasant *teggehe silage nchobu izhanga zaha denche zzho, zaha raza sio zzho*。这上边树林里的那片荆棘丛里,有一个野鸡巢穴,里边有三个野鸡蛋。

zaha ddehssu tsa⁵⁵xa⁵⁵de⁵⁵əzu⁵⁵ 喂养野鸡 feed pheasants *zaha ddehssu ra ma bbu, zzhuma ddehssu tro mabbu*。野鸡喂不成家鸡,毛狗(狐狸)喂不成土狗。(谚语)

zaha i tsa⁵⁵xa⁵⁵ji⁵⁵ 小野鸡 small pheasant *trosasubbe ne zaha i de kemiahjila ddehssua zhahala nggwa zhaggede*。狩猎人会捉一只小野鸡圈养起来,用它的叫声来诱捕野外的锦鸡和野鸡。

zaha nche tsa⁵⁵xa⁵⁵ntʃʰe⁵⁵ 野鸡巢穴 pheasant nest *te nce memege zaha nche deha, kege zaha raze sibar zzha*。这个刺芭笼下边有一个野鸡巢穴,里边有三个蛋。

zaha pe tsa⁵⁵xa⁵⁵pʰe⁵⁵ 雄野鸡,公野鸡 the male pheasant *zaha pe bbe jji menche yashe de bbe, nqone nggwa bbe bar manqo*。雄野鸡的尾巴也长,只是没有锦鸡的尾巴漂亮。

zaha qoma tsa⁵⁵xa⁵⁵tɕʰo⁵⁵ma⁵⁵ 雌野鸡,母野鸡 the female pheasant *yabu loga yanyo gui nbbya zaha qoma raze zekesicu dancha kemia*。雅布罗噶昨天在北山上捉到一只刚开始生蛋的雌野鸡。

zahdo ngu tsa³³to³³ŋu⁵⁵ 祭祀活动 sacrificial activity, ritual activity

zahggo ətsa⁵⁵əgo⁵⁵ 雄性山鹰 the male eagle

zai=zyi ndda i tsa⁵⁵ji⁵⁵ 副 真的,实在地,确实地 really, indeed *ne zai lagge tele a hwamya dancha nezyige tepyigge*。你如果真的要来的话,我就准备一个牲口,轰轰烈烈地给你接风。

zaji hzu tsa⁵⁵tɕi⁵⁵ətsu⁵⁵ 筑土墙 build a wall

土　墙

zaji rewa tsa⁵⁵tɕi⁵⁵re⁵⁵wa⁵⁵ 土围墙 the soil wall *vargene tihbizyi ggede, nzzamar rewa churewa, ambbo rewa sherewa chu rewa ne zaji rewa vajji de*。从前,越西有句俗语:依沙家族围墙是土围墙,昂钵家族围墙是铁围墙。

围墙、土砖

zaqo ətsa⁵⁵tɕʰo⁵⁵ 雌性山鹰 the female eagle *zahggo zaqo deddre meo ggwarhggwargge, kehssengohsse ma drada*。雌雄双鹰天上飞,不知栖息到何处。

zaqo kala tsa⁵⁵tɕʰo⁵⁵kʰa⁵⁵la⁵⁵ 同姓乱伦,同姓婚姻,种杂荞 incest of the same surname, marriage between the same surname *wossebashe jjimardidde la mwaha didde zaqo* *kala zajje*。据说,石棉境内有一家吉满和一家玛哈族内通婚了。(两家族间隔20代以上,但尔苏至今是禁止族内通婚的)

ze ① tse⁵⁵ 名 麻 hemp *ashyishyi la afufu bbe i qama bbe za chyi za bi ze zho ze ce zyizyi jje*。阿什什的妈妈和阿付付的妈妈(暗中较劲)比赛割麻、剥麻、煮麻、浸麻和洗麻。(民间故事)

ze ② tse⁵⁵ 名 云 cloud *yoer jjaba shyi lohggo, zzilha loge ze lohggo*。清水清林艰辛沟,则拉凉山云雾沟。(民歌歌词)

ze ③ tse⁵⁵ 名 蛋,卵 egg

ze ④ tse⁵⁵ 动 骗,诓 cheat, deceive *sui yaddre o nige ke ze i nge shula i tepyi i, anjji gge shyi mo*。别个小孩被你诓骗过来,丢在这里,你自己看着办。

ze ⑤ tse⁵⁵ 量 段,节 section *hier dama ze ze nyo, ngwarla bburu shushu nyo*。白竹先生有节节,耕地犁槽一顺顺。

ze ⑥ tsɛ³³ 名 脾,胰 spleen, pancreas *ne dde nzzazho ve naga jji gge, ve ze vesho ali ddo?* 听说你家杀了过年猪,猪脾卦和猪血卦吉祥不吉祥哦?(杀年猪时问候语)

ze ⑦ tsɛ⁵⁵ 动 念,念诵,朗读 read, declaim *zaxi ne ai wahga te nzzhonzzyi bu deshyi dde ze a ava kabbanyi shu*。扎西,你帮我把这封信念诵一下,让我听听吧。

ze ⑧ tsɛ⁵⁵ 动 拐,诱拐 kidnap, abduct *anggu zaxi ssyi ssio sui ke ze i hjiddwa zajja subbe kaddala hzhegge*。昂古扎西家的女孩子被人贩子诱拐去了,很多人在到处寻找。

ze ⑨ tse⁵⁵ 动 下(蛋),生(蛋) lay eggs *gabo ra ze hwainche ze, nge ze nzzho ne he ma nzzho*。杜鹃生蛋在鸟巢,只会生蛋不会孵。(谚语)

ze bbyibbyi tsɛ⁵⁵ bzɛ³³ bzɛ³³ 白云稀薄 thin clouds *ze bbyibbyi nyo ne maca ngala gge debbe*。白云稀薄的时候是会出太阳的。

ze nwa ① tsɛ⁵⁵ nua⁵⁵ 名 乌云(将带来大雨水的云) dark clouds *nbbi vuliva ze nwa vunalyai tala, ggwalagge miha*。山头上乌云密布,不停地压迫下来,估计是要下雨了。

ze nwa ② tsɛ⁵⁵ nua⁵⁵ 名 黑云(不透光的积云) dark cloud, cumulus *ze ne zeer nyo ze nwa nyo, bboze nyo loze nyo*。云有白云朵和黑云朵之分,雾有坝地雾和山沟雾之别。

ze nyinyi tsɛ⁵⁵ ȵi³³ ȵi³³ 云层低矮 low clouds, the clouds are low *danyo ze nyinyi denyo, muzwa ne zedeshyi ggela manddo*。今天云层比较低矮,一会儿可能会放晴。

ze nzze tsɛ³³ ndʐɛ³³ 动 浸麻,泡麻 soak hemp, steep hemp *zebbe zehgu ge nagwar zzhoge nenzze, teo ne ze nzze jjide*。把麻放到麻坑里,放水淹没浸泡,这方法就叫作"泡麻"。

ze ra tsʰe⁵⁵ ra⁵⁵ 下蛋期的母鸡 the chicken in the eggs-laying period *ai rama tewo ze ra de, denyo ra ze dabar ra gge de*。这是只下蛋期的母鸡,我每天都会收到一个鸡蛋。

ze shyi tsɛ⁵⁵ ʃɘ⁵⁵ 名 梭子,梭草 shuttle *ze shyi daga kasagge*。准备换接一支梭子。

ze si tsɛ³³ si³³ 名 香樟树,香樟木 Cinnamomun camphcra *ze si nggangguge bar nagwarha bbezzyi ddebbwa mapa*。香樟木家具里边储存粮食,放几年,粮食都不会生虫。*camphcara zhe si sica bbe kentru hane zesi ssure nala ne goi pekwa debbe*。香樟树叶、树枝通过蒸煮,可以提取珍贵的香樟油。

香樟树枝

ze syi ① tse⁵⁵ sɚ⁵⁵ 名 新麻（新剥的麻皮）newly planted ramie *ze syi bbela ngala, ze lebbe tiha nchyi tamazzuse.* 现在新麻已经出来了，陈麻这时都还没有捻完。

ze syi ② tse⁵⁵ sɚ⁵⁵ 名 头皮屑 dandruff

ze vai tsɛ³³ vaj⁵⁵ 名 麻绳 rope made of hemp *sufu rataerqo depe hzhemo vakazai nceze ze vai dagehggui ronbbovalo.* 索夫捆了一块石磨在自己的屁股上，坐在屋里搓着大麻绳，等野人婆来。（民间故事）

ze vura tsɛ³³ vu³³ ra³³ 名 麻布 flax, linen *ze nagwai zhe kezhoi zhe ddenchyii ze vura ngedde za.* 剥下麻皮煮成麻纤维，捻成麻线织出麻布来。

ze yahbbu tse⁵⁵ ja³³ əbu³³ 云层厚 thick clouds

ze zho ① tse³³ tʃo⁵⁵ 煮麻皮（煮苎麻的麻皮）boil hemp husk, boil ramie husk *afufu jjolane qamashe amakea ne yava ze zho gge tiyajje.* 阿付付回来跟她妈说，大妈正在家里煮麻皮。

ze zho ② tse³³ tʃo⁵⁵ 煮过的苎麻皮，熟的苎麻皮 boiled hemp husk, boiled ramie husk *ashyishyii qamao ze zho bbe ddadwai zzhonbbar zhece ddwajje.* 阿什什的妈妈端着煮熟的苎麻皮到河边去洗。

ze zzyi tse³³ dʑɚ³³ 名 麻线，麻纱 twine, flax, yarn of ramie *nbbolobashe paozhegassao lazhyiga erpe qo ze zzyi desyi kasai jihji gge.* 冕宁村抛折呷子逮到一只海青，用一根麻线拴在脚上到处走动。

麻线、麻绳

zebbe ddeshyi dazwa tse⁵⁵ be⁵⁵ de⁵⁵ ʃɚ⁵⁵ da³³ tsu³³ a³³ 云开雾散 the clouds clear away, the clouds begin to scatter *mejoge zebbe ddeshyi dazwa, maca ngalaggeqomamabbe ngeko.* 天空里云开雾散了，等会儿就要出太阳，把花椒拿出去晒。

zebbe ggwarhggwar gge tse⁵⁵ be⁵⁵ guɚ⁵⁵ əguɚ⁵⁵ ge³³ 云在飞翔，白云纷飞 clouds are flying *mejoge zebbe si ggwarhggwar gge, ama ssanyo meozzho meizzhomanchwa.* 仰望天空时，云彩在天空飞翔，妈妈的幺儿头脑里一片空白，忘记了自己在天上还是在地下。

zebbe tenddryinddra tse⁵⁵ be⁵⁵ tʰe³³ ndʑɚ³³ ndʐa⁵⁵ 天上的云散开 the clouds scatter *mejo ge zebbe te nddryinddrai maha gga, danyo me ngendde gge za.* 天空里的云散开了，看来今天是个好天气。

zehgge izhere tse⁵⁵ əge⁵⁵ ji⁵⁵ tʃe⁵⁵ re⁵⁵ 名 芝麻油 sesame oil *ale ggobi cyinazhai zzyihane* *zehgge izhere sigwar de*。我在做凉拌菜的时候,只喜欢添加芝麻油。

凉　拌

zehgge nkebyi tse³³ əge³³ ŋkʰe³³ pzɿ³³ 残缺的芝麻种子,半个芝麻壳 incomplete sesame seed, half sesame seed *sute o zehgge nkebyi wohji ddwai su ggupa zzzho dei ddege kei ajje*。这个人拿着这个残缺的芝麻种子,到一个有老鼠的人家去投宿了。

zehggwa ne nzzyinzzyi tse⁵⁵ əgua⁵⁵ nɛ³³ ndʑɚ⁵⁵ ndʑɚ⁵⁵ 大雾弥漫加小雨 be foggy and sprinkle *anyazho aryii huge zehggwa ne nzzyinzzyi za, tihane ggwaxxo lamanddo*。你往下边看看,深沟里头,我们的村庄云雾弥漫着,估计这个时候正在下小雨。

zehggwake nzzyinzzyi tse⁵⁵ əgua⁵⁵ kʰɛ³³ ndʑɚ⁵⁵ ndʑɚ⁵⁵ 动 下雾(云雾缭绕) be foggy, mist *nbbiqo jjizzoroha zehggwake nzzyinzzyi za, mankwarshe ne ggwalagge*。抬头往上看时,山头上云雾缭绕,下午可能要下雨。

zenzze hgu tse⁵⁵ndze⁵⁵ əku⁵⁵ 名 麻坑(泡麻坑,浸泡麻秆的坑) the pole for soaking hemp

zeze tsɛ⁵⁵ tsɛ⁵⁵ 名 接头,节子,关节 junction, connector, knot *lamoma, ni chesui ssumi bbuga yamardaga, deze zeze ge htehge a ava gula*。拉莫曼,你吃的这根玉米秆看起来像甜的,你弄一节子给我吃。

zere zere ① tse⁵⁵ re⁵⁵ tse⁵⁵ re⁵⁵ 拟声 噼啪噼啪(雨点打在瓦板上的声音) the continuous patter of raindrops *danyo ggwahbbu nehimiha, zerezere na anesu barla ddo*。今天是大雨倾盆啊,噼啪噼啪,这么大的雨,你是怎么赶过来的哦。

zere zere ② tse⁵⁵ re⁵⁵ tse⁵⁵ re⁵⁵ 汤淡且少,清汤寡水 clear soup, insipid soup *tedde nddavar ja shaha, shyimabe, zhanga bbe zzho zere zere demi si racea*。他家请客,肉没有准备充足,后边几轮就只有清汤寡水了。

zesi lo tse³³ si³³ lo³³ 名 香樟树沟(地名) Camphor Tree Ravine *zesi lo ge gagu yami debbe ha dege, iddangaha atege gagunbbar*。香樟树沟那片地里有很多黄姜,困难时期常在那里挖黄姜充饥。

zezerahzhe mapa tse⁵⁵ tse⁵⁵ ra³³ ətʂe⁵⁵ ma³³ pʰa³³ 不得要领,抓不住重点,归纳不了 fail to grasp the main point, can't conclude *lahane zzhyikaato na zezerahzhe mapade, tizzhyibbanyi yanzzyide*。拉哈讲话的时候,总是抓不住重点,听他讲话真是费劲。

zha ① tʂa⁵⁵ 动 赶,跟上 catch up with, follow *na va na zha na zha i varhji ka ma mia*。紧赶慢赶,差点就跟不上你了。

zha ② tʂa⁵⁵ 动 撵,驱赶 drive away *fu ge lilissyi copar bbe ngogwa har zha ddwa*。村子里的年轻男子,全部去撵老熊去了。

zha ③ tʂa⁵⁵ 名 杯子 cup

zha ④ tʂa⁵⁵ 名 马蜂,黄蜂 hornet, wasp *zaxissyi zzhyisui zhabulili jjibarbbi de ha. kata zyihzyi, suqolaha*。扎西家屋檐下有一个坛子一样大的马蜂窝,你别招惹它,谨防马蜂蜇人。

zha ddwa ʧa⁵⁵dua⁵⁵ 动 追 chase *ssumi ggaku ddehji nwao i zha nga zha ddwa jje*。拿起玉米馍馍（要送的）追赶彝族朋友去了。

zha ka ① ʧa⁵⁵kʰa⁵⁵ 名 关卡，关口，关隘 gate, pass *sshyimaga tehguiddalane ryipage zha ka nencai hzhobwa kelo za*。从尼日河过索道上来，路上设置了巡值关卡，用以堵住往来的盗匪。

zha ka ② ʧa⁵⁵kʰa⁵⁵ 名 战壕，掩体，要塞 trench, blindage, fortress *zideosonezizzhacela jjahane nzzalige zhakao teer ne nyonganchajje*。在火把节第一天，回家去吃早饭的时候，被蜀汉兵占领了要塞。（民间故事）

zha kar ʧa⁵⁵kʰɚ⁵⁵ 名 隘口（用刀砍木料时的切口）the incision of cutting the wood by a large knife *sibu yabbisu lwahane zhakar ddamacu ne talwa mapa debbe*。砍伐粗大木料的时候，不开隘口就不好砍断的。

zha ma ʧa⁵⁵ma⁵⁵ 名 火镰 steel (for flint) *zha ma ddaga vi kencu, viikahja xxikencu xxikwhjane xxingeca*。打起火镰来点着火草，用火草去点燃兰花烟，点燃兰花烟就把烟抽。

zha mar ra ʧa⁵⁵mɚ⁵⁵ra⁵⁵ 小杯子 little cup, noggin *jjimar lonbbudde vuhjilaza, zha mar ra dege vu denzzho qogezyi*。吉满龙部家送酒来了，敬一小杯子酒给先祖。（相亲问酒）

zha nga ① ʧa⁵⁵ŋa⁵⁵ 名 今后，将来 future *zha nga le aryi nyogwa dezhengua beji la menbbryi gga*。今后有条件的时候，我们一起到北京去观光。*zhanga ne timagga, nemwahwa kezzoro*。今后我不会这样了，不信你就监督我。

zha nga ② ʧa⁵⁵ŋa⁵⁵ 名 后边，后面，背面 back, rear *yazhuo la teryi zha nga zzhose, teryi shwalwa de nehssyialaggejje*。杨卓和他们还在后边，他们说要赶汽车回来。

zha nga hzyi ʧa⁵⁵ŋa⁵⁵ətse⁵⁵ 名 下层 downstairs

zha nga lha ge ʧa⁵⁵ŋa⁵⁵ɬa³³kɛ³³ 下个月里 in the next month

zha nga nyo ʧa⁵⁵ŋa⁵⁵ȵo³³ 名 次日 the next day

zha ngaga ʧa⁵⁵ŋa⁵⁵ka⁵⁵ 名 阴茎（下边那一根）penis

zha nzza ʧa⁵⁵ndza⁵⁵ 被马蜂蜇 be stung by the hornet *har sunbbu zha i na nzza*。熊鼻子被马蜂蜇了。

zha pryi ʧa⁵⁵pʰʐɚ⁵⁵ 割蜂巢（割取马蜂的蜂窝）cut honeycomb *ale zha pryi hane medepu mabbo mapa de*。我在割取金环蜂蜂巢的时候，必须要准备一个点燃的火把。

zha sshao hyo ʧa⁵⁵ʐao⁵⁵xjo⁵⁵ 轮巡敬酒，依次派酒 propose a toast in turn, serve wine in turn *zha sshao neo nahnagarhar kacua hyo la, dessho nessho ssala xxissho dase*。两个托盘从两边开始，依次敬酒，交叉一轮，交叉两轮，一共要交叉108轮。

zha ssyilo ʧa⁵⁵zɚ⁵⁵lo⁵⁵ 名 杯底 the bottom of the cup *ni vu zhassyilo la tama harhar demi, zhao nbbuddezua neqi ddatahji*。你杯子底都盖不住的那点酒，快干杯了，把杯子交还给我，不要搁着耽误时间。

zha ya ʧa⁵⁵ja³³ 名 帐篷，篷子，茅棚 tent, awning, pondok *cyibinqila nbbryissoi teryi silage kei ggejje zha ya deodahji ddwa*。赐秉棋和部日若依他们要野营，每个人带了一顶帐篷上山去了。

zha zha ʧa⁵⁵ʧa⁵⁵ 动 撵，驱赶 drive out, whip in *memacozzyio ne tiajje, nessyi nyabba anyi ti futrege la ra zha zha gge*。野人婆对她们两个说，你父亲正在他的菜园里头驱赶啄菜

的鸡群呢。

zhabryi tʂa⁵⁵pzɿ⁵⁵ 名 肚脐 navel, belly button *yaddrebbe ne zhabryi nyo ngebobo ggede, ddakwane kegekejjo ggede*。小孩的肚脐是凸起的,长大后就凹下去了。

zhabryi ddanbbar tʂa⁵⁵pzɿ⁵⁵da³³mbɚ³³ 肚脐发炎 navel inflammation *tessyi nyo ssassa olha la ddemezzi sede, zhabryi ddanbbar za hjinbbaho*。他家的婴儿还没有满月,现在肚脐发炎需要治疗。

zhabryi ga tʂa⁵⁵pzɿ⁵⁵ka⁵⁵ 名 脐带 umbilical cord *zaya yozai i nzzibu deji rarangua yaddre zhabryi ga tejiji*。扎娅自己找了一把剪刀,把孩子的脐带剪下来了。

zhabryi nbbar tʂa⁵⁵pzɿ⁵⁵mbɚ³³ 名 脐周(肚脐周围) around the navel *nessyi yaddreo zhabryi nbbar gedwa zzho, ipa ge nddru bbezzyi zzho*。你家小孩脐周有包块,肚子里可能有蛔虫。

zhabryi qioqira tʂa⁵⁵pzɿ⁵⁵tɕʰjo⁵⁵tɕʰi⁵⁵ra³³ 名 脐周(肚脐周围) around the navel *ipa ddenyiha zhabryi qioqira ya ddenyi*。肚子疼的时候,肚脐周围疼得厉害。

zhabryidaga nahdda tʂa⁵⁵pʰzɿ⁵⁵ta⁵⁵ka⁵⁵na³³əda³³ 从一根脐带上剪下来的同胞 the compatriot cut off from one umbilical cord *muli mugamujji la agabbene ama zhabryidaga nahdda debbe*。牟利牧呷和木吉及阿呷,他们是从一根脐带上剪下来的同胞。

zhabryinbbar ddenyi tʂa⁵⁵pzɿ⁵⁵mbɚ⁵⁵de³³ɲi³³ 脐周疼,肚脐周围疼痛 periumbilical pain, the pain around the navel *ipa ddenyi hane zhabryi nbbar ya ddenyi*。每一次下腹部疼痛的时候,肚脐周围疼痛得要严重一些。

zhabu tʂa³³pu⁵⁵ 名 砂罐,砂锅 casserole, earthen pot *solomabashe zzhoha vehnagu dagfala da zhabu zzho jjakato*。居住在梭洛玛村的时候,大家富裕得一只猪耳朵就可以装满一个砂罐。

zhabyi ga tʂa⁵⁵pzɿ⁵⁵ka³³ 名 脐带 umbilical cord

zhai zzela tʂa⁵⁵ji⁵⁵dze³³la³³ 后悔死了,想极力挽救,追悔莫及 be too late to regret *tiha ngenzzyinzza hane ai coparnguha nengunala bbe zhai zzela*。现在回想起年轻时的所作所为,真是后悔死了,想把它追回来补救。

zhaka tʂa⁵⁵kʰa⁵⁵ 名 关口,关隘 strategic pass

zhakar ddecu tʂa⁵⁵kʰɚ⁵⁵de⁵⁵tsʰu⁵⁵ 开隘口 make an incision *sihddehbbu yabbi ga tiligre zhakar ddecui degguzwa ne nahdda*。那段粗大的木料,他用大刀开隘口,一会儿就砍开了。

zhama tʂa⁵⁵ma⁵⁵ 名 火镰 steel (for flint) *zhama ddaga me keshu, ssumi kenbbu a nzzhokwa ngu*。打起火镰把火点,烧起玉米作烧午(干粮)。

zhama ddaga tʂa⁵⁵ma⁵⁵da⁵⁵ka⁵⁵ 打起火镰,用钢片碰撞石头 impact the stone with steel *tihane ngabbarnyi a zhama ddage xxi dego ngece asine qwagge*。现在休息一下,打起火镰点燃烟锅,然后再开始工作。

zhama erkwa tʂa⁵⁵ma⁵⁵ɚ⁵⁵kʰua⁵⁵ 名 火石,燧石,打火石 flint, fire-stone *age ke i a zzhonbbar zhama erkwa de nahzha gge ddo*。我要到北头的河边去,捡个石英石作打火石。

zhanga tʂa⁵⁵ŋa⁵⁵ 名 后边,下边 back, underneath *barbbe ddedru mazase, tebbene ngenggogge, zhanga bbe ne ddeddrusu*。粮食没有干透,水分较多,这次的,我就全部收下了,后边的一定要晒干晒透。

zhanga dejonyoma tʂa⁵⁵ŋa⁵⁵te⁵⁵tɕo⁵⁵ɲo⁵⁵ma⁵⁵ 有朝

一日 in the future, one day, someday *zhanga dejonyoma nemahssyi ma nzzhe jja tata jji ma*。有朝一日，你们不要说没有这回事，千万不要不认账哦。

zhanga hzyi ① tʃa⁵⁵ŋa⁵⁵ətsə⁵⁵ 下一层 the next floor, the next layer *lhizyi zhanga hzyi ge kanzza ne ddeqia ddebar ggade, qo ddelu maho*。你站在梯子的下一层，就可递给我，不用上来。

zhanga hzyi ② tʃa⁵⁵ŋa⁵⁵ətsə⁵⁵ 下一梯，下一格 the next floor, the next layer *lhizyi qozhanga ssohzyi ha de, ne zhanga hzyi ge si kanzza qo ddatai*。那个梯子上下总共有四格，你就站在下一格不要上去。

zhanga kenchosubbe tʃa⁵⁵ŋa⁵⁵kʰe⁵⁵ntʃʰo⁵⁵su⁵⁵be⁵⁵ 名 属下，员工，仆从，跟班 subordinate, staff *ni zhanga kenchosubbe lenjjo manddene nzzongu yanzzyi de*。你的属下不得力的话，你工作起来难度较大。

zhanga lha tʃa⁵⁵ŋa⁵⁵ɬa³³ 下个月 next month *talhage ne shyiige, zhanga lha ne buige*。这个月是十月份，下个月是冬月。

zhanga lhage tʃa⁵⁵ŋa⁵⁵ɬa³³kɛ³³ 在下个月 in the next month *aryi zhanga lhage ne yavajjola gge, tege nyinqi ngule manyogga*。我们在下个月回家，这里的工程即将结束。

zhanga nejiba dege tʃa⁵⁵ŋa⁵⁵ne³³ji³³pa³³ta⁵⁵ke³³ 最下方边沿 the edge of the bottom *ni nzzhyiddre ai nddohane atemeli zhanga nejiba dege la zzha*。我看见你的脚犁在这块土地的最下方边沿。

zhanga ngala tʃa⁵⁵ŋa⁵⁵ŋa³³la³³ 后头来了，在后边 in the rear *nessyi nyama zhanga ngala, ne desyi ngelo*。你妈妈在后边，马上过来，你稍等。

zhanga ngu tʃa⁵⁵ŋa⁵⁵ŋu³³ 走在后头，断后 bring up the rear, cover a retreat *chezyi ni dde zhanga ngu, desyi kezzhoro*。你的车子走在后头，要做好善后工作。

zhanga nyo tʃa⁵⁵ŋa⁵⁵ȵo³³ 名 次日，翌日（第二天）next day, tomorrow (the second day) *shopele lagge tiggede, zhanga nyo ne vutesshyii ddehggwar mapaza*。他先前都说要来的，第二天却喝醉酒了，在床上根本就起不来了。

zhanga si tʃa⁵⁵ŋa⁵⁵si³³ 今后再，以后才 later

zhanga so tʃa⁵⁵ŋa⁵⁵so³³ 次日早晨，第二天早上 the next morning *temo zhangaso ne zhanga zhalai aryipe mimi la*。他也是第二天早上追到这里和大家汇合的。

zhanga ssolhage tʃa⁵⁵ŋa⁵⁵zo³³ɬa³³ke³³ 以后的四个月里 in the next four months *tangeddwane denyodenbyo dde npigge, zhanga ssolhage ne meregaqigge*。从今天开始就会一天比一天冷，以后的四个月里就要发烤火费了。

zhanga ze tʃa⁵⁵ŋa⁵⁵tse⁵⁵ 后半截，下一段 the latter part *ne te nzzhonzzyi pwa zhanga ze desyi ddeze a kabbanyi gge*。你把这张纸上后半截的内容念一下，我听一听。

zhangu su tʃa⁵⁵ŋu⁵⁵su³³ 名 接生婆，接生员，助产士 midwife *galo assyi anyamar ganyoma ne hjinbba dage zhangu su miha de*。在甘洛医院，我姑姑呷牛嫚是妇产科里有名的助产士。

zhanka tʃa³³ŋkʰa⁵⁵ 名 山（藏姓仗卡）Shan *xolobashe zhanka ma dencha nzzomo kahbba de ngu gge*。蟹螺乡有一位仗卡家族（姓山）的姑娘担任副乡长。

zhashu ga tʃa⁵⁵ʃu⁵⁵ka⁵⁵ 名 黄蜂 wasp *assyi*

nggahgu kare shibu qo zhabulili deha, zhashuga denche。我家门口的核桃树上有一个黄蜂窝。

zhaya tʃa⁵⁵ja³³ 名 帐篷 tent ssahgge zhaya chyichyi gge, ane deva hbi kezyi。上百顶帐篷在搬移,这是比喻啥东西?（谜底:搬荞篷子）

zhe ma ① tʃe⁵⁵ma⁵⁵ 名 大柜,玉米仓,仓库,储藏室 big cabinet, granary, warehouse nwanzzubashe suyami mazzhoi taha ne ddejjimoi sela zhe ma cujje。凉山村没有搬迁的人少了,粮食增产了,家家户户都修粮仓了。

zhe ma ② tʃe⁵⁵ma⁵⁵ 大粮柜,大粮仓 big granary ddejji ddemo ne barbbe tegwa ta manyo ne zhe ma la racu gge jjigge。发财了,丰收了,粮食都没有地方放了,还需要重修大粮仓。

zhe nbbar ba tʃe⁵⁵nbɑ⁵⁵ba³³ 名 伊莎户村 Yishahu Village zhe nbbar ba she yishabbe tiha ne nyogwa pucege ngwarlaza。伊莎户村的张姓尔苏家族,现在都搬迁到海棠镇去了。

zhe pu tʃe⁵⁵pʰu⁵⁵ 名 魔芋 konjak zhe pu gaga bbe sissho bbutre tebbu si ddehmi gge debbe。魔芋块根一般要经过三四年的生长,才能够长结实。

魔芋

zhe rara tʃe⁵⁵ra⁵⁵ra⁵⁵ 略微显酸 slightly sour, subacid jjivubbe yanyo le yamar debbei danyo ne desyi ngenpryii zhe rara za。这个坛子酒昨天是醇甜的,今天就寡淡了,还略微显酸了。

zhe re ① tʃe⁵⁵re⁵⁵ 名 酸水 acid water zhe re ne ggo zhe re bbe, ggozhe re mabbo hane ngaya jji li, danchujjili。酸水就是酸菜汁,也可以是岩盐水,还可以是卤水汁。adde ggozhe sheggejja zhere mabbo, neddege zhere demi shala ddo。我家准备制酸菜,没有酸水作引子,来你家要点。

zhe re ② tʃe⁵⁵re⁵⁵ 名 豆花 tofu pudding yava zhe re demisi neddreza ddo, anela mabbo, yava desyi hssyi iggenya。家里什么都没有,只推了一点豆花,到我家里去坐一坐吧。

豆 花

zhe re ③ tʃe⁵⁵rɛ⁵⁵ 名 醋,酸汤 vinegar, sour soup nzzhyi zhyinzhyyi bbege ne zhe re ddaamma gwar ne maya de。荞凉粉里如果不添加醋,吃的时候味道就不那么好。

zhe shwashwa tʃe⁵⁵ʃua⁵⁵ʃua⁵⁵ 形 酸溜溜,酸酸的 sour sebbe tebbe ddehi maza se, zhe shwashwa daga zzho。这些李子没有成熟,还有股酸溜溜的味道。

zhenyi ma ma tʃe⁵⁵ȵi⁵⁵ma³³ma³³ 名 红酸籽 red cranberry　*zhenyoimama bbeiyovuliva kkeddrei nyigutezyisho mesyidage ncaigge*。去道场送牺牲时,要摘很多红酸籽抹在公羊的头上,把羊头抹红了。

zhenyi mamasi tʃe⁵⁵ȵi⁵⁵ma³³ma³³si⁵⁵ 红酸籽树 red cranberry tree　*zhenyi mama le zyi newo ersubbe va singu gge jja njjinjji jje*。红酸籽树和蕨萁草争着比着要为尔苏人民服务。(民间故事)

zhenyi si tʃe⁵⁵ȵi⁵⁵si³³ 名 秤杆柴 balance beam wood　*zhenyi si bbene nzzenzze yazzho debbe, kefuha kawalili pa debbe*。秤杆柴的韧性很强,可以把它弯成圈。

zhepu mido tʃe⁵⁵pʰu⁵⁵mi⁵⁵do⁵⁵ 名 魔芋花 konjak flower　*lalaman zhepu mido nebu techyi a ava qila*。拉拉嫚,你去摘两朵魔芋花来交给我。

zhepu nzzyii ntre tʃɛ⁵⁵pʰu⁵⁵ndʑəj⁵⁵ntɽʰe⁵⁵ 魔芋粉丝 konjak vermicelli　*zhepu nzzyii ntre bbe ne erdryi tagwar goi yanqo debbe*。魔芋粉丝是雪白的、条状的、很好看的粉丝。

zhepu nzzyii tʃɛ⁵⁵pʰu⁵⁵ndʑə⁵⁵ji⁵⁵ 魔芋粉 konjak flour　*zhepu nzzyii bbene shantre ncaha shai ge keba gge debbe*。魔芋粉可掺和在面粉里,制作高质量的魔芋面条。

zhepu zhyinzhyi tʃe⁵⁵pʰu⁵⁵tʃɕ⁵⁵ntʃɿ⁵⁵ 魔芋豆腐 konjak tofu　*zhepu zhyinzhyi nezzyi ane su yabbu bbe desyi ngahga gge de jje*。据说,食用魔芋豆腐能够减肥。

魔芋豆腐

zhere demi tʃe⁵⁵re⁵⁵te⁵⁵mi⁵⁵ 一点豆花,一些豆腐菜(谦称) a little tofu pudding, a little bean curd　*nddavar debbe la, yava ane la mabbo, zhere demi si kezui ne ryiva gua*。尊贵的客人到了我家,可家里穷,没啥可招待,只烧了一点豆花招呼大家。

zheregwar tʃe⁵⁵re⁵⁵kuɚ⁵⁵ 添加酸水 add acid water　*zure ddehi bbege zhere kagwar ne lwanbbu tebbu ane selayahgga*。在煮熟的豆浆里边添加酸水,就做成了大家喜爱的豆渣菜。

zho ① tʃo⁵⁵ 动 度过(年节),过节 celebrate a festival　*zi denyo zho denyo ne nyila nggu va qozyi ssyi zyi ho debbe*。过节和过年的时候,都需要给先祖上敬酒和肉。

zho ② tʃo³³ 动 过年(年岁更迭) celebrate the spring festival　*zii zihdo deryi ha, zho i zhohdo deryi ha*。过节有过节的礼节和仪式,过年有过年的礼节和仪式。

zho ③ tʃo³³ 名 燕麦 oat　*zho i ne yamar debbe, zho nzzaha ne zho mar nanzza debbe*。糌粑汤是好喝的,但是炒燕麦的时候容易过敏。

燕 麦

zho ④ tʂo³³ 动 煮 stew, boil, cook *abba le yava nddavarma neo lazajje shyi zho gge.ama nche zho gge*。爸爸说，有两位小女孩来家里做客，他正在煮猪肉，妈妈在煮米饭。

zho ⑤ tʂo⁵⁵ 动 酿造 brew *zzilhaloge ersubbe ne, debbutre nyissyi trole vu zho ho debbe*。则拉乡的尔苏人每年都要酿造射箭节专用的醪糟酒。

zho ⑥ tʂo⁵⁵ 名 钟，表 clock, watch *te zhon nkwar kaamar zahane yanbbar de*。这面钟发出的响声，在夜晚显得特别清晰。

zho bbwa tʂo⁵⁵bua⁵⁵ 名 泡沫，浮渣，浮沫 foam, froth, bubble *byimao qo ddemesshai sumpwa ge zhobbwa susu ngala*。那个青蛙被花椒籽麻到了，嘴里不停地冒出很多泡沫。

zho ddo tʂo⁵⁵do⁵⁵ 名 证件（蟹螺语）credential, papers *kessyi ggejji soliddi vanbbryi nzzomo ddege zho ddo de shaihodebbe*。不管你要去哪里，都需要到松林地王千户衙门去取一个证件。

zho ga tʂo⁵⁵ka⁵⁵ 捶打燕麦 hammer oats *zhobarbbene jiguge keshei ngalamelidebbe, zho ga ha ne shomocuhode*。因为燕麦粒深藏在燕麦须里，不容易从壳里脱离出来，所以捶打燕麦很费劲。

zho gga tʂo⁵⁵ga⁵⁵ 节日歌，祭祀歌 the festival song, the sacrificial song *zidenyo zho denyoo ne zohdo zho gga nge debbe*。逢年过节要唱祭祀歌、跳祭祀舞。

zho i tʂo⁵⁵ji⁵⁵ 燕麦炒面（糌粑）oats chow mein, tsamba *ggunddro hgenwa ge zho i daka nagwar-i hji ddwajje*。在一个老鼠皮口袋里，装一点点燕麦炒面就出发了。

zho ke tʂo⁵⁵kʰe⁵⁵ 名 监狱（蟹螺语）prison *nzzyimo wujalige bbanyimalisubbe kemi tessyi zzho zho ke ge kejjiza*。恶霸抛烘乌甲把不服从压迫的人捉去，关在他家私设的监狱里了。（民间故事）

zho njjonjjo tʂo⁵⁵ndʐo⁵⁵ndʐo³³ 燕麦穗 oats ear *zho njjonjjo dde nggo bbe mejji nbbar kereddo nexxoane zhomamanala*。把拾来的燕麦穗在火塘边烤干，搓揉后就把燕麦粒捋下来了。

麦 穗

zho npyi ʧo⁵⁵ npʰzɤ⁵⁵ 名 唾液，口水 saliva, spittle *lamimao qamalige zho npyi nenpyi i nabar nabari tepyi a*。拉咪嫚被她的母亲吐着口水数落了半天，被骂得狗血喷头。

zho nteo ʧo⁵⁵ ntʰeo⁵⁵ 名 钟头，钟点，小时 hour *tihane chenduda galobarla zho nteo ssofu, zhangane zho nteo neolamafu*。现在从成都到甘洛要四个小时，今后则要不到两个小时。

zho nto ʧo⁵⁵ ntʰo⁵⁵ 名 点，钟头，小时 hour *yaha su tesho dage ddwai ramamar, daso meddencuasi zho nto de kamar*。昨天晚上到死者家去通夜守灵，今天早上才补睡了一个小时。

zhobbu ʧo⁵⁵ bu⁵⁵ 燕麦秸秆，燕麦秆 oat straw *neryi imarnala tele ddia yojji zzeo zhobbu bbege ngenbbea kamar*。如果你们想睡了，就爬上羊圈楼，钻入燕麦秸秆堆里边睡觉吧。

秸 秆

zhobbwa ʧo⁵⁵ bua⁵⁵ 名 气泡，泡泡，泡沫 bubble, foam *zzhohgu ge zhobbwa dde ggaggai ddala, me ddahdda gge la ma nddo?* 水井里泛起很多气泡，会不会发生地震呢？

zhobbwa ddabbar ʧo⁵⁵ bua⁵⁵ da³³ bɑ⁵⁵ 布满泡沫 be full of bubbles *zzholewawa ge zhobbwa ddabbar za, byima de zzhogezzho*。小水塘里布满了气泡，有一只青蛙在水里边。

zhobbwa ddala ʧo⁵⁵ bua⁵⁵ da³³ la³³ 动 起泡，冒泡，发泡 blister, bubble *lwanbbu ddre hane zurebbe zhobbwa ddala gge dabbe*。用石磨推豆浆的时候，会冒出很多泡沫来的。

zhobbwa ggoi zzho ʧo⁵⁵ bua⁵⁵ go⁵⁵ ji³³ ʤo³³ 泡沫丰富，很多泡沫 be rich in foam *lwanbbu zzizzi bbege ne zhobbwa ggoi zzho gge debbe*。没有煮过的生豆浆里边，是会有很多豆浆泡沫的。

zhobbwa tada ʧo⁵⁵ bua⁵⁵ tʰa³³ ta⁵⁵ 撇去泡沫，打掉浮沫 skim the foam *shagwage vashyi desyi nezhoza, kezzoroa zhobbwa tada nyipyi*。砂锅里边炖着一些猪肉，你看有泡沫就把它撇去。

zhobbwa zzho ʧo⁵⁵ bua⁵⁵ ʤo³³ 有泡沫的水，泡沫水 bubble water *shababbei byijo ha kabbanyine, zhobbwa zzho bbe neshosho debbejje*。沙巴口诵经的经文说，有泡沫的水是可以饮用的。

zhoddo ʧo³³ do⁵⁵ 名 痕迹（蟹螺语）trace, mark *hzhobwa otege kwarddwa za, alo zhoddo de syi tege kasa za*。盗贼是从这里进去的，你们看这里留有痕迹。

zhoi ncami ʧo⁵⁵ ji⁵⁵ ntsʰa³³ mi³³ 糌粑汤，糌粑浆 tsamba soup, tsamba liquid *mecu labbyi bbe ddata magge miha bbe zhoi ncami nahar neguneyakadra*。体弱的羊羔估计过不了冬的，搅糌粑汤来喂养它们，它们就会强壮起来的。

zhomar nanzza ʧo⁵⁵ mɑ³³ na³³ nʣa³³ 燕麦芒过敏 be allergic to oat awn *ddroge* *zhonzzahane qigenehssyi zabbene zhomar nanzza gge debbe*。锅里炒燕麦粒的时候,坐在火塘边烤火的人可能会对燕麦芒过敏。

zhongu tʂo⁵⁵ŋu⁵⁵ 名 钟(敲的钟) bell *dwapusa nbbiqo miige zhongu yabbigao mo nahzhai zahjila za*。团结乡大菩萨山上寺庙里的大钟,现在又被找到并抬回来装好了。

钟

zhonjjo nggo tʂo⁵⁵ndʐo⁵⁵ŋgo³³ 拾燕麦穗 pick up oats ear *zhochyi hene kwakwa bbene zhochyi, yaddre bbene zhonjjo nggo*。秋天收割燕麦的时候,大人们在前边收割燕麦,小孩们就在后边拾燕麦穗。

zhonpyi hmi tʂo⁵⁵npʰɕ⁵⁵əmi³³ 吞口水,吞咽唾液 swallow saliva *nya ncha zzyibbwazhe za, azho zhonpyi hmi nssensse gge*。看来小婴儿是想吃东西了,你看他不停地做吞咽动作。

zhonpyi ne npyi dʐo⁵⁵npzɕ⁵⁵ne³³npʰɕ⁵⁵ 吐口水 spit *aige menggema o zhonpyi ne npyi deqi ddabar, ddegusi bbale bbalegge*。门格嫚被我吐着口水痛骂了一顿,她无话可说,只有眼巴巴地瞪着我。 *ryipaga ngalahe byima de jjihdoo jji hdo ggei zhonpyi ne npyiila*。在来的路上,见到一只青蛙在我面前跳跃,我吐了它一口口水,就绕道回来了。

zhonpyi nehmi tʂo⁵⁵npʰzɕ⁵⁵ne⁵⁵əmi⁵⁵ 吞口水 swallow saliva

zhonpyi npyi tʂo⁵⁵npʰɕ⁵⁵npʰzɕ³³ 吐口水 spit

zhonpyidela npyimaqi tʂo⁵⁵npzɕ⁵⁵te³³la³³npzɕ³³ma³³tɕʰi⁵⁵ 口水都没有吐过,爱护有加,珍爱 take good care of, cherish, treasure *ai yaddre bbeva zhonpyidela ke npyimaqi tesingui ddakwa debbe*。我把娃娃们视若掌上明珠,连口水都没有吐过他们。

zhonsi tso⁵⁵nsi³³ 名 棕榈树 palm *aryile tihane cada zhonsi jigu tagwai hjilai zure regga, qicyi naqwa*。我们现在到矮山去剥棕榈树的树皮,做成滤网来滤豆浆,不再用口袋过滤了。

zhu mafu ① tʂu⁵⁵ma⁵⁵fu⁵⁵ 不要表扬,不用表扬 don't praise, don't have to praise *issa yancu jja zhu mafu, ssii yancujja zhu mafu*。儿子优秀不用夸,女儿优秀不须夸。

zhu mafu ② tʂu⁵⁵ma⁵⁵fu⁵⁵ 不需要展示,不用出示 don't have to show it *sejji neminpu de razahase, zhu mafu hoa nggu ige nagwar tesingu*。谁都知道你获得了一颗珠子,不需要展示,快放入包里收好。

zhui zhuma tʂu⁵⁵ji⁵⁵tʂu⁵⁵ma⁵⁵ 名 点子,谋略,主意 methods and ideas *aryi momo bbene zhui zhuma dda gane neryi coparbbe ne shomocu*。我们老年人出谋划策,你们年轻人付诸行动。

zhuru zhuru tʂu⁵⁵ru⁵⁵tʂu⁵⁵ru⁵⁵ 拟声 嘟噜嘟噜

（喝酒的声音）the sound of drinking *loshale vucayanga de, azho vuzha tilige zhuru zhuru nbbuddezwa*。你们看洛萨是个喝酒厉害的人，那杯酒被他嘟噜嘟噜就喝下去了。

zhwa ① tʃua⁵⁵ 拟声 嘟啊（地一声）*Zua nyinqi namangu, mejo zhwa nagwar ni ssyi ge nehzho ggeba?* 你不劳动，难道老天爷会嘟啊一声，把吃的塞到你嘴巴里来吗？

zhwa ② tʃua⁵⁵ 名 砖 brick *laligawo zhwa nca dege gassyingujja, denyola sihssapwa rapajje*。拉里噶在砖厂打零工，据说每天工资300元。

zhwa ③ tʃua⁵⁵ 动 捞人，保释（取保候审）bail

zhyi ① tʃɘ⁵⁵ 名 尖端，末梢 cusp, tip *hitagane vuli nge zhyi dage nemaha daga*。这棵竹子的头部尖端是秃顶的。

zhyi ② tʃɘ⁵⁵ 名 柜子 chest, cupboard *ta zzyi jjigo zhyi ke ssumi nabwa zzho*。他家上位的柜子里有两斗玉米。

zhyi ③ tʃɘ⁵⁵ 形 焦，煳 burnt, adust *nggaku mejji ge kanbbu jja ke zhyi keru i ngezzyi ma ya*。馍馍在火头被炕得焦煳，不能吃了。

zhyi ga tʃɘ⁵⁵ ka⁵⁵ 动 收割 harvest, reap *repu bbekalala ne ne zhyi ga yava kagwar si swanddi de*。庄稼栽种下地，要收割归仓后才算数。

zhyigu zhyigu ① tʃɘ⁵⁵ ku⁵⁵ tʃɘ⁵⁵ ku⁵⁵ 七嘴八舌，众说纷纭 all talking at once, opinions vary *sihi sshuinyo subbe nyaha nzzazho zhyigu zhyigu njjinjji gge*。今年有闰月，大家七嘴八舌地争论什么时候过年（依不依闰月）。

zhyigu zhyigu ② tʃɘ⁵⁵ ku⁵⁵ tʃɘ⁵⁵ ku⁵⁵ 叽叽喳喳，喧哗吵闹 uproarious

zhyiryi zhyiryi tʃɘ⁵⁵ rɘ⁵⁵ tʃɘ⁵⁵ rɘ⁵⁵ 拟声 呼呼（风的呼啸声）the whistle of the wind *ggeqo si sha ddwa jja, meer daga zhyiryi zhyiryi vahji tamar-ihjiddwa*。我到山岗上去背柴火，岗上凛冽的寒风呼呼地刮着，就像要把人吹走似的。

zhyivu zhyivu tʃɘ⁵⁵ vu⁵⁵ tʃɘ⁵⁵ vu⁵⁵ 拟声 呼呼（风的呼啸声）the whistle of the wind, howl *nyope meer daga zhyivu zhyivu, nagu latehzhyi zzela*。在外边山上，大风呼呼地刮着，耳朵都要被吹掉的样子。

zi ① tsi⁵⁵ 动 拔，扯出，拆除 raise, pull out, dismantle *melige ggonbbar dde nyi bbe yaddrebbelige ddezi maha shuza*。地里的红萝卜全部被小孩们拔起来了。

zi ② tsi³³ 动 断裂，挣断 crack, snap *tro lige bryi ga la tezi po ddwa za*。狗把绳子挣断，跑掉了。

zi ③ tsi⁵⁵ 名 头发 hair *zi bbe nwaku te zyi i ggui ya ndde*。头发乌黑，长得很好。

zi ④ tsi⁵⁵ 名 火把节 the Torch Festival *er i lha nwa deo nyo ne zi debbe, zi i zihdo de ryi ha*。农历六月十六火把节开始，火把节有节日礼俗。

zi nge zzhyi tsi⁵⁵ ŋe⁵⁵ dʑɿ³³ 动 脱发 lose one's hair *amu yoga ne syinyi ne shyi asse ya? zi gɘryi la nge zzhyi i tezzu gga ta*。阿穆约呷，你操心的事情很多，是不是？你的头发都要掉光了。

zi roro ① tsi⁵⁵ ro⁵⁵ ro⁵⁵ 名 串铃（挂在马脖颈上的响铃）a string of bells (on a horse), the ring that hung on the neck of the horse

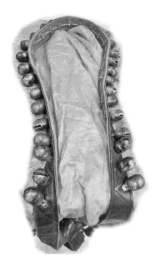

串 铃

梳子、木梳

zi roro ② tsi⁵⁵ro⁵⁵ro⁵⁵ 名 风铃,铃子 aeolian bells

zi roro ③ tse⁵⁵ro⁵⁵ro⁵⁵ 名 (小孩帽子上的)饰铃 decorative bells(on the kid's hat)

zi ru tsi⁵⁵ru⁵⁵ 动 剃头,理发 shave off one's hair *akwabuha marmar hane zi de nyi ru ne wan-wa nbbe ggede, ddakwane manbbea*。布哈大伯小的时候,每次剃头都哇哇大哭,后来长大了就不哭了。

zi ru bbazha tse⁵⁵ru⁵⁵ba³³tʃa³³ 剃头刀 razor *drema o nesu nesu i zi ru bbazha nengu pa de nanca za*。把弯刀磨了又磨,磨得可以用来做剃头刀了。

剃头刀

zi shyi da tsi⁵⁵ʃɔ⁵⁵ta³³ 名 梳子,木梳 comb *ai zi shyi da ga la nge shyiji a*。我的梳子被弄丢了。

zi te hzhyi tsi⁵⁵tʰe⁵⁵ətʃɔ³³ 扯头发 tear one's hair

zi vu nzzu tsi⁵⁵vu⁵⁵ndzu³³ 名 发梢 hair tip

zi yashe debu tsi⁵⁵ja⁵⁵ʃe³³te³³pu³³ 一头长发 long hair

zice dage tsi⁵⁵tsʰe⁵⁵ta³³ke³³ 理发店,美发店 barbershop *shoi mimaha, taha ne nyikebubu ggejja zice daga la sumar ryi mali a*。不像过去了,现在的理发店说是怕传染疾病,不再给顾客刮胡须了。

zidenyo zhodenyo tsi⁵⁵te⁵⁵ȵo⁵⁵tʃo⁵⁵te⁵⁵ȵo⁵⁵ 节假日,节日时分 festival and holiday *zidenyo zhodenyo ne nyilangguva qozyissyizzyifu debbe*。过年、过火把节的时候要给宗亲姻亲的先祖们上敬酒和肉。

zier ga tsi⁵⁵ɚ⁵⁵ka⁵⁵ 白头发,白头发的人 white hair, the person with white hair

zili zili tsi⁵⁵li⁵⁵tsi⁵⁵li⁵⁵ 拟声 啧哩啧哩(唤鸡来啄食的吆喝声) the sound of calling chicken to peck *raibbene ne aryiva zili zili ne zzanezyi, jorojoro ne zzhonegu aneli tiajje*。小鸡们告诉鸡妈妈,啧哩啧哩唤我们来吃食,囬咯囬咯唤我们来喝水,你这

样庇佑我们就行。(民间故事)

ziri ziri tsi⁵⁵ ri⁵⁵ tsi⁵⁵ ri⁵⁵ 拟声 喷哩喷哩 the sound of calling chicken to peck *ne aryi va ziri ziri zza ne zyi, jorojoro zzho negu a ne li*。你给我们喷哩喷哩来喂食,囧咯囧咯来喂水,就可以了。

ziru da tsi⁵⁵ ru⁵⁵ ta³³ 剃头刀,理发剪了 razor *ti lige ziru da o nesu i bbyi nzu bar ntwa de nanca za*。他把剃头刀磨得像蜂蜇一样锋利了。

zishu nchancha ① tsi³³ ʃu³³ ntʃa³³ ntʃa⁵⁵ 掺火把 hit torch

zishu nchancha ② tsi³³ ʃu³³ ntʃa³³ ntʃa⁵⁵ 打火把比赛 the game of hitting torch

zishyi da tsi⁵⁵ ʃɚ⁵⁵ ta³³ 名 梳子 comb

zizi tsi⁵⁵ tsi⁵⁵ 动 剁 chop, cut *ngezzi bbe nezizi le bbe ne ne zizi, na ncanca le bbe ne na ncanca*。这些圆根,该剁碎的就剁碎,该切片的就切片。

zizi le tsi⁵⁵ tsi⁵⁵ le³³ 被剁的 chopped

zo ① tso⁵⁵ 动 堆积 heap *harhgubbo meli ge erkwa bbe dezodezo ne zo i rozzu hbbi dessu za*。熊洞坪地头的石头堆积起很多像山一样的石堆。

zo ② tso⁵⁵ 量 堆 a pile of *gazi bbe ate lahbbi zo qu ggagga gge*。小狗们在那堆肥料上戏耍。*moxi ssyi nggahgu drotre ge yola dezu nezu i zzha*。莫西家门口的敞坝里堆有一堆从羊圈里取出的肥料。

zo ③ tso⁵⁵ 名 集体 collective, group, organization *hgoxxo ne barbbe ngassha zoge ngagar bbevu kezho a trolengu hace de*。秋天,大家交粮食给集体,再酿造醪糟酒供集体在射箭节的时候饮用。

zo ④ tso⁵⁵ 动 垒砌,累积 accumulate, amass

zo gga ① tso⁵⁵ ga⁵⁵ 吉祥歌,节日歌 auspicious song, festival song *jjohdo jjogga le zhohdo zho gga ne demimaha de*。赞颂石神的歌、赞颂石神的舞和吉祥歌吉祥舞是有区别的。

zo gga ② tso⁵⁵ ga⁵⁵ 大瀑布 cataract *cadabashe zogga omahssyi tele, aryi zzilhalo ggejji ssu zzho gge dege*。要不是差达村下边大瀑布阻挡的话,我们则拉乡境内也是会有鱼类的。

瀑 布

zo hwa tso⁵⁵ xua⁵⁵ 名 运气,造化 fortune, luck

zu ① tsu⁵⁵ 动 印染 dye *shoce ddeerbbe masshyiga hjiddwai dde zu ane shoce ddenwa tebbua*。把白色的披毡拿到田坝去印染,就变成黑色的披毡了。

zu ② tsu³³ 动 戴 wear *nyope ngeiggene bbu dde zu, nyope meer ergge ddenpiu*。要外出就把帽子戴上,外边在刮风,很冷。

zu ③ tsu⁵⁵ 名 豆,黄豆 soybean *zu bbe nenzzei lwanbbu neddrei kazuhane suva yapijje*。黄

豆浸泡后推豆浆,做豆渣菜,据说吃豆渣菜对人有好处。

黄 豆

zu ④ tsu⁵⁵ 名 灶 stove, hearth *zu gemeo zzorozzoro ngu tenzzho ha, sigwar dalahane sikagwar*。灶烘里的火要随时关注着,该添加柴火的时候要及时添加。

zu ⑤ tsu⁵⁵ 动 烧(汤)cook *zzo demi ka zu a zzhare naga cegge*。烧点水,我准备泡一点茶来喝。

zu da tsu⁵⁵ ta⁵⁵ 名 沸点 the boiling point *zzhocao kacane zu da ddabar neddezu ggede, zuda ddamabarne ddezu maggade*。烧水时,达到沸点就开了,没有达到沸点就没烧开。

zu lo tsu⁵⁵ lo³³ 名 沙奎子(小型的石臼)small stone mortar

zu mi tsu⁵⁵ mi³³ 黄豆泥 mashed soybean

zu nddre tsu³³ ndʐɛ⁵⁵ 名 碓杵,沙奎棒,臼杵 pestle *ssahbu ssyissio zu nddre gate linei shu, byimao gwardrena gwarne nbbo npu addeyo*。财主家的小女儿从马背上掷下沙奎棒,青蛙呱嗒一声就跃到马颈脖上。(民间故事)

碓杵、沙奎棒、白杵

zu nzze dzu⁵⁵ ndzɛ⁵⁵ 浸泡黄豆,把黄豆浸在水里泡涨 soak soybean *aige zu danabar ne nzze za, soncho ne zhyinzhyi desyi naddre gga*。现在我浸泡了一些黄豆,准备明天早上推一点豆腐来吃。

zu re tsu⁵⁵ rɛ⁵⁵ 名 豆浆 soybean milk *zu re demi ne ddre a lwanbbu nanca ce gge*。推一点豆浆来做豆渣菜吃。

zu ru tsu⁵⁵ ru⁵⁵ 名 脚印 footprint *mizzyi zu ru zhazha jjiha ne muzwa lwapwa zuru ngala ha*。你现在追寻兔子踪迹,谨防过一会儿现出老虎的踪迹。

zu zha tsu⁵⁵ tʃa⁵⁵ 名 豆渣菜,豆渣汤 dish of bean dregs *zu zha demi ngece*。喝点豆渣汤。

zuhgge nenzze tsu⁵⁵ əgɛ⁵⁵ nɛ³³ ndzɛ⁵⁵ 浸泡豆种 immerse bean seeds *ersubbene zuhgge manzze debbe, qo zuhgge nenzze hojja lhalhagge*。尔苏人是不浸泡豆种的,有段时间乡干部动员大家浸泡豆种。

zuhgu bbubbu ngu tsʰu⁵⁵ əku⁵⁵ bu³³ bu³³ ŋu³³ 鞭炮一样密集的声音,爆竹声般,炒豆子的爆鸣声 serried sound of firecrackers *yohassyi qama teshoha nyichudebbe zuhgu bbubbu ngui ketroa*。哟哈的母亲去世的时候,送葬的枪声密集得堪比锅里炒豆子的

爆鸣声。

zuhzu ssassa tsu⁵⁵ətsu⁵⁵ʒa⁵⁵ʒa⁵⁵ 打架斗嘴 fight and bicker *possassimo rarabibi manyo, defudetrege zuhzu ssassa manyo*。夫妻之间没有吵吵闹闹的,邻里之间没有打架斗嘴的。

zui zuma ddaga tsu⁵⁵ji⁵⁵tsu⁵⁵ma⁵⁵da⁵⁵ka⁵⁵ 动 策划（出谋划策）engineer *kwakwabbe neyava zui zuma ddaga, coparbbene nyope nzzhehzha*。老人们在家里出谋划策,年轻人在外面打工挣钱。

zuja tsu⁵⁵tɕa⁵⁵ 放酒坛的脚架 the foot stool for wine jar

zukwa tsu⁵⁵kʰua⁵⁵ 名 黄瓜 cucumber *zaxi ssyi futrege zukwa zunddre barbbi dagaha, shunjjatezyiza, hggengu gge ba*。扎西家的菜园里有一个长得像沙奎棒一样粗大的黄瓜,黄灿灿的,可能是留种的。

zukwa papa tsu⁵⁵kʰua⁵⁵pʰa³³pʰa³³ 黄瓜藤 cucumber vine

黄瓜花、黄瓜藤

zulili tsu³³li⁵⁵li⁵⁵ 名 棒槌 hammer

zunyo tsu⁵⁵ȵo⁵⁵ 黄豆芽 soybean sprouts

zungu tsu³³ŋu³³ 名 碓窝,石臼 mortar *ra ryigu bbe zungu ge nehzu a ne nzzhonzzho a fuzire nanca ngece*。把鸡骨头用碓窝舂细了,兑水搅拌成辣子汤来喝。 *xxongubiga lige yaddreo zungu genasai ddryinggaku ddazaihjiajje*。假话大王把婴儿放入碓窝的石臼里,把糯米糕取走了。(民间故事)

zunwa tsu⁵⁵nua⁵⁵ 名 黑豆 black soya bean *zuer bwa ge zunwa ncyi ddengu, yoerbbu ge yonwa ncyi ddengusu dei tabbu*。犹如在一斗白豆里边选黑豆,犹如在一群白羊里边选黑羊,选中了才结婚的。

zure bi tsu⁵⁵re⁵⁵pi³³ 名 豆皮,腐皮 thin sheets of bean curd *nchemi cehana, zure bi cyinazha desyi ngencence hane yamar*。喝稀饭的时候,吃点凉拌豆皮是很可口的。

zure ncabbar 名 tsu⁵⁵re⁵⁵ntsʰa³³baɚ⁵⁵ 田葛藤 Tian-ge rattan *kanpireggu zzhonbbargarhar zure ncabbar bbe si ngalyalya za*。康匹家族土地的河边,密密麻麻地长满了田葛藤。

zure regga tsu⁵⁵re⁵⁵re³³ga³³ 滤豆浆 filter soybean milk *zure bbe qacyige nagwar ne regga ne zurebbe nala gge debbe*。把豆浆倒入麻袋里过滤,滤除渣滓,豆浆就出来了。

zuzu gale tsu⁵⁵tsu⁵⁵ka⁵⁵le⁵⁵ 名 衣襟,前襟 lappet, the front part of a Chinese robe or jacket *momone zuzu gale detalwa nyanggame nengushu i ersha zzha debbe*。尔苏人的传统习惯中有老人割袍(衣襟)给新生婴儿做衣服穿的习俗。

zwa tsua⁵⁵ 动 救,捞,担保,保释 rescue, assure, bail

zwa ya tsua⁵⁵ja⁵⁵ 名 轿子,担架 sedan chair, stretcher *shoine nzzomobbe zwa ya ge nagwar-i ddencei kwarji ngwarhjidebbe*。过去,达官贵人是坐在轿子里被抬进抬出的。

zwaya tsua⁵⁵ja⁵⁵ 名 魔盒 magic box

zyi ① tsɿ⁵⁵ 名 蕨萁 fern *ersubbe zhehdongu ha ne yava zyi nyi nechyi a ngagwar ggede*。尔苏人在火把节的时候要在家里铺垫新割回来的蕨萁草。

zyi ② tsɿ⁵⁵ 副 最,特,尤其 most, very, especially *lamossyi nggaame zyi yali depo ddesshyiza*。拉莫兹穿了一套最漂亮的衣服。

zyi ③ tsɿ⁵⁵ 动 喂(饭,食物) feed *aryine denyone vezza nazza zyi, razzho sinddryi gu, ngwarru dazza zyi*。我们每天要给猪喂两次猪食,给鸡喂三次水,给牛喂一次牛草。

zyi ④ tsɿ⁵⁵ 动 搁置,放置 place, lay aside *tejwane syinyila zyi denezyi a, nzzyinzzale manyoa*。这时就把心放回原位,没有什么可以操心的了。

zyi bu tsɿ⁵⁵pu⁵⁵ 蕨萁粉团 fern dough *zyi bu bbe ngekoa ddeddru shuane tesingua zhangasi ssahssa zzyigge*。把蕨萁粉团晒干后收藏好,今后慢慢加工食用。

zyi chyi tsɿ⁵⁵tʃʰɿ⁵⁵ 割蕨萁 cut fern *sonchone fugesubbe nyogwa goinbbya zyi chyi gge ssyigemagge yozaila*。明天早上全体村民到北山上去割蕨萁,去不去自己决定哦。

zyi chyi su tsɿ⁵⁵tʃʰɿ⁵⁵su³³ 割蕨萁的人 the person who cuts fern *zyi chyi su bbe nbbya ngabbarnyiza he ne gaer deo wawa ragge jje*。割蕨萁草的人在山坡上休息的时候,一只老鸹在哇哇地叫着。

zyi ddru tsɿ⁵⁵dʐu⁵⁵ 干蕨萁 dry fern

zyi ga ① tsɿ⁵⁵ka³³ 动 筹备 prepare *a la gga cwa, ne ne zyi ga rara ngu*。我马上就要来了,你做好筹备工作。

zyi ga ② tsɿ⁵⁵ka⁵⁵ 动 准备 prepare, get ready *ddavar yamidebbelaggejja, tiha zyi gamami,* *anjjiggemanddoa*。因为说要来的客人很多,现在准备不过来了,不知道该怎么办。

zyi ga ③ tsɿ⁵⁵ka⁵⁵ 形 孤独,单独,落单,单一 alone, solitary *shopeha ne yaddre zyiga deo si hssu ho jja kato, tiha ne mo neo hssupa jje*。先前提倡只生一个孩子,现在又说可以生二胎了。 *a nga ne tiha ne zzyi ga tehgu i anenguha la lenjjo da la mazzho*。我是独子,做什么事情都没有个帮手。

zyi hbar tsɿ⁵⁵əbæ⁵⁵ 蕨萁粉的添加物 fern powder additives *binburu mama a shahnyo mama be ne zyi hbar ngu, desyi bbo le nyo bbe ne zu mama gwar. zyi hbar ddama gwar ne zyimi ggaku maya de*。四季豆米籽、豌豆米籽是蕨萁粉的添加物,有些富裕的还用黄豆做添加剂。不加俏头,蕨萁馍馍是不好吃的。

四季豆米籽

zyi hggar tsɿ⁵⁵əgɑ⁵⁵ 形 好色的,乱性的(性冲动快的) concupiscent, amative *possa teo zyi hggar de, ssihi te tenddo ma pa tepyi*。这个男人是个乱性的,一见到女人就来性了,是个见不得女性的人。

zyi hzu tsɿ⁵⁵ətsu⁵⁵ 捶蕨萁根 beat the fern root *lalaman zzhonbbar erqoma qo zyi hzu gge*。拉拉曼正在河边的大石板上捶蕨萁根。

Z z

zyi hzyi tsʰɘ⁵⁵ɘtsɘ⁵⁵ 动 逗（小孩），骚扰 play with, tease *yaddre zyi hzyi ne shora*。逗小孩遭遇尴尬。

zyi jjimo tsɘ³³ dʑi³³mo⁵⁵ 名 首富 the richest man *zyi jjimo ne jjimo ssahbu jji debbe*。最富有的人就叫"首富"。

zyi jo tsɘ³³ tɕo³³ 动 照料，看护 look after, take care of *yaddre o ne zyi jo a ddaryi dda wa ne ane debbe nbbe ggese ddo*。小孩子嘛，你只要把他照料好，让他不饥不渴，他就不会闹了。

zyi la tsɘ⁵⁵la⁵⁵ 动 对质，指认 confront, identify *yaddrebbe vazza chyiha sui bupapabbe nechyia jja dawa zyi la za*。说小孩子在割猪草的时候割了别人家的洋芋藤藤，拢到一起来对质。

zyi mazyi tsɘ⁵⁵ma³³tsɘ³³ 最宽松，最放松 most relaxed *ersha zyi mazyi ne ateha*。政策最宽松的就是那个时候。

zyi mi tsɘ⁵⁵mi⁵⁵ 蕨萁淀粉 fern powder

zyi nbbar ① tsɘ⁵⁵ mbaʳ⁵⁵ 蕨萁根 fern root *chuli ddesu bbege zyi nbbar bbe ngeshushu za debbe*。在黄色泥土里，蕨萁根成排地延伸着。

zyi nbbar ② tsɘ⁵⁵ mbaʳ⁵⁵ 挖蕨萁根 dig fern root *zyi nbbar zyi zzyi hane sanbba mazze debbe*。挖蕨萁根、吃蕨萁根是件伤感的事情。（饥饿年代，以蕨萁根为食）

zyi nbbi tsɘ⁵⁵nbi⁵⁵ 蕨萁山（专门长蕨萁的大山）the mountain with fern *zyi nbbi nbbime ddamasane zyi mancu*。人们说蕨萁山，如果不烧山就长不好蕨萁草。

zyi nti tsɘ⁵⁵ ntʰi⁵⁵ 形 紫色的 purple, violet *mido zyi nti ngehgu ncabbar debu tegeha*。这里有一棵紫色的藤蔓植物。

zyi nti ngehze tsɘ⁵⁵ tʰi⁵⁵ nge³³ ɘtse³³ 显出紫色 show purple

zyi nyo tsɘ⁵⁵ɲo⁵⁵ 蕨萁苗 fern seedling *zyi nyo bbe ne ve zza ngu ddebbe, su jji ngezzyi ya debbe*。蕨萁苗是用来做猪饲料的，人也可以食用。

zyi re zɘ⁵⁵re⁵⁵ 蕨萁汁液，蕨根浆 fern root liquid *zyirebbe chorage nagwar nessyihssyi shuane zyimibbetada zyi bu na nca*。把蕨萁汁液放在木桶里沉淀，第二天清晨刮下沉淀的蕨萁粉做成粉球待用。

zyi regga tsɘ⁵⁵re⁵⁵ga⁵⁵ 过滤蕨萁淀粉 filter fern powder *nco zyi regga ha npizzho bbege le ddenpi ryipamanyo*。清晨过滤蕨萁淀粉的时候，手在冰水里边划拉，冷得很。

zyi sho i tsɘ⁵⁵ʃo³³ji⁵⁵ 副 首先 first

zyi shoizyi tsɘ³³ʃo³³ji⁵⁵ tsɘ⁵⁵ 副 最先 first of all *zyi shoizyi ne gaganyo ngala, tai zhanga ne buha ngela*。最先是嘎嘎你出来了，然后是布哈出来了。

zyi ssyi tsɘ³³zɘ⁵⁵ 名 扁桃体 tonsil, amygdala *subbe hehe oi nahnagarhar ne zyi ssyi neo he debbejjigge*。据说，在人的咽喉部位，小舌两边有两个扁桃体。

zyi yahbbu tsɘ⁵⁵ ja³³ ɘbu⁵⁵ 形 最厚的 thickest *yahi ozzho ssyi nezyi, zyi yahbbu su ne zyi a jjigge*。去年西昌下雪了，据说是有史以来下得最厚的一场雪。

zyi yanche tsɘ⁵⁵ja⁵⁵ntʰe⁵⁵ 形 最快的（最快速，最快捷）fastest, quickest *jjimar ssyihassa ddene ssamazzyi zyi yanche di dai nzzyi ddejjakahiza*。日哈热家因吃饭速度最快，被誉为"吉满狼性人家"，现在简称"狼家"。

zyi yazyi tsɘ³³ja³³tsɘ³³ 最重要的，最关键的，最

549

严重的 most important, most serious *yazyi yazyi zyi yazyi ne neryi coparbbe ddenyimaddepe nganzzafude*。最重要的是,你们年轻人一定要紧跟共产党走。

zyi zhanga tsɿ³³ tʃa³³ ŋa⁵⁵ 副 最后 in the end, finally, at last *zyi zhanga aryi jjimarbbei zzhomelame bbeivahga anezzhyi katoggese*。最后,我就吉满家族的处世之道谈两句。

zyibyi vuli tsɿ³³ pzɿ³³ vu³³ le⁵⁵ 名 舌尖 tongue tip

zyida nezyi tsɿ⁵⁵ ta⁵⁵ ne³³ tsɿ³³ 放到该放的位子 put it in the right place *nebarlane asyinyi zyida nezyi, tamassyitele syinyige ddecheddezzyi nehssyi la mapa*。你一回来,我就把心放到该放的地方了;你没回来时,我心情躁动,坐立不安。

zyidro tsɿ⁵⁵ tʂo⁵⁵ 名 霜 frost *nkwar ne zyidro nexxo ane ggobi bbe kenpiza, ddataxoxo*。晚上下霜了,把地里的白菜冻僵了,不要动它,不然就死了。*ncho ddehgwakezzoroha, ggbibbeqo zyi dro ddeer nexxoi ssymiha*。早上起来的时候,菜园里一片白霜,就像下了雪一样。

zyidro gwar tsɿ³³ tʂo³³ kuɐ⁵⁵ 动 下霜 frost

zyidro kesso tsɿ⁵⁵ tʂo⁵⁵ kʰe³³ zo³³ 遭霜打,着霜冻 suffer from the frost *sunggwa temo bbe iqoddezyi i zyidro kesso ane yadde cho debbe*。把老南瓜放到屋顶上,被霜打了以后会更甜。

zyidro naga tsɿ⁵⁵ tʂo⁵⁵ na³³ ka³³ 被霜打 suffer from the frost *ggobi bbe zyidro naga ne nashwalwa teshu gge debbe*。有些蔬菜被霜打了以后,就发蔫死去了。

zyidro nexxo tsɿ⁵⁵ tʂo⁵⁵ ne³³ zo³³ 动 下霜,布霜 frost *yaha zyidro ne xxo za*。昨晚上下霜了。

zyidro nezyi tsɿ⁵⁵ tʂo⁵⁵ nɛ³³ tsɿ³³ 动 下霜,霜冻,布霜 frost *futrege ggobibbe qo zyidro nezyi i ssyi nexxoza miha*。菜园子里的青菜上下了霜,看上去就像下了雪一样。

zyidro ngaga tsɿ⁵⁵ tʂo⁵⁵ ŋa³³ ka³³ 被霜冻过 be frosted *zhepu zhyinzhyi bbe zyidro ngaga, npi ngaga ne ddenchedaiyamar*。魔芋豆腐经过霜打冰冻后,就变成酥松可口的美味了。

zyiga ddagga tsɿ⁵⁵ ka⁵⁵ da³³ ga⁵⁵ 动 独唱 solo *nesi zyiga tangua ddagga, pava ngatalo*。你独唱吧,不要等他了。

zyiga tehgu tsɿ⁵⁵ ka⁵⁵ tʰɛ³³ ǝku³³ 成为独子 become the only child *alo a nga ne zyiga tehgui lenjjo mandde, ane dengu jjiasizigade tebbua*。你看,我成为独子了,形单影只,做什么事情都是单枪匹马的,没有什么帮手,也没有后援。

zyihbyi vuli tsɿ³³ ǝpzɿ³³ vu³³ li⁵⁵ 名 舌尖 tongue tip *zyihbyi vuli ryigu mazzho, jjikato jjili nyikatojjili*。舌头尖尖没骨头,可以往上说,也可以往下讲。(谚语,表示不能轻易听信流言)

zyihzu lwanpu tsɿ⁵⁵ ǝtsu⁵⁵ lua⁵⁵ npʰu⁵⁵ 木棒槌(捶蕨萁根的木槌子)wood hammer (a wooden hammer that beats the fern) *yaddene ggama zyihzu lwanpu debarsikwade, ane debbe gagabi*。你这个娃娃,个子只有木棒槌那么高,你逗什么强哦。

zyima tsɿ⁵⁵ ma³³ 钻草丛的小麻雀,草丛小雀 the little sparrow in the grass *zyima hwai marmar i nyimanqi, mege zahggo zaqoi hemo*。钻草丛的小麻雀虽小,但它是空中山鹰的娘舅。(当地的说法)

麻 雀

zyima hwai vuli tɕɿ⁵⁵ma⁵⁵xuaj³³vu³³li³³ 草丛小鸟的头 the bird's head in the grass *cihi nzzamaguer ngalai zyima hwai vuli barsikwane sulige nbbar tezzuza*。今年的野牡丹花长出来,只有草丛小鸟的头那么大的时候,就被别人采挖完了。

zyime zhanga tɕɿ⁵⁵me⁵⁵tʂa⁵⁵ŋa⁵⁵ 副 最后 in the end *hzyibbu nbbarbbu zyime zhanga si ngalajje*。雄野牛、雄野猪最后才出来。

zyimi nggaku tɕɿ⁵⁵mi⁵⁵ŋga⁵⁵kʰu⁵⁵ 用蕨萁粉制作的馍馍 the bread made from fern powder *zyibu neddeerkade, zyimi nggaku kechehene ddeme ddanwa gge de*。蕨萁淀粉团没煮熟是白色的,用蕨萁粉制作的馍馍蒸熟后是黑色的。

zyimi nggaku de ssyiha tɕɿ⁵⁵mi⁵⁵ŋga⁵⁵kʰu⁵⁵te⁵⁵zɿ⁵⁵xa⁵⁵ 像个蕨萁馍馍,像个非洲黑人(不含贬义)like an fern bread, like an African *yaddre teo sessyi de manddo, ddeme ddanwa zyimi nggakude ssyiha*。这个小孩不知道是谁家的,黑黑的像个非洲黑人朋友。(不含贬义)

zyindda i tɕɿ⁵⁵nda⁵⁵ji³³ 副 真的 really *ne danyo zyindda i qwagge de asse? mwazwa aige nanbbar dei vusshyi tengu suha*。你今天真的要这样做吗?谨防我一会儿扇你一个耳刮子,让你像醉酒一样晕头转向。

zyinddai bbe tɕɿ⁵⁵nda⁵⁵ji⁵⁵be³³ 形 真实的,正经的 decent, nononsense, true, right *zyinddai zyinddai bbe kato, aryi dwahwa gwarshege ggaggaiggema*。现在说正经的事情,我们今天晚上上街,去娱乐一个晚上。

zyinddai de tɕɿ⁵⁵nda⁵⁵ji⁵⁵te⁵⁵ 千真万确 real, true *galayobu yonenpo jjisu zyinddai de jjige, titila ngesshyizha jje*。呷拉哟部盗窃他人的羊,这件事情是千真万确的,据说,是他自己坦白承认的。

zyishoi kecuha tɕɿ³³ʃoj³³kʰɛ⁵⁵tsʰu⁵⁵xa⁵⁵ 副 起初(刚开始的时候)in the beginning, at first *zzilhaloge zyishoi kecuha nzzage ngeddwasu ne nasiosi zzho*。则拉乡民主改革刚开始的时候,参加革命工作的只有两三个人。

zyissyi naddra ① tɕɿ³³zɿ³³na³³ɖʐa⁵⁵ 咽喉溃疡,喉部疾病 throat ulcer *zyissyi naddra ne yazyi de, nyihji ngamace mapa*。咽喉溃疡是一种严重的病,不能不吃药。

zyissyi naddra ② tɕɿ³³zɿ³³na³³ɖʐa⁵⁵ 化脓性扁桃体炎 suppurative tonsillitis *zyissyi naddra ne nyi ya zyi de ryinbba*。化脓性扁桃体炎简称"扁桃体化脓",在过去这是一种严重的疾病。

zza ① ɖza³³ 家畜的食物(食料)the food for livestock *te ne nyo ne meddenpitazai ssuggu bbe la zza ma zzyi a ddo*。这两天,因为天太冷,牲畜都不太喜欢吃食料了。

zza ② ɖza³³ 名 稻子,稻谷 paddy, rice *zza susu da mwashyi ddegu a ta va teqi*。撮一升没有脱壳的稻谷给他。

zza ③ ɖza³³ 名 食,饲料 fodder, food *vehssu ne vezzafu, ngwarhssune ngwarrufu, yohssu* nemecune yozzafu。养猪就要猪饲料,喂牛就要牛草,在冬天养羊就要羊饲料。

zza ④ ʥa⁵⁵ 名 柱,柱头 pillar *sita ga zzhozzho nyimanqi nzzehzza de be de*。这根木料虽然短,但是足够做一根骑柱。

zza bbu ʥa³³ bu⁵⁵ 名 稻草 straw *amuggulhi ssyilage shyishyi ha zza bbu caha desyi si ddesshyi za*。阿木克哈在雪地里走路时,只穿了一双稻草打的草鞋。

zza chyi ʥa⁵⁵ tɕʰə⁵⁵ 割稻子 cut rice *ersubbene zza chyi zza ga ivahga ggadaca nyo debbe*。尔苏人还有一首关于割稻子、打谷子的歌曲。

水稻、谷子

zza ddra ʥa³³ dʐa³³ 名 陈饭,冷饭 stale rice, cold rice *yava zza ddra de bbe si zzha, shantre danaga kezu ggela*。家里只有一些陈饭,要不就煮点面条嘛。

zza gu ssuma ʥa³³ ku³³ zu³³ ma³³ 大饭瓢 big rice ladle

zza mezhe ʥa³³ me⁵⁵ tʂe⁵⁵ 名 米糠,谷糠 rice bran, cavings *zza mezhe bbe vezzabbege ddashasha ne vebbe zzyiyali*。把米糠拌在猪食里,猪就更喜欢吃。

米糠、谷糠

zza nbbolha ʥa⁵⁵ nbo⁵⁵ ɬa⁵⁵ 庄稼神,丰收神 the harvest god *sasshyi zza nbbolha nyogwa aryi zzilhaloge kahnala*。邀请地球上所有的丰收神,到我们则拉乡来定居。

zza nbbu ʥa³³ mbu⁵⁵ 名 草帽 straw hat *zza bbu ngepryi i shanbbu bbe ne zzabbu nbbu jjide*。稻草编制的帽子就叫作"草帽"。

zza npu ʥa³³ mpʰu⁵⁵ 动 啄米 peck *rai de zza npu ngu vuli npunpu gge*。头点得犹如鸡啄米。

zza pa ① ʥa⁵⁵ pʰa⁵⁵ 名 鱼腥草(折耳根) houttuynia cordata *zza pa ne gugu la cacala nbbar bbe ngogwa zzyili ddeso nyihji debbe*。折耳根是根、茎、叶都可以食用的植物,并且还有药用价值。

鱼腥草

zza pa ② ʥa⁵⁵ pʰa⁵⁵ 名 柱子 pillar *zza pa ne*

kuzza nyo erzza nyo bbuzza nyo nzzezza nyo de bbe。柱子有中柱、偏柱、边柱、骑柱等名称。

zza pa ③ dza⁵⁵ pʰa⁵⁵ 坎肩竖包布 the vertical cloth of the waistcoat ersubbe i npezi nkwazyi va ta zza pa dre ne mido nega ha ne nzzhoro yanqo。尔苏人羊毛坎肩前胸的竖包布上绣了花,很漂亮。

厚坎肩

zza re dza³³ re⁵⁵ 名 稻田,水田,田 paddy field, rice field ozzho zza re bbe ngogwa icutazzua, dejonyomane idda ngagge lamanddo。西昌的稻田全部用来修房造屋了,我担心有朝一日会挨饿。

zzabbo ddepi ① dza⁵⁵bo⁵⁵de⁵⁵pʰi⁵⁵ 吃食物长膘添力,吃饱了添加力量 eat food to gain weight, add strength nessone ngezzyi ngezzyii zzabbo ddepi zade ashyi ssyia meli zzei。你安逸哦,你吃饱添加力量了,快去挖地吧。

zzabbo ddepi ② dza⁵⁵bo⁵⁵de⁵⁵pʰi⁵⁵ 吃饱了撑的 officiousness suteo zzabbo ddepi zade, mwasa ngu, tiane nguho mabryi hdogangu。这个人是吃饱了撑的,不管他说什么,都别开腔,装作什么都没有听见。

zzabbu caha dza³³bu³³tsʰa³³xa³³ 稻草鞋,谷草鞋 straw sandals zzabbu caha de ddre na ga ddesshyi gge。要打一双稻草鞋来穿。

草 鞋

zzabbu gaga dza³³bu³³ka³³ka³³ 名 慈姑(剪刀草,燕尾草) arrowhead zzabbu gaga bbene nyihji debbe, vu nenzze angecene remonesso gge debbe。慈姑是一种中药,白皮慈姑泡酒喝,能够消肿止痛。

剪刀草、慈姑

zzabbu vai dza³³bu³³vaj³³ 谷草绳 grain straw rope qabbao vegagge jja nggahgu nehssyi i zzabbu vai daga hggugge。他父亲说要杀猪,正坐在门口用谷草搓一根捆猪的绳子。

zzabu dza³³pu³³ 名 谷糠 cavings zzabu bbe

ssyinalwa debbe, ddatihane ta-niao-bi nyihji debbejje。谷糠虽然粗糙涩嘴，但可以辅助治疗糖尿病。

zzanbba lha ʥa⁵⁵nba⁵⁵ɬa⁵⁵ 名 财神 the god of wealth　ne ne ssama mazzyi ne nyahajji zzanbba lha nege kahna za ggegge。你不吃饭，也许财神爷就依附在你的身上了（不吃不喝就会发财）。

zzapa behgu ʥa⁵⁵pʰa⁵⁵be³³əku³³ 木柱上为穿榫头所挖的洞孔 the hole in a wooden mortise of the pillar　ssintremao qama va zzapa behgu ge zzintre zzoroi tejjia。聪慧女叫母亲到屋里去，在木柱上为穿榫头所挖的洞孔里，取出聪慧女留下的断发来验证。（民间故事）

zzapa sica ʥa⁵⁵pʰa⁵⁵si³³tsʰa³³ 鱼腥草的叶子 cordate houttuynia leaves　cyii ge ngeddwane zzapa sica bbe ddezhe debbe。过了农历七月以后，鱼腥草叶子就变酸了。

zzapu zzapar ʥa³³pʰu³³ʥa⁵⁵pʰɚ⁵⁵ 名 食品，食物 food, foodstuff, comestible　trosha su tesufu nddo ane yoneia tesuhu ge zzapu zzapar desyi hzhaiggetia。猎人看见村庄就对野人婆说，他到村里找点食物。（民间故事）

zzazzu nehze ʥa⁵⁵ʥu⁵⁵ne⁵⁵ətse⁵⁵ 患胃肠道疾病，患消化道疾病 suffer from the digestive disease　yaddreo ssama tamya debbe nezyi ane yaddreo zzazzu nehze ge。给小孩喂太多的食物，会让小孩患上消化道疾病的。

zzazzyi mama ʥa³³ʥə³³ma³³ma³³ 名 白莓（地香范，菠萝莓）pineberry　byimao zzazzyi mama sibar ddenpyii tepyi, lwapwava hyatozyijje。青蛙吐出三颗地香范到地上，说是老虎的脑汁，来吓唬老虎。（民间故事）

地香范、白米范、白莓

zze ① ʥɛ⁵⁵ 名 鸡（属相），酉鸡 rooster　ssihi te wo ne zze er de。这个女子是属鸡的。

zze ② ʥɛ⁵⁵ 形 舒适，方便 comfortable, convenient　tejji ane nzzonzzyi zzoro ya zze。这样的坐姿，方便看书。

zze ③ ʥɛ⁵⁵ 动 挖 dig　zze byi deji hjila meli zzela。带一把锄头，到这里来挖地。

zze ④ ʥɛ⁵⁵ 形 愉悦，舒适，好 joyful, comfotable　neryi zzachahza ddwa ryinyi nyawa bbe, zzho a zze manddo。你们迁入汉族地区的亲戚们，不知道过得好不好。

zze er ʥɛ⁵⁵ɚ⁵⁵ 名 鸡年，属鸡 the year of rooster　cihine zze er, a casa bbutre kezyia。今年是鸡年，我已经13岁了。

zze i ʥe³³ji³³ 名 杂种（骂人的话）bastard

zze la ① ʥe⁵⁵la⁵⁵ 动 跑来，奔来 run　ssyihbbu lage zzho tangu, kazzho jji nata da nggoa ashyi zze la yavala。大雪纷飞的时候别在外头待着，无论在哪里都要奔回家来。

zze la ② ʥɛ³³la⁵⁵ 巴不得，恨不得，迫不及待，想要 earnestly wish, too impatient to wait　yaddre teo aide tele nehzu naga zze la, lege la bbelabbela gge de。这个娃娃如果是我的，我就恨不得捶打他一顿，我的手都是痒痒的。

zze la ③ ʥɛ³³la⁵⁵ 副 即将，就要 be about to, be going to *tebbutrene tessyi ojjasibu gagakasai galela nehge zze la za*。这一年她家的梨树结了很多梨子，梨树枝看上去就像要被压断的样子。

zze ma ① ʥe⁵⁵ma⁵⁵ 名 娼妇（乱性的女人）whore, bitch *amu ne zze ma dejjigge, sela tava tanggwai shyishyi gge de*。据说，阿木是个乱性的女人，村子里所有的人走路都躲着她。

zze ma ② ʥe⁵⁵ma⁵⁵ 女性性工作者 adulteress, whore, prostitute

zze pa ʥe⁵⁵pʰa⁵⁵ 名 嫖客 whoremaster

zze zze ʥe⁵⁵ʥe⁵⁵ 动 跑，奔跑 run *yabbulo ne gedaha ggwala geane debbe zze zze de, goi shyilemanyo bwa*？雅布洛，你刚才在大雨里跑什么呢，不会有什么大事情吧？

zzebyi ʥe⁵⁵pzɵ⁵⁵ 名 锄头，挖锄 hoe, digging hoe *adde zzebyi si ji la shebbar neji bbo, meli zze ha ne zzebyi i zze de bbe*。我家有三把挖锄和两把钉耙，挖地的时候是用挖锄来挖的。*zzebyi shyima na ge si ha bbe ne meli ge erkwa bu ya li de*。只有两根钉齿的挖锄在地里抠石头很方便。

zzebyi bbe ʥe⁵⁵pzɵ⁵⁵be⁵⁵ 挖锄背，锄头顶部 the back of hoe, the top of hoe

zzebyi ggama ʥe⁵⁵pzɵ⁵⁵ga³³ma³³ 锄头的背部 the back of hoe

zzebyi nzzenzzi ʥe⁵⁵pzɵ⁵⁵nʥe³³nʥi³³ 锄头的骑榫 riding tenon of hoe *mugaboji shebyibyi de nezzi zzebyi nzzenzzi de nancaza*。牧呷波及用铁皮子剪裁了一个锄头的骑榫。

zzebyi shyima ① ʥe⁵⁵pzɵ⁵⁵ʃɵ³³ma³³ 挖锄的口，锄头口 the edge of the digging hoe *zzebyi shyima o la ddeguer za*。锄头口都卷起来了。

zzebyi shyima ② ʥe⁵⁵pzɵ⁵⁵ʃɵ³³ma³³ 名 门牙，板牙 incisor, front tooth *ai zzebyi shyima nabarjji nyinqi ngabbarnyiajje*。我的两颗门牙光荣下岗了。

zzebyi sinzzi ʥe⁵⁵pzɵ⁵⁵si³³nʥi³³ 锄头的榫头 the tenon of hoe *zzhebyi sinzzi ne nzze nzzi nyo ssanzzi nyo, neryibba nyo debbe*。锄头的榫头有骑榫和插榫两部分。

zzebyi tro ʥe⁵⁵pzɵ⁵⁵tʰʂo³³ 名 锄把 hoe handle *zzhebyi tro daga ne ncuncu i hji la za*。他做了一根锄把带来了。

zzeer bbutre ʥɛ⁵⁵ɚ⁵⁵bu³³tʂe³³ 属鸡的年份，酉鸡年 the year of rooster *mulissane zzeer bbutre radwade, qadadai muli zzeer jjakehizade*。木来出生在鸡年，所以取了个小名，就叫"木来鸡年"。

zzeer hi ʥe⁵⁵ɚ⁵⁵xi³³ 名 鸡年 the year of rooster *bbulomane zzeer hi ra dwa de*。不罗曼是鸡年出生的小姑娘。

zzei lha ʥɛ⁵⁵i⁵⁵ɬa³³ 名 八月，鸡月，酉月 August, the eighth month *zhei lha tezzu, troilhakecunyone ranggarbyide*。鸡月结束狗月开始的第一天就是还山鸡节。

zzela ʥe³³la³³ 就要……的样子 seem to be about to *moniussyimelige ssumibobobbe ngaparpar ingchzhyi zzela i to pyi za*。目牛家的地里长的玉米棒子，饱满得就要撑破壳的样子。

zzela i ʥe³³la⁵⁵i⁵⁵ 动 就要，想要，巴不得 want, wish

zzeo ʥe⁵⁵o⁵⁵ 名 楼上（畜圈楼上）loft, upstairs *zubbubbe yojji zzeo ddezyi za, debbe nesea yova nezyi*。大豆秋秸放在羊圈楼上，取一些下来喂羊吧。

zzeo si ddenbbe i ʤe⁵⁵o⁵⁵si⁵⁵de⁵⁵nbe⁵⁵ji³³ 躲到楼上的屋里 hide in the room upstairs *ggwaxxonyone ssinqomabbene zzeo si ddenbbe midogga soso debbe*。下雨天,小美女们全部躲到楼上的屋里,学习刺绣和裁剪。

zzezze ola ʤe⁵⁵ʤe⁵⁵uo⁵⁵la⁵⁵ 疾速而至 quickly arrive *anggu abu mazzho jja ddryila ne ryinyi nyava bbe nyogwa zzezze ola mo*。听说周姓老爷过世了,所有的亲戚朋友们都不顾一切地疾速而至。

zzha ① ʤa⁵⁵ 名 早饭,早餐 breakfast *ncho zzha demi kezu angeceane lagge, ne ava desyi ngelo*。早上我做点早餐,吃了就立即赶来,你稍微等一等我。

zzha ② ʤa⁵⁵ 介 在 in, at *bugaga dela tage zzha, ngegaga dela atege zzha*。有一个洋芋在这里,还有一个圆根在那里。

zzha ③ ʤa⁵⁵ 名 酥油茶 buttered tea *ngwarmi desyi ddedrea zzhare demi kezua nddavar bbe va tegu*。掏一点酥油出来,熬煮一点酥油茶,献给客人们喝吧。

zzha ④ ʤa⁵⁵ 名 茶 tea *vu ngece i vu yamar, xxingece i xxiyamar, zzha ngecei zzha yamar*。先喝酒,酒醇香;再抽烟,烟味香;后喝茶,茶甘甜。

zzha ⑤ ʤa⁵⁵ 动 躺 lie, lie down *coparbbe nyogwa ggarhar nzzenchyi lage nga zzha zzha ibbarnyigge*。年轻人都在上边那个荒草坡上躺着休息呢。

zzha bi ① ʤa³³pi⁵⁵ 名 茶渣 tea-leaf *zzhangecei zzhayamar, zzharele tamamya, zzha bi le tamakwa*。喝了茶,茶更香;茶液没有太满溢,茶渣没有太大片。

zzha bi ② ʤa⁵⁵pi³³ 茶杯里的茶叶 the tea leaves in the cup *zzhare netamamya jje, zzha bi le tamakwa jje*。茶汁不显得太浓,(茶杯里的)茶叶不显得太多。

zzha ca ʤa⁵⁵tsʰa⁵⁵ 名 茶叶(茶树叶) tea leaf, tea *zzhanbbar ne mei zzu, zzha ca ne meo zzu*。茶树根向地下长,茶树叶朝天上长。

zzha ce she ʤa⁵⁵tsʰe³³ʃe³³ 早茶的时间 the time of morning tea

zzha ce zzha ma ce ʤa⁵⁵tsʰe⁵⁵ʤa⁵⁵ma⁵⁵tsʰe³³ 大约在早饭前后 about breakfast *yanyo zzha ce zzha ma ce ha ne bar la*。昨天,(我)大约在早饭前后的时候就到了。

zzha i ① ʤa⁵⁵ji³³ 名 茶屋,茶室 tea house *me ddaca i zzhomapa, la zzha i ge zzhare demi cala*。天热得使人窒息,到茶屋里来休息喝茶。

zzha i ② ʤa⁵⁵ji⁵⁵ 名 茶园,茶林,茶山(茶叶种植基地) tea garden, tea planting base *ersudde vanbbryi ddene varge zzha i ge kacha i kala debbejjigge*。尔苏家的旺比家族是在越西的茶园一带繁衍后迁徙到甘洛的。

茶 园

zzha mace ① ʤa⁵⁵ma⁵⁵tsʰe³³ 不吃早餐,不吃早饭 skip breakfast, do not eat breakfast *amukahassa ne zzha mace ngganyo ane* debbe nguddo？阿木克哈，你不吃早饭，在室外干什么？

zzha mace ② dʐa⁵⁵ma⁵⁵tsʰe³³ 早饭前 before breakfast *ni hbyi tesyi le a da zzha mace ne nanca tezzugge*。你的这一点竹笆，早餐前，我就会把它编完的。

zzha mace ③ dʐa⁵⁵ma⁵⁵tsʰe³³ 不喝茶 don't drink tea *anggu midogo ne zzha mace ne nggwarma zzhanyo demi ngece*。昂古米朵果，你不喝茶，那就喝点瓶装纯牛奶。

zzha nbbar ① dʐa⁵⁵nbə³³ 名 茶根（茶树的根）tea root, the root of tea tree *zzhace le meo zzu jje, zzha nbbar le mei zzu jje*。茶之叶是往上长，茶之根是往下钻。（《茶颂》的颂词）

zzha nbbar ② dʐa⁵⁵nbə⁵⁵ 名《茶经》The Classic of Tea *zzha cene zzhahbi zzha nbbar desyi nashwa hu deta*。你要喝茶就需要讲讲茶道和《茶经》。

zzha npu dʐa³³npʰu⁵⁵ 蹭早饭吃，蹭茶喝 bum breakfast off, bum tea off *daso ssama chesu yava mazzho i nedde ge zzha npu la mo*。今天早上，我家做饭的人不在家，所以到你家来蹭饭吃了哦。*a danyo neddege zzhare demi kenpu ngece ggejja la ddo, zzha npu la*。我今天到你家里来讨一点茶水喝，米蹭茶了。

zzha nyo ① dʐa⁵⁵ȵo⁵⁵ 名 浆，汁，树汁 thick liquid, juice *droosi bbe va zzha nyo ngala bbe ne drore bbe*。漆树上渗出来的白浆就是漆液。

zzha nyo ② dʐa⁵⁵ȵo⁵⁵ 名 乳汁，奶汁，琼浆 milk, nectar *ye vundde, ye vumar, denzzho ngece le sinjji zzhanyo ddangwar jje*。呋酒优，呋酒醇，喝上第一口，（就有）麒麟母乳的醇香。

zzha re dʐa⁵⁵rɛ⁵⁵ 名 茶汁，茶水 tea extraction, tea *zzhare ngece zzha yamar, xxingecei xxi yamar*。先喝茶来茶好喝，后抽烟来烟味醇。

zzha re ce dʐa⁵⁵rɛ⁵⁵tsʰe³³ 动 喝茶 drink tea

zzha si dʐa⁵⁵si⁵⁵ 名 茶树 tea plant *zzha si sudeo dabwai maga zzha de bbu tegeha*。这里长有一棵大茶树，粗得一个人抱不拢了。

zzha ssi dʐa⁵⁵zi⁵⁵ 敬茶仪式（请新娘子打尖）tea ceremony *lema ngenggwarha zzha choi nge ssi ne kehsse degejji choi sshihode*。新娘出发时，要有几家亲戚或朋友为新娘举行敬茶仪式；到男方家时，也要有几家为新娘举行敬茶仪式。（当地的习俗）

zzha zu ① dʐa⁵⁵tsu⁵⁵ 动 沏茶，煮茶 tea, make tea *nessyi lemao zzhazugge, neryi nyogwa zzhare celahojje*。你媳妇正在家里煮茶，她请你们一起去喝茶。

zzha zu ② dʐa⁵⁵tsu⁵⁵ 做早餐，煮早饭 make breakfast *ncho me ddema ncu dde hggwar zzha kezua nge cea silage xixin hzhaigge*。早上天不亮就起床做早饭，吃了饭以后，就进山采集细辛。

zzha zzha dʐa⁵⁵dʐa³³ 动 传扬，传颂，相传 spread, eulogize *subbe nyogwa nedde melige hnyibulili dengalajja zzaha zzha ggeta*。大家传扬，你在你家的地里挖出了一个金球。

zzhabi tamakwa dʐa⁵⁵pi⁵⁵tʰa⁵⁵ma³³kua³³ 茶叶不太大 the tea leaves are not too big *zzhabi tamakwa, zzhare tamanyi*。茶叶不太大，茶汁不太少，茶道真不错。

zzhai ge dʐa⁵⁵ji⁵⁵ke³³ 名 茶园乡（属于越西县）Chayuan Village (belong to Yuexi County) *aryi vanbbryiddene varge zzhaige bashe ngezzhyi ngavar debbejje*。我们旺毕家族就是在越西茶园乡落户，并分房北迁甘洛的。

zzhakwa ceshe dʒa⁵⁵ kʰua⁵⁵ tsʰe³³ ʃe³³ 大早饭时间 breakfast time *yava nchohggwar ddengui ngala, meipar ngabarne zzhakwa ceshe si*。从家里起了个大早，一路往南行来，到达梅畔的时候是大早饭时间。

zzhanyo yazzho dʒa⁵⁵ ȵo⁵⁵ ja⁵⁵ dʒo³³ 形 多汁的（富含水的）juicy, succulent *ojja zzhanyo yazzho bbene yamar, ngezzijji zzhanyo yazzho bbe yamar*。多汁的梨子要可口一些，多汁的元根也可口一些。

zzhare ce dʒa⁵⁵ re⁵⁵ tsʰe³³ 动 喝茶，品茶 drink tea, have tea *jjimar nyagao varge zzhare ce dage nehssyii nzzabe nbbogadazzorojje*。吉满良呷坐在茶馆里，一边品茶一边看衙役不停地鞭打马匹。（民间故事）

zzhare cela dʒa⁵⁵ re⁵⁵ tsʰe³³ la³³ 来喝茶，来喝点茶汁 come to drink tea, come and have some tea *shyi ma nyo negwarshe ge nala zzhare cela*。如果没有什么大事，就到街上来喝点茶。

zzhasu ase dʒa⁵⁵ su³³ a³³ se⁵⁵ 又放下，又被搁置下来 put down again, be shelved again *te amussao amwadai nggaku ddenggoi ddehjilase? tepyii zzhasu ase gge*。你这个阿木惹做啥呢？把馍馍捡起来又放下，这样反复着干什么呢？

zzhe hdongu dʒe⁵⁵ əto⁵⁵ ŋu⁵⁵ 名 火把节 the Torch Festival *zzhe hdungu ha ne zira nesyi a zivu nagwar a zishsu pyi ho debbe*。贞朵屋的时候要宰杀火把节祭祀鸡、打开坛子酒，还要举行送火把等仪式。

送火把

zzhe o dʒe³³ o³³ 名 血满草，臭火草 Sambucus adnata Wall. *zzhe o ne nyi de ryinbba, zzho si ne si de ryinbba, ne ryinbba se ddengwar bbe demiha*。血满草属于草类，接骨丹树是树木，两者气味相同。

zzhe o mama dʒe³³ o³³ ma⁵⁵ ma⁵⁵ 血满草籽（可食）Sambucus adnata Wall. seed *zheo mama bbe ddama hihane nyihssa de ddehiane nyigu tezyiggede*。血满草籽在没有成熟的时候是草绿色的，成熟后是红彤彤的。

zzhe o si dʒe³³ o³³ si⁵⁵ 名 接骨丹树 jiegudan tree *zzhe o si bbe ne ddangwar debbe, keshujji kahja mali debbe*。接骨丹树是有一股怪味的树，接骨丹树的木头即使干透了也是点不着火的。

zzheo sica dʒe³³ o³³ si⁵⁵ tsʰa⁵⁵ 接骨丹树叶（中药）jiegudan leaves (traditional Chinese medicine) *jjimar muga shabai katuoi zzheo sica debbe tezhyia tavaqilaihojje*。吉满牧呷沙巴说，摘一些接骨丹树叶给他（熬药做配料）。

zzheo sizzha dʒe³³ o³³ si⁵⁵ dʒa⁵⁵ 接骨丹树寄生包（中药）jiegudan parasitic burl (traditional Chinese medicine) *ne ssyia ate zzhonbbar zzheo sizzha desyi tehgehjila a nyihji zhogge*。

你到河边找到接骨丹树,在接骨丹树寄生包上摘几枝寄生芽回来,我要炖药吃。

zzho ① ʤo^{55} 动 居住 live, reside netiha kadege zzho e, nyacobarzzhoddo, neryishe zzhome azzheddo? 你现在居住在哪里,家里有几个小孩子,你那里人居环境好吗? te dde tiha hza ddwa i ka zzho ha a se? 他家现在搬迁到哪里去居住了,知道吗?

zzho ② ʤo^{55} 动 有 have su dedebbe ne veshyi mazzhyi su zzho, dedebbena yoshyi mazzyi su zzho。有些人不吃猪肉,也有些人不吃羊肉。

zzho ③ ʤo^{55} 名 汤,菜汤 soup, vegetable soup yavassamaddra dana barsi zzha, age zzho demi kezua azzinzzho kwa zzyi gge。家里只有一些剩饭,我来烧一点菜汤,然后我们两人吃午餐。

zzho ④ ʤo^{55} 名 河 river zzho daga tege ngenyo za。这条河发源于这里。

zzho ⑤ ʤo^{55} 介 在 at, in ne tiha kadege zzho ddo? a ne she desyi ggagga la gge。你现在在哪个地方? 我要到你那里去玩玩。

zzho ⑥ ʤo^{55} 动 容有,盛有 contain sshaoge ssama zzho se, gwarla maho se, muzwa aiai shalagge。碗里还有饭,不急着添,一会儿我自己来添加。

zzho ⑦ ʤo^{33} 动 怀有,怀孕 conceive vema teo i zzho za, ne tava ddata zhazha, i ngessho ha。这头母猪怀孕了,你别驱赶它,谨防流产了。

zzho ⑧ ʤo^{55} 动 在,待在 be living, exist tenenyo ggwala i ngganyo ngehgumapa, a yava si zzho。这两天下大雨无法出门,我天天都待在家里。

zzho ⑨ ʤo^{33} 名 水(饮用水) drinking water, potable water zzho nbbi ddeshe race gge, ama nzzyinzza nddo mapa。想喝冷水能喝上,思念母亲不得见。(《思母歌》歌词)

zzho bbryi ① ʤo^{55} bʐə^{55} 洪水进屋,家里进水 the house is affected by floods ggwa ne xxo ane assyi yava nyoha zzho bbryi kala kala ngu gge。下了雨过后,我家里就经常进水,遭水灾了。

zzho bbryi ② ro^{55} bʐə^{55} 进屋的污水(洪灾发生时进入家里的水) incoming sewage, the water came into the house at the time of the flood yahi zzhongekwaha assyi yava zzho bbryi kala。去年发大水的时候,我们家里进水了。

zzho bbu ʤo^{55} bu^{55} 名 水沟 gutterway zzhobbu yahne ga i gwarha sila qige cihi zho la gge jja nazyi ga za。唉,今年计划在深水沟北边的森林边上,种植燕麦。

zzho bule ʤo^{55} pu^{55}le^{55} 名 水窖(装水的地窖) cistern nbbya mebbubbu de ddenbbar-i shwinyi ngalyai zzho bule nancaza。在山坡上挖了一些地窖,抹上水泥做成储水地窖。

zzho ca ʤo^{55} tsʰa^{55} 名 热水,开水 hot water, boiled water zzho ca demi ngece bbar dde shwa si nengu。喝点白开水,解除疲乏了,再开始工作。

zzho ce ʤo^{33} tsʰɛ^{55} 动 喝水 drink water ngwarmo zzh oce nchyige nzza, gaer zzazyi lige co。老牛(喂盐水)喝水站荒坡,老鸹喂食上树梢。(谚语,指不讲礼仪的人)

zzho cyi ʤo^{55} tsʰɿ^{55} 名 苦水沟 Bitter-water Ravine zzho cyi loge shatasi bu ne meva si debe, sela kacyicyi mapa debu。苦水沟那棵大铁杉树是棵神树,谁都不能去伤害它。

zzho daga ʥo⁵⁵ta⁵⁵ka⁵⁵ 一条河 a river *zzilha bashe huge ne zzho daga nalaza dege*。有一条小河从大埔子村里穿寨而过。

小河、河沟

zzho daga tazaza ʥo³³ta³³ka³³tʰɛ⁵⁵tsa⁵⁵tsa⁵⁵ 细水喷发 thin water spurts

zzho ddeqi mapa ʥo⁵⁵de⁵⁵ntsʰe⁵⁵ma³³pʰa³³ 不能够挑水 be not able to carry water *tenenyo vihbbi depe ddenyi zzho ddeqi mapa, alo zzho la race ma pa za*。这两天,(我)有只肩膀疼,不能挑水,你看,都吃不到水了。

zzho ddeshe ʥo⁵⁵de⁵⁵ʃɛ⁵⁵ 形 口渴(想喝凉水) thirsty (want to drink cold water) *danyo zzho dde shei anjji ngece hala zzhoshe nessi mapa*。我今天口渴得很,无论怎么喝水都解不了渴。

zzho de shupu ʥo⁵⁵tɛ⁵⁵ʃu³³pʰu³³ 一桶水 a pail of water *te nenyo jinqo ge zzho ma zzho, yava zzho de shupu si nge re za ddo*。这两天停水了,家里只剩下一桶水了啊。

zzho dryi ① ʥo⁵⁵tʈə⁵⁵ 名 水鬼(落水鬼) the water demon (drowning ghost) *kalagao zzho dryi i katrai yanyo mangwarshe zzho nehsse za*。卡拉呷这个人被水鬼作祟,昨天下午掉到河里去了。

zzho dryi ② ʥo⁵⁵tʈə⁵⁵ 名 水星 Mercury *mejoge zzho dryi deha, melige zzhodryi denyo*。天上有个水星,地上兴个水鬼。

zzho gaer ʥo⁵⁵ka⁵⁵ɚr⁵⁵ 水老鸹,水乌鸦 fish hawk, teal *zzho gaer dencha zzhohggulha erkwama yabbi qo kanzza za*。一只水老鸹停在河中心的那块大石头上。 *zzho gaer dancha zzhoge nenbbei yashe mabbune ssu daga ke dryiidde hjila*。一只水老鸹钻到水下去了,不一会儿就衔着一条鱼上来了。

zzho gaza ʥo⁵⁵ka⁵⁵tsa⁵⁵ 名 三岔河口 Sancha River estuary *nwanzzuba she ssyi gge hane zzho gaza zzhonbbar ddenchoncho a jjijji i*。到凉山村去的时候,从三岔河口开始顺着河流一直往上走。

zzho ge ʥo⁵⁵ke⁵⁵ 名 水里 in the water *zzho ge ssuma nbbeer ane ngezzyi i nbbeddeer*。水里的白腹母鱼吃了什么东西,肚子变成了白色。

zzho ge ddezzyi ʥo⁵⁵ke⁵⁵de⁵⁵ʥo⁵⁵ 水里出生 be born in the water *zzho ge ddezzyi zzho ge ddakwa ane de va hbi ke zyi?* 生在水里,长在水里,是什么东西?(谜语)

zzho ggu ʥo⁵⁵gu⁵⁵ 名 水缸 water vat, water tank *zzho ggu ge i zzho ma sho gge jji su i vu nge sho*。水缸里的水,(把)不洁的这些东西来排除。(咒语) *zzhonbbi ce gge teli hnyo si qo zzho ggu qo zzha, yozai ddegu a ngece*。要喝冷水的话,铜水瓢在水缸上,各人自己舀来喝。

Z z

水　缸

zzho ggwa ʣo⁵⁵gua⁵⁵ 副 立即,立刻,马上,硬是 immediately, at once, promptly *tilige zzho ggwa ddroge ssuma rarangui ddahar dderyii tapyia*。他硬是用铁瓢在锅里搅动起来。

zzho gu ssuma ʣo⁵⁵ku⁵⁵zu⁵⁵ma⁵⁵ 大汤瓢 big soup ladle

zzho gwar ① ʣo⁵⁵ku ɚ⁵⁵ 动 浇水 water, irrigate *shubu ge zzho gwar, nagwar magwar demiha*。大海里边去浇水,浇与不浇一个样。

zzho gwar ② ʣo⁵⁵ku ɚ³³ 动 加水,掺水 add water *ddroge zzho gwar romaddrese, vashyi zhogge, yami demi kagwar*。锅里掺水还不多,要煮肉多掺些水。

煮　肉

zzho hdo da erkwa ʣo⁵⁵əto⁵⁵ta⁵⁵ɚ⁵⁵kʰua⁵⁵ 河里的垫脚石 the stepping-stone in the river

zzho hgge ʣo³³əge⁵⁵ 动 游泳,洗澡 swim, bathe *menzza ddabar ddachane yaddrebbe zzho nbbarzzho kadai zzho hgge gge*。到了夏天天气炎热的时候,青少年就到小河边拦水、筑水池,来洗澡和游泳。

zzho hgu ① ʣo⁵⁵əku⁵⁵ 名 泉水,泉眼 spring, the mouth of a spring *zzho hgu ge bbezzyi ma zzho ne zzho su ne nzzu gge jje*。常言道:泉水里没有小虫子,喝水就可能会中毒。

zzho hgu ② ʣo⁵⁵əku⁵⁵ 名 水塘,水井 pool, water pond, well *zzho hguge byima mazzhone zzhobbesu nenzzugge*。假若水塘里没有青蛙,那么水塘的水就有毒。(沙巴口诵经的经文)

zzho hwai ʣo⁵⁵xuai⁵⁵ 名 水鸟 waterfowl, water bird *zzhohwai ne coryiconbba nyo debbe*。水鸟有许多种。

水鸟、海鸥、候鸟

zzho i ʣo⁵⁵ji⁵⁵ 名 圈里(牲畜圈里) fold, livestock fold *nessyi vetro neo zzho i ngenbbei ngazha hala ngala mali*。你家的那两头肥猪钻进圈里,怎么赶都不肯出来。

zzho i zhanga ʣoj⁵⁵ʧa⁵⁵ŋa⁵⁵ 名 水下 underwater *sheibbe zzho i zhanga nge nbbenbbei ggaggagge*。有几个水獭在水下,钻去钻来

561

地游玩着。

zzho jjo rozzyi ʥo⁵⁵ ʥɚ⁵⁵ ro⁵⁵ ʥɚ⁵⁵ 防洪堤坝 dike, dam *zzho ngakwa i zzho jjo rozzyi ga la vaehji tehzhyi a*。涨大水，防洪堤差点被冲毁了。

zzho jjoma ① ʥo⁵⁵ ʥɚ⁵⁵ ma³³ 名 回水湾 backwater bay *miosheilige zzho jjoma siongancane teshoha sheiligemo nqincaronca hjinca jje*。水獭牵着猴子往水湍里拉，钻了三个回水湾，猴子就被水淹死了，水獭还在拖。（民间故事）

zzho jjoma ② ʥo³³ ʥɚ³³ ma³³ 名 漩涡，水湍 whirlpool, vortex, rapid *mio shei va yo sedehxxi kasane zzho jjoma nggeo tehggu do tia jje*。猴子对水獭说道："我一口气能潜水穿过九个水湍。"（民间故事）

zzho ka ʥo⁵⁵ kʰa⁵⁵ 名 水牢（灌水的牢房）water dungeon *nzzyimowuja ntwajoge rewakepe zzho ka de nancaza de jjigge*。抛烘乌甲在踏足姑（地名）他的围墙内修建了残害乡邻的水牢。（民间故事）

zzho kabar mapa ʥo⁵⁵ kʰa⁵⁵ p aɚ⁵⁵ ma³³ pʰa³³ 不透水的 waterproof

zzho kelo ʥo⁵⁵ ke⁵⁵ lo⁵⁵ 堵住水，挡住水 ward off water, waterproof *tege erkwa yabbi de nezyi ane zzho kelo ggedejje*。这里放置一块大石头，就可以挡住洪水。

zzho kenpryi ʥo⁵⁵ kʰe⁵⁵ mpʐɚ⁵⁵ 用嘴有技巧地喷水，使之雾化 spray water with mouth skillfully to make it atomized *shoce ko he ne zzhu bbe holeqo ngeko ddeso zzho kenpryi ggede*。在制作擀毡的时候，先将羊毛铺垫在竹签帘上，再用嘴有技巧地喷雾化水。

zzho kenzze ʥo⁵⁵ kʰe⁵⁵ ndze⁵⁵ 动 浸湿，溅湿，淋湿 soak, moisten, get wet *lemaze hane zzhoshe debbe, ngga mebbe zzho kenzze bbiga bbiga gge*。去迎亲的人被泼水，衣服被泼得湿透了。（当地的习俗）

zzho keshe ʥo⁵⁵ kʰe⁵⁵ ʃe⁵⁵ 动 泼水 labber *tiha negwarshege ggobi nka subbe ggobi bbeva zzho keshe keshe ngugge*。现在菜市场上，有些菜贩子经常给蔬菜泼水，以增加水分和保持新鲜。

zzho kezu ʥo⁵⁵ kʰe⁵⁵ tsu⁵⁵ 动 烧汤，煮汤 make soup *hezzitra bbe zzho kezu ngece hene goi ddehe debbe*。用羊肚菌烧汤来喝，汤的味道特别香。

zzho kwa ʥo⁵⁵ kʰua⁵⁵ 名 大水，大河，大江 great river *fuge zzho kwa gaqo shubbu daga kasai sshesshegge*。村里的大河上，架了一条索道，（人们）都从上边滑行。

zzho lha ʥo⁵⁵ ɬa³³ 名 水神，河神 river god *shibune silhanyo, erkwa ne erlha nyo, zzhokwa jji zzho lha nyo*。大树有树神，磐石有石神，江河有河神。（当地的说法）

zzho lhe ʥo³³ ɬɛ³³ 动 洗澡，游泳 bathe, swim *ipanecuhane zzholemage ngenbbea zzho dde lhe ane zzho ggwa kengge*。拉肚子的时候，跳入水池里洗个冷水澡，立即就收敛止泻了。*meddaca jji sshyimage zzho lhe tai. tabar izzhoparge nececeneli*。天气再热也不要到大河里去游泳，只能在小水沟里泡一泡，洗一洗。

zzho lhyo ʥo⁵⁵ ɬjo⁵⁵ 名 水电，电灯 hydropower, electric lamp *tiha ersubbe zzho lhyo, melhyo meerlhyo macalhyo, ane la ddoqi*。现在的尔苏人见过使用水电、火电、风电、太阳能等各种电能。

zzho macamanbbi ʥo³³ ma⁵⁵ tsʰa⁵⁵ ma⁵⁵ mbi⁵⁵ 名

温水 warm water *zzho macamanbbi demi nehi a tava myace shu*。倒一点温水给他，让他洗个温水脸。

zzho mahggu ʥo³³ ma³³ əgu⁵⁵ 不涉水，不趟河 don't wade into the water *dahssa magwa zzho mahggu, dahssa masshyi me mapar*。不脱长裤不涉水，不穿长裤不引火。（谚语）

zzho mar ʥo⁵⁵ mɚ³³ 名 水邪 water demon *yanyo zzho nbbige necece jja, zzho mar katrai jibiddencwai mapa*。昨天在水沟里洗了一下脸，被水邪作祟了，浑身发痒难受。（当地的说法）

zzho mar si ʥo⁵⁵ mɚ⁵⁵ si³³ 名 杨树 aspen, alamo

zzho mazze ʥo⁵⁵ ma⁵⁵ ʣe⁵⁵ 过得不好，生活艰辛，不吉祥 have a hard time *zzho mazze ti jji mapa. nzzachakalai ddaca tazai nacanyia, zzho mazze*。也不是说过得不好。搬迁到内地以后，因天气炎热，很不适应，害病、死人都出现了，在这里日子过得不好。

zzho mazzho ① ʥo⁵⁵ ma³³ ʥo³³ 没有水，无水 no water, there is no water, without water *kage la zzho mazzho, meddreddrui zzho racamapa*。哪里都没有水，天气干旱，河水干枯，到处都找不到水喝。

干旱、裂开

zzho mazzho ② ʥo⁵⁵ ma³³ ʥo³³ 有没有，在不在 is there any…, be there or not *amujabbu yava zzho mazzho ne desyi tassyi yavakei akezzoro*。阿木加布在不在家，你到他屋里去看看。

zzho menche ʥo⁵⁵ mɛ⁵⁵ ntʃʰɛ⁵⁵ 名 下游，水尾（水流去的方向）downstream, the direction of the flow *neryii ngwarbbe zzhoddenchoncho zzho menche gela neddwa*。你们的那一群牛全都顺着河流往下游去了。

zzho myage ʥo⁵⁵ mja⁵⁵ ke⁵⁵ 名 液面，水面 liquid level *macalage ssankwa zzho myage nge zzoroha ssuremire naggagga zade*。在太阳光下斜着看污水水面，水面反射出色彩斑斓的花纹。

液面、水面

zzho nagwar ʥu⁵⁵ na⁵⁵ kuɚ⁵⁵ 动 掺水，浇水 add water *vugemao vujjige zzho nagwar ddebbarshu, anyola azzyi vu de lele gge*。酒司令把酒坛里边掺满水，阿妞和我两个对拼一坛酒。

zzho nasha ʥo⁵⁵ na⁵⁵ ʃa⁵⁵ 动 稀释，加水，兑水 dilute, add water, mix with water *vu bbe tero taza, zzho nasha mahssyii ngece mapa*。这些白酒度数太高，不加水稀释无法

饮用。

zzho nazha ʤo³³ na³³ tʃa⁵⁵ 撵下河去 be drived into the river *trobbelige memacozzyio nazhanazhai zhangane zzho nazhai tepya jje*。据说，野人婆被狗撵啊撵，最后就被狗撵下河去了。（民间故事）

zzho nbbar ① ʤo⁵⁵ mbaʴ⁵⁵ 名 泡，血泡（摩擦的） blister, bleeding blister *syisyiha, nzzahmebbe neshyishyi nshyishyii erpela zzhonbbar ngalaza*。在过去那个战争年代，战士们天天行军打仗，脚板上都起了血泡。

zzho nbbar ② ʤo⁵⁵ mbaʴ⁵⁵ 名 河边，海滨，湖滨 river bank, seaside, lakeside *nenzza ne zzho nbbar nata ggagga, zzho ngakwa nzzho*。夏天莫在河边玩，容易涨水出危险。

zzho nbbar ③ ʤo⁵⁵ mbaʴ⁵⁵ 名 泡，水泡（烫伤的） blister *lamo lepeo zzhoca i nanpar zzho nbbar nesio ngala za*。拉莫的手被开水烫了，起了几个水泡。

zzho nbbelili ʤo⁵⁵ nbe⁵⁵ li⁵⁵ li⁵⁵ 名 水波，波纹，涟漪 water wave, ripple *ernpyi de zzhogengeli ane zzho nbbelili ddaggaggai ngala*。平抛一块石片在水里，顿时激起一圈圈涟漪。

zzho nbbi ʤo⁵⁵ nbi⁵⁵ 名 冷水 cold water *zzho nbbi demi ge ncaware demi nahar che bbwazhe*。想喝一点用冷水调的糌粑浆。

zzho nbbryi ʤo⁵⁵ mbʐɿ⁵⁵ 动 观水，观海（旅游观光）enjoy the sight of sea, tour and sightsee *zzho nbbryi ronbbryi ddwaha zzhoqige ronqige zzho tangu*。去观悬崖、观海河的时候，不要逗留在河边和崖上。

zzho nce ʤo⁵⁵ ntsʰe⁵⁵ 名 沁水，漏水，湿地 leakage, wetland *ryigwarhar zzho nce ge zzho bbe ngatace, mashosho*。路北边的沁水不要吃，那股沁水不干净。

zzho nche ʤo⁵⁵ ntʃʰɛ⁵⁵ 动 抽水，吸水 pump water *analaha jinqokasai zzho dde nche a bbo zzho gage gwar ggejje*。我下来的时候，他们架起了管道，要把河水抽上来灌到沟渠里去。

zzho nddrezaza ʤo⁵⁵ ndʐɛ⁵⁵ tsa⁵⁵ tsa⁵⁵ 名 瀑布 waterfall *cada zzogga zzho nddrezaza needre i ssu bbe ggarhar ddimapa*。因为差达村石崖上的瀑布，挡住了鱼苗向上游动，所以则拉上游没有鱼。

zzho nddro ʤo⁵⁵ ndʐo⁵⁵ 名 水垢 incrustation *chafu ge zzho nezunezu a ne zzho nddro yami debbe kazha za*。茶壶烧水，时间长了就形成了许多水垢。

zzho neerbo ʤo⁵⁵ neʴ⁵⁵ po⁵⁵ 动 补水，加汤 add water, add soup *zzhalo ge zzho neerbo a nddavar bbe va ddewa su*。给饭席上加一点汤，让客人吃饱饭。

zzho nento ʤo³³ tɛ⁵⁵ ntʰo⁵⁵ 动 滴水，漏水 drip, fall in drops *yaddreyaha idagnbbar ngenceza, logangazazaha loge zzho nento nala*。这小孩子昨天晚上尿床了，床垫晾晒时在不断地滴水。

zzho nesu ʤo⁵⁵ ne⁵⁵ su⁵⁵ 水退去，水放干，水势减小 the water recede, ebb *ndd a var bbu nga saqi ane yava zzho ne su miha*。等到客人走完以后，家里就清静得像池里放干了水一样。

zzho nga kwa ʤo⁵⁵ ŋa⁵⁵ kʰua⁵⁵ 发大水，发洪水 flood *nzza i silha nbbi nyo ta ssyi, zzho nga kwa ne zzhoi nelo a lamapa*。夏天的三个月不要到山外去，要是发大水，道路被

阻隔，就无法返回了。

zzho nga la ʥo⁵⁵ ŋa⁵⁵ la³³ 动 出水（水出来了） the current is coming

zzho ngahbar ingala ʥo⁵⁵ ŋa⁵⁵ əp ɚ⁵⁵ ji³³ ŋa³³ la³³ 水喷发而出，喷涌而出 the water goes into eruption *jinqoga ngepiza, ryiqige zzho ngahbar ingala*。路边上的水管破裂了，一股清水正喷发而出。

zzho ngakwa ① ʥo⁵⁵ ŋa⁵⁵ kʰua³³ 动 涨水 the water rises, flood *zzho par ngakwa dohdogge, zzho kwa ngakwa sshesshegge*。小溪涨水浪花涌，大河涨水不起浪。

小溪、溪水

zzho ngakwa ② ʥo⁵⁵ ŋa⁵⁵ kʰua³⁵ 发洪水 flood *tenenyo denyonyo ggwa bbesi nexxo nexxoi daso ne zzho ngakwa*。这两天天天下雨，今天早上就发洪水了。

zzho ngala ʥo⁵⁵ ŋa⁵⁵ la³³ 析出水 the water is drained out *ggoerbbe ddroge kanzza ne zzho ngala ggedebbe, nzzaha zzhokatagwar*。白菜在锅里炒的时候，会析出水，所以要干炒。

zzho ngar ʥo⁵⁵ ŋ ɚ⁵⁵ 名 水牛（越西语）buffalo *lisebashe himassyi dde zzho ngar dangar naga baer kwakwa va zyiggejje*。连三营的外侄子家，准备宰杀一头水牛，请杨老先生一行吃。

zzho ngebbyi a ʥo⁵⁵ ŋɛ⁵⁵ bzə⁵⁵ a³³ 水溢出 overflow, spill *ni zzhoca cedaga zzho bbe ngebbyi a ane*

debbe nzzyinzza de? 你杯子里的开水溢出来了，你在想些什么东西啊？

zzho ngehggu ʥo³³ ŋe³³ əgu³³ 蹚过小河，过小河 wade across the stream, cross the river *aryi zzigage jora yanzzyi, tege zzho ngehggua ngeya yahsshyi gge*。从小桥绕行有些麻烦，我们从这里蹚过小河到对面去，要方便得多。

zzho ngeshe ʥo⁵⁵ ŋe³³ ʃe³³ 动 泼水，洒水 splash water, labber *erpaga zzho demi ngema she ne trohbyi ddehggwar, mashosho*。公路上不洒一些水的话，就尘土飞扬。

zzho ngesshela ʥo³³ nɛ³³ ʒɛ³³ la²³ 水流出 the water is flowing down *zozyii zhanga zzho ngesshela*。在桌子底下，有水流出来了。

zzho nggwa ʥo⁵⁵ ŋgua⁵⁵ 野鸭子 wild duck *zzho nggwa de si zzho nbbar jjiddwa nyiddwa ggwarhggwar gge*。只有一只野鸭子在河边飞来飞去。

zzho ngu ʥo³³ ŋu³³ 动 住下（住在这里）stay, live here *ne tege denebbutre kanbba zzho ngu se, hji mado ha ddeso zajjoi*。你继续在这里住两三年，实在坚持不下去再搬迁回去。

zzho ngwarbbo ʥo⁵⁵ ŋu ɚ³³ bu⁵⁵ 公水牛 male buffalo

水 牛

zzho nzze ʤo⁵⁵ ndzɛ⁵⁵ 动 浸水 soak in water *zebbe kehjiddwai zzho ge ne nzzei tepyi, sinyotebbuane ngazwa*。把麻秆全部拿到河坝头，浸泡在水里，三天后捞出。

zzho nzzyi ʤo³³ ndzɛ⁵⁵ 名 水滴，水花 water drop *ne zzhyishui kanzzai zzho nzzyi kesso a, desyi kege kwarla*。你站在屋檐下，水滴打湿了衣裤，稍微往里边站一点。

zzho se ① ʤo⁵⁵ se⁵⁵ 动 还在（还没有走）still here, haven't go *tiha tezzi copar neo ozzho zzho se, chendu maddwase*。现在他们两个年轻人还在西昌，没到成都去。

zzho se ② ʤo³³ sɛ⁵⁵ 名 水汽 vapor *mcalage kezzoroha meli ge zzho se ne erer za, ane barddeca manddo*。遥望远处的庄稼地，水汽不停地升腾着，不知道地里有多热。

zzho se ③ ʤo³³ se³³ 名 水蒸气 water vapor, steam *yava keddwaha ne, ddro gele zzho se neererza, sulemazzho*。走进屋里去看的时候，锅里水蒸气不断地升腾，但是室内一个人也没有。

zzho se ④ ʤo⁵⁵ se⁵⁵ 还健在 still alive *abuga tewo qama la zzho se de jji gge, ssushe hji zzho dei*。据说，这个老头儿的母亲还健在，他家人有长寿的遗传基因。

zzho se ⑤ ʤo³³ se³³ 动 还有（还存在）still exist *mebbobboge mwami zzho se*。坑里还有天麻没掏出来。

zzho she ① ʤo⁵⁵ ʃe⁵⁵ 动 泼水（订婚仪式）labber *lemazhesubbe ssinqoma bbelige zzho ke she ke she i ne ntonto suza*。接亲的婚使们被美女们狠狠地泼水，一个个都变成落汤鸡了。

zzho she ② ʤo⁵⁵ tʃo⁵⁵ 名 渴，口渴 thirst *aiya tesu demi a zzho she nessimapa, yami demi hjila*。哎呀，这么一点水不解我的渴，多拿一些水来给我解渴。

zzho sheshe ʤo⁵⁵ ʃɛ⁵⁵ ʃe⁵⁵ 相互泼水，戏水 labber to each other *lemaze subbe la zzho shesu bbe zhanga ne deodeva zzho dde sheshe a*。泼水仪式即将结束的时候，迎婚使者抢过姑娘们的水瓢，和泼水姑娘们相互戏水。

zzho sho ʤo⁵⁵ ʃo⁵⁵ 干净水 clear water *mugassa ne ssyia zzhonbbar zzho sho demi kapua hjila*。穆呷惹，你到河边去，打一点干净水回来。

zzho teli ʤo⁵⁵ te⁵⁵li⁵⁵ 动 放水，倒水 pour water *ddroge zzho demi teli a neisho*。锅里放一点水进去。

zzho tra ʤo⁵⁵ tʳhɑ⁵⁵ 名 水鬼 drowning ghost *zzho tra ne zzhokwa zzhomar ka dege lazzho debbe jji gge*。据说，水鬼不分大小河，只要是河，哪里都有。（民间传说）

zzho zoma ① ʤo⁵⁵ tso⁵⁵ma⁵⁵ 名 水潭，深湍 deep pool, turbulent rapid *shei ne zzho zoma ge yanga, minwa gabu ne roma ge yanga*。水獭强项在深湍，黑猴强项在悬崖。（谚语）

zzho zoma ② ʤo⁵⁵ tso⁵⁵ma⁵⁵ 名 瀑布 waterfall *cadabai inyape zzho zoma one lofa ngwarssyi hzyi le zzhobwa*。差达堡子下边那个瀑布，估计有50层楼房那么高吧。

zzho zozoma ʤo⁵⁵ tso⁵⁵tso⁵⁵ma⁵⁵ 过河石（河沟里供人踩踏着过河的石头）the stepping-stone for people to cross the river *beishoga o npiga suga zzhoge zzho zozoma debbe zyigge*。倍硕呷僵手僵脚地在河沟里垫过河石，供行人踩踏着过河。

zzhozu dru ʤo⁵⁵ tsu⁵⁵ tʳu⁵⁵ 开水烫，捞开水 boiled by hot water *daryi nge shyiji hane subbe zzhozu drua, sede nan par ne ti nenpo jje, tiha ne manyo a*。过去东西被盗以后，

大家都去捞开水锅,谁被烫伤就是盗贼,现在摒弃了这种陋习。

zzho zze ʥo⁵⁵ ʥe⁵⁵ 过得舒适,过得好 live well *zzhomazze sujji mahssyi, zzho zze ti jji ma pa*。不是说过得不舒适,但也不能说过得好。

zzho zzho ① ʥo⁵⁵ ʥo⁵⁵ 动 有水,含水(水分太多) have water, contain water *zzhoggu ge zzhozzhose, zzhoqi mafuse*。水缸里还有水,不要去担水。*bar bbege zzho zzho sebarbbe ngeko*。粮食还没晒干,含水量较高,你把粮食拿出去晒一下。

zzho zzho ② ʥo³³ ʥo⁵⁵ 形 短 short *su te o bbubryi zzho zzho de, de gguzhwa ne go ddenddre za de*。这个人食道短,一会儿就冒火了。(当地人认为食道短的人容易发火)

zzhoa ddaga ssua ddenyi ʥo³³ a³³ da⁵⁵ ka⁵⁵ zu⁵⁵ a⁵⁵ de⁵⁵ n̠i⁵⁵ 休戚与共,打在水身上疼在鱼身上 share joy and sorrow *zzho a ddaga ssu a ddenyi, ade a sse? tatajji*。打在水身上疼在鱼身上,这是何苦呢?不要这样做。

zzhobar ddalala ʥo⁵⁵ pɚ⁵⁵ da³³ la³³ la³³ 河水滚滚,河水奔腾 the river rolls, the river gallops *zzhoparngakwa zzho bar ddalala, nyizzhongakwa zzho bar nge sshesshe*。山溪涨水是波涛滚滚,大河涨水是江水疾驰。

zzhobar dohdo ʥo⁵⁵ pæ⁵⁵ to⁵⁵ ǝto⁵⁵ 河水奔泻,河水奔腾 the river is rushing

zzhobar dohdola ʥo⁵⁵ pɚ⁵⁵ to⁵⁵ ǝto⁵⁵ la³³ 浪花翻滚,河水奔腾 the river gallops *zzhobar ngakwa dohdola, munpa ssyinyo yozela*。小河涨水浪花滚,本家幺哥来接咱。(《出嫁歌》歌词)

zzhobbalolo teco ① ʥo⁵⁵ ba⁵⁵ lo⁵⁵ lo⁵⁵ te⁵⁵ tsʰo⁵⁵ 晶莹剔透 crystal clear, glittering and translucent *landdre mama bbe zzhobbalolo teco i kezzoro ha la cebbwazhe*。这些葡萄在亮光下,显得更加晶莹剔透,不禁使人垂涎三尺。

zzhobbalolo teco ② ʥo⁵⁵ ba⁵⁵ lo⁵⁵ lo⁵⁵ tʰe⁵⁵ tsʰo⁵⁵ 水汪汪的,肌肤肿胀得透亮 watery, the skin is swollen and bright *zabolii erpe ga bbeeri kenpui ddererei zzhobbalolo teco za*。扎波利的脚被毒蛇咬伤以后,伤口附近肿胀得透亮透亮的。

zzhobbe nyo nga gwar ʥo⁵⁵ be⁵⁵ n̠o⁵⁵ ŋe⁵⁵ kwɚ⁵⁵ 把水往外倒 pour water out

zzhobbe nyo nge she ʥo⁵⁵ be⁵⁵ n̠o⁵⁵ ŋe⁵⁵ ʃe⁵⁵ 把水往外泼 pour water out

zzhobbe nyongesshe ʥo⁵⁵ be⁵⁵ n̠o⁵⁵ ŋe⁵⁵ ʒe⁵⁵ 水往外流,河水倒流 water runs out, river flows backward *meddahdddane sshyi magage zzhobbe nyongesshe ssancenkwage nagwar*。地震以后,大河里的水倒流到青海湖里去了。

zzhobbe sshesshe gge ʥo⁵⁵ be⁵⁵ ʒɛ⁵⁵ ʒɛ⁵⁵ ge³³ 水在流动 water flows

zzhobbryi nesua ʥo⁵⁵ bzɚ⁵⁵ ne⁵⁵ su³³ a³³ 洪水消退 the flood recedes *chonyo choi tebbu hamase, zzhobbryi nesua tezzi nemini ngwarnddro go ngala*。不知道过了多少个日日夜夜,洪水消退了,兄妹俩钻出牛皮囊。

zzhobbu yahne ʥo⁵⁵ bu⁵⁵ ja⁵⁵ ǝne⁵⁵ 名 峡谷,深谷(深水沟) canyon, gorge, ravine, deep ditch *vezyi debbu anga igge zzhobbu yahne gashe nahbarhbari liggagge*。一大群野猪散开在阿安家老屋基背后那条深谷旁边觅食。

zzhobbu zzhogga ① ʤo⁵⁵bu³³ʤo⁵⁵ga³³ 漂浮流荡，（汤钵里）汤多肉少 float on the water, there is much soup and little meat in the soup pot *ddeddwai ddro gekazzorohale zzhobbu zzhogga syi jji yami mazzho*。上去，到锅边看一下，发现锅里汤多肉少。

zzhobbu zzhogga ② ʤo⁵⁵bu³³ʤo³³ga³³ 河水漂流，飘飘荡荡，水流充沛 the river flows, the water is abundant *bbobbu tagagge zzhobbu zzhogga nehjila*。这条水渠里的清凉水，飘飘荡荡地流下来了。

zzhobi ddaga ʤo⁵⁵pi⁵⁵da⁵⁵ka⁵⁵ 浑身是水，浑身湿透 like a drowned rat, wet through *shalo mido ggwa i nehzu i nggame bbe nyogqa zzhobi ddaga za*。沙罗米朵被雨淋得浑身湿透了。

zzhobryi poha ʤo⁵⁵bzʅ⁵⁵pʰo⁵⁵xa⁵⁵ 躲洪水的时候 the time of escaping from the flood, the time of avoiding the flood

zzhoca gwarda ʤo⁵⁵tsʰa⁵⁵kuɚ⁵⁵ta⁵⁵ 温水瓶，保温瓶，开水杯，开水桶 vacuum bottle, thermos *zzhoca gwarda ga hjinbba dage nehjiddwai ddamajola*。（我把）温水瓶拿到医院去，后来就忘了拿回来了。

温水瓶、保温瓶、热水瓶

开水杯

zzhoca hgu ʤo⁵⁵tsʰa⁵⁵əku⁵⁵ 名 温泉 hot spring *jojja zuhe bashe zzhoca hgu ne midesyi la ha dege*。昭觉县竹核的热水泉，是个饶有名气的温泉。

zzhoce gge ① ʤo³³tsʰɛ⁵⁵ge⁵⁵ 要喝水，想喝水 want to drink water *zzhoce gge jja zzho mazzho, vuce gge jja vu mazzha*。要喝水时没有水，要喝酒时也没有酒。

zzhoce gge ② ʤo³³tsʰɛ⁵⁵ge⁵⁵ 正在喝水 be drinking water *nbbopao ddenyi nbbo tiha vuli neshei zzhoce gge se*。那匹枣红马正伸长脖子喝水。

zzhocyi zzhonbbar ʤo⁵⁵tsʰɿ⁵⁵ʤo⁵⁵nbɚ³³ 苦水河河滩 the benchland of the Bitter-water River *zzhocyi zzhonbbar barddwa ne lezugarhar ne calakwa, leigehar ne shata bbo*。到了苦水河两河口河滩，往右就是大坟茔，往左就是铁杉树坪。

zzhoda lamanddo ʤo⁵⁵ta⁵⁵la³³ma³³ndo³³ 见都没有见过，看都没有看到过 haven't seen *lema shudaga lonbbuma zzhoda lamanddo, kangenbbe zamanddo*。龙布嫚不在结婚的地方，我连她的影子都没有见过，不知道躲在何处了。

zzhodala manddoza ʤo⁵⁵ta⁵⁵la³³ma³³ndo³³tsa³³ 无

影无踪 without a trace ssonbbo gazikehzhejja ngarharharipoddwai zzhodala manddoza。猩猩叫人把皮包里的小狗抓牢,它自己却跑得无影无踪了。(民间故事)

zzhodda mashe dʐo⁵⁵da⁵⁵maʃe⁵⁵ 口不渴,不口渴 be not thirsty neryi ngece, a zho dda mashe mace。你们喝,我不口渴,我不喝。

zzhoddegu dʐo⁵⁵de⁵⁵ku⁵⁵ 动 舀水 bail jjimoar abu zzhogage zzhoddegua hjila hujja katogge。吉满老爷吩咐我,把水舀起来拿给他。

zzhoga nenpi dʐo⁵⁵ka⁵⁵ne³³npʰi⁵⁵ 河面结冰 the river is frozen ai daxo soha yava zzhoga nenpi zaha erkwai npibbe napwai zzholhe。我读大学期间,寒假时,河面结冰了,我用石头砸开冰面,下水游泳。

zzhogaza ① dʐo⁵⁵ka⁵⁵tsa⁵⁵ 名 两河口 Lianghekou zzhocyi loge zzhogaza zzho nage nassha dage jjiddwane jjabashe barigge。从苦水沟顺着两河口上去,就可以到达蓼坪乡的清水村。

zzhogaza ② dʐo⁵⁵ka⁵⁵tsa⁵⁵ 则拉乡入水口 the water inlet in Zela Village zzhogaza sheryiga ncahane ala nzzhonzzyi sibbutre sokecua。修建则拉乡入水口那段铁路桥的时候,我都已上小学三年级了。

zzhoge nehdo dʐo⁵⁵ke⁵⁵ne⁵⁵əto³³ 跳入水中 dive into the water zhai zhala hene zzhoge nehdo a zzhoi ngenbbe mahssyi tagwa magge。招惹了金环胡蜂,就要逃到河边,跳入水中,潜下水去,不然逃不脱。

zzhoggu nbbar dʐo⁵⁵gu⁵⁵nbɚ⁵⁵ 水缸边,水缸跟前 around the water vat, in front of the water vat zzhoggu nbbar lher-i nehssyi dege ddesho ho。水缸跟前水神仙子落座的地方要保持清洁。

zzhoggu ne nce za dʐo⁵⁵gu⁵⁵ne³³ntsʰe³³tsa³³ 水缸漏水 water vat is leaking

zzhogguer ba dʐo⁵⁵gu⁵⁵ɚ⁵⁵pa⁵⁵ 名 竹姑洛村(属梅花乡) Zhuguluo Village shoiha ne zzhogguer ba ne ersu fu dege, tiha ne sumazzho a。从前,竹姑洛村是尔苏堡子,现在那里已经没人居住了。

zzhoggwa ① dʐo⁵⁵gua⁵⁵ 副 立刻,立即,马上 immediately nbbiqo erddro nalada nddoi te zzhoggwa kezzeddwai tanggwa。看见山上滚下飞石,他立即跑开躲过了。 tro nddemaqideha, tenddopryi zzhoggwa menche ddalhalhaila。这条狗虽然未见过我,但一见到我就马上摇尾来亲近。

zzhoggwa ② dʐo⁵⁵gua⁵⁵ 副 突然,忽然 suddenly suzisu odegguzwa ne jjihdo jjido nguggei zzhoggwa nyichudei erddehgea。强盗跳跃着向众人示威,突然飞来一颗子弹打断了他的腿。(民间故事)

zzhogwar romaddre dʐo⁵⁵kua⁵⁵ro⁵⁵ma³³dre⁵⁵ 浇水不足 insufficient on watering xximeli ge zzhogwar romaddre ne xxinyo bbe ddenyo magga de。在烟苗基地里,如果浇水不足,烟苗出苗率就会很低的。

zzhohar harge dʐo⁵⁵xɚ⁵⁵xɚ⁵⁵ke⁵⁵ 名 桶箍 barrel hoop nkwarhge mahge zzhohar harge ngezi ihdenga。半夜三更储水桶,桶箍断掉是怪相。(口诵经的咒语)

zzhohar ssyilo dʐo⁵⁵xɚ⁵⁵zɿ³³lo³³ 名 桶底 the bottom of the bucket agabbujjimai zzhoqi ne zzhohar ssyilo taharhar demi siqigge de。阿呷布吉莫背水的时候,就背点只盖住桶底的水。(夸张:表示没有装满)

zzhohdoda erkwa dʐo⁵⁵əto⁵⁵ta⁵⁵ɚ⁵⁵kʰua⁵⁵ 河里的垫脚石 the stepping-stone in the river ate zzhoge zzhohdoda erkwa bbe syizyi *kengu*。把那些小河里的垫脚石,全部重新安置一下。

zzhohge dage ʤo⁵⁵ əke⁵⁵ ta⁵⁵ ke⁵⁵ 缺水的地方 the place where is short of water *diggwabashene zzhohge dage, qadadai diggwabane ssare zzhoqijjahbizyi*。因为徐家山村庄是个缺水的地方,所以才有徐家山挑泥浆水之说。

zzhohggwa tepu ʤo⁵⁵ əgua⁵⁵ tʰe⁵⁵ pʰu⁵⁵ 雨季来临 the rainy season has come *zzhohggwa tepu ane himachyi, hinechyijji bbe ddabbwaggede*。雨季来临不砍竹,即使竹编也虫蛀。(谚语)

zzhohgu she ʤo⁵⁵ əku⁵⁵ ʃe⁵⁵ 水井边 around the well *ssahbussyi ssi ssanyo zzhohgu she kanzzai sedei ledruga jja ragge*。国王家的幺女站在水井边大声吆喝:"谁的手镯遗失了?"(民间故事)

zzhohwa menche ddenyi ʤo⁵⁵ xuai⁵⁵ me⁵⁵ ntʃʰe⁵⁵ de⁵⁵ n̪i⁵⁵ 红尾水雀,红尾水鸟 the puffin with the red tail *yashe mabbu ne zzhohwa menche ddenyi de zzhozoma ge ngenbbe la*。没过多长时间,一只红尾巴的水鸟从水湍里钻出来了。

zzhohwai nchanyisshyi ʤo⁵⁵ xuai⁵⁵ ntʃʰa⁵⁵ n̪i⁵⁵ zɚ⁵⁵ 穿红裙子的水鸟,红尾水鸟 the water bird with red tail *zzhohwai mencheddenyi bene zzhohwai nchanyisshyi su jjajji debbe*。尔苏人称红尾水鸟为"穿红裙子的水鸟"。

zzhohwai suer ʤo⁵⁵ xuaj⁵⁵ su³³ ɚ³³ 白嘴水雀 the puffin with the white beak *zzhohwai suer ga dancha la tege liggagge*。有一只白嘴水雀在这里来回飞翔。

zzhohwai vuer ʤo⁵⁵ xuaj⁵⁵ vu⁵⁵ ɚ⁵⁵ 白头水雀 the puffin with white feathers on its head *zzhohwai vuer deoerkwa maqo kanzzai menche nyiganyiga gge*。一只白头水雀站在河中石头上,尾羽不停地向下摆动着。

zzhohzu ddalala ʤo⁵⁵ ətsu⁵⁵ da³³ la³³ la³³ 浪涛滚滚,波涛汹涌 roaring waves *nancyizzho gage zzhohzu ddalala i nala nyizzho gage neddwa*。南桠河波涛滚滚,河水全部流入大渡河。

zzhohzu ddedde nbboila ʤo⁵⁵ ətsu⁵⁵ de³³ de³³ nboj³³ la⁵⁵ 波涛越来越高 the waves are getting higher and higher *mejoge ggwa nenexxo ne zzhokwa ga ge zzhohzu ddedde nbbo ila*。天空里大雨越下越大,大河里波涛越来越高。

zzhohzu nbbar ʤo⁵⁵ ətsu⁵⁵ nbɚ⁵⁵ 名 波谷,波底 trough *ngwarnddro ggu o zzhohzu nbbar ge nencenence ngu ngeddwa*。牛皮筏子漂在河里,一会儿陷落波谷,一会儿又冲上浪尖。

zzhohzu ruru ʤo⁵⁵ ətsu⁵⁵ ru³³ ru³³ 江河澎湃 surging rivers *nyizzhogengakwaha zzhohzu ruru, shezzigala ddahddagge*。金河涨大水的时候波涛汹涌澎湃,河上铁索桥都在不停地颤抖。

zzhohzu yaro ʤo⁵⁵ ətsu⁵⁵ ja³³ ro⁵⁵ 水流湍急 the turbulent river crashed its way through…, rushing current *tege zzhohzu yaro, nahge, jjijji dege nahzha tehggugge*。这里的水流湍急,很危险,我们另找一个地方淌河。

zzhoi denyo ʤo⁵⁵ ji⁵⁵ te³³ ɲo³³ 有生之年 the rest of one's life, in one's remaining years *ti nengunala bbe, zzhoi denyo ne teshoneteme, mashonemame*。他的所作所为,我有生之年不会忘记。

zzhoi hjiddwa ʤo⁵⁵ ətɕi⁵⁵ dua³³ 被水冲走 be washed away *kanpireggu assyi ssumi tro nyogwa zzhoi hjiddwai anela ngamare*。在康匹家族的土地上，我家那块地上的玉米被大水冲走了，什么都没有剩下。*pologa ssyi ngwar ngwar zzhoi hjiddwa jja hmola nahzhai mara*。破罗噶家的牛被洪水冲走了，据说连牛的尸体都没有找到。

zzhoi nbbe ʤo⁵⁵ji³³nbɛ⁵⁵ 动 潜水 dive *hbwahi mioshei lige lenjjigaddancai zzhoizoma ge nbbe nbbe jie*。吹牛的猴子被水獭牵着手钻水湍（潜水）。（民间故事）

zzhoi ngehyo ʤo⁵⁵ji⁵⁵ŋe⁵⁵xjo⁵⁵ 大水冲走，被洪水淹没 be washed away, be submerged by the flood *zzhoqige melio zzhoi ngehyoi ssumi bbe ngogwa zzhoihjiddwa*。河边上那块地被洪水淹没了，地里的玉米全被大水冲走了。

zzhoi ngenbbe ʤo⁵⁵ji⁵⁵ŋe⁵⁵nbe³³ 潜入水里，潜进水里 dive into the water *bulomo zzhoggaggayankwar zzhoi ngenbbe ha shei demi hangu iqwade*。布罗莫很会戏水，潜进水里游玩时，像水獭般娴熟。

zzhoi vume ① ʤo⁵⁵ji⁵⁵vu⁵⁵me⁵⁵ 生活目标，生活出路 life goal, living aim, opportunity to earn a living *taha nenbinbi nangga ddeddwa, zzhoi vume manyo, shyisshyi zhuzhu luggu*。我现在双膝已经爬上耳旁（当地形容年老），没有太多的生活目标，阎王就要来接我回去了。

zzhoi vume ② ʤo⁵⁵ji⁵⁵vu⁵⁵me⁵⁵ 自理能力 self-care ability *tihane aryi jji temoi nemejjoa, yozai zzhoi vume la hamasea*。现在我们已经是老糊涂了，丧失了生活自理能力。

zzhoiddaga ssuiddenyi ʤo³³ji³³da⁵⁵ka⁵⁵zu⁵⁵de⁵⁵n̩i⁵⁵ 休戚与共，打在水身上疼在鱼身上 share joy and sorrow *danyo tege zzho bbe ne sejji zzhoiddaga ssuiddenyi debbesi*。今天在这里的都是打在水身上疼在鱼身上的人（即休戚与共的人）。

zzhojjizzho ʤo⁵⁵ʤi⁵⁵ʤo⁵⁵ 有也是有 there must be *zzhojjizzho mazzho jji zzho, tamajjine anjji gge?* 有也是有，没有也是有，不这样说，又怎么说呢？

zzhojjo rozu ʤo⁵⁵ʤo⁵⁵ro⁵⁵zu⁵⁵ 防洪堤坝 flood dam *zzho ngakwa bbutre zzho ngakwa i zzhojjo rozu ga la vaehji tehzhyi a*。发大水那一年（1989年），防洪堤坝都差点被冲毁。

zzhokabar mapa ʤo⁵⁵kʰa⁵⁵pa⁵⁵ma³³pʰa³³ 不透水的，防水的 water-proof, watertight *shoce wala dassyi ssa ddesshyi ane assyimarane zzhokabar mapa debbe*。穿一套披毡和擦尔瓦的时候，一般情况下就不会透水的。

zzhokwa lo ① ʤo⁵⁵kʰua⁵⁵lo⁵⁵ 名 涨水沟 Swelling Ditch *abu mafu zzhokwa lo ge nwabbei vahga ryinzzudejje*。马福老爷在涨水沟为彝族人值守安全。

zzhokwa lo ② ʤo⁵⁵kʰua⁵⁵lo⁵⁵ 名 （平坝乡）丁家沟村 (Pingba Town) Dingjiagou Village *gearhar ngwarzhaloge jji zzhokw alo hidegehadeza*。甘洛县北部的平坝乡，也有一个村子叫"丁家沟"。

zzhokwa nyinbbo ʤo⁵⁵kʰua⁵⁵n̩i⁵⁵nbo⁵⁵ 洪水泛滥，河水汹涌澎湃 inundation, the river is surging *abbwa zzhokwa nyinbbo tezyi, neryi anesu barladdo, ne shyi nebbua?* 啊啵，洪水泛滥时期，你们是如何克服困难赶来的？

zzhokwaga nddrogge ʤo³³kʰua³³ka³³ndʐo⁵⁵gɛ⁵⁵ 大河在咆哮，大河咆哮 the river is roaring *nwanzzuba she zzhonga kwa ne zzho kwa ga nge nddro ameli ddadda gge*。凉山村里小河涨水就变成大河,大河咆哮的时候大地都在颤动。

zzhokwalo ba dʒo⁵⁵kʰua⁵⁵lo⁵⁵pa⁵⁵ 名 竹壳洛村 Zhukeluo Village *abu mafu zzhokwalo bai nwai vahga ryinzzu jje*。马福老爷到竹壳洛村去为彝族人当保安,守护村庄。

zzhole ma dʒo⁵⁵le⁵⁵ma⁵⁵ 大水塘,蓄水池,人工湖 large pool, reservoir, artificial lake *yobbe zzhucu ggehane zzhole ma ge ngazha nece gge debbe*。剪羊毛之前,要把羊群赶到大水塘里洗澡,去草籽去污垢做清洁。

zzhole wa dʒo⁵⁵le⁵⁵wa⁵⁵ 小水凼,小水塘 puddle, pond *zzhogaqo sigale debbe ngadai zzhole wa de nancaza*。在小河沟里,用一些树枝遮挡着水道,做成一个小水塘。

zzhole wawa dʒo⁵⁵le⁵⁵wa⁵⁵wa⁵⁵ 小水塘,小水池 pool, pondlet *ngwar sshyi o zzhole wawa ge zzholhe gge*。大牦牛在小水塘里戏水、泡澡。

zzholo rozzu dʒo⁵⁵lo⁵⁵ro⁵⁵dzu⁵⁵ 防洪堤 floodwall *qonzzadde bbezzhe neqi assyi igwashe zzholo rozzu daga ddecu za*。国家拨款在我家房屋的北面河边修了条防洪堤。

zzholoda rozzu dʒu⁵⁵lo⁵⁵ta⁵⁵ro³³dzu³³ 防洪大坝,拦洪大坝 the flood control dam *ozzo assyi iggarhar zzholoda rozzu kehgu ngehgu dagaha*。在西昌市区我家房屋的后边,有一条依地形修建的全防护的防洪大坝。

zzhoma ggonbbai dʒo³³mua⁵⁵go³³nba³³ji³³ 观音庙 the Goddess of Mercy Temple

zzhomace zzamazzyi dʒo⁵⁵ma⁵⁵tsʰe⁵⁵dza³³ma³³dzɚ³³ 不吃食不喝水 do not eat or drink *ra dahssa kesshyi i zzho i, tenanyone zzhomace zzamazzyi, yami sho tezzua*。买了100只鸡来喂养,这几天(这些鸡)不吃食不喝水,大多数都死了。

zzhomar hgu ① dʒo⁵⁵mɚ⁵⁵si³³ 小河滩上,水井边 on the riverside, around the well *a zzhomar hgu keddwa hane abugao zzhonbbar nehssyii naro hdegge*。当我走到小河滩上的时候,就看见老爷坐在河滩上数着自己的肋骨。

zzhomar hgu ② dʒo⁵⁵mɚ⁵⁵əku⁵⁵ 小水井 small well *jjimarnyaga karoga roge kehzhoane roge zzhomar hgu de ngezzhua*。吉满良呷取出羚羊角插入石崖里,崖上立即就开了一个涓流小水井。

羚羊角

zzhomar i katra dʒo⁵⁵mɚ⁵⁵ji⁵⁵kʰa⁵⁵tʂʰa⁵⁵ 被水邪污秽 be dirtied by water demon *sila ge zzhohgo ge nacece jja zzhomar i katra za, ddropi ddancwa*。在树林里的水凼里洗澡时被水邪污秽了,导致皮肤瘙痒。(当地的说法)

zzhomar i na nzza dʒo⁵⁵mɚ⁵⁵ji⁵⁵na⁵⁵ndza⁵⁵ 小水沟的水过敏 be allergic to the water from the small ditch

zzhomar katra dʒo⁵⁵mɚ⁵⁵kʰa⁵⁵tʂʰa⁵⁵ 水邪作祟 water evil haunts *ersubbe ne myaer ngala ne zzhomar katra jja kato debbe*。尔苏人身上长了疮,就说被水邪作祟了。(当地的

说法)

zzhomar shyi ʤo⁵⁵mɚ⁵⁵ʃɚ⁵⁵ 动 卜卦,占卜,打卦 divine *napamate ngwarmacyierbaddege cyishe zzhomar shyi ddwa jje*。他们两口子一起到卜卦大师家里占卜去了。

zzhomar si ① ʤo⁵⁵mɚ⁵⁵si⁵⁵ 名 杨树 aspen *zzhomarhgu chomya i zzhomar si debbe ha*。在小河边有很多杨树。

zzhomar si ② ʤo⁵⁵mɚ⁵⁵si⁵⁵ 水白杨 water poplar *zzhomar si bbe ne zzhoqi ge kazzhyi ha yancu*。水白杨适宜栽在河边溪旁。

zzhome yazze ʤo⁵⁵me⁵⁵ja⁵⁵ʥe³³ 环境优美 elegant environment, fine environment *zzilhloge ne zzhome yazze degge tele, sejji tegese zzhogge, kaddala ssyi magge*。假若则拉乡环境优美的话,谁都不会离开这里。

zzhonbbe lili hze ʤo⁵⁵nbe⁵⁵li⁵⁵li⁵⁵ətse⁵⁵ 打水漂 dap a stone *cyibinqi le zzhonbbe lili hze ha, zzhonbbelili sio ngalapa, ale deo si ngalapa*。赐斌棋在打水漂的时候,可以打出三个水漂,我只能够打出一个水漂。

zzhonbbi ddeshe ʤo⁵⁵nbi⁵⁵de⁵⁵ʃe⁵⁵ 想喝冷水 want to drink cold water *zzhonbbi ddeshe racepa, ama nzzyinzza nddomapa*。想喝冷水喝得着,思念母亲不得见。(《思母歌》歌词)

zzhonbbi hgu ① ʤo⁵⁵nbi⁵⁵əku⁵⁵ 冷水泉 cold water fountain *cadabai ingwashe zzhonbbi hgu ne tabar yamarsu mazzho de*。差达村村南的冷水泉,泉水很可口。

zzhonbbi hgu ② ʤo⁵⁵nbi⁵⁵əku⁵⁵ 冷水井 cold water well *hwanhwaiba she zzhonbbi hgu ge zzhobbe ggoi nbbi nbbi goi yamar*。凤凰营村的那口冷水井里的水特别冰凉,特别可口。

zzhonbbi keshe ʤo⁵⁵nbi⁵⁵kʰe⁵⁵ʃe⁵⁵ 泼上冷水,洒上冷水 throw cold water on, sprinkle with cold water *lemaze su bbe coparma bbe lige zzho nbbi keshei nentonto shua*。来接亲的迎亲婚使们,被年轻姑娘们泼冷水,个个都被泼成了落汤鸡。

zzhonbbihgu ba ʤo⁵⁵nbi⁵⁵əku⁵⁵pa⁵⁵ 名 水泉村 Spring Village *tonzzyipu jjiddwa zzhonbbihgu ba she kwarddwasi lajigu bar-igge de*。从新民镇上去,经过水泉村,才能够到达保安腊吉谷村。

zzhongwar cyimace ʤo⁵⁵ŋuɚ⁵⁵tsʰɚ⁵⁵ma⁵⁵tsʰe⁵⁵ 水牛不喝盐巴水 the buffalo don't drink salt water *zzhongwar mabbu cyimace, vuli ne ssi sse ma nyo*。水牛不喝盐巴水,压下牛头也白搭。(谚语,表示内因起作用,外因是条件)

zzhonpohgge ʤo⁵⁵npʰo⁵⁵əge⁵⁵ 水痘疫苗 varicella vaccine *yaddre marmar bbe zzhonpo hgge kezzhyi ne zzho npo ngala magga*。小孩子打了水痘疫苗以后,就可以防止再次感染水痘。

zzhonyo doro doro ʤo⁵⁵ŋo⁵⁵to⁵⁵ro⁵⁵to⁵⁵ro⁵⁵ 山涧水,叮咚响的泉水 mountain stream *shoihane bbagusi bbei zhanga zzhonyo doro doro demisi nalade, tiha mima ha*。以前就在乌苞山莓藤下边流淌着一泓清泉,不像现在那样野马奔腾。

zzhopar ngakwa dohdo la ʤo⁵⁵pʰɚ⁵⁵ŋa⁵⁵kʰua⁵⁵to⁵⁵əto⁵⁵la³³ 小河涨水浪滔滔 the small river has risen in water and the waves are surging *zzhopar ngakwa dohdo la, nyizzho ngakwa ssheshe la*。小河涨水波浪翻,大河涨水不起浪。(谚语)

zzhoshe namassi ʥo⁵⁵ ʃɛ⁵⁵ na⁵⁵ ma³³ zi⁵⁵ 不止渴，不解渴 do not quench thirst *nyahgahemo ddege shyi ngezzyi ngezzyii zzhoshe namassi zzho dabbaravagula*。在你舅舅家天天吃肉，口渴得喝水都不解渴，你端一盆水来给我喝。

zzhoshe nessi mapa ʥo⁵⁵ ʃɛ⁵⁵ ne⁵⁵ zi⁵⁵ ma³³ pʰa³³ 不解渴 do not quench thirst *zzhoddesheha ssyingengezzyi zzhoddeddeshe, zzhoshe nessi mapa*。口渴的时候，雪块越吃越口渴，雪块是不解渴的。

zzhosho deku ʥo³³ ʃo⁵⁵ te⁵⁵ kʰu⁵⁵ 一盆清水 a pot of clear water *zzhosho deku ge zzhozzhola zzhotru deke gge ssyii nggu manyo*。本来在一盆清水里，没有理由跳到污水桶里。（谚语，表示别无事找事）

zzhotra katra ʥo⁵⁵ tʂʰa⁵⁵ kʰa⁵⁵ tʂʰa⁵⁵ 水鬼作祟 the water ghost is haunting *basa muga ozzhotrai katra za jja dehmo myaryi nalyalya za*。巴萨牧呷被水鬼作祟，浑身上下长满了疥疮。（当地的说法）

zzhotre yafi ʥo⁵⁵ tʂʰe⁵⁵ ja³³ fi³³ 水面宽敞，河面宽敞 spacious water surface *tege zzhotre yaruru aryi ggaehar zzhotre yafi dega nahzha tehggu gge*。这里河面狭窄水深，我们到上游找河面宽敞的地方去蹚河。

zzhotre yahnyo ge ʥo⁵⁵ tʂe⁵⁵ ja³³ ɲo⁵⁵ ke⁵⁵ 水深处，深水区 deep water, profundal zone *assyimarane zzhotre yahnyo da ge ne ssu yabbisu zzho debbe*。一般情况下，水深的地方有大鱼活动。

zzhozu nbbinbbi ʥo⁵⁵ tsu⁵⁵ nbi⁵⁵ nbi⁵⁵ 冷开水，凉开水 cold boiled water, cold water *desyi ngabbarnyia zzhozu nbbinbbi demi ngece*。稍微休息一下，喝一点凉开水。

zzhozu ddezu a ʥo⁵⁵ tsu⁵⁵ de⁵⁵ tsu⁵⁵ a³³ 水烧开 the water is boiling *mejji ge zzhozu ddezu a, vaga subbe ganddoa*。锅里的水烧开了，杀猪的该动手了。

zzhozu dedryi ngasa ʥo⁵⁵ tsu⁵⁵ de⁵⁵ tʂʰ⁵⁵ ŋa⁵⁵ sa⁵⁵ 动 焯 blanch *ggonwa bbe zzhozu dedryi ngasa zheku ge nagwar obbu neshe silhane celi*。青菜在开水里焯一下，然后趁热装入酸菜缸，三个月后就成了优质酸菜。

zzhozu dryi ʥo⁵⁵ tsu⁵⁵ ntʂo⁵⁵ 在开水锅里捞 get out of the boiled water

zzhozu gwarda ʥo⁵⁵ tsu⁵⁵ ku⁵⁵ æ⁵⁵ ta³³ 温水瓶，保温瓶，保温杯 thermos, vacuum bottle *tihene zzhozu gwarda marmarbbe si ssi, yabbi bbe ssisula mazzhoa*。现在大多数人都使用小保温杯，已经很少有人使用大保温瓶了。

zzhozu ntro ʥo⁵⁵ tsu⁵⁵ ntʂʰo⁵⁵ 捞开水（在沸腾水锅里赤手捡东西）use one's hands to pick things up in the boiling water *a nenpo maqi ne maqi, zzhozu ntro lashedwa jji ddamajima*。我没有偷过就是没有偷过，即使捞开水抱红铧也不怕。（过去愚昧地认为，清白者不会被开水或烧红的犁铧所烫伤）

zzhozze lazze ʥo⁵⁵ ʣe⁵⁵ la⁵⁵ ʣe⁵⁵ 生活舒适，吉祥平安 live in comfort *zzilaloge tenehine ershayali wahwayali, sejji zzhozze lazze ddo*。则拉乡现在政策好了，法制健全了，大家生活舒适，吉祥平安了。

zzhozzho de ① ʥo³³ ʥo³³ te³³ 形 短的 short *idateo zzhozzho de, ale kamar matwa, neryi tege kamar, a jjijji hzhaigge*。这张床是短的，我睡不下去，你们在这里睡，我另外去找（床）。

zzhozzho de ② ʣo⁵⁵ ʣo⁵⁵ te⁵⁵ 形 含水的 aquiferous, hydrous *ojjatebbe zzhozzho de bbe, dabar ngezzyi*。这梨子含水丰富，请你品尝一个。

zzhozzho lala ʣo³³ ʣo³³ la⁵⁵ la⁵⁵ 形 短短的 brief, short *su venyo yabbi gaqo nzzhyiroge ne zzhozzho lala desyisi hadebbe*。人的阑尾是大肠上的一段短短的退化器官。

zzhozzho rere ʣo⁵⁵ ʣo⁵⁵ re⁵⁵ re³³ 汤汤水水 soup *ale nzzhyiva cehene zzhozzho rere demi si cebbwazhe de*。我嘛，在吃醪糟的时候，是喜欢喝一些汤汤水水的。

zzhu ① ʣu⁵⁵ 绵羊毛 sheepwool *zzhu bbege bbyire debbe kenagwar sene vumyava kehi ajje*。在绵羊毛里倒入一些蜂蜜，然后把羊毛粘贴在头上。

zzhu ② ʣu⁵⁵ 名 腰 waist *tiha ne temo i kanzza kanzza ne zzhu ddenyi de xoxo mapa*。现在老了，站立久了，腰就疼得无法动弹。

zzhu ci ʣu³³ tsʰi³³ 名 尾椎 caudal vertebra *nehssyi tazai zzhu ci ddenyi, desyi ddehggwar neshyishyi gge*。坐得太久了，腰尾椎疼痛，准备站起来活动活动。

zzhu ddehge ʣu⁵⁵ de⁵⁵ əke⁵⁵ 腰杆折断，腰折断 the spine breaks *shebbera syinyi takwa zzhu ddehge*。蚂蚁心大，腰杆折断。（谚语，表示人不可过于贪心）

zzhu ddenyi ʣu⁵⁵ de⁵⁵ ɲi³³ 名 腰疼 backache *hjinbbasubbei katoha, bbeli ddenyi su bbene zzhu ddenyi gge debbe jjigge*。医生告诉我们，有肾病的人就会腰疼。

zzhu degge ʧu⁵⁵ te⁵⁵ ge⁵⁵ 一箍羊毛 a bundle of wool *zzhuchu ha ne yo deo nechu ane zzhu degge naca gge debbe*。在剪羊毛的时候，从一只羊身上剪下来的羊毛要团成一箍羊毛。

zzhu ge ʣu⁵⁵ kɛ³³ 名 腰里，腰上，腰部 waist, lumbar region *tenehi nzzonzzyi nzzoma sosoi nehssyitazai zzhu ge ddenyi de la kessoza*。这两年搞课题坐太久，现在患了腰疼毛病。

zzhu hge ʣu⁵⁵ əkɛ⁵⁵ 名 驼背 humpback, hunch-back *ai marmar he ne hemo zzhu hge dancha zzhode, zhanga ne mazzhoa*。我们小的时候，有一位驼背表叔，后来过世了。

zzhu hi ʣu⁵⁵ xi⁵⁵ 名 生筋草，石松，过山龙，水竹 club moss, fishscale bamboo *zzhu hi bbe ne nzza ne shen-jin-cao jja jji gge debbe*。水竹，汉语就叫"生筋草"。

生筋草

zzhu ho ʣu⁵⁵ xo⁵⁵ 名 大麻，苎麻，芒麻 hemp, ramie *rotrolalepyibarfidesyige zzhu ho nɛsibu ddenyozai, nagwa vai hggugge*。河滩上有块巴掌大的地，长了两三棵野生苎麻，我去把它皮剥了后搓条绳。

zzhu kuku ʣu⁵⁵ kʰu⁵⁵ kʰu³³ 名 驼背，拱背（腰弯曲的人）humpback *aryi hemo zzhu kuku ddenyisu hjinbba yanncude*。我的驼背表舅是个医术很好的医生。

zzhu ma ʣu⁵⁵ ma⁵⁵ 名 狐狸 fox *zzhu ma dei pace ssha ngu, ne te gabigaca bbe* nggonggo,mali。就像狐狸捡布条一样，你专门捡拾这些垃圾，实在不应该。

zzhu nchyi ʥu⁵⁵ ntʃʰɚ⁵⁵ 捻毛线 entwist woolen yarn *tenche ne che zzhu dde nchyi, zzyi bulili tada zzyi dde ntre*。见缝插针地捻毛线，卷得线团把毛线纺。

zzhu nchyi da ʥu⁵⁵ ntʃʰɛ⁵⁵ ta⁵⁵ 名 纺车 spinning wheel

zzhu nchyi su ʥu⁵⁵ ntʃʰɚ⁵⁵ su⁵⁵ 捻毛线的女人 the woman who entwists woolen yarn *neryi ate zzhu nchyi su bbe desyi ngabbarnyi a hibba ga da desyi ka bbanyi*。你们那些捻毛线的女人稍微停下来，听听大会讲话。

zzhu necu ʥu⁵⁵ ne⁵⁵ tsʰu⁵⁵ 剪羊毛 shear *debbutre nyissyine cyii lhaer deonyo ne nwanzzu babbe zzhu necu gge debbe*。每年的七月初一这一天，就是凉山村人剪羊毛的时间。

zzhu ntre ʥu⁵⁵ ntɽɚ⁵⁵ 动 纺线 double thread *zzhu ntre ne ntreda ga rara ngu a zzhuzzyibbe naga dawa dde ntre gge de*。纺线就是用纺锤把捻的粗纺线再一次两两绞合在一起的过程。

zzhu ntre da ʥu⁵⁵ ntɽɛ⁵⁵ ta⁵⁵ 名 纺车 spinning wheel *zzhu ntre da ne sijaja ddadranggo zade,ddashwalwa le zzyi bbe ddentre ggede*。纺车是木架子机器，用手一摇就可以精纺毛线。

zzhu tro ʥu⁵⁵ tʰɽo⁵⁵ 弹羊毛 fluff the wool *abuo troleji ddehji nazzyi vahga zzhu tro ggejja ddwa*。老人带着弹弓，说要为你家弹羊毛，说着他就走了。

弹羊毛、擀毡

zzhu za daga ʥu⁵⁵ tsa⁵⁵ ta³³ ka³³ 名 腰带（武装带,拴在腰上的绳索）waistband *ai zzhu za daga nessyijjibbu zhyi qo zzha, aivahga ngehjila*。我的武装带放在你家客位柜子上了，请你帮我拿出来。

zzhu zzyi ʥu⁵⁵ ʥɚ⁵⁵ 羊毛线 wool *mwaha bbuhassa ncha shabalige zzhu zzyi dasyi kahdwai lepeva kasa za*。玛哈不哈惹手上拴了一段被沙巴念了咒语的羊毛线。

zzhuci ddenyi ʥu⁵⁵ tsʰi⁵⁵ de³³ ɲi⁵⁵ 尾椎骨疼 have pains in the tailbone *aga erjimao tencei meligge nehzujja zzhuci ddenyi jjigge*。阿呷尔机莫走路出溜，跌坐在地上，伤了尾椎骨，据说现在尾椎骨疼痛。

zzhukwa cu ʥu⁵⁵ kʰua⁵⁵ tsʰu³³ 名 剪羊毛节（在七月，剪羊毛的日子）Sheepshearing Day, the festival of shearing *cyi lhaer zzhukwa cu hane cada nwanjjobbe zzhucu lagge debbe*。七月初剪羊毛的时候，矮山的彝族朋友要来参加高山的剪羊毛节。

zzhuma ddehssu ʥu⁵⁵ ma⁵⁵ de⁵⁵ ɚzu⁵⁵ 饲养狐狸 raise the fox *zzhuma ddehssu tro mabbu, zaha ddehssu ra mabbu*。喂养狐狸不变狗，喂养野鸡不变鸡。（谚语，表示狐狸养不成家狗，野鸡养不成家鸡）

zzhunchyi bbeer ʥu³³ ntʃʰɚ⁵⁵ be³³ ɚ˞³³ 羊毛竹篓

（装纺锤和羊毛的竹篓）a bamboo basket with spindles and wool *shoi ne ssihi bbe ne zzhunchyi bbeer deode hzheo va kasa hji gge debbe*。以前,女人出门劳动的时候要戴一个羊毛竹篓在腰上。

zzhunchyi da ʤu⁵⁵ ntʃʰɛ⁵⁵ta⁵⁵ 名 纺车 spinning wheel *tenbehi ne zzhunchyi da ssisu la zzhode manddoza*。现在已经看不到有人使用纺车了。

zzhune yashede ʤu⁵⁵ne³³ja³³ʃe³³te³³ 腰杆长的（隐语：心细的）careful, scrupulous *ni hemo i, su le ssassa de, zzhu ne yashe de*。你的舅表弟,人是年轻的,腰杆是长的(人虽年轻却思维严密)。

zzhuva kebu ʤu⁵⁵va⁵⁵kʰɛ⁵⁵pu³³ 动 撑腰,（两手）叉腰 be akimbo *zaxiyanzho lepe nepe zzhuva kebui nqibbiqo nyizzoroi nierhbida zzoro gge*。扎西央中站在坎上,两手叉腰向下望着,观察你的所作所为。

zzhwa ① ʤua⁵⁵ 量 拃(拇指和中指展开的长度) the length of the fingertip of the thumb and index finger *teryilige caha si zzhwa zzhosu nancasi erkwai nehzuge ryipaqigengelijje*。他们打三拃长的草鞋,用石臼锤破了,丢弃在回来的沿途路边上。（摆疑兵阵）

zzhwa ② ʤua⁵⁵ 竹笆围子 bamboo fence *ersu calabbe ne hcoqo zzhwa dagasi korowa gge debbe*。尔苏人坟茔上不修任何东西,只用一张竹笆围子圈起来。

zzhwa bbezzyi ʤua⁵⁵be⁵⁵ʤɛ³³ 名 背背虫,草鞋虫 drosicha worm *kezzorohane ande mazzo, zzhwa bbezzyi daga si ti nbbogguga ddesshela jje*。他睁眼观察时啥也没有,只有一只背背虫在他的小腿上往上爬。

zzhyi ① ʤɘ⁵⁵ 动 种植 plant, grow *de bbutre nyissyi ne menyi ryi i ge ne bu zzhyi shifu*。每年二月是种植土豆的时候。

zzhyi ② ʤɘ³³ 名 话 word, talk *zaya, ne ngganyo ngaladdo, a nava zzhyi nezzhyi si keto gge de*。扎娅,你到外面来一下,我有两句话要对你说。

zzhyi ③ ʤɘ⁵⁵ 名 瓦板(杉木板) roofing tile *shoiha ne nddru ntrusu mazzho se jji zzhyii har, tiha nezzhyii harsu mazzho a*。过去没有人烧瓦,大家都盖瓦板屋,现在已经没有人再盖瓦板屋住了。

zzhyi ④ ʤɘ³³ 量 句 sentence *gedaha anggu kwakwao yami debbe dde hibba, a zzhyi ne zzhyi si katogge*。刚才周长辈说了许多,现在我就只说两句话。

zzhyi ⑤ ʤɘ⁵⁵ 动 栽 plant, grow *fuge sukwa woi kato i aryi su nyizzhosu sonyo ne nyogwa ssa sibu zzhyi gge*。村长说了,明天我们村子里所有的人都要去栽树。

zzhyi ⑥ ʤɘ⁵⁵ 动 坍塌(泥石流冲击) collapse *shepe nqiga ne zzhyi i nala za, tiha ne su la nge i ma pa za*。阴山答坎子都坍塌了,现在已经不能通行了。

zzhyi bba ʤɘ⁵⁵ba⁵⁵ 名 天窗,亮瓦(屋顶采光洞) skylight, bright tile *nbbo zzinddre ga rarangu a zzhyibbapwa ngejjoa zzhyi bba o ddechu*。用长梭镖把天窗上的瓦板推开,把天窗打开。

zzhyi ddeho ʤɘ⁵⁵de⁵⁵xo⁵⁵ 动 应答,回复 reply, revert *tilige ava de zzhyi ddeho dezzhyi vunehzu, zzhyi ddeho damarasua*。我说一句话,他就打压一句,弄得我无法应答人家的话。

zzhyi dezzhyi ʤɘ⁵⁵tɛ⁵⁵ʤɘ⁵⁵ 一句话 one sentence *ti zzhyi ddakato su, zzhyi dezzhyi* *la hbu lo ssa lo pe*。他说的话,一句(话)值千两百两(银子)。

zzhyi hga ① ʤɚ³³ əka⁵⁵ 名 声调,语义 intonation, semanteme, lexeme *sui yaddre tewo zzhyi hga ne yali desyi kato gge de*。这个别人家的小孩子,说话的声调很有磁性。

zzhyi hga ② ʤɚ³³ əka⁵⁵ 弦外之音,潜台词,言外之意 overtone, subaudition, subtext *possa ssimo debbe ne suggugene deodeva zzhyi hga bbanyi gge debbe*。两口子在公众场合是听潜台词来互动的。

zzhyi hgede ʤɚ⁵⁵əke⁵⁵te⁵⁵ 半句话 half sentence, half word

zzhyi i ʤɚ⁵⁵ ji⁵⁵ 瓦板房,木板房 tile-roofed house, wooden house *loloqe anggu nzzomo ssyi zzhyi i ge tenehisi nzza nankajje*。野猪塘周百户家的瓦板房,在前几年才卖给一个汉族人。

木板房

zzhyi i ma ʤɚ³³ ji³³ ma³³ 大瓦板房,大木板房 big tile-roofed house, large wooden house *mehddahdda hene zzhyi i ma bbe ne tebu mapa debbe*。大木板房在地震的时候都不会倒塌的。(抗震不抗火)

zzhyi i zu a ʤɚ³³ i³³ tsu³³ a³³ 木板房的屋基地 the land of the wooden house *jjimar abunzzereggu kalane nbbihdwamwa nbbarge zzhyi i zu a ka cha jje*。吉满始祖从越西保安乡垭口村迁到马基岗,就在木板房的屋基地插栈落户。*aryijjimarabui zuhela zzhyi izua vila ddeershe zzhade jja ketogge*。我们吉满家族始祖的坟茔,据说就在马基岗老木屋的宅基地对面偏北的白火绒地边上。

zzhyi kato ʤɚ³³ kʰa³³ tʰo⁵⁵ 动 说话,告诉(建言献策) speak, talk, offer advice and suggestions *varge nzza nzzomo she zzhyi kato do su ne dancha zzho*。尔苏人中总有一个人能在越西县衙里建言献策。

zzhyi kejji ʤɚ³³ kʰe³³ ʤe⁵⁵ 动 诉说,数落(批评教育) tell, rebuke, criticize and educate *muga baji lige buhassamo va zzhyi nddendde debbe kajji a*。木呷巴基把不哈惹莫狠狠地批评教育了一番。

zzhyi machyi ʤɚ⁵⁵ ma⁵⁵ ʧʰɚ⁵⁵ 受不住数落,经不住批评,不经骂 can't accept reproval, can't bear criticism *cochyii ncha zzhyi machyi, hwachyii ncha ze machyi*。人间孤儿不经骂,鸟类孤鸟不经雾。(谚语)

zzhyi nchyi ʤɚ⁵⁵ nʧʰɚ⁵⁵ 带刺的语言,伤人的话 hurtful language, harsh words *zzhyi nchyi ne suva kenyo gge i zzhyi lami bbe*。带刺的话就是伤害别人的话。

zzhyi nga ʤɚ³³ ŋa³³ 名 噩耗 bad news, grievous news *danyone zzhyi u nga de dryila, bbevu demi naga ngecefu*。今天听到个噩耗,打酒轮吮以致哀。(民歌歌词)

zzhyi ngehze ① ʤɚ³³ ŋɛ³³ətsə³³ 动 松口,改口 correct oneself, modify one's previous remark *aryi shyinga kalala suva jji yaya tejjinengua, ne zzhyi ngehze temmali*。我们

千方百计求人，才得到现在的结果，你如果松口就不好了。

zzhyi ngehze ② dʑɯ³³ ŋɛ³³ ətsɛ³³ 动 泄密 divulge a secret

zzhyi nggevar dʑɯ³³ ŋge⁵⁵ v ɚ⁵⁵ 千言万语，九箩筐的语言 thousands of words *su mantredene zzhyi nggevar laddakatojji kancamage*。愚笨的人，哪怕你给他说九箩筐的话，也无济于事。

zzhyi sui dʑɯ⁵⁵ sɯ⁵⁵ ji⁵⁵ 廊檐下，屋檐下 under the roof of the corridor, under the eave *sibbe ddadwa zzhyi sui kezyimahssyi ggwakessoa kahja magga*。这些柴火不抱到屋檐下，被雨水打湿就点不着了。

zzhyi tehze ① dʑɯ³³ tʰɛ³³ ətsɛ³³ 动 泄密 divulge a secret *amu lige zzhyi tehze, nwa bbeilige teddevakawai ngwar ddralajje*。因为阿木泄密，所以黑彝来围攻他家了，掠走了他家的牯牛。

zzhyi tehze ② dʑɯ³³ tʰɛ³³ ətsɛ³³ 动 失言 make an indiscreet remark *aryi ne shyingakalala, shyima lakavarvar zzela, neryi zzhyi tehzeha*。我们千方百计全力协助，你们不要失言帮倒忙。

zzhyi tejo dʑɯ⁵⁵ tʰe³³ tɕo⁵⁵ 动 回话，回复，批复，退订，扯回销 call back, reply, unsubscribe *neryi ggenegge, maggene suisuva zzhyi teju ta, lalho nzzyigge*。你们干不干都应该给别人扯个回销嘛，别人会苦苦等待的。

zzhyikwa mikwa dʑɯ³³ kʰua³³ mi³³ kʰua⁵⁵ 豪言壮语 brave words, grandiloquence *nine zzhyikwa mikwa debbesi katonzzho, lwahbwa ne hzhoge nganbba*。你是只会说豪言壮语，行动上就下软蛋。

zzhyimabbo sumantre dʑɯ³³ ma³³ bo³³ sɯ⁵⁵ ma⁵⁵ ntʈʰɛ⁵⁵ 不表达意见就不会被重视 unexpressed opinions are not valued *zzhyi mabbo sumantre, syinyige anezzho nesuva ddakato*。不表达意见就不会被重视，心里有什么想法就表述出来让大家听。

zzhyinca minca dʑɯ⁵⁵ ntsʰa⁵⁵ mi⁵⁵ ntsʰa³³ 珍贵的留言，名言 precious message, celebrated dictum *abba la amai zzhyinca minca bbe ne syinyi ge nagwar kanca shyita*。爸爸妈妈的这些珍贵留言，你们要把它们放在心上记牢。

zzhyinchyi gwar dʑɯ⁵⁵ ntʃʰɯ⁵⁵ da³³ ku ɚ³³ 指桑骂槐，用语言伤害人，说带刺的话 make oblique accusation, hurt people with words, speak sarcastic words *aga o amu zzhyinchyi gwar ssensse gge*。阿呷在那里对阿木说着带刺的话。

zzhyindde kato suanyo dʑɯ⁵⁵ nde⁵⁵ kʰe⁵⁵ dzi⁵⁵ sua⁵⁵ ȵo⁵⁵ 说箴言他人不悦，说实话就得罪人 hurt someone by telling the truth *zzhyindde kato suanyo, daŋguddehjitoa*。告诉实话人不悦，拿着拐棍狗不悦。（谚语）

zzhyisu i dʑɯ⁵⁵ sɯ⁵⁵ ji⁵⁵ 名 外屋 outbuilding, outhouse *jabussa, ni nggamabbe ngehjii zzhyisu i ge zhyige nagwar*。加布子，你把你的衣服拿去，放到外屋的柜子里。

zzi ① dzi⁵⁵ 量 俩，双，对 pair *zaxila kalamo tezzi nco dco nc yo ɜɜoɜɜyi ɯi hguggo*。他们俩每人放40对(双)羊。

zzi ② dzi³³ 名 气味，味道 smell, odour *te raze necho ane zzi daga ddangwar manddo, negege za*。这个烂鸡蛋不知道是什么味道，臭烘烘的，难闻极了。

zzi ③ dzi³³ 动 到齐 get together, be all present *ryinyi nyawa bbe nyogwa zzi la za, ddehdo ddagga ya shanga*。亲戚朋友全到齐，歌

唱舞蹈更可爱。(民歌歌词)

zzi ④ ʥi⁵⁵ 名 桥,木桥 bridge *zzho kwa ga qo zzi kwa daga kezzyi da, tiha ne ddro shyi ya ze a*。大河上架设了一座大桥,现在出行就方便多了。

桥

zzi ddangwar ʥi⁵⁵ da⁵⁵ ŋu ɚ⁵⁵ 闻到气味 smell the scent *avai ne vu zzi dela dda ngwar miha, bunbba ncido tencho alama nddo?* 我闻着好像是酒的气味,是不是陶罐的塞子松动了?

zzi macu ʥi⁵⁵ ma³³ tsʰu³³ 不搭桥 do not build a bridge *ersubbe ne ti hbizyi, sswalhwa sswamwa zzi macu*。尔苏有句俗语这样说,锅庄石头不搭桥。

zzi zhe ʥi⁵⁵ tʃe⁵⁵ 名 菖蒲 calamus *ntru ce ha ne zzi zhe mara mapa de, zzhi zhe bbe nalwalwa zzho ge kezho a su o kentru a si nece gge de*。熏蒸仪式离不开菖蒲,把菖蒲切段放入水中煮开,然后熏蒸和擦洗。

zzi zzi ʥi³³ ʥi³³ 形 生的(没有熟) unripe *veshyi zzi zzi bbe kezho a ddehi su si ngezzi, tama hssyi te nyi ra gge*。生猪肉要煮熟了才能吃,否则人吃了会生病。

zzida bbazha ʥi⁵⁵ ta⁵⁵ ba⁵⁵ tʃa⁵⁵ 名 砍刀(斩骨刀,砍骨刀) hacking knife, chopper *bbazha teji ne ryigu zzida deji, ateji ne ncanca le deji*。这把刀是砍骨头的砍刀,那把刀是切片用的切刀。

砍 刀

zzilha loge ʥi⁵⁵ ɬa⁵⁵ lo³³ kɛ³³ 名 则拉乡 Zela Village *ale zzilha loge ddezzyi ddekwa su, atege sibuer bbela nyogwa gguzyi*。我是则拉乡里土生土长的人,对那里的一草一木一石都熟悉。

zzilhalo sinwaderewa ʥi⁵⁵ ɬa⁵⁵ lo³³ si⁵⁵ nua⁵⁵ te⁵⁵ re⁵⁵ wa⁵⁵ 名 则拉乡(则拉乡全乡范围内) Zela Village *zzilhaloge sinwaderewa ne yaisho hane ersu bbesi zzho deg ejji gge*。从前在则拉乡全乡范围内,据说只有尔苏人居住。

zzizhe nbbar ① ʥi⁵⁵ tʃe⁵⁵ nb ɚ⁵⁵ 名 菖蒲根(中药) calamus root *shaba dwahwa ddenyisuva ntrucegge, azzizhe nbbar desyi hzhaigge*。沙巴今天晚上要给病人作熏蒸疗法,我去帮沙巴挖一点菖蒲根回来入药。

zzizhe nbbar ② ʥi⁵⁵ tʃe⁵⁵ nb ɚ⁵⁵ 挖菖蒲 dig calamus *zzizhe dde nbbar nyihji ge gwar gge*。去挖菖蒲根来入药。

zzo ① ʥo⁵⁵ 动 砌,堆砌 build by laying bricks or stones, pile up *melige erkwa bbe dde nggonggo a rozzu de ke zzo a tepyi*。把地里

的乱石块全部捡起来,堆砌成一个石堆放着。

zzo ② ʤo⁵⁵ 动 錾刻,镌刻 carve, engrave *teerkwagava rome ke zzo zabbe ne shijayancu dei kezzu za debbe*。在这个石碑上镌刻文字图案的石匠是个手艺精湛的好师傅。

zzo ③ ʤo⁵⁵ 名 牲畜,家畜 domestic animal, livestock *zzo jjigei zzo ssosso, rajjigei ra ssosso homo, sujji gei su ssosso*。畜圈里边畜平安,禽舍里边禽平安,人屋里头人吉祥。

zzojji ge ʤo⁵⁵ ʤi⁵⁵ ke⁵⁵ 名 圈里 in livestock pen, in the pen *zzojji ge zzho ddabbar, cojji ge co ddebbar*。牲畜圈里畜满圈,人丁屋里人满屋。(民歌歌词)

zzoro ① ʤo⁵⁵ro⁵⁵ 动 管护,保护,占有 manage and protect, occupy *nyinwao teshoi zha ngane tiha nyinwahsseo ti ka zzoro za dejji*。自从他的弟弟去世以后,弟媳就一直是他在管护。

zzoro ② ʤo⁵⁵ro⁵⁵ 动 看,观看,瞭望 cast a glance at, have a glance at, watch from a height or a distance *yaddre nguha nkwar zzilhabashe la ddwai dian-yin zzoro*。我在儿童时期,有时候晚上还跑到大堡子村去看电影。

zzoro ③ ʤo³³ro³³ 动 看,看望,拜访 see, visit, call on *ta yaddre va de zzoro la kamasa, ngepengejo i ddwa*。对孩子看都不看一眼,他转身就一走了之了。

zzoro teyo ʤo⁵⁵ro⁵⁵ tʰe⁵⁵ jo⁵⁵ 动 看错 misread *ai zzoro teyo da, alezzokwama ngalasanbba, nyinbbo ngalassyi manzzyi nzza*。是我自己看错了人,我以为是佐夸嫲来了,没想到是金马姑娘来了。

zzoro zzoro ʤo⁵⁵ro⁵⁵ ʤo⁵⁵ro⁵⁵ 不断地观察,随时关注 keep watching, always focus on *ryipage zzoro zzoro ngu, nassyi nyanya ssoggade nddoane ashyingee*。随时观察观察大路上,看见你姑姑的行踪后就马上去迎接。

zzu ① ʤu⁵⁵ 名 毒 poison, toxin *sinyoryipa sshyinkada, zzu pe bbope te tryitra*。三天路程生意场,杜绝毒品和敌人。(谚语)

zzu ② ʤu⁵⁵ 形 陡,陡峭 steep, precipitous *yobbe nbbare dde zzu gela ngeddwa*。羊群通过那个陡峭的山坡,继续往南而去。

zzu ③ ʤu⁵⁵ 名 凿子 chisel *muzyar dewo ne zzu ssongwarga bbo debbe*。一个木匠至少有四五根凿子。

zzu ④ ʤu⁵⁵ 名 来历 origin

zzu bberyi ʤu⁵⁵ bə⁵⁵ rə⁵⁵ 名 毒蛇 viper, poisonous snake *bberyinwbbene zzu bberyi debbe, nbbiqi sshessheha ngahggwar ggede*。据说,乌梢蛇是一种毒蛇,它在坡上爬行的时候,有时会把自己弹飞起来。

zzu ce ʤu⁵⁵tsʰe⁵⁵ 动 吸毒 take drugs

zzu gwar ① ʤu⁵⁵ ku ɚ⁵⁵ 动 念咒(施魔法) execrate, enchant

zzu gwar ② ʤu⁵⁵ku ɚ⁵⁵ 动 下毒,放毒(施毒计) poison, envenom *tige tassyivarwo ssamage zzu dɯlɯ gwar gadde homa nzzho de tebbu shuza*。他给他的男奴下毒,男奴变成一个哑巴,从此以后不会说话。(民间故事)

zzu ngu ʤu⁵⁵ŋu⁵⁵ 动 使坏(故意冲撞,故意冲犯) play a dirty trick (intentionally ram) *ate mulhisseo neryii kwakwa va zzungui kato gge de mane*。那个牟利惹是故意说这番话冲犯你父亲的嘛。

zzu yafi dzv³³ ja⁵⁵ fi⁵⁵ 名 锉子（宽的）file *sierzzapa bbe chuchu hane zzu yafi la zzu sshesshe nyogwa fude*。在修建穿逗榫建筑的时候，都需要使用凿子和锉子。

zzuce su dzu⁵⁵ tsʰe⁵⁵ su³³ 名 吸毒者 drug addict, junky *yahishohi yapiya cesu inwa nebbezzha, tenehi zzuce su kci kezzho*。从前，吸鸦片者倾家荡产，现在的吸毒者自残生命。

zzuggu dzu⁵⁵ gu⁵⁵ 动 完成，结束，通过，过关 finish, complete, go through *tesu desyi si ngengua zzuggu magga de ma*。只做这么点事情，是过不了这关的。

zzuzzu bucu zzuzzu gge dzu³³ dzu³³ pu⁵⁵ tsu⁵⁵ dzu³³ dzu³³ ge³³ 该相见时要相见 when we should meet, we meet each other *zzuzzu bucu zzuzzu gge, nkwankwabucunkwankwa*。该相见时要相见，该分别时要分别。（情歌歌词）

zzuzzu la dzu³³ dzu³³ la⁵⁵ 来相会 meet together *nggeme nggeli zzho jhji zzula, ngge nyo ssyi ka ddehjia zzuzzu la*。隔着九天路程来相会，带上九天的干粮来相会。（情歌歌词）

zzwa zzwa dzua⁵⁵ dzua⁵⁵ 形 软（不硬）soft, tender *nzzyikwa nggaku ne desyi zzwa zzwa ngu a keche ne yamar*。苦荞馍馍还是做得软一些好吃。

zzyi ① dzʅ⁵⁵ 名 线 line, thread *zzyi bulili wo ne shope lolo ddwajje*。线团在前边利索地、不停地滚动着，最后滚走了。

线

zzyi ② dzʅ⁵⁵ 动 吃 eat *sintremao ne sheze ssama bbe zzyi hdo zzyi hdo ngui byilo zhange gwar*。聪慧女假装吃虱子饭，舀起来朝着竹笆缝隙里倒。（民间故事）

zzyi ③ dzʅ³³ 动 嗑（瓜子）eat (sunflower seed) *chabbumo nggahgu nehssyii nyomase zzizzi bbe zzyi gge*。茶布莫正坐在家门口不停地嗑着生葵花籽。

zzyi ④ dzʅ⁵⁵ 动 出身，诞生 be born

zzyi ⑤ dzʅ⁵⁵ ……的（所有格）possessive case

zzyi da ① dzʅ⁵⁵ ta⁵⁵ 裹线团，裹毛线 wrap thread, wrap yarn *zzyi daryi tamadane neme jjojjo gge*。不把毛线裹起来就会乱的。

zzyi da ② dzʅ⁵⁵ ta⁵⁵ 吃的地方 the place for meals *yakwayakwane zzaloyakwa, neryi zzyisubbe ne zzyi da nehssyia ddataxoxo*。万事以饭席为尊，你们正在吃的人，坐在吃的地方别动。

zzyi da ③ dzʅ⁵⁵ ta⁵⁵ 名 餐具（吃的用具）tableware *ne atege zzyi da debbe hjila, aryiaryii dde gua nge zzyi gge*。你在那里拿些餐具来，我们自己动手舀起来吃。

zzyi hde i ce mar ʥɕ⁵⁵ əte⁵⁵ tsʰe⁵⁵ mæ⁵⁵ 好吃好喝的，味道极好的（表示心满意足）delicious

zzyi imwa ʥɕ³³ i³³ mua³³ 梦见吃东西 dream of eating

zzyi jjo ʥɕ⁵⁵ ʥo⁵⁵ 动 转弯，拐弯 turn, make a turn *mege ddryimo zzyi jjo kwa, bboge jogga hgarra kwa*。天上鸿雁转弯大，坝上骏马弯子大。（谚语：要大度，能容难容之事）

zzyi jjo nbbya ʥɕ⁵⁵ ʥo⁵⁵ nbja⁵⁵ 有盘山路径的山坡 the slope with hillside road

zzyi la ʥɕ⁵⁵ la⁵⁵ 吃 come to eat *neryi ggagga subbe desyi ngabbarnyi a sho zzyi la se*。你们娱乐的暂时休息一下，先来吃饭，再去继续玩。

zzyi le ce le ʥɕ³³ le³³ tsʰe⁵⁵ le³³ 名 食品，饮品 food, beverage

zzyi le ma bbo ʥɕ⁵⁵ le³³ ma³³ bo⁵⁵ 没有吃的 no food to eat

zzyi njjo ʥɕ³³ nʥo³³ 名 桌友（同桌吃饭的人）people who eat at the same table *ssama zzyihe zzyi njjo yantre ne sanbba yazze*。吃饭的时候，如果桌友优雅，吃饭时的心情就舒畅。

zzyi njjo dra dra ʥɕ³³ nʥo³³ ʈʂa³³ ʈʂa⁵⁵ 礼请同桌饭友吃饭 invite the companions to have dinner

zzyi njjo zzoro ʥɕ³³ nʥo³³ ʣo³³ ro⁵⁵ 关照同桌的饭友 take care of dinner companions *ssama zzyi he ne zzyi njjo zzhoro ho*。吃饭的时候要关照同桌的饭友。

zzyi ntre ʥɕ⁵⁵ nʈʂʰe⁵⁵ 精纺羊毛线 exquisitely spin wool *zzyi ntre ne zzhuddenchyii zzyibbe nebbonebbo dawa dentre ggedebbe*。精纺羊毛线，就是把已经捻好了的羊毛线两股两股地再纺在一起。

zzyi nyo ① ʥɕ⁵⁵ ɲo⁵⁵ 名 芽，胚芽 bud, germ *hggassyi yaddene zzyi nyo ndde, zzyinyi yanddene papandde*。种子优良在胚芽，发芽良好秸秆壮。

zzyi nyo ② ʥɕ³³ ɲo³³ 吃剩的食物 leftover

zzyi taca ʥɕ³³ tʰa³³ tsʰa³³ 动 吃完（表示吃的过程结束）eat up *ne anjji tiha si barla de? aryi ne zzyi taca, nini ddegu a ngazzyi*。你怎么现在才来？我们已经吃完了，你自己去舀来吃。

zzyi te zzu ʥɕ³³ tʰe⁵⁵ ʣu³³ 动 吃完（表示东西吃完）eat up *ddavar yami debbe zzhose, ssa mabbe zzyi te zzu gga, debbe rantru ggese*。没有入席的客人还比较多，饭将要吃完了，还需要再蒸些。

zzyi zzyi ʥɕ⁵⁵ ʥɕ⁵⁵ 名 爪 claw, paw, talon *zzyi zzyi hebbe ngessyiwa, bbulhe habbe ddagaga*。有爪子的刨起来，有翅膀的扇起来。

zzyibbu kata ʥɕ⁵⁵ bu⁵⁵ kʰa⁵⁵ tʰa⁵⁵ 子部和卡塔（两姓属于周姓家族）Zibu and Kata *zzyibbu kata la wabbu ata nyogwa ne ojjowabbu casa penci ge zzhojje*。子部和卡塔以及瓦部和阿塔，四个姓氏都属于周姓十三家。

zzyibbwa mazhe ① ʥɕ³³ bua³³ ma⁵⁵ ʧe⁵⁵ 不想吃 do not want to eat *zzyibbwa mazhe cebbwa mazhei su de le ma zzho*。不想吃、不想喝的人是没有的。

zzyibbwa mazhe ② ʥɕ³³ bua³³ ma⁵⁵ ʧe⁵⁵ 茶饭不思 have no appetite for food or drinks *zaxio amwa manddo tedehsseggu syinyi neshyii ssama zzyibbwa mazhe jje*。扎西不知

道为什么这段时间心里焦急,成天茶饭不思的。

zzyida ge dʑɚ⁵⁵ta⁵⁵ke⁵⁵ 吃东西的地方,吃饭处 eating place　*awa mizzyi sso zzyida ge nessyii nzzho barryi nyogwa zzyitezzu shuzajje*。兔子奶奶休闲地坐在吃东西的地方,把煮熟的红薯全部吃得干干净净。(民间故事)

zzyihdei cemar ① dʑɚ³³əte³³tsʰe⁵⁵mɚ⁵⁵ 吃得香喝得甜,目标达成 eat and drink well, achieve the goal　*mizzyio ne, hahai aggesei dda, tamargene zzyihdei cemar tiyajje*。兔子幸灾乐祸、前仰后合地大笑着说:"哈哈,你看如何啊,吃得香喝得甜,目标达成了。"(民间故事)

zzyihdei cemar ② dʑɚ⁵⁵əte⁵⁵tsʰe⁵⁵mɚ⁵⁵ 吃好喝好 eat and drink well　*qabbao nela ne tejjajje: danyone zzyihdei cemar, aggese dda, nava mapa*。他父亲下来说:"这就吃好喝好了,你还要怎么样呢,砸不死你才怪了。"

zzyijjo nbbya dʑɚ⁵⁵dʑo⁵⁵nbja³³ 弯曲的山路 winding mountain path　*jji ggeha ne zzyijjo nbbya jji i, nyila gge ha ne sheshe nbya nyila*。上山的时候就走弯曲的山路,下来的时候就走山坡路。

zzyika ssyika dʑɚ⁵⁵kʰa⁵⁵zɚ⁵⁵kʰa⁵⁵ 名 干粮 solid food　*coparbbe zzyika ssyika ddehji a nzzukwa la nyihji chaiggejje*。年轻小伙子们都带上干粮和喝的,到大药山(铧口山上部)采药材。

zzyilase dʑɚ⁵⁵la⁵⁵se⁵⁵ 威严和气势 majesty and grandeur　*amussao lwapwai zzyilase tege nagwarzade, qadadai sela tava ddejima*。阿木惹被上天赐予了老虎的威严和气势,所以大家都害怕他。(民间故事)

zzyile cele dʑɚ³³le³³tsʰe⁵⁵le³³ 吃的喝的,食品饮品 food and drinks, food and beverage　*tiha ne zzyile cele mahge, seddejji zzyilebbo celebbo, sanbba ddezzea*。现在不愁吃不愁穿了,谁家都有吃的和喝的,全体人民都心情愉快。

zzyile mabbo dʑɚ⁵⁵le³³ma³³bo⁵⁵ 动 缺吃(没有吃的) no food　*tadde lanjjolame, qadadai zzyile mabbo cele mabbo*。这家人因为懒惰成性,所以缺吃少喝的。

zzyile mazzho dʑɚ⁵⁵le⁵⁵ma³³dʑo³³ (食物)不经吃,不耐吃 consume fast　*tedde buce hane jibi tetrui nyipyii, hgezzyi hgepyi ne zzyile mazzho*。他家洗洋芋的时候,把皮连同肉一起削去那么多,吃一半丢一半的,就不经吃。

zzyile shalo = zzalo dʑɚ⁵⁵le⁵⁵sa⁵⁵lo⁵⁵ 名 饭席 a bamboo plate for food　*ersubbene zzyile shalo keto yahsshyi nguane zzalo jjajji debbe, tihahasesu*。在尔苏语里,装食物的竹席简称"饭席",现在没多少年轻人知道它的来历了。

zzyilebe nezzi dʑɚ⁵⁵le⁵⁵pe⁵⁵ne³³dʑi³³ 够吃就行,小富即安,知足常乐 settle for less, content is happiness　*ersu bbene sejji jjimo mahyolo, zzyilebe nezzi a debbe*。尔苏人都不求暴富,大家都是小富即安、知足常乐的。

zzyimenche cemenche dʑɚ³³me³³tʃʰe³³tsʰe⁵⁵mɛ⁵⁵ntʃʰɛ⁵⁵ 有吃喝的资源,有吃喝的尾巴 there are resources to eat and drink　*abu awa ne ryi ne zzhyimenche cemenche ha, kassyi yakwa*。老爷爷、老奶奶,你们有吃的尾巴(资源),有喝的资源,幸福美好。

zzyinjjo dradra dʑɚ³³ndʑo³³tʂa³³tʂa⁵⁵ 礼貌地请

同桌动筷，邀约大家用餐 politely invite someone have to have dinner, invite everyone to have dinner *ssama zzyihe ne zzyinjjo dradra hodebbe*。邀约同桌用餐的人动筷是吃饭的礼节。

zzyintre da ʥɘ⁵⁵ ntʈʰɛ⁵⁵ ta⁵⁵ 纺线车 spinning machine *tenehi ne galo bashene zzyintre da latenddo maqia*。现在在甘洛县辖区内，再也见不到纺线车了。

zzyinyo cenyo ① ʥɘ³³ ȵo³³ tsʰe⁵⁵ ȵo⁵⁵ 名 水饭（当地指给鬼邪的食物）water rice

zzyinyo cenyo ② ʥɘ³³ ȵo³³ tsʰe⁵⁵ ȵo⁵⁵ 剩菜剩饭 leftover

zzyizzyi hasu ʥɘ⁵⁵ ʥɘ⁵⁵ xa³³ su³³ 爪类动物 clawed animal *ddamanggo hale zzyizzyi hasu sacyi qohdola*。没有捡拾你之前，爪类动物三十种，踩踏你来跨越你。（咒语）

zzyizzyine sunaga ʥɘ³³ ʥɘ⁵⁵ ne⁵⁵ su⁵⁵ ŋa³³ ka³³ 正吃着被掌嘴（意指不让吃东西）not allowed to eat, be prohibited to eat *zzyiozzyine sunage, ngu o ngu ne le naga. anjji zzhongu gge ddo?* 吃着吃着就掌嘴，做着做着就打手。你叫我怎么过日子？

附 录

尔苏文化简述

王 轲　王德和

藏族是一个有着悠久历史和灿烂文化的民族。藏族支系繁多,有嘉绒藏族等。在尔苏文化圈内,有尔苏、里汝、鲁苏、多续、纳木依、旭米、普米、木雅等藏族亚族群。

尔苏人聚居于南丝绸之路零关道沿线,即史书上称为"河道七场四十八堡"之中的二十九堡。该地区位于藏彝走廊东端,是茶马古道上的咽喉要地,自古就是川滇通道中极为重要的关隘和要塞。从战国时期开始,尔苏先民就活跃在这里。在先秦以来的漫长岁月中,尔苏地区留下了不少名胜古迹。汉时的零关道从甘洛县和越西县境内通过并内设治所。唐贞观年间开辟的清溪道,是南丝绸之路的重要一段。清溪峡内两岸千仞峭壁,古木参天,谷中溪流淙淙,潺响回环。古道的花岗石块上深深的马蹄印,记载并向世人昭示着茶马古道厚重的历史文化。古道旁尚有护路兵营的齐民碉、腊莫营、梅子营和保安营等遗址。

由于地处高山深谷之中,偏僻荒远,交通不便,因而尔苏人的文化传统保留得相对较好。尔苏文化圈一直以来是汉藏文化的交汇带,尔苏人虽然长期散居在汉族、彝族等民族中间,但至今仍比较完整地保留着自己独特的文化。作为藏彝走廊内独特的民族文化现象,尔苏人的历史与文化将对我们深入研究该走廊内部多样性和独特性的文化产生深远的影响。

语言文字

学术界认为,尔苏语言是汉藏语系藏缅语族羌语支的南支。尔苏语又分东部方言(又叫"尔苏语")、中部方言(又叫"多续语")和西部方言(又叫"里汝语")。说中部方言的多续藏族,主要分布于凉山彝族自治州的冕宁县东部地区,有2000余人。说里汝语的藏族分布在冕宁县、木里藏族自治县和九龙县,有8000余人。说东部方言的自称"尔苏"的人,主要分布在四川省凉山州的甘洛县、越西县和雅安市的石棉县、汉源县,以及绵阳地区、德阳地区的部分乡镇,有16000余人。本书的"尔苏语"专指尔苏语东部方言。

当前,尔苏人分布在甘洛县的新市坝镇、蓼坪乡、则拉乡、团结乡、玉田镇、海棠镇、坪坝乡,越西县的越城镇、保安藏族乡、梅花乡、新民镇、西山乡、板桥乡,石棉县的蟹螺藏族乡、新棉镇、永和乡、宰羊乡、迎政乡、回隆彝族乡、擦罗彝族乡,汉源县的小堡藏族彝族乡、河南乡、新县城等地。

尔苏人没有本民族的文字。过去,极少数苯波文化传播人"苏瓦"和"拉莫"使用古藏文;

还有极少量的民间信仰传承人沙巴使用沙巴文字。沙巴文字"扎拉码"或"密多码"是原始的图腾符号,为数不多,仅有200余字。孙宏开先生说:"尔苏人拥有比东巴文字更原始、文字发展更低级的图画文字——沙巴文。其流传的童话挖掘出来,不比安徒生童话逊色。"

民居环境

由于地形复杂多变,自然条件各异,七县市使用尔苏语言的藏族亚族群所居住的环境可分为三种地理类型:高寒山区,海拔一般都在2500米以上,气候较为寒冷,是尔苏人放牧和从事高山农业的地方;山区或二半山区,海拔一般在1500~2500米;平坝地带,海拔一般在1500米以下,气候湿热。

尔苏人的民居建设与其居住的自然环境相关。长期的生活实践,使尔苏人民在适应自然、合理改造自然的过程中,创造了富有特色的各式民居。尔苏人家居房屋多选址在地势平缓的高山坡地或山谷地带的向阳山坡,一般为依山傍水、向阳避风的地段。尔苏人房屋造型多为长方形两面坡平房。矮山地区的房子多采用干打垒土墙,小青瓦盖顶,屋内各间亦用土墙或木板隔开。高山地区的房子采用竹墙,墙外涂抹泥巴,房顶盖木质瓦板,房内各间用竹篱笆或竹笆墙隔开。房子长而不深,通常是在中部开门,无窗。少数人家在房屋外干打垒筑围墙,形成院落。屋内进门正当中是堂屋,较为宽敞,正中设三锅庄,是全家炊饪、烤火、议事、待客、起居的重要场所。堂屋左侧为内室,放木架床和柜箱之类的物品,是主人的卧室;堂屋右侧房间一般作储藏室,储放粮食及其他生活用品,也可供未婚子女和客人住宿。尔苏的民居建筑,受各地自然环境和杂居民族影响,各有不同,但是有一个共同特点,尔苏的民居几乎都有三锅庄,即使有灶台做饭,也要有一个小三锅庄,显示自己是尔苏人。三锅庄是尔苏人由游牧民族过渡到农耕民族留下的痕迹,是高寒山区尔苏人赖以炊事和取暖的地方,是尔苏人接待客人的重要场所。

居住区靠近森林的地方,以木板房为主。以木柱头穿斗榫为骨架,每排五个柱头,一栋房屋至少要三排木柱;木柱间镶上木板壁;房顶盖上木质瓦板。技艺高超的工匠,建整栋房子不用一根铁钉,全部使用木榫。这种木屋抗震性强,搬家时重新组合方便,但是保温性不强,防火防盗性差,木料使用量大,不够环保。这种木屋在20世纪中叶的甘洛县则拉乡和蓼坪乡的尔苏人聚居区比较常见。现在的建筑材料丰富多样,物美价廉,修建的房屋经久耐用,美观大方。尔苏人除先辈遗留下来的祖屋外,基本上不再选用这种木屋作为居所。

在高山林区,并不是每家每户都能够修建木板房。有些家境贫寒的,修建不了木板房,只能够用竹料盖屋。他们用箭竹竿编篱笆来做墙,破箭竹竿编席来盖顶遮雨。这种房子成本低廉,冬天透风,不保暖。这种房子也不经久,每年要打竹笆盖顶,不然就要漏雨。由于干竹子是极易燃烧的,所以特别容易失火。这类住房只适合于短时间居住。过去有些人家在高山上不断搬迁,通常都搭竹子棚。20世纪50年代,尔苏村寨里这类住房还很常见,但现在已经绝迹了。

服饰风格

尔苏人的服饰别具一格,男女老少都戴头帕。男子着装英俊潇洒,女子着装风情万种。一般而言,上了年纪的人才戴黑色头帕。然而,少数年轻人认为佩戴黑色头帕更好看,也有戴黑色头帕的。

尔苏女子服饰典雅鲜亮,头戴白色头帕,内镶彩珠链银饰,两耳穿孔,上系彩珠链、耳佩饰,项戴银质佩饰,额头上佩戴7~11颗银泡带子和彩色玉石珠链,称为"头饰五件套"。女子上装三件套,固定款式为紧身长袖衫,长袖上绣满刺绣,色彩斑斓,图案精美,体现了尔苏姑娘刺绣的水平很高;外罩宽短袖前短后长衫子,后长衫上的绣花主要是锯齿型图案;最外层是领边有一圈绣花图案的右开襟花扣坎肩,褂子上系9~11对大彩珠链,它用于紧身,是体现尔苏姑娘形体美的服装。下装三件套是长裤、花腰带、朵部啦绣。平时穿长裤,冬天有时穿彩色纱纱裙(又叫"百褶裙")。腰系彩色丝织腰带和手工绣飘带,挂三角形烟荷包。尔苏姑娘要自己纺线,自己编制蚕丝腰带,另外,佩戴一组手工刺绣的天蓝色布条,叫"飘带"。丝带和飘带一同被称为"花腰带"。朵部啦绣是手工刺绣的三角形烟荷包,下边镶着7条或9条绣花布条。烟荷包是最能体现刺绣水平的工艺品,在尔苏姑娘服饰中起画龙点睛的作用。

尔苏中年妇女戴白色头帕,但是头饰要少一些,可以不戴彩珠链,上装三件套的色彩也不需要特别鲜艳,下装省去了花腰带,朵部啦绣也换成没有图案的或者色彩很平淡的。朵部啦绣过去除做配饰外,主要是用来装烟草、烟杆、打火石、火镰和火草,现在一般用来装火柴或者打火机了。现在,中年妇女一般都不佩戴朵部啦绣。

尔苏男子服饰朴实大方、豪放粗犷。过去的尔苏男子头戴包得严实的白布裹帕,用数丈白布按经向对开成两幅,分别折叠成两寸宽窄的布幅,严实紧密地横向裹成轮胎状。裹好的头帕可以整个摘下放置,戴时,直接扣在头上即可。穿耳垂,系戴玛瑙石或者彩珠链。上身内穿领口和袖口边有手工绣花的短衣(汗褟子),外穿对开无袖无领的褂子,腰系红色丝织腰带,下身穿连脚大裤,打绑腿,脚穿草鞋、布鞋或皮靴。

现在的尔苏男子上身穿白色衬衫,衬衫的袖口、领边绣上简单的花纹,外罩无领无袖对襟厚坎肩。下身穿绣花长裤,款式接近汉装长裤,只是在裤脚上绣上两横排锯齿形花纹。过去,尔苏小伙子要穿大裤脚裤子,用7米阴丹布料制作一条裤子,还要在脚上打绑腿,绑腿布称"裹脚"。20世纪中期,由于布料紧张,人们都没办法制作一条这样的裤子,这种款式的长裤就没有人再穿了。尔苏年轻男子头戴包裹严实的白帕,在耳朵上系彩珠链,还有在左耳上系一支贝佩的。男子腰间系一条彩色自制丝织腰带。老年人的头帕改为黑色,体积也变小,耳朵上也不挂彩珠链了,可身穿长衫,脚履布鞋。

尔苏人的服饰,取材一般,做工精细,不分贫富贵贱,一律统一格调,服装色彩斑斓。现在木里、冕宁和九龙等少数地方开始穿楚巴,已经不再穿自己原有的民族服饰了。

从整体上来说,尔苏服饰的色彩讲究明亮鲜艳,崇尚洁白。老人的服饰虽然讲究淡雅素净,但是也没有脱离鲜亮、宽大、厚实的基调。年轻人的服饰以白色、红色、黄色、蓝色等亮色为主,表现出青春亮丽,朝气蓬勃。老年人的服饰以褐色、黑色为主,表现出经济实惠、沉稳庄重。

女童服饰的随意性较大,可以参照大人的服装,加以简化,如头饰用3~4圈白帕,镶少量的彩珠链。女童还可以穿其他民族的简易服饰。男童服饰没有太多的要求,头上有一个小头帕,身上的服装就是简单的绣花衬衫和绣花长裤,是成年男子服饰的浓缩和小型化。儿童服饰以活泼、简洁为主,大部分人让孩子穿流行童装,也有的人在休闲服装上绣具有民族特色的布料或花边,或在袖口和领口上绣花,体现尔苏文化特色,既简洁又有民族特色,是当前尔苏儿童喜欢穿的改良型尔苏服装。

农耕生活

尔苏地区大多山高坡陡,不便于机械化耕作,牛的使用在短时间内是不可能被取代的。牛犁地需要配枷担、犁、铧口,耕者扶犁,不停地摆动犁尾,翻动泥土,牛不断地拉犁前进。牛犁地需要训练,用绳穿鼻孔牵引方向,待牛熟悉工作听任摆布以后,就无须再牵。脚犁是尔苏人独具特色的劳动工具,制作简单,构思巧妙,使用省力,工作效率高,适合在山地特别是石头多的土地使用。

连枷,是脱粒燕麦、玉米、黄豆、大豆、荞子、小麦等粮食的重要工具。参加劳动的男女青年分立两边,一边4~6人,整齐地挥舞连枷敲打燕麦禾捆等。劳动者一边用力挥舞连枷,一边齐声吆喝,很远就能够听见"嘭嘭"的打击声和"嗨嗨"的吆喝声,场面十分壮观。有人往里扔燕麦垛,还有人负责把打干净的禾秆取走。在连枷有节奏的敲打下,扎得紧的燕麦垛会在打谷场上"跳跃",两边的青年不时地挥动连枷,把"跳"到边上的麦垛铲入中间。

背架子,是尔苏人生产劳动的常用工具。为了在没有旁人帮忙的条件下背负重物,尔苏人利用背架子,把背架子支在适当高度,垒上货物,捆扎牢实就可背起,中途歇息也方便。背架子是深受尔苏人喜欢的劳动工具。

在狩猎和放牧时,尔苏人会使用一种工具,尔苏语叫"倍儿",汉语叫"皮风",用于抛石头。瞄得准,抛得远,用倍儿抛一块半斤重的坚石,能在一两百米外击中目标,且能重创目标。据说,在古战场上双方械斗时,这是最有杀伤力的武器,石头可以就地取材。后来,放牧的人用它来控制牲畜觅食的区域,牲畜要越界了,一块石头打到牲畜前面,它就回头了。

狩猎文化

旧时,狩猎的内容很多,猎物主要有野猪、老熊、麂子、獐子、竹牛、刺猬、野鸡、锦鸡、岩羊和羚羊等。狩猎的工具也多,主要有套索、扎板、陷阱、胶粘、猎枪、吊桥、梭镖和弩,也有安装土制炸弹的,各种机关,不胜枚举。狩猎的技巧有烟熏干扰法、声波干扰法、猎狗追踪法、香味诱导法和路径守候法等。尔苏人有专门描述狩猎的民歌《狩猎歌》。到了冬天,大雪封山,野生动物没有足够的食物充饥,体力不足,活动受限,便于人们狩猎,因而,冬天是狩猎的最佳季节。还有秋天庄稼成熟时,野猪和熊来糟蹋粮食,于是,大家邀约上山狩猎。一般来讲,打野猪是个体行动,集体行动主要是打熊。

在打猎活动中,猎狗是猎人的好搭档,猎狗追踪野兽,可以把比自己大许多的熊赶上山,好让早已埋伏在山顶的尔苏人用长矛猎杀。所以,过去的尔苏人,家家户户都养狗,村村寨寨都打猎。长矛是各家各户必备的猎具,制作长矛的方法是:选一根具有韧性的细长条木杆,粗细以能够用手握住为宜,长丈余;剥去树皮,稍加打磨,使其光滑顺溜;晾干后在火上略加烧烤,目的是使木杆表面炭化,质地更加坚硬耐用;一头削尖,插上牛耳刀,就成了一杆长矛,可以用来猎杀野猪和老熊。

基本的狩猎工具还有蓑衣和竹制斗笠,有了这两样东西,就不怕风吹雨淋了。另外,准备一个装食物和其他刀具的网状树皮背袋。网状树皮背袋是过去尔苏人家的常用工具,用树皮或麻绳编制而成,袋口可以收缩,钻山沟、穿灌木林都不容易挂破,非常耐用;出发时装干粮,回来时可以装捕获的小猎物,如果捕获了大的猎物,就只装敬猎神和先祖的刀头。

尔苏人猎获以后,要立即做两件事,首先向山神——旺格日阿布和猎神祭祀。猎杀以后,劝退猎狗,把猎物倒挂在树杈上,告诉旺格日阿布和猎神:

  今天在各路神仙的关怀下,猎获了,丰收了,感谢山神,感谢猎神,愿你们天天关照我,天天有猎获。我回去以后一定要把猎物煮熟了敬献给你们。

接下来打开猎物的胸腔,用胸腔血犒劳猎狗,割下部分肉给猎狗吃,鼓励它再接再厉,然后剥皮,肢解猎物,分配给大家。尔苏人猎获的分配原则是,只要是到现场的,无论是大人还是小孩,见者有份,并且都分得一样多,剩余的背回来,除敬猎神和先祖的那些特定部位之外,全部砍成鸡蛋大小的砣砣肉下锅煮熟,邀请全村人来分食。这种分配方式,是原始狩猎方式的延续,到 20 世纪 80 年代后,偶尔有猎获还采用这样的分配方式。这种分配方式带有浓郁的原始共产主义色彩。即使捉到一只野鸡,也要在野外就地取来柴草,烧熟了用刀切成等份,人均分食。当然也有例外,用扎板扎的、套索套的和用胶粘的,不需要其他人协助就能够捕获的小飞禽之类的猎物,可以自己带回家去。

尔苏人狩猎的方式多种多样,有技术性的个体狩猎方式,也有大规模的围猎方式。技术性的狩猎方式主要是因地制宜,就地取材,如套索、扎板、吊桥、弩和陷阱等,独具匠心。工于机巧的机关和放猎狗撵山等,是尔苏人在横断山脉的深山老林里经长期实践而获得的劳动技术和经验。大规模的围猎方式,如撵老熊,采用的是"口袋战"战法,需多方合作,把动物驱赶到预先设埋伏的山头上进行猎杀,有严格的分工且参加者要绝对服从指挥。

在尔苏人的狩猎活动中,最具有团队精神的莫过于撵熊。

按照统一安排,由二十几个身强力壮、动作敏捷又有勇有谋的村民自愿组成猎杀队,上山顶设埋伏。让三个胆大心细的猎人去寻觅熊的足迹并追赶熊。由两个视力好的人和一个嗓门大的人组成信息发布和猎杀指挥小组。当时没有手机、无线电之类的通讯工具，也没有望远镜等辅助工具，全靠仔细观看和高声呼叫。余下的人员分成两个组，负责"忽悠"熊。猎杀队的二十几个人带上长矛和干粮，打上绑腿，一身紧身打扮，以便在和熊厮杀时灵活轻便，不碍事。他们先出发到熊可能要翻越的山顶设埋伏，给熊来一个突然袭击。指挥小组的三个人要到设埋伏山顶的对面山上观察指挥，他们最安全，带足中午吃的干粮和水就行。追踪小组的三个人最危险，他们每人要带上一把尖刀，其中一个人还要拿一只火铳，以防熊反冲下来，这是最基本的安全保障；另一个要拿一面铜锣，在确定了熊的大概方位后，紧随其后敲锣吆喝，大造声势，让目标沿着他们希望的方向前进；还有一个"眼睛尖"的专门负责查寻熊走过时留下的蛛丝马迹，他可以观察林间小草的细微变化，判断熊的前进方向和离开此地的大概时间，据此推测熊与追踪小组的距离。他们还要带上精明的猎狗，猎狗可以比猎人更早地发现目标，以引起猎人警觉。余下的人员组成吆喝组，兵分两路，到设埋伏山岗两侧的山上，一边一队，拿铜锣的，拿牛角号的，还有拿海螺的，也有带笛子和口哨的，这些人的任务是当熊横向穿山时，高声喧哗，阻止它继续前进。

当熊在树林里穿行时，它大摇大摆地走动会弄得林子里的树木大幅度摇动。对面山上的指挥小组一眼就能够看见，立即明白熊的去向。他们会及时高声传达熊的动向和发出指令。当熊向左边山移动时，左边的"忽悠"队按照命令要高声喧哗，闹得地动山摇最好。熊听见呐喊声，知道前面有人，只好转向。若它向右边移动，右边的"忽悠"队亦照此"忽悠"。在"三面包围"的情况下，熊只得向没有声音的山头跑。"忽悠"队不能走得太快，要和熊同步上山，不然就"忽悠"不了熊。随着熊的上山进度，两边的"忽悠"队也得听从指挥小组的命令，不断地向山上爬。指挥小组让他们上到多远，他们就要上到多远，争取把熊撵到山头，进入设埋伏的地带。熊在上坡钻树林时，眼睛是闭着的，出了树林，它仍然闭目往上冲，进入埋伏圈，就看谁的运气好，谁离熊最近了。熊是靠嗅觉闻出异常情况的，它一旦发现人，就会双目张开，双后腿站立，双前爪高举着扑向猎人。就在它高举双爪扑来的瞬间，猎杀者要毫不犹豫地把长矛刺向熊的咽喉部位。熊的喉结处通常长了一小块白色毛发，很显眼，便于瞄准。这时，丝毫不能松手，要双手紧握长矛用劲向前推进，否则，恼羞成怒的熊会猛烈地反扑。因此，周围的人也要冲过来，快速接近目标，齐心协力猎杀。

一般来说，刺第一刀的人，不管是不是致命的一刀，都算立头功，要获得嘉奖，得由他去敬猎神。熊胆和熊皮是珍贵的，当然归他，熊掌的左掌也归他。刺第二刀的，可以奖励一只熊前掌（因为前掌比后掌实惠），其余的，全村人均分。在过去，生产队给大家记工分，杀第一刀的那个人还要奖励工分。

设埋伏的人，杀第一刀的，即使这一刀不是致命的，也要记头功。这种分配方式的由来，我们无从了解，但是我们认为这是避免在大规模围猎活动中出现争抢头功的最好方式。设想，如果不是这样约定，在捕杀猎物时，应如何判断，谁杀的是致命的一刀？谁杀的又是关键的一刀呢？在战场上不是你死就是我活，处于老熊正面的设埋伏人员最危险，哪怕事先做好心理准备，也会特别紧张，有的甚至临场发呆，忘了投掷梭镖，被熊所伤。鼓励杀第一刀，就是鼓励大家临危不惧，英勇杀敌，同时，杀第一刀还有心理暗示作用："我都动刀子了，你还在等什么？"有人动了手，周围的人就会蜂拥而上。

在围猎活动中，追踪小组最危险。如撵老熊时，只要任何一方出问题，老熊可能反冲下来，那时候，它连滚带爬，势如破竹，追踪组的安危就成了大问题。他们一般不会得头功。指挥组负责观看老熊在树林里的动向，判断它前进的路线，指挥吆喝组和追踪组协调活动，虽然没有危险，却最需要智慧，功不可没，但是头功也不是他们的。

所以，在大规模的围猎活动中，每一个细节都很重要，每一个人的工作都不可或缺。围猎活动有一整套祖传的规矩和约定俗成的乡规。这是尔苏人关于围猎的规定，是没有文字却有着严格约束力的规矩。

尔苏人与大自然和谐相处，他们尊重自然，爱护自然，崇尚自然。即使猎获了，也要感谢山神，感谢猎神，犒劳猎狗，要与全村人共享猎物，这是朴素的资源和成果共享理念的反映。这些原始的以团体为特点的围猎方式，离不开全民认同和共同参与。所以，猎获物全民分配也就顺理成章了。

在过去，凉山州北部地区尔苏人的农业生产落后，物产不丰富，粮食产量低。由于地处高山森林，没有大面积的草场，畜牧业发展受限，粮食是尔苏人赖以生存的食物，绝不容许任何人和动物破坏和糟蹋。那个时候，国家还没有颁布《中华人民共和国野生动物保护法》，只要有野兽来危害庄稼，尔苏人就会组织起来狩猎。狩猎的目的是保护庄稼，爱惜粮食，从而捍卫自己的生存权利。另外，猎获物还可以用来打牙祭，改善生活。

在复杂的狩猎活动中，安弩和安炸弹是比较危险的，从事这些工作的猎人是专业人员，为数不多，有的是祖传的技术。

土制炸弹的危险性不言而喻，它主要是按照"一硝二磺三木炭"的比例配制的，加上适量的铁砂、小石块和碎玻璃，用动物胃肠包裹好后，用绳子将其固定在野兽能够接触到的地方。这种土制炸弹，在一定压力下就会爆炸。野兽嗅到气味，去咬，就会把嘴炸裂。猎人只需每天去巡视，发现被炸的猎物就背回来。但是制作和保管存放这些炸弹，危险性大，外出安装放置时要格外小心。所以，即使是在崇尚打猎的时代，这种工作还是没有几个人会做。

弩，尔苏人称之为"藏大"。在弩的箭头上要抹上特制的剧毒草药，一旦野兽被绳绊上，就会射伤野兽，不需要多大的伤口，只要有血，就能够"见血封喉"，野兽走不了多远就会倒地而亡。所以，对于野生动物来讲，弩是它们的克星，百发百中。猎人找到猎物后，首先要用锋利的猎刀把伤口及周围变了色的肉割下，找个地方挖坑深埋，以免猎狗吃了造成二次中毒。这种以首乌为主的剧毒草药，一般在小相岭大药山上才能够采集到。到夏天时节，组织几个身强力壮的小伙子到大山里采集，由懂药理的药师专门熬制，装入专用容器，由专人保管。药理和制作技术是秘密，不传授外人。

1949年以前,尔苏人普遍购置火药枪、步枪等。除用于看家护院外,主要用来打猎。由于野猪皮厚且有松脂等植物油附着,梭镖很难杀伤野猪。加上野猪动作迅速,一旦向人攻击,人躲闪不及就会受伤。所以,打成年雄野猪最好是用步枪或火药枪,角度还有讲究,最好是在垂直方向射击,不然子弹会在野猪皮上打滑溜掉。在国家收缴管制刀具和枪支弹药以后,这种打猎方式也就没有了。

尔苏人打猎有许多禁忌。猴子、猫头鹰、大熊猫、成群野猪中的野猪王都是不宜猎杀的。尔苏人将熊猫称为"白熊",因为它憨态可掬,动作迟缓,尔苏人形容一个人动作缓慢时就说"你操白熊姿态"。过去小相岭的白熊多,时常到人家里偷东西吃,但是白熊是不能打的,即使它来到住户家,也要给它喂饱以后背回山上放了。猴子也是通人性的动物,不得猎杀,有人家曾经收留过猴子,它像狗儿一样看屋守房,很有责任心。猫头鹰夜晚啼叫时像小孩子的声音,人们认为它有灵性。野猪王也是有灵性的,不容易打死,也不能轻易猎杀。总而言之,尔苏人认为有灵性的动物是不宜猎杀的。

后来,为了贯彻《中华人民共和国野生动物保护法》和保持生态平衡,尔苏人舍弃了狩猎活动。但是作为一种文化现象,狩猎文化在尔苏人的生活中还有传承。《托萨拟格》《沙沙罗格拖达撒》《啥呢安多嫚》都是尔苏人的打猎歌,是人人都会唱的抒情山歌。这些歌曲是由同一个曲调演变和再创造而成,曲调欢快悠畅,情感起伏跌宕,闻之使人振奋。

在过去,每年正月初一,尔苏人都会举行打猎的出征仪式。这天一大早,一些尔苏人家会烙好千层粑,立起长梭镖,背上麻网袋,牵上猎狗,唱起打猎歌,上山打猎去。现在国家不允许打猎,也没有猎物可打,打猎的基本条件不具备了,但打猎的出征仪式在形式上还保留着。打猎的经验在尔苏人的日常行为举止中还有体现。比如,喝猎物胸腔里的积血,过去猎人通常和猎狗一起分食新鲜腔血。据说,猎人在山头上和猎狗一起追逐奔跑,到猎获时往往出汗太多而口干舌燥了,喝猎物腔血可以解渴,还可以强身健体。猎人一般都长寿,可能与此有关。很多人对此坚信不疑,有人患病不治了,就让其饮用野兽鲜血。此外,尔苏人习惯把猎物倒挂在树权上肢解。现在许多年轻人,为了卫生和方便,在宰杀羊和肥猪的时候,仍然习惯于把它们倒挂在高处开膛、剥皮和肢解肉体。

《中华人民共和国野生动物保护法》颁布后,尔苏人的法律意识增强了,知道不能随便捕杀野生动物,所以停止了狩猎活动。除极少数人将狩猎作为一种文化传统,偶尔"放狗打猎"逮野兔外,没有人再狩猎了,也没有人上山采集药草熬制弩药了。2003年,由于最后一位尔苏狩猎老人去世,这些药的制作技术未能传承下来。就这样,弩退出了尔苏人狩猎的历史舞台,狩猎也退出了尔苏人的生活舞台。随着农村退耕还林还草政策的进一步落实,尔苏人的生产生活方式,由原来的狩猎、游牧、农耕过渡到现在单一的农耕方式。随着民族政策的进一步落实,尔苏人的生活水平逐年提高,尔苏人安居乐业了。现在,一部分尔苏人离开了自己的家园,进入城市打工挣钱。有的到城市安家落户,成为"城里人"。他们逐渐地融入都市生活,不要说狩猎和游牧,就是农耕文化也离他们远去了。

节日文化——布渣卓和渣卓

尔苏人的传统节日和庆典有其独特的意义和来源,具有浓郁的民族特色和地方特色,文化内涵丰富。有许多节日具有浓郁的原始宗教色彩,也有许多节日是与生产劳动密切相关的。

尔苏人的本土信仰属于原始苯教的多神崇拜。有些节日具有浓郁的本土信仰成分。其中,布渣卓、渣卓和拉巴是三个有着内在联系、内容相关的传统节日。要把三个节日联系起来研究讨论才能够表述清楚这些节日与尔苏人本土信仰的关系。

布渣卓。布渣卓是农历冬月初一过节,曾经是尔苏人的主要节日,没有汉族称谓,这里暂称"尔苏年"。

现在大多数尔苏人已经不再重视这个节日,只把它作为一个具有纪念意义的日子。所幸的是,还有些人在这天推豆腐敬先祖,也有人仍选择这天宰杀年猪,还有少数尔苏人坚持每年冬月初一举行布渣卓活动。

布渣卓是一年的农事完成过后,杀猪过年、庆丰收的节日,是尔苏人自己的节日。时值冬月初,秋收已经结束,地里已经没有可以喂养年猪的青草,可以喂养年猪的土豆和圆根萝卜也已经吃完,这个时候可以杀年猪了。尔苏人常年生活在横断山脉,千百年来的大自然崇拜和先祖崇拜意识,决定了他们在宰杀年猪以后要开展庄严肃穆的祭祀和祈福活动。丰收了,宰杀年猪了,必须向先祖和山神以及天老爷敬献年猪肉。因此,布渣卓是以庆贺丰收、祈祷平安的祭祀活动为主要内容的节日。在节日里,祈求来年平安祥和,人丁兴旺,粮满仓畜满圈,丰衣足食。从内涵上讲,布渣卓是以祭祀上苍和感恩先祖的原始宗教为主的本土信仰活动。久而久之,这就成为习惯,也就形成了节日,于是尔苏人就在冬月初一过年。

渣卓。渣卓即春节。春节是汉族人的传统节日,也是现在尔苏人最重要的传统节日。节日从农历腊月三十开始,没有三十日,则从二十九开始,到正月十五拉巴节结束。拉巴,将在下一节重点论述。尔苏人的渣卓有许多独特的民族风俗习惯,具有浓郁的本土信仰色彩,主要是煨桑烟祭和敬神祭祀等。

临近渣卓,家里的男子要打扫室内外卫生,把每个卫生死角都要打扫干净,还要架上木梯子,上楼清扫灰尘。将从房前屋后打扫出来的垃圾全部堆到房前空旷的地方晾晒,等到大年三十黎明前,家家户户再把近几天堆积的垃圾点火焚烧。火堆里放一些新鲜竹节,炸得嘭嘭响。这是岁末的第一次烟祭。

大年三十中午要到河沟里挑选五个大小适中、质地坚硬的鹅卵石,拿回家放到火塘里加热待用。洁净活动固定为五次,而敬神仪式不确定,春节期间任何一次煮肉都要敬神,亲戚走访带来酒肉糖果也要敬神,用礼品敬神即表示对先祖的祭拜,也表示对客人的尊重。

第一次洁净活动是大年三十下午三时许,家家户户烧锅做饭,主要是油炸糯米糕和豆腐干。油炸食品第一锅要敬神。敬神前,要取来半瓢水和少许嫩蒿草叶子,再取一个已加热的石块放入水瓢里,从神龛下开始,用热气腾腾的水蒸气熏敬神的器具和神龛等,依次往外进行,把所有的器物和各个地方全部洁净一遍。家主的洁净祝词是将鬼和神区分开来的,要求先祖坐到神龛上,小鬼出门去。祝词都是敬先祖、祭祖先、尊老爱幼、孝顺长辈的警句。其中,大部分是关于尔苏人的生活禁忌和民间信仰等传统文化要素的。洁净活动结束以后,就要把刚刚炸出来的食品敬献给神龛上的先祖,然后才轮到全家人食用。接下来再安排小孩子到邻居和本村里的亲戚家赠送油炸糯米糕。这个环节是尔苏人大年三十到正月初一唯一一次邻里和亲戚之间的互相走动。这时候,沙巴要取出珍藏的唐卡悬挂在神龛上,还要念诵《吉祥经》和击鼓、鸣海螺。唐卡一般为三幅,一幅是天神,一幅是先祖,还有一幅是山神。大年三十晚上打开后悬挂,过了正月十五就收起来装入竹筒里。有的尔苏人现在还有四五百年前手工绘制的唐卡,但由于保护手段不科学,损毁严重。

大年三十晚上,各家各户做好年夜饭以后,开始第二次洁净活动。家主再次取出火塘里烧红的一个石块放入一瓢水里,从神龛开始依次往外到多处去洁净。口里念念有词:"感谢先祖保佑,一家人平平安安,吉祥如意;感谢山神爷保佑,让我们五谷丰登,人畜齐旺。"千百年来,尔苏人生活在大山里,年货主要是年猪肉,过年敬先祖的食品就是猪肉。第二次洁净活动结束以后,家主把神龛上的灰钵端下来,添入通红的火炭,折几根柏树枝加到火炭上,再撒上少许腊肉末和荞麦面粉,让桑烟袅袅,进行第二次烟祭。然后,把煮熟的腊肉和米酒敬献给先祖,在用切碎的腊肉末和米饭敬灶神时,把肉末放在三锅庄的前两个石柱上和石柱根的火塘里。最后还要取少量的肉末和汤,送给仍躲藏在家里的小鬼们,使其快速离开,将这些肉末和汤丢弃在大门外,然后,及时返回家里关闭大门。这些祭拜活动结束后,开始闭门用晚餐,晚餐以后不再外出串门。家家户户都要取来早已备好的大柴疙瘩架在火塘上烧火取暖,大人给小孩讲故事,告诉小孩,当天晚上不能睡觉,否则天上的吉末阿布老爷要拿一根铁钩钩住打瞌睡小孩的鼻子,把小孩钩到天上去。这天晚上鼓励大家晚睡,全家一起守岁,一直到小孩子们依偎在大人身边睡着。

大年初一天还未亮,家庭主妇就要起来烧锅做饭,做腊肉炒饭敬各路神仙。这种腊肉炒饭叫"卡赛",也以此为早餐。男主人要在开饭前进行第三次洁净活动。洁净活动完成后,由近及远依次敬各路神仙。首先,放少许炒饭在神龛上进献给先祖和家神。其次,在神龛下的粮食柜子上放一点炒饭,感谢粮食神一年来为尔苏人家提供粮食,使尔苏人免受饥饿之苦。再次,在家里的手磨上放些炒饭,敬磨神,感谢磨神一年来的辛勤劳动,给尔苏人磨面、推豆浆,为尔苏人的生活提供了便利。最后,在家禽圈和牲畜圈里分别放上一点炒饭,感谢鸡神保护家禽平安,感谢牧神保护尔苏人家的牲畜。妇女们要在黎明的时候从外面取回第一桶代表吉祥的水。用了这桶水,表示当年全家人幸福安康,全村人平安吉祥,全山沟人无灾无祸。取回水以后,叫醒全家人,然后一起吃早餐,须把腊肉炒饭吃完。

这天早上,尔苏沙巴和拉莫要挂上唐卡,念诵《平安经》,用白公鸡祭祀先祖和沙巴神;猎户要立上梭镖,举行打猎出征仪式。成年男子立梭镖是神圣的,既表示是狩猎民族,又表示有能力抵抗外来欺侮。尔苏人有"不破五不下地"的传统,年初一不走亲戚,初二以后陆续走亲访友。大年初一村子里要组织村民"拥柱嘎",开展全民健身活动,从这天起全村人都要穿上节日的盛装。女性要打扮得漂漂亮亮,戴上平时舍不得佩戴的首饰,老年人也要穿上每年才穿一次的节日装。有些贫穷的人家,没有新衣服可穿,也要穿上浆洗得干干净净的衣服,以示喜庆。

拥柱嘎是一种体育活动工具,"嘎"是活动的意思。需要两根木材,先在地上栽一立柱,柱顶削平削小,打磨光滑,顶端放一小片煮熟的猪膘肉,将另一根平直而结实的长木杆中间打上一个不太深的圆口,扣在立柱上,平直横木的两头各固定一个把手。新婚的家庭或婚后一直无后的家庭会积极承担起安装拥柱的任务,他们认为,积极承担公益事务是修"阴功",是"积德求子"的好事。拥柱嘎被当地汉族人形象地称作"摩尔秋"。它是一项大家喜闻乐见的运动。运动方式有点像玩跷跷板,可以上下摆动,还能绕轴转动。只要有两个人,就可以进行。有时一边也可以上两个人。几十个人还可以轮番上阵。这项运动,一般要持续到正月底。

尔苏人放弃了自己冬月过年的习俗,改在腊月末过年,是受汉文化的影响。但是,尔苏人没有全盘吸纳汉族节日的内容,他们还按照本土信仰,赋予节日以大自然崇拜和先祖崇拜的内容。大年三十晚上敬先祖、敬灶神;初一早上用腊肉炒饭敬先祖、家神、粮食神、磨神、牧神、路桥神和河神等,都是由近及远地依次祭拜,属于祈福禳灾的仪式;初一早上沙巴和拉莫念诵《平安经》,用白公鸡祭祀先祖和沙巴神;猎户立上梭镖,举行打猎出征仪式;全体村民大年初一开展拥柱嘎活动。无一不反映了尔苏人的文化内涵。千百年来的文化沁润使得尔苏文化圈内各民族的文化习俗相互融合。居住在藏彝走廊尔苏文化圈里的各民族同胞的春节习俗一步步趋同。

本地汉族有"腊月二十四,掸尘扫房子"的习俗。按民间说法,因"尘"与"陈"谐音,故新春扫尘有除陈布新的含义,即把一切晦气和霉运统统扫地出门。这一习俗寄托着人们破旧立新的愿望和辞旧迎新的祈求。每逢黄历新年来临,家家户户都要打扫卫生,清洗各种器具,拆洗被褥窗帘,洒扫庭院,掸拂尘垢蛛网,疏浚明渠暗沟。到处洋溢着欢欢喜喜、干干净净迎新春的气氛。尔苏人过新年与汉族地区春节习俗相近。农历腊月末,大家就开始做过年的准备,临近大年三十,男子无论老少都要剃头,女的要洗梳发辫。洗梳打扮表示祈求来年平安吉祥、万事如意。大年三十前两天,开始彻底清扫房前屋后、室内室外、天花板、烟囱、村寨走道、田坎地角。尔苏人家在房前敞坝里燃烧杂草垃圾进行烟祭。火堆里放入新鲜竹节,炸得嘭嘭响,以求欢欢喜喜过新年。汉族人和尔苏文化圈内的尔苏人,虽然除尘的时间不同,处理垃圾的方式略有差别,却有着相同的文化内涵。这是唐代以后藏族人民吸纳汉文化的结果,是中华民族几千年来的传统习俗。

新年前,藏族地区各村寨的男子们会骑马到山上去,砍柏树和檀香树的树枝,驮回家来,作为新年间每天向神灵煨桑的主要原料。尔苏人居住的地方海拔不太高,柏树、檀香树不多,每年大年三十下午,柏树和檀香树的主人就会砍下很多树枝送给前来取树枝的人家。柏树枝和檀香树枝是全年甚至是多年的煨桑用品。尔苏人若有伤风感冒等轻微不适,都要点燃柏树枝熏烟,达到治疗的功效。柏树枝和檀香树枝是尔苏人家过年过节煨桑的必备品和烟熏疗法的主要药物之一。

按藏族地区民间传统习俗,每年都要举行驱鬼仪式。但各地日期不一样,日喀则地区是藏历十一月二十九日,林芝地区是藏历九月三十日,拉萨地区是藏历十二月二十九日。驱鬼仪式都是吃完晚饭后举行,称为"固朵",意为二十九驱鬼。尔苏人也举行驱鬼仪式,尔苏人驱鬼在饭前进行,各家各户在自己的小范围内举行:过年的五次洁净活动是以驱鬼安神为主要目的的仪式;大年三十晚上和正月十五晚上给小鬼和饿死鬼送年饭也是驱鬼仪式。汉族人民挂年画、写对联也有驱鬼的含义。驱鬼,源于原始的民间宗教,属于藏彝走廊各少数民族共同的本土信仰活动。这种本土信仰活动是尔苏人的一种文化遗存。今天,这种传统习俗仍然以活态形式固化为尔苏人的传统习俗,一代一代传承着。尽管内涵在嬗变,但驱鬼的主要形式在民间祭祀活动和节日的祈福禳灾活动中仍然保存着。

尔苏人大年三十晚上吃团圆饭,与汉族的年夜饭相似。晚餐前,家里的沙巴先坐在唐卡下诵《祝愿经》,神龛上还要点燃油灯,晚饭前先要给先祖敬献腊肉和酒,然后全家一起用餐。这和藏族地区其他地方过年大同小异,由于尔苏文化圈内牦牛稀少,不产酥油。所以,煤油灯取代了酥油灯,饮料替代了酥油茶。那千百年不变的原始宗教传承人沙巴的祝词也不同于藏族地区僧人的经文。

藏族地区大年初一这天,家庭主妇早起,到河边向河神上供藏香、酥油、奶渣、糌粑等供品,抢回新年的第一桶水。尔苏妇女在大年初一黎明前用腊肉炒饭敬路神、桥神和河神,并取回新年第一桶水,有的还在河边燃烧火堆进行烟祭。尔苏人大年初一的祭祀活动与其他藏族基本相同。由于生活环境等原因,炒饭代替了酥油,烟祭代替了藏香。

尔苏人新年要穿最漂亮的衣服,戴最珍贵的首饰。即使是贫穷的人,也要准备一件过年的新衣服,或者一两件每年过年才穿的衣服,有的老年人还会把祖传的佛珠串戴在身上。这反映了尔苏人尚美爱美,注重传统节日的文化内涵。就新年穿新衣的风俗而言,尔苏人和其他藏族人民、汉族人民都是一样的。

综合比较尔苏人和汉族人以及其他藏族人民关于春节的民风民俗,不难看出,尔苏人的春节习俗吸收了汉族的春节文化,同时融入了本民族的本土信仰内容。在汉族春节文化的基础上,尔苏人把本民族以祭祀先祖、祈求平安祥和为主的本土信仰固化在节日活动里,发展了尔苏人的渣卓文化,使之以活态文化的形式传承下来。

节日文化——拉巴活动

"拉巴"是满月的意思。正月十五过拉巴,过完拉巴以后春节就要结束了。拉巴要过三天,到农历正月十七结束。正月十五当天,小孩子要用绳索牵引一只破旧的鞋子到地里去游走,据说可以防鼠灾。

正月十五下午,各家各户仍然要油炸豆腐干和糯米糕。在敬家神和先祖之前,要进行第四次洁净活动,内容与大年三十相同。吃完油炸糯米糕,煮精瘦腊肉敬先祖和家神,要煮年猪的背脊骨和腿子肉。这时候进行当年春节的最后一次洁净活动,方法同前,只是颂词增加了:"春节即将结束,新的一年开始了,农忙季节又要来到,敬请先祖和家神多多关照,让我家平安吉祥,洪福齐天。"再次把神龛上的灰钵端下来,补充一些通红的火炭,添柏树枝,添肉末和荞麦面粉,再次桑烟袅袅,进行第三次烟祭。尔苏人认为,若看不见桑烟,先祖就会说,这家人绝了,连桑烟都不冒了,今后就不再庇佑这家人。第三次烟祭后,拿精瘦腊肉敬献先祖和家神,最后全家人聚餐。正月十五的晚餐主菜是腊肉煮青菜,其他的没有特别规定。

洁净活动的最主要目标是驱鬼。大年三十的两次洁净活动、大年初一的一次洁净活动和正月十五的两次洁净活动是一个节日活动的三个环节,是尔苏人多神崇拜的本土信仰的具体反映,是尔苏人千百年来自然宗教的文化遗存。大年三十煨桑,要桑烟袅袅,正月十五要继续煨桑,神龛上桑烟袅袅意味着这家人丁兴旺,万事如意。新春赋予万物以新的生命,万事万物复苏;新春也赋予尔苏人新的面貌和新的生机,他们以他们特有的方式欢度拉巴节,娱乐先祖,以达到祈福的目的。唱歌跳舞拥柱嘎,摔跤扳腕抓石子,鹰抓小鸡捉迷藏,节日活动丰富,场面热闹。小孩子们早就期盼着正月十五的到来,因而不玩个尽兴不罢休。尔苏人的拉巴节过得丰富多彩,令人难忘。闹元宵的活动除拥柱嘎之外,还有两个富有民族特色的祈福活动:"换食腊肉"和"偷青"。

"换食腊肉"就是交换食物,这是娱神祈福的重要内容,是青年男女喜闻乐见的游戏,许多老年人对此活动也是乐此不疲。吃完晚饭,家里大人就把预先备好的熟的精瘦腊肉切成小条块发给孩子,小孩拿着精瘦腊肉去找自己的朋友交换食用。有的人干脆就把整只熟猪腿拿去,用小刀切割下来与人交换着吃;有的人是认真地选择自己交换食物的伙伴;也有些人应接不暇,无法顾及选择伙伴;还有少许顽童用牛屎块等冒充腊肉去哄骗表姐妹们,惹得表姐妹们满场子追打顽皮小子。月光下,人群熙熙攘攘,热闹非凡,犹如白天的集市,这是以物易物的交易方式在尔苏人节日生活里留下的痕迹。"交易"的主要对象是自己喜欢的异性朋友、邻居或村庄里的同龄人、亲戚和普通朋友。活动内容丰富多彩,有打闹嬉戏的、席地谈天的、唱歌跳舞的,在稍远的地方还有谈情说爱的。

尔苏人举行重大活动时都会安排游戏。交换腊肉的换食活动是尔苏先辈们以物易物的交换方式在节日文化里的反映和遗存,也是对尔苏人过年相互拜访礼仪的一种补充。年猪肉交换着吃了,也进行情歌对唱了,同年纪的朋友还摔跤、跳舞、拥柱嘎了。老年人讲,换食活动越热闹,先祖就越高兴,各家各户的家神和先祖们也会参加换食腊肉活动。

"偷青"就是偷青菜、白菜。深夜,换食交友活动结束以后,偷青的序幕就拉开了。年轻人三五成群,大摇大摆地去偷青。他们故意吆喝着让人家听见"有人在偷你家的青菜、白菜了"。其实隆冬时节,户外也只有青菜、白菜和蒜苗可以"偷"的了。有人来偷青,说明你家人际关系良好,表明你与别人是和睦相处的,别人没有把你当外人看。反之,你的人际关系可能有问题。所以,有很多人预先置酒菜在家里,悄悄地蹲伏在菜园边,"守菜缉偷",等大张旗鼓来偷青的人自投罗网,便抓回去酒肉款待。偷青的人闹了这家闹那家,要折腾大半夜。

偷青祈福活动,是从汉族文化中直接移植的。"天青青,月明明,玉兔引路去偷青。偷了青葱人聪明,摘了生菜招财灵……"三五成群的大姑娘和小伙子,哼着歌儿,钻进人家的菜园里,摘菜掐葱,带回家去掺在面点中煮食。现在有些人借偷青之名行盗窃之事,破坏了本来淳朴的民风。换食腊肉祈福活动不亚于汉族的逛灯会,是尔苏人最热闹和最开心的节日活动,拉巴是局限于村庄内活动的狂欢节。只有等到贞朵屋时,几个尔苏寨子的人才聚集在一起狂欢。

拉巴节日一结束,意味着春节活动即将结束,人们就开始下地春耕生产劳动了。因此,拉巴节日的三天要继续开展春节的各项活动。现在,为适应现代化的快节奏生活,节日活动主要集中在正月十五晚上,并被推向高潮,以达到娱神娱人之目的。此后的三天,不再开展活动,实际上节日活动已结束。

纵观大渡河流域尔苏人民的布渣卓、渣卓、拉巴三个节日活动,我们不难看出,所有的活动都离不开这样一个主题:祈求先祖和山神保佑一方平安,保佑尔苏藏族地区风调雨顺、五谷丰登、六畜兴旺;保佑尔苏人家平安吉祥、人丁兴旺、万事如意。这是尔苏人多神崇拜的本土信仰使然,是尔苏人在险恶的社会环境和恶劣的自然环境里求生存发展的需要。他们希望没有灾荒,没有外侮,他们祈求风调雨顺、平安富庶,他们渴望社会和谐、珍惜太平盛世。节日活动充满了本土宗教信仰色彩,反映了尔苏人的文化遗存。现在的节日仍然洋溢着一片祥和欢乐的气氛。

综上所述,渣卓是尔苏人一年中最隆重的传统节日。尔苏人改冬月初一过年为正月初一过年。但是尔苏人在文化涵化的时候,不是全盘接收,而是加入本土宗教信仰的内容,春节活动各环节就固化了先祖崇拜和家神崇拜的文化元素,把自己摆脱受剥削、受压迫命运的愿望寄托于先祖的保佑和山神的庇佑。春节从大年三十开始,到正月十七结束,持续十八天。因为尔苏人崇尚先祖、崇尚大自然,具有浓郁的本土宗教信仰气息,所以尔苏文化圈的春节节日活动洋溢着浓厚的宗教气氛,是一个娱神和娱人、庆祝和祭祀兼具的节日活动。尔苏人的布渣卓、渣卓和拉巴是三个既相互独立又有内在联系的传统节日。三个节日以庆祝丰收、祭祀先人、祈求平安、驱除鬼怪、祛除邪恶为主旨,突出了尔苏人民的本土信仰。这些活动源远流长,古风今存。尔苏人以庆丰收、祭先祖、驱鬼怪为主题的节日文化传统,体现了尔苏人的文化特质。作为文化遗存的布渣卓,已不再被多数尔苏人重视。作为一种活态文化遗存,布渣卓急需相关文化部门加以抢救和保护。尔苏文化是一种亚文化,它和主流文化应是共存共荣的,不能把它视作陈规陋习,更不应把它看作反文化。国家颁布《中华人民共和国非物质文化遗产保护法》,要求抢救、保护、研究各民族非物质文化遗产,我们应该以抢救濒危文化遗产为己任,重视对少数民族传统文化这样一组副文化群的抢救和研究工作。

节日文化——拖呢我

"拖呢我"是尔苏人的传统节日,其他民族没有这个节日,所以没有对应的节日名称,本书将其翻译为"射箭节"。每年农历三月初一,在春耕大忙季节来临之际,尔苏人男女老少都要穿着节日的盛装,带上自制的醪糟酒和美味佳肴,聚集在一起过节。节日活动有9个环节:入场式、祈福仪式、射箭仪式、杀鬼游戏、比武仪式、祝酒许愿仪式、安排农事、赛歌活动、AA制的餐饮。他们聚集在一起,举杯祝福,唱歌跳舞,比武射箭,祈求先祖和山神保佑一方平安,保佑今年风调雨顺、五谷丰登、六畜齐旺;告诫人们要遵守乡规民约,勤劳致富;号召大家团结一致,共同抵御天灾人祸。尔苏人每年冬月初一以后,就要以村寨为单位,筹集粮食酿酒,准备来年三月过射箭节。家家户户积极踊跃地交纳粮食,每个大人凑一份,每个小孩凑半份,有孕在身的主妇也会主动为胎儿交上半份粮食。粮食收齐以后,主事者要安排村子里酿制技术好的人去酿酒,通常会酿坛坛酒、烤白酒、醪糟酒等。

射箭节当天一大早,年轻人把坛坛酒抬到过节的地方,让一位长者开坛待用。把醪糟坛子抬来一字排开,摆放在坝子两边。在这个节日里,男女老幼都穿上节日的盛装。尔苏男子带上自家珍藏的弓箭、海螺以及宝剑来参加射箭节活动。有些人家是等到每年节日临近再制作弓箭。尔苏人还有一套自制弓箭的方法:弓,选自山里韧性强的红皮桦槁树,每年冬天断了雨水以后,选取合适的木条去皮炕干待用。制作弓时,将两端削细,打磨光滑,中间把手处可以镶上一块约有15厘米长的条形牛骨,再用细牛筋绳密密实实地捆扎结实,涂上土漆。弦,用牛皮筋搓成细绳晾干。箭,用铁质燕尾形箭镞配上箭杆;箭杆采用高山上的专用箭竹,箭竹质地坚硬,材形伸展,在阴凉处风干后不变形;箭尾削两个缺口,使之成为小燕尾状凹口,便于搭弦受力,有的还要在箭镞部粘上鸿毛以示美观。弦装到弓上,于是,一套富有弹性、爆发力强的弓箭就制作好了。

入场式,是射箭节开始的第一个环节。除老弱病残者外,其他人都要参加。几声幽幽的海螺声过后,队伍缓缓入场。沙巴端着燃烧着的灰钵走在最前头,灰钵里燃烧着柏树枝和檀香树枝,青烟袅袅,香气四溢。这种烟祭是煨桑的一种方式,属于白桑。村子里的长者和智者握着宝剑跟随着沙巴,组成队伍的第一部分。队伍的第二部分是手持海螺的小伙子们。第三部分是挎着弓、背着箭的男子们,有的还挎着刀。队伍的最后部分是花枝招展的尔苏妇女和儿童。

队伍到达祭祀点,沙巴端端正正地放好灰钵,添上一些檀香树枝和荞麦面粉,使桑烟袅袅,再取来一碗自制的白酒。他用嫩蒿草枝蘸酒向四个方位洒去,祈祷么就日阿布和旺格日阿布保佑一方平安,愿年年大丰收,岁岁皆平安。此外,还规劝众乡亲要遵守乡规民约:今天是阳春三月的节日,节日过后,牛羊牲畜要交给牧人看管,否则糟蹋了别人的庄稼要赔偿;前面的人丢了馍,后边的人捡到要归还;大家和睦相处,团结勤劳,共同抵御自然灾害和外来欺侮。祝词结束,大家齐声高呼"哦啦嗦",海螺声齐鸣。

伴随着海螺声,大家跺着脚,齐声吆喝三遍,显示团结的力量。持剑者把手里的宝剑抛向天空,接着了又抛,多次反复,既展示了娴熟的剑技,又表明尔苏人团结一致抵御外来欺侮、防治自然灾害、保家护村的信心和决心。接着,年轻人高举手里的弓箭,呼号着成一路纵队在坝子里跑步转圈。他们边跑边呼:"拖呢,拖呢,拖呢我!"跑完三圈以后,开始射箭,刚开始时象征性地向左边的主位靶射上三箭,表示有外来势力侵犯,然后向右边的客位靶射箭,因为主位靶代表自己,所以箭不得上靶。射向客位靶的第一箭代表射向魔鬼,第二箭代表射向来犯者,第三箭代表射向自然灾害。射完象征性的三箭以后,大家依次射箭。尔苏人认为,在射箭比赛中,谁第一个射中对方靶心,他家年内将有喜事临门。射中了,大家欢呼雀跃,表示祝贺。现在,射箭比赛已经演化成一个仪式。

20世纪50年代以前,射箭节中还有驱逐魔鬼的游戏。事先搭建一个简易的窝棚,推选一位长者,将他装扮成妖魔鬼怪的样子,让他坐在窝棚里。射箭比赛结束以后,一位高大魁梧的中年人率领参加游戏的孩子们,挥舞着自制的木剑,划拉着弓箭,浩浩荡荡奔向不远处的窝棚,指挥大家把窝棚包围起来。指挥者高喊:"你这个妖魔鬼怪,年年下凡危害百姓,今天把你包围了,我们要消灭你!""魔鬼"连声求饶:"下次不敢了,放过我吧,今后再也不下凡危害百姓了。"在大家的欢呼声和喊打声中,"魔鬼"连滚带爬地逃之夭夭,众人用木刀砍、用石头砸、用弓箭射,把妖魔鬼怪赖以藏身的"鬼窟"连根拔起,点火焚烧,游戏到此结束。游戏的目的是让妖魔鬼怪销声匿迹,让未来有个好盼头。

在过去,尔苏人在射箭节当天要进行射箭、赛马、摔跤、扳腕等竞技活动。20世纪中后期,畜牧业落后,因没有马匹可供比赛,赛马和比武活动基本消失。现在尔苏人象征性地保留了射箭、摔跤和扳腕等娱乐性比赛活动,但是,活动仍然受诸多因素的约束和影响。

比武结束以后,开始喝酒。喝酒的仪式也有讲究,男的喝烤白酒,妇女和儿童喝甜醪糟酒,坛坛酒则大家都喝。第一个喝坛坛酒的是尔苏人里德高望重的长者,他要把杆祝词:"呲酒好,呲酒香,喝上第一口,感觉有母蜂肚囊的淳甜;喝上第二口,回味有春枝嫩芽的浆香。今天我们来相聚,把酒祈福又禳灾。风调雨顺无灾荒,五谷丰登畜满圈。人丁兴旺无瘟疫,团结和睦度春秋。感谢山神来辅佐,祝愿先祖常庇佑。家家户户把鸡供,仲秋季节还鸡愿。"祝词结束,大家齐声欢呼"哦啦嗦"。喝烤白酒和醪糟酒的也有祝词。只是没有坛坛酒这么庄严和神圣。

开春了,要忙春耕生产,村子里有诸多事项需要大家商谈,所以酒过三巡,就开始研究农事:制定乡规民约,要求把牲畜交给牧人看管,不得私自放敞牧,否则糟蹋了别人的庄稼要赔偿;研究山上轮耕地的栽种问题;公共福利性事业的兴办;等等。

在庄严的祝酒仪式以后,安排完农事,大家可以放松喝酒了。喜欢喝什么就喝什么,只要依次取酒就行。有席地而坐喝酒谈天的,有端着酒碗到处找人拼酒论英雄的,还有男女拼酒传情意的。尔苏人"有酒就有歌,有歌就有舞",喝酒离不开唱歌。他们有专门用于赛歌的歌词和韵律,尔苏人称之为"噶萨斯";也有山歌对唱,尔苏人称之为"色衣噶而噶",词和曲都比较随意,没有固定的格式,也没有固定的词句,可以触景生情,信手拈来,可以借物咏志,表达爱意等。在拼酒的同时进行对歌赛智,充满诙谐欢快的氛围。歌声寻着酒香来,舞步伴着歌声起。

射箭节是尔苏人吃腊猪脚的日子。家家户户都会把腊猪脚留到射箭节来煮。大家把家里的腊猪脚煮好了,拿来与大家交换享用。射箭节这天,大家要按户头凑份子购买牲畜宰杀,按户头分配食物,再以家庭为单位在坝子里各家各户分别聚餐。有的要交换自己家里带来的腊猪脚和其他菜肴。大家分食佳肴,共饮美酒,企盼丰收,畅想未来。

射箭节是尔苏人的传统节日。这天是纪念尔苏人的祖先车模啊噶发明了弓箭、教人狩猎和训练箭术以抵御外来侵略的日子,也是祭祀神灵,祈求丰收的日子,更是制定乡规民约、安排农事的日子。这既是射箭节的主旨,又是现在尔苏人还乐此不疲地过射箭节的原因。射箭节是阳春三月里的节日,是凉山州甘洛县一年一度春耕生产开始的时节;射箭节是春播春种的总动员,是尔苏人祈求风调雨顺、五谷丰登、平安祥和、人畜齐旺的祭祀活动。活动要求尔苏人遵守道德规范,敬业乐群;祈求先祖和山神赐福禳灾,保佑一方太平。

射箭节以后,剪过羊毛的羊群要交给村子里的牧人到高山上去放牧,到农历七月初才回来,这是羊群转场的开始,是村庄里的重大事项。射箭节具有双重色彩,既是典型的农事时节,又具有浓郁的本土信仰色彩,尔苏人在这天举行的吹海螺、点檀香、端灰钵、把酒祭天、骑马比武、射箭、摔跤和焚烧"鬼屋"等都是本土信仰的仪式和游戏,具有浓郁的原始宗教色彩。尔苏人祈求太平盛世,向老天爷许愿,要在秋季还山鸡愿。这些活动无不反映了尔苏人敬奉先祖、崇尚大自然的原始宗教信仰。

甘洛县尔苏人的射箭节与其他藏族地区的射箭节同源,居住在云南迪庆藏族自治州的藏族同胞也过射箭节,但是时间要晚些,是在农历四月间,相传是为了纪念藏族民间英雄格萨尔王,迪庆藏语叫"大久罗色""昂巴大久"等。按照习惯,村里的牧人要把在圈里喂养了一个冬天的牛、羊赶到高山牧场放牧。该节日既是乡村里的男人们显示英雄本色的日子,又是村民结束农闲,开始农忙的标志。青海省黄南藏族自治州、海南藏族自治州、海西蒙古族藏族自治州等地的安多藏族也有过射箭节的习俗,只是时间更晚些,在农历五月,也是为了纪念藏族民间英雄格萨尔王,这一时节也是畜牧转草场的季节。射箭节既与生产劳动相关,又带有明显的本土信仰色彩。甘洛县尔苏人的射箭比赛只是象征性活动,从设两个箭靶,分主位靶和客位靶,且只能够射客位靶来看,也和青海安多藏族地区的射箭节同源。安多藏族地区是两个村庄的人一起开展比赛活动,各射一个靶。尔苏人是各村庄自己开展活动,把主位靶空着,只射客位靶。

向山神和先祖许愿祭公鸡,具有尔苏人本土信仰的特点。尔苏人崇拜天神、山神和先祖,崇拜大自然,信奉万物有灵;祈求山神和先祖保佑,希望年年风调雨顺、大吉大利、五谷丰登、六畜兴旺。这就是以大自然崇拜为主要内容的本土信仰。尔苏人的射箭节,蕴含着朴素的原始宗教观念,是和当今人与自然和谐的主流文化相容的本土信仰。

在射箭节期间,制定乡规民约,纯化民风民俗;注重构建祥和安乐的乡村人际关系以及良好的生存环境。这种文化传统,符合我们当代提倡的公民道德建设规范的要求。

分配轮耕地、统一轮耕地的栽种方案,包括粮食品种的选定等都要大家民主协商,共同决定。这是由高山地区农业耕种的特点所决定的。为了共同抵御野兽糟蹋和破坏农作物,为了便于大家协同劳动,也为了放牧的方便,必须保证成片的山地耕种同一类作物。在漫长的岁月里,尔苏人学会了在生产劳动过程中协同配合,这是尔苏人本土生态文化的典型反映。

射箭节是甘洛县尔苏文化中最具内涵的节日。节日期间开展以射箭为核心的一系列文化活动,加强了团结,弘扬了与邪恶势力斗争的大无畏精神。有人说,尔苏人是当年吐蕃王朝时期戍边的藏军后裔,射箭比武习俗就是当年流传下来的。尚武习武、团结对外的文化传统是藏族早期文化的遗存,表达了尔苏人渴求创建和谐村寨、和谐邻里的美好愿望。尔苏人的这种文化价值取向对我们今天构建社会主义和谐社会具有积极的意义。

节日文化——贞朵屋

"贞朵屋"是尔苏人的传统节日,是祭祀神灵、祈求丰收的日子。每年农历六月十六,在夏季除草结束以后,尔苏人都要过贞朵屋。他们聚集在一起,举杯祝福,唱歌跳舞,打火把,喷火龙。贞朵屋有打火把比赛、赛歌、摔跤比赛等活动,祈求先祖和山神保佑一方平安,祝愿秋后五谷丰登、六畜兴旺。

"贞朵屋"是尔苏语,通常译作"火把节"。从农历六月十六至六月十八,节日持续三天。关于火把节的来历有许多传说,传说之一是当年尔苏人和诸葛亮打仗时,尔苏人固守一夫当关、万夫莫开的险要关隘,诸葛亮的军队久攻不下,尔苏人骄傲起来,开始漠视蜀兵。农历六月十六这天早上,尔苏藏兵全部回营房吃早茶,蜀兵一举突破防线。从此以后,尔苏人每年六月十六日早上过火把节,以记住这天早上的惨痛教训。传说之二是为了烧天上下来危害庄稼的害虫。传说之三是农家儿子因误食珍宝而变成了龙,众乡亲挽留不住,打灯笼、火把为其送别。关于为把节的传说还有很多,甘洛县新市坝镇新民村的尔苏老人王志友说:

> 其实尔苏人火把节的缘由与生产劳动相关:仲夏除草结束,庆贺农活过半,庄稼有望丰收,举酒同庆同乐。尔苏人好显摆,各家各户摆出好酒好肉,比财富比置家、理财、才艺。

尔苏人为了这三天的节日活动,要准备相当长一段时间。进入农历六月以后,家家户户都开始收集干枯的蒿子秆,捆扎成碗口粗细、长约一米五的火把,每家准备十余把,按照能够送火把的人每人三把计算,火把数量要成单数。

甘孜州冕宁县和爱藏族乡等地的藏族人家所做的火把是用干枯松枝捆扎而成。此外,还要准备一些助燃粉末——松香粉,那样晚上喷火的效果更佳。甘洛县没有松香粉,就将锯木末晒干待用,效果也不错。农历六月十五打扫室内外卫生,搬出不常用的足架安放坛坛酒,杀猪宰羊,圈养大阉鸡,准备过节。

农历六月十六,是火把节第一天。黎明,尔苏人家就要杀鸡敬先祖。一大早,家里就忙开了,要到河沟里选择一个质地坚硬的拳头大小的白色鹅卵石,放到火塘里加热。要打开封存很久的坛坛酒坛,担来凉开水泡匝酒,用酒敬神、敬先祖。各家各户都要在早上把鸡肉和腊肉等敬献给先祖,晚了就有怠慢先祖的嫌疑,先祖会不高兴,一旦失去先祖的庇佑,家庭就会受灾落难。所以,敬神娱神的工作宜早不宜迟。彝族过这个节要晚一些,甘洛县海棠镇和玉田镇上半部的彝族是六月十六下午过节。

敬神前,要举行洁净仪式。取半瓢水,把烧烫的鹅卵石和几根嫩蒿草一起放入水瓢,用水蒸气熏先祖入座的神龛和器具,达到洁净的目的。熏得要彻底,家里各个角落都要到达。嘴里要高声念诵吉祥祝词和各种驱鬼驱邪的咒语,一直到大门外,把石块连同水和蒿草全部倒掉。还要取来少许米饭和肉汤一起泼出去,叫小鬼赶快离开这里,让它们去该去的地方。然后祭祀山神,祈求全家人平安幸福,祝福全村人安康。

尔苏人的火把节有一个习俗,屋内遍地铺满山上割回来的新鲜蕨萁草,来人来客时均在草上席地而坐,晚上也可以拥着蕨萁草入睡,不会感冒不会着凉。节后,把蕨萁草全部搬到畜圈,可将畜圈里的跳蚤驱赶掉,起到灭跳蚤的作用。蕨萁草要当天中午去割,但是现在蕨萁草生长区远离人家,为了节省时间,有人在头一天就割回蕨萁草。中午开始铺草,将酒装瓶备用。

傍晚,吃过晚餐,家家户户都点燃干蒿秆火把。第一天晚上点火把要有一个点火仪式,家主主持点火仪式。年轻人每人拿一把等待点燃的蒿子秆,聚集在大门内,家主取来一根燃烧的树枝,站到庭院中间,年轻人都将火把伸向家主,就着树枝点上火苗。家主边点火边念祝词:"祈求火神烧死危害庄稼的害虫,祈求先祖保佑后代平安吉祥,祈求山神赐福全村人,若若啦啦桑巴德泽,要五谷丰登、六畜齐旺。"点火仪式一结束,年轻人边吆喝边舞动着将火把送上山去。

三个晚上,分别将火把送到不同的方位。吆喝声也不同,第一天晚上出发时高呼"多华也多华""送猛凯也送猛凯""更猛凯",分别是"今天晚上""明天晚上"和"后天晚上"的意思,就是说要送三天的火把。第一天迎接贞朵屋节日,简称"接节",唱接节的歌;第二天浓妆艳抹过节,简称"过节",唱过节的歌;第三天开展打火把驱鬼祛邪活动,欢送节日,简称"送节",唱送节的歌。

第一天晚上的火把要送到东方去,意为今天是迎接火神的日子。送达目的地后,要把火把全部堆放在一起,大家围成一个大圈,祈求火堆给自己带来好运。他们不停地从火堆周围找来柴草和新鲜的蒿草,在自己周身擦拭并在头上旋绕三圈,嘴里还不停地念叨让鬼怪和邪恶离开自己,接着将柴草丢入火堆焚烧。祝福自己和家人永远平安吉祥、万事如意。大量的蒿草让火堆浓烟滚滚,达到了尔苏人借此机会实行烟祭之目的。送火把回来,路上要唱迎接节日的歌。大家邀约在一起,开展迎接节日的活动,主要是挨家挨户去品尝坛坛酒,看哪家的坛坛酒最醇最香,要闹腾大半夜。

第二天晚上的火把要送到北方去,意为今天庆祝节日。呼号"多华也多华""送猛凯也送猛凯",意思是只有今天晚上和明天晚上了。火堆边上的活动一如昨晚,驱邪避鬼,祝福吉祥,同样进行烟祭。回来要唱庆祝节日活动的歌,接着开始进行昨天没有完成的品酒活动,继续挨家挨户走完昨晚上没有去的人家,喝酒唱歌,不醉不归。

最后一晚的火把要送到西方去,只呼号"多华也多华",意为今天最后一次送火把了,今天送火神。当晚不再集体焚烧火把,大家要将火把带到附近几个村庄的聚集地,悄悄地接近对方村子里的人,突然袭击对方,相互打火把。打火把时,一手举着火把,一手抓一把早已晒干的锯木末撒向火把,点燃的锯木末变成无数的火星飞向四面八方。夜晚,一条条火龙此起彼伏,一束束火把打在人身上,火星四溅。据老年人介绍,尔苏人打火把是为对方祛除污秽和邪气,驱除附在人身上的鬼怪,是为别人服务、替他人消灾的善举。过去打火把是要进行比赛的,现在打火把只是象征性地进行一下,不再组织比赛了。大家汇聚在一起后,以村寨为单位组队进行摔跤比赛。虽然以村寨为单位比赛,但是殊荣往往是个人获得。节后,年轻人津津乐道的是摔跤高手的名字和他的趣闻逸事。摔跤结束以后,各村寨拉圈子比赛唱歌和跳舞。贞朵屋活动既要比力气和摔跤技巧,又要比舞蹈和歌喉。人们背地里还要用自己的标准评选美女俊男。可见,这是男子展示体力和身手的大好时机,也是女子一展歌喉和婀娜舞姿的极佳机会。很多青年男女通过这一活动找到自己的意中人。

其实,尔苏火把节产生的缘由与生产劳动相关。仲夏季节除草结束,玉米禾苗已经长到一米多高,此时正是禾秆水分多、容易折断的时节,农民不宜再进入地里。人们就忙里偷闲,放几天假好好庆贺一下禾苗茁壮成长、丰收在望。各家各户都要杀鸡敬先祖,杀猪宰羊犒劳自己,用醇香的坛坛酒招待乡亲邻里。大块吃肉,大碗喝酒,不亦乐乎!

节日文化——琅珏比

"琅珏比"是尔苏藏语,"琅珏"是年初向先祖和山神许愿时预约的供鸡,"比"在尔苏语里就是"还"的意思。按照活动的主旨将其译成汉语就是"还山鸡节"。各地尔苏人庆祝琅珏比的时间先后有别,有八月中旬过节的,有九月初一过节的,但过节方式是一致的。尔苏人用白公鸡祭祀先祖和山神,感谢各路神仙保佑尔苏人家,使尔苏人家平安吉祥、五谷丰登、六畜兴旺。琅珏比反映了尔苏人敬畏大自然、崇尚先祖、崇尚山神的文化传统和尔苏人与大自然和谐相处的良好习俗。琅珏比是尔苏人远古时期万物有灵的多神崇拜的文化遗存。现在的琅珏比,逐渐淡化了本土信仰,增强了尔苏人的文化内涵,以"活化石"形态反映了尔苏人尊重大自然,注重环保,注重生态平衡,与大自然和谐相处的生态文化理念,与现实倡导的社会理念相一致。琅珏比具有独特的意义和浓郁的地域族群特色,民族文化内涵极为丰富,是千百年来尔苏人本土信仰的文化遗存。

甘洛县尔苏人琅珏比活动的时间是每年农历九月初一,主题是感谢先祖和山神旺格日阿布的庇护和保佑,感谢祖宗给他们留下这一片福荫之地,让他们繁衍生息。过节的方式是用白公鸡、曲扑和曲沫敬献先祖和旺格日阿布。"曲扑"是以荞麦面制作的多棱的中间粗两头细的供品,"曲沫"是尔苏人自己酿制的烧酒。尔苏人以此报答旺格日阿布,感恩先祖。现在每年过还山鸡节,还保留了尔苏文化遗存的是讲东部次方言的尔苏人。过去,越西县过还山鸡节的乡镇有保安藏族乡、梅花乡、板桥乡、新民镇、西山乡。其中,有部分地区地处平坝,与汉族和彝族杂居,现在都不再过这个节日了。甘洛县的尔苏人,完整地保留了这一文化遗存。他们主要居住在蓼坪乡、则拉乡、团结乡、海棠镇、坪坝乡、新市坝镇。石棉县过还山鸡节的尔苏人主要居住在蟹螺藏族乡、永和乡、迎政乡、宰羊乡一带。

琅玗比节日前一天,尔苏人男女老少就开始做准备工作。例如,整理好灰钵,装上薪炭、檀香树枝,以备用;选择两根直径一寸、长两米左右的红皮桦槁树细木条,大头削尖,小头用刀划成四瓣,扳开,用竹条编成斗状,使其可以盛供品。尔苏人称此木杆为"粗不呷"。"粗不呷"要立放在干净卫生的地方,这是敬先祖用的,要尊重先祖;节日当天要烧锅爆炒荞麦,制作荞面曲扑,把早已酿制的坛坛酒打开,泡上干净的凉水,浸泡待用。煮鸡蛋也是少不了的祭品,要做到上山祭祀的人每人一个鸡蛋,煮好备用。一只白公鸡是每家最关键的祭品。

祭祀活动在九月初一这天上午举行,全村寨集体组织到山腰固定的树林里。节日当天,各家各户要把前一天准备好的灰钵端出来,点燃薪炭后再加上檀香树枝、荞麦面、鸡蛋壳、爆荞米花等,有的还要加五谷,在家门口燃上一堆小火煨桑。在桑烟滚滚,海螺声声中祷颂诸神,还愿和祭祖的队伍就要出发了!所有的祭品和用具都由祭主洗礼,把烧红的白石头和嫩蒿草叶子一齐放进一瓢水里,祭主一边不断地念沙巴经文,一边把热气腾腾的水瓢拿去熏所有的祭品和祭祀用具。所有的祭祀用品全部从浓烟滚滚的火堆上旋转三圈以后再传递,年轻人在火堆的另一头接过所有的祭器和供品,列队准备出发。

祭主端上点燃的灰钵走在最前面,其余的依次紧随其后。出发时大家齐声高呼"传也——传啊——""传也——传啊——"上山参加祭祀的人,都穿上节日的盛装,全寨子的人一起出发。到达祭祀山林之前,所有女性要在山腰等待,女性一般不能到祭祀现场,在尔苏人的传统文化里有许多禁忌,所以,女子不具体操办敬神和敬先祖的活动,通常情况下都由家里的男子主持敬神活动,家里无男丁的除外。男丁无论老幼都要全部上山,各奔自己家的祭祀点。到达山林中的祭祀地点,把冒烟的灰钵端放在祭祀点正前方,灰钵里要再加一点檀香树枝,使其冒出袅袅的香烟,飘出浓浓的檀香,然后又一次吹响海螺、摇响法铃。

主人司祭,也有的人家请沙巴主持祭祀礼仪。祭主把酒祝苍天,他左手端盛满曲沫的酒杯,右手挥动嫩蒿草枝,多次蘸酒挥洒。首先,挥向左上空,祈求旺格日阿布保佑一方平安;其次,挥向右上空,祈求先祖庇佑子孙健康、阖家幸福;最后,挥向右下方,祈求土地老爷看好门,不要将不干不净的妖魔鬼怪放进家来。保安宁的祈福词很长,祭主滔滔不绝,音调抑扬顿挫:

> 开春时节,我们祈求,先祖庇佑,山神保佑,今年风调雨顺,五谷丰登,六畜齐旺,人丁平安。那么,秋天我们就向各路神仙敬献珍贵的白公鸡。秋天到了,眼看丰收在望,我们履行年初的诺言,虔诚地来到圣洁的山林里,带来了特制的曲扑和曲沫,带来了年初就约定好的白公鸡,向各路神仙还愿来了。感谢先祖,感谢山神旺格日阿布,愿各路神仙一如既往地保佑我们,让我们年年丰收,岁岁平安。

祭主拿起"粗不呷",把削尖的一头栽入土里压实。取一片干净的树叶,垫在漏斗里,以便将供品放在漏斗里。粗不呷的根数,各地不一样,则拉乡和城关镇新民村的尔苏人一般都用两根,并排插立在树荫下。团结乡、蓼坪乡等地的尔苏人有用三根的,插成三角形,两根在前边,一根在后边。蓼坪乡清水村的尔苏人不用"粗不呷",在大树上设祭台,直接将供品放在树上。人们把白公鸡高高举过头顶,面向四方叩首膜拜,口中念念有词"言凰,旺凰",告诉天神,告诉山神旺格日阿布,告诉列祖列宗,子民还愿来了。感谢赐福,感谢保佑。叩拜结束,要把白公鸡杀了,把鸡血抹在粗不呷上,再把鸡毛粘上去。把鸡爪子、鸡嘴壳子和鸡翅膀尖尖割下来,连同爆炒的荞米花、一小点曲扑和一小块煮熟的鸡蛋一起放到"粗不呷"里,敬献给诸神和先祖。

曲扑是甘洛县尔苏人在还山鸡节上必须有的供品。祭祀完后,要把曲扑献给年长的尊者和长辈享用,平时一般不制作。甘洛县新市坝镇新民村的尔苏老人王志友讲了一个有关曲扑的故事:

> 很久以前,一位汉族老大哥看见了曲扑,觉得很稀奇,想品尝一下,便问尔苏老人,这是什么馍馍以及怎么做的?老人不想违反规矩,又不愿意得罪客人,想了一想,灵机一动,说这是胯胯馍馍,在大腿上揉出来的。汉族老大哥听了,嫌脏,就不吃了。

其实,加工这种荞馍很讲究,先把荞面和好,揉成面团备用,再分成小块,把小面团揉成中间粗两头细的面块,用两手的食指并排挤压面块,使其呈三棱尖柱条状,再扭转呈斜纹状,然后选两个反向扭转的并贴在一起,将两头捏成一体,就成了多棱的中间粗两头细而尖的形状。用现在的话来讲,就是工艺食品。由于这种荞馍加工工序多,因此只有逢年过节时才做,特别是庆祝琅玕比时一定要做了敬山神旺格日阿布和祖先。

完成祭祀活动的主要仪式后,大家把祭祀用的鸡和没有用完的供品全部放入背篼里,收拾好东西,扑灭灰钵里的火星子,再到山腰和女性会合。大家汇集在一块平地上,相互敬酒祝福。一边分食剩余的祭品和美酒,一边商量秋收和放牧的事情。高山上的村庄,还要讨论轮耕地的分配等事宜。除曲扑、曲沫、鸡蛋和糖果之外,有的还专门带来了煮熟的腊肉和在超市购买的凉菜。在吃东西的时候,人们只是小声谈论,没有高声喧哗,他们仔细观察祭祀点的情况,看乌鸦或其他鸟类最先飞临哪一家的祭祀点。他们认为,鸟类的到来就暗示山神和先祖驾到了。大家都以祭祀点最先得到先祖光临为荣,认为这是最为吉祥的事情。为了能够让飞鸟先光顾自家的祭品,尔苏人要在自家的祭祀点周围种上很多树,林木茂密,飞鸟就会大胆造访。那么,一年一度的琅玕比,"自己家的先祖"就有可能先到。因尔苏人的这一本土文化习俗,衍生出尔苏人爱护环境、保护森林、热爱植树造林、不轻易破坏山体和植被等环保理念。尔苏人都有自家精心培植的山林,每个村寨都有不许进此类山林砍伐的规定。尔苏人不轻易伤害山体,认为那是伤害山神和先祖的居所,是极不友好的行为。

回到家里,各家各户烧锅做饭,打理祭鸡。有条件的人家,打开早已准备好的坛坛酒,插上吸杆,家主把酒祝词,要再次感谢先祖、感谢各路神仙的庇佑;祝福全家人平安吉祥,祝福风调雨顺、五谷丰登。明年的今天,他们还要把酒祭祀,还要给列祖列仙敬献白公鸡和曲扑。祭祀过的鸡肉,只能由自己家的人分食,就是出嫁的女儿回家也不能吃,据说是为了尊重先辈和各路神仙。这天,即使有客自远方来,主人也不会拿祭祀过的鸡肉待客的,只能重新杀猪宰羊待客。

尔苏人的还山鸡节,表现了尔苏人崇尚大自然,感恩山神的保佑和先祖的庇护,感谢祖宗留下这一片福荫之地让他们休养生息。节日的主题反映了尔苏人敬畏大自然、崇尚先祖、崇尚山神的文化传统,符合当前提倡的人与人和谐相处、人与自然和谐相处的观念。虽然它们是具有浓郁本土信仰的节日活动,却有着行为导向功能、社会整合功能以及文化传递功能等。这些功能使尔苏人在现代化建设中,恪守着"爱护环境、保护生态、与人为善、与大自然为善"的理念。

尔苏人通过琅玕比的祭祀活动,强化了共同的先祖、共同的根的观念,增进了村庄里各家各户对同一血脉、同一族群的认同感,增进了全村落全部族的团结,在共同的生产劳动和生活过程中,相提相携,共同克服困难,抵御各种自然灾害。

随着尔苏人科学文化水平的提高,崇拜先祖、崇拜山神这样一种特定的本土信仰在弱化,琅玕比的信仰色彩也不断被淡化。但是,作为尔苏人的一种文化传承,琅玕比没有从尔苏人的生活中消失。随着党和国家保护非物质文化遗产、抢救濒危少数民族文化遗产政策的进一步贯彻与落实,大渡河流域尔苏人的琅玕比,作为一种地方文化遗存,不仅是当地独特的人文旅游资源,而且是民族人类学的活化石。甘洛县尔苏人的这一文化遗存,为当地乃至整个大渡河流域的旅游业增添了亮点。

尔苏人的琅玕比,是远古时期尔苏先民多神崇拜的文化遗存,尔苏人千百年来一直生活在横断山脉的大山里。唐朝统治结束以后,吐蕃和大理王朝统治了这一地区,但是由于这里地处横断山脉,地理条件差,经济状况落后,交通闭塞,人口稀少,加之受汉文化、彝文化和藏文化的影响,当时在藏族地区占统治地位的藏传佛教在这里的影响则相对较弱。尔苏文化圈内各种人为宗教和自然宗教相互作用、相容相长、共同繁荣。所以,各式各样的本土信仰,特别是苯教在这里充分发展,自由传承。在尔苏文化圈内,既有以苏瓦为代表的藏传佛教,又有以沙巴为代表的尔苏本土信仰,还有两者兼有的尔苏拉莫。拉莫是职业宗教活动者,他们既信奉尔苏的沙巴教,又执事藏传佛教的宗教活动。在这样一种宗教文化氛围里,尔苏人的本土信仰得以传承和保留。至今甘洛县的尔苏人还保留了具有浓郁本土信仰色彩的民族文化遗存,每年秋天,要开展以家庭为单位、以村落为整体、以琅玕比为主题的祭祀活动。丰收在望,尔苏人喜上眉梢,抑制不住内心的喜悦,要兑现初春的许愿,要向山神和列祖列宗还愿愿,反映了尔苏人知足常乐的心态和感恩大自然、感恩先祖的原始宗教信仰。尔苏人长期以来备受外族欺侮和压迫,特别是明朝时期,曾遭受残酷掠杀。越西县山崖上镌刻的刘廷将军残杀民众三千的碑文,以及尔苏人关于"在越西城内,官府诱骗尔苏人盟会,灌酒后全部杀掉,寡妇成群,尔苏人从此一蹶不振"的传说,与历史是相吻合的。尔苏人代代相传的官府剿灭尔苏先人的悲剧和"尔苏人不讲家谱"的遗训,使得他们对自己的身份讳莫如深,所以尔苏人隐姓埋名于横断山脉的深山老林里,与深山老林相依为命。遭到同类的迫害使他们希望得到大自然的庇护和尔苏人列祖列宗的保佑。这是近几百年来尔苏人强化山神崇拜和先祖崇拜的历史原因,客观上促进了尔苏人以大自然崇拜为基础的多神崇拜习俗的发展。

过去,尔苏人家无论如何都要找一到两只白色的公鸡饲养,专门用于还山鸡节的祭祀活动。这说明尔苏文化中有许多的古氐羌文明,如白公鸡祭祀、崇尚白色、先祖崇拜、山神崇拜等。有专家认为,还山鸡节用鸡作祀礼,应该是农耕民族而非游牧民族的习惯。还山鸡节礼仪活动,在甘洛县新市坝镇尔苏人中保留得相当完整。有人说,用白公鸡作祭祀这一习俗可上溯到《山海经》记载的上古地域习俗。如果这一说法成立,对于弄清尔苏人的古代迁徙史,应该有一定的参考价值。过去尔苏人饲养土鸡,品种少,大多数是白色或红色的。现在鸡的花色、品种很多,白色的公鸡相对减少,再加上尔苏人已经淡化了这个节日的本土信仰色彩,所以,祭祀用的鸡,品种不限,花色不论,只要是鸡就行,也不要求年初就专门指定公鸡饲养。很多人都是临时到市场上采购满意的公鸡去参加祭祀活动。

各地的尔苏人过还山鸡节的时间有所不同。有的是农历八月初九至十二日之间,有的是农历九月初一。大渡河以北是农历八月过节,八月即鸡月。八月过节还鸡愿,选择的是属鸡的酉月。有人说,尔苏传统使用的历法属古夏历,以寅为正月,八月为鸡月。按尔苏人的历法推算,自初九至十二日,四年一轮。即今年如果是初九开始过,明年就是初十开始,第五年又轮到初九。作为蟹螺藏族乡尔苏人唯一的节日,琅玕比包含多层含义,同时具有祭祖、庆丰收、祈年等功能。其余的尔苏人是农历九月初一过节。

由于尔苏文化圈处在川西平原向青藏高原过渡的横断山脉东南麓,气候变化大,各地种植的粮食作物不同,产出也不同,主要有荞子、燕麦、玉米、土豆、黄豆、水稻、小麦、青稞等。各地祭祀活动的供品也有区别。但是,公鸡是必需的祭祀供品。

甘洛县尔苏人的琅玕比,以感谢先祖和山神为主旨,通过烟祭(白祭)、血祭(红祭)、酒祭三种方式祭祀先祖和山神,是尔苏人远古时期万物有灵的多神崇拜的文化遗存,是尔苏人过去隐姓埋名时的精神寄托的载体和族长鼓舞部众坚定生存信心的手段。随着外来观念的传入和科技知识的普及,现在的琅玕比日渐被淡化并失去祈求诸神保佑的内涵,随之而来的是通过节日活动,丰富尔苏人的文化生活。但是,在全球化影响下,外来文化的冲击与影响逐渐加强,尔苏文化日渐式微,过琅玕比的人家越来越少。

师日啊卓是尔苏人别具特色的原始宗教节日。师日啊卓,原意是"神仙过年的日子",所以是祭祀神仙的节日。没有统一的时间,通常在农历四月举行,具体时间由沙巴测卦,选择一个吉日,大家聚集到山上固定的祭祀点开展祭祀活动。全村子的人按照户头凑钱买一头大肥猪来宰杀,清理干净后全猪敬献给神灵。然后,切块按户头均分。各家将猪肉块煮熟后,与盛满白酒的酒壶、一把牛耳刀一起放到笞箕里,爬上梯子从屋内打开天窗,把笞箕放到屋顶,高呼"师日啊卓哎,师日啊卓哦",呼唤天上的各路神仙光顾。尔苏人家喜欢盖瓦板房,房顶上边有两块活动的瓦板,专门用于师日啊卓时敬神。后来用小青瓦盖房,也会在房顶留一个小天窗。家家户户如此。许多人家有一根祖辈遗留下来的长戟,因为长戟失去武器的功能,只能将其立在墙边,专门用于开启天窗。祭祀当天要用它打开天窗。尔苏人平时非常喜欢凑热闹,过节时尤盛。唯独师日啊卓,分猪肉回家以后不串门、不请客,专门在家祭祀先祖和各路神仙。敬献神仙以后,全家虔诚地分食供品,祈求平安吉祥。

婚姻习俗

尔苏人千百年来在横断山脉的深山老林里繁衍生息,不断地搬迁,不断地躲避灾祸、躲避官府的追剿。他们寄希望于先祖的庇佑、深山老林的掩护与山神的保佑。在这样的历史条件下,尔苏人形成了自己的价值观、审美观、本土信仰以及心理发展态势,产生了独特的文化现象,现今的婚姻习俗仍然保留了一些远古的文化遗存。

现在尔苏人实行一夫一妻制,婚姻以自由恋爱为主,辅以媒人说媒。婚姻关系一般都要通过订婚仪式来确立。尔苏人相当讲究订婚仪式,其中与本土信仰相关的仪式有泼水驱鬼、祭祀祈福、杀猪问卦、敬酒祈福、议事求期、宴客祈福等环节。

泼水是姑娘们感到最为惬意的事。客人还没有来时,她们就按捺不住地欢呼雀跃,等待着客人的到来。地上的锑锅、木盆都装满了水,小伙子们站在高处眺望着;老人们在旁边指点年轻人,传授她们泼水经验;姑娘们沿路边一字排开,随时准备泼水。姗姗来迟的男方客人一个一个地跑上来,接受这躲不过的冷水的洗礼。人还没有上坎,一盆一盆的水就劈头盖脸地泼下来。来客不顾冷水冰凉刺骨,继续往上冲,姑娘和妇女们毫不留情地将冷水泼在他们身上。先上来的成了落汤鸡,后边的人开始畏缩不前。泼水的姑娘们不断吆喝着"快上来呀""不来就别想要媳妇了哦"。每个参加订婚的客人都要接受泼水礼。姑娘们的嬉闹声和锅碗瓢盆的叮当声,外加旁观者的哈哈大笑声,盖过了被淋水者的呻吟声。客人们不顾一切地冲进庭院,姑娘们才作罢。

客人进屋以后,女方主人当着男方客人的面,把客人带来的礼物和美酒一齐敬献给神灵,以此祭祀先祖。这一普通而庄重的礼节,表示主人家同意这门亲事,要祭祀先祖,求得先人的护佑。敬完先祖,双方代表要"把酒祝词",祝词内容都是祈求先祖和家神庇佑主人家平安吉祥、万事如意;祝愿两个家族联姻后更加兴旺发达,未来的新婚家庭幸福美满。祭祀祈福结束后,主客双方马上转变角色,女方主人就成为客人,男方客人变为主人。

角色转变以后,男方要借女方的场地杀猪宰羊感谢女方父母和兄弟姐妹应允了这门亲事,同时还要看卦象。他们架起柴火把杀死的猪用干柴烧黑烤黄,再放入大水盆里洗干净。地上铺上竹笆,把烤猪开膛破肚,取出猪胰子放入瓷碗里献给女方的长辈看卦象,由卦象看先祖的意见,然后把猪胰子放到炭火上烤熟后敬献给先祖,感谢先祖显灵。猪肉被切成鸡蛋大小的块状,放入锅里煮熟。煮熟的猪肉取出几个放到神龛里敬献给先祖,其余的全部拌调料做成坨坨肉等待开饭。

当献猪胰子看卦象以后,男方家人把女方家人全部请进屋,开始举行敬酒仪式。男方求婚婚使首先祝词,他手把酒杯,豪情满怀,唱起尔苏人最富有文化内涵的歌曲《多拉我》。"多拉我"是尔苏话,就是唱颂歌的意思。颂歌从盘古开天地唱到现今。《多拉我》的结尾是祝福未来的婚姻幸福美满,祝福联姻两大家族兴旺发达,祝福大家吉祥安康。女方家的祝酒词也不同寻常。倡导恋爱自由,崇尚劳动致富;倡导男女平等,构建和谐家庭。敬酒的姑娘们一身盛装。两个小组,从里外两头对进,依次敬酒,无一遗漏。每组各三个人,一个姑娘提盛酒的酒壶在后边紧跟,负责斟酒;一个姑娘双手托盘款款而行,托盘上放着四只盛满酒的酒杯;打头阵的姑娘笑容可掬,双手从托盘上端起酒杯往客人面前送。

男女双方当面协商婚期等事宜,叫"议事"。男女双方代表坐下来进一步确定聘礼和聘金的多少,测算和商量婚期等。现在议事的环节已经在事前确定,订婚仪式只是形式。在过聘礼之前,男方只是礼节性地向女方家提出请求,双方再次确定聘礼的品名和聘金数量、婚期等。多数人当天就过聘礼,有的另外举行过聘礼仪式,还得重新召集亲朋好友宰杀牲口。过聘礼以后,女方代表要把聘礼端到上房,摆在神龛下,敬献给先祖过目。

仪式的主体内容完成,进入敬酒和拼酒阶段,大家开怀畅饮,订婚仪式随之进入高潮。订婚的最后阶段是宴客。女方家的人先入席就餐,街坊邻居后上,男方家的人最后上席。散席,订婚仪式结束。

送亲前夜,女方请沙巴来剪纸,图案是月亮和太阳,还有成排的手牵手的男女,寓意家族从此人丁兴旺,祈求平安祥和,这是尔苏文化的重要内容。他们忌讳人与人之间的不和,反对家族与家族反目,力求团结本民族的力量来抵御自然灾害和外族的欺侮,是千百年来尔苏人形成的基本价值观。

送亲前夜,女方请的厨师要按照村子里本家族住户的多少,将猪头肉切割成小块,准备分别敬献给各家各户。酒管也要备酒以待,婚礼的总管要按照名单依次高声召唤本村的族人派代表来接受敬酒。尔苏人称这个活动叫"伊诺古约",是挨家请的意思。每家每户派来的代表要毕恭毕敬地把敬酒一饮而尽、把敬肉一口吃掉。村寨里的族人接受这个礼仪,一方面表示族人赞同这门亲事,接纳对方家族为本家族的姻亲关系;另一方面表示族人接受当事人家的祝福和答谢。这个仪式实际上是女方借机会梳理家族亲戚关系,强化同族同宗同祖的观念,在族内拉近亲族关系,在族外向男方和社会显示家族势力,可谓一举多得。族人越多,这项仪式占用的时间就越长,家族势力的显摆就越成功,嫁方就越满意。

迎亲队伍由三至五人组成,这几个人要按照生辰八字,依属相相生的要求来确定。迎亲队伍还没有到来时,妇女们就已做好了泼水的准备工作,房前和大路边的大缸、小缸都装满了水。迎亲队伍一出现,埋伏在各处的姑娘们便把准备好的冷水泼上去,迎亲的婚使们东躲西藏,防不胜防。迎亲仪式上的泼水活动与订婚时相比较,在自由泼水环节以后,增加了站立定点泼水的环节,迎亲婚使披上察尔瓦站在指定的地方,让妇女们尽情地泼水。泼水结束,迎亲使者进屋后,首先要拿出敬神的酒、粮食和猪肉让主人家敬家神和先祖,取出布包给女方代表。布包里包着一碗粮食,里边装着新娘第二天要佩戴的戒指等。然后,女方取出早已备好的"泼水酒"和"泼水烟",交给男方婚使发给众泼水姑娘,对她们积极泼水表示感谢。双方婚使轮流把酒祝词,祝愿新娘和新郎白头偕老、早生贵子。完成祭祀先祖的礼仪后,开始第二个游戏环节,聪明而有经验的迎亲婚使会自己拿着泼水烟,拆开烟盒把纸烟一支一支分发给大家,还要防备被抢夺。无论准备了多少烟酒,姑娘们都会"指责"给得少,数量不够,要求补发,还要动手哄抢。姑娘们要给婚使敬怪味酒、抽辣子烟等,若婚使年轻英俊,姑娘们更是纠缠不已,拉拉扯扯拼酒唱歌。有的还暗送秋波,如果合适的话,说不定他们就会成为下一次的结婚当事人。

受泼水礼、抽辣子烟、喝怪味酒活动结束以后,女方就开始杀猪宰羊敬先祖,家族里有人远嫁他乡,希望先祖一如既往地关怀子孙后代,使家族壮大,保佑远离家乡的女儿一路顺风、一生幸福。晚间,青年人开始唱歌,有唱山歌的,也有唱情歌的,还有唱苦歌的,出嫁歌又叫"哭嫁歌"。凌晨四点开始,老人们唱留财神的歌,尔苏语称"哇哇嘎",挽留本家财神别跟新娘走,要继续护佑本家族兴旺发达。留财神歌多以对唱方式进行,歌词内容为呼唤财神坚守本职岗位,要坚如磐石,稳如木桩,还有长篇叙事诗歌、谜语、典故等,可惜现在很多人不会唱留财神的歌了。留财神歌要唱到新娘出发时为止。清晨,一番祝福以后,送亲特使把新娘背到屋外的一棵大果树下,年长妇女给新娘子梳妆打扮。给新娘穿新衣裳的一般是一位生育状况良好且家庭殷实、生活幸福的妇女,须事先精心挑选好,妇女们也乐意应邀充当这个角色。

如果说,送亲前夜女方的敬猪头肉和婚礼酒的仪式是彰显家族势力,那么这种彰显还没有完,送亲的队伍刚出发,就要接受路边饭仪式。村口路边摆饭局请新娘子吃,我们权且称之为"路边饭",尔苏语称为"扎惹",是献茶的意思。路边饭要"吃"3轮或者5轮。第一轮是刚出发时女方家族的路边饭,最后一轮是到夫家前、进入村庄时的路边饭,其余要看送婚路途中必须经过的女方亲戚所在地。这里须注意几个问题:一是路边饭要3轮或5轮,不超过7轮,不足3轮则分拆其中一家为两家,按照两轮来安排。每轮安排的人家也兴单数,忌讳双数,5家、7家或9家均可,双方要事先商议好摆几家。嫁方出发摆了多少家,娶方也要摆多少家,要对等,表示门当户对。新娘子象征性地坐一坐,伴娘把新娘头上的毡擀儿打开一条缝,稍微透透气,饭是不会吃的,由送婚特使代为品尝一下。这里所说的路边吃饭并不是因为接亲人和送亲人饿了、渴了,所以在路边吃饭。实际上送亲队伍刚出发,没走到500米,就停下来,因为遇着路边饭局了。女方的亲戚家端了饭菜,摆在路边请送亲人吃。每家每户所送的饭是一盆大米饭、一盆带汤的豆花、一盆带汤的腊肉,还有煮鸡蛋。摆饭的人家越多,表示家族越庞大。这个习俗源于过去尔苏人远距离迁徙和远嫁闺女中途进餐的需求。现在的婚嫁路途近便,再加上交通便利,有车有船,中途无须加餐进食。仪式的原始意义淡化,却被赋予新的民俗学意义,成为以此向男方和社会展示女方家族势力的方式,成为显示家族势力和家庭地位,强化宗族和家族的联系,改善邻里关系,构建和谐人际关系不可或缺的举措。

天不亮,亲戚们就开始忙着准备路边饭,把做好的饭菜送到新娘要经过的路口。这些送饭的人是新娘的至亲。送亲队伍刚从新娘家吃了饭,没有人需要补充食物。新娘一直用一件黑色的羊毛披毡盖着头,按规矩,她在结婚前几天就开始节食,不饮水不吃东西,只吃少量的白水煮鸡蛋,家里或路上的饭,她都不能吃。只有送婚特使代表她来领受献茶。送婚特使礼节性地用木勺舀一勺汤喝,再舀一勺饭放进嘴里,算吃完了一家,依次完成全部路边饭的吃饭仪式,然后退下,礼节性地环顾四周,看看还有没有人吃饭,等确认没有人吃了,说声"撤",亲戚们才把饭菜移开,让送亲队伍继续前进。

送亲队伍来到男方家的村子边上,居住在这里的女方亲戚或者是男方的姻亲家族也要根据事先的约定,按照预定的户数摆路边饭、献茶。所有的礼节和出发时接受献茶的礼节完全相同。也要等送婚特使一家一家地接受献茶以后,环顾四周检查是否还有人在吃饭,再指令撤席,让开道路,让接站的亲朋好友背上新娘子带上送亲队伍通过。

进村的时候,背新娘的人走在最前面,送亲队伍紧跟后面,新郎家门口院子里挤满了人。背新娘的人把新娘背到新郎家门口的临时帐篷里坐定。临时帐篷里铺就一些干草,搭建了一个三锅庄,半锅水里浸泡着少许切片的白萝卜,寓意猪壮膘肥,新家庭富裕。新娘的头上盖着黑色的毡擀儿,伴娘们小心地看护着,生怕毡擀儿滑下来,露出新娘的面目。这时,送亲婚使和迎亲特使要共同完成两项重要的任务:一方唱《多拉我》吉祥词,另一方要给山神和先祖敬酒祈福。一般是送婚特使先选。送婚特使唱《多拉我》时,迎亲特使端起酒杯,用新鲜蒿草枝沾酒不停地向空中挥洒,告诉先祖和山神,某某儿今天娶了如花似玉的某某姑娘,愿列祖列宗和山神保佑他们婚姻美满、家庭幸福、早生贵子、白头偕老。祝词祈求山神和先祖在赐福给这一对新婚夫妇的同时,也赐福给在座的各位亲朋好友,祝大家平安吉祥、万事如意。完成这一切,大家才把新娘和送亲客人迎进正屋,并向来客敬烟、敬茶、敬酒。

新娘进屋以后,要向家神和先祖敬酒。接着,迎亲特使端一碗酒唱《多拉我》。《多拉我》颂词的内容丰富,主要从刚才的敬烟、敬茶、敬酒说开去。"喳酒好,喳酒香。喝一口,贡茶香。再喝口,蜂乳味。先抽烟,烟味浓。后喝茶,茶味香。再喝酒,酒味醇。你和我,两家亲。门户对,亲加亲……"等他唱完,大家高呼"哦啦嗦",祝酒词结束以后才开始真正意义上的喝酒。第一轮敬酒仪式结束,开始就餐。就餐通常是坝坝筵,每席三人,几十席一字排开,每席一盆饭、一盆连锅汤,大家都用马匙子,不用碗筷。汤盆、饭盆里的食物不要吃尽,而且也无法吃尽,因为有人专门观看,哪里没有饭了,哪里没有汤菜了,一声吆喝,服务人员就会来添汤盛饭,而且要盆满钵满。尔苏人认为,先祖不喜欢待客时食品不丰裕,客人吃不完,先祖才喜欢。

敬全猪又叫"割猪头",是整个婚礼的高潮。婚礼进行到深夜十一点左右,客人逐渐安静下来的时候,敬全猪仪式重新点燃大家的激情,大家欢呼雀跃起来。敬全猪要敬两只:第一只全猪敬新娘的舅舅们,因为新娘的舅舅和新郎的父亲同辈。他们接受了"全猪"后就大块吃肉、大口喝酒。第二只全猪敬新娘的"哥哥",这个哥哥是经过沙巴测算的属相相生的送婚特使。他是婚礼中最高权力的执行者,割猪头活动主要由他进行。给送婚特使敬全猪的一个重要环节是"买卖猪肉"。厨师把猪头肉全部切成小块后高声叫卖,客人们纷纷拿钱买肉吃,这里的买卖不是公平交易,有人说出一万元,手里可能只有五角钱;有人说出三千元,手里可能拿着一元钱。卖肉的也不管你拿多少钱,讨价还价,"要五万""给三万"。五元钱可能只买到一小块猪头肉,一角钱可能买到一大块肉,完全不存在公平交易,重在嬉戏,重在娱乐。"买卖猪肉"活动结束,卖猪肉收到的钱和剩余的猪头肉全部放在筲箕里,厨师把筲箕端进上房,摆到神龛下,敬献给先祖,以取悦列祖列宗。下一步,再把猪头肉端出来重新切块,依次高呼村子里的本家住户,每家派一名代表来领取猪肉和接受敬酒。这一环节的作用是显示家族势力和家庭地位,强化宗族和家族的联系,改善邻里关系,构建和谐的人际关系。

结婚当晚,有些老年人要通夜值守,从后半夜到黎明,他们守着坐杯酒,轮流着唱《哇哇嘎》。《哇哇嘎》是老年人喜欢唱的歌,有叙事长歌,也有比赛式的对唱,你出谜语,我作答。主题是召唤财神爷到神位上就座,祝福男方家族财源广进,兴旺发达。尔苏人婚嫁双方都敬重财神爷,女方要唱留财神的歌挽留财神爷,男方要唱招财神的歌,既要取悦本家财神爷,又要召唤别家的财神爷光临本家。婚嫁双方家族都要尽力取悦财神,希望自家财源广进。

新娘要成为男方的家庭成员,还需要经过挑水、脱嫁衣和举行入族仪式。第二天清晨,由新郎的姐妹们带着新娘去河边挑水。同行的一般是三至五人,其中一位必须是和新娘属相相生的姑娘。新娘按挑水的人数先舀五瓢水到水桶里,再由属相相生的同伴将水桶盛满,代新娘将水背回家。进门之前,再由新娘背入家门,倒入水缸。这个仪式结束,新娘还不是"本家"成员。取水归来,举行脱嫁衣仪式以后,新娘才正式成为本家人。新郎的姐妹们端着酒盘、提着酒壶,在伴娘们的帮助下,为新娘脱下身上的婚礼衣服。首先,把新娘头帕上扎得密密实实的红头绳一圈一圈地解下来,理好、裁切分段后,分发给新郎的姐妹和未婚少女们,让她们也沾沾喜气。其次,脱下白底大口短袖长后褂上衣,挂在新郎家神龛下的门枋上,称为"关财神门",表示把财神爷留在男方家的神龛上。最后,脱去其他多余的服装,保留紧身长袖短衣、无袖坎肩和长裤。其余的嫁衣交给伴娘们收拾好,待她们返回时带回娘家。脱嫁衣活动,是严肃而认真的,要经过沙巴测算来决定什么时候举行。若第二天不是吉日,就需要在当夜敬全猪过程结束后举行。脱嫁衣仪式结束后,新娘就成了男方的家庭成员。但是要成为宗教意义上的本家族成员还须通过杀鸡或杀猪宰羊举行入族仪式。

早饭后,婚礼程序即将结束,送亲队伍就要返回,新郎和伴郎用盘子托着酒杯出来给客人敬送别酒。送别酒是卖钱的。客人纷纷掏出钱去买酒喝,喝酒的方式是客人在盘子里放入1元、2元、50元、100元不等的钱后,端起盘中的酒,新郎或伴郎就要陪着"买主"喝酒。送亲的客人对主人家的热情款待表示感谢,对婚礼的成功举办表示祝贺,需要回敬主人家。实际上,新郎卖酒,也是真心地想最后敬一下新婚妻子的父兄们。而送亲客人在拿酒之前先放一些钱在对方的盘子里,表面上看是"买"酒喝,其实这些钱也是代表酒的,表示另外买来的酒。就算客人们想给主人家回敬酒,但是这里的酒全是新郎家的。如果用那些酒敬主人家,显得没有诚意。于是,放些钱到新郎家的盘子里,表示借主人家的酒来敬主人家的人。

通常来说,尔苏青年男女从婚姻关系的确定到结为正式夫妻,除到民政部门办理手续之外,男方要经历求亲、订婚、送彩礼、求婚期、迎亲、婚礼等六个环节,中间还有一些诸如议事、求助、事物安排、婚礼筹备等活动。女方也要经历喝求婚酒、允亲、订婚、接彩礼、定婚期、出嫁送婚、回门谢客等多个环节。我们把这些仪式进行归并,按照尔苏文化要旨,提炼出订婚、迎亲、结婚三大环节。在田野调查时,侧重于对这三个环节的调研。

  现在的年轻人,绝大多数是自由恋爱的,只有少数人还依靠父母和媒妁的帮忙。求亲环节是形式上的议程,男女双方私下确定关系以后禀告双方父母长辈。父母初步同意后,女方确定要多少彩礼,有些什么要求,然后双方确定举行订婚仪式的时间。订婚在法律上属于一种契约行为,大家都比较重视。藏族的订婚仪式有三个程序,第一个程序是问酒,男方备上厚礼,带上哈达到女方家问其父母及长辈可否将女儿许配给男方。问酒成功了就有第二个程序,即订酒仪式,男方再次备厚礼和哈达到女方家问这姻缘是否板上钉钉。第三个程序是圆酒,男方还得备礼去女方家共同商量择日成亲。走完这三个程序,婚事才算定下来。在过去,甘洛县尔苏人的订婚仪式繁复,女方的兄弟和叔伯父们一起浩浩荡荡到男方家里喝订婚酒。现在与时俱进了,女方不去男方家做客,由男方派代表运酒肉到女方家里办订婚酒席。场地变了,主人的角色不变,活动的内容不变,主题不变,都是感谢女方父母把女儿养育成人并许配给男方。婚姻意味着人口的转移,意味着劳动力的转移,在某种意义上讲,还是财产的流动和转移,男方当然要感谢女方。

  从尔苏人的订婚仪式上可以看出,尔苏文化的核心部分就是敬先祖和山神。对先祖和山神顶礼膜拜,是尔苏人举行重要活动时的必选仪式。婚姻就是两个家族的联合,是事关两个家族增人添口以及家族兴旺发达的大事,是"上以事宗庙而下以继后世"的大事,当然要报告先祖和山神。通过看动物脾脏的卦象了解先祖和山神的意见,是尔苏人先祖崇拜和山神崇拜的自然表现,是千百年来尔苏人的文化遗存。过去,尔苏人非常重视动物脾脏的卦象,一旦卦象不吉,要么驱鬼驱邪,要么取消婚约。随着社会的发展进步,现在杀猪看卦已渐渐退化为一种具有文化意义的仪式,人们不再重视和计较卦象的好坏了。这里的泼水只是象征女方接纳男方,同意与男方联姻的一种仪式,虽然活动源自驱鬼驱邪,但是游戏成分多于宗教成分,现在泼水已成为人们在婚庆时娱乐嬉戏的节目。

  泼水驱鬼。在迎亲仪式上,行泼水礼、敬怪味酒和抽辣子烟是迎亲的重要活动内容。泼水礼源自藏族地区过年参加驱鬼活动的家人返回来时,屋里人要向他们泼水,驱除附带在家人身上的鬼邪。结婚泼水就是驱除附在迎亲婚使身上的邪气和鬼怪,泼水泼得多,鬼怪和邪气就被驱赶得彻底。按照尔苏人的习俗,新娘的姐妹们用冷水泼迎亲婚使,表示姊妹情同手足,不愿分离,阻止男方接走同伴的意思,还有一层意思是祝福新婚夫妇恩恩爱爱、白头偕老。有人戏说:"嫁出去的女是泼出去的水,泼水寓意闺女从此以后就如同这泼出去的水,永远不得回头,生是你家人,死是你家鬼。"这和藏彝走廊上汉族人家嫁女儿,在女儿出发后,取一碗水泼出去,具有相同的意义。

  高唱留财神歌。女儿出嫁,要唱出嫁歌,更要唱留财神歌。出嫁歌的类型比较多,其中,《多拉我》以说唱为特色,是长篇叙事诗。《什嘎布嘎我》,是诉苦的歌,嫁女之夜唱苦歌,主要表达母亲抚育女儿长大不容易,感谢母亲博大的母爱滋润了女儿,今晚以后,女儿就远嫁他乡,母亲要多多保重。老年人点上蜡烛,在五谷盘里插上剪纸,唱留财神歌。歌曲格调高雅。现在的年轻人不喜欢这类慢悠悠的歌曲,且其歌词也不易理解,因此,绝大多数尔苏人不会唱这些调子,也记不得这些歌词了。

祭祀神灵、祈求平安。尔苏人的婚礼能反映尔苏人的本土信仰。在任何一个环节,都能看到他们对先祖的崇拜和对山神的顶礼膜拜。他们平时杀了鸡、煮了肉,首先都要敬先祖,再开饭待客和就餐,更不用说遇到添加人口增加劳动力和扩大家族姻亲范围这样的大事。尔苏人认为,由于有先祖的庇佑,他们才躲过了一次又一次的追剿和杀戮。活跃在藏彝走廊东端的尔苏人,在深山老林的掩护下,依靠先祖崇拜的本土信仰,走了一程又一程。1949年以后,在中国共产党的领导下,尔苏人真正翻身做了主人,但是先祖崇拜、山神崇拜和"不张扬不摆谱"的祖训一起,以祖传父、父传子,口耳相传的方式一代一代传承下来。如今许多年轻人虽然对尔苏文化陌生了,却恪守着祭祖先、敬山神的文化传统。即便亲戚送来几斤白酒,也忘不了首先敬献给先祖,说几句保佑平安吉祥之类的祝福语。婚姻是事关家庭乃至整个家族的大事,婚姻是为个人娶妻、为父母娶媳的大事,必定要禀告山神、祭祀列祖列宗,要祈福禳灾。这种本土信仰在甘洛县马基岗老林一带广为盛行,具有典型的民俗意义。

割猪头游戏娱神娱人。该活动应属于远古的文化遗存。游戏中买卖活动的不等价性、不公平性,以及把全部收获摆放在神龛下敬献给先祖,反映了尔苏人的割猪头活动以娱神娱人为主要目的。割猪头活动是求得先祖认可两个家族联姻的祭祀游戏,是尔苏年轻人显示智慧、展示能力的绝佳机会。游戏激发大家的参与意识,鼓励大家凭借幽默和睿智,通过钻空子、抓辫子,迫使厨师多喝酒,它是一种善意的取乐游戏。割猪头仪式完成以后,把敬献给先祖的猪头肉切成小块,依次请各家各户前来接受敬酒和领取猪肉,既感谢本村本家族对这门婚事的肯定和积极支持,又借机改善邻里关系和增强本家族之间的亲情,还向社会展示家族势力、社会地位以及邻里关系等。这是尔苏人注重人与人之间和谐和家族与家族之间和睦的文化传统的直接反映。

入族仪式。尔苏人的婚姻是仪式婚姻,在贯彻新婚姻法以后开始转为法律婚姻。婚俗里虽然包含很多原始宗教的内容,但不实行宗教婚姻。尔苏人崇尚以多神崇拜为主的本土信仰,在他们看来,在脱嫁衣仪式以后,新娘子基本上被确认是男方的人。但是,要成为宗教意义上的男方家族成员还必须通过杀鸡或杀猪祭告先祖的仪式。有许多人家都在结婚仪式结束的当天或过一两天就要杀鸡举行入族仪式。这个仪式以后,新娘子就正式成为男方家族的成员,女方家族就不能再把她作为本家成员。新婚夫妇回门时,女方父母会很关心男方是否举行了入族仪式。女儿是否及时"入族",直接关系女方家族的面子。如果没有及时"入族",还要择日杀猪宰羊补办。这些规矩和汉族的"行成妇之礼、祭拜祖庙以告祖先"的传统婚姻习俗颇为相近。

祈福禳灾包含于尔苏人婚姻仪式的各个环节。他们认为,婚姻是神灵指引下两个人身心的完美结合,是男子娶妻、家庭添媳、家族增妇的大事。一个人的婚姻选择关系整个家族的兴衰和两个家族的感情。尔苏人的婚姻习俗反映了千百年来尔苏人构建和谐人际关系,与大自然和谐相处、与本民族同胞和谐相处、与兄弟民族同胞和谐相处的文化底蕴。尔苏人的婚姻习俗充满崇拜先祖和山神的礼节。尔苏人的先祖崇拜和山神崇拜,强化了同宗同族同姓的血缘关系的理念和同天同地同山神的地域关系的观念,有利于构建和谐社会,有利于倡导人与人和谐、人与社会和谐、人与自然和谐的文化理念。尔苏人崇尚先祖、孝敬父母、注重邻里关系融洽和谐,这和尔苏人的传统文化分不开,与尔苏人讲究与人为善、与山水为善分不开。在研究尔苏人的婚姻习俗时,要发扬、传承良好的文化元素。

婚礼三个仪式的把酒祝词包括订婚祝词、迎亲祝词、结婚祝词,各有不同的内容。其中有积极向上的,也有过去讲究家族等级、多子多福以及与卓牧日阿布分庭抗礼等内容。在尔苏人的婚姻习俗中,在婚嫁双方的嫁娶仪式里对财神的挽留和召唤,以及男方把新娘子脱下的白色衣服挂在门枋上关住财神,一家要死死挽留,一家要苦苦召唤,看似矛盾,实则反映了尔苏人珍重财神、敬重财神的本土信仰,揭示了尔苏人不愿意困守贫穷,希望过富足殷实生活的强烈愿望。他们不愿意离开大山,又希望自己能丰衣足食。婚嫁双方都用美酒和猪头肉敬家族的各家各户,希望双方的婚姻得到家族的认可和支持,希望双方家族繁荣昌盛。

当前,尔苏人的婚姻习俗发生了很大的变化,婚俗文化受尔苏文化圈内汉文化、彝文化和其他藏族族群分支文化的影响:(1)在泼水驱邪活动中增加了如敬怪味酒、抽辣子烟等其他地区的文化;(2)拼酒、抢泼水烟、索要泼水酒,应该是彝族文化的涵化;(3)婚礼吸纳了汉文化的元素,宴客改三人席为九大碗,婚礼放鞭炮、挂红等;(4)绝大多数人已经不会唱留(招)财神歌。尔苏文化圈内各民族文化的交互作用、现代化进程的推进、主流文化的普及以及现代文明的作用,对尔苏人本土民族文化产生了冲击,造成尔苏人本土民族文化的削弱,因而,保护尔苏人的非物质文化遗产刻不容缓。

婚姻支付是在婚姻关系确立过程中,部分财产由一个家族转移到另一个家族,包括各种物品和现金的流动。这种支付在求亲时期就开始产生,以订婚、送彩礼以及结婚三个时间点为主。从支付的形式来讲,有男方向女方家庭赠送的彩礼、女方向新家庭赠送的陪嫁、双方亲友在婚姻的相关活动中赠送的礼金和物品。过去尔苏人重视订婚仪式,女方要组织姑娘的兄弟和叔伯们到男方家里吃住几日,男方要大鱼大肉款待。20世纪中期,因国家反对买卖婚姻,订婚活动因而取消。当时人均占有的家庭财富很少,所以人口流动不会产生资金的转移,只有少量的物资流动,娶亲用不着送彩礼,亲朋好友参加婚礼也用不着出礼钱,大家凑份子共同买一个开水瓶就行了。那时候订婚除向亲朋好友宣布男女双方的准婚姻关系之外,不收礼金、不接受馈赠,婚姻支付额度几乎为零,订婚没有太大的物资或财富的转移。

改革开放以后,人们的物质生活条件得到较大的改善,家庭财富的积累越来越多,人均占有的家庭财富增多。婚姻关系的确立,就要产生人口的流动,人口的流动意味着部分财富的转移。这时候,订婚开始有了彩礼的诉求、陪嫁的主张和对亲朋好友的礼金的重视。男方要拿出现金和猪肉到女方家里举办订婚仪式,所有开销全部由男方承担。男方还要支付女方出嫁时请客办席的一应开支。由于订婚和嫁女的开支都是男方给的,女方一律不设礼柜,不收礼金,参加女方活动的人不用赶礼金。这期间,彩礼数目不大,数百元即可,陪嫁的物品也只限于一些衣服佩饰。亲朋好友参加婚礼的礼金也在5~10元人民币,相当于2~4千克大米的价钱,参加婚礼等同于AA制,当时的礼金,实际上是凑份子聚餐。

近年来,随着社会经济的发展,财富的积累不断增加,彩礼成倍增长,陪嫁的物品也在悄然变化,礼金数目增加,婚礼的礼金一般为100~500元不等,相当于30~150千克大米的价钱。部分尔苏人向外族学习,订婚和嫁女都设礼柜,收取礼金,亲朋好友参加婚礼经常要两头送礼金。还有些人借婚姻为由,不管是否是亲朋好友,都通吃通请。若碰上吉日,很多人常疲于应付,有时一天要赶两三个婚宴,增加了邻里街坊和亲朋好友的负担。有些家庭经济收入不丰,常常一个月收入的大半都用来赶礼了,甚至影响了正常的工作和生活秩序,此风不可长。

彩礼不仅象征着男方对未来儿媳妇的满意度,还昭示着男方的经济地位即财富支配能力;准新娘的文化程度也是确定彩礼数额的一项依据;在彩礼金额的确定过程中,女方要价高的原因是婚姻关系中两个家族不平等。尔苏人内心都希望子女寻求族内婚姻,一旦子女特别是女子选择了族外婚姻,家人会觉得面子上过不去,就通过提高彩礼金额来赢得亲友和社会的认可,这也是对自己女儿选择族外婚姻的一种心理上的补偿。当族外婚姻是上嫁的时候,彩礼可以少要,当族外婚姻是下嫁的时候,彩礼数额会很高,这种情况可以理解为彩礼具有婚姻保证金的作用。一旦婚姻失败,也不至于太吃亏。一般来讲,尔苏人都认为族外婚姻是下嫁的,但是,两个家族在姻亲关系存续期内的政治地位和经济关系才是确定是上嫁还是下嫁的依据,而这些问题是动态和变化的,只能够在婚姻关系确定时作粗略估计,定彩礼金额。准女婿给岳父母留下的一个好印象,可能会使彩礼金减少几千甚至几万元。

现在,彩礼形式趋于简化,抚养费、教育费、补偿费、办理婚庆活动的各项开支等,都合并在一起,统一用钱来衡量。女方提出要求,男方根据自己的财力和对女子个人素质的评估,给出自己能够承受的额度,双方可以通过中间人讨价还价,最后达成一致。

作为娘家对女儿的支持,陪嫁是对新家庭的支撑,有着至关重要的作用,是用来保证女儿在未来家庭中的权利和地位的。1949年以前,尔苏人只有主和仆两个阶层,婚姻讲究门当户对,就是要保证婚姻双方的家族势力相当,在支持新家庭的时候,两边家庭贡献相当,做到姻亲的强强联合,增强家族势力。1949年以后很长一段时间,尔苏人的陪嫁就是一套被褥,最多再加一个面盆和一个开水壶。20世纪70年代后期,新市坝镇居民中开始流行"三转一响"(指自行车、缝纫机、手表和收音机);80年代初开始流行"二十四条腿"(六大件家具,如衣框、梳妆台、沙发等);90年代开始流行彩电和冰箱;跨世纪以来,社会上的陪嫁都货币化了。但是尔苏人的陪嫁是百年不变的,仍然是几套新婚衣服和佩饰。陪嫁就是陪嫁,就是几套结婚礼服而已,这就是尔苏人的嫁妆。这也是尔苏人当前彩礼金额远低于其他民族的原因之一。

尔苏人的婚姻支付与亲情转移。经观察发现,婚姻支付对年轻家庭今后的社会交往和亲戚间的亲情维系、家庭和睦都有着重要作用。彩礼厚重的新家庭,多依赖于男方家庭,婆媳关系比较融洽,儿媳对公婆孝顺,这里没有买卖婚姻的思想意识。尔苏人不兴严格意义上的陪嫁,如果把分家单立以后给女儿家庭支持的物资也算作陪嫁的话,那么,陪嫁厚重的新家庭多依赖于女方家庭,这时候充分体现出一个女婿半个儿的意思。陪嫁丰厚的女子在男方家庭成员面前有面子,在家庭里有地位,在处置家务事情方面有发言权。此外,男女双方家庭的社会政治地位也直接影响新家庭的依附倾向。当男方家庭社会地位较高时,族亲重于姻亲,凡事以男方家族利益为主;当女方家族社会地位较高时,姻亲重于族亲,凡事以女方家族利益为重。尔苏人有个传统,平时连襟关系重于兄弟关系,在遇到重大问题时,兄弟关系重于连襟关系。那时候,陪嫁或彩礼所起的作用就减弱了,家族利益高于一切,尔苏人的传统文化理念就占了上风。通常情况下,在孩子还小,媳妇没有执掌家庭大权时,这个家庭主要亲近男方亲戚,以男方亲戚为主要社交圈子,一旦子女长大,媳妇执掌家庭大权以后,主要亲近女方亲戚,以女方的亲戚为主要生活圈子。这些情况和婚姻支付没有相关性,是尔苏人婚姻家庭比较显著的共性,区别于尔苏文化圈内的其他民族。

  尔苏人的婚礼,无不体现尔苏人的本土信仰和传统文化。在婚礼活动中,许多看似娱乐活动的仪式却体现了内容丰富的尔苏文化内涵。

  男方婚礼礼数繁多,达十余项。在割猪头的卖肉活动完成以后,婚礼的厨师要把剩余的猪头肉端出来,切成小块待用,酒管把酒端出来,把托盘里的酒杯都斟满白酒,总管依次高声召唤村子里的本家住户,各家各户派一名代表来领取猪肉和接受敬酒,都要高高兴兴地接过敬酒一饮而尽,把敬肉啖食。现在,为了调节邻里关系,团结全村庄的人家,不管是不是同宗同族,都要依次召唤前来领取敬酒和敬肉。庄户人家也乐意被召唤,因为这是当事人友好的举动,表示同乡同庄同一地域的友善活动。俗话说得好,远亲不如近邻。淡化宗族关系,强化邻里关系,对于构建社会主义和谐社会具有积极意义。

  值得一提的是,男方要在婚礼结束时,按照实际献茶的轮数和家数,给当地送上5~10斤白酒,每轮献茶的户数在5户以下就送5斤感谢酒,超过5户的就送10斤感谢酒。轮数较少的,由送婚使者直接带去。轮数多,户数也多的,那就由新郎依次运酒去答谢。答谢就是认可这些亲戚和姻亲,并且祝福他们吉祥安康。

  尔苏人利用联姻加强家族势力,梳理亲戚关系,为维护家族间的团结,增进姻亲团结,改善邻里关系,构建和谐的乡村人际关系具有积极作用。婚礼上大家都上席("上喜")。但是此时的一小杯酒和一小块猪头肉,代表了当事人家的一片深情厚谊,代表主人家由衷的感激之情,象征团结友爱、和睦相处的亲情和友情。

丧葬文化

  丧葬习俗在尊重生命、孝顺长辈、厘清姻亲关系方面有积极作用;丧葬是强化协调人际关系,增进亲朋好友和村寨情感的重要机会,具有团结群体的功能。丧葬仪式一方面为死者的人生画上句号,对死者具有终结意义;另一方面对生者具有深刻的抚慰意义,仪式要安抚生者的情绪,重新整合亲属之间的关系,增强生者延续生命的力量。

尔苏人的丧葬习俗很独特。尔苏人对人的生老病死非常关注,丧葬习俗有很多讲究。村子里一旦有人去世,全村无论男女老少都要参加治丧活动。尔苏人即使彼此之间有什么恩怨,人死后就一了百了,会不计前嫌,积极参与料理后事。一般情况下,婴儿夭折,不大肆渲染,邻居帮忙处理了,也不埋进祖坟山。当瘟疫流行或其他非常严重的情况导致死者不能够正常下葬时,可以先找个地方土葬,过上一年或两年,待情况好转以后,再择日请沙巴念经做法事,取出尸骨到祖坟山重新火化安葬。尔苏人二次下葬的行为是严肃而谨慎的,不得随便进行,二次下葬完全按照普通葬礼进行。正常的丧事,年纪越大丧事越隆重,老年人去世是特别隆重的事。一方面,说明这家人兴旺发达,尊老敬老,老人长寿是子女的福气;另一方面,这位长者去世以后要进入"先人"行列,在后人敬奉先祖时有他的牌位。因此,要把丧事"当"喜事办,办得热热闹闹的,所以有"老人老,儿孙闹"的说法。尔苏人的丧葬习俗大致有以下几个环节:热沽、殓丧、择日、报丧、备柴、守灵、出殡、火化、宴宾、指路。

一旦家里有老人病情加重,就要通报给村组干部或家族的长者,安排人通知所有亲戚,远方的子女和亲戚都会赶回来,日夜守护着病人。如果病情变化不大,远方的亲戚会先行离去,而临近的亲友要轮流值守,观察病情,一旦出现病危,立即再告知亲戚。过去是派专使通报,现在打电话就行了。在守护期间,要把寿衣、寿鞋准备妥当。家庭经济宽裕的人家会杀猪宰牛,给病人"热沽"。"热沽"是尔苏语,给病人喝肉汤的意思。"热沽"要经家族协商,沙巴择定日期,发布消息请亲朋好友前来参加;杀猪宰牛,请沙巴或拉莫念《平安经》,驱鬼驱邪,招魂安魄。给病人"热沽",既有过生日的成分,又有开追悼会的元素,至亲要同病人叙往事、诉亲情,病人要留遗言、话后事。"热沽"活动,强调"同喝一口汤,同吃一顿饭",场面悲壮肃穆。为病人增添亲情关怀,让病人了却心愿,减少对死亡的恐惧,坦然面对死亡。

殓丧。尔苏人对于死亡有独特的见解:"人活一世,草木一秋;秋木落叶,亡人归天。"人死是不可抗拒的自然规律。人一旦去世,立即沐浴更衣,剃发剪甲,趁肌肤还没有僵硬,把尸体弯曲成端坐状,用白布条捆扎结实,再为其戴上头帕,披上毡擀儿,用白布蒙上面,使其靠着墙。然后,鸣炮告知村寨邻居。如若在医院过世则先行通知家里并迅速转移遗体回家。置一张桌子于遗体前作祭台。推磨,杀鸡,做祭供品。祭台上的供品除荞麦馍和全鸡外还要摆放白酒、点心、糖果、水果等,且要点一盏长明灯。把遗体安置妥帖后,地邻主事和丧家一道请来沙巴测算出殡日期和指明具体的注意事项,包括停放天数、出殡时间。依此确定聚亲时间、亲友名单、报丧人员名单。最后,安排治丧人员:上山砍柴火化遗体的,负责杀猪宰羊烧锅做饭的。还要安排地邻上的各家各户接待各地来奔丧的宾客,包括晚上的住宿等。

报丧。报丧就是通知亲朋好友某某人于何日过世。过去报丧要派出一批年轻人分赴各地,现在只需一个电话就能解决问题,只是边远地方不通电话时才派人报丧。尔苏人报丧讲究含蓄,但表意要明确。老年人甲死了,就说甲"老"了;年轻人乙死了,就说乙"没"了;儿童丙死了,则称儿童丙"丢"了。报丧的还要说清楚主报哪一家,通知哪些人,什么时间聚客。有的还要通知某某人家须回赠牛、羊或猪,这些都是原来对方家里有人去世时主家帮补过的,现在要对等回赠。报丧的还要如期赶回来,汇报哪些能来,哪些不能来,以便调整接待规模。

筹备。尔苏人实行火葬,讲究火化干净彻底,所以准备柴火是一件大事。临到出殡前一天,主家炒一碗爆荞麦花,尔苏语称"自尔布",连同一壶白酒交给沙巴,派出两三个人与沙巴一起上坟山。主家给沙巴指示自家坟山地以后,沙巴根据地形走向确定新坟位置,沙巴倒酒祭祀山神,念土地经《沙初喔》,喷洒白酒,撒爆荞麦花。火化遗体的治丧人员在死者家坟地,砍一棵足够大的树,将其截成一人长短的木材,在沙巴选定的坟址上架成一排排倒八字形的柴棒层,层与层之间用横木棒架稳。将这些柴棒垒成的柴垛通风晾干。还要准备一些干柴火,到时候放入柴垛里引火。柴火层数是"男九层,女七层",焚男性遗体的柴堆是"土一层,石一层,木七层";女死者是"土一层,木六层",没有石头。这倒不是因为男女不平等,而是焚烧男尸的确费柴一些。由于家家户户都要准备足够多的树木备用,所以尔苏人特别重视坟山上的绿化工作,让漫山遍野都绿树成荫,有些人家坟山上的树木少了以后要自己植树造林,让自己家的阴地植被丰盛,树木苍翠,老远看去郁郁葱葱的,方显得后继有人,家族兴旺。

尔苏人注重言传身教,对长辈行孝,以此教育自己的子女。尔苏人就是这样一代一代上行下效,传承着祖先遗留下来的尊敬老人、孝敬长辈的优良传统,传承着生者对逝者处置方式的千古不变的丧葬文化。它呈现出尔苏人的一种愿望,即当自己面对死亡时,子女和后代能够像现在一样重视自己的生命和尊严。尔苏人认为,长辈长寿,晚辈也长寿,有"长辈健在是晚辈之福"的说法。上辈人孝敬长辈,尊老爱幼,下辈人也会如是表现。

过去尔苏地区死了人,立即抬上坟山火化掩埋,后来时兴远道奔丧以后,为了便于远嫁他乡的女儿能够一睹遗容,才学习兄弟民族,在家停尸三日或五日,等待远方的亲朋好友到来,这样如何接待陆续赶来的客人的问题就产生了。这时候,村寨里的人家,无论与死者生前关系好否,都齐心协力参加治丧,款待客人,家家户户凑粮食煮饭,凑份子赶礼,按照接待能力接纳来宾住宿。为了增进村寨里的人互帮互助的友好和睦关系,强化邻里间遇到大事相互帮忙的习俗,尔苏人形成了为高寿老人扛灵架是积德积善的好事的道德观念,年轻人积极踊跃参与治丧。

参加治丧的人都不能直接回家,凡是接触过遗体的,必须到丧家参加当晚的跨烟火熏鬼仪式,接受沙巴的祝福和圣水洗礼。尔苏人在特殊情况下有二次下葬习俗,这种二次下葬的礼仪也反映了他们尊重死者、重视丧葬礼仪的文化传统。即使时过多年,也要举行二次安葬;即使丧家绝嗣,同宗同族的人家也要凑钱请客举行二次下葬。

尔苏人的丧葬习俗,具有团结群体的功用。生命的真正不朽在于群体,在于群体的延绵不绝,因而必须有一套礼仪来维持群体的完整,保持尔苏人整体的和谐。分析治丧活动中的各种程序和礼仪,有助于我们理解尔苏人丧葬习俗和殡葬仪式的社会整合功能。尔苏人的丧葬,以丧家为主操办葬礼;以自然村寨为主要参与力量共同办理具体事务;以成家立业的女儿的姻亲家族为奔丧赠与和贡献治丧财物的主要力量,也是丧葬仪式的协同力量;以男性逝者的母舅一方或女性死者的本家兄弟一方为丧葬仪式的监督力量。丧葬仪式妥当与否,丧葬仪式待客的规格和规模足够与否,都要由监督力量的头面人物说了算,如若出现较大的意见分歧,协商不成,他们有砸场子的特权,丧家还得小心赔不是,所以在宴客席上,要献牛膀子和白酒给母舅或本家兄弟。他们是丧葬仪式的最高监督者。在丧葬仪式中,本村寨的本家亲戚一般不用报丧,自家人会不请自来,居住在外村或在外地工作的才须电话通知;丧家的姻亲无论居住远近,能否知晓都必须报丧。原因很简单,本家本族平时就明晰亲友关系;由于血缘和地缘关系,姻亲与本家关系相对疏远,结构松散,需要确认和强化。葬礼实质上是两个家族婚姻关系的再确认和再巩固,通过葬礼,梳理各种姻亲关系,厘清社会关系网络,巩固子孙的延绵繁衍,保障村落的延续发展;葬礼还体现了家族的凝聚力和亲朋好友和谐互助的人际关系。人死为大,入土为安,一切名利、所有恩怨都一笔勾销了。分担死者家属的悲伤,协助死者家属完成葬礼成了重新沟通、协调人际关系,调试亲朋好友和村寨情感的重要机会。

尔苏人认为,人的死亡是新生的开始,新生是死亡的结束。葬礼只是把逝者由这个世界超度到另一个世界。在尔苏人看来,举行葬礼的目的在于安抚亡者的灵魂,更在于抚慰生者的内心,所以仪式讲究隆重、缜密和谨慎。"生者尽心而慎终追远,逝者安心而庇佑子孙"。

尔苏人的丧葬礼俗主要传承了原始苯教,形成了自己独特的本土信仰:(1)人是有灵魂的,人死去是灵魂离开了躯体;(2)人死去只是当前这个肉体的终结,灵魂到达另一个世界,是另一个生命的开始;(3)死者入殓安葬时,亡灵因眷恋生者而会把生者的灵魂带走;(4)逝者灵魂回天国的路上会遇到许多野鬼孤魂纠缠;(5)逝者的灵魂是丧家未来的保护神。所有丧葬礼仪都以这种观念为指导思想,依此为基础展开。葬礼后的习俗是逢年过节还要在家里祭祀亡灵和各位先祖。

民间信仰

尔苏人还保留了一些原始宗教信仰。他们信奉本民族的原始宗教,他们崇拜大自然。大自然崇拜是尔苏文化的一个亮点。尔苏人无固定的偶像,更没有为神职开设的专门施教场地,没有成形的教条、理论。他们崇尚上天、崇尚先祖,崇尚大山,崇尚高树,崇尚巨石,崇尚大河,崇尚飞鸟。

在尔苏文化圈内,从事宗教活动的神职人员有四类:沙巴、苏瓦、拉莫、厄哇莫。他们和平共处,相安无事,有时还相互帮助,相得益彰。这种情况在藏彝走廊边缘地区是一道独特的风景线。

沙巴。沙巴是尔苏民间产生的原始宗教的传播人,是尔苏人本土信仰的直接传承人。他们是以口耳相授的方式代代相传的。沙巴要参与尔苏民间的各种法事,主持各种祭事,如祭山神、祭祖先,求福禳灾,还要举行节日祝祀等活动。他们还要参与平时的送灵、安灵活动。此外,沙巴还兼医生的职责,在乡间行医治病。沙巴的法器有:法画(唐卡)、羊皮鼓、法铃、法钯、当巴啦(拨浪鼓)、面具、法帽、佛珠、海螺、法号(用人足骨做的小号)、巴施(版式,是木刻阴文图画。使用时,把小面团压上去后,在面块上印出凸的图案来)等。沙巴的传承是父传子、子传孙的,师傅觉得你出师了,准备一套完整的法器给你,举行一场出师仪式,相当于一场毕业典礼。尔苏人沙巴在做法时要请天神、山神、家神、战神、猎神、火神和河神等。

苏瓦。苏瓦是藏传佛教的传播者。有一定经济基础的尔苏人要选送自己的子孙和亲友的下一代年轻人到喇嘛庙去专门学习藏传佛教,等他们学成归来后,就在尔苏地区开展佛事活动。苏瓦的法器除唐卡、羊皮鼓、法铃、法钯、当巴啦、面具、法帽、佛珠、海螺、法号和巴施外,还有经书、卦书。苏瓦可以世袭,但是不能够直接由父亲教儿子,在形式上一定要聘请一个族外的苏瓦来教授下一代苏瓦,最好是将其送到喇嘛庙去学习,学成归来就名正言顺地开展佛事活动。

拉莫(即喇嘛)。拉莫既做苏瓦,又做沙巴。他一方面传承尔苏沙巴的本土信仰,另一方面又传播藏传佛教。在开展法事活动的时候,与沙巴搭档时充当沙巴,与苏瓦搭档时充当苏瓦,也可以单独开展沙巴或者苏瓦的法事活动,在法事活动中位列沙巴之前,是尔苏神职人员里的多面手。他们有苏瓦的全部法器。

此外,还有厄哇莫。厄哇莫是"无师自通"的,突然就能够"通鬼神测吉凶"的,没有"营业执照"就可以走村串户,这是典型的迷信职业者。厄哇莫也有羊皮鼓和法铃等法器。但是他请的只有山神。

尔苏文化的核心部分在于尔苏沙巴口耳相传的颂词里边的史诗部分。其讲述的是尔苏人的先祖——黑头发的米日日是如何降生、如何成长的,以及怎样勤奋劳动发家致富的;还有如何区分真善美和假丑恶,怎样守规矩、守本分。米日日,有两种解释:其一,米家的子孙,是人的后代;其二,猴子的后代,认为人是猴子变来的,是猴子的后代。这是和藏彝走廊其他兄弟民族文化一脉相承的。大自然崇拜是沙巴文化的一个重要内容,尔苏人崇尚大自然,感恩山神的保佑和庇护,感谢祖宗留下了这一片福荫之地。大自然崇拜反映了尔苏人敬畏大自然、崇尚大自然的文化传统。

尔苏藏族使用尔苏语方言,虽然没有尔苏文字,大自然崇拜是尔苏文化的一个闪光点。尔苏人崇尚苍天,称之为"么就日阿布"。"么就"是天,"日阿布"是最大的官,是皇王,尔苏人认为"么就日阿布"就是主宰一切的天神。它在天上看着凡间,主持正义,引导尔苏人休养生息,教育尔苏人勤劳勇敢、积极行善,劝诫懒惰怯懦的人,惩戒为非作歹之人。所以,尔苏人劝诫他人时总是说:"么就日阿布看到的哦,千万别乱整。"他们相信,天上有一个神,专司惩处违规违纪的凡人,叫"么一臛蒯"。么一臛蒯是协助么就日阿布管理凡间组织纪律和法律法规方面的事。一旦他找到谁,就说明谁违反了人间常理,谁就没有什么好日子过了。所以尔苏人崇尚自尊自爱,自检自省。平时多积德不做坏事。

尔苏人崇拜大自然中的杜鹃鸟,有"天上的杜鹃,地上的母舅"的说法,与汉族的"天上的雷公大,地上的母舅大"相似。尔苏人认为杜鹃是神鸟,是祖先的化身,每年第一次听见杜鹃啼鸣时要说："哦,听见了,听见了。又增长一岁了!"对杜鹃十分尊重。在两种情况下,尔苏人要对大自然"表态",一是听见杜鹃啼鸣时,另一是每年开春以后,第一次听见雷鸣时,要弯腰、双手击打双膝,口中念念有词:"听见了,听见了,害虫毒虫死光光。"每逢农历三月杜鹃啼鸣时,人们就不再谈婚论嫁,更不能举行结婚仪式了。这个时段,一般不再进行各种欢庆活动。只有到了火把节,杜鹃"吃了早饭"离开当地,人们再也听不到杜鹃啼鸣以后,才可以说亲议事,才能举行庆典仪式和开展欢庆活动。

尔苏人特别崇拜大自然,还表现在他们崇拜大山,崇拜高树,崇拜大河,崇拜巨石。尔苏人还崇拜白石,这与羌族的白石崇拜一致,都源自古氐羌人的白石崇拜。在尔苏人寨子附近,哪里有特别大的巨石,哪里就可能有尔苏人的香火,尔苏人不是天天都烧香,只有逢年过节时偶尔为之。走入尔苏寨子,只要是瓦板房,你会发现大多数人家的屋顶上都有成单数的白石头。其中最大的一块白石头,叫"尔干",认为那是神灵之物。尔苏家家都有一块条形石头,本来是白色的,常年使用后变成褐色了,尔苏语称之为"急哦"。他们认为,那个称为"急哦"的石头是"石神"的化身,是灵物能通神,是划分鬼和神的界碑,是赐予尔苏人智慧和力量的天神,是指引世间万事万物按照规律发展的贤哲,是人类的保护神。"石神"能分辨真善美与假恶丑,能驱邪除害,给尔苏人带来幸福和吉祥。所以,尔苏人在新春播种开始的第一天,要向老天爷报告春播开始了。固定唱词:"部日的智慧是石神教授的;博日的技能是石神传授的。吃的东西是石神给我们的;穿的东西是石神给我们的。感谢石神给了我们这一切。"值得一提的是,尔苏人在驯小牯牛拉犁时,要齐唱《驯牛歌》:"拟握忙做觉以哈,顾五忙做觉以哈。"意思是人和小牯牛都一样,开天辟地时,人不会做农活,是石神教导我们如何种庄稼的,今天小牯牛不会拉犁头,也是由石神教它如何拉犁耕地。尔苏人的大自然崇拜,还表现在对粮食的爱惜上,他们爱惜一粒米、一颗粟、一个玉米棒子、一块马铃薯。尔苏人爱惜粮食,不抛撒粮食,认为粮食是山神和先祖赐福的,不能够浪费。他们崇尚节俭,不铺张浪费。在收挖马铃薯时,当发现大块马铃薯的时候,尔苏人就会把特别大的马铃薯放在神龛上,敬献给先祖,以感谢先祖的庇佑和赐福。

尔苏人崇拜大自然,崇拜到一看见特别粗大的古树就要顶礼膜拜,清理大树周边的杂草和枯枝败叶,将随身携带的小东西,比如彩色的丝线等挂到大树枝上,向大树许愿……当尔苏人在山间老林里采集到第一个野果或其他有用的东西时,会自然而然地感谢山神的赐福。尔苏人说,今天突然造访你的领地,冒犯了山神爷,祈求山神爷开恩谅解,祈求山神爷再度赐福,让大家硕果累累,满载而归。尔苏人崇尚大河,有两个典型的做法:一是在河边烧一堆小火,让它冒出浓烟,双手合十,祈祷河神保佑,别发大水,保一方平安;另一是每年大年初一,家庭主妇就要带上家里制作的腊肉炒饭,背上水桶到河边祭奠河神,感谢大河给大家带来了甘甜的河水,让尔苏人代代繁衍不息,祈求河神给人们带来享不尽的幸福生活。为了成为村子里第一个祭拜的人,有些主妇早上五点钟就要起床炒饭敬神。祭奠仪式结束再取回象征这一年平安吉祥的第一桶水。大年初一清早,用腊肉炒饭敬家里的石磨,感谢石磨一年来辛辛苦苦为主人家磨面磨豆浆；敬家里的谷仓，感谢粮食神赐福给家里，让粮食满仓；敬牲畜圈，感谢管理牲畜的神帮人们照看牲畜，让六畜齐旺。此外，还要祭拜路桥神，感谢路桥神给尔苏人提供方便、保障安全等。

尔苏人的大自然崇拜，还表现在有专门的节日来感谢山神的恩赐。尔苏人所特有的传统节日还山鸡节，主题是感谢山神的保佑和庇护，感谢祖宗留下这一片福荫之地。此外，尔苏人还要专门安排时间祭山神。沙巴是尔苏人中的文化传播人，负责主持各种祭山神、祭祖先、求福禳灾等活动。沙巴在主持上述活动时，都要请白石神来"坐镇"。沙巴用鸡血涂抹在代表石神的白石上，再把鸡毛粘在白石上，使其增添新的痕迹。活动场面既庄严肃穆又热闹非凡，全村人都收拾得干干净净，穿上节日的盛装，抬上美酒和牺牲品，到特定的山间祭奠场所，摆上供品和美酒，将大活羊拴在树上。然后，一边生火做饭，一边听沙巴唱颂祈福歌。唱歌快结束时，祈求山神保佑，全部在场的人都要高呼"噢嚯呀"。然后，杀羊祭拜山神。活动要持续五六个小时，等太阳偏西，大家酒足饭饱，就把现场打扫干净，高高兴兴地回家。

大自然是尔苏人心目中的保护神。过去尔苏人缺乏科学知识，不能认识大自然的规律，认为有些自然现象表现出意志、情感和灵性，会对尔苏人的生存及命运产生各种影响；他们还认为神在支配着这些自然现象。所以，他们希望通过祭祈活动祈求神的保佑，祈求来年风调雨顺，物产丰富，生活安定祥和。

自然崇拜与尔苏人的社会存在有着密切关系。千百年来，尔苏人生活在横断山脉，由于交通闭塞，长期与外界隔绝，原始宗教受外来的影响不明显。所以，原始宗教得以传承。尔苏人因生活环境不同而有着不同的自然崇拜对象及活动形式，具有近山者拜山、靠水者敬水等地域特色。

尔苏人保留着古老的原始占卜习俗，称打卦为"什我"。尔苏人随时都可以打卦。任何事件、任何东西都可以和卦象联系起来。有棍卦、绳卦、头帕卦、羊膀卦、猪脾卦、鸡头卦、荞花卦、鸡蛋卦等。另外，尔苏沙巴们世代相传一种图册《虐玛识达》。沙巴借助于《虐玛识达》测算日子和打卦。打卦，是原始宗教的范畴，是尔苏人大自然崇拜和山神崇拜的一种表象。20世纪中叶以后，打卦占卜仅仅作为礼节性行为存在于尔苏人的待人接物之中。作为原始宗教的遗迹，打卦占卜已经远离尔苏人。

至今凉北地区的尔苏人仍保留着古老的原始占卜习俗。打卦是沙巴、苏瓦和厄哇莫的神圣职责。过去沙巴、苏瓦和厄哇莫都很受尔苏人尊重。走到尔苏人家中，主人待客要么杀猪，要么杀羊，至少也要杀两只鸡来款待客人。在尔苏人看来，杀两只鸡和杀一只羊或杀一头猪是等价的，都是4只脚。主人热情，去捉牲口、捉鸡，客人要积极阻拦，客气谦让。杀猪时看猪脾卦，杀羊时看羊膀卦。有时沙巴还要用绵羊的扇子骨看卦，那是比较专业的，一般人不会。杀鸡时就看鸡血和鸡头了。用鸡头打卦，是尔苏人在日常生活中进行的卦算。因为经济、简易、方便，人人都看得懂，所以长盛不衰。

鸡头卦，尔苏人称"看鸡脑壳"。尔苏人信奉原始宗教，看鸡头，是不分男女老少，人人都会的。沙巴能够说出个子丑寅卯来；一般老百姓则是"业余级"的，只能看个大概，是凶还是吉，有无折财的征兆等。看卦的鸡头，下锅煮时要完整。不分公鸡、母鸡，通常情况下，煮鸡肉时不放盐。据说，放了盐煮的鸡头骨会发黑、鸡舌变形，影响判卦。杀鸡看卦，如看杀鸡顺当与否，杀鸡刀口上留下血迹的多寡，血的色度、血泡等。杀鸡时，一定要用碗把鸡血接住，待其凝固后，看鸡血卜吉凶。看鸡血块表面的气泡、落入的尘土和鸡毛、鸡血在碗边形成的图案等。若同时宰杀了两只鸡，看卦则以公鸡为首选，若两只皆是雄鸡，则高大者为首选。看鸡头，是长者的事，主客双方会相互谦让。主人把鸡头放在一个干净的空碗内，端到客人面前，请客人看鸡头。客人要再三谦让，你推我让，最后还是由辈分较高的长者看卦。

看鸡脑壳，首先，看颅骨。将鸡头皮剥下来，看顶部是否光滑，有无光泽，有无色斑，顶中有一块颅骨接缝均匀而下，左卜主，右卜客。特别注重色斑，黑色斑预兆死亡，红色斑主凶灾。如果解卦者是沙巴或者是厄哇莫等神职人员，他们便会不作保留地解说卦象。现在，打卦仅仅是礼节性的形式，人们不再在乎卦象内容了。地位高的人，看了卦象以后，扯下一小块鸡头肉尝一口，再把鸡头转赠给其他人吃，也可以自己吃掉。若卦象不佳，有不祥预兆，则一般不吃鸡头，把鸡头放到饭盆边上，嘴里连声说"没有事"，还解释说，现在不兴这个了。大家虽然异口同声地说"没得事"，但心里总会不踏实。有的人事后还会重新杀鸡敬神，消灾祈福。

其次，看鸡舌。把鸡舌连根拔出，剥去舌肉，剩三根连在一起的子骨。左右两根比较对称的子骨和中间一根线状的卷曲的软骨。一般情况下左卜主，右卜客。双双拉伸比较，有些专业级的沙巴由此可看出主客双方的势力和财力等。占卜时，主客相互客套，说些恭敬和祝福的话，其乐融融。左右两根子骨要对称向上卷曲，向舌尖弯曲为吉，顶尖部分弯曲不能过头，尖端不宜指向背面。

再次，看眼眶。主要看眼眶骨亮度如何，有无孔洞。由这个部位可看出双方的财运，是否会遭遇小偷，会不会失财丢物等。

最后，看鸡嘴壳。鸡嘴外壳很硬，开水烫过，丢了外壳还有内骨，轻轻一抽，抽出一个三角形的骨架，以此判断主客家的屋基好坏，房屋洁与不洁等。

除看鸡脑壳外，还可以看活鸡骨。通过活鸡骨看骨伤，尔苏人上山打柴、放牧等，难免会出现摔伤骨折的情况，有时外观不明显，看不出伤情。过去，由于缺医少药，只能依靠山神了。要想准确知道伤情，尔苏人家只有请沙巴来打卦。沙巴在灰钵里烧一点檀香树枝，用一只红公鸡，在鸡身上洒一点清水，表示洁净身体，再把公鸡在冒烟的灰钵上熏一熏，也是洁净的意思，就像医生消毒一样。念上一段长长的咒语，再将鸡嘴掰开对着伤者的口，让伤者吐气灌入鸡嘴里，算是"信息传递"了。沙巴再唱上一段颂词，然后把鸡头浸入一盆水里，再把淹死的鸡尸捞出来，使其匍匐在筲箕背上，用小刀刮开鸡肉，露出背部骨头，查看鸡骨受伤部位。再刮开其他部位，察看全身的骨头，其中鸡翅膀对应着人手，鸡腿对应着人腿，其余依次类推，一一对应，便知道人的受伤部位。随着现代科学文化知识的普及，现在尔苏人基本上摒弃了看活鸡骨这种卦术。

羊膀卦又称"揪羊膀"或"烧羊膀"。羊膀是绵羊的扇子骨,把还没有熟透的羊膀取出,剔干净扇子骨上的肉,再剔去软骨部分,完整保留其余部分。笔者认为,这样做的目的是保持扇骨骨面清洁干净,没有杂乱的符号干扰卦象。打羊膀卦要用火捻草。在高山树林边的草地里有一种草,叶子正面呈淡绿色,背面呈乳白色,这就是火捻草。每年端午以后至秋天,妇女儿童上山采摘这种捻草叶子。收集方法是,摘下草叶,用双手撕下乳白色的绒面,集成大把的绒状叶面,晒干就成了可燃性极强的火草。还有一种方法是,收集大量的火草植株,成捆成团地吊在高处阴干,然后揉去渣滓,留下火草绒,只是这样收集的火草绒有杂质,前一种方法收集的火草质量最佳。火草绒易着火,山里的人出门在外随身携带,作打火捻,用火镰和石头摩擦,让产生的火花落在火草上,用来生火或吸烟。民间的中医,在揉搓过的火捻草上抹少许麝香,为病人作灸疗。沙巴用它来烧羊膀打卦。卦师烧羊膀没有太多的仪式,有的要在晚上待天上星星满天时,才开始烧,据说,这个时间算卦最准确。求卦者将其需要问的事情说明白,报上姓名与属相,卦师便可以开始算卦。卦师左手握羊膀,右手将捻草搓成一小团,贴在羊膀上。接着在火塘中用一根燃着的小柴或用火钳夹一块火炭,烧捻草。烧着之后,将火炭在冒烟的捻草上逆时针绕三圈。口里念道:"活耶,活吔。"这是沙巴进行卦算和其他宗教活动时的开场白。然后,唱颂羊膀卦神次古诺卡:"你是天下无所不晓、无所不知的智者。别人看不见的你能看见,别人听不见的你能听见。今天我不问别的事,只求你为属某(属相)的某某某,说明疑难之事。有凶就报凶,无凶就报吉。"念完这段说唱,火草也燃到了骨头上。卦师将羊膀骨放到面前,嘱咐两句:"此卦准与不准,皆是你这个卦神次古诺卡所为,与我无干。"功过都是卦神次古诺卡的,沙巴为自己留下足够的回旋余地。待羊膀骨冷却后开始判卦,卦师将羊膀骨换一面,左手握膀骨,将右手食指指头放进口里蘸口水,擦干净烧过的捻草灰和杂物。骨面呈现出一块烧黑或烧黄的痕迹。在这块烧过的地方,向各个方向烧裂的纹路很清晰,少数纹路还有分叉。卦师以此为据,看图说卦,判断吉凶祸福。

在甘洛一带的卦师,还有将羊扇子骨拿在左手中,一边嘴里念念有词,一边用右手拿着烧燃的火捻子点羊骨,再根据羊骨烧焦的情况断吉凶。一般情况下,纹路"左为吉,右为凶",左边的长就主吉,右边的长则主凶。上下方向的纹路代表神,但是尖部弯曲的方向很重要,仍然是朝左为吉,向右为凶。按照这个原则,判断吉大于凶,还是凶大于吉。特别情况下,可以预测伤病员的痊愈期或是死亡期限。有时,还可以算出驱邪避害的方法。各个地方的卦卜方法大同小异。

逢年过节或者亲戚朋友光临时要杀猪,杀猪的礼节多。过去杀猪要把年猪抬到神龛下再杀。从20世纪末开始,年猪越来越大,家家户户都有几头年猪要杀,人力、物力都不允许再把年猪抬到神龛下,改在大院里的长凳上。在长凳上杀猪,除有清洁卫生、尊重先祖的含义外,就是好接猪血。尔苏人家杀猪时,先听猪的号叫声,叫声太长,预示先祖还没有来到,杀的年猪,祖先没有收到。一刀致命,年猪叫声戛然而止,说明先祖已经收到年猪了。然后,要看猪血盆里的血凝固后的情况。血泡的形状和多寡,猪血凝固后的表面图案,都是尔苏人打卦预测吉凶的表象。孤立的气泡预示不祥,较多的气泡代表吉祥。开膛剖腹以后,首先取出猪脾,双手递到长者面前,长者两手拿着脾脏端详,先查看其形状、颜色,再查看有无不规则的肿块和色斑。不同的边缘形状和色斑代表不同的卦语。尔苏长者认真察看脾脏以后,根据卦象解读卦语,提示大家注意什么、忌讳什么、警惕什么等。有的卦象还"暗示"会出现小鬼作祟、小偷作案、小人作怪等事。看卦时左手持猪脾根部,右手持猪脾尾部,凸面对着观察者。先看边缘部分,线条流畅没有疤痕和包块为吉;猪脾通身色彩正常,没有包块、息肉和色斑为吉。反之则依据不同的表象,说出不同的卦语。看完卦象,还要把猪脾拿到火堆里烧烤后敬先祖、敬神仙。感谢先祖显灵,显示卦象,暗示卦语。在半个世纪前,尔苏人非常重视卦象。卦象不好的,特别是预示有大灾的情况,主客双方都会择日宰杀牲畜驱邪避祸。现在,尔苏人仅仅在形式上保持着看卦的习俗,已不把卦的内容看得那么重了。

用鸡蛋打卦是请沙巴驱邪逐鬼活动中成本最低的方式。尔苏人喜欢请沙巴打鸡蛋卦,有两种情况下可以打鸡蛋卦:其一是驱邪问卦,一旦家里有人生病,沙巴端坐堂前,念咒语请卦神。找个助手用鸡蛋轻轻地在病人身上擦拭一遍,再让病人哈一口气在鸡蛋上,轻轻敲破鸡蛋的一小端,将鸡蛋打开,倒入半盆清凉水中,待水面静止以后,观看鸡蛋的蛋黄、蛋清在水中形成的立体图案,可以看见一系列的悬浮蛋清丝,丝头上还有微小的气泡,状似人头。沙巴辨别哪个代表鬼,哪个代表神,哪个鬼在干什么,是什么鬼在作祟等。看完卦象,用一双筷子沿顺时针方向把水和蛋清、蛋黄一起搅浑,让水在盆里旋起来,把蛋壳投入盆里,使其跟着液体一起旋转,沙巴口里念念有词,要求卦神显灵,告诉怎样驱邪避鬼禳灾。通过察看蛋壳开口的方向最后指向哪里,断定驱邪避鬼之法。其二是求医问卦,这也是过去缺医少药情况下不得已而为之的。方法同上,沙巴不断念经、念咒语,请卦神,助手用鸡蛋在病人全身上下滚动擦拭,然后,将鸡蛋放到病人嘴边,让病人哈一口气,再把鸡蛋放入锅里煮熟。取出来浸入冷水里,剥去外壳,仔细检查蛋的表皮,有无色斑,有无疤痕,再打开蛋白,一点一点地取开,观看有无异常。最后一步是打开蛋黄,仔细察看蛋黄内部,是否有不寻常的情况。一般情况下,发现蛋黄有斑点则说明内脏有问题,蛋白有瑕疵,就暗示皮下或肢体有毛病。这两种看卦方法,都是基于"病体和鸡蛋是一一对应的,人的肌体的病变会映射到鸡蛋里"这样一个理念,显然是不科学的。现在已经没有人相信这些卦术了。

还有其他的卦法,分列如下:

棍卦。尔苏人打卦的工具往往选取身边易取之物,且程序简单明了。棍卦有两种:其一,是"砍木问卦"。取一根细木棍,约有一人长短,棍要无分枝、无结疤,除打卦时刻上去的刀痕外,不能够有其他刀痕,以免误判。打卦时边唱卦歌,边从下往上砍木棍,留下许多刀痕,再从上往下砍许多刀。卦歌大意是:"山神卦神白石神,赐福禳灾尔苏人。今有某某不明事,特意打卦问神仙。感谢神仙来帮忙,是福是祸详告知。"然后用力在棍子上砍两刀,再根据这两刀分开的三组刀痕数的奇偶情况,组成"奇奇奇"或"偶偶偶"或"奇奇偶"或"奇偶偶"等若干种卦象,判断卦语。根据卦语可以"确定"被盗物品的去向,被盗物品是否还能找回等。这种卦法,还可用于判断打猎时猎物的去向和能否逮住猎物等。其二,是"立水筷子"。主要用于家里人生病时的问神求卦。一旦家里有人生病或小孩哭啼不休,便取来三只筷子,端半碗水,将三只筷子并立在水里,边用手弄水到筷子头上往下淋,边念念有词,大意是:若是某某死人作祟,你就立住。这样反复多次,要把村子里凶死的人都轮流派上,念到哪个死者时筷子站立,就认定是他在作祟了。接下来就根据他的情况,确定驱邪的方法,如"送水饭""敬先祖"或者"驱鬼"等。

头帕卦。尔苏人天天裹头帕,头帕应该说是最容易找到的打卦工具。解下头帕,拿着一头,裹在头上一圈,有四五尺长。用手拃,从上往下拃,再从下往上拃。根据拃剩余的布的长短确定卦象。年长一点的尔苏人,都比较相信卦象,对卦语坚信不疑。年轻的尔苏人不相信占卜,会打卦的人不多了。

荞花卦。尔苏沙巴在开展宗教活动时,常常使用这种卦。先将苦荞子放在锅里干炒,全部炒成爆花后放在碗里待用。往钵钵里放入大半钵水,将炒爆的荞麦一把一把地放入水钵里。用手搅浑,待其平静以后,看图形,揭示卦语。然后,再搅动,看卦象,揭示驱邪避灾之灵方妙法。这种卦一般不用,只在家里因某种原因请沙巴做法事时才用。

看图说卦。尔苏沙巴有一种世代相传的占卜用图册,叫《虐玛识达》。"虐玛"是太阳的意思,又是时间的意思,"识"是测算,"达"是"用来干……的工具"的意思。全句意为测算日子的书,用于占卜的手抄彩绘图画文字。中国社会科学院孙宏开教授来甘洛调查,将《虐玛识达》里的图画符号称为"沙巴文"。《虐玛识达》一书,每页15幅图片,共24页。每幅图片上都有不同的图案,动物的头像按照十二属相依次排列。还有不同色彩和圈圈点点,代表当天的吉凶及忌宜等信息。尔苏沙巴就是靠这个只有文字雏形的图画册来预测吉凶。这种卦法,专属于沙巴。其他人即使藏有该书也不会打卦,因为图案简单的卦书,寓意深远或者似是而非,只有"专业人士"才能够解读。

综上所述,尔苏人的卦法很多,不胜枚举。以上列举的是常用的卦法。20世纪中叶以后,随着民族之间交流的加深,以及文化科学知识在尔苏人中的普及,打卦占卜行为已经离尔苏人的日常生活越来越远了。有时作为礼节性的行为,还存在于待人接物之中。比如,主人家宰杀小猪待客,客人借看卦的机会大肆赞美主人家,感谢主人家,祝福主人家"若若拉拉,玛差吗略",意为五谷丰登,六畜齐旺,财源广进,人丁兴旺,平安吉祥,万事如意。这都是借卦象道祝福,主客双方心知肚明,皆大欢喜,其乐融融。打卦,作为原始宗教的遗存,已远离尔苏人的生活。尔苏人虽然依旧崇拜大自然,但是其内涵在变化。尔苏人的宗教文化也发生了改变。

当尔苏人患病或者遇到惊吓时,就会请沙巴做法事召魂。尔苏人去世也要请沙巴举行驱鬼、召魂、安魂仪式。召魂词种类多,内容多是以亲情、感情、友情来召唤灵魂快速归来,别在路上逗留忘归。召魂曲曲调悠长深远,给人以亲情的感召力,词句扣人心弦。在做法事时的召魂曲如下:

遭难吃苦的地方不要去,要到幸福的地方来。
忍饥挨饿的地方不要待,要到温饱的地方来。
悬崖峭壁的断头不要待,快到妈妈的家里来。
波涛汹涌的江边不要待,快到妈妈的家里来。
公牛顶角的地方莫逗留,快到自己的家里来。
公羊打架的地方莫要去,快到自己的家里来。
阎王魔殿最阴森不要去,要到明媚的神山来。
坚决从鬼门关里逃出去,要到吉祥的家里来。
先祖居住的仙门打开着,要到神山顶来归位。
快快归来呀快快归来兮,我们都等你快归来。

民间歌谣

尔苏人具有优秀的文化传统,他们"会说话就会唱歌,会走路就会跳舞"。歌唱是每个尔苏人的天赋,他们从小就跟随长辈在山间田野劳动,参加民间的各种文化活动,感受长辈们在山间劳动时喊歌的粗犷豪放和节日里大家举杯相庆亦歌亦舞时的温文尔雅。所以,尔苏人唱歌跳舞最好的老师就是父母和长辈。潜移默化,耳濡目染,在长辈的言传身教下,他们领略了唱歌的韵律和跳舞的动感。歌唱是尔苏人用来表达内心世界的首选方式。

尔苏歌曲曲调基本固定,中间可以任意延长,是自由慢板式的。唱词可以信手拈来,看见什么唱什么,可以借物寓志,可以借景抒情,歌词以每句七言为准,不足七言的加语气词补足。所以,尔苏人的歌曲是词和曲分离,可以任意组合的。只要词义和曲调的格调不冲突即可。每当小合唱时要事先预定唱什么曲调,用什么词。一般是一个人主唱,其余的附和,有时会形成多声部的小合唱。唱歌依场地、内容和曲调可分为山歌、情歌、婚嫁歌、苦歌和丧歌等五大类。尔苏音乐一般都是欢快悠扬的,只有出嫁歌、苦歌和丧歌的曲调哀怨。

山歌,尔苏语叫"色嘎尔呷",直译为"唱树唱石",意为在山野、田间唱的歌。唱者引吭高歌,曲调基本固定,但无固定歌词,即兴而唱,随意发挥。可唱山、唱水、唱石、唱树、唱人、唱事。一般来讲,填词都是对偶句。上句写山,下句写意。分男女独唱,男女对唱、合唱。每日傍晚,劳动收工,男女老幼就会唱起山歌,荷锄高歌而归。藏族唱山歌不受时间、地点的限制,兴之所至,张口即歌。走亲访友、婚丧嫁娶、赶集过场,都唱山歌。

情歌,尔苏语叫"阿呀吗嘎""阿呀呷嘎"等,意思是"心爱的人之歌""心中之歌"。曲调基本固定而词不确定,触景生情,以物拟人,抒发情感,自由创作。一般是青年男女在山间打柴割草、在山头放牧牲畜、在田间地头劳作或单独相遇之际相互唱和。歌词有赞美对方容颜美的,有赞美对方身体强健的,有赞美对方心灵手巧的,还有直接倾吐爱慕之情的……

有情人对歌以相约幽会或商定亲事。尔苏人讲究含蓄,尔苏姑娘尤其稳重和矜持,除特殊情况外,情歌一般不在公开场合唱。

婚嫁歌,尔苏语叫"撒朵撒嘎",意思是高贵的人唱的歌,有《卓嘎我》《多拉我》《哇哇嘎》《斯底曼地嘎》《哎拉里勒黄地》等歌。其中,《多拉我》最具特色,是婚嫁双方家庭在婚礼仪式上不得不唱的歌,以说唱为特色,是长篇叙事诗,讲的是人类如何生存繁衍,如何农耕劳作,如何勤劳致富……《哇哇嘎》美其名曰留财神歌,女方要苦苦挽留财神,男方要热情相邀,是嫁女和接媳妇前后两个夜晚夜深人静时候的主打歌曲。《哇哇嘎》歌词大意:"开天辟地万物生,有了万物始有人。阿雅噶部财神临,尔苏藏家供奉您。阿雅噶部来光临,仓满粮来屯满银。五谷丰登六畜欣,平安吉祥一家亲。尔苏藏家打发女,阿雅噶部来定居。主家财源不带去,新家财源滚滚聚。"

苦歌,尔苏语叫"什嘎布嘎我",意为诉苦之歌。有许多主题,比如嫁女之夜唱苦歌,主要表达母亲抚育女儿长大不容易,感谢母亲博大的母爱滋润了女儿;媳妇到婆家以后,在山上劳动时思念母亲、怀念童年的时候唱苦歌。多以新旧对比的方式组织歌词,表达娘家千般好,婆家万般苦。

丧歌,尔苏语叫"说觉莫觉嘎",为死者送终的歌。老年人死亡,女眷尤其爱唱此歌,也有男的唱。唱词主要述说死者生前让人难以忘怀的美德和行为。唱者多有缅怀之情,诸如"你不该如此匆匆离去""你让我们到哪里去看你"之类。曲调婉转凄凉,令在场守灵的亲朋好友和死者亲属声泪俱下,常有抱头号啕者。丧歌还包括沙巴为死者超度灵魂的颂歌,有固定的歌词。唱词涉及人的降生、成长,亡者的简历、德行,指引归路、送入天门。

千百年来,那飘动在群山之巅的声音,是尔苏人向大山和上苍倾诉渴望得到幸福的心声。尔苏人的山歌,是渴望生存、渴望幸福的呼号,是生命延续的呐喊。尔苏民歌极有特点。一般是词曲分离,可以随时根据需要搭配词和曲。尔苏民歌歌词很有讲究:每句七个字,每两句为一个对偶句,对偶句意思相近,形式对称。

山水为形,文化为魂。千百年来,生活在小相岭周边大渡河、安宁河、雅砻江三江流域的尔苏人民和周边的彝汉人民友好交往,形成了丰厚的历史积淀和灿烂的文化。尔苏民风淳朴,劳动场景独特,宗教习俗神秘,生活方式原始。从侧面折射出尔苏人为适应生存环境而努力改造大自然的勤劳勇敢的高贵品质。在漫长的历史长河中,尔苏人积淀了灿烂厚重的民族文化。其中,以歌曲、口头文学和民族宗教以及民风民俗最为典型。尔苏人的非物质文化遗产凝聚着尔苏人优秀的传统文化记忆,是我们应该也是必须守护好的精神家园。研究和整理尔苏文化,进一步丰富灿烂的中华民族文化,为中华民族的伟大复兴贡献力量。

尔苏语拼音方案

王德和　Katia Chirkova　王　轩　王　轲　古　涛

一、尔苏语生态环境及研究概述

（一）尔苏语言的生态环境

学界认为，尔苏语属汉藏语系藏缅语族羌语支南支，是中国四川西南部部分藏族使用的语言。尔苏语语言组分尔苏语、多续语和里汝语三种语言①。操这个语言组的三种语（方）言的藏族人彼此之间不能通话[1]。本文的"尔苏语"特指分布于中国四川省凉山彝族自治州的甘洛县、越西县，雅安市的石棉县、汉源县等地尔苏人使用的语言。

近几年来，尔苏语的语言生态环境恶化，尔苏语的语言活力下降，尔苏有16000余人，但能够用母语交际的不足8000人[2]。在汉源县，尔苏有2000余人，全部使用汉语，已不会用母语交际。在石棉县，尔苏有7000多人，能够用母语交际的不足2000人，境内只有回隆彝族乡、永和乡、宰羊乡和蟹螺藏族乡的一部分尔苏人会说尔苏语，大部分转用汉语。在越西县，尔苏有2000余人，据黄世部先生2012年的入户调查，其中300多人不会说尔苏语。部分越西尔苏人的语音里，一些复辅音如前置鼻音、前送气音已经消失。在甘洛县，尔苏有4000余人，其中坪坝乡境内的近300尔苏人全部改用汉语，不会说尔苏语。居住在城镇的尔苏人，其父母均为职工的，不会讲尔苏语。族外婚子女不会讲尔苏语。[3]全县共有千余人不会讲尔苏语。和汉族杂处的个别乡村的尔苏人发音简化，尔苏语发音中的两套塞擦音（tʂ／tʂʰ／dʐ 和 tʃ／tʃʰ／dʒ）已合并为一套塞擦音（tʃ／tʃʰ／dʒ）。地处马基岗山地周边的蓼坪乡、则拉乡、海棠镇、团结乡的尔苏人，由于地处高寒山区，交通闭塞，生产力落后等原因，再加上尔苏人在局部地区相对聚居，尔苏语保留得相对好些。大部分生长在城镇的少年儿童的语言态度出现偏差。他们以能够说汉语普通话为荣。他们用汉语回答长辈的尔苏语提问，有部分人真的不懂尔苏话。尔苏语的代际传承出现了严重问题。

（二）尔苏语研究概述

我国民族语言学界调查研究尔苏话，始于20世纪80年代初的"新发现语言调查"，到目前为止，尔苏语是"研究得比较少，公布的材料也比较少"的语言。早期开创性研究包括孙宏开和刘辉强分别介绍甘洛县玉田区则拉乡的尔苏话[4]和甘洛县蓼坪乡清水村的尔苏话的语音、词汇和语法特点[5]。另外，孙宏开收集了近3000个词汇，1991年在《藏缅语语音和词汇》

上发表。宋伶俐在甘洛县新市坝镇调查了甘洛县团结乡马伊呷村的尔苏语,重点讨论了其动词趋向前缀和体标记系统[6]。近期,张四红博士对越西县保安藏族乡拉吉谷村的尔苏话,进行嵌入式田野调查,撰写了一部完整的语法著作,*A Reference Grammar of Ersu, a Tibeto-Burman Language of China*[7]。

笔者自2011年以来记录、整理了甘洛县则拉乡尔苏话(笔者的母语之一),发表介绍甘洛县尔苏话的语音概况[8]等论文。笔者研究的目标为对甘洛县则拉乡尔苏话进行较全面的记录,搜集、标注大量的语言资料,以确保对尔苏语言文化进行长期保护和传承。

二、尔苏语濒危的原因及保护的意义

(一)尔苏语濒危的原因

尔苏语濒危的原因有很多。一是随着学校全民教育的巩固和提高,尔苏年轻一代提高了汉语言文化水平,但尔苏语能力显著下降[②]。尔苏少年儿童入学前只会说尔苏语,不会说汉语和彝语。进入小学以后,他们在寄宿制班级学习汉语和彝语,慢慢成为兼语者。笔者在甘洛县某中学随机抽查了6位来自县域不同乡镇的农村尔苏学生。他们对调查提纲上的近2000个常用词汇,识读能力差也无法将能够识读的词汇翻译成尔苏语。二是为了生存和交往的需要,尔苏人除讲尔苏话外,还要学习彝语和汉语,一般都会使用三种语言。因此,当地的兄弟民族戏称尔苏人是有三条舌头的人[9]。使用外族语言交流,降低了尔苏人的母语能力。在20世纪30年代,尔苏语还受到来自官方和民间的反对,当年西康省推行德化、教化、同化"三化"政策,强行推行"取汉姓、讲汉语、从汉俗"。所以汉源县、石棉县绝大多数尔苏人放弃了母语,至今无法恢复。尔苏语的社会地位低下,没有官方的支持,在民间还颇受歧视。作为弱势的尔苏语,语言生态恶化,尔苏语语言活力日渐式微,濒危态势严峻。如不加以保护将会快速消亡。

(二)尔苏语濒危语言保护的意义

语言是文化学研究的重要对象。尔苏人千百年来创造的文化资源都积淀和蕴含在尔苏语言中,并依赖尔苏语代代相传。随着尔苏人世代相传的语言的消失,知识内涵和文化基因独具特色的地域文化将永远丧失。尔苏口语中保留了大量的口碑文学,如故事、歌谣、传说、神话、诗歌、谜语和民间信仰人士的口诵经等。尔苏人的口碑文献,全部是比喻、对偶和排比句,尔苏口传的歌词和经文,生动形象而又对仗押韵。这反映了尔苏文化追求完美的艺术形式和精湛的文化内涵。这些名言警句,如被翻译成汉语就显得平淡乏味,失掉了原有的文化个性。很多老一辈的人不懂汉语,所以无法把自己掌握的尔苏文化表述成汉语。尔苏沙巴口诵经,是千百年来尔苏人一代一代口耳相传的口传文化,无论是其艺术形式还是思想内涵,都达到了很高的境界,是尔苏文化的主要内容。

尔苏人是一个无文字的亚族群,没有与尔苏语相适应的文字,更没有母语出版物。绝大多数尔苏人不懂国际音标,只能够借助于汉字记录尔苏文化。尔苏语语音系统丰富,有复杂的复辅音与四套塞擦音对立,汉字不能够准确地记录尔苏语言。尔苏人说:"写不出来的汉话没有,写不出来的尔苏话很多。"用汉字记音,误差太大,歧义严重。甘洛县新市坝镇依兹村的杨某用汉字记音的办法记录了沙巴经典的七部口诵经,因为记音不准确,过一段时间后就不知所云,无法释读沙巴口诵经的原文。

对尔苏语言资料的积累和典藏,可以为尔苏文化研究和尔苏文化建设提供重要依据。尔苏语言的抢救性记录、立档保存、研究和传播,尔苏文化的传承和彰显,都需要有一套科学的记音方法。这套方法,既要考虑记音符号能够简便快捷地输入电脑、手机等电子产品,提高计算机录入效率;又要科学规范,易懂易记,让初中以上文化水平的尔苏母语者能够认读和识记。创造这样一套拼音系统来记录尔苏话,是抢救尔苏语言于濒危的需要。抢救濒危语言,记录濒危语言,是人类文明发展过程中的必然选择,也是解决尔苏人记录尔苏语言文化问题的抓手,既有科学研究的现实意义,又有"各民族都有使用和发展自己语言文字的自由"的法理意义,可以充分体现党和国家的民族政策,反映国家在民族语言文字方面的政策。

三、尔苏语拼音系统创建的思路

(一)尔苏语标准音点的选择

中国四川省甘洛县则拉乡磨房沟村的甘洛尔苏语,语言保留比较完好,富有特色,比较接近"语言孤岛"的条件。按照语言学的语言规划理论,选择磨房沟村的尔苏语音作为尔苏语的标准音点。根据磨房沟村尔苏人的语音系统来创造拼音转写符号。

甘洛尔苏语有单辅音38个,复辅音50个。复辅音中单辅音和近音w、j的结合音22个,带前置鼻音的复辅音14个,带前置的类似于中央元音成分的复辅音14个。元音8个,其中含2个卷舌元音。尔苏语没有复辅音韵尾。还有两个区别意义的声调:高与低。词汇以单音节为主,多音节的单纯词比较少。一部分构词借助于前后缀,丰富词汇的主要手段为词根合成,基本形容词往往采用叠音形式。借词主要来源于藏语、汉语、彝语。

(二)方案的设计思路

受普米族民间信仰传承人"韩归"用藏文记录韩归口诵经的启示,我们曾经设想用藏文拼写记录尔苏语。但因为"方言有别"、文化差异以及环境因素等的原因,推广规范藏文的难度太大。基于大多数尔苏年轻人都接受了九年制义务教育,或多或少地学过汉语拼音,他们之中有很多人,都有用汉字或拼音记录尔苏语的体验,充分利用他们现有的认知基础和想记录尔苏语的动机,创造一套适合尔苏语的拼音系统,通过适当的训练和培训,让他们成为学习尔苏语拼音方案的主要人群,这是设计本方案的第一个目标。第二个目标就是拼音系统要着眼于能够简便快捷地输入电脑、手机等电子产品,在记录尔苏语的过程中避免符号系统的切换。这就要实现音标符号与字母的"统一"。变体的拉丁字母一律不出现在尔苏语转写系统中,这就要求我们用26个拉丁字母组合出近百个音素符号。第三个目标就是部分拼写的固化和部分双写声母在不产生歧义基础上的简写。

尔苏语拼音系统的设计,以受过九年制义务教育的年轻人为使用对象(用户),兼顾国内外相关领域的专家学者能够以这个系统为参考来研究尔苏语。我们做了以下几件事:一是归纳了尔苏语的音位系统;二是用26个拉丁字母及字母组合,按照音位和发音类别赋值;三是以尔苏语音位系统为标准,以汉语拼音方案为基础,改变和扩展部分拼音。用拉丁字母表示尔苏语发音的音值,字母和音素一一对应。用字母组合代替复辅音和转折音等复杂发音。做到符号完整,赋值规范,便于记忆。符号简便单一,不需要改变输入法,便于快速录入计算机。非母语学者,可以用软件直接把尔苏语拼音转写的文件转成国际音标标注的文件。这些拼音的"音节符号",只表音不表意。

四、方案的试用情况

尔苏语拼音系统自创立以来,经过了三年的试用:一是在一部分尔苏人中间试点,并收集意见;二是参加国际会议,在会上收集专家意见,彝学界许多专家给予此方案以中肯的意见和建议;三是在使用Elan软件标注尔苏语的过程中发现问题,调试方案。此外,笔者先后在甘洛县、石棉县、西昌市举办了11期培训班,对有较高文化自觉的尔苏人进行免费培训。编印《尔苏语会话教材(试用版)》提供给尔苏人群体使用。拼音方案已经成熟定稿。这几年,我们和英国伦敦大学、法国国家科研署交换文件,都是采用这个尔苏语拼音系统的。尔苏语拼音系统,在尔苏藏族知识分子和有较高文化自觉的精英层备受青睐。

现在由黄世部、王尔呷两人修订充实的《尔苏语会话教材(试用版)》也编写完成,即将付梓印刷。王轩正在申报英国濒危语言联盟的《尔苏语词典》项目,正在编制《尔苏语会话900句(手机版)》。相信不久就会和读者见面。今后,我们还会使用尔苏语拼音系统,编辑一些尔苏语和尔苏文化产品,提高尔苏语在尔苏人社区家庭生活、社区活动和文化仪式展演等方面的使用机会,支持尔苏语言自学和辅导教材的建设、尔苏民间故事的典藏、尔苏语多媒体视听读物的制作等,为尔苏人使用濒危语言文字提供方便。

尔苏语使用人口不足万人。尔苏语言文化正在弱化和消失,属于高濒危语言,且濒危程度在加深。尔苏语言在尔苏文化传承中的地位和意义是毋庸置疑的。语言是重要的交际工具,语言本身就是一种文化现象,是最重要的文化载体。尔苏语言富含独特的区域文化特色。

尔苏语言的代际传承出现问题。尔苏语母语者只占尔苏总人口的50%左右。尔苏语语言使用领域在逐步缩小。尔苏语对于新语域和新媒体的适应性很差。语言是民族的象征,是民族的核心要素。一种民族语言就是一个独立的精神体系,它提供给人类观察、思考世界和自身的独特角度。基于此,需要投入大量的人力和物力,开展民俗语言学和语档语音学两个方向的语言调查。后者需要对通过田野调查获得的大量语料进行同步的文字转写和标注[10]。通过建立尔苏语拼写方案,尽可能多地记述濒危的尔苏语言。可以为尔苏文化和汉文化的对译、分析和研究提供帮助,在此基础上实现"完整记录尔苏语"。进一步增强尔苏人的文化自觉,激发尔苏人学习母语的兴趣和积极性,培养尔苏人拼音的读写能力,培训尔苏语言记录技能。让尔苏语后继有人,实现尔苏语言文化传承的可持续发展。采取各种措施避免尔苏语的"濒危升级",减缓尔苏语的衰亡速度,切实延长尔苏语的寿命。

尔苏语言文化的保护,除学者的研究、编撰词典和规范的会话教材之外,主要是本族群人民的积极参与。重要的条件是国家在政策层面的支持和资金的投入。尔苏语拼音系统,既是为开展尔苏语的语档语音学调查设计的,也可以作为尔苏语言文字的雏形来试验和实践。

尔苏语拼音系统

(一)单辅音

尔苏语语音有38个单辅音。如(表一)(注:ERS为尔苏拼音,IPA为国际音标,下同):

(表一)尔苏语38个单辅音表

ERS	IPA	ERS	IPA	ERS	IPA	ERS	IPA
b	p	z	ts	sh	ʃ		
p	pʰ	c	tsʰ	ssh	ʒ	dr	tʈ
bb	b	zz	dz	l	l	tr	tʈʰ
m	m	n	n	lh	ɬ	ddr	dʈ
w	w	s	s	j	tɕ	r	ʈ
f	f	ss	z	q	tɕʰ	g	k
v	v	zh	tʃ	jj	dʑ	k	kʰ
d	t	ch	tʃʰ	x	ɕ	gg	g
t	tʰ	zzh	dʒ	xx	ʑ	h	x
dd	d			y	j	ng	ŋ

尔苏语单辅音构成的音节如下(表二):

(表二)尔苏语单辅音构成的音节词汇例表

ERS	IPA	汉义	ERS	IPA	汉义
be	pɛ́	送、够、化脓、补	she	ʃɛ́	虱、长、铁、浇注
pe	pʰɛ́	雄、公、价、只	sshe	ʒɛ́	流、裂、吃、爬
bbe	bɛ́	虫子、公众、背、爬	la	lá	肥料、来、獐、种、犁地
me	mɛ́	墨水、忘、闭合	lha	ɬá	月、轮转、神、火麻
wa	wá	山薯、饱、掏挖	jo	tɕó	缠、转、回转、交换、还
fi	fí	发霉、霉气、宽	qo	tɕʰó	花椒、上、插栽

续表

ERS	IPA	汉义	ERS	IPA	汉义
vi	ví	火绒、开花、狗、豹	jjo	dʑó	推、片、卵、兜儿、返回
de	tɛ́	一、个、的	xo	ɕó	扫、摇、借、捋
te	tʰɛ́	他、这、此、饿	xxo	ʑó	揉（皮）、撕咬、敷衍
dde	dɛ́	纺织、编、家	yo	jó	绵羊、咱、错、竞赛、摔跤
ze	tsɛ́	云彩、迎、接	dre	ʈʂɛ́	秤、栅栏、砍
ce	tsʰɛ́	洗、喝、十	tre	ʈʂʰɛ́	栅栏、查、追踪
zze	dzɛ́	舒适、(属)鸡	ddre	ɖʐɛ́	双、对、倒、推磨、涂抹
ne	nɛ́	你、呢、下	re	ʐɛ́	地、烤、汤汁、肿
se	sɛ́	气、一会儿、筛	ga	ká	笨拙、傻、根、子
sse	zɛ́	妻、镰、编、绣	ka	kʰá	大麦、区别、胜负
zho	tʃó	燕麦、煮、过年	gga	gá	唱、爱、宽敞、风趣
cho	tʃʰó	朽、寡、甜、儿	nga	ŋá	饿、凶、阴、出(来)
zzho	dʒó	水、有、短、在	ha	xá	有、有关、教、知

(二)复辅音

1.单辅音和近音(-w-、-j-)构成的复辅音有22个,如下(表三)：

(表三)单辅音与近音构成的22个复辅音表

ERS	IPA	ERS	IPA	ERS	IPA	ERS	IPA
bw	pw	zw	tsw	ddw	dw	my	mj
pw	pʰw	cw	tsʰw	nw	nw	ny	nj
bbw	bw	zzw	dzw	gw	kw	ly	lj
mw	mw	lw	lw	kw	kʰw	lhy	ɬj
dw	tw	lhw	ɬw	ɫw	ggw	gw	
tw	tʰw			ngw	ŋw	hy	xj

单辅音与近音构成的22个复辅音音节词汇如下(表四)：

(表四)单辅音与近音构成的22个复辅音音节词汇例表

ERS	IPA	汉义	ERS	IPA	汉义
bwa	pwá	斗、抱、八(月)	zwa	tswá	救、捞、节
pwa	pʰwá	张、灭、破	ncwa	ntsʰwá	痒
bbwadre	bwáʈʂɛ́	箩筐	zzhwa	dʒwá	苇子、拃
mwa	mwá	梦	lwa	lwá	老虎、砍
hdwa ra	ətwárá	颈脖	sswa lhwa	zwáɬwá	锅庄(公)

续表

ERS	IPA	汉义	ERS	IPA	汉义
twa	tʰwá	骡、装下、撮	sswa ma	zuàmuà	锅庄(母)
ddwa	dwa	去了	myabbo	mjábó	眼泪
nwa	nwá	黑、彝、得罪	nya	njá	孩子、让开
gwa	kwá	脱、剥皮、	lya	ljá	刷(浆)、粘
kwa	kʰwá	大、大人、官	me-lhyo	mɛ́-ɬjó	闪电
ddaggwa	dàgwá	倒塌			
ngwar	ŋuǎ	臭、牛、五	hyo	xjó	灰色、赶

(注:前置鼻音复辅音可以与近音结合,如:ntwa=ntʰwá 锋利[刀])

2. 前置鼻音有14个,如下(表五):

(表五)前置鼻音14个复辅音表

ERS	IPA	ERS	IPA	ERS	IPA	ERS	IPA
nbb	mb	nc	ntsʰ	ngg	ŋg	ntr	ɳʈʈʰ
np	mpʰ	nzzh	ndʐ	nk	ŋkʰ	njj	ȵdʑ
ndd	nd	nch	ntʃʰ	nzz	ndz	nq	ȵtɕʰ
nt	ntʰ	nddr	ɳɖʈ				

前置鼻音组成的14个复辅音音节如下(表六):

(表六)前置鼻音构成的14个复辅音音节词汇例表

ERS	IPA	汉义	ERS	IPA	汉义
mbbo	mbò	马	nca	ntsʰá	记号、肝、修
mpo	mpʰó	偷	nzzhe sso	ndʐɛ́ zó	欠债
nddavar	ndávǎ	客人	nche	ntʃʰɛ	大米、窝、抽、早
mar nta	mã́ntʰá	麻糖	nddro	ɳɖʈò	污垢、量、出游
dde-mggo	dɛ́-ŋgó	捡、减	ntro	ɳʈʈʰó	把、抓、挠痒、鼾
mkolo	ŋkʰòló	护身盒	njji-njji	ȵdʑí-ȵdʑí	争、吵、抢
nzza	ndzà	汉族	nqi	ȵtɕʰí	啃、撕咬、坎

3. 有转折音的复辅音14个,用符号(h)表示,如下(表七):

(表七)有转折音的14个复辅音例表

ERS	IPA	ERS	IPA	ERS	IPA	ERS	IPA
hbb	əb	hch	ətʃʰ	hgg	əg	hm	əm
hb	əp	hj	ətɕ	hg	ək	hn	ən
hdd	əd	hh	əx	hzh	ətʃ	hng	əŋ
hd	ət	hss	əz				

有转折音组成的复辅音音节词汇如下(表八):

(表八)有转折音组成的14个复辅音音节词汇例表

ERS	IPA	汉义	ERS	IPA	汉义
hbbi	əbí	堆、口(量)	hzhe-hzhe	əʧɛ́-əʧɛ́	握(手)、劝解
behgu	əpɛ́əkú	孔、洞、穴	hji	ətɕí	拿、送、医、药
le hdda	lɛ́ədá	胳膊	hhyo	əxjó	粥
hdo	ətó	跳、跳舞	hssu	əzú	养、喂
hgge	əgɛ́	种子	hme	əmɛ́	兵
go hgo	kòəkó	乞讨	hne	ənɛ́	深、重
hze	ətsɛ́	利息、逃、石	hngwar	əŋuã́	银子、怕

(三)元音

尔苏语有8个元音(2个卷舌元音:ɚ和ã。2个带摩擦元音:z̩和v̩),如下(表九):

(表九)尔苏语元音表

ERS	IPA	ERS	IPA	ERS	IPA	ERS	IPA
i	i	e	ɛ	a	a	o	o
yi	ɿ	u	u	er	ɚ	ar	ã

尔苏语元音组词如下(表十):

(表十)尔苏语元音构成的音节词汇例表

ERS	IPA	汉义	ERS	IPA	汉义	ERS	IPA	汉义	ERS	IPA	汉义
issa	ízá	儿子	zi	tsí	头发	i	ji	屋	zyi	tsɿ́	喂、给吃
ela	ɛlá	公羊	ze	tsɛ́	云彩	u	u	鸣	zu	tsú	戴、染
a	á	我	za	tsá	捆	ar	à	哎			
ojja	ódʑá	梨	zo	tsó	堆积	er	ɚ́	年	erbbe	ɚ́bɛ́	海螺

双唇音辅音与摩擦元音相搭配的音节有6个,如下(表十一):

(表十一)双唇音辅音与摩擦元音相搭配的音节例表

ERS	IPA	ERS	IPA	ERS	IPA
byi	pz̩ə	pyi	pʰz̩ə	bbyi	bz̩ə
bryi	pʐ̩ə	pryi	pʰʐ̩ə [pʂə]	bbryi	bʐ̩ə

双唇音辅音与摩擦元音相搭配的音节词汇如下(表十二):

（表十二）双唇音辅音与摩擦元音相搭配的音节词汇例表

ERS	IPA	汉义	ERS	IPA	汉义
byi-byi	pzʅ́-pzʅ́	扁平	bryi	pzʅ̩	绳子
pyibo	pʰzʅ́pó	刨子	pryi	pʰzʅ̩	藏族
bbyi	bzʅ́	蜜蜂	bbryi	bzʅ̩	发旋

带前置鼻音的双唇音辅音与摩擦元音相搭配的音节如下（表十三）：

（表十三）带前置鼻音的双唇音辅音与摩擦元音相搭配的音节例表

ERS	IPA	ERS	IPA	ERS	IPA	ERS	IPA
nbbyi	mb	npyi	mpʰ	nbbryi	mbzʅ̩	npryi	mpʰzʅ̩

带前置鼻音的双唇音辅音与摩擦元音相搭配的单词如下（表十四）：

（表十四）带前置鼻音的双唇音辅音与摩擦元音相搭配的单词例表

ERS	IPA	汉义	ERS	IPA	汉义
nbbyi-nbbyi	mbzʅ́-mbzʅ́	分配	mpyi	mpʰzʅ̩	呕吐、吐出
menbbryi	mɛ́-mbzʅ́	旅游	mpryi	mpʰzʅ̩	用嘴喷出

（四）声调

尔苏语有区别意义的声调：一个高调和一个低调。高调出现频率高，作为"默认调"，不标示。低调出现频率较低，用符号"-3"标示。

（五）拼写规则

1.尔苏语拼音转写以单词为单位连写。

2.音节全部都是元音结尾，辅音不能结尾。单元音可以自成音节，辅音不能构成音节，半元音 w、y 也不行。当前边音节的元音不是 er/ar 的时候可靠前连写。

3.颤音 r 与前面的音节 a、e 两个元音不连写。双音节（或多音节）词前一个音节的元音是 er、ar 时不与单元音音节连写，如 ddeer a（变白了）；er i（二月）；mar i（去睡）。为了不混淆读音，必要的时候，音节间用隔音符号"-"来标示。

4.如果多音节单词末尾标低调，则表示本单词的前半部分音节也是低调。双音节词组的前送气音，除本音为前送气音而外，只标第二个音节的前送气符号，发音时两个音节均带前送气。

5.字符采用拉丁字母小写。句子开头的字母和专用名词（如人名、地名）的首写字母可以不大写。

6.标点符号采用英语标点符号系统。

注释与参考文献：

①孙宏开教授把尔苏语、里汝语和多续语归为一种语言（尔苏语）的三个方言（分别为东

部、西部和中部次方言)。本文以互懂度为标准,将尔苏语、里汝语和多续语定义为三种语言。

②2011年暑期,中央民族大学研究生院李晶等研究生到甘洛县则拉乡磨房沟村开展田野调查,在西昌与笔者交换意见时说:尔苏语言能力分老、中、青和少年儿童若干个梯次在衰减。中、小学生的语音退化显著。

[1]孙宏开.六江流域的民族语言及其系属分类[J].民族学报,1983(03).

[2]王德和.尔苏藏族文化研究[M].成都:四川大学出版社,2010:13.

[3]王德和.四川甘洛县新市坝镇尔苏藏族族外婚姻情况研究[J].西南民族大学学报(人文社会科学版),2010(02).

[4]孙宏开.尔苏(多续)话简介[J].语言研究,1982(02).

[5]刘辉强.尔苏语概要[A].李绍明,刘俊波编.尔苏藏族研究[C].北京:民族出版社,2008:462—500.

[6]宋伶俐.尔苏语动词趋向前缀和体标记[J].民族语文,2006(03):26—32.

[7]Zhang Sihong. 2013. A reference grammar of Ersu:A Tibeto-Burman language of China(中国藏缅语族尔苏语参考语法).澳大利亚詹姆斯库克大学语言学博士论文.

[8]Chirkova,Katia(齐卡佳),Wang Dehe(王德和),Yiya Chen(陈轶亚),Angélique Amelot, and Tanja Kocjančič Antolík. 2015. Ersu. *Journal of the International Phonetic Association*(国际语音协会学报).45(02).

[9]巫达.族群性与族群认同构建——四川尔苏人的民族志研究[M].北京:民族出版社,2010:75.

[10]范俊军,张帆.面向少数民族濒危语言的语档语音学[J].西北民族大学学报(哲学社会科学版),2011(06):187—211.

甘洛尔苏语语音概况
(Ersu)

齐卡佳　王德和

The Ersu language (/ɚ̃-ʂʅ̃́ xò/, 尔苏语) is spoken by approximately 8000 people who reside in five counties in Sichuan Province (四川省) in the People's Republic of China: (i) Ganluo (甘洛县), and (ii) Yuexi (越西县) counties of Liangshan Yi Autonomous Prefecture (凉山彝族自治州), (iii) Shimian (石棉县) and (iv) Hanyuan (汉源县) counties of Ya'an Municipality (雅安市), and (v) Jiulong (九龙县, Written Tibetan, hereafter WT *brgyad zur*) county of Ganzi (甘孜, WT *dkar mdzes*) Tibetan Autonomous Prefecture. Ersu has two closely related sister languages: Lizu (/li^{55}-zu^{55}-hṹ^{55}/ or /ly^{55}-zu^{55}-hṹ^{55}/, 里汝语 or 栗苏语) and Duoxu (/do^{55} ɕu^{55} na^{21}/, 多续语 or 多须语). Lizu is spoken in the neighbouring counties of (i) Muli Tibetan Autonomous County (木里藏族自治县, WT *smi li rang skyong rdzong*), (ii) Mianning (冕宁县) and (iii) Jiulong, whereas Duoxu is spoken in the county of Mianning, all in Sichuan Province.

In present classifications of Tibeto-Burman languages spoken in Southwest China, Ersu, Lizu, and Duoxu are viewed as three dialects of one Ersu language. The Ersu language is, in turn, classified as a member of the Qiangic subgroup of the Tibeto-Burman language family (for more details, see Bradley 1997: 36-37, Sun 2001, Chirkova 2012). In this conception, Lizu is the western dialect of the Ersu language, Duoxu is its central dialect, and Ersu proper is the eastern dialect of the Ersu language. In contrast to this received view and in accordance with the fact that differences between Lizu, Duoxu, and Ersu surpass the limit of mutual intelligibility (cf. Sun 1982, Chirkova in press), we consider Lizu, Duoxu, and Ersu as separate languages, and not as dialects of one Ersu language (cf. Yu 2012: 1). The phonological, lexical, and morphosyntactic differences between Ersu, Lizu, and Duoxu are likely to be in part due to the completing influences of the languages with which they are in contact. More specifically, Ersu has been historically influenced by Pumi (普米), Nuosu (Northern Ngwi or Yi 彝), and Mandarin Chinese (the local variety of Southwest Mandarin, hereafter SW Mandarin) (cf. Wu Da 2010: 3). By contrast, Lizu has been influenced by Tibetan, Pumi, and Namuzi (纳木兹) languages (Chirkova & Chen 2013). Finally, Duoxu has been essentially influenced by SW Mandarin as well as by Nuosu (Chirkova in press).

The main focus of this illustration is on a synchronic analysis of Ersu itself. (For more comparatively- and diachronically-oriented studies of Ersu, Lizu, and Duoxu, the interested reader is referred to Yu, 2012; Chirkova, in press; Chirkova & Handel, submitted.)

Ersu is relatively little-researched, but the group and its language and culture have been receiving increasing attention in recent years (e.g. Wang 2010, Wu Da 2010, Schmidt 2011, Zhang in press). Early linguistic accounts include Sun (1982, 1983) and Liu (2007 [1983]), which focus on the Ersu that spoken in Ganluo county.

Ersu is an endangered language. It is essentially used as the primary language of oral communication in family and community events. Older Ersu speakers (typically above their sixties) are mostly trilingual (Ersu, SW Mandarin, Nuosu). Over the last three decades, most Ersu speakers have been bilingual using SW Mandarin in daily life. The current trend for the school-going generation is to become practically monolingual in Mandarin. Ersu has its own pictographic writing system, known as *shaba* (沙巴, ritual priest, Ersu / ʂàpá/) writing, which is chiefly used by Bon priests (e.g. Sun 2009, Wang 2011).

The present illustration provides a preliminary description of Ersu on the basis of data from three speakers: two male speakers in their early sixties, and one female speaker, in her early forties; all born and raised in Ganluo county (Zela Township 则拉乡, Liangshan group 凉山组, Mofanggou village 磨房沟村 /d̪zɛ́ɬá lò, z̪ákáʈ z̩g v̩ f v̩, nóN d̪z̪v̩ pá/). Given the phonetic complexity of the consonant and vowel sounds of Ersu (including a number of typologically uncommon trilled retroflex sounds and phonemic fricative vowels), further research, based on more speakers is required for a comprehensive analysis of this language. In the present illustration, the basic phonetic characteristics of Ersu are described through acoustic, palatographic, aerodynamic, electroglottographic, and video data. We have chosen to illustrate the discussion by audio files (the word list and the text provided with the paper) read by the second author, a male native speaker of Ersu. This is because we were in the fortunate position of recording him in a phonetics laboratory, yielding high quality audio recordings. Conversely, palatographic images in the text are from the female speaker. This is because, as the youngest speaker among our language consultants, her dental and palatal condition yielded the clearest images.

Consonants

The Ersu consonant inventory consists of 38 phonemes, listed in Table 1. There is a general three-way manner distinction in stops and affricates: voiceless unaspirated, voiceless aspirated, and voiced. Ersu has an extensive system of coronal consonant contrasts in affricates at the dental, alveolar, alveolopalatal, and retroflex places of articulation. Alveolopalatals are marginal. They mainly occur in (recent) loanwords from Mandarin Chinese, such as /kʰà-tɕà-tɕá/ "to pick up with chopsticks" (Chinese jiā 夹, SW Mandarin /tɕia⁴⁴/), /kòtɕó/ "legging, puttee" (Chinese guǒjiǎo 裹脚, SW Mandarin /ko⁵³tɕio²¹/), /ɕá/ "incense" (Chinese xiāng 香, SW Mandarin /ɕiaŋ⁴⁴/).

In the native vocabulary, alveolopalatals have a restricted distribution, co-occurring only with the vowels /i, o, a/. Examples include /tɕì-tɕì/ "to squeeze, to pick up with chopsticks; to cut with scissors" (possibly, a loanword from Chinese jiǎn 剪 "to cut with scissors", SW Mandarin /tɕian⁵³/), /tɕó/ "to wrap, to bind", /ódʐá/ "pear" (see below on vowels).

Table 1: Ersu Consonant Phonemes

	Bilabial	Labiodental	Dental	Alveolar	Alveolopalatal	Retroflex	Velar
Plosive	p pʰ b			t tʰ d			k kʰ g
Affricate			t̪s̪ t̪s̪ʰ d̪z̪	ts tsʰ dz	tɕ tɕʰ dʑ	tʂ tʂʰ dʐ	
Nasal	m		n				ŋ
Trill						r	
Fricative		f v	s̪ z̪	s z	ɕ ʑ		x
Approximant	w				j		
Lateral				l			
Lateral fricative				ɬ			

p	p ɛ́	"to give as a present"	s	s ɛ́	"louse"
pʰ	pʰ ɛ́	"male"	z	z ɛ́	"to flow"
b	b ɛ́	"insect"	l	lá	"fertilizer, manure"
m	m ɛ́	"ink"	ɬ	ɬá	"month"
w	wá	"Chinese yam"	tɕ	tɕó	"to wrap, to bind"
f	fì	"mildew"	tɕʰ	tɕʰó	"pepper"
v	vì	"tinder"	dʑ	dʑó	"to push"
t	t ɛ́	"one"	ɕ	ɕó	"to sweep"
tʰ	tʰ ɛ́	"he, she, it"	ʑ	ʑó	"to soften (skin)"
d	d ɛ́	"to weave"	j	jó	"sheep"
ts	ts ɛ́	"cloud"	tʂ	tʂ ɛ́	"steelyard"
tsʰ	tsʰ ɛ́	"to wash"	tʂʰ	tʂʰ ɛ́	"fence"
dz	dzɛ́	"rooster (zodiac sign)"	dʐ	dʐ ɛ́	"pair"
n	n ɛ́	"you, thou"	r	r ɛ́	"earth, soil"
s̪	s̪ ɛ́	"air"	k	ká	"to be stupid"
z̪	z̪ɛ̀	"wife"	kʰ	kʰá	"barley"
t̪s̪	t̪s̪ó	"oats"	g	gá	"to sing"
t̪s̪ʰ	t̪s̪ʰó	"to rot (of wood)"	ŋ	ŋá	"to be hungry"
d̪z̪	d̪z̪ó	"water"	x	xá	"to have"

We studied the four-way contrast in coronals using palatographic analysis techniques (as described in Marchal 1988, Ladefoged 2003: 36-42, and Anderson 2008). The list of words used in the study consisted of monosyllabic words in common use in the language, each of which included only one coronal consonant. The palatography procedures were to paint the tip, blade, and front of the tongue with a solution of one part olive oil and one part of finely ground activated charcoal. After each word was pronounced, a mirror was placed in the speaker's mouth, resting against the lower teeth, and the reflection of the upper palate and teeth were recorded by a video camera.

Stops and affricates

Ersu dental stops and affricates are both produced in the dental region. Dental stops involve contact on both the teeth and the most of the alveolar ridge, making them laminal denti-alveolar. By contrast, dental affricates involve a smaller contact area, which includes the upper front teeth and the front part of the alveolar ridge. This is illustrated in Figure 1 with the words /d ɛ́/ "to weave" and /d̪z̪ɛ́/ "rooster (zodiac sign)".

Figure 1: Palatograms of the words /d ɛ́/ "to weave" and /d̪ z̪ ɛ́/ "rooster (zodiac sign)"

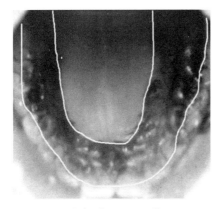 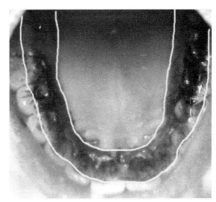

/d ɛ́/ "to weave"   /d̪z̪ɛ́/ "rooster (zodiac sign)"

Alveolar affricates are produced with the tongue touching the middle of the alveolar ridge (laminal flat alveolar). The contrast between dental and alveolar affricates is illustrated in Figure 2 with the minimal pair /d̪z̪ó/ "to lay bricks" and /d z ó/ "water".

Figure 2: Palatograms of the words /dz̪ó/ "to lay bricks" and /d̪zó/ "water"

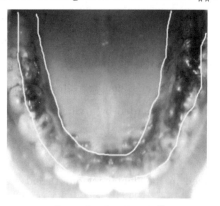
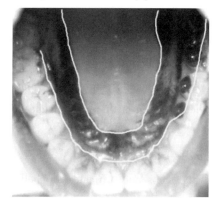

/dz̪ó/ "to lay bricks"   /d̪zó/ "water"

Alveolopalatal affricates are produced with the blade of the tongue behind the alveolar ridge and the body of the tongue raised toward the palate, thus involving simultaneous alveolar and palatal articulation (cf. "laminal palatalized post-alveolar", as described in Ladefoged & Maddieson 1996: 153-154). The contrast between alveolar and alveolopalatal affricates is illustrated in Figure 3 with the words /d̪zó/ "water" and /dʐó/ "to push".

Figure 3: Palatograms of the alveolar and alveolopalatal affricates in the words /d̪zó/ "water" and /dʐó/ "to push"

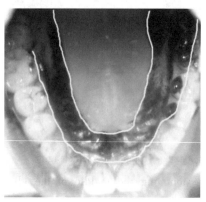
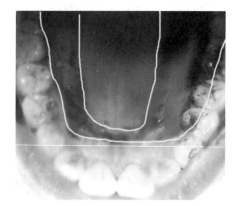

/d̪zó/ "water"   /dʐó/ "to push"

Ersu retroflex affricates are produced with the point of contact on the roof of the mouth, that is, in the hard palate. The contact is made with the underside of the tongue (subapical). The articulation of retroflex affricates involves lateral bracing of the tongue against the teeth, so that the tongue tip is free to move to and from the hard palate. Figure 4 contains palatograms of the words /tʂò/ "gallbladder" and /ɖʐò/ "pot, pan". As we did not paint the underside of the tongue with a mixture of olive oil and activated charcoal powder, the area of contact is not visible on the image.

Figure 4: Palatograms of the words /tʂò/ "gallbladder" and /ɖʐò/ "pot, pan"

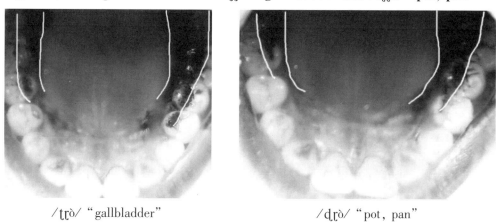

/tʂò/ "gallbladder"   /ɖʐò/ "pot, pan"

Ersu retroflex affricates have a trill release. They involve an aerodynamically induced movement of the tip of the tongue, causing intermittent contact between the tip of the tongue and the roof of the mouth. Ersu retroflex affricates are typically single-contact trills. This is illustrated in Figure 5 with the words /tʂò/ "gallbladder" and /ɖʐò/ "pot, pan". A contact, that is, a moment of closure of the oral cavity, is reflected on the spectrograms by a period of white space.

Figure 5: Waveforms and spectrograms of /tʂò/ "gallbladder" and /ɖʐò/ "pot, pan" (arrows indicate contacts between the tip of the tongue and the roof of the mouth)

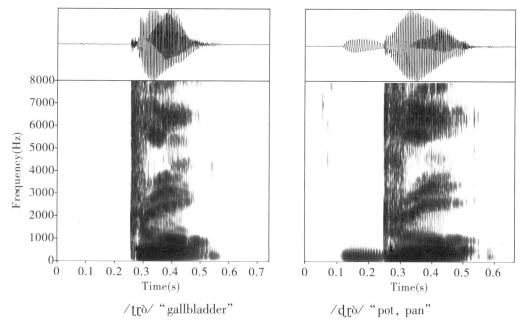

/tʂò/ "gallbladder"   /ɖʐò/ "pot, pan"

When retroflex affricates are followed by fricative vowels, the number of contacts between the tip of the tongue and the roof of the mouth may be increased to three. This is illustrated in Figure 6 with the words /tʂv̩́/ "sweat" and /Nɖʐv̩́/ "tile".

Figure 6: Waveforms and spectrograms of /tʂv̩́/ "sweat" and /Ndʐv̩́/ "tile" (arrows indicate contacts between the tip of the tongue and the roof of the mouth)

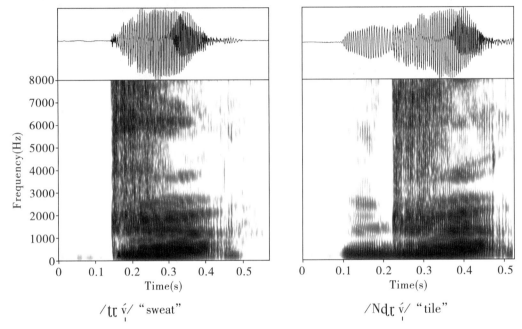

/tʂv̩́/ "sweat"   /Ndʐv̩́/ "tile"

Fricatives

Ersu contrasts fricatives at five places of articulation: (i) labiodental, (ii) dental, (iii) alveolar, (iv) alveolopalatal (laminal palatalized post-alveolar), and (v) velar. All but velar show a two-way contrast between voiceless and voiced: /f, v/ (e.g. /fì/ "mildew", /vì/ "tinder"), /s̪, z̪/ (e.g. /s̪ɛ́/ "air", /z̪ɛ̀/ "wife"), /ṣ, ẓ/ (e.g. /ṣò/ "blood", /ẓó/ "to scold; to be in debt"), /ɕ, ʑ/ (e.g. /ɕó/ "to sweep", /ʑó/ "to soften skin"), /x/ (e.g. /xì/ "bamboo").

The voiced labiodental fricative /v/ is contrastive with the voiced labialvelar approximant /w/ before /a/ and /o/, as in /vá/ "net", /wá/ "to be full, satisfied". /f/ has a restricted distribution, occurring only before /i/ (as above) and /v̩/ (as in /f v̩̀/ "garlic"). In the latter environment, /f/ can be alternatively regarded as the allophone of /x/, as is also the case in SW Mandarin, in which Ersu is in close contact. Consider, for example, the Ersu word for "kettle": /f v̩̀-f v̩́/, which is a loanword from SW Mandarin /fu²¹fu⁴⁴/, corresponding to Standard Mandarin hú 壶 [xu³⁵].

Ersu exploits contrasts between grooved fricatives at the dental place of articulation and flat fricatives at the alveolar place of articulation. Figure 7 illustrates the three-way contrast between the dental, alveolar, and alveolopalatal places of articulation in fricatives with the words /z̪ɛ̀/ "wife", /ẓó/ "to scold; to be in debt", and /ʑó/ "to soften (skin)".

Figure 7: Palatograms of the words /z̪ɛ́/ "wife", /z̪ó/ "to scold; to be in debt", and /ʐó/ "to soften (skin)"

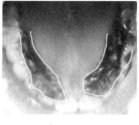 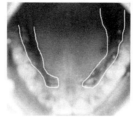 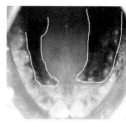

/z̪ɛ́/ "wife"   /z̪ó/ "to scold; to be in debt"   /ʐó/ "to soften (skin)"

Before /o/, /x/ has an allophone [ç], which we analyse phonemically as a sequence of /x/ and the palatal approximant /j/, e.g. /xjó/ [çó] "to cry out" (see below on clusters with approximants).

Nasals

Ersu has nasals at three places of articulation: (i) bilabial (/m/), (ii) dental (dentialveolar) (/n/) (see Figure 8), and (iii) velar (/ŋ/).

Figure 8: Palatogram of the word /nɛ́/ "you"

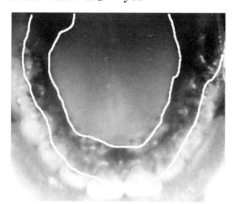

Ersu has one syllabic nasal, /ŋ̍/, as in /s̪z̪-ŋ̍/ "seven", /lwá ŋ̍ká/ "ridge of a building", /ɕ̍ ŋ̍ dz̪ɛ́/ "satin, silk" (possibly from Chinese língzi 绫子 "damask silk", SW Mandarin /nin[53] ts̪ɿ[53]/).

Liquids

Ersu laterals are made with an occlusion in the alveolar region extending back to the back molars. This is illustrated in Figure 9 with the minimal pair /lá/ "fertilizer, manure" and /ɬá/ "month".

Figure 9: Palatograms of the words /lá/ "fertilizer, manure" and /ɬá/ "month"

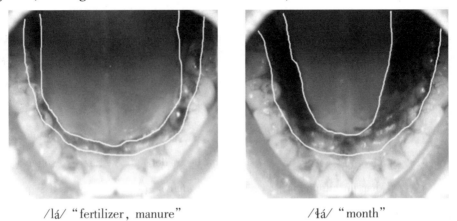

/lá/ "fertilizer, manure"   /ɬá/ "month"

Similar to retroflex affricates, Ersu retroflex trill (/ɽ/) is produced with the point of contact on the roof of the mouth in the hard palate and with the tongue body braced against the sides of the teeth to allow for an aerodynamically induced movement of the tongue tip (cf. McGowan 1992: 2903, Spajić et al. 1996: 3; see Figure 10). Similar to the retroflex trill in Toda (Spajić et al. 1996: 13), the first contact of the tongue tip is made back of the alveolar ridge, whereas subsequent contacts are made slightly further forward near or at the alveolar ridge, so that the trill is realized as [ɽr].

Figure 10: Palatogram of the word /ɽέ/ "earth, soil"

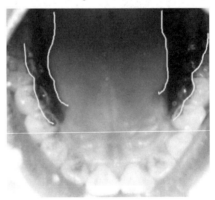

Ersu trill typically has two contacts. However, similar to trilled retroflex affricates, a trill followed by a fricative vowel may have a larger number of contacts (four to five). This is illustrated in Figure 11.

Figure 11: Waveforms and spectrograms of the words /ɽá/ "chicken", /ɽó/ "bone; horn", and /ɽź̞/ "to laugh" (arrows indicate contacts between the tip of the tongue and the roof of the mouth)

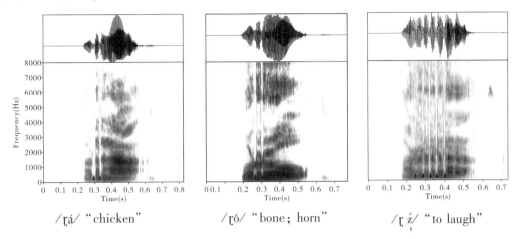

/ɽá/ "chicken"   /ɽó/ "bone; horn"   /ɽź̞/ "to laugh"

Clusters

Ersu has a rich inventory of clusters, including (i) clusters with approximants, (ii) prenasalized clusters, and (iii) clusters with a schwa-like segment.

Clusters with approximants

The approximants /w/ and /j/ may occur after a broad range of initials and they may be realized as secondary labialization or palatalization of the first position consonant. Of the two approximants, /w/ has the broadest distribution, occurring after bilabial, dental, and velar stops, dental affricates, nasals, and la-terals. However, most of these clusters with /w/ can only be followed by /a/ (as in /kwá/ "to take off", compare to /ká/ "to be stupid"). In addition, clusters with velar stops and /w/ can also be followed by /ɚ/ (as in /nà-kwɚ̀/ "to put inside", compare to /d̪ɛ̀-z̞ ź̞-kà/ "to bear a grudge").

/j/ has a more restricted distribution, occurring only after (bilabial and dental) nasals and laterals, and it can only be followed by the vowels /o/ and /a/. Consider the following (near) minimal pairs: /má/ "mother; female" vs. /mjábó/ "tear", /nà-ná/ "to occupy" vs. /njá/ "child", /lá/ "fertilizer, manure" vs. /ljá/ "to paint"; and /N̩tsʰòɬó/ "flea" vs. /mɛ́-ɬjó/ "lightning".

It is important to note that the realization of /w/ and /j/ in clusters ranges between a separate segment with a clear segmental boundary (mostly before /a/) and a segment with a secondary articulation, that is, a segment with a lesser degree of stricture that accompanies a primary articulation of a higher degree (cf. Ladefoged & Maddieson 1996: 354) (mostly before /o/). Examples include

/njá/ [ɲjá] "child", /ljá/ [ljá] "to paint", /njó/ [nʲó] or [ɲó] "day", /ljò/ [lʲò] or [ʎò] "arm spread (measure of length)". We note that the addition of the lip rounding gesture (in the case of /w/) and raising of the body of the tongue (in the case of /j/) have a strong acoustic effect at both the preceding consonant and the following vowel. Overall, compared to clusters with /w/ and /j/ in the closely related Lizu and Duoxu languages, Ersu medials /w/ and /j/ exhibit stronger assimilatory influence on neighbouring segments (see Chirkova & Handel 2013b for a detailed discussion).

In light of the above, Ersu alveolopalatal affricates and fricatives, which only occur in native vocabulary before the vowels /i, o, a/, can be alternatively analysed as palatalized allophones of dentals, alveolars and/or velars, followed by the high front vowel or the palatal approximant /j/.

Prenasalized clusters

Prenasalization in Ersu is contrastive and occurs not only before voiced stops and affricates, but also before voiceless aspirated ones. Prenasalized stops and affricates are found in all places of articulation. The place of articulation is always homorganic with that of the fricative in the cluster. So, we use the archiphoneme "N" to refer to the homorganic nasal in prenasalized clusters. Compare the contrast between plain onsets in the following minimal pairs: /bò/ "string" vs. /Nbò/ "horse", /pʰó/ "to escape" vs. /Npʰó/ "to steal"; /dz̪à/ "fodder" vs. /Ndz̪à/ "Chinese people", /ts̪ʰá/ "hot" vs. /Nts̪ʰá/ "mark, sign"; /ɖʐò/ "pot, pan" vs. /Nɖʐò/ "dirt, filth", /(m ɛ́lì) t ɛ́ tʂʰó/ "one piece (of land)" vs. /t ɛ́ Ntʂʰó/ "one handful (e.g. of rice)".

In prenasalized voiceless aspirated stops and affricates, we observe regular glottal pulsing during the nasal section but not during the voiceless stop, as detailed in Figure 12. This figure shows that the nasal section is produced with a complete closure within the oral tract (no oral airflow) and with air moving through the nasal cavity (nasal airflow for the entire duration of the segment). It is therefore a characteristic nasal.

Figure 12: Audio waveforms, spectrograms, electroglottograph waveforms (EGG), nasal airflows (NAF), and oral airflows (OAF) for the pairs /pʰó/ "to escape" vs. /Npʰó/ "to steal" and /tʰwá/ "mule" vs. /Ntʰwá/ "to be sharp"

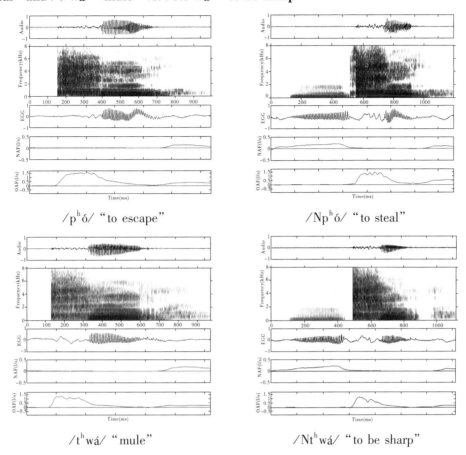

/pʰó/ "to escape"   /Npʰó/ "to steal"

/tʰwá/ "mule"   /Ntʰwá/ "to be sharp"

Clusters with a schwa-like segment

Ersu has seven voiceless (unaspirated) stops, affricates, and fricatives (/əp, ət, ək, ə t̪s̪, ə t̠ʂ, ətɕ, əx/) and seven voiced stops, fricatives, and nasals (/əb, əd, əg, ə z̪, əm, ən, əŋ/) that can be preceded by a segment with a schwa-like formant structure. Compare the minimal pairs /ə t̪s̪ ɛ́/ "interest" vs. /t̪s̪ ɛ́/ "cloud", and /ən ɛ́/ "to be heavy; to be deep" vs. /n ɛ́/ "two" in Figures 13 and 14.

Figure 13: Waveforms and spectrograms for the minimal pair /ə t̪s ɛ́/ "interest" vs. /t̪s ɛ́/ "cloud"

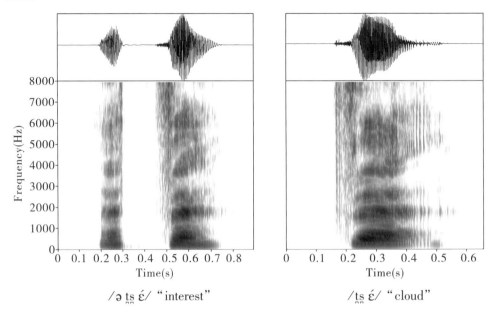

/ə t̪s ɛ́/ "interest" /t̪s ɛ́/ "cloud"

Figure 14: Waveforms and spectrograms for the minimal pair /ən ɛ́/ "to be heavy; to be deep" vs. /n ɛ́/ "two"

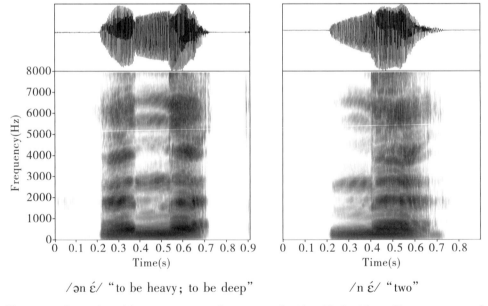

/ən ɛ́/ "to be heavy; to be deep" /n ɛ́/ "two"

Clusters with a schwa-like segment can be tentatively identified with earlier consonant clusters. Independent evidence for such clusters can be found in Ersu words that etymologically correspond to Proto-Lolo-Burmese and Proto-Tibeto-Burman forms with initial clusters (cf. Bradley 1979:144, 1985:242, Matisoff 2003:37). For example, Ersu /ən ɛ́/ "to be deep" corresponds to Proto-

Loloish *ʔ-nak^L "deep" (Matisoff 2003:37) (see Chirkova & Handel submitted for a detailed discussion). Clusters with a schwa-like segment are in the process of disappearing in this language, merging with corresponding simple onsets.^iv

In addition to clusters with a schwa-like segment, Ersu also marginally has preaspirated clusters, which are restricted to loanwords from Tibetan. Examples include /htóNbá/ "to be empty" (WT *stong pa*), /hkwàɻá/ "to turn, to circle" (WT *skor ba*). In these words, preaspiration diachronically derives from stop clusters with the preradical *s-* in Old Tibetan. The acoustic quality of Ersu preaspirated clusters is different from voiceless segments preceded by a schwa-like segment. The main differences include (i) the longer duration and (ii) the clear formant structure of the schwa-like segment, as compared to preaspiration. These differences are illustrated in Figure 15 with the pair /ətó/ "to jump" vs. /htóNbá/ "to be empty".

Figure 15: Waveforms and spectrograms for the pair /ətó/ "to jump" vs. /htóNbá/ "to be empty"

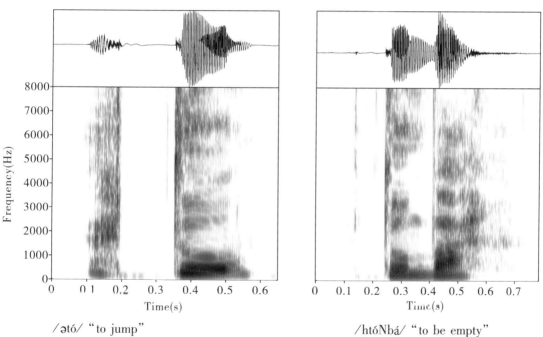

/ətó/ "to jump"　　　　　　　　　　　　/htóNbá/ "to be empty"

Vowels

Ersu has eight vowel phonemes, of which four are plain (/i, ɛ, a, o/), two are fricative (/z̞, v̞/), and two are rhotacized (/ɚ̃, ɚ/). See the vowel chart plotted on the relative f1/f2 formant values.

i	ì z̞á	"son"	pì	"dregs"	ts̞ì	"hair"
ɛ	ɛ́lá	"ram"	pɛ́	"to give as a present"	ts̞ɛ́	"cloud"
a	á	"I"	pá	"place of provenance"	ts̞á	"to tie"
o	ódz̞á	"pear"	pó	"wrapping"	ts̞ó	"grain cabinet"
z̞	ź̞	"snow"	pź̞-pź̞	"to be flat"	ts̞ź̞	"to feed"
v̞	v̞́	"wine"	pv̞́	"potato"	ts̞v̞́	"hearth"
ɚ			pɚ	"grain"		
ɚ̃	ɚ̃́	"year"	pɚ̃́ [pz̞̀]	"thin rope"		

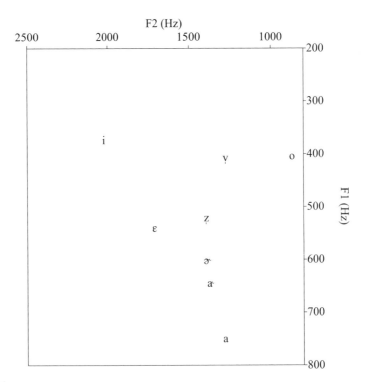

Plain vowels

/i/ has a fairly broad range of realization. It ranges from [i] (essentially in loan vocabulary from SW Mandarin and Nuosu) to [je] (mostly after bilabial initials) and [e] (mostly after dental, alveolar, and alveolopalatal initials). The value range for F1 is between 264 and 347 Hz, and for F2 between 1920 and 2274 Hz. Examples include: /çìkwá/ [çìkwá] "watermelon" (Chinese xīguā 西瓜, SW Mandarin /çi⁴⁴kua⁴⁴/), /ì ts̞ʰv̞́/ [éts̞ʰv̞́] "ladle, a long handled spoon, generally made of wood" (Nuosu *it chyp* [i⁵⁵tʂʰʅ²¹]); /pì/ [pjé̠] "dregs", /mì/ [mjé̠] "monkey"; /s̪ì/ [s̪é´] "wood" (compare to /s̪ɛ́/ "air").

After alveolar affricates, dental and alveolar fricatives, and velar stops, /ɛ/ may be realized as retroflex (characterized by lowered F3 values). For example, compare the realization of the word /ẓɛ́/ "to crawl, to climb" in isolation and the three repetitions of that verb in the compound /Nbì ẓɛ́/ "to climb mountains".

Fricative vowels

Fricative vowels (Ersu /z̩/ and /v̩/) are defined as vowels that are produced with the tongue in essentially the same position as in the corresponding fricatives (Ladefoged & Maddieson 1990:117, Ladefoged & Maddieson 1996:314). The constriction of the tongue tip or lips produces alveolar and labiodental frication, respectively.

The two fricative vowels in Ersu (/z̩, v̩/) are independent phonemes that co-occur with a broad range of initials. Therefore, they are distinct from the known cases of fricative vowels in SW Mandarin or Nuosu (e.g. Chao 1948, Li & Ma 1983:36, Ladefoged & Maddieson 1996:314), where syllabic fricatives can be viewed as conditioned variants of other (high) vowels. In this respect, they are more similar to fricative vowels in Bantu languages (e.g. Connell 2000). [iv]

The phonetic characteristics of the fricative vowels in Ersu are similar to those observed for fricative vowels in SW Mandarin (Svantesson 1984) or in Len (Connell 2000:238-240). More precisely (see Figure 16):

(1) Ersu fricative vowels display periodic vocal fold vibration and clear formant structure, as is typical of vowels; the formant structure of both vowels is consistent with that of a central vowel (the two vowels are "acoustically central" and characterized by evenly distributed formants). The two are differentiated by the configuration of the lips: spread for /z̩/ and rounded for /v̩/. /v̩/ is produced with a pronounced lip compression, whereby the lower lip is raised, while the upper lip remains in a static position (as characteristic for the articulation as labiodental fricatives, cf. Laver 1994:250). Examples include /z̩̀/ "snow", /v̩́/ "wine", /zź̩/ "shoe" and /zv̩́/ "oil" (see video clips "shoe" and "oil").

(2) Ersu fricative vowels are accompanied by fricative noise: the high frequency energy noise in the 3000Hz-6000Hz region for /z̩/, and a relatively flat spectrum for /v̩/ (as typical as labiodental fricatives) (cf. Ladefoged & Maddieson 1996:173-176); the fricative noise is more diffuse and weaker in intensity than that found for other fricatives.

Figure 16: Acoustic spectra and waveforms and spectrograms of the words /ẑ̩/ "snow", /v̩́/ "wine" (an arrow indicates high frequency noise in the 3000-6000 Hz region)

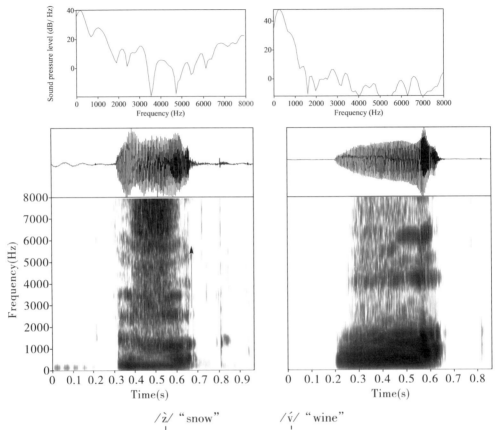

/ẑ̩/ "snow"　　/v̩́/ "wine"

The vowel /z̩/ may occur after bilabial stops, dental and alveolar affricates and fricatives, retroflex affricates, /ʈ/, and, in a very few cases, also after the voiced velar initials /g, Ng, ŋ/. It has a broad range of realization:

(1) After bilabial stop initials, /z̩/ is realized as [zz] after non-aspirated initials and as devoiced, [s̩], after aspirated stops initials. Examples include /bz̩/ [bz̩z] "bee", /pz̩-pz̩/ [pzz̩-pzz̩] "to be flat", /pʰz̩pó/ [ps̩pó] "wood shavings".

(2) After dental and alveolar affricates and fricatives, retroflex affricates and /ʈ/, /z̩/ is realized as homorganic to the preceding consonant onset. Examples include /sz̩/ "matter, affair" (Chinese *shì* 事, SW Mandarin /sɿ²¹³/), /zz̩/ "shoe", /tsz̩/ "to feed", /tsʰz̩/ "salt", /sz̩/ [s̩s̩] "meat", /zz̩/ [zz̩] "to wear, to put on", /ʈz̩/ [ʈr̩] "star", /ʈʰz̩/ [ʈʰr̩] "to cut with a sickle", /dʈz̩/ [dʈr̩] "glutinous rice", /ʈz̩/ [ʈr̩] "to laugh".

(3) After velar initials, /z̩/ is realized close to [ɣ], as in /gz̩óə tsz̩/ [gɣóə tsz̩] "spine, backbone" (compare to /gv̩/ "boat", /gó-gó/ "light adj.").

/v̦/ has a broader distribution and may occur after bilabial and velar stops, dental, alveolar and retroflex affricates, nasals, and dental and alveolar fricatives. It may be realized as [v̦] or [vʋ] in free variation (compare the two realizations of the word /gv̦́/ "boat"). Similar to /z̦/, /v̦/ has a fairly broad range of realization:

(1) After bilabial stop initials and retroflex affricates, /v̦/ is realized close to [ʙ]. This is similar to its realization in the closely related Lizu language. Examples include /pv̦́/ [pʙ́] "potato", /tʰɛ̀-pʰv̦́/ [tʰɛ̀-pʰʙ́] "to change, to turn into, to transform", /bv̦́/ [ʙ́] "wild cat", /tɽv̦́/ "sweat", /tɽv̦́/ "six", /Ndɽv̦́/ "tile" (see also Figure 6 and video clips "potato", "to change, to turn into, to transform", "wild cat"). The bilabial trill is particularly evident in the minimal contrastive pair /bv̦́/ [ʙ́] "wild cat" vs. /bó/ [bó] "to have, to possess".

(2) After /m/, /v̦/ is realized as a voiced syllabic bilabial nasal ([m̩]). For example, /mv̩̀tșɛ́/ [m̩ts̩ɛ́] "carpenter", /mv̩́ts̩ź̦/ [m̩ts̩ź̩] "cat".

Rhotacized vowels

Ersu has two rhotacized vowels, /ɚ̃/ (as in /ɚ̃/ "ashes; year; to be white; to bark", /xɚ̃́ mìNtɕʰì/ "south", reportedly from Nuosu *yyx hmy* [(ʐɿ³⁴)m̥ɿ³³] "south") and /ɐ˞/ (as in /vɐ˞́/ "slave", /xɐ˞́/ "bear; needle"). Compared to their oral counterparts (/z̦/ and /a/, respectively), /ɚ̃/ and /ɐ˞/ have a lowered frequency of the third formant. This is illustrated in Figure 17 with the minimal pair /vá/ "net" vs. /vɐ˞́/ "slave".

Figure 17: **Spectrograms of /vá/ "net" vs. /vɐ˞́/ "slave" (arrows indicate the lowered F3)**

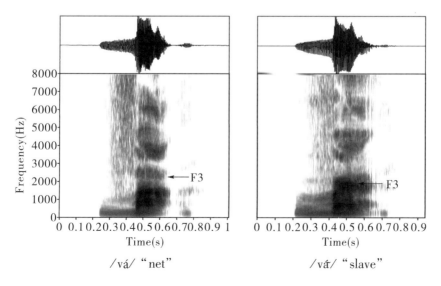

/ɑ�/ has a broad distribution and co-occurs with bilabial and velar stops, /m/, /ŋ/, /v/, and /x/. (After bilabial initials, /ɑ/ may be realized as the sequence [ɹa], e.g. /bɑ́/ [bɹá] "to be full", /mɑ́/ [mɹá] "to sleep".) Conversely, /ɚ/ mostly occurs in isolation (as in /ɚ́/ "ashes; year; to be white; to bark"). In addition, /ɚ/ also occurs after bilabial stops and /x/ (as in /xɚ́ mìNtɕʰì/ "south"). After bilabial stops /ɚ̃/ is realized with frication. This is similar to the realization of /z̩/ after bilabial stops. However, in contrast to /z̩/, /ɚ̃/ is pronounced with the tongue curved in a convex shape. Examples include /bɚ́/ [bẓ́] "crown of a head", /pɚ́/ [pẓ́] "thin rope", /pʰɚ́/ [pṣ́] "Tibetan".

Overall, Ersu can be said to have an unbalanced vowel system in that it has a high front vowel /i/ without a corresponding high back vowel /u/; a back close-mid vowel /o/ without a corresponding front close-mid vowel /e/; and an open-mid low vowel /ɛ/ without a corresponding back open-mid vowel /ɔ/. In our analysis, this may be due to an ongoing realignment of the vowel system of Ersu, following the development of the fricative vowels /z̩/ and /v̩/ from the high vowels /i/ and /u/ in this language. The development of the fricative vowels from /i/ and /u/ is suggested on the one hand, by the synchronic distributional evidence, considered in the light of aerodynamic constraints outlined in Ohala (1983), and on the other hand, by comparative evidence from the closely related Lizu and Duoxu languages. We note that Ersu /z̩/ does not co-occur with (dental and velar) stop initials, but it co-occurs with affricate initials instead. The vowel /v̩/ does not co-occur with dental stop initials, but it co-occurs with alveolar affricate initials. This complementary distribution can be explained as an outcome of sound change whereby dental and velar stops developed an affricated release when followed by high vowels. This is due to the fact that the high velocity of the airflow created upon release of a stop lasts longer when the stop precedes a close vowel as opposed to an open vowel (Ohala 1983:204-205). From a comparative perspective, Ersu /z̩/ has multiple correspondences in Lizu and Duoxu, including /i/ (as in "bee": Ersu /bź̩/, Lizu /bi²³/, Duoxu /bi²¹/; "shoe": Ersu /zź̩/, Duoxu /ʑi⁴⁴/), /e/ (as in "hair": Ersu /t̪s̩̀/, Lizu /ᶠtɕe/) as well as non-high vowels preceded by the palatal approximant -j- (as in "mountain": Ersu /Nbì/ [Nbjɛ́], Lizu /ᴿNbje/) (see Chirkova & Handel 2013b). These correspondence patterns reveal complex developments, which contribute to a realignment of the vowel system of Ersu, whereby the earlier phoneme /e/ is moving into the vacated /i/ space.

Nasalized vowels

Ersu marginally has a set of nasalized vowels. Nasalized vowels are generally restricted to recent loanwords from Mandarin Chinese, where the donor language has the nasal codas -n or -ng (as in /k ã/ "steel", Chinese gāng 钢, SW Mandarin /kaŋ⁴⁴/). (In addition, nasalized vowels are attested in two native Ersu words in our corpus, /ôã̯/ "goose" and /ɛ̂ã̯/ "duck"). It is interesting to note that in older loanwords, where the original nasal coda is followed by a syllable that begins with a vowel or nasal or when it is word final, the original nasal element is in most cases lost without compensation, as in /tʂwá/ "brick" from zhuān (SW Mandarin 砖 /tʂuan⁴⁴/), /pɛ̀tì/ "silver" from báidìng 白锭 "white ingot" (SW Mandarin /pei²¹tin²¹³/). This is similar to the closely related Lizu and Duoxu languages (Chirkova & Chen 2013, Chirkova & Handel 2013b). For that reason, vowel nasalization in Ersu must be regarded as subphonemic, and only needs to be marked in those cases where it is unpredictable (i.e. in recent loanwords).

Vowel harmony

In disyllabic domains, we observe regressive vowel assimilation. The vowel qualities can be divided into two sets: (1) the low vowels /a, æ/, and (2) the remaining, non-low vowels, that is, /i, ɛ, o, z̩, v̩/. Vowel harmony appears to only apply to directional prefixes and the number "one" (that is, it is restricted to high frequency morphemes). Consider expressions consisting of the numeral "one" (/tɛ́/ in isolation) followed by various nouns: /tá z̩á/ "one hundred", /tá ká/ "one strip", /N̩tsʰɛ̀ tà pǽ/ "one grain of rice", /tɛ́ pʰó/ "one set (of clothing)", /tɛ́ p v̩́/ "one tree; ten cents", /tɛ́ d̩z̩ ź̩/ "one sentence". Like many languages, which display vowel harmony in polysyllabic lexical items, Ersu has two forms for affixes, such as verbal directional affixes, e.g. /kʰá-lá/ "to come in (in the direction to the speaker)" vs. /kʰɛ́-jì/ "to enter (in the direction away from the speaker)".

Syllable Structure

The canonical Ersu syllable minimally consists of an obligatory nucleus and a tone. It may also contain up to three optional elements in the following linear structure: (C1)(C2)(C3)V, where C1 can be nasal (/N/) or a schwa-like segment (/ə/); C2 can be any consonant; C3 can be either /w/ or /j/; and V stands for vowel, and parentheses indicate optional constituents. Zero-initial words can be preceded by a non-phonemic glottal stop (e.g. /ôã̯/ [ʔôã̯] "goose", /ódʐá/ [ʔódʐá] "pear").

(1) V /á/ "I, first person singular pronoun"
(2) CV /tá/ "flag" (WT *dar*), /tʰá/ "millstone", /bò/ "string"
(3) CCV /ətá/ "wether, castrated ram", /tʰwá/ "mule", /Nbò/ "horse"
(4) CCCV /Ntʰwá/ "to be sharp"

In addition, (recent) loanwords may have the following structures:

(5) CVŋ   /pí´tʰàŋ/ "crystal sugar" (from Chinese bīngtáng 冰糖, SW Mandarin /pin⁴⁴tʰaŋ²¹/)

(6) CVV(V)   /fɛ̄´tʰiaò/ "rice noodle" (from Chinese fěntiáo 粉条, SW Mandarin /fen⁵³tʰiao²¹/)

Loanwords from Tibetan may also have /h/ in the C1 slot, as in /hkwàɻá/ "to turn, to circle". Similar to its linguistic neighbours, Ersu is phonologically monosyllabic with a strong tendency towards disyllabicity in its lexicon. Trisyllabic and quadrisyllabic words are mostly composite, e.g. /lɛ́máká/ "thumb" (< /lɛ́/ "hand"); /s̩v́Nb v̥́ əp ɛ́ək v̥́/ "nostril" (< /s̩v́Nb v̥́/ "nose", /əp ɛ́ək v̥́/ "hole, cavity"), although a handful of trisyllabic monomorphemic words (both native and loanwords) do exist (e.g. /xɔ̃́mìNtɕʰì/ "south").

In disyllabic composite forms, where the second syllable has zero initial, the two adjacent vowels merge into one vowel or a diphthong, a process that typically results in a long vowel or diphthong, as well as a tone change. This change characteristically occurs when the perfective marker /á/ (which has an etymological high-register tone) is added to a verb stem. For example, compare the realization of the verb /dɛ̀-pʰwá/ [dà-pʰʷá] "to smash" in isolation and when followed by the perfective marker /á/, i.e. /dɛ̀-pʰwà-á/ "have smashed".

The diminutive morpheme /ji/ often fuses with the preceding vowel resulting in a diphthong that combines the original vowel with the offglide /j/. Examples include "armpit", which is /jìbá jì/ in careful pronunciation or /jìbáj/ in a more rapid speech tempo (note a clear falling tone contour on the second syllable of the fused form, resulting from the low tone of /jì/ being conjoined with the high tone of /bá/); "lamb", which is /láb źjì/ in careful pronunciation or /láb źj/ in a more rapid speech tempo.

Prosodic organization

Ersu is a register tone language with two registers: Low and High (hereafter L and H), thus bearing resemblance to the tonal system of Tibetan (e.g. J. Sun 1997). In polysyllabic domains, there is tone reduction in non-initial syllables, resulting in highly restricted tone patterns in polysyllabic words.

Monosyllabic words and compounds

The register contrast in Ersu can be exemplified with the following minimal pairs: /b v̩̀/ "to plough" vs. /b v̩́/ "wild cat", /là/ "musk deer" vs. /lá/ "fertilizer, manure", /Nɖɻò/ "dirt, filth" vs. /Ndʐó/ "leather, skin", /tʈʰò/ "dog" vs. /tʈʰó/ "sound, melody". While the register contrast is fundamental in this language, surface pitch contours are subject to variation in both registers. A survey of 50 minimal pairs reveals two recurrent patterns in accordance to segmental perturbation: (1) a rising-falling contour, which is mostly associated with syllables with voiced initials, and (2) a falling contour, which is mostly, but not exclusively, associated with voiceless initials (see Figure 18).

Figure 18: **Pitch contours of the low and high register tones by a male speaker illustrated with /b v̩̀/ "to plough" vs. /b v̩́/ "wild cat", /tʈʰò/ "dog" vs. /tʈʰó/ "sound, melody". The low tone contour is represented by a solid line, the high tone contour is represented by a dotted line**

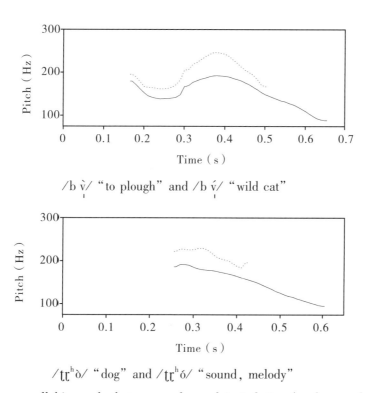

/b v̩̀/ "to plough" and /b v̩́/ "wild cat"

/tʈʰò/ "dog" and /tʈʰó/ "sound, melody"

We note that monosyllabic words that are rarely used in isolation (such as verbs and measure words) and loanwords are often realized in the context of elicitation in the high register, which we regard as the unmarked register for that reason in this language.

Polysyllabic words and compounds

In indisyllabic domains (both compounds and composite lexical words), the domain-initial syllable retains its tone, whereas the lexical tonal contrast of the non-initial syllable is not retained. Disyllabic words and compounds that begin with an root or a word in the high register are invariably realized with H tone on both syllables. Conversely, in the case of disyllabic words and compounds that begin with a root or a word in the low register, two tonal patterns are possible: (i) L tone on both syllables, and (ii) L tone on the domain-initial syllable and H on the second syllable. The two patterns are in free variation, as is the case in the word /^{L}v̰ʈà/ "cloth": [vʊ^{33}ʈa^{44}] or [vʊ^{33}ʈa^{31}]. Examples of the tonal patterns on disyllabic domains include: (i) the compounds /ŋwǎ-dʑì/ "cow shed" and /Nbò-dʑì/ "horse pen", which begin each with a L register word (/ŋwǎ/ "cow" and /Nbò/ "horse", respectively; the word "shed, pen" has an etymological low-register tone, i.e. /dʑì/); and (ii) the compounds /v ɛ́-dʑì/ "pig shed" and /jó-dʑì/ "sheep pen", which begin each with an H register word (/v ɛ́/ "pig" and /jó/ "sheep", respectively).

The same two patterns are attested in composite lexical words. Examples of minimal pairs for the two tonal patterns include: /Ndʐó-Ndʐó/ "to make friends", /Ndʐò-Ndʐó/ "ear of millet" (see Figure 19); /njó-njó/ "milk; breast", /njò-njó/ "to be soft"; /tɕó-tɕó/ "to wrap, to bind", /tɕò-tɕó/ "maternal uncle" (Chinese jiùjiu 舅舅, SW Mandarin /tɕiəu^{213}tɕiəu^{44}/); /k^h ɛ́-jì/ "to enter", /k^h ɛ̀-jì/ "to go live (inside)".

Figure 19: Illustration of the H vs. L contrast in disyllabic items /Ndʐó-Ndʐó/ "to make friends" and /Ndʐò-Ndʐó/ "ear of millet" by a male speaker

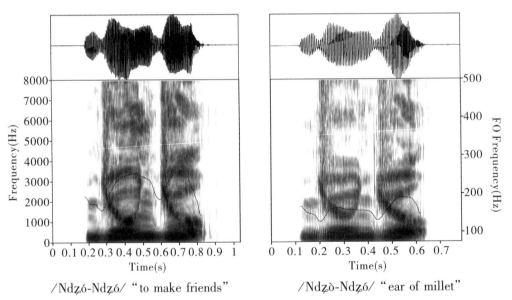

/Ndʐó-Ndʐó/ "to make friends"   /Ndʐò-Ndʐó/ "ear of millet"

In addition, Ersu disyllabic words marginally have a third tonal pattern, in which the high F0 peak is realized before the end of the first syllable, where the pitch starts to fall already and continues to fall in the second syllable. Perceptually, the second syllable of these words sounds much less prominent than the first syllable, giving rise to the impression that it is unstressed. This tonal pattern is essentially observed in Chinese loanwords, as well as in fusions and in a handful of native

Ersu words. Examples include /fɛ̃´tʰiaò/ "rice noodle", /pi˞´tʰaŋ̀/ "crystal sugar", /t̠ʂʰálà/ "tomb", /ʂɛ́t ɛ̀/ "who".

The same three tonal patterns are observed in trisyllabic compounds. These include:

(i) H tone on all syllables within the domain, for those domains that begin with an H tone word (HHH), as in:

/z̠v́/ "fish" + /mɛ́N t̠ʂʰɛ́/ "tail" > /z̠v́ mɛ́N t̠ʂʰɛ́/ "fish tail"

/jó/ "sheep" + /Ndʐv̩́pì/ "skin, leather" > /jó Ndʐv̩́pì/ "sheep skin"

(ii) L tone on all syllables of the domain, for those compounds that begin with an L tone word (optionally, with the H tone on the last syllable of the domain) (LLL/H), as in:

/Nbò/ "horse" + /mɛ́N t̠ʂʰɛ́/ "tail" > /Nbò mɛ̀N t̠ʂʰɛ́/ "horse tail"

/ŋva̋/ "cow" + /Ndʐv̩́pì/ "skin, leather" > /ŋva̋ Ndʐv̩̀pì/ "cowhide"

(iii) The third, less frequent, tonal pattern is that in which the domain of tone change appears to be restricted to the first two syllables, whereas the remaining syllable(s) is realized with a low tone (HHL), as in:

/ʂɛ́/ "iron" + /N d̠zv́-N d̠zv́/ "button" > /ʂɛ́ N d̠zv́-N d̠zv̀/ "iron button"

/əmɛ́/ "soldier" + /N d̠zòmó/ "official" > /əmɛ́ N d̠zómò/ "general"

/ɔ́́-ʂv̩́/ "the Ersu people" + /xó/ "language" > /ɔ́́-ʂv̩́ xò/ "the Ersu language"

Ersu function words and discourse particles (e.g. the genitive particle /ji/, the focus particle /n̠ɛ/ in the appended text) are never pronounced in isolation. Their surface tone realization depends on the tone of the preceding (host) lexical word (similar to tonal contours in compounds).

Transcription of the appended text

The original audio and video recordings (made with a Digidesign 003 Rack soundcard, Pro Tools LE software for iMac, an AKG C520L headset microphone, and video cameras Sony HDR-XR 520E and Sony HDR-PJ650) have been made available to the JIPA along with this analysis.

North Wind And the Sun

Semi-narrow phonetic transcription

tɛ́ njó tɛ́ kɛ́ nɛ́ | mɛ́ś lá máts̪ʰá=dz̪ì dɛ̀-dz̪v̀-dz̪v̀-á dz̪ì ‖ nɛ̀ nɛ́=wó tʰɛ́ tá-wá xìbá ká | xìbá ká xá nɛ́ nɛ́=wó dɛ̀-Ndz̪ì-Ndz̪ì | s̪ɛ́tɛ́=wó xá nɛ́ s̪ɛ́tɛ́=wó já-ŋá dz̪ì-á | s̪ɛ́tɛ́=wó xá nɛ́ s̪ɛ́tɛ́=wó s̪òmó jà-dz̪ó dz̪ì-á | Ndz̪ì-Ndz̪ì ‖ nɛ́-Ndz̪ì-Ndz̪ì nɛ́-Ndz̪í-Ndz̪í nɛ́ tʰɛ̀-á tɛ́=wó tɛ́-á tʰà-kʰá mà=pʰá | tʰɛ́=kɛ́ nɛ́ Ndz̪á r̥z̩-kʰwá Ndr̪v̀s̪z̩-s̪v́ tɛ́ ŋà-lá dz̪ì-gɛ̀-á | Ndr̪v̀s̪z̩-s̪v́ lɛ́ ətɕí Ngámɛ́ já-ts̪ʰá jà-kʰwá tá-ts̪ʰá dɛ̀-z̪ź ts̪á dz̪ì-gɛ́ ‖ nɛ̀ nɛ́=wó tʰɛ́ ná-tɕá-ji | jó=dz̪ì s̪ɛ́tɛ́=wó já-ŋá nɛ́ tʰɛ́ Ndr̪v̀s̪z̩-s̪v́ Ngámɛ́ jà-kʰwà=ts̪ʰà | tʰà-kwá ná-lá s̪v́ tʰɛ́-já dz̪ì-á ‖ nɛ́ mɛ́ś=wó | jò s̪ó tɕʰó-gɛ́ tʰɛ́-já dz̪ì-gɛ̀-á ‖ mɛ́ś=wó dɛ̀-dɛ̀-màr nɛ́ | átʰɛ́ Ndr̪v̀s̪z̩-s̪v́ Ngámɛ́=ts̪ʰá tʰɛ́-tʰɛ́-pv́-pv́ | mɛ́ś=wó dɛ̀-dɛ̀-ɜ̀ nɛ́ | Ngámɛ́=ts̪ʰá tʰɛ́-tʰɛ́-pv́-pv́ | áNdz̪ì tɕʰò-á xá lá Ngámɛ́=ts̪ʰá tʰà-kwà-jì ná-lá mà=pʰá ‖ nɛ́ tʰɛ́=kɛ́ nɛ́ máts̪ʰá=wó tɕʰó=gɛ́ tʰɛ́-já dz̪ì-á ‖ má-ts̪ʰá=wó tɛ́ kʰó ŋà-sá xá nɛ́ | átʰɛ́ s̪v́ dà-ts̪ʰà-jì dà-là nɛ́ | Ngámɛ́=ts̪ʰá dz̪ógwá tʰà-kwà-jì ná-lá dz̪ì-gɛ́ ‖ nɛ́ tʰɛ́=kɛ́ nɛ́ mɛ́ś=wó ɛj | á ná kʰɛ̀-s̪ź má-tó-á tʰɛ́-já dz̪ì-á ‖

Interlinear morphemic glossing

Abbreviations used in the gloss below follow the Leipzig Glossing Rules (LGR, http://www.eva.mpg.de/lingua/resources/glossing-rules.php). Non-standard abbreviations (those not included in the LGR) are: anm = animate, cmpr = comparative, sfp = sentence final particle.

tɛ́	**njó**	**tɛ́**	**kɛ́**	**nɛ́**	**mɛ́ś**	**lá**	**máts̪ʰá=dz̪ì**
one	day	one	LOC	TOP	wind	and	sunshine=DU

dɛ̀-dz̪v̀-dz̪v̀-á	**dz̪ì** ‖	**nɛ̀**	**nɛ́=wó**	**tʰɛ́**
upward-meet-meet-PFV	say	TOP	two=item	that

tá-wá	**xìbá**	**ká**	**xíbá**	**ká**	**xá**	**nɛ́**	**nɛ́=wó**
one-together	conversation	hit	conversation	hit	time	TOP	two=item

dɛ̀-Ndz̪ì-Ndz̪í	**s̪ɛ́tɛ́=wó**	**xá**	**nɛ́**	**s̪ɛ́tɛ́=wó**
upward-dispute-dispute	who=item	time	TOP	who=item

já-ŋá	**dz̪í-á**		**s̪ɛ́tɛ́=wó**	**xá**	**nɛ́**	**s̪ɛ́tɛ́=wó**
CMPT-ruthless	say-PFV		who=item	time	TOP	who=item

s̪òmó	**jà-dz̪ó**	**dz̪ì-á**	**Ndz̪í-Ndz̪í** ‖	**nɛ́-Ndz̪í-Ndz̪í**
strength	CMPT-exi	stsay-PFV	dispute-dispute	downward-dispute-dispute

nɛ́-Ndz̪í-Ndz̪í	**nɛ́**	**tʰɛ́-á**	**tɛ́=wó**	**tɛ́-á**
downward-dispute-dispute	TOP	that-ANM.PNT	one=item	one-ANT.PNT

tʰà-kʰá	mà=pʰá |	tʰɛ=kɛ	nɛ́	Ndẓá	ɽẓ́-kʰwá
outward-win	NEG=be.able	that=LOC	TOP	Chinese	road-big

Ndɽ̥v̀sẓ̀-sv́	tɛ	ŋà-lá	dẓ̀ì-gɛ̀-á	|Ndɽ̥v̀sẓ̀-sv́	lɛ́
walk-NMLZ.AGT	one	outward-come	say-PROG-PFV	walk-NMLZ.AGT	FOC

ətɕì	Ngámɛ	já-tsʰá	jà-kʰwá	tá-tsʰá	dɛ̀-ẓ́
really	clothes	COMPT-set	COMPT-big	one-set	upward-wear

tsá	dẓ́í-gɛ ||	nɛ̀	nɛ́=wó	tʰɛ	ná-tɕá-jí |	jó=dẓ̀ì
DUR	say-PROG	you	you=item	that	downward-agree-res	self=DU

sɛ́tɛ́=wó	já-ŋá	nɛ́	tʰɛ	Ndɽ̥v̀sẓ̀-sv́	Ngámɛ
who=item	CMPR-ruthless	TOP	that	walk-NMLZ.AGT	clothes

jà-kʰwà=tsʰà	| tʰà-kwá	ná-lá	sv́	tʰɛ-já
CMPR-big=set	here-take.off	downward-come	CAUS	that-kind

dẓ̀ì-á || nɛ́	mɛ́ʂ́=wó |	jò	ʂó	tɕʰó-gɛ́	tʰɛ-já
say-PFV TOP	wind=item	self	first	perform-PROG	that-kind

dẓ̀ì-gɛ̀-á	|| mɛ́ʂ́=wó	dɛ̀-dɛ̀-má	nɛ́|	átʰɛ
say-PROG-PFV	wind=item	upward-upward-blow	TOP	that

Ndɽ̥v̀sẓ̀-sv́	Ngámɛ=tsʰá	tʰɛ-tʰɛ-pv́-pv́|	mɛ́ʂ́=wó
walk-NMLZ.AGT	clothes=set	here-here-wrap-wrap	wind=item

dɛ̀-dɛ̀-ə̀	nɛ́|	Ngámɛ=tsʰá	tʰɛ-tʰɛ-pv́-pv́|
upward-upward-blow	TOP	clothes=set	here-here-wrap-wrap

áNdẓ́ì	tɕʰó-á	xá	la	Ngámɛ=tsʰá	tʰà-kwà-jí
how	perform-pfv	time	and	clothes=set	here-take.off-RES

ná-lá	mà=pʰá ||	nɛ̀	tʰɛ=kɛ	nɛ́
downward-come	NEG=be.able	TOP	that=LOC	TOP

má tsʰá=wó	tɕʰó-gɛ́	tʰɛ-já	dẓ̀ì-á ||	má tsʰá=wó
sunshine=item	perform-PROG	that-kind	say-PFV	sunshine=item

tɛ	kʰó	ŋà-ʂá	xá	nɛ́	|átʰɛ	sv́	dà-tsʰà-
one	shine	outward-put	time	TOP	that	person	upward-hot-

jí	dà-là	nɛ́|	Ngámɛ=tsʰá	dẓógwá	tʰà-kwà-jí
RES	upward-come	TOP	clothes=set	immediately	here-take.off-RES

ná-lá	dẓ̀ì-gɛ||	nɛ́	tʰɛ=kɛ	nɛ	mɛ́ʂ́=wó	ɛj |
downward-come	say-PROG	TOP	that=LOC	TOP	wind=item	ITRJ

á	ná	kʰɛ̀-ṣẓ́	má=tó-á	tʰɛ-já	dẓ̀ì-á ||
l	you.ANM.PNT	inward-defeat	NEG=can-PFV	that-kind	say-PFV

Acknowledgments

We would like to thank our Ersu language consultants, Mrs. Wang Ying 王英 (Jiman Keli 吉满柯莉) and Mr. Chen Guofu 陈国富 for their patience and assistance. We are grateful to the Laboratoire de Phonétique et Phonologie (LPP) of the Centre National de la Recherche Scientifique (CNRS) for making their phonetic laboratory available to us through the operation "Phonetic and Phonological Complexity" of the project LabEX – EFL (Laboratoire d'excellence "Fondements Empiriques de la Linguistique—Empirical Foundations of Linguistics"). We are also grateful to Jacqueline Vaissière, Zev Handel, and the two anonymous reviewers of this illustration for helpful comments and suggestions, and to Matthew Faytak for a discussion on fricative vowels. Thanks are also due to Jos Pacilly (Leiden University) for helping us with Praat scripts, to Franz Huber (ETH Zürich) for creating the map in this paper, and to Wang Ke 王轲 (Jiman Shalima 吉满莎丽玛) and Gu Tao 古涛 for help with the recording of palatograms. We gratefully acknowledge the financial support of the Agence Nationale de la Recherche of France (grant number ANR-07-JCJC-0063) and LabEX–EFL (axe PPC2) to Katia Chirkova, Wang Dehe, and Tanja Kocjančič Antolík; of the Endangered Languages Documentation Programme (ELDP, grant number MPD0257) to Katia Chirkova; and of the Netherlands Organisation for Scientific Research (NWO-VIDI 016084338) and the European Research Council (ERC-Starting Independent Researcher Grant, 206198) to Yiya Chen.

References

Anderson, Victoria B. 2008. Static palatography for language fieldwork. *Language Documentation and Conservation* 2(1), 1–27.

Bradley, David. 1979. *Proto-Loloish*. (Scandinavian Institute of Asian Studies, monograph series, 39). London & Malmo: Curzon Press.

Bradley, David. 1985. Nasality in Bisu and Bisoid. In: Ratanakul, Suriya, David Thomas, and Suwilai Premsrirat (eds.), *Southeast Asian Linguistic Studies Presented to André-G. Haudricourt*, 234-263. Institute of Language and Culture for Rural Development, Mahidol University.

Bradley, David. 1997. Tibeto-Burman languages and classification. In David Bradley (ed.), *Tibeto-Burman Languages of the Himalayas* (Papers in Southeast Asian Linguistics no.14), 1–71. Canberra: Department of Linguistics, Research School of Pacific and Asian Studies, Australian National University.

Bradley, David. 2008. Labiovelars in Adur. Paper presented at the Workshop on Tibeto-Burman Languages of Sichuan, Academia Sinica, Taipei, 21-22 November 2008.

Chao, Yuen Ren. 1948. *Mandarin primer: An Intensive Course in Spoken Chinese*. Cambridge: Harvard University Press.

Chirkova, Katia. 2012. The Qiangic subgroup from an areal perspective: A case study of languages of Muli. *Language and Linguistics* 13(1), 133–170.

Chirkova, Katia. In press. The Duoxu language and the Ersu-Lizu-Duoxu relationship. *Linguistics of the Tibeto-Burman Area* 37(1).

Chirkova, Katia & Yiya Chen. 2013. Lizu (Illustrations of the IPA). *Journal of the International Phonetic Association* 43(1), 75–86.

Chirkova, Katia & Zev Handel. 2013a. Diachronic developments of voiceless nasals in Ersu, Lizu, and related languages. Paper presented at the 46th International Conference on Sino-Tibetan Languages and Linguistics, Dartmouth College, New Hampshire, August 7-10.

Chirkova, Katia & Zev Handel. 2013b. Fricativization of high vowels and glides in Ersu, Lizu, and related languages. Paper presented at the 3rd Workshop on Sino-Tibetan Languages of Sichuan, Paris, September 2-4.

Chirkova, Katia & Zev Handel. Submitted. Diachronic developments of voiceless nasals: the case of Ersu, Lizu, and related languages.

Connell, Bruce. 2000. Mambila fricative vowel. In Carstens, Vicki & Frederick Parkingson (eds.), *Advances in African Linguistics* (Trends in African linguistics 4), 233–249. Trenton, NJ: Africa World Press.

Ladefoged, Peter. 2003. *Phonetic Data Analysis: An Introduction to Fieldwork and Instrumental Techniques*. Malden: Blackwell Publishing.

Ladefoged, Peter & Ian Maddieson. 1990. Vowels of the world's languages. *Journal of Phonetics* 18:93-122.

Ladefoged, Peter & Ian Maddieson. 1996. *The Sounds of the World's Languages*. Malden, MA: Blackwell Publishers.

Lama Ziwo. 1994. Namuyiyu zhishu yanjiu [On the genetic affiliation of the Namuyi language], *Minzu Yuwen* [Ethnic languages] 1, 50–60.

Laver, John. 1994. *Principles of Phonetics*. Cambridge: Cambridge University Press.

Li Lan. 2010. Sichuan Muli xian fangyan jilue [The Chinese dialect of Muli, Sichuan: A survey]. *Fangyan* [Dialects] 2, 114–133.

Li Min & Ma Ming. 1983. *Liangshan Yiyu Yuyin Gailun* [Introduction to the phonetics of the Yi language of Liangshan Prefecture]. Chengdu: Sichuan Ethnic Press.

Liu Huiqiang. 2007. Ersuyu gaikuang [An outline of the Ersu language]. In Li Shaoming & Liu Junbo (eds.), *Ersu Zangzu Yanjiu* [Studies on the Ersu Tibetans], 462–500. Beijing: Minzu Chubanshe. First published in 1983 in Sichuan sheng Minzu Yanjiusuo (eds.), *Minzu Yanjiu Lunwenji* [Collected papers on ethnic languages], vol. 1.

Marchal, A. 1988. *La Palatographie*. Paris: Editions du Centre National de la Recherche

Scientifique.

Matisoff, James A. 2003. *Handbook of Proto-Tibeto-Burman: System and Philosophy of Sino-Tibetan Reconstruction.* Berkeley: University of California Press.

Matisoff, James A. 2006. Much Adu about something: extrusional labiovelars in a Northern Yi patois. *Linguistics of the Tibeto-Burman area*, 29(1), 95-106.

McGowan, R. S. 1992. Tongue-tip trills and vocal-tract wall compliance. *Journal of the Acoustical Society of America*, 91, 2903-2910.

Ohala, John J. 1983. The origin of sound patterns in vocal tract constraints. In P. F. MacNeilage (ed.), *The Production of Speech*, 189-216. New York: Springer.

Pan Zhengyun. 2001. Yiyu Aduhua chunruan'e fufuyin shengmu bijiao yanjiu [A comparative study of labiovelar cluster initials in the Adu patois of the Yi language]. *Minzu Yuwen* [Ethnic languages] 2, 17-22.

Schmidt, Edwin. 2011. Commodification in an Ersu Tibetan Village of Sichuan, China. MA Dissertation: Oregon State University.

Spajić, Siniša, Ladefoged, Peter, and P. Bhaskararao. 1996. *The Trills of Toda*. Journal of the International Phonetic Association 26(1), 1-21.

Sun Hongkai. 1982. Ersu (Duoxu) hua jianjie [An outline of Ersu (Duoxu)]. *Yuyan Yanjiu* [Linguistic Study] 2, 241-264.

Sun Hongkai. 1983. Liujiang liuyu de minzu yuyan ji qi xishu fenlei [Ethnic languages of the Six River Valley and their genetic classification]. *Minzu Xuebao* [Journal of Ethnic Studies] 3, 99-274.

Sun Hongkai. 2001. Lun Zang-Mian yuzu zhong de Qiang yuzhi yuyan [On the Qiangic branch of the Tibeto-Burman language family]. *Language and Linguistics* 2(1), 157-181.

Sun Hongkai (2009 [1983]). The Ersu Shaba Pictographic Writing System. *Journal Asian Highlands Perspectives* 1, 159-186.

Sun, Jackson T.-S. 1997. The typology of tone in Tibetan. *Proceedings of the Symposium "Chinese Languages and Linguistics IV: Typological Studies of Languages in China"* (*Symposium Series of the Institute of History and Philology-Academia Sinica*), 485-521. Taipei: Taiwan.

Svantesson, Jan-Olof. 1984. Vowels and diphthongs in Standard Chinese. *University of Lund Department of Linguistics Working Papers* 27, 209-235.

Wang, Dehe. 2010. *Ersu Zangzu Wenhua Yanjiu* [Study of Ersu Tibetan culture]. Chengdu: Sichuan University Press.

Wang, Dehe. 2011. Ersu shaba xiangxingwen lishu yanjiu [Divination books and pictographic script of the Ersu Shaba priests]. *Cahiers de Linguistique - Asie Orientale* 40(2), 225-248.

Wu Da. 2010. Zuqunxing yu zuqun rentong jiangou—Sichuan Ersuren de minzuzhi yanjiu [The construction of ethnic identities among the Ersu of Sichuan]. Beijing: Minzu Chubanshe.

Yu, Dominic. 2012. *Proto-Ersuic*. Ph.D. Dissertation: University of California, Berkeley.

Zhang Sihong. 2013 (in press). The expression of knowledge in Ersu. In Aikhenvald, Alexandra Y. & R. M. W. Dixon (eds.). *The Grammar of Knowledge: A Cross-linguistic Typology*, Chapter 6. Oxford: Oxford University Press.

尔苏姓氏统一用字简表

整理 王轲；审订 王德和

家族集团	汉字记音	尔苏拼音	国际音标	汉姓	英语姓
王姓九家族 jimananyonggeo ssyi（实际已发展为十一家族）	黑皮肤	jjimar nddronwa	dʑi⁵⁵maɻ⁵⁵ndʐo⁵⁵nua⁵⁵	王	Wang
	逛普（胖墩）	jjimar gwanpu	dʑi⁵⁵maɻ⁵⁵kua⁵⁵mpʰu³³	王	
	玛哈	jjimar mwaha	dʑi⁵⁵maɻ⁵⁵mua⁵⁵xa⁵⁵	王	
	白皮肤	jjimar nddroer	dʑi⁵⁵maɻ⁵⁵ndʐo⁵⁵ɚ⁵⁵	王	
	呷扎	jjimar gaza	dʑi⁵⁵maɻ⁵⁵ka⁵⁵tsa⁵⁵	王	
	阿呷	jjimar aga	dʑi⁵⁵maɻ⁵⁵a⁵⁵ka⁵⁵	王	
	扎丝	jjimar zasyi	dʑi⁵⁵maɻ⁵⁵tsa⁵⁵sɿ⁵⁵	王	
	哦拉	jjimar ola	dʑi⁵⁵maɻ⁵⁵o³³la³³	王	
	黑山羊	jjimar cinwa	dʑi⁵⁵maɻ⁵⁵tsʰi⁵⁵nua⁵⁵	王	
	多夸	ddokwa	do³³kʰua³³	王	
	故策	gguci	gu³³tsʰi³³	李	Li
周姓十三家族 ojjo wabbu casa panci	哦	o	o⁵⁵	周	Zhou
	急哦	jjo	dʑo⁵⁵	周	
	瓦	wa	wa⁵⁵	周	
	瓦布	wa bbu	wa⁵⁵bu⁵⁵	周	
	塔社	nta she	ntʰa⁵⁵ʃe⁵⁵	周	
	阿塔	a ta	a⁵⁵tʰa⁵⁵	周	
	阿多	a ddo	a⁵⁵do⁵⁵	周	
	阿苏	asu	a⁵⁵su⁵⁵	周	
	三皮	sa npi	sa⁵⁵npʰi⁵⁵	周	
	昂古	anggu	a⁵⁵ŋgu⁵⁵	周	
	阿依	ai	a⁵⁵ji⁵⁵	周	
	普哟	puyo	pʰu⁵⁵jo⁵⁵	周	
	抛	pao	pʰao⁵⁵	黄	Huang

续表

家族集团	汉字记音	尔苏拼音	国际音标	汉姓	英语姓
张姓九家族 isha swassa ngge ossyi	依沙	isha	ji³³ʃa³³	张、杨、叶	Zhang/Yang/Ye
	卓比	nddrobbyi	ndʐo⁵⁵bzo⁵⁵	张、叶	Zhang/Ye
	韩博	lhanbbo	ɬa³³mbo³³	陈	Chen
	昂博	anbbo	a⁵⁵mbo⁵⁵	马	Ma
	抛	pao	pao³³	黄	Huang
	车模	chemo	tʃʰe⁵⁵mo⁵⁵	陈、韩	Chen/Han
	占满	nzzamar	ndza⁵⁵mɚ⁵⁵	张、汪	Zhang/Wang
	达折	nddadre	nda⁵⁵tʂe⁵⁵	曾	Zeng
	耍冉	shwassa	ʃua⁵⁵za⁵⁵	张、冉	Zhang/Ran
杨姓十三家族 pryice baer casa panci	蒲	pryi	pʰzʅ⁵⁵	蒲	Pu
	策	ce	tsʰe⁵⁵	程	Cheng
	巴尔	baer	pa³³ɚ³³	杨	Yang
	伊布	baeribbu	pa³³ɚ³³ji⁵⁵bu⁵⁵	尹	Yin
	尼外(狩猎)	baernyivar	pa³³ɚ³³ɲi⁵⁵vɚ⁵⁵	殷、尹	Yin
	扎思(搬迁)	baerzasyi	pa³³ɚ³³tsa⁵⁵sɿ⁵⁵	尹	Ying
	北断(搅团)	baer betwa	pa³³ɚ³³pe⁵⁵tua⁵⁵	尹	Ying
	沃雅	baer wonya	pa³³ɚ³³wo⁵⁵ɲa⁵⁵	杨	Ying
	霍(粥)	baer hodde	pa³³ɚ³³xo⁵⁵de⁵⁵	杨	Ying
	扎拉瓦	baerzarawa	tsa⁵⁵ra⁵⁵wa⁵⁵	王、张	Wang/Zhang
	迷笛	midi	mi⁵⁵ti⁵⁵	冉	Ran
	(待查补)				
	(待查补)				
没有归入家族集团的和我们没有调查清楚的家姓	门格	mengge	me⁵⁵ŋge⁵⁵	王	Wang
	旺比	vanbbryi	va⁵⁵nbzʅ⁵⁵	王	Wang
	洛瓦布	lwabbu	lua⁵⁵bu⁵⁵	王	Wang
	帐卡	zhanka	tʃa³³nkʰa³³	山	Shan
	止欧	tryi o	tʂʅ⁵⁵wo⁵⁵	王	Wang
	尔怕	ryipwa	ʐɚ⁵⁵pʰua⁵⁵	陈	Chen

注：在甘洛县和越西县居住的黄姓家族，各归并在不同的家族集团里。石棉县尔苏藏族的姓氏自由选取汉姓的多，比较复杂，此表没有列出。

尔苏姓氏汇总表(越西县)

收集 黄箭铭；整理 王轲

尔苏拼音	汉字注音	国际音标	汉姓	英语姓
addo	阿朵	$a^{55}do^{55}$	周	Zhou
anbbo	昂博	$a^{55}nbo^{55}$	马	Ma
anggu	昂古	$a^{55}ŋgu^{55}$	周	Zhou
ryipwa	尔帕	$rə^{55}p^hua^{55}$	陈	Chen
baer	巴尔	$pa^{33}ɚ^{33}$	杨	Yang
baer zasyi	巴尔(扎斯)	$ba^{33}ɚ^{33}tsa^{55}sɿ^{55}$	杨	Yang
chemo	车莫	$tʃ^he^{55}mo^{55}$	陈、张	Chen / Zhang
ddobba	多巴	$ddo^{55}ba^{55}$	王	Wang
ddokwa	多夸	$do^{33}k^hua^{33}$	王	Wang
gguci	谷策	$gu^{33}nts^hi^{33}$	王、李	Wang /Li
isha	伊萨(沙)	$ji^{33}ʃa^{33}$	张	Zhang
jjimar	吉满	$dʑi^{55}mɚ^{55}$	王	Wang
jjimar gaza	吉满(呷扎)	$dʑi^{55}mɚ^{55}ka^{55}tsa^{55}$	王	Wang
jjimar mwaha	吉满(玛哈)	$dʑi^{55}mɚ^{55}mua^{55}xa^{55}$	王	Wang
lhanbbo	韩博	$ɬa^{33}mbo^{33}$	陈	Chen
lwabbu	洛瓦布	$lua^{55}bu^{55}$	王	Wang
mengge	门格	$me^{55}ŋge^{55}$	王	Wang
nddrobbyi	卓比	$ndʐo^{55}bzɿ^{55}$	张	Zhang
nyaryi	拟阿尔	$ɲa^{55}rɿ^{55}$	杨	Yang
nzzamar	扎玛	$ndza^{55}mɚ^{55}$	张	Zhang
pao	抛	$p^ha^{33}o^{33}$	黄	Huang
pryi	蒲日	$p^hzɿ^{55}$	蒲	Pu
wa bbu	挖布	$wa^{55}bu^{55}$	周	Zhou
zarawa	扎拉瓦	$tsa^{55}ra^{55}wa^{55}$	王、张	Wang / Zhang

尔苏姓氏汇总表(甘洛县)

收集 周子明；整理 王轩

尔苏拼音	汉字注音	国际音标	汉姓	英语姓
a cha	阿茶	a⁵⁵tʃa⁵⁵	阿茶	Acha
a ddo	阿多	a⁵⁵do⁵⁵	周	Zhou
a nbbo	昂波	a⁵⁵mbo⁵⁵	马	Ma
a nga	阿岸	a⁵⁵ŋa⁵⁵	安	An
a nggo	昂果	a⁵⁵ŋo³³	安、晏	An/Yan
a nggu	昂古	a⁵⁵ŋu³³	周	Zhou
a ta	阿塔	a⁵⁵tʰa⁵⁵	周	Zhou
ba er	巴尔	pa³³ɚ³³	杨	Yang
dryi o	止呕	tʂʅ⁵⁵o³³	王	Wang
i sha	依沙(萨)	ji³³ʃa³³	张	Zhang
jji mar	吉满	dʑi⁵⁵mɑ⁵⁵	王	
jjimar aga	吉满(阿呷)	dʑi⁵⁵mɑ⁵⁵a⁵⁵ka⁵⁵	王	
jjimar gwanpu	吉满(逛普)	dʑi⁵⁵mɑ⁵⁵kua⁵⁵mpʰu³³	王	Wang
jjimar kaza	吉满(呷扎)	dʑi⁵⁵mɑ⁵⁵ka⁵⁵tsa⁵⁵	王	
jjimar mwaha	吉满(玛哈)	dʑi⁵⁵mɑ⁵⁵mua⁵⁵xa⁵⁵	王	
ka npi	康匹	kʰa⁵⁵mpʰi⁵⁵	康	Kang
lha nbbo	韩波	ɬa⁵⁵mbo³³	陈	Chen
lwa bbu	洛瓦补	lua³³bu³³	王	Wang
me ngge	门格	me³³ŋge³³	王	Wang
nddro bbyi	卓比	ndʐo⁵⁵bzʅ⁵⁵	张、叶	Zhang/Ye
nzza mar	扎满	ndza⁵⁵mɑ⁵⁵	张、汪	Zhang/Wang
pa o	抛哦	pha³³o³³	黄	Huang
ryi pwa	尔帕	rɚ⁵⁵pʰa⁵⁵	陈	Chen
ssa ga	日啊噶	za³³ka³³	冉	Ran
va nbbryi	汪比	va⁵⁵nbzɚ⁵⁵	王	Wang
wa bbu	挖补	wa⁵⁵bu³³	周	Zhou
za rawa	扎拉瓦	tsa⁵⁵ra³³wa³³	王	Wang
zha nka	帐卡	tsa⁵⁵ŋkʰa⁵⁵	山	Shan

尔苏姓氏汇总表(汉源县)

收集 安德全；整理 王轲

尔苏拼音	汉字注音	国际音标	汉姓	英语姓
a nbbo	昂博	a⁵⁵mbo⁵⁵	马	Ma
a nggu	昂古	a⁵⁵ŋgu⁵⁵	周	Zhou
ba er(hodde)	巴尔(霍)	pa³³ɚ³³	杨、何	Yang/He
che mo	策莫	tʃʰe⁵⁵mo⁵⁵	张、陈	Zhang/Chen
ddo bba	多班	do⁵⁵ba⁵⁵	王	Wang
ddokwa	多垮	do³³kʰua³³	王、马、胡	Wang/Ma/Hu
ggu ci	谷策	gu³³tsʰi³³	李	Li
i bbu	伊布	ji⁵⁵bu⁵⁵	尹、殷、荫、杨	Yin/Yang
isha	伊萨(沙)	ji³³ʃa³³	张、杨	Zhang/Yang
jjimar	吉满	dʑi⁵⁵maʴ⁵⁵	王	Wang
jjimar(mwaha)	吉满(玛哈)	dʑi⁵⁵maʴ⁵⁵mua⁵⁵xa⁵⁵	王(个别姓周)	Wang
jjimar(ola)	吉满(哦拉)	dʑi⁵⁵maʴ⁵⁵o³³la³³	王	Wang
lha nbbo	韩波	ɬa³³mbo⁵⁵	陈、韩	Chen/Han
lwa bbu	洛阿布	lua⁵⁵bu⁵⁵	王	Wang
me ngge	门格	me⁵⁵ŋge⁵⁵	王、甘	Wang/Gan
ndda dre	达者	nda⁵⁵tʈe⁵⁵	曾	Zeng
nddrobbyi	卓比	ndʈo⁵⁵bzo⁵⁵	张、叶	Zhang/Ye
nyi ma	尼玛	ȵi⁵⁵ma⁵⁵	王	Wang
nyi mo	聂摸	ȵi³³mo⁵⁵	王、张	Wang/Zhang
nzza mar	张满	ndza⁵⁵maʴ⁵⁵	张、汪	Zhang/Wang
pa o	抛	pʰao⁵⁵	黄	Huang
ryi pwa	尔帕	rə⁵⁵pʰua⁵⁵	陈	Chen
ssa ga	日阿呷	za⁵⁵ka⁵⁵	冉	Ran
sshyi dde	日特	ʐə⁵⁵de⁵⁵	彭	Peng
va nbbryi	汪比	va⁵⁵mbzʴ⁵⁵	王、雄	Wang/Xiong
wabbu	瓦布	wa⁵⁵bu⁵⁵	周、王	Zhou/Wang
zara wa	扎拉哇	tsa⁵⁵ra⁵⁵wa⁵⁵	王、张	Wang/Zhang

尔苏姓氏汇总表(石棉县)

收集、发音 杨正清；标注 王轩

尔苏拼音	汉字记音	国际音标	汉姓	英语姓
a ddo	阿朵	$a^{55}do^{55}$	周	Zhou
a nggu	昂古	$a^{55}ŋgu^{55}$	周、吉、王	Zhou/Ji/Wang
a ta	阿塔	$a^{55}t^ha^{55}$	周	Zhou
a wai	阿歪	$a^{55}wai^{55}$	吉	Ji
ba sar	巴沙(萨)	$pa^{55}sɑ^{55}$	王	Wang
bbohar	波汗	$bo^{33}xɑ^{55}$	王	Wang
cha	叉	$tʃ^ha^{55}$	王、张	Wang/Zhang
cwa cwa	攒攒	$ts^hua^{55}ts^hua^{55}$	金	Jin
cyimi	次米	$ts^hɚ^{33}mi^{33}$	陈	Chen
da nbbar	旦板	$ta^{33}mbɑ^{55}$	罗	Luo
dde war	得歪	$de^{33}wɑ^{55}$	唐	Tang
ddokwa	多夸	$do^{33}k^hua^{33}$	王	Wang
ddole	多来	$do^{55}le^{55}$	穆、布	Mu / Bu
dolo	朵罗	$to^{33}lo^{33}$	王	Wang
fuge ba	护格巴	$fu^{55}ke^{55}pa^{55}$	莫	Mo
ga mar	呷满	$ka^{55}mɑ^{55}$	胡、吉、杨、张	Hu/Ji/Yang/Zhang
ganbbar	甘板	$ka^{55}mbɑ^{55}$	胡、吉、杨、张	Hu/Ji/Yang/Zhang
gga sha	格沙	$gɑ^{33}ʃa^{33}$	胡	Hu
ggarlha	格拉	$gɑ^{55}ɬa^{33}$	黄、熊、杨	Huang/Xiong/Yang
ggu ci	谷策	$gu^{55}ts^hi^{33}$	李	Li
ha nggo	韩各	$ha^{55}mgo^{55}$	韩	Han
har	汗	$xɑ^{55}$	雄(旺比)	Xiong
i bbu	伊布	$ji^{33}bu^{33}$	杨、殷、尹	Yang/ Yin
i kwa	依夸	$ji^{55}k^hua^{55}$	黄、兰	Huang/Lan
i sha	伊莎	$ji^{33}ʃa^{33}$	杨、育、张	Yang/Yu/Zhang
ja nca	见擦	$tɕa^{33}nts^ha^{55}$	陈、姜	Chen /Jiang
jja nddar	间德	$dʑa^{55}mdɑ^{33}$	简	Jian

续表

尔苏拼音	汉字记音	国际音标	汉姓	英语姓
jja nke	间客	dʑa⁵⁵ŋkʰe⁵⁵	金	Jin
jja nko	间可	dʑa³³ŋkʰo⁵⁵	王	Wang
jje wai	杰外	dʑe³³waj⁵⁵	胡、吴、赵	Hu/Wu/Zhao
jjimar	吉满	dʑi⁵⁵mɑ⁵⁵	王	Wang
le wa	勒瓦	le³³wa⁵⁵	王	Wang
lha nbbo	韩博	ɬa³³mbo³³	陈、程、盛、韩	Chen/Cheng/Sheng/Han
lo bbu	洛布	lo⁵⁵bu⁵⁵	王	Wang
lo ssha	洛然	lo³³ʒa³³	罗	Luo
lu bba	洛巴	lu³³bɑ³³	苏、陈	Su/Chen
ma ddi	麻底	ma³³di⁵⁵	洪	Hong
me ngge	门格	me⁵⁵ŋge⁵⁵	陈、甘、黄	Chen/Gan/Huang
me nke	门刻	me³³ŋkʰe⁵⁵	陈、甘、黄	Chen/Gan/Huang
meddi	么地	me³³di³³	蒋	Jiang
meloma	么罗马	me³³lo³³ma³³	杨	Yang
middi	米底	mi⁵⁵di⁵⁵	蒋	Jiang
mogge	莫格	mo³³ge⁵⁵	罗	Luo
nddrobbyi	卓比	ndʐo⁵⁵bzə⁵⁵	张、叶	Zhang/Ye
nyi zza	聂扎	ȵi³³dza³³	洪	Hong
nywe	虐	ȵue⁵⁵	祁	Qi
nzza	恩扎	ndza⁵⁵	王	Wang
pa o	抛	pʰa⁵⁵o³³	黄、唐、汤、姜、兰、王、赵、朱	Huang/Tang/Jiang/Lan/Wang/Zhao/Zhu
pi nto	平托	pʰi³³mtʰo³³	汪	Wang
pryi	蒲日	pʰzɿ⁵⁵	蒲	Pu
pu	普	pʰu³³	焦	Jiao
qiso	祁所	tɕʰi³³so³³	祁	Qi
qo wu	邱巫	tɕʰo³³wu³³	罗	Luo
sa	萨	sa³³	蒲	Pu
sanbba	萨玛	sa³³mbɑ³³	王	Wang
sa syi	萨司	sa³³sɿ⁵⁵	赵	Zhao
salo	萨洛	sa⁵⁵lo⁵⁵	祁、施、余	Qi/Shi/Yu
se ngge	森格	se³³ŋge⁵⁵	安、王、孙、向	An/Wang/Sun/Xiang
sebbe	色北	se³³be³³	姜	Jiang
so gwa	所刮	so³³kua⁵⁵	姜	Jiang

续表

尔苏拼音	汉字记音	国际音标	汉姓	英语姓
so`mo	所末	so^{33}mo^{55}	崔	Cui
ssa wo	饶窝	za^{33}wo^{55}	王	Wang
ssha nggu	让古	ʒa^{55}ŋgu^{55}	周	Zhou
ssha`te	让特	ʒa^{55}t^{h}e^{55}	彭	Peng
sshyi wa	日瓦	ʒɿ^{33}wa^{33}	沈、王	Shen/Wang
su var	苏万	su^{55}vɑ^{55}	苏、陈	Su/Chen
twa	图阿	t^{h}ua^{55}	罗	Luo
var nbbryi	旺比	vɑ^{55}ŋbzʅ^{55}	王	Wang
vu nbbu	吴布	vu^{33}mbu^{33}	杜、胡、山、吴、张	Du/Hu/Shan/Wu/Zhang
wa i	瓦依	wa^{33}ji^{33}	王、周	Wang/Zhou
ya wo	亚卧	ja^{33}wo^{33}	陈	Chen
za rawa	扎拉瓦	tsa^{33}ra^{33}wa^{33}	王、张	Wang/Zhang
zha nka	帐卡	tʃa^{55}ŋk^{h}a^{33}	山	Shan
zher-i	扎依	tʃɚ^{55}ji^{33}	王	Wang
zo wo	左窝	tso^{33}wo^{55}	王	Wang
zzhobbwa	卓吧	dʒo^{33}bua^{33}	周	Zhou

注:尔苏家姓较复杂,本表可能未收集完全。

尔苏四十八堡地名歌

收集，尔苏语译汉语　杨正清；整理标注　王轩

zzho lili ddo nbbi lili, nbbi lili ddo sa lili.
水好好就山好好，山好好就地好好。
cuwalonbba ane mya？ cuwo lonbbe gabyima.
海罗坝上什么多？海罗坝上跛子多。
assa gazzho ane mya？ nyuwa laer nbbizzhe mya.
宰骡河边什么多？宰骡河边粗脖多。
nyoma ddehgu kaddaba？ nyoma ddehgu caloba.
太阳升自哪个村？太阳升自擦罗村。
erkwa ermar kadda ba？ erkwa ermar xxinbbu ba.
石头窖窖什么村？石头窖窖殷背户。
bbwagu sizhyikaddaba？ bbwagu sizhyi wanbbuba.
乌藤砍柴是何村？乌藤砍柴汪百户。
peku peku kaddaba？ peku peku waceba.
吽苦吽苦什么村？吽苦吽苦①大瓦斯。
erjji erhgu kaddaba？ erjji erhgu sanddaba.
乱石窖窖什么村？乱石窖窖山登村。
ssyizyi ddehgu aneba？ ssyizyi dehgu jjidegu.
积雪最多是何村？积雪最多麂子坪。
wasyi dehgu anahgu？ wasyi dehgu lhaddahgu.
瓦斯村子什么多？瓦斯村子火麻多。
nkarhge zzhoqi kadda ba？ nkar hge zzhoqi trake ba.
半夜背水是何村？半夜背水亏沙村。
ssami kwa er kadda ba？ ssa mi cesu zzholi ba.
泥塘喝水是何村？泥塘喝水竹林坪。
ve ggu zzhoqi kadda ba？ ve ggu zzhoce xxinjji ba.
猪槽挑水是何村？猪槽挑水银锭户。

---

①　吽苦吽苦，拟声词，意思是悄悄地做事。

gudu rewa ane su？ gudurewa she rewa.
桥北路围墙像什么？桥北路围墙铁围墙。
roi nggashu kaddaba？ roi nggashu ssajji ba.
石条做门是何地？石条门枋是雅寨。
ncami chesu kaddaba？ ncami chesu romuba.
燕麦喝浆是何地？燕麦喝浆大坪子。
kare zzhazu kaddaba？ kare zzhazu xoloba.
核桃炒油是何地？核桃炒油蟹螺堡。
gabbryi ssama kaddaba？ gabbryi ssama asaba.
高粱米饭是何村？高粱米饭安三坡。
nyomaneqo kaddaba？ nyoma neqo beluba.
太阳落山是何村？太阳落山白路堡。
kuke ddaza kaddaba？ kuke ddaza ozzhoba.
山沟里头是何村？山的尽头哦足堡。
nzzhomu garshe co garshe？ nzzhomu garshe ngge garshe.
土司街道有几条？土司街道九条街。
nbbohzho bbwada kaddaba？ nbbohzho bbwada logezyi.
满地马屎是何地？满地马屎老街子。
vehzho bbwada kaddaba？ vehzho bbwada xingaizyi.
满地猪屎是何村？满地猪屎新街子。
fukwa nessyi kaddaba？ fukwa nessyi icuba.
居在大堡是何村？大铺子是利济户。
ryizzhe gase kaddaba？ ryizzhe gase gaer ba.
龙的旁边是哪里？龙的旁边老鸦旋。
cume sheshe kaddaba？ cume sheshe monzzhoba.
泥巴梭梭是何村？泥巴梭梭猛种堡。
erkwa dohdo kaddaba？ erkwa dohdo moloba.
石头跳跃是何村？石头跳跃木耳村。
gudi myanddi kaddaba？ gudi myanddi goyo ba.
牛甬山包是何村？牛甬山包过哟村。
nzzhomo yancu kadda zzho？ nzzhomo yancu solida.
优秀土司在何处？优秀土司在松林。
ggoke she ba andda zzho？ ggoke sheba tobbolu.
共和三队何人住？共和三队王家住。
ngwarnkwazzhoqi kaddaba？ ngwarnkwa zzhoqi ggugalo.

681

牛蹄里背水是何村？牛蹄里背水野鸡塔。
ddryibi zzabi kaddaba? ddryibi zzabi gecyi ba.
稻米糯米出何村？稻米糯米盖茨村。
bbiddibashe kaddaba? bbiddibashe deergwa.
鸢头蕨长在何处？鸢头蕨在白塔村。
nddalossagu kaddaba? nddalossagu doyuve.
木槽和饭是何村？木槽和饭足富村。
hervergarshe hamasu ? hervergershe nggewawa.
海尔洼街啥样子？海尔洼街弯又弯。
wango taba anefu? wango taba beerga.
碗岗塔村什么村？碗岗塔村背篓村。
ssare zzhoqi kageba? ssare zzhoqi diggwaba.
泥浆背水哪个村？泥浆背水徐家山。
nzzechyi nzzenka kaddaba? nzzechyi nzzenka nzzebboba.
割草卖草哪个村？割草卖草草堂村。
sizhyi sinka kaddaba? sizhyi sinka mugwaba.
砍柴卖柴哪个村？砍柴卖柴大村头。
goligashe ane ba? goligashe goliba.
犀牛岗上什么村？犀牛岗上犀牛村。
kage tronka tromajjo? wossi tronka tromajjo.
哪里买狗狗不还？永和买狗狗不还。
hichyi hi nka kaddaba? hichyi hi nka bierba.
砍竹买竹是何村？砍竹买竹比尔村。
zyichyi zyi nka kaddaba? zyicyi zyi nka laerba.
割蕨萁卖是哪村？割蕨萁卖拉尔坝。
ncami ceda kageha? ncami ceda ncamihgu.
糌粑喝汤什么村？糌粑喝汤炒米关。
hzhobwayami kedege? hzhobwayami ngwarzhalo.
盗匪最多在哪里？盗匪最多在深沟。
pucerewa ane nbbryi? wamwa singga nanggachu.
海棠围墙看什么？三道大门开两道。
erbbu mixxi ane zzho? jjimarnyaga kegezzha.
镇西寺庙有什么？吉满良呷里边塑。
vulicyiba ane zzho ? anggu rewa tegeha.
大坝头村谁人住？周姓家族这里住。

nzzaryinbbaba zzho azze? nzzaryinbbaba shyi lohgu.
清水清林舒适否？清水清林辛苦沟。
zzilha loge anehgu? zzyilha loge zelohgu.
则拉沟头产什么？则拉沟头雾子多。
lanjjibashe aneha? lanjji ba she wanbbi ha.
腊岱村里有什么？腊岱村里有孤山。
lwapuzzhoga aneha? lwapu zzhoga shezziha.
白沙河上有什么？白沙河上架铁桥。
bwangaigge aneha? bwangaigge bbokwaba.
保安屋后有什么？保安屋后大龙堂。
bbokwabashe syissa zzyi? jjimarnyaga ge ddezzyi.
大龙堂里出伟人？吉满良呷生于此。
bwanga ingwa aneha? bwanga ingwa xinqoge.
保安往南是何地？保安往南是新桥。
xinqo ngeddwa kaddaba? xinqo ngeddwanzzereggu.
新桥往南是何村？新桥往南垭口村。
jjimarpanci ge ngezzhyi, tege ngankwa nehggosha.
吉满家族发源地，此地发源再分房。
lija keddwa lajigu, cape lise lahuanhwa.
垭口往北拉吉沽，背后凤凰连三营。
gwafu ngeddwa bboirotra, hwase ncekwa zzhai ge.
广河往南马敞河，花山茶园海子村。

尔苏老人仙逝的治丧辞

收集　王轩；审订　古涛

gaer temovu ddeer, chacha temo vu na hggwa.
乌鸦衰老头变白，喜鹊衰老头秃顶。
ngwarhssyi temo ro nge she, nbbopa temo nkwa ngeshe.
公牛衰老犄角长，骏马衰老蹄变长。
vetro temo nanenbbo, muzyi temo sumar she.
肥猪衰老耳朵聋，猫咪老了胡须长。
muzyi temo ddonegu, ngamo temo nkwa ngaca.
猫咪衰老眼变瞎，骆驼衰老蹄分岔。
sibu temo vu te ntru, erkwa temo ggu na pwa.
树木衰老树梢秃，石头衰老从中碎。
rape temo ngu ne jjo, hibbwa temo hwa dde vi.
公鸡衰老鸡冠缩，箭竹衰老要花开。
sao sasshyi vunwassyi, yancu nyogwabuerssyi.
世上人间黑头儿，优秀全部尔苏人。
hbussyi baossyi te shonzzho, ma mo masho su ma zzho.
文官武臣均会死，不老不死不可能。
panddessyi ncha te te sho, rolanyi bbe zzi la za.
优秀男儿这一去，宗亲姻亲聚齐来。
shojjo mojjo gga la ho, shojjo mojjo hdo la ho.
丧歌祭歌都来唱，丧舞祀舞都来跳。
mege ddasa ze gesa, nyige ddasa nggu gesa.
送上天来送入云，送入宗舅先祖处。
shoi ryipa da mapa, shoi ryipa shushula.
死的道路不能堵，死的道路要畅通。
ryinyibbe ddo nyawabbe, nyinbbo ngeshu canbbo shu.
亲戚们啊朋友们，病灾烧灾全免除。
ssosso gge ddo lala gge, ddejji ddemo dda hssa gge.
祥和平安又和睦，发家致富大发展。

尔苏经典情歌 syi nddi ma nddi gga

收集整理　王光胜；审订　王轩

尔苏语	汉译
shope zzhyizzhyi	前言
yadre kwakwa bbe, ryinyi nyawa bbe	大人小孩们,亲戚朋友们!
tege a syinddi manddi daca ddagga gge	这里,我唱一曲《司地满地》歌。
yaishoha ersu ssyi abu abba bbe	从前,尔苏藏族的祖先们,
nyingu hgunddryi ha nggehssa ryinbba o va nge bici	在劳牧生活中,对千事万物进行比拟、
nencyi nanca i ddagga za debbe	编排、创造、整理出来演唱的。
meo kecu mei nabar ddagga	从天上唱到地下,
sibu a kecu erkwa nabar, nbbia kecu zzhoa nabar	从树木唱到石头,从大山唱到水流,
bbu a kecu nyi a nabar	从劳作工具唱到种植的作物等。
mejo dagai zhanga mea nyi ddesu va	对天底下的万事万物
bi kezyi ryi keho i ggagge debbe	用比喻、象征来歌颂。
syinddi manddi gga one	《司地满地》歌就是在
henzza ngu sseshu ssebar ha	订婚开亲(作姑舅)、结婚取媳时,
ddavar la keve bbe kezyi ngedre gga debbe	客人和主人互相对歌比赛时唱的。
yai shoha aryii abu abba bbe tebbe gga ha ne	远古时候,我们的祖先在赛歌时,
sinyo sii ddagga ha jji gga tezzu mapa jjigge	据说,就是唱上三天三夜,都唱不完。
tege a daca ddagga ryinyi nyawa bbeva bbanyi sugge	我在这里演唱一曲,给亲朋好友听一下,
na mabbu bbege ne ngebubu a ka haha	没有唱对的地方请指导纠正。
keve gga 1	主人(东道主)唱1
syinddi manddi anjjo i	司地满地朋友们,
zhama yantwa yo i bbo	优质火镰我拥有。
xxigo yanqo yoi bbo	漂亮烟袋我带有,
xxica yamar yoi bbo	醇香烟叶我揣有。
njjova zze te ggagga la	若是友好就来玩,
zzhama ddaga xxice la	打着火镰来吸烟。
keve gga 2	主人唱2
nddavar lagge ha mase	不知客人要来到,
nezyi naga nga malo	准备工作没做好。

续表

尔苏语	汉译
nddavar lagge ha mase	客人要来不知道,
nggenyo ryi va ze mala	九天行程没来接。
nddavar lagge ha mase	客人要来不知道,
drotre kwage nga maxo	屋前院坝没打扫。
keve gga 3	主人唱3
jjibbu rape kecu za	公鸡罩在客位上,
ddengu hyolo ddama ngu	希望打鸣却不鸣。
jjingwa rama kecu za	母鸡罩在下把位,
ngeze hyolo nga maze	希望下蛋它不下。
syinddi manddi anjjo i	司地满地朋友们,
ddagga hyolo dda magge.	希望你唱却不唱。
keve gga 4	主人唱4
ddagga ggejja tro mandde	想唱歌来音不靓,
ngehdo gge jja er mahggo	想跳舞来脚不灵。
ddagga hyolo dda magge.	希望你唱却不唱,
ngehdo hyolo nga mahdo	希望舞动你不舞。
nddavar gga 1	客人唱1
nddavar lagge hase za	已知客人要到来,
nggenyo ryipa zela za	九天路外迎宾客。
nddavar lagge hase za	客人要来已知道,
drotre yakwa ngexo za	门外坝子已打扫。
nddavar lagge hase za	客人要来已知道,
hdacu veggu naga za	壮猪肥羊已宰杀。
nddavar gga 2	客人唱2
nggenbbi ddesshyi hoddi ho	气喘吁吁登九山,
nggezzho tehggu shwaddishwa	河水沙沙涉九河。
nggesi gama nggewa ha	九棵大树生九方,
nggenbbar dryidryi dawa la	树根交错在一起。
ddosi gama ddope ha	阳树长在阳山坡,
shesi gama shepe ha	阴树长在阴山坡。
ddoca tehsse shepe la	阳树枯叶落阴山,
sheca tesse ddope la	阴树枯叶落阳山。
ddoca sheca shasha la	阴阳树叶来掺和(各方客人相聚)。
keve gga 5	主人唱5

续表

尔苏语	汉译
ggeqo sibu lhalha gge	高山青松在摇摆,
ddedde lhalha ddedde li	越是摇摆姿越美。
sihbbu erkwa dwayazze	三角石头容易抱,
dwayazze pe ggagga la	为着易抱来歌唱。
sshohbbu erkwa zzoyazze	四方石头易堆砌,
zzo yazze pe dohdo la	为着易堆来舞蹈。
le ganga i su ncanca,	两手空空来请客,
ka ganga i su kemo	一张空嘴唤客来。
nddavar gga 3	客人唱 3
nyondde vuqo ggagga la	为着吉日来歌唱,
dryindde vu qo dohdo la	为着良辰来舞动。
ssyi i hjibbar dohdo la	为着儿孙来跳舞,
ssii hjibbar ggagga la	为着女儿来唱歌。
danyo ggagga mecu ho	今天玩乐到天亮,
sonyo mecu nkwankwa gge	明日天亮将分别。
keve gga 6	主人唱 6
ssyi bbo dai sse shu gge	因有俊男才娶妻,
ssi bbo dai hezza gge	为有美女才出嫁。
pai ngaha hdo ngaha	父亲训育来舞动,
mai ngaha gga ngaha	母亲培育来歌唱。
pai zzhyizzhyi ssyi she zzha	父亲言语儿传承,
mai pace ssi she zzha	母亲女工女继承。
pai zzhyizzhyi nca le bbo	父亲言语要记牢,
mai pace shwa le bbo	母亲女工学不完。
nddavar gga 4	客人唱 4
ssyii ddehdo do yanqo	男儿舞动韵律美,
ssii ddagga gga yanqo	美女唱歌旋律靓。
pai hdoha hdo yanqo	父亲教舞舞更美,
mai ggaha gga yanqo	母亲教歌歌更靓。
pai zzhyizzhyi ncada nca	父亲言语记心中。
mai pace shwada shwa	母亲女工莫忘记。
keve gga 7	主人唱 7
sibu yakwa gale kwa	树长高了树枝大,
gale yakwa nchara kwa	树枝长大树冠大,

尔苏语	汉译
nchara yakwa rehna kwa,	树冠大就树荫大,
rehna ige zza mahgu	树荫底下不产粮。
londdi gaga shyi mahgu	菜板钉铛不出肉,
kashu gaga vu mahgu	酒坛呼呼不出酒,
bepu gaga nche mahgu	米箩啪啪不出米。
nddavar gga 5	客人唱 5
sibu yakwa gale kwa	树长高了树枝大;
gale yakwa nchara kwa	树枝长大树冠大,
nchara yakwa rehna kwa,	树冠大就树荫大,
rehna ige zza yahgu	树荫底下多产粮。
loddi gaga shyi yahgu	搬弄菜板多出肉,
kashu gaga vu yahgu	摆动坛子多出酒,
bepu gaga nche yahgu	搬动米柜多出米。
keve gga 8	主人唱 8
mido yanqo ro ge ha	美丽鲜花在岩上,
ssihi yanqo fu ge zzho	漂亮女孩在村里。
mido yanqo ro yanqo	鲜花美丽山岩美,
ssihi yanqo fu yanqo	女人美才村寨美。
sizzyi yanqo nbbi yanqo	树芽漂亮山美丽,
nyizzyi yaqo lo yanqo	嫩草漂亮沟美丽。
sizzyi ngala nbbi yanqo	新芽出来山美丽,
nyizzyi ngala lo yanqo	嫩草长出沟美丽。
jjigo nddavar si nyo kwa	上座客人三天尊,
roge mido sinyo nqo	岩上鲜花三天艳。
nddavar gga 6	客人唱 6
mido maha ro manqo	没有鲜花岩不美,
ssihi mazzho fu manqo	没有美女村不美。
sizzyi maha nbbi hdobba	没有树芽山光秃,
nyizzyi maha lo hdobba	没有草苗沟荒凉。
jjigo nddavar kwa da kwa	上位客人就该尊,
loge mido nqo da nqo	岩上鲜花就该艳。
keve gge 9	主人唱 9
syinddi manddi anjjo i:	司地满地好朋友:
ggeqo sibu lhalha gge,	高山杉木在摇摆,

续表

尔苏语	汉译
kehsse ggela nyo hssegge。	朝前倾或朝后仰。
kezyi gge la ngedre gge	你要设迷或解答。
zuhzu ggete ro hjila	若要打架用犄角;
gguhggu ggete nkwa hjila	如是踢踏就用蹄;
dryidryi ggete ssyi hjila	要是撕咬就用嘴;
npunpu ggete su hjila	若是嘴啄拿喙来;
anjjo i ddo anjjo i.	好朋友啊不怕你。
nddavar gga 7	客人唱7
syinddi manddi anjjoi	司地满地好朋友。
zzhoge ssuma dohdo gge	水中大鱼在跳跃,
kehdo ggela nyo hdogge	朝里跳或朝外跳。
kezyi ngedre yo maji	要说对歌我不怕;
zuhzu ggejja ro yantra	要说打架犄角强;
gguhggu ggejja kwa yanqo	要说踢踏蹄最硬;
ddryiddryi ggejja shyizzhu nqo	若要撕咬犬齿硬;
npunpu ggejja su yanqo	若要嘴啄喙最尖;
ajjoi la azzoi	好朋友啊不虚你。
kezyi ngedre	对歌
syinddi manddi anjjoi	司地满地朋友们。
vuli keshyi ane shyi	看着头颅像何物?
vuli keshyi lhibwa su	看着头颅像斗腔(竹编容器)。
ddegu keshyi ane shyi	看着眼睛像何物?
ddegu keshyi bedwa su	看着眼睛似汤圆。
sunbbu keshyi ane shyi	鼻子长得像什么?
sunbbu keshyi wabdda su	鼻子长得似山梁。
nagu keshyi ane shyi	看着耳朵像什么?
nagu keshyi lehwa su	耳朵长得似蒲扇。
sunpwa keshyi ane shyi	看着嘴巴像什么?
sunpwa keshyi fanpar su	嘴巴生来似脚盆。
shyima keshyi ane shyi	看着牙齿像什么?
shyima keshyi nchebar su	牙齿生来似米粒。
syihbyi keshyi ane shyi	看着舌头像什么?
syihbyi keshyi hwaca su	舌头甚似杜鹃叶。
mihgu keshyi ane shyi	咽喉生来像什么?

续表

尔苏语	汉译
mihgu keshyi nbbomar su	咽喉细得似马鬃。
mihi keshyi ane shyi	看着下巴像什么？
mihi keshyi gahdda su	下颌脏来像乌鸦。
ggama keshyi ane shyi	看着后背像什么？
ggama keshyi drotre su	看着后背似敞坝。
ipa keshyi ane shyi	看着肚子像什么？
ipa keshyi twanzze su	看着肚子像坛子。
lepe keshyi ane shyi	看着手杆像什么？
lepe keshyi shebbar su	看着手杆似钉耙。
erpe keshyi ane shyi	看着脚杆像什么？
erpe keshyi buca su	看着脚杆似木拐。
ke zyi 1	设谜1
syinddi manddi anjjoi	司地满地朋友们！
gaer temo ane su	乌鸦老了会怎样？
chacha temo ane su	喜鹊老了会怎样？
nggwarhssyi temo ane su	公牛衰老会怎样？
nbbopa temo ane su	骏马衰老会怎样？
rape temo ane su	公鸡老了怎么样？
vetro temo ane su	肥猪衰老会怎样？
muzyi temo ane su	猫儿衰老会怎样？
sibu temo ane su	树木衰老会怎样？
erkwa temo ane su	石头衰老会怎样？
ngedre 1	解谜1
syinddi manddi anjjoi	司地满地朋友们！
gaer temo vu deer	乌鸦衰老要白头；
chacha temo vu naggwa	喜鹊衰老要秃头；
ngwarhssyi temo ro ngeshe	公牛衰老犄角长；
nbbopa temo kwa ngeshe	骏马衰老蹄变长；
vetro temo na nenbbo	肥猪衰老耳朵聋；
muzyi temo ddo negu	猫儿衰老眼睛瞎；
sibu temo vutentru	树木衰老树梢秃；
erkwa temo ggungezi	石头衰老从中裂。
ke zyi 2	设谜2
syinddi manddi anjjoi	司地满地朋友们！

续表

尔苏语	汉译
aga chama dola li	黄雀媚子在欢跳，
bboi rama xxola li	黄婆母鸡扫得欢，
ane wova hbi kezyi	这是指的啥东西？
ngedre 2	解谜 2
aga trama dola li	黄雀媚子在欢跳，
bboi rama xxola li	黄婆母鸡扫得欢，
shabyima va hbi kezyi	破旧扫把作比喻，
shaci ngexxo ncolho hdo	扫把扫地跳蚤跳。
kezyi 3	设谜 3
kedro maho dancha si	不用漆漆就乌黑，
ane wuva hbi kezyi	这个指的是何物？
ngedre 3	解谜 3
kedro maho dancha si	不用漆漆就乌黑，
gaer ncha va hbi kezyi	只有乌鸦才匹配。
kezyi 4	设谜 4
kebbu maho dancha si	不用绘画就花白，
ane wova hbizyi gge	什么东西被比喻？
momo mahssyi vu ddeer	不是老人头发白；
ssassa mahssyi ssaho ngu	不是小孩说瓜话，
ane wova hbizyi gge	什么东西来比喻？
ngedre 4	解谜 4
kebbu maho dancha si	不用绘画本就花，
chacha ncha va hbi kezyi	那是喜鹊被比喻。
momo massyi vuddeer	不是老人头发白，
ssassa massyi ssahongu	不是小孩口哑哑，
abyi vuer hbi kezyi	白头水鸟作比喻。
kezyi 5	设谜 5
shaba mahssyi npora sa	不是和尚戴佛珠，
ane wova bizyi gge	什么东西来比喻？
shuvar mahssyi pryinbbu zu	不是经师戴法帽，
ane wova bizyi gge	什么东西作比喻？
lahma mahssyi hgoca sshyi	不是喇嘛穿袈裟，
ane wova hbi kezyi	什么东西作比喻？
sho ngama ce su denyi	不喝鲜血嘴尖红，

续表

尔苏语	汉译
ane wova hbizyi gge	什么东西作比喻？
ddezu maho shunwa sshyi	不用染就穿黑毡，
ane wova hbizyi gge	什么东西来比喻？
ngedre 5	解谜 5
shaba mahssyi npora sa	不是和尚戴佛珠。
zzhonwagaer hbi kezyi	就是比喻水乌鸦。
shuvar massyi pryibbu zu	不是经师戴法帽，
zzhonwa gaer hbi kezyi	也是比喻水乌鸦。
lahma mahssyi hgoca sshyi	不是喇嘛穿袈裟，
menga hwai hbi kezyi	是把燕子作比喻。
sho ngamace su denyi	未喝鲜血嘴尖红，
lhanpyi nchava hbi kezyi	红喙小鸟来比喻。
ddezu maho shunwa sshyi	不用印染披黑毡，
gaer nchava hbi kezyi	黑色乌鸦作比喻。
kezyi 6	设谜 6
shozzho se mazzho su sio nyo	有血无气之物有三种，
ane debbe vuva hbizyi gge	什么东西用来作比喻？
sezzho sho mazzho su sincha si	有气无血之物有三种，
ane debbe vuva hbizyi gge	这是什么东西来比喻？
yaro yaro sio ro mazzho	最凶最凶三物无骨头，
ane debbe vuva bizyi gge	这是什么东西被比喻？
yadro yadro sio dro mazzho	最棒最棒三种没胆量，
ane debbe vuva bizyi gge	这是什么东西作比喻？
kuge se mazzho su sio nyo	胸腔没有气的三种物，
ddara sinyo ryipa teddryi pa	呼声可传三天的路程，
ane siwo vuqo bizyi gge	这个比喻指示哪三物？
vuge hnyo mazzho su siryinbba,	头中无脑动物有三种，
sinyo ryipa zzahzha te siwo	可到三天路程去觅食
ane siwo vuva hbi kezyi	什么东西用来作比喻？
bbege se mazzho su siwo si	腹中没有气息有三种，
ddara sinyo ryipa ddryi lapa	三天路程能够闻叫声，
ana debbe vuva hbi kezyi	什么东西用来作比喻？
ngedre 6	解谜 6
shozzho se mazzho su si ryinbba	有血无气物体有三样，

续表

尔苏语	汉译
zhenyi atra la hetre mama	红酸籽、红毛丹、地瓜果，
tesi ernbba vuva hbi kezyi	这三种物体来作比喻。
sezzho sho mazzho su si ryinbba	有气无血物体有三样，
shebbarra gara bbassesse	蚂蚁、蝴蝶，还有个知了。
tesi ryinbba vuva hbi kezyi.	就是比喻这三种物体。
yaro yaro siwo ro mazzho	最凶最凶三物无骨头，
zzho me meer bbeva hbi kezyi	水、火以及大风来比喻。
yadro yadro sio dro mazzho	最棒最棒三种没胆量，
nbbo lo tro siwo va hbi kezyi	狗、麂子以及马没胆量。
ssyige hzyibyi mazzho si ryinbba	口中无舌之物有三种，
sinyo ryipa rada teddryi pa	三天路程能闻其吼声，
lwobbwa erbbe shonbbar siernbba.	喇叭、海螺、铜锣这三物。
vuge hnyo mazzho su si ryinbba，	头中无脑动物有三种，
sinyo ryipa zzahzha su siwo，	可到三天路程去觅食，
bbeyo gara bbyi ncha hbi kezyi	苍蝇、蜘蛛、蜜蜂这三种。
bbege se mazzho su sio zzho	腹中没有气息有三种，
ddara sinyo ryipa ddryi lapa	三天路程能够闻叫声，
nzza nchyilo ddanbbarra hbi kezyi	法鼓、铃铛以及拨浪鼓。
kezyi 7	设谜 7
mege zzyijjo gar su dancha si	空中打拐弯的只一位，
lige zzyijjo gar su dancha si	林中跳拐弯的只一位，
zzhoge zzyijjo garsu dancha si	水中游拐弯的只一位，
ane debbe vuva hbi kezyi	什么东西用来作比喻？
ngedre 7	解谜 7
mege zzyijjo garsu ne hge ncha	空中打拐弯的是老鹰，
lige zzyijjo garsu lape ncha	林中跳拐弯的是獐子，
zzhoge zzyijjo garsu ssuma ncha	水中打拐兜的是鱼儿。
kezyi 8	设谜 8
mega ddryiryi ngechu anei da	天上开通雁路谁来堵？
lige laryi ngechu anei da	林中开通獐路谁来堵？
zzhoge ssuryi ngechu anei da	水中打开鱼路谁来堵？
ngedre 8	解谜 8
mega ddryiryi ngechu hgei da	天上开通雁路鹰来堵；
lige la ryi ngechu nzzyii da	林中开通獐路狼来堵；

尔苏语	汉译
zzhoge ssuryi ngechu shei da	水中开通鱼路水獭堵。
kezyi 9	设谜 9
lijo ggwape ane ngezzyi ntre soso	林里雄性锦鸡吃啥学鸣叫？
lige lape ane ngezzyi hdo soso	林中雄性獐子吃啥学跳跃？
bbunwa zaha ane ngezzyi ngu soso	荒坡黑翅野鸡吃啥学鸣叫？
zzhoge ssuma ane ngezzyi lhe soso	江河水中鱼儿吃啥学转弯？
nanca maho antra pa	不用做的粗竹筛，
ane vuva hbi zyi gge	什么东西来比喻？
nanca maho azze pa	不用做的细竹筛，
ane vuva hbizyi gge	什么东西来比喻？
ngedre 9	解谜 9
lizo nggwape erntre sibar ngezzyi ntre soso	林边锦鸡吃了三粒石沙学鸣叫，
bbunwa zaha nzzenyo sica ngezzyi ngu soso	草坡野鸡吃了三片草叶学鸣叫，
lige lape hica sica ngezzyihdo soso	林中獐子吃了三片竹叶学跳跃，
zzhoge ssuma zamwa sihbbi ngezzyi lhe soso	水中鱼儿吃了三口青苔学打拐。
nanca maho antra pa，	不用做的粗竹筛，
bbyihwa vuva hbi kezyi	指的就是蜜蜂房。
nanca maho azze pa，	不用做的细竹筛，
garava va bikezyi	指的就是蜘蛛网。
kezyi 10	设谜 10
nezzyi hwage bbubbu zzu	你家屋里空空洞，
bbubbu vuqo lehwa zzu	空洞里面有扇子，
lehwa vuqo zipryi zzu	扇子变成发辫子，
ane vuva hbizyi gge	什么东西作比喻？
ngedre 10	解谜 10
nessyi hwage bbubbu zzu	你家屋里空空洞，
bbubbu vuqo lehwa zzu	空洞里面有扇子，
lehwa vuqo zipryi zzu	扇子变成发辫子，
nessyi xxica xxipryi hbi kezyi	比喻烟叶、烟辫子。
kezyi 11	设谜 11
nessyi iva bbubbu zzu	你家屋里空空洞，
bbubbu vuqo ggegge zzu	空洞里面有格格，
ggegge vuqo dwagu zzu	格格上面打盘脚，
dwagu vuqo nbbinwa zzu	盘脚上面立山包，

续表

尔苏语	汉译
nbbinwa vuqo nkwanyi zzu	山包上面有红海,
nkwanyi vuqo nyihgu zzu	红海里面出金窝,
hnyihgu vuqo hnyire nto	金窝上面流金液,
hnyire sintosu nenzzu	金液三滴把人醉,
ane vuva hbi zyigge	什么东西来比喻?
ngedre 11	解谜 11
nessyi iva bbubbu zzu	你家屋里空空洞,
bbubbu gele byilo zzha	空洞里面摆竹笆,
byilo qone zuja zzha	竹笆上面摆座架(酒坛托盘),
zuja qole jjima zzha	座架上面立坛子,
jjima gele jjivu zzho	坛子里面有匝酒,
jjivu sinto yo tesshyi	匝酒三滴把人醉。
kezyi 12	设谜 12
nessyi nggaba myalo zzu	你家屋前有镜面,
myalo vuqo nbbinwa zzu	镜面上面立山包,
nbbinwa vuqo zzhugge zzu	山包上面有毛团,
zzhugge soli dodogge	灰色毛团在跳跃,
ane vuva hbizyi gge	什么东西作比喻?
ngedre 12	解谜 12
nessyi nggaba drotre ha ge	你家屋前有坝子,
drotre ge ne lahbbi qo	坝子里边粪堆上,
gazi ddeho dohdo gge	灰色小狗在跳跃,
tesu deva hbi kezyi	这种场景作比喻。
kezyi 13	设谜 13
me qo mo la zha la gge jja naleddryi	听说天兵天将来征战,
yoi vuva shezzu nggebwa ddecu za	头上立着九斗铁锥尖,
ane ddebbe vuva hbizyi gge	这是什么东西作比喻?
ngedre 13	解谜 13
me la zha la gge jja naleddryi	听说天兵天将来征战,
vuqo shezzu nggebwa ddecu za	头上立着九斗铁钉子,
rege nbbolontro bu hbi kezyi	地里马齿苋来作比喻。
kezyi 14	设谜 14
meqa zaqo zahggo lome nyo	天上公母秃鹫有花纹,
bboge rape rama lala gge	坝上公母鸡鸭在打滚,

续表

尔苏语	汉译
ane debbe vuva hbizyi gge	这是什么东西被比喻？
ngedre 14	解谜 14
anjjoi la anjjoi	好朋友喔我的好朋友！
meqa zaqo zahggo lome nyo	天上公母秃鹫有花纹，
bboge rape rama lala gge	坝上公母鸡鸭在打滚，
chuzha jjila nyila shapi ge．	比喻酒杯滚动在酒盘。
kezyi 15	设谜 15
nzzewo hzyibbu nbbarbbu ane zzyi	高山的雄性虎豹吃什么？
nyogwa nekwa akwa kwa zyizyi	大家你大我大比大小。
ngedre 15	解谜 15
hzyibbu nbbarbbu nzzenyo sica zzyi，	高山虎豹吃三棵草苗，
nyogwaso nekwa akwa kwazyizyi	大家你大我大比大小。
jjijji gga 1	自由发挥 1
nessyi jjigo pa er zzu	你家上位父辈座，
pa ngessyii kwa ngessyi	父辈座上显威武。
nessyi jjinyi ssi er zzu	你家主位女儿座，
ssindde shanyi shyido gge	红肤美女把厨忙。
shyido ggei shyi yasho	把厨忙啊厨艺高。
nessyi jjibbu ssyi erzzu	你家客位通儿道，
ssyindde shaer drahdo gge	白肤男儿把酒巡。
drahdo gge idra yasho	把酒巡轮转三转。
jjijji gga 2	自由发挥 2
syinddi manddi anjjoi	司地满地好朋友！
nii zzhoda nbbyinbbar ngu	你们那里响嗡嗡，
yoi zzhoda gguse ngu	我们这里静悄悄。
nei zzhoda bbawawa	你们那里亮堂堂，
yoi zzhoda nwa cyicyi	我们这里黑黢黢。
syinddi manddi anjjoi	司地满地好朋友！
dwahwa ggagga mencu ho	今晚唱歌要天明，
ngepo ggesu ssyi mahde	若要逃跑非好汉，
ngepo ggsu ssi mahssyi	若要逃跑非好女，
ngepo ggete ngazha gge	若要逃跑驱逐你，
aya ncho bu ni vu lye	倒钩刺荆头上罩，
ngwar nddro bbarga njji ngejo	牛筋皮绳抽脚跟。

人体部位及其相关词汇

整理　王光胜；审订　王轩

尔苏语	国际音标	汉语释义
su loshyi mi	su^{55}ro^{55}ʃɚ^{55}mi^{33}	人体部位及相关词汇
vuli	vu^{33}li^{33}	头
vugge bubu	vu^{55}ge^{55}bu^{55}bu^{55}	头顶
zi	tsi^{55}	头发
zinbbar	tsi^{55}mbɚ^{55}	发根
zi pryi	tsi^{55}p^{h}zɚ^{55}	发辫
zi vuzzu	tsi^{55}vu^{55}mdzu^{33}	发梢
zivunzzu gaza	tsi^{55}vu^{55}mdzu^{55}ka^{33}tsa^{33}	分岔的发梢
zivunzzu ngagaza	tsi^{55}vu^{55}mdzu^{55}ŋa^{55}ka^{33}tsa^{33}	发梢分岔
bbryi	bzɚ^{55}	发旋
ze syi	tse^{55}sɚ^{55}	头皮屑
vuli nddropi	vu^{55}li^{55}mdʐo^{55}pi^{55}	头皮
vu hzhyi	vu^{55}ətʃɚ^{55}	谢顶
vuhggwa	vu^{55}əgua^{55}	癞头
vuhzhyi vuhggwa	vu^{55}ətʃɚ^{55}vu^{55}əgua^{55}	癞头脱发（固定短语）
vu tru	vu^{55}mtʈ^{h}u^{55}	头盖骨
vutru ryigu	vu^{33}mtʈ^{h}u^{33}rɚ^{55}ku^{55}	头盖骨
hnyo	əno^{55}	脑
vu hnyo	vu^{33}əno^{55}	大脑
vuli hnyogo	vu^{33}li^{33}əno^{55}ko^{55}	头脑
vuli nyogo	vu^{33}li^{33}no^{55}ko^{33}	头脑
vu mya	vu^{33}mja^{33}	脸,面
vumya ddenyi	vu^{33}mja^{33}de^{55}ni^{55}	涨红着脸
myanyi ga	mja^{55}ni^{55}ka^{55}	红脸人
myaca myanyi	mja^{55}ts^{h}a^{55}mja^{55}ni^{55}	羞怯,脸上红一阵白一阵
mya bbu	mja^{55}bu^{55}	麻子,脸部不光滑
zi ddra	tsi^{55}dʐa^{55}	发际,头发和脸面的分界线

续表

尔苏语	国际音标	汉语释义
muggu / moggu	mu⁵⁵gu⁵⁵ / mo⁵⁵gu⁵⁵	额头
hmuggu dradryi	mu⁵⁵gu⁵⁵tʂa⁵⁵tʂʰɚ⁵⁵	额头皱纹
mu zi	mu⁵⁵tsi⁵⁵	眉毛
nddomar nzzi	do⁵⁵mɚ⁵⁵mdʑi⁵⁵	眼睫毛
ddobbe ryigu	do⁵⁵be⁵⁵rə⁵⁵ku⁵⁵	眉骨
ddo qoer	do⁵⁵tɕʰo⁵⁵ɚ⁵⁵	花眼圈
ddegu	de⁵⁵ku⁵⁵	眼睛
ddose	do⁵⁵se⁵⁵	眼珠
ddoer	do⁵⁵ɚ⁵⁵	白眼珠
ddonwa	do⁵⁵nua⁵⁵	黑眼珠
ddobi	do⁵⁵pi⁵⁵	眼皮
ddo qi	do⁵⁵tɕʰi⁵⁵	眼角
ddo gu	do⁵⁵ku⁵⁵	瞎子,瞎眼,没有眼珠
ddo bba	do⁵⁵ba⁵⁵	睁眼瞎,没有瞳仁
ddo byi	do⁵⁵pzə⁵⁵	眼睛歪斜
ddobi nchara	do⁵⁵pi⁵⁵ntʃʰa⁵⁵ra⁵⁵	眼皮不规则
ddombbe ryigu	do⁵⁵mbe⁵⁵rə⁵⁵ku⁵⁵	髋骨
drema ryigu	tʂe⁵⁵ma⁵⁵rə³³ku³³	下颌骨
nagu	na⁵⁵ku⁵⁵	耳朵
nagu behgu	na⁵⁵ku⁵⁵pe⁵⁵əku⁵⁵	耳眼、耳孔
na byibyi	na⁵⁵pzə³³pzə⁵⁵	耳坠
na hzho	na⁵⁵ʑo⁵⁵	耳屎
na ngga	na⁵⁵ŋga⁵⁵	耳门
na nbbar	na⁵⁵mbɚ⁵⁵	耳根
nagu vunzzu	na³³ku³³vu⁵⁵mdzu⁵⁵	耳郭
naguvunzzu ddeddru	na³³ku³³vu³³mdzu³³de⁵⁵dʐu⁵⁵	耳郭发蔫,瘦得皮包骨头
nagu nechu	na⁵⁵ku⁵⁵ne⁵⁵tʃʰu⁵⁵	耳垂上穿洞
hna nbbo	əna⁵⁵mbo⁵⁵	耳聋
hna ddanbbar	əna⁵⁵da⁵⁵mbɚ⁵⁵	中耳炎
nagu bbeo	na⁵⁵ku⁵⁵mbe⁵⁵wo⁵⁵	耳郭背后
nagu bbyinbbar	na⁵⁵ku⁵⁵bzə³³mbɚ⁵⁵	耳鸣
na byi	na⁵⁵pzə⁵⁵	外耳有缺口
nangga bbyibbyi	na³³ŋga³³bzə⁵⁵bzə⁵⁵	太阳穴,颞部,耳郭前面
su nbbu	su⁵⁵mbu⁵⁵	鼻子

续表

尔苏语	国际音标	汉语释义
nyaggu	ȵa⁵⁵gu⁵⁵	塌鼻梁
sunbbu ryigu	su⁵⁵mbu⁵⁵rɚ⁵⁵ku⁵⁵	鼻梁
sunbbu mama	su⁵⁵mbu⁵⁵ma⁵⁵ma⁵⁵	鼻尖
sunbbu begu	su⁵⁵mbu⁵⁵pe⁵⁵əku⁵⁵	鼻眼,鼻孔
sunbbu mar	su⁵⁵mbu⁵⁵mɚ⁵⁵	鼻毛
sunbbu maha	su⁵⁵mbu⁵⁵ma⁵⁵xa⁵⁵	没有鼻尖,鼻孔朝天
su npa	su⁵⁵mpʰua⁵⁵	口,嘴巴
sugucega tahjahja	su⁵⁵ku⁵⁵tsʰe⁵⁵ka⁵⁵tʰa⁵⁵ətɕa⁵⁵ətɕa⁵⁵	鼻涕口痰,排泄物(固定短语)
sunbbu npar	su⁵⁵mbu⁵⁵mpʰɚ⁵⁵	打响鼻
har sho	xɚ⁵⁵ʃo⁵⁵	鼻血
harsho nala	xɚ⁵⁵ʃo⁵⁵na⁵⁵la⁵⁵	流鼻血
su gu	su⁵⁵ku⁵⁵	鼻涕
sussa re	su⁵⁵za⁵⁵re⁵⁵	寒冷时流下的鼻涕
cega	tsʰe⁵⁵ka⁵⁵	口痰
zzhonpyi	tʂo⁵⁵mpʰzɚ⁵⁵	口水(吐出的)
zzhore	tʂo⁵⁵re⁵⁵	口水(流出的)
su bi	su⁵⁵pi⁵⁵	嘴唇
su mar	su⁵⁵mɚ⁵⁵	胡子
shyi ma	ʃɚ⁵⁵ma⁵⁵	牙齿
shyi zzhu	ʃɚ⁵⁵dʐu⁵⁵	大牙,犬牙,獠牙
zzi shyi	dzi⁵⁵ʃɚ⁵⁵	白牙
zzebyi shyima	dze⁵⁵pzɚ⁵⁵ʃɚ³³ma³³	板牙,门牙
fu ma	fu⁵⁵ma⁵⁵	臼牙
shyi nke	ʃɚ⁵⁵mkʰe⁵⁵	缺牙巴
shynyo walissa	ʃɚ⁵⁵ȵo⁵⁵wa⁵⁵əza⁵⁵	牙龈
hebu	xe⁵⁵pu⁵⁵	上颚
syihbyi	sɚ⁵⁵əpzɚ⁵⁵	舌头
syibyi vuli	sɚ⁵⁵əpzɚ⁵⁵vu⁵⁵li⁵⁵	舌尖
syibyi nbbar	sɚ⁵⁵əpzɚ⁵⁵mbɚ⁵⁵	舌根
zyi nbbar	tsɚ⁵⁵mbɚ⁵⁵	舌根
subi qobu	su⁵⁵pi⁵⁵tɕʰo⁵⁵wo⁵⁵pu⁵⁵	上嘴唇
subi zhangabu	su⁵⁵pi⁵⁵tʂa⁵⁵ŋa⁵⁵pu⁵⁵	下嘴唇
zzhore ddala	tʂo⁵⁵re⁵⁵da³³la³³	流下口水
zzhore ntonto	tʂo⁵⁵re⁵⁵ne⁵⁵nto⁵⁵	泛酸水

续表

尔苏语	国际音标	汉语释义
mihi	mi⁵⁵xi⁵⁵	下巴
mihi hgahdda	mi³³xi³³ka⁵⁵əda⁵⁵	下巴前突
mihi maha su	mi⁵⁵xi⁵⁵ma³³xa³³su³³	没有下巴的人
hehe	xe⁵⁵xe⁵⁵	小舌
hehe neshe	xe⁵⁵xe⁵⁵ne³³ʃe³³	扁桃体发炎
zyissyi	tsɿ⁵⁵zɿ⁵⁵	扁桃体
zyissyi naddra	tsɿ⁵⁵zɿ⁵⁵na³³ɖʐa³³	化脓性扁桃体炎
mi hgu	mi⁵⁵əku⁵⁵	咽喉,声带
hdwa-ra	ətua⁵⁵ra⁵⁵	颈项
harmar gabu	xɚ⁵⁵mɚ⁵⁵ka⁵⁵pu⁵⁵	后颈窝
cili	tsʰi⁵⁵li⁵⁵	脖颈
cili ryigu	tsʰi⁵⁵li⁵⁵rɿ³³ku³³	脖颈骨,颈骨
ggama ryigu	ga⁵⁵ma⁵⁵rɕ³³ku³³	背脊骨
hdwara bryi	ətua⁵⁵ra⁵⁵pʐɿ⁵⁵	颈索,颈脖索
mihgu ddenyi	mi⁵⁵əku⁵⁵de⁵⁵ɲi⁵⁵	咽喉疼痛
dwara ryigu	ətua⁵⁵ra⁵⁵rɿ³³ku³³	颈椎骨
vihbbi	vi⁵⁵əbi⁵⁵	肩膀
ggama	ga⁵⁵ma⁵⁵	后背
zzhu	dʐu⁵⁵	腰
zzhu ci	dʐu⁵⁵tsʰi⁵⁵	腰椎
narotebubi suvahdeshu	əna⁵⁵ro⁵⁵tʰe⁵⁵pu⁵⁵pi³³su³³a³³te⁵⁵ʃu⁵⁵	摊开肋骨让人数,现丑
gga	ga⁵⁵	背
ku ge	kʰu⁵⁵ke⁵⁵	胸腔里
gge rohzyi	ge⁵⁵ro⁵⁵ətsɿ⁵⁵	背脊骨
naro	əna⁵⁵ro⁵⁵	排骨,肋骨
ipa	ji⁵⁵pʰa⁵⁵	肚
ipanddrobi	ji⁵⁵pʰa⁵⁵mɖʐo⁵⁵pi⁵⁵	肚皮
nyo nyo	ȵo⁵⁵ȵo⁵⁵	奶,乳汁,乳房
nyonyo vuli	ȵo⁵⁵ȵo⁵⁵vu³³li³³	乳头
nyonyo nbbar	ȵo⁵⁵ȵo⁵⁵mbɚ⁵⁵	乳根
nyonyo bi	ȵo⁵⁵ȵo⁵⁵pi⁵⁵	乳头(与乳汁相对)
nyonyo ddebbo	ȵo⁵⁵ȵo⁵⁵de³³bo³³	奶涨
nyonyo ddra	ȵo⁵⁵ȵo⁵⁵dʐa³³	陈旧的乳汁
ku sho	kʰu³³ʃo³³	腔血,滞留胸腔的血液

续表

尔苏语	国际音标	汉语释义
ronyima	ro⁵⁵ȵi⁵⁵ma³³	胸脯
ipa	ji⁵⁵pʰa⁵⁵	腹部
ipa qoze	ji⁵⁵pʰa⁵⁵tɕʰo⁵⁵tse⁵⁵	上腹部
ipa zhangaze	ji⁵⁵pʰa⁵⁵tʃa⁵⁵ŋa⁵⁵tse⁵⁵	下腹部
nzzyiza zada	ndʐ⁵⁵tsa⁵⁵tsa³³ta³³	扎腰带处,腰际
zha bryi	tʃa⁵⁵pzʐ⁵⁵	肚脐
zhabryi nbbar	tʃa⁵⁵pzʐ⁵⁵mbaɻ⁵⁵	脐周
zhabryi behgu	tʃa⁵⁵pzʐ⁵⁵pe⁵⁵əku⁵⁵	肚脐眼
zhabryi ga	tʃa⁵⁵pzʐ⁵⁵ka⁵⁵	脐带
izze	ji⁵⁵dze⁵⁵	肚腩
syinyi / syi mi	sə⁵⁵ȵi⁵⁵/sə⁵⁵mi⁵⁵	心/心的变音
syinyi bryi	sə⁵⁵ȵi⁵⁵pzʐ⁵⁵	心血管,心索,冠状动脉
syinyi bryi yashe	sə⁵⁵ȵi⁵⁵pzʐ⁵⁵ja³³ʃe³³	性子太慢
syinyi sho	sə⁵⁵ȵi⁵⁵ʃo⁵⁵	心血,心包血
syinyi ddenyi	sə⁵⁵ȵi⁵⁵de⁵⁵ȵi⁵⁵	心疼,心病
syinyi ddenyi	sə⁵⁵ȵi⁵⁵de⁵⁵ȵi⁵⁵	同情,舍不得
cu	tsʰu⁵⁵	肺
cu sho	tsʰu⁵⁵ʃo⁵⁵	肺血
cu se	tsʰu⁵⁵se⁵⁵	肺气
cu zhobbwa	tsʰu⁵⁵dʒo⁵⁵bua⁵⁵	肺泡
cu bbo	tsʰu⁵⁵bo⁵⁵	气管
cu bi	tsʰu⁵⁵pi⁵⁵	肺组织
cubbo gaza	tsʰu⁵⁵bo⁵⁵ka³³tsa³³	支气管炎
cu bryi	tsʰu⁵⁵pzʐ⁵⁵	气管,肺索
roswa nyi	ro⁵⁵sua⁵⁵ȵi³³	哮喘
cu gale	tsʰu⁵⁵ka⁵⁵le⁵⁵	肺叶
dro	tʂo³³	胆
dro bryi	tʂo³³pzʐ³³	胆索,胆管
dro re	tʂo³³re³³	胆汁
droer jigu	tʂo³³ɚ⁵⁵tɕi⁵⁵ku⁵⁵	胆囊
droge erkwa kacha	tʂo³³ke³³ɚ⁵⁵kʰua⁵⁵kʰa⁵⁵tʃʰa⁵⁵	胆结石(动词)
droge erkwa	tʂo³³ke³³ɚ³³kʰua³³	胆结石(名词)
drore ddenzzyi	tʂo³³re³³de⁵⁵ndʐ⁵⁵	胆汁回流
drobryi ncabryi	tʂo³³pzʐ³³mtsʰa⁵⁵pzʐ⁵⁵	胆管肝索(固定短语)

续表

尔苏语	国际音标	汉语释义
nca	mtsʰa⁵⁵	肝
nca nzza	mtsʰa⁵⁵ndza⁵⁵	肝膜,肝包脂肪
nca gale	mtsʰa⁵⁵ka⁵⁵le⁵⁵	肝叶
nca ssu	mtsʰa⁵⁵zu⁵⁵	脂肪肝,肝脏内的脂肪
ze	tse⁵⁵	脾,胰腺
bbubryi	bu⁵⁵pzɿ⁵⁵	食管
bbupa	bu⁵⁵pa⁵⁵	胃
bbu ncu	bu⁵⁵mtsʰu⁵⁵	胃渣,胃容物
bbu se	bu⁵⁵se⁵⁵	怨气,怒气,胃气
bbupa ddenyi	bu⁵⁵pa⁵⁵de⁵⁵ȵi⁵⁵	胃疼
jina ddenyi	tɕi⁵⁵na⁵⁵de³³ȵi³³	阵发性胃疼
syinyi nebeer	sɿ⁵⁵ȵi⁵⁵ne⁵⁵pe⁵⁵ɚ⁵⁵	发呕,眩晕的症状
nddru bbezzyi	mdʐu⁵⁵be⁵⁵dzɿ⁵⁵	蛔虫,肠道寄生虫
bbezzyi nyi	be⁵⁵dzɿ⁵⁵ȵi⁵⁵	肠道寄生虫病
venyo	ve⁵⁵ȵo⁵⁵	肠
ve bbi	ve⁵⁵bi⁵⁵	大肠,粗肠
ve ci	ve⁵⁵tsʰi⁵⁵	小肠,细肠
ve nwa	ve⁵⁵nua⁵⁵	大肠,黑肠
ve er	ve⁵⁵ɚ⁵⁵	小肠,白肠
vega ddadda	ve⁵⁵ka⁵⁵da⁵⁵da⁵⁵	阑尾
nzzhyi ro	mdʑɿ³³ro³³	盲肠,阑尾
nbbeli	mbe³³li³³	肾,腰子
nbbeli bryi	mbe³³li³³pzɿ⁵⁵	肾管,输尿管
nbbeli ssu	mbe³³li³³zu⁵⁵	肾包油
nbbeli nggara	mbe³³li³³ŋga³³ra⁵⁵	肾上腺体
nbbeli erkwa	mbe³³li³³ɚ³³kʰua⁵⁵	肾结石(名词)
nbbelierkwa kacha	mbe³³li³³ɚ⁵⁵kʰua⁵⁵kʰa⁵⁵tʃʰa⁵⁵	肾结石(动词)
ssu kwa	zu⁵⁵kʰua⁵⁵	板油,大油
rapengungu ssu	ra⁵⁵pe⁵⁵ŋu⁵⁵ŋu⁵⁵zu⁵⁵	脚油,鸡冠油
venyo drossu	ve⁵⁵ȵo⁵⁵ʈo⁵⁵zu⁵⁵	水油,小肠油
bbe susu	be⁵⁵su⁵⁵su³³	膀胱
bbesusu bryi	be⁵⁵su⁵⁵su⁵⁵pzɿ⁵⁵	膀胱管
bbesusu jigu	be⁵⁵su⁵⁵su⁵⁵tɕi³³pi³³	膀胱壁
bbesusu erkwa	be⁵⁵su⁵⁵su⁵⁵ɚ³³kʰua³³	膀胱结石(名词)

续表

尔苏语	国际音标	汉语释义
bbesusu erkwa kacha	be⁵⁵su⁵⁵su⁵⁵ɚ³³kʰua³³kʰa³³tʃʰa⁵⁵	膀胱结石（动词）
bbesusu nggara	be⁵⁵su⁵⁵su⁵⁵ŋga³³ra³³	前列腺
nchuma	mtʃʰu⁵⁵ma⁵⁵	柳沟，腰际肋下精瘦肉
nbbeli nchuma	mbe³³li³³mtʃʰu³³ma³³	腰子和柳沟（固定短语）
cyi	tsʰɚ⁵⁵	肩胛骨，扇子骨
cyi le	tsʰɚ⁵⁵le⁵⁵	肩胛部
necyi zziba	ne⁵⁵tsʰɚ⁵⁵dʑi⁵⁵pa⁵⁵	背部两个肩胛骨之间的部分
nku bbo	mkʰu⁵⁵bo⁵⁵	锁骨
xxibbwa i	ʑi⁵⁵bua⁵⁵ji³³	腋窝，胳肢窝
vihbbi nddropi	vi⁵⁵əbi⁵⁵mdʐo³³pi³³	肩膀皮肤
le hdda	le⁵⁵əda⁵⁵	手臂
hdda venyo	le⁵⁵əda⁵⁵ve⁵⁵ȵo⁵⁵	手膀子
lehdda ngesho ngesho	le⁵⁵əda⁵⁵ŋe⁵⁵ʃo⁵⁵ŋe³³ʃo³³	摩拳擦掌，跃跃欲试
vihbbi nankwa	vi⁵⁵əbi⁵⁵na⁵⁵mkʰua⁵⁵	肩膀压垮
le njji	le⁵⁵mdʑi⁵⁵	手杆，手臂
le pe	le⁵⁵pʰe⁵⁵	手
hdda venyo	əda⁵⁵ve⁵⁵ȵo⁵⁵	臂膀
le garchu	le⁵⁵kuɚ⁵⁵tʃʰu⁵⁵	手拐子，手肘
le zwa	le⁵⁵tsua⁵⁵	手腕
le byi	le⁵⁵pzɚ⁵⁵	手掌
le bbwa	le⁵⁵bua⁵⁵	手掌中部
lebbwage ssunbbu	le⁵⁵bua⁵⁵ke³³zu⁵⁵mbu⁵⁵	手掌里煎鱼
zzazzyi nddrobi	dʑa³³dʑɚ³³mdʐo³³pi³³	皮肤表层
le bbe	le⁵⁵be⁵⁵	手背
le su	le⁵⁵su⁵⁵	手指
le ma	le⁵⁵ma⁵⁵	拇指
lesunzzomo	le⁵⁵su⁵⁵mdzo³³mo³³	中指
adi madi	a⁵⁵ti⁵⁵ma³³ti³³	无名指
ancyi ga	a⁵⁵mtsʰɚ⁵⁵ka³³	幺拇指
lesu zeze	le⁵⁵su⁵⁵tse³³tse³³	手指节
le zzyi	le⁵⁵dʑɚ⁵⁵	指甲
lebbwa zziryi	le⁵⁵bua⁵⁵dʑi³³rɚ³³	手掌纹
lesu rome	le⁵⁵su⁵⁵ro³³me³³	手指纹
lezwa gedwa	le⁵⁵tsua⁵⁵ke³³tua³³	手腕关节的突出点

续表

尔苏语	国际音标	汉语释义
gu zi	ku⁵⁵tsi⁵⁵	腔子,拳头
guzi mama	ku⁵⁵tsi⁵⁵ma⁵⁵ma⁵⁵	握拳时手背凸显的骨节,腔子驼驼
lema gaza	le⁵⁵ma⁵⁵ka³³tsa³³	虎口,大拇指和食指分岔处
lesu gaza	le⁵⁵su⁵⁵ka⁵⁵tsa⁵⁵	指头分岔
lesu zeze	le⁵⁵su⁵⁵tsɿ³³tsɿ³³	指节
le nchyi	le⁵⁵mtʃʰɿ⁵⁵	(手指的)倒卷皮
lenchyi ddehggwar	le⁵⁵mtʃʰɿ⁵⁵da³³əguɚ³³	手上长倒卷皮
le bbi	le⁵⁵bi⁵⁵	手茧
lebbi nganchancha	le⁵⁵bi⁵⁵ŋa⁵⁵mtʃʰa³³mtʃʰa³³	长满手茧
shobbi ngancha	ʃo⁵⁵bi⁵⁵ŋa³³mtʃʰa³³	打起血泡
lebbwa ggulha	le⁵⁵bua⁵⁵gu³³ɬa³³	手掌心里
guzi hnanbbrar	ku⁵⁵tsi³³əna⁵⁵nbɚ⁵⁵	用拳头打人
zhomo	tʃo⁵⁵mo⁵⁵	臀部
hzhemo	ətʃe⁵⁵mo⁵⁵	屁股
hzhe hgu	ətʃe⁵⁵əku⁵⁵	屁眼,肛门
hzhe nbbeli	ətʃe⁵⁵mbe³³li³³	屁股瓣,臀部瓣
hzhemo nbbere	ətʃe⁵⁵mo⁵⁵pe³³əku³³	屁股瓣,臀部瓣
hzhe gaza	ətʃe⁵⁵ka⁵⁵tsa³³	屁股丫,尾椎处
hzhebbe ryigu	ətʃe⁵⁵be⁵⁵rə³³ku³³	尾椎骨,坐骨
hzhegu cmyaryi	ətʃe⁵⁵ku⁵⁵mja³³ɚ³³	痔疮
hjoma	ətɕo⁵⁵ma⁵⁵	女性外阴
hjoma behgu	ətɕo⁵⁵ma⁵⁵pe⁵⁵əku⁵⁵	阴道口
hjo mar	ətɕo⁵⁵mɚ⁵⁵	阴毛
hjobbe ryigu	ətɕo⁵⁵be⁵⁵rə³³ku³³	盆腔锁骨
nzzyibi vuli	mdʐɿ⁵⁵pi⁵⁵vu⁵⁵li⁵⁵	阴蒂
hjo bryi	ətɕo⁵⁵pʐɿ⁵⁵	阴唇
hjo re	ətɕo⁵⁵re⁵⁵	阴液
igwar da	ji⁵⁵kuɚ⁵⁵da⁵⁵	胎盘,紫衣
mido	mi⁵⁵to⁵⁵	子宫
nbbarsyi da	mbɚ³³sɿ³³ta⁵⁵	阴茎
ja vuli	tɕa⁵⁵vu⁵⁵li⁵⁵	龟头
ja nddrobi	tɕa⁵⁵mdʐo⁵⁵pi⁵⁵	阴茎包皮
mwala	mua⁵⁵la⁵⁵	卵子,睾丸
mwala drobi	mua⁵⁵la⁵⁵mdʐo³³pi³³	卵皮囊,睾丸外皮

续表

尔苏语	国际音标	汉语释义
mwa nggui	mua⁵⁵ ŋgu⁵⁵ ji⁵⁵	阴囊
npu re	mpʰu⁵⁵ re⁵⁵	男性阴液,精液
nzze re	mdze³³ re³³	男性润滑液
nqoca ngenyoda	mtɕʰo³³ tsʰa³³ ŋe⁵⁵ n̠o⁵⁵ ta⁵⁵	大腿根部
nqoca yahnyoge	mtɕʰo³³ tsʰa³³ əja⁵⁵ ən̠o⁵⁵ ke⁵⁵	大腿根部
er pe	ɚ⁵⁵ pʰe⁵⁵	下肢,脚,腿杆
shyinjji	ʃɚ⁵⁵ mdzi⁵⁵	脚杆
coca	tsʰo⁵⁵ tsʰa⁵⁵	大腿的变音
coca ngenyoda	tsʰo³³ tsʰa³³ ŋe⁵⁵ n̠o⁵⁵ ta⁵⁵	大腿根部的变音
binbbi ryigu	pi⁵⁵ mbi⁵⁵ rə³³ ku³³	膝盖骨
jjiguer	mdzi⁵⁵ ku⁵⁵ ɚ⁵⁵	后脚窝儿
nbboggu	mbo⁵⁵ gu⁵⁵	小腿骨,连二杆
nbboggu ryigu	mbo⁵⁵ gu⁵⁵ rə⁵⁵ ku⁵⁵	前脚骨
veipa	vei⁵⁵ pʰa⁵⁵	小脚肚子
er bbe	ɚ⁵⁵ be⁵⁵	脚背
er byi	ɚ⁵⁵ pzɚ⁵⁵	脚掌
er bbi	ɚ⁵⁵ bi⁵⁵	脚茧
erbyi garbu	ɚ³³ pzɚ³³ ku ɚ³³ pu³³	脚掌心,在泥浆里留下的脚印
nzzici	mdzi⁵⁵ tsʰi⁵⁵	脚后跟
ernsu	ɚ⁵⁵ nsu⁵⁵	脚趾
er nzzyi	ɚ⁵⁵ mdzɚ⁵⁵	脚指甲
er ma	ɚ⁵⁵ ma⁵⁵	脚拇趾
erncyi	ɚ⁵⁵ mtsʰɚ⁵⁵	小脚趾
erhzzyi gedwa	ɚ⁵⁵ ətsɚ⁵⁵ ke⁵⁵ tua⁵⁵	脚踝骨突出的骨
er nchyi	ɚ⁵⁵ mtʃʰɚ⁵⁵	脚趾倒卷皮
ernchyi ddahggwar	ɚ⁵⁵ mtʃʰɚ⁵⁵ da⁵⁵ əgu ɚ⁵⁵	脚趾起了倒卷皮
er gaza	ɚ⁵⁵ ka⁵⁵ tsa⁵⁵	脚趾丫
erpyi dradryi	ɚ³³ pzɚ³³ tʂa⁵⁵ tʂɚ⁵⁵	脚掌纹
sho bbi	ʃo⁵⁵ bi⁵⁵	血泡
erpeshobbi zhala	ɚ⁵⁵ pʰe⁵⁵ ʃo⁵⁵ bi⁵⁵ tʃa⁵⁵ la⁵⁵	脚上起血泡
ra hddo	ra⁵⁵ ədo⁵⁵	鸡眼(皮肤科)
erbyi zuru	ɚ⁵⁵ pzɚ⁵⁵ tsu⁵⁵ ru⁵⁵	脚印
er nddro	ɚ³³ mdʐo³³	脚垢
erbyi ganga	ɚ³³ pzɚ³³ ka³³ mka⁵⁵	赤脚,光脚板

续表

尔苏语	国际音标	汉语释义
er nddro	ɚ³³mdʐo³³	家传的宝物（引申）
ernddro lenddro	ɚ³³mdʐo³³le⁵⁵mdʐo⁵⁵	祖传之物，传家宝

尔苏语二十四节气表

整理、审订　王德和

序	汉名（及释义）		尔苏语	国际音标
1	立春	四时之始	dwachu	tua⁵⁵ tʃʰu⁵⁵
2	雨水	雨量渐增	zzhohggwa tepu	dʐo⁵⁵ əgua⁵⁵ tʰe⁵⁵ pʰu⁵⁵
3	惊蛰	春雷始鸣	me zzyi	me³³ dʑɿ⁵⁵
4	春分	昼夜等长	chonfe	tʃʰo⁵⁵ mfe⁵⁵
5	清明	踏青、扫墓	shushu nyoma	ʃu³³ ʃu³³ ȵo⁵⁵ ma⁵⁵
6	谷雨	栽种季节	lala shyifu	la⁵⁵ la⁵⁵ ʃɿ⁵⁵ fu⁵⁵
7	立夏	夏天来到	menzza ddahggwar	me³³ mdza³³ da³³ əgu ɚ⁵⁵
8	小满	麦不饱满	dda mahmi	da³³ ma⁵⁵ əmi⁵⁵
9	芒种	栽秧季节	zzazzhyi she	dza⁵⁵ dʑɿ⁵⁵ ʃe⁵⁵
10	夏至	白昼最长	nyoma yashe	ȵo⁵⁵ ma⁵⁵ ja⁵⁵ ʃe⁵⁵
11	小暑	天气炎热	ca marra	tsʰa⁵⁵ m ɚ⁵⁵ ra³³
12	大暑	气候最热	ca yakwa	tsʰa⁵⁵ kʰua⁵⁵
13	立秋	秋天到来	hgoxxo ddabar	əko⁵⁵ ʐo⁵⁵ da³³ p ɚ³³
14	处暑	开始转凉	te nbbira	te⁵⁵ mbi⁵⁵ ra⁵⁵
15	白露	露水泛白	shohi ddeer	ʃo⁵⁵ xi⁵⁵ de⁵⁵ ɚ⁵⁵
16	秋分	昼夜等长	qofe	tɕʰo⁵⁵ fe⁵⁵
17	寒露	露气寒冷	shohi ddanwa	ʃo⁵⁵ xi⁵⁵ da⁵⁵ nua⁵⁵
18	霜降	出现初霜	zyidro nagwar	tsɿ⁵⁵ tʂo⁵⁵ na⁵⁵ ku ɚ³³
19	立冬	冬天到来	moou ddahggwar	me³³ tsʰu³³ da³³ əgu ɚ⁵⁵
20	小雪	开始下雪	ssyi marmar	zɿ³³ m ɚ³³ m ɚ³³
21	大雪	积雪较深	ssyi yahbbu	zɿ³³ ja⁵⁵ əbu⁵⁵
22	冬至	白昼最短	nyoma kezzho	ȵo⁵⁵ ma⁵⁵ kʰe³³ dʐo³³
23	小寒	进入严寒	npizu marmar	mpʰi⁵⁵ tsu⁵⁵ m ɚ³³ m ɚ³³
24	大寒	气候最冷	mpizu yakwa	mpi⁵⁵ tsu⁵⁵ ja⁵⁵ kua⁵⁵

尔苏语计量单位例表

整理、审订　王德和

汉语	尔苏语	国际音标	英语	换算
千斤	hbu dre	əpu^{55} tʂe^{55}	thousand *jin*	500 kg
斤	dre	tʂe^{55}	*jin*, a unit of weight	0.5 kg
两	lo	lo^{55}	*liang*	50 g
钱	dozi	to^{55} tsi^{55}	*qian*, a unit of weight	5 g
毫	hgama	əka^{55} ma^{55}	millimeter *jin*	0.5 g
十亩	deima gwartwa	tei^{55} ma^{33} ku ɚ^{33} tʰua^{55}	ten *mu*	6667 m^2
亩	dabwai	ta^{55} bua^{55} ji^{55}	*mu*	667 m^2
分	de nchenche	te^{55} mtʃe^{55} mtʃe^{33}	*fen*	67 m^2
厘	de byilo	te^{55} pzə^{55} lo^{33}	*li*	7 m^2
匹（布）	ce	tsʰe^{55}	bolt	一整卷布
方（布）	ka	kʰa^{55}	*fang*	一正方形布
尺	chyi	tʃʰə^{33}	*chi*	1/3 m
寸	hzyi	ətsə^{55}	*cun*	1/3 dm
庹	lyo	ljo^{55}	arm	1.5 m~2 m
大拃	zzhwa	dʐua^{55}	span	18 cm~20 cm
拃	hyo	xjo^{55}		15 cm
二指宽	ne lesu	ne^{55} le^{55} su^{55}	two-finger width	4 cm
一指宽	de lesu	te^{55} le^{55} su^{55}	finger width	2 cm
石	ima	ji^{55} ma^{55}	*dan*	100 *sheng*
斗	bwa	pua^{55}	*dou*	10 *sheng*
半斗	bwa hge	pua^{55} əke^{55}	half a *dou*	5 *sheng*
升	shyi	ʃə^{55}	*sheng*	
半升	shyi hge	ʃə^{55} əke^{55}	half a *sheng*	0.5 *sheng*
捧	ntro	mtʂʰo^{55}	double handful of